J. von Staudingers
Kommentar zum Bürgerlichen Gesetzbuch
mit Einführungsgesetz und Nebengesetzen
Buch 2 · Recht der Schuldverhältnisse
§§ 581–606
(Pacht, Landpacht, Leihe)

Kommentatorinnen und Kommentatoren

Dr. Thomas E. Abeltshauser, LL.M.
Professor an der Universität Hannover, Richter am Oberlandesgericht Celle

Dr. Karl-Dieter Albrecht
Vorsitzender Richter am Bayerischen Verwaltungsgerichtshof, München

Dr. Hermann Amann
Notar in Berchtesgaden

Dr. Georg Annuß
Rechtsanwalt in München

Dr. Christian Armbrüster
Professor an der Freien Universität Berlin

Dr. Martin Avenarius
Professor an der Universität zu Köln

Dr. Wolfgang Baumann
Notar in Wuppertal

Dr. Roland Michael Beckmann
Professor an der Universität des Saarlandes, Saarbrücken

Dr. Detlev W. Belling, M.C.L.
Professor an der Universität Potsdam

Dr. Andreas Bergmann
Wiss. Assistent an der Universität des Saarlandes, Saarbrücken

Dr. Werner Bienwald
Professor an der Evangelischen Fachhochschule Hannover

Dr. Claudia Bittner, LL.M.
Privatdozentin an der Universität Freiburg i. Br.

Dr. Dieter Blumenwitz †
Professor an der Universität Würzburg

Dr. Reinhard Bork
Professor an der Universität Hamburg

Dr. Wolf-Rüdiger Bub
Rechtsanwalt in München, Professor an der Universität Potsdam

Dr. Elmar Bund
Professor an der Universität Freiburg i. Br.

Dr. Jan Busche
Professor an der Universität Düsseldorf

Dr. Michael Coester, LL.M.
Professor an der Universität München

Dr. Dagmar Coester-Waltjen, LL.M.
Professorin an der Universität München

Dr. Heinrich Dörner
Professor an der Universität Münster

Dr. Christina Eberl-Borges
Professorin an der Universität Siegen

Dr. Werner F. Ebke, LL.M.
Professor an der Universität Heidelberg

Dr. Jörn Eckert
Professor an der Universität zu Kiel, Richter am Schleswig-Holsteinischen Oberlandesgericht in Schleswig

Dr. Volker Emmerich
Professor an der Universität Bayreuth, Richter am Oberlandesgericht Nürnberg a. D.

Dipl.-Kfm. Dr. Norbert Engel
Ministerialdirigent im Thüringer Landtag, Erfurt

Dr. Helmut Engler
Professor an der Universität Freiburg i. Br., Minister in Baden-Württemberg a. D.

Dr. Karl-Heinz Fezer
Professor an der Universität Konstanz, Honorarprofessor an der Universität Leipzig, Richter am Oberlandesgericht Stuttgart

Dr. Johann Frank
Notar in Amberg

Dr. Rainer Frank
Professor an der Universität Freiburg i. Br.

Dr. Bernhard Großfeld, LL.M.
Professor an der Universität Münster

Dr. Beate Gsell
Professorin an der Universität Augsburg

Dr. Karl-Heinz Gursky
Professor an der Universität Osnabrück

Dr. Ulrich Haas
Professor an der Universität Mainz

Norbert Habermann
Richter am Amtsgericht Offenbach

Dr. Stefan Habermeier
Professor an der Universität Greifswald

Dr. Johannes Hager
Professor an der Universität München

Dr. Rainer Hausmann
Professor an der Universität Konstanz

Dr. Dr. h. c. mult. Dieter Henrich
Professor an der Universität Regensburg

Dr. Reinhard Hepting
Professor an der Universität Mainz

Dr. Elke Herrmann
Professorin an der Universität Siegen

Christian Hertel, LL.M.
Notar a. D., Geschäftsführer des Deutschen Notarinstituts, Würzburg

Joseph Hönle
Notar in Tittmoning

Dr. Bernd von Hoffmann
Professor an der Universität Trier

Dr. Heinrich Honsell
Professor an der Universität Zürich,
Honorarprofessor an der Universität
Salzburg

Dr. Dr. Dres. h. c. Klaus J.
Hopt, M.C.J.
Professor, Direktor des Max-Planck-
Instituts für Ausländisches und Inter-
nationales Privatrecht, Hamburg

Dr. Norbert Horn
Professor an der Universität zu Köln,
Direktor des Rechtszentrums für europä-
ische und internationale Zusammenarbeit,
Köln

Dr. Heinz Hübner
Professor an der Universität zu Köln

Dr. Peter Huber, L.L.M.
Professor an der Universität Mainz

Dr. Rainer Jagmann
Vorsitzender Richter am Landgericht
Freiburg i. Br.

Dr. Ulrich von Jeinsen
Rechtsanwalt und Notar in Hannover

Dr. Joachim Jickeli
Professor an der Universität zu Kiel

Dr. Dagmar Kaiser
Professorin an der Universität Mainz

Dr. Rainer Kanzleiter
Notar in Neu-Ulm, Professor an der
Universität Augsburg

Dr. Sibylle Kessal-Wulf
Richterin am Bundesgerichtshof,
Karlsruhe

Dr. Hans-Georg Knothe
Professor an der Universität Greifswald

Dr. Jürgen Kohler
Professor an der Universität Greifswald

Dr. Stefan Koos
Professor an der Universität
der Bundeswehr München

Dr. Heinrich Kreuzer
Notar in München

Dr. Jan Kropholler
Professor an der Universität Hamburg,
Wiss. Referent am Max-Planck-Institut
für Ausländisches und Internationales
Privatrecht, Hamburg

Dr. Hans-Dieter Kutter
Notar in Schweinfurt

Dr. Gerd-Hinrich Langhein
Notar in Hamburg

Dr. Dr. h. c. Manfred Löwisch
Professor an der Universität Freiburg
i. Br., vorm. Richter am Oberlandesgericht Karlsruhe

Dr. Dirk Looschelders
Professor an der Universität Düsseldorf

Dr. Stephan Lorenz
Professor an der Universität München

Dr. Dr. h. c. Werner Lorenz
Professor an der Universität München

Dr. Peter Mader
Professor an der Universität
Salzburg

Dr. Ulrich Magnus
Professor an der Universität Hamburg,
Richter am Hanseatischen Oberlandes-
gericht zu Hamburg

Dr. Peter Mankowski
Professor an der Universität Hamburg

Dr. Heinz-Peter Mansel
Professor an der Universität zu Köln

Dr. Peter Marburger
Professor an der Universität Trier

Dr. Wolfgang Marotzke
Professor an der Universität Tübingen

Dr. Dr. Dr. h. c. Michael
Martinek, M.C.J.
Professor an der Universität des
Saarlandes, Saarbrücken

Dr. Annemarie Matusche-
Beckmann
Privatdozentin an der Universität zu Köln

Dr. Jörg Mayer
Notar in Pottenstein

Dr. Dr. Detlef Merten
Professor an der Deutschen Hochschule
für Verwaltungswissenschaften Speyer

Dr. Rudolf Meyer-Pritzl
Professor an der Universität zu Kiel

Dr. Peter O. Mülbert
Professor an der Universität Mainz

Dr. Dirk Neumann
Vizepräsident des Bundesarbeitsgerichts
a. D., Kassel, Präsident des Landesarbeitsgerichts Chemnitz a. D.

Dr. Ulrich Noack
Professor an der Universität Düsseldorf

Dr. Hans-Heinrich Nöll
Rechtsanwalt in Hamburg

Dr. Jürgen Oechsler
Professor an der Universität Mainz

Dr. Hartmut Oetker
Professor an der Universität Jena, Richter am Thüringer Oberlandesgericht Jena

Wolfgang Olshausen
Notar in Rain am Lech

Dr. Dirk Olzen
Professor an der Universität Düsseldorf

Dr. Gerhard Otte
Professor an der Universität Bielefeld

Dr. Hansjörg Otto
Professor an der Universität Göttingen

Dr. Lore Maria Peschel-Gutzeit
Rechtsanwältin in Berlin, Senatorin für
Justiz a. D. in Hamburg und Berlin, Vor-
sitzende Richterin am Hanseatischen
Oberlandesgericht zu Hamburg i. R.

Dr. Frank Peters
Professor an der Universität Hamburg,
Richter am Hanseatischen Oberlandes-
gericht zu Hamburg

Dr. Axel Pfeifer
Notar in Hamburg

Dr. Jörg Pirrung
Richter am Gericht erster Instanz
der Europäischen Gemeinschaften,
Luxemburg, Professor an der
Universität Trier

Dr. Ulrich Preis
Professor an der Universität zu Köln

Dr. Manfred Rapp
Notar in Landsberg a. L.

Dr. Thomas Rauscher
Professor an der Universität Leipzig,
Dipl. Math.

Dr. Peter Rawert, LL.M.
Notar in Hamburg, Professor an der
Universität zu Kiel

Eckhard Rehme
Vorsitzender Richter am Oberlandesgericht Oldenburg

Dr. Wolfgang Reimann
Notar in Passau, Professor an der
Universität Regensburg

Dr. Tilman Repgen
Professor an der Universität Hamburg

Dr. Dieter Reuter
Professor an der Universität zu Kiel,
Richter am Schleswig-Holsteinischen
Oberlandesgericht in Schleswig

Dr. Reinhard Richardi
Professor an der Universität Regensburg

Dr. Volker Rieble
Professor an der Universität München,
Direktor des Zentrums für Arbeitsbezie-
hungen und Arbeitsrecht

Dr. Anne Röthel
Professorin an der Bucerius Law School, Hamburg

Dr. Christian Rolfs
Professor an der Universität Bielefeld

Dr. Herbert Roth
Professor an der Universität Regensburg

Dr. Rolf Sack
Professor an der Universität Mannheim

Dr. Ludwig Salgo
Professor an der Fachhochschule Frankfurt a. M., Apl. Professor an der Universität Frankfurt a. M.

Dr. Gottfried Schiemann
Professor an der Universität Tübingen

Dr. Eberhard Schilken
Professor an der Universität Bonn

Dr. Peter Schlosser
Professor an der Universität München

Dr. Dres. h. c. Karsten Schmidt
Vizepräsident der Bucerius Law School, Hamburg

Dr. Martin Schmidt-Kessel
Professor an der Universität Osnabrück

Dr. Günther Schotten
Notar in Köln, Professor an der Universität Bielefeld

Dr. Hans Schulte-Nölke
Professor an der Universität Bielefeld

Dr. Hans Hermann Seiler
Professor an der Universität Hamburg

Dr. Reinhard Singer
Professor an der Humboldt-Universität Berlin, vorm. Richter am Oberlandesgericht Rostock

Dr. Ulrich Spellenberg
Professor an der Universität Bayreuth

Dr. Sebastian Spiegelberger
Notar in Rosenheim

Dr. Malte Stieper
Akademischer Rat an der Universität zu Kiel

Dr. Markus Stoffels
Professor an der Universität Passau

Dr. Hans-Wolfgang Strätz
Professor an der Universität Konstanz

Dr. Dr. h. c. Fritz Sturm
Professor an der Universität Lausanne

Dr. Gudrun Sturm
Assessorin, Wiss. Mitarbeiterin

Burkhard Thiele
Präsident des Landesarbeitsgerichts Mecklenburg-Vorpommern, Rostock

Dr. Gregor Thüsing, LL.M.
Professor an der Universität Bonn

Dr. Barbara Veit
Professorin an der Universität Göttingen

Dr. Bea Verschraegen, LL.M.
Professorin an der Universität Wien

Dr. Klaus Vieweg
Professor an der Universität Erlangen-Nürnberg

Dr. Reinhard Voppel
Rechtsanwalt in Köln

Dr. Günter Weick
Professor an der Universität Gießen

Gerd Weinreich
Vorsitzender Richter am Landgericht Oldenburg

Dr. Birgit Weitemeyer
Privatdozentin an der Universität zu Kiel

Dr. Joachim Wenzel
Vizepräsident des Bundesgerichtshofs, Karlsruhe

Dr. Olaf Werner
Professor an der Universität Jena, Richter am Thüringer Oberlandesgericht Jena

Dr. Wolfgang Wiegand
Professor an der Universität Bern

Dr. Susanne Wimmer-Leonhardt
Privatdozentin an der Universität des Saarlandes, Saarbrücken

Dr. Peter Winkler von Mohrenfels
Professor an der Universität Rostock, Richter am Oberlandesgericht Rostock

Dr. Hans Wolfsteiner
Notar in München

Dr. Eduard Wufka
Notar in Starnberg

Dr. Michael Wurm
Richter am Bundesgerichtshof, Karlsruhe

Redaktorinnen und Redaktoren

Dr. Dr. h. c. Christian von Bar, FBA
Dr. Wolf-Rüdiger Bub
Dr. Heinrich Dörner
Dr. Helmut Engler
Dr. Karl-Heinz Gursky
Norbert Habermann
Dr. Dr. h. c. mult. Dieter Henrich
Dr. Norbert Horn
Dr. Heinz Hübner
Dr. Jan Kropholler

Dr. Dr. h. c. Manfred Löwisch
Dr. Ulrich Magnus
Dr. Dr. Dr. h. c. Michael Martinek, M.C.J.
Dr. Gerhard Otte
Dr. Lore Maria Peschel-Gutzeit
Dr. Peter Rawert, LL.M.
Dr. Dieter Reuter
Dr. Herbert Roth
Dr. Hans-Wolfgang Strätz
Dr. Wolfgang Wiegand

J. von Staudingers
Kommentar zum Bürgerlichen Gesetzbuch
mit Einführungsgesetz und Nebengesetzen

Buch 2
Recht der Schuldverhältnisse
§§ 581–606
(Pacht, Landpacht, Leihe)

Neubearbeitung 2005
von
Ulrich von Jeinsen
Dieter Reuter
Barbara Veit

Redaktor
Dieter Reuter

Sellier – de Gruyter · Berlin

Die Kommentatorinnen und Kommentatoren

Neubearbeitung 2005
Vorbem zu § 581, §§ 582–583a VOLKER EMMERICH/BARBARA VEIT
§§ 581, 584–584b JÜRGEN SONNENSCHEIN/ BARBARA VEIT
§§ 585–597 ULRICH VON JEINSEN
§§ 598–606 DIETER REUTER

Dreizehnte Bearbeitung 1996
Vorbem zu § 581, §§ 582–583a VOLKER EMMERICH
§§ 581, 584–584b JÜRGEN SONNENSCHEIN
§§ 585–597 ALFRED PIKALO/ULRICH VON JEINSEN
§§ 598–606 DIETER REUTER

12. Auflage
Vorbem zu § 581, §§ 584–590 VOLKER EMMERICH (1981)
§§ 581–583, 591–597 JÜRGEN SONNENSCHEIN (1981)
Landpacht (Anh zu § 597) ALFRED PIKALO (1981)
§§ 598–606 DIETER REUTER (1981)

11. Auflage
§§ 581–597 Dr. FRITZ KIEFERSAUER (1955)
§§ 598–606 Landgerichtsrat Dr. HERRMANN RIEDEL (1955)

Sachregister

Rechtsanwalt Dr. Dr. VOLKER KLUGE, Berlin

Zitierweise

STAUDINGER/EMMERICH/VEIT (2005) Vorbem 1 zu §§ 581
STAUDINGER/SONNENSCHEIN/VEIT (2005) § 581 Rn 1
STAUDINGER/REUTER (2005) § 598 Rn 1

Zitiert wird nur nach Paragraph bzw Artikel und Randnummer.

Hinweise

Das Vorläufige Abkürzungsverzeichnis 1993 für das „Gesamtwerk STAUDINGER" befindet sich in einer Broschüre, die den Abonnenten zusammen mit dem Band §§ 985–1011 (1993) bzw seit 2000 gesondert mitgeliefert wird. Eine aktualisierte Neubearbeitung befindet sich in Vorbereitung und wird den Abonnenten wiederum kostenlos geliefert werden.

Der Stand der Bearbeitung ist jeweils mit Monat und Jahr auf den linken Seiten unten angegeben.

Am Ende eines jeden Bandes befindet sich eine Übersicht über den aktuellen Stand des „Gesamtwerk STAUDINGER".

Die Deutsche Bibliothek verzeichnet diese Publikation in der Deutschen Nationalbibliografie; detaillierte bibliografische Daten sind im Internet über http://dnb.ddb.de abrufbar.

ISBN 3-8059-0953-5

© Copyright 2005 by Dr. Arthur L. Sellier & Co. – Walter de Gruyter GmbH & Co. KG, Berlin. – Printed in Germany.

Dieses Werk einschließlich aller seiner Teile ist urheberrechtlich geschützt. Jede Verwertung außerhalb der engen Grenzen des Urheberrechtsgesetzes ist ohne Zustimmung des Verlages unzulässig und strafbar. Das gilt insbesondere für Vervielfältigungen, Übersetzungen, Mikroverfilmungen und die Einspeicherung und Verarbeitung in elektronischen Systemen.

Satz: Federer & Krauß, Augsburg.

Druck: H. Heenemann GmbH & Co., Berlin.

Bindearbeiten: Lüderitz und Bauer classic GmbH, Berlin.

Umschlaggestaltung: Bib Wies, München.

♾ Gedruckt auf säurefreiem Papier, das die DIN ISO 9706 über Haltbarkeit erfüllt.

Inhaltsübersicht

	Seite*
Allgemeines Schrifttum	IX

Buch 2 · Recht der Schuldverhältnisse

Abschnitt 8 · Einzelne Schuldverhältnisse
Titel 5 · Mietvertrag, Pachtvertrag

Untertitel 4 · Pachtvertrag	1
Untertitel 5 · Landpachtvertrag	294
Titel 6 · Leihe	581
Sachregister	621

---

* Zitiert wird nicht nach Seiten, sondern nach Paragraph bzw Artikel und Randnummer; siehe dazu auch S VI.

Allgemeines Schrifttum

Das Sonderschrifttum ist zu Beginn der einzelnen Kommentierungen bzw in Fußnoten innerhalb der Kommentierung aufgeführt.

BAMBERGER/ROTH, Kommentar zum Bürgerlichen Gesetzbuch, §§ 581 ff (2003)
BARTENBACH/GENNEN, Patentlizenz- und Know-how-Vertrag (5. Aufl 2001)
EMMERICH, Das Recht der Leistungsstörungen (5. Aufl 2003)
ERMAN/JENDREK, Handkommentar zum Bürgerlichen Gesetzbuch, §§ 581 ff (11. Aufl 2004)
GITTER, Gebrauchsüberlassungsverträge (1988)
HAUG, Miet- und Pachtvertragsrecht (2. Aufl 2002)
HENN, Patent- und Know-how-Lizenzvertrag (5. Aufl 2003)
JAUERNIG (Hrsg), Bürgerliches Gesetzbuch (11. Aufl 2004)
LIESEGANG, Der Franchisevertrag (6. Aufl 2003)
LORZ/METZGER/STÖCKEL, Jagdrecht/Fischereirecht (3. Aufl 1998)

MARTINEK/SEMLER/HABERMEIER, Handbuch des Vertriebsrechts (2. Aufl 2003)
MÜLLER/WALTHER, Miet- und Pachtrecht (2004)
MünchKomm/VOELSKOW, BGB, §§ 581 ff (3. Aufl 1995)
MünchKomm/HARKE, BGB, §§ 581 ff (4. Aufl 2004)
PAGENBERG/GEISSLER, Lizenzverträge (5. Aufl 2003)
PALANDT, Bürgerliches Gesetzbuch (64. Aufl 2005)
ROQUETTE, Das Mietrecht des Bürgerlichen Gesetzbuchs (1966)
SOERGEL/HEINTZMANN, BGB, §§ 581 ff (12. Aufl 1998)
STUMPF/GROSS, Der Lizenzvertrag (8. Aufl 2004)
WOLF/ECKERT/BALL, Handbuch des gewerblichen Miet-, Pacht- und Leasingsrechts (9. Aufl 2004).

Untertitel 4
Pachtvertrag

Vorbemerkungen zu § 581

Schrifttum

BLOMEYER, Preußisches und Sächsisches Pachtrecht (1873)
CROME, Die partiarischen Rechtsgeschäfte nach römischem und heutigem Reichsrecht (1897)
DAHMANN, Pacht, in: Handwörterbuch der Rechtswissenschaft Bd IV (1927) 337; Bd VIII (1937) 488
EBENROTH, Absatzmittlungsverträge im Spannungsverhältnis von Kartell- und Zivilrecht (1980)
FRÄNKEL, Das Miet- und Pachtrecht nach dem BGB (1897)
FRITZEN, Pacht (1962)
GITTER, Gebrauchsüberlassungsverträge (1988)
HAUG, Miet- und Pachtvertragsrecht (2. Aufl 2002)
KNOPPE, Verpachtung eines Gewerbebetriebs (8. Aufl 1998)
MITTELBACH, Geschäfts- und Praxisübertragung (3. Aufl 1977)
MITTELSTEIN, Die Miete (4. Aufl 1932)
MÜLLER/WALTHER, Miet- und Pachtrecht (2004)
NONHOFF/BECKER, Handbuch des Pachtwesens (1951)
REINEKE, Das gesamte Reichspachtschutzrecht mit Einschluß des Kleingartenrechts (4. Aufl 1949)
SCHÖNEWALD, Über die Verpachtung von Handelsgeschäften (1904)
SCHUMACHER, Pachtvertrag (1901)
G THIEL, Über Verpachtungsbedingungen (1902)
WOLF/ECKERT/BALL, Hdb des gewerblichen Miet-, Pacht- und Leasingrechts (9. Aufl 2004).

Systematische Übersicht

I.	**Geschichte**	
1.	Römisches Recht	1
2.	Deutsches Recht	3
3.	Beratungen zum BGB	5
4.	Spätere Entwicklungen	6
5.	Jüngste Reformen	7
6.	Landpachtrecht	10
II.	**Wirtschaftliche Bedeutung**	12
III.	**Die Pacht im System des BGB**	
1.	Schuldverhältnis	14
2.	Nießbrauch	15
3.	Eigentumserwerb	17
a)	Früchte	17
b)	Inventar	18
4.	Erscheinungsformen	19
a)	Überblick	19
b)	Beispiele	20
IV.	**Abgrenzung**	
1.	Miete	22
a)	Allgemeines	22
b)	Unternehmenspacht	24
c)	Mehrheit von Sachen	26
2.	Leihe	27
3.	Kauf	28
a)	Abbauverträge	29
b)	Aberntungsverträge	36
c)	Viehgräsungsvertrag, Tierzuchtvertrag	37
4.	Dienstvertrag	39
a)	Abgrenzungskriterien	40
b)	Beispiele	42
5.	Werkvertrag	44
6.	Gesellschaft	46

a)	Abgrenzungskriterien	46	a)	Rechtspacht	104
b)	Beispiele	49	b)	Gegenstand	105
c)	Betriebspflicht	51	c)	Teilpacht	106
			3.	Jagdpachtfähigkeit	107
V.	**Kleingartenpachtrecht**		4.	Inhalt und Form	109
1.	Zweck	52	5.	Anzeigepflicht	111
2.	Geschichte	54	6.	Dingliche Wirkung	114
3.	Überblick	57	7.	Anwendung des § 566	115
a)	Begriff	57	8.	Beendigung	118
b)	Größe, Bebauung	59			
c)	Zwischenpächterprivileg	60	**IX.**	**Apothekenpacht**	
d)	Kündigungsschutz	61	1.	Geschichte	120
e)	Abweichende Regelungen	63	2.	Zulässigkeit	122
			a)	Grundsätze	122
VI.	**Pachtkreditrecht**		b)	Einzelfragen	124
1.	Überblick	65	3.	Umgehungsgeschäfte	126
2.	Pachtkreditgesetz (PKrG)	66	a)	Gesellschaften	126
a)	Zweck	66	b)	Raummiete und -pacht	128
b)	Voraussetzungen	67			
aa)	Inventar	68	**X.**	**Betriebspachtvertrag**	131
bb)	Eigentum des Pächters	69			
cc)	Bestellung	71	**XI.**	**Franchising**	134
c)	Untergang	73	1.	Geschichte	135
d)	Verwertung	74	2.	Wirtschaftliche Bedeutung	138
3.	Düngemittelsicherungsgesetz	76	a)	Absatzmittlungssystem	138
a)	Voraussetzungen	76	b)	Arbeitnehmer	140
b)	Untergang	77	3.	Rechtsnatur	142
c)	Ausscheidungsrecht	80	a)	Meinungsstand	143
			b)	Stellungnahme	147
VII.	**Weitere Sonderformen**		c)	Ergebnis	151
1.	Heuerlingsverträge	81	4.	Abschluß	152
2.	Siedlerpachtverträge	84	a)	Aufklärungspflichten	152
3.	Lizenzverträge	85	b)	Form	153
a)	Patentlizenzverträge	86	c)	Inhaltskontrolle	157
aa)	Ausschließliche Lizenzen	86	5.	Pflichten des Franchisegebers	158
bb)	Einfache Lizenzen	87	6.	Pflichten des Franchisenehmers	161
b)	Know-how-Lizenzverträge	89	7.	Vertragsbeendigung	162
c)	Urheberlizenzverträge	90	a)	Dauer	162
aa)	Allgemeines	90	b)	Ordentliche Kündigung	163
bb)	Bühnenaufführungsverträge	91	c)	Kündigungsschutz	164
cc)	Filmverwertungsverträge	92	d)	Außerordentliche Kündigung	166
dd)	Vorführungsverträge	95	8.	Abwicklung	169
4.	Kantinenpacht	96	a)	Pachtrecht	169
5.	Sicherungspacht	98	b)	Handelsvertreterrecht	172
6.	Bergwerkspacht	100	c)	Allgemeines Zivilrecht	174
VIII.	**Jagdpachtrecht**		**XII.**	**Neue Länder**	175
1.	Überblick	102	1.	Art 232 § 3 EGBGB	176
2.	Rechtsnatur	104	a)	Anwendungsbereich	177

b)	Heutige Rechtslage	180	b) Anwendungsbereich	189
2.	Art 232 §§ 4f EGBGB	181	4. Umwandlung	191
a)	Überblick	181	5. Übergangsregelung	192
b)	§§ 312 bis 315 ZGB	184	a) Bestandsschutz	193
3.	Schuldrechtsanpassungsgesetz von 1994	187	b) Sonstige Bestimmungen	194
a)	Zweck	188	6. Sonderregelungen	195

Alphabetische Übersicht

Abbauverträge	29 ff	Eigentumserwerb des Pächters	17 f
Aberntungsvertrag	36	Einfache Lizenzen	87
Abgrenzung	22 ff	Erscheinungsformen der Pacht	19 f
– Dienstvertrag	39 ff		
– Gesellschaft	46 ff	Filmbestellvertrag	95
– Kauf	28	Filmverwertungsvertrag	92 ff
– Leihe	27	Fischereipacht	103
– Miete	22 ff	Franchising	134 ff
– Werkvertrag	44 f	– Abschluß	152 ff
Anzeigepflicht		– Abwicklung	169 ff
– bei Jagdpachtverträgen	111 f	– Aufklärungspflichten	152
– bei Landpachtverträgen	11	– Ausgleichsanspruch	173
Apothekenpacht	120 ff	– Arbeitnehmer	140
– Beendigung	125	– Bedeutung	138 ff
– Geschichte	120 f	– Beendigung	162 ff
– Gesellschaften	126 f	– Betriebsförderungspflicht	159
– partiarische Pacht	127, 130	– Dauer	162
– Raumpacht	128	– Form	136, 153 f
– Umgehungsgeschäfte	126 f	– Geschichte	135 ff
– Zulässigkeit	122 f	– Haftung	160
Arbeitsverträge	41, 43, 82, 140 ff	– Inhaltskontrolle	157
Ausscheidungsrecht des Gläubigers	80	– Karenzentschädigung	173
Ausschließliche Lizenzen	86	– Kartellrecht	136 f
		– Kündigung	163 ff
Bedeutung	12 ff	– Kündigungsschutz	164
Beispiele	20, 42 f, 49	– Lizenzvertrag	143, 148 ff
Bergwerkspacht	100	– Pflichten des Franchisegebers	158 ff
Betriebsführungsvertrag	40	– Pflichten des Franchisenehmers	161
Betriebspachtvertrag	41, 131 ff	– Ratenlieferungsvertrag	156
Betriebspflicht des Pächters	51	– Rechtsnatur	142 ff
Betriebsüberlassungsvertrag	133	– Rücknahmepflicht des Franchisegebers	171
Bühnenaufführungsvertrag	91	– Sittenwidrigkeit	157
		– Treuepflicht	150, 159, 161
Datschengrundstücke	179, 181 ff	– Widerrufsrecht	156
Deckvertrag	38	Früchte	17, 68, 76
Deutsches Recht	3 f		
Dienstverträge	39 ff	Gegenstand	19 f
Domänenpächter	1	Geschichte	1 ff
Düngemittelsicherung	76 ff	Gemeines Recht	3 f

Vorbem zu § 581

Buch 2
Abschnitt 8 · Einzelne Schuldverhältnisse

Gesellschaftsverträge	46 ff, 126 f	Mehrheit von Sachen	26
		Miete	22 ff
Heuerlingsvertrag	81 ff	Mietrechtsreformgesetz	7 f
		Mitteldeutschland	175 ff
Innenpacht	133		
Instvertrag	81 ff	Neue Länder	56, 175 ff
Inventar	18, 68 f	Nießbrauch	15 f
Inventarpfandrecht	66 ff		
		Pachtkreditrecht	66 ff, 98 f
Jagdpachtrecht	102 ff	– Düngemittelsicherungsgesetz	76 ff
– Anwendung des § 566	115 ff	– Pachtkreditgesetz	66 ff
– Anzeigepflicht	111 ff	– Sicherungspfand	98 f
– Beendigung	118 f	Partiarische Pacht	46 ff, 130
– Fischereipacht	103	Patentlizenzvertrag	86 ff
– Gegenstand	105	Pfandrecht am Inventar	66 ff
– Form	109	– Bestellung	71
– Geschichte	102 f	– Eigentum des Pächters	69 f
– Haftung	110	– gutgläubiger Erwerb	70, 73
– Jagdpachtfähigkeit	107 f, 119	– Untergang	73, 77
– Kündigung	118	– Verwertung	74 f
– Minderung	110	– Voraussetzungen	67 ff, 76
– Mitpächter	108		
– Rechtspacht	104 ff	Remissionsrecht	5
– Teilpacht	106	Römisches Recht	1 ff
– Wirkungen	114		
		Schuldrechtsanpassung in den neuen	
Kantinenpacht	96 f	Ländern	175 ff
Kaufverträge	28 ff	Schuldrechtsmodernisierungsgesetz	7, 9, 166
Kleingartenpacht	52 ff	Schuldverhältnis	14
– Anwendungsbereich	57 ff	Sicherungspacht	98 f
– Bebauung	59	Siedlerpachtvertrag	84
– Begriff	57 ff		
– Geschichte	54 ff	Teilpacht	2, 46 f
– zulässige Größe	59	Tierzuchtvertrag	38
– Kündigungsschutz	61 ff		
– neue Länder	56, 183, 186	Unternehmenspacht	24 f
– Pacht	56	Urheberlizenzverträge	90 ff
– Verfassungswidrigkeit	55	– Bühnenaufführungsvertrag	91
– Zweck	52 f	– Filmverwertungsvertrag	92 ff
– Zwischenpächterprivileg	60	– Vorführungsvertrag	95
Know-how-Lizenzvertrag	21, 89		
		Viehgräsungsvertrag	37
Landpachtrecht	10 f	Viehmastvertrag	38
Leihe	27	Vorführungsvertrag	95
Lizenzverträge	85 ff		
– Know-how-Lizenzverträge	89	Werkvertrag	44 f
– Patentlizenzverträge	86 ff		
– Urheberlizenzverträge	90 ff		

Dezember 2004

I. Geschichte

1. Römisches Recht*

a) Das römische Recht kannte noch nicht die besondere Rechtsfigur der Pacht, sondern faßte die Pachtverhältnisse mit der Miete unter dem Oberbegriff der locatio conductio rei zusammen. Der Sache nach unterschied freilich auch das römische Recht danach, ob der conductor nur zum Gebrauch oder auch zur Fruchtziehung berechtigt ist. Unterschieden wurde außerdem zwischen der Verpachtung öffentlichen Landes an die Domänenpächter und der Verpachtung privaten Landes. Die **Domänenpächter** besaßen eine starke vererbliche Rechtsstellung. Namentlich waren sie gegen Dritte durch die possessorischen Interdikte geschützt, so daß sich ihre Rechtsstellung im Laufe der Zeit immer mehr der eines Eigentümers annäherte.

b) Die Rechtsstellung der **Pächter privaten Landes** war wesentlich schwächer als die der Domänenpächter (Rn 1). Meistens befanden sie sich in großer Abhängigkeit von den Verpächtern. Der Verpächter war zwar verpflichtet, dem Pächter das Grundstück für die Vertragszeit zum Gebrauch und zur Nutzung zu überlassen und es während dieser Zeit in einem dafür tauglichen Zustand zu erhalten. Besitzschutz gegen den Verpächter oder gegen Dritte besaß der Pächter jedoch nicht. Das Eigentum an den Früchten erwarb er idR erst durch Übergabe seitens des Eigentümers und Verpächters. Der Pachtzins bestand häufig in einem Anteil an diesen Früchten (colonia partiaria; Teilpacht). Die Dauer der Pacht richtete sich nach dem Vertrag; bei Landpachtverträgen betrug sie gewöhnlich fünf Jahre.

2. Deutsches Recht

In Deutschland setzte sich die Pacht erst verhältnismäßig spät durch. Bahnbrechend war hier vor allem die Praxis der Kirche und der Klöster gewesen, die ihren großen und ständig wachsenden Landbesitz idR nur verpachteten, nicht aber veräußerten.

Nach diesem Vorbild verbreitete sich die Pacht ungefähr ab 1300 vom Rhein aus in ganz Deutschland. Die Rechtsstellung des Pächters verstärkte sich dabei im Laufe der Zeit immer mehr und entwickelte sich in den meisten Teilen Deutschlands zu einem dinglichen Recht. Folgerichtig bestimmte das ALR (I 21 § 2) ausdrücklich, daß die Pacht, sobald der Pächter den Besitz der Sache innehat, ein dingliches Recht ist. Das gemeine Recht hielt hingegen an der aus dem römischen Recht überlieferten Zusammenfassung von Miete und Pacht fest. Den Besonderheiten der Pacht wurde nur wenig Aufmerksamkeit gewidmet (s im einzelnen WINDSCHEID/KIPP aaO).

---

* **Schrifttum**: CROME, Partiarische Rechtsgeschäfte (1897); DAHMANN, in: Handwörterbuch der Rechtswissenschaft Bd IV 337 f; KASER/KNÜTEL, Römisches Privatrecht (17. Aufl 2003); WAASER, Die Colonia partiaria des römischen Rechts (1895); WEBER, Römische Agrargeschichte (1891); WINDSCHEID/KIPP, Lehrbuch des Pandektenrechts Bd II (Neudruck der Ausgabe 1906, 1963) §§ 399f (S 717 ff).

3. Beratungen zum BGB

5 Das gemeinrechtliche Vorbild (Rn 4) hatte zur Folge, daß bei den Beratungen zum BGB die Pacht gleichfalls durchweg als bloßes Anhängsel zur Miete behandelt wurde (s dazu Mot II 421 ff; Prot II 232 ff; SCHUBERT [Hrsg], Die Vorentwürfe der Redaktoren zum BGB Bd 2, Recht der Schuldverhältnisse [1980] 246 ff, 423 ff; JAKOBS/SCHUBERT, Die Beratungen des Bürgerlichen Gesetzbuches Bd II, Recht der Schuldverhältnisse [1980] 615 ff). Soweit man sich überhaupt mit ihr näher befaßte, standen vor allem zwei Fragen im Mittelpunkt des Interesses, einmal die vielfältigen Probleme, die mit der Überlassung des Inventars an den Pächter zusammenhängen, zum anderen die Frage, ob im Anschluß an das ALR und zahlreiche andere Kodifikationen das sog Remissionsrecht des Pächters beibehalten werden sollte. Man verstand darunter das Recht des Pächters zur Pachtzinsminderung bei Schmälerung der Fruchtgewinnung durch außerordentliche Unglücksfälle. Die Gesetzesverfasser entschieden sich schließlich – trotz zahlreicher in diese Richtung zielender Vorstöße – gegen die Beibehaltung des Remissionsrechts, vor allem aus der Erwägung heraus, daß andernfalls auch dem Verpächter bei besonders hohen Erträgen ein Anspruch auf Erhöhung des Pachtzinses zugebilligt werden müsse (Mot II 423 ff; Prot II 238 ff).

4. Spätere Entwicklungen

6 Im Unterschied zur Miete hat sich bei der Pacht die Fortentwicklung des Rechts lange Zeit außerhalb des BGB vollzogen, so daß die §§ 581 ff zunehmend an Bedeutung verloren, weil wichtige pachtrechtliche Materien ihre Regelung außerhalb des BGB fanden. Beispiele sind das Landpachtrecht, das Kleingartenpachtrecht (Rn 52 ff) sowie das Jagd- und das Apothekenpachtrecht (Rn 102 ff, 120 ff). Außerdem sind inzwischen die Betriebspachtverträge im AktG von 1965 besonders geregelt worden (Rn 131 ff). Zu einer Umkehr dieser beklagenswerten Entwicklung kam es erst 1985 mit der Wiedereinfügung des Landpachtrechts in das BGB (Rn 10).

5. Jüngste Reformen

7 Jüngste Änderungen erlebte das Pachtrecht durch die Reformen, die das Mietrecht aufgrund des Mietrechtsreformgesetzes vom 19. 6. 2001 (BGBl 2001 I 1149) und des Schuldrechtsmodernisierungsgesetzes vom 29. 11. 2001 (BGBl 2001 I 3138) erfahren hat.

8 a) Die wesentlichen Änderungen, die das Gesetz zur Neugliederung und Reform des Mietrechts (Mietrechtsreformgesetz) gebracht hat, betreffen das Mietverhältnis über Wohnraum und sind bei den geänderten Vorschriften im Mietrecht im einzelnen dargestellt (Überblick über alle Änderungen in Form einer Synopse bei JAUERNIG/TEICHMANN Vorbem zu § 535 vor Rn 1). Sie wirken aufgrund der Verweisung in § 581 Abs 2 auch auf das Pachtrecht ein. Zudem wurden Einzelregelungen des Pachtrechts geändert. Diese Änderungen sind allerdings vorrangig sprachlicher Natur. So wurden die Wörter (statt Worte) „Pachtzins" durch „Pacht" (in §§ 581 Abs 1 S 2, 584b S 1) und entsprechend „Pacht" durch „Pachtverhältnis" (in §§ 582a Abs 1 S 1, Abs 3 S 1 und 4, 584 Abs 1 und Abs 2) bzw „Pachtvertrag" ersetzt (§ 581 Abs 2). Dabei wurden vom Gesetzgeber auch einige Regelungen vergessen (s §§ 584 Abs 1 letzter HS, 594a Abs 2 letzter HS, 595 Abs 3 Nr 3 letzter HS); der dort jeweils weiter verwendete Begriff der „Pacht" ist iSv „Pachtverhältnis" zu verstehen. Die Neufassung des § 584a ist bedingt durch die vom Mietrecht übernommene, neu eingeführte Bezeichnung der Kündigungsrechte des Mietrechts (BT-Drucks 14/4553, 75). Außerdem erhielten die Untertitel 4 und 5 amtliche Überschriften. Inhaltliche Änderungen gegenüber der bisherigen Rechtslage sind damit nicht verbunden (näher dazu bei den einzelnen Vorschriften).

b) Durch das Schuldrechtsmodernisierungsgesetz hat das Mietrecht, abgesehen von den eingeführten amtlichen Überschriften, nur marginale Änderungen erfahren (EMMERICH NZM 2002, 362), die sich über § 581 Abs 2 auch auf das Pachtrecht auswirken: In § 536 Abs 1 S 1 wurde der Begriff des „Fehlers" durch den des „Mangels" und in § 563 Abs 3 S 2 die Verweisung auf § 206 durch die Verweisung auf § 210 ersetzt, in § 536a Abs 1 und § 536c Abs 2 Nr 2 wurden die Worte „wegen Nichterfüllung" gestrichen, in § 543 Abs 4 S 1 entfiel die Verweisung auf §§ 469–471, § 548 Abs 3 wurde wegen der Regelung des § 204 Abs 1 Nr 7 aufgehoben. Dagegen wurden, anders als bei den Gewährleistungsregeln des Kauf- und Werkvertragsrechts (s §§ 437 Nr 3, 634 Nr 3, 440, 636) im Mietrecht im Interesse des Mieterschutzes (BT-Drucks 14/6857, 66 f) keine Anpassungen an das allgemeine Leistungsstörungsrecht vorgenommen. Damit steht das Gewährleistungsrecht des Mietrechts mehr oder weniger unverbunden neben dem allgemeinen Leistungsstörungsrecht, was zahlreiche Probleme aufwirft (dazu STAUDINGER/EMMERICH [2003] Vorbem 6 ff zu § 536; ders NZM 2002, 362).

6. Landpachtrecht

a) Das Recht der landwirtschaftlichen Grundstückspacht hatte sich seit dem Ende des ersten Weltkrieges außerhalb des BGB zu einer schließlich nur noch schwer durchschaubaren Sondermaterie entwickelt, wobei Überlegungen des Pächterschutzes ganz im Vordergrund standen (wegen der Einzelheiten s STAUDINGER/EMMERICH[12] Rn 7, 92 ff; STAUDINGER/PIKALO[12] Anh 1 ff zu § 597). Die ganze Materie war deshalb schließlich in dem **Landpachtgesetz** vom 25.6.1952 (BGBl I 343) zusammengefaßt worden. Hervorzuheben ist, daß dieses Gesetz im Interesse der Liberalisierung des Grundstücks- und Pachtmarktes gegen verbreitete Widerstände den bis dahin bestehenden Genehmigungszwang für landwirtschaftliche Pachtverträge durch eine bloße Anzeigepflicht mit einem behördlichen Beanstandungsrecht ersetzt hatte. Die praktische Bedeutung der Neuregelung blieb jedoch gering, weil die Anzeigepflicht als lästig empfunden wurde und sich deshalb in der Praxis letztlich nicht durchzusetzen vermochte (s STAUDINGER/EMMERICH[12] Rn 16).

b) Die Bundesregierung strebte deshalb eine Reform des Landpachtrechts durch dessen Wiedereingliederung in das BGB unter Verzicht auf die Anzeigepflicht an (s STAUDINGER/EMMERICH[12] Rn 17 f). Wegen des Widerstands der Agrarlobby gelang es ihr jedoch nicht, diese Pläne zu verwirklichen (s MünchKomm/VOELSKOW[3] Vorbem 19 f zu § 581; GITTER § 4 C [S 126 ff]). Daher wurden zwar ab 1986 durch das Gesetz zur Neuordnung des landwirtschaftlichen Pachtrechts vom 8. November 1985 (BGBl I 2065) die zivilrechtlichen Vorschriften des früheren Landpachtgesetzes in das BGB (§§ 585–597) übernommen; zugleich wurde jedoch durch das neue **Landpachtverkehrsgesetz** ebenfalls vom 8. November 1985 (BGBl I 2075) an der Anzeigepflicht für die meisten landwirtschaftlichen Pachtverträge und an dem Beanstandungsrecht der zuständigen Behörden in bestimmten Fällen festgehalten (zu den Gründen s den Bericht des Ausschusses für Ernährung, Landwirtschaft und Forsten, BT-Drucks 12/ 3498).

II. Wirtschaftliche Bedeutung

12 1. Die wirtschaftliche Bedeutung der Pacht ist erheblich. Obwohl über ihre genaue Verbreitung nur wenige verläßliche Zahlen vorliegen, steht fest, daß die Pacht im gesamten Bereich der Wirtschaft Verwendung findet. Hervorzuheben sind die Pacht von Geschäftsräumen sowie die Unternehmenspacht. Bei Gaststätten dürfte die Pacht sogar die häufigste Betriebsform sein. Zu beachten ist ferner, daß auch zahlreiche gewerbliche „Mietverträge" in Wirklichkeit Pachtverträge sind, sofern nämlich Vertragsgegenstand Räume sind, die für den betreffenden Gewerbebetrieb bereits eingerichtet sind (Rn 22 ff). Außerhalb des Bereichs der Wirtschaft spielt die Pacht gleichfalls eine erhebliche Rolle. Um dies zu erkennen, genügt der Hinweis auf die verbreitete Kleingartenpacht (Rn 52 ff) sowie in den neuen Ländern auf die Pacht sogenannter Datschengrundstücke (Rn 175 ff).

13 2. Die größte wirtschaftliche Bedeutung kommt der Pacht im Bereich der Landwirtschaft zu. Bei der Landpacht muß man vor allem die Zupacht und die Voll- oder Hofpacht unterscheiden. Am meisten verbreitet ist die Zupacht, worunter man die zusätzliche Anpachtung einzelner Grundstücke zwecks Abrundung des Betriebs versteht. Die Zupacht ist so häufig anzutreffen, daß sie als geradezu charakteristisch für die deutschen landwirtschaftlichen Verhältnisse bezeichnet werden kann (STAUDINGER/EMMERICH[12] Rn 35 f; STAUDINGER/PIKALO[12] Anh 7 ff zu § 597; s auch Bundesministerium für Verbraucherschutz, Ernährung und Landwirtschaft [Hrsg], Statistisches Jahrbuch über Ernährung, Landwirtschaft und Forsten der Bundesrepublik Deutschland 2002, 37).

III. Die Pacht im System des BGB

1. Schuldverhältnis

14 Die Pacht ist vom BGB ebenso wie die Miete als bloßes Schuldverhältnis konstruiert worden. Dem widerspricht es nicht, daß die Pacht bei Grundstücken aufgrund der §§ 566 und 593b sowie bei beweglichen Sachen nach Besitzübertragung aufgrund des § 986 gewisse dingliche Züge annimmt (s im einzelnen STAUDINGER/EMMERICH [2003] Vorbem 18 zu § 535). Die weitergehenden Verdinglichungstendenzen bei der Wohnraummiete (s STAUDINGER/EMMERICH [2003] Vorbem 20 zu § 535) haben (bisher) keine Parallele bei der Pacht, von der Sonderentwicklung in den neuen Ländern, namentlich bei den sogenannten Datschengrundstücken einmal abgesehen (Rn 175 ff).

2. Nießbrauch

15 a) Der Nießbrauch weist große Ähnlichkeiten mit der Pacht auf, da der Nießbraucher ebenso wie der Pächter zum Besitz und zur Nutzung der Sache berechtigt ist (§§ 1030, 1036). Das gesetzliche Schuldverhältnis zwischen Nießbraucher und Eigentümer stimmt deshalb in vielen Punkten bis in die Einzelheiten mit der Pacht überein (vgl zB §§ 1041, 1048 iVm §§ 582f idF des Gesetzes vom 8.11.1985 [BGBl I

2065]). An zahlreichen Stellen verweist das BGB in den §§ 1030 ff zudem ausdrücklich auf die Regelung des Miet- und Pachtrechts in den §§ 535 ff und 581 ff (s zB §§ 1055, 1056, 1057 und 1059d).

b) Für das Verhältnis des Nießbrauchs zur Pacht gilt dasselbe wie für das Verhältnis der Miete zum dinglichen Wohnungsrecht. Eine „Verdinglichung" der Pacht durch gleichzeitige Bestellung eines Nießbrauchs ist nicht möglich; nichts hindert die Parteien jedoch, im Falle einer Nießbrauchsbestellung ergänzende schuldrechtliche Abreden zu treffen, die im wesentlichen der Regelung der Pacht entsprechen (s im einzelnen STAUDINGER/EMMERICH [2003] Vorbem 39 f zu § 535). Auch ein sogenannter schuldrechtlicher Nießbrauch ist möglich (§ 311), wobei es sich im Regelfall um nichts anderes als um eine Pacht im Sinne der §§ 581 ff handeln dürfte (s STAUDINGER/ FRANK [2002] Vorbem 19 zu §§ 1030 ff). 16

3. Eigentumserwerb

a) Früchte
Der Eigentumserwerb des Pächters an den Früchten richtet sich nach den §§ 956 und 957, so daß der Pächter das Eigentum an solchen Früchten, deren Erwerb ihm gestattet ist, in aller Regel bereits mit der Trennung der Früchte von der Pachtsache erwerben wird (s BUNSEN ArchBürgR 29 [1906] 11 ff; HERRFURTH, Der Fruchterwerb des Pächters [1903]; MEDICUS JuS 1967, 385; SPYRIDAKES, Zur Problematik der Sachbestandteile [1966]). 17

b) Inventar
Besonderheiten gelten in einzelnen Fällen für den Eigentumserwerb an Inventarstücken: Hat der Pächter das Inventar des Verpächters zum Schätzungswert übernommen, so werden vom Pächter angeschaffte Inventarstücke schon mit ihrer Einverleibung in das Inventar Eigentum des Verpächters (§ 582a Abs 2 S 2). Lehnt der Verpächter später bei Vertragsende einzelne Stücke als überflüssig oder zu wertvoll ab, so geht das Eigentum wieder auf den Pächter über (§ 582a Abs 3 S 2 HS 2). Der Eigentumserwerb vollzieht sich in beiden Fällen kraft Gesetzes ohne Rücksicht auf den Willen der Parteien. 18

4. Erscheinungsformen

a) Überblick
Anders als bei der Miete (s § 535 S 1) können Gegenstand der Pacht außer Sachen auch Rechte sein, da man Rechte zwar nicht gebrauchen, wohl aber nutzen kann (§ 581 Abs 1). Deshalb hat man hier als erstes zwischen der Rechts- und der Sachpacht zu unterscheiden. Innerhalb der Sachpacht kann man dann weiter zwischen der Fahrnispacht und der Grundstückspacht trennen. Eine Sonderform ist die seit 1985 in den §§ 585 ff eigens geregelte Landpacht, so daß die §§ 581 bis 584b heute nur noch für die sogenannte einfache Grundstückspacht gelten (Rn 11). 19

b) Beispiele
Nach § 581 Abs 1 S 1 kann ein Pachtvertrag über jeden beliebigen Gegenstand abgeschlossen werden, sofern er nur seiner Natur nach geeignet ist, Früchte im Sinne des § 99 abzuwerfen. Deshalb können außer Sachen und Rechten (Rn 19) 20

namentlich auch Unternehmen sowie Unternehmens- oder Betriebsteile verpachtet werden, immer vorausgesetzt, daß sie eigene Erträge abwerfen. Selbst bloße Erwerbsmöglichkeiten können unter dieser Voraussetzung Gegenstand eines Pachtvertrages sein, wobei freilich hier noch hinzukommen muß, daß sie nicht ohnehin jedermann aufgrund des Gemeingebrauchs offenstehen (RGZ 132, 398, 402, 404; 150, 216, 218). Dasselbe gilt – entgegen einer verbreiteten Meinung – für ein besonderes Erfahrungswissen einschließlich des sogenannten Know-hows, da nicht einzusehen ist, warum es nicht möglich sein soll, solches Wissen anderen gegen Entgelt zum Gebrauch und zur Nutzung zu überlassen (Rn 89 ff).

21 Verpachtet werden können hiernach zB: Jagd- und Fischereirechte, das Recht auf Gewinnung von Bodenbestandteilen, Realgerechtigkeiten, altrechtliche Fähr- oder Flößereigerechtigkeiten, Urheber- und Patentrechte, Gebrauchsmuster, das Knowhow und sonstiges technisches Wissen, Geschäftsanteile an einer GmbH, Aktien, der Nießbrauch an einer Sache, weiter alle sonstigen Erwerbsmöglichkeiten wie zB der Betrieb der Toiletten oder der Garderobe in einer Gastwirtschaft oder in einem Theater, der Inseratenteil einer Zeitung (RGZ 70, 20, 22 ff; RG JW 1933, 2762, 2763), die Werbemöglichkeiten, die ein Theater bietet, zB durch Projektion von Lichtbildern auf den Vorhang oder durch Aufnahme von Inseraten in das Programm (RG Recht 1911 Nr 707; OLG Naumburg OLGE 24, 340 f), außerdem die Möglichkeit, Zeitschriften und Bücher in einer Bahnhofshalle oder an ähnlichen Plätzen zu verkaufen (BGH LM Nr 11 zu § 581 BGB = JZ 1955, 47), sowie die Werbemöglichkeiten einer Gemeinde als Teil ihres Eigentums an ihren Straßen und Gebäuden (RG DJ 1934, 837 f; BGH LM Nr 1 zu § 36 MietSchG = NJW 1952, 620 f; RFHE 46, 281; 47, 266, 268; 49, 175; OLG Frankfurt WuW/E OLG 245, 247).

IV. Abgrenzung

1. Miete

a) Allgemeines

22 Die Pacht gehört einschließlich der Landpacht zusammen mit der Miete und der Leihe zu den sogenannten Gestattungsverträgen (s o STAUDINGER/EMMERICH [2003] Vorbem 30 zu § 535). Von der Miete unterscheidet sie sich im Grunde nur dadurch, daß der Pächter im Gegensatz zum Mieter auch die Früchte des Vertragsgegenstandes ziehen darf, soweit sie nach den Regeln einer ordnungsmäßigen Wirtschaft als Ertrag des Gegenstandes anzusehen sind (§ 581 Abs 1 S 1).

23 Die Abgrenzung von Miete und Pacht kann im Einzelfall Schwierigkeiten bereiten (s dazu schon STAUDINGER/EMMERICH [2003] Vorbem 31 f zu § 535 sowie zB MICHALSKI, in: Gedschr Sonnenschein [2003] 383; HÖRCHNER, Die Abgrenzung von Miete und Pacht an Räumen [1936]; MITTELSTEIN, Miete 32 ff; NIENDORFF, Mietrecht [10. Aufl 1914] 12 ff; JOACHIM NZM 2001, 162 für den Bereich der Hotellerie). In besonderem Maße trifft dies zu für Verträge über die Überlassung von Räumen mit Einrichtungsgegenständen, durch deren bestimmungsgemäßen Gebrauch Früchte aus der Sache gezogen werden können. Zu denken ist hier vor allem an die Überlassung von eingerichteten Fabrikgebäuden, Geschäftsräumen oder Gastwirtschaften (vgl OLG München NJWE-MietR 1996, 127, 128). Solche Verträge können als bloße Raummiete, als Raumpacht oder als Unternehmenspacht zu qualifizieren sein (Rn 24 f).

b) Unternehmenspacht

24 Bloße **Raummiete** ist anzunehmen, wenn lediglich Räume ohne Einrichtung oder nur mit einer solchen Einrichtung überlassen werden, die nicht auf die Zwecke eines bestimmten Gewerbebetriebes zugeschnitten ist. Hingegen kommt **Raumpacht** in Betracht, wenn die überlassenen Räume bereits derartig ausgestattet sind, daß sie jederzeit die Aufnahme eines bestimmten Unternehmens, das Erträge abwerfen kann, gestatten, insbesondere also, wenn schon das erforderliche Inventar ganz oder im wesentlichen vorhanden ist. Nach der Praxis macht es dabei keinen Unterschied, ob das Inventar dem Pächter vom Verpächter oder von einem Dritten überlassen wird (dagegen STAUDINGER/EMMERICH [2003] Vorbem 31 zu § 535; LEONHARD Bd II 173 f; MITTELSTEIN 41 ff). Maßgebender Zeitpunkt für die Abgrenzung ist der des Vertragsabschlusses, so daß spätere Veränderungen hinsichtlich der Rechtsverhältnisse an dem Inventar wie zB dessen Veräußerung durch den Verpächter keinen Einfluß auf die Rechtsnatur des Vertrages haben (**aA** MITTELSTEIN 44 ff).

25 Von der Raumpacht (Rn 24) muß schließlich noch die **Unternehmenspacht** unterschieden werden. Sie ist anzunehmen, wenn Gegenstand des Vertrages nicht in erster Linie die Räume, sondern das Unternehmen als Inbegriff von beweglichen und unbeweglichen Sachen, Rechten, Immaterialgütern und Erwerbschancen ist. Die Frage, was vorliegt, kann letztlich nur danach entschieden werden, worauf nach dem Willen der Parteien der Schwerpunkt des Vertrages liegt. Hiernach wird Unternehmenspacht namentlich dann in Betracht kommen, wenn der Pächter das Recht zur Fortführung der Firma erwirbt oder wenn er einen schon vorhandenen Kundenstamm übernehmen kann (RG DWohnA 1934, 176).

c) Mehrheit von Sachen

26 Abgrenzungsschwierigkeiten ergeben sich außerdem, wenn eine Mehrheit von Sachen durch denselben Vertrag teils zum Gebrauch, teils zusätzlich zum Fruchtgenuß überlassen wird wie zB bei der Vermietung eines Wohnhauses „mit Nutzgarten". In derartigen Fällen ist in erster Linie darauf abzustellen, welches Vertragsobjekt nach dem Willen der Parteien als die Hauptsache erscheint, dh worauf nach den gesamten Umständen das Schwergewicht des Vertrages liegt (BGH ZMR 1999, 306, 308 = NZM 1999, 312; STAUDINGER/EMMERICH [2003] Vorbem 32 zu § 535 mNw; LEONHARD Bd II 173; MITTELSTEIN 49 ff; ebenso schon ALR I 21 §§ 260 f). Danach wird bei Überlassung eines Wohnhauses oder einer Wohnung mit Nutzgarten in aller Regel Miete, nicht Pacht vorliegen. Umgekehrt sind Verträge über landwirtschaftliche Güter durchweg Pacht, selbst wenn zu dem Gut auch ein großes Wohnhaus gehört (OLG Köln WM 1987, 1308 = WuM 1987, 377; MITTELSTEIN 50). Ein Tankstellenabkommen in Form eines sog Stationärsvertrags stellt einen gemischten Vertrag mit dienst-, miet- und pachtrechtlichen Elementen dar (OLG Düsseldorf OLG-Rp 2001, 7, 9).

2. Leihe

27 Für die Abgrenzung der Pacht von der Leihe gilt dasselbe wie für die Abgrenzung der Miete von der Leihe. Wegen der Einzelheiten ist daher auf die Ausführungen zur Miete zu verweisen (s STAUDINGER/EMMERICH [2003] Vorbem 33 f zu § 535).

3. Kauf

28 Die Abgrenzung von Kauf und Pacht richtet sich grundsätzlich nach denselben Regeln wie bei der Miete (s deshalb STAUDINGER/EMMERICH [1995] Vorbem 62 f zu §§ 535, 536 sowie RÖTELMANN NJW 1957, 1321; SOERGEL/HEINTZMANN Vorbem 6 f zu § 581; STRÖFER BB 1979, 1477). Die Frage hat Bedeutung vor allem für Verträge über den Abbau von Bodenbestandteilen und über die Aberntung von Grundstücken.

a) Abbauverträge

29 aa) Verträge über den Abbau von Bodenbestandteilen wie Sand, Kies, Öl, Kohle, Bims oder Kali können als Kauf der zukünftigen Ausbeute oder als Pacht des Grundstücks, uU auch als Kauf des Rechts auf Gewinnung der Bodenbestandteile oder als Pacht dieses Rechts qualifiziert werden, letzteres jedoch nur, wenn nach den Berggesetzen der Länder sowie dem BBergG vom 13. 8. 1980 (BGBl I 1310) ein besonderes Abbaurecht für die betreffenden Bodenbestandteile besteht, weil das Ausbeuterecht des Grundeigentümers selbst nicht gesondert rechtspachtfähig ist (str, vgl RG JW 1936, 1824 f Nr 2; STRÖFER BB 1979, 1477, 1478 f; zur Bergwerkspacht Rn 100 f).

30 Die genaue Abgrenzung von Kauf und Pacht ist in den genannten Fällen vor allem wichtig für die Frage der Gefahrtragung (vgl § 536 gegenüber § 446), für die Anwendung des § 566 bei Veräußerung des Grundstücks sowie in der Zwangsvollstreckung, da idR nur der Pächter des Grundstücks gegen eine Pfändung der Früchte auf dem Halm seitens der Gläubiger des Verpächters nach den §§ 766 und 771 ZPO vorgehen kann, nicht hingegen der Käufer dieser Früchte (vgl zB LG Neuruppin JW 1927, 2538 Nr 6).

31 bb) Von der Praxis werden Verträge über den Abbau von Bodenbestandteilen idR als **Grundstückspachtverträge** qualifiziert, weil nur dann eine Anwendung der §§ 578 Abs 1, 566 möglich ist (STAUDINGER/EMMERICH [2003] § 566 Rn 9; STRÖFER BB 1979, 1477, 1478; SOERGEL/HEINTZMANN Vorbem 6 zu § 581). Beispiele sind Verträge über die Ausbeutung von Kies (RGZ 94, 279, 280; RG JW 1903, 1031 Nr 24; 1919, 674, 675; BGH LM Nr 2 zu § 581 BGB = BB 1951, 974; LM Nr 46 zu § 581 BGB = NJW 1982, 2062; WM 1983, 531, 532; NJW 1985, 1025 = WM 1985, 419; im Ergebnis auch BGHZ 59, 64 = WM 1972, 882; LM Nr 3 zu § 584b BGB = NJW-RR 2000, 302; NZM 2000, 134 f), über den Abbau von Quarzit (RG JW 1909, 451 Nr 2) oder Sand (RG SeuffA 83 [1929] Nr 185 S 304; BGH LM Nr 35 zu § 581 BGB = WM 1973, 386 = WarnR 1973 Nr 37), über den Abbau von Kali (RG SeuffA 93 [1939] Nr 25 S 28; BGH LM Nr 2 zu § 242 [Ba] BGB = NJW 1951, 836 = MDR 1951, 610; LM Nr 4 zu § 133 [A] BGB; Nr 34 zu § 242 [Bb] BGB = NJW 1959, 2203, 2204; LM Nr 49 zu § 242 [Bb] BGB = NJW 1966, 105), Torf (BGH LM Nr 3 zu § 4 WohnsiedlG = BB 1956, 385), Bims (BGH WarnR 1969 II Nr 281 und 282 S 631 und 633; NJW 1995, 2548 = WM 1995, 1460, 1461; LM Nr 28 zu § 198b BGB = NJW-RR 2000, 647 = NZM 2000, 240) oder Kohle (RG JW 1919, 379 Nr 6) sowie schließlich Verträge über die Durchführung von Erdölbohrungen (BayObLGZ 1910, 280, 286).

32 Notwendig ist diese Einordnung (Rn 31) indessen nicht; vielmehr kann im Einzelfall auch **Kauf** anzunehmen sein, namentlich, wenn die **gesamte** Ausbeute eines Grundstücks an Ton, Kies oder Steinen als solche Gegenstand des Vertrages ist. Die Abgrenzung im einzelnen hat sich dann vor allem nach der Regelung der Gefahrtragung zu richten (BGH LM Nr 35 zu § 581 BGB = WM 1973, 386 = MDR 1973, 404 = WarnR

1973 Nr 37; STRÖFER BB 1979, 1477, 1479 f): Trägt die Gefahr des zufälligen Untergangs der Ausbeute der Erwerber, so handelt es sich um Kauf (§ 446); wird der Erwerber hingegen in einem solchen Fall frei, so kann nur Pacht vorliegen (§ 536).

Weitere Anhaltspunkte für die zutreffende Einordnung des Vertrages können sich aus der Berechnung der Gegenleistung sowie aus der Umschreibung der Pflichten ergeben: Wird die Gegenleistung ausschließlich nach der Höhe der im voraus festgelegten Ausbeute berechnet, so dürfte häufig Kauf vorliegen. Freilich kann auch bei der Pacht der Vertrag die gesamte Ausbeute eines Grundstücks umfassen (RG JW 1909, 451 Nr 2; BGH LM Nr 2 zu § 581 BGB [Bl 2] = BB 1951, 974); die Berechnung der Höhe der Gegenleistung nach der Menge der Ausbeute spricht ebenfalls nicht notwendig gegen das Vorliegen eines Pachtvertrages (RG und BGH aaO). 33

Die Annahme von **Pacht** liegt besonders nahe, wenn dem Erwerber das Grundstück überlassen wird und ihn die Obhutspflicht hinsichtlich des Grundstücks trifft (STRÖFER BB 1979, 1477, 1480). Dasselbe gilt, wenn es ihm freisteht, ob und in welchem Umfang er auf dem Grundstück die Ausbeute betreiben will. Für das Vorliegen einer Pacht spricht es außerdem, wenn ohne Rücksicht auf die Höhe der Ausbeute ganz oder teilweise eine feste Gegenleistung vorgesehen ist, da sich darin nur der Grundsatz ausdrückt, daß der Pächter die Gefahr der Fruchtziehung trägt (BGH LM Nr 46 zu § 581 BGB = NJW 1982, 2062, 2063 m Nachw). 34

Eine im Vertrag vorgesehene Kündigungsmöglichkeit deutet gleichfalls auf Abschluß eines Pachtvertrages hin (STRÖFER BB 1979, 1477, 1480). Ist jedoch in dem Vertrag das Ausmaß der Ausbeute von vornherein genau fixiert, so handelt es sich um einen auf bestimmte Zeit geschlossenen Vertrag, bei dem eine ordentliche Kündigung ausscheidet; die Vertragsdauer richtet sich dann nach der Zeit, die nach dem Stand der Technik für den Abbau der festgelegten Menge notwendig und angemessen ist (RG JW 1909, 451, 452 Nr 2). 35

b) Aberntungsverträge
Ähnliche Grundsätze wie bei der Beurteilung von Abbauverträgen (o Rn 29 ff) sind bei der Entscheidung der Frage zugrunde zu legen, welche Rechtsnatur ein Vertrag über die Aberntung eines Grundstücks hat. Wird der ganze Ertrag eines Jahres zur Aberntung veräußert, so dürfte idR Kauf und nicht Pacht anzunehmen sein, so zB bei Verträgen über die Gras-, Obst- oder Getreideernte eines Grundstücks in einem Jahr, aber auch bei Verträgen über die Abholzung von Grundstücken (OLG Naumburg JW 1930, 845 f Nr 12; LG Neuruppin JW 1927, 2538 Nr 6; anders zB OLG Dresden OLGE 36 [1918 I] 68 f). 36

c) Viehgräsungsvertrag, Tierzuchtvertrag
aa) Von einem **Viehgräsungsvertrag** spricht man, wenn eine oder mehrere Personen, idR Viehzüchter oder Viehhändler, ihre Tiere für die Sommermonate einem Landbesitzer zur Unterbringung auf bestimmten Wiesen übergeben. Verträge dieser Art enthalten kauf-, pacht- und verwahrungsrechtliche Elemente, so daß es sich bei ihnen um gemischte Verträge eigener Art und nicht um reine Verwahrungs- oder Pachtverträge handelt (OLG Kiel SchlHAnz 1930, 322; BOVENSIEPEN LZ 1930, 971; **aA** OLG Kiel SchlHAnz 1922, 174; LG Bielefeld MDR 1968, 668 Nr 51). 37

38 bb) Wieder anders einzuordnen sind **Tierzucht-**, Viehmast- und Deckverträge. Bei allen diesen Verträgen steht die Herbeiführung eines bestimmten Erfolges in Gestalt der Aufzucht von Tieren im Vordergrund, so daß es sich um Werkverträge handelt (BGH LM Nr 1 zu FuttermittelG = MDR 1972, 232; LM Nr 70 zu § 631 BGB = NJW 1991, 166 = WM 1990, 2050; s auch Rn 44 f).

4. Dienstvertrag

39 Pacht- und Dienstverträge haben auf den ersten Blick wenig gemeinsam; gleichwohl gibt es Vertragsgestaltungen, die auf der Grenze zwischen ihnen stehen, so daß ihre zutreffende Einordnung Schwierigkeiten bereitet. Zu nennen sind hier vor allem die Betriebsführungs- und die Betriebspachtverträge. Aber auch bei Franchiseverträgen ist zB umstritten, ob sie in erster Linie als Pacht oder als Dienstverträge zu qualifizieren sind (Rn 142 ff).

a) Abgrenzungskriterien
40 aa) Reine Geschäftsbesorgungsverträge mit Dienstvertragscharakter (§§ 675, 611) stellen nur die (echten und unechten) **Betriebsführungsverträge im engeren Sinne** dar, durch die ein Unternehmen sozusagen fremde Managementleistungen „einkauft", dh durch die es aus Mangel an eigenen Managementkapazitäten die Führung seines Betriebs einer anderen Person oder einem anderen Unternehmen überträgt (vgl dazu EMMERICH/SONNENSCHEIN/HABERSACK, Konzernrecht [7. Aufl 2001] § 15 IV [S 206 ff]; U HUBER ZHR 152 [1988] 1, 123; W JOACHIM DWiR 1992, 397, 455; ders GuT 2003, 119; ders NZM 2001, 162). Solche Verträge haben keinen pachtrechtlichen Einschlag (aus der Rechtsprechung s RGZ 142, 223; BGH LM Nr 7 zu § 114 HGB = NJW 1982, 1817 = WM 1982, 894; RFHE 40, 185; OLG München Die AG 1987, 380).

41 bb) Von einem **Betriebspachtvertrag** spricht man, wenn der eine Teil dem anderen gegen Entgelt den Betrieb seines Unternehmens auf eigene Rechnung und im eigenen Namen überläßt (s im einzelnen Rn 132 sowie EMMERICH/SONNENSCHEIN/HABERSACK, Konzernrecht § 15 II [S 203 ff]). Je nach den Abreden der Parteien können solche Verträge aber auch Dienst- oder Arbeitsverträge darstellen, letzteres vor allem dann, wenn der Verpflichtete *weisungsabhängig* ist, wenn ihm kein selbständiger Pachtbesitz an den Räumen eingeräumt wird oder wenn er auf Rechnung des anderen Teils tätig wird (RAGE 17, 7; 18, 139). Maßgebend ist dabei – ohne Rücksicht auf die Bezeichnung des Vertrages – der objektive Gesamtzuschnitt ihres Verhältnisses. Erweist sich danach der eine Teil als *persönlich abhängig* von dem anderen, so scheidet Pacht aus; statt dessen ist ein Arbeitsvertrag anzunehmen (RAG aaO; s Rn 43).

b) Beispiele
42 Pacht liegt zB vor, wenn einer Person der Betrieb einer Gastwirtschaft auf eigene Rechnung übertragen wird, selbst wenn ihr dabei ein bestimmtes Mindesteinkommen garantiert wird (OLG Hamburg HansRGZ 1929 [B] Sp 457, 458 f), wenn der Besitzer einer Gastwirtschaft den Betrieb der Küche einem anderen gegen Beteiligung an dem Küchenumsatz überläßt, sofern der Verpflichtete selbständigen Besitz an den Räumen erhält und auf eigene Rechnung tätig wird (BGH LM Nr 2 zu § 10 UStG = MDR 1965, 481 = WarnR 1965 Nr 65), sowie wenn einer Person ein Sportplatz zur Nutzung auf eigene Rechnung und unter eigener Verantwortung übergeben wird,

selbst wenn sie zugleich zum Betrieb dieses Unternehmens verpflichtet ist (RG Recht 1912 Nr 3068).

Pacht ist hingegen zu verneinen, wenn der Verpflichtete in persönlicher *Abhängig-* **43** *keit* von dem Überlassenden tätig wird (Rn 41; SOERGEL/HEINTZMANN Vorbem 8 vor § 581). Demnach liegt ein **Dienst- oder Arbeitsverhältnis** vor, wenn ein Gastwirt einen Musiker damit beauftragt, Tanzmusik zu spielen und dafür Tanzgelder von den tanzenden Paaren einzuziehen (KG OLGE 22 [1911 I] 242, 243 f), wenn ein Gastwirt eine Toilettenfrau mit der Sauberhaltung der Toiletten gegen Beteiligung an den Trinkgeldern beauftragt (OLG Kiel OLGE 10 [1905 I] 71 f), wenn ein Wirt einem anderen einen Teil seiner großen Gastwirtschaft zur Bewirtschaftung überträgt, sofern der Verpflichtete weisungsabhängig ist (OLG Naumburg SeuffA 57 [1902] Nr 210 S 392 f), wenn sich eine Mineralölgesellschaft gegenüber einem Tankwart so weitgehende Weisungsrechte ausbedingt, daß dieser im Ergebnis als sozial abhängig erscheint (RAGE 17, 1; 18, 139, 140 ff), sowie wenn ein Bezirksschornsteinfeger einen Stellvertreter für seinen Bezirk bestellt (BSG SozR § 537 RVO Nr 5 [Bl Aa 4] = AP Nr 6 zu § 537 RVO). Zum Heuerlings- oder Instvertrag s Rn 81 ff.

5. Werkvertrag

Abgrenzungsprobleme zwischen Pacht und Werkvertrag können sich ergeben, **44** wenn bestimmte Betriebe oder Betriebsteile zur Durchführung einer Produktion überlassen werden. Für die Abgrenzung sind dann im wesentlichen dieselben Gesichtspunkte wie für die Abgrenzung von Pacht und Kaufvertrag maßgebend (Rn 28 ff).

Werkvertrag liegt vor, wenn es den Parteien in erster Linie auf die Verschaffung der **45** betreffenden Erzeugnisse selbst ankommt, während Pacht anzunehmen ist, wenn der Verpflichtete in den überlassenen Räumen selbständig wirtschaften kann, so daß die Höhe der von ihm geschuldeten Gegenleistung unabhängig von der von ihm erzielten Produktion ist. Folglich handelt es sich zB um einen Werkvertrag, wenn der Besitzer eines Schleif- und Polierwerkes die Veredelung der ihm von einem anderen Unternehmen gelieferten Rohlinge übernimmt, während Pacht gegeben ist, wenn er sein Werk dem Lieferanten der Rohlinge zum eigenen Betrieb überläßt (RG Recht 1908 Sp 228 Nr 1358). Auch ein Vertrag über die Herstellung eines Werbefilms ist Werkvertrag mit kaufrechtlichen Elementen (BGH LM Nr 10 zu § 377 HGB = MDR 1966, 496). Dasselbe gilt für Tierzuchtverträge und gleichstehende Abreden (Rn 38).

6. Gesellschaft*

a) Abgrenzungskriterien

Pachtverträge sind Austauschverträge mit entgegengesetzten Interessen der Par- **46** teien und stehen deshalb begrifflich im Gegensatz zu den Gesellschaftsverträgen, mit denen die Parteien gemeinsame Zwecke verfolgen (§ 705). Die genaue Grenz-

---

* **Schrifttum:** CROME, Die partiarischen Rechtsgeschäfte (1897); HAMMES MDR 1950, 734; HÜFFER, Das partiarische Geschäft als Rechtstypus (1970); LEENEN, Typus und Rechtsfindung (1971); MITTELSTEIN, Die Miete (4. Aufl 1932) 76 ff.

ziehung bereitet gleichwohl häufig Schwierigkeiten, namentlich, wenn die Vertragsdurchführung eine enge vertrauensvolle Zusammenarbeit der Parteien notwendig macht oder wenn die Pacht ganz oder teilweise nach der Höhe der vom Pächter erzielten Umsätze oder Gewinne bemessen wird. Man spricht dann von Teilpacht oder von partiarischen Rechtsverhältnissen.

47 In solchen Fällen ist eine genaue Grenzziehung häufig nur aufgrund einer Gesamtwürdigung der Umstände des Einzelfalles unter dem Gesichtspunkt möglich, ob das konkrete Rechtsverhältnis mehr dem Typus der Pacht oder der Gesellschaft zugehört. Auszugehen ist hierbei von § 705, so daß ein Gesellschaftsvertrag nur angenommen werden kann, wenn die Parteien zumindest *auch* einen *gemeinsamen* Zweck verfolgen und sich verpflichten, Beiträge zu dessen Verwirklichung zu leisten; erforderlich ist außerdem eine, wenn auch nur ganz lose Gemeinschaftsorganisation, die den Gesellschaftswillen verkörpert und jedem Beteiligten gewisse Einwirkungs- und Kontrollrechte eröffnet (RGZ 160, 361, 366 ff = DR 1939, 1681; RG DR 1942, 1161, 1162 = HRR 1942 Nr 570; BGHZ 127, 176, 177 ff = WM 1994, 2246 = NJW 1995, 192; BGH NJW 1951, 308; WM 1959, 1433; LM Nr 13 zu § 276 [H] BGB = NJW-RR 1988, 417 = BB 1988, 12; NJW 1990, 573, 574; LM Nr 3 zu § 230 HGB = NJW 1992, 2696; BFHE 151, 163, 166 ff = BB 1987, 186, 187 f).

48 Für das Vorliegen eines gemeinsamen Zweckes sprechen neben der Verlustbeteiligung beider Teile vor allem ins Gewicht fallende Kontroll- und Einsichtsrechte des überlassenden Teils, die Führung einer gemeinsamen Kasse, ein beiderseitiges Entnahmerecht sowie die gemeinsame Festlegung der Wirtschaftspläne (RG DR 1942, 1161, 1162 = HRR 1942 Nr 570; BGHZ 127, 176, 178 f = WM 1994, 2246 = NJW 1995, 192; BGH NJW 1951, 308 f; 1990, 573, 574; LM Nr 3 zu § 230 HGB = NJW 1992, 2696; OLG Hamm NJW-RR 1994, 1382 f). Hingegen handelt es sich um Pacht (oder Miete) wenn nicht mehr vorliegt, als daß der eine Teil dem anderen gegen eine Beteiligung an dessen Umsätzen Grundstücke oder Räume für den Betrieb dessen Unternehmens überläßt, ohne eine weitere Einlage zu leisten und ohne sich Kontroll- oder Einsichtsrechte auszubedingen (BGH LM Nr 13 zu § 276 [H] BGB = NJW-RR 1988, 417 = BB 1988, 12; BFHE 151, 163, 166 ff = BB 1988, 186, 187 f).

b) Beispiele

49 Eine Gesellschaft liegt nach dem Gesagten (Rn 46 ff) zB vor, wenn der Eigentümer eines Landgutes und der Verwalter das Gut gleichgeordnet auf gemeinsame Rechnung betreiben, sofern sie eine gemeinsame Kasse bilden und beide ein Entnahmerecht haben (RG DR 1942, 1161 = HRR 1942 Nr 570). Hingegen ist (partiarische) Pacht anzunehmen, wenn der Verpächter lediglich am Umsatz des Pächters beteiligt ist (s STAUDINGER/EMMERICH [2003] § 535 Rn 87 sowie zB RGZ 149, 88, 89 f; 160, 361, 366 ff = DR 1939, 1681; OGH HEZ 2, 245, 247; BGH LM Nr 13 zu § 276 [H] BGB = NJW-RR 1988, 417 = BB 1988, 12; KG OLGE 19 [1909 II] 390). Das gilt selbst dann, wenn die Gegenleistung allein nach der Höhe des Gewinnes des Pächters bemessen wird, sofern nur der Pächter das überlassene Geschäft unter eigener Verantwortung und für eigene Rechnung betreibt (HAMMES MDR 1950, 734; **aA** LG Verden MDR 1950, 733 f). Auch Lizenzverträge bleiben unter dieser Voraussetzung Rechtspachtverträge, solange der Lizenzgeber keinen Einfluß auf den Geschäftsbetrieb des Lizenznehmers besitzt (RGZ 122, 70, 72 f).

Bloße *Pacht* ist außerdem zB anzunehmen, wenn der eine Teil dem anderen lediglich das erforderliche Betriebsgelände gegen Beteiligung an den Erträgen überläßt, selbst wenn er bestimmte zusätzliche Lieferpflichten übernimmt, sofern er nur keinen Einfluß auf Art und Umfang der Produktion hat (BGH NJW 1951, 308 f), wenn ein Kaufhaus einem Reisebüro Räume gegen eine prozentuale Beteiligung an den Provisionen des Reisebüros zur Verfügung stellt, ohne sich weitere Kontroll- oder Mitwirkungsrechte einräumen zu lassen (BGH LM Nr 13 zu § 276 [H] BGB = NJW-RR 1988, 417 = BB 1988, 12), wenn eine Ziegelei gegen Beteiligung des Verpächters am Ertrag des Pächters verpachtet wird (OGH HEZ 2, 245, 247) sowie wenn bei der Verpachtung eines Lichtspieltheaters die Pacht in Prozentsätzen der Einnahmen des Pächters festgesetzt wird (OLG Karlsruhe SJZ 1950, 339, 341; OLG Celle BB 1974, 157). 50

c) Betriebspflicht

Partiarische Rechtsverhältnisse erfordern in vieler Hinsicht eine engere Zusammenarbeit der Parteien als „normale" Austauschverträge. Daraus kann, namentlich, wenn die Pacht in voller Höhe von den Umsätzen oder gar Gewinnen des Pächters abhängt, eine Betriebspflicht des Pächters folgen; notwendig ist dieser Schluß jedoch nicht (s STAUDINGER/EMMERICH [2003] § 535 Rn 87, 92; OGH HEZ 2, 245, 247; BGH ZMR 1979, 238, 239; OLG Düsseldorf NJW-RR 1999, 305 = ZMR 1999, 171 = NZM 1999, 124). Richtet sich die Höhe der Pacht nach den Umsätzen des Pächters, so ist es außerdem eine Auslegungsfrage, ob zu den Umsätzen die Mehrwertsteuer gehört oder nicht (OLG Celle BB 1974, 157). 51

V. Kleingartenpachtrecht*

1. Zweck

Schon vor dem Landpachtrecht (Rn 10 f) und in der Folgezeit parallel zu ihm entwickelte sich seit 1916 ein umfassendes Schutzrecht zugunsten der Kleingartenpächter. Dahinter stand ursprünglich vor allem der Zweck, durch die umfassende Förderung der Kleingartenpacht die Ernährungsbasis breiter Bevölkerungsschichten nach Möglichkeit abzusichern. Später traten demgegenüber andere diffuse Zwecke in den Vordergrund. 52

Natürlich spielt heute die Sicherung der deutschen „Ernährungsbasis" als Zweck des Kleingartenpachtrechts keine Rolle mehr. Gleichwohl hat sich bisher in den Augen des Gesetzgebers nichts an der fortbestehenden Schutzbedürftigkeit der 53

---

* **Schrifttum**: FRIEDRICH NJ 2003, 12; HARKE ZMR 2004, 87; LANDFERMANN NJW 1983, 2670; MAINCZYK, Bundeskleingartengesetz (8. Aufl 2002); FR OTTO ZMR 1983, 362; ROTHE, Bundeskleingartengesetz (1983); STANG, Bundeskleingartengesetz (2. Aufl 1995); WALTHER, in: MÜLLER/WALTHER, Miet- und Pachtrecht (2004) Anhang 3 C § 581; aus dem früheren Schrifttum sind hervorzuheben: BETTERMANN NJW 1957, 1497; GIESBERTZ, Das deutsche Kleingartenwesen (1973); ders, Kündigungsschutz für Kleingärten (1937); KAISENBERG, Kleingarten- und Kleinpachtlandordnung (2. Aufl 1921); MAUL, Das deutsche Kleingartenrecht (1939); REINECKE, Das gesamte Reichspachtschutzrecht mit Einschluß des Kleingartenrechts (4. Aufl 1949); SACKERS, Die Rechte des Kleingärtners (1947); ders, Die Handhabung des Kleingartenrechts in der Verwaltungspraxis (1957); WIETHAUP ZMR 1970, 193.

Kleingärtner geändert (vgl den Ausschußbericht BT-Drucks 9/2232, 14; BVerfGE 52, 1, 10 f = NJW 1980, 985; VGH München BayVBl 2001, 525, 526; OTTO ZMR 1983, 362). Die Kleingartenpächter sind zum überwiegenden Teil Mieter von Wohnungen ohne Hausgärten. Der Kleingarten bietet ihnen einen Ausgleich für Mängel im Wohnbereich und Wohnumfeld, sowie für oft einseitige Berufstätigkeit. Besonders wichtig ist das für Familien mit Kleinkindern, für kinderreiche Familien und für Angehörige der unteren Einkommensschichten (BVerfGE 87, 114, 147; BVerfG NJW 1998, 3559). Die Folge ist eine bis auf den heutigen Tag fortbestehende radikale Beschränkung der Eigentümerrechte zugunsten der Kleingartenpächter, die angehen mag, wenn es sich um Land im Eigentum der öffentlichen Hand und namentlich der Gemeinden handelt, wie es auch in der Mehrzahl der Fälle zutrifft. Bei privaten Grundstücken lassen sich diese Beschränkungen heute indessen kaum mehr rechtfertigen, weshalb die gesetzliche Regelung bereits wiederholt auf die Kritik des BVerfG gestoßen ist (Rn 55 f), ohne daß der Gesetzgeber freilich daraus bisher irgendwelche Konsequenzen gezogen hätte.

2. Geschichte

54 Der Pachtschutz für Kleingärtner begann mit den beiden Bundesratsbekanntmachungen über Kleingartenpacht vom 4. 4. 1916 (RGBl 234) und vom 12. 10. 1917 (RGBl 897). An ihre Stelle trat sodann die Kleingarten- und Kleinpachtlandordnung (KlGO) vom 31. 7. 1919 (RGBl 1371), die erstmals eine Preisbindung und einen gewissen Kündigungsschutz für solche Pachtverträge vorsah. Eine Erweiterung des Anwendungsbereichs der KlGO auf Kleingärten mit ständig bewohnten Lauben brachte das Ergänzungsgesetz vom 26. 6. 1935 (RGBl I 809). Gegen Ende des Krieges wurde außerdem der Kündigungsschutz neu geregelt (VO über Kündigungsschutz und andere kleingartenrechtliche Vorschriften vom 23. 5. 1942 [RGBl I 343] idF der VO vom 15. 12. 1944 [RGBl I 347]; Anordnung über eine erweiterte Kündigungsmöglichkeit von kleingärtnerisch bewirtschaftetem Land vom 23. 1. 1945 [RAnz 1945 Nr 26]). Weitere Einzelheiten regelte schließlich das Bundesgesetz zur Änderung und Ergänzung kleingartenrechtlicher Vorschriften vom 28. 7. 1969 (BGBl I 1013).

55 Im Ergebnis bestand aufgrund der genannten Gesetze (Rn 54) zugunsten der Kleingartenpächter ein umfassender Kündigungsschutz in Verbindung mit einer Pachtpreisbindung auf niedrigstem Niveau, so daß sich schließlich ihre Rechtsstellung der eines Eigentümers annäherte (s dazu im einzelnen STAUDINGER/EMMERICH[12] Rn 102 ff; STAUDINGER/PIKALO[12] Anh 96 ff zu § 597; SOERGEL/HEINTZMANN Vor § 581 Rn 24). Deshalb erklärte das BVerfG (BVerfGE 52, 1 = NJW 1980, 985) diesen überzogenen Kündigungsschutz 1979 für verfassungswidrig, ohne indessen die Nichtigkeit der Regelung auszusprechen, weil verschiedene gesetzgeberische Möglichkeiten zur Beseitigung der Verfassungswidrigkeit bestanden. Infolgedessen sahen sich die Gerichte genötigt, Rechtsstreitigkeiten über Kleingartenpachtverträge bis zu einer gesetzlichen Neuregelung auszusetzen (BGHZ 80, 87, 89 = NJW 1981, 1547; BGH LM Nr 2/3 zu § 31 BVerfGG = NJW 1980, 2084, 2085; WM 1995, 1418). Anders verhielt es sich nur, wenn die Räumungsklage des Verpächters bereits nach früherem Recht begründet war (BGHZ 80, 87, 89 = NJW 1981, 1547).

56 Die überfällige gesetzliche Neuregelung der Materie brachte erst das **Bundeskleingartengesetz** vom 28. Februar 1983 (BGBl I 210). Dieses Gesetz faßte die verstreuten

Rechtsvorschriften über Kleingartenpachtverträge zusammen und verstärkte dabei im Ergebnis noch den gesetzlichen Schutz der Kleingartenpächter. Außerdem hielt es an der Pachtpreisbindung auf niedrigstem Niveau fest mit der Folge, daß die von Kleingartenpächtern zu zahlenden Pachtzinsen häufig weit unter den die Eigentümer treffenden Grundstückslasten lagen (§ 5 BKleingG). Das BVerfG griff deshalb erneut ein: Mit Beschluß vom 23. 9. 1992 (BVerfGE 87, 114 = NJW-RR 1993, 971, 974) stellte es die Verfassungswidrigkeit des § 5 Abs 1 S 1 BKleingG fest und verlangte eine unverzügliche Neuregelung der Materie (anders zuvor noch BGHZ 108, 147, 152 ff = LM Nr 3 zu BKleingG = NJW 1989, 2470). Diese erfolgte mit dem Gesetz zur Änderung des Bundeskleingartengesetzes (BKleingÄndG) vom 8. 4. 1994 (BGBl I 766). Weitere Änderungen erfuhr die Vorschrift durch das Gesetz zur Neugliederung, Vereinfachung und Reform des Mietrechts vom 19. 6. 2001 (BGBl I 1149) und das Gesetz zur Anpassung der Formvorschriften des Privatrechts und anderer Vorschriften an den modernen Rechtsgeschäftsverkehr vom 13. 7. 2001 (BGBl I 1542). § 5 Abs 1 S 1 sieht jetzt eine Anhebung des Höchstpachtbetrags auf das Vierfache der ortsüblichen Pacht im erwerbsmäßigen Obst- und Gemüseanbau bezogen auf die Gesamtfläche der Kleingartenanlage vor (zur Verfassungsmäßigkeit dieser Regelung BVerfG NJW-RR 1998, 1166). Einen gewissen Zuschlag auf diese Pacht stellen die Ansprüche des Verpächters gegen den Pächter auf Erstattung von Aufwendungen (§ 5 Abs 4 BKleingG) und öffentlich-rechtliche Lasten (§ 5 Abs 5 BKleingG) dar (BGH NJW 1997, 1071 = LM Nr 10 zu BKleingG). Für Altfälle wurde in Art 3 S 1 Nr 1 BKleingÄndG eine Übergangsregelung aufgenommen, wonach private Verpächter im Falle am 1. 11. 1992 nicht bestandskräftig entschiedener Rechtsstreitigkeiten rückwirkend vom ersten Tage des auf die Rechtshängigkeit folgenden Monats die nunmehr erhöhte Pacht geltend machen können. Der zeitliche Anwendungsbereich des § 5 BKleingG reicht aber nicht weiter, als der des BKleingG selbst. Die äußerste zeitliche Grenze eines wirksamen Erhöhungsverlangens nach Art 3 S 1 Nr 1 BKleingÄndG ist damit der 1. 4. 1983, und zwar auch dann, wenn die Rechtshängigkeit einer am Stichtag 1. 11. 1992 anhängigen Pachtzinsklage noch früher eingetreten war (BGH NJW-RR 1999, 237 = NZM 1999, 140; BGH NJW 1997, 3374; BGH NZM 2001, 988, 989). Die Überleitungsvorschrift des Art 3 S 1 Nr 1 BKleingÄndG läßt den ordentlichen Gerichten einen ausreichenden Ermessensspielraum für eine verfassungskonforme Auslegung in den Fällen, in denen eine Pachtzinserhöhung für vor der Klageerhebung liegende Zeiträume verlangt wird (BVerfG NJW-RR 1999, 889; BGH NZM 2001, 438, 439; BGH NZM 2001, 988, 989). In den neuen Ländern wurde das BKleingG sofort mit dem 3. Oktober 1990 eingeführt (§ 20a BKleingG idF der Anlage I Kapitel XIV Abschnitt II Nr 4 des Einigungsvertrages [BGBl 1990 I 1125]; § 20b BKleingG idF des Schuldrechtsänderungsgesetzes vom 21. 9. 1994 [BGBl I 2538, 2552]; Art 232 § 4 Abs 4 EGBGB; § 2 Abs 3 Schuldrechtsanpassungsgesetz [BGBl 1994 I 2538]; Rn 175 ff).

3. Überblick

a) Begriff
aa) Unter einer kleingärtnerischen Landnutzung verstand man bisher überwiegend die Bewirtschaftung des Landes zur Gewinnung von Gartenfrüchten aller Art wie Gemüse und Obst mit eigenen Kräften unter Verwendung kleiner Werkzeuge und überwiegend für den Eigenbedarf (sogenannte Schrebergärten; BGHZ 32, 1, 8 = NJW 1960, 914; BGH LM Nr 1 zu § 2 KleingartenO/ErgG v 26. 6. 1935; WIETHAUP ZMR 1970, 193). Den Gegensatz bildete der Erwerbsgartenbau, dh die gewerbliche Gärtnerei. Für

die Abgrenzung zwischen den beiden Formen der Gärtnerei kam es in erster Linie auf die tatsächliche Nutzung des fraglichen Grundstücks an (BGHZ 32, 1, 9 f = NJW 1960, 914; BGHZ 44, 341, 344 = NJW 1966, 596).

58 bb) An diesem Begriffsverständnis hat das BKleingG im wesentlichen festgehalten. Die Definition des Kleingartens findet sich jetzt in § 1 Abs 1 BKleingG (s dazu zB OLG Naumburg ZOV 2001, 398, 399; FRIEDRICH NJ 2003, 12, 13; MAINCZYK, BKleingG § 1 Rn 3 ff [S 49 ff]; OTTO ZMR 1983, 362; PALANDT/WEIDENKAFF, Einf vor § 581 Rn 10 ff). Damit ein Garten als Kleingarten anerkannt werden kann, müssen hiernach zwei Merkmale zusammentreffen, die kleingärtnerische Nutzung des Grundstückes sowie dessen Lage in einer Kleingartenanlage (zum ersten Merkmal als dem zentralen KG ZOV 2002, 279). Ausgenommen sind die in § 1 Abs 2 des Gesetzes genannten Gärten. Im einzelnen hat man zwischen gewöhnlichen Kleingärten und Dauerkleingärten zu unterscheiden. **Dauerkleingärten** im Gegensatz zu gewöhnlichen Kleingärten sind solche, die sich auf einer Fläche befinden, die in einem Bebauungsplan für Dauerkleingärten festgesetzt ist (§ 1 Abs 3 BKleingG). Gleich stehen die in § 16 Abs 2 des Gesetzes genannten alten Kleingartenverträge mit Gemeinden. Weitere Übergangsvorschriften enthalten die Abs 3 und 4 des § 16 BKleingG (dazu BVerfGE 87, 114 = NJW-RR 1993, 971; BGHZ 113, 290 = LM Nr 4 zu BKleingG = NJW 1991, 1348; BGH NJW-RR 1995, 1296 = LM Nr 9 zu BKleingG).

b) Größe, Bebauung

59 Kleingärten sollen nicht größer als 400 Quadratmeter sein und dürfen grundsätzlich nur mit einfachen Lauben, die nicht zu dauerndem Wohnen geeignet sind, bebaut werden (§ 3 BKleingG). Für früher errichtete, zu Wohnzwecken dienende Lauben besteht jedoch Bestandsschutz (§ 18 aaO). Der Verpächter kann dann ein angemessenes Entgelt verlangen (dazu BGH LM Nr 5 zu BKleingG = NJW 1992, 1832; BGH WuM 2004, 349).

c) Zwischenpächterprivileg

60 Eigentümer des kleingärtnerisch genutzten Landes sind in der Mehrzahl der Fälle Gemeinden und Gemeindeverbände (Rn 53). Sie haben in die Verpachtung der Kleingärten häufig sogenannte **Kleingärtnerorganisationen** eingeschaltet, die unter den Voraussetzungen des § 2 BKleingG als gemeinnützig anerkannt werden. Ist dies der Fall, so gelten die Vorschriften über Kleingartenpachtverträge auch für die Zwischenpachtverträge der Gemeinden und Gemeindeverbände mit den Kleingärtnerorganisationen (§ 4 Abs 2 BKleingG). Zwischenpachtverträge mit anderen Organisationen sind hingegen nichtig (§ 4 Abs 2 S 2 aaO), werden jedoch geheilt, sobald die fragliche Organisation als gemeinnützig anerkannt ist (BGHZ 101, 18, 20 = LM Nr 1/2 zu BKleingG = NJW 1987, 2865). Eine ergänzende Regelung für die neuen Länder findet sich seit 1994 in § 20b BKleingG, in Kraft getreten am 1. Januar 1995 (Rn 56).

d) Kündigungsschutz

61 aa) Kern des BKleingG ist neben der Pachtpreisbindung (§ 5 des Gesetzes; Rn 56) der umfassende Bestandsschutz zugunsten der Kleingartenpächter aufgrund der §§ 6 ff des Gesetzes. Zu diesem Zweck ist zunächst bestimmt, daß Kleingartenpachtverträge über Dauerkleingärten (Rn 58) nur auf unbestimmte Zeit abgeschlossen werden dürfen (§ 6 BKleingG). Außerdem können Kleingartenpachtverträge nur aus ganz wenigen Gründen außerordentlich oder ordentlich gekündigt werden (§§ 8 und 9 BKleingG). Praktische Bedeutung hat hiervon im Grunde lediglich der Kündigungsgrund des § 9 Abs 1 Nr 4 des Gesetzes, nach dem der Verpächter kündigen kann, wenn planungsrechtlich eine andere als die kleingärtnerische Nutzung zulässig ist und der Eigentümer durch die Fortsetzung des Pachtverhältnisses an einer anderen wirtschaftlichen Verwertung gehindert ist und dadurch erhebliche Nachteile erlitte (s dazu BVerfG NJW 1998, 3559; BGH NZM 2002, 698; BGHZ 119, 300 = LM Nr 6 zu BKleingG = NJW 1993, 55; zum früheren Recht s BGHZ 80, 87, 93 ff = NJW 1981, 1547).

bb) Zusätzliche Kündigungsgründe bestehen aufgrund des § 10 BKleingG für Zwischenpachtverträge (Rn 60). Macht der Verpächter von einem dieser Kündigungsgründe des § 10 Abs 1 BKleingG Gebrauch, so tritt er nach § 10 Abs 3 kraft Gesetzes in die Verträge des Zwischenpächters mit den Kleingärtnern ein (zum Problem, ob diese Regelung auch Anwendung findet, wenn der Hauptpachtvertrag durch Aufhebungsvereinbarung endet, HARKE ZMR 2004, 87, 89 f). Dies gilt auch bei mehrfach gestuften Zwischenpachtverträgen, nicht jedoch, wenn der Verpächter aus einem anderen Grunde, dh nach § 9 des Gesetzes kündigt (BGHZ 119, 300, 302 f = LM Nr 6 zu BKleingG = NJW 1993, 55; BGH LM Nr 8 zu BKleingG = NJW-RR 1994, 779). Einer Anwendung des § 10 Abs 3 BKleingG auf eine Kündigung des Zwischenpachtverhältnisses durch den Eigentümer eines Kleingartengrundstücks wegen anderweitiger wirtschaftlicher Verwertbarkeit des Areals nach § 9 Abs 1 Nr 4 BKleingG steht Art 14 Abs 1 S 1 GG entgegen (BVerf NJW 1998, 3559). Mangels Eintritts des Hauptverpächters in den Vertrag zwischen dem Zwischen- und Endpächter, muß letzterer die von ihm genutzte Kleingartenparzelle nach den §§ 4 Abs 1 BKleingG, 581 Abs 2, 546 Abs 2 (= 556 Abs 3 aF) unmittelbar an den Hauptverpächter herausgeben. Allerdings kann er bei einer solchen auf den Endpachtvertrag durchschlagenden Kündigung des Zwischenpachtvertrags unmittelbar vom kündigenden Hauptverpächter (§ 11 Abs 2 S 1 BKleingG) oder dem begünstigten Fachplanungsträger (§ 11 Abs 2 S 2 BKleingG) eine Entschädigung für die vorzeitige Beendigung seines Nutzungsrechts verlangen (BGH NZM 2002, 698, 699 = NJW-RR 2002, 1203).

e) Abweichende Regelungen
Die gesetzliche Regelung ist zugunsten der Kleingartenpächter zwingend (§ 13 BKleingG). Folglich sind Kleingartenpachtverträge unwirksam, soweit die vereinbarte Pacht die höchstzulässige überschreitet (BGHZ 108, 147, 149 ff = LM Nr 3 zu BKleingG = NJW 1989, 2470; **aA** HARKE ZMR 2004, 87, 89).

Für die Anwendung des BGB ist neben dem BKleingG nur Raum, soweit dieses keine besonderen Vorschriften enthält (§ 4 Abs 1 des Gesetzes). Anwendbar ist daher zB § 545 BGB (BGHZ 113, 290, 297 = LM Nr 4 zu BKleingG = NJW 1991, 1348; vgl auch § 12 BKleingG für den Tod des Pächters, der sachlich mit § 563 BGB übereinstimmt).

VI. Pachtkreditrecht*

1. Überblick

65 In den weiteren Rahmen des Pächterschutzes gehören auch die verschiedenen gesetzlichen Maßnahmen zur Verbreiterung der Kreditbasis für Pächter. Zu nennen sind hier vor allem das Pachtkreditgesetz (PKrG) vom 5. 8. 1951 (BGBl I 494) idF des Gesetzes vom 8. 11. 1985 (BGBl I 2065) sowie das Gesetz zur Sicherung der Düngemittel- und Saatgutversorgung vom 19. 1. 1949 (WiGBl 8 = BGBl III 403–11). Beide Gesetze haben auch heute noch durchaus praktische Bedeutung.

2. Pachtkreditgesetz (PKrG)

a) Zweck

66 Das wichtigste Kapital eines Pächters ist idR sein Inventar. Als Basis für Pfandrechtskredite scheidet es jedoch idR aus, weil der Pächter, wenn er weiter arbeiten will, auf den Besitz am Inventar angewiesen ist. Da hier auch eine Sicherungsübereignung nicht immer in Betracht kommt, wurde durch das Inventarpfandrechtsgesetz vom 3. 7. 1926 (RGBl I 399, 412) erstmals die Möglichkeit geschaffen, zugunsten bestimmter Kreditinstitute ein **besitzloses** Pfandrecht am Inventar zu bestellen (s eingehend RGZ 143, 7 = JW 1934, 405).

b) Voraussetzungen

67 Der Anwendungsbereich des PKrG beschränkt sich nach seinem § 1 auf die Pächter landwirtschaftlicher Grundstücke (§ 585). Gegenstand des besitzlosen Pfandrechts des Pachtkreditinstituts kann außerdem nur das dem Pächter gehörende Inventar sein.

aa) Inventar

68 Der Begriff des Inventars deckt sich weitgehend mit dem des Zubehörs iS der §§ 97 und 98 Abs 2. Er umfaßt daher zB auch die für die Fortführung des Betriebs bis zur nächsten Ernte erforderlichen landwirtschaftlichen Vorräte, die sogenannten Wirtschaftsfrüchte, im Gegensatz zu dem Ernteüberschuß, den sogenannten Verkaufsfrüchten (RGZ 142, 201, 202 ff = JW 1934, 403; RG HRR 1931 Nr 597; BGHZ 41, 6, 7 = NJW 1964, 495).

---

* **Schrifttum:** DAHMANN, in: Handwörterbuch der Rechtswissenschaft Bd IV 337, 346; EBELING, Das Früchtepfandrecht (1955); GRÜNEBAUM JW 1926, 2616; IBBEKAN RdL 1954, 85; JACOBI RdL 1968, 197; KIESOW, Inventarpfandrechtsgesetz (1926); KREUZER, Früchtepfandrecht (1955); LIPPMANN JW 1926, 2610; PALANDT/BASSENGE Einf 2 ff vor § 1204; PIECK JR 1927, 45; SICHTERMANN, Pachtkreditgesetz (1954); ders, Früchtepfandrechtsgesetz (1955); ders RdL 1956, 69; 1969, 169, 200; SPARBERG, Der zivilrechtliche Rechtsschutz der Pachtkreditinstitute bei Beeinträchtigung des Inventarpfandrechts (1974); STILLSCHWEIG JW 1926, 2605; vWENDORFF RdL 1965, 221; WÖHRMANN, Das Landwirtschaftsrecht (2. Aufl 1966); ders, Der Agrarkredit und seine Sicherung, in: Atti di Prima Assembla Firenze Bd 3 (Florenz 1960) 679 ff.

bb) Eigentum des Pächters

Weitere Voraussetzung ist, daß der Pächter Eigentümer des Inventars (§§ 1, 3 Abs 1 **69** PKrG) oder zumindest Anwartschaftsberechtigter ist (BGHZ 54, 319, 331 = NJW 1970, 2212). Erwirbt der Pächter nachträglich das Eigentum an den Inventarstücken, so entsteht das Pfandrecht in diesem Augenblick (BGHZ 54, 319, 322 f; BGH LM Nr 3 zu PachtkreditG = MDR 1969, 215). Vom Pächter nachträglich erworbene Inventarstücke werden vom Pfandrecht mit ihrer Einverleibung in das Inventar erfaßt (§ 3 Abs 2 PKrG).

Ein **gutgläubiger** Erwerb des Pfandrechts ist möglich, nach § 4 Abs 1 PKrG jedoch **70** nur an solchen Inventarstücken, die sich schon bei Niederlegung des Vertrages im Besitz des Pächters befinden, nicht jedoch an später hinzugekommenen Inventarstücken, die im Eigentum Dritter stehen (eingehend BGHZ 35, 53 ff = NJW 1961, 1259; **aA** vWendorff RdL 1965, 221). In solchen Fällen trifft die Beweislast für das fehlende Eigentum des Pächters denjenigen, der mit dieser Begründung das Pfandrecht des Pachtkreditinstituts bestreitet (BGHZ 54, 319, 324 f = NJW 1970, 2212).

cc) Bestellung

Das Pfandrecht wird bestellt durch schriftlichen Verpfändungsvertrag und Nieder- **71** legung der Vertragsurkunde beim Amtsgericht (§ 2 PKrG). Solange der Vertrag hinterlegt ist, ist ein gutgläubiger Erwerb Dritter ausgeschlossen (§ 5 Abs 1 PKrG). Das gilt nach Sinn und Zweck der Regelung indessen nicht mehr, wenn der Pächter den Betrieb aufgibt. Dadurch wird zwar das Pfandrecht nicht berührt; es kann jetzt aber durch gutgläubigen Erwerb Dritter an den Inventarstücken oder an den Früchten untergehen (Rn 73).

Mehrere Pfandrechte für verschiedene Kreditinstitute kann der Pächter an seinem **72** Inventar nicht bestellen (RGZ 143, 7, 10 ff = JW 1934, 405). Unerheblich ist jedoch, für welche **Zwecke** der Pächter den Kredit verwendet (BGHZ 54, 319, 322 = NJW 1970, 2212).

c) Untergang

Die Inventarstücke werden frei, wenn der Pächter innerhalb der Grenzen einer **73** ordnungsmäßigen Wirtschaft über sie verfügt, sobald die Stücke vom Grundstück entfernt werden (§ 5 Abs 2 PKrG). Das gilt freilich nur für Verfügungen des Pächters während der Vertragsdauer; Verfügungen nach Vertragsende beeinträchtigen hingegen das Pfandrecht nicht mehr (RGZ 142, 201, 203 f; BGHZ 51, 337, 338 = NJW 1969, 1113). Eine Verfügung innerhalb der Grenzen einer ordnungsmäßigen Wirtschaft liegt außerdem nicht vor, wenn der Pächter den Betrieb aufgibt und das Inventar fortschafft; jedoch ist entgegen § 5 Abs 1 PKrG von diesem Zeitpunkt ab ein gutgläubiger pfandrechtsfreier Erwerb Dritter an den Inventarstücken grundsätzlich möglich (Rn 71; BGHZ 51, 337, 338 ff = NJW 1969, 1113; vgl auch BGHZ 41, 6 = NJW 1964, 495).

d) Verwertung

Die Verwertung der Inventarstücke erfolgt durch Verkauf (§ 10 PKrG). Auf Ver- **74** langen des Verpächters muß jedoch das Pachtkreditinstitut diesem nach § 11 Abs 1 PKrG die Hälfte des Erlöses zur Befriedigung oder Sicherstellung für die ihm gegen den Pächter zustehenden, durch das gesetzliche Pfandrecht gesicherten Forderungen überlassen. Nur soweit die Forderungen des Verpächters diesen Betrag nicht erreichen, steht der Überschuß zunächst dem Pachtkreditinstitut zur Befriedigung seiner Forderungen und erst danach dem Pächter und dessen anderen Gläubigern zu.

75 Dasselbe gilt, wenn der Verpächter sein gesetzliches Pfandrecht (§ 592) geltend macht (§ 11 Abs 2 PKrG). Gibt der Pächter die Pachtung auf, so behält jedoch, wenn er das Inventar auf eine neue Pachtstelle mitnimmt, entgegen § 11 Abs 1 PKrG das Inventarpfandrecht des Pachtkreditinstituts den Vorrang vor dem neuen Verpächterpfandrecht (BGHZ 54, 319, 329 f = NJW 1970, 2212). Wenn das Pachtkreditinstitut nach Vertragsende auch die Ernte in Anspruch nehmen will, muß es bei Konkurrenz mit dem Verpächter die Unwirksamkeit dessen Kündigung schon vor der Ernte beweisen (RG HRR 1931 Nr 597).

3. Düngemittelsicherungsgesetz

a) Voraussetzungen

76 Das Gesetz zur Sicherung der Düngemittel- und Saatgutversorgung von 1949 (WiGBl 8 in Verb mit der Verordnung vom 21. 2. 1950 [BGBl I 37] und dem Gesetz vom 30. 7. 1951 [BGBl I 476]) gibt den Lieferanten von Düngemittel und Saatgut für ihre Ansprüche aus der Lieferung solcher Waren ein allen anderen dinglichen Rechten einschließlich des Verpächterpfandrechts vorgehendes Pfandrecht an den der Pfändung unterliegenden Grundstücksfrüchten. Gemeint sind damit die sog Verkaufsfrüchte im Gegensatz zu den Wirtschaftsfrüchten, dh der Ernteüberschuß (BGHZ 41, 6, 7 = NJW 1964, 495). Voraussetzung ist gemäß § 1 Abs 1 des Gesetzes, daß es sich um eine Lieferung von Düngemitteln handelt, die im Rahmen einer ordnungsmäßigen Wirtschaftsweise zur Steigerung des Ertrags der nächsten Ernte beschafft oder verwendet worden sind. Darunter fallen alle Düngemittelkäufe, die in dem regelmäßigen Geschäftsbetrieb eines Landwirts üblich sind (BGHZ 120, 368, 371 = NJW 1993, 1791 = LM Nr 1 zu DüngemittelsicherungsG).

b) Untergang

77 aa) Das Pfandrecht des Lieferanten erlischt nicht dadurch, daß der Pächter mit dem Lieferanten in einem Kontokorrentverhältnis steht und in das Kontokorrent auch andere Forderungen aus anderen Lieferungen eingestellt werden; ebensowenig dadurch, daß der Pächter dem Lieferanten Erzeugnisse der laufenden Ernte liefert und ihm deren Erlös im Kontokorrent gutgebracht wird (BGHZ 29, 280, 283 ff = NJW 1959, 1127).

78 bb) Das Pfandrecht erlischt hingegen nach § 2 Abs 1 S 1 des Gesetzes mit der **Entfernung** der ihm unterliegenden Früchte von dem Grundstück, es sei denn, daß die Entfernung ohne Wissen oder unter Widerspruch des Gläubigers erfolgt; nach S 2 aaO kann der Gläubiger der Entfernung jedoch nicht widersprechen, wenn die Früchte im Rahmen einer ordnungsmäßigen Wirtschaftsweise entfernt werden oder wenn die zurückbleibenden, dem Pfandrecht unterliegenden Früchte zur Sicherung des Gläubigers offenbar ausreichen (vgl § 562a BGB).

79 Eine Entfernung von Früchten im Rahmen einer ordnungsmäßigen Wirtschaftsweise liegt vor, wenn reife abgeerntete Früchte nach Veräußerung vom Grundstück weggeschafft und zum Erwerber verbracht werden. Gemeint ist hiermit der regel-

mäßige, übliche Geschäftsverkehr eines Landwirts (BGHZ 120, 368, 370 ff = NJW 1993, 1791 = LM Nr 1 zu DüngemittelsicherungsG). Liegt ein derartiger Fall vor, so erlischt das Pfandrecht auch, wenn die Entfernung ohne Wissen des Gläubigers erfolgt (BGHZ 120, 368, 375 f; Palandt/Bassenge Einf vor § 1204 Rn 3).

c) Ausscheidungsrecht
Zu seinem Schutz kann der Pfandgläubiger aufgrund des § 3 des Gesetzes nach Beginn der Erntezeit jederzeit verlangen, daß aus den dem Pfandrecht unterliegenden Früchten eine Menge, die zur Sicherung der Forderung ausreicht, ausgeschieden, als dem Pfandrecht unterliegend gekennzeichnet und gesondert aufbewahrt wird. Dieses Ausscheidungsrecht kann der Gläubiger, wenn der Landwirt nicht einwilligt, notfalls auch mit Hilfe einer einstweiligen Verfügung durchsetzen, sobald objektiv die Erntezeit begonnen hat (BGHZ 120, 368, 374 = NJW 1993, 1791 = LM Nr 1 zu DüngemittelsicherungsG). **80**

VII. Weitere Sonderformen

1. Heuerlingsverträge

a) Heuerlings- oder auch Instverträge nennt man Verträge, bei denen die Gegenleistung des Pächters eines landwirtschaftlichen Grundstückes in Dienstleistungen besteht (Staudinger/Pikalo[12] Anh 77 zu § 597; Kellner RdRN 1935, 454, 490; Seraphim, Das Heuerlingswesen in Nordwest-Deutschland [1948]). Es handelt sich bei ihnen folglich um Pachtverträge mit anderstypischer Gegenleistung, die am ehesten noch mit den mietrechtlichen Hausmeisterverträgen vergleichbar sind (s Staudinger/Emmerich [1995] Vorbem 155 zu §§ 535, 536 m Nachw). **81**

Die Leistung des Verpächters besteht darin, daß er dem sog Heuerling ein bestimmtes Stück Land mit Wohnung zur selbständigen Bewirtschaftung überläßt. Dienstvertragliche Elemente enthält der Vertrag insofern, als die Gegenleistung des Heuerlings ganz oder überwiegend durch Dienstleistungen für den anderen Teil erbracht wird. Ist der Heuerling von dem anderen Teil abhängig, so handelt es sich hingegen bei dem Vertrag um ein einheitliches Arbeitsverhältnis (RAGE 4, 436 = JW 1938, 185; OLG Oldenburg RdL 1952, 241; Staudinger/Pikalo[12] Anh 77 zu § 597). **82**

b) Durch § 1 Abs 4 lit b des früheren LPG waren die Heuerlingsverträge mit Ausnahme der Verträge über die Überlassung eines Grundstücks als Deputat- oder Dienstland den Landpachtverträgen gleichgestellt worden (s Staudinger/Emmerich[12] Vorbem 71 zu § 581). Diese Regelung ist 1985 bei Einarbeitung des LPG in das BGB nicht übernommen worden, so daß heute kein Raum mehr für die Anwendung des Landpachtrechts auf Heuerlingsverträge ist (MünchKomm/Voelskow[3] § 585 Rn 6). **83**

2. Siedlerpachtverträge

Soweit nach den Siedlungs- und Bodenreformgesetzen der Länder im Siedlungswesen Träger-Bewerberverträge abgeschlossen werden, liegt während der Bewerberzeit idR Miete oder Pacht vor. Es handelt sich dabei um normale bürgerlichrechtliche Verträge, obwohl die Zulassung des Siedlungsanwärters und dessen Auswahl hoheitlich durch Verwaltungsakt erfolgt (BayObLGZ 1967, 148, 153 ff; zur Anwen- **84** dung des § 313 aF [jetzt § 311b Abs 1] auf diese Verhältnisse s BGHZ 16, 334; 20, 172; 29, 76 = NJW 1959, 431; BGHZ 31, 37 = NJW 1959, 2211).

3. Lizenzverträge

85 Lizenzverträge über gewerbliche Schutzrechte, Urheberrechte und Know-how sind entgeltliche Gestattungsverträge, die häufig, aber keineswegs immer als Rechtspacht qualifiziert werden können (s STAUDINGER/EMMERICH [1995] Vorbem 163 f zu §§ 535, 536).

a) Patentlizenzverträge*
aa) Ausschließliche Lizenzen
86 Das PatG geht in § 15 von der Zulässigkeit von Lizenzverträgen über Patente aus, enthält sich jedoch im übrigen einer näheren Regelung dieser Verträge. In der Praxis unterscheidet man vor allem ausschließliche und einfache Lizenzen (BARTENBACH/GENNEN Rn 44 ff; STUMPF/GROSS Rn 36 ff). Ausschließliche Lizenzen kommen einer partiellen Rechtsübertragung nahe, so daß es sich bei ihnen allenfalls um pachtähnliche Verträge mit starken kaufrechtlichen Einschlägen handelt. Eine Anwendung pachtrechtlicher Vorschriften ist daher hier nur selten je nach den Umständen des Einzelfalles möglich (vgl zB für die Haftung des Lizenzgebers für das Fehlen zugesicherter Eigenschaften BGH LM Nr 26 zu § 9 PatG = NJW 1970, 1503).

bb) Einfache Lizenzen
87 Von einer einfachen Lizenz im Gegensatz zu einer ausschließlichen Lizenz spricht man, wenn der Patentinhaber dem Lizenznehmer lediglich schuldrechtlich die Benutzung seines Rechts gestattet. Die Rechtsnatur dieser Verträge ist umstritten. Die Praxis behandelt sie zum Teil als Rechtspachtverträge (RGZ 122, 70, 73 f; 137, 358, 359 f), überwiegend jedoch als gemischte Verträge eigener Art aus Elementen zahlreicher anderer Vertragstypen (zB BGHZ 26, 7, 9 = NJW 1958, 137; BGHZ 105, 374, 376 ff = NJW 1989, 456). Die Praxis eröffnet sich damit die Möglichkeit, auf solche Patentlizenzverträge je nach den Umständen des Einzelfalles allgemeine schuldrechtliche Regeln sowie gegebenenfalls kauf-, miet-, pacht- oder gesellschaftsrechtliche Vorschriften anzuwenden.

88 Im Regelfall besteht indessen keine Notwendigkeit für eine derartige Vorgehensweise, da es sich bei einfachen Patentlizenzverträgen eindeutig um Rechtspachtverträge im Sinne des § 581 Abs 1 BGB handelt, für die die pacht- und mietrechtlichen Regeln des BGB durchaus passen (ebenso BENKARD/ULLMANN, PatentG § 15 Rn 49, 56, 97 ff; KRASSER, Patentrecht § 41 [S 961 ff]; KRASSER/SCHMID GRURInt 1982, 328, 334; STUMPF/ GROSS Rn 23). Namentlich die Vorschriften über die Sach- und Rechtsmängelhaftung

---

* **Schrifttum**: J BAUR ZHR 129 (1967) 1; BARTENBACH/GENNEN, Patentlizenz- und Know-how-Vertrag (5. Aufl 2001); BENKARD/ULLMANN, PatentG (9. Aufl 1993) § 15 Rn 49 ff; KRASSER, Patentrecht (5. Aufl 2004) § 41; KRASSER/SCHMID GRURInt 1982, 324; HENN, Patent- und Know-how-Lizenzvertrag (5. Aufl 2003); NIRK GRUR 1970, 329; PAGENBERG/ GEISSLER, Lizenzverträge (5. Aufl 2003); STUMPF/GROSS, Der Lizenzvertrag (8. Aufl 2004).

des Verpächters (§ 581 Abs 2 in Verb mit den §§ 536 bis 543 Abs 4) sind ohne weiteres anwendbar. Dem § 566 entspricht § 15 Abs 3 PatG.

b) Know-how-Lizenzverträge
Die Rechtsnatur von Lizenzverträgen über Betriebsgeheimnisse (Know-how) ist **89** ebenso umstritten wie die von Patentlizenzverträgen (s PFAFF BB 1974, 565; MARTINEK, Moderne Vertragstypen II [1992] § 19 [S 203 ff]; GROSS, Know-how-Lizenzvertrag [4. Aufl 2004]). Wie die Parallele zu Pachtverträgen über sonstige Erwerbsmöglichkeiten zeigt (Rn 20 f), ist kein Grund ersichtlich, zivilrechtlich zwischen diesen Vertragstypen zu unterscheiden (BGH LM Nr 8 zu § 542 BGB = NJW 1981, 2684 = WM 1981, 954; OLG Hamm NJW-RR 1993, 1270).

c) Urheberlizenzverträge*
aa) Allgemeines
Urheberlizenzverträge sind partiell in den §§ 31 ff UrhG sowie im Verlagsgesetz **90** geregelt. Die Rechtsnatur der urheberrechtlichen Verwertungsverträge ist zwar ebenso wie die der patentrechtlichen Lizenzverträge umstritten (s statt aller FORKEL, Gebundene Rechtsübertragung; ders NJW 1983, 1764; REHBINDER § 44); jedoch spricht nichts dagegen, diese Verträge im Kern gleichfalls als Rechtspachtverträge zu qualifizieren, so daß immer dort, wo gesetzliche Regelungen fehlen, zunächst auf die §§ 581 ff und 535 ff BGB zurückzugreifen ist.

bb) Bühnenaufführungsverträge
Bühnenaufführungsverträge zwischen Theatern und Urhebern sind urheberrechtli- **91** che Nutzungsverträge eigener Art, bei denen, zumal bei Vereinbarung einer Aufführungspflicht, die Parallele zu Verlagsverträgen naheliegt (RGZ 115, 17, 20 f; BGHZ 13, 115, 119 = NJW 1954, 1081). In der Preisgestaltung ist das Theater dann zwar grundsätzlich frei, muß aber hierbei nach Treu und Glauben Rücksicht auf die legitimen Interessen des Urhebers nehmen (BGHZ 13, 115, 121 ff = NJW 1954, 1081; REHBINDER § 53 III [S 342 f]).

cc) Filmverwertungsverträge
Der Vertrieb von Filmen erfolgt idR zweistufig von den Filmherstellern über die **92** sogenannten Filmverleiher an die Filmtheater. Die erste Stufe bilden die Filmverwertungsverträge zwischen den Filmherstellern und den Filmverleihern, durch die den Verleihern gewöhnlich ein ausschließliches Vorführungsrecht eingeräumt wird. Diese Verträge stellen urheberrechtliche Nutzungsverträge eigener Art mit kauf-, pacht- und gesellschaftsrechtlichen Elementen dar (RGZ 106, 362, 364 ff; 118, 288, 290 f; 161, 321, 323 ff; BGHZ 2, 331, 333 f = NJW 1951, 705 = LM Nr 1 zu § 440 BGB; BGHZ 9, 262, 264 f = NJW 1953, 1258; BGH LM Nr 97 zu § 134 BGB = NJW 1981, 1439; REHBINDER § 54 III [S 348 f]; E ULMER § 116 II 3 [S 500 f]).

---

* **Schrifttum**: BECK, Der Lizenzvertrag im Verlagswesen (1961); BRUGGER Ufita 27 (1959) 189; 31 (1960) 1; FORKEL, Gebundene Rechtsübertragung (1977); ders NJW 1983, 1764; M REHBINDER, Urheberrecht (13. Aufl 2004); KOPPENSTEINER ZHR 129 (1969) 256; LANGE, Der Lizenzvertrag im Verlagswesen (1979); LAUFKE, Die allgemeinen Geschäftsbedingungen in der Filmwirtschaft (1962); SCHRICKER, Urheberrecht (2. Aufl 1999); SCHULZE, Urhebervertragsrecht (3. Aufl 1982); E ULMER, Urheber und Verlagsrecht (3. Aufl 1980).

93 Der *Umfang* der übertragenen Rechte richtet sich nach dem Zweck des Vertrages, weil der Filmhersteller als Urheber gewöhnlich keine weiteren Rechte übertragen wird, als es der Zweck des Vertrages erfordert (BGHZ 9, 262, 264 f = NJW 1953, 1258). Den Filmverleiher trifft idR eine Aufführungspflicht, insbesondere, wenn die von ihm geschuldete Gegenleistung ganz oder teilweise nach den von ihm erzielten Umsätzen oder Gewinnen berechnet wird (RGZ 106, 362, 367; BGHZ 2, 331, 335 f = NJW 1951, 705; BGHZ 13, 115, 119 = NJW 1954, 1681).

94 Für die *Rechtsmängelhaftung* gelten die allgemeinen Vorschriften über Leistungsstörungen, wenn der Filmhersteller dem Filmverleiher die zur Auswertung des Films erforderlichen urheberrechtlichen Befugnisse nicht zu verschaffen vermag (BGHZ 2, 331, 335 f = NJW 1951, 705). Hingegen trifft das Risiko der wirtschaftlichen Verwertbarkeit des Films grundsätzlich den Filmverleiher (KG Ufita 67, 220, 227). Lediglich hinsichtlich etwaiger technischer Mängel der überlassenen Kopien kommt eine Analogie zu den Vorschriften über die Sachmängelhaftung bei Kauf und Miete in Betracht (RGZ 106, 362, 366; 161, 321, 324 f; BGHZ 2, 331, 333 f = NJW 1951, 705). Deshalb kann der Filmverleiher von dem Hersteller zB grundsätzlich zunächst eine Vorführung der Kopien verlangen (RGZ 118, 288, 291, 293).

dd) Vorführungsverträge

95 Die Filmbestell- oder Vorführungsverträge, durch die die Filmverleiher den Filmtheatern eine einfache Vorführungserlaubnis erteilen, sind den Bühnenaufführungsverträgen verwandt (s dazu Rn 91). Auch bei diesen Verträgen handelt es sich somit um urheberrechtliche Nutzungsverträge eigener Art mit miet- und pachtrechtlichen Elementen (s REHBINDER § 54 IV [S 349 f]; E ULMER § 116 III [S 501 f]). Mietrecht greift namentlich insoweit ein, wie es um den Gebrauch der überlassenen Filmkopie geht (BGH LM Nr 8 zu § 325 BGB = MDR 1960, 304; OLG Hamburg Recht 1914 Nr 759; STAUDINGER/EMMERICH [1995] Vorbem 164 zu §§ 535, 536). Der Herausgabeanspruch des Verleihers hinsichtlich der Kopie richtet sich folglich nach § 546; seine Ersatzansprüche wegen Beschädigungen der Kopien verjähren in der Frist des § 548 (zu § 558 aF OLG Celle NJW 1965, 1667).

4. Kantinenpacht

96 Kern der Kantinenpachtverträge ist die dem Pächter erteilte Gestattung zur Ausübung eines Kantinenbetriebes in den Räumen des Verpächters, bei dem es sich idR um ein Unternehmen oder eine Behörde handeln wird. Derartige Verträge stehen auf der Grenze zwischen Raummiete, Raumpacht und Rechtspacht (s M REHBINDER, Der Kantinenpachtvertrag [1972] 16 f). Typisch für sie ist die starke Einflußnahme des Verpächters auf die Preise und Geschäftsbedingungen des Pächters, wodurch der Verpächter eine möglichst preiswerte Versorgung seiner Mitarbeiter sicherstellen will.

97 Beschränkt der Verpächter den Pächter in der Möglichkeit der Gewinnerzielung, so muß er sich nach Treu und Glauben an den sich daraus für den Pächter ergebenden Risiken beteiligen; daraus kann sich im Einzelfall die Verpflichtung des Verpächters ergeben, dem Pächter einen Nachlaß bei der Pacht zu gewähren oder Zuschüsse zu zahlen (BGH LM Nr 40 zu § 581 BGB = MDR 1977, 833). Außerdem müssen die sich aus § 14 GWB (= § 15 GWB aF) ergebenden Beschränkungen für die Einflußnahme des

Verpächters auf die Preise des Pächters beachtet werden (s dazu BGH LM Nr 12 zu § 15 GWB = WuW/E BGH 1581 = MDR 1979, 733; EMMERICH, in: IMMENGA/MESTMÄCKER, GWB [3. Aufl 2001] § 14 Rn 38).

5. Sicherungspacht

a) Sicherungspacht nennt man die Verpachtung eines idR landwirtschaftlichen **98** Grundstücks durch den Betriebsinhaber an einen Gläubiger als Sicherheit für dessen Forderungen. Da der Gläubiger in solchen Fällen den landwirtschaftlichen Betrieb jedoch nicht selbst führen will, wird der Pachtvertrag durchweg mit einem Betriebsüberlassungsvertrag verbunden, durch den der Gläubiger (und Pächter) anschließend den Betriebsinhaber (und Verpächter) wieder damit beauftragt, den Betrieb für seine Rechnung fortzuführen (s BÜRGER JW 1934, 803). Zweck dieser eigenartigen Vertragsgestaltung ist es vor allem, dem Gläubiger eine Vorzugsstellung im Falle der Zwangsvollstreckung oder des Konkurses des Schuldners zu verschaffen (s BÜRGER aaO).

b) Praktische Bedeutung scheint die Sicherungspacht nicht erlangt zu haben, da **99** ihre Zulässigkeit zweifelhaft ist. Für die Zulässigkeit könnte zwar sprechen, daß der vergleichbare Sicherungsnießbrauch heute allgemein für zulässig gehalten wird (s STAUDINGER/FRANK [2002] § 1030 Rn 66). Auf der anderen Seite bleibt jedoch zu beachten, daß durch das Pachtkreditgesetz vom 5. 8. 1951 (BGBl I 494) und durch das Gesetz zur Sicherung der Düngemittel und Saatgutversorgung vom 19. 1. 1949 (WiGBl 8) besitzlose Pfandrechte am Gutsinventar nur für ganz bestimmte Ausnahmefälle zugelassen worden sind (Rn 66 ff). Daraus ist zu schließen, daß auf rechtsgeschäftlichem Wege derselbe Erfolg zugunsten anderer Gläubiger nicht begründet werden kann. Deshalb ist die Sicherungspacht nichtig, zumal sie idR auch nicht ernstlich gewollt sein dürfte (MERKEL JW 1934, 805).

6. Bergwerkspacht

a) Bergwerkspacht nennt man die entgeltliche Überlassung der Ausbeutung ein- **100** zelner Grubenfelder durch den Bergwerkseigentümer an einen Dritten. Da der Bergwerkseigentümer Inhaber eines ausschließlichen Rechts auf Gewinnung von Bodenbestandteilen ist, stellt die Bergwerkspacht eine besondere Form der Rechtspacht dar, die bisher keine besondere Regelung erfahren hat (STRÖFER BB 1979, 1477, 1478 f). § 23 BBergG vom 13. 8. 1980 (BGBl I 1308) betrifft nur die Veräußerung, nicht hingegen die Verpachtung des Bergwerkseigentums (s die Begr zum RegE BT-Drucks 8/1315, 93).

b) Obwohl die Pacht grundsätzlich nur schuldrechtliche Wirkungen hat (Rn 14), **101** wird doch in der Bergwerkspacht überwiegend zugleich eine **Verfügung** über das Aneignungsrecht des Bergwerkseigentümers gesehen. Die Folge ist, daß sich das Aneignungsrecht des Pächters von selbst auf alle während der Pachtzeit gewonnenen Bodenbestandteile erstreckt. Nur der Pächter darf sich daher diese Bodenbestandteile aneignen. Eine Aneignung durch Dritte stellt die Verletzung eines ausschließlichen Rechts des Pächters dar, so daß dieser Herausgabe und Schadensersatz verlangen kann (RGZ 135, 94, 101 ff; RAAPE AcP 136 [1932], 210; ders JherJb 74 [1924] 179 ff; HEINEMANN ZAkDR 1935, 667; aA ISAY JW 1932, 2422).

VIII. Jagdpachtrecht*

1. Überblick

102 a) Das Jagdpachtrecht hatte eine besondere Regelung erstmals in dem Reichsjagdgesetz (RJagdG) von 1934 gefunden. An dessen Stelle ist 1961 das BJagdG (BGBl I 304) getreten. Die Regelung des Jagdpachtrechts findet sich seitdem in den §§ 11 bis 14 dieses Gesetzes. Ergänzend gelten die Ausführungsgesetze der Länder (Zusammenstellung bei METZGER, in: LORZ/METZGER/STÖCKEL Anh 1 [S 188 ff]) sowie das BGB (§§ 581, 535 ff).

103 b) Ebenso wie das Jagdausübungsrecht kann das **Fischereirecht** verpachtet werden. Auch dabei handelt es sich um eine Rechtspacht im Sinne der §§ 581 und 535 ff BGB. Maßgeblich ist jedoch nicht das BJagdG, sondern das Landesrecht. Danach ist in der Regel für die Pachtverträge Schriftform erforderlich; außerdem müssen die Verträge bei der zuständigen Behörde angezeigt werden, die ein Beanstandungsrecht hat (s zB BGB-RGRK/GELHAAR vor § 535 Rn 34; METZGER, in: LORZ/METZGER/STÖCKEL 2 A Rn 33–38 [S 248 f]; SOERGEL/HEINTZMANN vor § 581 Rn 48).

2. Rechtsnatur

a) **Rechtspacht**

104 Die Jagdpacht ist keine Grundstückspacht, sondern Rechtspacht iS des § 581 Abs 1 (zB BGHZ 115, 116, 121 = NJW 1991, 3033 = LM Nr 19 zu BJagdG; BGH LM Nr 18 zu BJagdG [Bl 2] = NJW 1987, 839; METZGER, in: LORZ/METZGER/STÖCKEL § 11 Rn 2; MITZSCHKE/SCHÄFER § 11 Rn 2 f). Folglich wird der Jagdpächter auch nicht Besitzer des Grundstücks (BGHZ 112, 392, 395 = NJW 1991, 1421).

b) **Gegenstand**

105 Gegenstand des Vertrages ist das Jagdausübungsrecht des Eigentümers (§ 11 Abs 1 S 1 BJagdG), nicht das Jagdrecht selbst, das als Teil des Eigentums nicht selbständig übertragen werden (§ 3 BJagdG). Dies schließt nicht aus, daß im Einzelfall aufgrund besonderer Umstände das Jagdrecht auch einmal vom Eigentum getrennt sein kann (s zB BGH LM Nr 2 zu WaStrVermG = MDR 1984, 823 = WarnR 1983 Nr 361; vgl auch BGHZ 84, 59, 60 = NJW 1983, 994). Außerdem kann der Eigentümer als Jagdberechtigter jederzeit entgeltlich oder unentgeltlich einem Dritten in beliebigem Umfang vorübergehend

---

* **Schrifttum:** ECKERT, LandesjagdG Bad-Württemberg und BJagdG (2. Aufl 1970); LEONHARDT, Jagdrecht (Stand: 1. Oktober 2003); LINNENKOHL, BJagdG (12. Aufl 1998); LORZ/METZGER/STÖCKEL, Jagdrecht/Fischereirecht (3. Aufl 1998); MITZSCHKE/SCHÄFER, BJagdG (4. Aufl 1982); WALTHER, in: MÜLLER/WALTHER, Miet- und Pachtrecht (2004) Anhang 4 C § 581; NICK/FRANK, Das Jagdrecht in der Bundesrepublik Deutschland (1980); RAAPE, Aneignungsüberlassung, JherJb 74 (1924) 179; RÜHLING/SELLE, BJagdG (2. Aufl 1971); SCHOPP MDR 1968, 808; vSEELER, in: Festg O vGIERKE II (1910) 345; STEFFEN RdL 1979, 283; SOERGEL/HEINTZMANN vor § 581 Rn 40–48; WEBER NJW 1957, 1508; WOLFF/RAISER, Sachenrecht (10. Bearb 1957) § 80.

die Ausübung seines Jagdrechts gestatten (BGH aaO; BGH NJW-RR 1999, 125, 126). Das ist keine Jagdpacht, sondern ein bloßer sonstiger Gestattungsvertrag (§ 311).

c) Teilpacht
Das Jagdausübungsrecht ist unteilbar und kann deshalb in einem Jagdrevier nur in seiner Gesamtheit verpachtet werden. Die Verpachtung nur eines Teils des Jagdausübungsrechts, eine sogenannte Teilpacht ist unzulässig; ein Verstoß gegen diesen Grundsatz macht den Pachtvertrag nichtig (§ 11 Abs 1 S 2 HS 1 und Abs 6 BJagdG; BGHZ 115, 116, 118 ff = NJW 1991, 3033 = LM Nr 19 zu BJagdG). Dies bedeutet zB, daß die Verpachtung nicht nach Wildarten oder Jahreszeiten aufgeteilt werden kann (BGH aaO). Der Verpächter kann sich nach § 11 Abs 1 S 2 HS 2 BJagdG lediglich einen Teil der Jagdnutzung, der sich auf bestimmtes Wild bezieht, vorbehalten. **106**

3. Jagdpachtfähigkeit

a) Pächter kann nur sein, wer einen **Jagdschein** hat und schon vorher einen solchen während dreier Jahre in Deutschland besessen hat (§ 11 Abs 5 BJadG). Ein Verstoß gegen diese Vorschrift macht den Pachtvertrag nichtig (§ 11 Abs 6 BJagdG; s BGHZ 30, 159 = NJW 1959, 1586). **107**

b) Pächter können nach § 13a BJagdG auch mehrere Personen sein (sogenannte **Mitpächter**). Die Mitpächter bilden in diesem Fall im Innenverhältnis eine BGB-Gesellschaft (BGHZ 115, 116, 121 = NJW 1991, 3033; OLG Hamm AgrarR 1996, 404; OLG Oldenburg Jagdrechtliche Entscheidungen III Nr 129; LG Stralsund Jagdrechtliche Entscheidungen I Nr 101; METZGER, in: LORZ/METZGER/STÖCKEL § 13a Rn 2; MITZSCHKE/SCHÄFER § 11 Rn 45 ff). Scheidet einer der Mitpächter aus, so bleibt der Pachtvertrag grundsätzlich mit den anderen nach § 13a S 1 BJagdG bestehen. **108**

4. Inhalt und Form

a) Die Vertragsdauer soll mindestens neun Jahre betragen (§ 11 Abs 4 S 2 BJagdG). Vor allem mit Rücksicht darauf hat das Gesetz für den Abschluß von Jagdpachtverträgen **Schriftform** vorgeschrieben (§ 11 Abs 4 S 1 BJagdG; OLG Koblenz OLG-Rp 2000, 195, 196). Dieses Schriftformerfordernis gilt – anders als das der §§ 550, 578 Abs 1 – auch für Vorverträge (BGHZ 61, 48 = NJW 1973, 1839; OLG Köln Jagdrechtliche Entscheidungen III Nr 144). **109**

b) Bei Verpachtung eines Teiles eines Jagdbezirkes muß eine bestimmte Mindestgröße eingehalten werden (§ 11 Abs 2 BJagdG). Jedoch kann der Jagdpächter grundsätzlich nicht mindern, wenn der Jagdbezirk nicht die im Vertrag ohne Gewähr angegebene Größe hat, sofern die im Vertrag genannten Grenzen des Jagdbezirks stimmen und die gesetzliche Mindestgröße nicht unterschritten wird (KG HRR 1935 Nr 1447; OLG Koblenz MDR 1978, 932 f Nr 61). Eine Minderung kommt hingegen in Betracht, wenn dem Pächter durch Einwirkungen, die er nicht zu vertreten hat, die Ausübung seiner Jagdbefugnis unmöglich wird, wenn er zB durch Manöver während der Hauptjagdzeit daran gehindert wird, der Jagd nachzugehen (BGHZ 112, 392, 396 f = NJW 1991, 1421). **110**

5. Anzeigepflicht

111 a) Anders als nach dem RJagdG von 1934 bedürfen Jagdpachtverträge heute keiner behördlichen Genehmigung mehr. An deren Stelle ist eine bloße Beanstandungsbefugnis der zuständigen Behörde getreten, der deshalb der Vertrag anzuzeigen ist (§ 12 BJagdG).

112 Eine Beanstandung ist nur möglich, wenn die Vorschriften über die Pachtdauer nicht beachtet sind oder wenn zu erwarten ist, daß durch eine vertragsmäßige Jagdausübung die Grundsätze des § 1 Abs 2 BJagdG verletzt werden (§ 12 Abs 1 S 2 BJagdG; STEFFEN RdL 1979, 283). Eine Beanstandung aus anderen Gründen ist nicht möglich, so daß aus der Unterlassung einer Beanstandung des Vertrages durch die zuständige Behörde keine Schlußfolgerungen für die zivilrechtliche Gültigkeit des Vertrages gezogen werden können. Auch ein unbeanstandet gebliebener Vertrag kann daher durchaus nach § 11 Abs 6 BJagdG nichtig sein (BGHZ 115, 116, 118 f = NJW 1991, 3033; BGH RdL 1965, 102).

113 b) Nach § 12 Abs 4 S 1 BJagdG darf der Pächter die Jagd vor Ablauf von drei Wochen nach Anzeige des Vertrags nicht ausüben. Die gleichwohl erfolgte Jagdausübung stellt eine Ordnungswidrigkeit dar (§ 39 Abs 1 Nr 3 BJagdG) und kann als Wilderei verfolgt werden (SCHOPP MDR 1968, 808, 810 f).

6. Dingliche Wirkung

114 Der Jagdpächter erwirbt aufgrund des Jagdpachtvertrages, eines obligatorischen Vertrages, die **ausschließliche** Befugnis zur Wildhege und zur Jagdausübung aufgrund des § 1 BJagdG in dem verpachteten Bezirk (METZGER, in: LORZ/METZGER/STÖCKEL § 11 Rn 1). Die Folge ist, daß dem Jagdausübungsrecht des Pächters trotz seiner bloß schuldrechtlichen Natur doch gewisse dingliche Wirkungen beigemessen werden, so daß sich der Jagdpächter (ebenso wie der Grundstückseigentümer) gegen rechtswidrige Störungen oder Behinderungen bei der Jagdausübung durch Dritte nach § 1004 wehren kann. Bei schuldhaften Eingriffen in sein Recht stehen ihm außerdem nach § 823 Abs 1 Schadensersatzansprüche zu; wichtig ist dies vor allem für Schadensersatzansprüche des Jagdpächters gegen Wilderer (RGZ 135, 94; BGHZ 112, 392, 400 f = NJW 1991, 1421; BGHZ 115, 116, 121 f = NJW 1991, 3033; BGH LM Nr 10 zu § 823 [F] BGB = BB 1958, 325 = VersR 1958, 233; LM Nr 2 zu WaStrVermG [Bl 3 R] = MDR 1984, 823 = WarnR 1983 Nr 361; BGH RdL 2004, 13, 14 f = NJW-RR 2004, 100, 101; METZGER, in: LORZ/METZGER/STÖCKEL § 11 Rn 2; MITZSCHKE/SCHÄFER § 11 Rn 3; WALTHER, in: MÜLLER/WALTHER Anhang 4 C § 581 Rn 2 f; RAAPE JherJb 74, 179; ders AcP 136, 210, 212 f; SCHOPP MDR 1968, 808). Daneben kann der Pächter in derartigen Fällen vom Verpächter Erfüllung durch Abwehr der rechtswidrigen Störungen Dritter verlangen (§§ 581 Abs 2, 535 Abs 1 S 2; OLG Hamm, Urt v 4. 4. 1978 – 7 U 137/77).

7. Anwendung des § 566

115 a) Die früher lebhaft umstrittene Frage, ob auf Jagdpachtverträge § 566 (= § 571 aF) entsprechend angewandt werden kann, ist heute durch § 14 Abs 1 S 1 BJagdG im positiven Sinne geklärt. Nach dieser Vorschrift finden die §§ 566 bis 567b BGB entsprechende Anwendung, wenn ein Eigenjagdbezirk ganz oder teilweise veräußert wird. Folglich tritt der Erwerber der zu dem Jagdbezirk gehörenden Grundstücke mit Eigentumsübergang ipso iure in den Jagdpachtvertrag ein (BGHZ 62, 297, 301 ff = NJW 1974, 1655 = MDR 1974, 916 = RdL 1974, 234; METZGER, in: LORZ/METZGER/STÖCKEL § 14 Rn 3; MITZSCHKE/SCHÄFER § 14 Rn 1; SOJKA RdL 1976, 281). Auch das Erlöschen des Eigenjagdbezirks wegen Wegfalls der Voraussetzungen des § 7 Abs 1 BJagdG infolge der Veräußerung von Teilflächen für den Straßenbau hat nach dem Rechtsgedanken der §§ 581 Abs 2 und 566 keine Auswirkungen auf den Fortbestand eines vorher abgeschlossenen Jagdpachtvertrags (BGHZ 117, 309, 311; BayObLG RdL 2002, 47, 49; OLG Nürnberg BayVBl 2001, 762; MITZSCHKE/SCHÄFER § 11 Rn 27).

b) Wenn ein zu einem gemeinschaftlichen Jagdbezirk gehöriges Grundstück veräußert wird, tritt der Erwerber nach § 14 Abs 2 BJagdG ebenfalls in den von der Jagdgenossenschaft abgeschlossenen Jagdpachtvertrag ein. Doch gilt dies nur für die im Augenblick des Eigentumserwerbs bereits laufenden Pachtverträge. Bilden die Grundstücke des Erwerbers zusammen einen Eigenjagdbezirk, so braucht er folglich einen Vertrag über die Begründung eines **neuen** Jagdpachtverhältnisses oder über die Fortführung des laufenden Verhältnisses zwischen der Jagdgenossenschaft und dem Jagdpächter nicht gegen sich gelten zu lassen, wenn der Zeitpunkt für den Beginn des neuen oder für die Fortführung des laufenden Jagdpachtverhältnisses **nach** der Entstehung seines Eigenjagdbezirkes liegt (grdleg BGHZ 62, 297 ff, 304 = NJW 1974, 1655 = MDR 1974, 916 = RdL 1974, 234; LG Darmstadt Jagdrechtliche Entscheidungen III Nr 148; METZGER, in: LORZ/METZGER/STÖCKEL § 14 Rn 3; MITZSCKE/SCHÄFER § 14 Rn 6). Nach dem Rechtsgedanken des § 14 Abs 2 BJagdG wird ein laufender Jagdpachtvertrag in seinem Bestand auch nicht dadurch berührt, daß ein Grundstückseigentümer die mit seiner Zustimmung verpachteten Grundstücksflächen jetzt als Eigenjagdbezirk für sich reklamiert (OLG Saarbrücken OLG-Rp 1999, 287). **116**

c) Es steht den Parteien frei, eine von den Grundregeln der §§ 566 BGB, 14 Abs 1 S 1 BJagdG abweichende Regelung zu treffen (OLG Celle Jagdrechtliche Entscheidungen III Nr 52; AG Kleve Jagdrechtliche Entscheidungen III Nr 145). **117**

8. Beendigung

a) Der Jagdpachtvertrag endet idR durch Zeitablauf. Vorher ist gewöhnlich nur eine **Kündigung** aus wichtigem Grunde möglich. An das Vorliegen eines solchen Grundes sind strenge Anforderungen zu stellen (METZGER, in: LORZ/METZGER/STÖCKEL § 14 Rn 4). Geringfügige Vertragsverstöße oder leichte Verstöße gegen das Jagdrecht genügen hierfür ebensowenig wie selbst scharfe Differenzen über die Auslegung des Vertrages (OLG Hamm Jagdrechtliche Entscheidungen III Nr 20; Urt v 4. 4. 1978 – 7 U 137/77; OLG Koblenz OLG-Rp 1998, 469 f; LG Stendal Jagdrechtliche Entscheidungen III Nr 140; LG Koblenz Jagdrechtliche Entscheidungen III Nr 146). **118**

b) Der Jagdpachtvertrag erlischt außerdem, wenn dem Pächter der Jagdschein unanfechtbar entzogen worden ist (§ 13 BJagdG). Kein Erlöschungsgrund ist hingegen der **Tod** des Jagdpächters; vielmehr gehen in diesem Fall nach den §§ 581 Abs 2, 564 und 580 die Rechte und Pflichten aus dem Jagdpachtvertrag im Wege der Gesamtrechtsnachfolge (§ 1922) auf den oder die Erben über (BGH LM Nr 18 zu BJagdG = NJW 1987, 839; MITZSCHKE/SCHÄFER § 11 Rn 134 ff). Ergänzende Bestimmungen **119**

finden sich häufig im Landesrecht. Kein Erlöschungsgrund ist der Wegfall der Voraussetzungen des § 7 BJagdG (Rn 115; OLG Düsseldorf NZM 2001, 710).

IX. Apothekenpacht*

1. Geschichte

120 a) Das Apothekenrecht war bis zum Inkrafttreten des Apothekengesetzes vom 20. 8. 1960 (BGBl I 697) Landesrecht, so daß sich früher die Frage der Zulässigkeit von Apothekenpachtverträgen nach Landesrecht richtete. Deshalb war lange Zeit umstritten, ob die alten Personal- und Realkonzessionen, die als vermögenswerte subjektive Rechte anerkannt waren, oder die Apotheken selbst als Unternehmen verpachtet werden durften (s BGH LM Nr 13 zu Art 12 GG = NJW 1960, 332). Durch das Gesetz über die Verpachtung und Verwaltung öffentlicher Apotheken vom 13. 12. 1935 (RGBl I 1445) wurde der Fragenkreis erstmals reichsrechtlich geregelt. Seitdem bestand an der Zulässigkeit der Verpachtung von Apotheken und Apothekenbetriebsrechten unter den in diesem Gesetz genannten Voraussetzungen kein Zweifel mehr.

121 b) Zusätzliche Probleme ergaben sich, als das BVerfG 1958 das Konzessionssystem für verfassungswidrig erklärte (BVerfGE 7, 377 = NJW 1958, 1035; ebenso schon BVerwGE 4, 167 = NJW 1957, 356). Denn damit stellte sich jetzt die Frage nach dem Schicksal der alten Apothekenpachtverträge. Für einige Sonderfälle brachte das ApothekenG in den §§ 26 und 27 Übergangsregelungen. Im übrigen hing die Fortgeltung der alten Verträge davon ab, ob durch die Einführung der Niederlassungsfreiheit für Apotheker die Geschäftsgrundlage der alten Apothekenpachtverträge entfallen war oder nicht (s im einzelnen mit Nachw STAUDINGER/EMMERICH[12] Vorbem 126 zu § 581).

2. Zulässigkeit

a) Grundsätze

122 Apothekenpachtverträge sind im Gegensatz zu bloßen Miet- oder Pachtverträgen über Apothekenbetriebsräume (Rn 128) Pachtverträge über die Apotheke als **Unternehmen** (s zB SOERGEL/HEINTZMANN vor § 581 Rn 49 ff). Solche eigentlichen Apothekenpachtverträge sind heute (anders als früher!) nach § 9 ApothekenG idF des Änderungsgesetzes vom 4. 4. 1980 (BGBl I 1142) (angeblich) aus gesundheitspolitischen Gründen, in Wirklichkeit aber zum Schutz der Apotheker vor gewerblicher Konkurrenz grundsätzlich **verboten** und nichtig (§ 12 ApothekenG; BGH NJW-RR

---

* **Schrifttum**: ADLUNG, Die Apothekenbesitzrechte in den deutschen Ländern (1927); BREYER, Gesetz über das Apothekenwesen (1961); GELDMACHER DWW 1999, 109; GENICKE, Apothekenpachtrecht (1936); ders, Handbuch des deutschen Apothekenrechts, Bd 1: Apothekenpachtrecht (2. Aufl 1941); GNEIST, Die Apothekengesetze des deutschen Reiches und Preußens (1925); H HOFFMANN, Gesetz über das Apothekenwesen (1961); REUTER PharmaZ 1967, 261; PIECK PharmaZ 1970, 1721; 1971, 375; SAALFRANK NZM 2001, 971; SCHIEDERMAIR/PIECK, Apothekengesetz (3. Aufl 1981); TAUPITZ/SCHELLING NJW 1999, 1751; URBAN, Apothekengesetze (6. Aufl 1927); WALTHER, in: MÜLLER/WALTHER, Miet- und Pachtrecht (2004) Anhang 2 C § 581.

1998, 803, 804 = ZMR 1998, 137 = NZM 1998, 192; berechtigte Kritik zB bei MünchKomm/HARKE § 581 Rn 41; TAUPITZ/SCHELLING NJW 1999, 1751).

Ausnahmen läßt das Gesetz nur noch in wenigen Fällen zu, wobei als Pächter **123** zudem nur approbierte Apotheker in Betracht kommen (§ 9 Abs 2 ApothekenG). *Zulässig* ist die Verpachtung namentlich dann, wenn der Verpächter die Apotheke aus einem in seiner Person liegenden wichtigen Grund nicht mehr selbst betreiben kann, sowie nach dem Tode des Apothekers. In dem zuletzt genannten Fall soll durch die Verpachtung seinen Hinterbliebenen für eine Übergangszeit die Apotheke als Quelle des Lebensunterhaltes erhalten bleiben. Diese Ausnahme zeigt den ganzen zunftmäßigen Charakter der Regelung.

b) Einzelfragen
aa) Gibt der Pächter die gepachtete Apotheke auf und errichtet er eine neue **124** Apotheke, so hängt es von den Umständen ab, ob zwischen diesen beiden Unternehmen **Identität** besteht, so daß er auch die neue Apotheke als Pachtbetrieb fortführen muß. Ist die Identität zu verneinen, so kann der Verpächter nur Schadensersatz für die vertragswidrige Aufgabe der alten Apotheke, nicht jedoch Herausgabe der neuen Apotheke verlangen (BGH LM Nr 8 zu § 581 BGB = BB 1954, 112).

bb) Für die Zeit *nach Beendigung* eines zulässigen Apothekenpachtvertrages gilt **125** § 584b: Gibt der Pächter die Apotheke an den Verpächter, idR die Witwe des alten Apothekers, nicht zurück, so muß er die Pacht fortzahlen (BGH LM Nr 1 zu § 597 BGB = BB 1960, 642). Weitergehende Bereicherungsansprüche des Verpächters werden dadurch nicht ausgeschlossen; sie kommen vor allem in Betracht, wenn der objektive Nutzwert der Apotheke deutlich über der früher vereinbarten Pacht liegt (BGH LM Nr 2 zu § 597 BGB = NJW 1968, 197).

3. Umgehungsgeschäfte

a) Gesellschaften
In der Praxis wird vielfach versucht, das grundsätzliche Verbot der Apothekenpacht **126** (Rn 122 f) durch das Ausweichen in andere rechtliche Gestaltungsformen zu umgehen. Dem schiebt zunächst § 8 ApothekenG durch die Bestimmung einen Riegel vor, daß *mehrere* Personen zusammen eine Apotheke nur in der Rechtsform einer BGB-Gesellschaft oder einer OHG betreiben können, wobei sämtliche Gesellschafter die Approbation als Apotheker besitzen müssen.

Durch diese eigenartige (und durchaus problematische) Regelung soll (angeblich) **127** die ordnungsgemäße Arzneimittelversorgung der Bevölkerung allein durch qualifizierte Personen sichergestellt werden (BGHZ 75, 214, 215 = NJW 1980, 638). Mit Rücksicht hierauf hatte der BGH ursprünglich die Auffassung vertreten, gegen eine typische **stille Gesellschaft** eines Apothekers mit einem Nichtapotheker könnten keine Bedenken erhoben werden, da der Stille keinen Einfluß auf die Arzneimittelversorgung der Bevölkerung habe, während bei einer atypischen Form der Gesellschaft das gesetzliche Verbot wieder eingreifen sollte (BGHZ 75, 214, 215 ff = NJW 1980, 638; BGH LM Nr 1 zu ApothekenG = NJW 1972, 338). Dem Gesetzgeber erschien indessen aufgrund seiner zunftmäßigen Einstellung selbst diese harmlose Praxis als zu weitgehend. Deshalb wurde § 8 ApothekenG durch das Gesetz vom 4.8.1980 (BGBl I

1142) dahingehend geändert, daß fortan auch stille Gesellschaften und sonstige *partiarische* Rechtsverhältnisse mit Apothekern unzulässig und nichtig sind.

b) Raummiete und -pacht

128 **aa)** Das Gesetz wendet sich allein gegen die Verpachtung von Apotheken**unternehmen**, nicht jedoch gegen die bloße Vermietung oder Verpachtung von Räumen, die für den Betrieb von Apotheken geeignet sind (Rn 122); solche Verträge sind daher grundsätzlich erlaubt (BGH NJW-RR 1998, 803, 804 = ZMR 1998, 137 = NZM 1998, 192). Deshalb findet sich häufig der Versuch, Apothekenpachtverträge in Miet- oder Pachtverträge über die für den Betrieb der Apotheke erforderlichen Räume zu kleiden.

129 Solche Verträge sind als **Umgehungsgeschäfte** ebenfalls verboten und nichtig, wenn sich hinter ihnen in Wirklichkeit eine Verpachtung des Apothekenunternehmens verbirgt (SOERGEL/HEINTZMANN vor § 581 Rn 51; WOLF/ECKERT/BALL, Hdb Rn 1634 [S 479 f]). Ob dies bereits dann anzunehmen ist, wenn bei einer Apothekenneugründung nicht nur die Räume, sondern auch das zum Betrieb einer Apotheke erforderliche Inventar zur Verfügung gestellt wird, ist vom BGH bislang offengelassen worden (BGH NJW-RR 1998, 803, 804 = ZMR 1998, 137 = NZM 1998, 192; dafür GELDMACHER DWW 1999, 109, 110; s auch SAALFRANK NZM 2001, 971, 976). Die Annahme eines Umgehungsgeschäfts liegt jedenfalls nahe, wenn es bereits einen Apothekenbetrieb mit Kundenstamm, Good-will, Personal usw gibt und der Pächter den Betrieb in den überlassenen Räumen ohne weiteres darin aufnehmen kann, mag er auch die idR sehr wertvollen Warenvorräte zusätzlich kaufen müssen (OLG München ZMR 1997, 297). Indizien für die Annahme einer Apothekenpacht sind außerdem zB die Verpflichtung zur Fortführung eines eingeführten Geschäftsnamens sowie die Vereinbarung einer hohen Umsatzpacht oder eines Wettbewerbsverbotes (OLG Freiburg NJW 1970, 1977 = PharmaZ 1970, 1158; OLG Zweibrücken OLG-Rp 1998, 78 f; PIECK PharmaZ 1970, 1721; 1971, 375).

130 **bb)** Um Umgehungen des grundsätzlichen Verbots von Apothekenpachtverträgen zu verhindern, sind außerdem durch § 8 S 2 ApothekenG seit 1986 **partiarische** Mietverträge über Apothekenräume verboten (dazu BGH NJW-RR 1998, 803, 804 f = ZMR 1998, 137 = NZM 1998, 192; BGH NJW 2002, 2724, 2726; BGH NZM 2004, 190 f). Das gilt auch für Altverträge, die deshalb nach den Regeln über den Wegfall der Geschäftsgrundlage durch Festsetzung einer Festmiete an die neue Rechtslage anzupassen sind (OLG Oldenburg NJW-RR 1990, 84 f). Die sich hierin manifestierende dauernde Ausdehnung des Verbots von Apothekenpachtverträgen ist ein „schönes" Beispiel dafür, wie eine (törichte) Intervention mit Notwendigkeit immer neue nach sich zieht.

X. Betriebspachtvertrag

131 Eine Sonderregelung für bestimmte Betriebspachtverträge findet sich in § 292 Abs 1 Nr 3 AktG von 1965. Danach stellt auch der Vertrag, durch den eine Aktiengesellschaft oder eine Kommanditgesellschaft auf Aktien den Betrieb ihres Unternehmens einem anderen verpachtet, einen Unternehmensvertrag iS der §§ 293 ff AktG dar; gleich gestellt ist der sog Betriebsüberlassungsvertrag.

132 **1.** Ein **Betriebspachtvertrag** liegt vor, wenn sich die verpachtende AG (oder KG

aA) verpflichtet, dem Pächter die volle Nutzung ihres Betriebs für die Dauer der Pachtzeit zu gewähren, während den Pächter die Pflicht trifft, den vereinbarten Pachtzins zu zahlen. Der Pächter führt dann den Betrieb im eigenen Namen und für eigene Rechnung fort.

2. Die **Betriebsüberlassungsverträge** unterscheiden sich von den Betriebspachtverträgen (Rn 132) lediglich dadurch, daß der Pächter nicht nach außen hervortreten will, weshalb er sich vom Verpächter bevollmächtigen läßt, den Betrieb in dessen Namen, aber für eigene Rechnung fortzuführen. Bei dieser früher vielfach als *Innenpacht* bezeichneten Vertragsgestaltung steht der Gewinn dem Pächter zu. Zum Ausgleich ist er verpflichtet, den Verpächter von allen Verbindlichkeiten aus den für seine Rechnung eingegangenen Geschäften zu befreien (wegen der Einzelheiten s EMMERICH/SONNENSCHEIN/HABERSACK, Konzernrecht [7. Aufl 2001] § 15 [S 205 f]; MASER, Betriebspacht- und Betriebsüberlassungsverhältnisse in Konzernen [1985]; OESTERREICH, Die Betriebsüberlassung zwischen Vertragskonzern und faktischem Konzern [1979]; VEELKEN, Der Betriebsführungsvertrag im deutschen und amerikanischen Aktien- und Konzernrecht [1975]).

XI. Franchising*

Unter Franchising versteht man ein besonderes Absatzsystem, das sich nach amerikanischem Vorbild seit den sechziger Jahren auch in Deutschland zunehmend durchsetzt. In seinem Kern stellt es eine Fortentwicklung der herkömmlichen Ver-

---

* **Schrifttum:** BAUDER NJW 1989, 78; BEHR, Der Franchisevertrag (1976); BRÄUTIGAM, Deliktische Außenhaftung im Franchising (1994); ders WM 1994, 1189; CEBULLA, Die Pacht nichtsächlicher Gegenstände. Rechtspacht und Pacht besonderer Gegenstände im Wirtschaftsleben (1999); CLEMENS, Die Bedeutung des Franchising in der Bundesrepublik Deutschland (1988); EBENROTH, Absatzmittlungsverträge im Spannungsverhältnis von Kartell- und Zivilrecht (1980); EKKENGA, Die Inhaltskontrolle von Franchiseverträgen (1990); ders Die AG 1989, 301; EMMERICH, Franchising, JuS 1995, 761; ESSER, Der Franchisevertrag im Lichte der Rechtsprechung (2. Aufl 1995); FLOHR, in: Gedschr für Skaupy (2003) 69; ders Franchiserecht (2002); FORKEL ZHR 153 (1989) 511; GIESLER ZIP 2003, 1025; ders/NAUSCHÜTT (Hrsg), Franchiserecht. Handbuch für die anwaltliche und gerichtliche Praxis (2002); GITTER, Gebrauchsüberlassungsverträge (1988) § 14 (S 460 ff); GROSS/SKAUPY, Franchising in der Praxis (1976); HAAGER NJW 1999, 2081; ders NJW 2002, 1463; HÄNLEIN DB 2000, 374; HARTMANN JA 1992, 225; JOERGES Die AG 1991, 325; ders (Hrsg), Franchising and the Law/ Das Recht des Franchising (1991); KLAPPERICH, in: Gedschr für Skaupy (2003) 187; H KÖHLER NJW 1990, 1685; LENZEN RIW 1984, 586; LIESEGANG, Der Franchisevertrag (6. Aufl 2003); ders BB 1991, 2381; MACK, Neuere Vertragssysteme in der Bundesrepublik Deutschland (1975); MARTINEK, Franchising (1987); ders, Aktuelle Fragen des Vertriebsrechts (3. Aufl 1992); ders ZIP 1988, 1362; ders, Moderne Vertragstypen Bd II: Franchising, Know-How-Verträge, Management- und Consulting-Verträge (1992); ders/HABERMEIER, Der Franchisevertrag, in: MARTINEK/SEMLER/HABERMEIER, Handbuch des Vertriebsrechts (2. Aufl 2003) 5. Kapitel; SCHLEMMER RdW 1984, 298; K SCHMIDT, Handelsrecht (5. Aufl 1999) § 28 II 3 (S 762 ff); SCHULTHESS, Der Franchisingvertrag nach schweizerischem Recht (1975); SKAUPY, Franchising (2. Aufl 1995); ders Betrieb 1982, 2446; ders BB 1969, 113; ders NJW 1992, 1785; TIETZ, Hdb Franchising (2. Aufl 1991); E ULLMANN CR 1991, 193; ders NJW 1994, 1255; WALTHER, in: MÜLLER/WALTHER, Miet- und Pachtrecht (2004) Anhang 1 C § 581; HJ WEBER JA 1983, 347.

tragshändlersysteme dar, gekennzeichnet durch eine besonders weitgehende Integration der Absatzmittler in das Absatzsystem des Herstellers. Infolgedessen enthält das Franchising auch wichtige Elemente von Gebrauchsüberlassungsverträgen, so daß es gerechtfertigt erscheint, im vorliegenden Zusammenhang außerdem die Grundzüge des Franchisingrechts zu behandeln. Ein deutscher Begriff hat sich für das Franchising bislang sowenig wie beim Leasing durchzusetzen vermocht, so daß im folgenden allein von Franchising und Franchiseverträgen die Rede sein soll. Die Parteien werden dementsprechend als Franchisegeber und Franchisenehmer bezeichnet, so unschön diese Begriffe auch sein mögen.

1. Geschichte

135 Das Franchising hat sich als besonderes Absatzsystem vor rund einhundert Jahren in den USA für den Kraftfahrzeug- und Getränkevertrieb entwickelt und verdrängt dort seit den fünfziger Jahren immer mehr die herkömmlichen Vertragshändlersysteme. Als älteste Franchisesysteme gelten die Vertriebssysteme von General Motors und Coca Cola. In Deutschland setzten sich Franchisesysteme hingegen in nennenswertem Umfang erst seit den sechziger Jahren durch, haben aber seitdem hier gleichfalls erhebliche Bedeutung erlangt (vgl die Beispiele in EuGHE 1986, 374 = NJW 1986, 1415 „Pronuptia"; BGH LM Nr 31 zu § 305 BGB = NJW 1985, 1894 „Mc Donald's"; wegen der Einzelheiten s BEHR 13 ff; EMMERICH aaO; GITTER § 14 A [462 ff]; HARTMANN JA 1992, 225 f; KLAPPERICH, in: Gedschr für Skaupy [2003] 187 ff; MARTINEK, Franchising 37 ff; ders, Vertragstypen II 5 ff; ders/HABERMEIER § 22 Rn 1 ff; HJ WEBER JA 1983, 347 ff; zu den jüngsten Überlegungen zum Franchising in der Anwaltschaft HEINTZE NJW 2003, 2888; MARTINEK AnwaltsBl 2001, 3; SIEGMUND NJW 2004, 1635). Gemäß aktueller Erhebungen für das Jahr 2003 sind derzeit rund 830 Franchisegeber mit mehr als 43.000 Franchisenehmern tätig (http://www.marketing-marktplatz.de/Mgmt/FranchiseTrend.htm).

136 Bei der rechtlichen Behandlung des Franchisings standen zunächst kartellrechtliche Fragen im Vordergrund. Dabei ging es sowohl um die Vereinbarkeit dieser Absatzsysteme mit dem deutschen Kartellrecht wie um ihre Zulässigkeit nach europäischem Kartellrecht. Für das deutsche Recht ist inzwischen geklärt, daß auf Franchiseverträge – als Verträge zwischen selbständigen Kaufleuten – die §§ 14, 16 Nr 2 und 3, 17 und 18 sowie 22 Abs 1 (nach GWB aF: §§ 15, 18 Abs 1 Nr 2 und 3, 20 und 21 sowie 34 und 38 Abs 1 Nr 12 GWB) anzuwenden sind (s zB EMMERICH, in: IMMENGA/MESTMÄCKER, GWB [3. Aufl 2001] § 14 Rn 33, § 16 Rn 55; MARTINEK, Franchising 527 ff; BÖHNER BB 1997, 1427). Praktische Bedeutung kommt hierbei vor allem dem Preisbindungsverbot des § 14 GWB für die meisten Franchiseverträge zu (= § 15 GWB aF, dazu BGHZ 140, 342, 350 ff = NJW 1999, 2671 „Sixt"; BGH NJW-RR 2003, 1624, 1627 = BB 2003, 2258 „Apollo"); dies galt bis zur Novellierung des GWB durch Gesetz vom 26.8.1998 (BGBl I 2546) auch für das aus § 34 GWB folgende Schriftformerfordernis (näher Rn 153).

137 Lange Zeit umstritten war die Vereinbarkeit von Franchiseverträgen mit dem Kartellverbot des **Art 81 EGV** (= Art 85 EGV aF). Der Fragenkreis wurde erst durch das Pronuptia-Urteil des EuGH von 1986 geklärt (EuGHE 1986, 374 = NJW 1986, 1415), in dem der Gerichtshof seine Bereitschaft erkennen ließ, die mit Franchiseverträgen notwendig verbundenen Wettbewerbsbeschränkungen weithin von Art 81 Abs 1 EGV auszunehmen. Die Europäische Kommission hatte deshalb durch die Grup-

penfreistellungsverordnung (EWG) Nr 4087/88 vom 30.11.1988 über Franchisevereinbarungen (ABl 1988 Nr L 359/46) die meisten typischerweise mit Franchiseverträgen verbundenen Wettbewerbsbeschränkungen unter bestimmten Voraussetzungen freigestellt (wegen der Einzelheiten s BEUTHIEN/SCHWARZ, Kooperationsgruppen des Handels und Franchisesysteme in Europa [1993]; DE COCKBORNE, in: JOERGES, Franchising 281 ff; EMMERICH, in: DAUSES, Hdb des EG-Wirtschaftsrechts [1995] Rn H I 120 ff; JOERGES ZHR 151 [1987] 195; ders Die AG 1991, 325, 343 ff; MARTINEK, Vertragstypen II 169 ff; WELTRICH, Franchising im EG-Kartellrecht [1992]). Diese Verordnung galt allerdings nur bis zum 31.12.1999 (Art 9 [EWG] Nr 4087/88). An ihre Stelle und zur Ablösung anderer Gruppenfreistellungsverordnungen ist die Verordnung über die Anwendung von Art 81 Abs 3 des Vertrags auf Gruppen von vertikalen Vereinbarungen und aufeinander abgestimmte Verhaltensweisen ([EG] Nr 2790/1999) getreten, die seit dem 1.1.2000 in Kraft und seit dem 1.6.2000 anwendbar ist (Art 13, Übergangsregelung in Art 12 der Verordnung; allg zu dieser Verordnung und ihrer Bedeutung für den Franchisevertrag LIEBSCHER/PETSCHE EuZW 2000, 400 ff; METZLAFF BB 2000, 1201 ff; FRITZEMEYER BB 2002, 1658; HAAGER NJW 2002, 1463, 1472 ff).

2. Wirtschaftliche Bedeutung

a) Absatzmittlungssystem

Unter der Sammelbezeichnung Franchising werden heute Absatzsysteme sehr unterschiedlicher Erscheinungsformen zusammengefaßt (vgl zum folgenden insbesondere EKKENGA, Inhaltskontrolle 68 ff; ders Die AG 1989, 301; EMMERICH JuS 1995, 761 f; GITTER § 14 B IV [468 ff]; BEHR 13 ff; JOERGES Die AG 1991, 325; MARTINEK, Franchising 75 ff; ders, Vertragstypen II 16 ff; ders ZHR 161 [1997] 67, 84 ff; SCHANZE und TEUBNER, in: JOERGES, Franchising 67, 105 ff; K SCHMIDT, Handelsrecht 762 ff; TIETZ, Hdb; HJ WEBER JA 1983, 347 ff; speziell zum Hotelgewerbe JOACHIM NZM 2001, 162, 166 f; ders GuT 2003, 119). Von allen diesen Erscheinungsformen interessieren hier allein diejenigen, die Vertragshändlersystemen nahestehen. Sie können sich auf die Herstellung oder den Absatz von Waren oder Dienstleistungen beziehen und den gesamten Betrieb des Franchisenehmers oder nur einzelne der von ihm hergestellten oder vertriebenen Produkte oder Dienstleistungen erfassen. Je nachdem unterscheidet man im betriebswirtschaftlichen Schrifttum Produkt- oder Betriebsfranchising sowie Waren-, Herstellungs- oder Dienstleistungsfranchising, wobei für das Dienstleistungsfranchising naturgemäß nur weitgehend standardisierte Leistungen in Betracht kommen, etwa in der Schnellgastronomie, dem Reinigungsgewerbe oder der Kraftfahrzeugvermietung. 138

Das so eingegrenzte Franchising wird im Anschluß an die „Definitionen" der einschlägigen Verbände häufig **beschrieben** als ein Dauerschuldverhältnis, durch das der Franchisegeber dem Franchisenehmer entgeltlich das Recht einräumt, bestimmte Waren oder Dienstleistungen unter Verwendung seines Namens, seiner Firma sowie seiner sonstigen Kennzeichen und unter Ausnutzung seiner gewerblichen und technischen Erfahrungen (Know-how) sowie unter Beachtung des von ihm entwickelten Organisations- und Marketingsystems, dh unter Verwendung des sogenannten Franchise-Pakets zu vertreiben, wobei der Franchisegeber dem Franchisenehmer Beistand, Rat und Schulung in organisatorischer und verkaufstechnischer Hinsicht gewährt und zugleich eine Kontrolle über dessen Geschäftstätigkeit ausübt; verbunden ist damit oft eine Bezugspflicht des Franchisenehmers hinsichtlich der unter den Vertrag fallenden Waren (so zB die Beschreibung in BAG AP Nr 9 zu § 60 HGB = 139

BB 1979, 325; KG MDR 1974, 144 f; OLG Schleswig NJW-RR 1987, 220 „Eismann"; OGH SZ 60 I [1987] Nr 77, 392, 395 = WBl 1987, 188 = GRURInt 1988, 72 „Stefanel"; OGH SZ 60 II [1987] Nr 218, 441, 447 f = WBl 1988, 97; OGH SZ 64 I [1991] Nr 78, 419, 422 f = WBl 1991, 337 „Yves Rocher"; OGH WBl 1991, 332, 334 „Yves Rocher"; EuGHE 1986, 374, 380 ff = NJW 1986, 1415 „Pronuptia"; OLG Hamburg DB 2003, 1054; Art 1 Abs 3 lit a und b der Gruppenfreistellungsverordnung [EWG] Nr 4087/88, ABlEG L 359, 46, 48 [näher zu dieser Verordnung Rn 145]; ADAMS/WITT DStR 1998, 251; BRÄUTIGAM WM 1994, 1189; GITTER § 14 B III [468]; HÄNLEIN DB 2000, 374 f; HARTMANN JA 1992, 225, 226 f; MARTINEK AnwaltsBl 2001, 3, 4; PLASSMEIER DZWir 1996, 146, 147; RAUSER/BRÄUTIGAM DStR 1996, 587 f; SKAUPY NJW 1992, 1785 f; ULLMANN CR 1991, 193, 194; ders NJW 1994, 1255).

b) Arbeitnehmer

140 Kennzeichnend für derartige Absatzsysteme ist ihre straffe Organisation mit weitreichenden Kontroll- und Weisungsrechten des Franchisegebers, häufig auch „Systemführer" oder „Systemkopf" genannt, die zur Folge hat, daß die Gruppe nach außen weitgehend einheitlich auftritt. Die Antwort auf die Frage, ob der Franchisenehmer wie andere Absatzmittler als selbständiger Kaufmann (§ 1 Abs 1 HGB) oder als Arbeitnehmer einzuordnen ist, hängt von einer Gesamtbetrachtung aller Umstände des Einzelfalls ab. Nur wenn der Franchisenehmer auch **persönlich** vom Franchisegeber abhängig oder zwar rechtlich selbständig, aber **wirtschaftlich** abhängig und wie ein Arbeitnehmer schutzwürdig ist, ist er als Arbeitnehmer oder als arbeitnehmerähnliche Personen zu qualifizieren (BAGE 86, 178 = NJW 1997, 2973; BGHZ 140, 11, 19 ff = NJW 1999, 218 „Eismann"; BGH WM 2000, 638; BGH NJW-RR 2003, 277, 280; LAG Hamm NZA-RR 2000, 575). Daß der Franchisenehmer den für ein solches Rechtsverhältnis typischen Bindungen unterliegt, schließt die Annahme eines Arbeitsverhältnisses nicht aus (BAG NJW 1997, 2973, 2974; WANK ZSR 1996, 387, 397; **aA** OLG Schleswig NJW-RR 1987, 220, 221 f „Eismann"; OLG Düsseldorf NJW 1998, 2979 f = EWiR § 5 ArbGG 3/98, 341 m abl Anm GRIEBELING „Eismann I"; OLG Düsseldorf NJW 1998, 2981, 2983 „Eismann II"; HORN/HENSSLER ZIP 1998, 589 ff). Wenn der Franchisevertrag die ausschließliche Erwerbsquelle des Franchisenehmers darstellt, kann dies für eine wirtschaftliche Abhängigkeit sprechen, die den Status einer arbeitnehmerähnlichen Person begründet (BGHZ 140, 11, 19 ff = NJW 1999, 218; BAG NJW 1997, 2973, 2974); weitere wichtige Indizien für die Schutzbedürftigkeit sind der Einsatz der vollen Arbeitszeit für das Franchisesystem, die vollständige Einbindung in die Organisation des Franchisegebers, das Fehlen von versicherungspflichtigen Arbeitnehmern auf seiten des Franchisenehmers sowie eine Entgeltleistung durch den Franchisegeber (BGHZ 140, 11, 23).

141 Gegenüber dieser Rechtsprechung wollen zahlreiche Instanzgerichte sowie verschiedene Stimmen in der Literatur nur in Ausnahmefällen die Selbständigkeit des Franchisenehmers verneinen (OLG Düsseldorf NJW 1998, 2978, 2979 f; OLG Düsseldorf NJW 1998, 2981, 2983; OLG Schleswig NJW-RR 1987, 220, 221 f; MARTINEK ZIP 1988, 1362, 1372; EKKENGA Die AG 1989, 301, 305; BUMILLER NJW 1998, 2953 ff; HORN/HENSSLER ZIP 1998, 589 ff). In der jüngeren Zeit hat der BGH es für die Annahme einer Selbständigkeit des Franchisenehmers ausreichen lassen, daß dieser aufgrund der Vertragsgestaltung zum Abschluß von Anstellungsverträgen berechtigt und verpflichtet war (BGH WM 2000, 638, 640); auf die tatsächliche Lage wurde insoweit nicht abgestellt. In dem sogenannten „Vom Faß"-Beschluß (FLOHR DStR 2003, 1622, 1626) hebt der BGH jetzt unter Heranziehung der gesetzgeberischen Wertung des § 84 Abs 1 S 2 HGB klarstellend hervor, daß es der Selbständigkeit des Franchisenehmers nicht entgegensteht, wenn er hinsichtlich der Ausstattung der Räumlichkeiten an Weisungen des Franchisegebers gebunden ist, Änderungen der Baulichkeit des Outlets der Einwilligung des Franchisegebers bedürfen, ein bestimmtes Warensortiment bezogen werden muß, zur Verfügung gestelltes Werbematerial zu verwerten ist und der Franchisenehmer das Geschäftslokal im Rahmen der gesetzlichen Ladenschlußzeiten möglichst lange offen halten muß (BGH NJW-RR 2003, 277, 280). Auch die arbeitnehmerähnliche Schutzbedürftigkeit des Franchisenehmers wird verneint, wenn dieser das Geschäft eigenständig führt, das Geschäftslokal selbst angemietet hat, selbständig Arbeitnehmer einstellen und selbständig die Endpreise bestimmen kann, er nicht in ein Abrechnungssystem des Franchisegebers eingebunden ist und die Verpflichtung zum persönlichen Einsatz nicht so konkret und umfassend bestimmt ist, daß eine nennenswerte andere Erwerbstätigkeit ausgeschlossen ist (BGH NJW-RR 2003, 277, 280).

3. Rechtsnatur

142 Franchisesysteme beruhen durchweg auf einem oder mehreren rechtlich und wirtschaftlich zusammenhängenden Verträgen (§ 139), die ein Bündel beiderseitiger Rechte und Pflichten begründen. Es handelt sich deshalb bei ihnen um gemischte Verträge, durch die ein Dauerschuldverhältnis zwischen den Parteien begründet wird, das umfassende gegenseitige Treue- und Rücksichtspflichten begründet. Die rechtliche Natur dieser Verträge ist umstritten, einmal wegen der großen Unterschiedlichkeit der in der Praxis anzutreffenden Franchisesysteme, zum andern aber auch deshalb, weil man zu ganz verschiedenen Ergebnissen gelangt, je nachdem, auf welche der beiderseitigen Rechte und Pflichten man das Schwergewicht bei der rechtlichen Betrachtung legt.

a) Meinungsstand

143 aa) Im Schrifttum werden Franchiseverträge, soweit sie dem oben geschilderten Typus von Absatzmittlungsverhältnissen entsprechen (Rn 138 f), häufig als gemischte Verträge mit vorwiegend **lizenzvertraglichem Charakter** qualifiziert. Dahinter steht die Überlegung, daß Kern dieser Verträge in Abgrenzung namentlich zu den herkömmlichen Vertragshändlerverträgen die entgeltliche Überlassung des Franchise-Pakets, dh die Lizenzierung der Schutz- und Kennzeichenrechte des Lizenzgebers sowie seines Know-hows und Erfahrungswissens ist, wodurch dem Franchisenehmer, der sich die Erarbeitung dieses Wissens erspart, der Markteintritt erleichtert werden soll (EMMERICH aaO; STAUDINGER/EMMERICH [1995] Vorbem 163 zu §§ 535, 536; FORKEL ZHR 153, 511, 525 ff; JOERGES Die AG 1991, 325, 335; SKAUPY Betrieb 1982, 9446; ders NJW 1992, 1785, 1788 f; ULLMANN CR 1991, 193; vermittelnd HARTMANN JA 1992, 228 f; dagegen zB EKKENGA, Inhaltskontrolle 68 ff; ders Die AG 1989, 301, 306 f; GITTER § 14 E I [S 493]; MARTINEK, Franchising 276 ff; ders, Vertragstypen II 45 ff).

144 Andere betonen dagegen mehr die beiderseits geschuldeten Dienstleistungen und qualifizieren Franchiseverträge deshalb in Parallele zu den Handelsvertreterverträgen in erster Linie als **Geschäftsbesorgungsverträge** mit Dienstvertragscharakter (§§ 675, 611; OLG München BB 2002, 2521, 2522; MARTINEK, Franchising 231, 293 ff; ders, Vertragstypen II 65, 78 ff; ähnlich auch EKKENGA, Inhaltskontrolle 68, 91 ff; ders Die AG 1989, 301, 306 ff; SCHANZE, in: JOERGES, Franchising 67 ff). Wieder andere weisen darauf hin, daß die „typischen" Franchiseverträge Elemente aller genannten und noch weiterer

Vertragstypen enthalten, so daß sie nur als eigenartige **Mischverträge** angesprochen werden könnten, auf die je nach den Umständen Kauf-, Pacht- oder Dienstvertragsrecht sowie gegebenenfalls sogar Gesellschaftsrecht Anwendung finden müßten (BEHR 142; GITTER § 14 E II [S 496 f]; HARTMANN JA 1992, 227; K SCHMIDT, Handelsrecht § 28 II 3 c [S 766]; TIETZ, Hdb 568 ff; HJ WEBER JA 1983, 347, 350 ff; GIESLER ZIP 2002, 420, 425 ff; ders ZIP 2000, 2098 ff; PLASSMEIER DZWir 1996, 146, 149 f).

145 bb)   Die **Europäische Kommission** sieht in Franchiseverträgen primär Lizenzverträge. In der Begründung zu der Gruppenfreistellungsverordnung (EWG) Nr 4087/88 (ABl Nr L 359/46) heißt es ausdrücklich, Franchisevereinbarungen umfaßten im wesentlichen die Erteilung von Lizenzen für die Nutzung von Rechten an gewerblichem oder geistigem Eigentum wie Warenzeichen, sonstigen Zeichen oder Knowhow (Erwägungsgrund Nr 2). Folgerichtig hebt die **Definition** der Franchisevereinbarungen in Art 1 Abs 3 der genannten Verordnung gleichfalls den lizenzvertraglichen Charakter solcher Verträge hervor. Die neue Verordnung über die Anwendung von Art 81 Abs 3 des Vertrags auf Gruppen von vertikalen Vereinbarungen und aufeinander abgestimmte Verhaltensweisen ([EG] Nr 2790/1999), die inzwischen die alte Gruppenfreistellungsverordnung abgelöst hat (Rn 137), gilt für alle vertikalen Vereinbarungen; franchisespezifische Regelungen, vor allem eine Legaldefinition des Franchising, finden sich in der neuen Verordnung konsequenterweise nicht mehr (MARTINEK/HABERMEIER, in: MARTINEK/SELMER/HABERMEIER, Handbuch des Vertriebsrechts [2. Aufl 2003] § 24 Rn 56). Dagegen weist Nr 199 der von der Kommission herausgegebenen Leitlinien für vertikale Beschränkungen (ABlEG C 291/39, 40) noch auf die lizenzvertraglichen Elemente des Franchisevertrags hin.

146 cc)   In der **Rechtsprechung** hat die vorrangig lizenzvertragliche und damit pachtrechtliche Sicht der Franchiseverträge gleichfalls Zustimmung gefunden (insbesondere EuGHE 1986, 374, 381 = NJW 1986, 1415 „Pronuptia"; OGH SZ 60 I [1987] Nr 77, 392, 396 = WBl 1987, 188 = GRURInt 1988, 72 „Stefanel"; OLG Frankfurt MDR 1980, 576, 577; LAG Düsseldorf NJW 1988, 725 = Betrieb 1988, 293 „Jacques Weindepot"). Die Praxis ist freilich ebensowenig einheitlich wie das Schrifttum (Rn 143 f), da in zahlreichen anderen Entscheidungen mehr die Eigenart der Franchiseverträge als Mischverträge aus unterschiedlichen Vertragstypen betont wird (BAG AP Nr 9 zu § 60 HGB [Bl 2 R f] = BB 1979, 325; KG MDR 1974, 144 f; OLG Schleswig NJW-RR 1987, 220, 221 „Eismann"; OGH SZ 60 II [1987] Nr 218, 441, 447 f = WBl 1988, 97; OGH SZ 64 I [1991] Nr 78, 419, 422 f = WBl 1991, 337 „Yves Rocher"; OGH WBl 1991, 332, 334 „Yves Rocher"; OLG Frankfurt WiB 1996, 640 „Pronuptia III"; OLG München BB 2002, 2521, 2522; OLG Düsseldorf WRP 2002, 235, 239; OLG Naumburg OLG-NL 2003, 28, 29; OLG Hamm NZG 2000, 1169, 1170).

b)   Stellungnahme

147 Das Problem der zutreffenden rechtlichen Qualifizierung der Franchiseverträge hat seinen Grund nicht zuletzt in der großen Varianz der in der Praxis anzutreffenden und als Franchising bezeichneten Vertragsformen. Beschränkt man sich jedoch auf die hier (Rn 138 f) allein ins Auge gefaßten Absatzmittlungsverhältnisse (unter Ausklammerung sonstiger möglicherweise auch als Franchising bezeichneter Vertragstypen), so wird deutlich, daß sich diese Systeme von anderen vor allem durch folgende Punkte unterscheiden (vgl zB GITTER § 14 C I [S 478 f]): Die ganze Gruppe ist nach den Vorgaben des Franchisegebers straff durchorganisiert und tritt nach außen aufgrund der dem Franchisenehmer erteilten Lizenzen an den Kennzeichnungsrechten des Franchisegebers einheitlich auf; der Franchisenehmer erhält außerdem das Recht, gegen Entgelt an dem Know-how des Franchisegebers zu partizipieren; der Franchisegeber schuldet schließlich die laufende Unterstützung des Franchisenehmers bei seinen Absatzbemühungen und stellt zugleich durch umfassende Überwachungs- und Kontrollrechte die Einhaltung seiner Vorgaben sicher.

Führt man sich dies vor Augen, so kann eigentlich nicht zweifelhaft sein, daß die **lizenzvertraglichen Elemente** das kennzeichnende Merkmal der Franchiseverträge in Abgrenzung zu anderen Absatzmittlungssystemen sind, so daß es zutreffend ist, in ihnen in erster Linie Lizenzverträge und damit eine Rechtspacht zu sehen. Denn Gegenstand eines Pachtvertrages kann nach § 581 Abs 1 jeder beliebige Gegenstand und damit auch das Know-how oder Erfahrungswissen des Franchisegebers sein (Rn 85 ff; CEBULLA, Die Pacht nichtsächlicher Gegenstände 199 spricht von der „Pacht besonderer Gegenstände" und MÖLLER AcP 203 [2003], 319, 332 ff von „Systempacht"; zustimmend WALTHER, in: MÜLLER/WALTHER Anhang 1 C § 581 Rn 6; offengelassen von BGH NJW-RR 2000, 1159, 1160 = LM Nr 76 zu § 305 BGB; aA zB HJ WEBER JA 1983, 347, 351; MARTINEK, Vertragstypen II 45 ff). **148**

Damit wird nicht geleugnet, daß Franchiseverträge **gemischte** Verträge mit Elementen aus verschiedenen Vertragstypen sind, wobei vor allem an kauf- und dienstvertragliche Elemente zu denken ist. Bei der Beurteilung von Einzelfragen ist darauf die gebotene Rücksicht zu nehmen. Aber unabhängig davon steht doch fest, daß die lizenzvertraglichen und damit pachtrechtlichen Elemente überwiegen. Dies wird schon daran deutlich, daß der Franchisenehmer durchweg in erster Linie hierfür die Gegenleistung, häufig Eintrittsgebühr genannt, zahlen muß. **149**

Die vielfältigen weiteren Pflichten des Franchisegebers, die im Schrifttum in diesem Zusammenhang aufgezählt zu werden pflegen, sind tatsächlich zu einem guten Teil nichts anderes als besondere Ausprägungen seiner lizenzvertraglichen Überlassungs- oder Gebrauchsgewährungspflicht. Im übrigen resultieren sie weithin bereits aus der selbstverständlichen Treuepflicht des Franchisegebers, wie sie mit jedem derartigen auf eine langfristige Zusammenarbeit der Parteien angelegten Vertrag verbunden ist. **150**

c) Ergebnis
Franchiseverträge in dem hier zugrundegelegten Sinne (Rn 138 f) sind Absatzmittlungsverhältnisse mit charakteristischen lizenzvertraglichen Elementen. Sie stehen daher der Rechtspacht nahe, so daß auf sie von Fall zu Fall pacht- und mietrechtliche Vorschriften angewandt werden können. Im übrigen weisen sie eine enge Verwandtschaft mit anderen Absatzmittlungsverhältnissen auf (zB zum Eigenhändler – dazu BGHZ 54, 338; BGH NJW-RR 2003, 98; OLG München NJW-RR 2003, 537), so daß auf sie zugleich in großem Umfang **Handelsvertreterrecht** (§§ 84 ff HGB) anwendbar ist (BGH NJW-RR 2003, 277, 280 „Vom Faß" [sogenannt nach FLOHR DStR 2003, 1622, 1624]; BGH NJW-RR 2002, 1554, 1555 = DB 2002, 1992; BGH LM Nr 8 zu § 90a HGB = NJW-RR 1987, 612; KG MDR 1974, 144 f; OLG Hamm NJW-RR 1994, 243, 244; OGH SZ 60 II [1987] Nr 218, 441, 449; OGH WBl 1991, 332, 336 f „Yves Rocher"; JOERGES Die AG 1991, 325, 339 ff; EKKENGA Die AG 1989, 301, 309 ff; EMMERICH JuS 1995, 761, 762 f; MARTINEK, Vertragstypen II 86; ders, Franchising 318 f; ders ZIP 1988, 1362, 1371 f, 1375 f; ULLMANN CR 1991, 193, 199 f; WALTHER, in: MÜLLER/WALTHER Anhang 1 C § 581 Rn 3). **151**

4. Abschluß

a) Aufklärungspflichten

152 Franchiseverträge sind auf eine langfristige enge und vertrauensvolle Zusammenarbeit der Parteien angelegte Absatzmittlungsverhältnisse (Rn 151). Daraus ergibt sich für den Franchisegeber die Verpflichtung zur umfassenden Information des Franchisenehmers bei den Vertragsverhandlungen über die auf ihn zukommenden Verpflichtungen; außerdem muß er ihn ordnungsgemäß über seine bisherigen Erfahrungen mit der Funktionsweise des Systems aufklären und ihm die sich hiernach vermutlich ergebenden Risiken und Chancen zutreffend schildern, wozu vor allem eine realistische Kalkulation der Kosten und der zu erwartenden Erträge gehört (OLG München BB 1988, 865; OLG München NJW 1994, 667; OLG Hamm NJW-RR 1994, 243, 244 f; OLG München BB 2001, 1759, 1760; OLG Hamburg DB 2003, 1054, 1055; BAG AP Nr 1 zu § 84 HGB = BB 1980, 1471; Böhner NJW 1994, 625; Braun NJW 1995, 504 f; Emmerich JuS 1995, 761, 763 f; Flohr WiB 1996, 1137; Gitter § 14 F I 1 [S 497 f]; Lenzen RIW 1984, 586; Martinek, Vertragstypen II 87 ff; ders/Habermeier § 23 Rn 1 ff). Hingegen ist er nicht verpflichtet, spezielle Untersuchungen über die Situation auf dem konkreten Markt anzustellen, auf dem sich der Franchisenehmer betätigen will; das ist vielmehr allein dessen Sache als selbständiger Kaufmann (OGH WBl 1989, 131; Böhner NJW 1994, 635, 636; Joerges Die AG 1991, 325, 331). Das Internationale Institut für die Vereinheitlichung des Privatrechts (UNIDROIT) hat inzwischen den Entwurf eines Modellrechts für die vorvertragliche Aufklärung im Franchising erarbeitet (UNIDROIT, Study LXVIII – Doc 30, Rom Januar 2001; dazu ausführlich Giesler/Nauschütt § 5 Rn 56 ff). Bei unzureichender Aufklärung bei Vertragsschluß kommt eine Haftung aus culpa in contrahendo (§ 311 Abs 2 BGB) in Betracht (OLG Rostock DB 1995, 2006; OLG München BB 2001, 1759 f). Ob und inwieweit darüber hinaus die Grundsätze der Prospekthaftung und der Haftung im Kapitalanlagebereich zur Anwendung kommen, ist umstritten. Gegen die Anwendung wird zT vorgebracht, daß anders als in den Fällen der Prospekthaftung der Erfolg des abgeschlossenen Geschäfts weitgehend von Marktlage, Einsatz und Tüchtigkeit des Franchisenehmers abhänge (OLG München BB 2001, 1759 f; aA Giesler ZIP 1999, 2131; ders ZIP 2002, 420, 426; ders/Nauschütt BB 2003, 435, 437; krit Flohr, in: Gedschr für Skaupy [2003] 69, 81; Böhner BB 2001, 1749 ff).

b) Form

153 aa) Franchiseverträge sind als solche sowenig wie sonstige Miet- oder Pachtverträge formbedürftig. Vor der Neufassung des GWB durch Gesetz vom 26. 8. 1998, in Kraft seit 1. 1. 1999, griff jedoch häufig **§ 34 GWB** aF ein, wenn der Vertrag Verpflichtungen einer oder beider Parteien im Sinne der §§ 18, 20 und 21 GWB aF enthielt (zB BGH NJW-RR 1999, 689 f; OLG Hamm NJW-RR 1994, 243, 244; OLG Frankfurt WiB 1996, 1116; OLG Bremen WRP 2002, 224, 229; OLG Düsseldorf WuW/E 5754, 5757 f; OLG Düsseldorf WRP 2002, 235, 236; LG Berlin WiB 1996, 533, 534 m Anm Flohr). § 15 Abs 2 GWB nF entspricht nur noch zT der Altregelung des § 34 GWB; die Preisbindungsvereinbarung bedarf lediglich in den von § 15 Abs 1 GWB erfaßten Fällen noch der Schriftform (Staudinger/Sonnenschein/Veit § 581 Rn 134, 268). Allerdings findet § 34 GWB aF auf Altverträge, die vor dem 1. 1. 1999 abgeschlossen worden sind, nach wie vor Anwendung (BGH NJW-RR 1999, 689). Für die Frage, ob § 34 GWB aF oder § 15 Abs 2 GWB nF anzuwenden ist, ist dabei auf den Zeitpunkt des Vertragsschlusses abzustellen (OLG München BB 2001, 1759, 1762). Der Franchisegeber darf sich nach § 242 BGB dann nicht auf die Formnichtigkeit berufen, wenn ihm aufgrund des Vertrags erhebliche Vorteile zugeflossen sind, der Vertrag über einen längeren Zeitraum von der Vertragsparteien erfüllt wurde und die Verantwortlichkeit für den Formmangel bei ihm liegt (BGH NJW-RR 2003, 1635, 1637 = BB 2003, 2254 „Apollo").

Schriftform war außerdem erforderlich, wenn der Vertrag bei der Europäischen **154** Kommission nach **Art 85 Abs 3 EGV** aF (= Art 81 Abs 3 EGV nF) oder Art 6 der Gruppenfreistellungsverordnung (EWG) Nr 4087/88 angemeldet werden sollte. Die an die Stelle der Franchising-GruppenfreistellungsVO und anderer GruppenfreistellungsVOen getretene Verordnung über die Anwendung von Art 81 Abs 3 des Vertrags auf Gruppen von vertikalen Vereinbarungen und aufeinander abgestimmte Verhaltensweisen (Rn 145) geht nun im Unterschied zu den früheren Gruppenfreistellungsverordnung nicht mehr vom grundsätzlichen Verbot des Art 81 Abs 1 EGV aus, welches durch Freistellungen aufgehoben werden kann, sondern von einer gruppenweisen Freistellung von vertikalen Wettbewerbsbeschränkungen ohne Anmeldepflicht, wenn die Beteiligten nicht über eine erhebliche Marktmacht verfügen und nicht besonders wettbewerbsschädliche, im einzelnen in Art 4 der Verordnung aufgelistete Vereinbarungen getroffen worden sind (PUKALL NJW 2000, 1375, 1376). In diesem Fall entfällt mithin auch ein Formerfordernis. Etwas anderes gilt dagegen dann, wenn eine Legalisierung der Vereinbarung nach der GruppenfreistellungsVO nicht in Betracht kommt und es bei der Möglichkeit einer Einzelfreistellung nach Art 81 Abs 3 EGV bleibt (zum dreistufigen Verfahren einer Vereinbarkeit von Franchiseverträgen mit dem EU-Kartellrecht MARTINEK/HABERMEIER, in: MARTINEK/SELMER/HABERMEIER, Handbuch des Vertriebsrechts [2. Aufl 2003] § 24 Rn 59).

Ist der Vertrag nur mündlich abgeschlossen, so kann schließlich jede Partei die **155** Beurkundung des Vertrages nach **§ 85 HGB** verlangen (s MARTINEK, Vertragstypen II 88 ff; ders/HABERMEIER § 23 Rn 15).

bb) Wenn der Franchisevertrag eine Bezugspflicht des Franchisenehmers begrün- **156** det und der Franchiseteilnehmer bei Abschluß des Vertrags als Verbraucher iSv § 13 BGB anzusehen ist, sind die Regeln über den Ratenlieferungsvertrag anwendbar und der Vertrag bedarf gleichfalls der Schriftform (§§ 505 Abs 1 S 1 Nr 3, Abs 2 [= §§ 2 Nr 3, 4 Abs 1 S 2 VerbrKrG aF]); BGHZ 97, 351, 356 ff = NJW 1986, 1789 „Yves Rocher"; BGHZ 112, 288 = NJW 1991, 105; BGHZ 128, 156, 160 ff = NJW 1995, 721 = ZIP 1995, 105; GITTER § 14 H I [S 513 ff]; JOERGES Die AG 1991, 325, 332; ULLMANN CR 1991, 193, 196; vWESTPHALEN/EMMERICH/ROTTENBURG, VerbrKrG [2. Aufl 1996] § 2 Rn 33; dagegen zB MARTINEK, Vertragstypen II 93 ff; ders ZIP 1986, 1440, 1448; 1988, 1362, 1376). In diesem Fall steht dem Franchisenehmer auch ein Widerrufsrecht nach § 355 zu, § 505 Abs 1 S 1 letzter HS (BGHZ 128, 156, 160 ff; BGH NJW 1998, 540, 541 zu § 7 VerbrKrG aF).

c) Inhaltskontrolle
Franchiseverträge sind nichtig, wenn durch den Vertrag die wirtschaftliche Bewe- **157** gungsfreiheit des Franchisenehmers übermäßig beeinträchtigt wird oder wenn in dem Vertrag die Chancen und Risiken ganz einseitig zugunsten des Franchisegebers verteilt sind (§ 138 Abs 1; BGHZ 99, 101, 105 = NJW 1987, 639; OLG Hamm NZG 2000, 1169; GITTER § 14 H III; JOERGES Die AG 1991, 325, 336; LENZEN RIW 1984, 586; MARTINEK, Vertragstypen II 90 ff; ders/HABERMEIER § 23 Rn 18 ff). Ist die Franchisevereinbarung technisch auf mehrere Verträge aufgeteilt, so kann in einem derartigen Fall die Nichtigkeit der einen Vereinbarung nach § 139 auch die der anderen nach sich ziehen (BGH aaO;

BGHZ 97, 351, 360 f = NJW 1986, 1989; BGHZ 112, 288 = NJW 1991, 105; BGHZ 128, 156, 165 f = NJW 1995, 721 = ZIP 1995, 105, 108 f; OLG Nürnberg NZM 1998, 375; OLG Düsseldorf NJW-RR 1987, 631 = WM 1987, 599, 600). § 139 findet auch bei Verwendung salvatorischer Klauseln Anwendung (BGH NZM 2003, 61 f = NJW 2003, 347; PRASSE ZGS 2004, 141; aA BGH NJW 1994, 1651 „Pronuptia II"). Franchiseverträge unterliegen außerdem durchweg der Inhaltskontrolle nach Maßgabe der §§ 307 ff, 310 (= §§ 9, 24 AGBG aF), da es sich bei ihnen wohl ausnahmslos um Formularverträge im Sinne des § 305 (= § 1 AGBG aF) handelt (BGH NJW-RR 2003, 1635, 1637 f = BB 2003, 2254; BGH NJW-RR 2003, 1624, 1625 = BB 2003, 2258 „Apollo"; BGH NJW 1998, 540, 543; OLG München BB 2002, 2521, 2522; EKKENGA, Inhaltskontrolle 110 ff; ders Die AG 1989, 301, 311 ff; GITTER § 14 H II; JOERGES Die AG 1991, 325, 337 f; MARTINEK, Vertragstypen II 93 ff; ders/HABERMEIER § 23 Rn 28 ff; WOLF, in: WOLF/HORN/LINDACHER, AGBG [4. Aufl 1999] § 9 Rn F 101 ff; H SCHMIDT, in: ULMER/BRANDNER/HENSEN, AGBG [9. Aufl 2001] §§ 9 bis 11 Anh Rn 355 ff; FLOHR, in: Gedschr für Skaupy [2003] 69, 72 ff). Zwar finden nach § 310 Abs 1 die §§ 305 Abs 2 und 3 sowie die §§ 308 und 309 keine Anwendung auf Allgemeine Geschäftsbedingungen, die gegenüber einem Unternehmer (§ 14) verwendet werden. Diese Norm findet aber auf die Neubegründung eines Franchiseverhältnisses keine Anwendung, da hierdurch der gewonnene Absatzmittler erst Unternehmer werden soll (sog Existenzgründerfälle). Der Vertrag unterliegt damit noch der vollen Inhaltskontrolle (MARTINEK/HABERMEIER § 23 Rn 29; PALANDT/HEINRICHS § 13 Rn 3; aA WOLF, in: WOLF/HORN/LINDACHER § 9 Rn F 105; H SCHMIDT, in: ULMER/BRANDNER/HENSEN, AGBG §§ 9 bis 11 Anh Rn 361).

5. Pflichten des Franchisegebers

158 a) In den Franchiseverträgen sind die beiderseitigen Pflichten gewöhnlich ganz ausführlich und minutiös geregelt (Beispiele in BGH LM Nr 31 zu § 305 BGB = NJW 1985, 1894 „Mc Donald's; BGHZ 128, 156 = NJW 1995, 721 = WM 1995, 284 = ZIP 1995, 105 „Ceiling Doctor"; EuGHE 1986, 374 = NJW 1986, 1415 „Pronuptia"; BGHZ 140, 11 = NJW 1999, 218 „Eismann"; BGH NJW-RR 2003, 277; NJW-RR 2003, 1635 = BB 2003, 2254; NJW-RR 2003, 1624 = BB 2003, 2258 „Apollo"). Zu den Hauptleistungspflichten des Franchisegebers gehört danach auf jeden Fall die Lizenzierung seiner Schutzrechte, ohne deren Gebrauch ein einheitliches Auftreten der Gruppe nicht möglich ist, sowie die Überlassung seines sonstigen Know-how (GITTER § 14 D III 1 [S 485 ff]; MARTINEK ZIP 1988, 1362, 1373 f; zum Maß an Know-how beim Franchising GIESLER ZIP 2003, 1025, 1027 ff). Dazu gehört aber auch eine Konkurrenzschutzpflicht (näher LIESEGANG BB 1999, 857, 858 ff; WALTHER in: MÜLLER/WALTHER, Anhang 1 C § 581 Rn 32; PRASSE MDR 2004, 256, 257). Eine Klausel, wonach der Franchisegeber „Vorteile, Ideen und Verbesserungen zur Erreichung optimaler Geschäftserfolge an die Partner (weiterleitet)", umfaßt die Verpflichtung, Einkaufsvorteile in Gestalt von Preisnachlässen der gelisteten Lieferanten in vollem Umfang an die Franchisenehmer weiterzugeben (BGH NJW-RR 2003, 1635, 1637 = BB 2003, 2254; BGH NJW-RR 2003, 1624, 1626 = BB 2003, 2258 „Apollo"; BÖHNER BB 2004, 119; FLOHR DStR 2004, 93; GIESLER ZIP 2004, 744; HAAGER NJW 2004, 1220; PRASSE MDR 2004, 256; TEUBNER ZHR 168 [2004] 78). Eine gesetzliche Pflicht zur Weiterleitung von Einkaufsvorteilen hatte der BGH zuvor abgelehnt und eine Klausel, wonach die Weitergabe von Einkaufsvorteilen durch den Franchisegeber von der Zustimmung der die Vorteile gewährenden Unternehmen abhängt, für wirksam erachtet (BGHZ 140, 342 = NJW 1999, 2671, 2676 „Sixt").

159 Auch ohne ausdrückliche vertragliche Regelung treffen den Franchisegeber nach

Sinn und Zweck des Vertrages (§§ 157, 242) außerdem durchweg umfassende Treue- und Rücksichtspflichten gegenüber dem Franchisenehmer (BGHZ 136, 295, 299 = NJW 1997, 3304, 3307 „Benetton I" m Anm EMDE NJW 1999, 326 ff). Eine Ausprägung dieser Treuepflicht ist die sogenannte **Betriebsförderungspflicht** des Franchisegebers, dh seine Pflicht, den Franchisenehmer während der ganzen Vertragsdauer bei seinen Absatzbemühungen zu unterstützen. Darin eingeschlossen sind die Pflicht zur fortlaufenden Überlassung etwaigen neuen Know-hows und Erfahrungswissens, die Pflicht zur Unterstützung des Franchisenehmers bei der Werbung sowie die Pflicht zu dessen ständiger weiteren Schulung (BGH NJW-RR 2000, 1159, 1160 f; OGH SZ 64 I [1991] Nr 78, 419, 423 = WBl 1991, 337 „Yves Rocher"; OGH WBl 1989, 131; OGH WBl 1991, 332, 334; BAG AP Nr 1 zu § 84 HGB = BB 1980, 1471; MARTINEK ZIP 1988, 1362, 1373 f). **§ 86a HGB** kann insoweit entsprechend angewandt werden (MARTINEK, Vertragstypen II 105 f). Teil dieser Betriebsförderungspflicht des Franchisegebers ist auch die Gewährung eines (begrenzten) Gebietsschutzes, soweit kartellrechtlich zulässig (OGH WBl 1989, 131; 1991, 332, 336; GITTER § 14 D III 1 b [S 488]). Hingegen trifft den Franchisegeber gegenüber dem Franchisenehmer eine Lieferpflicht nur im selben Umfang wie den Geschäftsherrn gegenüber dem Handelsvertreter, so daß er keineswegs jede Bestellung des Franchisenehmers unbesehen annehmen muß; er ist lediglich verpflichtet, dessen Bestellungen nicht ohne vernünftigen Grund, dh willkürlich abzulehnen (OLG Hamm NJW-RR 1994, 243 f). Eine gesetzliche Pflicht zur Auskehr von Einkaufsvorteilen an den Franchisegeber besteht nach Ansicht des BGH nicht (BGHZ 140, 342 = NJW 1999, 2671, 2676 „Sixt"; anders aufgrund des sog „Netzzwecks" TEUBNER ZHR 168 [2004] 78, 84, 90 ff).

b) Die **Haftung** des Franchisegebers richtet sich nach den §§ 581 Abs 2 und 536 ff, **160** soweit er seinen lizenzvertraglichen Pflichten nicht nachkommt (Rn 88 f; anders die überwiegende Meinung). Im übrigen haftet er für die schuldhafte Verletzung seiner Pflichten nach §§ 280 Abs 1, Abs 3, 282 (s OLG Frankfurt WiB 1996, 1116; OLG Naumburg OLG-NL 2003, 28, 30; [Anspruch verneint] PALANDT/WEIDENKAFF Einf vor § 581 Rn 25; GITTER § 14 F II [S 498 ff]).

6. Pflichten des Franchisenehmers

Hauptleistungspflicht des Franchisenehmers ist die Zahlung der vereinbarten Ge- **161** genleistung, wobei unterschiedliche Formen vorkommen (einmalige Eintrittsgebühr, laufende feste oder vom Umsatz abhängige Zahlungen). Daneben regeln die Franchiseverträge durchweg noch zahlreiche weitere Pflichten des Franchisenehmers, durch die vor allem das einheitliche Auftreten der Gruppe nach außen sichergestellt werden soll (ausführlich LENZEN RIW 1984, 587). Unterhält der Franchisegeber ein flächendeckendes System von Kühltransporten, so hat der Franchisenehmer die Pflicht, die Verteilung der Güter in dem ihm zugewiesenen Gebiet systemgerecht aufrechtzuerhalten (BGH NJW 1999, 1177, 1178 = BB 1999, 974). Außerdem trifft den Franchisenehmer nach Sinn und Zweck des Vertrages eine Treuepflicht (**§ 86 HGB**), so daß er sich nach Kräften um den Absatz der Waren oder Dienstleistungen des Franchisegebers bemühen muß. Hinzu tritt zB noch die Pflicht, die ihm vom Franchisegeber anvertrauten Geschäftsgeheimnisse geheim zu halten (§ 90 S 1 HGB [= § 90 Abs 1 HGB aF]; GITTER § 14 D III 2 [S 488 ff]; MARTINEK, Vertragstypen II 107 ff; ders ZIP 1988, 1362, 1373).

7. Vertragsbeendigung

a) Dauer

162 Franchiseverträge werden offenbar in der Regel auf bestimmte Zeit in Verbindung mit einer Verlängerungsklausel abgeschlossen. Fehlt eine solche Verlängerungsklausel, so findet der Vertrag mit Ablauf der Vertragszeit automatisch sein Ende (§§ 581 Abs 2, 542). Andernfalls verlängert er sich von selbst auf bestimmte oder unbestimmte Zeit, wenn keine Partei von ihrem Kündigungsrecht Gebrauch macht (s o STAUDINGER/EMMERICH [2003] Vorbem 105 zu § 535).

b) Ordentliche Kündigung

163 Verträge auf unbestimmte Zeit können ordentlich und außerordentlich aus wichtigem Grunde gekündigt werden. Auf die ordentliche Kündigung wird überwiegend § 89 HGB entsprechend angewandt (BGH NJW-RR 2002, 1554, 1555 = DB 2002, 1992 = EWiR § 89 HGB 1/02, 915 m Anm EMDE; BEHR 149; MARTINEK ZIP 1988, 1362, 1377; ders, Vertragstypen II 120 ff; K SCHMIDT, Handelsrecht § 28 III 1 a [S 779 f]). Richtigerweise sollte jedoch, wenn vertragliche Abreden über die Kündigungsfristen fehlen, von § 584 ausgegangen werden (ebenso WALTHER, in: MÜLLER/WALTHER Anhang 1 C § 581 Rn 64; PALANDT/WEIDENKAFF Einf vor § 581 Rn 28), weil auf diese Weise das Bestandsinteresse des Franchisenehmers besser als nach § 89 HGB geschützt werden kann. Grund für das große Bestandsinteresse des Franchisenehmers ist vor allem sein Bestreben, während einer angemessenen Vertragsdauer seine oft erheblichen Investitionen amortisieren zu können (Rn 164).

c) Kündigungsschutz

164 Mit Rücksicht auf das Bestandsinteresse des Franchisenehmers (Rn 163) werden im Schrifttum zunehmend Kündigungsschranken diskutiert. Sicher ist, daß im Einzelfall eine ordentliche Kündigung des Franchisegebers, durch die der Franchisenehmer übermäßig geschädigt wird, gegen das Diskriminierungsverbot des **§ 20 Abs 1 GWB** (= § 26 Abs 2 GWB aF) verstoßen kann; jedoch handelt es sich dabei um seltene Ausnahmefälle (s EMMERICH, Kartellrecht [9. Aufl 2001] 211; MARTINEK, Vertragstypen II 139 ff; ders, Franchising 598 ff).

165 Als Ausweg aus diesem Dilemma wird im Schrifttum neuerdings häufig ein letztlich allein auf § 242 zu stützender **„Investitionsschutz"** zugunsten des Franchisenehmers diskutiert, der sich vor allem darin äußern soll, daß der Franchisegeber so lange nicht ordentlich kündigen kann, wie dem Franchisenehmer nicht eine Amortisierung seiner im Grunde vom Franchisegeber veranlaßten Investitionen möglich war; statt dessen wird auch vorgeschlagen, eine Kündigung vor Ablauf der angemessenen Amortisationsfrist nur gegen anteiligen Ausgleich der Investitionskosten des Franchisenehmers zuzulassen (insbesondere EBENROTH, Absatzmittlungsverträge; FOTH BB 1987, 1270; LIESEGANG BB 1991, 2381, 2384; MARTINEK, Vertragstypen II 133 ff; dagegen zB BEHR 149 ff; EKKENGA, Inhaltskontrolle 169 ff). In der Praxis haben alle derartigen Überlegungen jedoch bisher keinen Anklang gefunden.

d) Außerordentliche Kündigung

166 **aa)** Dauerschuldverhältnisse sind aus wichtigem Grunde kündbar, wenn einer Partei die Fortsetzung des Vertrages selbst bis zum nächsten ordentlichen Kündigungstermin nach Treu und Glauben nicht mehr zuzumuten ist (vgl § 314). Franchiseverträge machen hiervon keine Ausnahme (BGH NJW-RR 2003, 1635, 1638 = BB

2003, 2254 „Apollo"); Voraussetzung der Kündigung ist jedoch grundsätzlich eine vorherige Abmahnung des anderen Teils (BGH LM Nr 31 zu § 305 BGB = NJW 1985, 1894 „Mc Donald's"; OLG Hamm NJW-RR 1994, 243, 244; OGH SZ 60 I [1987] Nr 77, 392, 397 f = WBl 1987, 188 = GRURInt 1988, 72 „Stefanel"; OGH SZ 60 II [1987] Nr 218, 441, 448 f = WBl 1988, 97; OGH WBl 1991, 332, 336 f „Yves Rocher"; KG Berlin BB 1998, 607, 608 = ZMR 1998, 276 „Burger King"). Die überwiegende Meinung stützt sich hierbei auf eine Analogie zu § 89a HGB (KG Berlin BB 1998, 607, 608 = ZMR 1998, 276 „Burger King"; GITTER § 14 G II 1 [S 502 ff]; MARTINEK, Vertragstypen II 124 ff; ders, Franchising 327 ff; ders ZIP 1988, 1362, 1378; K SCHMIDT, Handelsrecht § 28 III 1 a [S 769 ff]; HJ WEBER JA 1983, 347, 353). Zumindest ergänzend ist aber auch an die Anwendung der §§ 581 Abs 2 und 543 zu denken, namentlich bei Zahlungsverzug des Franchisenehmers (§ 543 Abs 2 S 1 Nr 3; Rn 167); daneben hat der durch das Schuldrechtsmodernisierungsgesetz neu geschaffene § 314 im Miet- und Pachtrecht keine Bedeutung (ARNOLD, in: DAUNER-LIEB/ HEIDEL/LEPA/RING [Hrsg], Das neue Schuldrecht in der anwaltlichen Praxis [2002] § 3 Rn 75).

bb) Der **Franchisegeber** kann zB fristlos kündigen, wenn der Franchisenehmer **167** durch schwerwiegende Vertragsverletzungen den Vertragszweck gefährdet (BGH LM Nr 31 zu § 305 BGB = NJW 1985, 1894 „Mc Donald's"; kritisch dazu BÖHNER NJW 1985, 2811), insbesondere, wenn er unter Verstoß gegen das Konkurrenzverbot fremde Ware vertreibt (OGH SZ 60 I [1987] Nr 77, 392, 397 f = WBl 1987, 188 = GRURInt 1988, 72 „Stefanel") oder sich in Zahlungsverzug befindet (§ 543 Abs 2 S 1 Nr 3 [= § 554 aF]; OGH WBl 1991, 332, 336 f „Yves Rocher"; KG Berlin BB 1998, 607, 608 = ZMR 1998, 276 „Burger King"). Maßgebend sind aber immer die Umstände des Einzelfalls, so daß der Vertrieb von Konkurrenzware ausnahmsweise anders zu beurteilen sein kann, wenn der Franchisenehmer geradezu gezwungen war, sich am Markt einzudecken, weil er vom Franchisegeber nicht rechtzeitig beliefert wurde (OGH SZ 60 I [1987] Nr 77, 392, 397 f = WBl 1987, 188 = GRURInt 1988, 72 „Stefanel"). Weitere außerordentliche Kündigungsgründe für den Franchisegeber sind je nach den Umständen des Falles die dauernde Unrentabilität des Systems, der Vermögensverfall des Franchisenehmers, die Vernachlässigung der Absatzbemühungen, die Verletzung von Treue- und Absatzförderpflichten (OLG München OLG-Rp 2001, 245, 246) oder die Verletzung von Geheimhaltungspflichten durch den Franchisenehmer sowie überhaupt jedes Verhalten, durch das das gegenseitige Vertrauensverhältnis nachhaltig zerstört wird (s BÖHNER NJW 1985, 2811; GITTER § 14 G II 1 [S 503 f]; MARTINEK, Vertragstypen II 128 ff).

Der **Franchisenehmer** kann fristlos kündigen, wenn der Franchisegeber ihm ver- **168** tragswidrig Konkurrenz macht, wenn er versucht, einseitig zu seinem Vorteil den Vertrag zu ändern oder wenn er sonst schwerwiegend gegen seine Vertragspflichten verstößt, indem er ihn zB grundlos nicht weiter beliefert (OLG Hamm NJW-RR 1994, 243, 244). Hingegen stellt es keinen wichtigen Kündigungsgrund dar, wenn der Betrieb des Franchisenehmers abbrennt, weil dies zu seinem Risiko gehört, gegen das er sich ohne weiteres versichern kann und muß (OGH SZ 60 II [1987] Nr 218, 441, 450 f = WBl 1988, 97). Ebensowenig kann der Franchisenehmer fristlos kündigen, wenn er bei einem Vertrag, in dem der Franchisegeber sich zur Organisation und Unterhaltung eines Transport- und Distributionssystems für den Kühlverkehr zu befördernde Lebensmittel verpflichtet hat, seiner Verpflichtung, für ein bestimmtes Gebiet die Tätigkeit einer Verteiler- und Umladestation wahrzunehmen, nicht nachkommt und das Vertragsverhältnis ohnehin in absehbarer Zeit beendet wird (BGH NJW 1999, 1177, 1178 = BB 1999, 974 = EWiR § 242 BGB 2/99, 303 f m Anm MARTINEK).

8. Abwicklung

a) Pachtrecht

169 aa) Nach Vertragsbeendigung (Rn 162 ff) können auf das Abwicklungsverhältnis je nach den Umständen des Falles Pacht- oder Handelsvertreterrecht anzuwenden sein. Auszugehen ist vom Pachtrecht, da Franchiseverträge der Rechtspacht am nächsten stehen (Rn 147 ff). Dies bedeutet, daß der Franchisenehmer nach Vertragsende alles, was er vom Franchisegeber erhalten hat, zurückgeben muß, wobei in erster Linie an Rezepte, Muster und Handbücher sowie sonstige Formen der Dokumentation des besonderen Know-hows des Franchisegebers zu denken ist (§ 546). Ihm steht kein Zurückbehaltungsrecht an den ihm für das Betreiben seines Franchise-Outlets zur Nutzung überlassenen Räumen zu; dies gilt auch dann, wenn zwischen Franchise- und Pachtvertrag ein unmittelbarer rechtlicher und wirtschaftlicher Zusammenhang besteht (OLG Hamburg WiB 1997, 480 m Anm FLOHR).

170 Nutzt der Franchisenehmer trotz Vertragsbeendigung die ihm überlassenen Schutzrechte und das Know-how des Franchisegebers weiter, so muß er die vereinbarte Gegenleistung weiterzahlen (§ 584b). Außerdem ist gegebenenfalls an eine stillschweigende Verlängerung des Vertrages nach § 545 zu denken (s auch § 89 Abs 3 HGB).

171 bb) Eine andere Frage ist, ob der Franchisegeber im Einzelfall nach Treu und Glauben verpflichtet sein kann, die Vertragsware, die der Franchisenehmer jetzt nicht mehr absetzen darf, zurückzukaufen. Bei Vertragshändlern wird heute eine derartige Pflicht des Herstellers häufig bejaht (BGHZ 128, 67, 70; BGHZ 54, 338, 345 f = NJW 1971, 29; OLG Frankfurt MDR 1982, 405 = BB 1982, 209; WM 1986, 139 = MDR 1986, 144; WM 1986, 141). Es besteht kein Grund, Franchisenehmer in diesem Punkte schlechter als Vertragshändler zu behandeln, so daß sich bei ihnen gleichfalls je nach den Umständen des Einzelfalls aus § 242 die Pflicht des Franchisegebers ergeben kann, die Vertragsware zurückzunehmen (BGH NJW 1998, 540, 543 = BB 1998, 182; GITTER § 14 G III 2 b [S 512]; LIESEGANG BB 1991, 2381, 2384 f; MARTINEK, Vertragstypen II 164 ff). Eine entgegenstehende Regelung des Franchisevertrags, wonach keine Übernahmeverpflichtung besteht, ist nach § 307 unwirksam, wenn der Franchisenehmer nach Vertragsende nicht berechtigt ist, die vom Franchisegeber hergestellten oder gehandelten Produkte zu vertreiben und das Warenlager deshalb wertlos wird (BGH NJW 1998, 540, 543).

b) Handelsvertreterrecht

172 aa) Neben Pachtrecht (Rn 169 ff) findet im Abwicklungsstadium außerdem Handelsvertreterrecht Anwendung (Rn 151). Das gilt zunächst für **§ 87 Abs 3 HGB**, so daß der Franchisenehmer noch eine Vergütung für von ihm bereits angebahnte, aber nicht mehr abgewickelte Geschäfte verlangen kann (MARTINEK, Vertragstypen II 163 ff; ders, Franchising 374; ders ZIP 1988, 1362, 1378 f).

173 bb) Der Franchisenehmer hat außerdem unter im einzelnen freilich umstrittenen Voraussetzungen einen **Ausgleichsanspruch** gegen den Franchisegeber entsprechend § 89b HGB (OGH WBl 1991, 332, 336 „Yves Rocher"; OLG München BB 2002, 2521; LG Frankfurt aM EWiR § 89b HGB 1/04, 69 [Ls] m Anm ALBICKER; Frage, ob § 89 HGB überhaupt analog auf Franchisevertrag anwendbar ist, offengelassen von BGH NJW 1997, 3304, 3308 „Benetton I"; BGH NJW 1997, 3309, 3311 „Benetton II"; Baumbach/Hopt, HGB [31. Aufl 2003] § 84 Rn 10; Joerges Die AG 1991, 325, 339 ff; Gitter § 14 G III 1 [S 505 ff]; H Köhler NJW 1990, 1689, 1690 ff; Martinek, Vertragstypen II 150 ff; ders, Franchising 353 ff; ders ZIP 1988, 1362, 1378; ders/Habermeier § 25 Rn 68 ff; Walther, in: Müller/Walther Anhang 1 C § 581 Rn 82 ff; Ullmann CR 1991, 193, 199 f; K Schmidt, Handelsrecht § 28 III 2 [S 771 ff]; Bodewig BB 1997, 637; Flohr DStR 1998, 572; Giesler WM 2001, 1441, 1443). Ist ein Wettbewerbsverbot vereinbart, so schuldet der Franchisegeber zusätzlich eine **Karenzentschädigung** nach § 90a Abs 1 S 3 HGB (BGH LM Nr 8 zu § 90a HGB = NJW-RR 1987, 612; KG MDR 1974, 144; Gitter § 14 G III 1 b [S 510 f]; Joerges Die AG 1991, 325, 339 ff; Martinek, Franchising 373; ders ZIP 1988, 1362, 1378; ders, Vertragstypen II 166 ff). Zum Ausgleich trifft den Franchisenehmer eine **Geheimhaltungspflicht** entsprechend § 90 HGB (Gitter § 14 G III 2 a [S 512]; Martinek ZIP 1988, 1362, 1378).

c) Allgemeines Zivilrecht

Bei vorzeitiger Beendigung des Franchisevertrags stellt sich die Frage nach der Rückzahlung einer vom Franchisenehmer erbrachten Eintrittsgebühr nach §§ 812 ff BGB. Entschieden wurden die Fällen des Widerrufs nach dem VerbrKrG (BGHZ 128, 156, 166 = NJW 1995, 721 = ZIP 1995, 105), einer außerordentlichen Kündigung wegen Konkurses des Franchisegebers (OLG Frankfurt WiB 1995, 346 = NJW-RR 1995, 1395) sowie der Unwirksamkeit eines Franchisevertrags wegen Verstoßes gegen das Formerfordernis nach § 34 GWB aF (OLG Dresden WiB 1995, 1010; OLG Dresden NJW-RR 1996, 1013 f) oder gegen §§ 138 BGB, 9 Abs 1 AGBG aF (OLG Hamburg DB 2003, 1054 f = GuT 2003, 48). Ob ein Rückzahlungsanspruch besteht, hängt maßgeblich von der Zweckbestimmung der Eintrittsgebühr ab. Handelt es sich um eine Gebühr für die Franchise an sich, so wird die Rückzahlbarkeit in der Regel entfallen, da die Gegenleistung des Franchisegebers mit Vertragsschluß und Übergabe der wesentlichen Systeminformationen erbracht worden ist (Martinek/Habermeier § 25 Rn 55 b; Rauser/Bräutigam DStrR 1996, 587, 591; Flohr WiB 1995, 346, 347; Giesler WM 2001, 1441, 1442 f). War die Gebühr dagegen eher ein Vorschuß für die vom Franchisegeber während der gesamten Anlaufzeit zu erbringenden Leistungen, kommt eine Rückzahlung des bis zur Vertragsbeendigung nicht verbrauchten Vorschusses in Betracht (Martinek/Habermeier § 25 Rn 55 b; Giesler WM 2001, 1441, 1442 f). Welche Zweckbestimmung der Gebühr zukommt, ist im Zweifel durch Auslegung zu ermitteln (OLG Frankfurt WiB 1995, 346 = NJW-RR 1995, 1395; OLG Hamburg DB 2003, 1054 = GuT 2003, 48). Hinsichtlich der Höhe der rückzuzahlenden Gebühr ist zum einen zu entscheiden, ob die Eintrittsgebühr ganz oder nur zeitanteilig zurückzuerstatten ist (OLG Frankfurt WiB 1995, 346 = NJW-RR 1995, 1395; OLG Hamburg DB 2003, 1054 f = GuT 2003, 48). Zum anderen stellt sich die Frage nach der Berechnung der Leistungen des Franchisegebers (OLG Frankfurt WiB 1995, 346 = NJW-RR 1995, 1395 für eine lineare Berechnung auf der Grundlage der tatsächlichen Vertragsdauer; OLG Dresden WiB 1995, 1010 unter Anwendung der Saldotheorie; ablehnend Flohr WiB 1995, 1010; Adams/Witte DStrR 1998, 251, 255).

XII. Neue Länder

Das sogenannte ZGB der früheren DDR von 1976 hatte die Pacht als Sonderform der Miete abgeschafft. Die Folge war nach Wiedereinführung des BGB in den neuen Ländern am 3. Oktober 1990 eine Fülle schwierigster Anpassungsfragen, derer der Gesetzgeber mit zahlreichen sich überschneidenden Rechtsvorschriften Herr zu werden versucht. Die Einzelheiten gehören in den Zusammenhang der

Erläuterung der §§ 3 ff des Art 232 EGBGB in der Fassung der Bekanntmachung vom 21. September 1994 (BGBl I 2494, 2517). Im folgenden soll nur ein kurzer Überblick über die wichtigsten Rechtsquellen gegeben werden.

1. Art 232 § 3 EGBGB

176 Nach Art 232 § 3 Abs 1 EGBGB in der Fassung von 1994 (Rn 175) richten sich Pachtverhältnisse aufgrund von Verträgen, die vor dem Wirksamwerden des Beitritts am 3. Oktober 1990 abgeschlossen worden sind, von diesem Zeitpunkt an nach den §§ 581 bis 597 BGB; dh, sie unterliegen fortan normalem Pachtrecht, soweit nicht Sonderregelungen eingreifen, wie dies tatsächlich im großen Umfang der Fall ist (Rn 181 ff).

a) Anwendungsbereich

177 Der Anwendungsbereich des Art 232 § 3 Abs 1 EGBGB ist nicht leicht zu bestimmen, da das ZGB der DDR, wie schon betont (Rn 175), keine Pacht kannte. Im wesentlichen werden wohl folgende Fälle erfaßt: Alte Pachtverhältnisse aus der Zeit vor Inkrafttreten des ZGB am 1. Januar 1976 (AG Köpenick VIZ 1998, 38, 40 f), pachtähnliche Nutzungsverträge, die zulässigerweise nach dem 1. 1. 1976, zB aufgrund des sogenannten Vertragsgesetzes vom 25. 3. 1982 (GBl I 293) abgeschlossen worden sind, sowie nach der Wiedereinführung der Vertragsfreiheit am 1. Juli 1990 begründete Pachtverhältnisse (BGHZ 134, 170, 174 f; STAUDINGER/ABELTSHAUSER/SONNENSCHEIN [2003] Art 232 § 3 EGBGB Rn 5).

178 Ergänzend bestimmt Art 232 § 3 Abs 2 EGBGB, daß die §§ 51 und 52 des Landwirtschaftsanpassungsgesetzes vom 29. 6. 1990 (BGBl I 642) unberührt bleiben. Aus diesen Vorschriften ergab sich die Anwendbarkeit des Pachtrechts des BGB für Pachtverhältnisse über land- und forstwirtschaftliche Nutzflächen bereits seit dem 20. 7. 1990, so daß hier der wichtigste Anwendungsbereich des Pachtrechts des BGB in den neuen Ländern liegen dürfte (STAUDINGER/ABELTSHAUSER/SONNENSCHEIN [2003] Art 232 § 3 EGBGB Rn 11 ff).

179 Ausgenommen von der sofortigen uneingeschränkten Geltung des BGB waren zunächst nach Art 232 § 4 EGBGB die Nutzungsverhältnisse nach den §§ 312 bis 315 ZGB, wozu namentlich die sogenannten **Datschengrundstücke** gehören, und zwar wegen der großen sozialen Bedeutung dieser Grundstücke für die Bevölkerung in den neuen Ländern. Für sie blieb es deshalb zunächst bei dem bisherigen Rechtszustand, an dessen Stelle seit dem 1. Januar 1995 die komplizierte Übergangsregelung des Schuldrechtsanpassungsgesetzes getreten ist (Art 1 des Schuldrechtsänderungsgesetzes vom 21. 9. 1994, BGBl I 2538; s dazu Rn 187 ff).

b) Heutige Rechtslage

180 Soweit Pachtverhältnisse in den neuen Ländern unter Art 232 § 3 EGBGB fallen (Rn 177 f), gelten für sie heute nahezu keine Besonderheiten mehr, nachdem sämtliche Beschränkungen für die Pachtzinsbildung ausgelaufen sind (s STERNEL, Mietrecht aktuell [3. Aufl 1996] Rn A 336). Die Kündigung dieser Verträge richtet sich mittlerweile ebenfalls allein nach den §§ 581 ff BGB, so daß sich der Kündigungsschutz für landwirtschaftliche Pächter heute aus § 595 ergibt. Ein besonderer Bestandsschutz für Pachtverträge aus den neuen Ländern aufgrund des EGBGB bestand und

besteht nicht. Art 232 § 2 Abs 5 EGBGB, der ohnehin Ende 1994 ausgelaufen ist, galt nur für gewerbliche Mietverhältnisse, nicht für die gewerbliche Pacht, so daß hier ausnahmsweise einmal der Unterscheidung zwischen Miete und Pacht zentrale Bedeutung für die Beteiligten zukam (s STAUDINGER/ABELTSHAUSER/SONNENSCHEIN [2003] Art 232 § 3 EGBGB Rn 7).

2. Art 232 §§ 4f EGBGB

a) Überblick

Für Datschengrundstücke und eine Reihe vergleichbarer Nutzungsverhältnisse, die heute überwiegend als Pacht im Sinne der §§ 581 ff BGB zu qualifizieren sein dürften, gelten, wie schon betont (Rn 179), Sonderregelungen, die sich zunächst aus Art 232 §§ 4 und 4a EGBGB und seit 1995 in erster Linie aus dem Schuldrechtsänderungsgesetz vom 21. 9. 1994 (BGBl I 2538) ergeben. Die ganze Materie ist verwickelt, nicht zuletzt deshalb, weil derartige Nutzungsverhältnisse in der früheren DDR ohne Rücksicht auf die bestehende Rechtslage von den unterschiedlichsten Stellen nahezu willkürlich begründet wurden, wobei durchweg auf die Interessen der Grundstückseigentümer nicht die geringste Rücksicht genommen wurde. Die Folge ist eine Gemengelage verschiedenster Nutzungsverhältnisse, die der Gesetzgeber jetzt je nach ihrem mehr schuldrechtlichen oder mehr dinglichen Einschlag verschiedenen Sonderregelungen unterstellt hat. **181**

Die Übergangsregelung für die dinglichen Nutzungsverhältnisse findet sich in dem Sachenrechtsänderungsgesetz vom 21. 9. 1994 (BGBl I 2457), die für die hier allein interessierenden schuldrechtlichen Nutzungsverhältnisse hingegen in dem **Schuldrechtsänderungsgesetz** ebenfalls vom 21. 9. 1994 (BGBl I 2538). Beide Gesetze sind – in konsequenter Fortsetzung der DDR-Praxis – durch eine radikale Zurückdrängung der Interessen der Grundstückseigentümer entgegen Art 14 Abs 1 GG gekennzeichnet (zur Verfassungsmäßigkeit einzelner Regelungen des Schuldrechtsänderungsgesetzes BVerfGE 101, 54 ff = NJW 2000, 1471; BVerfG VIZ 2000, 231 f; BVerfG VIZ 2000, 232; s auch BbgVerfG NZM 2003, 236, 237). **182**

Grundlage des besonderen Bestandsschutzes für Nutzungsverhältnisse über Datschengrundstücke und vergleichbare Nutzungsverhältnisse war zunächst Art 232 § 4 EGBGB. Nach Abs 1 dieser Bestimmung richteten sich nämlich diese Nutzungsverhältnisse, sofern sie vor dem 3. Oktober 1990 abgeschlossen worden sind, vorerst weiterhin nach den §§ 312 bis 315 ZGB. Das galt auch für Altverträge aus der Zeit vor Inkrafttreten des ZGB am 1. 1. 1976 (Art 232 § 4 Abs 4 EGBGB). Sonderregelungen bestanden von Anfang an jedoch für kleingärtnerisch genutzte Grundstücke (s Art 232 § 4 Abs 3 EGBGB; §§ 20, 20a BKleingG; dazu Rn 186). **183**

b) §§ 312 bis 315 ZGB

Die §§ 312 bis 315 ZGB regelten die Überlassung land- und forstwirtschaftlich nicht genutzter Bodenflächen an Bürger zum Zwecke der kleingärtnerischen Nutzung, der Erholung und der Freizeitgestaltung (§ 312 Abs 1 ZGB [BGH GrundE 2000, 468; OLG Brandenburg OLG-Rp 2002, 452, 454]). § 313 ZGB bestimmte im einzelnen die sich daraus für beide Parteien ergebenden Pflichten. Die Grundstücke durften danach zwar aufgrund besonderer Abrede mit Wochenendhäusern bebaut werden, nicht jedoch mit zu Wohnzwecken geeigneten Gebäuden (§ 313 Abs 2 ZGB); gerade **184** gegen diese Regelung ist verbreitet verstoßen worden. Die Kündigung der Nutzungsverhältnisse seitens des Überlassenden, dh des Grundstückseigentümers, für den meistens staatliche Stellen mit oder ohne Vertretungsmacht tätig wurden, war praktisch ausgeschlossen (§ 314 Abs 3 ZGB). § 315 ZGB fügte noch einige Sondervorschriften für Kleingartenanlagen hinzu.

185 Die Aufrechterhaltung der genannten Vorschriften des ZGB (§§ 312 bis 315) durch Art 232 § 4 Abs 1 EGBGB verfolgte vor allem den Zweck, die radikale **Kündigungsbeschränkung** des § 314 Abs 3 ZGB trotz der Aufhebung des ZGB am 3. Oktober 1990 vorerst beizubehalten. Verstärkt wurde der daraus resultierende Bestandsschutz namentlich für die Nutzungsverhältnisse über Datschengrundstücke noch durch das eigentümliche **Vertrags-Moratorium** aufgrund des Art 232 § 4a EGBGB, der zusätzlich für die vielen problematischen Fälle, in denen die Anwendbarkeit der §§ 312 bis 315 ZGB durchaus zweifelhaft war, bis Ende 1994 einen nahezu totalen Kündigungsausschluß brachte. Zum Ausgleich gestattete die Bundesregierung jedoch den Grundstückseigentümern marginale Erhöhungen der Nutzungsentgelte. Die Einzelheiten ergeben sich aus der aufgrund des Art 232 § 4 Abs 2 EGBGB erlassenen Nutzungsentgeltverordnung vom 22. 7. 1993 (BGBl I 1339) in der Neufassung vom 24. 6. 2002 (BGBl I 2562).

186 Weitere Sonderregelungen gab es von Anfang an für Nutzungsverträge über **kleingärtnerisch** genutzte Grundstücke. Weil bei diesen Verträgen ohnehin aufgrund des BKleingG vom 28. 2. 1983 (BGBl I 210) ein weitgehender Bestandsschutz verbunden mit einer radikalen Beschränkung der Pachthöhe besteht (Rn 56 ff), erschien es unbedenklich, Kleingartennutzungsverhältnisse sofort vom 3. Oktober 1990 an dem BKleingG als Kleingartenpachtverträge zu unterstellen (s STAUDINGER/RAUSCHER [2003] Art 232 § 4 EGBGB Rn 52 ff). Die Einzelheiten ergeben sich aus § 20a BKleingG (zu § 20a Nr 1 BGH NZM 2000, 250 = VIZ 2000, 159; zu § 20a Nr 6 BGH RdL 1997, 259 = ZMR 1997, 509), der durch den Einigungsvertrag (Anlage I Kap XIV Abschn II Nr 4; BGBl 1990 II 1125) in das BKleingG eingefügt wurde (s Art 232 § 4 Abs 3 EGBGB). 1994 ist noch eine ergänzende Bestimmung für Zwischenpachtverträge hinzugefügt worden (§ 20b BKleingG in der Fassung des Schuldrechtsänderungsgesetzes vom 21. 9. 1994, BGBl I 2538, 2552).

3. Schuldrechtsanpassungsgesetz von 1994

187 Schon in Art 232 § 4 Abs 1 S 2 EGBGB war eine Neuregelung der Nutzungsverhältnisse nach den §§ 312 bis 315 ZGB (Rn 181 ff) durch ein besonderes Gesetz angekündigt worden, mit dem diese Nutzungsverhältnisse dem BGB angepaßt werden sollten. Diesem Zweck dient vor allem das als Art 1 des Schuldrechtsänderungsgesetzes vom 21. 9. 1994 erlassene Schuldrechtsanpassungsgesetz (BGBl [1994] I 2538, zuletzt geändert durch Gesetz vom 17. 5. 2002 [BGBl I 1580]; ausführlich die Begr zum RegE BT-Drucks 12/7135, 26 ff; Ausschußbericht BT-Drucks 12/8035; BVerfGE 101, 54, 76; DEGENHART JZ 1994, 890; GRIESSENBECK WiB 1994, 857; GRÜN NJW 1994, 2641; GRÜNEBERG/ WENDTLAND DtZ 1993, 101; MATTHIESSEN NJ 1998, 72; MESSERSCHMIDT NJW 1994, 2648; OETKER DtZ 1993, 325; SCHMIDT-RÄNTSCH DtZ 1994, 82; SCHNABEL, Datschen- und Grundstücksrecht 2000, 1 ff; ders GE 1994, 1012, 1138, 1210, 1272, 1341, 1404).

a) Zweck

Mit dem Schuldrechtsanpassungsgesetz (Rn 187) wird ein doppelter Zweck verfolgt, **188** einmal die endgültige Anpassung dieser Nutzungsverhältnisse an das BGB durch ihre Überleitung in Miet- oder Pachtverhältnisse, zum anderen die Gewährleistung eines umfassenden Bestandsschutzes für die bisherigen Nutzer, die der Gesetzgeber wegen der großen sozialen Bedeutung der Materie (mehr als eine Million betroffener Verträge) als unerläßlich ansah (Begr zu RegE, BT-Drucks 7/7135, 26, 35 ff). Erreicht wird dieser Bestandsschutz in erster Linie durch einen überaus weitgehenden Kündigungsausschluß zu Lasten der Grundstückseigentümer, der in den Ausschußberatungen auf Druck der neuen Länder noch erheblich verschärft worden ist (s den Bericht BT-Drucks 12/8035), so daß die Regelung in vielen Punkten auf einen dauernden Ausschluß des Eigentümers hinausläuft (sogenannte 2. Enteignung in Fortsetzung der DDR-Praxis).

b) Anwendungsbereich

Das Schuldrechtsanpassungsgesetz erfaßt nach seinem § 1 in erster Linie die Nut- **189** zungsverhältnisse nach den §§ 312 bis 315 ZGB, vor allem also die Pachtverträge über Datschengrundstücke und Garagen (Rn 181 ff; Begr zum RegE BT-Drucks 12/7135, 35 ff; Messerschmidt NJW 1994, 2648, 2649; Schmidt-Räntsch DtZ 1994, 82 f; Schnabel GE 1994, 1012). Gleichgestellt sind verschiedene andere Fälle, nämlich die Überlassungsverträge im Sinne des Art 232 § 1a EGBGB, die vor allem von den sogenannten staatlichen Verwaltern von Grundstücken von Bundesbürgern zu deren Lasten abgeschlossen worden waren (s Grün NJW 1994, 2641, 2643; Schmidt-Räntsch DtZ 1994, 82, 83), sowie Nutzungsverträge, die Dritte ebenfalls zu Lasten der Eigentümer mit staatlicher Billigung über unbebaute Grundstücke abgeschlossen hatten, sofern die Grundstücke auf dieser Grundlage von dem Nutzer bebaut worden sind (dazu BGH ZMR 1999, 306, 308 = NZM 1999, 312; LG Berlin GrundE 1997, 860).

Das Schuldrechtsanpassungsgesetz erfaßt nur die als primär schuldrechtlich einge- **190** stuften Nutzungsverhältnisse. Deshalb sind von seinem Anwendungsbereich ausgenommen sämtliche Rechtsverhältnisse, die unter das Sachenrechtsbereinigungsgesetz fallen (Art 1 des Sachenrechtsänderungsgesetzes vom 21. 9. 1994 [BGBl I 2457]; dazu BGH ZMR 1999, 306, 308 ff = NZM 1999, 312; ZMR 1999, 169; Grün NJW 1994, 2641), sowie die Kleingartenpachtverträge, die bereits seit dem 3. Oktober 1990 dem BKleingG unterliegen (§ 2 Schuldrechtsanpassungsgesetz; Rn 183, 186).

4. Umwandlung

Die in den Anwendungsbereich des Schuldrechtsanpassungsgesetzes fallenden **191** Rechtsverhältnisse (Rn 189) sind durch dieses Gesetz mit Wirkung vom 1. Januar 1995 ab in Miet- oder Pachtverhältnisse umgewandelt worden, je nachdem, welche Befugnisse den Nutzungsberechtigten zustehen (§ 6 Abs 1 des Gesetzes; s dazu die Begr zum RegE BT-Drucks 7/7135, 39 ff; Messerschmidt NJW 1994, 2648, 2649; Schmidt-Räntsch DtZ 1994, 82). Die Masse der unter die §§ 312 bis 315 ZGB fallenden Nutzungsverhältnisse (Art 232 § 4 Abs 1 EGBGB) und damit vor allem die Verträge über die sogenannten Datschengrundstücke dürften mithin seit dem 1. Januar 1995 als **Pachtverträge** im Sinne der §§ 581 ff zu behandeln sein, da nach § 313 Abs 1 S 2 ZGB die Nutzungsberechtigten zur Aneignung der Erträge, dh zur Fruchtziehung berechtigt waren.

5. Übergangsregelung

192 Die Anwendung des Miet- und Pachtrechts des BGB auf die genannten Nutzungsverhältnisse ab 1995 (Rn 191) ist nur der Grundsatz, der tatsächlich von so vielen Ausnahmen durchbrochen ist, daß von der Maßgeblichkeit des BGB für die genannten Verträge für lange Zeit nur wenig übrig bleibt. An die Stelle des BGB treten vielmehr weithin die Sonderregeln des Schuldrechtsanpassungsgesetzes. Bezweckt ist damit ein „sozialverträglicher Ausgleich" (Begr zum RegE BT-Drucks 12/7135, 40) zwischen den Nutzungsberechtigten, die sich (angeblich) aufgrund der bisherigen „Rechtslage" weithin als „Eigentümer" fühlen konnten, und den wirklichen Eigentümern.

a) Bestandsschutz

193 Kern der Sonderregelung ist der umfassende Bestandsschutz zugunsten der bisherigen Nutzungsberechtigten aufgrund der §§ 23f des Schuldrechtsanpassungsgesetzes, der in der Mehrzahl der Fälle de facto ein nahezu totaler Kündigungsausschluß bis zur Mitte des laufenden Jahrhunderts bedeutet und damit einer Enteignung der Grundstückseigentümer gleichkommt (s DEGENHART JZ 1994, 890; MESSERSCHMIDT NJW 1994, 2648, 2649 f; SCHNABEL GE 1994, 1138; zu den Regeln im einzelnen KÜHNLEIN VIZ 2000, 578). Der Regierungsentwurf hatte noch, um genau dieses Ergebnis zu vermeiden, einen wesentlich schnelleren Übergang zum Miet- und Pachtrecht des BGB vorgesehen gehabt (s die Begr BT-Drucks 12/7135, 54 ff; SCHMIDT-RÄNTSCH DtZ 1994, 82, 83 f). Auf Druck der neuen Länder hin sind dann jedoch in den Ausschußberatungen (BT-Drucks 8/8035) die Kündigungsfristen ganz erheblich verlängert worden; da zugleich die verbleibenden Kündigungsgründe auch noch radikal eingeschränkt wurden, sind die fraglichen Miet- und Pachtverhältnisse heute und auf unabsetzbare Zeit praktisch unkündbar (zur Wirksamkeit vertraglicher Befristungs- und Kündigungsabreden in Nutzungsverträgen MATTHIESSEN NJ 1998, 72). Das BVerfG hat inzwischen die Kündigungsschutzregel in § 23 des Schuldrechtsanpassungsgesetzes als grundsätzlich mit Art 14 Abs 1 GG und Art 3 Abs 1 GG vereinbar angesehen; beanstandet hat es dagegen die Vorschrift insoweit, als sie dem Eigentümer von besonders großen Erholungs- und Freizeitgrundstücken, die der Nutzer bis zum 16.6.1994 bebaut hat, nicht die Möglichkeit einer Teilkündigung eröffnet (BVerfGE 101, 54, 84 ff = NJW 2000, 1471; BVerfG VIZ 2000, 231; BVerfG VIZ 2000, 232).

b) Sonstige Bestimmungen

194 Endet der Vertrag, so geht zwar das Eigentum an Bauwerken auf den Grundstückseigentümer über (§ 11 aaO). Zum Ausgleich kann jedoch der Nutzer vom Grundstückseigentümer eine Entschädigung nach dem Zeitwert des Bauwerks im Zeitpunkt der Rückgabe verlangen (§ 12 aaO; s dazu LG Berlin ZMR 2002, 50). Das alles gilt auch, wenn der Vertrag an sich nicht den Voraussetzungen des § 312 ZGB entsprach, wie es häufig vorkam, weil diese Mängel durch das Schuldrechtsanpassungsgesetz (§ 19) geheilt werden. Als Gegenleistung erhält der Grundstückseigentümer lediglich ein Nutzungsentgelt, dessen Berechnung sich nach der Nutzungsentgeltverordnung vom 22. Juli 1993 (BGBl I 1339) in ihrer jeweils gültigen Fassung richtet (§ 20 Schuldrechtsanpassungsgesetz).

6. Sonderregelungen

Für verschiedene Rechtsverhältnisse gelten Sonderregelungen, durch die die Eigentümerrechte noch weiter als schon im Regelfall (Rn 192 ff) zurückgedrängt werden. Hervorzuheben sind zunächst die Fälle, in denen der Nutzer auf dem Grundstück bis zur Wiedervereinigung mit Billigung staatlicher Stellen ein Wohnzwecken oder gewerblichen Zwecken dienendes **Bauwerk** errichtet hat. In diesem Fall finden die §§ 43 ff des Schuldrechtsanpassungsgesetzes Anwendung, die namentlich besondere Bestimmungen über das zu zahlende Entgelt und über die Kündigungsschutzfristen enthalten (s MESSERSCHMIDT NJW 1994, 2648, 2650; SCHMIDT-RÄNTSCH DtZ 1994, 82, 85). **195**

Weitere Sonderregelungen gelten aufgrund des **Erholungsnutzungsrechtsgesetzes** (Art 2 des Schuldrechtsänderungsgesetzes, BGBl 1994 I 2548) für Nutzungsrechte, die zur Errichtung von Wochenendhäusern oder Garagen verliehen wurden. Diese Nutzungsrechte werden nach dem genannten Gesetz in Erbbaurechte (für Wochenendhäuser oder Garagen!) umgewandelt (s dazu die Begr zum RegE BT-Drucks 12/7135, 70 ff; MESSERSCHMIDT NJW 1994, 2648, 2651; SCHMIDT-RÄNTSCH DtZ 1994, 82, 86). Soweit freilich Garagen im Zusammenhang mit Mietverträgen vermietet wurden, bleibt es bei der alleinigen Anwendung des Mietrechts; für die zusätzliche Bestellung von Erbbaurechten ist dann kein Raum. **196**

§ 581
Vertragstypische Pflichten beim Pachtvertrag

(1) Durch den Pachtvertrag wird der Verpächter verpflichtet, dem Pächter den Gebrauch des verpachteten Gegenstands und den Genuss der Früchte, soweit sie nach den Regeln einer ordnungsmäßigen Wirtschaft als Ertrag anzusehen sind, während der Pachtzeit zu gewähren. Der Pächter ist verpflichtet, dem Verpächter die vereinbarte Pacht zu entrichten.

(2) Auf den Pachtvertrag mit Ausnahme des Landpachtvertrags sind, soweit sich nicht aus den §§ 582 bis 584b etwas anderes ergibt, die Vorschriften über den Mietvertrag entsprechend anzuwenden.

Materialien: E I §§ 531, 532; II § 521; III § 574; Mot II 421 ff; Prot II 232 f; Art 1 Nr 1 G zur Neuordnung des landwirtschaftlichen Pachtrechts vom 8. 11. 1985 (BGBl I 2065); Begr zum RegE BT-Drucks 10/509, 15; Ausschußbericht BT-Drucks 10/3830, 28; Mietrechtsreformgesetz vom 19. 6. 2001 (BGBl I 1149); Begr zum RegE BT-Drucks 14/4553, 34 ff, 75; Stellungnahme des Bundesrates BT-Drucks 14/4553, 82 ff; Ausschußbericht BT-Drucks 14/5663, 33 f, 75 ff.

Schrifttum

ADLUNG, Die Apothekenbesitzrechte in den deutschen Ländern (1927)
AHLBRECHT/BENGSOHN, Die Unternehmenspacht und ihre Behandlung im Handelsregister, Rpfleger 1982, 361

ALLWEIL, Der Grundstücksmiet- oder -pachtvertrag, ZMR 1964, 353
BACKHAUS, Betriebsübergang nach § 613a BGB bei Erwerb des Betriebsvermögens durch ein

Bündel von Rechtsgeschäften mit betriebsfremden Dritten?, Betrieb 1985, 1131
BEER, Gefahren untypischer Apothekenverpachtungen, BB 1992, 1259
BERBERICH/KÖSTER, Pachten und Verpachten von Apotheken (3. Aufl 1994)
BERGMANN, Fischereirecht (1966)
BOLDT/WELLER, Bundesberggesetz (1984) m Ergänzungsband (1992)
BORGGREVE, Einkommensbesteuerung des Entgelts für Bodenschätze – Eine Stellungnahme zu dem Beitrag von Knobbe-Keuk, DB 1985, 144 – Betrieb 1985, 1661
BRASSERT/GOTTSCHALK, Allgemeines Berggesetz für die Preußischen Staaten (2. Aufl 1914)
BRAUN, Kapitalersetzende Maßnahmen i. S v § 32a Abs 3 GmbHG durch Pachtverträge in der Betriebsaufspaltung?, ZIP 1983, 1175
BRAXMAIER, Die Rechtsprechung des Bundesgerichtshofs zum Miet- und Pachtrecht, WM 1968, 202; WM 1970, 26; WM 1972, 122; WM 1974, 90; WM 1976, 2; WM 1978, 158; WM 1980, 150; WM 1982, 114; WM 1984, 185; WM 1986, Beil 3; WM 1988, Beil 1; WM 1990, 573
BREYER, Gesetz über das Apothekenwesen – Bundesapothekengesetz, Kommentar mit Bemerkungen zur Apothekenbetriebsordnung (1961)
BUB, Die auf – nach der EOP-Methode festgestellter – Pachtzinsüberhöhung beruhende Sittenwidrigkeit von Gaststätten-Pachtverträgen, ZMR 1995, 509
BÜRGER, Die Sicherungspacht, JW 1934, 803
BUNTE, Die 6. GWB-Novelle – Das neue Gesetz gegen Wettbewerbsbeschränkungen, DB 1998, 1748
CEBULLA, Die Pacht nichtsächlicher Gegenstände. Rechtspacht und Pacht besonderer Gegenstände im Wirtschaftsleben (1999)
CROME, Die partiarischen Rechtsgeschäfte nach römischem und heutigem Reichsrecht (1897)
DAHMANN, Pacht, in: STIER-SOMLO/ELSTER (Hrsg), Handwörterbuch der Rechtswissenschaften Bd IV (1927), Bd VIII (1937)
DEHMER, Die Betriebsaufspaltung. Steuerrecht, Umwandlung und Bilanzierung – Gesellschafts-, Pacht- und Arbeitsrecht (2. Aufl 1987)
DEICHMANN, Preußische Apothekenbesitzverhältnisse (1913)

DÖRING, Betriebsaufspaltung und notarielle Praxis, DNotZ 1982, 280
DÜRKES, Wertsicherungsklauseln (10. Aufl 1992)
EBEL, Über das landesherrliche Bergregal, ZfB 1968, 146
EMMERICH, Die Form wettbewerbsbeschränkender Verträge, NJW 1980, 1363
ders, Das Recht der Leistungsstörungen (5. Aufl 2003)
ders, Schönheitsreparaturen bei Beendigung des Mietverhältnisses, PiG 60 (2001) 105
ENNECCERUS/LEHMANN, Schuldrecht (15. Bearb 1958)
ESSER/WEYERS, Schuldrecht, Bd II: Besonderer Teil, Teilbd 1 Verträge (8. Aufl 2000)
FELIX (Hrsg), Kölner Handbuch der Betriebsaufspaltung und Betriebsverpachtung (4. Aufl 1979)
FIKENTSCHER, Schuldrecht (9. Aufl 1997)
FIRGAU, Aufklärungspflichten im Mietverhältnis (1979)
FRÄNKEL, Das Miet- und Pachtrecht nach dem Bürgerlichen Gesetzbuch für das Deutsche Reich (1897)
FREUND/BARTHELMESS, Die Verzinsung der Miet- und Pachtkaution, NJW 1979, 2121
FRICKE, Konkurrenzschutzpflicht bei der Vermietung gewerblicher Räume, ZMR 1979, 227
FRIELINGSDORF, Zur Problematik der Wertsicherungsklauseln, Betrieb 1982, 789
GASSNER, Die Genossenschaft als Pacht- und Besitzunternehmen, Rpfleger 1980, 409
GELDMACHER, Die Kaution im Miet- und Pachtverhältnis, DWW 1997, 241; DWW 1998, 230; DWW 1999, 248; DWW 2000, 180; DWW 2001, 178; DWW 2002, 182; DWW 2003, 214
GENICKE, Apotheken-Pachtrecht (1936)
vGIERKE, Deutsches Privatrecht, 3. Bd, Schuldrecht (1917)
GLASER, Fristlose Kündigung eines Pachtvertrages aus wichtigem Grunde, BlGBW 1964, 72
GNEIST, Die Apothekengesetze des Deutschen Reiches und Preußens (1925)
HAARMANN, Wegfall der Geschäftsgrundlage bei Dauerrechtsverhältnissen (1979)
HAASE, Das mietvertragliche Formerfordernis und das Prinzip der Einheitlichkeit der Urkunde: Die ratio legis des § 566 BGB als Regulativ

des Zusammenwirkens der §§ 566, 126 BGB, WuM 1995, 625
HAMBURGER, Die preußischen Apothekenbetriebsrechte in gewerberechtlicher, vermögensrechtlicher und steuerrechtlicher Hinsicht (1928)
HEINEMANN, Die Bergwerkspacht, ZAkDR 1936, 667
HEINTZMANN, Die Kaution bei der gewerblichen Miete und Pacht, WiB 1995, 569
HENNERKES/BINZ/RAUSER, Zur Übernahme von Ruhegeldverbindlichkeiten bei Unternehmensveräußerung und Betriebsaufspaltung, BB 1982, 930
HENSSLER, Aktuelle Rechtsprobleme des Betriebsübergangs, NZA 1994, 913
HEROLD, Kann die Kündigung eines Miet- oder Pachtvertrages zurückgenommen werden?, BlGBW 1972, 126
ders, Wenn bei Miet- und Pachtverträgen die Schriftform nicht eingehalten wird, BlGBW 1983, 141
HERRFURTH, Der Fruchterwerb des Pächters (1903)
HINZ, Pauschale Abwälzungen von Betriebskosten und Schönheitsreparaturen im Lichte des neuen Schuldrechts, ZMR 2003, 77
HÖRCHNER, Die Abgrenzung von Miete und Pacht an Räumen nach bürgerlichem Recht (Diss Leipzig 1936)
HOFFMANN, Gesetz über das Apothekenwesen (1961)
HORN, Vertragsbindung unter veränderten Umständen. Zur Wirksamkeit von Anpassungsregelungen in langfristigen Verträgen, NJW 1985, 1118
HUFFER, Das partiarische Geschäft als Rechtstypus. Zugleich eine Studie über die Grundlagen der Typuslehre (Diss München 1970)
ISAY, Allgemeines Berggesetz für die preußischen Staaten unter besonderer Berücksichtigung des Gewerkschaftsrechts (2. Aufl 1933)
JAKOBS/SCHUBERT, Die Beratung des Bürgerlichen Gesetzbuchs in systematischer Zusammenstellung der unveröffentlichten Quellen, Recht der Schuldverhältnisse II (1980)
vJEINSEN, Zulässigkeit von Kundenschutzklauseln in Unternehmensveräußerungsverträgen, Betrieb 1981, 1707
JENDREK, Mietvertraglicher Konkurrenzschutz, NZM 2000, 1116
JICKELI, Miet- und Pachtverträge im Kartellrecht, in: Gedschr Sonnenschein (2003) 463
JOACHIM, Konkurrenzschutz im gewerblichen Mietrecht, BB 1986, Beil 6
ders, Risikozurechnungen im gewerblichen Miet- und Pachtrecht, BB 1988, 779
ders, Aktuelle Rechtsfragen gewerblicher Nutzungsüberlassungen, ZIP 1991, 966
ders, Hotelbetreiberverträge als Pacht- und Managementverträge, NZM 2001, 162
KAHLER, Gesetz über die Verpachtung und Verwaltung öffentlicher Apotheken vom 13. Dezember 1935 nebst amtlicher Begründung und Erläuterung (1935)
KAPPEY, Die Abgrenzung von Miete und Pacht bei der Überlassung von Räumen zu gewerblichen Zwecken (Diss Göttingen 1966)
KLEINEIDAM, Eine Frage aus dem gesetzlichen Pfandrecht des Verpächters, DJZ 1906, 1359
H-J KLEINEIDAM/BAUMHOFF/SEUTTER, Zur Angemessenheit von Verrechnungspreisen bei internationalen Konzernpachtverhältnissen, Betrieb 1986, 233
KNOBBE-KEUK, Die Einkommensbesteuerung der entgeltlichen Überlassung der Bodensubstanz, Betrieb 1985, 144
KNOPPE, Pachtverhältnisse gewerblicher Betriebe im Steuerrecht. Betriebsverpachtung, Betriebsaufspaltung (7. Aufl 1985)
ders, Verpachtung eines Gewerbebetriebes, Heidelberger Musterverträge H 32 (8. Aufl 1998)
KNOPS, Begründung und Beendigung von (Jagd-) Pachtverträgen ohne Zustimmung des Hauptverpächters, ZMR 1997, 9
H KÖHLER, Wem stehen die Nutzungen aus einer Mietkaution zu?, ZMR 1971, 3
ders, Vorvertrag, Optionsvertrag und Festofferte, Jura 1979, 465
ders, Grundfälle zum Gewährleistungsrecht bei Kauf, Miete und Werkvertrag, 2. Teil. Die Sachmängelhaftung im Mietrecht, JuS 1979, 647
ders, Rechtsfragen zum Softwarevertrag, CR 1987, 827

Ch Koenig, Die Pacht von Rechten aus wirtschaftsverwaltungsrechtlichen Genehmigungen, GewArch 1994, 217
K Koenig, Fragen aus dem Miet- und Pachtrecht, WuM 1964, 167
ders, Wann kann ein Pachtvertrag durch den Verpächter fristlos gekündigt werden?, WuM 1964, 37
Kohler, Über die Verpflichtungen des Pächters eines Geschäftsetablissements, AcP 71 (1887) 397
Koller, Die Risikozurechnung bei Vertragsstörungen in Austauschverträgen. Eine Untersuchung zur Rechtsfortbildung auf dem Gebiet der materiellen Leistungserschwerung, Zweckstörung sowie Schadensersatzhaftung bei Sach- und Dienstleistungen (1979)
Krampe, Die Garantiehaftung des Vermieters für Sachmängel (1980)
Krause, Grenzfälle zwischen Pacht und Kauf (Diss Heidelberg 1931)
Kuhlenbeck, Pachtvertrag, JW 1902, 553
Langenberg, Schönheitsreparaturen bei Wohnraum und Gewerberaum (2001)
Larenz, Lehrbuch des Schuldrechts, Bd II, Besonderer Teil, Halbbd 1 (13. Aufl 1986)
Lauer, Verträge über Software-Leistungen in der Praxis, BB 1982, 1758
Leenen, Der „vertragsgemäße Gebrauch" der Mietsache als Problem der Rechtsgeschäftslehre, MDR 1980, 353
Leonhard, Besonderes Schuldrecht des BGB (1931)
Liebl-Wachsmuth, Rechtsverhältnisse über Miet- und Pachtvertragsurkunden nach einer Grundstücksversteigerung, ZMR 1984, 145
Lindenmeyer, Die Unternehmenspacht: eine Einführung in Wesen, Funktion und Probleme für Juristen, Betriebswirtschaftler, Steuerfachleute und Treuhänder (1983)
Loew, Zum Pachtwert für gastgewerbliche Objekte auf Basis der an der Ertragskraft orientierten Pachtwertfindung, GuG 1999, 351
ders, Zur Miet- und Pachtwertfindung gastgewerblicher Bewertungsobjekte mit Hilfe des Vergleichswertverfahrens, GuG 2001, 14
Loos, Die Behandlung der Wertänderung von Pachtgegenständen im Betriebspachtvertrag, NJW 1963, 990

Lorz/Metzger/Stöckel, Jagdrecht/Fischereirecht, Bundesjagdgesetz mit Verordnungen und Länderrecht/Binnenfischereirecht, Fischereischeinrecht, Seefischrecht (3. Aufl 1998)
Mayer, Der Eintritt des Grundstückserwerbers in bestehende Miet- und Pachtverhältnisse, ZMR 1990, 121
W Meilicke, Zum Übergang der Arbeitsverhältnisse nach § 613a BGB bei Pächterwechsel, Betrieb 1982, 1168
Merkel, Die Sicherungspacht, JW 1934, 805
Metzger, Die Rechtsprechung des Bundesgerichtshofs zum Miet- und Pachtrecht, WM 1964, 2; WM 1966, 238
Michalski, Pflicht des Pächters von Gewerberäumen zur Nutzung der Pachtsache, ZMR 1996, 527
ders, Abgrenzung von Gewerberaummiete und Pacht, in: Gedschr Sonnenschein (2003) 383
Miesbach/Engelhardt, Bergrecht (1962) m Ergänzungsband (1969)
Mittelbach, Gewerbliche Miet- und Pachtverträge in steuerlicher Sicht (4. Aufl 1979)
Mittelstein, Die Miete nach dem Rechte des Deutschen Reiches (4. Aufl 1932)
Mitzschke/Schäfer, Bundesjagdgesetz (4. Aufl 1982)
dies, Reichsjagdgesetz (3. Aufl 1942)
G Müller, Ansprüche des Mieters oder Pächters für Umgestaltungsaufwendungen bei Fehlschlagen des Leistungszwecks, JA 1981, 20
Müller/Walther, Miet- und Pachtrecht (2004)
Oesterreich, Die Betriebsüberlassung zwischen Vertragskonzern und faktischem Konzern. Zum sog Umgehungsproblem bei den Unternehmensverträgen der §§ 291, 292 I Ziff 3 AktG (1979)
Oetker, Das Dauerschuldverhältnis und seine Beendigung (1994)
Oppenländer, Die Unternehmenspacht, insbesondere das Verhältnis von Pächter und Verpächter bei der Verpachtung eines Unternehmens (Diss Freiburg 1974)
Oswald, Miet- und Pachtverträge über ein Grundstück für längere Zeit als ein Jahr – Schriftform erforderlich, FWW 1980, 288
Otto, Ansprüche bei Miet- oder Pacht-Ende schnell wahrnehmen, DWW 1983, 222

ders, Regelungen über den Mietzins bei gewerblichen Räumen, BlGBW 1984, 85
PAHL, Die preußische Apothekenpacht nach dem heute geltenden Recht (Diss Jena 1935)
PETRENZ, Die Apothekengesetzgebung (4. Aufl 1940)
PIECK, Auswirkungen der Preisspannen-Verordnung auf den Apotheken-Pachtzins?, PharmaZ 1979, 1461
ders, Bestandsgefährdung von Pachtverträgen durch „Vorkaufsrecht"?, PharmaZ 1979, 2477
ders, Konkurrenzklauseln in Apothekenpachtverträgen, PharmaZ 1979, 1802
ders, Nachfolgefragen im Apothekenrecht. Zur Miete über Apothekenbetriebsräume, PharmaZ 1971, 375
ders, Nochmals: Miet- oder Pachtvertrag über eine Apotheke, PharmaZ 1970, 1721
PIENS/SCHULTE/GRAF VITZTHUM, Bundesberggesetz (1983)
PRÜTZEL/LEHMANN/LAUVEN, Jagdrechtliche Entscheidungen (1978 ff)
PRÜTZEL/EISENFÜHR, Das Jagdrecht in der Bundesrepublik Deutschland, Bd I (1978 ff)
RAAPE, Aneignungsüberlassung, IherJb 74 (1924) 179
ders, Aneignungsüberlassung auf Grund einer Bergwerkspacht, AcP 136 (1932) 210
RADEMACHER, Wertsicherungsklauseln in Mietverträgen über Gewerberaum nach dem Euro-Einführungsgesetz, ZMR 1999, 218
M REHBINDER, Der Kantinenpachtvertrag im Blickfeld der Rechtstatsachenforschung (1972)
ders, Der Tankstellenvertrag im Blickfeld der Rechtstatsachenforschung (1971)
R REUTER, Zulässigkeit der reconductio tacita bei der Pacht nach BGB, DJZ 1900, 478
RÖDDING, Die Barkaution im Miet- und Pachtrecht, BB 1968, 934
ROQUETTE, Das Mietrecht des Bürgerlichen Gesetzbuchs (1966)
SACK, Regierungsentwurf einer UWG-Novelle – ausgewählte Probleme, BB 2003, 1073
SAMM/HAFKE, Grundbesitz und Wertsicherungsklauseln (2. Aufl 1988)
SCHIEDERMAIR/PIECK, Apothekengesetz (3. Aufl 1981)
K SCHMIDT, „Altes" und „neues" Kartellverbot.

Kontinuität statt Umbruch durch die Neufassung des § 1 GWB, AG 1998, 551
SCHMIDT/HACKENBERGER, Konkurrenzschutz in Mietverträgen und Kartellrecht, Betrieb 1962, 957
U H SCHNEIDER, Vertragsrechtliche, gesellschaftsrechtliche und arbeitsrechtliche Probleme von Betriebspachtverträgen, Betriebsüberlassungsverträgen und Betriebsführungsverträgen, JbFStR 1982/83, 387
SCHNITZERLING, Das Pachtrecht in der Rechtsprechung 1979/1980, BlGBW 1981, 60 u 96
ders, Das Miet- und Pachtrecht in der BGH-Rechtsprechung 1981–1983 einschl. der Rechtsentscheide, BlGBW 1983, 206
SCHÖNEWALD, Über die Verpachtung von Handelsgeschäften (1904)
SCHOOR, Das Verpächterwahlrecht bei Verpachtung eines ganzen Betriebs, DStR 1997, 1
SCHOPP, Pacht- und Mietrechtliches bei der Betriebsaufspaltung, ZMR 1979, 289
ders, Das Innenverhältnis zwischen mehreren Mitmietern und Mitpächtern, ZMR 1976, 321
ders, Jagdverpachtung und Jagdausübungsrecht des Pächters, MDR 1968, 808
ders, Die Kaution in der Geschäftsraummiete und -pacht, ZMR 1969, 1
SCHREIBER, Das Arbeitsverhältnis beim Übergang des Betriebs, RdA 1982, 137
SCHUBERT, Die Vorlagen der Redaktoren für die erste Kommission zur Ausarbeitung des Entwurfs eines Bürgerlichen Gesetzbuches, Recht der Schuldverhältnisse, Teil 2: Besonderer Teil (1980)
SCHUBERT/KÜTING, Pacht- und Überlassungsverträge – Analyse einer unternehmungspolitischen Gestaltungsform zwischenbetrieblicher Zusammenarbeit, Betrieb 1976, Beil 7
SCHWANDA, Der Betriebsübergang in § 613a BGB. Unter besonderer Berücksichtigung des Betriebsbegriffs (1992)
SCHWINTOWSKI, Das Unternehmen im Bereicherungsausgleich, JZ 1987, 588
vSEELER, Die Rechtsstellung des Jagdpächters bei der Veräußerung des Grundstückes, in: Festg der Berliner juristischen Fakultät für Otto Gierke, Bd 2 (1910) 343
SEILER, Sittenwidrigkeit von Gaststättenpacht-

verträgen wegen Pachtzinsüberhöhung, ZMR 1996, 587
SIBER, Das gesetzliche Pfandrecht des Vermieters, des Verpächters und des Gastwirtes nach dem Bürgerlichen Gesetzbuche für das Deutsche Reich (1900)
SONNENSCHEIN, Der Mietvertrag für gewerbliche Räume, in: Partner im Gespräch, Bd 20 (1985) 69
ders, Von der Wohnraummiete über die Geschäftsraummiete zur Pacht – und zurück, in: FS Seuß (1987) 253
STENZEL, Die Miet- und Pachtkaution in ihren alltäglichen Erscheinungsformen (Diss Mannheim 1974)
STROBL, Probleme der handels- und steuerrechtlichen Erfolgsrechnung bei Betriebspacht-, Betriebsüberlassungs- und Betriebsführungsverträgen, JbFStR 1982/83, 413
STRÖFER, Zivilrechtliche Einordnung der Substanzausbeuteverträge, BB 1979, 1477
THEISSEN/MISERA, Konkurrenzschutz im Gewerberaummietvertrag in der neueren Rechtsprechung, WiB 1995, 66
TREIER, Aktuelle Rechtsprechung des BGH zum Gewerbe- und Wohnraummietrecht, DWW 1990, 258; DWW 1991, 254; DWW 1992, 293; DWW 1993, 245; DWW 1994, 265; DWW 1995, 267; DWW 1996, 261, 266; DWW 1997, 279, 282, 290; DWW 1998, 262; DWW 1999, 306, 308; DWW 2000, 246, 254; DWW 2001, 226
ders, Die Rechtsprechung des Bundesgerichtshofs zu Miete, Pacht und Leasing, WM 1992, Beil 4; WM 1995, Beil 4; WM 1997, Beil 6; WM 2001, Beil 8
URBAN, Apothekengesetze (6. Aufl 1927)
USINGER, Abschied von der Marktmiete? Wider den Einsatz der EOP-Methode zur Bestimmung des Wertverhältnisses von Leistung und Gegenleistung bei der Pacht von Gaststätten und sonstigen Gewerbemieträumen, NZM 1998, 641
VOELSKOW, Zur Abgrenzung von Miete und Pacht, NJW 1983, 910
VOGT, Durchgriffsanspruch des gewerblichen Mieters bei Konkurrenzschutz?, MDR 1993, 498
WALTERSPIEL, Die Ermittlung des „Objektiven Werts" der Pacht eines gastgewerblich genutzten Ertragsobjekts, NZM 2000, 70
WEIMAR, Rechtsfragen zur Mietkaution, ZfSozH 1980, 68
ders, Rechtsfragen zum Vermieter- und Verpächter-Pfandrecht, BlGBW 1978, 118
WESTENBERGER, Umsatzmiete (-pacht) und Mehrwertsteuer, BB 1967, 1273
WIEK, Schönheitsreparaturen und Vertragsrisiko, BlGBW 1981, 24
WILLMS/WAHLIG, Zur Genehmigungsbedürftigkeit von Wertsicherungsvereinbarungen nach § 3 WährG und zur Neufassung der Genehmigungsgrundsätze der Deutschen Bundesbank, BB 1978, 973
WOLF, Aktuelle Fragen des Miet- und Pachtrechts in der gewerblichen Wirtschaft – unter besonderer Berücksichtigung der neueren höchstrichterlichen Rechtsprechung (3. Aufl 1983)
ders/ECKERT/BALL, Handbuch des gewerblichen Miet-, Pacht- und Leasingrechts (9. Aufl 2004)
ZEUNER, Die Höhe des Schadensersatzes bei schuldhafter Nichtverzinsung der vom Mieter gezahlten Kaution, ZMR 1980, 197.

Systematische Übersicht

I.	**Allgemeine Kennzeichnung**	
1.	Überblick	1
2.	Entstehung der Vorschrift	2
3.	Zweck der Vorschrift	6
II.	**Gegenstand des Pachtvertrags**	
1.	Allgemeines	8
2.	Grundstück	10
a)	Begriff	10
b)	Reine Grundstückspacht	11
c)	Land- oder forstwirtschaftlicher Betrieb	14
d)	Bodenabbauvertrag	15
e)	Bedeutung	17
3.	Raum	18
a)	Allgemeines	18
b)	Begriff	19
c)	Einzelfälle	20

d)	Abgrenzung	28	a)	Allgemeines	178	
e)	Bedeutung	40	b)	Selbständige Nebenpflichten	179	
4.	Bewegliche Sache	41	3.	Nachvertragliche Pflichten	181	
a)	Begriff	41				
b)	Einzelfälle	42	**VI.**	**Pflichten des Pächters**		
c)	Abgrenzung	43	1.	Hauptleistungspflichten	182	
5.	Recht	44	a)	Allgemeines	182	
a)	Begriff	44	b)	Entrichtung der Pacht	183	
b)	Einzelfälle	45	aa)	Art	183	
c)	Abgrenzung	87	bb)	Entrichtung	187	
d)	Bedeutung	88	cc)	Bemessung	188	
6.	Unternehmen	89	dd)	Höhe	197	
a)	Begriff	89	ee)	Fälligkeit	218	
b)	Einzelfälle	92	ff)	Erfüllungsort	224	
c)	Teil eines Unternehmens	93	gg)	Dauer der Verpflichtung	225	
d)	Steuerrecht	94	hh)	Verjährung und Verwirkung	226	
e)	Recht der verbundenen Unternehmen	105	c)	Gebrauch des Pachtgegenstandes	228	
			d)	Erhaltung des Pachtgegenstandes	234	
f)	Wettbewerbsrecht	123	2.	Nebenpflichten	235	
g)	Abgrenzung	125	a)	Allgemeines	235	
h)	Bedeutung	126	b)	Abnahme des Pachtgegenstandes	236	
			c)	Obhut	237	
III.	**Parteien des Pachtvertrags**		aa)	Rechtsgrundlage	237	
1.	Personen	127	bb)	Inhalt	238	
2.	Mehrheit von Beteiligten	128	cc)	Dauer	242	
3.	Parteiwechsel	129	dd)	Verstoß	244	
			d)	Fürsorge	245	
IV.	**Zustandekommen des Pachtvertrags**		e)	Duldung	247	
1.	Abschluß	130	aa)	Besichtigung	247	
2.	Vorvertrag	140	bb)	Erhaltungs- und Verbesserungsmaßnahmen	252	
3.	Vorpachtrecht	141				
4.	Anpachtrecht	143	cc)	Verpächterpfandrecht	253	
5.	Option	144	3.	Sonstige Pflichten	254	
			a)	Allgemeines	254	
V.	**Pflichten des Verpächters**		b)	Kaution	255	
1.	Hauptleistungspflichten	147	c)	Wettbewerbliche Beschränkungen	257	
a)	Allgemeines	147	aa)	Allgemeines	257	
b)	Gewährung des Gebrauchs	148	bb)	Vertikale Bindungen	259	
aa)	Überlassung des Pachtgegenstandes	148	cc)	Horizontale Bindungen	269	
bb)	Zeitpunkt der Überlassung	152	4.	Rückgabe des Pachtgegenstandes	278	
cc)	Umfang der Überlassungspflicht	153	5.	Nachvertragliche Pflichten	279	
dd)	Erhaltungspflicht	156				
c)	Gewährung des Fruchtgenusses	167	**VII.**	**Entsprechende Anwendung mietrechtlicher Vorschriften**		
aa)	Begriff der Früchte	167				
bb)	Umfang	168	1.	Allgemeines	280	
cc)	Fernhaltung von Störungen	174	2.	Schriftform des Pachtvertrags	283	
dd)	Risiko der Fruchtziehung	175	a)	Allgemeines	283	
ee)	Fruchterwerb	177	b)	Anwendungsbereich	284	
2.	Nebenpflichten	178	c)	Schriftform	286	

d)	Einzelfragen	287	b)	Voraussetzungen des Verpächterpfandrechts	366
e)	Rechtsfolgen eines Formmangels	290			
3.	Entrichtung der Pacht	291	aa)	Grundstückspacht	366
4.	Gewährleistung	293	bb)	Eingebrachte, pfändbare Sachen des Pächters	367
a)	Allgemeines	293			
b)	Sachmängel	294	cc)	Gesicherte Forderungen des Verpächters	371
aa)	Allgemeines	294			
bb)	Mangel	295	dd)	Ausgeschlossene Forderungen	372
cc)	Fehlen zugesicherter Eigenschaften	302	c)	Erlöschen des Verpächterpfandrechts	373
dd)	Rechtsfolgen	306			
c)	Rechtsmängel	313	aa)	Gründe	373
aa)	Allgemeines	313	bb)	Ausnahmen	375
bb)	Rechtsmangel	314	d)	Schutz des Verpächterpfandrechts	378
cc)	Rechtsfolgen	316	aa)	Rechtsbehelfe im allgemeinen	378
d)	Mängelanzeige	317	bb)	Selbsthilferecht	379
e)	Ausschluß der Gewährleistung	318	cc)	Ansprüche des Verpächters nach Entfernung der Sachen	380
aa)	Gesetzlicher Ausschluß	318			
bb)	Vertraglicher Ausschluß	323	e)	Sicherheitsleistung	381
5.	Erhaltungs- und Verbesserungsmaßnahmen	325	f)	Konkurrenz mit anderen Pfandrechten	382
6.	Lasten des Pachtgegenstandes	327	12.	Beendigung des Pachtverhältnisses	383
7.	Verwendungen und Einrichtungen des Pächters	329	a)	Allgemeines	383
			b)	Beendigung durch Zeitablauf	384
a)	Verwendungen	329	aa)	Pachtverhältnis auf bestimmte Zeit	384
b)	Einrichtungen	330	bb)	Pachtvertrag mit Optionsrecht	385
c)	Abweichende Vereinbarungen	331	cc)	Pachtvertrag mit Verlängerungsklausel	387
8.	Grenzen des Gebrauchs- und Fruchtziehungsrechts	333	c)	Beendigung durch Kündigung	387
a)	Umfang der vertragsmäßigen Rechte	333	aa)	Allgemeines	387
			α)	Grundlagen und Rechtsnatur der Kündigung	387
b)	Rechtsfolgen eines Verstoßes	336	β)	Inhalt der Kündigung	396
9.	Gebrauchsüberlassung an Dritte	339	γ)	Form der Kündigung	400
a)	Allgemeines	339	bb)	Ordentliche Kündigung	401
b)	Gebrauchsüberlassung	341	α)	Allgemeines	401
aa)	Begriff im allgemeinen	341	β)	Kündigungsfristen	402
bb)	Unterverpachtung	343	cc)	Außerordentliche Kündigung	407
c)	Erlaubnis	349	α)	Allgemeines	407
d)	Haftung des Pächters für den Dritten	353	β)	Außerordentliche befristete Kündigung	408
e)	Rechte des Verpächters bei unberechtigter Gebrauchsüberlassung	354	γ)	Außerordentliche fristlose Kündigung	412
10.	Verjährung von Ansprüchen auf Ersatz und Gestattung der Wegnahme	355	dd)	Wirkung der Kündigung	422
			d)	Beendigung aufgrund sonstiger Umstände	425
a)	Allgemeines	355			
b)	Ersatzansprüche des Verpächters	357	13.	Stillschweigende Verlängerung	436
c)	Ansprüche des Pächters	359	14.	Eintritt des Grundstückserwerbers in den Pachtvertrag	438
d)	Beginn der Verjährung	361			
11.	Verpächterpfandrecht	364			
a)	Allgemeines	364	a)	Anwendungsbereich	438

Titel 5 · Mietvertrag, Pachtvertrag § 581
Untertitel 4 · Pachtvertrag

b)	Veräußerung durch den Verpächter	446	
c)	Überlassung an den Pächter	447	
d)	Rechtsfolgen	448	
e)	Weitere Sondervorschriften	452	
15.	Rückerstattung vorausbezahlter Pacht	453	
16.	Rückgabe des Pachtgegenstandes	454	
a)	Rückgabe durch den Pächter	454	
aa)	Voraussetzungen	454	
bb)	Rechtsfolgen	455	

b)	Ausschluß des Zurückbehaltungsrechts	462	
c)	Herausgabeanspruch gegen einen Dritten	465	
d)	Ansprüche bei verspäteter Rückgabe	466	

VIII. Abweichende Vereinbarungen 467

Alphabetische Übersicht

Abgrenzung der Pacht
– Dienstbarkeit 16
– Gesellschaft 196
– Kauf 13, 16
– Miete 13, 28, 43
Abnahme des Pachtgegenstandes 236
Abtretung 129, 340, 366, 417
Abweichende Vereinbarungen 467
– Einrichtungen 331
– Eintritt des Grundstückserwerbers 451
– Fälligkeit der Pacht 222
– Gebrauchspflicht 228
– Gewährleistung 320, 323
– Instandhaltung 163, 234
– Kündigung 402, 404, 408
– Lastentragung 328
– Rückerstattung vorausbezahlter Pacht 453
– Unterverpachtung 352
– Verjährung 363
– Verwendungen u Einrichtungen 331 f
Änderung des Geschäftszwecks 33 ff
Aneignungsrechte 53 ff
Anfechtung 217, 348, 428
Ankaufsrecht 135, 225, 431, 448
Anpachtrecht 143
Anzeigenteil einer Zeitung 92 f
Anzeigepflicht beim Jagdpachtvertrag 54, 132
Apothekenpacht
– Apothekengerechtigkeit 49, 139
– Einrichtung 30
– Konkurrenzschutz 160
– Nichtgewährung des vertragsmäßigen Gebrauchs 414
– Pacht 189, 197
– Räume 24
– Rückgabe 455

– Unternehmen 89 ff, 125
– Wettbewerbsverbot 270, 273
Aufhebungsvertrag 425
Aufrechnung 187, 256
Aufwendungsersatz 234, 311, 325, 359 f
Auskunftsanspruch
– des Pächters 179, 181
– des Verpächters 239, 279, 357
Ausschließlichkeitsbindungen 262

Badeanstalt 92
Baukostenzuschuß 409, 453
Bedingung 426
Beendigung des Pachtverhältnisses 383 ff
– außerordentliche befristete Kündigung 408
– außerordentliche fristlose Kündigung 412
– ordentliche Kündigung 401
– sonstige Umstände 425
– Unterverpachtung 348
– Zeitablauf 384
Beherbergungsbetrieb 21
Bergrechtliche Gerechtigkeiten 52
Bergwerk 92
Beschränkte dingliche Rechte 74 ff
– Erbbaurecht 19, 80
– Dienstbarkeit 75, 445
– persönliche Dienstbarkeit 77, 445
– Reallast 78
– Pfandrecht 79
Besichtigung 157, 247 ff
Betriebsaufspaltung 100 ff
Betriebsführungsvertrag 116 ff
Betriebspachtvertrag 105 ff, 132, 134
Betriebsüberlassungsvertrag 111 ff, 132, 134
Bewegliche Sache 41 ff
– Abgrenzung 43

- Begriff _____ 41
- Einzelfälle _____ 42
- Überlassung _____ 149
Bierbezugsverpflichtung
- Ausschließlichkeitsbindung _____ 262
- Knebelung _____ 266
- Pacht _____ 194
- Schriftform _____ 268
- Verstoß _____ 416
- Wettbewerbsverbot _____ 273
- Zusicherung der Brauereifreiheit _____ 303
Bodenabbauvertrag _____ 15 ff, 229, 396, 409, 416
Brauerei _____ 92, 158

Computerprogramm _____ 83, 414

Dauerwohn- und Dauernutzungsrecht _____
_____ 77, 432, 445
Dienstbarkeit _____ 16, 75 ff, 445
Doppelverpachtung _____ 314
Dreißigjahresvertrag _____ 363, 395, 409
Duldungspflicht des Pächters _____ 247 ff, 325 f

Einrichtung von Pachträumen _____ 29 ff
Einrichtungen des Pächters _____ 330, 359, 368
Eintritt des Grundstückserwerbers _____ 438 ff
Eisenbahn _____ 42, 92
Energieversorgung _____ 154, 180
Entschädigung bei verspäteter Rückgabe _____ 466
Entsprechende Anwendung mietrechtlicher Vorschriften _____ 280 ff
Entstehung der Vorschrift _____ 2 ff
Erbbaurecht _____ 19, 80, 135, 438, 445
Erfüllungsort _____ 224
Erhaltung des Pachtgegenstandes _____ 156 ff, 234
Erhaltungs- u Verbesserungsmaßnahmen _____
_____ 252, 325 f
Erlaubnis zur Unterverpachtung _____ 349 ff
Ersetzungsbefugnis _____ 185, 206
Erzeugung _____ 190

Fabrikräume _____ 26
Filmverwertungsvertrag _____ 85, 298, 315
Firma _____ 89 ff, 151, 299, 455
Fische _____ 12
Fischereipacht _____ 63 ff, 409, 433 f, 444
Flugzeug _____ 42 f
Flurbereinigung _____ 11
Form des Pachtvertrags _____ 133 ff

- Betriebspachtvertrag _____ 134
- Betriebsüberlassungsvertrag _____ 134
- Fischereipacht _____ 69
- Formfreiheit _____ 283
- Formmangel _____ 136, 290
- Grundstück _____ 284
- Jagdpacht _____ 58
- Kündigung _____ 400
- Kündigungsausschluß _____ 395
- notarielle Beurkundung _____ 135
- Option _____ 145
- Räume _____ 284
- Schriftform _____ 134
- Umfang _____ 286
- Vertragsänderungen _____ 288
- Vorpachtrecht _____ 142
- Vorvertrag _____ 140, 285
- Wettbewerbsrecht _____ 134, 268
Forstwirtschaft _____ 12, 14
Fortsetzung des Gebrauchs _____ 423, 436 f
Franchisevertrag _____ 83
Freiberufliche Praxis _____ 31 f, 89 ff, 160
Fruchtziehung _____ 9, 28, 147, 149, 167 ff
- Begriff der Früchte _____ 6, 9, 167
- Erwerb der Früchte _____ 177
- Risiko _____ 175 f, 195, 215 f, 430
- Umfang _____ 168 ff
Fürsorgepflicht des Pächters _____ 245

Garderobenbetrieb _____ 46 f, 300
Gaststätte _____ 22, 30, 92, 160, 238, 301
Gebrauch
- persönliche Verhinderung _____ 225, 292
- vertragsmäßiger Gebrauch _____ 149, 154, 333
Gebrauchspflicht _____ 228 ff, 416
Gebrauchsüberlassung
- an Dritte _____ 335, 339 ff
- an Pächter _____ 148 ff
- Umfang _____ 153
- Zeitpunkt _____ 152
Gegenstand des Pachtvertrags _____ 8 ff
- bewegliche Sache _____ 41
- Grundstück _____ 10
- Raum _____ 18
- Recht _____ 44
- Unternehmen _____ 89
Geschäftsbesorgungsvertrag _____ 108, 114
Geschäftsführungsvertrag _____ 109, 114
Geschäftsgrundlage _____ 209 ff, 215, 241, 430

Titel 5 · Mietvertrag, Pachtvertrag §581
Untertitel 4 · Pachtvertrag

Geschäftsräume	18 ff
Geschäftsraummiete	28
Gesetzwidrigkeit	137
Gesundheitsgefährdung	415
Gewährleistung	293 ff
– Ausschluß	318
– Mängelanzeige	317
– Rechtsfolgen	306, 316
– Rechtsmängel	313
– Sachmängel	294
– Verzug mit Beseitigung	310
Gewinn	193
Grenzen des Gebrauchs- u Fruchtziehungsrechts	333 ff
Grunddienstbarkeit	16, 75, 395, 445
Grundstück	10 ff
– Abgrenzung	16
– Bedeutung	17
– Begriff	10
– Bodenabbauvertrag	15
– Einzelfälle	12
– Landpacht	11, 14
– Mangel	296
– Überlassung	149
– Zusicherung der Größe	304
Grundstückserwerber	438 ff
Güterfernverkehr	44
Handelsgeschäft	24, 92
Handwerksbetrieb	23
Herausgabeanspruch	
– gegen Dritte	465
– gegen Pächter	278, 454
Heuerlingsvertrag	183
Hinweisschild	181
Hotel	21, 303, 349, 430
Immaterialgüterrechte	82 ff
– Filmverwertungsvertrag	85, 298, 315
– Lizenzvertrag	83, 267
– Urheberrechtsvertrag	84
Innenpacht	113
Instandhaltung u Instandsetzung	163 ff
Inventar	29, 280, 368, 448, 456
Jagdpacht	54 ff, 434, 443
Juristische Person	57, 127, 435
Kaliabbau	16, 210, 396

Kantine	22, 92, 176, 179
Kartellverbot	162, 181, 257, 277
Kaution	255 f
Kleingartenpacht	12, 328, 360, 386, 465
Kohlenabbaugerechtigkeit	16, 52
Konkurrenzschutz	158 ff
Konkurrenzunternehmen	233, 269, 275, 416, 430
Kopplungsgeschäft	264
Kraftfahrzeug	42 f
Krankenanstalt	27, 31
Kündigung	387 ff
– Arten	388
– Ausschluß	395
– außerordentliche befristete	408
– außerordentliche fristlose	312, 316, 338, 412
– bedingte	397
– Form	400
– Frist	402
– Inhalt	396
– Mehrheit von Beteiligten	398
– mietrechtlicher Kündigungsschutz	390
– ordentliche	401
– Rechtsnatur	393
– Rücknahme	423
– Schadensersatz	392, 424
– Teilkündigung	399
– unzulässige Rechtsausübung	391
– Vertretung	393
– Widerruf	423
– Wirkung	422
– Zustimmung eines Dritten	394
Landpacht	
– Begriff	11 f, 14
– Reform	4
– Sondervorschriften	163, 197, 199, 210, 216, 218, 280, 291, 383, 400, 409
Lasten des Pachtgegenstandes	327 f
Leistungsvorbehalt	202, 208, 213
Lichtspieltheater	92, 229, 297
Lizenzvertrag	83, 267, 303
Mangel	295 ff
Mängelanzeige	317, 321
Mehrheit von Beteiligten	128, 398
Mietrechtliche Vorschriften	28, 280 ff
Mietrechtsreformgesetz	5, 7, 18, 187, 218, 281, 305, 329, 422

Minderung _____ 216, 306, 316
Mischvertrag 28, 36, 40, 186, 390, 400, 409, 417
Mitteilungs- u Auskunftspflicht
- des Pächters _____ 239, 279, 357
- des Verpächters _____ 179, 181

Nachvertragliche Pflichten
- des Pächters _____ 279
- des Verpächters _____ 181
Nebenkostenabrechnung _____ 256, 421
Nebenpflichten
- des Pächters _____ 235 ff
- des Verpächters _____ 178 ff
Nichtgewährung des vertragsmäßigen
 Gebrauchs _____ 414
Nießbrauch _____ 43, 76, 431
Notarielle Beurkundung _____ 135
Nutzungen _____ 167
Nutzungsentschädigung _____ 466
Nutzungspfandrecht _____ 79

Obhut _____ 237 ff, 275, 416
Öffentlich-rechtliche Beschränkungen _____
 _____ 301, 314
Option _____ 144 f, 285, 385

Pacht _____ 183 ff
- Art _____ 183
- Bemessung _____ 131, 188 ff
- Dauer der Verpflichtung _____ 225
- Entrichtung _____ 182, 291
- Erfüllungsort _____ 224
- Erhöhung _____ 200
- Ersetzungsbefugnis _____ 185, 206
- Fälligkeit _____ 208, 218, 291
- Herabsetzung _____ 212
- Höhe _____ 197
- Leistungsvorbehalt _____ 202, 213
- Minderung _____ 216, 306, 316
- Nutzungsentschädigung _____ 466
- Risiko _____ 195, 215 f
- Rückerstattung von Vorauszahlungen _____ 453
- Spannungsklausel _____ 204, 214
- Staffelpacht _____ 203, 214
- Störung der Geschäftsgrundlage _____
 _____ 209, 241, 430
- Teilpacht _____ 189 ff, 218
- Umsatzsteuer _____ 199
- Verjährung _____ 226

- Verwirkung _____ 227
- Verzug _____ 417
- Wahlschuld _____ 184, 206
- Wertsicherungsklausel _____
 _____ 132, 205 ff, 214, 218, 227
Pachtvertrag
- Abschluß _____ 131 ff
- Anpachtrecht _____ 143
- Form s dort
- Gegenstand s dort
- Gesetzwidrigkeit _____ 137
- Option _____ 144 ff, 285, 385
- Sittenwidrigkeit _____ 137, 187, 197, 266, 273
- unmögliche Leistung _____ 139
- Unterverpachtung s dort
- Verlängerungsklausel _____ 146, 386
- Vertragsverhandlungen _____ 130
- Vorpachtrecht _____ 141, 285
- Vorvertrag _____ 58, 134, 140, 285
- Zustimmung eines Dritten _____ 132
Pächterpfandrecht _____ 280, 365
Parteien _____ 57, 67, 127 ff, 435
Parteiwechsel _____ 129, 288, 438 ff
Personenbeförderung _____ 44
Pfandrecht _____ 79, 253, 280, 364 ff
Pflichten des Pächters _____ 182 ff
- Abnahme des Pachtgegenstandes _____ 236
- Duldung _____ 247
- Erhaltung des Pachtgegenstandes _____ 234
- Fürsorge _____ 245
- Gebrauch _____ 195, 228
- Kaution _____ 255
- Mängelanzeige _____ 317, 321
- Mitteilungs- u Auskunftspflichten _____
 _____ 239, 279, 317
- nachvertragliche Pflichten _____ 279
- Obhut _____ 237
- Pacht _____ 183
- Rückgabe _____ 278, 454
- wettbewerbliche Beschränkungen _____ 257
Pflichten des Verpächters _____ 147 ff
- Erhaltung des Pachtgegenstandes _____ 156
- Fernhaltung von Störungen _____ 157, 174
- Gewährung des Fruchtgenusses _____ 167
- Gewährung des Gebrauchs _____ 148
- Instandhaltung u Instandsetzung _____ 163
- Konkurrenzschutz _____ 158
- Mitteilungs- u Auskunftspflichten _____ 179, 181
- nachvertragliche Pflichten _____ 181

Titel 5 · Mietvertrag, Pachtvertrag §581
Untertitel 4 · Pachtvertrag

- Nebenpflichten — 178
- Überlassung des Pachtgegenstandes — 147
- Verkehrssicherungspflicht — 164
Plakatanschlag — 46, 92

Raum — 18 ff
- Abgrenzung — 28
- Anwendbarkeit der Vorschriften über Grundstücke — 18, 280
- Bedeutung — 40
- Begriff — 19
- Einzelfälle — 20
- Mängel — 297
- Überlassung — 149
Realgewerbeberechtigungen — 48 f
Reallast — 78
Recht — 44 ff
- Abgrenzung — 87
- Aneignungsrecht — 53
- Apothekenpacht s dort
- Bedeutung — 88
- Begriff — 44
- bergrechtliche Gerechtigkeiten — 52
- beschränkte dingliche Rechte — 74
- Einzelfälle — 45
- Fischereirecht — 63, 434, 444
- Grundstücksveräußerung — 445
- Immaterialgüterrechte — 82
- integrierte Einrichtung — 46
- Jagdrecht — 54, 434, 443
- Mängel — 297
- Realgewerbeberechtigungen — 48
- Regalien — 50 f
- Überlassung — 150
Rechtsmängel — 313 ff
Regalien — 51 f
Rückerstattung vorausbezahlter Pacht — 453
Rückgabe des Pachtgegenstandes — 278, 454 ff
Rücktritt — 427

Sachmängel — 294 ff
Schadensersatz
- Anzeigepflicht — 317
- cic — 130, 217, 308
- Duldungspflicht — 251
- Fürsorgepflicht — 246
- Gebrauchspflicht — 195, 231
- Gebrauchsüberlassung an Dritte — 347, 353 f
- Knebelung — 266

- Konkurrenzschutz — 158
- Konkurrenzunternehmen — 233
- Kündigung — 392, 424
- Mitverschulden — 322
- Nichterfüllung — 294, 307, 316
- Obhutspflicht — 244
- überhöhte Pacht — 217
- Verjährung — 355 f
- verspätete Rückgabe — 466
- vertragswidriger Gebrauch — 337, 347
- Wettbewerbsverbot — 276
Schiedsklausel — 201
Schiff — 42 f, 441
Schönheitsreparaturen — 163, 234, 256, 357, 457
Schriftform — 134, 283 ff
Schuldrechtsmodernisierungsgesetz — 5, 139, 165, 178, 355
Sittenwidrigkeit — 137, 187, 197, 266, 273
Software — 83
Spannungsklausel — 204, 214
Staffelpacht — 203, 214
Störung der Geschäftsgrundlage — 209 ff, 241, 430
Störungen durch Dritte — 157 ff, 174

Tankstelle — 25, 46, 259
Taxikonzession — 44
Teilkündigung — 399
Teilleistung — 458
Teilpacht — 189 ff, 218
Teilrückgabe — 458
Theater — 27, 30

Überlassung des Pachtgegenstandes — 147 ff
Umsatz — 191
Umsatzsteuer — 191 f, 199
Unmöglichkeit — 139, 165, 429
Untergang des Pachtgegenstandes — 165, 429
Unterlassungsanspruch — 158, 269, 336, 354
Unternehmen — 89 ff
- Abgrenzung — 125
- Bedeutung — 126
- Begriff — 89
- Betriebsaufspaltung — 100
- Betriebsführungsvertrag — 116
- Betriebspachtvertrag — 105, 110
- Betriebsüberlassungsvertrag — 111
- Einzelfälle — 92
- Fruchtziehung — 9

- Gewährleistung 299, 303
- Rückgabe 455
- Steuerrecht 94
- Teil eines Unternehmens 93
- Überlassung 151
- Unternehmensverbindungen 105
- Wettbewerbsrecht 123

Unterverpachtung
- Beendigung 348
- Begriff 341
- Einrichtungen u Verwendungen 332
- Erlaubnis des Verpächters 349
- Fischereipacht 72
- Form 134, 284
- Fortsetzung des Gebrauchs 437
- Fruchtziehung 169
- Gebrauchsüberlassung 315, 335, 339
- Haftung des Unterverpächters 353
- Herausgabeanspruch des Hauptverpächters 465
- Jagdpacht 61
- Konkurrenzschutz 158
- Nichtgewährung des Gebrauchs 414
- Rechtswirkungen 345
- Rückgabe des Pachtgegenstandes 454
- unerlaubte Gebrauchsüberlassung 354
- vertragsmäßiger Gebrauch 333
- Zustandekommen 344

Unzumutbarkeit einer Fortsetzung des Pachtverhältnisses 418 ff
Urheberrechtsvertrag 84

Veränderungen u Verschlechterungen 334, 457
Veräußerung des verpachteten Grundstücks 433, 438 ff, 453
Verjährung
- Ersatzansprüche des Pächters 359, 362
- Ersatzansprüche des Verpächters 357, 361
- Gebrauchsgewährung 147
- Pacht 226, 356
- Wegnahmerecht 359
Verkehrssicherungspflicht 164, 234
Verlängerung des Pachtvertrags 423, 436 f
Verlängerungsklausel 146, 386
Verlagsvertrag 84
Verpächterpfandrecht 253, 364 ff
Vertragsmäßiger Gebrauch 154, 333
Vertragswidriger Gebrauch 231, 416

Vertriebsbindungen 263
Verweisung auf das Mietrecht 280 ff
Verwendungen des Pächters 329, 346, 359
Verwendungsbeschränkungen 261
Verwirkung 227
Verzug
- Mängelbeseitigung 310, 316
- Pacht 223, 417
Vorauszahlungen 453
Vorkaufsrecht 135, 141, 180
Vorpachtrecht 141, 285, 401, 448
Vorvertrag 58, 134, 140, 285

Wahlschuld 184, 206
Wechsel der Parteien 129, 288, 438 ff
Wegnahmerecht 346, 359
Wertsicherungsklausel 205 ff, 214, 218, 227, 287
Wettbewerbsrecht
- Ausschließlichkeitsbindungen 262
- Betriebspacht- u Betriebsüberlassungsvertrag 123
- horizontale Bindungen 269
- Kartellverbot bei Konkurrenzschutz 162, 277
- Kopplungsgeschäfte 264
- Lizenzvertrag 267
- Mißbrauchsaufsicht 260, 265
- Schriftform 268
- Sittenwidrigkeit 273, 275
- vertikale Bindungen 259
- Vertriebsbindungen 263
- Verwendungsbeschränkungen 261
- Wettbewerbsverbot 269, 275, 277, 449
- Zusammenschlußkontrolle 123
Wohnraummiete 28, 390
Wohnung 13 f, 27 f, 36
Wohnungseigentum 19
Wohnungserbbaurecht 77
Wohnungsrecht 77
Wucher 137, 197

Zubehör 456, 462
Zugesicherte Eigenschaften 302 ff
Zurückbehaltungsrecht 417, 462 ff
Zusammenschlußkontrolle 123
Zustand des Pachtgegenstandes 155, 457
Zweck der Vorschrift 6
Zwischenvermietung 28

I. Allgemeine Kennzeichnung

1. Überblick

Die Vorschrift des § 581 enthält die grundlegende Regelung der Pacht. In Abs 1 **1** werden die Hauptpflichten der Parteien festgelegt. Der Verpächter ist verpflichtet, dem Pächter während der Pachtzeit den Gebrauch des Pachtgegenstandes und den Genuß der Früchte zu gewähren, soweit diese nach den Regeln einer ordnungsmäßigen Wirtschaft als Ertrag anzusehen sind. Der Pächter muß die vereinbarte Pacht entrichten. Es handelt sich um ein Dauerschuldverhältnis. Diese Bestimmungen betreffen Pachtverträge jeder Art Dies gilt nach § 585 Abs 2 auch für die Landpacht. Sie sind ebenfalls auf solche Verträge anzuwenden, die in Sondergesetzen geregelt sind. Abs 2 enthält eine Generalverweisung auf die mietrechtlichen Vorschriften. Sie greifen ein, soweit sich aus den §§ 582 bis 584b nicht etwas anderes ergibt. Bei der Landpacht und bestimmten anderen Pachtverträgen sind die Vorschriften vorrangig, die sich in den §§ 585 bis 597 und in Sondergesetzen finden.

2. Entstehung der Vorschrift

a) Als **Grundlage** für die Beratungen der pachtrechtlichen Vorschriften dienten **2** der 1. Komm die Art 576 ff Dresdener Entw (JAKOBS/SCHUBERT, Beratung des BGB, SchuldR II 615 ff; SCHUBERT, Vorlagen der Redaktoren, SchuldR II 246 ff, 423 ff). Nach dem Vorbild der Art 576, 578 Dresdener Entw war die Regelung des jetzigen § 581 im 1. Entw eines BGB auf zwei Vorschriften verteilt (E I §§ 531, 532). Im Unterschied zum Mietrecht sollte das Fruchtziehungsrecht des Pächters hervorgehoben werden. Abweichend von Art 576 Dresdener Entw, aber in Anlehnung an das Mietrecht, wurde nach dem Vorbild des ALR I, 21 § 259 auch das Recht auf Gebrauchsgewährung aufgenommen. Es wurde darauf verzichtet, als Gegenstand des Pachtvertrags eine fruchtbringende Sache und ein nutzbares Recht besonders zu erwähnen, weil beides durch den Begriff des verpachteten Gegenstandes erfaßt werde (Mot II 421 f; JAKOBS/SCHUBERT 619). Bei der Verweisung auf das Mietrecht wurde ausdrücklich eine entsprechende Anwendung vorgesehen, weil eine direkte Anwendung nicht zutreffend sei (JAKOBS/SCHUBERT 620). Auf Vorschlag der Vorkommission des RJA faßte die 2. Komm die Regelung aus redaktionellen Gründen in § 521 E II zusammen (Prot II 232; JAKOBS/SCHUBERT 622 f). Sie erhielt erst in der Reichstagskommission ihre endgültige Fassung durch den einschränkenden Zusatz hinsichtlich des Genusses der Früchte, soweit diese nach den Regeln einer ordnungsmäßigen Wirtschaft als Ertrag anzusehen seien. Dadurch sollte die Vorschrift mit den übrigen Bestimmungen des BGB über die Früchte in Einklang gebracht werden (JAKOBS/ SCHUBERT 627).

b) Im Laufe der Beratungen über die pachtrechtlichen Vorschriften ergaben sich **3** weitere **Abweichungen** von dem Vorbild der Art 576 ff Dresdener Entw. Schon die 1. Komm verzichtete im Hinblick auf die Fassung des § 503 E I, des heutigen § 535, und wegen der nahen Verwandtschaft zwischen Miete und Pacht darauf, besonders zu bestimmen, daß der Verpächter verpflichtet sei, dem Pächter die Innehabung des Pachtgegenstandes insoweit zu verschaffen, als dies zur Fruchtziehung erforderlich sei (Mot II 422; JAKOBS/SCHUBERT 620). Für die Unterverpachtung nach einer Teilpacht sowie für den Ausschluß einer Minderung des Pachtzinses bei zufälligem Untergang der Früchte wurden als §§ 533, 534 E I zunächst besondere Bestimmungen vorgesehen. Bei den weiteren Beratungen wurde das generelle Erfordernis einer Erlaubnis des Verpächters zur Unterverpachtung erörtert (Prot II 233 ff). Dies führte im Ergebnis zur Vorschrift des jetzigen § 584a Abs 1 (dort Rn 3). Die vorgesehene Regelung über eine Pachtzinsminderung beim zufälligen Untergang der Früchte wurde hingegen gestrichen (Prot II 238 ff; JAKOBS/SCHUBERT 626).

4 c) Schon im 8. Deutschen Bundestag hatte die Bundesregierung mit dem Entwurf eines Gesetzes zur Neuordnung des landwirtschaftlichen Pachtrechts vom 1. 3. 1977 eine **Reform** eingeleitet (BT-Drucks 8/141). Ein weiterer Versuch wurde mit einem Entwurf vom 10. 12. 1982 im 9. Deutschen Bundestag unternommen (BT-Drucks 9/2299). Beide Entwürfe erledigten sich durch Ablauf der Wahlperiode. Erst der dritte Anlauf mit dem Entwurf vom 21. 10. 1983 (BT-Drucks 10/509) führte schließlich zu dem Gesetz zur Neuordnung des landwirtschaftlichen Pachtrechts vom 8. 11. 1985 (BGBl I 2065). Dieses Gesetz hat die pachtrechtlichen Vorschriften im BGB in der Weise geordnet, daß die nichtlandwirtschaftliche Pacht in den §§ 581 bis 584b geregelt ist, während in den §§ 585 bis 597 die bisherigen landpachtrechtlichen Bestimmungen des BGB und die privatrechtlichen Vorschriften des früheren LPachtG in einem neuen Untertitel zusammengeführt worden sind. Die Neuregelung ist nach Art 7 des Gesetzes am 1. 7. 1986 in Kraft getreten, die in Art 2 enthaltene Übergangsregelung, die als Art 219 in das EGBGB aufgenommen worden ist, dagegen schon am 15. 11. 1985 (STAUDINGER/vJEINSEN [2003] Art 219 EGBGB Rn 1 ff). Die Vorschrift des § 581 ist bei der Reform nur in Abs 2 hinsichtlich der Verweisung geändert worden, auch wenn Abs 1 abweichend von dem ursprünglichen Entwurf (Art 1 Nr 1 RegE BT-Drucks 10/509, 4) in das Neuordnungsgesetz einbezogen worden ist, um den vollständigen Text des Pacht- und Landpachtrechts im Bundesgesetzblatt verkünden zu können (Ausschußbericht BT-Drucks 10/3830, 4, 28).

5 d) Das Mietrechtsreformgesetz vom 19. 6. 2001 (BGBl I 1149; Vorbem 8 zu § 581) hat zu sprachlichen Korrekturen in § 581 geführt, die durch die Ersetzung des Begriffs „Pachtzins" durch „Pacht" bedingt sind (BT-Drucks 14/4553, 75). In Abs 1 S 2 wurden, in Anlehnung an die Änderungen im Mietrecht, die Wörter „vereinbarter Pachtzins" durch „vereinbarte Pacht", in Abs 2 die Wörter „Pacht", „Landpacht" und „Miete" durch „Pachtvertrag", „Landpachtvertrag" sowie „Mietvertrag" ersetzt. Das Schuldrechtsmodernisierungsgesetz vom 26. 11. 2001 (BGBl I 3138) hat zu marginalen Änderungen des Mietrechts geführt (Vorbem 9 zu § 581), die sich über die Verweisungsnorm des § 581 Abs 2 auch auf das Pachtrecht auswirken.

3. Zweck der Vorschrift

6 a) Die Vorschrift des § 581 bezweckt, den charakteristischen **Inhalt des Pachtvertrags** anzugeben (Mot II 369, 421). Sie ist in enger Anlehnung an die entsprechende Bestimmung des § 535 für den Mietvertrag formuliert worden, bringt aber die Unterschiede zu diesem Vertragstyp deutlich zum Ausdruck. Da das Gesetz von dem verpachteten Gegenstand spricht, kann der Pachtvertrag nicht nur Sachen, also körperliche Gegenstände iS des § 90, sondern auch Rechte umfassen. Weiter zeigt die Vorschrift, daß dem Pächter neben dem Gebrauchsrecht zugleich das Recht zusteht, sich die Früchte anzueignen. Abweichend vom Vorbild des Art 576 Dresdener Entw wird aber nicht bestimmt, daß der Pachtgegenstand zur Fruchtziehung zu überlassen sei. Der Pächter soll nicht nur insoweit zum Gebrauch befugt sein, wie dies zum Fruchtgenuß erforderlich ist (Mot II 422). Mit dem Begriff der Früchte iS des § 99 deutet das Gesetz an, daß sowohl die natürlichen als auch die juristischen Früchte, dh die unmittelbar und die mittelbar kraft eines Rechtsverhältnisses gewonnenen Früchte (STAUDINGER/DILCHER [1995] § 99 Rn 6 ff), erfaßt werden (Mot II 421 f).

b) Die **Verweisung** auf die mietrechtlichen Vorschriften beruht auf der Konzeption des Gesetzes, zunächst den Mietvertrag einschließlich der mit der Pacht gemeinsamen Bestimmungen zu regeln und alsdann in weiteren Untertiteln die besonderen pachtrechtlichen Vorschriften folgen zu lassen. Durch diese Art der Anordnung sollte das Gesetz an Übersichtlichkeit und Einfachheit gewinnen. Zudem sollte die praktische Handhabung erleichtert werden (Mot II 368). Der erstrebte Erfolg ist bei derartigen Generalverweisungen jedoch zweifelhaft, da sich bei einem Teil der mietrechtlichen Vorschriften die Frage stellt, ob ihre Anwendbarkeit auch ohne speziellere Vorschriften des Pachtrechts wegen der Besonderheiten dieses Vertragstyps ausgeschlossen oder eingeschränkt ist. Den Vorteilen der Generalverweisung steht deshalb eine gewisse Rechtsunsicherheit gegenüber. Bei der Reform des Pachtrechts im Jahre 1985 (Rn 4) ist die Verweisung neben sprachlichen Verbesserungen insoweit geändert worden, als hiervon das Landpachtrecht zur Klarstellung ausdrücklich ausgenommen worden ist (Begr zum RegE BT-Drucks 10/ 509, 14, 15). Nur sprachliche Änderungen der Verweisungsnorm brachte das Mietrechtsreformgesetz aus dem Jahre 2001 (Rn 5). 7

II. Gegenstand des Pachtvertrags

1. Allgemeines

a) Der Pachtvertrag kann einen **körperlichen oder unkörperlichen Gegenstand** betreffen. Im Gegensatz zur Miete in § 535 werden nicht nur Sachen iS des § 90 erfaßt, sondern auch Rechte. Es kann sich um bewegliche oder unbewegliche Sachen, um Sachteile oder Sachgesamtheiten handeln. Auch eine Gesamtheit von Sachen und Rechten, wie etwa ein Unternehmen, kann Gegenstand eines Pachtvertrags sein. 8

b) Der Pachtgegenstand muß die **generelle Eignung zur Fruchtziehung** besitzen. Der Begriff der Früchte ergibt sich aus § 99. Das Recht des Pächters auf Gewährung des Gebrauchs steht zwar neben dem Recht auf Fruchtziehung. Dennoch liegt das Schwergewicht auf dem letzteren. Deshalb kann auch ein Gegenstand verpachtet werden, der nur geringfügig gebrauchsfähig ist. Tritt der Fruchtgenuß hingegen vollkommen hinter die Gebrauchsüberlassung zurück, ist idR Miete anzunehmen (SOERGEL/HEINTZMANN Rn 1). Teilweise wird vertreten, es sei unerheblich, ob der Gegenstand des Pachtvertrags Früchte im engeren Sinne hervorbringe oder ob nur Nutzungen zu erzielen seien, dh Erträge, die erst durch die Arbeit des Pächters mit Hilfe des Pachtgegenstandes, wie etwa bei einem Unternehmen, gezogen würden (BGB-RGRK/GELHAAR Rn 2; ESSER/WEYERS § 23 I 2). Dies steht mit der Terminologie des Gesetzes nicht in Einklang, da § 581 nur auf den Fruchtbegriff des § 99, nicht aber auf den Oberbegriff der Nutzungen iS des § 100 Bezug nimmt. Wenn ein 9

Gegenstand nur Gebrauchsvorteile abwirft, kann er vermietet, nicht aber verpachtet werden. Die Lösung des Problems besteht darin, den Unternehmensgewinn unter den Fruchtbegriff des § 99 einzuordnen, wobei er den Rechtsfrüchten iS des § 99 Abs 2 am nächsten steht (BGHZ 7, 208, 218 = NJW 1952, 1410, 1411; BGH LM Nr 7 zu § 818 Abs 2 BGB = WM 1956, 91; OLG München OLGE 38, 146, 147; BGB-RGRK/Kregel § 99 Rn 4; für eine Analogie zu § 99 Abs 1 und 2 Palandt/Heinrichs § 99 Rn 3). Unerheblich ist dann, ob ein Teil der Betriebseinnahmen nur auf den persönlichen Leistungen oder Fähigkeiten des Inhabers beruht (BGH NJW 1978, 1578). Eine Verbesserung der Ertragsfähigkeit oder eine Änderung der Nutzungsart bei entsprechendem Vorbehalt im Vertrag steht einem Pachtvertrag nicht entgegen (RG HRR 1927, Nr 13).

2. Grundstück

a) Begriff

10 Ein Grundstück iS des BGB ist ein abgegrenzter Teil der Erdoberfläche, der im Grundbuch als selbständiges Grundstück geführt wird. Es handelt sich um einen juristisch-technischen Begriff, der durch den Inhalt des Grundbuchs bestimmt wird (Baur/Stürner, Lehrbuch des Sachenrechts [17. Aufl 1999] § 3 I 3 Rn 5). Der Gegenstand des Pachtvertrags braucht indessen nicht mit dem grundbuchmäßig bestimmten Grundstück übereinzustimmen. Auch Teile eines Grundstücks (BFHE 126, 63 = BStBl II 1979, 37) oder mehrere Grundstücke im Rechtssinne können in einem einheitlichen Vertrag verpachtet werden. Der Vertragsgegenstand wird von den Parteien durch seine wirtschaftliche Bestimmung festgelegt.

b) Reine Grundstückspacht

11 aa) Die reine Grundstückspacht beschränkt sich auf den Grund und Boden ohne Gebäude oder Räume. Sie findet sich vor allem bei den in den §§ 585 ff besonders geregelten **Landpachtverträgen**. Hierunter fallen nach § 585 Abs 1 S 1 Verträge, durch die Grundstücke überwiegend zur Landwirtschaft verpachtet werden. Landwirtschaft sind nach § 585 Abs 1 S 2 die Bodenbewirtschaftung und die mit der Bodennutzung verbundene Tierhaltung, um pflanzliche oder tierische Erzeugnisse zu gewinnen. In der Praxis kommt überwiegend die Zupacht einzelner Grundstücke zu einem landwirtschaftlichen Betrieb vor (Bendel AgrarR 1981, 89, 91; Lipinsky AgrarR 1977, 217, 218; ders AgrarR 1979, Beil I 3, 4; Wagner AgrarR 1977, 129). Bei einem Flurbereinigungsverfahren kann es nach § 68 FlurbG zu einer Auswechslung des Pachtgegenstandes kommen (Zillien RdL 1981, 113, 114).

12 bb) Als weitere **Einzelfälle** reiner Grundstückspacht kommen forstwirtschaftlich, landwirtschaftlich und gärtnerisch genutzte Grundstücke in Betracht, soweit nicht nach § 585 Abs 1 und 3 die Vorschriften über Landpachtverträge eingreifen. Letzteres gilt zwar bei landwirtschaftlichen und Gartenbaubetrieben, nicht aber bei reiner Forstwirtschaft, die im allgemeinen den Vorschriften der §§ 581 ff über die nichtlandwirtschaftliche Pacht unterliegt. Landpachtrecht gilt nur, wenn forstwirtschaftliche Grundstücke zur Nutzung in einem überwiegend landwirtschaftlichen Betrieb verpachtet werden. Bei der Kleingartenpacht sind im einzelnen Sondervorschriften zu beachten (Vorbem 52 ff zu § 581). Grundstückspacht ist ferner die Überlassung der Nutzung von Schilfrohr oder Reet an einem See (RGZ 56, 83) sowie der Graserente einer Wiese (OLG Oldenburg NdsRpfl 1948, 15) und an Straßenrändern (OLG Schleswig SchlHAnz 1949, 376), die Gestattung der Quellwasserentnahme (RG HRR 1934, Nr 1197) sowie der Fischerei in einem geschlossenen Privatgewässer, weil Fische in einem derartigen Gewässer nicht herrenlos sind und deshalb nicht dem Fischereirecht unterliegen (KG OLGE 38, 93; OLG Stettin OLGE 24, 343; Rn 63 ff). Es kommt nicht darauf an, daß Grundstücke schon von Natur aus, dh ohne menschliches Zutun, organische Erzeugnisse hervorbringen. Grundstückspacht liegt auch vor, wenn die sonstige bestimmungsgemäße Ausbeute nach § 99 Abs 1 HS 2 aufgrund von Bodenabbauverträgen gewonnen wird (Rn 15 ff) oder wenn das Grundstück aufgrund vorhandener Einrichtungen Erträge abwirft. Letzteres ist der Fall bei der Verpachtung eines bisher landwirtschaftlich genutzten Grundstücks als Bauland (BGH LM Nr 8 zu PreisstopVO), eines Tennisplatzes, Vergnügungsparks oder Konzertgartens (RGZ 81, 23, 26). Ein See kann zum Betrieb von Booten oder ein Grundstück zur Unterhaltung eines Parkplatzes oder Campingplatzes verpachtet werden.

cc) Für die **Abgrenzung** zur Miete als bloßer Gebrauchsüberlassung ist entscheidend, daß bei der Pacht die Überlassung des Grundstücks als solche die Fruchtziehung ermöglicht, wenn auch eine darauf gerichtete Tätigkeit des Pächters hinzukommen muß. Wird das Grundstück neben einem Wohnhaus oder einer Wohnung zur Nutzung als Garten überlassen, handelt es sich um einen einheitlichen Mietvertrag, weil der Gebrauch von Haus oder Wohnung Hauptzweck des Vertrags ist (JAKOBS/SCHUBERT 620). Soweit nicht natürliche Früchte gewonnen werden sollen, muß das Grundstück mit Einrichtungen verbunden sein, die einen bestimmten Betrieb ermöglichen (RGZ 81, 23, 25) und bestimmungsgemäß zu Gebrauch und Fruchtziehung überlassen werden. Gestattet der Inhaber eines Autokinos einem Autohändler, auf dem Gelände seines Betriebes einen Gebrauchtwagenmarkt zu veranstalten, liegt Miete und nicht Pacht vor, weil die vorhandenen Einrichtungen nicht zur Fruchtziehung durch einen Gebrauchtwagenhandel bestimmt und geeignet sind (OLG München MDR 1972, 425). Bei der Überlassung von Grundstücksteilen kann es sich auch um Rechtspacht handeln, wenn der Gegenstand des Pachtvertrags darin besteht, eine in ein größeres Unternehmen integrierte Einrichtung zu einem eigenen Geschäftsbetrieb nutzen zu dürfen (Rn 46). Dem Erwerb aufstehender Früchte eines Grundstücks liegt idR ein Kaufvertrag zugrunde. Aber auch der Pachtvertrag ist hierfür geeignet und kommt zB bei der Ernte von Obstbeständen oder Getreidefeldern vor (Vorbem 36 zu § 581). Entscheidend ist der Parteiwille, für den die unterschiedlichen Rechtsfolgen der beiden Vertragstypen, wie etwa die Ausnahme des Fruchtziehungsrechts von der Beschlagnahme durch Anordnung der Zwangsversteigerung nach § 21 Abs 3 ZVG, eine Rolle spielen kann (OLG Dresden OLGE 36, 68).

c)   Land- oder forstwirtschaftlicher Betrieb
Als Grundstückspacht ist begrifflich auch die Pacht eines land- oder forstwirtschaftlichen Betriebs zu beurteilen. Nach § 585 Abs 1 S 1 handelt es sich um einen Landpachtvertrag, wenn ein Grundstück mit den seiner Bewirtschaftung dienenden Wohn- und Wirtschaftsgebäuden als Betrieb überwiegend zur Landwirtschaft verpachtet wird. Die Verpachtung forstwirtschaftlicher Betriebe unterliegt dagegen allein den §§ 581 bis 584b. Werden in einem verpachteten Unternehmen nebeneinander Land- und Forstwirtschaft betrieben, kommt es für die Anwendung der §§ 581 ff oder der §§ 585 ff darauf an, welcher Vertragszweck überwiegt. Ebenso ist bei der Zupacht von Grundstücken zu einem Betrieb zu unterscheiden. Dies wird

für die Pacht forstwirtschaftlicher Grundstücke in § 585 Abs 3 ausdrücklich bestimmt.

d) Bodenabbauvertrag

15 aa) Ein Bodenabbauvertrag wird von der Rspr regelmäßig als **Pacht eines Grundstücks** behandelt, weil der Besitz überlassen wird und die Bodenbestandteile als bestimmungsgemäße Ausbeute unter den bewußt gegenüber dem ALR I, 9 § 220 erweiterten Fruchtbegriff des § 99 Abs 1 fallen (Vorbem 29 ff zu § 581; STRÖFER BB 1979, 1477). Dies gilt etwa für die Gewinnung von Kies (RGZ 94, 279; RG WarnR 1943, Nr 10; BGHZ 59, 64 = NJW 1972, 1421; BGH LM Nr 2 zu § 581 BGB = BB 1951, 974; NJW 1979, 2034; LM Nr 46 zu § 581 BGB = NJW 1982, 2062; WM 1983, 531; NZM 2000, 134, 135; OLG Kiel SchlHAnz 1915, 57; FG Mecklenburg-Vorpommern EFG 2000, 306), Sand (RG SeuffA 83, Nr 185; BGH LM Nr 35 zu § 581 BGB = MDR 1973, 404; FG Mecklenburg-Vorpommern EFG 2000, 306), Steinen (RG JW 1909, 451; BGH WM 1998, 1203), Torf (BGH LM Nr 3 zu § 4 WohnsiedlG = BB 1956, 385), Ton (RGZ 27, 279; BGH NJW 1974, 2123; OLG Kiel OLGE 43, 55) und ähnlichen Bodenbestandteilen (BGH WarnR 1969, Nr 281, 282; NJW 1995, 2548; NJW-RR 2000, 647 = NZM 2000, 240 – Bims; BayObLGZ 10, 280 – Erdölbohrungen; OLG Celle NJW 1957, 1321 m Anm RÖTELMANN – Erdöl). Unerheblich ist, ob das Grundstück nur teilweise oder vollständig ausgebeutet werden soll (RG JW 1909, 451; BGH LM Nr 2 zu § 581 BGB = BB 1951, 974). Der Umfang der Entnahme kann dem Pächter überlassen werden (BGH LM Nr 35 zu § 581 BGB = MDR 1973, 404). Ein Pachtvertrag ist idR auch dann gegeben, wenn die Entnahme einer bestimmten Menge von Bodenbestandteilen während eines festen Zeitraums gestattet wird (FG Nürnberg EFG 1973, 210). Es spielt keine Rolle, ob der Pächter verpflichtet ist, das Grundstück wieder instand zu setzen (BGH aaO). Der zivilrechtlichen Beurteilung des Bodenabbauvertrags als Pacht entspricht die steuerrechtliche Einordnung der Erträge des Verpächters als Einkünfte aus Vermietung und Verpachtung, soweit nicht eine andere Einkunftsart vorgeht (BFH BStBl II 1994, 231 mwNw; BFH BStBl II 1995, 312; krit KNOBBE-KEUK Betrieb 1985, 144; hierzu BORGGREVE Betrieb 1985, 1661). Werden einem zum Abbau von Bodenbestandteilen verpachteten Grundstück, durch das die Trasse einer Bundesautobahn geführt wird, unbefugt Sand und Kies entnommen und zum Autobahnbau verwendet, so kann der Pächter wegen enteignungsgleichen Eingriffs Entschädigung verlangen (BGH NJW 1984, 1878). Eine Entschädigung verlangen kann auch ein Kiesbauunternehmer, der zur Vermeidung einer Enteignung das von ihm gepachtete Grundstück der Bundesstraßenverwaltung überläßt (BGH NVwZ 1999, 1022; allg KAPSA NVwZ 2003, 1423).

16 bb) Eine **Abgrenzung** ist erforderlich von der Rechtspacht. So wird bei der Kohlegewinnung nicht das Grundstück, sondern die Kohlenabbaugerechtigkeit verpachtet (RGZ 135, 94; RG JW 1901, 266 Nr 38; Rn 51; Vorbem 100 zu § 581). Das gleiche ist für den Kaliabbau anzunehmen (BGB-RGRK/GELHAAR Rn 10), wenn auch insoweit die Einordnung als Rechtspacht in der Rspr bisher offengeblieben ist (BGH LM Nr 1 zu § 595 BGB; LM Nr 4 zu § 133 [A] BGB; LM Nr 2 zu § 242 [Ba] BGB = NJW 1951, 836). Der Abbau von Bodenbestandteilen kann ebenfalls im Wege des Kaufvertrags geregelt werden, was aber in der Rspr nur selten aufgrund besonderer Umstände angenommen wurde (RG JW 1899, 462 – Eisenerz; JW 1903, 131; KRAUSE, Grenzfälle zwischen Pacht und Kauf [Diss Heidelberg 1931]; Vorbem 32 zu § 581). Dies wird in der steuerlichen Rspr vor allem bei der einmaligen Lieferung einer fest begrenzten Menge angenommen (BFHE 87, 569, 571 mwNw = BStBl III 1967, 226, 227; BFH NV 2003, 1175 f). Charakteristisch für die Pacht ist die Besitzüberlassung an dem Grundstück auf längere Dauer (BGH

LM Nr 2 zu § 581 BGB = BB 1951, 974). Andererseits wird ein Pachtvertrag nicht dadurch ausgeschlossen, daß die Parteien das Entgelt ähnlich wie bei einem Kauf nach der geförderten Menge bemessen. Bodenbestandteile werden auch aufgrund von Dienstbarkeiten iS der §§ 1018 ff gewonnen. Es ist nicht ausgeschlossen, daß ein schuldrechtliches Nutzungsrecht aufgrund eines Pachtvertrags und ein dingliches Nutzungsrecht in Form einer Dienstbarkeit nebeneinander bestehen (BGH NJW 1963, 1247). Die Rspr sieht dies jedoch als Ausnahmefall an und verlangt eine zweifelsfreie, idR ausdrückliche Abrede. Das einer Dienstbarkeit zur Bodenausbeutung zugrunde liegende Kausalgeschäft kann deshalb nicht ohne weiteres als Pachtvertrag beurteilt werden (BGH NJW 1974, 2123).

e) Bedeutung

Die Bedeutung, einen Vertrag als Grundstückspacht zu qualifizieren, besteht vor allem darin, daß aufgrund der Verweisung in § 581 Abs 2 die Vorschriften der §§ 550, 578 Abs 1, die bei einem Abschluß für längere Zeit als einem Jahr die Schriftform voraussetzen, und der §§ 566, 578 Abs 1 mit dem Grundsatz „Kauf bricht nicht Pacht" anwendbar sind. Ferner geht es um die Frage, ob die Sondervorschriften der §§ 582 ff anzuwenden sind, wobei insbesondere die von § 573c abweichende Kündigungsfrist des § 584 und die von § 546a zu unterscheidende Regelung des § 584b über Ansprüche bei verspäteter Rückgabe zu beachten sind. **17**

3. Raum

a) Allgemeines

Anders als das Mietrecht unterscheiden die pachtrechtlichen Vorschriften nicht zwischen Grundstücken und Räumen. Die meisten Bestimmungen sprechen nur von der Pacht eines Grundstücks oder Betriebes. Eine dem § 580 aF vergleichbare Bestimmung, nach der die Vorschriften über die Pacht von Grundstücken für die von Räumen gelten würde, fehlt. Für das Pachtrecht kann jedoch insoweit nichts anderes gelten als für das Mietrecht. Offenbar war bei der nachträglichen Einfügung des § 580 aF in der 2. Komm (E II § 480 Abs 2; Prot II 134; JAKOBS/SCHUBERT 424, 614) die gleichgelagerte Problematik bei der Pacht übersehen worden, oder eine ausdrückliche Regelung wurde wegen der Generalverweisung des § 581 Abs 2 für überflüssig gehalten. Hieran hat auch die Mietrechtsreform nichts geändert. Geändert hat sich nur der Regelungsinhalt des § 578 nF, der an die Stelle der bisher geltenden Generalverweisung auf die Vorschriften über die Miete für Grundstücke getreten ist (§ 580 aF). Abs 1 verweist für die Grundstücksmiete und Abs 2 für die Miete von Räumen, die kein Wohnraum sind, auf einzelne Normen über die Wohnraummiete, die im Unterschied zum früheren Recht an die Spitze der besonderen Regeln für Mietverhältnisse getreten sind (§§ 549 ff). Im Umfang dieser Verweisung gelten die Vorschriften über Wohnraummiete auch für die Pacht von sonstigen Räumen. Grundsätzlich sind deshalb die Vorschriften über die Grundstückspacht auch auf die Pacht von Räumen anwendbar (Rn 280; zum alten Recht BGH LM Nr 2 zu § 595 BGB = ZMR 1957, 264; BGB-RGRK/GELHAAR § 595 Rn 1; PLANCK/KNOKE Anm 6 b). **18**

b) Begriff

Unter den Begriff des Raumes fällt ein allseits umschlossener Teil eines festen Gebäudes, der so groß ist, daß sich ein Mensch darin aufhalten kann. Gebäude sind **19** alle unbeweglichen, mit dem Erdboden fest verbundenen Bauwerke, die zum Aufenthalt von Menschen bestimmt und geeignet sind (STAUDINGER/EMMERICH [2003] Vorbem 23 zu § 535). Raumpacht liegt auch vor, wenn sich der Vertrag auf ein ganzes Gebäude erstreckt, wobei im Ergebnis unerheblich ist, ob das zugehörige Grundstück vollständig oder nur teilweise mit umfaßt wird. Entscheidend ist, daß als Gegenstand der Fruchtziehung das Gebäude und nicht der Grund und Boden im Vordergrund steht. Pachtgegenstand können die aufgrund eines Erbbaurechts errichteten Räume und die im Teileigentum nach § 1 Abs 3 WEG stehenden Räume sein. Die Verpachtung von Räumen in beweglichen Sachen wie Verkaufswagen gehört nicht hierher (Rn 42). Raumpacht liegt ebenfalls nicht vor bei der Überlassung von Plätzen oder Ständen in Räumen. Hierbei handelt es sich entweder um die Verpachtung von Grundstücksteilen oder meist um Rechtspacht (Rn 46).

c) Einzelfälle

20 In der Rspr findet sich eine Fülle von Einzelfällen zur Raumpacht. In aller Regel geht es um die Verpachtung von Räumen zum Betrieb eines gewerblichen Unternehmens. Dabei stellt sich das Problem der Abgrenzung von der Miete (Rn 28 ff; Vorbem 22 f zu § 581), der Unternehmenspacht (Rn 38; Vorbem 24 zu § 581) und von der Rechtspacht (Rn 39). Die erstere Abgrenzung wird in den Entscheidungen meist eindeutig getroffen, weil hiervon weitere Rechtsfragen abhängen (Rn 39). Nicht hinreichend klar ergibt sich aber häufig, ob ein ganzes Unternehmen oder nur die zu einem Betrieb erforderlichen Räume nebst Einrichtung verpachtet sind.

21 aa) Zur Führung eines **Beherbergungsbetriebs** verpachtet werden Räume von Hotels (BGH ZMR 2004, 108 = NJW 2004, 774; RGZ 103, 271; RG JW 1924, 803; WarnR 1924, Nr 103; vgl RG WarnR 1929, Nr 109; LZ 1932, 1481 – Miete; JOACHIM NZM 2001, 162; ders GuT 2003, 119), Gasthöfen (RGZ 109, 206), Erholungsheimen (RGZ 102, 186) und Pensionaten (RG WarnR 1922, Nr 38).

22 bb) Auf der Verpachtung von **Gaststätten** liegt das Schwergewicht der Entscheidungspraxis (RGZ 81, 23; 87, 277; 91, 310; 114, 243; RG JW 1913, 982; JW 1918, 88 Nr 8; JW 1927, 582 Nr 7; LZ 1927, 529 Nr 3; WarnR 1913, Nr 89; WarnR 1914, Nr 116; WarnR 1915, Nr 217; WarnR 1926, Nr 45; WarnR 1926, Nr 117; WarnR 1929, Nr 173; SeuffA 73, Nr 223; SeuffA 79, Nr 24; BGHZ 54, 145 = NJW 1970, 2157; BGHZ 109, 314 = NJW 1990, 567; BGH NJW-RR 1991, 906; BGHZ 102, 237 = NJW 1998, 703; BGHZ 151, 353 = NJW 2002, 3326; BGHZ 141, 257 = NZM 1999, 664; BGH NZM 2001, 810; offengelassen in BGH ZMR 1999, 605; BSG ZIP 1998, 493; OLM Hamm NJW-RR 1995, 745 f; VersR 2002, 62; OLG Bamberg NZM 1999, 1004; OLG Celle ZMR 2002, 505 = NJW-RR 2003, 155; OLG Karlsruhe NZM 2003, 108; OLG Köln ZMR 2002, 660; OLG München NJWE-MietR 1996, 127; vgl auch RG WarnR 1927, Nr 51; WarnR 1931, Nr 38 – Miete). Auch Kaffeerestaurants zählen hierzu (RG WarnR 1926, Nr 182; vgl RG JW 1924, 802 Nr 10 – Miete). Werkskantinen werden bei einer Bewirtschaftung durch Dritte idR aufgrund eines Pachtvertrags überlassen (BGH LM Nr 40 zu § 581 BGB = WM 1977, 591; REHBINDER, Kantinenpachtvertrag 16 f; Vorbem 96 f zu § 581). Die Überlassung der Bundeswehrkantinen beruht auf atypischen Verträgen, soweit keine Pachtzins- und Kündigungsregelung vereinbart ist und ein Bewirtschaftungsvertrag damit verbunden wird (REHBINDER 23 ff). Der BGH hat offengelassen, ob es sich um einen pachtrechtsähnlichen Vertrag oder um einen Vertrag eigener Art nach § 311 handelt (BGH WuW/E 1581, 1582 = MDR 1979, 733). Da auf jeden Fall ein zivilrechtliches Verhältnis vorliegt, sind die §§ 581 ff hinsichtlich der pachtrechtlichen Elemente des Vertrags zumindest entsprechend anwendbar.

cc) Handwerksbetriebe können im Wege der Raumpacht überlassen werden (RGZ 122, 274 – Fleischerei; RG WarnR 1926, Nr 183 – Klempnerei; JW 1928, 2517 Nr 3 – Bäckerei; vgl RG LZ 1931, 767 Nr 3 – Miete einer Bäckerei). **23**

dd) Das gleiche gilt für **Verkaufsräume eines Handelsgeschäfts** (RG JW 1927, 1469; HRR 1929, Nr 1209; vgl KG JW 1930, 3241 Nr 1 – Miete) und die Verpachtung einer Apotheke, soweit dies im Rahmen der §§ 9, 26 Abs 1 oder 27 ApothG zulässig ist (Rn 49; Vorbem 120 ff zu § 581). **24**

ee) Ist auf einem Grundstück eine **Tankstelle** eingerichtet, kann sie durch einen Pachtvertrag einem anderen, vor allem einem Mineralölunternehmen, zum Betrieb überlassen werden (BGB-RGRK/GELHAAR Vorbem 274 zu § 535, anders beim Stationärsvertrag Rn 273; REHBINDER, Tankstellenvertrag 13, 15; STAUDINGER/EMMERICH [2003] Vorbem 46 zu § 535). **25**

ff) Ferner sind **Fabrikräume** als Gegenstand des Pachtvertrags zu nennen (RG WarnR 1909, Nr 137; BGH NJW 1967, 1223; WM 1959, 1160; vgl RG SeuffA 78, Nr 182 – Miete). **26**

gg) Als **sonstige Fälle** der Raumpacht finden sich Theater (RG WarnR 1914, Nr 78; KG HRR 1933, Nr 1422; vgl RGZ 136, 407 – offengelassen, ob Miete oder Unternehmenspacht) und Privatkrankenanstalten (RG WarnR 1915, Nr 48). Die Überlassung von Wohnungen zur Untervermietung kann auf einem Pachtvertrag beruhen (RG LZ 1927, 529 Nr 3; SONNENSCHEIN, in: FS Seuß [1987] 253, 261, 266; VOELSKOW NJW 1983, 910). **27**

d) Abgrenzung

aa) Für die Abgrenzung zur **Miete** als bloßer Gebrauchsüberlassung kommt es darauf an, daß bei der Pacht die Überlassung der Räume als solche die Fruchtziehung ermöglicht und daß der Zweck des Vertrags nach dem Parteiwillen hierauf gerichtet ist (ALLWEIL ZMR 1964, 353; HORCHNER, Die Abgrenzung von Miete und Pacht an Räumen nach bürgerlichem Recht [Diss Leipzig 1936]; KAPPEY, Die Abgrenzung von Miete und Pacht bei der Überlassung von Räumen zu gewerblichen Zwecken [Diss Göttingen 1966]; MITTELSTEIN § 7 mwNw; Vorbem 22 zu § 581). Werden Wohnräume zu dem Zweck überlassen, daß der Nutzungsberechtigte daraus durch Weitervermietung Früchte zieht, so handelt es sich bei dem Hauptvertrag grundsätzlich um Pacht (RG LZ 1927, 529, 530; OLG Brandenburg OLG-Rp 1996, 135; SONNENSCHEIN, in: FS Seuß [1987] 253, 266; VOELSKOW NJW 1983, 910). In der Praxis wird demgegenüber für die Fälle der gewerblichen Zwischenvermietung in aller Regel Geschäftsraummiete angenommen (MICHALSKI, in: Gedschr Sonnenschein [2003] 383, 391). Soll der Berechtigte selbst einen Teil der Räume als Wohnung nutzen, kommt es nach den für Mischmietverhältnisse geltenden Grundsätzen darauf an, ob ein einheitlicher Vertrag gegeben ist und ob das Schwergewicht auf den fruchtbringenden Räumen liegt (Rn 36; vgl LG Köln WuM 1981, 185 m abl Anm HILGER/BRÜCKNER-WINTERHAGEN). Insoweit kann durch spätere Vertragsänderung aus einem Miet- ein Pachtvertrag werden. Eine andere Frage ist, ob im Verhältnis der Parteien des Hauptvertrags trotz der Beurteilung als Pacht oder als Geschäftsraummiete die Vorschriften über den Kündigungsschutz für Mietverhältnisse über Wohnraum eingreifen. Dies ist zu verneinen, soweit nicht ein Teil der **28**

Räume vertraglich dazu bestimmt ist, eigenen Wohnzwecken des anderen Vertragsteils zu dienen (SONNENSCHEIN, in: FS Seuß [1987] 253, 266 f). Der Schutz des Untermieters wird idR durch die Regelung des § 565 (= § 549a aF) erreicht (STAUDINGER/ EMMERICH [2003] § 565 Rn 8 ff). Da diese Vorschrift jedoch nur für die gewerbliche Zwischenvermietung gilt, müssen die Fälle der schlichten Zwischenvermietung und der typischen Untermiete nach wie vor auf der Grundlage der Rspr (BGHZ 114, 96 = NJW 1991, 1815) mit dem Einwand rechtsmißbräuchlichen Verhaltens gelöst werden (STAUDINGER/ROLFS [2003] § 546 Rn 67 ff). Der Umstand, daß Räume einem anderen zu gewerblichen Zwecken, also zur Erzielung wirtschaftlicher Erträge, überlassen werden, hat nicht ohne weiteres zur Folge, daß die Vereinbarung als Pachtvertrag zu beurteilen ist. Entscheidend ist, ob die Räume dem Inhaber als örtlicher Mittelpunkt seines Gewerbes dienen und ihm Gelegenheit geben sollen, eine gewinnbringende Tätigkeit auszuüben, oder ob die Räume selbst als die eigentliche Quelle der Erträge anzusehen sind (RGZ 81, 23, 24; RG WarnR 1913, Nr 89; BGH WM 1981, 226; OLG Hamm ZMR 1984, 199). Letzteres ist nur der Fall, wenn die Räume eine für den vorgesehenen Betrieb geeignete bauliche Beschaffenheit aufweisen und die entsprechende Einrichtung vorhanden ist. Die Räume müssen grundsätzlich in einem betriebsfertigen Zustand sein, der es ermöglicht, einen Ertrag in Gestalt juristischer Früchte iS des § 99 Abs 3 aus ihnen zu ziehen (RGZ 91, 310, 311; OLG Hamm ZMR 1981, 211, 212). Es braucht sich allerdings nicht um ein schon bestehendes Geschäft zu handeln, das im Wege der Unternehmenspacht überlassen wird. Es genügt, wenn der Übernehmer den wirtschaftlichen Organismus erst durch eigene Tätigkeit und aus eigenen Mitteln zu schaffen hat (RGZ 81, 23, 25; RG JW 1913, 982; WarnR 1914, Nr 78). Einen Anhaltspunkt bietet die Höhe des Entgelts. Liegt dieses erheblich über dem, was ortsüblich für vergleichbare Räume und Inventar gezahlt wird, ist der Schluß gerechtfertigt, daß nicht nur der Gebrauch der Sachen, sondern auch der Fruchtgenuß entgolten werden soll (OLG Karlsruhe NJW 1970, 1977 m Anm PIECK).

29 **α)** Die für den Betrieb erforderliche **Einrichtung** der Räume braucht nicht aufgrund desselben Vertrags überlassen zu werden. Auch wenn die Parteien den einheitlichen Vorgang in zwei Verträge aufspalten, handelt es sich um Raumpacht (RGZ 122, 274, 276; RG WarnR 1927, Nr 51). Unerheblich ist ferner, ob die vorhandene Einrichtung dem Eigentümer der Räume gehört und von ihm dem Pächter überlassen wird oder ob Dritte als Eigentümer dem Pächter das Inventar gegen Entgelt überlassen (RGZ 114, 243, 245; RG JW 1927, 582 Nr 7; JW 1928, 469; WarnR 1929, Nr 108). Der Dritte wird dadurch allerdings nicht ohne weiteres zum Mitverpächter (OVG Münster KStZ 1970, 71, 72 = ZMR 1970, 185 [LS]). Der Annahme eines Pachtverhältnisses steht es nicht entgegen, daß der Pächter das Inventar im Zusammenhang mit dem Vertragsabschluß von dem Verpächter (RGZ 91, 310) oder einem Dritten (RG JW 1927, 1469; OLG Düsseldorf WuM 1994, 80) zu Eigentum erwirbt. Auch ein Eigentumserwerb des Pächters im Laufe der Pachtzeit ändert nicht die Rechtsnatur des Vertrags, sofern die Einrichtung von Anfang an vorhanden war (RG WarnR 1926, Nr 117; SeuffA 79, Nr 24; aA MITTELSTEIN 44). Es kann deshalb nicht darauf ankommen, ob der Verpächter oder Dritte dem Pächter das Inventar entgeltlich oder unentgeltlich zum Gebrauch überlassen oder ob der Eigentumserwerb entgeltlich oder unentgeltlich stattfindet. Entscheidend ist das Vorhandensein der Einrichtung bei Abschluß des Vertrags. Zudem ist die Absicht der Parteien erforderlich, daß das vorhandene Inventar weiterbenutzt und nicht alsbald entfernt werden soll (RG WarnR 1927, Nr 51; WarnR 1931, Nr 38). Muß der Übernehmer von leeren Räumen die Einrichtung erst selbst beschaffen,

handelt es sich um Miete (RGZ 109, 206; RG JW 1924, 802 Nr 10). Daran ändert sich auch nichts, wenn er die Einrichtung erwirbt, die früher in den Räumen war, zwischenzeitlich aber entfernt worden ist (RG WarnR 1927, Nr 51). Ebensowenig wird ein Mietverhältnis zu einem Pachtverhältnis, wenn ein neuer Mieter unter Übernahme der Einrichtung von seinem Vormieter in den bestehenden Vertrag eintritt (RGZ 125, 128). Die Rspr hat dies sogar für den Fall angenommen, daß sich die im Eigentum eines Dritten stehende Einrichtung noch in den Räumen befand, aber zwecks Versteigerung von ihrem bisherigen Platz entfernt worden war (RGZ 122, 274, 277). Ein Pachtvertrag kann hingegen angenommen werden, wenn die Räume zwar zunächst noch leer sind, die Einrichtung aber aufgrund des Vertragsabschlusses vom Verpächter beschafft wird oder wenn er wesentlich dazu beiträgt (BGH NJW-RR 1991, 906, 907; OLG Celle ZMR 2002, 505 = NJW-RR 2003, 155). Insoweit handelt es sich um einen einheitlichen Vorgang.

β) Die **Vollständigkeit** der Einrichtung zu dem vorgesehenen Betrieb wird nicht vorausgesetzt. Dies gilt zum einen hinsichtlich der Verteilung auf die einzelnen Räume. Es kommt darauf an, daß die Haupträume des Betriebs, wie etwa die Gaststube einer Wirtschaft, eingerichtet sind. Die Einrichtung von Nebenräumen wie Küche und Keller ist nicht entscheidend, da sie nicht unmittelbar als Einnahmequelle dienen (RGZ 81, 23, 26; RG WarnR 1913, Nr 89). Zum anderen braucht das in den Haupträumen vorhandene Inventar als solches nicht vollständig zu sein. Gewisse Ergänzungen durch den Pächter sind unerheblich (RG JW 1913, 982; SeuffA 73, Nr 223 – Gastwirtschaft; WarnR 1914, Nr 78 – Theater; OLG Hamm ZMR 1984, 199 – Apotheke). Dabei wird dem Wertverhältnis zwischen vorhandener und zu ergänzender Einrichtung keine Bedeutung beigemessen (RG aaO). Dem kann jedoch nur insoweit zugestimmt werden, als die vorhandene Einrichtung bereits einen – wenn auch im Umfang noch eingeschränkten – Betrieb ermöglicht. Der höhere Wert der zu ergänzenden gegenüber den vorhandenen Einrichtungsgegenständen darf also nicht Ausdruck der Funktionsunfähigkeit der Räume in ihrem bisherigen Zustand sein. Ist die Einrichtung nicht vertragsgemäß, können Gewährleistungsansprüche bestehen (Rn 292 ff). Auf die rechtliche Einordnung des Vertrags als Pacht oder Miete hat die Mangelhaftigkeit oder das Fehlen einer zugesagten Einrichtung keinen Einfluß (BGH WM 1981, 226). **30**

γ) Die **Art des Betriebs**, der in den Pachträumen ausgeübt wird, ist grundsätzlich unerheblich. In erster Linie kommen hierfür Gewerbebetriebe beliebiger Branchen in Betracht, wenn die Räume mit ihrer Einrichtung für den jeweiligen Zweck geeignet sind. Fraglich ist, ob die Raumüberlassung zur Ausübung eines freien Berufs als Raumpacht oder als Miete zu beurteilen ist. Die Rspr hat einerseits die Verpachtung einer zahnärztlichen Praxis bejaht, wobei die Abgrenzung zur Unternehmenspacht nicht deutlich wird (RG SeuffA 79, Nr 97). Andererseits ist die Überlassung eines Anwaltsbüros nebst Einrichtung an einen anderen Anwalt nicht als Pacht, sondern als Miete behandelt worden, weil der Rechtsanwalt die Erträge nicht aus den Räumen und der Einrichtung, sondern aus seiner geistigen Arbeit ziehe, der gegenüber die sachlichen Hilfsmittel nur eine untergeordnete Rolle spielten (RG JW 1925, 472 Nr 14). Diese Abgrenzung nach der Bedeutung der sachlichen Hilfsmittel gegenüber der geistigen Arbeit wird von STAUDINGER/KIEFERSAUER[11] (§ 581 Rn 6) abgelehnt. Statt dessen wird im Anschluß an MITTELSTEIN (40) darauf abgestellt, ob die Räume gerade für den vertragsgemäßen Zweck geeignet sind, dh ob sie eine **31** typische Einrichtung und Ausgestaltung aufweisen. Hiernach soll wie der Rechtsanwalt auch ein praktischer Arzt Sprech- und Wartezimmer nicht pachten, sondern mieten, während eine Privatkrankenanstalt gepachtet werden könne.

32 Demgegenüber ist zu bedenken, daß bei jeder freiberuflichen Tätigkeit die Räume für den vertragsgemäßen Zweck typischerweise eingerichtet sein können, wie etwa das Anwaltsbüro mit Bibliothek, die Arztpraxis mit diagnostischen und therapeutischen Apparaten und das Architektenbüro mit Zeichengeräten. Angesichts der Technisierung, die auch die freien Berufe erfaßt hat, kann die geistige Arbeit nicht ausschlaggebend sein, um von vornherein die Beurteilung eines Vertrags als Pacht abzulehnen. Die Pacht kann andererseits nicht auf solche Gruppen freier Berufe beschränkt werden, bei denen technische Hilfsmittel eine besondere Rolle spielen. Im Grundsatz ist deshalb der Ansicht zu folgen, nach der die Entscheidung von der Eignung der Räume und Einrichtung gerade für den vertragsgemäßen Zweck der Ausübung eines bestimmten freien Berufs abhängt (STAUDINGER/KIEFERSAUER[11] aaO). Im übrigen ist die Raumpacht aber bei allen Gruppen freier Berufe nicht von vornherein ausgeschlossen. Es kommt allein auf die Umstände des Einzelfalls an.

33 δ) Sind Räume für eine bestimmte Betriebsart eingerichtet, stellt sich die Frage, wie sich eine **Änderung des Geschäftszwecks** auf die Abgrenzung zwischen Miete und Pacht auswirkt. Von STAUDINGER/KIEFERSAUER[11] (§ 581 Rn 10) wurde die Auffassung vertreten, es könne Miete vorliegen, wenn jemand ein betriebsfähig eingerichtetes Geschäft vom Hauseigentümer übernehme, der Geschäftszweck aber von vornherein umgewandelt werden solle. Dem liegt die Ansicht zugrunde, die Räume müßten eine gerade für den Betrieb des vorgesehenen Unternehmens geeignete bauliche Gestaltung und Einrichtung aufweisen. Dies geht im wesentlichen auf das von MITTELSTEIN (40) im Anschluß an die Rspr entwickelte Merkmal der „typischen Ausgestaltung" zurück. Dabei ist aber zu beachten, daß MITTELSTEIN (aaO) dieses Erfordernis nur für die Fälle aufstellt, in denen eine typische Beschaffenheit der Räume verkehrsüblich ist, wie zB bei Gastwirtschaften, Theatern, Lichtspielhäusern usw. In der Rspr findet sich zwar teilweise die Formulierung, es müsse eine Einrichtung vorhanden sein, die einen „bestimmten" Betrieb ermögliche (RGZ 81, 23, 25), oder die Räume müßten zu einem „bestimmten" Betrieb überlassen und gerade für diesen Betrieb baulich geeignet und mit der wesentlichen, zur alsbaldigen Benutzung für den Betrieb und die Fruchtziehung erforderlichen Einrichtung versehen sein (RGZ 122, 274, 276). Andere Entscheidungen sprechen nur von einer „geeigneten" (RGZ 91, 310, 311) oder „ausreichenden" Einrichtung (RGZ 114, 243, 244). Schließlich ist zu bedenken, daß Raumpacht nicht die Fortführung eines bereits bestehenden Betriebs voraussetzt, sondern auch dann vorliegen kann, wenn der Betrieb vom Pächter erst aufgenommen wird (Rn 28; MITTELSTEIN 37 mwNw).

34 Auf dieser Grundlage wird ein Pachtvertrag nicht dadurch ausgeschlossen, daß der Pächter der Räume **von Anfang an** einen Geschäftsbetrieb anderer Art verfolgt als sein Rechtsvorgänger. Auch bei der Neuaufnahme kommt es nicht auf einen Betrieb bestimmter Art an (Rn 31, 33). Entscheidend ist nur, daß die Räume und ihre Einrichtung für diesen andersartigen Betrieb geeignet sind. Eine Änderung des Geschäftszwecks schließt also nur bei Räumen mit einer branchenspezifischen Einrichtung einen Pachtvertrag aus, weil diese Einrichtung in dem andersartigen Betrieb nicht verwendbar ist und deshalb ersetzt werden muß. Ist die Einrichtung aber ohne weiteres für einen anderen Betrieb geeignet, wie es bei Handelsgeschäften oder den auf eine Bürotätigkeit angewiesenen Unternehmen wie Makler, Versicherung und dgl häufig der Fall ist, so steht dies einem Pachtvertrag nicht entgegen. So zeigt sich in mancher Entscheidung, bei der eine Änderung des Geschäftszwecks vorlag, daß der entscheidende Grund für die Ablehnung eines Pachtvertrags nicht die Änderung als solche, sondern die für den neuen Zweck unzureichende Einrichtung war (KG JW 1930, 3241 Nr 1; OLG Breslau JW 1930, 75).

Die gleichen Grundsätze greifen ein, wenn der Pächter den Geschäftszweck **im** **35** **Laufe des Pachtverhältnisses** ändert. Sind die Räume nach dem Vertrag zur Ausübung eines Geschäftsbetriebs beliebiger Art überlassen, kann der Pächter den Geschäftszweck später ändern, ohne daß der Pachtvertrag hierdurch beeinflußt wird, sofern die Einrichtung weiterhin geeignet ist. Das gleiche gilt, wenn der Vertrag hinsichtlich eines bestimmten Geschäftsbetriebs einen Vorbehalt zur Änderung enthält (RG HRR 1927, Nr 13). Wenn im Vertrag hingegen die Ausübung eines ganz bestimmten Geschäftsbetriebs vereinbart ist, darf der Pächter später nur mit Zustimmung des Verpächters eine Änderung vornehmen. Darin liegt eine inhaltliche Änderung des Pachtvertrags, wenn die Einrichtung auch für den neuen Geschäftszweck geeignet ist. Muß die Einrichtung aber ausgewechselt werden, kommt es für den Fortbestand des Pachtvertrags darauf an, ob der Verpächter die neue Einrichtung stellt. Übernimmt dies der bisherige Pächter, handelt es sich hinfort um die Überlassung leerer Räume und damit um Miete.

ε) Werden neben den zur Fruchtziehung bestimmten Räumen **weitere Räume** **36** **zum bloßen Gebrauch** überlassen, insbesondere zB Wohnräume, kommt es nach den auch für Mischmietverhältnisse geltenden Grundsätzen (STAUDINGER/EMMERICH [2003] Vorbem 27 ff zu § 535) zunächst darauf an, ob zwei nur äußerlich verbundene und deshalb nach dem jeweiligen Vertragsgegenstand getrennt zu beurteilende Verträge vorliegen. Handelt es sich um einen einheitlichen Vertrag, ist nur eine einheitliche Beurteilung möglich. Dies wird durch die Regelung des § 585 Abs 1 S 1 zur Landpacht bestätigt, weil dieser Vertrag auch die Wohnräume umfaßt (OLG Köln WM 1987, 1308, 1310). Liegt das Schwergewicht bei den fruchtbringenden Räumen, was nach den Größen- und Wertverhältnissen zu entscheiden ist, so wird das Rechtsverhältnis insgesamt als Pachtvertrag beurteilt (RG LZ 1927, 529, 530; JW 1927, 582; BGH LM Nr 3 zu § 36 MietSchG; STAUDINGER/EMMERICH [2003] Vorbem 27 zu § 535).

ζ) Ob ein Pachtvertrag vorliegt, ist anhand der gesetzlichen Merkmale mit Rück- **37** sicht auf den Parteiwillen und die objektiv gegebenen Umstände zu entscheiden. Die **Bezeichnung als Mietvertrag** durch die Parteien wird wie jede andere Benennung eines bestimmten Vertragstyps im allgemeinen für unerheblich erklärt (RG WarnR 1914, Nr 116; JW 1924, 803; LZ 1927, 529; OLG Hamm ZMR 1984, 199; OLG Stuttgart NJW 1987, 3269). Dabei ist jedoch zu berücksichtigen, daß die früheren Entscheidungen in erster Linie auf objektive Kriterien abstellten, weil öffentlich-rechtliche Vorschriften wie Mieterschutz und Besteuerung nicht umgangen werden sollten (Rn 40).

bb) Für die Abgrenzung zur **Unternehmenspacht** (Rn 89 ff) kommt es darauf an, ob **38** der Pächter nur die Räume mit der Einrichtung übernimmt oder ob das Unternehmen als solches mit seinen gesamten Erscheinungsformen wie Firma, Kundenstamm, Beziehungen zu Lieferanten, Ruf, Forderungen und Verbindlichkeiten, sonstigen Rechten wie Patenten, Warenzeichen und dgl gepachtet wird. Der Unternehmenspacht steht es nicht entgegen, daß einzelne Bereiche von der Übernahme ausgenommen werden. Andererseits wird eine Raumpacht nicht dadurch ausgeschlossen, daß der Pächter die Warenbestände käuflich übernimmt oder nach § 613a in die Dienstverträge mit dem Personal eintritt. Entscheidend ist, wo die Parteien den Schwerpunkt hinsichtlich des Vertragsgegenstandes setzen (RGZ 138, 192, 195; RG DWohnA 1933, 176, 178; BGB-RGRK/GELHAAR Rn 8).

39 **cc)** Für die Abgrenzung zur **Rechtspacht** (Rn 44 ff) ist darauf abzustellen, ob schon die Überlassung der Räume die Möglichkeit begründet, Früchte zu ziehen, oder ob der wesentliche Gegenstand des Vertrags in der Gestattung des Geschäftsbetriebs liegt, so vor allem in dem Recht, eine in ein größeres Unternehmen integrierte Einrichtung zu nutzen (Rn 46).

e) Bedeutung

40 Die Bedeutung, die einer Beurteilung als Raumpachtvertrag zukommt, besteht neben der systematisch einwandfreien Einordnung in der aus § 581 Abs 2 folgenden entsprechenden Anwendung des § 550, der bei einem Abschluß für längere Zeit als ein Jahr die Schriftform voraussetzt, und des § 566 mit dem Grundsatz „Kauf bricht nicht Pacht". Im übrigen greifen die Sondervorschriften der §§ 582 ff bei einem Raumpachtvertrag gegenüber dem Mietrecht ein. Dies ist vor allem für die Verpachtung von Räumen mit Inventar, für die von § 573c abweichende Kündigungsfrist des § 584a und für die von § 546a zu unterscheidende Regelung des § 584b über Ansprüche bei verspäteter Rückgabe bedeutsam. Die Abgrenzung zur Miete ist für die Frage entscheidend, welche prozeßrechtlichen Vorschriften anzuwenden sind. So gilt die ausschließliche Zuständigkeit des Amtsgerichts nach § 23 Nr 2 a) GVG nur für Streitigkeiten aus einem Mietverhältnis über Wohnraum, nicht für Pachtverhältnisse (OLG Zweibrücken NJW-RR 1989, 716). Bei Mischverträgen kommt es darauf an, wo der Schwerpunkt des Vertrags liegt (OLG Celle MDR 1986, 324; OLG Hamm ZMR 1986, 11; OLG Karlsruhe NJW-RR 1988, 401; **aA** LG Köln NJW-RR 1989, 403; WuM 1988, 313). Nach § 200 Abs 2 Nr 4 GVG aF waren Streitigkeiten zwischen dem Vermieter und dem Mieter von Räumen Feriensachen, nicht aber Streitigkeiten bei der Raumpacht (vgl BGH WM 1981, 226). Diese Regelung ist durch Gesetz v 28.10.1996 (BGBl I 1546) ersatzlos weggefallen. Bei älteren Entscheidungen (RG WarnR 1924, Nr 103; WarnR 1926, Nr 117 u 182; WarnR 1931, Nr 38) ging es vor allem um die Frage der Anwendbarkeit des RMietG vom 24.3.1922 (RGBl I 273) und des MietSchG vom 1.6.1923 (RGBl I 353). Die Abgrenzung zwischen Miete und Raumpacht war ferner steuerlich bedeutsam, da Miet- und Pachtverträge dem pr Stempelsteuergesetz idF vom 1.7.1909 (GS 535) unterlagen, die Stempelabgabe bei der Vermietung für gewerbliche oder berufliche Zwecke aber um 50% ermäßigt war (Tarifstelle 48 I Nr 1 Abs 2; vgl RG WarnR 1915, Nr 217). Vor allem auf diesen öffentlich-rechtlichen Vorschriften beruht eine Fülle von Entscheidungen zur Abgrenzung zwischen Miete und Pacht, die insoweit von zivilrechtlicher Bedeutung sind. Darüber hinaus ist die Abgrenzung zwischen Pacht und Dienstvertrag für die Frage entscheidend, wer einer öffentlich-rechtlichen Erlaubnis zum Betrieb eines Unternehmens bedarf (OLG Stuttgart NJW 1987, 3269).

4. Bewegliche Sache

a) Begriff

Beweglich sind alle Sachen, die nicht Grundstück, den Grundstücken rechtlich 41
gleichgestellt oder nach den §§ 93, 94 wesentliche Bestandteile von Grundstücken
sind. Zu den beweglichen Sachen zählen auch Scheinbestandteile iS des § 95 (RGZ
55, 281, 284; 87, 43, 51). Die Verpachtung beweglicher Sachen kommt in der Praxis ua
im Rahmen eines Landpachtvertrags vor, wenn sich der Vertrag auf lebendes oder
totes Inventar eines landwirtschaftlichen Betriebs erstreckt. Ähnliches gilt für die
Pacht gewerblicher Unternehmen. Bewegliche Sachen können ferner als Inventar
eines Grundstücks oder von Räumen unter einen Pachtvertrag fallen. Der Pachtvertrag über den Hauptgegenstand umfaßt dann auch die beweglichen Sachen, wie
die §§ 582 ff zeigen. Diese Sachen können indessen auch Gegenstand eines selbständigen Pachtvertrags sein, wenn sich der Vertrag auf die einzelne bewegliche Sache
oder eine Sachgesamtheit beschränkt. Da Gegenstand eines Landpachtvertrags
nach § 585 nur Grundstücke, ggf einschließlich der Wohn- und Wirtschaftsräume
als Betrieb, sind, fällt die Verpachtung einzelner beweglicher Sachen, auch wenn sie
landwirtschaftlich genutzt werden sollen, nur unter die allgemeinen pachtrechtlichen Vorschriften des BGB.

b) Einzelfälle

Im einzelnen ist hervorzuheben, daß Tiere verpachtet werden können, damit der 42
Pächter die natürlichen Früchte wie Jungtiere, Milch, Wolle usw gewinnt (OLG
Düsseldorf OLG-Rp 2001, 189; MITTELSTEIN 30). Der Pächter kann juristische Früchte
ziehen, wenn er die Tiere, etwa zum Reiten (vgl aber BGH WarnR 1964, Nr 88) oder
Transport von Lasten, vermietet. Andere bewegliche Sachen können Gegenstand
eines Pachtvertrags sein, wenn ihre Überlassung als solche die Fruchtziehung ermöglicht. Dies kann ähnlich wie bei den zu einem Geschäftsbetrieb eingerichteten
Räumen (Rn 28) bei einem Verkaufswagen oder Schiff angenommen werden, das
mangels Eintragung im Schiffsregister nicht entsprechend den §§ 581 Abs 2, 580a
den Vorschriften über unbewegliche Sachen unterliegt. In gleicher Weise können zB
Omnibusse, Lastkraftwagen oder Flugzeuge Gegenstand eines Pachtvertrags sein,
wenn sie selbst als die eigentliche Quelle der Erträge anzusehen sind (Rn 43). Bei
der Verpachtung von Privateisenbahnen, Bergbahnen usw steht hingegen das Unternehmen (RG JW 1898, 524; RFHE 13, 298 = Recht 1924, Nr 1395) oder je nach den
Umständen nur das Grundstück, auf dem der Betrieb ausgeübt wird, im Vordergrund. Maschinen können verpachtet werden, wenn ihr Betrieb unmittelbar eine
Gewinnerzielung ermöglicht (BGHZ 51, 346, 350 = NJW 1969, 879, 880; s aber BGH LM
Nr 18 zu § 196 BGB = NJW 1968, 692, 693).

c) Abgrenzung

Für die Abgrenzung zur Miete kommt es darauf an, ob die einzelne bewegliche 43
Sache oder eine Gesamtheit von beweglichen Sachen nur zum Gebrauch oder auch
zur Fruchtziehung überlassen wird. Ein Pachtvertrag ist nach der Rspr gegeben,
wenn die Sache Früchte abwirft, deren Genuß dem Pächter neben dem Gebrauch zu
gewähren ist (BGH LM Nr 18 zu § 196 BGB = NJW 1968, 692, 693). Dies ist in erster Linie
bei solchen Sachen der Fall, die von Natur aus zur Fruchtziehung geeignet sind. Bei
Maschinen, Kraftfahrzeugen und Schiffen wird in aller Regel ein Mietverhältnis
angenommen (BGH aaO; LM Nr 7 zu § 196 BGB = MDR 1962, 719). Entscheidend ist

jedoch der von den Parteien gesetzte Vertragszweck. Ist die bewegliche Sache dazu bestimmt und geeignet, Früchte iS des § 99 abzuwerfen, die von den bloßen Gebrauchsvorteilen nach § 100 zu unterscheiden sind, so handelt es sich um Pacht. Dabei ist die von der Rspr verwendete Formulierung in der Weise zu präzisieren, daß die Früchte auch durch den Gebrauch der Sache anfallen können, indem der Pächter die Sache gebraucht und dabei aufgrund eines Rechtsverhältnisses Erträge iS des § 99 Abs 3 als Rechtsfrüchte erwirtschaftet. Hierfür kommen nach der Gestaltung des Vertrags im Einzelfall auch Maschinen, Kraftfahrzeuge, Flugzeuge und Schiffe in Betracht (Rn 42). Das Recht, die Nutzungen einer beweglichen Sache zu ziehen, kann nach den §§ 1030 ff als dingliches Recht auch im Wege eines Nießbrauchs begründet werden. Die Einordnung eines Vertrags als Pacht ist im Hinblick auf die besonderen pachtrechtlichen Vorschriften bei beweglichen Sachen nur für § 584b bedeutsam, der die Nutzungsentschädigung bei verspäteter Rückgabe abweichend von den §§ 546a, 571 bemißt.

5. Recht

a) Begriff

44 In § 581 Abs 1 ist anders als in § 535 S 1 nicht von der vermieteten „Sache", sondern von dem verpachteten „Gegenstand" die Rede. Dadurch bringt das Gesetz zum Ausdruck, daß der Pachtvertrag auch einen unkörperlichen Gegenstand, ein Recht betreffen kann (Mot II 421). Ausdrücklich erwähnt ist die Pacht von Rechten in § 584. Der Begriff des verpachtungsfähigen Rechts wird indessen nicht näher bestimmt. Aus dem Wesen des Pachtvertrags ergibt sich nur, daß es sich um ein Recht handeln muß, das zur Fruchtziehung geeignet ist und dessen Ausübung einem anderen überlassen werden darf (RG JW 1901, 266). Hierfür kommen in erster Linie bestimmte Typen subjektiver Rechte des Privatrechts in Betracht, wie etwa beschränkte dingliche Rechte, Immaterialgüterrechte, Forderungen und Aneignungsrechte. Auch selbständige Gerechtigkeiten, die im übrigen rechtlich zT den Grundstücken gleichstehen (KG JW 1937, 3177), werden erfaßt. Ihre Zuordnung zum privaten oder öffentlichen Recht ist nicht immer eindeutig. Dies ist jedoch unerheblich, da grundsätzlich auch öffentliche Rechte verpachtet werden können, soweit nicht zwingende Vorschriften entgegenstehen (CH KOENIG GewArch 1994, 217). So sind die aus einer Genehmigung zur entgeltlichen Personenbeförderung erwachsenden Rechte nach § 2 Abs 2 Nr 2 PersBefG mit den Einschränkungen des Abs 3 für den Verkehr mit Taxen übertragbar und damit verpachtungsfähig, soweit dies von der zuständigen Behörde genehmigt wird (BGH LM Nr 50 zu § 581 BGB = NJW-RR 1986, 1243). Die Genehmigung für den Güterfernverkehr war hingegen nach § 11 Abs 1 S 2 GüKG aF nicht übertragbar und konnte deshalb nicht verpachtet werden. In § 3 GüKG idF v 22. 6. 1998 (BGBl I 1485, zuletzt geändert durch Gesetz v 23. 12. 2003 [BGBl I 2848]) findet sich keine dem § 11 Abs 1 S 2 GüKG aF entsprechende Regelung mehr. Daraus ergibt sich jedoch noch nicht die Übertragbarkeit der Genehmigung nach neuem Recht. Vielmehr ist die Erlaubnis auch nach § 3 GüKG nF ein höchstpersönliches Recht, da sie an subjektive Voraussetzungen gebunden ist. Damit hat sich durch die Neufassung des Gesetzes an der Rechtslage nichts geändert (HEIN/EICHHOFF/PUKALL/KRIEN, Güterkraftverkehrsrecht, Bd 3 [4. Aufl 1998] § 8 Rn 1).

b) Einzelfälle

45 Eine gewerbliche oder berufliche Tätigkeit kann auf der Grundlage eines Pachtvertrags ausgeübt werden, indem das Unternehmen als solches (Rn 89) oder nur die dazu geeigneten Räume (Rn 18) verpachtet werden. Gegenstand des Pachtvertrags kann indessen auch ein Recht zur Ausübung einer bestimmten Tätigkeit sein, wenn das Recht selbst die Fruchtziehung ermöglicht. Hervorzuheben sind folgende Einzelfälle:

aa) Die Rspr nimmt Rechtspacht an, wenn das Recht überlassen wird, eine in eine **46** größere Organisation **integrierte Einrichtung** zu nutzen. Dabei ist nicht entscheidend, daß ein Grundstück, Räume oder Teile derselben mit überlassen werden. Dies gilt etwa für den Garderobenbetrieb im Sportpalast (RGZ 97, 166, 170; Rn 46), die Wechselstube in einem Bahnhofsgebäude (RGZ 108, 369, 371), eine Buchhandlung in der Hotelhalle (RG DJZ 1925, 432) oder im Bahnhofsgebäude (BGH LM Nr 11 zu § 581 BGB = Betrieb 1954, 999 m Anm GROOTHOLD ZMR 1955, 44 und BETTERMANN ZMR 1955, 168), das Ausschankrecht eines Gastwirts in einer Markthalle (BGH LM Nr 31 zu § 581 BGB = MDR 1968, 233) und eine Tankstelle innerhalb eines Garagenunternehmens (KG DR 1941, 1900). Kennzeichnend ist in diesen Fällen regelmäßig die Abhängigkeit von dem Hauptbetrieb. Fehlt es daran, kommt Grundstücks- oder Raumpacht in Betracht. Rechtspacht kann ferner die Überlassung der Theaterreklame durch Anzeigen in Programmheften sein (OLG Naumburg OLGE 24, 340), die Überlassung des Rechts, Anschlagsäulen auf öffentlichen Wegen zu errichten und den Plakatanschlag zu betreiben (BGH NJW 1952, 620; BFH BStBl II 1983, 386; BayObLG BayVBl 2003, 26, 27), die Überlassung einer Fläche zum Aufstellen einer Werbeanlage (BGH GuT 2004, 54) oder die Zurverfügungstellung der das Spielfeld eines Stadions umgebenden Banden als Werbeträger (BGH NJW-RR 1999, 845 = NZM 1999, 461).

Die *Abgrenzung* von anderen Vertragstypen ist häufig schwierig und hängt weit- **47** gehend von der vertraglichen Gestaltung im Einzelfall ab. Automatenaufstellverträge sind meist als Gestattungsverträge besonderer Art zu beurteilen (STAUDINGER/ EMMERICH [2003] Vorbem 42 f zu § 535). Einem solchen Vertragsverhältnis ähnelt ein Vertrag, mit dem der Grundstückseigentümer einem Unternehmen das ausschließliche Recht einräumt, auf dem Grundstück eine Breitbandkabelanlage zu errichten, zu unterhalten und mit den Mietern Einzelanschlußverträge abzuschließen sowie hieraus Gewinne zu erzielen (BGH NJW 2002, 3322, 3323). Rechtspacht ist auch nicht gegeben, wenn ein Gastwirt einer Tanzkapelle gestattet, selbst eine Vergütung von den Tänzern zu kassieren, weil es sich insoweit um Früchte der ausgeübten Tätigkeit handelt (KG OLGE 22, 242 – offengelassen, ob Dienst-, Werk- oder Mietvertrag). Das gleiche ist anzunehmen, wenn der Musikbetrieb in einer Diskothek von der Gastronomie getrennt geführt wird. Rechtspacht wird ferner bei der Überlassung eines Theateraufführungsrechts abgelehnt, wenn die Pflicht zur Aufführung als Hauptleistung vereinbart ist (RGZ 115, 17, 20). Ebensowenig handelt es sich um Rechtspacht, wenn der Garderobenbetrieb in Theatern oder Vergnügungsstätten nach der Vertragsgestaltung nicht zur eigenen Fruchtziehung überlassen wird, sondern wenn das Entgelt von den Besuchern im Namen und für Rechnung des Hauptunternehmers eingezogen wird, auch wenn hiervon ein bestimmter Anteil einbehalten werden darf (RGZ 140, 206).

bb) Nach Art 74 EGBGB sind die landesgesetzlichen Vorschriften über **Realge-** **48** **werbeberechtigungen** unberührt geblieben. Hierunter sind die mit einem Grundstück verbundenen oder als selbständiges Recht bestehenden Berechtigungen zum

Betrieb eines Gewerbes zu verstehen, die wie dingliche Rechte behandelt werden (PLANCK, Komm zum BGB, 6. Bd [3. Aufl 1905] Art 74 EGBGB Anm 1; STAUDINGER/MERTEN/ HÖNLE [1998] Art 74 EGBGB Rn 5). Hiervon haben sich unter der Geltung des BGB vor allem die Abdeckereigerechtigkeit (KG OLGE 13, 389; BayObLGZ 1954, 216), die Schornsteinfegergerechtigkeit nach § 53 SchornsteinfegerG vom 15. 9. 1969 (BGBl I 1634), die es trotz der in § 39a GewO vorgesehenen Aufhebung gegen Entschädigung noch teil- und zeitweise in Bayern gab (bay RealrechtsVO vom 6. 6. 1972 [GVBl 201]; MünchKomm/SÄCKER Art 74 EGBGB Rn 4; aA BVerwGE 38, 244 = MDR 1971, 1035; STAUDINGER/MERTEN/HÖNLE [1998] Art 74 EGBGB Rn 7), und die Apothekengerechtigkeit gehalten, obwohl in § 7 GewO die Aufhebung ausschließlicher Gewerbeberechtigungen bestimmt ist. Soweit nicht gesetzliche Vorschriften entgegenstanden, konnten solche Gewerbeberechtigungen verpachtet werden (KG OLGE 13, 389). § 53 SchornsteinfegerG ist inzwischen durch Art 3 des zweiten Gesetzes zur Änderung der Handwerksordnung und anderer handwerksrechtlicher Vorschriften vom 25. 3. 1998 (BGBl I 596) mit Wirkung vom 1. 4. 1998 ersatzlos gestrichen worden; auch § 39a GewO wurde aufgehoben (Art 1 Nr 1 b des dritten Gesetzes zur Änderung der Gewerbeordnung und sonstiger gewerberechtlicher Vorschriften vom 24. 8. 2002 BGBl I 3412).

49 Eine besondere Rolle spielten die *Apothekengerechtigkeiten*, bevor sich das BVerfG für die Niederlassungsfreiheit auf dem Gebiet des Apothekenrechts ausgesprochen hat (BVerfGE 7, 377 = NJW 1958, 1035; BVerwGE 4, 167 = NJW 1957, 356). Bis dahin waren Apothekenkonzessionen häufig verpachtet worden (ADLUNG, Die Apothekenbesitzrechte in den deutschen Ländern 28, 52, 55, 61, 78; DEICHMANN, Preußische Apothekenbesitzverhältnisse 84; GENICKE, Apotheken-Pachtrecht; GNEIST, Die Apothekengesetze des Deutschen Reiches und Preußens 508 ff; HAMBURGER, Die preußischen Apothekenbetriebsrechte 45 ff; KAHLER, Gesetz über die Verpachtung und Verwaltung öffentlicher Apotheken 4 ff; PAHL, Die preußische Apothekenpacht nach dem heute geltenden Recht [Diss Jena 1935]; PETRENZ, Die Apotheken-Gesetzgebung 21 ff; Vorbem 120 f zu § 581; URBAN, Apothekengesetze 289 f). Gleichwohl sind solche Verträge später nicht als auf eine unmögliche Leistung gerichtet und daher nach § 306 aF als nichtig beurteilt worden (BGH NJW 1960, 332). Auch die Geschäftsgrundlage war nicht entfallen, wenn für den Pächter die Vorteile des Vertrags bestehengeblieben sind (BGH MDR 1960, 667; vgl BGH LM Nr 1 zu § 597 BGB; LM Nr 1 a zu § 597 BGB = NJW 1964, 2204; LM Nr 1 b zu § 597 BGB). Die Verpachtung einer Apotheke ist nunmehr in den §§ 9, 26 Abs 1 und 27 ApothG geregelt. Sie ist nur in den gesetzlich bestimmten Fällen zulässig (BVerwG ZMR 1971, 181; BGH NJW-RR 1998, 803 = ZMR 1998, 137 = NZM 1998, 192; OLG Karlsruhe NJW 1970, 1977; BERBERICH/KÖSTER 27 ff; BREYER, ApothG § 9 Anm 1 ff; HOFFMANN, ApothG § 9 Rn 31 ff; PIECK PharmaZ 1970, 1721; SCHIEDERMAIR/PIECK, ApothG § 9 Rn 12 ff; Vorbem 122 ff zu § 581). Da der Pächter nach § 9 Abs 2 ApothG selbst der Erlaubnis der zuständigen Behörde für den Betrieb der Apotheke bedarf, handelt es sich nicht um Rechtspacht, sondern je nach den Umständen um Raum- oder Unternehmenspacht (OLG Hamm ZMR 1984, 199). Es kommt nicht darauf an, ob dem Pächter die Verfügungsgewalt über die Räume von einem Dritten eingeräumt worden ist (BEER BB 1992, 1259, 1260).

50 **cc)** Eine besondere Form der Berechtigungen zur Ausübung eines Gewerbes sind die **Regalien**. Kennzeichnend für diese Rechte ist, daß sie ihrem Inhaber bestimmte Aneignungs- oder Nutzungsrechte verleihen. Sie können grundsätzlich verpachtet werden.

Regalien sind nach Art 73 EGBGB der Regelung durch landesgesetzliche Vorschrif- 51
ten vorbehalten (PLANCK, Komm zum BGB, 6. Bd [3. Aufl 1905] Art 73 EGBGB Anm 1; STAUDINGER/ALBRECHT [1998] Art 73 EGBGB Rn 3). Damit sind die sog niederen Regalien gemeint, die kein Hoheitsrecht verkörpern. Hierzu zählen ua das Bergregal, das schon durch den Vorbehalt des Art 67 EGBGB erfaßt wird (Rn 52), das Salzregal (vgl § 3 Abs 3 BBergG; zum Kalisalzvertrag BGH LM Nr 1 zu § 595 BGB; LM Nr 4 zu § 133 [A] BGB; LM Nr 2 zu § 242 [Ba] BGB; KG KGJ 27 B 6), das Mühlenregal, Jagdregal (Rn 54 ff) und Fischereiregal (Rn 63 ff), für die der Vorbehalt des Art 69 EGBGB galt, sowie Flößereiregal und Fährregal (RG JW 1937, 2106; BGH MDR 1972, 862; OLG Kiel SchlHAnz 1909, 118).

Bergrechtliche Gerechtigkeiten sind in Art 67 EGBGB den landesgesetzlichen Vor- 52
schriften über das Bergrecht vorbehalten (STAUDINGER/DITTMANN[10/11] Art 67 EGBGB Rn 1 ff mwNw; vgl EBEL ZfB 1968, 146). Das gleiche gilt nach Art 68 EGBGB für die Belastung eines Grundstücks mit dem vererblichen und veräußerlichen Recht zur Gewinnung eines Minerals, das den bergrechtlichen Vorschriften nicht unterliegt, wie etwa Steine, Ton und Schiefer. Praktische Bedeutung kommt vor allem der Verpachtung von Kohlenabbaugerechtigkeiten zu (RGZ 135, 94 m Anm ISAY JW 1932, 2422; RG JW 1901, 266; BRASSERT/GOTTSCHALK, Allgemeines Berggesetz für die Preußischen Staaten 162; HEINEMANN ZAkDR 1935, 667; ISAY, Allgemeines Berggesetz für die Preußischen Staaten 406 ff, 426 ff unter Hinweis auf die Möglichkeit der Unternehmenspacht; KUHLENBECK JW 1902, 553; MIESBACH/GOTTSCHALK, Bergrecht, Art 44, 45 bay BergG Anm 1 g; RAAPE AcP 136 [1932] 210; ders JherJb 74 [1924] 179, 181; STRÖFER BB 1979, 1477, 1478). Bei der Neuregelung des Bergrechts durch das BBergG vom 13. 8. 1980 (BGBl I 1310) ist die Verpachtung des Bergwerkseigentums nicht besonders erfaßt worden (Vorbem 100 zu § 581). Landesrechtliche Vorschriften sind nach § 176 BBergG weitestgehend außer Kraft getreten (STAUDINGER/HÖNLE [1998] Art 67 EGBGB Rn 1). Für die Beurteilung als Rechtspacht ist ebenso wie für die Grundstückspacht (Rn 14) unerheblich, daß mit dem Abbau eine Substanzverringerung verbunden ist. Auch Teile einer Bergbaubauberechtigung können verpachtet werden, zB einzelne Flöze (BOLDT/WELLER, BBergG § 115 Rn 7).

dd) Besondere Aneignungsrechte ergeben sich aus den gesetzlichen Bestimmun- 53
gen über Jagd und Fischerei. Die Regelung war nach Art 69 EGBGB ursprünglich für beide Materien den landesgesetzlichen Vorschriften vorbehalten (STAUDINGER/ MAYER [1998] Art 69 EGBGB Rn 3 ff mwNw). Der Vorbehalt gilt heute nur noch für das Fischereirecht.

α) Das **Jagdrecht** ist bundeseinheitlich im BJagdG geregelt (MITZSCHKE/SCHÄFER, 54
BJagdG [4. Aufl 1982]; PRÜTZEL, Jagdrechtliche Entscheidungen [1978 ff], insbes unter III zur Pacht; PRÜTZEL/EISENFÜHR, Das Jagdrecht in der Bundesrepublik Deutschland, Bd I: Textsammlung [1978 ff]). Das Jagdrecht ist nach § 1 Abs 1 BJagdG die ausschließliche Befugnis, auf einem bestimmten Gebiet wildlebende Tiere, die dem Jagdrecht unterliegen, zu hegen, auf sie die Jagd auszuüben und sie sich anzueignen. Die Jagdpacht findet sich in den §§ 11 bis 14 BJagdG, allerdings beschränkt auf Abschluß (§ 11), Anzeige mit behördlichem Beanstandungsrecht (§ 12) und Erlöschen (§ 13) des Jagdpachtvertrags sowie auf die Rechtsstellung der Mitpächter (§ 13a) und den Wechsel des Grundeigentümers (§ 14). Die bundesrechtliche Regelung wird durch folgende Ausführungsgesetze der Länder ergänzt: *BaWü* §§ 8 ff LJagdG vom 1. 6. 1996 (GBl 369,

ber 723), zuletzt geändert durch G vom 20.11. 2001 (GBl 605); *Bay* Art 14 ff JagdG vom 13.10. 1978 (GVBl 678), zuletzt geändert durch G vom 24.7. 2003 (GVBl 470); *Berl* §§ 13 ff LJagdG vom 3.5. 1995 (GVBl 282), zuletzt geändert durch G vom 16.4. 2003 (GVBl 167); *Bbg* §§ 13 ff LJagdG vom 9.10. 2003 (GVBl I 250); *Brem* Art 13 LJagdG vom 26.10. 1981 (GBl 171), zuletzt geändert durch G vom 4.12. 2001 (GBl 393); *Hbg* §§ 7 ff JagdG vom 22.5. 1978 (GVBl I 162), zuletzt geändert durch G vom 18.7. 2001 (GVBl 251); *Hess* §§ 10 ff JagdG vom 5.6. 2001 (GVBl I 271), zuletzt geändert durch G vom 31.10. 2001 (GVBl I 434); *MV* §§ 11 ff LJagdG vom 22.3. 2000 (GVOBl 126), zuletzt geändert durch G vom 22.11. 2001 (GVOBl 438); *Nds* §§ 1, 20, 21 JagdG vom 16.3. 2001 (GVBl 100); *NRW* §§ 9 ff LJagdG vom 7.12. 1994 (GV NRW 1995 2) zuletzt geändert durch G vom 17.12. 2003 (GV NRW 808); *RhPf* §§ 9 ff LJagdG vom 5.2. 1979 (GVBl 23), zuletzt geändert durch G vom 16.12. 2002 (GVBl 481); *Saarl* §§ 9 ff JagdG vom 27.5. 1998 (ABl 638), zuletzt geändert durch G vom 7.11. 2001 (ABl 2158); *Sachs* §§ 14 ff LJagdG vom 8.5. 1991 (GVBl 67), zuletzt geändert durch G vom 11.12. 2002 (GVBl 312); *SachsAnh* §§ 16 ff LJagdG vom 23.7. 1991 (GVBl 186), zuletzt geändert durch G vom 25.4. 2002 (GVBl 243); *SchlH* §§ 11 ff LJagdG vom 13.10. 1999 (GVOBl 300); *Thür* §§ 14 ff JagdG vom 25.8. 1999 (GVBl 469), Neubekanntmachung vom 26.2. 2004 (GVBl 298). In Berlin ist das BJagdG erst durch Art 1 des Gesetzes zur Übernahme von Gesetzen vom 27.2. 1986 (GVBl 502) übernommen worden, weil bis dahin ein Einspruch der Alliierten Kommandatur entgegenstand. Im übrigen sind die allgemeinen pachtrechtlichen Vorschriften des BGB anzuwenden, da der Jagdpachtvertrag einen privatrechtlichen Vertrag iS des § 581 darstellt (Vorbem 102 ff zu § 581 mwNw).

55 Nach § 11 Abs 1 S 1 BJagdG kann die Ausübung des Jagdrechts, das nach § 3 BJagdG dem Eigentümer auf seinem Grund und Boden zusteht, in seiner Gesamtheit an Dritte verpachtet werden. **Gegenstand** der Jagdpacht ist demnach das Jagdausübungsrecht, das aus dem Jagdrecht des Grundstückseigentümers abgeleitet ist (MITZSCHKE/SCHÄFER, BJagdG § 11 Rn 3). Es handelt sich um Rechtspacht, nicht um Grundstückspacht (RGZ 70, 70, 71; 98, 101, 102; RG Recht 1908, Nr 2312; KG OLGE 13, 382, 384; vgl aber KG OLGE 4, 44). Dies war früher vor allem insofern bedeutsam, als die Anwendung des § 571 aF (jetzt § 566) bei einem Wechsel des Grundstückseigentümers ausschied (RGZ 70, 70, 72; RG Recht 1908, Nr 2312; OLG München BayZ 1906, 339; aA vSEELER, in: Festg O Gierke Bd 2, 343). Nunmehr ist die entsprechende Anwendung der §§ 566 bis 567b (= § 571 bis 579 aF) sowie modifiziert die des § 57 ZVG ausdrücklich in § 14 BJagdG vorgeschrieben. Die Vorenthaltung des versprochenen Jagdpachtrechts kann einen zu ersetzenden Vermögensschaden darstellen. Dies gilt auch bei einem Vorvertrag (BGH JZ 1981, 281).

56 Der Jagdpachtvertrag kann nach § 11 Abs 1 S 2 BJagdG nicht auf einen **Teil** des Jagdausübungsrechts, etwa hinsichtlich eines bestimmten Prozentsatzes (BGHZ 115, 116 = NJW 1991, 3033), der Hege oder der Jagd auf bestimmte Wildarten, beschränkt werden. Der Verpächter kann sich jedoch einen Teil der Jagdnutzung für bestimmte Wildarten vorbehalten, ohne diesen Teil dann aber einem anderen Pächter überlassen zu dürfen. Ein *Jagdbezirk* kann nach § 11 Abs 2 BJagdG teilweise verpachtet werden, wenn bestimmte Mindestgrößen eingehalten werden.

57 Partei des Jagdpachtvertrags ist auf der Grundlage des § 7 BJagdG bei einem Eigenjagdbezirk der Grundstückseigentümer oder eine Eigentümergemeinschaft als

Verpächter. Bei einem gemeinschaftlichen Jagdbezirk, der aus den Grundflächen verschiedener Eigentümer besteht, bilden die Eigentümer nach den §§ 8 und 9 BJagdG eine Jagdgenossenschaft. Die Jagdgenossenschaft nutzt die Jagd nach § 10 Abs 1 BJagdG idR durch Verpachtung an einen Dritten oder an einen oder mehrere Jagdgenossen. Verpächter ist in diesen Fällen die Jagdgenossenschaft (RGZ 52, 126; s auch OLG Hamm AgrarR 1996, 404; OVG Mecklenburg-Vorpommern Jagdrechtliche Entscheidungen IV Nr 94; OLG Zweibrücken Jagdrechtliche Entscheidungen IV Nr 92; LG Stendal Jagdrechtliche Entscheidungen III Nr 143; LG Rostock Jagdrechtliche Entscheidungen IV Nr 101). Pächter darf nach § 11 Abs 5 BJagdG grundsätzlich nur sein, wer einen Jahresjagdschein besitzt und schon vorher einen solchen während dreier Jahre in Deutschland besessen hat. Wer sich für den Fall der Anpachtung eines Jagdbezirks verpflichtet hat, einen bestimmten Mitpächter aufzunehmen, und diese Verpflichtung dadurch zu umgehen versucht, daß er in einer gegen Treu und Glauben verstoßenden Weise seine Ehefrau als Pächterin vorschiebt, muß sich nach § 162 Abs 1 so behandeln lassen, als habe er selbst den Pachtvertrag abgeschlossen (BGH NJW 1982, 2552). Im übrigen ist die Rechtsstellung von Mitpächtern in § 13a BJagdG nur im Hinblick auf das Ausscheiden eines der Pächter geregelt (Rn 62).

Für den Jagdpachtvertrag ist in § 11 Abs 4 S 1 BJagdG gesetzlich die **Schriftform** vorgeschrieben. Dies gilt wegen der Warnfunktion der Form auch für einen Vorvertrag (BGHZ 61, 48 = NJW 1973, 1839) sowie für spätere Änderungen und Ergänzungen des Pachtvertrags (OLG Düsseldorf ZMR 2003, 737, 738; MITZSCHKE/SCHÄFER, BJagdG § 11 Rn 52). Die ausdrückliche Anordnung der Schriftform war erforderlich, weil § 550 (= § 566 aF) iVm § 581 Abs 2 für die Rechtspacht nicht gilt (RGZ 51, 279; 107, 291, 293). Wenn sich ein Jagdpächter außerhalb des schriftlichen Pachtvertrags verpflichtet, der Gemeinde, die ihm ihren Eigenjagdbezirk verpachtet, eine jährliche Spende für gemeinnützige Zwecke zur Verfügung zu stellen, die mehr als dreimal so hoch ist wie die vereinbarte Pacht, so entbehrt der gesamte Pachtvertrag der Schriftform und ist deshalb nichtig, falls die Umstände ergeben, daß die Spende ein weiteres Entgelt für die Überlassung des Jagdreviers sein soll (BGH NJW-RR 1994, 778). Vereinbaren die Parteien neben einem Jagdpachtvertrag in einer gesonderten Urkunde weitere Leistungen des Jagdpächters, muß entweder die Haupturkunde auf die ergänzende Urkunde oder zumindest die ergänzende Urkunde auf die Haupturkunde Bezug nehmen. Einer körperlichen Verbindung bedarf es nicht (LG Lübeck Jagdrechtliche Entscheidungen III Nr 158; zur Einheitlichkeit der Urkunde näher Rn 288).

Die **Dauer** des Jagdpachtvertrags soll nach § 11 Abs 4 S 2 BJagdG aus jagdwirtschaftlichen Gründen mindestens neun Jahre betragen. Aufgrund des § 11 Abs 4 S 3 BJagdG kann dies durch landesgesetzliche Regelung zwingend vorgeschrieben (MITZSCHKE/SCHÄFER, BJagdG § 11 Rn 29) oder es kann eine höhere Mindestpachtzeit festgesetzt werden. Ein laufender Jagdpachtvertrag kann nach § 11 Abs 4 S 4 BJagdG auf kürzere Zeit verlängert werden.

Ein **Verstoß** gegen die zwingenden Vorschriften über die Unzulässigkeit der Verpachtung eines Teils des Jagdausübungsrechts, über die Voraussetzungen für die Verpachtung eines Teils des Jagdbezirks, über die Schriftform und über das Erfordernis des Jagdscheins auf seiten des Pächters führt nach § 11 Abs 6 S 1 BJagdG zur Nichtigkeit des Jagdpachtvertrags.

61 Die **Weiterverpachtung und Unterverpachtung**, die von einer Doppelverpachtung zu unterscheiden sind (Schopp MDR 1968, 808), sind anders als in § 13 des früheren RJagdG vom 3. 7. 1934 (RGBl I 549) im BJagdG nicht mehr ausdrücklich geregelt. Sie sind dennoch weiterhin zulässig. Bei der Weiterverpachtung gehen die Rechte und Pflichten des Pächters gegen Entgelt auf einen anderen Jagdpächter über, wobei unerheblich ist, ob der erste Pächter dem Hauptverpächter auch in Zukunft aus dem Vertrag haftet. Bei der Unterverpachtung überträgt der Pächter entgeltlich das Jagdausübungsrecht auf einen anderen, der jedoch in keine unmittelbaren Rechtsbeziehungen zu dem Hauptverpächter tritt. Für derartige Verträge sind die Zustimmung des Hauptverpächters, die Schriftform und die Anzeige nach § 12 BJagdG erforderlich (RG WarnR 1910, Nr 381; KG OLGE 13, 389; Mitzschke/Schäfer, BJagdG § 11 Rn 90 ff). Eine Unterverpachtung liegt auch darin, daß der Jagdpächter mit anderen Personen eine Gesellschaft gründet und den Mitgesellschaftern gegen Entgelt die Befugnis einräumt, die Jagd auszuüben (RGZ 63, 293). Einem Unterpachtvertrag gleich zu erachten ist eine Vereinbarung zwischen Jagdpächter und dem Inhaber einer entgeltlichen Jagderlaubnis, wonach der Erlaubnisinhaber im Innenverhältnis zum Jagdpächter in bezug auf die Wahrnehmung des Jagdausübungsrechts und der sonstigen Pächterrechte eine gleichberechtigte Stellung innehaben soll (BGH WM 2000, 533, 534 = NZM 2000, 241). Von der Unterverpachtung ist die ständige entgeltliche Jagderlaubnis zu unterscheiden (OLG Celle NdsRpfl 1984, 72). Gestattet ein Jagdpächter einem Jäger entgeltlich den zahlenmäßig geregelten Abschuß von Wild in seinem Jagdbezirk, sind auf einen solchen Vertrag die Vorschriften über die Pacht entsprechend anzuwenden (OLG Düsseldorf MDR 1975, 228 [LS]).

62 Für die **Beendigung** des Jagdpachtvertrags gelten nach § 581 Abs 2 die allgemeinen mietrechtlichen Vorschriften über Zeitablauf und Kündigung entsprechend mit der Besonderheit, daß bei einem Abschluß auf bestimmte Zeit oder auf Lebenszeit eines der Vertragsteile nur die außerordentliche Kündigung in Betracht kommt (Mitzschke/Schäfer, BJagdG § 11 Rn 31). Über die Mindestdauer hinaus ist ein Abschluß auf unbestimmte Zeit möglich (LG Stendal Jagdrechtliche Entscheidungen IV Nr 96). Nach § 584 ist der Vertrag dann mit der Frist von einem halben Jahr zum Schluß eines Pachtjahres ordentlich kündbar (Mantel/Müller, Das Reichsjagdrecht [1935] 127); vertraglich kann auch eine kürzere als die gesetzliche Kündigungsfrist vereinbart werden (LG Stade Jagdrechtliche Entscheidungen III Nr 134). Der Jagdpachtvertrag kann auch durch Vereinbarung der Parteien vorzeitig aufgehoben werden. Der Tod des Jagdpächters läßt den Jagdpachtvertrag nicht erlöschen. Die Rechte und Pflichten gehen auf die Erben über, auch wenn letztere nicht jagdpachtfähig sind (BGH NJW-RR 1987, 839; OLG Düsseldorf MDR 1970, 140; vgl im übrigen Mitzschke/Schäfer, BJagdG § 11 Rn 107 ff). Der Vertrag erlischt kraft Gesetzes nach § 13 BJagdG, wenn dem Pächter der Jagdschein unanfechtbar entzogen worden ist oder wenn die Gültigkeitsdauer abgelaufen ist und entweder die zuständige Behörde die Erteilung eines neuen Jagdscheins unanfechtbar abgelehnt hat oder der Pächter die Voraussetzungen für die Erteilung eines neuen Jagdscheins nicht fristgemäß erfüllt (LG Landau MDR 1968, 496; Mitzschke/Schäfer, BJagdG § 13 Rn 7 ff). Die ordentliche Kündigung eines Jagdpachtvertrags kann nur gegenüber allen Mitpächtern ausgesprochen werden; dagegen kann der Verpächter dann, wenn in der Person eines Mitpächters ein wichtiger Grund vorliegt, nur diesem gegenüber fristlos kündigen (OLG Celle Jagdrechtliche Entscheidungen III Nr 153). Nach § 13a BJagdG bleibt der Jagdpachtvertrag bei mehreren Pächtern grundsätzlich bestehen, auch wenn er im Verhältnis zu einem der Mitpächter gekündigt wird oder erlischt.

β)   Das **Fischereirecht** beruht nach dem Vorbehalt des Art 69 EGBGB auf landes- 63 gesetzlichen Vorschriften. Die Fischereipacht findet sich im wesentlichen in folgenden Bestimmungen: *BaWü* §§ 17 ff FischereiG vom 14.11.1979 (GBl 466), zuletzt geändert durch G vom 20.11.2001 (GBl 605); *Bay* Art 31 bis 36, 62, 63 FischereiG vom 15.8.1908 (GVBl 527), zuletzt geändert durch G vom 23.11.2001 (GVBl 734); §§ 16 bis 24, 38, 50, 54 Bek, den Vollzug des FischereiG für das Königreich Bayern vom 15.8.1908 betr, vom 19.3.1909 (GVBl 252 = BayBS IV 465); Nr 2 bis 11, 13, 15, 16 Bek über die Fischereirechte des Landes Bayern – Nr II 8149 – idF vom 14.3.1960 (LMBl 35); *Berl* §§ 11 ff LFischereiG vom 19.6.1995 (GVBl 358), zuletzt geändert durch G vom 16.7.2001 (GVBl 260); *Bbg* §§ 11, 12 FischereiG vom 13.5.1993 (GVBl I 178), zuletzt geändert durch G vom 5.6.2001 (GVBl I 93); *Brem* §§ 12 ff FischereiG vom 17.9.1991 (GBl 309), zuletzt geändert durch G vom 21.11.2000 (GBl 437); *Hbg* § 3 FischereiG vom 22.5.1986 (GVBl I 95), zuletzt geändert durch G vom 18.7.2001 (GVBl I 251); *Hess* § 12 FischereiG vom 19.12.1990 (GVBl I 776), zuletzt geändert durch G vom 1.10.2002 (GVBl 614); *MV* §§ 8, 10 FischereiG vom 6.12.1993 (GVOBl 982), zuletzt geändert durch G vom 22.11.2001 (GVOBl 438); *Nds* §§ 11, 12, 21, 22, 24 Abs 2, 25 Abs 3 FischereiG vom 1.2.1978 (GVBl 81), zuletzt geändert durch G vom 20.11.2001 (GVBl 701); *NRW* §§ 12 ff LFischereiG vom 22.6.1994 (GV NRW 516), zuletzt geändert durch G vom 25.9.2001 (GV NRW 708); RdErl des Ministeriums für Umwelt, Raumordnung und Landwirtschaft vom 22.6.1995 (MBl 964); *RhPf* §§ 14 ff, 33, 41, 62, 65 LFischereiG vom 9.12.1974 (GVBl 601), zuletzt geändert durch G vom 2.3.2004 (GVBl 198); *Saarl* §§ 10 ff FischereiG vom 23.1.1985 (ABl 229), zuletzt geändert durch G vom 7.11.2001 (ABl 2158); *Sachs* §§ 18 ff FischereiG vom 1.2.1993 (GVBl 109), zuletzt geändert durch G vom 28.6.2001 (GVBl 426); *SachsAnh* §§ 20 ff FischereiG vom 31.8.1993 (GVBl 464), zuletzt geändert durch G vom 7.12.2001 (GVBl 540); *SchlH* §§ 11 ff LFischereiG vom 10.2.1996 (GVOBl 211), zuletzt geändert durch VO vom 16.9.2003 (GVOBl 503); *Thür* §§ 12, 13 FischereiG vom 25.8.1999 (GVBl 501), Neubekanntmachung vom 26.2.2004 (GVBl 314); vgl ferner STAUDINGER/MAYER [1998] Art 69 EGBGB Rn 51 ff.

Soweit nicht der freie Fischfang als eine dem Gemeingebrauch gleichstehende 64 Befugnis besteht, wie es etwa nach § 4 SchlHFischereiG und § 16 NdsFischereiG für die Küstengewässer der Fall ist, stellt das Fischereirecht ein **subjektives Privatrecht** dar, das grundsätzlich auch durch Verpachtung genutzt werden kann. Ist das Fischereirecht mit dem Eigentum am Gewässer verbunden, wie etwa nach § 5 SchlHFischereiG sowie § 1 NdsFischereiG und nach Art 3 BayFischereiG, so handelt es sich um Eigentumsfischerei (BERGMANN, Fischereirecht 116 ff; LORZ/METZGER/ STÖCKEL, Jagdrecht, Fischereirecht, Nr 2 Einl Rn 26). Fischereirechte können auch unabhängig vom Gewässereigentum einem Dritten zustehen (BERGMANN, Fischereirecht 126 ff; LORZ/METZGER/STÖCKEL, Jagdrecht, Fischereirecht, Nr 2 Einl Rn 26). Es handelt sich um dingliche Rechte, die subjektiv-persönlich, subjektiv-dinglich oder im engeren Sinne selbständig sein können. Fischereirechte kommen vereinzelt noch als Regalien iS des Art 73 EGBGB vor (BERGMANN, Fischereirecht 118 ff; STAUDINGER/ALBRECHT [1998] Art 73 EGBGB Rn 25).

Gegenstand des Fischereipachtvertrags ist das Fischereirecht in seiner jeweiligen 65 rechtlichen Form. Es handelt sich um Rechtspacht, auf die neben den pachtrechtlichen Vorschriften des BGB die besonderen Bestimmungen der landesrechtlichen Fischereigesetze anzuwenden sind (Rn 62). Das Fischereirecht wird zur Ausübung überlassen, so zB nach § 11 SchlHFischereiG, § 3 HbgFischereiG und § 17 BaWü-FischereiG. Davon zu unterscheiden ist die bei einer Eigentumsfischerei mögliche Verpachtung des Grundstücks. Die Typen des Grundstücks- und des Fischereipachtvertrags können auch verbunden werden (BERGMANN 182).

66 Der Fischereipachtvertrag kann nicht auf einen **Teil** des Fischereiausübungsrechts, wie etwa die Hege oder bestimmte Fischarten, beschränkt werden. Dies wird etwa in Art 31 Abs 4, 5 BayFischereiG bestimmt. Die neueren Gesetze sprechen von einer Verpachtung in vollem Umfang. Vom Fischereipachtvertrag zu unterscheiden ist die Fischereierlaubnis, die auf den Fischfang, bestimmte Fischarten oder bestimmte Gewässerstrecken beschränkt werden kann. Soweit es sich nicht um ein Gefälligkeitsverhältnis handelt, kann die Fischereierlaubnis normaler Pachtvertrag, Schenkung oder gemischter Vertrag sein (BERGMANN 193 f).

67 **Partei** des Fischereipachtvertrags ist als Verpächter der Fischereiberechtigte, dem das Fischereiausübungsrecht zusteht. Hinsichtlich der Person des Pächters stellen die Landesgesetze zT besondere Voraussetzungen auf, so etwa Art 31 Abs 2 BayFischereiG und § 12 Abs 3 SchlHFischereiG bezüglich des Besitzes eines gültigen Fischereischeins.

68 Eine **Veräußerung** des Fischereigewässers berührt den Fischereipachtvertrag nicht, wenn es sich um ein Fischereirecht Dritter an einem fremden Gewässer handelt (Rn 64). Bei einer Veräußerung des mit einer Eigentumsfischerei verbundenen Grundstücks (Rn 64) geht das Fischereirecht auf den Erwerber über. Das gleiche gilt bei der Pacht eines geschlossenen Privatgewässers, die als Grundstückspacht zu beurteilen ist (KG OLGE 38, 93). Ist aber nicht das Grundstück, sondern nur das Fischereirecht verpachtet, sind die §§ 566 bis 567b (= §§ 571 bis 579 aF) an sich nicht anzuwenden. Wird nur das Fischereirecht an einem fremden Gewässer veräußert, kann § 566 kraft gesetzlicher Anordnung eingreifen (Art 9 BayFischereiG; § 11 Abs 4 BerlFischereiG; § 18 Abs 4 BaWüFischereiG; § 12 NdsFischereiG; § 14 Abs 3 NRWFischereiG). Dem ist der Fall gleichzustellen, daß das Grundstück, mit dem das Fischereirecht verbunden ist, veräußert wird (KG JW 1934, 1252 Nr 1; BERGMANN 185). Dies ist durch die enge Verbindung von Grundstückseigentum und Fischereirecht gerechtfertigt.

69 Für den Fischereipachtvertrag sind zT gesetzlich die **Schriftform und eine staatliche Genehmigung oder ein Beanstandungsrecht** vorgeschrieben (Art 33 BayFischereiG; § 12 Abs 1 S 1, Abs 4, 5 SchlHFischereiG; §§ 18 Abs 1 S 3, 19 Abs 2 BaWüFischereiG; §§ 11 Abs 2 S 1, 21 NdsFischereiG; §§ 14 Abs 1 S 1, 15 NRWFischereiG; §§ 16 Abs 1 S 1, 17 Abs 2 RhPfFischereiG; § 12 Abs 1 S 1 SaarlFischereiG). Wie beim Jagdpachtvertrag (Rn 58) ist dieses Erfordernis auch für einen Vorvertrag anzunehmen (vgl BGHZ 61, 48 = NJW 1973, 1839).

70 Die **Dauer** des Fischereipachtvertrags ist in den einzelnen Landesgesetzen unterschiedlich geregelt. Meist ist eine Mindestpachtzeit von zwölf Jahren vorgeschrieben (§ 12 Abs 1 S 2 SchlHFischereiG; § 18 Abs 2 BaWüFischereiG; § 11 Abs 2

S 2 NdsFischereiG; § 14 Abs 1 S 2 NRWFischereiG; § 16 Abs 1 S 2 RhPfFischereiG; § 12 Abs 1 S 2 SaarlFischereiG), teilweise auch eine Höchstdauer (Bergmann 186).

Ein **Verstoß** gegen bestimmte Vorschriften der Fischereigesetze, wie vor allem gegen das Schriftformerfordernis, hat die Nichtigkeit des Pachtvertrags zur Folge, zB nach § 12 Abs 6 SchlHFischereiG. Soweit Ausnahmen genehmigt werden können, wie etwa hinsichtlich der Mindestpachtzeit, tritt schwebende Unwirksamkeit ein (RG SeuffA 83, Nr 212; Bergmann 186 f). **71**

Die **Weiterverpachtung und Unterverpachtung** sind grundsätzlich zulässig. Dies ist etwa in § 18 Abs 1 S 2 BaWüFischereiG ausdrücklich bestimmt (vgl Rn 61 zur Jagdpacht). Hierfür ist die Zustimmung des Hauptverpächters erforderlich. In Art 34 BayFischereiG und § 10 Abs 1 S 2 SaarlFischereiG ist dies auch fischereirechtlich vorgeschrieben. Hingegen schließt § 3 Abs 1 S 2 HbgFischereiG eine Unterverpachtung aus. **72**

Für die **Beendigung** des Fischereipachtvertrags gelten nach § 581 Abs 2 die allgemeinen mietrechtlichen Vorschriften über Zeitablauf und Kündigung entsprechend. Wird der Vertrag auf die Mindestdauer befristet, kann er vorzeitig nur durch außerordentliche Kündigung beendet werden (KG JW 1934, 1252 Nr 1 – § 57a ZVG). Er kann über die Mindestdauer hinaus auf unbestimmte Zeit abgeschlossen werden und ist dann nach § 584 mit der Frist von einem halben Jahr zum Schluß eines Pachtjahres ordentlich kündbar, soweit die Landesgesetze keine Sonderregelung treffen (Bergmann 189). Im übrigen enthalten die Fischereigesetze besondere Beendigungsgründe bei Anschluß des Gewässers an einen gemeinschaftlichen Fischereibezirk, bei Einbeziehung in eine Fischereigenossenschaft oder bei Entziehung des Fischereischeins, so etwa Art 32 BayFischereiG und § 20 BaWüFischereiG (Bergmann 189 mwNw). **73**

ee) Die Verpachtung von **beschränkten dinglichen Rechten** ist möglich, soweit solche Rechte ein Fruchtziehungsrecht beinhalten oder schuldrechtlich zur Fruchtziehung überlassen werden können. Hierfür kommen in erster Linie Nutzungsrechte an Grundstücken, beweglichen Sachen und an Rechten in Betracht, aber auch Sicherungsrechte, sofern sie mit einem Nutzungsrecht verbunden sind. Die Bedeutung der Rechtspacht liegt in dem unmittelbaren Fruchterwerb durch den Pächter nach den §§ 956, 957. **74**

α) Von den **Dienstbarkeiten** ist zunächst die *Grunddienstbarkeit* der §§ 1018 ff zu nennen. Sie kann nach § 1018 inhaltlich darauf gerichtet sein, dem Eigentümer eines anderen Grundstücks eine Nutzung des belasteten Grundstücks in einzelnen Beziehungen zu gestatten. Besteht die Nutzung darin, daß Früchte oder Bodenbestandteile gewonnen werden, stellt sich die Frage, ob die Grunddienstbarkeit als Recht vom Eigentümer des herrschenden Grundstücks verpachtet werden kann. Eine Übertragung der Grunddienstbarkeit ist ohne Eigentumsübertragung des herrschenden Grundstücks nicht möglich. Es besteht auch keine gesetzliche Regelung, daß die Ausübung der Grunddienstbarkeit einem anderen überlassen werden kann. Damit ist aber nur die selbständige Überlassung ausgeschlossen. Zusammen mit der Benutzung des herrschenden Grundstücks ist die Ausübung einer Grunddienstbarkeit auf einen **75**

Dritten übertragbar (BGH LM Nr 20 zu § 1018 BGB = WM 1971, 960; BGB-RGRK/ROTHE [12. Aufl 1996] § 1018 Rn 34; LÖSCHER Rpfleger 1962, 432; STAUDINGER/MAYER [2002] § 1018 Rn 9). Dies bedeutet, daß bei der Verpachtung des herrschenden Grundstücks die Grunddienstbarkeit als Bestandteil iS des § 96 mitverpachtet werden kann. Bei einem einheitlichen Vertrag handelt es sich insgesamt um Grundstücks- oder Raumpacht. Einem isolierten Rechtspachtvertrag über die Grunddienstbarkeit steht jedoch nichts entgegen, wenn es sich um denselben Pächter handelt. Dies kann für eine inhaltlich unterschiedliche Ausgestaltung der beiden Verträge bedeutsam sein.

76 Der *Nießbrauch* ist nach § 1059 nicht übertragbar. Seine Ausübung kann aber einem anderen überlassen werden. Die Überlassung des Nießbrauchs ist nach hM schuldrechtlicher, nicht dinglicher Natur (BGHZ 55, 111, 115 = NJW 1971, 422; STAUDINGER/ FRANK [2002] § 1059 Rn 18 mwNw). Sie kann deshalb auf einem Pachtvertrag beruhen (RGZ 74, 78, 84; Denkschr 668). Die obligatorische Natur hat zur Folge, daß der Fruchterwerb nach den §§ 956, 957 stattfindet. Gegenstand des Nießbrauchs können nach § 1030 bewegliche und unbewegliche Sachen sowie nach § 1068 Rechte sein, etwa die in den §§ 1076 ff besonders geregelte verzinsliche Forderung. Von der Verpachtung des Nießbrauchs als Recht ist die Verpachtung des Gegenstandes zu unterscheiden, der mit dem Nießbrauch belastet ist. Dem Nießbraucher steht auch diese Nutzungsmöglichkeit offen. Die Probleme, die bei unterschiedlicher Zeitdauer von Nießbrauch und Pacht auftreten, sucht § 1056 zu lösen.

77 Die *beschränkte persönliche Dienstbarkeit* ist nach § 1090 darauf gerichtet, das belastete Grundstück in einzelnen Beziehungen zu benutzen, oder daß eine Befugnis eingeräumt wird, die den Inhalt einer Grunddienstbarkeit bilden kann (zB Tankstellenrecht OLG Hamburg OLG-Rp 1999, 362, 364). Die Nutzung kann in der Gewinnung von Früchten und Bodenbestandteilen bestehen. Das Recht ist nach § 1092 nicht übertragbar, kann aber zur Ausübung einem anderen überlassen werden, wenn die Überlassung gestattet ist. Durch die Überlassung werden nur schuldrechtliche Beziehungen begründet (RGZ 159, 193, 207), die auf einen Pachtvertrag gegründet sein können. Die Verpachtung eines Wohnungsrechts (§ 1093), Wohnungserbbaurechts (§ 30 WEG), Dauerwohnrechts (§ 31 Abs 1 WEG) und Dauernutzungsrechts (§ 31 Abs 2 WEG) ist anzunehmen, wenn das Recht zwecks Fruchtziehung, dh zur Weitervermietung oder -verpachtung der Räume, überlassen wird.

78 β) Die **Reallast** iS des § 1105 Abs 1 kann als subjektiv-persönliches Recht, das in Gestalt der aus dem belasteten Grundstück zu entrichtenden wiederkehrenden Leistungen Früchte bringt, Gegenstand eines Pachtvertrags sein. Die subjektivdingliche Reallast iS des § 1105 Abs 2 kann nur zusammen mit dem herrschenden Grundstück verpachtet werden (Rn 75).

79 γ) **Pfandrechte** sind in erster Linie dingliche Sicherungs- und Verwertungsrechte. Der Ertrag aus der Verwertung ist keine Frucht iS des § 99. Das Nutzungspfandrecht an beweglichen Sachen nach § 1213 und an Rechten nach § 1273 Abs 2 iVm § 1213 Abs 1 berechtigt den Pfandgläubiger jedoch, die Nutzungen des Pfandes zu ziehen. Insoweit kommt auch eine Verpachtung in Betracht, wobei entsprechend § 540 Abs 1 die Zustimmung des Verpfänders erforderlich ist.

80 δ) Das **Erbbaurecht** ist nach § 1 Abs 1 ErbbVO das veräußerliche und vererbliche Recht, auf oder unter der Oberfläche des Grundstücks ein Bauwerk zu haben. Bei der Verpachtung ist zu unterscheiden, ob der *Erbbauberechtigte* das Recht oder das Bauwerk, das wesentlicher Bestandteil des Erbbaurechts ist, verpachtet. Nur im letzteren Fall handelt es sich um Raumpacht (Rn 18 ff). Rechtspacht kann hingegen vorliegen, wenn der Erbbauberechtigte das Erbbaurecht an einen Dritten zur Bebauung verpachtet (BGH LM Nr 8 zu PreisstopVO) oder das Recht mit dem bereits errichteten Bauwerk zur Fruchtziehung überläßt. Da das Erbbaurecht jedoch rechtlich weitgehend wie ein Grundstück behandelt wird (STAUDINGER/RING [2002] § 11 ErbbVO Rn 2 ff), sind in beiden Fällen nach § 11 Abs 1 S 1 ErbbVO die Vorschriften über die Grundstückspacht entsprechend anzuwenden.

Auf seiten des *Grundstückseigentümers* ist eine teilweise Verpachtung des Erbbau- **81** grundstücks möglich, wenn die Ausübung des Erbbaurechts auf einen bestimmten Teil des Grundstücks beschränkt ist (STAUDINGER/RING [2002] § 1 ErbbVO Rn 16), im übrigen also dem Grundstückseigentümer die Nutzungsmöglichkeit verblieben ist. Er kann das Recht auf den Erbbauzins verpachten, da dieses Recht in § 9 ErbbVO nach den Vorschriften über die Reallasten ausgestaltet ist (Rn 78).

ff) Immaterialgüterrechte können trotz ihres persönlichkeitsrechtlichen Gehalts **82** verpachtet werden. Es handelt sich um Herrschaftsrechte an unkörperlichen Gütern wie Erfindungen und sonstigen Geisteswerken, die ein zeitlich begrenztes Recht zur ausschließlichen Nutzung oder Verwertung eines solchen Rechtsguts einräumen (LARENZ/WOLF, AT des bürgerlichen Rechts [8. Aufl 1997] § 15 I 1 c Rn 8).

α) **Lizenzverträge**, durch die ein Patentinhaber sein Recht in der Weise verwertet, **83** daß er einem anderen die Benutzung der Erfindung gegen Entgelt überläßt, kommen mit unterschiedlichem Inhalt vor (KRASSER, Lehrbuch des Patentrechts [5. Aufl 2004] § 40 V; SCHULTE/KÜHNEN, PatG mit EPÜ [7. Aufl 2005] § 15 Rn 30 ff). Bei der *ausschließlichen* Lizenz steht dem Lizenznehmer unter Ausschluß anderer Wettbewerber ein Benutzungsrecht zu, das als dingliches oder quasi-dingliches Recht eingestuft wird (RGZ 57, 38, 41; KLAUER/MÖHRING, Patentrechtskommentar I [3. Aufl 1971] § 9 Rn 26; SCHULTE/KÜHNEN § 15 Rn 34). Die *einfache* Lizenz gewährt dem Lizenznehmer ein obligatorisches Benutzungsrecht. Sie kann auch für nicht patentierte Erfindungen (RG GRUR 1935, 812, 813), Computerprogramme (BGH NJW 1981, 2684; NJW 1987, 2004; BARTENBACH/GENNEN, Patentlizenz- und Know-how-Vertrag [5. Aufl 2001] Rn 181 ff; H KÖHLER CR 1987, 827; LAUER BB 1982, 1758; WOLF/ECKERT/BALL Rn 1647 ff; abw LG Köln CR 1996, 154), Franchisesysteme (Vorbem 134, 142 ff zu § 581 mwNw; STAUDINGER/MARTINEK [1995] § 675 Rn D 15 ff, D 23 ff) und Betriebsgeheimnisse erteilt werden. Der Lizenzvertrag wird überwiegend als Vertrag eigener Art eingeordnet (BGHZ 2, 331, 335 = NJW 1951, 705, 706; BGHZ 26, 7, 9 = NJW 1958, 137; BGHZ 105, 374, 379 = NJW 1989, 456, 457; BGH GRUR 1961, 27, 29; BENKARD, PatG [9. Aufl 1993] § 15 Rn 49; BARTENBACH/GENNEN Rn 26 ff, 35 f; LINDENMAIER, PatG [6. Aufl 1973] § 9 Rn 28; SCHULTE/KÜHNEN § 15 Rn 32), mit Elementen des Kaufs, der Miete, Pacht oder Gesellschaft. Damit kommt es entscheidend darauf an, ob die konkrete Vertragsgestaltung es rechtfertigt, gewisse Normen des jeweils in Betracht kommenden Vertragstyps anzuwenden. Diese Vorgehensweise erübrigt sich aber in der Regel bei einfachen Patentlizenzverträgen, weil diese als Rechtspacht beurteilt werden können (RGZ 75, 400, 405; 76, 235, 236; 90, 162, 164; 116, 78, 82; 122, 70, 73; 134, 91, 97; 137, 358, 359; RG WarnR 1908, Nr 155; KLAUER/MÖHRING § 9 Rn 39; KRASSER § 41 I 3; abw RGZ 142, 212, 213; Vorbem 88 zu § 581). Der Beurteilung als Pachtvertrag steht es nicht entgegen, daß das

Entgelt in einer prozentualen Beteiligung an den Einkünften aus der Patentausbeute besteht (RGZ 116, 78, 82) oder daß der Verpächter gewisse Nebenpflichten, wie die Unterstützung des Pächters bei der Einarbeitung und Ausübung eines Verfahrens, übernimmt (RGZ 137, 358, 359). Bei der Anwendung der pachtrechtlichen Vorschriften ist der Eigenart des Lizenzvertrags und dem Parteiwillen Rechnung zu tragen (RGZ 122, 70, 74). Die früher umstrittene Frage, ob § 571 (= § 566 nF) bei einer Übertragung des Patentrechts analog zugunsten des Lizenznehmers anzuwenden ist (KLAUER/MÖHRING § 9 Rn 39; aA STAUDINGER/SONNENSCHEIN[12] § 581 Rn 82), ist durch § 15 Abs 3 PatG gelöst worden, der durch Art 2 Abs 9 des Gesetzes zur Änderung des GebrMG vom 15. 8. 1986 (BGBl I 1446) eingefügt worden ist. Hiernach berührt ein Rechtsübergang oder die Erteilung einer Lizenz nicht Lizenzen, die Dritten vorher erteilt worden sind.

84 β) Der **Urheberrechtsvertrag** dient der Einräumung oder Übertragung von Nutzungsrechten an Werken der Literatur, Wissenschaft und Kunst. Der Verlagsvertrag ist im VerlG als Vertrag besonderer Art geregelt, der sich als Ganzes nicht in einen Vertragstyp des BGB einordnen läßt (RGZ 74, 359, 361; BGH NJW 1960, 2144, 2145). Im übrigen ist die Einräumung von einfachen und ausschließlichen Nutzungsrechten in § 31 UrhG festgelegt. Insoweit ist ein Rückgriff auf die allgemeinen Vorschriften des Vertragsrechts möglich. Dem schuldrechtlichen Gehalt nach kann es sich um Kauf, Schenkung, Dienst- oder Werkvertrag, Gesellschaft und vor allem um Rechtspacht handeln (RGZ 115, 17, 20; M REHBINDER, Urheberrecht [13. Aufl 2004] § 46 I 2 Rn 322, § 53 Rn 376; Vorbem 90 zu § 581).

85 Der *Filmverwertungsvertrag* zwischen dem Inhaber der Urheberrechte am Film und dem Filmverleiher ist ein urheberrechtlicher Nutzungsvertrag eigener Art, der ähnlich dem patentrechtlichen Lizenzvertrag Elemente verschiedener Vertragstypen umfassen kann (RGZ 106, 362, 365; 158, 321, 325; 161, 321, 323; BGHZ 2, 331 = NJW 1951, 705; BGHZ 9, 262, 264 = NJW 1953, 1258, 1259; M REHBINDER § 54 III; Vorbem 92 ff zu § 581). Hierfür kommen je nach der Ausgestaltung Kauf-, Werk-, Gesellschafts-, Verlags- und Pachtvertrag in Frage. Für die Rechtsmängelhaftung hinsichtlich des Vorführungsrechts stellte die Rspr bislang auf die Gewährleistungsvorschriften der §§ 445, 442, 440, 325, 320 aF ab, während für Beschaffenheitsmängel des Films nach den §§ 581 Abs 2, 537 ff aF die Vorschriften über die Rechtspacht entsprechend angewendet wurden (RGZ 161, 321, 324; BGHZ 2, 331 = NJW 1951, 705).

86 gg) Als Rechtspacht ist auch das Bereitstellen von Speicherkapazität für eine Internet Domain auf dem Server eines Web-Hosting-Anbieters einzuordnen (OLG Köln CR 2002, 832 – Miet- bzw Pachtvertrag; HÄRTING ITRB 2002, 96; LWOWSKI/DAHM WM 2001, 1135, 1137 f; SCHUSTER/MÜLLER, in: SCHUSTER, Vertragshandbuch Telemedia [2001] 779; SCHUPPERT, in: SPINDLER, Vertragsrecht der Internet-Provider [2000] 399).

c) Abgrenzung

87 Für die Abgrenzung der Rechtspacht von anderen Formen der Pacht kommt es entscheidend darauf an, ob ein Recht als solches oder eine Sache zur Fruchtziehung überlassen wird. Treffen beide Gegenstände zusammen, hängt die Entscheidung davon ab, worauf das Schwergewicht des Vertrags liegt.

d) Bedeutung

Die Bedeutung, die der Beurteilung eines Vertrags als Rechtspacht zukommt, liegt **88** in der systematisch einwandfreien Einordnung und der davon abhängenden Anwendbarkeit von Sondervorschriften über die Pacht im allgemeinen und der einschlägigen Bestimmungen für die Rechtspacht, wie etwa § 584 über die Kündigungsfrist. Andererseits sind damit Sondervorschriften über die Grundstückspacht, wie zB die §§ 550, 566 aufgrund der allgemeinen Verweisung des § 581 Abs 2, grundsätzlich ausgeschlossen, soweit sie nicht in anderen gesetzlichen Vorschriften ausdrücklich für entsprechend anwendbar erklärt sind oder Bestimmungen ähnlichen Inhalts bestehen (Rn 55, 68). Die Abgrenzung ist nach den §§ 581 Abs 2, 536 ff ferner bedeutsam für die Unterscheidung zwischen Sach- und Rechtsmängelhaftung.

6. Unternehmen

a) Begriff

Die Unternehmenspacht ist im BGB nicht besonders geregelt. Das Gesetz enthält **89** demnach keine Begriffsbestimmung. Daraus ist jedoch nicht auf die Unzulässigkeit der Verpachtung eines Unternehmens zu schließen (Mot II 233). Das Wort „Unternehmen" wird in § 1059a Abs 1 Nr 2 im Zusammenhang mit der Übertragbarkeit eines Nießbrauchs verwendet, wobei zwischen Unternehmen und Teil eines solchen Unternehmens unterschieden wird. Manchmal wird auch wie in § 292 Abs 1 Nr 3 AktG bei der Verpachtung des Betriebs eines Unternehmens zwischen dem Betrieb als Tätigkeit und dem Unternehmen als Organisationseinheit unterschieden. In § 613a ist nur von Betrieb und Betriebsteil die Rede. Hiernach tritt bei einem Betriebsübergang der neue Inhaber in die Rechte und Pflichten aus den im Zeitpunkt des Übergangs bestehenden Arbeitsverhältnissen ein (HENNERKES/BINZ/RAUSER BB 1982, 930; HENSSLER NZA 1994, 913; SCHREIBER RdA 1982, 137; SCHWANDA 274 ff). Dies gilt zum Schutz der Arbeitnehmer auch bei einem Pächterwechsel, selbst wenn zwischen dem bisherigen und dem neuen Pächter keine unmittelbaren rechtsgeschäftlichen Beziehungen bestehen (BAGE 35, 104 = BB 1981, 848; hierzu krit W MEILICKE Betrieb 1982, 1168; LAG Hamburg Betrieb 1986, 1576). Das gleiche gilt bei der Rückgabe eines verpachteten Betriebs an den Verpächter (BAG BB 1995, 1800; BAG NJW 1999, 2461 = EzA § 613a Nr 177 m Anm AHRENS = NZA 1999, 704 = SAE 2001, 10 m Anm KAISER; BAG NZA 1999, 869, 870); nicht ausreichend ist allerdings die Kündigung des Pachtvertrags, da diese nicht zum automatischen Rückfall des Betriebes an den Verpächter führt (anders LAG Berlin NZA-RR 1998, 530, 531 m abl Anm JOOST EWiR § 613a BGB 6/99, 635). Aber auch die Rückgabe der Pachtsache und die damit für den Verpächter bestehende Möglichkeit der Betriebsfortführung genügt noch nicht. Erforderlich ist vielmehr, daß der Verpächter den Betrieb tatsächlich selbst weiterführt (BAG NJW 1999, 2461, 2462; BSG ZIP 1998, 483; **aA** noch BAG BB 1995, 1800 m zust Anm KRAUSE SAE 1996, 295; LAG Köln NZA 1999, 269; EWiR § 613a BGB 12/95). Ein Betriebsübergang iS des § 613a wird ebenfalls angenommen, wenn der Erwerber die wesentlichen sächlichen Betriebsmittel aufgrund mehrerer Rechtsgeschäfte von verschiedenen Personen erhält, wenn diese Geschäfte insgesamt dazu dienen, einen funktionsfähigen Betrieb zu erwerben (BAGE 48, 376 = BB 1986, 196; BACKHAUS Betrieb 1985, 1131). Es hängt von der Eigenart des jeweiligen Betriebs ab, welche Betriebsmittel für seine Fortführung wesentlich sind (BAG ZIP 1995, 235). Der EuGH ist über das Erfordernis einer derartigen sachlichen Betriebsgrundlage hinausgegangen, indem er auf die Identität der wirtschaftlichen Einheit abstellt und deshalb die Übertragung einer Dienstleistungseinrichtung genügen läßt (EuGHE 1994, I-1311 = NJW 1994, 2343, hierzu BAUER BB 1994, 1433 mwNw; BRAUN WiB 1995, 378; LOUVEN JuS 1995, 677; VOSS NZA 1995, 205; ebenso ArbG Hamburg BB 1994, 1501). In einer späteren Entscheidung hat der Gerichtshof den Begriff der Einheit als organisierte Einheit von Personen und Sachen definiert; da eine wirtschaftliche Einheit in bestimmten Branchen (zB Reinigungsunternehmen) aber ohne relevante materielle oder immaterielle Betriebsmittel tätig sein könne, könne die Wahrung der Identität einer solchen Einheit über ihren Übergang hinaus nicht von der Übertragung von Betriebsmitteln abhängen (EuGHE 1997, I-1259 = NZA 1997, 433, 434; hierzu BUCHNER NZA 1997, 408). Das BAG hat sich dieser Rspr inzwischen angeschlossen (BAG NZA 1997, 1050 [Reinigungsunternehmen]; NZA 1997, 1050 [Modefachgeschäft]; EzA § 613a BGB Nr 153 [Gaststätte] m Anm WILLEMSEN; PREIS/STEFFAN DB 1998, 309).

90 Die Unterscheidung zwischen Betrieb und Unternehmen ist vor allem arbeitsrechtlich für die Normanwendung im Bereich von Betriebs- und Unternehmensverfassung bedeutsam (ZÖLLNER/LORITZ, Arbeitsrecht [5. Aufl 1998] § 44 II). Der allgemeine zivil- und handelsrechtliche Unternehmensbegriff stellt auf den durch eine Betriebstätigkeit geschaffenen Tätigkeitsbereich mit den ihm regelmäßig zugehörigen Sachen und Rechten einschließlich der Schulden ab (vGIERKE/SANDROCK, Handels- und Wirtschaftsrecht I [9. Aufl 1975] § 13 III; RITTNER, Wirtschaftsrecht [2. Aufl 1987] § 7 B III 1 b). Insoweit ist die begriffliche Unterscheidung zwischen Betrieb als eher arbeitstechnischer Organisationseinheit und Unternehmen als umfassenderer Organisation unerheblich. Die Begriffe Betriebspacht und Unternehmenspacht werden deshalb häufig bedeutungsgleich verwendet. Dies gilt etwa für § 1822 Nr 4, in dem die vormundschaftsgerichtliche Genehmigung zu einem gewerblichen Betrieb vorgeschrieben wird, oder für § 22 Abs 2 HGB, der die Fortführung der Firma bei der Übernahme eines Handelsgeschäfts aufgrund eines Pachtvertrags regelt.

91 Unternehmenspacht liegt vor, wenn ein Unternehmen mit seinen gesamten durch die Tätigkeit geschaffenen Erscheinungsformen wie beweglichen und unbeweglichen Sachen, Firma, Kundenstamm, Beziehungen zu Lieferanten, gutem Ruf, Forderungen und Verbindlichkeiten, sonstigen Rechten wie Patenten, Warenzeichen und dgl gepachtet wird (BAUMBACH/HOPT, HGB [31. Aufl 2003] Einl v § 41 Rn 49; KNOPPE, Verpachtung eines Gewerbebetriebes, Heidelberger Musterverträge H 32 [8. Aufl 1998]; LINDENMEYER, Die Unternehmenspacht [1983]; LOOS NJW 1963, 990; OPPENLÄNDER, Die Unternehmenspacht, insbesondere das Verhältnis von Pächter und Verpächter bei der Verpachtung eines Unternehmens [Diss Freiburg 1974]; SCHÖNEWALD, Über die Verpachtung von Handelsgeschäften [1904]; Vorbem 25 zu § 581). Gegenstand der Unternehmenspacht ist damit eine Gesamtheit von Sachen und Rechten (CEBULLA, Die Pacht nichtsächlicher Gegenstände versteht die Unternehmenspacht deshalb als „Pacht besonderer Gegenstände" [S 157]), ob einzelne Bereiche vom Vertrag ausgenommen werden, ist unerheblich. Die Firma kann vom Pächter unter den Voraussetzungen des § 22 HGB fortgeführt werden (AHLBRECHT/ BENGSOHN Rpfleger 1982, 361). Dies scheidet aus, wenn der Verpächter selbst die bisherige Firma unverändert fortführen will (BayObLGZ 1978, 48 = MDR 1978, 760). Die Fortführung der Firma löst unter den Voraussetzungen des § 25 HGB eine Haftung des Pächters aus (BGH NJW 1984, 1186 m Anm K SCHMIDT). Diese Haftung kann sich auf die Nutzungsentschädigung erstrecken, die gem § 584b nach der Beendigung des Pachtverhältnisses zu entrichten ist (BGH NJW 1982, 577 = WM 1981, 1255). Die Haftung nach § 25 HGB kommt nicht in Betracht, wenn der neue Inhaber einer in anderen Räumen betriebenen Gaststätte nur den Gaststättennamen nebst

Logo, das Speiseangebot sowie das Personal, nicht aber die Räume übernimmt (OLG Düsseldorf NZM 1998, 332). Stellt der Pächter als letzter Firmeninhaber den Geschäftsbetrieb endgültig ein, kann er das Erlöschen der Firma ohne Mitwirkung des Verpächters zur Eintragung in das Handelsregister anmelden (LG Augsburg Rpfleger 1982, 70 m Anm GRÖGER). Unter die §§ 581 ff fällt die Pacht gewerblicher und freiberuflicher Unternehmen, während landwirtschaftliche Betriebe den §§ 585 ff unterliegen. Angesichts der Bedeutung des durch eine Betriebstätigkeit geschaffenen Organismus sollte die Unternehmenspacht begrifflich auf die Überlassung eines bereits bestehenden Unternehmens beschränkt werden. Anderenfalls handelt es sich um Raumpacht, so auch, wenn der Verpächter ein von ihm in den Räumen betriebenes Unternehmen aufgelöst hat und der Pächter ein neues Unternehmen beginnt. Einen Anhaltspunkt bietet die Höhe des Entgelts, wenn dieses der üblicherweise gezahlten Pacht für vergleichbare Unternehmen entspricht (OLG Karlsruhe NJW 1970, 1977 m Anm PIECK – Apotheke). Für die Abgrenzung kann es im übrigen bedeutsam sein, ob der Pächter bei Beendigung des Pachtverhältnisses den gesamten Gewerbebetrieb oder nur die Räume zurückzugeben hat (BGH BB 1954, 148).

b) Einzelfälle
In der Rspr der Zivilgerichte finden sich zahlreiche Einzelfälle, wobei allerdings nicht immer hinreichend klar wird, ob es sich um Unternehmenspacht oder um Raum- bzw Rechtspacht handelt. Folgende Entscheidungen lassen sich mit einiger Sicherheit als Unternehmenspacht einordnen: Anschlagswesen einer Gemeinde (RGZ 82, 340, 343; vgl aber RG DJ 1934, 837; BGH LM Nr 1 zu § 36 MietSchG); Anzeigenteil einer Zeitung (RGZ 70, 20, 22; RG JW 1933, 2762); Apotheke (RG JW 1903, 5 Nr 11; BGH NJW-RR 1998, 803, 804 = ZMR 1998, 137 = NZM 1998, 192; LM Nr 8 zu § 581 BGB; NJW 1964, 2203; WarnR 1967, Nr 145; KG OLGE 25, 37; vgl aber KG OLGE 30, 338); Badeanstalt (RG Recht 1909, Nr 2241; RG JW 1915, 102 Nr 20; RG Gruchot 45, 361); Bergwerk (RG JW 1926, 2619 Nr 3); Brauerei (RG JW 1903, 34 Nr 48); Eisenbahn (RG JW 1881, 214; JW 1898, 524 Nr 75; RG Bolze 2 Nr 924); Fleischerei und Wurstfabrik (RGZ 133, 318); Gastwirtschaft (RG Bolze 20 Nr 433); Handelsgeschäft (RG Bolze 7 Nr 523; BayObLG Recht 1909, Nr 1392; KG DJZ 1906, 86; OLG Stuttgart Recht 1917, Nr 901; OLG Celle OLG-Rp 1999, 319; OLG Hamburg NZG 2000, 421); Kantine (BGH WM 1977, 591; M REHBINDER, Der Kantinenpachtvertrag im Blickfeld der Rechtstatsachenforschung [1972]; Vorbem 96 zu § 581); Klempnerei und Verzinnerei (RG WarnR 1926, Nr 183; OLG Celle BB 1954, 298); Lichtspieltheater (RGZ 138, 192); Malzfabrik (RGZ 138, 199, 202); Mühle (OLG Stettin Recht 1906, Nr 1050); Sägewerk (RGZ 168, 44); Steuerberaterkanzlei (BFH GmbH-Rdsch 1997, 568); Wäscherei und Färberei (RG HRR 1929, Nr 1208); Zahnarztpraxis (RG LZ 1925, 373).

c) Teil eines Unternehmens
Der Teil eines Unternehmens kann verpachtet werden, wenn er sich vom Hauptbetrieb als besonderer Gegenstand der Nutzung trennen und als selbständiger Betrieb führen läßt, so etwa der Inseratenteil eines Zeitungsunternehmens (RGZ 70, 20, 23; BGH 12.3.2003 Az: VIII ZR 221/02, 8). Dies gilt nicht nur für Zweigniederlassungen eines Unternehmens mit bereits bestehender räumlicher und organisatorischer Trennung, sondern auch, wenn die Trennung erst anläßlich der Verpachtung herbeigeführt wird.

d) Steuerrecht
Große praktische Bedeutung hat die Unternehmenspacht auf dem Gebiet des

Steuerrechts, wie sich an einer Vielzahl von Entscheidungen der Finanzgerichtsbarkeit zeigt. Hierbei geht es vor allem um die steuerliche Behandlung des Verpächters im allgemeinen und um die Fälle der Betriebsaufspaltung im besonderen (FELIX [Hrsg], Kölner Handbuch der Betriebsaufspaltung und Betriebsverpachtung [4. Aufl 1979]; KALIGIN, Die Betriebsaufspaltung [4. Aufl 2001]; KNOPPE, Pachtverhältnisse gewerblicher Betriebe im Steuerrecht. Betriebsverpachtung, Betriebsaufspaltung [7. Aufl 1985]; MITTELBACH, Gewerbliche Miet- und Pachtverträge in steuerlicher Sicht [4. Aufl 1979]; SÖFFING, Die Betriebsaufspaltung. Formen, Voraussetzungen, Rechtsfolgen [2. Aufl 2001]; WITTICH, Die Betriebsaufspaltung als Mitunternehmerschaft [2002]; PETERSEN, Unternehmenssteuerrecht und bewegliches System [Betriebsaufspaltung, Mitunternehmerschaft, verdeckte Gewinnausschüttung] [1999]). Die von der steuerlichen Rspr entwickelten Grundsätze weisen deutliche Parallelen zum Zivilrecht auf, die unter dem Gesichtspunkt der Einheit der Rechtsordnung fruchtbar gemacht werden können. Zudem ergibt sich aus der steuerlichen Rspr ein reichhaltiges tatsächliches Anschauungsmaterial der Unternehmenspacht.

95 **aa)** Die **Verpachtung eines Gewerbebetriebs** ist grundsätzlich keine gewerbliche Tätigkeit. Daraus ist an sich zu folgern, daß der Gewerbebetrieb mit der Verpachtung aufgegeben wird, die im Betriebsvermögen enthaltenen stillen Reserven zu versteuern sind und daß der Verpächter hinfort steuerlich Einkünfte aus Vermietung und Verpachtung iS des § 21 EStG bezieht. Um dieses Ergebnis zu vermeiden, behandelte der RFH die Einkünfte aus einem verpachteten Gewerbebetrieb weiterhin als gewerbliche, weil der Betrieb noch nicht aufgegeben sei (RFH RStBl 1930, 199; RStBl 1932, 625). Später nahm die Rspr Einkünfte aus Vermietung und Verpachtung an, vermied aber die Anwendung des § 16 EStG über die Besteuerung eines Veräußerungsgewinns bei Betriebsaufgabe mit der Begründung, der Betrieb „ruhe" während der Verpachtung für die Person des Verpächters (RFH RStBl 1937, 939; BFH BStBl III 1957, 273; BStBl III 1959, 482; BStBl III 1961, 155). Die jüngere Rspr läßt dem Verpächter grundsätzlich ein Wahlrecht zwischen Fortführung und Aufgabe des Betriebs (BFH GS BStBl III 1964, 124; BStBl II 1990, 780 = DStR 1990, 559; BStBl II 1994, 922 = DStR 1994, 1344; BB 1997, 2515, 2516 = EWiR § 16 EStG 1/98, 173 m Anm HIMMELREICH = BStBl II 1998, 388; Abschn 139 Abs 5 S 1 EStR 2003; SCHOOR DStR 1997, 1). Wenn der Verpächter den Betrieb nicht durch Veräußerung der Wirtschaftsgüter oder deren Überführung in das Privatvermögen aufgebe, führe er den Gewerbebetrieb durch Verpachtung in anderer Form fort. Einen „ruhenden Gewerbebetrieb" gebe es nach dem Gesetz nicht. Bei einer Personengesellschaft kann das Wahlrecht nur von allen Gesellschaftern einheitlich ausgeübt werden (BFH BStBl II 1998, 388, 391).

96 Voraussetzung für die **Fortführung des Betriebs** in anderer Form auf seiten des Verpächters ist, daß der Gewerbebetrieb im ganzen verpachtet wird. Dies ist der Fall, wenn sich der Vertrag auf die wesentlichen Grundlagen des Betriebs als einheitliches Ganzes erstreckt (BFH BStBl II 1997, 460, 462; FG Köln EFG 1998, 502, 503). Was zu den wesentlichen Grundlagen eines Betriebs gehört, läßt sich nur im Einzelfall bestimmen. Hierfür kommen zB Betriebsgrundstücke und Betriebsvorrichtungen, Maschinen und Einrichtungsgegenstände in Betracht, soweit sie für die Fortführung des Betriebs unentbehrlich oder nicht jederzeit ersetzbar sind (BFH BStBl II 1998, 388, 391; Amtliches Einkommensteuer-Handbuch [2002] § 16 F.StG R 139 H 139 [5]; H 139 [8]; Abschn 139 Abs 5 EStR 1993). Die Annahme einer Betriebsverpachtung wird nicht dadurch ausgeschlossen, daß einzelne unwesentliche Wirtschaftsgüter zurückbehalten werden (BFH BStBl III 1963, 58; BStBl III 1966, 49). Der Betrieb muß während der Verpach-

tung als lebender wirtschaftlicher Organismus erhalten bleiben (BFH BStBl II 1968, 78), so daß der Verpächter oder sein Rechtsnachfolger ihn jederzeit wieder selbst aufnehmen könnte (BFH BStBl III 1966, 49; BStBl III 1967, 420; BStBl II 1977, 719; BStBl II 1997, 460, 462; 561, 563; BStBl II 1998, 373, 374; 388, 391; HFR 2001, 977, 978).

Eine **Betriebsaufgabe** liegt hingegen vor, wenn der Betrieb eingestellt und der betriebliche Organismus aufgelöst worden ist (Abschn 139 Abs 2 EStR 2003). Dies ist der Fall, wenn alle wesentlichen Betriebsgrundlagen innerhalb kurzer Zeit und damit in einem einheitlichen Vorgang entweder in das Privatvermögen überführt oder einzeln an verschiedene Erwerber veräußert oder wenn sie teilweise veräußert und teilweise in das Privatvermögen überführt werden und damit der Betrieb als selbständiger Organismus des Wirtschaftslebens zu bestehen aufhört (BFH BStBl II 1976, 670; BStBl II 1982, 381; BStBl II 1991, 512; DStR 2001, 782). Der Abschluß eines Pachtvertrags und die mangelnde Erklärung des Verpächters, den Betrieb aufzugeben, hindern dabei die Betriebsaufgabe nicht, wenn der Betrieb nach den tatsächlichen Umständen eindeutig endgültig aufgegeben wird (BFH BStBl II 1998, 373; BStBl II 1998, 379). Zu den wesentlichen Grundlagen eines Betriebs gehören im Zusammenhang mit einer Betriebsveräußerung oder -aufgabe auch solche Wirtschaftsgüter, die funktional gesehen für den Betrieb nicht erforderlich sind, in denen aber erhebliche stille Reserven gebunden sind (BFH BStBl II 1998, 104; BMF BStBl I 2000, 1253). Wird das zurückbehaltene Betriebsgrundstück einem anderen zur Nutzung überlassen, etwa ein Kinogebäude als Lebensmittelgeschäft (BFH BStBl II 1968, 78), so handelt es sich steuerlich nicht um Betriebspacht, sondern um Miete (BFH BStBl III 1967, 420 u 751). Betriebspacht ist auch dann ausgeschlossen, wenn das Gebäude mit oder ohne Einrichtung einem anderen Betriebszweck zugeführt wird (BFH BStBl II 1974, 208 – Metzgerei und Supermarkt; BFH BStBl II 1975, 885 – Haushaltswaren und Lebensmittelhandel; BFH DStR 2001, 782 – Apotheke und Buchhandlung); je nach Lage des Falles handelt es sich zivilrechtlich um Miete oder Pacht von Räumen. Die bloße Tatsache, daß ein bisher als „gutbürgerlich" bezeichneter Gasthof mit Hotel einen bordellartigen Charakter erhält, ist noch kein eindeutiger Hinweis auf eine Aufgabe des Gaststätten- und Hotelbetriebs (BFH HFR 2001, 977, 978; **aA** FG Köln EFG 2000, 1071).

Die gleichen Grundsätze werden steuerrechtlich bei der Verpachtung eines **Teilbetriebs** (BFH BStBl II 1969, 397; BFH GmbH-Rdsch 1998, 550; FG Köln EFG 1998, 502, 503; Abschn 139 Abs 5 S 4, Abs 3 EStR 2003) und bei der Unterverpachtung angewendet.

Die steuerrechtlichen Kriterien für die Abgrenzung zwischen Betriebsfortführung und Betriebsaufgabe sind **zivilrechtlich** für die Beurteilung als Unternehmenspacht verwertbar, auch wenn auf dem Gebiet des Steuerrechts betont wird, es sei unerheblich, ob bürgerlich-rechtlich ein Miet- oder Pachtvertrag vorliege (BFH BStBl III 1966, 49). Ein Vergleich der Fälle zeigt vielmehr eine weitgehende Übereinstimmung in der Beurteilung als Betriebs- bzw Unternehmenspacht.

bb) Pachtverträge spielen steuerrechtlich in den Fällen der **Betriebsaufspaltung** eine besondere Rolle. Hierunter ist die Aufteilung der Funktionen und der Vermögensbestandteile eines einheitlichen Unternehmens in ein Besitzunternehmen und ein Betriebsunternehmen zu verstehen (Bentler, Das Gesellschaftsrecht der Betriebsaufspaltung – insbesondere die Verzahnung der Gesellschaftsverträge [1986]; Brandmüller, Die

Betriebsaufspaltung nach Handels- und Steuerrecht [7. Aufl 1997]; BRAUN ZIP 1983, 1175; DEHMER, Die Betriebsaufspaltung [2. Aufl 1987]; DÖRING DNotZ 1982, 280; DONATH, Die Betriebsaufspaltung [1991]; FELIX [Hrsg], Kölner Handbuch der Betriebsaufspaltung und Betriebsverpachtung [4. Aufl 1979]; FICHTELMANN, Betriebsaufspaltung im Steuerrecht [10. Aufl 1999]; GASSNER Rpfleger 1980, 409; KNOBBE-KEUK, Bilanz- und Unternehmenssteuerrecht [9. Aufl 1993] § 22 X; KNOPPE, Betriebsaufspaltung, Heidelberger Musterverträge H 52 [5. Aufl 1999]; ders, Pachtverhältnisse gewerblicher Betriebe im Steuerrecht. Betriebsverpachtung, Betriebsaufspaltung [7. Aufl 1985]; MÄRKLE BB Beil 7 zu Nr 31/00; DStR 2002, 1109, 1153; MITTELBACH, Gewerbliche Miet- und Pachtverträge in steuerlicher Sicht [4. Aufl 1979]; PETERSEN, Unternehmenssteuerrecht und bewegliches System [Betriebsaufspaltung, Mitunternehmerschaft, verdeckte Gewinnausschüttung] [1999]; SCHOPP ZMR 1979, 289; SÖFFING, Die Betriebsaufspaltung. Formen, Voraussetzungen, Rechtfolgen [2. Aufl 2001]; WITTICH, Die Betriebsaufspaltung als Mitunternehmerschaft [2002]). Bei der echten Betriebsaufspaltung werden bestimmte Funktionen aus einem bisher rechtlich einheitlichen Unternehmen abgespalten, wobei die wirtschaftliche Verbindung aufrechterhalten bleibt (zB BFHE 181, 337, 339). Für die unechte Betriebsaufspaltung ist kennzeichnend, daß von Anfang an rechtlich selbständige Unternehmen wirtschaftlich miteinander verbunden werden (zB BFH BStBl II 2002, 527, 529). Charakteristisch für die Betriebsaufspaltung ist, daß das Besitzunternehmen, meistens in der Rechtsform eines Einzelunternehmens oder einer Personengesellschaft, das Anlagevermögen hält und an das Betriebsunternehmen verpachtet. Dieses führt den Betrieb regelmäßig in Form einer Kapitalgesellschaft. In der Praxis kommen auch andere Gestaltungsformen vor, indem etwa nicht die Produktion, sondern nur der Vertrieb ausgegliedert wird, oder indem Produktion und Vertrieb auf zwei verschiedene Unternehmen übertragen werden.

101 α) Das Besitzunternehmen betreibt mit der Verpachtung an sich eine reine Vermögensverwaltung. Die **steuerrechtliche Bedeutung** der Betriebsaufspaltung besteht jedoch darin, daß das Besitzunternehmen unter bestimmten Voraussetzungen gewerblichen Charakter trägt, die Pachtzinsen damit gewerbliche Einnahmen sind und der Gewinn der Gewerbesteuer unterliegt. Andererseits führt die Betriebsaufspaltung nicht zur Betriebsaufgabe, so daß die stillen Reserven nicht aufgelöst werden müssen. Im Gegensatz zur allgemeinen Verpachtung eines Gewerbebetriebs (Rn 95) steht dem Besitzunternehmen insoweit kein Wahlrecht zu (BFH BStBl III 1965, 261, 263; BStBl III 1966, 426). Das BVerfG hat die Rechtsgrundsätze des BFH zur Behandlung der Betriebsaufspaltung im Gewerbesteuerrecht verfassungsrechtlich nicht beanstandet (BVerfGE 25, 28 = NJW 1969, 689; BVerfGE 69, 188, 204 = BStBl II 1985, 475). Im Schrifttum wird vielfach heftige Kritik geübt (KNOBBE-KEUK § 22 X 2 mwNw; ROLLECKE, in: FS Duden [1977] 481, 499; zur steuerlichen Bedeutung der klassischen Betriebsaufspaltung nach Erlaß des Steuerentlastungsgesetzes 1999/2000/2002 und des Steuersenkungsgesetzes MÄRKLE DStR 2002, 1109, 1153; ders BB Beil 7 zu Nr 31/00; KESSLER/TEUFEL BB 2001, 17).

102 β) Im einzelnen hängt die Annahme einer gewerblichen Betätigung des Besitzunternehmens davon ab, daß bestimmte **personelle und sachliche Umstände** vorliegen (Abschn 137 Abs 4 EStR 1993). Nach der neueren Rspr kommt es nicht darauf an, daß Besitzunternehmen und Betriebsgesellschaft wirtschaftlich ein einheitliches Unternehmen bilden. Es genügt eine personelle und sachliche Verflechtung.

103 Hinsichtlich der *personellen* Seite ist entscheidend, daß die hinter den beiden Unternehmen stehenden Personen „einen einheitlichen geschäftlichen Betätigungswillen" haben, so daß die Personen, die das Besitzunternehmen beherrschen, selbst bei Unterschieden in der Zusammensetzung des Gesellschafterkreises und in der Beteiligungshöhe auch in der Betriebsgesellschaft ihren Willen durchsetzen können (BFH GS BStBl II 1972, 63, 65; BStBl II 1973, 247 u 447; BStBl II 1981, 376; BStBl II 1983, 299; BStBl II 1993, 134, 135; BStBl II 2000, 417, 418; BStBl II 2002, 363, 364; FG München EFG 1998, 1091; BMF BStBl I 2002, 1028; Amtliches Einkommensteuer-Handbuch [2002] § 16 R 137 H 137 [6]; Abschn 137 Abs 6 EStR 1993).

In *sachlicher* Hinsicht, die pachtrechtlich in erster Linie von Interesse ist, gilt es als **104** besonderer Umstand, daß bei der echten Betriebsaufspaltung zwar der bisher von dem Besitzunternehmen geführte Betrieb auf die neue Betriebsgesellschaft übergeht, daß aber Wirtschaftsgüter, wie vor allem der Grundbesitz, die zu den wesentlichen Grundlagen des übergegangenen Betriebs gehören, rechtlich dem Besitzunternehmen verbleiben (BFH BStBl II 1972, 63, 64; BStBl II 1978, 545, 547; BStBl II 1986, 296, 297; BStBl II 1992, 349, 350; BStBl II 2000, 417; Amtliches Einkommensteuer-Handbuch [2002] § 16 R 137 H 137 [5]; Abschn 137 Abs 5 EStR 1993). Diese Voraussetzungen sind vor allem bei der Verpachtung des Unternehmens im ganzen an die Betriebsgesellschaft erfüllt (RFH RStBl 1930, 199; RStBl 1931, 484; BFH BStBl III 1960, 513; BStBl II 1975, 781). In diesem Fall liegt auch zivilrechtlich Unternehmenspacht vor. Die sachlichen Voraussetzungen der Betriebsaufspaltung sind weiter dann erfüllt, wenn das Besitzunternehmen der Betriebsgesellschaft nur einzelne Wirtschaftsgüter zur Nutzung überläßt, sofern diese die wesentlichen Betriebsgrundlagen bilden. Dies ist regelmäßig gegeben, wenn das gesamte positive Betriebsvermögen oder auch nur das Anlagevermögen, insbesondere die Betriebsgrundstücke und die maschinellen Anlagen, an die Betriebsgesellschaft überlassen werden (BFH BStBl II 1971, 536; BStBl II 1973, 27; BStBl II 1976, 750; BStBl II 1992, 347 u 830; BStBl II 1993, 718; BStBl II 1997, 565, 566; BStBl II 2000, 417; BStBl II 2000, 621, 622; BStBl II 2002, 662, 665). Ein Büro- und Verwaltungsgebäude wird jedenfalls dann als eine wesentliche Betriebsgrundlage angesehen, wenn es die räumliche und funktionale Grundlage für die Geschäftstätigkeit der Betriebsgesellschaft bildet (BFH BStBl II 2000, 621; BMF BStBl I 2002, 647). Eine Betriebsaufspaltung kommt selbst dann noch in Betracht, wenn nur Teile des Anlagevermögens überlassen werden, die aber für die Betriebsführung wirtschaftliches Gewicht besitzen und nicht jederzeit ausgetauscht werden können, wie vor allem Grundstücke und Gebäude (BFH BStBl III 1960, 50; BStBl III 1963, 505; BStBl III 1967, 461; BStBl II 1968, 354 u 677). Hieran zeigt sich, daß der Begriff der wesentlichen Betriebsgrundlagen bei der Betriebsaufspaltung und bei der Verpachtung eines Gewerbebetriebs im allgemeinen (Rn 95 ff) nicht identisch ist. So kann etwa die Vermietung eines leerstehenden Gebäudes Grundlage einer Betriebsaufspaltung sein, ist aber nicht als Betriebsverpachtung zu beurteilen. Daraus folgt, daß den Fällen der Betriebsaufspaltung zivilrechtlich keineswegs regelmäßig eine Unternehmenspacht zugrunde liegt. Jeweils nach den Umständen des Einzelfalls kann es sich auch um Grundstücks- oder Raumpacht oder um Miete handeln.

e) Recht der verbundenen Unternehmen

Die Unternehmenspacht ist im Bereich des Rechts der verbundenen Unternehmen **105** von besonderer Bedeutung (EMMERICH/HABERSACK, Konzernrecht [7. Aufl 2001] § 15; FÜHRLING, Sonstige Unternehmensverträge mit einer abhängigen GmbH [1993]; MASER, Betriebspacht- und Betriebsüberlassungsverhältnisse in Konzernen [1985]; MIMBERG, Konzernexterne Betriebspachtverträge im Recht der GmbH [2000]; OESTERREICH, Die Betriebsüberlassung zwischen Vertragskonzern und faktischem Konzern [1979]; RASCH, Deutsches Konzernrecht [5. Aufl 1974] 94 ff; RAUPACH, in: FS Bezzenberger [2000] 327; U H SCHNEIDER, Betriebsführungs- und Betriebspachtverträge [Habilitationsschrift Bochum 1974]; ders JbFStR 1982/83, 387; SCHUBERT/KÜTING Betrieb 1976, Beil 7; STROBL JbFStR 1982/83, 413; VEELKEN, Der Betriebsführungsvertrag im deutschen und amerikanischen Aktien- und Konzernrecht [1975]). In § 292 Abs 1 Nr 3 AktG und den §§ 293 ff AktG sind der Betriebspachtvertrag (Rn 106) und der Betriebsüberlassungsvertrag (Rn 111) geregelt und den einschlägigen Bestimmungen über Unternehmensverträge unterstellt worden. Diese Bestimmungen sind nur anwendbar, wenn eine AG oder KGaA den Betrieb ihres Unternehmens einem anderen verpachtet oder sonst überläßt. Der andere Vertragsteil braucht kein Unternehmen im aktienrechtlichen Sinne zu sein (EMMERICH/HABERSACK § 15 II 1 b) und keine bestimmte Rechtsform aufzuweisen. Die Vorschriften gelten unabhängig davon, ob zwischen den Parteien ein Abhängigkeits-, insbesondere ein Konzernverhältnis besteht oder nicht. Hiervon macht nur § 302 Abs 2 AktG eine Ausnahme, indem das herrschende Unternehmen bei der Betriebsverpachtung oder Betriebsüberlassung durch eine abhängige Gesellschaft verpflichtet wird, jeden während der Vertragsdauer sonst entstehenden Jahresfehlbetrag auszugleichen, soweit die vereinbarte Gegenleistung das angemessene Entgelt nicht erreicht (Rn 110). Besondere Probleme wirft der gesetzlich nicht ausdrücklich geregelte Betriebsführungsvertrag auf (Rn 116). Die Vorschriften des Aktienrechts gelten hingegen grundsätzlich nicht, wenn ein Unternehmen anderer Rechtsform, wie vor allem eine GmbH, den Betrieb verpachtet oder sonst einem anderen überläßt (Rn 120 ff).

106 aa) Durch einen **Betriebspachtvertrag** iS des § 292 Abs 1 Nr 3 AktG verpflichtet sich die verpachtende AG oder KGaA, dem Pächter den „Betrieb ihres Unternehmens" zum Gebrauch und zur Fruchtziehung für die Dauer der Pachtzeit zu gewähren. Der Pächter ist verpflichtet, die vereinbarte Pacht zu zahlen. Inhaltlich richtet sich der Vertrag nach den §§ 581 ff, soweit die Parteien keine abweichenden Vereinbarungen treffen. Die Geltung der bürgerlich-rechtlichen Bestimmungen ist jedoch durch die Sondervorschriften der §§ 293 ff AktG beschränkt. Dies gilt insbesondere für Abschluß, Änderung und Beendigung des Unternehmensvertrags.

107 Gegenstand des Betriebspachtvertrags iS des § 292 Abs 1 Nr 3 AktG ist der Betrieb des Unternehmens einer AG oder KGaA. Die Verpächterin muß ihre gesamten betrieblichen Anlagen dem Pächter überlassen, der sie hinfort im eigenen Namen und für eigene Rechnung weiterführt (ALTMEPPEN, in: Münchener Kommentar zum AktG [2. Aufl 2000] § 292 Rn 99; EMMERICH/HABERSACK § 15 II 1 a; GESSLER, in: GESSLER/HEFERMEHL/ECKHARDT/KROPFF, AktG [1976] § 292 Rn 58; KOPPENSTEINER, in: Kölner Kommentar zum AktG [2. Aufl 1987] § 292 Rn 64; MIMBERG 28; WÜRDINGER, in: Großkomm AktG [3. Aufl 1971] § 292 Anm 17). Werden nicht sämtliche Einzelbetriebe eines Unternehmens verpachtet oder übernimmt der Pächter nur einen Teilbetrieb, fällt der Vertrag nicht unter die §§ 292 ff AktG, sondern unterliegt als normaler Pachtvertrag ohne Einschränkungen den §§ 581 ff. Die Vorschriften über Unternehmensverträge bleiben jedoch anwendbar, wenn zwecks einer Umgehung nur einzelne, völlig unbedeutende Betriebe vom Vertrag ausgenommen werden. Da die Gesamtheit der betrieblichen Anlagen überlassen werden muß, die Existenz der Verpächterin als Gesellschaft dadurch jedoch nicht berührt wird, stellt sich die terminologische Frage, ob im Falle des § 292 Abs 1 Nr 3 AktG anstatt von Unternehmenspacht (WÜRDINGER aaO) besser nur von Betriebspacht zu sprechen ist (GESSLER Rn 59). Wird jedoch mit dem Begriff der Unternehmenspacht nicht die Vorstellung verbunden, die Verpächterin gebe damit ihre gesamten unternehmerischen Funktionen als AG oder KGaA auf, etwa hinsichtlich der Abschreibungs-, Finanzierungs- und Dividendenpolitik (Rasch, Deutsches Konzernrecht 95), so steht der Verwendung dieses Begriffs im Bereich des § 292 AktG nichts entgegen.

In der Praxis haben sich **atypische Gestaltungen** des Betriebspachtvertrags herausgebildet, die rechtlich zT schwer einzuordnen sind. Wenn der Pächter nicht gewillt ist, den Betrieb selbst zu übernehmen, kann er die Verpächterin beauftragen, den Betrieb in Zukunft in seinem Namen und für seine Rechnung zu führen. Auf diese Weise wird die *Betriebspacht mit einem Geschäftsbesorgungsvertrag* verbunden, kraft dessen der Pächter der Verpächterin Weisungen hinsichtlich der Betriebsführung erteilen kann. Solange sich das Weisungsrecht auf die Betriebsführung beschränkt, handelt es sich nicht um einen Beherrschungsvertrag iS des § 291 Abs 1 AktG, sondern um eine Sonderform des Betriebspachtvertrags nach § 292 Abs 1 Nr 3 AktG (Altmeppen § 292 Rn 136 ff; Mimberg 46 ff). Gessler (§ 292 Rn 62) hat hierfür den Begriff der Betriebspacht mit Betriebsführungsauftrag vorgeschlagen. 108

Aufgrund der Gestaltungsfreiheit der Parteien sind die *Grenzen zum Beherrschungsvertrag oder Geschäftsführungsvertrag* iS des § 291 Abs 1 S 1 oder 2 AktG fließend. Wenn sich der Pächter Weisungsrechte ausbedingt, die über die eigentliche Betriebsführung durch die Verpächterin hinausgehen und deren sonstige Unternehmenssphäre erfassen, wie etwa hinsichtlich der Verwendung der Pacht oder der Ausübung von Beteiligungsrechten, so handelt es sich in Wirklichkeit um einen Beherrschungsvertrag (Emmerich/Habersack § 15 VI; Gessler Rn 63, 99 ff). Ein Geschäftsführungsvertrag ist nach § 291 Abs 1 S 2 AktG gegeben, wenn eine AG oder KGaA es übernimmt, ihr Unternehmen für Rechnung eines anderen Unternehmens zu führen. Ein solcher Vertrag gilt als Gewinnabführungsvertrag. Das gleiche Ergebnis kann durch einen Betriebspachtvertrag mit Betriebsführungsauftrag erreicht werden, wenn der Verpächterin kein Raum mehr für eine eigene Unternehmenspolitik bleibt, die Überlassung sich also nicht nur auf den Betrieb, sondern auf das gesamte Unternehmen erstreckt (Emmerich/Habersack aaO; Gessler Rn 64). Die rechtliche Behandlung derart verdeckter Beherrschungs- oder Geschäftsführungsverträge geht in den Bereich der Umgehungsproblematik konzernrechtlicher Sicherungen und ist allein nach den hierfür maßgebenden Vorschriften zu lösen (Emmerich/ Habersack aaO; Gessler Rn 99 ff). Die Vorschriften über die Betriebspacht und die allgemeinen pachtrechtlichen Vorschriften sind nicht anwendbar. 109

Ein **Betriebspachtvertrag im Rahmen eines Abhängigkeitsverhältnisses**, der keine Umgehungsprobleme aufwirft, unterliegt den §§ 292 ff AktG und im übrigen den Vorschriften des BGB. Bei solchen konzerninternen Betriebspachtverträgen ist wegen des Abhängigkeitsverhältnisses zwischen den Parteien ein gerechter Interessenausgleich durch den Vertragsabschluß nicht gewährleistet. Das herrschende Unternehmen kann die Vertragsbedingungen diktieren und wird den gepachteten Betrieb idR wie einen eigenen führen. Es hat auch die Beendigung des Vertrags in der Hand. Wegen dieser Besonderheiten des konzerninternen Pachtvertrags ist die Pflicht des herrschenden Unternehmens zur Verlustübernahme, die primär nur für Beherrschungs- und Gewinnabführungsverträge vorgesehen ist, in § 302 Abs 2 AktG auf Betriebspachtverträge ausgedehnt worden. Damit trägt das Gesetz der 110

Tatsache Rechnung, daß der Betriebspachtvertrag ein geeignetes Mittel zur Konzerneingliederung ist (MESTMÄCKER, Verwaltung, Konzerngewalt und Rechte der Aktionäre [1958] 316 f; vgl OLG Frankfurt BB 1973, 863 m Anm RASCH; GESSLER Rn 66 ff; MARTENS AG 1974, 9). Auch im übrigen müssen zum Schutz der abhängigen Gesellschaft die aktienrechtlichen Sondervorschriften eingreifen (EMMERICH/HABERSACK § 15 II 2).

111 bb) Der **Betriebsüberlassungsvertrag** ist in § 292 Abs 1 Nr 3 AktG dem Betriebspachtvertrag rechtlich gleichgestellt (Rn 105). In beiden Fällen überläßt eine AG oder KGaA den Betrieb ihres Unternehmens einem anderen. Der andere Vertragsteil muß im Zeitpunkt des Vertragsabschlusses nicht schon selbst Unternehmenscharakter besitzen. Er führt wie bei der Betriebspacht den Betrieb für eigene Rechnung fort, nimmt den Betrieb also in Besitz, nutzt ihn im eigenen Interesse und zieht die Nutzungen (GESSLER § 292 Rn 71). Bei der Betriebsüberlassung tritt der Übernehmer jedoch nicht im eigenen Namen auf, sondern aufgrund einer Vollmacht im Namen der überlassenden AG oder KGaA (ALTMEPPEN § 292 Rn 106; EMMERICH/ HABERSACK § 15 III; HÜFFER, AktG [6. Aufl 2004] § 292 Rn 19; MIMBERG 41).

112 Gegenstand des Betriebsüberlassungsvertrags iS des § 292 Abs 1 Nr 3 AktG ist der gesamte Betrieb des Unternehmens einer AG oder KGaA (Rn 107). Hinzu kommt die Überlassung der Namensführung, indem die AG oder KGaA dem anderen Vertragsteil gestattet, in ihrem Namen aufzutreten. Damit verbunden ist eine Vollmacht, so daß im Außenverhältnis die AG oder KGaA aus allen Geschäften des Übernehmers berechtigt und verpflichtet wird. Sie muß ihrerseits das Geschäftsergebnis an den Übernehmer abführen und kann von ihm die Befreiung von sämtlichen Verbindlichkeiten verlangen (EMMERICH/HABERSACK § 15 III; GESSLER § 292 Rn 72; ders Betrieb 1965, 1691, 1692; KOPPENSTEINER § 292 Rn 66; WÜRDINGER § 292 Anm 23).

113 Der **Rechtsnatur** nach handelt es sich um einen Pachtvertrag mit Auftragselementen. Da das Pachtverhältnis nach außen nicht erscheint, kann eine solche Vertragsgestaltung als *Innenpacht* bezeichnet werden (EMMERICH/HABERSACK § 15 III; GESSLER Betrieb 1965, 1691, 1692; WÜRDINGER § 292 Anm 23; ALTMEPPEN § 292 Rn 106). Dies ist möglich, da ein Pachtverhältnis nicht notwendig voraussetzt, daß der Pächter nach außen im eigenen Namen auftritt (MünchKomm/HARKE Rn 20; offengelassen von RGZ 140, 206, 208). Im Verhältnis zum Verpächter bleibt der Fruchterwerb möglich, wenn auch in dessen Person ein Durchgangserwerb stattfindet. Neben den §§ 292 ff AktG sind deshalb auf den Betriebsüberlassungsvertrag die pachtrechtlichen Vorschriften des BGB anwendbar.

114 Als **atypische Gestaltung** kommt die Betriebsüberlassung mit einem Geschäftsbesorgungsvertrag vor. Die AG oder KGaA wird von dem Übernehmer beauftragt, den Betrieb für dessen Rechnung weiterzuführen. Für diese Betriebsüberlassung mit Betriebsführungsauftrag (GESSLER § 292 Rn 74; ALTMEPPEN § 292 Rn 108) gelten die gleichen Grundsätze wie bei der ähnlichen Gestaltung der Betriebspacht (Rn 108). Da die überlassende AG oder KGaA den Betrieb ihres Unternehmens zwar für fremde Rechnung, aber im eigenen Namen weiterführt, ist es besonders schwierig, die Grenzen zum Beherrschungsvertrag oder Geschäftsführungsvertrag iS des § 291 Abs 1 S 1 oder 2 AktG zu ziehen. Dadurch gewinnt die Umgehungsproblematik an Bedeutung. Maßgebend ist, ob sich etwaige Weisungsrechte des Übernehmers und die Überlassung nur auf den Betrieb oder auf das Unternehmen der überlassenden

AG oder KGaA erstrecken. Im letzteren Fall handelt es sich nicht um einen Betriebsüberlassungsvertrag, sondern um einen Beherrschungsvertrag, so daß die pachtrechtlichen Vorschriften des BGB unanwendbar sind (Rn 109).

Ein **konzerninterner Betriebsüberlassungsvertrag**, der keine Umgehungsprobleme **115** aufwirft (Rn 108 f, 112 ff), unterliegt den §§ 292 ff AktG, wobei auf die Verlustübernahmepflicht des herrschenden Unternehmens nach § 302 Abs 2 AktG hinzuweisen ist. Für die pachtrechtliche Regelung des Innenverhältnisses greifen im übrigen die §§ 581 ff ein. Die Ausführungen zum konzerninternen Betriebspachtvertrag gelten entsprechend (Rn 110; WÜRDINGER § 292 Anm 25).

cc) Der **Betriebsführungsvertrag** ist trotz seiner schon früher bestehenden Verbreitung (RGZ 142, 223; RFHE 40, 185) in den konzernrechtlichen Vorschriften des Aktienrechts nicht ausdrücklich geregelt (VEELKEN, Der Betriebsführungsvertrag im deutschen und amerikanischen Aktien- und Konzernrecht [1975]). Kennzeichnend für einen derartigen Vertrag ist, daß eine Gesellschaft einen anderen beauftragt, ihren Betrieb für ihre Rechnung zu führen. Anders als beim Geschäftsführungsvertrag iS des § 291 Abs 1 S 2 AktG, bei dem eine AG oder KGaA ihr Unternehmen selbst für Rechnung eines anderen Unternehmens führt, übernimmt es beim Betriebsführungsvertrag ein Dritter, den Betrieb der Gesellschaft für deren Rechnung zu führen (BGH NJW 1982, 1817; OLG München AG 1987, 380). Der Betrieb kann im eigenen oder im fremden Namen geführt werden (EMMERICH/HABERSACK § 15 IV 1; GESSLER § 292 Rn 76; ders, in: FS Hefermehl [1976] 263, 264; HÜFFER § 292 Rn 20; MESTMÄCKER 106 ff; RAUPACH, in: FS Bezzenberger [2000] 327, 333, 339). **116**

Gegenstand des Vertrags ist nicht der Betrieb, sondern die Betriebsführung als **117** solche, die sich im Prinzip nach den Weisungen der überlassenden Gesellschaft richtet. Solche Weisungen sind aber nur zwischen voneinander unabhängigen Unternehmen oder zwischen einem herrschenden Unternehmen als Eigentümerin und einem von ihm abhängigen Unternehmen als Betriebsführerin zu erwarten. Die Ausübung von Weisungsrechten wird sich jedoch umkehren, wenn ein herrschendes Unternehmen die Betriebsführung für eine von ihm abhängige Eigentümer-Gesellschaft übernimmt (VEELKEN 31). In der Praxis finden sich solche Verträge bei Energieversorgungsunternehmen, Kleinbahnen, im Hotelgewerbe (näher JOACHIM NZM 2001, 162, 164 ff) und in der Filmbranche.

Die **Zulässigkeit** von Betriebsführungsverträgen ist mangels ausdrücklicher gesetz- **118** licher Regelung umstritten (GESSLER, in: FS Hefermehl [1976] 267 ff; VEELKEN 99 ff). Sie kann nicht generell verneint werden, sondern hängt von der Vertragsgestaltung im Einzelfall ab, insbesondere davon, ob dem Vorstand der Eigentümer-Gesellschaft die grundsätzlichen Entscheidungen der Unternehmenspolitik verbleiben (GESSLER, in: FS Hefermehl [1976] 275). Wird dem Betriebsführer auch insoweit die Entscheidungsbefugnis eingeräumt, so daß er nicht nur den Betrieb, sondern auch das Unternehmen der Gesellschaft führt, so handelt es sich materiell um einen Beherrschungsvertrag iS des § 291 Abs 1 AktG, der nur unter den hierfür maßgebenden Voraussetzungen wirksam ist (EMMERICH/HABERSACK § 15 IV 2).

Soweit Betriebsführungsverträge hiernach zulässig sind, bleibt ihre **Rechtsnatur** **119** problematisch. Überwiegend wird in Anlehnung an § 256 Abs 2 AktG 1937 angenommen, aufgrund der historischen Entwicklung sei der Betriebsführungsvertrag als Betriebsüberlassungsvertrag iS des § 292 Abs 1 Nr 3 AktG einzuordnen (ALTMEPPEN § 292 Rn 136 ff; BAUMBACH/HUECK, AktG [13. Aufl 1968] § 292 Rn 14; EMMERICH/HABERSACK § 15 IV 3; GESSLER § 292 Rn 84; ders Betrieb 1965, 1691, 1692 f; vGODIN/WILHELMI, AktG [4. Aufl 1971] § 292 Anm 2; KOPPENSTEINER § 292 Rn 68; VEELKEN 91 ff, 247; WÜRDINGER, Aktienrecht und das Recht der verbundenen Unternehmen [4. Aufl 1981] § 68 IV; aA früher BIEDENKOPF/KOPPENSTEINER, in: Kölner Kommentar zum AktG [1971] § 292 Rn 24). Da die Struktur der Eigentümer-Gesellschaft durch den Betriebsführungsvertrag verändert wird, ist es gerechtfertigt, den Vertragsabschluß den Sondervorschriften der §§ 293 ff AktG zu unterstellen.

120 dd) Die Bestimmungen der §§ 292 Abs 1 Nr 3, 293 ff AktG gelten grundsätzlich nur, wenn eine AG oder KGaA den Betrieb ihres Unternehmens einem anderen verpachtet oder sonst überläßt (Rn 105). **Betriebspacht- und Betriebsüberlassungsverträge für Unternehmen anderer Rechtsform** sind gesetzlich nicht besonders geregelt. Dies wirft vor allem Probleme für die GmbH und die Personenhandelsgesellschaften auf.

121 Die **GmbH** ist wie alle Unternehmen grundsätzlich dazu bestimmt, ihren Betrieb im eigenen Namen und für eigene Rechnung zu führen. Schließt eine solche Gesellschaft einen Betriebspacht- oder Betriebsüberlassungsvertrag mit einem anderen Unternehmen ab, geht der Vertrag weit über die normalen schuldrechtlichen Austauschbeziehungen der §§ 581 ff hinaus. Da sich die verpachtende oder überlassende GmbH idR in eine Rentnergesellschaft verwandelt, greift der Abschluß des Vertrags massiv in ihre Struktur ein. Daraus folgt, daß zu dem nach dem bürgerlichen Recht zu beurteilenden Vertragsabschluß gesellschaftsrechtlich eine Satzungsänderung nach den §§ 53, 54 GmbHG hinzukommen muß, um den Vertrag wirksam werden zu lassen (EMMERICH/HABERSACK § 32 VI 3; FÜHRLING, Sonstige Unternehmensverträge mit einer abhängigen GmbH [1993] 72 f, 140; HACHENBURG/ULMER, GmbHG [8. Aufl 1994] Anh § 77 Rn 195, 204; SCHOLZ/EMMERICH, GmbHG Bd I [9. Aufl 2000] Anh Konzernrecht Rn 221; MIMBERG 124 ff). Dabei kommt es nicht darauf an, ob der Vertrag im Rahmen oder zur Begründung eines Abhängigkeitsverhältnisses abgeschlossen wird. Über den Vertragsabschluß hinaus werfen die Sicherung der abhängigen Gesellschaft, ihrer Gesellschafter und ihrer Gläubiger sowie die Umgehung eines Beherrschungsvertrags durch einen Betriebspacht- oder Betriebsüberlassungsvertrag weitere Probleme auf (EMMERICH/HABERSACK aaO; SCHOLZ/EMMERICH Rn 223 f).

122 Die gleichen Grundsätze gelten für **Personenhandelsgesellschaften**, wenn der Abschluß eines Betriebspacht- oder Betriebsüberlassungsvertrags die Struktur der Gesellschaft grundlegend verändert (Beispiel: OLG Hamburg NZG 2000, 421 = AG 2001, 91). Eine solche Maßnahme geht über den gewöhnlichen Betrieb des Handelsgewerbes hinaus, so daß für den Vertragsabschluß nach § 116 Abs 2 HGB die Zustimmung aller Gesellschafter erforderlich ist (EMMERICH/HABERSACK § 34 IV 2; SCHLEGELBERGER/MARTENS, HGB [5. Aufl 1992] Anh § 105 Rn 19). Auch hierbei kann es nicht darauf ankommen, ob der Vertrag zwecks Begründung eines Abhängigkeitsverhältnisses oder in dessen Rahmen abgeschlossen wird.

f) Wettbewerbsrecht

123 Die konzernrechtliche Bedeutung der Unternehmenspacht (Rn 105 ff) steht im Zusammenhang mit dem Wettbewerbsrecht. Die 6. GWB-Novelle 1998 (BGBl I 2546) hat erstmals in einem besonderen siebten Abschnitt alle Regelungen über die Zusammenschlußkontrolle zusammengefaßt. § 35 Abs 1 enthält nunmehr entsprechend § 23 Abs 1 S 1 GWB aF Umsatzschwellen, bei deren Erreichen die Zusammenschlußkontrolle durch das Bundeskartellamt eingreift, § 38 GWB sieht Berechnungsregeln vor und § 36 GWB regelt die Voraussetzungen, unter denen ein Zusammenschluß vom Bundeskartellamt zu untersagen ist. § 37 GWB listet auf, in welchen Fällen ein Zusammenschluß vorliegt, und enthält damit einen Teil der Regelungen, die früher vor allem in § 23 Abs 2 GWB aF enthalten waren. Während die §§ 23, 24a GWB aF die der Fusionskontrolle unterliegenden Zusammenschlüsse danach unterschieden, ob sie der nachträglichen oder der vorherigen Fusionskontrolle unterlagen, sieht das Gesetz jetzt für alle Zusammenschlüsse, die nach den §§ 35 und 37 GWB nF der Fusionskontrolle unterliegen, vor, daß sie vor ihrem Vollzug anzumelden sind (zu den Änderungen des § 35 durch die geplante 7. GWB-Novelle RegE BT-Drucks 15/3640, 12; allg Rn 258).

124 Als Zusammenschluß iS des GWB galten nach § 23 Abs 2 Nr 3 c) GWB aF Verträge mit einem anderen Unternehmen, durch die dem Unternehmen der Betrieb des anderen Unternehmens ganz oder zu einem wesentlichen Teil verpachtet oder sonst überlassen wird. Dieser Tatbestand ist in der Neufassung des GWB eigens nicht mehr enthalten. Er wird jetzt von § 37 Abs 1 S 1 Nr 2 GWB mit erfaßt, wonach ein Zusammenschluß vorliegt beim Erwerb der unmittelbaren oder mittelbaren Kontrolle durch ein oder mehrere Unternehmen über die Gesamtheit oder Teile eines oder mehrerer anderer Unternehmen. Die Kontrolle wird nach § 37 Abs 1 S 2 lit a durch Rechte, Verträge oder andere Mittel begründet, die einzeln oder zusammen unter Berücksichtigung aller tatsächlichen und rechtlichen Umstände die Möglichkeit gewähren, einen bestimmenden Einfluß auf die Tätigkeit eines Unternehmens auszuüben, insbesondere durch Eigentums- und Nutzungsrechte an einer Gesamtheit oder an Teilen des Vermögens des Unternehmens. Dieser Fall erfaßt die Betriebspacht- und Betriebsüberlassungsverträge iSv § 292 Abs 1 Nr 3 AktG (Rn 106, 111), die dem Pächter bzw Betriebsübernehmer die Verwaltung des Unternehmens im eigenen Namen, jedenfalls aber für eigene Rechnung einräumen (MESTMÄCKER/ VEELKEN, in: IMMENGA/MESTMÄCKER, GWB [3. Aufl 2001] § 37 Rn 36; JICKELI, in: Gedschr Sonnenschein [2003] 463, 470 ff). Das gleiche gilt für Verträge von Unternehmen anderer Rechtsform als der AG oder KGaA (Rn 120 ff). Die wettbewerbsrechtliche Vorschrift erfaßt dabei nicht nur die Verpachtung oder Überlassung des ganzen Betriebs (Rn 107, 112), sondern auch die eines wesentlichen Teils des Vermögens des Unternehmens (§ 37 Abs 1 S 2 lit a letzter HS GWB; BECHTOLD, GWB [3. Aufl 2002] § 37 Rn 17). Dabei stellt sich auch nach neuem Recht das wettbewerbsrechtliche Problem, ob bei der Auslegung dieses Tatbestandsmerkmals des Vermögensteils als betrieblicher Teileinheit auf das Verhältnis zwischen Gesamtbetrieb und überlassenem Teilbetrieb (PASCHKE, in: Frankfurter Kommentar zum GWB [3. Aufl 1993] § 23 Rn 83) oder auf die qualitative Bedeutung des Teilbetriebs abzustellen ist (BGHZ 65, 269 = NJW 1976, 243; MESTMÄCKER/VEELKEN, in: IMMENGA/MESTMÄCKER, GWB § 37 Rn 17). Unabhängig von dieser Streitfrage kann auch die Verpachtung oder Überlassung eines wesentlichen Teils des Betriebs pachtrechtlich in aller Regel als Unternehmenspacht beurteilt werden.

g) Abgrenzung
125 Für die Abgrenzung der Unternehmenspacht von anderen Formen der Pacht ist

entscheidend, ob das Unternehmen als eine Gesamtheit von Sachen und Rechten zur Fruchtziehung überlassen ist. Beschränkt sich der Vertrag auf die Überlassung von Grundstück und Räumen zum Betrieb eines Unternehmens, das der Pächter erst selbst als Organismus schaffen muß, so liegt Raumpacht vor (Rn 18 ff, 28). Für die Abgrenzung zur Miete bietet die Höhe des Entgelts einen Anhaltspunkt. Liegt das Entgelt erheblich über dem, was ortsüblich für vergleichbare Räume und Inventar gezahlt wird, ist der Schluß gerechtfertigt, daß nicht nur der Gebrauch, sondern auch der Fruchtgenuß entgolten werden soll (OLG Karlsruhe NJW 1970, 1977 m Anm PIECK – Apotheke). Besonderheiten gelten für die Abgrenzung im Bereich der aktienrechtlichen Unternehmensverträge (Rn 108 f, 114).

h) Bedeutung

126 Die Bedeutung, die der Beurteilung eines Vertrags als Unternehmenspacht zukommt, besteht in der systematisch einwandfreien Einordnung. Hiervon hängen im einzelnen die Rechte und Pflichten der Parteien ab. Vor allem hinsichtlich der Gewährleistung und der Rückgabepflicht macht es einen Unterschied, ob ein Unternehmen oder nur Räume verpachtet sind. Ob im Rahmen der Unternehmenspacht die Vorschriften über die Grundstückspacht wie die §§ 550, 566, 578 Abs 1 iVm § 581 Abs 2 entsprechend anwendbar sind, hängt von der Zugehörigkeit eines Grundstücks zum Unternehmen als Vertragsgegenstand ab.

III. Parteien des Pachtvertrags

1. Personen

127 Parteien des Pachtvertrags können grundsätzlich alle natürlichen und juristischen Personen des privaten und des öffentlichen Rechts sein. Das gleiche gilt für eine BGB-Gesellschaft, der Teilrechtsfähigkeit zukommt, soweit sie durch Teilnahme am Rechtsverkehr eigene Rechte und Pflichten begründet (BGHZ 146, 341 = NJW 2001, 1056 m Anm ua K SCHMIDT, NJW 2001, 993; ULMER ZIP 2001, 585; WIEDEMANN JZ 2001, 661; BGH NJW 2002, 368; NJW 2003, 1445, 1446). Etwas anderes gilt dagegen für die Erbengemeinschaft; diese besitzt keine eigene Rechtspersönlichkeit und ist auch sonst nicht rechtsfähig; mithin kommt der Vertrag mit den einzelnen Miterben zustande (BGH NJW 2002, 3389, 3390 = NZM 2002, 950 = ZMR 2002, 907; zur Mehrheit von Beteiligten näher Rn 128). Der Verpächter braucht nicht Eigentümer des Pachtgegenstandes zu sein (OLG München WuM 1995, 152). Vereinzelt wird eine besondere Pachtfähigkeit vorausgesetzt. So darf nach § 11 Abs 5 BJagdG Pächter nur sein, wer einen Jahresjagdschein besitzt und schon vorher einen solchen während dreier Jahre in Deutschland besessen hat (Rn 57). Für besondere Einzelfälle, wie zB für Ausländer, können durch die oberste Jagdbehörde Ausnahmen zugelassen werden (MITZSCHKE/SCHÄFER, BJagdG [4. Aufl 1982] § 11 Rn 40). Der Tod des Jagdpächters läßt den Vertrag nicht erlöschen. Die Rechte und Pflichten gehen auf die Erben über, auch wenn letztere nicht jagdpachtfähig sind (OLG Düsseldorf MDR 1970, 140; MITZSCHKE/SCHÄFER § 11 Rn 134). Besonderheiten gelten auch für die Fischereipacht (Rn 63). Der Betriebspachtvertrag und der Betriebsüberlassungsvertrag des § 292 Abs 1 Nr 3 AktG setzen voraus, daß eine AG oder KGaA den Betrieb ihres Unternehmens einem anderen verpachtet oder sonst überläßt (Rn 105).

2. Mehrheit von Beteiligten

Auf seiten des Verpächters und des Pächters können jeweils mehrere Personen als **128** Vertragspartei beteiligt sein. Hierfür kommen als Mitverpächter auch der Eigentümer und ein Nießbraucher in Betracht (vgl BFH BB 1980, 1084). Die Mehrheit von Beteiligten wirft die gleichen Probleme auf wie bei der Miete, so vor allem hinsichtlich der Rechte und Pflichten als Gesamtgläubiger oder Gesamtschuldner (BGH NJW 1983, 2020) sowie bei der Kündigung des Pachtvertrags (BGH LM Nr 6 zu § 425 BGB = MDR 1964, 308; Schopp ZMR 1976, 321; Staudinger/Emmerich [2003] Vorbem 73 ff, 77 ff zu § 535). Eine Mehrheit von Beteiligten wird nicht schon dadurch begründet, daß ein Dritter neben einer der Vertragsparteien eine Vertragsurkunde mitunterzeichnet, aber nicht die Rechte und Pflichten eines Pächters oder Verpächters eingehen will, sondern seine Rechtsbeziehungen auf das Verhältnis zu einer der Parteien des Pachtvertrags beschränkt. So wird eine Brauerei nicht ohne weiteres zum Mitverpächter der einem Dritten gehörenden Gastwirtschaft, wenn sie deren Pächter den wesentlichen Teil des Inventars zur Verfügung stellt und der Pächter eine vom Verpächter eingegangene Bierbezugsverpflichtung übernimmt (OVG Münster KStZ 1970, 71). Ob die Unterschrift des Ehemannes unter einem Pachtvertrag zugleich in Vertretung für die Ehefrau erfolgt ist, muß durch Auslegung ermittelt werden (BGHZ 125, 175 = NJW 1994, 1649). Sind mehrere Gebäude Gegenstand eines einheitlichen Pachtvertrags und werden einzelne Gebäude veräußert, so werden die Erwerber Mitgläubiger des Pachtvertrags (OLG Rostock OLG-Rp 2001, 283). Bei der Jagdpacht finden sich für die Mitpacht besondere Vorschriften. So erhöht sich nach § 11 Abs 3 S 3 BJagdG die Gesamthöchstfläche nach der Zahl der Mitpächter. In § 13a BJagdG ist bestimmt, daß der Jagdpachtvertrag, auch wenn er im Verhältnis zu einem Mitpächter gekündigt wird oder erlischt, mit den übrigen grundsätzlich bestehenbleibt.

3. Parteiwechsel

Für einen Parteiwechsel sind zum einen die Regelungen der §§ 581 Abs 2, 566 ff **129** maßgebend. Wird ein verpachtetes Grundstück nach der Überlassung an den Pächter von dem Verpächter an einen Dritten veräußert, so tritt der Erwerber an Stelle des Verpächters in die sich während der Dauer seines Eigentums aus dem Pachtverhältnis ergebenden Rechte und Verpflichtungen ein. Das gleiche gilt nach den §§ 581 Abs 2, 578 Abs 2 für die Pacht von Räumen (Rn 280). Die Regelung der §§ 566 ff ist nach § 14 BJagdG entsprechend auf die Jagdpacht anzuwenden (Rn 55). Das gleiche gilt weitgehend bei der Fischereipacht (Rn 68). Im übrigen richtet sich ein Parteiwechsel nach den allgemeinen Vorschriften über die Gesamtrechtsnachfolge, die Einzelrechtsnachfolge und den kumulativen Beitritt Dritter in ein bestehendes Schuldverhältnis (Staudinger/Emmerich [2003] § 540 Rn 42 ff, 55 f). Hervorzuheben ist, daß ein Dritter nicht nur durch den Abschluß einer dreiseitigen Vereinbarung aller Beteiligten in ein Pachtverhältnis eintreten kann, sondern auch durch eine Abrede des Pächters mit dem Dritten, in der dieser alle Rechte und Pflichten des Pächters übernimmt, wobei der Verpächter dieser Abrede zustimmt (BGH LM Nr 16 zu § 581 BGB; BGH WM 1963, 217; BGH ZMR 1972, 191; BGH 8. 11. 2002 Az: V ZR 244/01; LG Frankfurt aM WuM 1956, 168). Diese Zustimmung kann schon in dem ursprünglichen Vertrag erteilt werden (RG JW 1924, 798 Nr 5). Hat sich der Verpächter einer Gaststätte in einem langfristigen Pachtvertrag verpflichtet, im Falle der Invalidität des Pächters einem Pächterwechsel zuzustimmen, so handelt er treuwidrig, wenn er einen qualifizierten Nachfolger mit dem Hinweis ablehnt, dieser sei gelernter Industriekaufmann und deshalb kein Fachmann (BGH LM Nr 251 zu § 242 [Cd] BGB = MDR 1984, 393). Ein rechtsgeschäftlicher Parteiwechsel ist eine Vertragsänderung, die unter denselben Voraussetzungen wie der ursprüngliche Abschluß des Vertrags formbedürftig ist (Rn 133, 283 ff). Für den Verpächterwechsel gelten dieselben Regeln wie für den Pächterwechsel. Er bedarf in jedem Fall, unabhängig von der gewählten Vertragskonstruktion, der Zustimmung des Pächters (OLG Düsseldorf DWW 2001, 63).

IV. Zustandekommen des Pachtvertrags

1. Abschluß

130 a) Schon bei den **Vertragsverhandlungen** bestehen für die Parteien gewisse Aufklärungs-, Schutz- und Fürsorgepflichten, deren Verletzung einen vertragsähnlichen Schadensersatzanspruch aus den §§ 280 Abs 1, 311 Abs 2, 3, 241 Abs 2 auslösen kann. Insoweit tritt die Haftung auch für Hilfspersonen iS des § 278 ein. Im übrigen kommt eine deliktische Haftung in Betracht.

131 b) Für den **Vertragsabschluß** gelten die allgemeinen Vorschriften der §§ 104 ff über Rechtsgeschäfte, insbesondere die §§ 145 ff über den Vertrag. Der Pachtvertrag kommt zustande, wenn sich die Parteien über die wesentlichen Bestandteile des Geschäfts geeinigt haben. Der Vertrag muß die Bezeichnung des Pachtgegenstandes, die Angabe der Pachtzeit und eine Vereinbarung über die Höhe der Pacht enthalten (BGHZ 55, 248, 249 = NJW 1971, 653). Allerdings brauchen die Parteien nicht notwendigerweise eine genaue und bis in alle Einzelheiten gehende Regelung zu treffen. Es genügt, wenn die wesentlichen Vertragsbestandteile bestimmbar sind. Dabei kann es einer der Vertragsparteien oder einem Dritten, etwa einem Sachverständigen oder einem Schiedsgericht, überlassen werden, die Leistung nach den §§ 315 ff zu bestimmen (Rn 197 ff zur Höhe der Pacht). Die Parteien haben sich jedoch mangels Bestimmbarkeit der Leistung nicht wirksam gebunden, wenn zwar ein Weg gewiesen ist, um den Gegenstand der geschuldeten Leistung zu bestimmen, aber keinerlei Gesichtspunkte angegeben werden, die von der zur Entscheidung berufenen Person berücksichtigt werden sollen (BGH aaO). Die Parteien brauchen sich über den Vertragsabschluß idR nicht ausdrücklich zu einigen. Soweit kein Formzwang besteht (Rn 133, 283 ff), kommt ein stillschweigender Abschluß in Betracht. Unerheblich ist, wie die Parteien den Vertrag benennen, sofern er nur die gesetzlichen Merkmale der Pacht aufweist. Auch die Bezeichnung als Miete hindert nicht das Zustandekommen eines Pachtvertrags (RGZ 102, 186, 187). Für die Auslegung des Pachtvertrags gelten die allgemeinen Regeln der §§ 133, 157 (s OLG Brandenburg OLG-NL 2002, 259, 260; OLG München ZMR 1996, 320; ZMR 1995, 406). Wird ein stillschweigender Vertragsabschluß aus der tatsächlichen Übernahme einer Gaststätte gegen Zahlung eines Entgelts hergeleitet, so ist der Inhalt des Vertrags nach der tatsächlichen Handhabung zu bestimmen (OLG Düsseldorf DWW 1988, 14).

132 c) Ist für den Vertragsabschluß die **Zustimmung** eines Dritten erforderlich, hängt die Wirksamkeit des Vertrags davon ab, daß die Zustimmung erteilt wird. Bis dahin ist der Vertrag schwebend unwirksam. Die nachträgliche Zustimmung hat jedoch unmittelbar oder bei behördlichen Erklärungen entsprechend § 184 Abs 1 grundsätzlich rückwirkende Kraft. Dies gilt zB bei Vereinbarung einer Wertsicherungsklausel ohne die nach § 2 PaPkG (= § 3 S 2 WährG aF) erforderliche Genehmigung des Bundesministeriums für Wirtschaft, früher der Deutschen Bundesbank (BGH WM 1959, 1160) und bei Vereinbarung einer von der Mindestzeit abweichenden Fischereipacht (RG SeuffA 83, Nr 212). Im übrigen ist die Genehmigung des Fischereipachtvertrags nur in einzelnen Landesgesetzen vorgeschrieben (Rn 69). Der Betriebspacht- und der Betriebsüberlassungsvertrag (Rn 105 ff) bedürfen nach § 293 Abs 1 AktG der Zustimmung der Hauptversammlung. Diese Verträge werden nach § 294 Abs 2 erst mit der Eintragung in das Handelsregister wirksam. Ferner ist auf die Genehmigungsbedürftigkeit von Pachtverträgen über Grundstücke in Umlegungsgebieten nach § 51 Abs 1 Nr 1 BauGB hinzuweisen (zu § 51 Abs 1 Nr 1 BBauG BGH WM 1981, 853). Von der Genehmigungsbedürftigkeit eines Pachtvertrags ist die Anzeigepflicht nach § 12 BJagdG zu unterscheiden. Bei der Unterverpachtung ist die in den §§ 581 Abs 2, 540 Abs 1 S 1 vorgesehene Erlaubnis des Hauptverpächters keine Voraussetzung für die Wirksamkeit des Unterpachtvertrags.

d) Eine besondere **Form** ist für den Pachtvertrag nicht generell vorgeschrieben. **133** Formvorschriften bestehen kraft einzelgesetzlicher Anordnung nur unter bestimmten Voraussetzungen und für gewisse Arten von Pachtverträgen. Im übrigen steht es den Parteien frei, vertraglich eine bestimmte Form zu vereinbaren.

aa) In erster Linie sind die §§ 581 Abs 2, 550 S 1, 578 Abs 1, Abs 2 S 1 maßgebend **134** für Pachtverträge über Grundstücke oder Räume, die für längere Zeit als ein Jahr geschlossen werden und im Hinblick auf die §§ 566 ff der **schriftlichen Form** bedürfen (Rn 284 ff). Dies gilt auch für einen Unterpachtvertrag (BGHZ 81, 46 = NJW 1981, 2246). Der Vorvertrag zu einem schriftlich abzuschließenden Pachtvertrag ist nur in bestimmten Fällen formbedürftig (Rn 141). Der Jagdpachtvertrag ist nach § 11 Abs 4 S 1 BJagdG schriftlich abzuschließen. Auch für den Fischereipachtvertrag ist zT gesetzlich die Schriftform vorgeschrieben (Rn 69). Für den Betriebspacht- und den Betriebsüberlassungsvertrag ordnet § 293 Abs 3 AktG die schriftliche Form an. Bei wettbewerbsbeschränkenden Abreden im Rahmen eines Pachtvertrags war unter den Voraussetzungen und mit den Modalitäten des § 34 GWB aF die Schriftform vorgeschrieben (OLG Düsseldorf WuW/E OLG 2192 u 2316; OLG Hamm WuW/E OLG 2187; OLG Stuttgart WuW/E OLG 2176; OLG Stuttgart WuW/E DE-R 10; EMMERICH, Kartellrecht [7. Aufl 1994] 215; ders NJW 1980, 1363; Rn 269; zum Franchisevertrag Vorbem 153 zu § 581; zum Inhalt dieses Schriftformerfordernisses BGH WiB 1997, 882 m Anm FLOHR). Dieses Schriftformerfordernis ist nach § 15 Abs 2 GWB in der Fassung des Gesetzes vom 26. 8. 1998 (BGBl I 2546) nur noch für Preisbindungsvereinbarungen bei Zeitungen und Zeitschriften nach § 15 Abs 1 GWB vorgesehen (Rn 268); im übrigen ist es mit Inkrafttreten der 6. GWB-Novelle am 1. 1. 1999 ersatzlos entfallen (§ 15 GWB soll durch die 7. GWB-Novelle aufgehoben werden [s RegE BT-Drucks 15/3640, 8]; Rn 258). Das führt bei Verträgen, die vor diesem Stichtag abgeschlossen worden sind, aber nicht zur nachträglichen Wirksamkeit eines formunwirksamen Vertrags (BGH NJW-RR 1999, 689; BGHZ 141, 257 = ZMR 1999, 806 = NZM 1999, 664 = NJW 1999, 3187).

bb) Die **notarielle Beurkundung** eines Pachtvertrags kann nach § 311b Abs 1 **135** (= § 313 aF) erforderlich sein, wenn mit dem Pachtvertrag ein nach dieser Vorschrift formbedürftiges Grundstücksgeschäft verbunden wird, wie zB ein Ankaufsrecht des

Pächters. Hat der Eigentümer eines Grundstücks seinem Pächter in notarieller Urkunde die Einräumung eines Ankaufsrechts mit der Maßgabe angeboten, daß es erst nach Beendigung des Pachtverhältnisses ausgeübt werden dürfe, und vereinbaren die Parteien dann vor Annahme des Angebots, der Pachtvertrag solle früher auslaufen als ursprünglich vorgesehen, so kann auch diese Vereinbarung der Form des § 311b Abs 1 bedürfen (BGH LM Nr 50 zu § 313 BGB = MDR 1972, 130). In gleicher Weise ist die Verbindung mit einem Vorkaufsrecht des Pächters formbedürftig (BGH LM Nr 2 zu § 581 BGB; DNotZ 1968, 93; OLG Koblenz NJW-RR 1996, 744, 745; OLG Rostock OLG-Rp 2000, 245; VIZ 2001, 685 [unter Geltung des DDR-ZGB abgeschlossener Pachtvertrag]; SCHLEMMINGER NZM 1999, 890, 891; **aA** OLG München WuM 1995, 152). Eine rechtliche Einheit kann auch zwischen Pacht- und Grundstückskaufvorvertrag bestehen (OLG München OLG-Rp 2001, 246, 247). Nach § 11 Abs 2 ErbbVO iVm § 311b Abs 1 BGB ist die notarielle Beurkundung des Pachtvertrags erforderlich, wenn sich der Verpächter verpflichtet, dem Pächter unter bestimmten Voraussetzungen ein Erbbaurecht zu bestellen (BGH LM Nr 8 zu PreisstopVO).

136 cc)   Ein **Mangel der** erforderlichen gesetzlichen **Form** hat nach § 125 grundsätzlich die Nichtigkeit des Pachtvertrags zur Folge. Dies wird in § 11 Abs 6 S 1 BJagdG und zB in § 12 Abs 6 S 1 SchlHFischereiG unmittelbar im Zusammenhang mit dem Formzwang bestimmt. Wird hingegen das Erfordernis der Schriftform nach den §§ 581 Abs 2, 550 HS 1, 578 Abs 1, Abs 2 S 1 bei einem für längere Zeit als ein Jahr geschlossenen Pachtvertrag über ein Grundstück oder über Räume nicht beachtet, so ist der Vertrag wirksam, gilt aber als für unbestimmte Zeit geschlossen. Haben die Parteien vertraglich einen konstitutiven Formzwang begründet und liegt insoweit ein Mangel vor, ist nach § 125 S 2 im Zweifel Nichtigkeit anzunehmen. Wollten die Parteien einen schriftlichen Pachtvertrag über ein Grundstück mit einer Laufzeit von mehr als einem Jahr abschließen, so ist nach § 154 Abs 2 im Zweifel davon auszugehen, daß der Vertrag ohne Einhaltung der Schriftform nicht zustande kommen sollte (OLG Düsseldorf DWW 1988, 14; HEROLD BlGBW 1983, 141).

137 e)   Der Pachtvertrag kommt nur zustande, wenn er im **Einklang mit der Rechtsordnung** steht. Dies ist vor allem im Hinblick auf gesetzliche Verbote iS des § 134 und auf einen Verstoß gegen die guten Sitten nach § 138 bedeutsam (MICHALSKI ZMR 1996, 1). So ist ein Pachtvertrag über eine Arztpraxis nichtig, der gegen Vorschriften in einer Berufsordnung einer Ärztekammer verstößt (BayObLGZ 2000, 301, 307 ff) Ebenso nichtig ist ein Pachtvertrag, der als Dienstvertrag bezeichnet wird, um das gesetzliche Verbot des § 2 GaststG zu umgehen, nach dem eine Gaststätte nicht ohne behördliche Erlaubnis betrieben werden darf (OLG Stuttgart GewArch 1984, 387; NJW 1987, 3269; LG Berlin NJW 1977, 1826 m Anm LAMMEL NJW 1978, 110). Der Abschluß eines langfristigen Pachtvertrags zum Zweck der Umgehung eines Vorkaufrechts führt zur Sittenwidrigkeit (OLG Naumburg OLG-Rp 2003, 392 [LS]). Wird ein Pachtvertrag zum Zwecke der Steuerverkürzung nur zum Schein mit einer niedrigeren Pachthöhe abgeschlossen als wirklich gewollt, und wird das höhere Entgelt anderweitig gezahlt, so ist der Vertrag grundsätzlich nicht nach § 134 nichtig. Nur das Scheingeschäft ist nach § 117 nichtig, während das verdeckte Geschäft gültig sein kann (BGH WM 1985, 647). Pachtverträge über Bordelle wurden in der früheren Rspr ohne weitere Begründung als sittenwidrig und nichtig beurteilt, wenn der Zweck des Vertrags auf die Nutzung eines Gebäudes als Bordell gerichtet war (BGHZ 41, 341 = NJW 1964, 1791; HONSELL, Die Rückabwicklung sittenwidriger oder verbotener Geschäfte [1974] 7 ff; krit ROTHER AcP 172 [1972] 498, 508 ff). Nach der Lockerung des Sexualstrafrechts durch § 180a StGB sieht die Rspr Pachtverträge über Bordelle nicht mehr schlechthin als sittenwidrig an, weil auch in weiten Kreisen der Bevölkerung ein Wandel in der Einstellung zu sexuellen Fragen zu verzeichnen ist; dieser Wandel findet auch in dem Prostitutionsgesetz vom 20.12.2001 (BGBl I 3983) seinen Niederschlag, wonach ein Entgelt für die Tätigkeit der Prostituierten wirksam vereinbart werden kann (§ 1; RegE BT-Drucks 14/5958, 1 f). Sittenwidrig und nichtig sind Pachtverträge über Bordelle nur dann, wenn der Pächter von den Dirnen eine überhöhte Miete verlangt, sie also wirtschaftlich ausbeutet, oder wenn er die Prostituierten in ihrer Selbständigkeit beeinträchtigt und sie zu ihrer Betätigung anhält. Das gleiche gilt, wenn eine überhöhte Pacht vereinbart ist, weil diese sich regelmäßig nur erwirtschaften läßt, wenn von den Prostituierten ein unverhältnismäßig hohes Entgelt für die Wohnungsgewährung verlangt wird (BGHZ 63, 365, 367 = NJW 1975, 638, 639; OLG Hamm NJW 1975, 653; HONSELL JZ 1975, 439; STAUDINGER/SACK [2003] § 138 Rn 458; krit MünchKomm/VOELSKOW[3] § 581 Rn 8). Dogmatisch ist hieran interessant, daß die Folgeverträge mit den Dirnen zur Beurteilung des Pachtvertrags herangezogen werden, obwohl jedenfalls unter dem ersteren Gesichtspunkt nur ein mittelbarer Zusammenhang besteht.

Gaststättenpachtverträge können wegen Vereinbarung einer überhöhten Pacht sittenwidrig sein. Zur Bestimmung eines auffälligen Mißverhältnisses von Leistung und Gegenleistung wurde lange Zeit die sogenannte EOP-Methode (an der Ertragskraft orientierte Pachtwertfindung) herangezogen (OLG Karlsruhe NJWE-MietR 1997, 151; OLG München NZM 1999, 617; ZMR 1999, 109; NZM 2000, 1059; OLG Stuttgart OLG-Rp 1998, 389; OLG Nürnberg ZMR 1999, 255; LG Konstanz ZMR 1999, 258 f; SEITTER ZMR 1996, 587; WALTERSPIEL ZMR 1996, 468). Der BGH hält diese Methode allerdings für ungeeignet, um den objektiven, orts- bzw marktüblichen Wert des Pachtobjekts zu ermitteln. Die EOP-Methode liefere einem künftigen Pächter oder einer um die Finanzierung angegangene Bank zwar Anhaltspunkte dafür, ob der Abschluß des beabsichtigten Pachtvertrags wirtschaftlich sinnvoll ist, der tatsächlich zu erzielende Marktpreis hänge aber nicht von einer solchen Rentabilitätsberechnung ab. Er richte sich vielmehr nach Angebot und Nachfrage. Würde man die nach der EOP-Methode errechnete Pacht als Vergleichsmaßstab heranziehen, liefe das im Ergebnis darauf hinaus, einen an betriebswirtschaftlichen Rentabilitätserwägungen orientierten Preisrahmen für den Abschluß von Gaststättenpachtverträgen zu normieren, mit dem in die freie Preisbildung des Marktes regulierend eingegriffen würde (BGHZ 141, 257, 264 ff = ZMR 1999, 806 = NZM 1999, 664 = NJW 1999, 3187 = JZ 1999, 1057 m zust Anm BÜLOW = LM Nr 94 zu § 138 [Bb] BGB m zust Anm MÜLLER; ablehnend SEITTER ZMR 1999, 809 f; BGH NJW 2004, 3553, 3554; OLG Stuttgart OLG-Rp 2000, 111; s auch LOEW GuG 1999, 351; GuG 2001, 14; KECKEMETI NZM 2000, 598; USINGER NZM 1998, 641; zweifelnd OLG München NZM 1999, 224 f). Das gleiche gelte für die von der EOP-Methode abgeleitete sog „indirekte Vergleichsmethode" (BGH NZM 2001, 810 = ZMR 2001, 788 = NJW 2002, 55; BGH NJW 2004, 3553, 3554; aA OLG München NZM 2000, 1059, 1061; WALTERSPIEL NZM 2001, 795, 796), die auf die Umsatzerwartung je Sitzplatz und auf einen betriebsbezogenen Prozentsatz vom Gesamtertrag (so OLG München NZM 2000, 1059, 1061) abstellt (zu dieser Methode allgemein WALTERSPIEL NZM 2000, 70). Maßstab für die Überhöhung der Pacht bleibt danach die ortsübliche Vergleichspacht, die in jedem Einzelfall von einem mit der konkreten Marktsituation vertrauten Sachverständigen gesondert ermittelt werden muß (BGH NZM 2002, 822, 823 = NJW-RR 2002, 1521; ZMR 2004, 802 f = NZM 2004, 741). Nach § 138 Abs 1 ist der Pachtvertrag aber nur nichtig, wenn zu dem auffälligen Mißverhältnis zwischen Leistung und Gegenleistung weitere sittenwidrige Umstände hinzutreten, zB eine verwerfliche Gesinnung des durch den Vertrag objektiv Begünstigten. Ein besonders auffälliges Mißverhältnis zwischen Leistung und Gegenleistung spricht für eine verwerfliche Gesinnung des Begünstigten (BGH NJW 2000, 2666, 2670). Bei Teilzahlungs- und Ratenkreditverträgen mit privaten Kunden hat der BGH schon im Mißverhältnis zwischen Leistung und Gegenleistung einen Hinweis auf eine verwerfliche Gesinnung des Begünstigten gesehen (zB BGHZ 80, 153, 161). Diese Grundsätze sind nach Ansicht des Gerichts aber auf gewerbliche Miet- und Pachtverträge nicht übertragbar. Vielmehr ist hier eine tatrichterliche Würdigung erforderlich, ob das krasse Mißverhältnis für den Begünstigten erkennbar war (BGH NZM 2001, 810, 812 = ZMR 2001, 788 = NJW 2001, 55; BGH NJW 2004, 3553, 3555). An der verwerflichen Gesinnung fehlt es, wenn der Pächter seinem Unterpächter lediglich die von ihm selbst gezahlte Pacht abverlangt und keine Anhaltspunkte dafür vorhanden sind, daß er seine überhöhte Pacht schon in sittenwidriger Absicht akzeptiert hat (OLG Hamm NJW-RR 1995, 205; hierzu BUB ZMR 1995, 509 mwNw).

139 f) Aus § 311a Abs 1 ergibt sich, daß, anders als nach dem alten Recht (§ 306 aF), ein auf eine objektiv **unmögliche Leistung** gerichteter Pachtvertrag wirksam ist. Keine Nichtigkeit des Vertrags liegt also vor, wenn der Pachtgegenstand bei Vertragsabschluß nicht existiert, ein Gegenstand verpachtet wird, der im Gemeingebrauch steht, und die vorgesehene Nutzung sich im Rahmen der bereits bestehenden öffentlichen Bestimmung hält (anders RG WarnR 1916, Nr 162 zu § 306 aF). Das gleiche gilt grundsätzlich für die Verpachtung eines Rechts, dessen Entstehung seiner Art nach objektiv unmöglich ist. So sah es auch schon die Rspr unter der Geltung des § 306 aF mit Rücksicht auf die seinerzeit noch nicht erkannte verfassungsrechtliche Lage bei der Verpachtung von Personalkonzessionen für Apotheken, wenn die Verträge vor der gerichtlichen Klarstellung der Niederlassungsfreiheit (BVerwGE 4, 167 = NJW 1957, 356; BVerfGE 7, 377 = NJW 1958, 1035) abgeschlossen worden waren (BGH NJW 1960, 332; MDR 1960, 667; Rn 49). Kann das verpachtete Recht überhaupt nicht entstehen, so richten sich die Rechte des Pächters nicht analog zu § 453 nach den Mängelrechten des Käufers gem § 437, sondern nach den Regeln des allgemeinen Leistungsstörungsrechts, insbesondere nach § 311a Abs 2 (STAUDINGER/ BECKMANN [2004] § 453 Rn 4, 6 mwNw). Danach kann der Pächter nach seiner Wahl Schadensersatz statt der Leistung oder Ersatz seiner Aufwendungen in dem in § 284 bestimmten Umfang verlangen. Eine entsprechende Anwendung der §§ 437 ff kommt dagegen wegen fehlender Übertragung des Rechts nicht in Betracht (PALANDT/PUTZO § 453 Rn 19; § 453 Rn 6), dies wird aber für die Mängelrechte des § 437 vorausgesetzt. Bei der Verpachtung eines Rechts kommt eine solche Situation nur in Betracht, wenn das vertragsgemäße Recht besteht und auf den Käufer übertragen wurde, aber mit dem Recht eines Dritten belastet ist (STAUDINGER/BECKMANN [2004] § 453 Rn 7). Wird ein Recht verpachtet, dessen Existenz objektiv möglich ist, das jedoch dem Verpächter nicht zusteht, so ist auch dieser Vertrag unabhängig davon wirksam, ob ein Dritter Inhaber des Rechts ist. Auch in diesem Fall scheidet die analoge Anwendung der Gewährleistungsrechte des Käufers aus, da es ebenfalls an einem Rechtsmangel iSv § 435 fehlt. Vielmehr liegt ein Fall der Nichterfüllung vor, so daß auch hier die allgemeinen Leistungsstörungsregeln Anwendung finden (STAUDINGER/BECKMANN [2004] § 453 Rn 7; BAMBERGER/ROTH-FAUST [2003] § 453 Rn 12; **aA** JAUERNIG/BERGER [11. Aufl 2004] §§ 453 Rn 4, 435 Rn 7). Demgegenüber hatte der Verpächter nach altem Recht in Analogie zu § 437 aF für den rechtlichen Bestand und damit für die Möglichkeit der Fruchtziehung durch den Pächter einzustehen. Eine aus § 437 aF folgende Garantiehaftung ist mit Erlaß des Schuldrechtsmodernisierungsgesetzes entfallen (Begr RegE BT-Drucks 14/6040, 202; HAAS, in: HAAS/MEDICUS/ROLLAND/ SCHÄFER/WENDTLAND, Das neue Schuldrecht 2002, § 5 Rn 528; WESTERMANN NJW 2002, 241, 247). Dies schließt aber die vertragliche Übernahme einer Garantie für den Bestand eines Rechts nicht aus (WESTERMANN NJW 2002, 241, 247). Verpflichtet sich der Pächter in einem Pachtvertrag über gemeindeeigenes Gelände gegenüber der verpachtenden Gemeinde, seine betrieblichen Verhältnisse so zu gestalten, daß die in dem Unternehmen anfallende Gewerbesteuer ausschließlich der Gemeinde zufließt, so war schon nach der Rechtslage vor Inkrafttreten des Schuldrechtsmodernisierungsgesetzes der Vertrag nicht wegen rechtlicher Unmöglichkeit der Leistung unwirksam, weil eine solche Gestaltung tatsächlich nicht ausgeschlossen ist. Der Vertrag ist jedoch wegen unzulässiger Ausweitung der Steuerpflicht mit privatrechtlichen Mitteln nichtig (BGHZ 66, 199 = NJW 1976, 1500; aA RATHJEN DStR 1977, 472).

2. Vorvertrag

Die Parteien können sich durch einen Vorvertrag verpflichten, einen Pachtvertrag abzuschließen (KÖHLER Jura 1979, 465; MICHALSKI ZMR 1999, 141; STAUDINGER/EMMERICH [2003] Vorbem 91 ff zu § 535). Aus dem Vorvertrag kann auf Abgabe der Willenserklärung zum Abschluß des Hauptvertrags geklagt werden. Der Klageantrag muß grundsätzlich den gesamten Vertragsinhalt umfassen (BGH WuM 1994, 71). Hervorzuheben ist, daß der Vorvertrag wegen des Zwecks des § 550, den Grundstückserwerber über die auf ihn zukommenden Rechte und Pflichten zu unterrichten, und wegen der mangelnden Bindung eines Grundstückserwerbers (RGZ 86, 30, 32 f) nicht dem Formzwang dieser Vorschrift unterliegt (BGH LM Nr 1 zu § 566 BGB = NJW 1954, 71; LM Nr 19 zu § 566 BGB = NJW 1970, 1596). Sehen die Parteien in einem schriftlich abgeschlossenen Pachtvorvertrag eine Pachtdauer von mehr als einem Jahr vor, so bedarf die Vereinbarung, daß der Vorvertrag als endgültiger Pachtvertrag von gleicher Dauer gelten soll, nach § 550 der Schriftform. Nur so ist gewährleistet, daß sich ein etwaiger Grundstückserwerber rasch und zuverlässig Kenntnis verschaffen kann (BGH LM Nr 19 zu § 566 BGB = NJW 1970, 1596; MICHALSKI ZMR 1999, 141, 143). Der Vorvertrag über die Jagdpacht ist wegen der Warnfunktion und der Nichtigkeitsfolge des § 11 Abs 6 ebenso wie der Hauptvertrag nach § 11 Abs 4 S 1 BJagdG schriftlich abzuschließen (BGHZ 61, 48 = NJW 1973, 1839). Das gleiche ist etwa auf der Grundlage des Art 33 BayFischereiG oder des § 12 Abs 1 S 1 SchlHFischereiG für den Vorvertrag bei der Fischereipacht anzunehmen.

3. Vorpachtrecht

a) Das Vorpachtrecht räumt dem Berechtigten die Befugnis ein, in einen vom Verpächter mit einem Dritten abgeschlossenen Pachtvertrag einzutreten (MICHALSKI ZMR 1999, 1; STAUDINGER/EMMERICH [2003] Vorbem 94 ff zu § 535). Dabei spielt es keine Rolle, ob der Berechtigte bereits Pächter ist und ihm das Vorpachtrecht für den Fall der Vertragsbeendigung als Mittel der Verlängerung eingeräumt wird oder ob noch keine Vertragsbeziehungen zu dem zukünftigen Verpächter bestehen. Letztlich ist es eine Frage der Auslegung, ob die Parteien ein Vorpachtrecht oder eine Verlängerungsoption (Rn 145) einräumen wollten (OLG Hamm ZMR 1995, 248). Das Vorpachtrecht ist im Gesetz nicht geregelt. Eine solche vertragliche Vereinbarung ist jedoch auf der **Rechtsgrundlage** des § 311 Abs 1 möglich. Die Vorschriften der §§ 463 ff (= § 504 ff aF) über das Vorkaufsrecht sind entsprechend anzuwenden, insbesondere hinsichtlich der Voraussetzungen für die Ausübung nach § 463 (RGZ 125, 123), Art und Weise der Ausübung und Umfang der Vorpachtberechtigung nach den §§ 464 bis 467 (= §§ 505 bis 508 aF; RGZ 123, 265) sowie hinsichtlich der Frist zur Ausübung nach § 469 Abs 2 (= § 510 Abs 2 aF) (BGHZ 55, 71 = NJW 1971, 422 m Anm Braxmaier LM Nr 17 zu § 571 BGB; LM Nr 5 zu § 504 BGB = ZMR 1958, 153). Vom Vorpachtrecht ist die Bestellung eines subjektiv-persönlichen Vorkaufsrechts auf die Dauer eines bestimmten Pachtvertrags zu unterscheiden (OLG Zweibrücken DNotZ 1990, 177).

142 b) Mit der **Ausübung** des Vorpachtrechts kommt entsprechend § 464 Abs 2 zwischen dem Verpflichteten und dem Berechtigten ein Pachtvertrag unter den Bestimmungen zustande, die der Verpflichtete mit dem Dritten vereinbart hat. Bestand zwischen dem Berechtigten und dem Verpflichteten bereits ein Pachtvertrag, wird anders als bei der Verlängerungsoption (Rn 145) nicht der ursprüngliche Vertrag fortgesetzt, sondern ein neuer Vertrag begründet (BGHZ 55, 71, 74 = NJW 1971, 422, 423 m Anm Braxmaier LM Nr 17 zu § 571 BGB). Auch wenn es sich bei dem Vertrag mit dem Dritten um eine längerfristige Vereinbarung handelt, die nach den §§ 581 Abs 2, 550 S 1 schriftlich abzuschließen ist, bedarf die Erklärung zur Ausübung des Vorpachtrechts entsprechend § 464 Abs 1 S 2 nicht dieser Form. Erfüllt der Vertrag mit dem Dritten nicht die schriftliche Form, kommt auch der Vertrag mit dem Vorpachtberechtigten nur auf unbestimmte Zeit mit der eingeschränkten Kündigungsmöglichkeit des § 550 S 2 zustande. Ist der Vertrag mit dem Dritten im Einklang mit § 550 schriftlich abgeschlossen, ist zu fragen, ob auch der Vertrag mit dem Vorpachtberechtigten ungeachtet seines formlos wirksamen Zustandekommens schriftlich niederzulegen ist. Der BGH hat die Frage offengelassen und jedenfalls nach § 242 ein Kündigungsrecht des Verpächters vor dem Zeitpunkt ausgeschlossen, in dem der Vertrag mit dem Dritten hätte aufgelöst werden können (BGHZ 55, 71, 77 = NJW 1971, 422, 424). Nach dem Zweck des § 550 bedarf der Vertrag mit dem Vorpachtberechtigten indessen nicht der schriftlichen Form. Er ist durch formlose Erklärung mit dem Inhalt des Vertrags zustande gekommen, der zwischen dem Verpflichteten und dem Dritten abgeschlossen worden ist. Diese Urkunde, die regelmäßig in den Händen des Verpächters ist, reicht im Hinblick auf die §§ 566 ff zur Information eines etwaigen Grundstückserwerbers aus. Ein Schutz des Vorpachtberechtigten ist entbehrlich, zumal das Gesetz in § 464 Abs 1 S 1 selbst bei einer Erwerbsverpflichtung nach § 311b Abs 1 S 1 auf einen solchen Schutz durch Formzwang verzichtet und § 550 keinen Schutz vor der Eingehung langfristiger Bindungen bezweckt (RG HRR 1933, Nr 873). Der Rückgriff des BGH auf § 242 ist deshalb überflüssig. Auch wenn das Vorpachtrecht noch nicht ausgeübt worden ist, tritt der Erwerber eines Pachtgrundstücks entsprechend den §§ 581 Abs 2, 566, 578 Abs 1 in die dahin gehenden Verpflichtungen des Veräußerers ein (BGHZ 55, 71 = NJW 1971, 422).

4. Anpachtrecht

143 Durch die Vereinbarung eines Anpachtrechts verpflichtet sich der Verpächter, unter bestimmten Voraussetzungen den Pachtgegenstand zunächst dem Berechtigten anzubieten, wobei der Vertragsinhalt erst nach Annahme dieses Angebots festgelegt werden soll. Für die rechtliche Konstruktion kommt der Vorvertrag unter einer aufschiebenden Potestativbedingung in Betracht (STAUDINGER/EMMERICH [2003] Vorbem 98 zu § 535). Eine Pflicht der Wohnungseigentümer einer Ferienpark-Anlage, ihre Wohnung für eine längere, aber begrenzte Zeit an eine Betriebsgesellschaft zu verpachten, kann in der Gemeinschaftsordnung und darauf aufbauenden Beschlüssen wirksam begründet werden (BayObLG NJW-RR 1988, 1163).

5. Option

a) Eine Option kann der erstmaligen **Begründung** eines Pachtverhältnisses dienen, indem einer Partei das Recht eingeräumt wird, durch einseitige Erklärung einen Pachtvertrag zustande zu bringen. Als rechtliche Konstruktion können die Parteien einen langfristig bindenden Antrag einer Partei, einen Vorvertrag oder einen durch Ausübung der Option aufschiebend bedingten Vertrag wählen (KÖHLER Jura 1979, 465, 467; STAUDINGER/EMMERICH [2003] Vorbem 99 ff zu § 535). 144

b) Die **Verlängerungsoption** räumt einer Partei das Recht ein, einen auf bestimmte Zeit abgeschlossenen Pachtvertrag durch einseitige Erklärung auf bestimmte oder auf unbestimmte Zeit zu verlängern. Dabei wird der ursprüngliche Vertrag fortgesetzt, nicht aber ein neuer abgeschlossen (BGHZ 55, 71, 74 = NJW 1971, 422, 423; BGH NJW 1968, 551, 552). Die Bezeichnung im Vertrag ist nicht entscheidend, so daß ein als Vorpachtrecht bezeichnetes Recht nach dem Parteiwillen eine Verlängerungsoption sein kann (OLG Hamm ZMR 1995, 248). Da die Verlängerungsoption die Vertragszeit bestimmt, bedarf auch die Absprache über die vorgesehene Optionszeit im Falle des § 550 der Schriftform (BGH NJW-RR 1987, 1227). 145

c) Von der Option ist die **Verlängerungsklausel** zu unterscheiden. Hiernach verlängert sich ein auf bestimmte Zeit abgeschlossener Vertrag auf bestimmte oder auf unbestimmte Zeit, wenn nicht ein Vertragsteil innerhalb einer bestimmten Frist vor Ablauf des Pachtverhältnisses die weitere Fortsetzung ablehnt (Rn 386; STAUDINGER/ EMMERICH [2003] Vorbem 105 zu § 535). Ist dem anderen Vertragsteil demgegenüber eine Verlängerungsoption eingeräumt, so ist dieses Recht unverzüglich, jedoch nicht vor Ablauf der Kündigungsfrist, auszuüben (BGH NJW 1985, 2581). 146

V. Pflichten des Verpächters

1. Hauptleistungspflichten

a) Allgemeines
Nach § 581 Abs 1 S 1 treffen den Verpächter während der Pachtzeit zwei Hauptpflichten. Er muß dem Pächter den Gebrauch des verpachteten Gegenstandes und den Genuß der Früchte gewähren, soweit diese nach den Regeln einer ordnungsmäßigen Wirtschaft als Ertrag anzusehen sind. Die Pflicht zur Gewährung des Gebrauchs entspricht wörtlich der entsprechenden Bestimmung des Mietrechts in § 535 Abs 1 S 1, während die Pflicht zur Gewährung des Fruchtgenusses das charakteristische Merkmal der Pacht ist. Daraus kann für das Verhältnis der beiden Hauptpflichten jedoch nicht gefolgert werden, der Gebrauch des Pachtgegenstandes sei nur insoweit zu gewähren, als er zum Fruchtgenuß erforderlich sei. Diese Beschränkung, die in einzelnen Gesetzbüchern des 19. Jh anklingt, ist bei den Beratungen des Entwurfs eines BGB ausdrücklich abgelehnt worden. Dem Pächter soll außer dem Fruchtgenuß 147

in gleichem Maße wie dem Mieter ein Gebrauchsrecht zustehen (Mot II 422). Dies entspricht der früheren Regelung des ALR I, 21 § 259. Wegen des schuldrechtlichen Charakters sind die Verpflichtungen des Verpächters auch dann wirksam, wenn ihm der Pachtgegenstand nicht gehört oder etwa aufgrund eines Nießbrauchs zusteht (RG HRR 1931, Nr 1641). Der Anspruch des Pächters auf Gewährung des Gebrauchs und des Fruchtgenusses verjährt nach § 195 in drei Jahren (in dreißig Jahren nach § 195 aF). Da der Anspruch auf eine dauernde positive Leistung gerichtet ist, beginnt die Verjährung entsprechend § 199 Abs 5 (= § 198 S 2 aF) erst mit einer Zuwiderhandlung des Verpächters durch Unterlassen (BGH NJW 1995, 2548, 2549; STAUDINGER/DILCHER[12] § 198 Rn 14; anders unter Hinweis auf § 208 aF STAUDINGER/PETERS [2001] § 198 Rn 38).

b) Gewährung des Gebrauchs
aa) Überlassung des Pachtgegenstandes

148 α) Das Gesetz verpflichtet in § 581 Abs 1 S 1 den Verpächter, dem Pächter den Gebrauch des verpachteten Gegenstandes zu gewähren. Anstatt des in früheren Gesetzen meist verwendeten **Begriffs** „überlassen" ist der Ausdruck „gewähren" gewählt worden, weil er besser verdeutlicht, daß die Verpflichtung des Verpächters nicht nur in einem bloßen Dulden, sondern in einer positiven Tätigkeit besteht. Insbesondere ist aus der Verpflichtung zur Gebrauchsgewährung zu folgern, daß der Verpächter dem Pächter den Pachtgegenstand zu übergeben hat, soweit der Gebrauch es erfordert. Dies entspricht der mietrechtlichen Regelung des § 535 Abs 1 S 1 (= § 535 S 1 aF; Mot II 369). Gleichwohl verpflichtet das Gesetz den Verpächter in § 535 Abs 1 S 2 (= § 536 aF), der nach § 581 Abs 2 entsprechend anzuwenden ist, dem Pächter den Pachtgegenstand in einem zu dem vertragsmäßigen Gebrauch geeigneten Zustand zu überlassen. Diese Bestimmung ist an sich nur die Folgerung aus der Verpflichtung zur Gebrauchsgewährung. Damit sollte jedoch klargestellt werden, daß außer den besonderen Gewährleistungsrechten nach Maßgabe der allgemeinen Grundsätze ein Anspruch auf Erfüllung, dh auf Herstellung eines zum vertragsmäßigen Gebrauch geeigneten Zustandes, bzw auf Schadensersatz wegen Nichterfüllung besteht (Mot II 373). Der Verpächter muß alles tun, was erforderlich ist, damit der Pächter den vertragsmäßigen Gebrauch ausüben kann (STAUDINGER/EMMERICH [2003] § 535 Rn 15). Dies geht über eine bloße Duldung des Gebrauchs hinaus (BGHZ 19, 85, 93 = NJW 1955, 104, 106). Der Begriff der Gebrauchsgewährung ist demnach weiter als der Begriff der Überlassung. Er umfaßt nicht nur die einmalige Leistung, durch die der Verpächter dem Pächter den Pachtgegenstand zur Verfügung stellt, sondern auch die spätere Dauerleistung, indem der Verpächter den Gegenstand fortan in der Gewalt des Pächters beläßt. Am Beginn der Gebrauchsgewährung steht jedenfalls die Überlassung.

149 β) Die **Form** der Überlassung hängt von der Art des Pachtgegenstandes und der Regelung des Vertrags ab. Bei *beweglichen und unbeweglichen Sachen* (Rn 10 ff, 41 ff) muß der Verpächter dem Pächter den Besitz verschaffen oder die Sache wenigstens derart zur Verfügung stellen, daß es dem Pächter möglich ist, sie ohne weiteres zu übernehmen (BGH LM Nr 31 zu § 581 BGB = MDR 1968, 233; LM Nr 1 zu § 578 BGB = MDR 1966, 229). Zur Besitzverschaffung ist idR eine Übergabe erforderlich, durch die der Pächter den unmittelbaren Besitz iS des § 854 erlangt, während der Verpächter nach § 868 mittelbarer Besitzer wird. Bei Grundstücken muß der Verpächter dem Pächter die Zufahrt über seine benachbarten, nicht mitverpachteten Grundstücke einräumen (RG WarnR 1920, Nr 106) und die Zufahrtswege in dem für den Benutzungszweck erforderlichen Zustand unterhalten (RG SeuffA 83, Nr 185). Für verpachtete Räume sind die Schlüssel auszuhändigen. Aus den Vertragsvereinbarungen kann sich ergeben, daß andere Besitzarten an der Pachtsache ausreichend sind. Entscheidend ist, welchen Gebrauch der Pächter nach dem Vertrag von der Sache machen soll. Setzt dieser Gebrauch nicht den alleinigen Besitz voraus, kann mittelbarer Besitz oder Mitbesitz des Pächters genügen (RGZ 108, 204, 205; RG JW 1905, 46 Nr 13). Das Gebrauchsrecht kann hinter dem Fruchtziehungsrecht völlig zurücktreten, so daß der Gebrauch nach dem jeweiligen Vertragszweck nicht auf Dauer, sondern nur zur Fruchtziehung zu überlassen ist, so etwa bei der Verpachtung von Obstbäumen ohne das Grundstück oder von Straßenrändern zur Grasernte (OLG Schleswig SchlHAnz 1949, 376). Dabei kann die Besitzüberlassung auch völlig abbedungen sein.

Bei der Verpachtung von *Rechten* (Rn 44 ff) muß der Verpächter dem Pächter ermöglichen, das Recht auszuüben. Sind hierzu Urkunden erforderlich, hat er sie dem Pächter zu überlassen. Soweit im Vertrag nichts anderes bestimmt ist, muß er dem Pächter ermöglichen, das Recht im eigenen Namen auszuüben. Falls erforderlich, muß er etwaigen Schuldnern anzeigen, daß das Recht in Zukunft von einem Pächter ausgeübt werden wird. Ist zur Ausübung des Rechts erforderlich, daß Besitz an beweglichen oder unbeweglichen Sachen überlassen wird, ist der Verpächter auch hierzu verpflichtet. Dies ist bei der Jagdpacht im allgemeinen nicht anzunehmen, da nach § 11 Abs 1 S 1 BJagdG nur die Ausübung des Jagdrechts verpachtet wird, so daß dem Pächter kein Besitz an den Grundflächen eingeräumt wird (BGHZ 112, 392, 395 = NJW 1991, 1421, 1422; MITZSCHKE/SCHÄFER, BJagdG § 11 Rn 3). Anders ist es, wenn etwa die Jagdhütte mitverpachtet wird. **150**

Die Verpachtung von *Unternehmen* (Rn 89 ff) umfaßt idR eine Gesamtheit von Sachen und Rechten. Hier richtet sich die Form der Überlassung nach der Art der einzelnen Gegenstände, die der Pachtvertrag umfaßt. Ist die Firma des Unternehmens mitverpachtet, muß der Verpächter nach § 22 HGB in die Firmenfortführung durch den Pächter ausdrücklich einwilligen. Erstreckt sich die Verpachtung auf die Beziehungen des Unternehmens zu Kunden und Lieferanten, muß der Verpächter dafür sorgen, daß diese Beziehungen gegenüber dem Pächter erhalten bleiben, ohne daß aber insoweit Erfüllungsansprüche des Pächters ausgelöst werden. **151**

bb) Zeitpunkt der Überlassung

Der Zeitpunkt, in dem der Pachtgegenstand dem Pächter zu überlassen ist, ergibt sich aus dem Pachtvertrag und ist mangels eindeutiger Bestimmung aus den Umständen zu entnehmen. Eine Formularklausel, wonach das Pachtverhältnis mit Fertigstellung des Gebäudes beginnt, ist wegen Unbestimmtheit des Zeitpunkts, zu dem der Verpächter das Pachtobjekt zu überlassen hat, unwirksam; dies gilt auch dann, wenn der Pachtvertrag mit einem Kaufmann abgeschlossen wird (LG Mannheim WuM 1999, 686). Ebenso unwirksam ist eine Klausel, die den Pachtbeginn über ein bislang landwirtschaftlich genutztes Gelände zur Errichtung eines Golfplatzes von zahlreichen Bedingungen (zB Erteilung einer Baugenehmigung, Gründung eines Golfclubs) abhängig macht (OLG Karlsruhe NJW-RR 1995, 504). Ebenso wie bei der Miete sind Leistung und Gegenleistung nach dem Gesetz nicht nach § 320 Zug um Zug zu erfüllen. Den Verpächter trifft vielmehr entsprechend den §§ 581 Abs 2, 579 eine gesetzliche Vorleistungspflicht (RG JW 1903, 35 Nr 49). Die Parteien können eine abweichende Vereinbarung treffen, die den Pächter verpflichtet, die Pacht zu **152**

Beginn der Pachtzeit oder des einzelnen Bemessungszeitraums zu entrichten. In diesem Fall kann der Pächter Überlassung des Pachtgegenstandes Zug um Zug gegen Zahlung der Pacht verlangen (RG JW 1906, 333 Nr 8).

cc) Umfang der Überlassungspflicht

153 α) Die Überlassungspflicht umfaßt den verpachteten **Gegenstand in seiner Gesamtheit**. Der Umfang des Vertragsgegenstandes ist im einzelnen durch Auslegung des Vertrags zu ermitteln. Soweit der Vertrag keine Einzelangaben trifft, sind nach § 157 Treu und Glauben mit Rücksicht auf die Verkehrssitte maßgebend. Hieraus kann sich ergeben, daß etwaige Nebenräume, Inventargegenstände oder Rechte erfaßt werden und daß sich ein Benutzungsrecht hinsichtlich nicht mitverpachteter Sachen ergibt, wie zB der Zufahrt zu einem Grundstück (RG WarnR 1920, Nr 106). Auf jeden Fall umfaßt die Überlassungspflicht solche Sachen, die für den Gebrauch des Pachtgegenstandes unentbehrlich sind, wie etwa die Schlüssel, und die dem Pachtvertrag sein besonderes Gepräge geben, wie die Einrichtung bei der Raumpacht. Bei der Pacht von Geschäftsräumen oder Unternehmen muß der Verpächter gestatten, daß der Pächter eine Leuchtreklame an der Hausfront anbringt, auch wenn dies nicht ausdrücklich vereinbart ist (LG Braunschweig MDR 1961, 148). Allerdings darf das Haus nicht verunstaltet werden. Ähnliches gilt für andere Werbemaßnahmen (STAUDINGER/EMMERICH [2003] § 535 Rn 11).

154 β) Zur Gewährung des Gebrauchs gehört nicht nur die Überlassung als solche, die idR durch Übergabe stattfindet (Rn 149 ff). Der Pachtgegenstand ist entsprechend den §§ 581 Abs 2, 535 Abs 1 S 2 HS 1 in einem zu dem **vertragsmäßigen Gebrauch geeigneten Zustand zu überlassen** und während der Pachtzeit grundsätzlich in diesem Zustand zu erhalten. Der *vertragsmäßige Gebrauch* richtet sich nach dem Zweck, zu dem der Pachtgegenstand gepachtet wird. Was im einzelnen zum vertragsgemäßen Gebrauch gehört, richtet sich in erster Linie nach den Abreden der Parteien (§ 311 Abs 1). Zulässig ist die Beschränkung des Vertragszwecks auf einen bestimmten Geschäftsbetrieb, zB die Nutzung eines Anwesens als Lager, Ausstellungsraum und Café mit Betriebswohnungen (OLG München OLG-Rp 2001, 63 = ZMR 2001, 347, 348). Sind dem Pächter Gewerberäume für ein „Technologiezentrum" überlassen worden, so umfaßt dieser Vertragszweck nicht den Betrieb eines „Call-Centers" (OLG Düsseldorf ZMR 2003, 349). Ergänzend zu den vertraglichen Vereinbarungen sind die gesamten Umstände zu berücksichtigen wie Art, Größe und Lage des Pachtgegenstandes sowie vor allem die Verkehrssitte. Alle diese Umstände sind entscheidend für den vertragsmäßigen Gebrauch (Rn 333 ff). Es handelt sich allerdings nicht um eine statische Größe, die mit dem Vertragsabschluß auf Dauer festliegen würde. Der Umfang kann durch spätere Parteivereinbarung auch stillschweigend geändert werden, soweit keine Formvorschriften entgegenstehen. So kann sich der Umfang der zulässigen Nutzung ändern, wenn der Verpächter einer Gaststätte über mehrere Jahre hinweg die Außenbewirtschaftung durch den Pächter auf einer zunächst nicht mitverpachteten Freifläche vor dem Haus widerspruchslos hingenommen hat (OLG Düsseldorf DWW 1992, 82). Ist der Pachtgegenstand einschließlich Heizung überlassen, trifft den Verpächter die Pflicht zu heizen, weil die Versorgung mit Wärme in diesem Fall zum vertragsmäßigen Gebrauch gehört. Hat der Verpächter die Energieversorgung mangels eines gesonderten Zählers gegen ein Pauschalentgelt übernommen, ist später aber ein solcher Zähler angebracht worden, so bleibt der Verpächter zur Energieversorgung verpflichtet. Er muß den Zähler für sich anmelden (LG Leipzig MDR 1994, 1010). Die Parteien können insoweit abweichende Vereinbarungen treffen, vor allem auch hinsichtlich der Umlegung der Heizungskosten. Hierbei ist die VO über die verbrauchsabhängige Abrechnung der Heiz- und Warmwasserkosten idF vom 20. 1. 1989 (BGBl I 115) mit Maßgabe durch den Einigungsvertrag Kap V D III Nr 10 (BGBl II 1990, 889, 1007) zu beachten.

Der Pachtgegenstand muß sich im Zeitpunkt der Überlassung an den Pächter in **155** einem zu dem vertragsmäßigen Gebrauch *geeigneten Zustand* befinden. Die Eignung entspricht dem in § 536 Abs 1 verwendeten Begriff der Tauglichkeit. Der Pachtgegenstand muß gebrauchsfähig und in einem verkehrssicheren Zustand sein. Darüber hinaus muß er entsprechend dem besonderen Zweck der Pacht die Fähigkeit besitzen, natürliche oder juristische Früchte abzuwerfen. Ist der Pachtgegenstand hierzu nicht geeignet, muß der Verpächter den erforderlichen Zustand vor der Überlassung herstellen, wenn er sich nicht den Gewährleistungsrechten des Pächters entsprechend den §§ 581 Abs 2, 536 ff aussetzen will (Rn 293 ff). Verpachtete Räume müssen deshalb nicht nur in einem einwandfreien baulichen Zustand sein. Besteht der Vertragszweck in dem Betrieb eines bestimmten Gewerbes, muß der Verpächter dafür sorgen, daß der Aufnahme eines solchen Gewerbes in den Räumen keine privatrechtlichen oder öffentlich-rechtlichen Hindernisse entgegenstehen (OLG Hamm ZMR 1982, 206).

dd) Erhaltungspflicht
Neben der Überlassung des Gebrauchs als einmaliger Leistung in Form der Übergabe **156** trifft den Verpächter die Pflicht, dem Pächter den Gebrauch des Pachtgegenstandes während der Pachtzeit zu belassen. Er muß im Wege der Dauerleistung den Gebrauch durch den Pächter dulden. Es handelt sich jedoch nicht nur um eine Duldungspflicht, da die Gebrauchsgewährung als Dauerleistung durch die §§ 581 Abs 2, 535 Abs 1 S 2 HS 2 konkretisiert wird. Hiernach ist der Verpächter verpflichtet, den verpachteten Gegenstand während der Pachtzeit in einem zu dem vertragsmäßigen Gebrauch geeigneten Zustand zu erhalten. Diese **allgemeine Erhaltungspflicht** setzt sich aus einer Reihe von Einzelpflichten zusammen, deren systematische Einordnung als Haupt- oder Nebenpflicht zT zweifelhaft ist (ROQUETTE § 535 Rn 205 ff, § 536 Rn 10 ff). In Anlehnung an die Kommentierung des Mietrechts (STAUDINGER/EMMERICH [2003] § 535 Rn 20 ff) sollen die diesbezüglichen Pflichten des Verpächters als unselbständige Teile der allgemeinen Erhaltungspflicht behandelt werden.

α) Den Verpächter trifft die Pflicht zur **Fernhaltung von Störungen** des vertrags- **157** mäßigen Gebrauchs auf seiten des Pächters. Er darf den Pächter nicht selbst stören und muß ihn auch vor Störungen durch Dritte schützen, falls der Pachtgegenstand nicht von vornherein mit dahin gehenden Einschränkungen überlassen worden ist (RG SchlHAnz 1919, 82; OLG Kiel SchlHAnz 1918, 164). Ohne besondere Anlässe, wie etwa Reparaturen, Neuverpachtung nach Kündigung oder Verkauf des Pachtgegenstandes, steht dem Verpächter deshalb kein Besichtigungsrecht zu (Rn 247 ff). Er muß verhindern, daß Gefahren von einer Baustelle auf das Pachtgrundstück ausgehen. Notfalls muß er eine Absperrung errichten (OLG Celle OLGE 24, 358). Weiter muß er dafür sorgen, daß der Gebrauch des Pächters nicht durch störende Eingriffe Dritter beeinträchtigt wird (OLG Dresden OLGE 18, 14). Hieraus kann sich für den Verpächter die Pflicht ergeben, dem Pächter zu erlauben, daß er eine Einfriedung um die von ihm genutzte Fläche errichtet (OLG Frankfurt WuM 1981, 63). Zu beachten ist aber, daß das

Betreten fremder Grundstücke wie Wege, Wälder und Gewässer vielfach gewohnheitsrechtlich durch Gemeingebrauch oder kraft besonderer gesetzlicher Anordnung wie in § 14 BWaldG zu dulden ist. Auch Lärmbelästigungen und sonstige nach § 906 unerlaubte Immissionen hat der Verpächter zu verhindern. Allerdings muß der Pächter eines innerstädtischen Ladenlokals mit gelegentlichen Straßenbaumaßnahmen begrenzten Ausmaßes in der Nähe während eines langfristigen Pachtverhältnisses von vornherein rechnen (s OLG Hamburg OLG-Rp 2003, 137, 138 = WUM 2003, 146).

158 β) Große Bedeutung kommt dem **Konkurrenzschutz** des Pächters zu. Ähnlich wie im Mietrecht (FRICKE ZMR 1979, 227; JENDREK NZM 2000, 1116; STAUDINGER/EMMERICH [2003] § 535 Rn 23 ff) gilt für die Pacht, daß der Verpächter grundsätzlich verpflichtet ist, seinen Pächter in gewissen Grenzen vor Wettbewerb als einer besonderen Form von Störung zu schützen. Dies spielt nicht nur bei der Grundstücks-, Raum- oder Unternehmenspacht eine Rolle, sondern kann auch bei der Rechtspacht bedeutsam sein (RG JW 1937, 2106 Nr 11). Das Problem stellt sich bei der Verpachtung zu gewerblichen oder freiberuflichen Zwecken grundsätzlich in gleicher Weise (BGH BB 1978, 165). Wenn ausdrückliche Vereinbarungen fehlen, ergibt sich die Pflicht des Verpächters entsprechend den §§ 581 Abs 2, 535 S 2 iVm den §§ 133, 157, 242 aus dem Anspruch des Pächters auf Gewährung des vertragsmäßigen Gebrauchs (BGHZ 70, 79, 80 = NJW 1978, 585, 586; BGH LM Nr 5 zu § 536 BGB; LM Nr 17 zu § 536 BGB = NJW 1979, 1404, 1405; OLG Düsseldorf BB 1992, 1889; OLG Frankfurt NJW-RR 1989, 1422, 1423; s auch OLG Düsseldorf NJW-RR 1998, 514; OLG Frankfurt OLG-Rp 2004, 337, 340 = GRUR-RR 2004, 276; JOACHIM BB 1986, Beil 6; ders ZIP 1991, 966; ders NZM 2001, 162, 163). Im Pachtrecht wird dies durch das Recht des Pächters auf ungestörten Fruchtgenuß unterstrichen (OLG Celle MDR 1964, 59). Dies gilt für die Verpachtung von Grundstücken in gleicher Weise wie für Räume (OLG Koblenz NJW-RR 1993, 842) und erstreckt sich auch auf eine Unterverpachtung (LG Karlsruhe WuM 1991, 83; LG Oldenburg NJW-RR 1989, 81). Grundsätzlich ist der Verpächter nicht verpflichtet, den Pächter bei Abschluß des Vertrags darauf hinzuweisen, daß er schon mit anderen Mietern oder Pächtern einen gleichrangigen Konkurrenzschutz vereinbart hat, wodurch eine etwaige spätere Unterverpachtung zu anderen geschäftlichen Zwecken behindert wird (BGH NJW 1982, 376). Einem Pachtvertrag zwischen dem Eigentümer einer Gaststätte und einer vorpachtberechtigten Brauerei ist nicht von vornherein immanent, daß bei einer Neuverpachtung der Gaststätte keine Bier- oder Getränkebezugsverpflichtung des neuen Pächters gegenüber einem Dritten mit Wirkung für den Vorpachtberechtigten vereinbart werden kann. Hierzu ist eine ausdrückliche Absprache im Pachtvertrag erforderlich (BGHZ 102, 237 = NJW 1988, 703). Der Konkurrenzschutz kann im Wege der Unterlassungsklage durchgesetzt werden (BGH WuM 1990, 395). Eine Verletzung berechtigt den Pächter zu Schadensersatz wegen Pflichtverletzung nach § 280 Abs 1 und entsprechend den §§ 581 Abs 2, 543 Abs 2 Nr 1 auch zur außerordentlichen fristlosen Kündigung (zur Haftung aus culpa in contrahendo WALTHER, in: MÜLLER/WALTHER § 581 Rn 63 ff; zu den Folgen einer Unmöglichkeit des Verpächters, den Konkurrenzschutz zu gewähren, ders, in: MÜLLER/WALTHER § 581 Rn 54 ff). Gegenüber einem konkurrierenden Mitpächter kann der betroffene Pächter unmittelbar nur vorgehen, wenn dies in den jeweiligen Pachtverträgen vereinbart ist (VOGT MDR 1993, 498; WALTHER, in: MÜLLER/WALTHER § 581 Rn 62). Der Konkurrenzschutz kann vertraglich ausgeschlossen werden. Dies ist auch durch eine formularvertragliche Vereinbarung möglich (OLG Celle WuM 1992, 538; OLG Düsseldorf BB 1992, 1889; OLG Hamburg ZMR 1987, 94). Die Beweislast für einen Ausschluß trifft den Verpächter (BGH NJW-RR 1988, 717).

Der *Umfang der Verpflichtung* des Verpächters, Wettbewerb von seinem Pächter **159** fernzuhalten, läßt sich nur im Einzelfall unter Würdigung der gesamten Umstände, insbesondere der Interessen beider Vertragspartner, nach Treu und Glauben mit Rücksicht auf die Verkehrssitte bestimmen (RGZ 119, 353; 131, 274, 276; 136, 266, 273; RG JW 1937, 2106 Nr 11; BGH LM Nr 5 zu § 536 BGB). Der Verpächter ist nicht schlechthin verpflichtet, den Pächter vor jedem fühlbaren oder unliebsamen Wettbewerb zu schützen. Auf der Grundlage des Vertragszwecks ist diese Pflicht nach dem Gegenstand des Geschäftsbetriebs und nach den räumlichen Verhältnissen einzugrenzen.

Hinsichtlich des *Gegenstandes des Geschäftsbetriebs* nimmt die Rspr unzulässigen **160** Wettbewerb an, wenn der störende Betrieb als Hauptgegenstände Waren vertreibt, die auch Hauptgegenstände des gestörten Betriebs des Pächters sind. Unschädlich ist, wenn eine Überschneidung bei Nebenartikeln vorliegt. Wenn ein Betrieb als Hauptgegenstände solche Waren vertreibt, die für den anderen Betrieb nur Nebenartikel sind, so kommt es darauf an, ob die beiden Betriebe im Geschäftsverkehr als verschiedenartig gewertet werden (RG DR 1941, 783; KG DR 1941, 1900). Ist dies der Fall, muß der Pächter im allgemeinen die Konkurrenz dulden (BGH LM Nr 3 zu § 536 BGB; OLG Köln ZMR 1998, 347 = WuM 1998, 342 = DWW 1998, 247). Die Konkurrenz bei einem Nebenartikel verstößt jedoch dann gegen den Pachtvertrag, wenn der Verpächter selbst gezielt den Geschäftsbetrieb des Pächters zur Erzielung eigener Einnahmen ausnutzen will, indem er etwa neben dem Eingang einer verpachteten Gaststätte einen Zigarettenautomaten anbringt (LG Detmold MDR 1969, 56). Die gleichen Grundsätze gelten für Dienstleistungsbetriebe (BGH NJW-RR 1989, 1422; OLG Düsseldorf NZM 1998, 307; OLG Hamm NJW-RR 1997, 459; Joachim NZM 2001, 162, 163 zum Hotelgewerbe). Für die Abgrenzung zwischen Haupt- und Nebenartikeln oder Haupt- und Nebenleistungen kommt es nicht nur auf die Höhe des Umsatzes an, sondern auch darauf, welche Ware oder Leistung den Stil des Betriebs und das ihm eigentümliche Gepräge bestimmt und in welchem Ausmaß eine Ware im Verhältnis zu den anderen vertrieben oder eine Leistung erbracht wird (BGH LM Nr 3 zu § 536 BGB – Bäckerei/Milch- und Lebensmittelgeschäft; LM Nr 6 zu § 536 BGB – Gastwirtschaft/Café; LM Nr 11/12 zu § 536 BGB = MDR 1968, 657 – Drogerie/Supermarkt mit Drogerieabteilung; BB 1985, 1564 – Fliesenhandel/Baumarkt; NJW-RR 1988, 717 – rustikale Gaststätte/Imbißverkauf; OLG Celle WuM 1992, 538 – Supermarkt mit Angeboten eines Fachgeschäfts/Einzelhandelsgeschäft; OLG Frankfurt Betrieb 1970, 46 – Café/Eissalon; NJW 1982, 707 – Apotheke/Selbstbedienungsdrogerie; OLG Hamm NJW-RR 1988, 911 – Metzgerei/Imbißstand; NJW-RR 1991, 1483 – Praxis für Chirurgie/Mund- u Kieferchirurgie; OLG Hamm NJW-RR 1997, 459 – Imbißladen/Imbiß mit Pizza-, Nudelgerichten und Salaten; OLG Köln NJW-RR 1998, 1017; OLG Hamm NJW-RR 1998, 1019 – Supermarkt/Bäckerei; OLG Köln NJW-RR 1998, 347 – Strumpfboutique/Laden mit breitem Sortiment; OLG Frankfurt OLG-Rp 2004, 337, 341 = GRUR-RR 2004, 276 – Tankstelle/Raststätte).

Im Hinblick auf die *räumlichen Verhältnisse* besteht die Pflicht des Verpächters zum **161** Schutz vor Konkurrenz in erster Linie für andere Räume desselben Gebäudes. Dies gilt selbst bei einer besonders attraktiven Einkaufsstraße, in der Laufkundschaft überwiegt (OLG Frankfurt NJW-RR 1988, 396; **aA** LG Frankfurt aM MDR 1982, 234; NJW-RR 1989, 1246). Die Parteien können den räumlichen Geltungsbereich des Konkurrenzschutzes vertraglich bestimmen, damit allerdings ebenfalls Auslegungsprobleme herbeiführen (OLG Düsseldorf DWW 1993, 139). Auch ohne ausdrückliche Vereinbarung kann sich der Konkurrenzschutz auf andere Gebäude desselben Grundstücks und auf unmittelbar angrenzende Grundstücke des Verpächters erstrecken (BGHZ

70, 79, 80 = NJW 1978, 585, 586; BGH LM Nr 11/12 zu § 536 BGB = MDR 1968, 657; LM Nr 17 zu § 536 BGB = NJW 1979, 1404, 1405; OLG Celle MDR 1964, 59; OLG Düsseldorf ZMR 2002, 38, 39; OLG Frankfurt NJW-RR 1989, 1422, 1423; OLG Hamm NJW-RR 1998, 1019; KG MDR 1999, 1375; LG Chemnitz ZMR 2002, 350, 351; einschr RGZ 131, 274, 276; KG JW 1938, 940; OLG Hamburg MDR 1964, 508; LG Hamburg MDR 1955, 611; vJEINSEN Betrieb 1981, 1707, 1712). Die Einheitlichkeit des Grundstücks kann jedoch schon wegen der Möglichkeit späterer Grundstücksteilungen durch den Verpächter nicht entscheidend sein (BGH NJW 1979, 1404; OLG Koblenz NJW 1960, 1253). Auch die Beschränkung auf unmittelbar angrenzende Grundstücke ist unbefriedigend, da der Pächter in gleicher Weise durch ein Konkurrenzunternehmen beeinträchtigt werden kann, das auf dem übernächsten oder dem gegenüberliegenden Grundstück betrieben wird (aA OLG Hamm NJW-RR 1991, 975). Allgemeingültige Maßstäbe und vor allem feste Entfernungstabellen lassen sich insoweit kaum aufstellen, da es ganz auf die Umstände des Einzelfalls ankommt. In einer Fußgängerzone geht der Konkurrenzschutz weiter als bei einer durch Autoverkehr in zwei Ladenzeilen getrennten Geschäftsstraße. Der Schutz vor Wettbewerb ist eingeschränkt in einer von Spezialgeschäften bevorzugten Straße, wo von vornherein mit scharfer Konkurrenz zu rechnen ist (RGZ 131, 274, 277; 136, 266, 272). Im allgemeinen wird ein Schutz dann geboten sein, wenn die Nachbarschaft so eng ist, daß der potentielle Kunde sozusagen vor der Ladentür des Pächters noch durch den Konkurrenzbetrieb abgelenkt werden kann. Bei der Pacht von Gewerberäumen in einem Einkaufszentrum besteht kein Konkurrenzschutz, da hier zu bedenken ist, daß das unternehmerische Gesamtkonzept darauf ausgerichtet ist, ein attraktives, kundennahes Produktangebot zu schaffen; den Kunden soll besonders durch die Repräsentanz konkurrierender Anbieter gerade in umsatzstarken Bereichen ein Produkt- und Preisvergleich eröffnet werden (OLG Dresden MDR 1998, 211). Eben diese Präsenz verschiedener Anbieter zieht Kunden in das Zentrum und wirkt auf diese Weise sowohl für dessen Betreiber als auch die dort etablierten Einzelhändler umsatzsteigernd (BGH NJW-RR 2002, 1405 = LM Nr 37 zu § 34 GWB Bl 2 R 5).

162 Eine *Grenze* für den im Wege der Auslegung des Vertrags gewonnenen oder ausdrücklich vereinbarten Konkurrenzschutz (Rn 158) bildet das Kartellverbot des § 1 GWB. Nach dessen Neufassung aufgrund des Gesetzes vom 26. 8. 1998 (BGBl I 2546) sind ua Vereinbarungen zwischen miteinander im Wettbewerb stehenden Unternehmen, die eine Verhinderung, Einschränkung oder Verfälschung des Wettbewerbs bezwecken oder bewirken, verboten. Solche Wettbewerbsbeschränkungen können auch im Rahmen schuldrechtlicher Austauschverträge, also auch in einem Pachtvertrag, vereinbart werden. Nach früherer Rspr war maßgebend, ob die Parteien mit der fraglichen Klausel gleichgerichtete Interessen verfolgen (BGHZ 68, 6, 10 = NJW 1977, 804 m Anm ULMER – Fertigbeton; BGH NJW 1980, 185 – Erbauseinandersetzung; NJW 1979, 1605 – Ausscheiden eines Gesellschafters; BB 1980, 1486 – Sortimentsabgrenzung; MICHALSKI BB 1991, 1875; K SCHMIDT BB 1979, 1173); die jüngere Rspr stellt darauf ab, ob für die Wettbewerbsbeschränkung bei wertender Betrachtungsweise im Hinblick auf die Freiheit des Wettbewerbs ein anzuerkennendes Interesse besteht (BGH NJW 1997, 2324, 2326 = WuW/E 3115 ff = LM Nr 47 zu § 1 GWB m Anm EMMERICH; näher Rn 278). Der Konkurrenzschutz des Pächters steht also unter dem Vorbehalt des § 1 GWB (FIKENTSCHER, Schuldrecht § 74 II 1 a cc; allg JICKELI, in: Gedschr Sonnenschein [2003] 463, 466 ff). Hiergegen wird nicht verstoßen, soweit der Konkurrenzschutz ohne ausdrückliche Vereinbarung auf die Pflicht des Verpächters zur Gewährung des vertragsmäßigen Gebrauchs gestützt wird (Rn 158) und die damit verbundenen Beschränkungen sachgerecht, erforderlich und zumutbar sind, also nicht über die schützenswerten Interessen der Beteiligten hinausgehen (OLG Frankfurt NJW-RR 1989, 1422).

γ) Im Rahmen der allgemeinen Erhaltungspflicht ist der Verpächter grundsätzlich zur **Instandhaltung und Instandsetzung** des Pachtgegenstandes verpflichtet. Instandhaltung bedeutet, daß der Verpächter den Pachtgegenstand während der Vertragszeit in einem vertragsmäßigen Zustand erhalten muß. Hieraus ergibt sich in erster Linie eine Prüfungspflicht. Zeigen sich Mängel, greift die Instandsetzungspflicht ein. Der Verpächter muß die Mängel beseitigen (OLG Bamberg OLGZ 1976, 195; ROQUETTE § 536 Rn 18 ff, 25 ff). Versorgungsleitungen zu den gepachteten Räumen sind etwa in regelmäßigen Abständen auf ihren ordnungsgemäßen Zustand zu überprüfen und die sich als Folge dieser Überprüfungen ergebenden Reparaturen zu veranlassen (OLG Düsseldorf ZMR 2000, 377). Weiter obliegt dem Verpächter die Wiederherstellung eines Teichablaufs (BGH WuM 1993, 123). Wird ein Grundstück mit Inventar verpachtet, wozu auch die Raumpacht und ggf die Unternehmenspacht gehören, treffen die §§ 582 und 582a für die Erhaltungs- und die Ergänzungspflicht hinsichtlich der Inventarstücke eine abweichende Regelung. Diese Bestimmungen gelten nach § 585 Abs 2 auch für die Landpacht. Die Parteien können für die Erhaltung des Grundstücks und seiner wesentlichen Bestandteile sowie bei der Verpachtung beweglicher Sachen vertraglich von den gesetzlichen Vorschriften abweichen (Rn 234; STAUDINGER/EMMERICH [2003] § 535 Rn 128 ff). Sind Reparaturen auf den Pächter abgewälzt, ausgenommen Schäden „an Dach und Fach", so fällt ein Schaden am Wasserleitungsrohr in den Verantwortungsbereich des Verpächters (OLG Hamm ZMR 1988, 260). Wird die Mauer einer Gaststätte durch Bauarbeiten von Dritten beschädigt, so hat im Verhältnis zum Pächter der Verpächter die Gebrauchsfähigkeit wiederherzustellen, da eine Reparaturklausel zu Lasten des Pächters solche Substanzschäden nicht erfaßt (OLG Koblenz WuM 1990, 16).

Im Vordergrund steht die *Verkehrssicherungspflicht* des Verpächters. Er ist verpflichtet, den Pachtgegenstand während der Vertragszeit in einem Zustand zu erhalten, der dem Pächter den vertragsmäßigen Gebrauch ermöglicht und ihn dabei nicht gefährdet. Der Verpächter muß demnach ähnlich wie der Vermieter alle erforderlichen Maßnahmen treffen, um drohende Gefahren für den Pächter und die in den Schutzbereich des Pachtvertrags einbezogenen Personen, etwa Angehörige und Arbeitnehmer des Pächters, zu verhindern (STAUDINGER/EMMERICH [2003] § 535 Rn 28 ff). Umfaßt der Pachtvertrag Maschinen, muß der Verpächter für deren Sicherheit und Funktionsfähigkeit sorgen. Er hat den Pachtgegenstand den bau-, feuer- und gewerbepolizeilichen Vorschriften anzupassen. Das gleiche gilt für vorgeschriebene Maßnahmen des Umweltschutzes. Bei Verpachtung von Betriebsräumen muß er deren Versorgung mit Wärme usw sicherstellen (BGH ZMR 1999, 605, 606). Bei einem verpachteten Gebäude hat der Verpächter dafür zu sorgen, daß keine Feuchtigkeit in das Dach des Gebäudes eindringen kann (OLG Düsseldorf ZMR 1999, 627). Wird ein Grundstück verpachtet, muß der Verpächter Vorkehrungen gegen die Gefahren treffen, die durch das Umstürzen von Pappeln entstehen können (OLG Hamm ZMR 2000, 289). Gegenüber Dritten kann die Verkehrssicherungspflicht Verpächter und Pächter nebeneinander treffen (BGH NJW 1985, 270; WuM 1986, 320). Der Verpächter kann zudem im Pachtvertrag die Verkehrssicherungspflicht des Pächters übernehmen (OLG Nürnberg VersR 1996, 900).

165 Die *Grenzen* der Instandhaltungs- und Instandsetzungspflicht werden durch das Recht des Pächters auf vertragsmäßigen Gebrauch abgesteckt. Dieses Recht und damit die Erhaltungspflicht des Verpächters erlöschen nach § 275 bei einer vollständigen Zerstörung des Pachtgegenstandes. Ob der Vertrag damit endet oder mit verändertem Inhalt auf der Grundlage der §§ 283, 326 Abs 2 fortbesteht, hängt vom etwaigen Verschulden einer der Parteien ab (BGH NJW 1976, 1506 zu § 324 aF). Die Frage der Instandsetzungspflicht tritt nur bei teilweiser Zerstörung des Pachtgegenstandes auf. Aufgrund der Entstehungsgeschichte nahm die Rspr zunächst eine Wiederherstellungspflicht an, wenn nur ein geringfügiger Teil des Pachtgegenstandes zerstört war (RG SeuffA 65, Nr 162), die Wiederherstellung unter Wahrung der Identität des Pachtgegenstandes möglich (Prot II 131) und nicht mit Kosten verbunden war, deren Aufwendung dem Verpächter nach Treu und Glauben nicht zuzumuten war (RG WarnR 1910, Nr 146; WarnR 1918, Nr 166; LZ 1919, 153). Die spätere Rspr stellte nur darauf ab, ob das Wiederherstellungsverlangen die Opfergrenze überschritt, die dem Verpächter zumutbar war. Dabei waren im Rahmen der Abwägung nach § 242 etwaige Versicherungsleistungen zu berücksichtigen (BGH NJW 1957, 826; NJW 1959, 2300; NJW 1976, 1506, 1507; NJW-RR 1991, 204). Nach Inkrafttreten des Schuldrechtsmodernisierungsgesetzes richtet sich die Lösung nach den §§ 275, 311. Gem § 275 Abs 2 kann der Schuldner die Leistung, dh die Wiederherstellung der beschädigten Sache verweigern, soweit diese einen Aufwand erfordert, der unter Beachtung des Inhalts des Schuldverhältnisses und der Gebote von Treu und Glauben in einem groben Mißverhältnis zum Leistungsinteresse des Gläubigers steht. Nach der Gesetzesbegründung fallen allerdings nur die Fälle der faktischen und praktischen Unmöglichkeit unter diese Norm, während die Fälle der wirtschaftlichen Unmöglichkeit nach § 313 behandelt werden sollen (RegE BT-Drucks 14/6040, 129 f, 174 ff). Eine Änderung der Rechtslage war mit der in dieser Norm enthaltenen Kodifizierung der Geschäftsgrundlagenlehre nicht bezweckt; für die Abgrenzung zwischen Zerstörung der Sache und ihrer bloßen Beschädigung bleibt es also bei den bisherigen Grundsätzen (Emmerich NZM 2002, 362, 365). Problematisch ist im Einzelfall, wann eine teilweise Zerstörung iS einer bloßen Beschädigung vorliegt oder die teilweise Zerstörung zur völligen Unmöglichkeit der Erfüllung führt, die den Verpächter nach § 275 Abs 1 von seiner Verpflichtung befreit. So kann etwa bei der Grundstücks- oder Raumpacht die völlige Zerstörung des Gebäudes im Verhältnis zum Grundstück nicht als teilweise Zerstörung des Pachtgegenstandes iS einer Beschädigung angesehen werden. Sie führt zur Befreiung des Verpächters (RG SeuffA 43, Nr 16; BGH NJW 1976, 1506; LG Frankfurt aM NJW 1976, 573 m krit Anm Dopjans NJW 1976, 898). Anders ist es, wenn eines von mehreren Gebäuden zerstört wird oder ein Gebäude nach der Verkehrsauffassung nur beschädigt und in seiner bisherigen Substanz wiederherstellbar ist. Dann bleibt der Verpächter zur Instandsetzung verpflichtet. Diese Pflicht entfällt allerdings, wenn der Pächter die Zerstörung oder Beschädigung nach den §§ 276 ff zu vertreten hat (BGHZ 116, 334 = NJW 1992, 1036).

166 Aus der Pflicht zur Instandhaltung und Instandsetzung läßt sich nicht herleiten, daß der Verpächter mögliche *Verbesserungen* des Pachtgegenstandes vornehmen muß, insbesondere eine veraltete, aber noch in vertragsmäßigem Zustand befindliche Einrichtung durch eine neue zu ersetzen hat (RG HRR 1932, Nr 1433). Ist die Erneuerung aber durch öffentlich-rechtliche Bestimmungen vorgeschrieben, etwa für die Umstellung der Heizung auf Erdgas oder den Einbau umweltfreundlicher Betriebsvorrichtungen, so trifft die Verpflichtung den Verpächter.

c) Gewährung des Fruchtgenusses
aa) Begriff der Früchte

Neben der Gebrauchsgewährung besteht die zweite Hauptpflicht des Verpächters 167 darin, dem Pächter den Genuß der Früchte zu gewähren. Diese Pflicht gibt dem Pachtvertrag vor allem im Unterschied zur Miete sein besonderes Gepräge. Soweit die Nutzungen des Pachtgegenstandes in den Gebrauchsvorteilen iS des § 100 bestehen, ist der Verpächter schon kraft der Gebrauchsgewährung verpflichtet, sie dem Pächter einzuräumen. Der Begriff der Früchte als der andere Unterfall der Nutzungen ergibt sich aus § 99. Mit diesem Begriff deutet das Gesetz an, daß sich die Verpflichtung des Verpächters sowohl auf die natürlichen als auch auf die juristischen Früchte des Pachtgegenstandes erstreckt (Mot II 421 f). Das Gesetz unterscheidet zwischen den Sachfrüchten, zu denen nach § 99 Abs 1 die organischen Erzeugnisse und die sonstige bestimmungsgemäße Ausbeute einer Sache gehören, und den Rechtsfrüchten iS des § 99 Abs 2, die ein Recht als Erträge seiner Bestimmung gemäß gewährt. Sach- und Rechtsfrüchte können unmittelbar gewonnen werden und sind dann nach der früheren Terminologie natürliche Früchte (Mot aaO). Mittelbare Früchte sind nach § 99 Abs 3 die Erträge, die eine Sache oder ein Recht kraft eines Rechtsverhältnisses gewährt. Dies sind nach dem früheren Sprachgebrauch die juristischen Früchte.

bb) Umfang

Der Umfang der Verpflichtung, den Fruchtgenuß zu gewähren, wird im einzelnen 168 durch den Pachtvertrag und die gesetzlichen Bestimmungen festgelegt. Er kann dadurch in mehrfacher Hinsicht eingeschränkt sein.

α) Die Parteien können im **Pachtvertrag** ein umfassendes Fruchtziehungsrecht 169 des Pächters vereinbaren. Er ist dann berechtigt, *unmittelbare und mittelbare Früchte* iS des § 99 zu ziehen. Wegen der entsprechend den §§ 581 Abs 2, 540, 553 erforderlichen Erlaubnis des Verpächters zur Untervermietung oder Unterverpachtung müssen für eine derart weitgehende Vereinbarung aber besondere Anhaltspunkte bestehen. Sonst ist das Fruchtziehungsrecht hinsichtlich der mittelbaren Rechtsfrüchte schon durch die §§ 540, 553 eingeschränkt.

Darüber hinaus kann das Fruchtziehungsrecht ausdrücklich auf bestimmte *Frucht-* 170 *arten* beschränkt werden. Dies ergibt sich idR aus dem Vertragszweck und der Art des Pachtgegenstandes. Der Vertrag kann darauf gerichtet sein, daß der Pächter nur die natürlichen Früchte wie organische Erzeugnisse und die sonstige bestimmungsgemäße Ausbeute oder nur Rechtsfrüchte wie den Unternehmensertrag (Rn 89 ff) gewinnen soll. Hinsichtlich der natürlichen Früchte kann das Recht des Pächters wiederum auf die organischen Erzeugnisse oder die sonstige Ausbeute beschränkt sein, wobei der Vertrag im einzelnen nach besonderen Arten organischer Erzeugnisse, zB hinsichtlich bestimmter Obstsorten, bzw sonstiger Ausbeute im Hinblick auf bestimmte Bodenbestandteile unterscheiden kann. Das Fruchtziehungsrecht kann auf einen mengenmäßig festgelegten Teil einer einzelnen Fruchtart beschränkt werden. Andererseits steht es einem Pachtvertrag nicht entgegen, daß die Früchte, wie zB ein Wald oder Bodenbestandteile, vollständig und endgültig ausgebeutet werden (RG JW 1901, 266 Nr 38; JW 1909, 451; BGH LM Nr 2 zu § 581 BGB = BB 1951, 974).

Ein *vollständiger vertraglicher Ausschluß* des Fruchtziehungsrechts unter Beschrän- 171 kung auf ein Gebrauchsrecht ist im Rahmen eines Pachtvertrags nicht möglich, da dies den Vertrag seines charakteristischen Bestandteils berauben würde. Eine solche Vertragsgestaltung ist bei Vereinbarung eines Entgelts nach § 535 als Miete, sonst als Leihe nach § 598 oder ggf als atypischer Vertrag zu beurteilen.

172 β) Das **Gesetz** legt mit dem Fruchtbegriff des § 99 den Umfang der Verpflichtung des Verpächters im einzelnen fest. Wenn in § 99 Abs 1 HS 1 die *Erzeugnisse* einer Sache zu den Früchten gezählt werden, ergibt sich daraus, daß andere Bestandteile grundsätzlich nicht dem Fruchtziehungsrecht unterliegen. Dies ist nur im Rahmen der *bestimmungsgemäßen Ausbeute* nach § 99 Abs 1 HS 2 der Fall. Mit diesem Begriff zieht das Gesetz die Verbindung zum Vertragszweck, stellt jedoch gleichzeitig klar, daß die Muttersache erhalten bleiben muß, insoweit also keine Rechte des Pächters bestehen.

173 Der Fruchtbegriff des BGB geht über denjenigen einzelner früherer Rechtsordnungen hinaus, zB im Vergleich zum ALR I, 9 § 220 (Mot III 68). Die Verpflichtung des Verpächters zur Gewährung des Fruchtgenusses wird deshalb in § 581 Abs 1 S 1 auf solche Früchte beschränkt, die *nach den Regeln einer ordnungsmäßigen Wirtschaft als Ertrag* anzusehen sind (Rn 2). Das Gesetz verwendet diesen Begriff außer im Pachtrecht noch beim Eigentümer-Besitzer-Verhältnis in den §§ 987, 993, 998, beim Nießbrauch in den §§ 1036, 1039, 1048, bei der Hypothek in § 1135 und im Erbrecht in den §§ 2119, 2133. Es nimmt damit unter Berücksichtigung der Besonderheiten des verpachteten Gegenstandes auf einen objektiven Maßstab Bezug. Die Verpflichtung des Verpächters erstreckt sich deshalb nicht auf solche Früchte, die auf nicht wirtschaftsgemäßen Eingriffen oder Natureinflüssen beruhen, wenn sie den Substanzwert des Pachtgegenstandes oder dessen spätere Nutzungsmöglichkeiten mindern. Hierzu zählen zB der Raubbau nicht schlagreifer Waldbestände und die durch Windbruch anfallenden Erträge.

cc) Fernhaltung von Störungen

174 Aus der Verpflichtung des Verpächters, den Fruchtgenuß zu gewähren, folgt weiter, daß er für die Fernhaltung von Störungen durch Dritte bei der Ausübung dieses Rechts durch den Pächter sorgen muß. Dies gilt insbesondere für Wildschaden (RG SeuffA 38, Nr 117) und bei Rechten Dritter, die dem Fruchtziehungsrecht des Pächters entgegenstehen (RG Recht 1908, Nr 3018). Selbständige Bedeutung kommt dem jedoch nur zu, soweit nicht schon die entsprechende Verpflichtung eingreift, den ungestörten Gebrauch des Pachtgegenstandes zu gewähren (Rn 157). Auch die Gewährung des Fruchtgenusses enthält insoweit also ein Dauerelement (Rn 148).

dd) Risiko der Fruchtziehung

175 Im übrigen genügt der Verpächter seiner Verpflichtung, wenn er dem Pächter den Fruchtgenuß ermöglicht, dh wenn er ihm den Pachtgegenstand zur Fruchtziehung überläßt und Störungen fernhält. Das Risiko der Fruchtziehung trägt hingegen grundsätzlich der Pächter (Rn 216). Wenn die Parteien keine besonderen Vereinbarungen getroffen haben, braucht der Verpächter nicht dafür einzustehen, daß der Pachtgegenstand überhaupt oder in ausreichendem Maße Früchte abwirft (RG WarnR 1908, Nr 39; BGH NJW 1978, 2390; LM Nr 46 zu § 581 BGB = NJW 1982, 2062; OLG Braunschweig OLGE 20, 195; OLG Celle LZ 1918, 460; NJW-RR 1996, 1099 = EWiR § 537 BGB 1/96, 975 m Anm Eckert; Joachim BB 1988, 779). Das gleiche gilt, wenn der Pächter später

mit Einverständnis des Verpächters den gepachteten Betrieb umstellt oder erweitert (OLG Hamm ZMR 1970, 53). Der Pächter bleibt auch dann an den Vertrag gebunden, wenn seine falschen Rentabilitätserwartungen vom Vertragspartner geteilt wurden (BGH BB 1974, 437; vgl BGH NJW 1970, 1313). Es spielt entsprechend den §§ 581 Abs 2, 537 keine Rolle, ob der Pächter aus persönlichen Gründen daran gehindert ist, sein Fruchtziehungsrecht auszuüben. Beruht die Beeinträchtigung des Fruchtgenusses jedoch auf einem Mangel des Pachtgegenstandes, so greifen die Gewährleistungsvorschriften der §§ 581 Abs 2, 536 ff ein, wobei vor allem nach § 536b die Kenntnis oder grobfahrlässige Unkenntnis des Pächters hinsichtlich des Mangels bedeutsam sein kann (Rn 293 ff).

Der Grundsatz, daß der Pächter das Risiko der Fruchtziehung zu tragen hat, erfährt **176** eine *Einschränkung*, wenn die Parteien eine abweichende Vereinbarung getroffen haben. Hiervon kann ausgegangen werden, wenn dem Pächter im wirtschaftlichen Interesse des Verpächters vertragliche Bindungen, etwa in der Preisgestaltung, auferlegt werden. In diesem Fall ist der Verpächter an dem Risiko zu beteiligen. So kann der Verpächter einer Werkskantine wegen der vereinbarten Bindung des Pächters in Preisgestaltung und Leistungsangeboten verpflichtet sein, zur Erhaltung der Wirtschaftlichkeit der Kantine beizutragen (BGH LM Nr 40 zu § 581 BGB = WM 1977, 591). Dies ist etwa durch Subventionen oder Anpassung der Preise an gestiegene Kosten möglich. Auch ohne Vereinbarung der Parteien kann das Risiko nach Maßgabe der Geschäftsgrundlage anderweitig zu verteilen sein, wenn etwa der Verpächter eines Ladengeschäfts in einem Wohn- und Einkaufszentrum bei Vertragsabschluß zu erkennen gegeben hat, daß er die Funktionsfähigkeit des Zentrums auch zu seinem Risiko mache (OLG Celle NJW 1978, 2510).

ee) Fruchterwerb
In § 581 Abs 1 S 1 ist nur die Verpflichtung des Verpächters geregelt, dem Pächter **177** den Fruchtgenuß zu gewähren. Der dingliche Fruchterwerb des Pächters einer Sache vollzieht sich, soweit es sich um Erzeugnisse oder sonstige Bestandteile handelt, nach den §§ 956, 957 (HERRFURTH, Der Fruchterwerb des Pächters 26 ff; RAAPE JherJb 74 [1924] 179). Die Aneignungsgestattung iS dieser Vorschriften ist nicht mit dem Pachtvertrag identisch. Sie ist vielmehr Erfüllungshandlung für die Verpflichtung zur Gewährung des Fruchtgenusses, ohne daß sich diese Verpflichtung aber wegen ihres Dauerelements (Rn 148, 174) in der einmaligen Gestattung als Abgabe einer Willenserklärung erschöpft. Im übrigen ist die Rechtsnatur der Aneignungsgestattung umstritten. Hierbei geht es um die Frage, ob es sich um einen Sonderfall der Übereignung künftiger Sachen nach den §§ 929 ff oder um einen einseitigen Erwerb handelt (PALANDT/BASSENGE § 956 Rn 2 mwNw). Hat der Pächter den Pachtgegenstand in Besitz, erwirbt er nach § 956 das Eigentum auch bei einer unrechtmäßigen Trennung der Früchte durch Dritte oder durch den Verpächter. Dabei ist unerheblich, ob dem Pächter selbst die Fruchtziehung möglich gewesen wäre (RGZ 135, 94, 102 f). Der Pächter erwirbt das Eigentum aber nur an solchen Früchten, auf die sich der Pachtvertrag erstreckt (OLG Oldenburg NdsRpfl 1953, 124). Rechtsfrüchte erwirbt er nach den jeweils maßgeblichen sachenrechtlichen Vorschriften. An Übermaßfrüchten erwirbt er kein Eigentum, soweit sich die Aneignungsgestattung im Einklang mit den Regeln einer ordnungsmäßigen Wirtschaft iS des § 581 Abs 1 S 1 nicht hierauf bezieht.

2. Nebenpflichten

a) Allgemeines

178 Hinsichtlich der Struktur des Schuldverhältnisses kann unterschieden werden zwischen Hauptleistungspflichten, die jeweils nach ihrer Art und Verknüpfung den Typus des betreffenden Schuldverhältnisses bestimmen, und Nebenpflichten, die nicht an einen bestimmten Schuldtypus gebunden sind. Diese Nebenpflichten gehen über die primäre Leistungspflicht des Schuldners hinaus und dienen idR dem Schutz des Gläubigers, indem sie dem Schuldner ein bestimmtes Verhalten vorschreiben (LARENZ, Lehrbuch des Schuldrechts I § 2 I). Hierzu zählen vor allem Erhaltungs-, Schutz- und Fürsorgepflichten sowie Mitteilungs- und Auskunftspflichten (LARENZ I § 10 II e). Eine ausdrückliche gesetzliche Bestimmung für diese Pflichten findet sich infolge des Schuldrechtsmodernisierungsgesetzes nunmehr in § 241 Abs 2, wonach das Schuldverhältnis nach seinem Inhalt jeden Teil zur Rücksicht auf die Rechte, Rechtsgüter und Interessen des anderen Teils verpflichten kann. Zur Konkretisierung ist weiter auf die Generalklausel des § 242 abzustellen (MünchKomm/ROTH [4. Aufl 2003] § 241 Rn 34). Bei der Miete und Pacht ergibt sich allerdings aus der Pflicht des Vermieters oder Verpächters, den Gegenstand des Vertrags nach § 535 Abs 1 S 2 in einem zu dem vertragsmäßigen Gebrauch geeigneten Zustand zu überlassen und ihn während der Vertragszeit in diesem Zustand zu erhalten, eine **allgemeine Erhaltungspflicht** iS einer Hauptleistungspflicht. Diese allgemeine Erhaltungspflicht umfaßt weitgehend die sonst unter dem Gesichtspunkt der Nebenleistung behandelten Pflichten, insbesondere die Pflicht zur Fernhaltung von Störungen (Rn 157, 174) einschließlich des Konkurrenzschutzes (Rn 158 ff) sowie die Instandhaltungs- und Instandsetzungspflicht (Rn 163 ff), im Grunde also die gesamte Fürsorge- und Verkehrssicherungspflicht des Verpächters. Damit bleibt für selbständige Nebenpflichten des Verpächters nur noch ein geringer Raum.

b) Selbständige Nebenpflichten

179 aa) Kraft **Gesetzes** kommen als selbständige Nebenpflichten nach § 242 vor allem Mitteilungs- und Auskunftspflichten in Betracht (FIRGAU, Aufklärungspflichten im Mietverhältnis 14 ff). So ist der Verpächter verpflichtet, dem Pächter mitzuteilen, daß er bestimmte Erhaltungsmaßnahmen jenseits der Opfergrenze (Rn 165) ablehne, damit sich der Pächter rechtzeitig darauf einstellen kann (BGH NJW 1957, 826). Der Verpächter muß den Pächter über wesentliche Vorkommnisse hinsichtlich des Pachtgegenstandes unterrichten, etwa bei Störungen durch Dritte oder einer in Zukunft zu erwartenden Beeinträchtigung des vertragsmäßigen Gebrauchs (OGH BB 1949, 299). Auch über sonstige Umstände, die den Vertragszweck, die Person oder das Vermögen des Pächters gefährden können, muß er ihn aufklären. Ferner kann eine Auskunftspflicht bestehen, wenn der Pächter entschuldbarerweise über Bestehen und Umfang seiner Rechte im ungewissen, der Verpächter hingegen in der Lage ist, solche Auskünfte zu erteilen (BGHZ 10, 385, 387 = NJW 1954, 70, 71). Im übrigen besteht gerade bei länger dauernden Schuldverhältnissen wie Miete und Pacht die Pflicht der Parteien, aufeinander Rücksicht zu nehmen, die Durchführung des Vertrags nicht zu behindern, das gerechtfertigte Vertrauen des anderen Vertragsteils nicht zu enttäuschen und sich loyal zu verhalten (LARENZ I § 10 II e). Daraus kann sich im Einzelfall die Pflicht ergeben, einer Vertragsänderung zuzustimmen (BGH NJW 1960, 523). Ferner kann der Verpächter einer Kantine, der eine Fortbildungsschule betreibt und den Pächter veranlaßt, die Kapazität der Küche hinsichtlich der Ein-

richtung und des Personals zu vergrößern, um möglichst vielen Lehrgangsteilnehmern zügig Mittagessen verabreichen zu können, auch ohne ausdrückliche Vereinbarung verpflichtet sein, bei den Lehrgangsteilnehmern dafür zu werben, daß diese das Mittagessen bei dem Pächter einnehmen (BGH WM 1977, 1089, 1090).

bb) Weitere Pflichten können die Parteien im **Vertrag** vereinbaren. Bei solchen zusätzlichen Pflichten, die über den gesetzlichen Inhalt des Pachtvertrags hinausgehen, kommt es darauf an, ob ihnen der gleiche Rang wie der Überlassungs- und Erhaltungspflicht zukommt. Dies ist zB der Fall, wenn der Verpächter sich verpflichtet, dem Pächter die erforderlichen Roh- und Betriebsstoffe zu liefern. Darin liegt ein gemischter Vertrag. Es handelt sich jedoch um untergeordnete Nebenleistungspflichten, wenn der Verpächter zB den für einen Betrieb des Pächters erforderlichen Energiebedarf zur Verfügung stellt. Der Pachtvertrag enthält dann atypische Nebenleistungen, auf die ergänzend die jeweils einschlägigen gesetzlichen Vorschriften anzuwenden sind. Soweit solche Leistungen wie Strom-, Wärme- und Wasserversorgung aber schon für den vertragsmäßigen Gebrauch unerläßlich sind, beruhen sie auf der dahin gehenden Hauptleistungspflicht des Verpächters. Mit dem Pachtvertrag kann ein subjektiv-persönliches Vorkaufsrecht des Pächters iS des § 1094 verbunden werden (OLG Zweibrücken DNotZ 1990, 177).

3. Nachvertragliche Pflichten

Nach der Beendigung des Pachtvertrags können auf der Grundlage der §§ 241 Abs 2, 242 (Rn 178) bestimmte Pflichten für den Verpächter bestehenbleiben. Ganz allgemein gilt nach der Abwicklung von Verträgen, daß die Parteien alles unterlassen müssen, was den Vertragszweck gefährden oder vereiteln könnte (RGZ 111, 298, 303; 113, 70, 72; 161, 330, 338; BGHZ 16, 4, 10 = NJW 1955, 460, 462 f). Auch eine Pflicht zur Rücksichtnahme oder Loyalität kann sich ergeben (Larenz I § 10 II f). So ist der Verpächter verpflichtet zu dulden, daß der Pächter nach der Beendigung des Vertrags ein Hinweisschild mit seiner neuen Adresse anbringt (RGZ 161, 330, 338; OLG Düsseldorf NJW 1988, 2545; s aber auch LG Berlin VuR 2002, 331). Auch nachvertragliche Mitteilungs- und Auskunftspflichten können für den Verpächter bestehen. Dies gilt aber nicht mehr, wenn das Informationsbedürfnis wegen Verjährung des Hauptanspruchs weggefallen ist (OLG Düsseldorf ZIP 1988, 1134; Rn 359). Schließlich können die Parteien den Konkurrenzschutz für den Pächter (Rn 158 ff) vertraglich über die Beendigung des Pachtverhältnisses hinaus ausdehnen, soweit ein schützenswertes Interesse besteht und kein Verstoß gegen § 1 GWB anzunehmen ist (Staudinger/ Emmerich [1995] §§ 535, 536 Rn 44).

VI. Pflichten des Pächters

1. Hauptleistungspflichten

a) Allgemeines
Nach § 581 Abs 1 S 2 ist der Pächter verpflichtet, dem Verpächter die vereinbarte Pacht, früher Pachtzins genannt, zu entrichten (Rn 183 ff). Neben dieser gesetzlichen Hauptpflicht können im Vertrag ausdrücklich oder stillschweigend weitere Hauptpflichten, wie etwa die Abnahme, der ständige Gebrauch und die Erhaltung des Pachtgegenstandes durch den Pächter, vereinbart werden (Rn 228 ff). Auch die ver-

traglich bestimmten Hauptpflichten stehen im Austauschverhältnis mit den entsprechenden Pflichten des Verpächters.

b) Entrichtung der Pacht
aa) Art

183 Die Art der Pacht ist gesetzlich nicht festgelegt. Dies entspricht der Regelung des Mietrechts (STAUDINGER/EMMERICH [2003] § 535 Rn 84, 88). Im Gegensatz zu früheren Rechtsordnungen steht die hM im Anschluß an die Mot (II 372, 422) auf dem Standpunkt, daß die Pacht nicht in Geld zu bestehen braucht, sondern daß **Leistungen jeder Art** als Gegenleistung vereinbart werden können (ERMAN/JENDREK § 535 Rn 36; PALANDT/WEIDENKAFF Rn 10, § 535 Rn 71; vgl BGH NJW 1976, 2264, 2265; NJW-RR 1989, 589; NJW-RR 1994, 971; NJW 2002, 3322; einschränkend LARENZ II/1 § 48 II b). So kann sich der Pächter verpflichten, eine bestimmte Menge vertretbarer Sachen zu liefern. Dabei kann es sich um einen Teil der Früchte des Pachtgegenstandes handeln (Rn 189 ff). Auch die Lieferung unvertretbarer Sachen kommt in Betracht. Die Gegenleistung kann in der Übernahme bestimmter Dienst- oder Werkleistungen bestehen (RG HansGZ 1926, B 28), etwa in baulichen Maßnahmen des Pächters (OLG Bamberg OLGZ 1976, 195; LG Mannheim DWW 1964, 29) oder beim Heuerlingsvertrag des Pächters eines landwirtschaftlichen Grundstücks in der Übernahme von Diensten auf dem Hof des Verpächters (Vorbem 82 zu § 581). Möglich ist auch die Vereinbarung, daß der Pächter die auf dem Pachtgegenstand lastenden Steuern, sonstige Abgaben und öffentlich-rechtliche Lasten trägt (RGZ 119, 304 – Grundsteuer; 122, 335; RG JW 1930, 320 – Vermögensteuer; BGH LM Nr 3 zu § 133 [B] BGB = Betrieb 1953, 333 [LS] – Soforthilfeabgabe; LM Nr 7 zu § 581 BGB = RdL 1954, 73 – Hand- und Spanndienste; NJW-RR 2000, 1405 – Grundsteuer, Straßenreinigungsgebühren, Anliegerbeiträge; BFHE 69, 512 = BStBl III 1959, 451 – Vermögensabgabe; KG OLGE 21, 198 – Lasten und Hypothekenzinsen; vgl RGZ 115, 209 – Rentenbankzinsen; RG Recht 1928, Nr 540 – Hauszinssteuer; OLG Hamm SeuffA 77, Nr 127 – Amtsbeitragslasten). Dabei ist es eine Frage der Auslegung, ob sich diese Verpflichtung auf Abgaben erstreckt, die erst nach dem Vertragsabschluß neu eingeführt werden (RG HRR 1928, Nr 604; BGH LM Nr 3 zu § 133 [B] BGB = Betrieb 1953, 333 [LS]). Wenn der Pächter die Zahlung der Einkommensteuer für den Verpächter übernimmt, so ist der zu zahlende Betrag nach den tatsächlichen Einkommensverhältnissen des Verpächters zu berechnen, nämlich nach dem bei Berücksichtigung des Gesamteinkommens auf die Pachteinnahmen entfallenden Teilbetrag (OLG Oldenburg NdSRpfl 1952, 152). Auch die Übernahme der Renovierung (RGZ 136, 407, 414 f) und die laufende Unterhaltung des Pachtgegenstandes durch den Pächter können Entgeltcharakter tragen (OLG Bamberg OLGZ 1976, 195). Die Pacht kann ferner in der Übernahme einer Schuld des Verpächters durch den Pächter oder in der Herabsetzung des Kaufpreises bestehen, wenn der Verkäufer den Gegenstand in Zukunft als Pächter behält (RG WarnR 1927, Nr 52; BGH NJW 2000, 2987). Schließlich kommt als Gegenleistung eine Gebrauchsüberlassung von Sachen oder Rechten des Pächters an den Verpächter in Frage, die bis zu einem gegenseitigen Austausch von Pachtgegenständen reichen kann (RG JR 1926, Nr 456; BayZ 1927, 74; BGH NJW-RR 1994, 971).

184 Die Pacht braucht vertraglich nicht endgültig in einer bestimmten Art festgelegt zu werden. Die Parteien können vielmehr eine **Wahlschuld** zwischen Geld- und Naturalpacht vereinbaren, was unter dem Gesichtspunkt der Wertsicherungsklauseln gewisse Probleme aufwirft (Rn 206). Das Wahlrecht kann abweichend von § 262 dem Verpächter eingeräumt werden. Falls nichts anderes vereinbart ist, muß dieses

Wahlrecht zu Beginn eines Pachtjahres ausgeübt werden, auch wenn die Pacht in anderen Zeitabständen entrichtet wird. Dies entspricht Treu und Glauben mit Rücksicht auf die Verkehrssitte, weil der andere Vertragsteil sonst nicht rechtzeitig disponieren kann (BGH LM Nr 2 zu § 6 LPachtG = RdL 1953, 242).

Die Parteien können eine **Ersetzungsbefugnis** vereinbaren, wenn primär Geldleistung oder aber Naturalleistung als Pacht vorgesehen ist (vgl BGH LM Nr 12 zu § 3 WährG = NJW 1962, 1568; OLG Breslau JW 1930, 2453). Die Befugnis kann nach dem Vertrag dem Pächter oder dem Verpächter zustehen. Für die Ausübung gilt grundsätzlich das gleiche wie für die Wahlschuld (Rn 184). Dies ist für eine Ersetzungsbefugnis des Pächters jedoch einzuschränken. Für ihn trägt diese Befugnis in besonderer Weise den Charakter eines Ersatzrechts gerade für den Fall, daß er die primär geschuldete Leistung nicht zu erbringen vermag. Ihm ist deshalb die Ersetzungsbefugnis noch im Zeitpunkt der Fälligkeit der Leistung zuzubilligen. **185**

Wenn Leistungen jeder Art als Gegenleistung des Pächters zugelassen werden, ist damit nicht entschieden, daß der Vertrag ausschließlich nach Pachtrecht zu beurteilen ist (Mot II 372). Stellt die Übernahme der Gegenleistung in anderer Form als in Geld – für sich betrachtet – ein andersartiges Rechtsgeschäft dar, nimmt der Pachtvertrag einen **gemischten Charakter** an, so daß die für die andersartige Gegenleistung an sich maßgebenden Vorschriften im Rahmen des Pachtvertrags entsprechend anwendbar sind. **186**

bb) Entrichtung

Die Art und Weise der Entrichtung der Pacht wird nicht dadurch festgelegt, daß der Pachtvertrag ein Dauerschuldverhältnis begründet. Es handelt sich zwar um eine einheitliche Schuld, also nicht um ein Wiederkehrschuldverhältnis mit jeweils neuem Entstehungsgrund. Gleichwohl steht es den Parteien frei, die Pacht in wiederkehrenden Leistungen für beliebige Zeitabschnitte zu bemessen. Dies bildet in der Praxis die Regel. Möglich ist auch die Vereinbarung einer einmaligen Leistung für die gesamte Pachtzeit (RG WarnR 1927, Nr 52; DRiZ 1934, Nr 265; BGH NJW 1995, 2548; OLG Bamberg OLGZ 1976, 195). Letzteres kommt in erster Linie bei einer bestimmten, vor allem kurzfristigen Pachtzeit oder einer Verpachtung zu einem einmaligen Zweck in Betracht. Nach der Rspr des RG gilt dies auch bei Pachtverträgen auf unbestimmte Zeit (RG DRiZ 1934, Nr 265; offengelassen von BGH NJW 1976, 2264, 2265). Dem ist zuzustimmen, weil es Sache der Parteien und damit das Risiko des Verpächters ist, die effektive Höhe der Pacht zu bestimmen. Die Rendite sinkt zwar für den Verpächter mit zunehmender Pachtdauer, dafür steht ihm aber das Recht zur ordentlichen Kündigung zu. Eine solche Vereinbarung hält sich im Rahmen der Privatautonomie. Ist die Kündigung hingegen für längere Zeit ausgeschlossen und gerät die Pacht dadurch in ein Mißverhältnis zur Leistung des Verpächters, kann § 138 eingreifen. Im übrigen ergeben sich bei der Vereinbarung einer einmaligen Gegenleistung im Rahmen eines auf unbestimmte Zeit abgeschlossenen Vertrags allenfalls Abgrenzungsschwierigkeiten, wenn die Parteien ihre Vereinbarung nicht als Pachtvertrag bezeichnet haben (BGH aaO). In diesem Fall ist die rechtliche Einordnung des Vertrags eine Frage der Auslegung und Wertung im Einzelfall. Die Parteien können den Pachtvertrag zur Erfüllung einer Schuld des Verpächters aus einem früheren, andersartigen Vertrag abschließen, wobei die Leistungen des jetzigen Pächters, die er im Rahmen des früheren Vertrags erbracht hat, als Vorweg- **187** leistung der Pacht bestimmt werden (BGH LM Nr 1 zu § 556 BGB = MDR 1960, 482). Möglich ist auch die Vereinbarung einer einmaligen Leistung neben wiederkehrenden Leistungen. Dabei stellt sich entsprechend den §§ 581 Abs 2, 566b die Frage der Wirksamkeit von Vorausverfügungen. Soweit die Parteien keine abweichenden Vereinbarungen getroffen haben, kann der Pächter seine Pachtschuld nach Maßgabe der jeweiligen Voraussetzungen durch Leistung von Surrogaten nach den §§ 362 ff erfüllen. Unter Geltung der KO/VglO konnte ein Vergleichsgläubiger gegen die von ihm geschuldete Pacht für den Gebrauch des Pachtgegenstandes, der ihm nach Eröffnung des Vergleichsverfahrens gewährt wurde, in sinngemäßer Anwendung des § 55 S 1 Nr 1 KO grundsätzlich nicht mit dem die Vergleichsquote übersteigenden Teil seiner Gegenforderung aufrechnen (BGHZ 86, 382 = NJW 1983, 1119). Seit 1.1.1999 sieht die InsO ein einheitliches Insolvenzverfahren vor; ein dem § 55 S 1 Nr 1 KO entsprechendes Aufrechnungsverbot findet sich jetzt in § 96 Abs 1 Nr 1 InsO. Ein vertraglicher Ausschluß der Aufrechnung ist wirksam, da die Bestimmung des § 556b Abs 2 (= § 552a aF) nur für die Wohnraummiete gilt (zu § 552a aF OLG Köln WM 1987, 1308, 1310; zu § 556b Abs 2 PALANDT/WEIDENKAFF § 556b Rn 2; STAUDINGER/WEITEMEYER [2003] § 556b Rn 8). Dies ergab sich bis zur Mietrechtsreform aus dem Wortlaut des § 552a und folgt nunmehr aus § 578.

cc) Bemessung

188 α) Die Parteien können die Pacht in einem **festen Betrag** bemessen. Dies ist idR der Fall, wenn sie als Maßstab die Dauer des Pachtverhältnisses zugrunde legen. Eine solche Vereinbarung ist bei Pachtverhältnissen auf bestimmte und auf unbestimmte Zeit in gleicher Weise möglich. In beiden Fällen kann die Pacht in Form einmaliger oder wiederkehrender Leistungen entrichtet werden (Rn 187). Wiederkehrende Leistungen werden meist nach festen Zeitabschnitten bemessen, deren Dauer mit dem Pachtjahr nicht übereinzustimmen braucht und deren Bemessung den Parteien freigestellt ist. Im einzelnen hängt die Höhe der Pacht dann vom Wert des Pachtgegenstandes und der Abrede der Parteien ab (Rn 197 ff).

189 β) Die Pacht kann von den Parteien in einem **variablen Betrag** bestimmt werden. Grundlage ist in diesen Fällen ein veränderlicher Maßstab. Hierfür kommt ein Anteil an den vom Pächter gezogenen Früchten in Betracht, wie schon in den Mot (II 422) hervorgehoben wird (RGZ 140, 206, 208; RG HRR 1934, Nr 1196; BGH WarnR 1964, Nr 88). Der Anteil kann in den Früchten selbst oder in deren Geldwert bestehen (RGZ aaO). Derartige Vereinbarungen gehören als sog Teilpacht zu den partiarischen Rechtsverhältnissen (Vorbem 46 zu § 581; CROME, Die partiarischen Rechtsgeschäfte 37 ff; HUFFER, Das partiarische Geschäft als Rechtstypus [Diss München 1970]). Bei der Verpachtung einer Apotheke läßt § 8 S 3 ApothG ausdrücklich zu, die Pacht vom Umsatz oder Gewinn des Pächters abhängig zu machen, während eine solche Bemessung bei einem Mietvertrag durch S 2 ausgeschlossen wird. Hat sich der Pächter verpflichtet, innerhalb bestimmter Zeiträume eine Abrechnung zu erteilen, so handelt es sich idR um eine Hauptpflicht, deren Verletzung den Verpächter bei entsprechender Vereinbarung zur fristlosen Kündigung berechtigt (OLG Nürnberg DWW 1961, 60). Im einzelnen hängt die Rechenschaftspflicht des Pächters von den vertraglichen Vereinbarungen ab (OLG Düsseldorf NJW-RR 1990, 1098).

190 Es ist möglich, den Anteil des Verpächters nach der Gesamtmenge der *Erzeugung* durch den Pächter zu bemessen. Hierfür kommen organische Erzeugnisse des

Pachtgegenstandes, die sonstige bestimmungsgemäße Ausbeute oder die in einem Betrieb hergestellten Waren in Betracht (RG JR 1925, Nr 1742; BGH LM Nr 4 zu § 133 [A] BGB; LM Nr 39 zu § 242 [Bb] BGB = MDR 1961, 307; LM Nr 49 zu § 242 [Bb] BGB = NJW 1966, 105). Dies ist vor allem bei den auf die Gewinnung von Bodenschätzen gerichteten Pachtverträgen in Form eines Förderzinses üblich (RG JW 1901, 266; BGH LM aaO; OLG Bamberg JW 1932, 1066). Soll der Anteil in Geldwert bestehen, ist auf den Verkaufspreis abzustellen. Hierbei ist es eine Frage der Auslegung, ob der Marktpreis oder der vom Pächter verlangte Verkaufspreis maßgebend ist. Bei schwankenden Preisen ist auf den Durchschnittserlös abzustellen. Auf den tatsächlichen Verkauf kommt es nicht an.

Recht verbreitet ist die Bemessung der Pacht nach einem Anteil des *Umsatzes*, den **191** der Pächter erzielt (RGZ 149, 88; 160, 361, 366; RG DR 1942, 1161; OGHBrZ HEZ 2, 246; BGH Betrieb 1967, 2022; NJW 1979, 2351, 2352; OLG Celle BB 1974, 157; OLG Hamm BB 1974, 1609; OLG Stuttgart SJZ 1950, 339; AG Hamburg-Altona NJW-RR 1991, 272; Otto BlGBW 1984, 85). Welche Einnahmen des Pächters zum Umsatz gehören, ist im Einzelfall eine Frage der Auslegung des Vertrags. Die Parteien sind dabei nicht an steuerrechtliche Begriffsbestimmungen des Umsatzes in den §§ 10, 19 Abs 3 UStG gebunden. Ebensowenig sind ohne weiteres zivilrechtlich verwendete Umsatzbegriffe maßgebend, zumal auch insoweit hinsichtlich des Umfangs erhebliche Zweifel auftauchen können, so etwa im Rahmen der §§ 275 Abs 2 Nr 1, 277 Abs 1 HGB. Deshalb kann es fraglich sein, ob das Entgelt für sämtliche Lieferungen und Leistungen des Pächters erfaßt wird oder nur insoweit, als das Entgelt im Rahmen des eigentlichen Geschäftszwecks anfällt. Steuerrechtlich gehört die Umsatzsteuer nach § 10 Abs 4 S 2 UStG weder zum Entgelt als Bemessungsgrundlage noch zum Gesamtumsatz iS des § 19 Abs 3 UStG, wohl aber zum Umsatz iS des § 19 Abs 1 UStG (s Sölch/Ringleb/ Mösslang, UStG [1998] § 19 Rn 22). Bei der Rechnungslegung nach § 275 Abs 2 Nr 1 HGB werden die Umsatzerlöse üblicherweise netto nach Abzug der Umsatzsteuer ausgewiesen. Zudem ist fraglich, ob die tatsächlichen Einnahmen iS des § 20 UStG oder, wie im Regelfall der Umsatzbesteuerung nach § 13 Abs 1 Nr 1 a) UStG, die vereinbarten Entgelte Bemessungsgrundlage für die Pacht sein sollen.

Auszugehen ist von der Freiheit der Parteien, den Umsatzbegriff entsprechend den **192** Zwecken ihres Vertrags selbst zu bestimmen. Sie können dabei steuerrechtliche Kriterien zugrunde legen, vereinbarte statt der gezahlten Entgelte ansetzen und die Umsatzsteuer abziehen (Westenberger BB 1967, 1273, 1274). Ebenso können sie die Pacht von den Nettoerlösen iS des § 275 Abs 2 Nr 1 HGB berechnen und weitere Beträge als nur die Umsatzsteuer, wie zB andere durchlaufende Posten, mindernd berücksichtigen. Werden solche Beträge, wie etwa die Getränkesteuer, später erstattet, sind sie in die Bemessungsgrundlage einzubeziehen (BGH Betrieb 1967, 2022). Im einzelnen müssen für solche Gestaltungen jedoch konkrete Anhaltspunkte vorliegen (OLG Zweibrücken OLGZ 1972, 208). Haben die Parteien den Begriff des Umsatzes nicht näher bestimmt, sind die Bruttoeinnahmen einschließlich aller Steuern zugrunde zu legen (OLG Celle BB 1974, 157; Palandt/Weidenkaff Rn 10). Dies gilt auch bei späteren Steuererhöhungen, falls der Pächter sich nicht vertraglich gegen dieses Risiko sichert. Da der Pächter die Pacht bei der Umsatzpacht in aller Regel aus seinen eigenen Einnahmen bestreiten soll, kommt es mangels abweichender Vereinbarungen grundsätzlich auf seine tatsächlichen Einnahmen, nicht aber auf die vereinbarten Entgelte an. Verwenden die Parteien nur den Begriff der Einnahmen, kann idR davon ausgegangen werden, daß sie den Umsatz im vorstehenden Sinne, nicht aber den Gewinn meinen.

193 Eine andere variable Bemessungsgrundlage für die Pacht ist der *Gewinn* des Pächters (RGZ 160, 361, 366; BGH NJW 1954, 425). Wenn die Parteien über die Art der Gewinnermittlung keine ausdrücklichen Vereinbarungen getroffen haben, kann hierüber grundsätzlich der Pächter bestimmen. Er muß sich jedoch im Rahmen etwaiger Rechtsvorschriften über die Gewinnermittlung halten, weil deren Anwendung in aller Regel von den Parteien stillschweigend vorausgesetzt wird. Dies gilt etwa bei Kaufleuten, die den Vorschriften der §§ 238 ff HGB über die Rechnungslegung unterfallen. Sofern die Parteien nicht ausdrücklich die Steuerbilanz als Bemessungsgrundlage vereinbaren, ist von der Handelsbilanz auszugehen, da diese auch im übrigen für Gläubiger des Kaufmanns maßgebend ist, während die Steuerbilanz Sonderzwecke im Verhältnis zum Staat erfüllt. Ist der Pächter handelsrechtlich nicht buchführungspflichtig, steht ihm die Art der Gewinnermittlung frei. Um willkürliche Ansätze auszuschließen, muß sich die Gewinnermittlung jedoch im Rahmen allgemein anerkannter Grundsätze ordnungsmäßiger Buchführung halten. So kann der Pächter etwa zwischen Bilanzierung nach handelsrechtlichen Vorschriften und einer Einnahme-Überschuß-Rechnung wählen, wie sie das Steuerrecht in § 4 Abs 3 EStG vorsieht. Angesichts des besonderen Zwecks steuerrechtlicher Gewinnermittlungsvorschriften kann der steuerliche Gewinn auch in diesem Fall mangels besonderer Abreden der Parteien nicht schlechthin als Bemessungsgrundlage für die Pacht maßgebend sein. Dies gilt etwa für die steuerrechtlichen Vorschriften des § 4 Abs 3 S 3 iVm den §§ 7 ff EStG über die Absetzung für Abnutzung, wenn handelsrechtlich an sich andere Möglichkeiten gegeben sind. Verwenden die Parteien nur den Begriff des Ertrags, kann damit der Gewinn als Reinertrag oder der Umsatz gemeint sein. Im allgemeinen liegt nach dem üblichen Sprachgebrauch die Auslegung als Gewinn näher.

194 γ) Verbreitet ist die Bemessung der Pacht in einer **Verbindung von festem und variablem Betrag**. Die Parteien können zum einen die Pacht in einem festen Betrag nach Zeitabschnitten bemessen und unabhängig hiervon einen variablen Betrag nach der Menge der Erzeugung, dem Umsatz oder dem Gewinn des Pächters vereinbaren (RG JR 1925, Nr 1742; zum „risk-sharing" in der Hotellerie JOACHIM NZM 2001, 162, 163). Zum anderen kann die Pacht in einem festen Betrag bestehen, der erst dann zu erhöhen ist, wenn eine bestimmte Grenze der Erzeugung, des Umsatzes oder des Gewinns überschritten wird (RGZ 160, 361, 366; OLG Celle ZMR 1973, 109; OLG Hamm BB 1974, 1609). Der variable Betrag kann aber auch danach bemessen werden, daß eine bestimmte Umsatzmenge nicht erreicht wird, etwa wenn eine Brauerei bei der Bemessung der festen Pacht von einer bestimmten Abnahmemenge durch den Pächter ausgeht und sich für den Fall, daß diese Menge nicht erreicht wird, eine zusätzliche Pachtzahlung versprechen läßt (BGHZ 109, 314 = NJW 1990, 567; GRUBER NZM 1999, 1073, 1074 ff). In allen Fällen ist der feste Betrag eine dem Verpächter garantierte Mindestpacht.

195 δ) Bei der Bemessung der Pacht in einem festen Betrag trägt der Pächter das **Risiko** allein, weil er die Pacht entsprechend den §§ 581 Abs 1, 537 (= § 552 aF) grundsätzlich auch dann schuldet, wenn er den Pachtgegenstand nicht gebraucht und dieser keine Erträge bringt (OLG Düsseldorf ZMR 1998, 218; OLG München ZMR

2001, 708). Eine Ausnahme gilt nur, wenn der Pächter wegen eines Mangels des Pachtgegenstandes entsprechend den §§ 581 Abs 2, 536 berechtigt ist, die Pacht zu mindern (Rn 216). Im übrigen rechtfertigen selbst Verluste des Pächters nicht ohne weiteres eine Herabsetzung. Ist die Pacht hingegen nach der Menge der Erzeugung, dem Umsatz oder dem Gewinn variabel gestaltet, kann er ganz entfallen, wenn diese Voraussetzungen in einem Wirtschaftsjahr nicht erfüllt werden (RG HRR 1934, Nr 1196). Dabei stellt sich allerdings die Frage, ob und inwieweit der Pächter zum Gebrauch des Pachtgegenstandes und zur Fruchtziehung oder mindestens zur Leistung von Schadensersatz verpflichtet ist (Rn 228 ff). So kann die ergänzende Vertragsauslegung ergeben, daß dem Verpächter bei einem Umsatzpachtverhältnis der Pachtausfall während der Betriebsferien des Pächters zu ersetzen ist (OLG Hamm BB 1974, 1609). Eine Verletzung der Gebrauchspflicht kann ebenfalls einen Schadensersatzanspruch des Verpächters auslösen (Rn 231).

ε) Bei der Bemessung des Entgelts in einem variablen Betrag stellt sich die Frage **196** der **Abgrenzung zwischen Pacht- und Gesellschaftsvertrag** (Vorbem 46 ff zu § 581). Der partiarische Charakter eines Vertrags durch Beteiligung an der Erzeugung, dem Umsatz oder Gewinn begründet kein Gesellschaftsverhältnis. Kennzeichnend für den Gesellschaftsvertrag ist nach § 705 die Verfolgung eines bestimmten gemeinsamen Zwecks durch die Parteien eines Rechtsgeschäfts, während bei partiarischen Rechtsverhältnissen allenfalls ein gleichgerichtetes Interesse der Beteiligten vorliegt. So spricht es für einen Pachtvertrag, wenn der Eigentümer einem Dritten einen Gegenstand überläßt, ohne daß ein gemeinschaftliches Vermögen gebildet wird, der Dritte allein den Gegenstand gebraucht und Erträge erzielt, während der Eigentümer nur in einer bestimmten Quote an den Erträgen beteiligt wird (Mot II 422). Darin liegt keine gemeinsame Zweckverfolgung (RGZ 149, 88, 89; 160, 361, 366; BGH NJW-RR 1988, 417). Wird dem Eigentümer jedoch ein selbständiges Recht auf Entnahmen aus einer gemeinsam geführten Wirtschaftskasse eingeräumt, besteht ein Gesellschaftsvertrag, da ein solches Entnahmerecht mit einem Pachtvertrag unvereinbar ist (RG DR 1942, 1161).

dd) Höhe

α) Die Höhe der Pacht hängt von der **Vereinbarung** der Parteien ab. Sie unter- **197** liegt grundsätzlich keinen Beschränkungen. Eine Grenze wird nur durch die gesetzlichen Wucherverbote gezogen, für die in erster Linie das Mißverhältnis von Leistung und Gegenleistung ausschlaggebend ist. Zivilrechtlich kann § 138 eingreifen (Rn 137). Strafrechtlich kommen § 291 Abs 1 Nr 3 StGB und § 4 WiStG in Betracht. Eine weitere Grenze wird bei der Apothekenpacht durch die §§ 9 Abs 2 S 2, 12 ApothG gezogen. Hiernach darf der Pachtvertrag die berufliche Verantwortlichkeit und Entscheidungsfreiheit des pachtenden Apothekers nicht beeinträchtigen. Dies kann auch schon unterhalb der Grenze des Wucherverbots durch eine unangemessen hohe Pacht eintreten (BREYER, ApothG § 9 Anm 5; SCHIEDERMAIR/PIECK, ApothG § 9 Rn 114 ff; vgl BGHZ 75, 214 = NJW 1980, 638 zur stillen Beteiligung nach § 8 ApothG). Ein Verstoß macht den Pachtvertrag nach § 12 ApothG nichtig. Soll der Pächter neben der Pacht Vorauszahlungen auf die Nebenkosten entrichten, über die gesondert abzurechnen ist, so müssen die Parteien dies vereinbaren. Ist eine solche Vereinbarung nicht getroffen worden, kann die Vorauszahlungspflicht nicht durch richterliche Ergänzung in den Vertrag eingefügt werden (OLG Düsseldorf ZMR 1988, 97).

198 Die Parteien müssen über die Höhe der Pacht grundsätzlich einig sein, da es sich um einen wesentlichen Vertragsbestandteil handelt. Die Einigung kann ausdrücklich oder stillschweigend zustande kommen. Der Vertragsabschluß scheitert jedoch nicht ohne weiteres daran, daß die Parteien **keine fest bestimmte Höhe** der Pacht vorgesehen haben, sofern sie sich nur über den entgeltlichen Charakter des Vertrags einig sind und die Pacht bestimmbar ist. Für den Dienst- und den Werkvertrag ist in den §§ 612 Abs 2, 632 Abs 2 gesetzlich bestimmt, daß in diesen Fällen bei dem Bestehen einer Taxe die taxmäßige Vergütung, in Ermangelung einer Taxe die übliche Vergütung als vereinbart anzusehen ist. Im Miet- und Pachtrecht bestehen keine vergleichbaren Vorschriften. Sie können jedoch entsprechend angewandt werden, da ihnen ein allgemeiner Rechtsgedanke zugrunde liegt (ROQUETTE § 535 Rn 238). Bei der Pacht kommt hierbei weniger eine taxmäßige als vielmehr die übliche Vergütung in Betracht, die für einen gleichen oder ähnlichen Pachtgegenstand an dem betreffenden Ort unter normalen Verhältnissen im allgemeinen entrichtet wird. Ist eine übliche Vergütung nicht feststellbar, wird die Pacht in angemessener Höhe festgesetzt. Die Bestimmung steht nach den §§ 316, 315 im Zweifel dem Verpächter zu und ist nach billigem Ermessen zu treffen (RG LZ 1914, 1027 Nr 2; KG NJW 1955, 949). Ob eine solche Bestimmung der Billigkeit entspricht, ergibt sich aus einer Abwägung der objektiven wirtschaftlichen Interessenlage zwischen den Vertragspartnern (BGHZ 41, 271, 279 = NJW 1964, 1617, 1619), wobei es auf die Bedeutung und den Wert des Pachtgegenstandes ankommt. Die Bestimmung der Pacht kann nach § 317 einem Dritten, zB einem Sachverständigen, überlassen werden (BFHE 102, 247 = BStBl II 1971, 566). Es genügt allerdings nicht, daß nur der Weg zur Bestimmung der Leistung angegeben ist. Auch die Gesichtspunkte, die von der zur Entscheidung berufenen Person zu berücksichtigen sind, müssen in der vertraglichen Vereinbarung enthalten sein (BGHZ 55, 248, 251 = NJW 1971, 653, 654).

199 Die Pacht umfaßt die **Umsatzsteuer**, die der Verpächter für die entgeltliche Überlassung des Pachtgegenstandes zu zahlen hat. Steuerbefreit ist nach § 4 Nr 12 a) UStG nur die Verpachtung von Grundstücken, grundstücksgleichen Rechten und von staatlichen Hoheitsrechten, die Nutzungen von Grund und Boden betreffen. Hierzu gehören auch Grundstücksteile, wie vor allem einzelne Räume eines Gebäudes. Soweit das Entgelt auf Teile des Pachtgegenstandes entfällt, die nicht von der Steuerbefreiung erfaßt werden, ist es zum Zwecke der Besteuerung grundsätzlich aufzuteilen. Davon wird nur bei ortsüblichen Nebenleistungen wie Heizung und dgl abgesehen. Haben die Parteien die Umsatzsteuer bei der Vereinbarung der Pacht nicht gesondert ausgewiesen, kann der Verpächter deren Zahlung nicht neben dem vereinbarten Betrag verlangen, soweit die Parteien nicht eine abweichende Regelung getroffen haben oder ein dahin gehender Handelsbrauch zwischen Unternehmen besteht, die zum Vorsteuerabzug berechtigt sind.

200 β) Eine spätere **Erhöhung** der bei Vertragsabschluß vorgesehenen Pacht bedarf grundsätzlich einer Vereinbarung der Parteien, da es sich um eine Änderung des Pachtvertrags handelt. In der Praxis ist eine Fülle verschiedener Anpassungsregelungen entwickelt worden (HORN NJW 1985, 1118).

201 αα) Die Parteien können die Pacht durch eine **erneute Einigung** jederzeit erhöhen, auch wenn für die gesamte Pachtzeit ein bestimmter Betrag festgelegt worden ist. Darin liegt eine Vertragsänderung, die ihnen bei Einvernehmen offensteht. Sie bedarf unter den Voraussetzungen der §§ 581 Abs 2, 550 der Schriftform (Rn 288). Die Parteien können sich schon im ursprünglichen Vertrag verpflichten, die Pacht nach einer bestimmten Zeit (RG WarnR 1929, Nr 131; OLG Köln GuT 2002, 133; LG Münster WuM 1981, U 16 [LS]) oder beim Vorliegen gewisser Voraussetzungen durch Vereinbarung neu festzusetzen. Sie können dabei im Sinne einer Bedingung auf ein zukünftiges, ungewisses Ereignis abstellen, dessen Eintritt die Verpflichtung zur Aufnahme von Verhandlungen über die Vertragsänderung auslöst, so etwa bei einer erheblichen Änderung der wirtschaftlichen Verhältnisse (BGH NJW 1964, 1021). Die Bestimmung der Höhe der Pacht kann nach § 317 für den Fall, daß sich die Parteien nicht einigen, einem Dritten, etwa einem Schiedsgericht, übertragen werden. Ist die Pacht durch Schiedsgutachten veränderten Verhältnissen anzupassen oder neu festzusetzen, so hat der Sachverständige bei Bestimmung der Leistung grundsätzlich Vergleichsobjekte mit heranzuziehen. Die zugrunde gelegten Faktoren und das Ergebnis müssen nachprüfbar sein. Anderenfalls ist das Schiedsgutachten offenbar unbillig iS des § 319 Abs 1 (BGH BB 1977, 415; WM 1982, 102). Eine Schiedsklausel kann durch schlüssiges Verhalten der Parteien, etwa durch Führung eines Rechtsstreits vor dem ordentlichen Gericht und durch rügelose Einlassung des anderen Teils, aufgehoben werden. Die Entscheidung obliegt dann nach § 319 Abs 1 S 2 dem Gericht, ohne daß die Beschränkungen des S 1 eingreifen (BGH BB 1977, 619). Die Parteien können sich indessen für den Fall, daß sie sich nicht einig werden, auch ein Recht zur außerordentlichen Kündigung einräumen.

Kleiden die Parteien die Bedingung für eine Änderung der Pacht in die Form eines **Leistungsvorbehalts**, stellt sich nach § 2 Abs 1 PaPkG = § 3 S 2 WährG aF, aufgehoben durch Art 9 § 1 EuroEG (BGBl I 1242, 1253; Beschlußempfehlung und Bericht des Rechtsausschusses BT-Drucks 13/10334, 40 f; allg dazu KIRCHHOFF GrundE 1997, 332; RADEMACHER ZMR 1999, 218; SCHMIDT-RÄNTSCH NJW 1998, 3166; STAPEL WuM 1999, 204) die Frage der Genehmigungsbedürftigkeit durch das Bundesministerium für Wirtschaft (§ 7 PrKV, § 3 Abs 2 PaPkG [früher Deutsche Bundesbank]). Die Genehmigung ist erforderlich für die Eingehung einer Geldschuld, deren Betrag durch den Preis oder Wert von anderen Gütern oder Leistungen bestimmt wird. Ein Leistungsvorbehalt ist eine Vereinbarung, nach der die Vertragspartner oder ein Dritter im Falle der Änderung der Preise oder Werte für bestimmte Güter oder Leistungen den geschuldeten Betrag neu festsetzen sollen, ohne daß das Ausmaß der Änderung bindend festgelegt ist, die Änderung der Bezugsgröße also nur Voraussetzung oder Anlaß für die Änderung der Leistung sein soll (BGH BB 1968, 930; zum neuen Recht: § 1 PrKV; RADEMACHER ZMR 1999, 218; STAPEL WuM 1999, 204). Sofern die Parteien nicht ausdrücklich etwas anderes vereinbart haben, kann idR davon ausgegangen werden, daß die Leistung nur in der Bewegungsrichtung der Bezugsgröße angepaßt werden soll (OLG Frankfurt BB 1979, 1630). Ein solcher Leistungsvorbehalt ist genehmigungsfrei (§ 1 PrKV). Dies gilt und galt bereits nach altem Recht auch bei Miet- und Pachtverhältnissen (BGH BB 1962, 737; WM 1967, 515; OLG Hamburg ZMR 1985, 237; DÜRKES, Wertsicherungsklauseln Rn B 48 f, D 545 ff mwNw; ders BB 1958, 795; FRIELINGSDORF Betrieb 1982, 789; OTTO BlGBW 1984, 85; RADEMACHER ZMR 1999, 218; SAMM/HAFKE, Grundbesitz und Wertsicherungsklauseln 10 ff; STAPEL WuM 1999, 204), wenn er für die vorgesehene Festsetzung der neuen Pacht im Verhandlungswege einen ausreichenden Spielraum beläßt (BGH NJW 1975, 44, 45; WILLMS/WAHLIG BB 1978, 973, 974). Die Genehmigung ist jedoch erforderlich, wenn es sich bei der Pacht um eine Geldschuld handelt und die Parteien sich genau in dem Umfang der Veränderung der vorgesehenen Bezugsgröße zu einigen haben. In diesem Fall wird die Pacht zwangsläufig an die Veränderung der Bezugsgröße gebunden. Solche Klauseln in Miet- und Pachtverträgen wurden unter der Geltung von § 3 WährG aF von der Deutschen Bundesbank nur genehmigt, wenn der Vertrag für die Lebenszeit einer der Parteien, für die Dauer von mindestens 10 Jahren, mit dem Recht des Mieters oder Pächters, die Vertragsdauer auf mindestens 10 Jahre zu verlängern oder in der Weise abgeschlossen ist, daß er vom Vermieter oder Verpächter durch Kündigung frühestens nach Ablauf von 10 Jahren beendet werden kann (Nr 1 b der Mitteilung Nr 1015/78 betr Grundsätze bei der Entscheidung über Genehmigungsanträge nach § 3 des WährG [Nr 2 c der WährVO für Berlin] vom 9. 6. 1978, BAnz Nr 109 vom 15. 6. 1978, S 4, abgedr bei DÜRKES, Wertsicherungsklauseln Anh I). Diese Grundsätze haben jetzt Eingang in die §§ 2 ff PrKV (va § 3; BGBl I 3043) gefunden.

203 ββ) Eine spätere Erhöhung der Pacht kann auf der **ursprünglichen vertraglichen Einigung** beruhen. Räumen die Parteien einem der Vertragspartner oder generell einem Dritten ein einseitiges Bestimmungsrecht ein, gilt § 316 oder § 317, so daß die Bestimmung der neuen Höhe der Pacht grundsätzlich nach billigem Ermessen zu treffen ist (Rn 201). Beruht das Bestimmungsrecht auf einem Leistungsvorbehalt, stellt sich die Frage der Genehmigungsbedürftigkeit nach § 2 PaPkG (Rn 202). Die Parteien können schon in der ursprünglichen vertraglichen Regelung eine Erhöhung der Pacht vorsehen, die automatisch eintritt, also keiner weiteren Vereinbarung oder einseitigen Erklärung bedarf. Hierfür bietet sich die Form der Staffelpacht an, indem die Pacht von vornherein für bestimmte Zeiträume in unterschiedlicher Höhe mit steigenden Raten festgelegt wird (OLG Celle OLGZ 1966, 6). Der rechtlichen Konstruktion nach handelt es sich um eine Pachtvereinbarung, die in der Höhe nach § 163 jeweils befristet ist. Eine andere Form der automatischen Erhöhung mit dem Ziel der Wertsicherung ist es, eine aufschiebende Bedingung zu vereinbaren, bei deren Eintritt sich die Pacht nach § 158 Abs 1 ohne weiteres erhöht. Hierfür kann im Pachtvertrag auch auf eine Erhöhung des Entgelts abgestellt werden, die der Verpächter zu zahlen verpflichtet ist, wenn er zB die verpachteten Räume selbst nur gemietet hat (BGH WM 1981, 253).

204 Für eine derartige Wertsicherung kommen **Spannungsklauseln** in Betracht. Hiermit werden Abreden bezeichnet, die eine Schuld mit der Entwicklung des Preises oder Wertes gleichartiger oder vergleichbarer Güter oder Leistungen verknüpfen, also nicht mit dem Preis andersartiger Güter oder Leistungen (§ 1 Nr 2 PrKV; STAPEL WuM 1999, 204; zum alten Recht DÜRKES Rn D 5 ff; SAMM/HAFKE 15 ff; WILLMS/WAHLIG BB 1978, 973, 974). Auch wenn es sich um Geldschulden handelt, sind solche Spannungsklauseln genehmigungsfrei (§ 1 Nr 2 PrKV), weil nicht der Geldbetrag durch den Preis anderer Güter oder Leistungen bestimmt wird. Vielmehr wird die eigene Leistung des Gläubigers der Geldschuld anhand der gleichartigen anderen Leistung klassifiziert und zu dieser in ein gleichbleibendes Spannungsverhältnis gesetzt (BGHZ 14, 306, 310 f = NJW 1954, 1684, 1685; BGH BB 1952, 88 m Anm GRAF VON DER GOLTZ; WILLMS/ WAHLIG aaO). Dies gilt auch für die Vereinbarung einer Pacht, die sich jeweils der vergleichbaren Pacht für Pachtgegenstände gleicher Art (DÜRKES Rn D 14, 541 ff) oder der vom Pächter mit dem Pachtgegenstand selbst erzielten Miete und Pacht anpassen soll (BGH NJW 1976, 422). Eine Spannungsklausel ist ferner anzunehmen, wenn die Pacht entsprechend den am Kapitalmarkt erzielbaren Zinsen angepaßt werden soll (OLG Koblenz BB 1992, 2247). Problematisch ist indessen die Frage der Gleichartigkeit im Einzelfall (Dürkes Rn D 15 ff; Willms/Wahlig aaO). Die Rspr ging dabei unter der Geltung von § 3 S 2 WährG aF eher von einer formalen Gleichheit der Leistung und des Rechtsgrundes aus (BGH BB 1974, 101; OLG Hamburg ZMR 1985, 237). Ist die Gleichartigkeit nicht gegeben, bleibt die Wertsicherung der in einer Geldschuld bemessenen Pacht nach § 2 PaPkG genehmigungsbedürftig (Rn 202).

Im übrigen sind **Wertsicherungsklauseln** unter den Voraussetzungen des § 2 Abs 1 PaPkG nur wirksam, wenn das Bundesministerium für Wirtschaft sie genehmigt hat (Rademacher ZMR 1999, 218, 219 ff; Schmidt-Räntsch NJW 1998, 3166, 3169 ff; Samm/Hafke 36 ff [zu § 3 S 2 WährG aF]). Dies ist erforderlich für die Eingehung einer Geldschuld, deren Betrag durch den Preis oder Wert von anderen Gütern oder Leistungen bestimmt wird. § 4 PrKV fingiert unter bestimmten Voraussetzungen die Genehmigung von Preisanpassungsklauseln in Miet- und Pachtverträgen über Gebäude oder Räume, soweit es sich nicht um Verträge über Wohnraum handelt. Eine Wertsicherungsklausel ist auch dann genehmigungsbedürftig, wenn sie auf eine andere bereits genehmigte Wertsicherungsklausel Bezug nimmt, die in einem weiteren, dasselbe Grundstück betreffenden Miet- oder Pachtvertrag enthalten ist und ihrerseits einen genehmigungsbedürftigen Inhalt hat (BGH NJW 1983, 1909). Vor der Genehmigung ist die Vereinbarung einer Wertsicherungsklausel schwebend unwirksam. Eine nachträgliche Zustimmung hat rückwirkende Kraft (BGH WM 1959, 1160). Die Klausel kann auch dann noch genehmigt werden, wenn der Vertrag durch fristlose Kündigung des Verpächters bereits aufgelöst ist, weil die von der Pachtzinsänderung begünstigte Partei nicht aufgrund des vertragswidrigen Verhaltens des anderen Vertragsteils benachteiligt werden darf (BGH WuM 1979, 210, 211). Die Genehmigungsfähigkeit wird selbst dadurch nicht ausgeschlossen, daß die durch die Pachtzinsänderung begünstigte Partei den Grund für die fristlose Kündigung durch den anderen Vertragsteil gesetzt hat. Die Kündigung beendet den Vertrag nur für die Zukunft. Die Genehmigung betrifft aber einen Zeitraum, in dem der Vertrag nach § 139 entweder teilweise wirksam war oder insgesamt als schwebend unwirksam jedenfalls tatsächlich vollzogen wurde. Der Genehmigungsfähigkeit steht auch nicht entgegen, daß die Laufzeit des Vertrags wegen der fristlosen Kündigung keine zehn Jahre mehr erreicht (BGH WuM 1979, 210, 211). Auf den Grund der vorzeitigen Beendigung kann es dabei im Interesse des begünstigten Teils nicht ankommen, wenn die unter Geltung des WährG von der Deutschen Bundesbank verlangte und jetzt in § 3 PrKV enthaltene Mindestlaufzeit (Rn 202) vertraglich vorgesehen war. Ausnahmen sind in Mißbrauchsfällen, etwa bei einverständlicher vorzeitiger Aufhebung, möglich. Ist eine Wertsicherungsklausel nicht genehmigungsfähig, so kann diese im Einzelfall im Wege der ergänzenden Vertragsauslegung durch eine genehmigungsfreie Klausel ersetzt werden (BGH BB 1974, 1506; BB 1976, 483; OLG Karlsruhe BB 1981, 2097).

Die Pacht muß als *Geldschuld* vereinbart sein. Die Genehmigung ist deshalb nicht erforderlich, wenn die Pacht wie bei dem Naturalpachtverhältnis in Gütern, etwa als Teil der natürlichen Früchte, oder in anderen Leistungen besteht (Dürkes Rn D 296). Ebenfalls nicht genehmigungsbedürftig ist es, wenn eine Ersetzungsbefugnis in der Weise eingeräumt ist, daß an die Stelle des vom Pächter primär geschuldeten Geldbetrags eine schon im Vertrag nach Art und Menge genau bestimmte Naturalleistung tritt (Rn 185). Das gleiche gilt bei einer Wahlschuld zwischen Geld- und Naturalleistung (Rn 184). In beiden Fällen ist die Naturalleistung geschuldet, ohne ihrerseits von einer dritten Bezugsgröße abhängig zu sein (vgl BGH BB 1962, 737). Unerheblich ist, welcher Partei die Ersetzungsbefugnis oder das Wahlrecht zusteht. Wird die Pacht zwischen Inländern von vornherein in ausländischer Währung vereinbart, greift die Genehmigungsbedürftigkeit nach § 2 Abs 1 S 2 PaPkG ein.

207 Als Bezugsgrößen iSv § 2 Abs 1 PaPkG kommen die Entwicklung der Lebenshaltungskosten, der Löhne, Gehälter oder Renten sowie der künftige Preis oder Wert sonstiger verschiedenartiger Güter oder Leistungen, auch von Grundstücken, und fremde Währungen in Betracht. Die Genehmigungsvoraussetzungen sind im einzelnen in §§ 2 ff PrKV geregelt (Rn 202). Diese Regeln entsprechen weitgehend den Genehmigungsgrundsätzen der Deutschen Bundesbank, die ua auf die Dauer des Vertragsverhältnisses, die Art des Vertragsgegenstandes und des etwaigen Geschäftsbetriebs des Schuldners abstellten (vgl insbes Nr 1 b der Mitteilung Nr 1015/78 betr Grundsätze bei der Entscheidung über Genehmigungsanträge nach § 3 des WährG [Nr 2 c der WährVO für Berlin] vom 9.6.1978, BAnz Nr 109 vom 15.6.1978, S 4, abgedr bei Dürkes, Wertsicherungsklauseln Anh I; Willms/Wahlig BB 1978, 973). Bei einer Wertsicherungsklausel, die auf den Preis einer bestimmten Ware abstellt, hat die frühere Rspr eine Preiserhöhung insoweit für unmaßgeblich erklärt, als sie auf der Einführung der Mehrwertsteuer beruhte (BGH NJW 1972, 677; OLG Köln OLGZ 1971, 137). Abgesehen von dem Sonderfall einer Umstellung des Besteuerungssystems, kann eine Steuererhöhung, die zu einer Preissteigerung führt, jedoch die Folgen der Wertsicherungsklausel auslösen, wenn die Klausel insoweit nicht differenziert; denn die Steuer gehört zum Preis (Rn 199). Wird in der Klausel auf ein Basisjahr Bezug genommen, auf dessen Grundlage ein veröffentlichter Index nicht existiert, so ist die Klausel nicht unwirksam. Der für ein früheres oder späteres Jahr veröffentlichte Index ist auf das vertragliche Basisjahr umzurechnen (OLG Köln WM 1987, 1308 m Anm Hirte BB 1987, 1421).

208 Die Rspr schloß aus dem Wortlaut des § 3 S 2 WährG, daß nur solche Klauseln genehmigungsbedürftig sind, die die Geldschuld *automatisch* an die veränderte Bezugsgröße anpassen sollen. Sie leitete daraus die Genehmigungsfreiheit eines Leistungsvorbehalts ab (BGH NJW 1969, 91, 92; Dürkes Rn B 48 f, D 545 ff mwNw). Charakteristisch für genehmigungsbedürftige Wertsicherungsklauseln war nach altem Recht, daß die Höhe der geschuldeten Geldleistung unmittelbar von einer Änderung der vorgesehenen Bezugsgröße abhing und eine Änderung dieser Bezugsgröße zugleich und unbedingt (automatisch), ohne daß es für die Anpassung der Leistungen einer zusätzlichen Tätigkeit der Vertragsteile bedurfte, zu einer entsprechenden Änderung der Geldleistung führen mußte (BGH aaO). Dieser Gedanke ist jetzt ausdrücklich in § 2 Abs 1 S 1 PaPkG klargestellt, wonach der Betrag von Geldschulden „nicht unmittelbar und selbsttätig" durch den Preis oder Wert von anderen Gütern oder Leistungen bestimmt werden darf, die mit den vereinbarten Gütern oder Leistungen nicht vergleichbar sind; die Neuregelung will durch die Merkmale „unmittelbar und selbsttätig bestimmen" den bisherigen Stand der Rspr zu § 3 S 2 WährG wiedergeben (Beschlußempfehlung und Bericht des Rechtsausschusses BT-Drucks 13/10334, 41; s auch Rademacher ZMR 1999, 318; enger Schmidt-Räntsch NJW 1998, 3164, 3167). Dies bedeutet, daß eine erhöhte Pacht bei Vorliegen der Voraussetzungen der Wertsicherungsklausel ohne weiteres fällig wird (BGH NJW 1980, 589; OLG Köln WM 1987, 1308 m Anm Hirte BB 1987, 1421). Die Parteien können indessen abweichend von diesem Regelfall vereinbaren, daß die Aufforderung des Verpächters, die erhöhte

Pacht zu zahlen, Voraussetzung für diesen Anspruch ist (vgl BGH WM 1979, 784, 786). Macht der Verpächter anstelle der Erhöhungen, die entsprechend dem Lebenshaltungskostenindex vereinbart sind, über viele Jahre in unregelmäßigen Abständen Zuschläge zur Pacht nach anderen als den vertraglich geregelten Maßstäben geltend, so kann eine spätere Nachforderung, die auf die Wertsicherungsklausel gestützt wird, verwirkt sein (OLG Celle NJW-RR 1991, 271).

γγ) Unabhängig von der auf Parteivereinbarungen beruhenden Wertsicherung **209** kommt eine Erhöhung der Pacht in Betracht. Unter dem Gesichtspunkt der Störung des Äquivalenzverhältnisses stellt sich die Frage einer Anpassung der Pacht an geänderte Verhältnisse, wenn sie als Gegenleistung für die Überlassung und Nutzung des Pachtgegenstandes durch die zwischenzeitliche Geldentwertung vor allem bei langfristigen Verträgen ihren Wert derart eingebüßt hat, daß ein grobes Mißverhältnis entstanden ist (vgl EMMERICH, Das Recht der Leistungsstörungen § 28 II 3 c; HAARMANN, Wegfall der Geschäftsgrundlage bei Dauerrechtsverhältnissen [1979]; JOACHIM BB 1988, 779; KÖHLER, Unmöglichkeit und Geschäftsgrundlage bei Zweckstörungen im Schuldverhältnis [1971] 31 ff; ders JA 1979, 498; KOLLER 309 f).

Das *RG* ließ in eng begrenzten Ausnahmefällen eine Anpassung der Pacht zu, wenn **210** die Parteien am Vertrag festhielten, obwohl Krieg und Staatsumwälzung einschließlich der Geldentwertung die wirtschaftlichen Verhältnisse völlig verändert hatten, so daß Leistung und Gegenleistung in ein schlechthin unerträgliches Mißverhältnis geraten waren (RGZ 104, 218; vgl RGZ 100, 129 – Miete). Der *BGH* hat im Prinzip an dieser Rspr festgehalten. Er betont jedoch, daß nicht jede Beeinträchtigung des Gleichgewichtsverhältnisses, mit der die Beteiligten bei Vertragsabschluß nicht gerechnet hatten, den Vertragsinhalt umgestalten kann. Vielmehr bedürfe es dazu einer wirklich einschneidenden Änderung der maßgeblichen Verhältnisse, die ein starres Aufrechterhalten der früheren Vereinbarung als unvereinbar mit Recht und Gerechtigkeit erscheinen lasse. Auf dieser Grundlage ließ der BGH nur in einem mietrechtlichen Ausnahmefall eine Anpassung des Entgelts bei wesentlich gestiegenen Unkosten des Vermieters zu, die die Mieteinnahmen ganz oder doch im wesentlichen aufzehrten (BGH Betrieb 1958, 1325). In mehreren Urteilen zu Kaliabbauverträgen wurde die Anpassung hingegen mit der Begründung abgelehnt, die Verminderung der Kaufkraft des Geldes allein verändere nicht die Geschäftsgrundlage, wenn der Förderzins nach der Menge des gewonnenen Kalisalzes festgelegt sei, der Preisanstieg der Kalisalze aber nur eine Folge der allgemeinen Kaufkraftminderung des Geldes sei und darin keine Steigerung des inneren Wertes der Kalisalze zum Ausdruck komme (BGH LM Nr 34 zu § 242 [Bb] BGB = NJW 1959, 2203; LM Nr 39 zu § 242 [Bb] BGB = MDR 1961, 307; LM Nr 49 zu § 242 [Bb] BGB = NJW 1966, 105). Dies wurde in erster Linie mit währungsrechtlichen Erwägungen begründet, weil die Berücksichtigung der Kaufkraftminderung unter dem Gesichtspunkt des Wegfalls der Geschäftsgrundlage sonst im Ergebnis ganz allgemein zu einer Art stillschweigender Währungsgleitklausel führen würde. Auch aus § 593, der bei der Landpacht ein Recht auf Vertragsänderung einräumt, wenn sich die Verhältnisse, die für die Festsetzung der Vertragsleistungen maßgebend waren, nachhaltig in bestimmter Weise geändert haben, läßt sich keine abweichende Entscheidung ableiten. Vielmehr zeigt gerade die isolierte Aufnahme dieser landpachtrechtlichen Vorschrift in das BGB, daß es sich um eine Sonderregelung handelt, die keine allgemeine Geltung beansprucht (vgl BGH LM Nr 34 zu § 242 [Bb] BGB = NJW 1959, 2203, 2204). Hiernach kommt eine Erhöhung der Pacht wegen Störung des Äquivalenzverhältnisses nur in höchst seltenen Ausnahmefällen in Betracht. So bejaht etwa der BGH bei Erbbauverträgen eine gerichtliche Aufwertung der Geldschuld, sobald sich der Lebenshaltungskostenindex seit dem Vertragsschluß um 150 % erhöht hat, dh eine Geldentwertung von 60 % vorliegt (s BGHZ 77, 194, 198 = NJW 1980, 2241; BGH LM Nr 30 zu § 9 ErbbauVO = NJW 1990, 2620). Entsprechend werden heute auch Kleingartenpachtverträge behandelt, soweit nicht gesetzliche Regeln entgegenstehen (BGH LM Nr 172 zu § 242 (Bb) BGB = NJW-RR 1999, 237).

211 Außerhalb der Fälle der Geldentwertung kommt eine Anpassung nur in Betracht, wenn sich erhebliche Umstände im Laufe der Zeit verändert haben; die Korrektur eines bereits im ursprünglichen Vertrag angelegten Ungleichgewichts von Leistung und Gegenleistung ist auf diesem Weg nicht möglich (OLG Nürnberg OLG-Rp 2000, 250).

212 γ) Eine spätere **Herabsetzung** der bei Vertragsabschluß vereinbarten Pacht folgt im wesentlichen den gleichen Regeln wie die Erhöhung (Rn 200 ff). Grundsätzlich ist eine Vereinbarung der Parteien erforderlich.

213 Die Pacht kann durch eine **erneute Einigung** der Parteien jederzeit herabgesetzt werden, auch wenn für die gesamte Pachtzeit ein bestimmter Betrag festgelegt worden ist. Darin liegt idR eine Vertragsänderung, falls die Parteien nicht eindeutig einen Neuabschluß beabsichtigen und vollziehen (RG JW 1918, 302 Nr 4). Die Änderung bedarf unter den Voraussetzungen der §§ 581 Abs 2, 550 der Schriftform (Rn 288). Die Herabsetzung der Pacht kann auf einen Teil der restlichen Vertragszeit beschränkt werden, so daß später wieder die ursprüngliche Vereinbarung in Kraft tritt (RG aaO). Die Parteien können sich schon im ursprünglichen Vertrag verpflichten, die Pacht nach einer bestimmten Zeit oder beim Vorliegen bestimmter Voraussetzungen durch eine neue Vereinbarung herabzusetzen. Dies kann in Form eines Leistungsvorbehalts geschehen, der gem § 1 Nr 1 PrKV nicht der Genehmigung nach § 2 Abs 1 PaPkG bedarf (Rn 202).

214 Eine spätere Herabsetzung der Pacht kann bereits auf der **ursprünglichen vertraglichen Einigung** beruhen. Die Parteien können hierdurch einem der Vertragspartner oder einem Dritten ein einseitiges Bestimmungsrecht nach den §§ 316, 317 einräumen (Rn 198, 201, 203) oder eine automatische Herabsetzung der Pacht vereinbaren. Hierfür bietet sich eine Staffelpacht in fallenden Raten (Rn 203) oder eine Wertsicherung an, indem eine nicht dem § 2 Abs 1 S 1 PaPkG unterliegende Spannungsklausel (Rn 204) oder eine genehmigungsbedürftige Wertsicherungsklausel (Rn 205 ff) vereinbart wird. Solche Wertsicherungsklauseln werden vom Bundesministerium für Wirtschaft (unter der Geltung des WährG von der Deutschen Bundesbank) ohnehin nur genehmigt, wenn sie nicht nur einseitig eine Erhöhung, sondern umgekehrt auch eine entsprechende Ermäßigung des Zahlungsanspruchs bei einem Sinken der Bezugsgröße bewirken (Nr 2 a der Mitteilung Nr 1015/78 betr Grundsätze bei der Entscheidung über Genehmigungsanträge nach § 3 des WährG [Nr 2 c der WährVO für Berlin] vom 9.6.1978, BAnz Nr 109 vom 15.6.1978, S 4, abgedr bei DÜRKES, Wertsicherungsklauseln Anh I; WILLMS/ WAHLIG BB 1978, 973).

215 Unabhängig von der auf Parteivereinbarung beruhenden Wertsicherung kann die

Pacht nach § 313 **Abs 1** im Wege der Vertragsanpassung herabzusetzen sein. Hierfür kommen aber ebenso wie bei der Erhöhung der Pacht unter dem Gesichtspunkt der Störung des Äquivalenzverhältnisses nur ganz eng begrenzte Ausnahmefälle in Betracht (Rn 209 f). Die Rspr hat eine Herabsetzung anerkannt in den Fällen einer Explosion in einem Kaliwerk (BGH LM Nr 2 zu § 242 [Ba] BGB = NJW 1951, 836; LM Nr 27 zu § 242 [Ba] BGB = MDR 1959, 116) und der Unterbrechung der Rohstoffzufuhr für die Produktion des Pächters durch die Berlin-Blockade (BGH NJW 1958, 785 m Anm KUBISCH NJW 1958, 1084). Es reicht jedoch im allgemeinen nicht aus, wenn die vertragsgemäße Erfüllung dem Pächter infolge einer von beiden Parteien nicht voraussehbaren Entwicklung der Umstände lästig wird oder sich für den Pächter erheblich unvorteilhafter als erwartet auswirkt und ihm spürbare materielle Opfer abnötigt (BGH LM Nr 4 zu § 92 ZPO = WM 1957, 401, 402; JOACHIM BB 1988, 779; ders ZIP 1991, 966; PIECK PharmaZ 1979, 1461, 1462). Auch ein Umsatzrückgang, selbst wenn er zu Verlusten führt, rechtfertigt keine Herabsetzung der Pacht wegen Wegfalls der Geschäftsgrundlage (OLG Hamm ZMR 1970, 53, 54). Dies ist das Risiko des Pächters (BGH NJW 1978, 2390; NJW 1981, 2405, 2406). Er bleibt auch dann an den Vertrag gebunden, wenn seine falschen Rentabilitätserwartungen vom Vertragspartner geteilt wurden (BGH BB 1974, 437; vgl BGH NJW 1970, 1313). Anders kann aber zu entscheiden sein, wenn sich auf Dauer eine Unrentabilität einstellt, die ihre Ursache in dem Pachtgegenstand als solchem hat oder in vertraglichen Vereinbarungen, wie etwa einer Wertsicherungsklausel, die die Aufwendungen des Pächters unverhältnismäßig und in unzumutbarer Weise ansteigen läßt (vgl BGH LM Nr 4 zu § 92 ZPO = WM 1957, 401, 402). Ebenso kommt eine Herabsetzung oder Aufhebung der Verpflichtung zur Pachtzahlung in Betracht, wenn das Pachtobjekt einer bestimmten Nutzungsänderung zugeführt werden soll (von einer Nutzung als Asylantenheim in eine Nutzung als soziale Jugendhilfeeinrichtung), dies auch Geschäftsgrundlage des Vertrags geworden ist, die vom Pächter beantragte Nutzungsänderungsgenehmigung aber bestandskräftig versagt worden ist (OLG Schleswig OLG-Rp 2004, 247, 248).

Im übrigen kommt eine Herabsetzung der Pacht im Wege der **Minderung** entsprechend den §§ 581 Abs 2, 536 ff bei einem Mangel des Pachtgegenstandes in Betracht, der dessen Tauglichkeit zu dem vertragsmäßigen Gebrauch aufhebt oder mindert (Rn 294 ff, 316). Im Gegensatz zu früheren Rechtsordnungen räumt das BGB dem Pächter kein Recht ein, einen Nachlaß der Pacht zu verlangen, wenn die Fruchtziehung durch außerordentliche Ereignisse geschmälert ist. Ein solcher Remissionsanspruch war in § 534 E I ausdrücklich ausgeschlossen (Rn 3). Hierfür bestehe kein praktisches Bedürfnis, weil sich der Pächter gegen eine zufällige Beschädigung oder Vernichtung der Früchte, etwa durch Unwetter, im Wege einer Versicherung schützen könne (Mot II 423 ff). Wenn der Verpächter den Nachteil besonders ungünstiger Jahre mittragen solle, müßte er umgekehrt auch am Gewinn besonders günstiger Jahre teilnehmen. Die Vorschrift wurde nur deshalb nicht in das Gesetz übernommen, weil sie nach Ansicht der 2. Komm den unrichtigen Anschein erwecke, als werde durch sie dem Pächter ein ihm nach den allgemeinen Grundsätzen zustehendes Recht entzogen (Prot II 242 f). Das Gesetz hat demnach die Gefahr in der Weise verteilt, daß der Pächter das Risiko für eine zufällige Beschädigung oder Vernichtung der Früchte trägt. Aus der Pflicht des Verpächters zur Gewährung des Fruchtgenusses folgt hingegen, daß er im Rahmen der Gewährleistung das Risiko solcher Zufälle zu tragen hat, die den Pachtgegenstand selbst betreffen und schon die Möglichkeit der Fruchtziehung ausschließen oder beeinträchtigen, dh die Tauglichkeit zum vertragsmäßigen Gebrauch aufheben oder mindern. Im übrigen trägt der Pächter das Risiko der Fruchtziehung (Rn 175). Diese Verteilung der Gefahr steht jedoch unter dem Vorbehalt des Wegfalls der Geschäftsgrundlage (Rn 208 f, 215). Besonderheiten gelten nach § 593 für die Landpacht. Darüber hinaus können die Parteien durch vertragliche Vereinbarung das Risiko der Fruchtziehung anderweitig verteilen, wie es bei jeder variablen Bemessung der Pacht anhand der gezogenen Früchte geschieht (Rn 189 ff, 195). Im einzelnen kann sich dabei der Zeitpunkt eines zufälligen Untergangs der Früchte unterschiedlich auswirken, wenn die Parteien die Pacht schon nach der erzeugten Menge oder erst nach dem Umsatz bzw Gewinn bemessen. Im ersteren Fall trägt der Pächter das Risiko einer Vernichtung nach der Fruchtziehung allein. Der Pächter wird aber entsprechend den §§ 581 Abs 2, 537 von der Entrichtung der Pacht nicht dadurch ganz oder teilweise befreit, daß er durch einen in seiner Person liegenden Grund an der Ausübung der ihm zustehenden Rechte auf Gebrauch und Fruchtziehung verhindert wird (OLG Düsseldorf ZMR 1985, 89).

217 Schließlich kann die Pacht aufgrund eines **Schadensersatzanspruchs** herabzusetzen sein, wenn er wegen einer zum Schadensersatz verpflichtenden Handlung des Verpächters oder von Personen, für die dieser einzustehen hat, bei Vertragsabschluß höher vereinbart worden ist, als es sonst geschehen wäre. Dies gilt etwa, wenn der Verpächter über den Ertrag des Pachtgegenstandes arglistig täuscht. Der Schadensersatzanspruch aus unerlaubter Handlung ist dann auf Herabsetzung der Pacht oder auf vollständige Befreiung von der Vertragspflicht gerichtet, wenn der Pächter von einer Anfechtung nach § 123 absieht (RGZ 86, 334). Auch ein Anspruch aus den §§ 280 Abs 1, 311 Abs 2, 241 Abs 2 kommt in Betracht.

ee) Fälligkeit

218 α) Das Pachtrecht enthält nur für die Landpacht in § 587 eine besondere Regelung für die Fälligkeit der Pacht. Hiernach ist die Pacht grundsätzlich am Ende der Pachtzeit zu entrichten. Wird die Pacht nach Zeitabschnitten bemessen, so ist sie am ersten Werktag nach dem Ablauf der einzelnen Zeitabschnitte zu entrichten. Im übrigen war bis zum Inkrafttreten des Mietrechtsreformgesetzes nach § 581 Abs 2 die mietrechtliche Vorschrift des § 551 aF entsprechend anzuwenden. Hieraus ergab sich als **gesetzliche Regel** eine Vorleistungspflicht des Verpächters. Eine solche Pflicht des Verpächters sieht das neue Recht nur noch für die Grundstückspacht sowie die Pacht von anderen Pachtgegenständen als Grundstücken vor (§ 579 Abs 1). Demgegenüber gilt für Raumpacht die für Wohnraummietverhältnisse und sonstige Raummietverhältnisse seit 1. 9. 2001 bestehende Vorleistungspflicht des Pächters (§§ 579 Abs 2, 556b Abs 1). Besonderheiten können sich bei einer aufgrund einer Wertsicherungsklausel erhöhten Pacht (Rn 208) und bei der partiarischen Pacht ergeben (Rn 189 ff).

219 Bei der *Grundstückspacht* und der Pacht von beweglichen Sachen ist die Pacht am Ende der Pachtzeit zu entrichten (§ 579 Abs 1 S 1); damit ist der Fall der Einmalpacht gemeint. Ist die Pacht dagegen nach Zeitabschnitten bemessen, so ist sie nach Ablauf der einzelnen Zeitabschnitte zu entrichten (§ 579 Abs 1 S 2; näheres STAUDINGER/EMMERICH [2003] § 579 Rn 5). Eine Sonderregel enthält § 579 Abs 1 S 3 für die Grundstückspacht. Das Gesetz unterscheidet hier nach dem Bemessungszeitraum: Beträgt dieser mindestens ein Vierteljahr, so ist die Pacht nach Ablauf desselben am ersten Werktag des folgenden Monats zu entrichten (§ 579 Abs 1 S 3 letzter HS). Ist die Pacht dagegen nach kürzeren Fristen als einem Vierteljahr bemessen, zB nach Wochen oder Monaten, so bleibt es bei der Regel des § 579 Abs 1 S 2.

Bei Pacht von *Räumen* greifen die §§ 579 Abs 2, 556b Abs 1 ein. Die Pacht ist zu **220** Beginn, spätestens bis zum dritten Werktag der einzelnen Zeitabschnitte zu entrichten, nach denen sie zu bemessen ist. Umfaßt der Pachtgegenstand Grundstücke und andere Gegenstände, so ist, wenn die Parteien nichts anderes vertraglich vereinbart haben, darauf abzustellen, auf welchem Vertragsbestandteil der Schwerpunkt liegt und dann entweder von der Regel des § 579 Abs 1 oder von der des § 556b Abs 1 in Verbindung mit § 579 Abs 2 auszugehen (STAUDINGER/EMMERICH [2003] § 579 Rn 4).

Die gesetzliche Regel des § 579 gilt für die Bemessung der Pacht in einem *festen* **221** *oder variablen Betrag* (Rn 188 ff) in gleicher Weise, wirft allerdings bei variabler Bemessung gewisse Berechnungsschwierigkeiten auf. Wird die Pacht nach der Menge der gewonnenen Früchte bemessen, kommt es auf die Erzeugung nach Ablauf der Pachtzeit (§ 579 Abs 1 S 1), nach Ablauf je eines Kalendervierteljahres (§ 579 Abs 1 S 3 Regelfall) oder nach Ablauf der einzelnen Zeitabschnitte an (§ 579 Abs 1 S 2, S 3 Ausnahmefall). Das gleiche gilt, wenn die Pacht nach dem Umsatz des Pächters bemessen wird. Hierbei ist mangels anderweitiger Bestimmung der Parteien idR auf die tatsächlichen Einnahmen, nicht auf die vereinbarten Entgelte iS des Umsatzsteuerrechts abzustellen (Rn 192). Wird die Pacht nach dem Gewinn des Pächters bemessen, ist er unter Berücksichtigung der vorstehenden Grundsätze an dem Fälligkeitstermin zu entrichten, der der Feststellung des Gewinns folgt. Der Gewinn muß in Anlehnung an § 243 Abs 3 HGB nach den Grundsätzen ordnungsmäßiger Buchführung innerhalb der einem ordnungsmäßigen Geschäftsgang entsprechenden Zeit nach Ablauf des Wirtschaftsjahres vom Pächter festgestellt werden.

β)   Die Parteien können **abweichende Vereinbarungen** über die Fälligkeit der **222** Pacht treffen, da die Regelung des § 579 nicht zwingend ist (OLG München ZMR 1996, 376). Anders als im Mietrecht ist eine Vorleistungspflicht des Pächters nicht allgemein üblich, so daß für eine dahin gehende Vereinbarung nicht ohne weiteres die Verkehrssitte als Auslegungsmittel heranzuziehen ist. Vielmehr müssen eindeutige Anhaltspunkte gegeben sein, die auch in der Art und Weise der bisherigen Entrichtung der Pacht durch den Pächter liegen können.

γ)   Gerät der Pächter mit der Entrichtung der Pacht in **Verzug**, greifen entspre- **223** chend die §§ 581 Abs 2, 543 Abs 1, Abs 2 S 1 Nr 3, 569 Abs 3 ein (Rn 417). Im Rahmen des Anwendungsbereichs dieser Regelungen wird § 323 verdrängt.

ff)   Erfüllungsort
Nach § 269 ist Erfüllungsort grundsätzlich der Wohnsitz oder der Ort der gewerb- **224** lichen Niederlassung des Pächters. Unerheblich ist hingegen, wo sich der Pachtgegenstand befindet, wenn sich nicht aus den Vereinbarungen der Parteien etwas anderes ergibt. Soweit die Pacht in Geld zu entrichten ist, handelt es sich nach § 270 um eine Schickschuld, anderenfalls um eine Holschuld, wenn die Parteien nicht auch insoweit etwas Abweichendes vereinbaren.

gg) Dauer der Verpflichtung

225 Der Pächter ist für die Dauer des Pachtverhältnisses zur Entrichtung der Pacht verpflichtet. Diese Pflicht entfällt erst mit der Beendigung des Vertrags (Rn 383 ff), die auch mit dem Untergang des Pachtgegenstandes eintreten kann (LG Köln ZMR 1985, 338; Rn 429). Der Pächter eines Grundstücks, dem ein Ankaufsrecht eingeräumt ist, kann nach Ausübung dieses Rechts bei entsprechender Auslegung des Vertrags bis zur Auflassung und Zahlung des Kaufpreises verpflichtet sein, weiterhin die Pacht zu entrichten, auch wenn er wirtschaftlich bereits als Eigentümer erscheint (BGH WM 1964, 1237, 1238). Gibt der Pächter den gepachteten Gegenstand nach der Beendigung der Pacht nicht oder nicht rechtzeitig zurück, so kann der Verpächter nach Maßgabe des § 584b eine Entschädigung verlangen. Entsprechend den §§ 581 Abs 2, 537 Abs 2 (= § 552 S 3 aF) ist der Pächter nicht verpflichtet, die Pacht zu entrichten, solange der Verpächter infolge der Überlassung des Gebrauchs an einen Dritten außerstande ist, dem Pächter den Gebrauch zu gewähren (OLG Düsseldorf ZMR 1986, 164; Rn 292). Ein etwaiger Schadensersatzanspruch des Verpächters wird hierdurch nicht berührt (OLG Düsseldorf ZMR 1985, 89).

hh) Verjährung und Verwirkung

226 α) Die **Verjährungsfrist** für rückständige Pacht betrug nach § 197 aF vier Jahre. Seit Geltung des neuen Verjährungsrechts ab 1.1. 2002 gilt für Ansprüche auf wiederkehrende Leistungen die regelmäßige Verjährungsfrist von drei Jahren (§ 195). Dies gilt nach der Rspr, die sich allerdings noch auf das alte Recht bezieht, auch bei einer Bemessung der Pacht nach den vom Pächter gezogenen Früchten (RG DRpfl 1939, Nr 24; BGHZ 28, 144 = NJW 1959, 239; Rn 189 ff), für die Forderung von Schadensersatz wegen Ausfalls der Pacht (BGH NJW 1968, 692) und von Nutzungsentschädigung nach § 584b wegen Vorenthaltung des Pachtgegenstandes (BGHZ 68, 307 = NJW 1977, 1335 m Anm WOLF LM Nr 9 zu § 557 BGB; einschränkend HECKELMANN JuS 1977, 799). War nach altem Recht eine Pachtforderung in ein Kontokorrent iS der §§ 355 ff HGB aufzunehmen, wurde die Verjährung entsprechend § 202 aF als bis zum Schluß der zur Zeit der Entstehung der Forderung laufenden Rechnungsperiode gehemmt angesehen. Danach begann die Verjährung nach den für die Forderung geltenden Vorschriften, sofern nicht ein Saldoanerkenntnis vorlag (BGHZ 51, 346 = NJW 1969, 879). § 205 hält § 202 aF entsprechend der geringen Bedeutung der Norm nur noch mit erheblich reduziertem Inhalt aufrecht (näher dazu BT-Drucks 14/6040, 118). Dennoch greift bei Einstellung einer Forderung in einen Kontokorrent nicht § 205, sondern § 199 Abs 1 ein, wonach die regelmäßige Verjährung mit dem Schluß des Jahres beginnt, in dem der Anspruch entstanden ist und der Gläubiger von den den Anspruch begründenden Umständen und der Person des Schuldners Kenntnis erlangt oder ohne grobe Fahrlässigkeit erlangen müßte. Die Verjährung beginnt also nicht, wenn der Anspruch noch überhaupt nicht entstanden ist.

227 β) Unabhängig von der Verjährungsfrist stellt sich die Frage, unter welchen Voraussetzungen der Anspruch auf Nachzahlung rückständiger Pacht oder auf Rückforderung überzahlter Pacht auf der Grundlage des § 242 BGB **verwirkt** ist. Im Mietrecht nimmt die Rspr dann etwa eine Verwirkung an, wenn über den Zeitablauf hinaus besondere Umstände dafür vorliegen, daß der Vermieter eine Forderung nicht mehr geltend machen wolle (BGHZ 91, 62, 71; OLG Köln NJW-RR 1999, 231; OLG Düsseldorf WuM 2003, 151; OLG Brandenburg OLG-Rp 1996, 135). Der allgemeine Rechtsgedanke der Verwirkung gilt als Unterfall der unzulässigen Rechtsausübung auch im Pachtrecht (BGH MDR 1965, 902; KG WuM 1992, 67). So kann eine Nachforderung von Pacht, die auf eine Wertsicherungsklausel gestützt wird, verwirkt sein, wenn der Verpächter über viele Jahre in unregelmäßigen Abständen nach anderen Maßstäben Zuschläge zur Pacht geltend gemacht hat (OLG Celle NJW-RR 1991, 271). Welche Zeitspanne verstrichen sein muß, läßt sich nicht generell sagen. Der BGH (aaO) spricht von „geraumer Zeit". In dem entschiedenen Fall ging es um vier Jahre. Im Mietrecht werden zT schon mehrere Monate für ausreichend gehalten, insbesondere bei der Nachforderung von Betriebskosten. Die für Nebenkosten entwickelten mietrechtlichen Grundsätze sind jedoch auf das Pachtrecht nicht ohne weiteres zu übertragen (OLG Köln WM 1987, 1308, 1310). Die Zeitspanne ist in jedem Einzelfall nach Treu und Glauben mit Rücksicht auf die gesamten Umstände zu bestimmen (ROQUETTE Anh nach § 558 Rn 3). Dabei kommt es auf die Bedeutung des Vertrags, die Höhe der Pacht, die Länge der Zeitabschnitte für seine Bemessung und auf das Verhalten des Verpächters an. Vor allem durch das zusätzliche Erfordernis eines bestimmten Verhaltens des Gläubigers neben dem Zeitablauf unterscheidet sich die Verwirkung von der Verjährung. Allein das Unterlassen einer Abrechnung von Nebenkosten für mehrere Jahre begründet noch keine Verwirkung (OLG Düsseldorf ZMR 2000, 603). Das gleiche gilt für die Versäumung der Frist zur Abrechnung von Betriebskostenvorauszahlungen (OLG Koblenz GuT 2002, 43).

c) Gebrauch des Pachtgegenstandes

aa) Eine Pflicht des Pächters, den Pachtgegenstand zu gebrauchen, ist im Gesetz **228** nicht festgelegt. Sie ergibt sich auch nicht aus der Rechtsnatur des Pachtvertrags (RGZ 115, 17, 20; RG JR 1925, Nr 1742; MICHALSKI ZMR 1996, 527; JENDREK NZM 2000, 526 [für Gewerberaummiete]; MünchKomm/HARKE Rn 12 f). Deshalb ist eine ausdrückliche oder stillschweigende **Vereinbarung** der Parteien erforderlich, um eine Gebrauchspflicht des Pächters zu begründen (HAMANN ZMR 2001, 581; JOACHIM NZM 2000, 785, 798; WIEK NZM 2002, 327).

Der Umfang des Gebrauchs kann in sachlicher und zeitlicher Hinsicht **ausdrücklich** **229** und im einzelnen geregelt werden (OLG Celle ZMR 1973, 109; OLG Düsseldorf ZMR 2004, 508; OLG Hamburg OLG-Rp 2003, 201; OLG Hamm BB 1974, 1609; OLG München ZMR 2001, 347). Die Übernahme einer Gebrauchspflicht liegt zB darin, daß sich der Pächter ausdrücklich verpflichtet, während der ganzen Vertragsdauer ein erstrangiges Lichtspieltheater zu betreiben (KG HRR 1933, Nr 1422). Bei einem Bodenabbauvertrag ergibt sich aus der Zusicherung des Pächters, eine bestimmte jährliche Mindestmenge zu entnehmen, eine Gebrauchspflicht (BGH WM 1983, 531, 532). Wird die Gebrauchspflicht formularmäßig übernommen, sind die §§ 305 ff nF (= AGBG aF) zu beachten (BGH NJW 1992, 2283; OLG Düsseldorf NZM 1999, 124).

Eine **stillschweigende** Vereinbarung wird nicht ohne weiteres vermutet. Sie ergibt **230** sich auch nicht allein aus dem Interesse des Verpächters, daß der Betrieb vom Pächter fortgeführt wird, um die Kundschaft, eine etwaige Gewerbeerlaubnis in ihrem Bestand zu erhalten (RGZ 136, 433, 436; 138, 202, 207) oder um eine Tradition fortzusetzen (OLG Köln DWW 2000, 336). Entscheidend für die stillschweigende Begründung einer Gebrauchspflicht ist zunächst die besondere Art des Pachtgegenstandes, etwa eines landwirtschaftlich genutzten oder sonstigen Grundstücks, das zur Erhaltung der Fruchtfähigkeit ständiger Bestellung bedarf, oder eines Wohn- und Einkaufszentrums sowie eines als Einheit konzipierten Geschäftshauses mit einzelnen Läden (OLG Celle NJW 1978, 2510; LG Augsburg ZMR 1973, 111). Auch insoweit sind aber strenge Anforderungen an einen entsprechenden Parteiwillen zu stellen (LG Lübeck NJW-RR 1993, 78). In gleicher Weise ist idR bei der Unternehmenspacht zu entscheiden, weil die Einstellung des Betriebs durch den Pächter den Pachtgegenstand erheblich beeinträchtigen oder gar weitgehend vernichten würde (KOHLER AcP 71 [1887] 397, 401). Ferner kommt es auf die von den Parteien verfolgten geschäftlichen Zwecke und auf andere Abreden im Rahmen des Vertrags an, aus denen sich ein auf die Gebrauchspflicht gerichteter Parteiwille entnehmen läßt (RGZ 138, 192, 198; 138, 202, 207). Dies gilt in erster Linie für die Abrede, die Pacht in einem variablen Betrag zu bemessen (Rn 189 ff). Wird die Pacht ausschließlich nach der Menge der vom Pächter gewonnenen Früchte, nach seinem Umsatz oder Gewinn bemessen, wird zT von einer stillschweigend vereinbarten Gebrauchspflicht des Pächters ausgegangen, weil sonst im Grundsatz kein durchzusetzender Anspruch auf Pacht bestehe (RGZ 160, 361, 367 m Anm DAHMANN DR 1939, 1683; vgl RGZ 86, 45, 47; 149, 88, 90; OGHBrZ HEZ 2, 245, 247; BGH LM Nr 3 zu § 242 [Bf] BGB). Zwingend ist dieser Schluß indessen nicht, da auch der Betrag als geschuldet angesehen werden kann, der als Pacht in Betracht kommen würde, wenn der Pächter den Pachtgegenstand weiterhin zu dem im Vertrag vorgesehenen Zweck genutzt hätte (BGH NJW 1979, 2351, 2352; STAUDINGER/EMMERICH [2003] § 535 Rn 92). Entscheidend sind vielmehr die Umstände des jeweiligen Falles. Im einzelnen steht es nach § 315 im billigen Ermessen des Pächters, in welchem Umfang er den Pachtgegenstand gebrauchen will. Er darf allerdings nicht arglistig längere Zeit mit dem Gebrauch aussetzen oder treuwidrig weit weniger Früchte erzeugen, als erzielbar und zu verwerten gewesen wären (OLG Bamberg JW 1932, 1066 Nr 1). Eine stillschweigend vereinbarte Gebrauchspflicht liegt auch dann nahe, wenn die Parteien neben einer festen Pacht einen auf jeden Fall zu entrichtenden variablen Betrag nach Erzeugung, Umsatz oder Gewinn vorgesehen haben. Bei dieser Vertragsgestaltung soll der Verpächter in vollem Umfang an den gezogenen Früchten beteiligt sein. Daraus ist ersichtlich, daß der feste Betrag nicht unbedingt die Mindestgrenze des Pachtentgelts darstellt (RGZ 160, 361, 367). Dies hängt von der Höhe des festen Betrags ab. Ist ein erheblicher Mindestbetrag vereinbart, kann nicht ohne weiteres eine Gebrauchspflicht angenommen werden (BGH LM Nr 4 zu § 133 [A] BGB; aA BGH LM Nr 3 zu § 242 [Bf] BGB), sondern nur dann, wenn der variable Betrag nach den Vorstellungen der Parteien den überwiegenden Teil der Pacht darstellen soll. Nach den gleichen Grundsätzen ist zu entscheiden, wenn ein variabler Betrag erst nach Überschreiten einer bestimmten Grenze der erzeugten Menge, des Umsatzes oder des Gewinns neben einer festen Pacht zu entrichten ist (offengelassen von RGZ 160, 361, 367; aA OLG Celle ZMR 1973, 109, 111). Auch in solchen Fällen kann der variable Betrag nach dem Vertrag einen wesentlichen Teil der Pacht ausmachen.

231 bb) Ein **Verstoß gegen die Gebrauchspflicht** ist eine Vertragsverletzung, die Schadensersatzansprüche (RG SeuffA 83, Nr 212) oder ein Kündigungsrecht des Verpächters auslösen kann (Rn 416). Ist im Vertrag die Gebrauchspflicht einschließlich der Öffnungszeiten eines Gewerbebetriebs ausdrücklich geregelt, haben die Parteien aber Betriebsferien des Pächters nicht bedacht, kann dem Pächter im Wege der ergänzenden Vertragsauslegung das Recht zuerkannt werden, den Betrieb zeitweise zu schließen. Er muß dann aber auf der Grundlage dieser Auslegung bei einer Umsatzpacht dem Verpächter den Ausfall ersetzen (OLG Hamm BB 1974, 1609), dh die Pacht wird nach einem fiktiven Umsatz bemessen.

cc) Ein **Wegfall der Gebrauchspflicht** tritt ein, wenn die Parteien das Risiko der 232 Fruchtziehung abweichend vom Normalfall nicht einseitig dem Pächter auferlegen. So ist der Pächter eines Ladengeschäfts in einem Wohn- und Einkaufszentrum nach den Grundsätzen des Wegfalls der Geschäftsgrundlage (jetzt § 313) nicht verpflichtet, das Geschäft weiterzubetreiben, wenn sich nach der Eröffnung herausstellt, daß die Weiterführung nur Verluste einbringt, und der Verpächter bei Vertragsabschluß zu erkennen gegeben hat, daß er die Funktionsfähigkeit auch zu seinem Risiko mache (OLG Celle NJW 1978, 2510).

dd) Von der Verletzung der vertraglich übernommenen Gebrauchspflicht ist der 233 Fall zu unterscheiden, daß der Pächter den Betrieb ganz einstellt oder nur noch nachlässig fortführt, weil er in der Nachbarschaft ein eigenes **Konkurrenzunternehmen** eröffnet hat. Darin kann eine zum Schadensersatz nach § 280 Abs 1 verpflichtende Vertragsverletzung liegen (zum alten Recht RG JW 1936, 1829; KG JW 1936, 2932). Dies ist jedenfalls dann anzunehmen, wenn der Pachtgegenstand dadurch für die Zukunft selbst an Wert verliert (RGZ 160, 361, 369; BGH LM Nr 8 zu § 581 BGB = Betrieb 1954, 103 [LS]; vgl aber OLG Celle ZMR 1973, 109).

d) Erhaltung des Pachtgegenstandes
Entsprechend den §§ 581 Abs 2, 535 Abs 1 S 2 besteht grundsätzlich eine Hauptlei- 234 stungspflicht des Verpächters darin, den Pachtgegenstand instand zu halten und instand zu setzen (Rn 156 ff). Eine Sonderregelung enthalten die §§ 582 ff für die Verpachtung eines Grundstücks mit Inventar. Darüber hinaus kann der Pächter vertraglich die gesetzlich den Verpächter treffende Pflicht zur Erhaltung des Pachtgegenstandes übernehmen. Dies gilt auch für die Schönheitsreparaturen (jüngst für das Mietrecht BGH NJW 2004, 2961, 2962). Wenn der Pächter derartige Pflichten des Verpächters übernimmt, ändert dies nichts an deren rechtlicher Einordnung als Hauptleistung (BGHZ 77, 301, 305 = NJW 1980, 2347, 2348), wie es auch im Mietrecht angenommen wird (BGHZ 85, 267, 273 = NJW 1983, 446, 447; BGHZ 92, 363, 371 = NJW 1985, 480, 481 m Anm Sonnenschein JZ 1985, 430; BGHZ 104, 6, 10 = NJW 1988, 1778, 1799; BGH NJWE-MietR 1996, 266 = WuM 1997, 217; Langenberg 107 ff; Emmerich PiG 60 [2001] 105, 112 ff = NZM 2000, 1155). Die Parteien können bestimmen, daß die Erhaltung des Pachtgegenstandes durch den Pächter nur eine Nebenleistungspflicht sein soll (KG NJW 1964, 725). Sie müssen grundsätzlich eine klare und ausdrückliche Vereinbarung hinsichtlich der Übernahme der Erhaltungspflicht treffen. Eine stillschweigende Vereinbarung kommt allenfalls bei eindeutigen Anhaltspunkten für einen dahin gehenden Parteiwillen in Betracht. Bei einer formularmäßigen Übernahme der Erhaltungspflicht sind die §§ 305 ff, va die in § 307 Abs 1 S 2 festgeschriebenen Transparenzanforderungen (BGH ZMR 2004, 736 = NZM 2004, 653; Hinz ZMR 2003, 77, 79 f) zu beachten. Eine Formularklausel, nach der die Instandhaltung des gesamten Pachtobjekts dem Pächter obliegen soll, ist einschränkend dahin auszulegen, daß der einwandfreie Zustand des Pachtgegenstandes bei Vertragsbeginn vorausgesetzt wird und nur die durch den Pachtgebrauch verursachten Instandhaltungen erfaßt werden. Ist für die Schönheitsreparaturen kein Fristenplan aufgestellt, obliegt es dem Verpächter darzutun, in welchen Zeitabständen bei den betroffenen Räumen üblicherweise Schönheitsreparaturen zu erfolgen haben, wenn er aus der Nichtvornahme Rechte gegen den Pächter herleiten will (OLG Köln WuM 1994, 274). Mangels einer besonderen Regelung hat der Verpächter idR keinen Anspruch auf die sofortige Beseitigung von Mängeln, sofern der Mangel nicht weitere Teile des Pacht-

gegenstandes gefährdet (LG Mannheim WuM 1962, 89). Hat sich der Pächter verpflichtet, den Pachtgegenstand in betriebsfähigem Zustand zu erhalten, braucht er nicht schwerwiegende, von Anfang an vorhandene Mängel zu beseitigen (OLG Bamberg OLGZ 1976, 195, 201). Auch wenn er sich ganz allgemein zur Instandsetzung verpflichtet hat, sind damit idR nur nachträglich eingetretene Mängel gemeint. Wollen die Parteien schon von der Pflicht des Verpächters aus den §§ 581 Abs 2, 535 Abs 1 S 2 abweichen, den Pachtgegenstand in mangelfreiem Zustand zu überlassen, müssen hierfür eindeutige Anhaltspunkte vorliegen. Beseitigt der Pächter anfängliche Mängel, ohne dazu verpflichtet zu sein, steht seinem Anspruch auf Ersatz der Aufwendungen aus § 536a Abs 2 Nr 1 (= § 538 Abs 2 aF) die Übernahme der Erhaltungspflicht im übrigen nicht entgegen (LG Berlin GE 1987, 1271). Die Parteien können vereinbaren, daß dem Verpächter das Recht zur Ersatzvornahme zusteht, falls der Pächter seine Erhaltungspflicht nicht erfüllt (BGH LM Nr 36 zu § 535 BGB = NJW 1985, 267). Eine solche Klausel kann auch formularmäßig vereinbart werden, wenn dem Pächter eine ausreichende Frist belassen wird, die Arbeiten selbst vorzunehmen (OLG Karlsruhe NJW-RR 1989, 331). Die Erhaltungspflicht und etwaige aus einem Verstoß folgende Schadensersatzansprüche sind Masseverbindlichkeiten, wenn der Pächter insolvent ist und der Verpächter dem Insolvenzverwalter Gebrauch und Fruchtziehung zur Masse gewährt (zum Konkursverfahren OLG Düsseldorf MDR 1989, 554). Die Rspr nimmt an, die ergänzende Auslegung eines Pachtvertrags könne ergeben, daß der Pächter anstelle seiner Verpflichtung, Schönheitsreparaturen vornehmen zu lassen, bei Beendigung des Vertrags dem Verpächter einen Ausgleich in Geld zahlen müsse, wenn der Verpächter den Pachtgegenstand umbaue und dadurch die Schönheitsreparaturen zerstört würden (BGHZ 77, 301 = NJW 1980, 2347 m Anm TREIER LM Nr 42 zu § 581 BGB und krit Anm GRÄFE NJW 1981, 48; EISENSCHMID WuM 1981, 242 und NIEBLING ZMR 1981, 183; BGHZ 92, 363, 369 ff, 372 f = ZMR 1985, 84; OLG Düsseldorf ZMR 1994, 402; OLG Oldenburg WuM 2000, 301 = NZM 2000, 828; aA WIEK BlGBW 1981, 24; STAUDINGER/EMMERICH [2003] § 535 Rn 116). Dieser Auffassung ist nur zu folgen, wenn sich aus dem Pachtvertrag eindeutig ergibt, daß die Pacht mit Rücksicht auf die Übernahme einer zusätzlichen Pflicht durch den Pächter geringer bemessen worden ist, weil nur dann der Ausgleich in Geld das Äquivalenzverhältnis von Leistung und Gegenleistung herstellt. Die vom Pächter übernommene Erhaltungspflicht umfaßt nicht die Auswechslung eines Heizkessels (OLG Hamm NJW-RR 1993, 1229), den Wiederaufbau einer durch Dritte zerstörten Mauer der Pachträume (OLG Koblenz WuM 1990, 16) oder die Befestigung der Hoffläche, die Wiederherstellung von Gleisanlagen, Herrichtung von Anlagen zur Ver- und Entsorgung sowie den Ausbau der Pachträume (OLG Hamburg ZMR 1985, 237). Der Pächter kann ferner im Vertrag die dem Verpächter obliegende *Verkehrssicherungspflicht* übernehmen (Rn 156 ff, 164). Dies gilt für den Pachtgegenstand und die zum Mitgebrauch überlassenen Sachen, zB für Zugänge, Treppen und andere Räume. Soweit die Verkehrssicherung öffentlicher Wege, insbesondere durch Streupflicht, auf die Anlieger übertragen ist, kann sie im Pachtvertrag auf den Pächter abgewälzt werden (BGH NJW 1985, 270). Der Verpächter muß den Pächter jedoch überwachen und eingreifen, wenn dieser nicht rechtzeitig streut (BGH NJW 1952, 61). Seine Haftung gegenüber Dritten wird durch die Übertragung der Verkehrssicherungspflicht auf den Pächter nicht ohne weiteres ausgeschlossen (BGH WuM 1986, 320). Umgekehrt kann der Pächter die ihm obliegende Verkehrssicherungspflicht auf den Verpächter verlagern (OLG Nürnberg VersR 1996, 900).

2. Nebenpflichten

a) Allgemeines

Den Pächter trifft eine Reihe von Nebenpflichten, die ihre Grundlage im Gesetz **235** sowie in ausdrücklichen oder stillschweigenden vertraglichen Vereinbarungen finden. Ein großer Teil der Einzelpflichten beruht auf dem Prinzip von Treu und Glauben aus § 242 und ist deshalb mit gewissen Unsicherheiten bei der inhaltlichen Bestimmung behaftet. Die Pacht ist wie die Miete ein Dauerschuldverhältnis, das zu einer gesteigerten Bindung und gegenseitigen Rücksichtnahme führt. Nicht alle mietrechtlichen Grundsätze und Entscheidungen können aber bedenkenlos auf das Pachtrecht übertragen werden, weil hier vor allem im Unterschied zur Wohnraummiete normalerweise die enge persönliche Bindung des Pächters an den Pachtgegenstand fehlt und weil das Verhältnis der Parteien zueinander weniger eng ist, sondern in erster Linie von gegenläufigen wirtschaftlichen Interessen bestimmt wird.

b) Abnahme des Pachtgegenstandes

Der Pächter ist grundsätzlich nicht zur Abnahme des Pachtgegenstandes verpflich- **236** tet. Er gerät deshalb nicht in Schuldnerverzug, sondern nach den §§ 293 ff in Gläubigerverzug, wenn er den ihm angebotenen Pachtgegenstand nicht annimmt. Ist der Pächter hingegen nach den ausdrücklichen oder stillschweigenden Vertragsvereinbarungen zum Gebrauch des Pachtgegenstandes verpflichtet (Rn 218 ff), kann daraus eine Abnahmepflicht hergeleitet werden, weil erst die Abnahme dem Pächter den Gebrauch ermöglicht. Die Abnahmepflicht entfällt in diesen Fällen, wenn der Vertrag noch vor seinem Vollzug wirksam gekündigt wird (BGH WarnR 1971, Nr 86). Dies ist auch im Wege der ordentlichen Kündigung möglich (BGHZ 73, 350 = NJW 1979, 1288 m krit Anm HAASE JR 1979, 415; **aA** LENHARD DWW 1980, 166).

c) Obhut
aa) Rechtsgrundlage

Eine Obhutspflicht des Pächters hinsichtlich des Pachtgegenstandes ist im Gesetz **237** nicht ausdrücklich geregelt, sondern wird als selbstverständlich vorausgesetzt. Sie ist ebenso wie bei der Miete aus der Natur des Rechtsverhältnisses und aus den §§ 581 Abs 2, 538, 546 (= §§ 548, 556 aF) zu begründen, nach denen der Pächter den Pachtgegenstand zurückzugeben und für alle Veränderungen oder Verschlechterungen aufzukommen hat, die nicht durch vertragsmäßigen Gebrauch herbeigeführt worden sind (RGZ 106, 133; OLG Düsseldorf ZMR 1965, 51; OLG Naumburg OLGE 20, 110). Soweit es sich um Beeinträchtigungen handelt, die den Pächter an sich von seiner Rückgabepflicht befreien würden, wie etwa die Zwangsvollstreckung durch Gläubiger des Verpächters, läßt sich die Obhutspflicht auf das aus § 242 folgende Vertrauensverhältnis stützen (RG JW 1938, 665 Nr 11 [LS]). Die Anzeigepflicht bei Mängeln, die den Pächter entsprechend den §§ 581 Abs 2, 536c (= § 545 aF) trifft, ist Ausfluß dieser im Interesse des Verpächters bestehenden Obhutspflicht (Mot II 400; RGZ 59, 161, 162). Der Pächter ist demnach auch ohne vertragliche Vereinbarung zur Obhut verpflichtet. Allerdings können Einzelheiten im Vertrag besonders geregelt werden.

bb) Inhalt

Wenn der Pachtgegenstand dem Pächter überlassen worden ist, hat der Verpächter **238** im wesentlichen keine Möglichkeit mehr, einen unmittelbaren Einfluß auf die sachgemäße Behandlung und Schonung des Pachtgegenstandes auszuüben. Dies ist nunmehr Aufgabe des Pächters. Inhaltlich ist die Obhutspflicht deshalb darauf gerichtet, den Pachtgegenstand sachgemäß zu behandeln, ihn zu schonen und alle Schäden von ihm fernzuhalten (RGZ 84, 222; 106, 133; OLG Düsseldorf ZMR 1965, 51; OLG Hamm VersR 2002, 62; MITTELSTEIN 350 ff; STAUDINGER/EMMERICH [2003] § 535 Rn 94 ff). Der Pächter muß sich im Rahmen des **vertragsmäßigen Gebrauchs** halten. Bedient er sich hierbei dritter Personen als Erfüllungsgehilfen, hat er für sie nach § 278 einzustehen (RGZ 106, 133; OLG Naumburg OLGE 20, 110; OLG Nürnberg ZMR 1960, 80, 81; OLG Düsseldorf ZMR 2002, 583). Nach den Umständen des Falles hat er den Pachtgegenstand gegen rechtswidrige Angriffe Dritter zu schützen (OLG Celle VersR 1979, 264; s auch OLG Schleswig DWW 2001, 207). Ein Pachtvertrag über eine industrielle Anlage, in dem die Erhaltung der Maschinen und deren Ersatz vereinbart sind, berechtigt den Pächter nicht, die Maschinen während der Pachtzeit zu entfernen und anderweitig zu benutzen (RG JR 1925, Nr 1336). Der Pächter einer Gastwirtschaft darf ein mitverpachtetes Klavier nicht aus den Pachträumen schaffen und den Gebrauch einem Dritten überlassen (LG Aachen MDR 1951, 33). Wer eine Imbißstube gepachtet hat, muß den Gefahren einer Selbstentzündung von Fettablagerungen dadurch begegnen, daß er die Abzugsanlage regelmäßig kontrolliert und reinigt (BGH NJW-RR 1988, 659). Der Pächter muß Sicherungen gegen das Einfrieren von Wasserleitungen und das anschließende „Platzen" beim Wiederauftauen treffen (OLG Düsseldorf OLG-Rp 2001, 177; s auch LG Münster NJW-RR 1988, 1234). Er darf weiter nach der Rspr nicht bei Handlungen eines Dritten mitwirken, durch die dem Verpächter die Verfügungsmacht über den Pachtgegenstand entzogen wird, so etwa bei der Zwangsversteigerung durch einen Gläubiger des Verpächters. Auf keinen Fall dürfe er diese Handlungen fördern (RG JW 1938, 665 Nr 11 [LS]). Aus diesen kurzen Ausführungen des RG könnte sogar die Pflicht des Pächters hergeleitet werden, bei einer Pfändung nach § 809 ZPO die Herausgabe zu verweigern und den Gläubiger auf den Weg der §§ 846, 847 ZPO zu verweisen, weil dann die Herausgabepflicht geklärt würde. Eine solche Verallgemeinerung und Weiterführung der ohne Gründe veröffentlichten Entscheidung ist jedoch nicht möglich, da § 809 ZPO nur den Schutz des Dritten bezweckt, das Verhältnis zwischen Drittem und Schuldner aber außer Betracht bleibt. Allein die Herausgabebereitschaft gegenüber dem Gerichtsvollzieher ist deshalb ohne Hinzutreten besonderer Umstände keine Verletzung der Obhutspflicht. Ist der Pächter zur Herausgabe bereit, bleibt unabhängig vom Problem der Pflichtverletzung immer noch die Frage, ob durch die Pfändung ein Schaden des Verpächters entstanden ist.

239 Im Zusammenhang mit der Obhut über den Pachtgegenstand können sich für den Pächter **Mitteilungs- und Auskunftspflichten** ergeben, wenn dies für die weitere Durchführung des Vertrags eine Rolle spielt. Hervorzuheben ist die Anzeigepflicht bei Mängeln entsprechend den §§ 581 Abs 2, 536c (Rn 317).

240 Die Obhutspflicht umfaßt nicht nur den eigentlichen Pachtgegenstand, sondern erstreckt sich auf alle **zum Gebrauch oder Mitgebrauch überlassenen Sachen**, so etwa auf Zugänge, Treppen und andere Räume (RGZ 59, 161, 162; 106, 133).

241 Der Pächter ist verpflichtet, alles zu **unterlassen**, was den Verpächter hindert, den Pachtgegenstand künftig in der bisherigen Weise zu nutzen. Er darf den Charakter des Pachtgegenstandes grundsätzlich nicht verändern, etwa den Geschäftszweig eines gepachteten Unternehmens. Dies schließt gewisse Veränderungen in der Produktion, der geführten Handelsware oder der Betriebsführung nicht aus, solange die Eigenart des Geschäfts dadurch nicht berührt wird. Die Rspr will im Einzelfall nach Treu und Glauben unter Berücksichtigung der Belange beider Teile entscheiden, inwieweit mangels besonderer vertraglicher Abreden eine Änderung des Gesamtcharakters eines gepachteten Geschäfts vom Pächter vorgenommen werden darf (BGH LM Nr 1 zu § 550 BGB). Dies soll zulässig sein, wenn die Veränderung eine Wertsteigerung mit sich bringe und der Eigentümer keine berechtigten Gründe gegen eine solche Veränderung vorbringen könne, und wenn es andererseits unbillig sei, der Änderung zu widersprechen. Gegen eine solche allgemeine Aussage bestehen trotz des Hinweises auf den Einzelfall Bedenken, weil die Gestaltung des Pachtgegenstandes grundsätzlich Sache des Eigentümers ist und er sich auch keine Wertsteigerung aufdrängen zu lassen braucht. Eine Ausnahme kann allenfalls unter dem Gesichtspunkt des Wegfalls der Geschäftsgrundlage (§ 313) im Wege der Vertragsanpassung zugelassen werden. Im übrigen steht es den Parteien frei, dem Pächter im Wege vertraglicher Vereinbarungen ein Recht zur Änderung des Pachtgegenstandes einzuräumen (RG HRR 1927, Nr 13). Hat der Pächter bei Beginn des Pachtverhältnisses einen Fernsprechanschluß übernommen oder ist später ein Nebenanschluß eingerichtet worden, so muß er diese Fernspracheinrichtungen bei Beendigung des Pachtvertrags dem Verpächter oder einem Nachfolgepächter belassen, wenn sonst der Pachtgegenstand verschlechtert oder in seinem Wert gemindert würde (OLG Saarbrücken OLGZ 1971, 322; LG Konstanz NJW 1971, 515; aA LG Nürnberg-Fürth MDR 1967, 47). Der Pächter darf nicht die Verlegung eines Geschäfts betreiben, wenn der Verpächter die Räume daraufhin nicht mehr entsprechend verpachten kann (RGZ 158, 180, 184; RG JW 1936, 1829; BGH LM Nr 8 zu § 581 BGB; vgl OLG Celle ZMR 1973, 109, 110). Damit hängen Fragen des Wettbewerbsschutzes zusammen (Rn 269 ff, 279).

cc) Dauer

Die Obhutspflicht **beginnt**, sobald der Pachtgegenstand dem Pächter überlassen worden ist, auch wenn das Pachtverhältnis erst zu einem späteren Zeitpunkt anfangen soll. Unerheblich ist, wann der Pächter den Gegenstand tatsächlich in Gebrauch nimmt. Entscheidend ist der Zeitpunkt, in dem der Verpächter die Möglichkeit unmittelbarer Einwirkungen aufgibt und auf den Pächter überträgt.

Die Obhutspflicht **endet** nicht ohne weiteres mit der Beendigung des Pachtverhältnisses, sondern erst, wenn der Verpächter die Möglichkeit unmittelbarer Einwirkungen zurückgewinnt, dh den Pachtgegenstand wieder in seine eigene Obhut nimmt oder in diejenige eines Dritten weiterüberträgt. Dies hängt idR von der Rückgabe durch den Pächter ab. Es kommt nicht darauf an, ob der Pachtgegenstand schon vor dem Ende des Vertrags (KG OLGE 10, 255) oder erst danach zurückgegeben wird (BGH LM Nr 2 zu § 556 BGB = MDR 1967, 835). Für die Rückgabe genügt es im allgemeinen nicht, daß der Pächter den Besitz aufgibt und der Verpächter sich ohne weiteres den Besitz verschaffen könnte (STAUDINGER/ROLFS [2003] § 546 Rn 10). Gerät der Verpächter allerdings in Gläubigerverzug, beschränkt sich die Haftung des Pächters nach § 300 Abs 1 auf Vorsatz und grobe Fahrlässigkeit.

dd) Verstoß

244 Ein Verstoß gegen die Obhutspflicht kann Schadensersatzansprüche aus § 280 Abs 1 (zum ungeschriebenen Tatbestand der positiven Forderungsverletzung LG Münster NJW-RR 1988, 1234; OLG Düsseldorf ZMR 2002, 583; OLG Hamm VersR 2002, 62) und unerlaubter Handlung (BGH NJW-RR 1988, 659), Unterlassungsansprüche entsprechend den §§ 581 Abs 2, 541 und in schwerwiegenden Fällen ein Recht des Verpächters zur außerordentlichen fristlosen Kündigung entsprechend den §§ 581 Abs 2, 543 Abs 2 S 1 Nr 2 auslösen.

d) Fürsorge

245 Häufig werden Obhuts- und Fürsorgepflicht in einem Atemzug genannt, ohne daß ihr Inhalt genauer unterschieden wird (RGZ 106, 133). Wenn die Obhutspflicht auf den Pachtgegenstand bezogen wird, bleibt für die Fürsorgepflicht Raum bei der Durchführung des Vertrags im allgemeinen und hinsichtlich des Schutzes der Person und anderer Rechtsgüter des Verpächters im besonderen. Zwingend ist diese Abgrenzung allerdings nicht. Die Parteien sind verpflichtet, aufeinander Rücksicht zu nehmen, die Durchführung des Vertrags nicht zu behindern, das gerechtfertigte Vertrauen des anderen nicht zu enttäuschen und sich loyal zu verhalten (LARENZ, Schuldrecht I § 10 II e). Der Pächter muß dafür sorgen, daß der Verpächter und die in den Schutzbereich des Vertrags einbezogenen Dritten nicht in ihrer Person oder an anderen Rechtsgütern Schaden erleiden. Hierbei hat er für seine Erfüllungsgehilfen nach § 278 einzustehen (OLG Düsseldorf NZM 1999, 234).

246 Ein Verstoß gegen die Fürsorgepflicht führt zu Schadensersatzansprüchen aus § 280 Abs 1 und aus unerlaubter Handlung.

e) Duldung
aa) Besichtigung

247 Das **Gesetz** regelt nicht ausdrücklich, ob der Verpächter den Pachtgegenstand während der Dauer des Pachtverhältnisses besichtigen und das Pachtgrundstück betreten darf. Der Antrag, eine Vorschrift über ein jährliches Besichtigungsrecht des Verpächters eines Grundstücks in das Gesetz aufzunehmen, wurde in den Beratungen der 2. Komm abgelehnt (Prot II 252). Ebenso wie im Mietrecht (Prot II 216) sei die Frage eines Besichtigungsrechts nur anhand der tatsächlichen Umstände des einzelnen Falles nach den Grundsätzen von Treu und Glauben zu entscheiden und entziehe sich deshalb einer positiv-rechtlichen Vorschrift.

248 Grundlage eines Besichtigungsrechts ist deshalb der **Vertrag**. Das Gesetz überläßt es primär der Vereinbarung der Parteien, insoweit Bestimmungen zu treffen. Es geht jedoch davon aus, daß ein Besichtigungsrecht auch ohne ausdrückliche Vereinbarung nach den Grundsätzen von Treu und Glauben aus § 242 besteht. Allerdings gilt dies nicht generell, nicht einmal in langen Zeitabständen (STAUDINGER/EMMERICH [2003] § 535 Rn 98). Durch die Besichtigung wird das Gebrauchsrecht des Pächters beeinträchtigt, was er sich nur aus besonderen Gründen gefallen lassen muß (Rn 157; BVerfG NJW-RR 2004, 440). Solche besonderen Gründe sind ua gegeben, wenn ein drohender Schaden abzuwenden ist (LG Bremen BlGBW 1964, 159), Reparaturen durch den Verpächter erforderlich werden, wenn der Verpächter den Pachtgegenstand zu verkaufen beabsichtigt und Interessenten ihn in Augenschein nehmen wollen (RGZ 106, 270, 271; LG Frankfurt aM NZM 2002, 696 betr Mietverhältnis) oder wenn das Ende des

Pachtverhältnisses bevorsteht und eine Besichtigung durch den etwaigen Nachfolgepächter notwendig ist (Prot II 216, 252). Eine Kündigung braucht nicht schon ausgesprochen zu sein, weil es dem Verpächter freistehen muß, sich schon vor der Kündigung einen Nachfolgepächter zu sichern. Dies gilt bei eigener Kündigungsabsicht in gleicher Weise wie bei ernsthaft zum Ausdruck gebrachter Absicht des Pächters (für ein Besichtigungsrecht nach Kündigung des Mieters AG Wedding ZMR 1997, 364, 365). Endet das Pachtverhältnis durch Zeitablauf, entsteht das Besichtigungsrecht angemessene Zeit vor dessen Ende. Dies hängt im Einzelfall von der Bedeutung des Pachtgegenstandes ab. Als Anhaltspunkt können die Kündigungsfristen dienen, die bei einer Beendigung durch ordentliche Kündigung maßgebend wären (Rn 402 ff; § 584 Rn 20 ff). Ein Besichtigungsrecht kann sich ferner aus § 809 ergeben, wenn der Verpächter im Hinblick auf den Pachtgegenstand einen Anspruch gegen den Pächter hat oder sich Gewißheit darüber verschaffen will, sofern die Besichtigung für ihn von Interesse ist (RG WarnR 1927, Nr 142).

Ist hiernach ein Besichtigungsrecht gegeben, kann es gleichwohl nicht zu beliebiger **249** Zeit **ausgeübt** werden. Der Pächter darf nicht übermäßig belästigt werden. Im einzelnen ist nach den Gründen für die Besichtigung zu unterscheiden. So kann bei Reparaturen größere Eile geboten sein als bei Verkauf oder Neuverpachtung. In den beiden letzteren Fällen wird idR ein Tag in der Woche mit etwa drei Stunden ausreichen. Bei größeren Pachtgegenständen wie weitläufigen Gebäuden oder gewerblichen Unternehmen kann eine längere Zeit erforderlich sein. In Eilfällen ist der Zutritt an einem weiteren Wochentag geboten (RGZ 106, 270, 272).

Eine **Durchsetzung** des Besichtigungsrechts mit Gewalt ist ausgeschlossen. Notfalls **250** muß der Verpächter auf Duldung klagen.

Eine **Verletzung** der Duldungspflicht durch den Pächter kann Schadensersatzansprüche aus § 280 Abs 1 zur Folge haben, wenn dadurch ein Verkauf oder eine **251** Neuverpachtung scheitert (zum ungeschriebenen Tatbestand der positiven Forderungsverletzung KG OLGE 16, 426; AG Bergisch-Gladbach WuM 1977, 27).

bb) Erhaltungs- und Verbesserungsmaßnahmen
Grundsätzlich ist der Verpächter aufgrund seiner Verpflichtung, dem Pächter den **252** vertragsmäßigen Gebrauch und die Fruchtziehung zu gewähren, daran gehindert, auf den Pachtgegenstand einzuwirken. Vertraglich kann indessen ein solches Recht eingeräumt werden. Im übrigen ist die Frage, ob der Pächter verpflichtet ist, Erhaltungs- und Verbesserungsmaßnahmen des Verpächters zu dulden, zT durch die §§ 581 Abs 2, 554, 578 Abs 2 S 1 (= § 541a aF) geregelt. Diese Regelungen erfassen alle Pachtverträge über Räume. Unerheblich ist, ob ein ganzes Gebäude oder einzelne Räume verpachtet werden. Das gleiche gilt, wenn Gebäude oder Räume wie bei der Unternehmenspacht nur einen Teil des Pachtgegenstandes bilden. Sind die Voraussetzungen des § 554 insoweit nicht erfüllt, als bestimmte Baumaßnahmen nicht unter den Begriff der Erhaltung oder Verbesserung fallen, kommt dennoch eine Duldungspflicht aus § 242 in Betracht, wenn dem Pächter die Beeinträchtigung zuzumuten ist, es für den Verpächter hingegen unzumutbar ist, die Maßnahmen zu unterlassen oder zu verschieben (BGH LM Nr 1 zu § 541a BGB = NJW 1972, 723). Unter den gleichen Voraussetzungen besteht eine Duldungspflicht aus § 242 bei der reinen

Grundstückspacht und der Pacht beweglicher Sachen, die wegen ihres Gegenstandes nicht unter § 554 fallen.

cc) Verpächterpfandrecht

253 Weitere Duldungspflichten des Pächters eines Grundstücks oder von Räumen ergeben sich, wenn dem Verpächter für seine Forderungen aus dem Pachtverhältnis entsprechend den §§ 581 Abs 2, 562 ff, 578 Abs 1, Abs 2 S 1 ein Pfandrecht an den eingebrachten Sachen des Pächters zusteht (Rn 364 ff).

3. Sonstige Pflichten

a) Allgemeines

254 Im Rahmen der Vertragsfreiheit steht es den Parteien frei, dem Pächter durch vertragliche Vereinbarung weitere Pflichten aufzuerlegen. Hierbei können sie von der gesetzlichen Regelung abweichen, soweit keine zwingenden Vorschriften entgegenstehen. Dies gilt vor allem für die Überwälzung der Erhaltungspflicht auf den Pächter (Rn 234) und von Nebenkosten, die nicht bereits Bestandteil der Pacht sind.

b) Kaution

255 aa) Die Kaution ist im Pachtrecht von ähnlich praktischer **Bedeutung** wie im Mietrecht und wirft die gleichen Rechtsfragen auf (RÖDDING BB 1968, 934; SCHOPP ZMR 1969, 1; STAUDINGER/EMMERICH [2003] § 551 Rn 1 ff; STENZEL, Die Miet- und Pachtkaution in ihren alltäglichen Erscheinungsformen [Diss Mannheim 1974]; WEIMAR ZfSozH 1980, 68). Sie soll den Verpächter für seine Forderungen gegen den Pächter sichern, wird in der Praxis aber auch zur Sicherung der Forderungen Dritter wie der Lieferanten des Pächters eingesetzt (OLG Hamm WM 1970, 698 – Pacht einer Gaststätte und Sicherung der Brauerei). Der Pächter leistet die Kaution idR durch Zahlung eines Geldbetrags, was im Prinzip einem Darlehen gleichsteht. Ist der Geldbetrag zu verzinsen, darf er vom Verpächter verbraucht werden, sofern nichts anderes vereinbart ist (OLG Düsseldorf NJW 1978, 2511). Auch die Zahlung auf ein Sperrkonto (LG Mannheim ZMR 1970, 271), Hinterlegung von Wertpapieren, Verpfändung oder Sicherungsübereignung beweglicher Sachen und die Bürgschaft (BGHZ 138, 49 = NJW 1998, 981; OLG Celle NJW-RR 2003, 155; ZMR 2002, 812, 813 f) oder Anlegung der Kaution in einem Fonds für Wertpapiersparen (LG Frankenthal ZMR 2001, 712) kommen vor.

256 bb) Die Kaution ist gesetzlich nicht besonders geregelt (JAKOBS/SCHUBERT 624). Sie richtet sich deshalb in erster Linie nach den **Vereinbarungen der Parteien** und folgt dabei den maßgebenden Vorschriften der für die Sicherheitsleistung jeweils gewählten Rechtsform. Haben die Parteien über die inhaltliche Ausgestaltung im einzelnen keine oder nur unzureichende ausdrückliche Abreden getroffen, greift eine Reihe von Grundsätzen ein, die sich in der Entscheidungspraxis der Gerichte herausgebildet hat. Dabei geht es vor allem um eine Verzinsungspflicht, die ausdrücklich vereinbart (OLG Düsseldorf NJW 1978, 2511) oder ausgeschlossen sein kann. In Fortführung der zum Wohnraummietrecht getroffenen Entscheidung (BGHZ 84, 345 = NJW 1982, 2186), der sich der Gesetzgeber durch Schaffung des § 550b (Neufassung durch das MietRG in § 551) angeschlossen hat, wird bei einem Miet- oder Pachtvertrag über gewerbliche Räume im Wege der ergänzenden Vertragsauslegung angenommen, daß der Vermieter oder Verpächter die Barkaution regelmäßig vom Empfang an zu dem für Spareinlagen mit dreimonatiger Kündigungsfrist üblichen

Zinssatz zu verzinsen hat, wenn der Vertrag keine ausdrückliche Bestimmung über eine Verzinsung enthält (BGHZ 127, 138 = NJW 1994, 328; HEINTZMANN WiB 1995, 569). Damit haben sich die früheren Versuche, die Verzinsungspflicht über § 1214 zu begründen (LG Kassel NJW 1976, 1544; vgl BayObLG NJW 1981, 994; KÖHLER ZMR 1971, 3; ZEUNER ZMR 1980, 197; aA FREUND/BARTHELMESS NJW 1979, 2121), erledigt. Aufgrund der Änderungen des MietRG sieht § 551 Abs 3 S 2 jetzt vor, daß die Vertragsparteien anstelle einer Barkaution auch eine andere Anlageform vereinbaren können (zB Anlage in Sparkassenbriefen, Aktien, Aktien- oder Immobilienfonds, aber auch hochspekulative sonstige Anlagen [STAUDINGER/EMMERICH [2003] § 551 Rn 21]). Außer der Frage nach der Verzinsungspflicht geht es bei der Kaution weiter um Probleme der Aufrechnung (OLG Bamberg SeuffA 64, Nr 48) und dahin gehende Verbote für den Pächter (BGH WM 1972, 335 u 776; OLG Düsseldorf ZMR 2000, 211), um die Auffüllung der Kaution bei einer zwischenzeitlichen Inanspruchnahme durch den Verpächter, um ein Zurückbehaltungsrecht hinsichtlich der laufenden Pacht (RG JW 1931, 3425, 3427), um ein Recht des Verpächters zur Kündigung des Pachtverhältnisses wegen Nichtzahlung einer fälligen Kaution (OLG Celle NJW-RR 1998, 585, 586 = ZMR 1998, 272; NJW-RR 2003, 155 = ZMR 2002, 505, 506; OLG München NJW-RR 2000, 1251), die Verpflichtung zu einer vom Vermögen getrennten Anlage der Kaution (KG NZM 1999, 376; jetzt geregelt in § 551 Abs 3 S 3) und um Rückzahlung nach Vertragsende. Hervorzuheben ist, daß der Verpächter die Kaution grundsätzlich auch noch nach der Beendigung des Pachtverhältnisses einklagen kann, wenn dies zur Sicherung seiner Rechte erforderlich ist (BGH LM Nr 43 zu § 581 BGB = NJW 1981, 976, 977; OLG Düsseldorf ZMR 2000, 211). Im übrigen muß er die Kaution angemessen kurze Zeit nach Beendigung des Vertrags abrechnen und zurückzahlen (OLG Celle OLGZ 1966, 6 – höchstens sechs Monate; vgl LG Köln ZMR 1977, 178 zur Miete – zwei Monate; weitere Nachw STAUDINGER/ EMMERICH [2003] § 551 Rn 29) oder bei einer Bürgschaft die Urkunde an den Bürgen herausgeben (OLG Celle ZMR 2002, 812, 813). Entscheidend sind letztlich die Umstände des Einzelfalles (OLG Düsseldorf OLG-Rp 2004, 180, 181; OLG Hamburg DWW 1988, 41); aus diesem Grund hat die BReg auch einen Vorschlag des BR abgelehnt, eine Abrechnungsfrist in das MietRG aufzunehmen (BT-Drucks 14/4553, 84, 99; Ausschlußbericht BT-Drucks 14/5663, 77 [r Sp u]). Erst dann wird der Anspruch auf Rückzahlung der Kaution fällig. Während der Überlegungs- und Prüfungsfrist ist eine Aufrechnung des Pächters mit der Kaution ausgeschlossen (BGHZ 101, 244, 250 = NJW 1987, 2372, 2373; BGH NJW 1972, 721, 723; OLG Düsseldorf OLG-Rp 2004, 180, 181). Größere Zeitspannen sind hinzunehmen, wenn der Verpächter üblicherweise nur einmal jährlich abrechnet, zB die Nebenkosten bei einer größeren Zahl von Pächtern (LG Köln aaO). Eine solche Verzögerung ist aber nur tragbar, wenn ein angemessenes Verhältnis zwischen Kaution und zu erwartender Nachzahlung besteht. Anderenfalls ist ein Teil der Kaution schon vorher zurückzuzahlen. Ein Zeitraum von zwei Jahren ist im allgemeinen nicht mehr angemessen, selbst wenn dem Verpächter für die Nebenkostenabrechnung vertraglich ein solcher Zeitraum zur Verfügung steht (OLG Düsseldorf DWW 1992, 52). Der Verpächter muß nach der Beendigung des Pachtverhältnisses darlegen und beweisen, welche Ansprüche er noch hat, die durch die Kaution zu sichern sind (OLG Düsseldorf ZMR 2000, 211). Sonst kann der Pächter gegenüber einem Zahlungsanspruch des Verpächters mit seinem Anspruch auf Rückzahlung der Kaution aufrechnen (BGH WM 1967, 515). Ein Aufrechnungsverbot für den Pächter gilt dann nicht mehr (OLG Celle OLGZ 1966, 6). Auf der anderen Seite ist nach Ablauf der Überlegungs- und Prüfungsfrist kein Aufrechnungsverbot oder der Ausschluß eines Zurückbehaltungsrechts für den Verpächter anzunehmen, da dies dem Zweck der

Kaution widersprechen würde (BGHZ 101, 244, 251 = NJW 1987, 2372, 2373; aA OLG Celle aaO). Da die Kaution Ansprüche des Verpächters sichern soll, darf sie nicht als Druckmittel zur Anerkennung einer strittigen Forderung benutzt werden. Darin liegt ein Verstoß gegen Treu und Glauben, so daß die Fälligkeit des Rückzahlungsanspruchs eintritt (OLG Hamm WM 1970, 698). Der Anspruch des Verpächters auf Rückzahlung einer Kaution, die er unter Vorbehalt der Geltendmachung später aufgedeckter Schäden zurückgegeben hat, unterliegt nicht der kurzen Verjährung des § 548 (= § 558 aF), da es sich nicht um einen Anspruch wegen Veränderungen oder Verschlechterungen des Pachtgegenstandes handelt (RGZ 142, 258, 264). Sind etwaige Ersatzansprüche des Verpächters verjährt und stehen ihm keine sonstigen Ansprüche zu, kann der Pächter mit seinem Anspruch auf Rückzahlung der Kaution gegen Ansprüche des Verpächters auf rückständige Pacht aufrechnen (OLG Karlsruhe WuM 1987, 156). Haben die Parteien eine Kaution in Form einer Bürgschaft vereinbart, so können sowohl der Bürge als auch der Pächter sich gegenüber Ersatzansprüchen des Verpächters wegen unterlassener Schönheitsreparaturen auf Verjährung berufen. Ein Ausschluß dieser Einrede in entsprechender Anwendung der §§ 216 Abs 1 (= § 223 Abs 1 aF), 215 BGB (= § 390 S 2 aF) und der zu § 17 Nr 8 VOB/B entwickelten Rechtsprechung kommt nicht in Betracht (BGHZ 138, 49, 53 ff = NJW 1998, 981). Hat der Verpächter die Kaution vorbehaltlos zurückgezahlt, kann darin ein konkludenter Verzicht auf Ersatzansprüche wegen erkennbarer Mängel oder Beschädigungen des zurückgegebenen Pachtgegenstandes gesehen werden (OLG München NJW-RR 1990, 20).

c) Wettbewerbliche Beschränkungen
aa) Allgemeines

257 Wettbewerbliche Beschränkungen des Pächters kommen in doppelter Hinsicht in Betracht (Rn 158 ff zum Verpächter). Zum einen geht es um Wettbewerbsbeschränkungen, die von den Parteien im Pachtvertrag als Austauschvertrag vereinbart werden und eine Preisbindung, Ausschließlichkeitsbindung oder ähnliche Beschränkungen iS der §§ 14 ff GWB (= §§ 15 ff GWB aF) zum Ziele haben. Zum anderen stellt sich im Hinblick auf das Kartellverbot des § 1 GWB die Frage, ob und inwieweit sich der Pächter verpflichten kann, dem Verpächter keinen Wettbewerb zu machen, oder ob schon kraft Gesetzes eine dahin gehende Verpflichtung besteht. Das GWB ist durch Gesetz vom 26. 8. 1998 (BGBl I 2546) neu gefaßt worden. Unter der Geltung des alten Rechts konnten sachlich im allgemeinen Vertikalverträge zwischen Angehörigen verschiedener Wirtschaftsstufen nach den §§ 15 ff GWB aF und Horizontalverträge zwischen Angehörigen derselben Wirtschaftsstufe nach § 1 GWB unterschieden werden. An dieser Unterscheidung hat sich durch die Neufassung des GWB (in Kraft seit 1. 1. 1999) nichts geändert (s Jickeli, in: Gedschr Sonnenschein [2003] 463). Der Gesetzgeber bezweckte mit der Novellierung eine Anpassung an das europäische Recht (Begr zum RegE BT-Drucks 13/9720, 31, 46). Dieses Ziel wurde aber nicht vollständig realisiert; so wurde etwa abweichend von Art 81 EGV die Unterscheidung zwischen horizontalen und vertikalen Wettbewerbsbeschränkungen (§§ 1 ff, 14 ff GWB) beibehalten. Diese Unterscheidung ist allerdings nicht abschließend, da Kartellvereinbarungen mit Vertikalverträgen verbunden sein können (BGHZ 68, 6 = NJW 1977, 804 m Anm Ulmer – Fertigbeton; Steindorff BB 1977, 569; ders BB 1981, 377). Das gleiche gilt nach neuem ebenso wie nach altem Recht für die Unterscheidung zwischen Individualverträgen iS der §§ 14 ff GWB und Kartellverträgen iS des § 1 GWB, weil individuelle Interessen und gemeinsamer Kartellzweck verbunden sein können (BGH NJW 1980, 185 – Erbauseinandersetzung; BGH BB 1979, 1163 – Ausscheiden eines Gesellschafters; BGH BB 1980, 1486 – Sortimentsabgrenzung; EMMERICH, Kartellrecht [9. Aufl 2001] 26 ff, 46 ff; K SCHMIDT BB 1979, 1173; ULMER NJW 1979, 1585).

Vorgesehen ist eine weitere Angleichung des nationalen Kartellrechts an das europäische Recht in dem Entwurf des siebten Gesetzes zur Änderung des Gesetzes gegen Wettbewerbsbeschränkungen (RegE BT-Drucks 15/3640). Anlaß dieser Novellierung ist die Verabschiedung der VO (EG) Nr 1/2003 vom 16. 12. 2002, in Kraft seit 1. 5. 2004 zur Durchführung der in den Art 81 und 82 des Vertrags niedergelegten Wettbewerbsregeln (ABl L 1 vom 4.1.2003). Die bislang bestehende grundsätzliche Anmelde- und Genehmigungspflicht für wettbewerbsbeschränkende Vereinbarungen ist in ein System der Legalausnahme überführt worden. Wettbewerbsbeschränkende Vereinbarungen gelten danach automatisch als freigestellt, wenn sie die Freistellungsvoraussetzungen des Art 81 Abs 3 EGV erfüllen. Gleichzeitig ist der Vorrang des europäischen Rechts hinsichtlich der Zulässigkeit wettbewerbsbeschränkender Vereinbarungen, Beschlüsse von Unternehmensvereinigungen und abgestimmter Verhaltensweisen iSv Art 81 Abs 1 erheblich erweitert worden. Mit der 7. GWB-Novelle soll eine weitgehende Gleichstellung von Unternehmensabsprachen, die Auswirkungen auf den zwischenstaatlichen Handel haben und nach Art 81 EGV zu beurteilen sind, mit solchen erreicht werden, die rein nationale Sachverhalte erfassen. Der Gesetzentwurf sieht die Erstreckung des Verbots wettbewerbsbeschränkender Vereinbarungen nach § 1 GWB-E auf vertikale Wettbewerbsbeschränkungen entsprechend Art 81 Abs 1 EGV vor (BT-Drucks 15/3640, 23). Dies hat zur Folge, daß der gesamte zweite Abschnitt über die Vertikalvereinbarungen, insbesondere die §§ 16–18 GWB-E, entfallen sollen. Infolge der Anpassung an das europäische Recht sieht § 2 GWB-E eine Generalklausel für die Freistellung von wettbewerbsbeschränkende Vereinbarungen und Verhaltensweisen vor. Dies bedingt die Aufhebung der meisten speziellen Freistellungstatbestände in den §§ 2–8 GWB geltende Fassung. Der Wechsel vom bisherigen System der Notifizierung und Administrationsfreistellung zum System der Legalausnahme führt weiter zur Aufhebung der §§ 9–13 GWB (näher BT-Drucks 15/3640, 22 ff; BECHTOLD DB 2004, 235 ff; KAHLENBERG/HAELLMIGK BB 2004, 389 ff). Diese zukünftigen Änderungen sollen im nachfolgenden außer Betracht bleiben; nach geltendem Recht soll weiter zwischen vertikalen Bindungen im Hinblick auf die §§ 14 ff GWB und horizontalen Bindungen unter dem Gesichtspunkt des § 1 GWB unterschieden werden.

bb) Vertikale Bindungen
α) Nach § 14 GWB sind Vereinbarungen zwischen Unternehmen über Waren oder gewerbliche Leistungen, die sich auf Märkte innerhalb des Geltungsbereichs des GWB beziehen, verboten, soweit sie einen Beteiligten in der Freiheit der **Gestaltung von Preisen oder Geschäftsbedingungen** bei solchen Vereinbarungen beschränken, die er mit Dritten über die gelieferten Waren, über andere Waren oder über gewerbliche Leistungen schließt. Damit ist die Bindung von Preisen oder Geschäftsbedingungen in Pachtverträgen grundsätzlich verboten; über § 134 BGB begründet das Verbot die Nichtigkeit von Inhaltsbindungen in den Vereinbarungen zwischen Unternehmen. Unerheblich ist, ob der Pächter oder der Verpächter gebunden wird. Beide sind idR Unternehmer iS des GWB (OLG Düsseldorf WuW/E OLG 888, 889). Eine gesetzliche Ausnahme ist in § 15 Abs 1 GWB für die Preisbindung von Verlagserzeugnissen zugelassen. Darüber hinaus greift die Verbotsregel des § 14

GWB nach hM nicht ein, wenn eine Vertragspartei aufgrund in der Rechtsordnung anerkannter institutioneller Gegebenheiten in der Gestaltung ihrer Preise und Geschäftsbedingungen nicht frei ist, wie vor allem Handelsvertreter und Kommissionäre (BGHZ 51, 163, 168 = NJW 1969, 1024, 1026 mwNw; BGHZ 140, 342, 351 = NJW 1999, 2671; EMMERICH, Kartellrecht 105 ff). Dies gilt auch im Rahmen von Pachtverträgen, soweit der Pächter als Handelsvertreter oder Kommissionär des Verpächters tätig wird, so etwa bei der Tankstellenpacht. Ebensowenig ist § 14 GWB auf die Festsetzung der Verkaufspreise der Heimbetriebsleiter der Bundeswehrheime durch den Bund anwendbar (BGH Betrieb 1981, 2601). Etwas anderes gilt dagegen bei einer Preisbindung durch den Franchisegeber, soweit der Franchisenehmer das wirtschaftliche Risiko seines Unternehmens selbst trägt (BGHZ 140, 342, 351 = NJW 1999, 2671; OLG München WuW 1997, 823, 824 ff = NJWE-WettbR 1997, 234 = BB 1997, 1429 „Sixt"; dagegen BECHTOLD, GWB [3. Aufl 2002] § 14 Rn 14). Bei einem Verstoß gegen § 14 GWB ist der Pachtvertrag nichtig, soweit es sich um eine unzulässige Bindung handelt (§ 134 BGB). Im übrigen ist die Wirksamkeit des Vertrags nach § 139 zu beurteilen (BGH WuW/E 1402, 1404; WuW/E 2909, 2913; OLG Hamm WuW/E OLG 2187; OLG Stuttgart WuW/E OLG 3410, 3411; zum vertraglichen Abbedingen von § 139 OLG Düsseldorf WuW 2001, 497).

260 β) **Andere vertragliche Beschränkungen** der Wettbewerbsfreiheit in Austauschverträgen sind grundsätzlich wirksam. Bestimmte Vertragsvereinbarungen können jedoch unter den Voraussetzungen des § 16 GWB im Wege der Mißbrauchsaufsicht durch die Kartellbehörde mit Wirkung für die Zukunft für unwirksam erklärt werden. Auf einen bestimmten Vertragstyp kommt es nicht an, so daß auch Pachtverträge erfaßt werden (Begr zum RegE eines GWB BT-Drucks II/1158, 37; EMMERICH, Kartellrecht 127 f). Die Parteien müssen Unternehmen iS des GWB sein, was bei Pachtverträgen idR anzunehmen ist (OLG Düsseldorf WuW/E OLG 888, 889). Ferner setzt die Vorschrift voraus, daß der Vertrag Waren oder gewerbliche Leistungen betrifft. Auch dies ist bei Pachtverträgen regelmäßig der Fall, wenn mit der hM Grundstücke als Waren iS des GWB behandelt werden (EMMERICH, Kartellrecht 127).

261 Unter § 16 Nr 1 GWB fallen *Verwendungsbeschränkungen* in Pachtverträgen. Dabei handelt es sich um Vereinbarungen, die einen der Vertragsbeteiligten, idR den Pächter, in der Freiheit der Verwendung der gelieferten Waren, also des Pachtgegenstandes, anderer Waren oder gewerblicher Leistungen beschränken. Problematisch ist, zwischen den aus dem Eigentumsrecht nach § 903 fließenden Verboten mit einer dementsprechend begrenzten Gebrauchsüberlassung und einer wettbewerbsrechtlich relevanten Verwendungsbeschränkung abzugrenzen. Aufgrund des Zwecks des GWB, den Wettbewerb als Institution zu schützen, kann eine auf das Eigentumsrecht des Verpächters oder seine Handlungsfreiheit gestützte Verwendungsbeschränkung nicht vom Anwendungsbereich des § 16 GWB ausgenommen werden (KLOSTERFELDE/METZLAFF, in: LANGEN/BUNTE [9. Aufl 2001] § 16 Rn 44; aA WOLTER, in: Frankfurter Kommentar zum GWB [1999] § 16 Rn 59 ff; MÜLLER/GIESSLER/SCHOLZ, GWB [4. Aufl 1981] § 18 Rn 15). Entscheidend ist, ob die Beschränkung den bestimmungsgemäßen Gebrauch des Pachtgegenstandes sichert oder ob der Pächter in einer Weise an den Verpächter gebunden wird, daß dessen Mitbewerber oder Dritte hinsichtlich des Marktzutritts beeinträchtigt werden. So ist etwa der Zustimmungsvorbehalt einer Brauerei zur Automatenaufstellung durch den Pächter einer Gastwirtschaft eine Verwendungsbeschränkung (BKartA WuW/E 1466, 1471).

Ausschließlichkeitsbindungen iS des § 16 Nr 2 GWB beschränken einen Vertragsbeteiligten darin, andere Waren oder gewerbliche Leistungen von Dritten zu beziehen oder an Dritte abzugeben. Diese Vorschrift spielt vor allem bei Bezugsbindungen des Pächters für Bier (BGHZ 83, 234 = NJW 1982, 2066; EMMERICH, in: IMMENGA/MESTMÄCKER § 16 Rn 60 ff) sowie für Treibstoffe und Öl eine Rolle (BGHZ 81, 46 = NJW 1981, 2246; BGH BB 1968, 60; KREIS BB 1967, 942; RIESENKAMPFF BB 1968, 732; SCHMIDT/THIELE BB 1968, 886), gilt aber generell für Bezugs- oder Lieferbeschränkungen des Pächters oder des Verpächters. Die Vorschrift erfaßt jede Beeinträchtigung der Handlungsfreiheit, nicht erst den vollständigen Ausschluß von Bezugs- oder Absatzverträgen mit Dritten (KLOSTERFELDE/METZLAFF, in: LANGEN/BUNTE, GWB § 16 Rn 54). **262**

Vertriebsbindungen iS des § 16 Nr 3 GWB beschränken einen Vertragsbeteiligten darin, die gelieferten Waren an Dritte abzugeben. Auf diese Weise können dem Pächter oder dem Verpächter bestimmte Kunden oder Absatzgebiete vorgeschrieben werden (EMMERICH, in: IMMENGA/MESTMÄCKER § 16 Rn 69 ff; KLOSTERFELDE/METZLAFF, in: LANGEN/BUNTE § 16 Rn 65 ff). **263**

Schließlich können die *Kopplungsgeschäfte* des § 16 Nr 4 GWB im Rahmen von Pachtverträgen eine Rolle spielen, wenn sich einer der Vertragsbeteiligten verpflichtet, sachlich oder handelsüblich nicht zugehörige Waren oder gewerbliche Leistungen abzunehmen (EMMERICH, in: IMMENGA/MESTMÄCKER § 16 Rn 78; KLOSTERFELDE/METZLAFF, in: LANGEN/BUNTE § 16 Rn 82 ff). **264**

Ein Eingriff aufgrund der *Mißbrauchsaufsicht* des § 16 GWB hängt davon ab, daß durch die genannten Bindungen eine für den Wettbewerb auf dem Markt erhebliche Zahl von Unternehmen gleichartig gebunden und in ihrer Wettbewerbsfreiheit unbillig eingeschränkt ist. Das gleiche gilt, wenn durch die Bindungen für andere Unternehmen der Marktzutritt unbillig beschränkt oder durch das Ausmaß solcher Beschränkungen der Wettbewerb auf dem Markt für diese oder andere Waren oder gewerbliche Leistungen wesentlich beeinträchtigt wird. **265**

Neben den wettbewerbsrechtlichen Folgen ist der allgemeine *zivilrechtliche Schutz* der gebundenen Vertragspartei zu beachten, der vor allem bei einer sittenwidrigen Knebelung in der Nichtigkeit des Vertrags nach § 138 Abs 1 und bei vorsätzlicher sittenwidriger Schädigung in Ersatzansprüchen aus § 826 besteht. Die Frage einer sittenwidrigen Knebelung taucht insbesondere bei langfristigen Bierbezugsverträgen auf. Dabei spielt es keine Rolle, ob die Brauerei Verpächterin ist oder ob der Pächter im Wege des Vertrags zugunsten Dritter nach § 328 eine solche Bindung gegenüber der Brauerei übernimmt (BGHZ 54, 145 = NJW 1970, 2157) **266**

γ) Eine besondere wettbewerbsrechtliche Regelung besteht für **Lizenzverträge** (EMMERICH, Kartellrecht 139 ff). Nach § 17 GWB sind solche Verträge grundsätzlich verboten, soweit sie dem Lizenznehmer Beschränkungen im Geschäftsverkehr auferlegen, die über den Inhalt des Schutzrechts hinausgehen. In § 17 Abs 1 S 2 GWB wird klargestellt, daß Beschränkungen hinsichtlich Art, Umfang, technischem Anwendungsbereich, Menge, Gebiet oder Zeit der Ausübung des Schutzrechts nicht über dessen Inhalt hinausgehen. Nach § 17 Abs 2 GWB sind weitere Beschränkungen zulässig. Die Regelung des § 17 gilt nach § 18 GWB entsprechend für Verträge **267** über die Überlassung oder Benutzung gesetzlich nicht geschützter Erfindungsleistungen und dgl.

268 δ) In § 34 GWB aF war für die wettbewerbsbeschränkenden Austauschverträge der §§ 16, 18, 20 und 21 GWB aF (jetzt §§ 15 Abs 1, 16, 17, 18 GWB) die **Schriftform** vorgeschrieben. Nicht nur die einzelnen wettbewerbsbeschränkenden Abreden, sondern der gesamte Vertrag mußte das Erfordernis der Schriftform erfüllen (BGH WuW/E 903 u 1107; WM 1992, 1437, 1439; BGH NJW 1997, 3304, 3306). § 15 Abs 2 GWB nF beschränkt das Schriftformerfordernis nun auf Vereinbarungen, die eine Preisbindung für Verlagserzeugnisse vorsehen, und erfaßt diese auch nur insoweit, als sie Preise und Preisbestandteile betreffen; weitere Vereinbarungen können also formlos getroffen werden (Begr zum RegE BT-Drucks 13/9720, 50; EMMERICH, Kartellrecht 114 f; zu den angestrebten Änderungen des § 15 GWB s o Rn 134). Bei Verträgen, die vor dem 1. 1. 1999 geschlossen worden sind, führt allerdings der Wegfall des Schriftformerfordernisses nicht zur nachträglichen Wirksamkeit eines nach § 34 GWB aF formunwirksamen Vertrags (BGH NJW-RR 1999, 689). Inhaltlich waren die Anforderungen an die Form in § 34 GWB teilweise abweichend von § 126 BGB geregelt. So konnte nach der Rspr bei Bierbezugsbindungen auf die jeweils gültigen, schriftlich festgelegten und den Beteiligten jederzeit zugänglichen Preislisten der Brauerei Bezug genommen werden (BGH NJW 1977, 822 m krit Anm EMMERICH; SCHOTT GRUR 1980, 1052). § 34 S 3 GWB aF ließ in stärkerem Maße als im Rahmen des § 126 BGB Bezugnahmen zu. Wenn aber das Gesetz es ermöglicht, daß sich der Inhalt einer wettbewerbsbeschränkenden Vereinbarung erst durch Einblick in verschiedene aufeinander bezugnehmende Urkunden ergibt, kann konsequenterweise für das Formerfordernis nach § 34 GWB aF, soweit es Altverträge betrifft, keine feste Verbindung der einzelnen Blätter der Haupturkunde gefordert werden. Vielmehr ist ausreichend, wenn ein aus mehreren Blättern bestehender Vertragstext nach seinem Erscheinungsbild, insbesondere durch Schriftbild, Paginierung und inhaltlichem Zusammenhang, als einheitliche Urkunde erscheint (BGH WiB 1997, 882 = NJW 1997, 2182 m Anm FLOHR WiB 1997, 884; zum allg Schriftformerfordernis nach § 126 s u Rn 286 ff).

cc) **Horizontale Bindungen**

269 Ähnlich wie auf seiten des Verpächters (Rn 158 ff) kann für den Pächter ein **vertragliches Wettbewerbsverbot** bestehen.

α) **Inhaltlich** kann eine solche Klausel darauf gerichtet sein, während der Dauer des Pachtverhältnisses und nach dessen Ablauf jeglichen Wettbewerb im Hinblick auf den Pachtgegenstand zu unterlassen, dh vor allem bei der Pacht von Geschäftsräumen oder Unternehmen kein neues Unternehmen zu gründen oder zu übernehmen, das dem ersteren Konkurrenz machen könnte. Das Wettbewerbsverbot kann sich auf einen Teilbereich der geschäftlichen Tätigkeit des Pächters beschränken. Dies ist bedeutsam bei der Verpachtung mehrerer Geschäfte oder Unternehmen durch einen Verpächter, der nur so die Pflicht zum Konkurrenzschutz seiner verschiedenen Pächter untereinander erfüllen kann (SCHMIDT/HACKENBERGER Betrieb 1962, 957, 958). Die Rspr läßt vertragliche Wettbewerbsverbote im Hinblick auf die §§ 138, 826 nur zu, wenn sie den Verpflichteten in seiner wirtschaftlichen Bewegungsfreiheit nicht unangemessen einschränken. Die Beschränkung darf auf keinen Fall über die schutzwerten Interessen des durch das Wettbewerbsverbot Berechtigten hinausgehen. Bei der Interessenabwägung sind die Umstände des einzelnen

Falles zu berücksichtigen, vor allem der Anlaß für die Vereinbarung des Wettbewerbsverbots (BGH BB 1957, 202; LM Nr 25 zu § 581 BGB = NJW 1964, 2203).

Daraus ergibt sich trotz entgegenstehender Abreden der Parteien, zB bei unbefristeten Wettbewerbsverboten, eine *zeitliche Begrenzung*, weil sich erfahrungsgemäß die Bindung eines Kundenkreises im Laufe der Zeit verflüchtigt und ein schutzwürdiges Interesse des Verpächters dann entfällt (BGH LM Nr 25 zu § 581 BGB = NJW 1964, 2203). Die Zeitspanne hängt von der Art des Pachtgegenstandes ab. Zwei bis fünf Jahre können je nach Lage des Falles als angemessen beurteilt werden (BGH aaO – drei Jahre bei Pacht einer Apotheke; NJW 1979, 1605, 1606 – zehn Jahre bei Unternehmensverkauf unangemessen; OLG Celle ZMR 1990, 414 – drei Jahre bei Pacht einer Kfz-Werkstatt mit Tankstelle; OLG-Rp 1999, 319 – zwei Jahre bei Pacht eines Handels- und Handwerksunternehmens – Frage letztlich offengelassen; ULMER NJW 1979, 1585, 1586). 270

Auch eine *örtliche Begrenzung* des Wettbewerbsverbots läßt sich aus der Beschränkung auf schutzwerte Interessen des Berechtigten ableiten. Unabhängig von etwaigen Vereinbarungen der Parteien gilt ein Wettbewerbsverbot nur insoweit, als angesichts der örtlichen Verhältnisse überhaupt eine Konkurrenz für den Verpächter in Betracht kommt. Bei überregional tätigen Betrieben ist ein entsprechender Bereich maßgebend. 271

Weder in zeitlicher noch in örtlicher Hinsicht ist ein Wettbewerbsverbot allein deshalb hinfällig, weil der Verpächter zur Zeit oder am Ort *kein Konkurrenzunternehmen* betreibt (RGZ 47, 238, 240; OLG Zweibrücken OLGZ 1972, 208, 211 f; aA OLG Hamm WuW/E OLG 1426). Es kommt allerdings nicht darauf an, daß eine Aufgabe der Erwerbstätigkeit des Verpächters und damit der Ausschluß jeglichen Wettbewerbs endgültig feststehen (so aber RGZ aaO). Im Interesse der Berufsfreiheit des Pächters kann es für einen Fortbestand des Wettbewerbsverbots nur entscheidend sein, ob der Verpächter gegenwärtig ein Konkurrenzunternehmen betreibt oder ob dies aufgrund konkreter Anhaltspunkte in absehbarer Zeit zu erwarten ist. Dieser Zeitraum darf nicht zu lang bemessen sein. Dabei sind die Umstände des Einzelfalles maßgebend. 272

β) **Rechtsgrundlage** für ein Wettbewerbsverbot des Pächters ist der Pachtvertrag. 273

Die Parteien können eine **ausdrückliche Vereinbarung** treffen, in der sie Umfang und Dauer des Wettbewerbsverbots im einzelnen regeln (OLG Stuttgart OLG-Rp 2000, 155 f; OLG Zweibrücken OLGZ 1972, 208; s auch LG Berlin VuR 2002, 331 f). Führt diese Vereinbarung allerdings zu einer unangemessenen Einschränkung der wirtschaftlichen Bewegungsfreiheit des Pächters, so ist sie notfalls im Wege der richterlichen Entscheidung auf eine der Interessenlage nach § 242 gerecht werdende Regelung zu begrenzen, ist also nicht in vollem Umfang nichtig. Dies kann auch für Wettbewerbsverbote in Apothekenpachtverträgen angenommen werden (SCHIEDERMAIR/PIECK, ApothG § 9 Rn 155 ff, 163). Sieht man die Grundlage für die Unwirksamkeit einer übermäßigen Bindung des Pächters in § 138, liegt in der Rückführung auf eine angemessene Regelung eine Ausnahme von der vollständigen Nichtigkeit einer einzelnen sittenwidrigen Vertragsbestimmung, wie sie von der Rspr ausnahmsweise auch bei übermäßig langen Bierbezugsverträgen entsprechend § 139 zugelassen wird (BGH NJW 1972, 1459; WM 1973, 357; NJW 1974, 2089, 2090; NJW-RR 1990, 816). Dogmatisch liegt darin keine Vertragsanpassung, sondern eine richterlich festgestellte Teilnichtigkeit.

274 Problematisch ist, ob und inwieweit ein Wettbewerbsverbot des Pächters durch **schlüssige Vereinbarung** angenommen werden kann. Für die Vereinbarung eines Wettbewerbsverbots durch schlüssiges Verhalten müssen eindeutige Anhaltspunkte vorliegen, die sich aus anderen Vertragsbestimmungen oder aus der Art und Weise der Durchführung des Vertrags ergeben können. Es reicht nicht aus, daß der Pächter über längere Zeit kein Konkurrenzunternehmen eröffnet hat. Ein Pachtvertrag verbietet dem Pächter nicht, sich selbst Konkurrenz zu machen (OLG Koblenz ZMR 1993, 72). Auch aus einer vertraglich vereinbarten Gebrauchspflicht des Pächters (Rn 228 ff) läßt sich nicht ohne weiteres ein Wettbewerbsverbot ableiten, selbst wenn der Verpächter durch die Vereinbarung einer variablen Pacht am Ertrag des Pachtgegenstandes beteiligt wird (Rn 189 ff). Ist eine solche neben einem festen Mindestbetrag ausbedungen, hängt es von der Auslegung des Vertrags ab, ob sich der Pächter bemühen muß, durch eine Steigerung der Erträge auch dem Verpächter eine höhere Pacht zukommen zu lassen und den Ertrag des gepachteten Unternehmens nicht durch ein eigenes Konkurrenzunternehmen zu beeinträchtigen. Eine solche Verpflichtung ist im allgemeinen zu verneinen (RGZ 160, 361, 367). Selbst wenn die Pacht ausschließlich variabel gestaltet ist, läßt sich allein daraus unabhängig von der Frage der Gebrauchspflicht kein schlüssig vereinbartes Wettbewerbsverbot ableiten, wenn mit der Rspr dem Verpächter auch in diesen Fällen ohne Rücksicht auf den Umfang des Gebrauchs des Pachtgegenstandes jedenfalls die Pacht zugestanden wird, die bei einer normalen Nutzung zu dem im Vertrag vorgesehenen Zweck angefallen wäre (BGH NJW 1979, 2351, 2352). Der Ertrag hängt dann von der Konkurrenz ab, die dem Pächter in einem weiteren Unternehmen wie jedem Dritten freistehen muß, soweit er diese wirtschaftliche Betätigungsfreiheit nicht in einer eindeutigen Vereinbarung mit dem Verpächter aufgibt.

275 Ein unmittelbar **gesetzliches Wettbewerbsverbot** für den Pächter besteht nicht. Eine entsprechende Anwendung der §§ 60, 61 HGB über Wettbewerbsbeschränkungen von Handlungsgehilfen und der §§ 112, 113 HGB für Gesellschafter scheidet wegen der andersartigen Interessenlage und der Besonderheiten dieser Vorschriften aus (BGHZ 24, 165 = NJW 1957, 988). Das gleiche gilt für das aus § 86 HGB und der Pflicht zur Interessenwahrung abgeleitete gesetzliche Wettbewerbsverbot des Handelsvertreters, sofern der Pächter nicht zugleich einen Handelsvertretervertrag mit dem Verpächter abgeschlossen hat (OLG Stuttgart OLG-Rp 2000, 155, 156). Nur mittelbar läßt sich aus der Obhutspflicht des Pächters (Rn 237 ff, 241) unter besonderen Umständen eine Einschränkung seiner Wettbewerbsfreiheit begründen. Er muß nämlich alles unterlassen, was den Verpächter hindert, den Pachtgegenstand künftig in der bisherigen Weise zu nutzen. Der Pächter darf deshalb nicht die Verlegung eines Geschäfts betreiben, wenn der Verpächter die Räume daraufhin nicht mehr entsprechend verpachten kann (RGZ 158, 180; RG JW 1936, 1829; BGH LM Nr 8 zu § 581 BGB; vgl OLG Celle ZMR 1973, 109, 110; KG JW 1936, 2932). Kennzeichnend ist aber, daß der Pachtgegenstand selbst durch das Verhalten des Pächters an Wert verliert, etwa durch Wegfall einer Gewerbeerlaubnis (RGZ 158, 180) oder geschäftsschädigende Äußerungen (KG JW 1936, 2932). Auch dies gilt jedoch nur mit der Einschränkung, daß der Verlegung eines Geschäfts in eigene Räume durch den Pächter nichts entgegensteht, wenn er das Geschäft in den Pachträumen im wesentlichen selbst aufgebaut hat (RGZ 165, 35, 40). Eine weitere Einschränkung der Wettbewerbsfreiheit kann sich aus § 3 UWG ergeben. So handelt der Pächter eines Getränkeverlags wettbewerbswidrig, wenn er den Pachtvertrag fristlos kündigt, den Hauptlieferanten gegen den Verpächter aufwiegelt und den Kundenstamm des Pachtunternehmens durch Weiterbelieferung an sich zieht, ohne den Verpächter rechtzeitig von seinem bevorstehenden Ausscheiden zu unterrichten und ohne den Kunden die neue Wettbewerbssituation deutlich zu machen (BGH LM Nr 208 zu § 1 UWG aF = NJW 1970, 471). Festzuhalten ist aber, daß das Abwerben von Kunden ohne Hinzutreten besonderer Umstände nicht wettbewerbswidrig ist, weil dies gerade Sinn und Zweck jedes wirtschaftlichen Wettbewerbs ist.

γ) Die **Rechtsfolgen** eines Verstoßes gegen ein Wettbewerbsverbot des Pächters 276 hängen von der jeweiligen Rechtsgrundlage ab. Bei einer ausdrücklichen Vereinbarung kann nach den §§ 339 ff eine Vertragsstrafe verwirkt sein. Im übrigen kommen Ansprüche auf Unterlassung und auf Schadensersatz wegen Pflichtverletzung nach § 280 Abs 1 in Betracht. Sind die Gesellschafter zweier Handelsgesellschaften identisch, kann der gegen die eine Gesellschaft gerichtete Unterlassungsanspruch auch gegen die dem Anspruch zuwiderhandelnde andere Gesellschaft geltend gemacht werden (BGHZ 59, 64 = NJW 1972, 1421). Bei sittenwidriger vorsätzlicher Schädigung greift § 826 ein.

δ) Vertragliche Wettbewerbsverbote des Pächters sind ebenso wie solche auf 277 seiten des Verpächters (Rn 162) auf ihre **Vereinbarkeit mit dem Kartellverbot** des § 1 GWB zu überprüfen. Hiernach sind ua Vereinbarungen zwischen miteinander im Wettbewerb stehenden Unternehmen verboten, die eine Verhinderung, Einschränkung oder Verfälschung des Wettbewerbs bezwecken oder bewirken. Das Wettbewerbsverbot eines Pächters ist anders als dasjenige eines Gesellschafters (BGHZ 70, 331 = NJW 1978, 1001; Beuthien ZHR 142 [1978] 259) nicht Ausfluß und notwendiger Bestandteil der gesetzestypischen Vertragspflichten. Es ist deshalb aber nicht per se vom Anwendungsbereich des § 1 GWB ausgeschlossen. Die Vorschrift wird auch nicht dadurch unanwendbar, daß das Wettbewerbsverbot als horizontale Beschränkung im Pachtvertrag als einem Austauschvertrag vereinbart wird und daß es sich um eine einseitige Beschränkung der Wettbewerbsfreiheit handelt (Rn 162 mwNw). Entscheidend ist, ob es sich um Vereinbarungen zwischen „miteinander im Wettbewerb stehenden" Unternehmen handelt. Diese Formulierung in § 1 GWB ersetzt das nach altem Recht prägende Kriterium eines „gemeinsamen Zwecks"; so waren nach § 1 GWB aF Verträge, die Unternehmen zu einem gemeinsamen Zweck schließen, unwirksam, soweit sie geeignet waren, die Erzeugung oder die Marktverhältnisse für den Verkehr mit Waren oder gewerblichen Leistungen durch Beschränkung des Wettbewerbs zu beeinflussen. Umstritten ist seit der 6. Novellierung, ob die sprachliche Änderung, die § 1 GWB erfahren hat, auch eine sachliche Änderung gegenüber dem früheren Rechtszustand zur Folge hat oder nicht (dazu Bechtold GWB [3. Aufl 2002] § 1 Rn 20 ff; Bunte FB 1998, 1748; Rittner, Wettbewerbs- und Kartellrecht [6. Aufl 1999] § 7 Rn 23 ff; K Schmidt Die AG 1998, 551). Die Gesetzesbegründung spricht gegen die Annahme einer Änderung (Begr zum RegE BT-Drucks 13/97020, 31). In diesem Sinn hat sich inzwischen auch der BGH ausgesprochen (BGH NJW-RR 1999, 1266). Dann kann zur Begriffsbestimmung auch auf die frühere Rspr zurückgegriffen werden. Danach reichte für die Annahme eines „gemeinsamen Zwecks" die Verfolgung gleichgerichteter Interessen aus (BGHZ 68, 6 = NJW

1977, 804). Dies sei der Fall, wenn der Pächter in irgendeiner Weise aus dem Wettbewerbsverbot Vorteile ziehe, wie etwa durch Absatzgarantien oder durch vorzugsweise Belieferung im Rahmen einer anderweitigen unternehmerischen Tätigkeit; hinzu kommen müsse, daß das Wettbewerbsverbot geeignet sei, die Verhältnisse auf dem jeweils relevanten Markt in spürbarer Weise zu beeinflussen. Dies hänge ganz von den Umständen des Einzelfalls ab. 1997 hat der BGH diese Deutung des „gemeinsamen Zwecks" ausdrücklich aufgegeben. Auf die Verfolgung „gleichgerichteter Interessen" durch die Vertragsparteien könne nicht abgestellt werden. Für die Abgrenzung von Kartellverträgen von sonstigen Verträgen habe die Art und Weise, wie die Interessen der beteiligten Unternehmen in einer Vereinbarung mit wettbewerbsbeschränkender Wirkung miteinander verknüpft seien, keine entscheidende Bedeutung, weil sie nicht notwendig in innerem Zusammenhang mit der objektiven Wettbewerbsschädlichkeit des gemeinsam angestrebten Verhaltens steht. Eine an der Zielsetzung des Gesetzes orientierte funktionale Auslegung erfordere und ermögliche schon im Rahmen des Tatbestands, auf die durch den Inhalt des Vertrags begründete Wettbewerbsbeschränkung und ihre Wirkung auf den relevanten Markt abzustellen (BGH NJW 1997, 2324, 2326 = WuW/E 3115 ff = LM Nr 47 zu § 1 GWB m Anm EMMERICH; WuW/E 3121 ff = LM Nr 47 a zu § 1 GWB; WuW/E 3137 ff). Danach liegt ein „gemeinsames Interesse" bei Austauschverträgen dann vor, wenn für die Wettbewerbsbeschränkung bei wertender Betrachtungsweise im Hinblick auf die Freiheit des Wettbewerbs ein anzuerkennendes Interesse nicht besteht (BGH NJW 1997, 2324, 2325; BGHZ 154, 21, 27). Je nachdem, wie weit man nun vor dem Hintergrund dieser Rechtsprechung insbesondere das Merkmal des „potentiellen Wettbewerbs" in § 1 GWB nF faßt, geraten zahlreiche Vertikalvereinbarungen in den Anwendungsbereich von § 1 GWB (dazu EMMERICH, Kartellrecht S 31 mwNw). Das derzeit im Entwurf vorliegende 7. Gesetz zur Änderung des Gesetzes gegen Wettbewerbsbeschränkungen sieht die Streichung der Wörter „miteinander im Wettbewerb stehenden" vor und erstreckt damit den Anwendungsbereich der Norm auf wettbewerbsbeschränkende vertikale Vereinbarungen. Damit entspricht die geplante Neufassung der Verbotsnorm des Art 81 Abs 1 EGV (RegE BT-Drucks 15/3640, 23, 44).

4. Rückgabe des Pachtgegenstandes

278 Nach der Beendigung des Pachtverhältnisses ist der Pächter verpflichtet, den Pachtgegenstand zurückzugeben. Die Rückgabepflicht richtet sich im einzelnen nach den §§ 581 Abs 2, 546, wenn der Pachtgegenstand eine bewegliche oder unbewegliche Sache darstellt (Rn 454 ff; STAUDINGER/ROLFS [2003] § 546 Rn 1 ff). Besonderheiten ergeben sich aus § 582a Abs 3 für das Inventar bei der Grundstückspacht. Ist ein Recht verpachtet worden, muß der Pächter es dem Verpächter ermöglichen, die Früchte nunmehr selbst zu ziehen. Dazu hat er die Urkunden zurückzugeben, die er zu Beginn des Pachtverhältnisses erhalten hat. Bei der Verpachtung eines Unternehmens erstreckt sich die Rückgabepflicht auf das Unternehmen als solches mit sämtlichen körperlichen und unkörperlichen Bestandteilen einschließlich der Kunden- und Lieferantenbeziehungen. Dem Pächter steht für den Goodwill des zurückzugebenden Unternehmens kein Ausgleichsanspruch gegen den Verpächter zu, selbst wenn dieser als stiller Gesellschafter beteiligt war. Da die Verpachtung nur Nutzungsüberlassung auf Zeit ist, fällt nach der gesetzlichen Wertung ein Wertzuwachs dem Verpächter zu (BGH LM Nr 49 zu § 581 BGB = NJW 1986, 2306).

5. Nachvertragliche Pflichten

Neben der Rückgabe des Pachtgegenstandes (Rn 278) kann sich für den Pächter **279** nach der Beendigung des Vertragsverhältnisses ein nachvertragliches Wettbewerbsverbot ergeben (Rn 269 ff). So verstößt es gegen § 3 UWG, wenn der Pächter einer Tierarztpraxis durch einen Aushang an den bisherigen Praxisräumen darauf hinweist, daß „diese Praxis umzieht" und damit wettbewerbswidrig bei den Praxiskunden den Eindruck erweckt, die Praxis als Unternehmen des Verpächters zöge um, statt darauf hinzuweisen, daß er, der Pächter eine eigene Praxis eröffnet, unabhängig von der etwaigen Fortführung der Praxis des Verpächters durch einen Nachfolger (LG Berlin VuR 2002, 331, 332). Im übrigen besteht nach § 242 die nachvertragliche Pflicht, solche Handlungen zu unterlassen, die den Vertragserfolg für den Verpächter gefährden können. Die Pflicht zur Rücksichtnahme und Loyalität dauert fort. Der Verpächter einer Gaststätte kann deshalb von seinem früheren Pächter verlangen, die Telefonnummer der Pachtgaststätte zu benutzen, bis neue Telefonbücher und Restaurantführer erscheinen (OLG Nürnberg NJW-RR 1999, 737). Der Pächter begeht weiter eine Pflichtverletzung iSv § 280 Abs 1, wenn er sich eine erforderliche Genehmigung der zuständigen Behörde beschafft, sein Geschäft nach Ablauf der Pachtzeit in eigenen Räumen fortführen zu dürfen, und dadurch dem Verpächter die Möglichkeit genommen wird, in den Pachträumen den bisherigen Gewerbebetrieb fortzuführen oder fortführen zu lassen (zur pVV RGZ 158, 180). Eine derartige Einschränkung der Handlungsfreiheit des Pächters ist nicht anzunehmen, wenn er dem Verpächter das Unternehmen abgekauft hat, um es in eigene Räume zu verlegen (RGZ 165, 35, 40). Ferner sind nachvertragliche Auskunfts- und Mitteilungspflichten des Pächters möglich (LARENZ, Schuldrecht I § 10 II f), solange der Hauptanspruch, für den die Information begehrt wird, nicht verjährt ist (OLG Düsseldorf ZIP 1988, 1134; Rn 357).

VII. Entsprechende Anwendung mietrechtlicher Vorschriften

1. Allgemeines

a) Nach § 581 Abs 2 finden die Vorschriften über die Miete auf die Pacht ent- **280** sprechende Anwendung, soweit sich nicht aus den §§ 582 bis 584b etwas anderes ergibt. Diese Vorschriften enthalten besondere Regelungen für das Inventar bei der Pacht eines Grundstücks beliebiger Art (§§ 582, 582a, 583a), über das Pächterpfandrecht (§ 583), bestimmte Kündigungsfälle (§§ 584, 584a) und über die Entschädigung für die Vorenthaltung des Pachtgegenstandes nach dem Vertragsende (§ 584b). Im übrigen ist die **Generalverweisung** des § 581 Abs 2 aufgrund der nahen Verwandtschaft von Miete und Pacht nicht nur gesetzestechnisch, sondern auch der Sache nach gerechtfertigt. Die mietrechtlichen Vorschriften sind allerdings nur für entsprechend anwendbar erklärt, weil eine direkte Anwendung nicht in jeder Hinsicht in Betracht kommt (Mot II 422). Daraus folgt, daß die mietrechtlichen Vorschriften im Einzelfall unter Berücksichtigung der besonderen Verhältnisse der Pacht anzuwenden sind. Die Sondervorschriften über den Bestandsschutz von Mietverhältnissen über Wohnraum scheiden demgemäß für die Pacht von vornherein aus. Ein einheitlicher Pachtvertrag, der Wohnraum für den Pächter umfaßt, kann insoweit nicht aufgeteilt werden.

281 b) Vor der Novellierung des Mietrechts durch das MietRG verwies § 581 Abs 2 zunächst auf die Vorschriften über die Miete von Grundstücken; die Regeln galten nach § 580 auch für die Miete von **Räumen**. Der 2. Komm lag bei der Beratung des BGB ein Antrag vor, nach dem die §§ 571 ff ausdrücklich auf die Miete eines Grundstücksteils ausgedehnt werden sollten (Prot II 134). Der darin enthaltene Gedanke hatte sich in der allgemeinen Fassung des § 580 niedergeschlagen (Jakobs/ Schubert 614). Eine vergleichbare Vorschrift fehlte im Pachtrecht. Es ist nicht ersichtlich, ob bei der nachträglichen Einfügung des bis 31. 8. 2001 geltenden § 580 in der 2. Komm (E II § 480 Abs 2; Prot II 134; Jakobs/Schubert 424, 614) die gleichgelagerte Problematik bei der Pacht übersehen worden ist oder ob eine ausdrückliche Regelung wegen der Generalverweisung des § 581 Abs 2 für überflüssig gehalten wurde. Gesetzestechnisch war die Generalverweisung ausreichend. An dieser Verweisung hat die Novellierung des Mietrechts durch das Mietrechtsreformgesetz vom 19. 6. 2001 nichts geändert. Das neue Mietrecht enthält zunächst nach allgemeinen Vorschriften (§§ 535 ff) Regeln über Mietverhältnisse über Wohnraum (§§ 549 ff) und verweist, anders als das alte Recht, in § 578 Abs 1 für die Miete von Grundstücken und in § 578 Abs 2 für die Miete von Räumen, die keine Wohnräume sind, auf bestimmte Vorschriften über Mietverhältnisse über Wohnraum. Eine inhaltliche Änderung ist mit der geänderten Verweisungstechnik nicht verbunden (Begr zum RegE BT-Drucks 14/4553, 74). Dies hat zur Folge, daß zum einen die mietrechtlichen Vorschriften über Wohnräume und Grundstücke entsprechend auf die Pacht von Räumen anzuwenden sind. Zum anderen liegt darin eine Rückverweisung auf das Pachtrecht, indem die besonderen pachtrechtlichen Vorschriften der §§ 582, 582a, 583 und 584 über Grundstücke auch für die Pacht von Räumen gelten, soweit sie nach ihrem jeweiligen Tatbestand hierfür in Betracht kommen. Da eine anderweitige Bestimmung im Pachtrecht fehlt, gilt die dahin gehende Einschränkung des § 578 (= § 580 aF) für die Raumpacht nicht. Die Vorschriften über die Grundstückspacht sind auch dann anzuwenden, wenn die Pacht eines Unternehmens Räume umfaßt.

282 c) Für die **Kommentierung** ergibt sich aus dieser Gesetzeslage, daß die mietrechtlichen Vorschriften an dieser Stelle nicht in allen Einzelheiten dargestellt werden müssen. Sie werden deshalb im folgenden unter sachlichen Gesichtspunkten zusammengefaßt. Neben einem Überblick werden dabei die pachtrechtlich interessierenden Probleme vor allem anhand der einschlägigen Gerichtsentscheidungen und Meinungsäußerungen des Schrifttums behandelt.

2. Schriftform des Pachtvertrags

a) Allgemeines
283 Der Pachtvertrag ist grundsätzlich formlos wirksam. Formvorschriften bestehen kraft einzelgesetzlicher Anordnung nur unter bestimmten Voraussetzungen und für gewisse Arten von Pachtverträgen (Rn 133 ff). Eine Sonderregelung enthält § 550 S 1, wonach ein Pachtvertrag für längere Zeit als ein Jahr, der nicht in schriftlicher Form geschlossen ist, für unbestimmte Zeit gilt. Danach ist, anders als in § 566 aF, die gesetzliche Schriftform nicht mehr ausdrücklich vorgeschrieben. Mit der Neuregelung wollte der Gesetzgeber jedoch keine inhaltliche Änderung gegenüber der Altregelung vornehmen (s die Begr zum RegE BT-Drucks 14/4553, 47). Das bedeutet, daß die §§ 550 S 1, 578 Abs 1 für den Pachtvertrag über ein Grundstück,

der für längere Zeit als ein Jahr abgeschlossen wird, weiter die Schriftform des § 126 verlangen (HAAS, Das neue Mietrecht [2001] 134 f; HEILE NZM 2002, 505; STAUDINGER/EMMERICH [2003] § 550 Rn 11; aA ECKERT, NZM 2001, 409). Aus der Entstehungsgeschichte ergibt sich, daß ihr Hauptzweck darin besteht, dem Erwerber des verpachteten Grundstücks, der nach den §§ 566, 578 Abs 1 in den Pachtvertrag eintritt, die Möglichkeit einer umfassenden Unterrichtung über die auf ihn zukommenden Rechte und Pflichten zu verschaffen (Prot II 149 ff). Darüber hinaus soll für die Parteien des ursprünglichen Vertrags die Beweisbarkeit langfristiger Vereinbarungen sichergestellt werden. Die Vorschrift soll die Parteien jedoch nicht davor schützen, übereilte Bindungen einzugehen (RG HRR 1933, Nr 873).

b) Anwendungsbereich
Der Anwendungsbereich der §§ 550, 578 erstreckt sich auf **Pachtverträge über** **284** **Grundstücke** oder Teile von Grundstücken (Rn 10 ff) sowie Wohnräume und sonstige Räume (Rn 18 f, 281), die für längere Zeit als ein Jahr abgeschlossen werden. Damit ist ein befristeter Vertrag mit einer Dauer von mehr als einem Jahr gemeint, nicht aber ein unbefristeter Vertrag, auch wenn die Parteien eine unbestimmte Dauer erwarten. Erfaßt wird ein unbefristeter Vertrag allerdings, wenn er frühestens zu einem Zeitpunkt nach Ablauf eines Jahres ordentlich gekündigt werden kann. Pachtverträge über Unternehmen (Rn 89 ff) werden betroffen, sofern hierzu Grundstücke oder Räume gehören. Auf das Wertverhältnis zwischen Grundstück oder Räumen und den anderen Bestandteilen des Unternehmens kommt es nicht an, da das Erfordernis der Schriftform grundsätzlich für sämtliche Vereinbarungen eines einheitlichen Vertrags gilt. Auch ein Unterpachtvertrag, der auf längere Zeit als ein Jahr abgeschlossen wird, bedarf der Schriftform (BGHZ 81, 46 = NJW 1981, 2246).

Ein **Vorvertrag** (Rn 140) unterliegt wegen des Zwecks des § 550 und der mangelnden **285** Bindung eines Grundstückserwerbers (RGZ 86, 30, 32 f) nicht dem Formzwang dieser Vorschrift (BGH LM Nr 1 zu § 566 BGB = NJW 1954, 71 [LS]). Hingegen ist bei der Jagdpacht der Vorvertrag wegen seiner Warnfunktion nach § 11 Abs 4 S 1 BJagdG formbedürftig (BGHZ 61, 48 = NJW 1973, 1839; Rn 58). Vom Vorvertrag ist das *Vorpachtrecht* zu unterscheiden (Rn 141). Da der Erwerber des Pachtgrundstücks entsprechend den §§ 581 Abs 2, 566, 578 Abs 1 in die Verpflichtungen des Veräußerers aus einem Vorpachtrecht eintritt, ist die Begründung eines solchen Rechts unter den Voraussetzungen des § 550 formbedürftig (BGHZ 55, 71 = NJW 1971, 422). Bei einer *Verlängerungsoption* (Rn 145) unterliegt die Absprache über die eingeräumte Optionszeit der Schriftform (BGH NJW-RR 1987, 1227).

c) Schriftform
Die Anforderungen, die an die Wahrung der schriftlichen Form gestellt werden, **286** ergeben sich aus § 126. Hiernach müssen grundsätzlich beide Parteien dieselbe Urkunde eigenhändig durch Namensunterschrift unterzeichnen. Ein Briefwechsel, etwa die Übersendung eines Angebots und die Rücksendung einer Annahmeerklärung genügen zur Wahrung der Schriftform des § 550 nicht, weil sich die Willensübereinstimmung beider Parteien dann nicht aus einer, sondern erst aus der Zusammenfassung zweier Urkunden ergibt (BGH NJW 2001, 221, 223 = NZM 2001, 42). Etwas anderes gilt dagegen dann, wenn sich die Unterschriften beider Parteien auf derselben Urkunde befinden. Dann genügt es dem Schrifterfordernis sogar, wenn die eine Seite nur ihr Vertragsangebot und die andere nur ihre Annahmeerklärung

unterzeichnet; der nochmaligen Unterzeichnung durch die eine Seite unterhalb der Gegenzeichnung der anderen bedarf es nicht (BGH NJW 2004, 2962 = ZMR 2004, 804; aA RGZ 105, 60, 62; PALANDT/HEINRICHS § 126 Rn 12; MünchKomm/EINSELE § 126 Rn 20). Unterzeichnet für eine Vertragspartei ein Vertreter den Vertrag, muß dies in der Urkunde durch einen das Vertretungsverhältnis anzeigenden Zusatz deutlich zum Ausdruck kommen (BGH NJW 2003, 3053, 3054 mwNw = BGH ZMR 2004, 19; BGH ZMR 2004, 106, 107 = NZM 2004, 97 f = NJW 2003, 1103). Nur bei der Aufnahme mehrerer gleichlautender Urkunden genügt es, wenn jede Partei die für die andere Partei bestimmte Urkunde unterzeichnet. Unterläuft dabei ein Formfehler, kann der Vertrag auch durch Aufnahme einer einzigen Urkunde bestätigt werden, die beide Teile unterzeichnet haben (KG HRR 1933, Nr 1422). Die schriftliche Form kann durch die elektronische ersetzt werden, soweit sich nicht aus dem Gesetz etwas anderes ergibt (§§ 126 Abs 3, 126a); eine notarielle Beurkundung ersetzt die schriftliche Form (§ 126 Abs 4).

d) Einzelfragen

287 aa) Für die Vereinbarungen, die im einzelnen dem Erfordernis der Schriftform unterliegen, gilt im wesentlichen das gleiche wie beim Mietvertrag. Das Erfordernis der schriftlichen Form umfaßt grundsätzlich alle Vereinbarungen, aus denen sich nach dem Parteiwillen der Vertrag zusammensetzt; dazu gehört auch die Eigenschaftszusicherung (OLG Hamburg ZMR 1998, 221). Hiernach ist der **gesamte Vertragsinhalt** einschließlich der Nebenabreden formbedürftig. Treffen die Parteien schriftlich eine Pachtregelung, die wegen einer Wertsicherungsklausel nach § 2 Abs 1 S 2 PaPkG der Genehmigung des Bundesministeriums für Wirtschaft bedarf (Rn 202, 205 ff), und vereinbaren sie mündlich für den Fall der Ablehnung eine andere Regelung über die Pacht, so entbehrt der ganze Vertrag der schriftlichen Form, wenn die Wertsicherungsklausel nicht genehmigt wird. Die mündliche Abrede ist nämlich wesentlicher Vertragsbestandteil (zu § 3 S 2 WährG aF BGH NJW 1954, 425, 426; BENKARD LM Nr 2 zu § 566 BGB – Genehmigung durch Preisbehörde; BGB-RGRK/GELHAAR Rn 44; OSWALD FWW 1980, 288).

288 bb) Änderungen des Vertragsinhalts sind unter den Voraussetzungen des § 550 formbedürftig. Unerheblich ist, ob die Parteien in bestehende Vereinbarungen ändernd eingreifen oder ob sie den Vertragsinhalt um neue Abreden erweitern. Die nicht von der Änderung betroffenen Teile des ursprünglichen Vertrags brauchen nicht zur Wahrung der Schriftform wiederholt zu werden (BGH LM Nr 22 zu § 566 BGB = MDR 1974, 750). Die Schriftform wird nicht verletzt, wenn die Parteien die Klausel über eine Pachtkaution in einem Formularvertrag versehentlich nicht gestrichen haben (OLG Düsseldorf WuM 1995, 485). Haben die Parteien eine Vertragsurkunde bereits unterzeichnet, brauchen sie nach den Grundsätzen über die Zulässigkeit einer Blankettunterschrift den Vertrag trotz einer Änderung des Textes nicht erneut zu unterschreiben, wenn sie sich über die Änderung einig sind und es ihrem Willen entspricht, daß die Unterschriften für den veränderten Vertragsinhalt Gültigkeit behalten sollen (BGH LM Nr 35 zu § 581 BGB = MDR 1973, 404). Der Wahrung der Schriftform steht auch nicht entgegen, daß nachträgliche mündliche Abreden von untergeordneter Bedeutung getroffen wurden, wenn diese die Belange eines etwaigen Grundstückserwerbers nicht beeinträchtigen (OLG München ZMR 1996, 136). Eine Vertragsverlängerung, die mit einem Kündigungsausschluß für mehr als ein Jahr verbunden wird, bedarf der Schriftform (LG Mannheim WuM 1970, 26). Soll ein von

Ehegatten abgeschlossener formbedürftiger Pachtvertrag verlängert werden, ist die Verlängerungsvereinbarung aber nur von dem Ehemann unterschrieben, so ist durch Auslegung zu ermitteln, ob seine Unterschrift zugleich in Vertretung der Ehefrau erfolgt ist (BGHZ 125, 175 = NJW 1994, 1649). Beschränkt sich eine nachträgliche Vereinbarung darauf, einen auf bestimmte Zeit formgültig abgeschlossenen Pachtvertrag zu verlängern, und genügt diese Vereinbarung nicht der Schriftform, so hat das im allgemeinen nicht zur Folge, daß der ursprüngliche Vertrag nunmehr gleichfalls der vorgeschriebenen Schriftform entbehrt (BGHZ 50, 39 = NJW 1968, 1229 m Anm BRAXMAIER LM Nr 16 zu § 566 BGB). Ein Parteiwechsel bedarf ebenfalls der Schriftform (RG JW 1924, 798 Nr 5). Einigen sich die Parteien formlos auf die Zurücknahme der Kündigung eines der Formvorschrift des § 550 entsprechenden mehrjährigen Pachtvertrags, so gilt dieser nur dann wieder für die gesamte ursprünglich vorgesehene Vertragsdauer, wenn er ohne wesentliche Änderungen aufrechterhalten wird (OLG München NJW 1963, 1619). Die formularmäßig vereinbarte Schriftform für Änderungen eines Pachtvertrags steht einer einverständlichen vorzeitigen Vertragsaufhebung nicht entgegen, wenn der Pächter die Besprechung, die hierüber geführt worden ist, schriftlich bestätigt und der Verpächter auf dieses Bestätigungsschreiben schweigt (OLG Düsseldorf MDR 1991, 349).

Im übrigen beharrte die Rspr bei Änderungsverträgen zunächst grundsätzlich auf dem Erfordernis der **Einheitlichkeit der Urkunde**, insbesondere in Gestalt einer körperlich festen Verbindung (BGHZ 40, 255 = NJW 1964, 395 m Anm SCHUSTER LM Nr 10 zu § 566 BGB; so auch OLG München ZMR 1996, 136), auch wenn früher bereits betont worden war, das Formerfordernis dürfe bei getrennten Blättern eines Pachtvertrags nicht überspannt werden (RG JW 1924, 796 Nr 1 m krit Anm HENLE). Diese großzügigere Auslegung wurde jedoch alsbald wieder eingeschränkt (RG JW 1926, 979 Nr 2). Erst die neuere Rspr stellte weniger strenge Anforderungen. Hiernach genügte ein Pachtverlängerungsvertrag, der auf frühere, nicht beigefügte Verträge zwischen denselben Parteien Bezug nahm, jedenfalls dann der gesetzlichen Schriftform, wenn die neue Urkunde selbst die wesentlichen Bestandteile eines Pachtvertrags enthielt und die in Bezug genommenen Urkunden, für sich betrachtet, die Schriftform ebenfalls erfüllten (BGH ZMR 1999, 605, 607 = NZM 1999, 559; BGHZ 125, 175, 177 = NJW 1994, 1649, 1650; BGH NJW 1992, 2283 mwNw; krit HAASE WuM 1995, 625). Dies galt auch, wenn Gesamtrechtsvorgänger der Parteien die früheren Verträge abgeschlossen haben (BGHZ 42, 333 = NJW 1964, 1851 m Anm MATTERN LM Nr 12 zu § 566 BGB). Darüber hinaus wahrte ein schriftlicher Änderungs- oder Ergänzungsvertrag selbst dann die Form, wenn Pachtgegenstand, Pachthöhe oder Dauer des Vertrags in der neuen Urkunde nicht noch einmal ausdrücklich bezeichnet waren, sofern sich nur aus ihr ergab, daß es insoweit bei den früheren Abreden verbleiben sollte (BGH LM Nr 22 zu § 566 BGB = MDR 1974, 750). Inzwischen ist die Notwendigkeit einer körperlichen Verbindung der Blätter einer Urkunde vom BGH aufgegeben worden. Bei einer mehrere Blätter umfassenden und am Ende des Textes unterzeichneten Urkunde werde dem Schriftformerfordernis des § 126 BGB nicht nur genügt, wenn die einzelnen Blätter körperlich fest miteinander verbunden seien, sondern auch dann, wenn sich die Einheit der Urkunde aus anderen eindeutigen Merkmalen ergebe, zu denen insbesondere die laufende Paginierung, fortlaufende Numerierung der einzelnen Textabschnitte sowie über das jeweilige Seitenende fortlaufender Text zu rechnen seien (BGHZ 136, 357, 369 f = NJW 1998, 58 = ZMR 1998, 12 = NZM 1998, 25 m Anm SCHULTZ NZM 1999, 298; OLG Dresden WuM 1998, 142, 143; ECKERT EWiR § 566 BGB 1/97, 1121;

FRANKE ZMR 1998, 529; GOETTE DStR 1997, 1983; GÖTZE JZ 1998, 524; HEIDERHOFF NZM 1998, 898; LENZ/SCHLÖSSER MDR 1998, 1; LINDNER-FIGURA NJW 1998, 731; STERNEL MDR 1998, 33). Hieraus folgt, daß Anlagen nicht fest mit der Vertragsurkunde verbunden sein müssen. Es genügt, wenn in der Urkunde auf die Anlagen verwiesen wird und diese wiederum von den Parteien unterschrieben sind (BGH NJW 1999, 1104 = NZM 1999, 310 m Anm SCHULTZ NZM 1999, 298 = EWiR § 566 BGB 1/99, 347 m Anm ECKERT). Dabei schadet es nicht, wenn die einzelnen Seiten der Anlage nur paraphiert, aber nicht unterschrieben wurden (BGH NZM 2000, 36, 38 = NJW 2000, 354). Der Wahrung der Schriftform eines langfristigen Grundstückspachtvertrags tut es nach neuer Rspr auch keinen Abbruch, wenn der schriftliche Vertrag auf eine Anlage (Inhalt: Inventarverzeichnis) verweist, die bei Vertragsschluß zwar nicht existiert, aber später noch erstellt werden soll, dies aber dann doch unterbleibt (BGH NZM 2000, 36, 38 = NJW 2000, 354). Als dem gesetzlichen Schriftformerfordernis nicht genügend wird es dagegen angesehen, wenn beide Parteien am Ende des eigentlichen Vertragstextes – vor den Anlagen – unterschreiben, die Anlagen jedoch nur von einer Seite unterzeichnet sind, der Vertragstext auf numerierte und mit Schlagworten umschriebene Anlagen Bezug nimmt, die Anlagen jedoch nicht in gleicher Weise überschrieben sind, die Paginierung im eigentlichen Vertragstext jeweils auf die folgende Seite verweist, nach Ende des Vertragstextes jedoch nicht auf die Seite, mit der die Anlagen beginnen, hingewiesen wird (OLG Dresden ZMR 1998, 420, 421 f = EWiR § 566 BGB 1/98, 685 m krit Anm ECKERT).

e) Rechtsfolgen eines Formmangels

290 Ein Verstoß gegen die Formvorschrift hat abweichend von § 125 keine Nichtigkeit zur Folge. Nach § 550 S 2 gilt der Vertrag als für unbestimmte Zeit geschlossen. Auf den Parteiwillen kommt es nicht an, da diese Vorschrift auch der Regelung des § 139 vorgeht. Die Kündigung des nunmehr unbefristeten Vertrags ist nicht für eine frühere Zeit als für den Schluß des ersten Jahres zulässig. Wird diese Kündigung auf die mangelnde Schriftform gestützt, so ist dies nicht treuwidrig (BGH ZMR 2004, 106). Der Verpächter verstieße aber gegen Treu und Glauben, wenn er einen formgerecht geschlossenen Pachtvertrag, der dann formlos durch Erhöhung der Pacht geändert wurde, vorzeitig mit der Begründung kündigen könnte, der gesamte Pachtvertrag entbehre wegen der Änderung nunmehr der Schriftform (OLG München ZMR 1996, 136).

3. Entrichtung der Pacht

291 Aus der Generalverweisung des § 581 Abs 2 folgt, daß für die **Fälligkeit** der Pacht die gleiche gesetzliche Regel des § 556b wie bei der Miete gilt (Rn 218 ff), allerdings nur soweit es um die Pacht von Räumen geht (§ 579 Abs 2); danach besteht eine Vorleistungspflicht des Pächters (STAUDINGER/EMMERICH [2003] § 556b Rn 2). Demgegenüber bleibt es für die Grundstückspacht entsprechend der Regelung für die Grundstücksmiete wie schon vor dem 1. 9. 2001 bei der Vorleistungspflicht des Verpächters (§ 579 Abs 1). Eine Sonderregelung enthält § 587 für die Landpacht.

292 Nach § 537 Abs 1 S 1 wird der Pächter nicht aufgrund einer **persönlichen Verhinderung**, sein Gebrauchs- und Fruchtziehungsrecht auszuüben, von der Entrichtung der Pacht befreit (OLG Düsseldorf ZMR 1994, 402, 405). Dieses Risiko trifft ihn grundsätzlich allein, sofern nicht ausnahmsweise § 313 BGB eingreift (Rn 195, 215 f, 225).

Der Verpächter muß sich nach Abs 1 S 2 den Wert der ersparten Aufwendungen sowie derjenigen Vorteile anrechnen lassen, die er aus einer anderweitigen Verwertung des Gebrauchs erlangt. Wenn der Verpächter jedoch wegen der Gebrauchsüberlassung an einen Dritten außerstande ist, dem Pächter den Gebrauch zu gewähren, ist der Pächter nach Abs 2 nicht verpflichtet, die Pacht zu entrichten. Aus dieser Gesamtregelung ergibt sich ein Widerspruch, wenn der Pächter den Pachtgegenstand endgültig aufgegeben hat und keine Pacht mehr zahlt, wogegen der Verpächter den Gegenstand zu einer niedrigeren Pacht einem neuen Pächter überläßt, um den Schaden zu vermindern. Nach umstrittener Auffassung bleibt der Pächter verpflichtet, die Pachtdifferenz zu zahlen, auch wenn die niedrigere Pacht des neuen Pächters dem erzielbaren Marktpreis entspricht. Es wäre unbillig, wenn sich der Pächter bei objektiv eindeutiger Rechtslage hinsichtlich des Fortbestandes des Pachtverhältnisses auf die mangelnde Erfüllungsbereitschaft des Verpächters berufen könnte (BGHZ 122, 163 = NJW 1993, 1645; STAUDINGER/EMMERICH [2003] § 537 Rn 36 f).

4. Gewährleistung

a) Allgemeines

Entsprechend den §§ 581 Abs 2, 535 Abs 1 S 2 ist der Verpächter verpflichtet, dem **293** Pächter den Pachtgegenstand in einem zu dem vertragsgemäßen Gebrauch geeigneten Zustand zu überlassen und ihn während der Pachtzeit in diesem Zustand zu erhalten. Hierbei handelt es sich um Hauptleistungspflichten des Verpächters, deren Erfüllung der Pächter einklagen kann (Rn 156 ff). Verletzt der Verpächter diese Pflichten, liegt eine Leistungsstörung in Form der Nichterfüllung vor. Die Rechtsfolgen ergeben sich grundsätzlich aus den §§ 280 ff, 323 ff. Teilweise sind die Folgen der Nichterfüllung in den §§ 536 ff geregelt, so daß diese Vorschriften keine Gewährleistungsregeln im engeren Sinne darstellen. Ebenso wie im Mietrecht stellt sich damit für die Pacht das Problem, in welchem Verhältnis die allgemeinen Vorschriften über Leistungsstörungen zu den besonderen Regeln der §§ 536 ff stehen. Diese Frage ist schon unter dem alten Leistungsstörungsrecht des BGB intensiv diskutiert worden (BGHZ 93, 142 = NJW 1985, 1025; BGH NJW 1980, 777 m Anm HAASE JR 1980, 329; JOACHIM BB 1988, 779; ders ZIP 1991, 966; KÖHLER JuS 1979, 647, 651; STAUDINGER/ EMMERICH [1995] Vorbem 1 ff zu § 537). Sie hat durch die Reform des Leistungsstörungsrechts im Zuge der Schuldrechtsreform nicht an Brisanz verloren (näher dazu STAUDINGER/EMMERICH [2003] Vorbem 2 ff zu § 536; ders NZM 2002, 362 ff; GRUBER WuM 2002, 252 ff; HAU JuS 2003, 130 ff; HORST DWW 2002, 6 ff; JOUSSEN ZMR 2004, 553 ff; TIMME NZM 2003, 703 ff). Ist der Pachtgegenstand mangelhaft, kann der Pächter gegenüber dem Anspruch auf Zahlung der Pacht die Einrede des nicht erfüllten Vertrags aus § 320 erheben. Dieses Recht wird durch die Gewährleistungsvorschriften der §§ 536 ff nicht ausgeschlossen (BGHZ 84, 42 = NJW 1982, 2245 m Anm SCHUBERT JR 1983, 17; KULIS MDR 1983, 285). Der Anspruch des Verpächters auf Entrichtung der Pacht erlischt, wenn der Pachtgegenstand vollständig zerstört ist und dies nicht vom Pächter zu vertreten ist (zum alten Recht LG Aachen WuM 1981, 260 [LS]; LG Köln ZMR 1985, 338; anders dagegen, wenn der Pächter den Untergang der Pachtsache zu vertreten hat OLG Koblenz OLG-Rp 2001, 170, 171).

b) Sachmängel
aa) Allgemeines

294 Die Haftung des Verpächters für Mängel des Pachtgegenstandes beruht auf der entsprechenden Anwendung der §§ 536, 536a. Weist der Pachtgegenstand Mängel auf, die seine Tauglichkeit zu dem vertragsmäßigen Gebrauch aufheben oder mindern, so ist der Pächter nach § 536 Abs 1 während dieser Zeit ganz oder teilweise von der Entrichtung der Pacht befreit. Die Minderung tritt nach § 536 Abs 2 auch ein, wenn eine zugesicherte Eigenschaft fehlt oder später wegfällt. Bei anfänglichen Mängeln, später infolge eines vom Verpächter zu vertretenden Umstandes entstandenen Mängeln oder im Falle des Verzugs des Verpächters mit der Mängelbeseitigung kann der Pächter nach § 536a anstelle der Minderung Schadensersatz wegen Nichterfüllung verlangen. In gewissen Fällen ist die Haftung gesetzlich oder durch Parteiabrede ausgeschlossen (Rn 318 ff).

bb) Mangel

295 α) Der **Begriff** des Mangels ergibt sich für das Pachtrecht aus § 536 Abs 1. Hiernach ist ein Mangel gegeben, wenn sich der Pachtgegenstand zur Zeit der Überlassung an den Pächter in einem Zustand befindet, der seine Tauglichkeit zu dem vertragsmäßigen Gebrauch aufhebt oder mindert, oder wenn im Laufe der Pachtzeit ein solcher Mangel entsteht. Entscheidend kommt es auf den vertragsmäßigen Gebrauch an (Rn 154; STAUDINGER/EMMERICH [2003] § 535 Rn 35 ff). Wie für die Miete (STAUDINGER/EMMERICH [2003] § 536 Rn 5 ff) ist deshalb ein subjektiver Mangelbegriff zugrunde zu legen. Unerheblich ist, ob der Mangel auf der natürlichen Beschaffenheit des Pachtgegenstandes oder auf seinen tatsächlichen oder rechtlichen Verhältnissen beruht, die mit dem Pachtgegenstand zusammenhängen und ihn in seiner Tauglichkeit zu dem vertragsmäßigen Gebrauch unmittelbar beeinträchtigen (BGH LM Nr 47 zu § 535 BGB = NJW 1971, 424). Mittelbare Beeinträchtigungen, etwa durch eine behördliche Maßnahme, können genügen, wenn sie sich auf die Gebrauchstauglichkeit auswirken (LG Frankfurt aM NJW 1976, 1355, 1356; Rn 301). Allerdings löst nach § 536 Abs 1 S 3 nur ein erheblicher Mangel die Rechtsfolgen des § 536 aus.

296 β) Unter dem Gesichtspunkt der **Beschaffenheit** des Pachtgegenstandes kommen in erster Linie physische Mängel in Betracht. Bei *Grundstücken* ist die Versumpfung oder die Gefahr von Überschwemmungen ein Mangel (RG JW 1921, 334 m krit Anm PARTSCH), ebenso die fehlende Vorflut (OLG Kiel SchlHAnz 1933, 122). Wenn in dieser Entscheidung die nicht vorhandene Drainage nicht als Mangel angenommen wird, weil auch ohne diese eine ordnungsgemäße Entwässerung möglich sei, kann dies nicht generell, sondern nur nach den Umständen des Einzelfalles gesagt werden. Ein verpachteter Steinbruch ist mangelhaft, wenn er bereits teilweise ausgebeutet ist (BGH LM Nr 55 zu § 242 [Cd] BGB = MDR 1958, 767) und der Vertrag diese Einschränkung nicht berücksichtigt. Ergeben sich bei einer mit Bruchsteinen gepflasterten Schiffslände Auspülungen, Lockerungs- und Rutscherscheinungen, so liegt ein Mangel vor (OLG Bamberg OLGZ 1976, 195).

297 Bei *Gebäuden und Räumen* treten vor allem Baumängel im weitesten Sinne als Mängel auf (STAUDINGER/EMMERICH [2003] § 536 Rn 12 ff). Zu nennen sind etwa eine mangelhafte Isolierung (OLG Köln MDR 1973, 409 [LS]), ein schadhafter Durchlauferhitzer (BGH LM Nr 12/13 zu § 538 BGB = MDR 1970, 223), eine zu hohe Temperatur in Arbeitsräumen (OLG Rostock NJW-RR 2001, 802 = NZM 2001, 425; KG OLG-Rp 2003, 97) sowie Mängel eines erst noch herzustellenden Kinogebäudes (BGHZ 9, 320 = NJW 1953, 1180 m Anm DELBRÜCK LM Nr 2 zu § 538 BGB).

Mängel iS des § 536 können auch bei der *Rechtspacht* auftreten. Dies gilt nicht nur **298** insoweit, als zB der Film beim Filmverwertungsvertrag (Rn 85) als sachliche Unterlage des zur Ausnutzung überlassenen Rechts Mängel aufweist (RGZ 161, 321, 324 f; BGHZ 2, 331 = NJW 1951, 705; vgl RGZ 158, 321). Da nur eine entsprechende Anwendung des § 536 in Frage kommt, kann das Recht als solches mangelhaft sein, wenn es wegen seiner Beschaffenheit aus besonderen Gründen nicht zur Fruchtziehung geeignet ist, Gründe also, die in dem Recht selbst ihre Ursache haben und nicht unter das normale Ertragsrisiko des Pächters fallen (OLG Hamm NJW-RR 1993, 1270).

Bei der *Unternehmenspacht* stellen sich ähnliche Gewährleistungsprobleme wie im **299** Kaufrecht (HOMMELHOFF, Die Sachmängelhaftung beim Unternehmenskauf [1975]). Der Mangel kann einzelnen Bestandteilen des Unternehmens anhaften wie Grundstück, Räumen, Inventar, Rechten usw. Hierbei können auch Quantitätsmängel einen Qualitätsmangel begründen. Bleibt der Umsatz oder Gewinn des Unternehmens hinter den Angaben des Verpächters und den Erwartungen des Pächters zurück, ohne daß dies auf der Beschaffenheit des Unternehmens beruht, so liegt darin mit Rücksicht auf die Schwierigkeiten einer Unternehmensbewertung kein Mangel (BGH NJWE-MietR 1997, 150). Umsatz oder Gewinn können als Eigenschaften eines Unternehmens allerdings zum Gegenstand einer Zusicherung iS des § 536 Abs 2 gemacht werden; in der Regel liegen aber auch dessen Voraussetzungen nicht vor (RG WarnR 1927, Nr 139; JW 1937, 675; BGH NJWE-MietR 1997, 150; s auch OLG Hamburg ZMR 1998, 221; OLG München ZMR 2001, 708; Rn 302 f).

γ) Auch wenn der Pachtgegenstand als solcher einwandfrei ist, können sich aus **300** seinen **Beziehungen zur Umwelt** Mängel ergeben (STAUDINGER/EMMERICH [2003] § 536 Rn 26 ff). Wird ein als Kur- und Kongreßzentrum verpachteter Betrieb durch Einrichtung einer Fußgängerzone und eines Einbahnstraßensystems in unmittelbarer Nähe in seiner vertraglich vorausgesetzten verkehrsgünstigen Lage beeinträchtigt, liegt darin ein Mangel (LG Frankfurt aM NJW 1976, 1355 m abl Anm SCHULZ ZMR 1978, 240). Das gleiche gilt, wenn ein direkt neben einer Fußgängerbrücke gelegenes Grundstück zum Betrieb eines Kiosks gepachtet wird und diese Brücke saniert werden muß (AG Gießen WuM 2000, 354). Ist ein Garderobenbetrieb verpachtet und fallen nach der Schließung des Hauptbetriebs der Publikumsverkehr und damit die Benutzung zu dem vertragsmäßigen Zweck weg, so wird der Pachtgegenstand mangelhaft (RG Recht 1912, Nr 43). Die Ergiebigkeit eines verpachteten Jagdrechts ist zwar grundsätzlich das Risiko des Pächters. Wird neben dem Jagdrevier jedoch ein Schießplatz angelegt und überfliegen die Geschosse das Revier, so daß dieses teilweise abgesperrt werden muß und das Wild durch Lärm vergrämt wird, ist der Pachtgegenstand mangelhaft (OLG Celle LZ 1918, 460). Das gleiche gilt, wenn die Ausübung der Jagd durch Sperrung der Zugangswege (OLG Celle RdL 1970, 127) oder Errichtung einer wilddicht eingezäunten Gärtnerei beeinträchtigt wird (OLG Düsseldorf Agrarrecht 1997, 302).

δ) Treffen **öffentlich-rechtliche Beschränkungen** den Pachtgegenstand, kann darin **301** ein Mangel liegen, sofern sie auf der Beschaffenheit oder Lage des Pachtgegenstandes beruhen (BGHZ 68, 294, 296 = NJW 1977, 1285, 1286; BGH LM Nr 17 zu § 537 BGB =

WM 1971, 538; OLG München OLG-Rp 1997, 62, 63; krit STAUDINGER/EMMERICH [2003] § 536 Rn 20 ff). Dies gilt etwa für Bauverbote (BGH NJW 1958, 785 m krit Anm KUBISCH NJW 1958, 1084) oder baurechtliche Nutzungsbeschränkungen (LG Berlin NJW-RR 1990, 852), das Verbot öffentlicher Tänze in einem Tanzlokal (RGZ 87, 277; 91, 310; RG WarnR 1918, Nr 110; SeuffA 73, Nr 223; aA RG JW 1918, 88 Nr 8), die zeitliche Beschränkung von Tanz und Musik sowie die Vorverlegung der Sperrstunde eines Nachtlokals oder einer Diskothek (RGZ 88, 96; RG WarnR 1919, Nr 9; BGHZ 68, 294 = NJW 1977, 1285 m Anm CLASSEN LM Nr 26 zu § 538 BGB und krit Anm KRAMPE JZ 1978, 438), die aus räumlichen Gründen bedingte Versagung einer Schankerlaubnis (RG WarnR 1936, Nr 19), für den Wegfall der Sondernutzung eines öffentlichen Weges zur Bewirtung von Gästen eines verpachteten Hotels (RG HRR 1931, Nr 1641) sowie für eine die Nutzung einer Gaststätte untersagende Ordnungsverfügung (OLG Brandenburg OLG-Rp 1998, 411, 413). Entscheidend ist allerdings, ob durch die öffentlich-rechtliche Beschränkung der Vertragszweck betroffen wird (RGZ 93, 144). Wenn ein Betriebsgelände mit Hof- und Gebäudeflächen an die Pächterin „zum Zwecke ihres Betriebs" verpachtet wird, dann ist es kein Mangel des Pachtgegenstandes, wenn später eine öffentlich-rechtliche Genehmigung für einen andersartigen, bisher von der Pächterin nicht geführten Betrieb verweigert wird (BGH NJW-RR 1991, 1102). Werden Gaststättenräume nach dem Vertrag „konzessionsreif" verpachtet, so bedeutet dies nicht ohne weiteres, daß der Verpächter für die Erteilung einer Vollkonzession einstehen will, wenn die bauliche Gestaltung nur eine beschränkte Speisenkonzession zuläßt (OLG Oldenburg NJW-RR 1992, 662). Die Parteien können vereinbaren, daß es Aufgabe und Risiko des Pächters ist, sich die Konzession zu beschaffen (BGH WM 1994, 1136). Pachträume, die zum Betrieb einer „gemütlich thematisierten Werkstattkneipe mit Kommunikationsgastronomie" überlassen wurden, sind nicht mangelhaft, wenn die Ordnungsbehörde die Musiklautstärke auf 90 dB (A) begrenzt (OLG Koblenz NJW-RR 2002, 1522).

cc) Fehlen zugesicherter Eigenschaften

302 α) Nach § 536 Abs 2 treten die Rechtsfolgen dieser Vorschrift auch ein, wenn dem Pachtgegenstand eine **zugesicherte Eigenschaft** fehlt oder später wegfällt (STAUDINGER/EMMERICH [2003] § 536 Rn 33 ff). Als Eigenschaften kommen alle rechtlichen und tatsächlichen Verhältnisse in Betracht, die infolge ihrer Art und Dauer nach der Verkehrsanschauung einen Einfluß auf die Brauchbarkeit und Wertschätzung des Pachtgegenstandes auszuüben pflegen. Nicht in jeder Anpreisung oder Beschreibung des Pachtgegenstandes durch den Verpächter liegt allerdings eine Zusicherung. Der Verpächter muß vielmehr ausdrücklich oder konkludent erklären, für eine bestimmte Eigenschaft des Pachtgegenstandes eine über die normale Haftung hinausgehende Gewähr zu übernehmen und damit für deren Vorhandensein einzustehen. Diese Erklärung muß vom Pächter als vertragsmäßig verlangt und vom Verpächter in vertragsmäßig bindender Weise einschließlich etwaiger Formerfordernisse abgegeben werden (RG JW 1937, 675, 676; OLG Hamburg ZMR 1998, 221; OLG München ZMR 2001, 708).

303 An **Einzelfällen** aus dem Pachtrecht ist darauf hinzuweisen, daß bei der Verpachtung eines Hotels die Benutzbarkeit eines im Gemeingebrauch stehenden Weges zur Bewirtung von Gästen zugesichert werden kann, da es nicht darauf ankommt, daß der Pachtgegenstand dem Verpächter rechtlich zusteht (RG HRR 1931, Nr 1641). Ebenso kann die Benutzbarkeit von Räumen für einen bestimmten gewerblichen

Zweck zugesichert werden (OLG Düsseldorf DWW 1991, 16). Gegenstand einer Zusicherung können der Umsatz (RG JW 1937, 675; WarnR 1927, Nr 139; s auch OLG München ZMR 2001, 708) und der Gewinn eines Geschäftsbetriebs sein (Rn 299). Es macht keinen Unterschied, ob es sich um frühere, gegenwärtige oder zukünftige Umstände handelt. Unerheblich ist auch, ob die Zusicherung im Rahmen eines Unternehmenspachtvertrags oder bei der Verpachtung eines Grundstücks oder von Räumen zum Betrieb eines Geschäfts abgegeben wird. Allerdings genügt die Angabe des Verpächters einer Gaststätte nicht, er habe zwar keine Bilanzen für den Imbiß, gebe aber sein Ehrenwort, daß ein bestimmter Umsatz in Zukunft erzielt werde (OLG Hamburg ZMR 1998, 221). Die Regelung des § 536 Abs 2 ist entsprechend anwendbar, wenn einer lizenzierten Erfindung zugesicherte Eigenschaften fehlen, weil sie entgegen dem Vertrag und der Patent- oder Gebrauchsmusteranmeldung nicht fabrikmäßig herstellbar und in größeren Stückzahlen vertriebsfähig ist. Fehlt die technische Brauchbarkeit einer Lizenz, kann der Lizenzgeber auch für anfängliches Unvermögen haften (BGH BB 1979, 1316). Eine schuldrechtliche Bierbezugsverpflichtung des Grundstückseigentümers bindet nicht den Pächter. Die Zusicherung, der Pachtgegenstand sei verpflichtungsfrei gegenüber jeglicher Brauerei, ist deshalb zutreffend (BGH NJW-RR 1988, 199).

β) Nach § 537 Abs 2 S 2 aF stand bei der Verpachtung eines Grundstücks die **304** Zusicherung einer bestimmten **Grundstücksgröße** der Zusicherung einer Eigenschaft gleich. Dies galt entsprechend § 580 aF auch bei der Raumpacht hinsichtlich einer bestimmten Zahl oder Größe von Räumen (STAUDINGER/EMMERICH [1995] § 537 Rn 62 ff). Die Anforderungen an die Zusicherung der Grundstücksgröße entsprachen der Regelung des § 537 Abs 2 S 1 aF (KG LZ 1932, 1322; Rn 302). Die Gewährleistung entfiel deshalb grundsätzlich, wenn das Grundstück kleiner war als die im Pachtvertrag ohne Gewähr angegebene Größe. Dies schloß allerdings nicht die Annahme eines Fehlers iS des Abs 1 aus, wenn die geringere Fläche aus besonderen Gründen die vertragsmäßige Nutzung beeinträchtigte oder verhinderte. Dies konnte etwa beim Jagdpachtvertrag aufgrund eines zu kleinen Jagdbezirks eintreten (OLG Koblenz MDR 1978, 932).

Die Regelung des § 537 Abs 2 S 2 ist durch das Mietrechtsreformgesetz ersatzlos **305** gestrichen worden. Damit sollen die früheren Mißverständnisse über die Bedeutung einer Größenangabe in einem Mietvertrag vermieden werden (vgl BT-Drucks 14/4553, 40). Die Beurteilung der Frage, ob solche Angaben als Zusicherung iSv § 536 Abs 2 zu verstehen sind, richtet sich also, ebenso wie im Ergebnis bisher schon (Rn 304), nach den Umständen des Einzelfalls (Rn 302).

dd) Rechtsfolgen
α) Die **Minderung** tritt bei der Pacht ebenso wie bei der Miete (STAUDINGER/EMME- **306** RICH [2003] § 536 Rn 52) kraft Gesetzes ein (OLG Köln MDR 1973, 409 [LS]). Ohne weitere Erklärungen, Vereinbarungen der Parteien oder richterlichen Gestaltungsakt ist der Pächter für die Zeit, während derer die Tauglichkeit aufgehoben ist, von der Entrichtung der Pacht ganz befreit. Bei einer nur eingeschränkten Tauglichkeit hat er nur eine angemessen herabgesetzte Pacht zu entrichten. Für diese Berechnung sind keine generellen Angaben möglich. Sie richtet sich ganz nach den Umständen des Einzelfalles (STAUDINGER/EMMERICH [2003] § 536 Rn 56 ff). Wenn dem Verpächter der Mangel bekannt ist, wird die Minderung nicht deshalb ausgeschlossen, weil der

Pächter den Mangel nicht anzeigt (OLG Saarbrücken WuM 1989, 133; Rn 307). Hat der Verpächter einen Teil der Pachtforderung abgetreten, so erstreckt sich eine Minderung grundsätzlich auf jeden der durch die Abtretung entstandenen Forderungsteile nach dem Verhältnis ihrer Höhe (BGH NJW 1983, 1902).

307 β)   Unter den Voraussetzungen des § 536a Abs 1 ist der Verpächter zum **Schadensersatz wegen Nichterfüllung** verpflichtet. Für einen Mangel der in § 536 bezeichneten Art, der schon bei dem Vertragsabschluß vorhanden ist, trifft den Verpächter eine Garantiehaftung (Krampe, Die Garantiehaftung des Vermieters für Sachmängel [1980]; Staudinger/Emmerich [2003] § 536a Rn 2 ff). Die Regelung ist sinngemäß anzuwenden, wenn ein erst noch herzustellender Gegenstand verpachtet wird und der Mangel im Zeitpunkt der Fertigstellung oder der Übergabe vorhanden ist (BGHZ 9, 320 = NJW 1953, 1180 m Anm Delbrück LM Nr 2 zu § 538 BGB). Ein anfänglicher Mangel liegt hingegen nicht vor, wenn die zuständige Behörde erst nach mehrjähriger, rechtlich an sich möglicher Zulassung einer Diskothek geltend macht, das zum Betrieb der Diskothek gepachtete Grundstück liege in einem Mischgebiet, und wenn sie deshalb für die Zukunft Einschränkungen der Nutzung verfügt (BGHZ 68, 294 = NJW 1977, 1285 m krit Anm Krampe JZ 1978, 438). Ebensowenig ist ein anfänglicher Sachmangel darin zu sehen, daß sich die Übergabe eines Pachtgegenstandes verzögert, weil der Ingebrauchnahme ein unbegründeter Nachbarwiderspruch entgegensteht (BGH NJW 1992, 3226).

308 Von der behördlichen Genehmigung, die den Pachtgegenstand und seine Benutzung betrifft, ist die *Genehmigungsbedürftigkeit des Vertragsabschlusses* zu unterscheiden (Rn 132). Eine solche Genehmigung ist Wirksamkeitsvoraussetzung für den Vertrag. Wird sie versagt, scheitert der zunächst schwebend unwirksame Vertrag endgültig, so daß nicht § 536a, sondern allenfalls eine Haftung nach §§ 280, 311 Abs 2, 241 Abs 2 eingreift.

309 Der *Umfang des Ersatzanspruchs* aus § 536a Abs 1 erstreckt sich auf den gesamten Nichterfüllungsschaden des Pächters und etwaiger geschützter Dritter (Staudinger/Emmerich [2003] § 536a Rn 17 ff). Dabei wird nicht zwischen Mangelschäden und Mangelfolgeschäden unterschieden (BGH LM Nr 12/13 zu § 538 BGB = MDR 1970, 223; OLG Bremen VersR 1967, 86). Zu ersetzen sind demnach Sach-, Vermögens- und Gesundheitsschäden.

310 γ)   Gerät der Verpächter in **Verzug mit der Mängelbeseitigung**, kann der Pächter den Mangel nach § 536a Abs 2 Nr 1 selbst beseitigen und Ersatz der erforderlichen Aufwendungen verlangen (Staudinger/Emmerich [2003] § 536a Rn 26 ff). Die Voraussetzungen des Verzugs ergeben sich aus den §§ 286 ff. Der Verpächter kommt mit der Beseitigung der Mängel schon dann in Verzug, wenn er trotz eines Hinweises auf die Mängel deren Beseitigung ernsthaft und endgültig verweigert (LG Berlin GE 1987, 1271). Praktisch bedeutsam ist diese besondere Verzugshaftung nur für nachträgliche, vom Verpächter nicht zu vertretende Mängel, weil in den anderen Fällen bereits § 536a Abs 1 eingreift. Andere Ansprüche des Pächters auf Aufwendungsersatz, etwa aus § 684 iVm § 812, werden durch § 536a Abs 2 Nr 1 nicht ausgeschlossen (OLG Düsseldorf ZMR 1990, 57).

311 Der Pächter kann den Mangel auch dann selbst beseitigen und Ersatz der erforderlichen Aufwendungen verlangen, wenn die **umgehende Beseitigung** des Mangels zur Erhaltung oder Wiederherstellung des Bestands der Pachtsache **erforderlich** ist (§ 536a Abs 2 Nr 2). Diese Regelung entspricht § 547 Abs 1 S 1 aF; nach § 581 Abs 2 iVm dieser Norm war der Verpächter verpflichtet, dem Pächter die auf die Sache gemachten notwendigen Verwendungen zu ersetzen. Der Anspruch beschränkt sich also auf Notmaßnahmen zur Erhaltung der Pachtsache, in denen wegen der Dinglichkeit der Angelegenheit keine Zeit mehr bleibt, den Mangel dem Verpächter anzuzeigen (§ 536c Abs 1) und ihn durch Mahnung zur Mängelbeseitigung in Verzug zu setzen, um anschließend nach § 536a Abs 2 Nr 1 vorzugehen (BT-Drucks 14/4553, 41 [1. Sp]; STAUDINGER/EMMERICH [2003] § 536a Rn 35).

δ) Unter den Voraussetzungen des § 543 Abs 1, Abs 2 Nr 1 (= § 542 aF) steht **312** dem Pächter ein Recht zur **außerordentlichen fristlosen Kündigung** zu, wenn ihm der vertragsmäßige Gebrauch des Pachtgegenstandes ganz oder zT nicht rechtzeitig gewährt oder wieder entzogen wird (Rn 414; STAUDINGER/EMMERICH [2003] § 543 Rn 17 ff). Der Gebrauch wird vor allem dann entzogen oder nicht gewährt, wenn der Pachtgegenstand mit einem Mangel iS des § 536 behaftet ist (Mot II 418 f).

c) Rechtsmängel
aa) Allgemeines
Die Haftung des Verpächters für Rechtsmängel des Pachtgegenstandes ergibt sich **313** nach § 581 Abs 2 aus der entsprechenden Anwendung des § 536 Abs 3, der auf § 536 Abs 1 und 2 verweist. Das Gesetz geht davon aus, daß der Pachtgegenstand dem Verpächter rechtlich nicht zustehen muß und er dennoch seine Vertragspflichten erfüllen kann. Eine Leistungsstörung tritt nur dann ein, wenn dem Pächter der vertragsmäßige Gebrauch durch das Recht eines Dritten ganz oder zT entzogen wird. Wie bei der Miete handelt es sich deshalb um eine Eviktionshaftung.

bb) Rechtsmangel
Die Haftung aus § 536 Abs 3 setzt das **Recht eines Dritten** voraus, durch das dem **314** Pächter der vertragsmäßige Gebrauch des Pachtgegenstandes oder die Fruchtziehung ganz oder teilweise entzogen wird. Hierunter fallen nur private Rechte, die sich auf den Pachtgegenstand beziehen, nicht aber öffentlich-rechtliche Beschränkungen und Verbote (STAUDINGER/EMMERICH [2003] § 536 Rn 42 ff). Es kann sich um dingliche Rechte, wie vor allem das Eigentum (OLG Zweibrücken OLGZ 1972, 208), und beschränkte dingliche Rechte handeln. Doch kommen auch obligatorische Rechte Dritter in Betracht, wenn auf ihnen die Entziehung des vertragsmäßigen Gebrauchs oder des Fruchtgenusses für den Pächter beruht. Dies ist zB bei einer grundsätzlich wirksamen Doppelverpachtung der Fall, wenn dem nicht besitzenden Pächter der Besitz des Pachtgegenstandes vorenthalten wird, weil bereits ein anderer Pächter rechtmäßig besitzt (BGH LM Nr 4 zu § 541 BGB = MDR 1962, 398; DNotZ 1969, 672). Unerheblich ist, ob das Recht des Dritten von Anfang an besteht oder erst nach Abschluß des Vertrags und Überlassung des Pachtgegenstandes begründet wird (BGHZ 63, 132 = NJW 1975, 44; aA RGZ 65, 29, 33).

Eine **Entziehung des vertragsmäßigen Gebrauchs** ist gegeben, wenn dem Pächter der **315** Pachtgegenstand bereits überlassen war. Gleichzustellen ist der Fall, daß der Verpächter einem Pächter schon bei Beginn des Pachtverhältnisses den Gebrauch nicht gewähren kann, weil noch ein anderer Pächter den Gegenstand besitzt (BGH LM Nr 3 zu § 541 BGB = NJW 1961, 917). Die entsprechende Anwendung auf das Pachtrecht bedeutet, daß auch die Entziehung des Fruchtgenusses unter § 536 Abs 3 fällt, weil es sich insoweit um eine weitere Hauptpflicht des Verpächters handelt, deren Erfüllung durch Rechte Dritter beeinträchtigt werden kann. Deshalb kommt es nicht darauf an, ob sich das beeinträchtigende Recht auf den Pachtgegenstand oder nur auf die Früchte, etwa nach deren Trennung, erstreckt. Verpachtet der Pächter erlaubterweise weiter, dann ist der Unterpächter nicht schon deshalb vor der Überlassung des Objekts zum Rücktritt oder nach Überlassung zur Kündigung berechtigt, weil er seinen Vertragsgegner für den Eigentümer gehalten und deshalb angenommen hat, er selbst werde Hauptpächter. Die bloße Existenz des Rechts eines Dritten ist im Miet- und Pachtrecht gewährleistungsrechtlich unbeachtlich, solange dem Pächter der Gebrauch des Pachtgegenstandes nicht ganz oder teilweise entzogen oder von vornherein nicht oder nicht vollständig gewährt wird (OLG Köln MDR 1981, 406). Eine Entziehung des Besitzes ist deshalb nicht schon anzunehmen, wenn bei ungeklärten Eigentumsverhältnissen in den neuen Bundesländern die Gemeinde an den Pächter mit dem Wunsch herantritt, ihrerseits als Verpächterin einen Pachtvertrag über das Grundstück abzuschließen (OLG München WuM 1995, 152). Bei der Rechtspacht und den entsprechend zu behandelnden ähnlichen Verträgen wendet die Rspr § 536 Abs 3 mangels eines tatsächlichen Gewaltverhältnisses nicht an, wenn der Verpächter wegen der Rechte Dritter nicht in der Lage ist, ein Recht zur Ausnutzung zu überlassen. Deshalb werden beim Filmverwertungsvertrag für die Rechtsmängelhaftung die allgemeinen Vorschriften über Leistungsstörungen herangezogen (Vorbem 94 zu § 581; BGHZ 2, 331 = NJW 1951, 705).

cc) Rechtsfolgen

316 Die Folgen eines Rechtsmangels ergeben sich zunächst aus der Verweisung des § 536 Abs 3 (= § 541 aF) auf Abs 1 und 2. Hiernach tritt kraft Gesetzes eine Minderung der Pacht ein. Darüber hinaus steht dem Pächter unter den Voraussetzungen des § 536a Abs 1 ein Anspruch auf Schadensersatz wegen Nichterfüllung zu. Dies gilt auch, wenn der Verpächter wegen eines Rechtsmangels nicht in der Lage ist, dem Pächter die Nutzung des Pachtgegenstandes zu gewähren (BGH NJW 1991, 3277; BGH NJW 1996, 714). Zudem kommt nach § 536a Abs 2 Nr 1 die Haftung wegen Verzugs mit der Mängelbeseitigung in Betracht. Aus der Verweisung des § 543 Abs 4 auf § 543 Abs 2 Nr 1 und darüber auf § 536 Abs 3 (= § 541 aF) folgt ferner, daß ein Rechtsmangel das Recht zur außerordentlichen fristlosen Kündigung auslöst (BGH WM 1975, 897, 898; BGH NJW 1996, 714; OLG Zweibrücken OLGZ 1972, 208, 209).

d) Mängelanzeige

317 Entsprechend den §§ 581 Abs 2, 536c (= § 545 aF) ist der Pächter zur unverzüglichen Anzeige an den Verpächter verpflichtet, wenn sich im Laufe der Pachtzeit ein Mangel an dem Pachtgegenstand zeigt oder wenn eine Vorkehrung zum Schutz des Pachtgegenstandes gegen eine nicht vorhergesehene Gefahr erforderlich wird (STAUDINGER/EMMERICH [2003] § 536c Rn 3 ff). Das gleiche gilt, wenn sich ein Dritter ein Recht an dem Pachtgegenstand anmaßt. Die Anzeigepflicht des Pächters ist Ausfluß der ihm im Interesse des Verpächters obliegenden Obhutspflicht (Mot II 400; RGZ 59, 161, 162; Rn 239). Ein Verstoß gegen die Anzeigepflicht führt nach § 536c Abs 2 S 1 zu einem Schadensersatzanspruch des Verpächters. Soweit der Verpächter infolge der Unterlassung der Anzeige außerstande war, Abhilfe zu schaffen, tritt nach § 536c Abs 2 S 2 ein Rechtsverlust des Pächters ein (Rn 321). Dies ist nicht anzunehmen,

wenn der Mangel dem Verpächter bereits bekannt war (OLG Saarbrücken WuM 1989, 133).

e) Ausschluß der Gewährleistung
aa) Gesetzlicher Ausschluß

α) Die Gewährleistungsrechte der §§ 536, 536a sind nach § 536b **kraft Gesetzes** 318 ausgeschlossen, wenn der Pächter bei dem Abschluß des Vertrags *Kenntnis* von dem Mangel des Pachtgegenstandes besitzt (STAUDINGER/EMMERICH [2003] § 536b Rn 6 ff). Dies gilt für Sach- und Rechtsmängel in gleicher Weise, wie sich aus § 536 Abs 3 ergibt. Wird der Pachtvertrag verlängert, kommt es für die Kenntnis auf den Zeitpunkt der Vertragsänderung an (BGH NJW 1970, 1740, 1742; OLG Düsseldorf ZMR 1994, 402, 405). Bei *grobfahrlässiger Unkenntnis* eines Mangels der in § 536 Abs 1 bezeichneten Art, entfällt die Gewährleistung nach § 536b S 2, sofern der Verpächter nicht den Fehler arglistig verschwiegen hat. Demnach schadet Kenntnis bei sämtlichen Mängeln iS des § 536, während grobfahrlässige Unkenntnis bei arglistigem Verschweigen des Mangels unerheblich ist. Im Unterschied zu § 539 S 2 aF bezieht sich der Wortlaut von § 536b S 2 auch auf § 536 Abs 2, also auf den Fall des Fehlens zugesicherter Eigenschaften. Zudem wird, anders als nach § 539 S 2 letzter HS aF, § 442 Abs 1 S 2 (= § 460 S 2 aF) nicht in Bezug genommen. Dies hat zur Folge, daß grob fahrlässige Unkenntnis beim Fehlen zugesicherter Eigenschaften schadet. Damit ist der Haftungsausschluß in § 536b gegenüber den §§ 539 S 2, 541 aF, die nicht für Rechtsmängel und das Fehlen zugesicherter Eigenschaften galten, erweitert (ERMAN/JENDREK § 536b Rn 2). Zur Vermeidung dieses Ergebnisses wird zT § 536b S 2 entsprechend auf die Fehlerfreiheit angewendet, die zugesichert, aber nicht vorhanden ist (ERMAN/JENDREK § 536b Rn 5; PALANDT/WEIDENKAFF § 536b Rn 6). Ob diesem Lösungssatz zu folgen ist, kann dahinstehen, da sich das Problem relativiert, wenn man bedenkt, daß in diesen Fällen gewöhnlich Arglist des Verpächters vorliegen wird (STAUDINGER/EMMERICH [2003] § 536b Rn 12).

Schließlich sind die Gewährleistungsrechte des Pächters nach § 536b S 3 bei *vorbe-* 319 *haltloser Annahme* des Pachtgegenstandes in Kenntnis des Mangels ausgeschlossen. Auch dieser Ausschlußtatbestand gilt, anders als nach altem Recht, sowohl für Sach- als auch Rechtsmängel und beim Fehlen zugesicherter Eigenschaften. Allerdings bedarf es im letzten Fall einer genauen Auslegung des Vertrags, um zu ermitteln, ob sich der Verpächter mit der Zusicherung nicht verpflichtet hat, die zugesicherten Eigenschaften noch zu schaffen (STAUDINGER/EMMERICH [2003] § 536b Rn 15).

Das Recht des Pächters zur außerordentlichen fristlosen Kündigung aus § 543 Abs 2 320 Nr 1 ist nach § 543 Abs 4, der auf § 536b verweist, für Sach- und Rechtsmängel in allen Fällen des § 536b ausgeschlossen; die Unterscheidung zwischen Sach- und Rechtsmängeln, die sich aus der Verweisung in § 543 aF auf die §§ 539–541 aF ergab, ist weggefallen. Setzt der Pächter trotz Kenntnis eines Mangels den Gebrauch des Pachtgegenstandes vorbehaltlos fort und zahlt er insbesondere die Pacht in voller Höhe weiter, dann verliert er in entsprechender Anwendung des § 536b seine Gewährleistungsrechte sowohl für die Vergangenheit als auch für die Zukunft (BGH WuM 1992, 313; OLG München ZMR 1993, 466; OLG Koblenz WuM 1999, 330, 331). In allen Fällen des gesetzlichen Ausschlusses von Gewährleistungs- und Kündigungsrechten des Pächters ist eine *abweichende Vereinbarung* der Parteien zulässig. Ein solches Abbedingen von § 536b liegt etwa in einer Klausel, wonach auch wiederholt geübte Nachsicht nicht als stillschweigende Duldung von Vertragsverstößen und Versäumnissen gilt und irgendwelche Rechte hieraus nicht abgeleitet werden können (BGH NJW-RR 2004, 12 = NZM 2004, 27).

321 β) Ein **Verstoß gegen die Pflicht zur Mängelanzeige** führt nach § 536c Abs 2 S 2 zu einem Rechtsverlust des Pächters hinsichtlich der Minderung aus § 536, des Anspruchs auf Schadensersatz wegen Nichterfüllung aus § 536a Abs 1 und des Rechts auf außerordentliche Kündigung ohne vorherige Bestimmung einer Frist zur Abhilfe nach § 543 Abs 3 S 1, sofern der Verpächter infolge der Unterlassung der Anzeige außerstande war, den Mangel zu beseitigen. Der Rechtsverlust ist unabhängig vom Verschulden des Pächters. Das Kündigungsrecht aus § 543 Abs 2 Nr 1 bleibt erhalten, kann aber nach § 543 Abs 3 S 1 erst ausgeübt werden, wenn der Verpächter eine ihm von dem Pächter bestimmte angemessene Frist hat verstreichen lassen, ohne Abhilfe zu schaffen oder nach erfolgloser Abmahnung (STAUDINGER/EMMERICH [2003] § 536c Rn 16, 19). Der Rechtsverlust tritt nicht ein, wenn der Mangel dem Verpächter schon bekannt war.

322 γ) Die Ansprüche des Pächters aus § 536a Abs 1, Abs 2 Nr 1, die auf Schadensersatz wegen Nichterfüllung und auf Aufwendungsersatz gerichtet sind, können bei einem **Mitverschulden** nach § 254 ganz oder teilweise ausgeschlossen sein (ERMAN/JENDREK § 536a Rn 19; STAUDINGER/EMMERICH [2003] § 536a Rn 25, 40). Ein weiterer Ausschlußtatbestand für die Rechte aus den §§ 536, 536a findet sich in § 326 Abs 2 S 1 Alt 1 (= § 324 Abs 1 aF), wenn der Pächter den Mangel selbst zu vertreten hat (RGZ 157, 363, 367).

bb) Vertraglicher Ausschluß

323 Die Gewährleistungsrechte des Pächters aus den §§ 536, 536a sind ebensowenig wie das Kündigungsrecht aus § 543 Abs 2 S 1 Nr 1 zwingender Natur. Dies gilt abweichend von § 536 Abs 4 (= § 537 Abs 3 aF) auch, wenn der Pachtgegenstand Wohnraum umfaßt, sofern es sich nach der Rechtsnatur des Vertrags insgesamt um Pacht handelt (OLG Köln WM 1987, 1308, 1310). Die Parteien können deshalb im Vertrag grundsätzlich von der gesetzlichen Regelung **abweichen**. Dies zeigt schon der Umkehrschluß aus § 536d. Der Pachtvertrag kann die Rechte des Pächters erweitern, beschränken oder völlig ausschließen. Die verschuldensunabhängige Haftung des Verpächters für anfängliche Mängel aus § 536a Abs 1 kann deshalb auch formularmäßig ausgeschlossen werden, da es sich um eine für das gesetzliche Haftungssystem untypische Regelung handelt. Der Pächter wird jedoch nach § 307 Abs 1 und 2 (= § 9 AGBG aF) unangemessen benachteiligt, wenn ihm das uneingeschränkte Risiko übertragen wird, daß eine behördliche Erlaubnis erteilt wird, und wenn der Pachtvertrag bei Versagen der Erlaubnis mit dem Zeitpunkt der Erteilung des Versagungsbescheids als aufgelöst gelten soll (BGH DWW 1993, 170). Alle Abreden, die die gesetzlichen Rechte des Pächters einschränken, sind grundsätzlich eng auszulegen (OLG Hamm ZMR 1982, 206). Die Grenzen ergeben sich aus den §§ 138, 242, 276 Abs 3 und 536d, bei Formularverträgen zudem aus den §§ 307 Abs 1 und 2 sowie 309 Nr 7 b und Nr 8 a.

324 Hervorzuheben ist **im einzelnen**, daß die Parteien eine Ausschlußfrist für die Geltendmachung von Gewährleistungsrechten des Pächters vereinbaren können. Die Frist darf aber nicht so kurz bemessen sein, daß die sachgemäße Vorbereitung einer etwaigen Klage unmöglich ist (RG JW 1917, 284). Zulässig ist auch eine Vereinbarung, wonach die Rechte des Pächters auf Minderung, Zurückbehaltung und Aufrechnung für den Fall ausgeschlossen werden, daß sich der Verpächter mit ihrer Geltendmachung nicht einverstanden erklärt (OLG Düsseldorf ZMR 1999, 23). Sind in einem Pachtvertrag Minderung und Schadensersatz für Mängel des Pachtgegenstandes ausgeschlossen, so erstreckt sich diese Vereinbarung auch auf Körperschäden (OLG Bremen VersR 1967, 86). Ein Verzicht der Parteien auf Schadensersatzansprüche, die sich aus Mängeln des Pachtgegenstandes ergeben, erfaßt idR auch außervertragliche Ansprüche (OLG Frankfurt VersR 1973, 424). Die Parteien können ausdrücklich oder stillschweigend zum Inhalt des Pachtvertrags machen, daß der Verpächter für Wettbewerbshandlungen Dritter nicht einzustehen hat (RG JW 1937, 2106, 2107).

5. Erhaltungs- und Verbesserungsmaßnahmen

Die Regelung des § 554 über Erhaltungs- und Verbesserungsmaßnahmen gilt nach 325 § 581 Abs 2 für die Pacht entsprechend. Hiernach hat der Pächter von **Räumen** unter bestimmten Voraussetzungen Einwirkungen zur Erhaltung der Pachträume oder des Gebäudes sowie Maßnahmen zur Verbesserung der gepachteten Räume oder sonstiger Teile des Gebäudes zu dulden. § 554 erfaßt alle Arten von Räumen, also Wohnraum sowie andere Räume (§ 578 Abs 2 S 1). Mußte der Pächter infolge der Verbesserungsmaßnahmen Aufwendungen machen, kann er vom Verpächter in einem den Umständen nach angemessenen Umfang Ersatz verlangen (Rn 252).

Sind die Voraussetzungen des § 554 nicht erfüllt, weil es sich um einen **anderen** 326 **Pachtgegenstand oder sonstige Maßnahmen** handelt, die nicht unter den Begriff der Erhaltung oder Verbesserung fallen, kommt eine Duldungspflicht aus § 242 in Betracht, wenn dem Pächter die Beeinträchtigung zuzumuten ist, für den Verpächter hingegen eine Unterlassung oder Verschiebung der Maßnahme unzumutbar ist (BGH LM Nr 1 zu § 541a BGB = NJW 1972, 723). Unter den gleichen Voraussetzungen besteht eine Duldungspflicht aus § 242 für Erhaltungs-, Verbesserungs- und sonstige Maßnahmen bei der reinen Grundstückspacht und der Pacht beweglicher Sachen, die wegen ihres Gegenstandes nicht unter § 554 fallen.

6. Lasten des Pachtgegenstandes

Nach der **gesetzlichen Regel** der §§ 581 Abs 2, 535 Abs 1 S 3 (= § 546 aF) hat der 327 Verpächter die auf dem Pachtgegenstand ruhenden Lasten zu tragen. Hierzu gehören alle privatrechtlichen und öffentlich-rechtlichen Verbindlichkeiten sowie die durch den Gebrauch der Sache entstehenden Neben- und Betriebskosten (STAUDINGER/EMMERICH [2003] § 535 Rn 63, 65). Der Verpächter kann nicht aufgrund anderer gesetzlicher Vorschriften, zB nach den Regeln der Geschäftsführung ohne Auftrag aus den §§ 677 ff oder der ungerechtfertigten Bereicherung nach den §§ 812 ff vom Pächter die Erstattung verlangen. Dies gilt etwa, wenn der Verpächter einer Gastwirtschaft als Konzessionsinhaber gegenüber der Gemeinde die Getränkesteuer zu zahlen hat (LG Mannheim WuM 1976, 125). Er haftet neben dem Pächter auch für die Gaststättenerlaubnissteuer (VG Frankfurt NVwZ-RR 2004, 374 f). Die Grundsteuer, mit der das Pachtgrundstück belastet ist, hat der Verpächter als Steuerschuldner auch im Innenverhältnis zum Pächter insoweit allein zu tragen, als das Pächterinventar in den für die Bewertung maßgebenden Einheitswert eingeflossen ist (OLG Celle RdL

1951, 278 [LS]; AG Hamburg NJW 1953, 66; **aA** OLG Königsberg HRR 1942, Nr 430). Dieser Fall kann nach § 34 Abs 4 BewG vor allem bei land- und forstwirtschaftlichen Betrieben eintreten, aber auch bei den in den §§ 26 und 70 BewG vorgesehenen Ausnahmen von dem bewertungsrechtlichen Verbot der Zusammenfassung von Wirtschaftsgütern verschiedener Eigentümer zu einer wirtschaftlichen Einheit. Hiervon können Grundbesitz und sonstiges Vermögen von Ehegatten sowie Miteigentum anderer Personen an Grundstücken betroffen sein.

328 Eine **gesetzliche Ausnahme** von diesem Grundsatz enthält § 5 Abs 5 S 1 BKleingG, eingefügt durch Art 1 Nr 4 c des Gesetzes zur Änderung des Bundeskleingartengesetzes vom 8. 4. 1994 (Vorbem 56 zu § 581). Danach kann der Verpächter vom Pächter Erstattung der öffentlich-rechtlichen Lasten verlangen, die auf dem Kleingartengrundstück ruhen (dazu BGH NJW-RR 2000, 1405). **Abweichende Vereinbarungen**, durch die der Pächter die auf dem Pachtgegenstand ruhenden Lasten ganz oder teilweise übernimmt, sind zulässig und in der Praxis recht verbreitet (STAUDINGER/EMMERICH [2003] § 535 Rn 66 f). Da eine solche Vereinbarung den Verpächter entlastet, trägt die Übernahme von Lasten durch den Pächter idR Entgeltscharakter und kann als eine Art der Pachtleistung beurteilt werden (Rn 183). Anliegerbeiträge und Anschlußkosten sind im Zweifel keine öffentlichen Lasten, die der Pächter nach einer allgemeinen Übernahmeklausel des Pachtvertrags tragen muß (OLG Celle OLGZ 1984, 109 = MDR 1983, 402).

7. Verwendungen und Einrichtungen des Pächters

a) Verwendungen

329 Entsprechend den §§ 581 Abs 2, 536a Abs 2 Nr 2 kann der Pächter den Mangel einer Pachtsache selbst beseitigen und Ersatz der erforderlichen Aufwendungen verlangen, wenn die umgehende Beseitigung des Mangels zur Erhaltung oder Wiederherstellung des Bestands der Pachtsache notwendig ist. § 536a Abs 2 Nr 2 ist durch das Mietrechtsreformgesetz an die Stelle des § 547 aF getreten; nach dieser Vorschrift iVm § 581 Abs 2 war der Verpächter verpflichtet, dem Pächter die auf die Sache gemachten notwendigen Verwendungen zu ersetzen (Rn 310). Mit Einführung des neuen Ausdrucks der „Aufwendung" war allerdings keine sachliche Begriffsänderung verbunden (Begr zum RegE BT-Drucks 14/4553, 41 [1. Sp]). Der Ersatz sonstiger Aufwendungen richtet sich nach den Vorschriften über die Geschäftsführung ohne Auftrag (§ 539 Abs 1). Da sich der neue Begriff der „Aufwendung" inhaltlich mit dem der „Verwendung" deckt, kann zur Begriffsbestimmung die frühere Rspr zur „Verwendung" herangezogen werden. Danach fielen unter diesen Begriff nur solche Maßnahmen, die nach dem Willen des Pächters darauf abzielen, den Bestand des Pachtgegenstandes zu erhalten, wiederherzustellen oder dessen Zustand zu verbessern. Eine Veränderung des Zustands fiel nicht unter den Verwendungsbegriff (BGHZ 109, 179, 182 = NJW 1990, 447; BGHZ 131, 220, 223 = NJW 1996, 921; OLG München ZMR 1997, 236, 237; **aA** MÜLLER JA 1981, 20) und fällt auch nicht unter den Aufwendungsbegriff (STAUDINGER/EMMERICH [2003] § 536a Rn 39 f). Dies entspricht der Regelung in § 536a Abs 2 Nr 2, wonach nur für Aufwendungen, die zur umgehenden Beseitigung des Mangels zur Erhaltung oder Wiederherstellung der Pachtsache notwendig sind, vom Verpächter Ersatz verlangt werden kann. Aufwendungen des Pächters, mit denen durch eine von ihm im Einvernehmen mit dem Verpächter durchgeführte Baumaßnahme der vertragsgemäße Zustand der Pachtsache (im konkreten Fall als

Gaststätte) überhaupt erstmals hergestellt wird, werden nicht erfaßt (OLG Zweibrücken OLG-Rp 2002, 4).

b) Einrichtungen

Der Pächter ist entsprechend den §§ 581 Abs 2, 539 Abs 2, 552 (= § 547a aF) 330 berechtigt, eine Einrichtung, mit der er den Pachtgegenstand versehen hat, wegzunehmen (BGHZ 81, 146 = NJW 1981, 2564). Der Verpächter kann die Ausübung des Wegnahmerechts durch Zahlung einer angemessenen Entschädigung abwenden, sofern nicht der Pächter ein berechtigtes Interesse an der Wegnahme hat (§ 552 Abs 1). Der Begriff der Einrichtung umfaßt bewegliche Sachen, die der Pächter mit dem Pachtgegenstand verbindet und die dazu bestimmt sind, dem wirtschaftlichen Zweck des Pachtgegenstandes zu dienen. Unerheblich ist, ob die Einrichtung Scheinbestandteil iS des § 95 oder wesentlicher Bestandteil iS der §§ 93, 94 ist (STAUDINGER/EMMERICH [2003] § 539 Rn 28). Hat der Verpächter nach Beendigung des Pachtverhältnisses den Verkehrswert von Gebäuden zu ersetzen, die der Pächter auf dem Grundstück errichtet hat, so ist bei der Wertermittlung nicht zu berücksichtigen, ob der Verpächter umsatzsteuerrechtlich zum Vorsteuerabzug berechtigt ist (BGH NJW 1991, 3036).

c) Abweichende Vereinbarungen

Die Regelungen der §§ 536a Abs 2 Nr 2, 539, 552 sind **nicht zwingend**, so daß der 331 Anspruch auf Ersatz von Verwendungen und das Wegnahmerecht vertraglich ausgeschlossen oder beschränkt werden können (STAUDINGER/EMMERICH [2003] § 536a Rn 44 f, § 552 Rn 10 ff). Die Ausnahme des § 552 Abs 2 gilt nur für die Wohnraummiete (arg § 578 Abs 2); sie ist im Pachtrecht bedeutungslos.

Die Parteien können **im einzelnen** vereinbaren, daß ein Anspruch auf Verwendungs- 332 ersatz nicht mit der Vornahme der Verwendungen oder daß ein Anspruch auf Vergütung für einen sachenrechtlichen Rechtsverlust nicht im Zeitpunkt des Rechtsverlusts, sondern erst später, etwa bei Beendigung des Vertragsverhältnisses, entstehen soll (BGH LM Nr 9 zu § 951 BGB = NJW 1957, 827). Selbst ein vollständiger Ausschluß von Verwendungsersatz- und Entschädigungsansprüchen sowie ein Ausschluß des Wegnahmerechts ohne Entschädigung des Pächters verstößt mit Rücksicht auf die Sonderregelung des § 552 Abs 2 (= § 547a Abs 3 aF) nicht ohne weiteres gegen die guten Sitten. Es kommt auf die Gesamtgestaltung des Vertrags im Einzelfall an (BGH LM Nr 9 zu § 547 BGB = NJW 1967, 1223; OLG Hamburg MDR 1964, 509; **aA** LG Hamburg ZMR 1968, 89). Verzichtet der Unterpächter gegenüber dem Pächter auf alle Ersatzansprüche aus Verwendungen, so wirkt diese Vereinbarung auch im Verhältnis zwischen Unterpächter und Hauptverpächter (RGZ 158, 394). Ein Verzicht auf das Wegnahmerecht hat dingliche Auswirkungen. Wenn die Parteien vereinbaren, daß alle mit dem Grund und Boden verbundenen Anlagen auf den Verpächter übergehen sollen, werden die Anlagen keine Scheinbestandteile iS des § 95, sondern nach § 94 wesentliche Bestandteile des Grundstücks und fallen sogleich mit dem Einbau in das Eigentum des Grundstückseigentümers (BGH WM 1973, 560, 562). Es kommt nicht darauf an, ob eine Entschädigung vorgesehen ist oder nicht. Selbst der durch Zahlung einer Entschädigung bedingte Verzicht des Pächters kann die Eigenschaft der Anlagen als Scheinbestandteil nicht bewahren, weil der Pächter auch dann wie bei einem Übernahmerecht des Verpächters (BGH LM Nr 5 zu § 95 BGB = MDR 1958, 418; Betrieb 1964, 368; Betrieb 1965, 1553) den Einbau nicht nur für eigene Zwecke, sondern auch für die des Verpächters vornimmt. Bleibt der vorübergehende Zweck trotz eines Übernahmerechts des Verpächters gewahrt, werden Einrichtungen des Pächters weder wesentliche Bestandteile noch Zubehör des Gebäudes (BGH WM 1971, 1086, 1087 f).

8. Grenzen des Gebrauchs- und Fruchtziehungsrechts

a) Umfang der vertragsmäßigen Rechte

333 Der Pächter darf den Pachtgegenstand nur in den Grenzen gebrauchen und entsprechend Früchte ziehen, die durch **Gesetz und Vertrag** vorgeschrieben sind. Für den Umfang des vertragsmäßigen Gebrauchs sind in erster Linie die Vereinbarungen der Parteien maßgebend, weil hierdurch der Vertragszweck bestimmt wird. Ergänzend ist auf die gesamten Umstände wie Art und Lage des Pachtgegenstandes sowie auf die Verkehrssitte abzustellen (Rn 154; LEENEN MDR 1980, 353; STAUDINGER/ EMMERICH [2003] § 535 Rn 35 ff). Das Fruchtziehungsrecht wird von § 581 Abs 1 S 1 auf die Früchte beschränkt, die nach den Regeln einer ordnungsmäßigen Wirtschaft als Ertrag anzusehen sind. Es kann auf bestimmte Arten von Früchten beschränkt sein (Rn 170). Dem Recht des Pächters auf den vertragsmäßigen Gebrauch entspricht auf der anderen Seite seine Obhutspflicht (Rn 237 ff). Der Pächter macht einen vertragswidrigen Gebrauch, wenn er einen gepachteten Betrieb nicht nach wirtschaftlichen Grundsätzen führt, obwohl er sich hierzu verpflichtet hat (RGZ 149, 88, 90). Bei Verpachtung einer bergrechtlichen Abbaugerechtigkeit darf das Grundstück nicht zur unterirdischen Speicherung von Rohöl benutzt werden (BGH WM 1981, 129). Ist ein Grundstück zum Zwecke der Einrichtung und des Betriebs einer Tankstelle vermietet und gestattet der Vertrag, neben der Tankstelle alle Betriebe zu unterhalten, die mit der Tankstelle verbunden werden können, so ist diese Klausel nicht dahin auszulegen, daß das Grundstück durch Unterverpachtung auch zum Zwecke eines Getränkehandels genutzt werden darf (OLG Düsseldorf ZMR 1989, 13). Ein vertragswidriger Gebrauch kann auch darin liegen, daß der Pächter den Pachtgegenstand trotz der Übernahme einer Gebrauchspflicht (Rn 228 ff) nicht gebraucht. Die Gleichstellung von vertragswidrigem Gebrauch und vertragswidrigem Nichtgebrauch ist deshalb gerechtfertigt, weil die Interessen des Verpächters dadurch in gleicher Weise verletzt werden können (RGZ 160, 361, 366; RG JR 1925, Nr 1742).

334 **Veränderungen und Verschlechterungen** des Pachtgegenstandes, die durch den vertragsmäßigen Gebrauch herbeigeführt werden, hat der Pächter entsprechend den §§ 581 Abs 2, 538 nicht zu vertreten. Diese Vorschrift spricht nur die Selbstverständlichkeit aus, daß den Pächter keine Ersatzpflicht trifft, soweit er sich in den Grenzen des vertragsmäßigen Gebrauchs hält. Der Pachtgegenstand ist verschlechtert, wenn er von seinem Zustand im Zeitpunkt der Gebrauchsüberlassung in negativer Hinsicht abweicht. Veränderungen sind hingegen in positivem und in negativem Sinne gemeint. Hiernach ist dem Pächter zwar die normale Abnutzung des Pachtgegenstandes gestattet. Beschädigungen und vor allem bauliche Veränderungen, auch wenn diese den Pachtgegenstand verbessern, sind ihm jedoch verwehrt, soweit sie nicht durch das Recht zum vertragsmäßigen Gebrauch gedeckt sind (STAUDINGER/EMMERICH [2003] § 538 Rn 3 ff). Er darf den Charakter des Pachtgegenstandes grundsätzlich nicht verändern (BGH LM Nr 1 zu § 550 BGB; Rn 234). Wenn zwischen den Parteien streitig ist, ob verpachtete Räume infolge des Pachtgebrauchs beschädigt worden sind, trägt der Verpächter die Beweislast dafür, daß

die Schadensursache dem Obhutsbereich des Pächters entstammt. Eine in seinen eigenen Verantwortungsbereich fallende Schadensursache muß der Verpächter selbst ausräumen (BGHZ 126, 124 = NJW 1994, 2019 m Anm BAUMGÄRTEL JZ 1995, 311; BGH NJW 1994, 1880; OLG Saarbrücken WuM 1989, 133; OLG Düsseldorf ZMR 2003, 25, 26).

Eine besondere Grenze für das Gebrauchsrecht des Pächters bildet die Regelung 335 der §§ 540, 553, nach der die **Gebrauchsüberlassung an Dritte**, insbesondere die Unterverpachtung, von der Erlaubnis des Verpächters abhängt (Rn 339 ff).

b) Rechtsfolgen eines Verstoßes
Entsprechend den §§ 581 Abs 2, 541 steht dem Verpächter ein Anspruch auf **Unter-** 336 **lassung** zu, wenn der Pächter von dem Pachtgegenstand einen vertragswidrigen Gebrauch macht und den Gebrauch trotz einer Abmahnung des Verpächters fortsetzt. Das gleiche gilt für eine Fruchtziehung entgegen den Regeln einer ordnungsmäßigen Wirtschaft.

Führt der vertragswidrige Gebrauch zu einem Schaden des Verpächters, stehen ihm 337 bei Verschulden des Pächters iS der §§ 276, 278 Ansprüche auf **Schadensersatz** wegen Pflichtverletzung (§ 280 Abs 1) und aus Delikt zu.

Unter den Voraussetzungen der §§ 581 Abs 2, 543 Abs 2 S 1 Nr 2 hat der Verpächter 338 ein Recht zur **außerordentlichen fristlosen Kündigung** (Rn 416).

9. Gebrauchsüberlassung an Dritte

a) Allgemeines
Entsprechend den §§ 581 Abs 2, 540 Abs 1 S 1 darf der Pächter den Gebrauch des 339 Pachtgegenstandes nicht ohne die Erlaubnis des Verpächters einem Dritten überlassen. Hierunter fällt vor allem die Unterverpachtung. Auf die Erlaubnis hat der Pächter keinen Anspruch. Die dahin gehende Regelung des § 553 Abs 1 gilt nur für die Wohnraummiete. Auch das Recht zur außerordentlichen befristeten Kündigung aus § 540 Abs 1 S 2 für den Fall der Verweigerung der Erlaubnis ist nach § 584a Abs 1 im Pachtrecht ausgeschlossen. Da die Regelung des § 549 aF (jetzt §§ 540 und 553) nach ihrer Entstehungsgeschichte (Prot II 180) im wesentlichen für die Miete unbeweglicher Sachen Bedeutung haben sollte, will der BGH (WM 1994, 557, 558) sie auf die Rechtspacht nicht anwenden. Es kommt jedoch im Einzelfall darauf an, ob für die Überlassung des Rechts die persönliche Beziehung zwischen Verpächter und Pächter eine Rolle spielt, was bei einem Dritten nicht in gleicher Weise gegeben wäre. Dies kann zB für die Unterverpachtung eines Fischereirechts angenommen werden (Rn 344).

Von der in § 540 geregelten Gebrauchsüberlassung ist zu unterscheiden, daß der 340 Pächter seine Rechte aus dem Pachtvertrag durch Abtretung nach den §§ 398 ff überträgt oder daß ein Dritter neben oder anstelle des Pächters in den Pachtvertrag eintritt (Rn 129; STAUDINGER/EMMERICH [2003] § 540 Rn 39 ff).

b) Gebrauchsüberlassung
aa) Begriff im allgemeinen
Die Gebrauchsüberlassung iS des § 540 Abs 1 setzt voraus, daß der Pachtgegenstand 341

einem Dritten zum **Gebrauch oder Fruchtgenuß** überlassen wird. Es kann sich um den ganzen Pachtgegenstand oder um einen Teil handeln. Die Überlassung erfordert nicht die Übertragung eines Rechts, sondern nur die Einräumung einer tatsächlichen Position. Überläßt der Pächter einer Wiese die Nutzung einem anderen, der Pflege und Düngung selbst übernimmt und ein im voraus feststehendes, stets gleiches jährliches Entgelt zahlt, so handelt es sich nicht um Grasverkauf, sondern um Gebrauchsüberlassung iS des § 540 Abs 1 (OLG Oldenburg NdsRpfl 1948, 15). Der Hauptfall ist die Unterverpachtung (Rn 343 ff). Da es nicht darauf ankommt, daß der Pächter seine eigene Rechtsstellung auf den Dritten überträgt, kommen auch andersartige Gebrauchsüberlassungsverträge in Betracht, zB die Miete (BGH LM Nr 2 zu § 36 MietSchG = NJW 1952, 821). Es kann auch ein Leihvertrag sein, da unerheblich ist, ob der Dritte ein Entgelt zu zahlen hat (KG HRR 1936, Nr 10; LG Aachen MDR 1963, 684). Es ist nicht entscheidend, ob der Dritte den Pachtgegenstand für eigene Rechnung oder diejenige des Pächters bewirtschaftet, sofern eine Überwachung und Leitung des Dritten durch den Pächter ausscheidet (LG Aachen aaO; **aA** ERMAN/SCHOPP [8. Aufl 1989] § 584b Rn 1).

342 Eine Überlassung zum Gebrauch iS des § 540 Abs 1 war nach früherer Auffassung nicht gegeben und deshalb unabhängig von einer Erlaubnis des Verpächters zulässig, wenn der Pächter seinen Angehörigen oder Hausgenossen einen unselbständigen Mitgebrauch einräumte (RG BayZ 1925, 341; OLG Oldenburg OLGE 1, 405). Selbst wenn der Pächter den Pachtgegenstand vorübergehend durch Angehörige bewirtschaften ließ, weil er zB infolge des Wehrdienstes ortsabwesend war, lag darin nicht ohne weiteres eine Überlassung zum selbständigen Gebrauch, sofern dem Pächter die Erteilung von Weisungen und die Überwachung möglich blieben (KG HRR 1936, Nr 10). Nachdem aufgrund einer Entscheidung des OLG Hamm (NJW 1982, 2876) im Mietrecht nicht mehr zwischen **selbständigem und unselbständigem Gebrauch** unterschieden wird, ist hieran auch für die Pacht nicht festzuhalten. In beiden Fällen ist deshalb eine Erlaubnis des Verpächters erforderlich. Keine Gebrauchsüberlassung liegt indessen vor, wenn der Pächter den Pachtgegenstand rechtlich voll in der Hand behält. Er kann deshalb sein Pachtrecht durch den gesetzlichen Vertreter, einen Verwalter oder Gehilfen ausüben lassen (Prot II 234, 238).

bb) Unterverpachtung
343 α) Der **Unterpachtvertrag** ist ein Vertrag iS der §§ 581 ff, die einschließlich der Verweisung auf das Mietrecht uneingeschränkt gelten. Er ist der Hauptfall der Gebrauchsüberlassung an Dritte. Gleichzustellen ist die Vermietung des gepachteten Gegenstandes, soweit eine solche, wie vor allem bei einzelnen Teilen, in Frage kommt. Eine Unterverpachtung wird nicht dadurch ausgeschlossen, daß der Hauptvertrag ein Mietvertrag ist. Die Gleichartigkeit beider Verträge ist nicht erforderlich (BGH LM Nr 2 zu § 36 MietSchG = NJW 1952, 821; KG JR 1948, 314; OLG Celle ZMR 1973, 109; LG Göttingen NdsRpfl 1948, 242). Der Unterpachtvertrag braucht nicht den ganzen Gegenstand des Hauptvertrags zu umfassen, sondern kann sich auf Teile desselben beschränken (BGH LM Nr 2 zu § 36 MietSchG = NJW 1952, 821).

344 β) Für das **Zustandekommen** des Unterpachtvertrags gelten die allgemeinen Vorschriften (Rn 130 ff). Befinden sich im Unterpachtvertrag wettbewerbsbeschränkende Abreden, unterlag auch er nach § 34 GWB aF der Schriftform (OLG Hamm NJW-RR 1995, 745). Da es sich um ein Verpflichtungsgeschäft handelt, braucht der Mieter oder Pächter als Unterverpächter nicht Eigentümer des verpachteten Gegenstandes zu sein. Für die Wirksamkeit des Vertrags ist die Erlaubnis des Hauptvermieters oder -verpächters aus § 540 Abs 1 S 1 nicht erforderlich (RGZ 81, 59, 60; BGH WM 1977, 343, 344; KNOPS ZMR 1997, 9, 12; STAUDINGER/EMMERICH [2003] § 540 Rn 25). Auch das BJagdG sieht im Gegensatz zu den §§ 22 Nr 3, 24 der früheren PrJagdO vom 15. 7. 1907 (PrGS 207; RG WarnR 1910, Nr 381; KG OLGE 13, 389) eine solche Zustimmung nicht als Wirksamkeitsvoraussetzung für die Unterverpachtung des Jagdrechts vor. Soweit eine Zustimmung des Verpächters gleichwohl als Gültigkeitserfordernis verlangt wird (MITZSCHKE/SCHÄFER, BJagdG § 11 Rn 94), werden Mitpacht, Weiterpacht und Unterpacht in undifferenzierter Weise gleichgestellt, obwohl eigene vertragliche Rechte des Verpächters nur bei der Mitpacht und Weiterpacht betroffen sind, weil der neue Pächter zu ihm in unmittelbare Rechtsbeziehungen tritt und deshalb die Zustimmung zur Begründung des Vertragsverhältnisses erforderlich ist. Für die Unter- und Weiterverpachtung des Fischereirechts ist nur in Art 34 BayFischereiG die Genehmigung des Verpächters als Wirksamkeitserfordernis ausdrücklich vorgesehen, ohne daß aber aus dem Fehlen einer derartigen Bestimmung in den anderen Landesgesetzen geschlossen werden könnte, die Erlaubnis des Hauptverpächters sei überflüssig. Hier greift § 540 Abs 1 S 1 unmittelbar ein, ohne aber zu einem Wirksamkeitserfordernis zu führen. Die Erlaubnis ist in erster Linie für das Innenverhältnis der Parteien des Hauptpachtvertrags bedeutsam (Rn 349). Nach § 3 Abs 1 S 2 HbgFischereiG ist eine Unterverpachtung unzulässig.

γ) Die **Rechtswirkungen** des Unterpachtvertrags entsprechen im *Verhältnis der* **345** *Vertragsparteien* zueinander denjenigen des normalen Pachtvertrags. Die Pacht steht allein dem Unterverpächter zu. Er ist zur Gewährung des Gebrauchs und des Fruchtgenusses gegenüber dem Unterpächter verpflichtet. Die Gewährleistungsrechte des Unterpächters aus den §§ 536 ff richten sich gegen ihn (s OLG Düsseldorf ZMR 2000, 377 f). Dies gilt vor allem, wenn der Verpächter des Hauptpachtvertrags nach dessen Ende seinen Herausgabeanspruch aus § 546 Abs 2 gegen den Unterpächter geltend macht (BGH WM 1975, 897).

Im *Verhältnis zwischen Hauptverpächter und Unterpächter* bestehen keine vertrag- **346** lichen Beziehungen. Der Unterpächter ist nicht als Dritter in die Schutzwirkungen des Hauptvertrags einbezogen, da er durch vertragliche Ansprüche gegen seinen eigenen Verpächter ausreichend geschützt ist (OLG Hamm BB 1978, 1589, 1591; vgl BGHZ 70, 327 = NJW 1978, 883 m Anm CLASSEN LM Nr 27 zu § 538 BGB und abl Anm HAASE JR 1978, 285; SONNENSCHEIN JA 1979, 225 mwNw). Verzichtet der Unterpächter gegenüber dem Pächter auf alle Ansprüche aus Verwendungen oder auf sein Wegnahmerecht aus den §§ 536a Abs 2 Nr 2, 539 Abs 2 (= §§ 547, 547a aF), so gilt dies auch im Verhältnis des Unterpächters zum Hauptverpächter (RGZ 158, 394; Rn 332). Nach der Beendigung des Hauptpachtverhältnisses hat der Hauptverpächter entsprechend den §§ 581 Abs 2, 546 Abs 2 einen unmittelbaren Herausgabeanspruch gegen den Unterpächter, auch wenn das Unterpachtverhältnis noch nicht beendet ist.

Das *Verhältnis zwischen Hauptverpächter und seinem Pächter* wird durch die nach **347** § 540 Abs 1 S 1 erforderliche Erlaubnis der Unterverpachtung bestimmt. Fehlt die Erlaubnis, ist der Unterpachtvertrag grundsätzlich wirksam (Rn 344). Dem Verpächter stehen jedoch verschiedene Rechte zu, da die Unterverpachtung ohne Erlaubnis einen vertragswidrigen Gebrauch darstellt (Rn 354). Selbst wenn die Erlaubnis erteilt ist, hat der Pächter nach § 540 Abs 2 (= § 549 Abs 3 aF) ein dem Unterpächter bei dem Gebrauch oder der Fruchtziehung zur Last fallendes Verschulden zu vertreten (RGZ 157, 363; RG HRR 1932, Nr 111; Rn 353).

348 δ) Für die **Beendigung** des Unterpachtvertrags gelten die gleichen Regeln wie für den normalen Pachtvertrag (Rn 383 ff). Zu beachten ist, daß sich aus dem Verhältnis der Parteien des Hauptvertrags Auswirkungen auf den Bestand des Unterpachtvertrags ergeben können. Die Beendigung des Hauptvertrags führt wegen der Selbständigkeit beider Verträge nicht ohne weiteres zum Erlöschen des Unterpachtvertrags, sofern dessen Parteien nichts anderes, etwa in Gestalt einer auflösenden Bedingung, vereinbart haben. Macht der Verpächter des Hauptvertrags aber seinen Herausgabeanspruch aus § 546 Abs 2 gegen den Unterpächter geltend, kann dieser den Unterpachtvertrag wegen Nichtgewährung des Gebrauchs entsprechend den §§ 581 Abs 2, 543 Abs 2 S 1 Nr 1 (= § 542 aF) fristlos kündigen (BGH WM 1975, 897). Bei einem langfristigen Unterpachtvertrag über ein Fabrikgrundstück kann die vertragsmäßige Nutzung durch den Unterpächter davon abhängen, daß er Gewißheit über die Fortdauer seines Vertrags erlangt, weil sich nur dann die Vornahme der erforderlichen Investitionen vertreten läßt. Auch wenn der Verpächter den Hauptvertrag noch nicht gekündigt und ebensowenig vom Unterpächter die Herausgabe des Grundstücks gefordert hat, jedoch die Erlaubnis zur Unterverpachtung nicht erteilen will, kann dies die allgemeine Kündigung des Unterpachtvertrags aus wichtigem Grund durch den Unterpächter rechtfertigen (BGH LM Nr 1 zu § 542 BGB = MDR 1959, 1005). Die Anfechtung eines Unterpachtvertrags wegen arglistiger Täuschung über die fehlende Erlaubnis des Verpächters verstößt nach § 242 gegen Treu und Glauben, wenn der anfechtende Unterpächter zuvor mit dem Verpächter einen Pachtvertrag über dieselben Räume zu gleich günstigen Bedingungen abgeschlossen hat und der bisherige Pächter dazu durch Aufhebung des Hauptpachtvertrags beigetragen hat (BGH BB 1977, 515).

c) Erlaubnis

349 Entsprechend den §§ 581 Abs 2, 540 Abs 1 S 1 ist der Pächter ohne die Erlaubnis des Verpächters nicht berechtigt, den Gebrauch des Pachtgegenstandes oder von Teilen desselben (Prot II 236 f zu § 549 Abs 1 S 1 aF) einem Dritten zu überlassen, insbesondere den Pachtgegenstand weiterzuverpachten. Dies gilt auch für die Überlassung der Fruchtziehung. Die Erlaubnis ist grundsätzlich nicht Voraussetzung für die Wirksamkeit des Gebrauchsüberlassungsvertrags zwischen Pächter und Drittem. Sie betrifft idR nur das Innenverhältnis zwischen den Parteien des Hauptvertrags und die Frage, ob die Gebrauchsüberlassung an den Dritten keine Vertragsverletzung darstellt. Der **Rechtsnatur** nach steht sie deshalb der rechtfertigenden Einwilligung in einen Eingriff nahe, ist aber keine Zustimmung iS der §§ 182 ff (BGHZ 59, 3, 7 = NJW 1972, 1267). Der Verpächter kann die Erlaubnis schon im Vertrag oder nachträglich erteilen. Er kann eine generelle Erlaubnis aussprechen oder sie auf eine bestimmte Art der Gebrauchsüberlassung oder auf einen bestimmten Einzelfall beschränken (STAUDINGER/EMMERICH [2003] § 540 Rn 12). Der Pächter kann dem Umfang nach nur den ihm selbst eingeräumten vertragsmäßigen Gebrauch nach Maßgabe der Erlaubnis überlassen (OLG Düsseldorf ZMR 1989, 13). Der Pächter eines Hotels, in dem die Verpächter und Nießbraucher an dem Hotel eine Wohnung innehaben, ist trotz einer Erlaubnis zur Untervermietung nicht berechtigt, das Hotel an eine Gemeinde zur Unterbringung von Asylbewerbern zu vermieten, wenn dies mit unzumutbaren Belastungen für die Nießbraucher verbunden ist (OLG Hamm NJW 1992, 916 m Anm SONNENSCHEIN EWiR 1/92 zu § 581). In der Vereinbarung, daß der Pächter im Falle einer Erkrankung berechtigt sein soll, einen Nachfolger zu stellen, liegt nicht ohne weiteres die Erlaubnis zur Unterverpachtung (KG GE 1927, 1080).

Die **Erteilung** der Erlaubnis erfolgt durch einseitige, empfangsbedürftige Willenserklärung des Verpächters oder durch vertragliche Vereinbarung der Parteien. Sie ist grundsätzlich nicht formbedürftig (STAUDINGER/EMMERICH [2003] § 540 Rn 11). Es steht dem Verpächter regelmäßig frei, ob er die Erlaubnis erteilen will (BGHZ 59, 3, 6 = NJW 1972, 1267). Anders als bei der Wohnraummiete in § 553 ist ein gesetzlicher Anspruch des Pächters auf Erlaubnis nicht vorgesehen (§ 584a Rn 12). Nur im Einzelfall kann sich aus den sonstigen Vereinbarungen der Parteien iVm Treu und Glauben nach § 242 ein Anspruch des Pächters ergeben. Dies ist zB bei Familien-Pachtübergabeverträgen der Fall, wenn die Parteien bei einem langfristigen Pachtvertrag die Unterverpachtung vertraglich ausgeschlossen haben, wegen des fortgeschrittenen Alters des Pächters aber davon ausgegangen sind, daß er den Pachtvertrag nicht durchhalten könne und deshalb seine Erben die Bewirtschaftung übernehmen würden. Hier kann schon zu Lebzeiten des Pächters die Unterverpachtung an eine zu seinem Erbenkreis gehörende Person zulässig sein (OLG Breslau DJ 1937, 1087; OLG Köln RdL 1960, 48). Verweigert der Verpächter die Erlaubnis, steht dem Pächter nach § 584a Abs 1 das in § 540 Abs 1 S 2 bestimmte Recht zur außerordentlichen befristeten Kündigung nicht zu (§ 584a Rn 10 ff). Es ist den Parteien freigestellt, schon im Pachtvertrag einen vertraglichen Anspruch auf Erteilung der Erlaubnis zu begründen und damit zugleich den Ausschluß des Kündigungsrechts aus § 584a Abs 1 abzubedingen (dort Rn 14). 350

Ein einseitiger **Widerruf** der Erlaubnis ist grundsätzlich ausgeschlossen, sobald sich der Pächter dem Dritten gegenüber wirksam zur Überlassung des Pachtgegenstandes verpflichtet hat (STAUDINGER/EMMERICH [2003] § 540 Rn 13). Unerheblich ist, ob die Erlaubnis durch einseitige Willenserklärung oder im Wege der vertraglichen Vereinbarung erteilt worden ist. Die Parteien können allerdings in beiden Fällen den Widerruf vorbehalten. Der Pächter kann seinerseits auf eine bereits erteilte Erlaubnis verzichten. Da hierdurch der Vertragsinhalt geändert wird, bedarf der Verzicht der Annahme durch den Verpächter. 351

Die Parteien können hinsichtlich der Erlaubnis **abweichende Vereinbarungen** treffen. So ist es zB möglich, für die Erteilung eine bestimmte Form vorzusehen oder für den Fall der Verweigerung das Kündigungsrecht des § 540 Abs 1 S 2 abweichend von § 584a Abs 1 einzuräumen. Der Ausschluß abweichender Vereinbarungen durch § 553 Abs 3 gilt nur für die Wohnraummiete. 352

d) Haftung des Pächters für den Dritten

Überläßt der Pächter den Gebrauch einem Dritten, so hat er entsprechend den §§ 581 Abs 2, 540 Abs 2 ein dem Dritten bei dem Gebrauch zur Last fallendes Verschulden zu vertreten, auch wenn der Verpächter die Erlaubnis zur Überlassung erteilt hat. Das Gesetz behandelt den Dritten als Erfüllungsgehilfen des Pächters iS des § 278 (STAUDINGER/EMMERICH [2003] § 540 Rn 37). Die Regelung gilt auch, wenn ein Unterpächter den Pachtgegenstand weiterverpachtet (RG HRR 1932, Nr 111). Führt der Unterpächter einer Gaststätte beim Aufenthalt in den Pachträumen vorsätzlich 353 eine Explosion herbei, so handelt er „bei dem Gebrauch" iS dieser Bestimmung (BGHZ 112, 307 = NJW 1991, 489). Ist die Gebrauchsüberlassung unberechtigt, so liegt schon darin eine Vertragsverletzung, die den Pächter für alle daraus entstehenden Schäden ersatzpflichtig macht.

e) Rechte des Verpächters bei unberechtigter Gebrauchsüberlassung

354 Wenn der Pächter den Gebrauch des Pachtgegenstandes einem Dritten überläßt, ohne hierzu aufgrund einer Erlaubnis des Verpächters oder wenigstens aufgrund eines dahin gehenden Anspruchs (Rn 350) berechtigt zu sein, überschreitet er sein Recht zum vertragsmäßigen Gebrauch. Der Verpächter ist deshalb unter den Voraussetzungen des § 541 berechtigt, vom Pächter Unterlassung und bei Eintritt eines Schadens Ersatz wegen Pflichtverletzung nach § 280 Abs 1 zu verlangen. Zudem kann ihm entsprechend den §§ 581 Abs 2, 543 Abs 2 S 1 Nr 2 ein Recht zur außerordentlichen fristlosen Kündigung zustehen (BGH WM 2000, 533, 534 ff = NZM 2000, 241). Gegen den Unterpächter kann der Hauptverpächter, der zugleich Eigentümer ist, den Herausgabeanspruch aus § 985 mit der Einschränkung des § 986 Abs 1 S 2 geltend machen; hinzu kommen Ansprüche auf Herausgabe von Nutzungen nach den §§ 987 ff (OLG Hamburg WuM 1999, 289 f = ZMR 1999, 481 m Anm GREINER) und deliktische Ansprüche.

10. Verjährung von Ansprüchen auf Ersatz und Gestattung der Wegnahme

a) Allgemeines

355 Das Verjährungsrecht ist durch das Schuldrechtsmodernisierungsgesetz von 2001, in Kraft seit 1.1.2002, grundlegend reformiert worden. Die regelmäßige Verjährungsfrist von bisher dreißig Jahren ist auf drei Jahre verkürzt worden (§ 195 nF). Diese Frist beginnt mit dem Schluß des Jahres, in dem der Anspruch entstanden ist und der Gläubiger von den den Anspruch begründenden Umständen und der Person des Schuldners Kenntnis erlangt hat oder ohne grobe Fahrlässigkeit hätte erlangen müssen (§ 199). Die Verjährung endet ohne Rücksicht auf ihre Entstehung und die Kenntnis oder grob fahrlässige Unkenntnis nach einer absoluten Frist von zehn oder dreißig Jahren (§ 199 Abs 2–4). Neben der regelmäßigen Verjährungsfrist sieht das Gesetz verschiedene abweichende Verjährungsfristen vor; insoweit wurden die bisherigen besonderen Fristen entweder aufgehoben (wie etwa § 196 aF), verändert oder es wurden neue geschaffen (Überblick bei MANSEL, in: DAUNER-LIEB/HEIDEL/LEPA/RING, Anwaltskommentar [2002] § 195 Rn 29 ff).

356 Die regelmäßige Verjährungsfrist für Ansprüche beider Parteien des Pachtvertrags beträgt demnach drei Jahre. Dies gilt, anders als nach §§ 197 und 196 Abs 1 Nr 6 aF, auch für Ansprüche auf rückständige Pacht und für die Forderung auf Schadensersatz wegen Ausfall der Pacht (zum alten Recht BGH NJW 1968, 692) und von Nutzungsentschädigung nach § 584b wegen Vorenthaltung des Pachtgegenstandes (zum alten Recht BGHZ 68, 307 = NJW 1977, 1335 m Anm WOLF LM Nr 9 zu § 557 BGB; einschränkend HECKELMANN JuS 1977, 799). Eine Sonderregelung der Verjährung enthält der nach § 581 Abs 2 entsprechend anzuwendende § 548 (= § 558 aF) für die Ersatzansprüche des Verpächters wegen Veränderungen oder Verschlechterungen des Pachtgegenstandes sowie für die Ansprüche des Pächters auf Ersatz von Aufwendungen und auf Gestattung der Wegnahme einer Einrichtung. Es kommt nicht darauf an, ob sich

derartige Ansprüche unmittelbar aus dem Gesetz oder ob sie sich aus vertraglichen Vereinbarungen ergeben (zum alten Recht RGZ 62, 329, 330; 66, 363, 364; 95, 302, 303).

b) Ersatzansprüche des Verpächters
Der **Anwendungsbereich** des § 548 Abs 1 HS 1 umfaßt alle Ersatzansprüche des Verpächters gegen den Pächter wegen Veränderungen oder Verschlechterungen des Pachtgegenstandes (Rn 334, 337). Diese Ansprüche verjähren in sechs Monaten, damit die Auseinandersetzung der Parteien rasch vollzogen ist (Prot II 177, 194 zu § 558 Abs 1 aF). Hierzu zählen in erster Linie vertragliche Ansprüche auf Schadensersatz wegen Pflichtverletzung nach § 280 Abs 1. Unerheblich ist, ob sich die vom Pächter verletzte Pflicht unmittelbar aus dem Gesetz oder aus besonderen vertraglichen Vereinbarungen ergibt. So verjährt zB der Anspruch wegen Verletzung des Goodwill eines verpachteten Unternehmens (OLG Karlsruhe BB 1970, 147) oder wegen Verunreinigungen des Erdreichs des Grundstücks (OLG Karlsruhe BB 1988, 2130, 2131) in sechs Monaten. Ebenso verjähren Ansprüche des Verpächters auf Beseitigung der Gebäudereste eines zur Ausbeutung verpachteten Tonlagers (OLG Kiel OLGE 43, 55), von maschinellen Einrichtungen (OLG Düsseldorf DWW 1993, 138), eines Bürocontainers auf einem Pachtgrundstück (OLG Köln NZM 1998, 767). Stellt der Beseitigungsanspruch wegen des erheblichen finanziellen Aufwandes eine Hauptpflicht des Pächters dar und wandelt sich dieser Anspruch vor Ablauf der Verjährungsfrist auf der Grundlage des § 281 in einen Schadensersatzanspruch um, so wird die Verjährungsfrist, die für den Beseitigungsanspruch verstrichen ist, nicht auf die Verjährungsfrist für den Schadensersatzanspruch angerechnet (zu § 326 aF BGHZ 107, 179 = LM Nr 53 zu § 581 BGB = NJW 1989, 1854 m abl Anm PETERS JZ 1989, 749). Ferner werden Ersatzansprüche wegen der Unterlassung einer Mängelanzeige aus § 536c Abs 2 von der Regelung des § 548 erfaßt. Ebenso verjähren Ersatzansprüche wegen unterlassener Schönheitsreparaturen und Instandsetzungsarbeiten (OLG Düsseldorf ZMR 1994, 402). Darüber hinaus ist die Vorschrift mit Rücksicht auf ihren Zweck auf gesetzliche Ersatzansprüche des Verpächters, wie etwa aus §§ 280 Abs 1, 311 Abs 2 und 3, 241 Abs 2, aus Delikt (BGHZ 98, 235, 237 f = NJW 1987, 187, 188; LM Nr 6 zu § 591b BGB = NZM 2001, 668 = NJW 2001, 2253; NZM 2002, 698; STAUDINGER/EMMERICH [2003] § 548 Rn 5), aber auch aus dem Eigentum anwendbar (BGHZ 135, 152, 156 = ZMR 1997, 400). Das gleiche gilt für einen Ausgleichsanspruch nach § 426 Abs 1 gegen den Pächter bei gesamtschuldnerischer Haftung für Altlasten (OLG Karlsruhe BB 1988, 2130, 2132; aA HAIBT/RINNE ZIP 1997, 2113, 2115). Es kommt nicht darauf an, ob der Verpächter einen Zahlungs- oder einen Wiederherstellungsanspruch geltend macht (BGH LM Nr 41 zu § 581 BGB = NJW 1980, 389, 390; vgl BGH LM Nr 13 zu § 558 BGB = NJW 1968, 2241; KG JW 1932, 3008 Nr 8). Erfaßt werden auch Ersatzansprüche des Verpächters gegen den vollmachtlosen Vertreter des Pächters nach § 179 Abs 1 (BGH NJW 2004, 774 = ZMR 2004, 108) und im Fall der Unterverpachtung Ansprüche des Hauptverpächters gegen den Unterpächter (BGH NJW 1997, 1983 f; OLG Saarbrücken OLG-Rp 2004, 493, 494 zum Mietvertrag). Die kurze mietrechtliche Verjährungsfrist gilt zumindest entsprechend auch für vertragliche Ersatzansprüche, die erst nach Rückgabe der Pachtsache entstanden sind (BGHZ 54, 34, 37 f; OLG Koblenz GuT 2003, 180). Ist der Anspruch des Verpächters verjährt, besteht kein Informationsbedürfnis mehr, so daß auch kein Auskunftsanspruch erhoben werden kann (OLG Düsseldorf ZIP 1988, 1134). Ein Rechtsnachfolger des Verpächters, der von der Polizeibehörde als Zustandsstörer wegen Bodenverschmutzung durch Öl verpflichtet wird, kann den Pächter seines Rechtsvorgängers nicht als Verhaltensstörer auf Erstattung der Beseitigungskosten in An-

spruch nehmen, wenn gleichartige Ansprüche des Verpächters bereits im Zeitpunkt des Eigentumsübergangs verjährt waren (BGHZ 98, 235 = NJW 1987, 187 m Anm PETERS JZ 1987, 198).

358 **Ausnahmen** vom Anwendungsbereich des § 548 gelten für Erfüllungsansprüche des Verpächters, wie etwa den Rückgabeanspruch aus § 546 (STAUDINGER/EMMERICH [2003] § 548 Rn 17). Diese Ansprüche verjähren seit dem 1.1.2002 in der Regelverjährungsfrist des § 195 nF von drei Jahren (anders §§ 195, 196, 197 aF). Das gleiche gilt für Ersatzansprüche wegen vollständiger Zerstörung des Pachtgegenstandes (BGH NJW 1981, 2406, 2407; NJW 1993, 2797 [zum alten Recht]; STAUDINGER/EMMERICH [2003] § 548 Rn 18). Auch der Anspruch des Verpächters auf Rückzahlung einer Pachtkaution, die er dem Pächter unter Vorbehalt der Geltendmachung später aufgedeckter Schäden bereits zurückgegeben hat, unterliegt nicht der kurzen Verjährung. Dieser vertragliche Rückzahlungsanspruch beruht nicht auf Veränderungen oder Verschlechterungen des Pachtgegenstandes, sondern ist nur in der Höhe davon abhängig (RGZ 142, 258, 264).

c) **Ansprüche des Pächters**

359 Der **Anwendungsbereich** des § 548 Abs 2 (= § 558 Abs 1 HS 2 aF) umfaßt die Ansprüche des Pächters auf Ersatz von Aufwendungen und auf Gestattung der Wegnahme einer Einrichtung aus den §§ 536a Abs 2, 539 (= §§ 547, 547a aF; LG Nürnberg-Fürth ZMR 2000, 228, 229). So verjährt der Duldungsanspruch gegen den Verpächter, der sich aus dem Wegnahmerecht des Pächters ergibt, nach § 548 Abs 2 (BGHZ 81, 146 = NJW 1981, 146). In gleicher Weise unterliegt der Anspruch des Pächters auf Entschädigung für zurückgelassene Einrichtungen der kurzen Verjährung, selbst wenn die Parteien den Ausschluß des Wegnahmerechts und die Höhe der Entschädigung schriftlich vereinbart haben (LG Mannheim WuM 1986, 279; OLG Bremen NZM 2002, 292). Unter § 548 Abs 2 fällt auch der Anspruch auf Entschädigung wegen des aus baulichen Veränderungen des Pachtobjekts resultierenden Wertzuwachses (OLG Hamm WuM 1996, 474 = ZMR 1996, 653). Erfaßt werden wegen des Gesetzeszwecks ebenfalls gesetzliche Ansprüche aus den §§ 677 ff wegen Geschäftsführung ohne Auftrag (LG Nürnberg-Fürth ZMR 2000, 228, 229) oder aus ungerechtfertigter Bereicherung nach den §§ 812 ff sowie ein etwaiger Schadensersatzanspruch, weil der Verpächter die Wegnahme einer Einrichtung zu Unrecht verweigert hat (OLG Hamm MDR 1981, 674). Aufwendungsersatzansprüche des Pächters gegen den Hauseigentümer, der nicht zugleich der Verpächter ist, unterliegen jedenfalls dann der Verjährung nach § 548 Abs 2, wenn der Hauseigentümer als schuldrechtlich Begünstigter in den Pachtvertrag miteinbezogen worden ist (OLG Düsseldorf ZMR 1988, 380).

360 **Ausnahmen** vom Anwendungsbereich des § 548 gelten für solche Verwendungsersatzansprüche des Pächters, die nach den Parteivereinbarungen als Pachtvorauszahlungen behandelt werden sollen, weil der Rückerstattungsanspruch des § 547 der regelmäßigen Verjährung von drei Jahren unterliegt (BGHZ 54, 347 = NJW 1970, 2289 [zum alten Recht]; STAUDINGER/ROLFS [2003] § 547a Rn 23). Das gleiche gilt, wenn Bereicherungsansprüche darauf gestützt werden, der Verpächter sei vorzeitig in den Genuß der Aufwendungen des Pächters gelangt (zum alten Recht BGH LM Nr 11 zu § 558 BGB = NJW 1968, 888). Ferner greift die kurze Verjährungsfrist grundsätzlich nicht ein, wenn der Pächter seine Ersatzansprüche auf ein anderes Rechtsverhältnis

stützt oder wenn es sich um Ansprüche aus einem Kaufvertrag handelt, durch den sich der Pächter verpflichtet hat, nach Beendigung der Pacht das in seinem Eigentum stehende Inventar dem Verpächter zu übereignen. Auch Aufwendungen des Pächters auf das ihm gehörende Inventar sind keine Verwendungen iS des § 548 (RGZ 152, 100, 103). Keine Anwendung findet § 548 darüber hinaus auf eine Kündigungsentschädigung nach § 11 Abs 1 S 1 BKleingG wegen deren Nähe zum öffentlich-rechtlichen Enteignungsentschädigungsanspruch (BGH NZM 2002, 698, 699 = NJW-RR 2002, 1203).

d) Beginn der Verjährung

361 Die Verjährung der Ersatzansprüche des **Verpächters** beginnt entsprechend den §§ 581 Abs 2, 548 Abs 1 S 2 (= § 558 Abs 2 aF) mit dem Zeitpunkt, in dem er den Pachtgegenstand zurückerhält. Erst von diesem Zeitpunkt an ist es ihm möglich, den Pachtgegenstand auf Veränderungen oder Verschlechterungen zu untersuchen. Dies setzt idR voraus, daß er die unmittelbare Herrschaft erlangt (BGH NJW 2000, 3203, 3206 = NZM 2000, 1055; BGH NJW 2004, 774, 775 = ZMR 2004, 108; OLG Koblenz VersR 2002, 64; STAUDINGER/EMMERICH [2003] § 548 Rn 26 ff). Die Verjährung beginnt auch dann mit der Rückgabe, wenn sich der Pächter verpflichtet hat, auf Verlangen des Verpächters den früheren Zustand wiederherzustellen, weil sonst der Verpächter mit der Ausübung des Wahlrechts den Verjährungsbeginn hinauszögern könnte (BGH LM Nr 41 zu § 581 BGB = NJW 1980, 389, 390). In Ausnahmefällen wird Verjährungsbeginn schon vor der Rückgabe angenommen, wenn der Verpächter eine solche Art von Sachherrschaft erlangt, die es zuläßt, den Pachtgegenstand auf etwaige Mängel oder Veränderungen zu untersuchen (BGHZ 98, 59 = NJW 1986, 2103; OLG Düsseldorf BB 1989, 2069). Aus demselben Grund beginnt die Verjährung eines Anspruchs auf Wiederherstellung des früheren Zustands, der eine Vergleichsforderung darstellt, nicht erst mit der Rückgabe des Pachtgegenstandes nach Ablauf der Pachtzeit, sondern bereits dann, wenn sich der Verpächter ein umfassendes Bild von dem Zustand des Gegenstandes gemacht hat oder wenn er aufgrund eines konkreten Anerbietens dazu in der Lage war. Nur so war gewährleistet, daß ein Vergleichsverfahren nach der bis zum Inkrafttreten der InsO geltenden VglO zügig abgeschlossen werden konnte (BGH NJW 1994, 1858, 1861). Nach § 548 Abs 1 S 3 verjähren die Ersatzansprüche des Verpächters spätestens mit der Verjährung seines Anspruchs auf Rückgabe des Pachtgegenstandes, gem § 195 also drei Jahre nach der Beendigung des Vertrags.

362 Die Verjährung der Ansprüche des **Pächters** auf Ersatz von Aufwendungen und auf Gestattung der Wegnahme einer Einrichtung beginnt entsprechend den §§ 581 Abs 2, 548 Abs 2 mit der Beendigung des Pachtverhältnisses. Damit ist das rechtliche Ende des Pachtverhältnisses, nicht dessen tatsächliche Beendigung gemeint (Rn 383 ff); erfaßt wird etwa eine Beendigung des Pachtverhältnisses durch fristlose Kündigung des Verpächters (OLG Hamm WuM 1996, 474). Mit der Veräußerung des Pachtgegenstandes scheidet der bisherige Verpächter aus dem Pachtverhältnis aus, haftet dem Pächter aber im Rahmen der §§ 566 Abs 2, 578 Abs 1, Abs 2 S 1 gleich einem Bürgen, wenn es sich um ein Grundstück oder um Räume handelt. Damit endet das Pachtverhältnis iS des § 548 Abs 2 hinsichtlich der Ansprüche des Pächters auf Ersatz von Verwendungen gegen seinen früheren Verpächter (BGH LM Nr 8 zu § 558 BGB = NJW 1965, 1225). Da sich die Veräußerung ohne Mitwirkung des Pächters vollzieht, ist allerdings zusätzlich seine Kenntnis von diesem Vorgang vorauszusetzen (STAUDINGER/EMMERICH [2003] § 548 Rn 37). Bei einer Veräußerung im Rahmen des § 566 stellt sich das Problem nicht, weil der Anspruch auf Gestattung der Wegnahme erst mit der Rückgabe an den Verpächter fällig wird. Die Verjährungsfrist für einen Schadensersatzanspruch des Pächters (Rn 359) beginnt erst mit dem Eintritt des Schadens (OLG Hamm MDR 1981, 674).

363 Die Parteien können im Pachtvertrag von der Regelung des § 548 Abs 1 S 2, Abs 2 **abweichende Vereinbarungen** treffen, da die Vorschrift nicht zwingend ist. So können sie vereinbaren, daß die Verjährung der Ansprüche des Verpächters oder des Pächters zu einem späteren als dem gesetzlich bestimmten Zeitpunkt beginnen soll (BGH LM Nr 3/4 zu § 558 BGB = MDR 1964, 139; **aA** LG Karlsruhe NJW 1976, 1945). Im Unterschied zu § 225 aF, der nur Vereinbarungen zur Erleichterung der Verjährung zuließ, Erschwerungen aber grundsätzlich verbot, ermöglicht die Neufassung von § 202 auch Verlängerungen der Verjährungsfrist. Unzulässig ist nur eine rechtsgeschäftliche Verlängerung über eine Verjährungsfrist von dreißig Jahren ab dem gesetzlichen Verjährungsbeginn (§ 202 Abs 2). Einschränkungen gelten nach den §§ 307, 310 allerdings für Vereinbarungen in Formularverträgen. Hiernach sind Abweichungen von § 548 zu Lasten des anderen Vertragsteils idR als eine unangemessene Benachteiligung zu beurteilen (STAUDINGER/EMMERICH [2003] § 548 Rn 46).

11. Verpächterpfandrecht

a) Allgemeines

364 Entsprechend den §§ 581 Abs 2, 562 Abs 1, 578 Abs 1, Abs 2 S 1 (= § 559 S 1 aF) steht dem Verpächter eines Grundstücks oder von Räumen für seine Forderungen aus dem Pachtverhältnis ein Pfandrecht an den eingebrachten Sachen des Pächters zu (SIBER, Das gesetzliche Pfandrecht des Vermieters, des Verpächters und des Gastwirtes nach dem Bürgerlichen Gesetzbuche für das Deutsche Reich [1900]; WEIMAR BlGBW 1978, 118). Es handelt sich um ein **gesetzliches Pfandrecht** iS des § 1257, das keinen Besitz des Verpächters voraussetzt. Die Vorschriften der §§ 1204 ff über das durch Rechtsgeschäft bestellte Pfandrecht sind hiernach entsprechend anwendbar, soweit sie nicht den rechtsgeschäftlichen Bestellungsakt betreffen oder unmittelbaren Besitz des Pfandgläubigers voraussetzen. Der Rang des Pfandrechts hängt nach § 1209 vom Zeitpunkt seiner Entstehung ab, auch soweit es künftige Forderungen des Verpächters sichert. Die Befriedigung aus dem Pfand erfolgt durch Verkauf nach den §§ 1228 ff (STAUDINGER/EMMERICH [2003] § 562 Rn 7; WEIMAR BlGBW 1981, 9).

365 Hiervon zu unterscheiden ist das **Pfandrecht des Pächters** eines Grundstücks oder von Räumen aus § 583, das ihm für die Forderungen gegen den Verpächter, die sich auf das mitgepachtete Inventar beziehen, an den in seinen Besitz gelangten Inventarstücken zusteht.

b) Voraussetzungen des Verpächterpfandrechts
aa) Grundstückspacht

366 Nach den §§ 562 Abs 1, 578 Abs 1 muß ein Pachtvertrag über ein Grundstück bestehen (Rn 10 ff), nach §§ 562 Abs 1, 578 Abs 2 S 1 ein Pachtvertrag über Räume (Rn 18 ff). Diese Voraussetzung ist auch bei der Unternehmenspacht erfüllt, wenn zum Gegenstand des Pachtvertrags ein Grundstück oder Räume gehören. Das Pfandrecht steht dem Verpächter zu. Es kommt nicht darauf an, ob er Eigentümer

des Grundstücks ist. Im Falle der Veräußerung des Grundstücks durch den Eigentümer, der zugleich Verpächter ist, geht das Pfandrecht nach § 566 auf den Erwerber über. Die Rechtszuständigkeit hinsichtlich des Pfandrechts kann sich ferner durch eine Abtretung der gesicherten Forderung des Verpächters nach den §§ 401, 1250 Abs 1 S 1, 1257 ändern (STAUDINGER/EMMERICH [2003] § 562 Rn 35).

bb) Eingebrachte, pfändbare Sachen des Pächters

Das Verpächterpfandrecht erstreckt sich nach § 562 Abs 1 nur auf die eingebrachten, pfändbaren Sachen des Pächters. **367**

Sachen des Pächters sind körperliche Gegenstände iS des § 90, die in seinem Eigentum stehen (SIBER 28 ff). Besondere Probleme werfen dabei bedingtes Eigentum sowie Miteigentum und Gesamthandseigentum auf (STAUDINGER/EMMERICH [2003] § 562 Rn 15 ff). Sachen, die im Eigentum Dritter stehen, unterliegen nicht dem Pfandrecht (Mot II 404; Prot II 203 ff). Ein gutgläubiger Erwerb des Pfandrechts nach den §§ 1257, 1207 scheidet aus. Bedeutsam ist auch, ob und wann ein eingebrachter Gegenstand Grundstücksbestandteil geworden ist (RG WarnR 1920, Nr 184). Das Inventar des Pächters wird in gleicher Weise erfaßt wie die zum Verkauf bestimmten Waren (RGZ 132, 116, 119). **368**

Eingebracht ist eine Sache, die der Pächter willentlich in den durch das Pachtverhältnis vermittelten Machtbereich des Verpächters hineingeschafft hat (SIBER 20 ff). Der Willensakt als solcher ist jedoch grundsätzlich nicht rechtserheblich (einschränkend STAUDINGER/EMMERICH [2003] § 562 Rn 10 bei Geschäftsunfähigen). Vielmehr entscheidet bei dieser Tathandlung die Verkehrsanschauung, wobei tatsächliche Anordnungen des Pächters zu berücksichtigen sind (RGZ 132, 116, 121). Ebenso spielt der Zweck eine Rolle. Eine nur vorübergehend und ohne Zusammenhang mit dem Pachtverhältnis auf dem Grundstück eingestellte Sache ist nicht eingebracht. Dies gilt etwa für Gegenstände des Privatvermögens oder eines anderen Betriebs, wenn sich die Privatwohnung oder der andere Betrieb nicht auf dem Pachtgrundstück befinden. Der Begriff der Einbringung setzt allerdings nicht voraus, daß die Sache von außen auf das Pachtgrundstück geschafft worden ist. Auch die auf dem Grundstück hergestellten Sachen werden von dem Pfandrecht erfaßt, weil der Schutz des Verpächters sonst unvollkommen wäre. Hiervon sind nicht nur die vom Grundstück getrennten Früchte betroffen, die nach § 956 in das Eigentum des Pächters gefallen sind, sondern auch die auf dem Grundstück hergestellten sonstigen Erzeugnisse. Dies ist auch aus § 562a S 2 (= § 560 S 2 aF) zu entnehmen (RGZ 132, 116, 118 ff). Aus der ausdrücklichen Erwähnung der Früchte in § 592 läßt sich nichts Gegenteiliges schließen, weil diese Regelung bei der Landpacht vor allem für ungetrennte Früchte eine Rolle spielt. **369**

Pfändbar sind solche Sachen des Pächters, die nicht kraft ausdrücklicher gesetzlicher Anordnung von der Pfändung im Wege der Zwangsvollstreckung ausgenommen sind. Maßgebend ist § 811 ZPO. Auf unpfändbare Sachen erstreckt sich das Pfandrecht nach § 562 Abs 1 S 2 nicht (STAUDINGER/EMMERICH [2003] § 562 Rn 22 ff). Die Regelung ist zwingend. **370**

cc) Gesicherte Forderungen des Verpächters

Das Pfandrecht entsteht nach § 562 Abs 1 S 1 für Forderungen des Verpächters aus **371** dem Pachtverhältnis. Hierzu gehören nur solche Forderungen, die sich aus dem Wesen des Pachtvertrags als entgeltlicher Gebrauchsüberlassung ergeben (BGHZ 60, 22, 25 = NJW 1973, 238, 239). Zu nennen sind vor allem Pachtforderungen, Schadensersatzansprüche wegen Veränderungen oder Verschlechterungen des Pachtgegenstandes durch vertragswidrigen Gebrauch (Rn 337) oder wegen Unterlassung der Mängelanzeige (Rn 317) sowie der Rückgabeanspruch aus § 546 und Ansprüche aus Vertragsstrafeversprechen nach § 339. Gleichgestellt sind die Ansprüche des Verpächters auf Zahlung von Nebenkosten. Die Forderungen sind in vollem Umfang durch das Verpächterpfandrecht gesichert, da es nach § 562 S 1 nur auf das Pachtverhältnis als Entstehungsgrund ankommt. Eine Aufteilung der Forderung nach dem Entgelt für Grundstück oder Räume und für andere mitverpachtete Gegenstände ist im Gesetz nicht vorgesehen.

dd) Ausgeschlossene Forderungen

372 Nach § 562 Abs 2 kann das Verpächterpfandrecht für künftige Entschädigungsforderungen und für die Pacht, die auf eine spätere Zeit als das laufende und das folgende Pachtjahr entfällt, nicht geltend gemacht werden (STAUDINGER/EMMERICH [2003] § 562 Rn 29 ff, 33 ff). Damit soll eine übermäßige Sicherung des Verpächters verhindert werden. Eine weitere Ausnahme enthält § 562d (Rn 382).

c) Erlöschen des Verpächterpfandrechts
aa) Gründe

373 Das Verpächterpfandrecht erlischt aus den **allgemeinen Gründen**, die für das besitzlose, gesetzliche Pfandrecht gelten (STAUDINGER/EMMERICH [2003] § 562a Rn 2). Dies ist vor allem nach den §§ 1257, 1252 die Tilgung der gesicherten Forderung. Ferner sind die §§ 1242 Abs 2 S 1, 1250 Abs 2, 1255, 1256 zu nennen.

374 Einen besonderen Grund für das Erlöschen des Verpächterpfandrechts enthält § 562a. Hiernach erlischt das Pfandrecht grundsätzlich mit der **Entfernung der Sachen von dem Grundstück** (STAUDINGER/EMMERICH [2003] § 562a Rn 3 ff). Die Entfernung ist wie die Einbringung (Rn 369) eine tatsächliche Handlung. Es genügt, wenn der Pächter oder ein Dritter die haftende Sache willentlich von dem Grundstück wegschafft, ohne daß es auf einen dauerhaften Zweck der Entfernung ankommt. Wenn der Pächter von verschiedenen Personen mehrere Grundstücke gepachtet hat, auf denen er einen einheitlichen Betrieb unterhält, ist die Sache auch dann entfernt, wenn sie von dem Grundstück des einen Verpächters auf das eines anderen Verpächters geschafft wird (RGZ 74, 247). Dies gilt nicht, wenn die Grundstücke verschiedener Verpächter als Gesamtgläubiger durch einen gemeinsamen Vertrag mit dem Pächter zu einem einheitlichen Pachtgegenstand zusammengefaßt sind. Die haftenden Sachen können auch aufgrund von Hoheitsakten entfernt werden.

bb) Ausnahmen

375 Das Pfandrecht erlischt nach § 562a S 1 HS 2 nicht, wenn die **Entfernung ohne Wissen** des Verpächters erfolgt. Gleichzustellen ist nach § 166 Abs 1 das Wissen eines Vertreters (STAUDINGER/EMMERICH [2003] § 562a Rn 11). Die Vertretungsmacht muß sich allerdings auf das Pachtverhältnis beziehen.

376 Das Pfandrecht erlischt nach § 562a S 1 HS 2 ferner dann nicht, wenn die **Entfernung unter Widerspruch** des Verpächters erfolgt. Das Widerspruchsrecht ist nach

§ 562a S 2 ausgeschlossen, wenn die Entfernung entsprechend den gewöhnlichen Lebensverhältnissen erfolgt (KLEINEIDAM DJZ 1906, 1359; STAUDINGER/EMMERICH [2003] § 562a Rn 17 ff). Hierzu gehört bei einem verpachteten Ladengeschäft, daß die Geschäftseinnahmen täglich aus der Kasse entfernt werden (OLG Braunschweig MDR 1980, 403). Das gleiche gilt, wenn die zurückbleibenden Sachen zur Sicherung des Verpächters offenbar ausreichen. Das Pfandrecht erlischt auch dann, wenn die Sache zwar ohne Wissen des Verpächters entfernt wird, das Pfandrecht nach § 562a S 1 HS 1 also an sich bestehenbleiben müßte, der Verpächter aber nach S 2 ohnehin kein Recht zum Widerspruch gehabt hätte (BGHZ 120, 368 = NJW 1993, 1791; STAUDINGER/EMMERICH [2003] § 562a Rn 12 mwNw).

Nach § 562b Abs 2 S 2 **erlischt** das Pfandrecht gleichwohl mit Ablauf eines Monats, 377 nachdem der Verpächter von der Entfernung der Sachen Kenntnis erlangt hat, wenn er nicht den Herausgabeanspruch aus S 1 dieser Bestimmung vorher gerichtlich geltend gemacht hat (Rn 380).

d) Schutz des Verpächterpfandrechts
aa) Rechtsbehelfe im allgemeinen
Der Verpächter hat als Pfandgläubiger ein beschränktes dingliches Recht an den 378 eingebrachten Sachen des Pächters. Er kann aufgrund der Vorschriften, die das Pfandrecht als dingliches Recht schützen, gegen jede Beeinträchtigung vorgehen. Hierzu zählen in erster Linie die Ansprüche aus den §§ 985 und 1004 iVm §§ 1227, 1257, ferner aus § 823 Abs 1 und § 823 Abs 2 iVm § 289 StGB. Bei einer Veräußerung der Pfandsache können sich aus § 816 Abs 1 Ansprüche auf den Erlös ergeben (OLG Schleswig OLG-Rp 2001, 336). Der unberechtigten Entfernung steht ein Anspruch auf Unterlassung aus § 550 entgegen. Dadurch können auch Schadensersatzansprüche wegen Vertragsverletzung nach § 280 Abs 1 ausgelöst werden (STAUDINGER/EMMERICH [2003] § 562b Rn 2). Ansprüche auf Herausgabe und entsprechende Schadensersatzansprüche werden durch § 562b Abs 2 modifiziert, solange der Pächter nicht ausgezogen ist (Rn 380).

bb) Selbsthilferecht
Neben den allgemeinen Ansprüchen zum Schutz des Pfandrechts (Rn 378) räumt 379 § 562b Abs 1 dem Verpächter ein Selbsthilferecht ein. Wenn der Pächter einzelne, dem Pfandrecht unterliegende Sachen entfernt, darf der Verpächter dies auch ohne Anrufen des Gerichts verhindern, soweit er der Entfernung nach § 562a zu widersprechen berechtigt ist (STAUDINGER/EMMERICH [2003] § 562b Rn 7 ff). Zieht der Pächter aus, darf der Verpächter die Pfandsachen unter sonst gleichen Voraussetzungen in seinen Besitz nehmen (§ 562b Abs 1 S 2; STAUDINGER/EMMERICH [2003] § 562b Rn 10 f). Das Selbsthilferecht des Verpächters endet, wenn die Sachen von dem Grundstück entfernt worden sind. Ein Verfolgungsrecht steht ihm nicht zu.

cc) Ansprüche des Verpächters nach Entfernung der Sachen
Sobald die Pfandsachen vom Pachtgrundstück entfernt worden sind, ist der Ver- 380 pächter auf die Geltendmachung der allgemeinen Ansprüche zum Schutz des Pfandrechts angewiesen (Rn 378). Sind die Sachen ohne Wissen oder unter Widerspruch des Verpächters entfernt worden, kommen nach § 562b Abs 2 S 1 ein Anspruch auf Herausgabe zum Zwecke der Zurückschaffung auf das Grundstück und nach dem Auszug des Pächters ein Anspruch auf Überlassung des Besitzes hinzu (STAUDINGER/

EMMERICH [2003] § 562b Rn 12 ff). Durch diese Regelung werden die allgemeinen Ansprüche des Verpächters auf Herausgabe und entsprechende Schadensersatzansprüche in der Weise inhaltlich eingeschränkt, daß er vor einem Auszug des Pächters nur Zurückschaffung der Sachen auf das Pachtgrundstück, nicht aber Besitzverschaffung verlangen kann. Der Herausgabeanspruch des § 562b Abs 2 S 1 muß innerhalb eines Monats, nachdem der Verpächter von der Entfernung der Sachen Kenntnis erlangt hat, gerichtlich geltend gemacht werden. Wird die Klagefrist versäumt, erlischt das Pfandrecht nach S 2 dieser Vorschrift. Damit entfallen auch andere dingliche Ansprüche aus dem früheren Pfandrecht. Nach der nicht unbedenklichen hM sollen jedoch die allgemeinen vertraglichen und deliktischen Schadensersatzansprüche wie auch etwaige Bereicherungsansprüche unberührt bleiben, obwohl dadurch die Ausschlußfrist praktisch bedeutungslos wird (STAUDINGER/EMMERICH [2003] § 562b Rn 21).

e) Sicherheitsleistung

381 Nach § 562c kann der Pächter die Geltendmachung des Pfandrechts durch Sicherheitsleistung abwenden. Das Abwendungsrecht wird von der Rspr über den Wortlaut des § 562c hinaus auch Dritten als Eigentümern der vom Pächter eingebrachten Sachen eingeräumt, sofern ihnen das Verpächterpfandrecht im Rang vorgeht (BGH WM 1971, 1086, 1088). Dies kann bei der Haftung eines Anwartschaftsrechts des Pächters und bei einer Veräußerung der belasteten Sache als Sicherungseigentum im Wege der §§ 929, 930 eine Rolle spielen (STAUDINGER/EMMERICH [2003] § 562 Rn 15 ff). Ferner wird das Abwendungsrecht nachrangigen Pfändungspfandgläubigern zugestanden. Mit der Sicherheitsleistung kann zum einen die Geltendmachung des Pfandrechts generell abgewendet werden, wenn in Höhe der Forderung des Verpächters Sicherheit geleistet wird. Statt dessen kann auch jede einzelne Sache von dem Pfandrecht befreit werden, wenn in Höhe ihres Wertes Sicherheit erbracht wird. Für die Leistung der Sicherheit sind die §§ 232 ff maßgebend.

f) Konkurrenz mit anderen Pfandrechten

382 Für die Konkurrenz des Verpächterpfandrechts mit anderen Pfandrechten gilt grundsätzlich das Prioritätsprinzip. Ähnlich wie § 49 Abs 1 Nr 2 KO, der inhaltlich unverändert als § 50 Abs 2 in die ab 1.1. 1999 geltende InsO übernommen worden ist, enthält § 562d jedoch eine Sonderregelung für den Fall, daß eine dem Pfandrecht des Verpächters unterliegende Sache für einen anderen Gläubiger gepfändet wird. Dem anderen Gläubiger gegenüber kann das Verpächterpfandrecht nicht wegen der Pacht für eine frühere Zeit als das letzte Jahr vor der Pfändung geltend gemacht werden. Dadurch wird die Sicherung von Pachtrückständen eingeschränkt.

12. Beendigung des Pachtverhältnisses

a) Allgemeines

383 Die allgemeinen pachtrechtlichen Vorschriften des BGB enthalten keine umfassende Regelung der Beendigung des Pachtverhältnisses. Nur für die Pacht eines Grundstücks oder eines Rechts finden sich in § 584 Vorschriften über die ordentliche und die außerordentliche befristete Kündigung. Darüber hinaus werden bestimmte Fälle, in denen eine Kündigung im Mietrecht zulässig ist, in § 584a für die Pacht unabhängig von der Art des Pachtgegenstandes generell ausgeschlossen. Soweit diese Sonderregelungen nicht eingreifen, sind nach § 581 Abs 2 die Vorschriften

über die Beendigung des Mietverhältnisses entsprechend anzuwenden. Dies gilt grundsätzlich nicht, soweit es sich um besondere Vorschriften für Mietverhältnisse über Wohnraum handelt (Rn 390). Sondervorschriften enthalten die §§ 296 ff AktG für die Beendigung des Betriebspacht- oder Betriebsüberlassungsvertrags einer AG oder KGaA (EMMERICH/SONNENSCHEIN/HABERSACK, Konzernrecht [7. Aufl 2001] § 15).

b) Beendigung durch Zeitablauf
aa) Pachtverhältnis auf bestimmte Zeit
Das Pachtverhältnis endet entsprechend den §§ 581 Abs 2, 542 Abs 2 durch Zeit- 384 ablauf, wenn es auf eine bestimmte Zeit eingegangen ist; etwas anderes gilt nur dann, wenn es in den gesetzlich zugelassenen Fällen außerordentlich gekündigt oder verlängert wird. Die Dauer der Pachtzeit muß im Vertrag genau bestimmt oder aufgrund des Vertragsinhalts hinreichend bestimmbar sein. Die Pachtzeit kann dadurch fest bestimmt werden, daß im Pachtvertrag ein kalendermäßig festgelegtes oder berechenbares Datum vereinbart wird (STAUDINGER/ROLFS [2003] § 542 Rn 107 f). Auf diese Weise werden regelmäßig Jagd- und Fischereipachtverträge befristet (Rn 59, 70). Eine feste Pachtzeit ist auch dann vereinbart, wenn sie bis zum Eintritt eines bestimmten Ereignisses dauern soll. Eine solche Bestimmung durch den Eintritt tatsächlicher Umstände kann sich aus einer näheren Bezeichnung des Vertragszwecks ergeben. Dies gilt etwa für die Befristung eines Pachtvertrags über den Abbau von Bodenbestandteilen durch deren vollständige Ausbeutung. Damit steht die Dauer des Vertrags keineswegs im Belieben des Pächters. Durch Auslegung des Vertrags ist vielmehr zu ermitteln, ob hinsichtlich der Dauer des Abbaus die ordnungsmäßigen Regeln der Technik maßgebend sind oder ob die Dauer in den Grenzen des § 315 der subjektiven Bestimmung des Pächters überlassen ist (RG JW 1909, 451). Sieht der Pachtvertrag vor, daß die Ausbeute innerhalb von drei Jahren nach ihrem Beginn vollendet sein soll, ist der Pächter aber nicht verpflichtet, innerhalb einer bestimmten Frist mit der Ausbeute zu beginnen, so ist das Pachtverhältnis nicht befristet (BGH NJW 1995, 2548, 2549). Ein Pachtverhältnis auf die Lebenszeit einer Person ist nach Maßgabe des § 163 auf bestimmte Zeit abgeschlossen.

bb) Pachtvertrag mit Optionsrecht
Ein Pachtvertrag mit Optionsrecht ist ein auf bestimmte Zeit abgeschlossener Ver- 385 trag, der einer oder beiden Parteien das Recht einräumt, den Vertrag durch einseitige Erklärung auf bestimmte oder auf unbestimmte Zeit zu verlängern (Rn 145). Ein solcher Vertrag endet nach § 542 Abs 2 durch Zeitablauf, wenn von dem Optionsrecht nicht rechtzeitig Gebrauch gemacht wird (STAUDINGER/ROLFS [2003] § 542 Rn 119).

cc) Pachtvertrag mit Verlängerungsklausel
Ein Pachtvertrag mit Verlängerungsklausel ist ein auf bestimmte Zeit abgeschlos- 386 sener Vertrag, der sich auf bestimmte oder auf unbestimmte Zeit verlängert, wenn nicht ein Vertragsteil innerhalb einer bestimmten Frist vor Ablauf des Pachtverhältnisses die weitere Fortsetzung ablehnt (Rn 146). Wird eine dahin gehende Willenserklärung rechtzeitig abgegeben, endet das Pachtverhältnis nach § 542 Abs 2 HS 1 durch Zeitablauf (STAUDINGER/ROLFS [2003] § 542 Rn 122). Für die Rechtzeitigkeit der Abgabe der Erklärung ist die Feiertagsregelung des § 193 zu beachten (BGH LM Nr 3 zu § 193 BGB = NJW 1975, 40). Wenn dem anderen Vertragsteil demgegenüber eine Verlängerungsoption eingeräumt ist, muß dieses Recht im Zweifel vor Ablauf des

Vertrags ausgeübt werden (OLG Köln ZMR 1996, 433). Aus Gründen des sozialen Bestandsschutzes werden befristete Pachtverhältnisse über Kleingärten ähnlich wie nach § 565a Abs 1 aF die Wohnraummiete (STAUDINGER/SONNENSCHEIN[12] § 565a Rn 6 ff) als Verträge auf unbestimmte Zeit behandelt, wenn sie mit einer unbegrenzten automatischen Verlängerungsklausel ausgestattet sind (BGHZ 113, 290 = NJW 1991, 1348).

c)   Beendigung durch Kündigung
aa) Allgemeines
α)   Grundlagen und Rechtsnatur der Kündigung

387 Entsprechend den §§ 581 Abs 2, 542 Abs 1 (= § 564 Abs 2 aF) kann jeder Teil das Pachtverhältnis nach den gesetzlichen Vorschriften kündigen, wenn die Pachtzeit nicht bestimmt ist. Während § 564 Abs 2 aF hinsichtlich der Kündigungsfrist noch ausdrücklich auf § 565 verwies, ist ein expliziter Hinweis auf die jetzt an die Stelle des § 565 aF getretenen Regeln (§§ 573c, 573d, 580a nF) unterblieben; eine inhaltliche Änderung ist damit aber nicht verbunden (STAUDINGER/ROLFS [2003] § 542 Rn 2). Ein auf unbestimmte Zeit eingegangenes Pachtverhältnis kann demnach durch ordentliche Kündigung beendet werden. Diese Aussage ist für die **Grundlagen** der Kündigung eines Pachtvertrags allerdings in mehrfacher Hinsicht unvollständig. Für die ordentliche und die außerordentliche befristete Kündigung des Pachtvertrags über ein Grundstück oder Räume sowie über ein Recht gilt die von den §§ 573c, 573d, 580a abweichende Sonderregelung des § 584. Im übrigen kann das auf unbestimmte Zeit eingegangene Pachtverhältnis durch außerordentliche fristlose Kündigung beendet werden. Darüber hinaus spielt die außerordentliche Kündigung bei den auf bestimmte Zeit abgeschlossenen Pachtverhältnissen eine Rolle.

388 Für die einzelnen **Arten** der Kündigung sind unterschiedliche Voraussetzungen maßgebend. Die *ordentliche Kündigung* setzt voraus, daß die Kündigungsfrist eingehalten wird, die sich aus den §§ 573c, 580a oder aus § 584 Abs 1 ergibt (Rn 402 ff). Ein die ordentliche Kündigung rechtfertigender Grund ist anders als nach § 573 (= § 564b aF) im Wohnraummietrecht nicht erforderlich (KG JW 1937, 2108 m Anm ROQUETTE). Die *außerordentliche befristete Kündigung* ist nur wirksam, wenn einer der gesetzlich vorgesehenen Gründe erfüllt ist (Rn 409; § 584 Rn 15) und die sich aus § 573d oder § 584 Abs 2 ergebende gesetzliche Kündigungsfrist gewahrt wird (Rn 410). Auch die *außerordentliche fristlose Kündigung* setzt voraus, daß ein gesetzlich vorgesehener oder ein sonstiger wichtiger Grund vorliegt (Rn 412 ff).

389 Die Parteien können vertraglich die **Voraussetzungen** bei allen Arten der Kündigung modifizieren, indem sie strengere oder mildere Anforderungen als das Gesetz aufstellen. Dies gilt nicht nur für die Vereinbarung einer Form der Kündigungserklärung (Rn 400), sondern auch für den Kündigungsgrund (OLG Nürnberg DWW 1961, 60; LG Mannheim BlGBW 1965, 19). Ist im Pachtvertrag vereinbart, daß eine Kündigung im Falle der Veräußerung des Pachtgegenstandes zulässig ist, so ist die Kündigung nur wirksam, wenn nicht nur ein ordnungsgemäßer Kaufvertrag, sondern auch die nach anderen Vorschriften erforderliche behördliche Genehmigung vorliegt (OLG Celle RdL 1953, 332). Ergibt die Auslegung allerdings, daß die Parteien mit der Veräußerung entsprechend dem juristischen Sprachgebrauch das dingliche Geschäft gemeint haben, so ist dessen Vollendung für die Wirksamkeit der Kündigung erforderlich. Eine schon vorher abgegebene Kündigungserklärung wird im Interesse des anderen

Vertragsteils nicht geheilt. Haben die Parteien vertraglich eine schriftliche Zahlungsaufforderung des Verpächters als Voraussetzung einer außerordentlichen fristlosen Kündigung wegen Zahlungsrückstandes vorgesehen, so muß diese Erklärung für den Pächter eindeutig sein, damit er nicht im ungewissen bleibt, ob der Verpächter mit seiner Erklärung die vertraglich vereinbarten Voraussetzungen einer fristlosen Kündigung schaffen will. Anderenfalls ist die Kündigung unwirksam (BGH LM Nr 10 zu § 554 BGB = MDR 1973, 44).

Der **Anwendungsbereich mietrechtlicher Kündigungsvorschriften** bei der Pacht wird 390 durch die Sonderregelung der §§ 584, 584a begrenzt, wie sich aus der Einschränkung in § 581 Abs 2 ergibt. Im übrigen stellt sich die Frage, ob die entsprechende Anwendung auch für solche Kündigungsvorschriften gilt, die ausdrücklich ein Mietverhältnis über Wohnraum voraussetzen, wie vor allem die Regelungen des Bestandsschutzes. Wird die Pächterwohnung aufgrund eines gesonderten und eigenständigen Mietvertrags überlassen, greifen insoweit die mietrechtlichen Vorschriften uneingeschränkt ein. Handelt es sich aber um einen einheitlichen Vertrag, der neben der Verpachtung von Grundstücken, Geschäftsräumen oder eines Unternehmens die Überlassung von Wohnräumen zum Gegenstand hat, so kann auch die Beendigung des Vertrags nur einheitlich beurteilt werden. Auszugehen ist davon, daß die Vorschriften, die tatbestandlich ein Mietverhältnis über Wohnraum voraussetzen, auf einen Pachtvertrag grundsätzlich nicht anwendbar sind. Damit ist die Anwendbarkeit im Hinblick auf die Pächterwohnung jedoch nicht generell ausgeschlossen (**aA** Schopp ZMR 1975, 97, 98). Die Rspr wendete schon die früheren Vorschriften über den Mieterschutz nicht auf Pachtverträge an (RGZ 102, 186; 103, 271; 109, 206; 122, 274), stellte aber bei gemischten Verträgen darauf ab, ob die Miet- oder die Pachtelemente vorherrschten (RGZ 108, 369; RG JW 1927, 582 Nr 7). Der überwiegende Teil gab den Ausschlag (BGH LM Nr 3 zu § 36 MietSchG = NJW 1953, 1391 abw von RGZ 168, 44; LM Nr 11 zu § 581 BGB = Betrieb 1954, 999). Nach den gleichen Grundsätzen kann über die Anwendbarkeit der derzeitigen Vorschriften über Wohnraummietverhältnisse auf gemischte Verträge mit Pachtelementen entschieden werden. Aus der Regelung des § 585 Abs 1 S 1 zur Landpacht ergibt sich, daß die einheitliche Beurteilung als Pachtvertrag trotz der in den Vertrag einbezogenen Wohnräume dem Willen des Gesetzgebers entspricht (OLG Köln WM 1987, 1308, 1310). Selbst wenn die Pachtelemente überwiegen, können die Parteien die Anwendbarkeit der Vorschriften über die Wohnraummiete aber vertraglich vereinbaren (BGH LM Nr 15 zu § 157 [C] BGB = MDR 1966, 228; vgl BVerfG WuM 1985, 335; BGHZ 94, 11, 17 = NJW 1985, 1772, 1773; LG Bonn WuM 1990, 378; Staudinger/Rolfs [2003] § 574 Rn 9). Werden Vorschriften, die das gesetzliche Kündigungsrecht regeln, auf ein vertragliches Kündigungsrecht entsprechend angewendet, so sind die gesetzlichen Bestimmungen in vollem Umfang zu berücksichtigen (BGH LM Nr 55 zu § 242 [Cd] BGB = MDR 1958, 766).

Das Kündigungsrecht steht nach § 242 für beide Parteien unter dem Vorbehalt der 391 **unzulässigen Rechtsausübung**. Dies gilt für die ordentliche und die außerordentliche Kündigung in gleicher Weise. Hat der Verpächter durch arglistiges Verhalten den Pächter geschädigt und dadurch bewirkt, daß die Pacht nicht fristgerecht gezahlt wurde, so kann es eine unzulässige Rechtsausübung darstellen, wenn der Verpächter den Vertrag wegen der Säumnis des Pächters kündigt (BGH LM Nr 55 zu § 242 [Cd] BGB = MDR 1958, 766). Der Verpächter kann das Pachtverhältnis nicht wegen Zahlungsverzugs nach § 543 Abs 2 S 1 Nr 3 kündigen, wenn er dem Pächter das Betreten und die Bewirtschaftung des Pachtgrundstücks verboten hat und der Pächter diesem Verbot unter Einstellung der Pachtzahlungen nachkommt. Damit setzt sich der Verpächter in Widerspruch zu seinem früheren Verhalten (OLG Celle RdL 1966, 216). Haben die Parteien vereinbart, daß der Verpächter bei mehrmaliger verspäteter Zahlung der Pacht zur Kündigung des Pachtverhältnisses berechtigt ist, so muß der vereinbarte Zahlungstermin mehrmals erheblich überschritten sein, um das Kündigungsrecht auszulösen. Bei nur geringfügiger Überschreitung ist die Kündigung nach § 242 unzulässig, zumal wenn der Verpächter dadurch in den Genuß einer vereinbarten Vertragsstrafe kommen will (LG Berlin NJW 1972, 1324). Der Einwand der unzulässigen Rechtsausübung kann sich auch daraus ergeben, daß die Kündigung eines langfristigen Vertrags, die auf § 544 (= § 567 aF) gestützt wird, gegen die Verpflichtung des Kündigenden aus einer Wettbewerbsabrede verstößt (BGH LM Nr 31 zu § 581 BGB = MDR 1968, 233). Dagegen verstößt es nicht gegen § 242, wenn ein langfristiger Mietvertrag, welcher der Schriftform des § 550 entbehrt, jahrelang unbeanstandet durchgeführt wird und dann wegen dieser fehlenden Form ordentlich gekündigt wird (BGH ZMR 2004, 106).

392 Liegt der Grund für eine Kündigung in einem vertragswidrigen Verhalten der anderen Partei, so kommt neben dem Kündigungsrecht ein Anspruch auf **Schadensersatz** wegen Pflichtverletzung nach § 280 Abs 1 oder unerlaubter Handlung in Betracht (BGHZ 95, 39, 44; BGH NJW 2000, 2342, 2343; KG GrundE 2002, 258). Veranlaßt der Pächter durch vertragswidriges Verhalten die außerordentliche fristlose Kündigung des auf unbestimmte Zeit abgeschlossenen Pachtvertrags durch den Verpächter, kann dieser die entgangene Pacht nur bis zu dem Tag als Schadensersatz fordern, zu dem nach dem Vertrag eine ordentliche Kündigung durch den Pächter möglich wäre (BGH LM Nr 6 zu § 249 [Ha] BGB = ZMR 1955, 105; BGH NJW-RR 1998, 1125, 1126 = NZM 1998, 234). Bei einem auf bestimmte Zeit abgeschlossenen Vertrag kann die nach fristloser Kündigung entgangene Pacht längstens für die vorgesehene Vertragsdauer als Schadensersatz verlangt werden. Der Ersatz des Pachtausfalls wird allerdings erst nach und nach in den Zeitpunkten fällig, die für die jeweiligen Pachtraten maßgebend gewesen wären (vgl BGH WuM 1979, 236, 237).

393 Ihrer **Rechtsnatur** nach ist die Kündigung eine einseitige, empfangsbedürftige Willenserklärung (STAUDINGER/ROLFS [2003] § 542 Rn 5). Hierfür gelten alle Vorschriften des BGB über einseitige Rechtsgeschäfte. Die Kündigungserklärung wird wirksam, wenn sie dem anderen Vertragsteil nach den §§ 130 ff zugeht. Stellvertretung ist auf beiden Seiten möglich (RG SeuffA 60, Nr 34). Wenn der Verpächter die schriftliche Kündigungserklärung einem vom Pächter zur Entgegennahme einer solchen Erklärung nicht bevollmächtigten Rechtsanwalt zuleitet, so ist die Kündigung dem Pächter zugegangen, sobald der Rechtsanwalt den Auftrag des Pächters annimmt, gegen die Kündigung nicht nur wegen Fehlens einer Empfangsvollmacht, sondern auch wegen Fehlens eines Kündigungsgrundes vorzugehen (BGH NJW 1980, 990). Die Kündigung kann nach § 174 zurückgewiesen werden, falls der Bevollmächtigte eine Vollmachtsurkunde nur in beglaubigter Abschrift vorlegt. Dies gilt auch dann, wenn die Kündigungserklärung durch Vermittlung eines Gerichtsvollziehers zugestellt wird (BGH NJW 1981, 1210). Ein Recht zur Zurückweisung besteht darüber hinaus dann, wenn ein alleinvertretungsberechtigter Gesellschafter namens einer Gesellschaft bürgerlichen Rechts die Kündigung erklärt und weder eine Vollmacht der anderen Gesellschafter noch der Gesellschaftsvertrag oder eine Erklärung aller oder der übrigen Gesellschafter beifügt, aus der sich die Befugnis des handelnden Gesellschafters zur alleinigen Vertretung der Gesellschaft ergibt (BGH NJW 2002, 1194, 1195 = WM 2001, 2442 = WuB II J § 705 BGB 1.02 m Anm WERTENBRUCH). Dabei ist allerdings § 174 BGB auf einen organschaftlichen Vertreter einer (teil-)rechtsfähigen Gesamthandsgesellschaft, wie es die Gesellschaft bürgerlichen Rechts ist (BGHZ 146, 341 = NJW 2001, 1056), nur analog anwendbar (so zu Recht WERTENBRUCH aaO). Keine Anwendung findet § 174 dagegen auf Fälle organschaftlicher Vertretung, bei denen der Rechtsverkehr durch die Eintragung des Vertreters als Organ in einem öffentlichen Register verläßlich über die Berechtigung informiert wird (BGH NJW 2002, 1194, 1195 mwNw).

Die Kündigung kann vertraglich an die **Zustimmung eines Dritten** gebunden werden. Die Zustimmung ist in diesem Fall Wirksamkeitsvoraussetzung. Fehlt sie, ist die Kündigung unwirksam und kann aus Gründen der Rechtssicherheit nicht durch Genehmigung nach den §§ 185 Abs 2, 184 Abs 1 geheilt werden (STAUDINGER/ROLFS [2003] § 542 Rn 56 ff). **394**

Ein **vertraglicher Ausschluß** des Kündigungsrechts ist zwar nicht auf Dauer, wohl aber für eine bestimmte Zeit möglich (STAUDINGER/ROLFS [2003] § 542 Rn 43, 48 ff). Zu beachten ist die Formvorschrift des § 550 S 1. Die Verlängerung eines Pachtverhältnisses mit der Vereinbarung, daß der Verpächter auf die Ausübung seines Rechts zur ordentlichen Kündigung auf nicht näher bestimmte Zeit verzichtet, bedarf der Schriftform (LG Mannheim WuM 1970, 26). Auch die Regelung des § 544 (= § 567 aF) gilt für die Pacht (BGH ZMR 1996, 424 = NJW 1996, 2028; OLG Hamburg WuM 1997, 233 [LS]). Daraus folgt zum einen, daß ein Pachtvertrag, der für eine längere Zeit als dreißig Jahre geschlossen ist, wirksam ist, aber einen anderen Inhalt erhält, indem er nach dreißig Jahren unter Einhaltung der gesetzlichen Frist von jedem Vertragsteil gekündigt werden kann (RG WarnR 1915, Nr 167; LZ 1927, 999). Zum anderen ergibt sich aus der zwingenden Natur des § 544, daß eine Vereinbarung der Parteien, die das Recht ausschließt, den Vertrag nach dreißig Jahren zu kündigen, unwirksam ist (BGH LM Nr 2 zu § 581 BGB = BB 1951, 974; BGH NZM 2004, 190, 191; OLG Frankfurt NZM 1999, 419; ELSHORST NZM 1999, 449 f). Da § 544 nicht die zeitliche Begrenzung einer Grunddienstbarkeit bezweckt, ist die Vorschrift auf das Kausalverhältnis eines solchen dinglichen Rechts weder unmittelbar noch analog anwendbar, selbst wenn es der Pacht ähnlich ist (BGH LM Nr 22 zu § 1018 BGB = NJW 1974, 2123). **395**

β) Inhalt der Kündigung

Aus dem **Erklärungsinhalt** der Kündigung muß sich eindeutig ergeben, daß der Erklärende das Pachtverhältnis beenden will. Dabei braucht er das Wort Kündigung nicht zu gebrauchen (STAUDINGER/ROLFS [2003] § 542 Rn 62). Wenn in einem Kaliabbauvertrag vereinbart ist, daß das Bergbauunternehmen die Vergütung so lange zu entrichten hat, wie es von dem überlassenen Abbaurecht Gebrauch macht, so ist daraus im Zweifel die Befugnis zu entnehmen, durch einseitigen Verzicht das Vertragsverhältnis zu beenden. Diese Verzichtserklärung steht einer Kündigung gleich. Die Wirksamkeit hängt deshalb davon ab, ob die Voraussetzungen einer ordentlichen oder einer außerordentlichen Kündigung erfüllt sind (BGH LM Nr 1 zu § 595 BGB). Kündigungsgrund und Kündigungstermin brauchen in der Erklärung grundsätzlich nicht angegeben zu werden (STAUDINGER/ROLFS [2003] § 542 Rn 63, 65). Dies gilt auch für die außerordentliche Kündigung (BGH WM 1959, 538, 542; WM 1975, 897, 899; **396**

NJW-RR 1996, 144; OLG Frankfurt AgrarR 1991, 107). Die Richtigkeit dieser Sichtweise wird durch die Regelung des § 569 Abs 4 untermauert, wonach allein für das Wohnraummietrecht festgeschrieben ist, daß der zur Kündigung führende wichtige Grund im Kündigungsschreiben anzugeben ist; dagegen findet sich in der für Grundstücke und sonstige Räume geltenden Vorschrift des § 543 kein solches Erfordernis (STAUDINGER/ROLFS [2003] § 542 Rn 66).

397 Die Zulässigkeit einer **bedingten Kündigung** ist umstritten. Sie ist gesetzlich nicht generell ausgeschlossen. Die Entscheidung hängt im Einzelfall von der gebotenen Rücksichtnahme auf den Kündigungsempfänger ab, der nicht in eine unsichere, von ihm selbst nicht weiter beeinflußbare Lage versetzt werden darf (STAUDINGER/ROLFS [2003] § 542 Rn 71 ff).

398 Besonderheiten gelten für die Kündigung, wenn auf der Pächter- oder Verpächterseite eine **Mehrheit von Beteiligten** steht. Das Gesetz hat die damit verbundenen Probleme nicht ausdrücklich geregelt, sondern geht als selbstverständlich davon aus, daß ein einheitlicher Pachtvertrag nur von allen oder gegenüber allen anderen Beteiligten gekündigt werden kann (Mot II 413; BGH LM Nr 6 zu § 425 BGB = MDR 1964, 308; BGHZ 144, 370, 379 = NJW 2000, 3133 = NZM 2000, 975; OLG Celle ZMR 2002, 187; STAUDINGER/ROLFS [2003] § 542 Rn 8 ff).

399 Die Zulässigkeit einer **Teilkündigung** ist wie im Mietrecht umstritten (STAUDINGER/ROLFS [2003] § 542 Rn 74 ff). Die auf einzelne *Abreden* des Pachtvertrags beschränkte Kündigung ist nicht möglich. In der früheren Rspr wurde hingegen die Zulässigkeit der auf einzelne *Teile des Pachtgegenstandes* begrenzten Kündigung auf der Grundlage des § 543 Abs 1 aF iVm § 469 aF mit gewissen Einschränkungen bejaht (RGZ 114, 243; aA RGZ 150, 321; KG JW 1927, 603). Nach heute hM ist eine Teilkündigung grundsätzlich unzulässig, soweit die Parteien dies nicht vertraglich vorgesehen haben oder die Zusammenfassung mehrerer Pachtgegenstände in einem Vertrag im Grunde nur zufällig ist, also nicht auf einer rechtlichen Zusammengehörigkeit beruht (STAUDINGER/ROLFS [2003] § 542 Rn 76).

γ) **Form der Kündigung**

400 Das Gesetz enthält im allgemeinen Pachtrecht anders als § 594f bei der Landpacht und § 568 Abs 1 bei der Wohnraummiete keine Formvorschrift für die Kündigung. Die Kündigung ist deshalb grundsätzlich formfrei wirksam. Sie kann schriftlich, mündlich oder durch konkludentes Verhalten erklärt werden (STAUDINGER/ROLFS [2003] § 542 Rn 83). Bei gemischten Verträgen ist hingegen § 568 Abs 1 anwendbar, wenn der Wohnraumanteil gegenüber den Pachtelementen überwiegt (Rn 390). Die Parteien können in jedem Fall einen vertraglichen Formzwang vereinbaren (STAUDINGER/ROLFS [2003] § 542 Rn 86). Ist für eine Kündigung, die in einem prozessualen Schriftsatz enthalten ist, die Schriftform vorgeschrieben, so ist das Formerfordernis durch den unterschriebenen Beglaubigungsvermerk des Prozeßbevollmächtigten nur dann erfüllt, wenn der Prozeßbevollmächtigte die Kündigung selbst ausgesprochen hat (BGH WuM 1987, 209). Die formularmäßige Klausel, daß die Kündigung mittels eines eingeschriebenen Briefes erklärt werden müsse, ist wegen eines Verstoßes gegen § 309 Nr 13 unwirksam.

bb) Ordentliche Kündigung
α) Allgemeines

Durch die ordentliche Kündigung wird ein auf unbestimmte Zeit eingegangenes **401** Pachtverhältnis entsprechend den §§ 581 Abs 2, 542 Abs 1 beendet. Neben einer ordnungsgemäßen Erklärung ist die Wirksamkeit der Kündigung davon abhängig, daß bestimmte Kündigungsfristen eingehalten werden (Rn 402 ff). Dies gilt auch für die ordentliche Kündigung eines Vertrags, der die nach § 550 S 1 erforderliche Schriftform nicht einhält und deshalb als auf unbestimmte Zeit abgeschlossen gilt. Übt der Vorpachtberechtigte das Vorpachtrecht in einem Falle aus, in dem der Pachtvertrag des Verpflichteten mit dem Dritten die Form des § 550 wahrt, so kann der Verpflichtete den mit dem Berechtigten zustande gekommenen Vertrag auch dann nicht vorzeitig durch Kündigung beenden, wenn dieser Vertrag der Schriftform entbehrt (BGHZ 55, 71 = NJW 1971, 422 m Anm Braxmaier LM Nr 17 zu § 571 BGB).

β) Kündigungsfristen

Die Fristen, die für die Kündigung eines auf unbestimmte Zeit eingegangenen **402** Pachtverhältnisses maßgebend sind, ergeben sich vorrangig aus § 584 Abs 1 und im übrigen aus § 580a Abs 3. Die Parteien können hiervon abweichende Vereinbarungen treffen.

Die Kündigung der Pacht eines **Grundstücks oder eines Rechts** ist nach § 584 Abs 1 **403** nur für den Schluß eines Pachtjahres zulässig und hat spätestens am dritten Werktag des halben Jahres zu erfolgen, mit dessen Ablauf die Pacht enden soll (§ 584 Rn 20 ff). Das gleiche gilt für die Kündigung der Pacht von Räumen (BGH LM Nr 2 zu § 595 BGB = ZMR 1957, 264; **aA** OLG München HRR 1939, Nr 140 – § 565 Abs 1). Da § 584 vorrangig ist, kann bei der Pacht von Geschäftsräumen auch § 580a Abs 2 nicht angewendet werden. Allerdings ist § 584 abdingbar.

Damit beschränkt sich die entsprechende Anwendung mietrechtlicher Vorschriften **404** wegen der in § 581 Abs 2 angeordneten Subsidiarität auf die ordentliche Kündigung der Pacht **beweglicher Sachen**. Nach § 580a Abs 3 hängt die Kündigungsfrist von der Bemessung der Pacht ab (Staudinger/Rolfs [2003] § 580a Rn 37). Ist die Pacht nach Tagen bemessen, kann nach Nr 1 dieser Vorschrift an jedem Tag für den Ablauf des folgenden Tages gekündigt werden. Bei der Bemessung der Pacht nach längeren Zeitabschnitten muß die Kündigung nach Nr 2 spätestens am dritten Tag vor dem Tag wirksam werden, mit dessen Ablauf das Pachtverhältnis endigen soll. Die Parteien können abweichende Vereinbarungen treffen.

Die Pacht des **Rechts an einer beweglichen Sache** ist im Gesetz nicht besonders **405** erwähnt. Die Gesetzesverfasser hielten dies nicht für notwendig, da in solchen Fällen die Verpachtung der Sache selbst anzunehmen sei. Diese Prämisse ist unzutreffend, da es von den Parteivereinbarungen abhängt, ob die Sache selbst oder ein Recht an der Sache verpachtet wird. Obwohl der Wortlaut des § 584 Abs 1 nur allgemein von der Pacht eines Rechts spricht, wird die Vorschrift nach einhelliger Ansicht nicht auf die Pacht von Rechten an beweglichen Sachen angewendet, weil ein solcher Pachtvertrag keiner längeren Kündigungsfrist unterliegen könne als der über die Sache selbst (BGB-RGRK/Gelhaar § 595 Rn 1; MünchKomm/Harke § 584 Rn 1; Oertmann § 595 Anm 2; Planck/Knoke § 595 Anm 1). Wenn diese Auslegung auch nicht durch den Wortlaut des § 584 Abs 1 gedeckt wird, so sprechen doch die Entstehungsgeschichte und der Zweck der Vorschrift, die dem schwankenden Fruchtgenuß bei der Grundstückspacht Rechnung tragen soll (Mot II 427), für die Auffassung des Schrifttums (§ 584 Rn 11). Für die Kündigung der Pacht eines Rechts an beweglichen Sachen ist deshalb § 580a Abs 3 maßgebend.

406 Die **Berechnung** der einzelnen Kündigungsfristen richtet sich nach den §§ 187 ff (§ 584 Rn 20 ff). Hierbei ist § 193 zu beachten (STAUDINGER/ROLFS [2003] §§ 573c Rn 7 ff, 580a Rn 9 ff).

cc) Außerordentliche Kündigung
α) Allgemeines

407 Die Parteien können sich unter bestimmten Voraussetzungen vorzeitig von einem Pachtvertrag lösen. Dies ist nach den einzelnen Vorschriften über die außerordentliche Kündigung entweder unter Einhaltung einer gesetzlichen Frist oder fristlos möglich.

β) Außerordentliche befristete Kündigung

408 Die **Rechtsgrundlagen** für eine außerordentliche befristete Kündigung ergeben sich aus einer abschließend geregelten Zahl gesetzlicher Vorschriften. Diese Vorschriften räumen einer oder beiden Parteien das Recht ein, vorzeitig ein Pachtverhältnis zu beenden, das auf bestimmte Zeit abgeschlossen ist, einen vertraglichen Kündigungsausschluß enthält oder das vertraglich nur mit einer längeren als der gesetzlichen Frist durch ordentliche Kündigung beendet werden kann. Die Parteien können von der gesetzlichen Regelung abweichende Vereinbarungen treffen. Dies gilt sowohl für die Voraussetzungen als auch für die Frist einer außerordentlichen Kündigung (BGH WM 1971, 798; BB 1974, 437).

409 Die **Einzelfälle** eines gesetzlichen Rechts zur außerordentlichen befristeten Kündigung entsprechen im wesentlichen der mietrechtlichen Regelung (§ 584 Rn 16). So unterliegt ein Pachtvertrag, der nach der Vereinbarung der Parteien unkündbar sein soll, der außerordentlichen Kündigung nach § 544 S 1 (= § 567 S 1 aF; RG HRR 1931, Nr 584). Das gleiche gilt, wenn ein Bodenabbauvertrag so lange dauern soll, bis der Vorrat erschöpft ist, jedenfalls aber länger als dreißig Jahre (RGZ 96, 220). Das Kündigungsrecht des Grundstückserwerbers aus einer Zwangsversteigerung nach § 57a ZVG gilt auch hinsichtlich eines Fischereipachtvertrags (KG JW 1934, 1252 Nr 1). Das Kündigungsrecht des Erstehers des Grundstücks ist bei bestimmten Finanzierungsbeiträgen des Pächters nach § 57c ZVG beschränkt. Der Pächter genießt diesen Kündigungsschutz nicht, wenn die Voraussetzungen für eine Verrechnung seines Finanzierungsbeitrags nach dem Vertrag noch nicht eingetreten sind, weil die Pachträume noch nicht fertiggestellt sind und deshalb keine Pacht geschuldet wird (BGH ZMR 1984, 62). Hat der Verpächter die Aufwendungen auf das Pachtgrundstück gemacht und deren Wert sodann dem Pächter als zinslose Baukostenzuschüsse darlehensweise zur Verfügung gestellt, so handelt es sich nicht um Leistungen, die das Kündigungsrecht des Erstehers nach § 57c ZVG aufschieben (BGH NJW-RR 1989, 714). Der Pächter verliert seinen Kündigungsschutz nach § 57c ZVG, wenn er keine, eine unvollständige oder eher unrichtige Erklärung über die von ihm geleisteten Beträge iSv § 57c Abs 1 ZVG abgegeben hat und diese Erklärung im Versteigerungstermin bekanntgegeben worden ist, nachdem er eine Aufforderung zur Abgabe der Erklärung mit einer Belehrung über die Folgen erhalten hatte (OLG Oldenburg RdL 2003, 110, 111). Die auf Mietverhältnisse über Wohnraum zugeschnittenen Kündigungsrechte aus den §§ 563 Abs 4, 563a sowie 564 scheiden für die Pacht aus tatbestandlichen Gründen aus und kommen allenfalls bei gemischten Verträgen in Betracht (Rn 390). Gesetzlich ausgeschlossen werden in § 584a Abs 1 das Kündigungsrecht des Pächters aus § 540 Abs 1 S 2 bei Verweigerung der Erlaubnis zur Untervermietung oder Unterverpachtung. In § 584a Abs 2 wird das Kündigungsrecht aus § 580 in der Weise beschränkt, daß im Falle des Todes des Pächters nur dessen Erben kündigen können, aber nicht der Verpächter (RG WarnR 1914, Nr 116). Diese Beschränkung gilt nach § 594d nicht bei der Landpacht.

410 Die **Kündigungsfrist** richtet sich bei der Pacht eines *Grundstücks oder eines Rechts* nach § 584 Abs 2 iVm Abs 1. Hiernach ist die außerordentliche befristete Kündigung nur für den Schluß eines Pachtjahres zulässig. Sie muß spätestens am dritten Werktag des halben Jahres erfolgen, mit dessen Ablauf die Pacht enden soll (§ 584 Rn 15 ff, 20 ff). Dies gilt auch bei der außerordentlichen befristeten Kündigung eines Pachtverhältnisses von bestimmter Dauer (OLG Celle NJW-RR 1988, 80). Für die Pacht *beweglicher Sachen und eines Rechts an beweglichen Sachen* (Rn 405; § 584 Rn 11) ist § 580a Abs 4 mit der Verweisung auf Abs 3 Nr 2 maßgebend. Die Kündigung muß spätestens am dritten Tag vor dem Tag erfolgen, mit dessen Ablauf das Pachtverhältnis beendet werden soll.

411 Die **Berechnung** der einzelnen Kündigungsfristen findet nach den §§ 187 ff statt (§ 584 Rn 20 ff). Hierbei ist § 193 zu beachten (STAUDINGER/ROLFS [2003] § 580a Rn 9 ff).

γ) **Außerordentliche fristlose Kündigung**
412 Die **Rechtsgrundlagen** für eine außerordentliche fristlose Kündigung des Pachtverhältnisses ergeben sich im wesentlichen aus der entsprechenden Anwendung der §§ 543 und 569, die unter bestimmten Voraussetzungen eine vorzeitige Beendigung des auf bestimmte oder auf unbestimmte Zeit abgeschlossenen Vertrags zulassen. § 543 faßt nicht nur die §§ 542, 543, 553, 554 und 554a aF zusammen, sondern enthält jetzt erstmalig auch eine Regelung des allgemeinen Kündigungsrechts aus wichtigem Grund im Anschluß an die frühere stRspr (RegE BT-Drucks 14/4553, 43). Danach war auch für das Pachtrecht eine allgemeine fristlose Kündigung aus wichtigem Grund anerkannt, wenn in der Person einer Partei Umstände eingetreten sind, die es für den anderen Teil unzumutbar erscheinen lassen, das Pachtverhältnis fortzusetzen (Rn 419; STAUDINGER/EMMERICH [1995] § 553 Rn 4 ff).

413 Die gesetzlich geregelten **Einzelfälle** eines Rechts zur außerordentlichen fristlosen Kündigung des Pachtverhältnisses ergeben sich im wesentlichen aus den mietrechtlichen Bestimmungen. Dabei ist zu beachten, daß die Rechte und Pflichten der Parteien eines Pachtvertrags Unterschiede gegenüber dem Mietrecht aufweisen. Dies gilt vor allem hinsichtlich des Fruchtziehungsrechts (Rn 167 ff) und einer etwaigen Gebrauchspflicht des Pächters (Rn 228 ff). Da § 569 Abs 5 S 2 (= § 554b aF) nur für ein Mietverhältnis über Wohnraum gilt, können die Parteien die Kündigung eines Pachtverhältnisses aus wichtigem Grund vertraglich abschließend und abweichend vom Gesetz regeln (OLG Hamm ZMR 1995, 248).

414 Unter den Voraussetzungen des § 543 Abs 2 S 1 Nr 1 (= § 542 Abs 1 aF) steht dem Pächter ein Recht zur fristlosen Kündigung wegen **Nichtgewährung des vertragsmä-**

ßigen Gebrauchs zu. Das gleiche gilt für die Entziehung des Gebrauchs (STAUDINGER/ EMMERICH [2003] § 543 Rn 14 ff). Wegen der entsprechenden Anwendbarkeit ist die Vorschrift für die Pacht dahin gehend auszulegen, daß auch die Nichtgewährung oder Entziehung des vertragsmäßigen Fruchtgenusses erfaßt wird. Wichtigster Fall ist das Auftreten eines Sachmangels (BGH WM 1983, 660). Sind bei einer nebst Tiefgarage gepachteten Hotelanlage die Stellplätze der Tiefgarage mangelhaft, rechtfertigt dies eine fristlose Kündigung (KG GrundE 2002, 258). Das gleiche gilt bei Vorliegen eines behördlichen Verbots, den Pachtgegenstand zu nutzen, wenn das Verbot nicht gegen seine Person, sondern gegen den Pachtgegenstand gerichtet ist (RGZ 88, 96; OLG Brandenburg OLG-Rp 1998, 411; OLG Düsseldorf DWW 1991, 16; DWW 1993, 99). Unerheblich ist, ob der Verpächter die Nichtgewährung des Gebrauchs zu vertreten hat (RGZ 98, 101). Beruht der Fehler des Pachtgegenstandes hingegen auf einem Verschulden des Pächters, ist die Kündigung ausgeschlossen (OLG Düsseldorf ZMR 1994, 402). Ein Recht zur Kündigung wegen mangelhaften Zustands des Pachtobjekts ist auch dann ausgeschlossen, wenn der Pächter das Pachtobjekt nicht gebrauchen will, obwohl ihm eine vertragliche Betriebspflicht obliegt (OLG Celle ZMR 2002, 187). Der Pachtvertrag über den Fang von Fischen und Krebsen in einem See kann gekündigt werden, wenn der See wegen einer Tierseuche von Krebsen völlig entvölkert ist, so daß dem Pächter eine wesentliche Einnahmequelle fehlt (OLG Stettin OLGE 24, 343). Der Pächter einer Apotheke kann den Pachtvertrag kündigen, wenn ihm die vertragsmäßige Nutzung dadurch entzogen wird, daß der Hauseigentümer den Mietvertrag mit dem Verpächter kündigt und damit dem Pächter das abgeleitete Recht zum Gebrauch der Geschäftsräume nimmt, die im Pachtvertrag ausdrücklich als Teil des Pachtgegenstandes genannt werden. Die Kündigung wird nicht dadurch ausgeschlossen, daß der Pächter die Räume weiterhin aufgrund eines mit dem Hauseigentümer neu abgeschlossenen Mietvertrags innehat, weil diese Nutzung nicht mehr auf dem Pachtvertrag beruht (OLG Zweibrücken OLGZ 1972, 208). Das Kündigungsrecht besteht nur, wenn der vertragsmäßige Gebrauch nicht gewährt wird oder wenn wenigstens feststeht, daß er entzogen werden wird. Allein die Ungewißheit genügt grundsätzlich nicht. Hat jedoch ein Pächter ohne Erlaubnis des Verpächters ein Fabrikgrundstück langfristig unterverpachtet, so kann die vertragsmäßige Nutzung durch den Unterpächter davon abhängen, daß er Gewißheit über die Fortdauer des mit dem Pächter geschlossenen Vertrags erlangt, weil er nach wirtschaftlichen Erwägungen nur dann die erforderlichen Investitionen machen kann. Er kann deshalb zur Kündigung des Unterpachtvertrags berechtigt sein, wenn der Verpächter die Erlaubnis zur Unterverpachtung nicht erteilen will, ohne schon seinerseits den Hauptpachtvertrag gekündigt und vom Unterpächter Herausgabe des Grundstücks verlangt zu haben (BGH LM Nr 1 zu § 542 BGB = MDR 1959, 1005). Dabei braucht allerdings nicht auf die allgemeine Kündigung aus wichtigem Grund abgestellt zu werden, wie es in der Begründung des BGH anklingt, wenn die Vornahme der Investitionen zur vertragsmäßigen Nutzung gehört. Der Unterpächter kann auch dann das Unterpachtverhältnis aus wichtigem Grund kündigen, wenn er nach dem Inhalt seines Vertrags davon ausgehen durfte, die Erlaubnis des Hauptverpächters sei bereits oder werde noch erteilt, und wenn sich dann herausstellt, daß der Pächter und Unterverpächter die Erlaubnis nicht beibringen kann (BGH WuM 1987, 116 m Anm ECKERT EWiR 1/87 zu § 549). Ist in ein zur Nutzung überlassenes Computerprogramm eine periodische Sperre zum Schutz vor unbefugter Nutzung eingebaut, gibt dies dem Nutzungsberechtigten, der verpflichtet ist, den Mißbrauch durch Dritte zu verhindern, kein Kündigungsrecht aus § 543 Abs 2 S 1 Nr 1 (BGH NJW 1981, 2684). Ein Kündigungsrecht kann jedoch angenommen werden, wenn die Programmsperre als Druckmittel benutzt wird, um einen Wartungsvertrag abzuschließen (BGH NJW 1987, 2004, 2006). Die Kündigung ist nach § 543 Abs 3 S 1 erst zulässig, wenn der Verpächter eine ihm von dem Pächter bestimmte angemessene Frist hat verstreichen lassen, ohne Abhilfe zu schaffen. Diesem Erfordernis ist durch Bezugnahme auf eine behördliche Verfügung genügt, die dem Verpächter unter Fristsetzung die Beseitigung des Mangels der Pachträume aufgibt (BGH WM 1983, 660). Einer Fristsetzung bedarf es bei behördlichen Verboten nicht, wenn der vertragsmäßige Zustand des Pachtgegenstandes nicht in angemessener Zeit hergestellt werden kann (OLG Düsseldorf DWW 1993, 99).

415 Umfaßt der Pachtgegenstand einen Wohnraum oder einen anderen zum Aufenthalt von Menschen bestimmten Raum, kann sich bei mangelhafter Beschaffenheit der Räume aus den §§ 569 Abs 1 (= § 544 aF) und 578 Abs 2 S 2 ein Recht des Pächters zur fristlosen Kündigung wegen **Gesundheitsgefährdung** ergeben (OLG Brandenburg OLG-Rp 1998, 411; STAUDINGER/EMMERICH [2003] § 569 Rn 2 ff). Wohnräume iSv § 569 Abs 1 liegen vor, wenn Räume Wohnzwecken dienen; ein anderer, zum Aufenthalt von Menschen bestimmter Raum iSv § 578 Abs 2 S 2 liegt dagegen vor, wenn sich darin nach dem Vertrag nicht nur ganz vorübergehend und kurzfristig Menschen aufhalten sollen (OLG Koblenz NJW-RR 1992, 1228; STAUDINGER/EMMERICH [2003] § 569 Rn 5 mwNw). Erfaßt werden damit Viehställe, in denen ständig gearbeitet wird (OLG Koblenz aaO). Die Gesundheitsgefährdung muß eine Folge der Beschaffenheit der Räume sein, so daß die Gefährdung von Angestellten in einem Ladenlokal durch wiederholte Übergriffe und Ausschreitungen von Kunden und Nachbarn als Kündigungsgrund ausscheidet (OLG Koblenz NJW-RR 1989, 1247). Ebenso wie im Mietrecht wird die Kündigung grundsätzlich nicht dadurch ausgeschlossen, daß nur ein Teil der Räume einer größeren Mietsache gesundheitsgefährdend ist (STAUDINGER/EMMERICH [2003] § 569 Rn 11). Die Anwendbarkeit der Vorschrift wird im Pachtrecht jedoch teilweise dahin gehend eingeschränkt, daß die gesundheitsgefährdende Beschaffenheit mitverpachteter Räume bei einem umfassenderen Pachtgegenstand nur dann zur fristlosen Kündigung berechtige, wenn die ordnungsmäßige Bewirtschaftung des gesamten Pachtgegenstandes unmöglich sei oder wesentlich erschwert werde (OLG Breslau DWohnA 1928, 576; OLG Celle MDR 1964, 924). Für die teilweise befürwortete einschränkungslose Anwendbarkeit der Vorschrift (OERTMANN Vorbem 6 zu § 581; SOERGEL/HEINTZMANN Rn 46) spricht hingegen der Zweck, im öffentlichen Interesse allgemein die Gesundheit zu schützen. Auch im letzteren Fall steht das Kündigungsrecht jedoch unter dem Vorbehalt der unzulässigen Rechtsausübung und kann deshalb entfallen, wenn die Benutzbarkeit des Pachtgegenstandes durch die gesundheitsgefährdende Beschaffenheit einzelner Räume nicht wesentlich beeinträchtigt ist, der Pächter der Gefährdung also ausweichen kann, ohne besondere Einschränkungen im Gebrauch auf sich nehmen zu müssen. Unberührt bleibt das Kündigungsrecht aus § 543 Abs 2 S 1 Nr 1. Im Gegensatz zu dieser Vorschrift ist für eine auf § 569 gestützte Kündigung eine Fristsetzung mit der Aufforderung, Abhilfe zu schaffen, entbehrlich (OLG Koblenz NJW-RR 1992, 1228).

416 Der Verpächter ist unter den Voraussetzungen des § 543 Abs 2 S 1 Nr 2 (= § 553 aF) bei **vertragswidrigem Gebrauch** zur fristlosen Kündigung berechtigt (STAUDINGER/EMMERICH [2003] § 543 Rn 27 ff). Die Regelung des § 543 Abs 2 S 1 Nr 2 nF ist enger gefaßt als § 553 aF; der Anwendungsbereich ist beschränkt auf die beiden Fälle erheblicher Gefährdung der Pachtsache durch Vernachlässigung der dem Pächter obliegenden Sorgfalt sowie der unbefugten Überlassung der Pachtsache an einen Dritten. Bei einer Verletzung der Verpächterrechte auf andere Weise, etwa ohne erhebliche Gefährdung der Pachtsache, kommt nach neuem Recht nur noch eine Kündigung nach § 543 Abs 1 (Rn 418) in Betracht (STAUDINGER/EMMERICH [2003] § 543 Rn 27 mwNw; aA BT-Drucks 14/4553, 44). Die Grenzen des vertragsmäßigen Gebrauchs werden durch Vertrag, Verkehrssitte und Gesetz abgesteckt (Rn 333 ff). Für die Verletzung der Grenzen ist ein Verschulden des Pächters nicht erforderlich. Ein vertragswidriger Gebrauch liegt zB in der unwaidmännischen und nicht pfleglichen Jagdausübung (RG HRR 1928, Nr 417) oder in Verstößen gegen Fischereivorschriften (RG JW 1925, 1121 Nr 19). Soll der Pachtgegenstand nach dem Vertrag dazu benutzt werden, Reitpferde zu halten, ohne daß die Frage der gewerblichen Nutzung positiv oder negativ geregelt ist, so ist im Wege der Auslegung zu ermitteln, ob das gewerbsmäßige Umtreiben eines Pferdestalles einen vertragswidrigen Gebrauch bedeutet (OLG Karlsruhe ZMR 1987, 419). Die unerlaubte Überlassung des Gebrauchs an Dritte stellt idR einen Kündigungsgrund dar. Dies gilt etwa für die unbefugte Überlassung eines Jagdausübungsrechtes (BGH WM 2000, 533, 534 = NZM 2000, 241 = NJW-RR 2000, 717). Etwas anderes gilt jedoch für eine Untervermietung der Pächterwohnung, wenn die Parteien die Kündigung aus wichtigem Grund vertraglich auf eine unerlaubte Unterverpachtung des ganzen Pachtgegenstandes beschränkt haben (OLG Hamm ZMR 1995, 248). Hinzu kommen muß nach dem Tatbestand des § 543 Abs 2 S 1 Nr 2, daß die Rechte des Verpächters in erheblichem Maße verletzt werden. Dies ist bei Gesetzesverstößen des Pächters nicht in jedem Fall anzunehmen (RG JW 1925, 1121 Nr 19; OLG Stuttgart ZMR 1989, 377). In der bloßen Vernachlässigung des Pachtgegenstandes liegt nicht ohne weiteres ein vertragswidriger Gebrauch. Läßt der Pächter den Pachtgegenstand jedoch wegen persönlicher Gleichgültigkeit und Unfähigkeit völlig verkommen, so kann diese Verletzung der Obhutspflicht die Kündigung aus § 543 Abs 2 S 1 Nr 2 rechtfertigen (OLG Königsberg RdRN 1938, 535). Hat der Pächter eine Gebrauchspflicht übernommen, ist deren Verletzung einem vertragswidrigen Gebrauch iS des § 543 Abs 2 S 1 Nr 2 gleichzustellen (RG JR 1925 Nr 1742), zB wenn der Pächter den Betrieb nicht vertragsmäßig einrichtet oder nicht ordnungsgemäß führt (RGZ 149, 88). Besteht keine Gebrauchspflicht, kann in dem Betrieb eines weiteren Unternehmens durch den Pächter kein vertragswidriger Gebrauch gesehen werden, auch wenn dadurch die Pacht, die neben einem Mindestbetrag nach dem Umsatz bemessen wird (Rn 194), geringer ausfällt (RGZ 160, 361, 367). Ebenso kann bei einem Bodenabbauvertrag die unterlassene Auskiesung einen vertragswidrigen Gebrauch darstellen (BGH WM 1983, 531). Der Verstoß gegen eine Getränkebezugsverpflichtung durch anderweitigen Bezug von Getränken begründet ein Kündigungsrecht (OLG München BB 1995, 329 m krit Anm NIEBLING). Das gleiche gilt, wenn eine verpachtete Tankstelle als Mietwagenagentur (OLG Hamm NZM 1999, 1050) oder ein Anwesen, das als Lager für Ausstellungsräume oder als Café mit Betriebswohnungen gepachtet wurde, als Unterkunft für Asylbewerber genutzt wird (OLG München ZMR 2001, 347). Nach § 543 Abs 3 S 1 ist eine Kündigung erst nach erfolglosem Ablauf einer zur Abhilfe bestimmten angemessenen Frist oder nach erfolgloser Abmahnung zulässig, wenn der wichtige Grund in der Verletzung einer Pflicht aus dem Pachtvertrag besteht; dazu gehört auch der vertragswidrige Gebrauch der Pachtsache iSv § 543 Abs 2 S 1 Nr 1 (STAUDINGER/ EMMERICH [2003] § 543 Rn 72). Etwas anderes gilt ua dann, wenn eine Frist oder

Abmahnung offensichtlich keinen Erfolg verspricht (Abs 3 S 2 Nr 1; zum alten Recht BGH LM Nr 13 zu § 553 BGB = MDR 1975, 572). Einer Abmahnung bedarf es auch dann nicht, wenn die sofortige Kündigung unter Abwägung der beiderseitigen Interessen gerechtfertigt ist (§ 543 Abs 3 S 2 Nr 2). Damit sollen Fälle erfaßt werden, in denen wegen der Schwere der Vertragsverletzung und ihrer Folgen für den betroffenen Vertragsteil nur eine sofortige Vertragsbeendigung in Betracht kommt (STAUDINGER/ EMMERICH [2003] § 543 Rn 81). So hält der BGH eine Abmahnung für entbehrlich, wenn das Fehlverhalten des Vertragspartners die Vertrauensgrundlage in so schwerwiegender Weise erschüttert hat, daß diese auch durch eine erfolgreiche Abmahnung nicht wieder hergestellt werden kann (BGH WM 2000, 533, 535 = NZM 2000, 241 = NJW-RR 2000, 717; WM 1999, 1986).

Sind die Voraussetzungen des § 543 Abs 2 S 1 Nr 3 erfüllt, kann der Verpächter **417** wegen **Verzugs mit der Entrichtung der Pacht** fristlos kündigen (OLG Hamburg OLGE 22, 266, 267; STAUDINGER/EMMERICH [2003] § 543 Rn 42 ff). Zur Pacht gehören auch Nebenkosten und Umlagen, soweit sie als Entgelt für die Gebrauchsüberlassung entrichtet werden, selbst wenn ihrer Berechnung nur das Prinzip der Kostendeckung zugrunde liegt (BGH WM 1975, 897, 899). Für den Verzug des Pächters mit Leistungen, die nicht zum Entgelt gehören, greifen die allgemeinen Vorschriften über den Schuldnerverzug ein (OLG Kiel SchlHAnz 1928, 26). Steht dem Pächter ein Zurückbehaltungsrecht zu, ist der Verzug nur ausgeschlossen, wenn das Recht vor oder bei Fälligkeit der Forderung ausgeübt wird (OLG Düsseldorf ZMR 1988, 304). Das Kündigungsrecht steht dem Verpächter auch zu, wenn er den Pachtanspruch abgetreten hat, denn er bleibt nach wie vor Vertragspartei (OLG Naumburg OLGE 24, 340). Dabei macht es keinen Unterschied, ob der Pächter vor oder nach der Abtretung in Verzug geraten ist, weil sich auch der Verzug gegenüber dem Zessionar aufgrund etwaiger Gewährleistungsrechte nachteilig für den Verpächter als Zedenten auswirken kann. Das Gesetz bietet keinen Anhaltspunkt für eine dahin gehende Differenzierung. Haben die Parteien vertraglich als Voraussetzung der Kündigung eine formelle, schriftliche Zahlungsaufforderung des Verpächters vorgeschrieben, so muß diese Erklärung für den Pächter eindeutig sein, um die nachfolgende Kündigung nicht unwirksam zu machen (BGH LM Nr 10 zu § 554 BGB = MDR 1973, 44). Ist die Kündigung vertraglich an eine bestimmte Dauer des Schuldnerverzugs gebunden und gerät der Gläubiger vor Fristablauf in Annahmeverzug, sind die Kündigungsvoraussetzungen nicht erfüllt (RG WarnR 1913, Nr 355). Wenn die Parteien vereinbaren, daß der Verpächter bei mehrmaliger verspäteter Zahlung der Pacht zur fristlosen Kündigung berechtigt ist, setzt die Kündigung voraus, daß der vereinbarte Zahlungstermin mehrfach erheblich überschritten wird. Eine nur geringfügige Überschreitung steht nach § 242 der Kündigung entgegen (LG Berlin NJW 1972, 1324). Der wiederholten unpünktlichen oder unvollständigen Zahlung ist die ernsthafte, endgültige Weigerung gleichzustellen, in Zukunft einen erheblichen Teil der Pacht nicht mehr zu entrichten (BGH WM 1985, 647). Eine unzulässige Rechtsausübung stellt es ebenfalls dar, wenn der Verpächter in einem jahrelangen Rechtsstreit Erstattungsansprüche durchsetzt und nach Erlaß eines für ihn günstigen Urteils, ohne dem Pächter eine angemessene Frist zur Zahlung des Urteilsbetrags zu setzen, eine außerordentliche Kündigung, gestützt auf § 543 Abs 2 S 1 Nr 3 ausspricht (OLG München ZMR 1998, 632). Ist das Kündigungsrecht vertraglich von einer besonderen Zahlungsaufforderung mit Fristsetzung abhängig gemacht worden, so ist der Verpächter auch dann zur Kündigung berechtigt, wenn ein Dritter anstelle des Pächters in den Vertrag eingetreten ist, letzterer aber für die Erfüllung der Pachtforderungen weiterhin haftet und der Eintritt des Dritten im Zeitpunkt der Kündigung rückwirkend aufgehoben worden ist (OLG Düsseldorf ZMR 1988, 304). Bei der formularvertraglichen Bestimmung eines Kündigungsgrundes wegen Zahlungsverzugs sind die §§ 305 ff zu beachten. Eine Klausel, die den Verpächter zur fristlosen Kündigung berechtigt, „wenn der Pächter mit der Zahlung einer Pachtrate ganz oder teilweise länger als einen Monat nach Zahlungsaufforderung trotz schriftlicher Mahnung im Rückstand ist", verstößt wegen der erheblichen Abweichung vom Leitbild des § 543 Abs 2 S 1 Nr 3 a gegen § 307 und ist deshalb unwirksam. Gleichwohl muß der Verpächter bei einer unmittelbar auf § 543 Abs 2 S 1 Nr 3 gestützten Kündigung mit der Zahlungsaufforderung und der schriftlichen Mahnung das in der Klausel vorgesehene Verfahren einhalten (BGH NJW 1987, 2506). Wirksam ist dagegen eine Klausel, wonach der Verpächter dann, wenn die jährlich in einer Summe zu zahlende Pacht „am Fälligkeitstag nicht dem Konto des Verpächters gutgeschrieben" ist, „nach zweimaliger schriftlicher Abmahnung der fälligen Pacht" den Pachtvertrag fristlos kündigen kann. Allerdings muß durch die Individualvereinbarung dafür Sorge getragen werden, daß die sonstigen gesetzlichen Voraussetzungen des Verzugs und die Unwirksamkeits- und Ausschlußgründe des § 543 Abs 2 S 2 und 3 weiter anwendbar bleiben (OLG Brandenburg ZMR 2000, 373, 374). Die besonderen Voraussetzungen des § 569 Abs 3 gelten nur für gemischte Verträge, bei denen der Wohnraumanteil überwiegt (Rn 390). Nach § 112 Nr 1 der ab 1.1. 1999 geltenden InsO besteht für die Kündigung wegen Zahlungsverzugs eine Sperre. Hiernach kann der Verpächter ein Pachtverhältnis, das der Schuldner als Pächter eingegangen war, nach dem Antrag auf Eröffnung des Insolvenzverfahrens nicht wegen eines Verzugs mit der Entrichtung der Pacht kündigen, der in der Zeit vor dem Eröffnungsantrag eingetreten ist.

418 Aus § 543 Abs 1 S 2 ergibt sich für jede Vertragspartei ein Recht zur fristlosen Kündigung, wenn dem Kündigenden unter Berücksichtigung aller Umstände des Einzelfalls, **insbesondere eines Verschuldens der Vertragsparteien** und unter Abwägung der beiderseitigen Interessen die Fortsetzung des Mietverhältnisses bis zum Ablauf der Kündigungsfrist oder bis zur sonstigen Beendigung des Mietverhältnisses **nicht zugemutet werden kann.** Da ein großer Teil der Vertragsverletzungen unter einen der in den §§ 543 Abs 2, 569 genannten Kündigungstatbestände fällt, ist für eine Anwendung der Generalklausel des § 543 Abs 1 nur Raum, soweit die einschlägigen Fälle nicht in diesen speziellen Tatbeständen geregelt werden (STAUDINGER/EMMERICH [2003] § 543 Rn 2). Allerdings sind die neuen Regeltatbestände einer Kündigung aus wichtigem Grund zT enger gefaßt als ihre Vorgänger; deshalb bleibt für § 543 Abs 1 ein größerer Anwendungsbereich als für die von der früheren Rspr entwickelte allgemeine fristlose Kündigung aus wichtigem Grund (STAUDINGER/EMMERICH [2003] § 543 Rn 2).

419 Die Möglichkeit einer fristlosen Kündigung wegen Unzumutbarkeit der Fortsetzung des Pachtverhältnisses war schon in der Rspr des Reichsgerichts anerkannt (RGZ 94, 234, 236; 150, 193, 204; STAUDINGER/EMMERICH [1995] § 553 Rn 4 ff). Bei allen Dauerschuldverhältnissen wie auch der Pacht, die ein gutes Einvernehmen und ein gegenseitiges Vertrauen der Parteien erfordern, sei eine fristlose Kündigung aus wichtigem Grund zulässig. Ein wichtiger Grund sei gegeben, wenn durch das Verhalten einer Partei das gegenseitige Vertrauensverhältnis so nachhaltig zerrüttet sei, daß ein gedeihliches Zusammenwirken der Vertragspartner nicht mehr zu erwarten sei (BGH LM

Nr 24 zu § 581 BGB = NJW 1963, 1451; OLG München ZMR 1996, 654, 656; NJWE-MietR 1996, 127, 129). Das Kündigungsrecht wurde vor allem in solchen Fällen bejaht, in denen der Pachtvertrag eine besonders vertrauensvolle, friedliche Zusammenarbeit erfordert (RG JR 1925, Nr 1009; HRR 1933, Nr 344; JW 1937, 1146; BGH LM Nr 24 zu § 581 BGB = NJW 1963, 1451, hierzu KOENIG WuM 1964, 37; WM 1965, 1216, 1217). Das Kündigungsrecht wurde jedoch nicht auf die Fälle beschränkt, die ein persönliches Zusammenwirken erfordern, sondern griff auch dann ein, wenn die Durchführung des Vertrags aufgrund besonderer Umstände erheblich gefährdet wurde und wenn dem Kündigenden deshalb eine weitere Fortsetzung nicht mehr zuzumuten war (RGZ 150, 193, 199; 160, 361, 366; BGH NJW 1951, 836; LM Nr 1 zu § 595 BGB; WM 1967, 515, 517; OLG München ZMR 1996, 654, 656; NJWE-MietR 1996, 127, 129; s auch LG Stralsund Jagdgerichtliche Entscheidungen Bd III Nr 128).

Nach altem Recht war das Vorliegen eines wichtigen Grundes vom Verschulden des anderen Teils unabhängig (RGZ 94, 234, 236; 150, 193, 204). Ein etwaiges Verschulden wurde allerdings bei der nach § 242 gebotenen Interessenabwägung berücksichtigt. Bei einem überwiegenden Verschulden des Kündigungsgegners war das Kündigungsrecht idR begründet, während es im umgekehrten Fall, in dem die Schuld des Kündigenden überwog, regelmäßig ausgeschlossen war. Allerdings brauchte die Zerrüttung des Vertragsverhältnisses nicht vorwiegend vom Kündigungsgegner verursacht worden zu sein (OLG Celle BB 1962, 3, hierzu GLASER BlGBW 1964, 72). Es genügte, wenn beide Parteien in gleichem Maße zur Zerrüttung beigetragen hatten oder wenn eine überwiegende Verursachung durch den Kündigungsgegner nicht feststellbar war (BGH LM Nr 24 zu § 581 BGB = NJW 1963, 1451). **420**

An diesen Grundregeln hat sich durch die Neuregelung des § 543 Abs 1 nichts geändert. Vielmehr ergibt sich aus der Formulierung des § 543 Abs 1 S 2 HS 3, daß dem Verschulden sogar größeres Gewicht als bisher bei der Interessenabwägung zukommt; insoweit unterscheidet sich diese Norm von der allgemeinen Generalklausel des § 314 Abs 1 S 2. Allerdings ist das beiderseitige Verschulden der Parteien nur ein Umstand unter anderen, der bei Interessenabwägung zu beachten ist (STAUDINGER/EMMERICH [2003] § 543 Rn 6). Entscheidend ist letztlich immer, ob nach der Interessenabwägung einer Partei die Fortsetzung des Pachtverhältnisses bis zum Ablauf der Kündigungsfrist oder bis zur sonstigen Beendigung des Pachtverhältnisses nicht mehr zugemutet werden kann. In der bisherigen Rspr ist ein Recht zur fristlosen Kündigung bei Streitigkeiten, die von einem Vertragsteil verschuldet wurden (KG JW 1932, 1067 Nr 3; OLG Celle NdsRpfl 1947, 103), insbesondere Beschimpfungen und Mißhandlungen der anderen Partei (OLG München BayZ 1933, 114; anders OLG München DWW 2001, 275, 276), ihrer Angehörigen oder ihrer Vertrauenspersonen (RGZ 94, 234), bejaht worden. Das gleiche ist anzunehmen, wenn der Verpächter trotz einer Vielzahl von Mahnungen über viele Jahre hinweg keine Nebenkostenabrechnung aufstellt und selbst nach der Aufstellung noch Schwierigkeiten macht, den Rückzahlungsanspruch des Pächters zu erfüllen (OLG Düsseldorf DWW 1991, 78). Ebenso kann die ständig unpünktliche Zahlung der Pacht eine Kündigung nach § 543 Abs 1 rechtfertigen (OLG Düsseldorf DWW 1992, 113; OLG München ZMR 1996, 376). Das gleiche gilt bei gewerblichen Pachtverhältnissen für die Nichtleistung der vereinbarten Kaution (OLG München WuM 2000, 304) sowie im Rahmen der Umsatzpacht bei wiederholter Angabe unrichtiger Pachtzahlen durch den Pächter (OLG Düsseldorf NZM 2001, 1033). Laufende Kürzungen der Pacht, die der Verpächter über mehrere **421**

Jahre unbeanstandet hingenommen hat, rechtfertigen dagegen mangels Verschuldens keine Kündigung nach § 543 Abs 1 (OLG Köln ZMR 2000, 459). Die Störung des Vertrags kann auf dem Verhalten Dritter oder von Angehörigen einer Partei beruhen, das sich diese nach den §§ 278 und 540 Abs 2 zurechnen lassen muß (BGH LM Nr 6 zu § 553 BGB = MDR 1961, 226; s auch OLG Naumburg GuT 2004, 10, 11; STAUDINGER/ EMMERICH [2003] § 543 Rn 29). Die drohende Umqualifizierung der Gebrauchsüberlassung nach § 32a GmbHG in haftendes Kapital ist kein wichtiger Kündigungsgrund, da die Umqualifizierung Folge einer anderweitigen, nicht ausgenutzten Kündigungsmöglichkeit ist (BGHZ 109, 55, 61 = NJW 1990, 516, 517; BGHZ 140, 147, 149 = NJW 1999, 577; BGH WM 2000, 525 = NJW-RR 2000, 925; OLG Karlsruhe ZIP 1994, 1183, 1185; OLG Düsseldorf GmbHR 1996, 201, 205; OLG Karlsruhe NZG 1998, 77, 78 m Anm Michalski NZG 1998, 41; OLG München ZIP 1996, 762, 763; OLG Oldenburg OLG-Rp 2001, 2, 3). Die Wirkung einer eigenkapitalersetzenden Gebrauchsüberlassung endet nach Ansicht des BGH aber, wenn das überlassene Grundstück mit einem Grundpfandrecht belastet ist, analog den §§ 146 ff ZVG, 1123, 1124 Abs 2 mit dem Wirksamwerden des im Wege der Zwangsverwaltung erlassenen Beschlagnahmebeschlusses (BGHZ 140, 147, 149 = NJW 1999, 577 = ZIP 1999, 65 m Anm JUNGMANN ZIP 1999, 601 = WuB II C § 32a GmbHG 1. 99 m Anm OBERMÜLLER = JR 1999, 324 m Anm MICHALSKI = DStR 1999 m Anm GOETTE; POHLMANN DStR 1999, 595; WAHLERS GmbHR 1999, 157; WELSCH DZWiR 2000, 139; BGH WM 2000, 525 = NJW-RR 2000, 925; OLG München WiB 1997, 139 = ZIP 1998, 1917 m Anm WENZEL WiB 1997, 119). Dagegen bleibt die Wirkung einer eigenkapitalersetzenden Gebrauchsüberlassung bei einer Kollision mit der Beschlagnahme durch Pfändung der Pachtforderungen wegen des dinglichen Anspruchs nach den §§ 1147, 1192 bestehen (OLG München GmbHR 2002, 65, 66 = EWiR § 30 GmbHG 3/01, 963 m Anm STORZ). Auch kein wichtiger Grund stellt die fehlende Beseitigung eines Verstoßes gegen öffentlich-rechtliche Bestimmungen (Verunreinigung des Trinkwassernetzes durch Manipulationen von Unterpächtern) dar, wenn der Verpächter schneller und mit größerer Aussicht auf Erfolg den rechtswidrigen Zustand beseitigen kann (OLG Naumburg GuT 2004, 10, 11 f).

dd) Wirkung der Kündigung

422 Sind die jeweiligen tatbestandlichen Voraussetzungen erfüllt, führt die Kündigung zur **Beendigung des Pachtverhältnisses.** Dies geschieht entweder fristlos oder nach Ablauf der maßgebenden Kündigungsfrist. Wenn bei der ordentlichen Kündigung eine unrichtige Kündigungsfrist angegeben oder die maßgebende Frist nicht eingehalten wird (Rn 402 ff; § 584 Rn 20 ff), wirkt die Kündigung idR zum nächstzulässigen Termin, sofern der Kündigende das Pachtverhältnis auf jeden Fall beenden will und dieser Wille dem Kündigungsempfänger erkennbar ist (OLG Frankfurt NJW-RR 1990, 337; OLG Köln RdL 1960, 48). Ist eine Partei zur fristlosen Kündigung berechtigt, kann sie wie im Arbeitsrecht auch eine beliebige Auslauffrist setzen, wenn eine sofortige Beendigung des Vertrags, etwa wegen der Suche nach einem Nachfolger, nicht ihrem Interesse entspricht. Ob die tatbestandlichen Voraussetzungen der Kündigung erfüllt sind, richtet sich nach dem Zeitpunkt des Zugangs der Erklärung. Unerheblich ist, wenn die Kündigungsgründe später wegfallen oder sich ändern. Da es anders als bei der ordentlichen Kündigung eines Mietverhältnisses über Wohnraum nach § 573 nicht darauf ankommt, ob der Verpächter ein berechtigtes Interesse an der Beendigung hat, spielt der Fortbestand solcher Interessen im Pachtrecht keine Rolle. Ist der Tatbestand für eine außerordentliche fristlose Kündigung nicht erfüllt, kommt eine Umdeutung der Erklärung in eine ordentliche Kündigung oder in ein Angebot zur einvernehmlichen Vertragsaufhebung in Be-

tracht (OLG Köln ZMR 2001, 967; STAUDINGER/ROLFS [2003] § 542 Rn 99 ff; einschränkend BGH NJW 1981, 43). Die Umdeutung einer unwirksamen ordentlichen Kündigung in eine außerordentliche fristlose Kündigung, die vor der Mietrechtsreform diskutiert wurde (STAUDINGER/SONNENSCHEIN [1997] § 564 Rn 101), wird heute mit Blick auf die Neuregelung des § 569 Abs 4, der im Wohnraummietrecht die fristlose Kündigung dem Begründungszwang unterwirft, abgelehnt (STAUDINGER/ROLFS [2003] § 542 Rn 101). Da die Angabe eines bestimmten Kündigungsgrundes aber außerhalb dieses Falles nicht erforderlich ist (Rn 396), scheitert die Umdeutung nicht an der fehlenden Angabe des Kündigungsgrundes. Das Problem, daß das Rechtsgeschäft, in welches umgedeutet wird, keine weitergehenden Rechtsfolgen zeitigen darf als das ursprünglich gewollte Rechtsgeschäft, läßt sich dadurch lösen, daß bei der außerordentlichen Kündigung eine Auslauffrist berücksichtigt wird, die der gesetzlichen Kündigungsfrist entspricht (STAUDINGER/SONNENSCHEIN [1997] § 564 Rn 101).

Die Parteien können die Beendigung des Pachtverhältnisses durch **Widerruf oder** 423 **Rücknahme** der Kündigung verhindern (HEROLD BlGBW 1972, 126; STAUDINGER/ROLFS [2003] § 542 Rn 102 ff). Der Widerruf setzt nach § 130 Abs 1 S 2 voraus, daß er vorher oder gleichzeitig mit der Kündigungserklärung zugeht. Im übrigen kann der Eintritt der Rechtsfolgen einer durch Zugang bereits wirksam gewordenen Kündigung von den Parteien nur einverständlich beseitigt werden. Die Rücknahme der Kündigung ist deshalb nicht einseitig, sondern nur durch Vertrag möglich. War das Pachtverhältnis noch nicht beendet, bleibt der bisherige Vertrag in Kraft (BGH LM Nr 22 zu § 566 BGB = NJW 1974, 1081). Nach der Beendigung des Vertrags liegt in der Rücknahme der Kündigung ein neuer Vertragsabschluß (OLG Hamm ZMR 1979, 249). Setzt der Pächter nach der Beendigung des Pachtverhältnisses den Gebrauch des Pachtgegenstandes einseitig fort, liegt darin keine Rücknahme der Kündigung (LG Hannover ZMR 1979, 248; **aA** OLG Karlsruhe OLGE 2, 480). Die Kündigung kann und braucht nicht einseitig als zurückgenommen zu gelten, weil sich das Pachtverhältnis unter den Voraussetzungen des § 545 verlängert.

Die schuldhafte Pflichtverletzung einer Partei kann der anderen nicht nur ein 424 Kündigungsrecht, sondern auch Ansprüche auf **Schadensersatz** einräumen. Dies gilt vor allem für Schäden, die dem Kündigenden aus der Beendigung des Pachtverhältnisses erwachsen (STAUDINGER/EMMERICH [2003] § 543 Rn 104 ff) und umfaßt in erster Linie den Pachtausfall bis zu einer Wiederverpachtung (OLG Düsseldorf ZMR 1985, 89 u 297; OLG Köln WuM 1999, 288; OLG München WuM 2002, 492, 493 m Anm FELLNER). Unerheblich ist, wenn sich nach der Räumung der Vertragsabschluß mit einem Dritten hinauszögert, weil der Verpächter nur zu neuen Bedingungen verpachten will (OLG Frankfurt WuM 1992, 436). Entscheidend ist, ob sich der Verpächter im Rahmen seiner Pflicht aus § 254 Abs 2 S 1 hält, den Schaden möglichst zu mindern (BGH WM 1984, 171, 172). Kündigt der Pächter das Pachtverhältnis wirksam fristlos, so steht ihm grundsätzlich ein Anspruch auf Ersatz des durch die Kündigung entstandenen Kündigungsfolgeschadens zu; dies gilt allerdings nicht, wenn auch der Verpächter hätte fristlos kündigen können (KG GrundE 2002, 258). Die Pflichtverletzung kann auch in einer grundlosen fristlosen Kündigung liegen (BGH NJW 1988, 1268; OLG Frankfurt OLG-Rp 2001, 125; OLG München OLG-Rp 2002, 281, 282). Es kommt sonst aber nicht darauf an, ob der Kündigende den Vertrag nach einer Vertragsverletzung des Gegners ordentlich oder außerordentlich fristlos beendet. Im übrigen löst die ordentliche Kündigung grundsätzlich keine Schadensersatzansprüche aus. Dies gilt nicht in gleicher Weise für die außerordentliche befristete Kündigung, die etwa nach § 109 Abs 1 S 3 InsO zu Schadensersatzansprüchen des Kündigungsempfängers wegen der vorzeitigen Beendigung des Pachtverhältnisses führen kann. Auch im übrigen können dem Kündigungsempfänger Schadensersatzansprüche aus Pflichtverletzung oder aus unerlaubter Handlung zustehen, wenn der Kündigende bei einer außerordentlichen Kündigung wahrheitswidrig das Bestehen eines Kündigungsgrundes vorgibt und der Gegner dadurch einen Schaden erleidet. Eine unwirksame außerordentliche befristete Kündigung ist nicht ohne weiteres eine unerlaubte Handlung iS eines Eingriffs in den eingerichteten und ausgeübten Gewerbebetrieb nach § 823 Abs 1, weil die Rechtswidrigkeit nicht einfach mit der Unwirksamkeit der Kündigung gleichzusetzen ist (BGH BB 1978, 1589, 1590). Die formularmäßige Vereinbarung einer Vertragsstrafe für den Fall der vorzeitigen Auflösung des Pachtverhältnisses ist nach § 309 Nr 6 oder § 307 (= § 11 Nr 6 oder § 9 AGBG aF) unwirksam (OLG Hamburg DWW 1988, 41). Das gleiche gilt für die formularmäßige Vereinbarung einer Vertragsstrafe für den Fall, daß der Pächter die fristlose Kündigung des Vertrags verschuldet (OLG Düsseldorf MDR 1996, 465).

d) Beendigung aufgrund sonstiger Umstände

425 Mit Zeitablauf und Kündigung wird in § 542 nur ein Teil der Gründe genannt, durch die ein Pachtverhältnis beendet wird. Andere Gründe, die bei einer Vielzahl von Schuldverhältnissen in Betracht kommen, werden im Gesetz nicht immer wieder aufgezählt, um überflüssige Wiederholungen zu vermeiden. Auch gesetzlich nicht ausdrücklich geregelte Gründe sind möglich. So können die Parteien ein auf bestimmte oder auf unbestimmte Zeit eingegangenes Pachtverhältnis durch einen **Aufhebungsvertrag** vorzeitig beenden. Ein solcher Vertrag ist aufgrund der Vertragsfreiheit nach § 311 Abs 1 zulässig (STAUDINGER/ROLFS [2003] § 542 Rn 126 ff). Er kann durch schlüssige Willenserklärungen zustande kommen. Ob in einer unwirksamen Kündigung das Angebot zum Abschluß eines Aufhebungsvertrags liegt, ist eine Frage der Auslegung. Dies kann auch bei einer fristlosen Kündigung nicht grundsätzlich ausgeschlossen werden (PALANDT/WEIDENKAFF § 542 Rn 19; STAUDINGER/ROLFS [2003] § 542 Rn 100; aA BGH WM 1984, 171, 172; einschränkend BGH NJW 1981, 43). Haben die Parteien formularmäßig die Schriftform für Änderungen des Pachtvertrags vereinbart, steht dies einem Aufhebungsvertrag nicht entgegen, wenn der Pächter die hierüber geführte Besprechung schriftlich bestätigt und der Verpächter auf dieses Bestätigungsschreiben schweigt (OLG Düsseldorf MDR 1991, 349). Der Verpächter muß den nicht verbrauchten Teil einer etwaigen Vorauszahlung auf die Pacht gem § 547 (= § 557a aF) nach Rücktrittsgrundsätzen zurückerstatten (BGH NJW 2000, 2987 = ZMR 2000, 664, 665; OLG Celle MDR 1978, 492; STAUDINGER/ROLFS [2003] § 547 Rn 12, 25 ff). Die Parteien können sich für den Fall einer vorzeitigen Aufhebung des Pachtverhältnisses eine Abfindung versprechen. Der Abfindungsanspruch entfällt jedoch, wenn der Pachtgegenstand vor dem vorgesehenen Räumungstermin unverschuldet vernichtet wird (LG Frankfurt aM NJW 1976, 572 m krit Anm DOPJANS NJW 1976, 898). Eine Formularklausel, in der sich der Verpächter für den Fall, daß das Pachtverhältnis auf Wunsch des Pächters vorzeitig einvernehmlich beendet wird, eine Vertragsstrafe versprechen läßt, ist nach § 309 Nr 6 oder § 307 (= § 11 Nr 6 oder § 9 AGBG) unwirksam (BGH NJW 1985, 57).

Ist der Fortbestand eines Pachtverhältnisses vertraglich von einer **auflösenden Be-** 426
dingung abhängig, endet es nach § 158 Abs 2 mit dem Eintritt des zukünftigen
ungewissen Ereignisses (STAUDINGER/ROLFS [2003] § 542 Rn 142).

Ein **Rücktrittsrecht** kann sich aus einer vertraglichen Vereinbarung oder unmittelbar 427
aus dem Gesetz ergeben. Bei einem vertraglichen Rücktrittsrecht sind die §§ 346 ff
anders als nach § 572 Abs 1 bei der Wohnraummiete vor und nach der Überlassung
des Pachtgegenstandes in gleicher Weise anwendbar (STAUDINGER/ROLFS [2003] § 542
Rn 143). Ein gesetzliches Rücktrittsrecht nach den §§ 323, 324 greift nur vor der
Überlassung des Pachtgegenstandes ein (STAUDINGER/ROLFS [2003] § 542 Rn 144 ff). Hierbei kann sich das Problem ergeben, ob eine Erklärung des Rücktrittsberechtigten
auf die Geltendmachung von Schadensersatz oder auf die Lösung vom Vertrag
abzielt (BGH NJW-RR 1988, 1100). Nach der Überlassung wird das gesetzliche Rücktrittsrecht beider Parteien nach heutiger Auffassung (BGHZ 50, 312, 315 = NJW 1969, 37)
im Gegensatz zur früheren Rspr (RGZ 105, 167; 149, 88, 92; RG BayZ 1925, 341) generell
durch das Recht zur außerordentlichen fristlosen Kündigung (§§ 543, 569) oder
durch einen Schadensersatzanspruch aus § 536a verdrängt (STAUDINGER/ROLFS [2003]
§ 542 Rn 147).

Ähnlich wie im Mietrecht (STAUDINGER/ROLFS [2003] § 542 Rn 148 ff) stellt sich für den 428
Pachtvertrag die Frage, ob und wie lange eine **Anfechtung** geltend gemacht werden
kann. Überwiegend wird die Anfechtbarkeit unabhängig von der Überlassung des
Pachtgegenstandes bejaht, wenn ein Anfechtungsgrund erfüllt ist (RGZ 102, 225; 157,
173; RG JW 1912, 25; DWohnA 1935, 268; KG MDR 1967, 404 mwNw). Teilweise wird die
rückwirkende Anfechtung nach der Überlassung nur bei arglistiger Täuschung nach
§ 123 zugelassen (BROX/ELSING JuS 1976, 1, 5). Ebenso wie beim Rücktrittsrecht
(Rn 427) ist jedoch auch hier davon auszugehen, daß die Anfechtung nach der
Überlassung generell durch ein Recht zur außerordentlichen fristlosen Kündigung
ersetzt wird. Damit entfallen die Rückwirkung und die Schwierigkeiten der Rückabwicklung eines in Vollzug gesetzten Dauerschuldverhältnisses. Auf jeden Fall ist
die Ausschlußfrist des § 124 Abs 1 zu beachten (OLG Düsseldorf ZMR 1988, 462).

Bis zur Schuldrechtsreform war anerkannt, daß das Pachtverhältnis nach den §§ 275 429
Abs 1, 323 Abs 1 endet, wenn eine **Unmöglichkeit der Gewährung des vertragsmäßigen Gebrauchs** eintritt, die von keiner der Parteien zu vertreten ist (RGZ 146, 60, 64;
OGHBrZ HEZ 2, 245, 248; LG Frankfurt aM NJW 1976, 572 m krit Anm DOPJANS NJW 1976, 898;
STAUDINGER/SONNENSCHEIN[12] § 564 Rn 56). Davon kann unter der Geltung des neuen
§ 326 wohl nicht mehr ausgegangen werden. Vielmehr spricht die amtliche Begründung des Entwurfs eines Gesetzes zur Modernisierung des Schuldrechts eher gegen
ein automatisches Ende des gesamten Dauerschuldverhältnisses; es entfällt kraft
Gesetzes „nur" die Pflicht zur Gegenleistung (BT-Drucks 14/6040, 188 f; STAUDINGER/
ROLFS [2003] § 542 Rn 155).

Bei einer **Störung der Geschäftsgrundlage** (§ 313) tritt wie im Mietrecht (EMMERICH, 430
Das Recht der Leistungsstörungen 458 ff; STAUDINGER/ROLFS [2003] § 542 Rn 157 f) auch für den
Pachtvertrag ein Recht zur Kündigung aus wichtigem Grund an die Stelle des sonst
maßgebenden Rücktrittsrechts (§ 313 Abs 3 S 2). Eine Beendigung des Vertrags ist
aber nur gerechtfertigt, wenn ein Ausgleich der beiderseitigen Parteiinteressen nicht
auf dem weniger einschneidenden Wege einer Anpassung der Vertragsleistungen

unter Aufrechterhaltung des Vertrags zu erwarten ist (§ 313 Abs 3 S 1; RGZ 107, 151; RG BayZ 1924, 290; WarnR 1926, Nr 80, 106; BGH LM Nr 2 zu § 242 [Ba] BGB = NJW 1951, 836, 837; LM Nr 1 zu § 595 BGB; NZM 2000, 492, 494 = NJW 2000, 1714). Entscheidend ist die Risikoverteilung (Joachim BB 1988, 779; ders ZIP 1991, 966). Eine Kündigung kommt deshalb bei Eintritt solcher Umstände nicht in Betracht, die im Risikobereich der jeweiligen Partei liegen. So rechtfertigt der bloße Umsatzrückgang nicht die Kündigung durch den Pächter, weil es zu seinem unternehmerischen Risiko gehört, Einnahmen zu erzielen, welche die Pacht decken (BGH LM Nr 32 zu § 133 [C] BGB = MDR 1971, 209; OLG Düsseldorf ZMR 1998, 218; OLG Hamm ZMR 1970, 53). Der Pächter eines Hotels kann sich nicht auf die Störung der Geschäftsgrundlage eines langfristigen Pachtvertrags berufen, wenn das Hotel bei Vertragsabschluß eine ausreichende Einrichtung aufweist, aber aufgrund einer vorhersehbaren wirtschaftlichen Entwicklung, vor allem hinsichtlich der Ansprüche von Gästen an den Komfort eines Hotels, Äquivalenzstörungen eintreten. Dies gilt selbst dann, wenn die weitere Erfüllung des Pachtvertrags durch den Pächter den Verfall seines Vermögens zur Folge haben könnte (BGH NJW 1978, 2390). Dem Verpächter steht kein Kündigungsrecht wegen Störung der Geschäftsgrundlage zu, wenn der Pächter nach Abschluß des Vertrags den Betrieb von Konkurrenzunternehmen aufnimmt, ohne dabei gegen den Pachtvertrag zu verstoßen, und wegen des Umsatzrückgangs des gepachteten Unternehmens die vom Umsatz abhängige Pacht geschmälert wird (RGZ 160, 361, 365). Die Parteien können die Risikoverteilung zwar vertraglich abändern und vereinbaren, daß der Verpächter das Geschäftsrisiko des Pächters trägt; für eine entsprechende Einigung sind jedoch konkrete Anhaltspunkte im Vertrag erforderlich (BGH NZM 2000, 492, 495; NJW-RR 2000, 1535, 1536).

431 Der **Erwerb des Eigentums oder Nießbrauchs** an dem Pachtgegenstand durch den Pächter beendet den Vertrag. Dies gilt nicht, wenn das dingliche Recht vom Pächter gemeinsam mit einem Dritten erworben wird, weil dann der ursprüngliche Pächter und die dinglich Berechtigten als Verpächter nicht dieselben Personen sind (RGZ 49, 285, 286). Der Pächter eines Grundstücks, dem ein Ankaufsrecht eingeräumt ist, kann nach der Ausübung dieses Rechts bei entsprechender Auslegung des Vertrags noch bis zur Auflassung und Zahlung des Kaufpreises zur weiteren Entrichtung der Pacht verpflichtet sein, auch wenn er wirtschaftlich bereits als Eigentümer erscheint (BGH WM 1964, 1237, 1238). Die Entstehung eines unwiderruflichen tatsächlich-öffentlichen Wegs und seine Überleitung als öffentliche Straße in Form eines Eigentümerwegs nach Art 53 Nr 3 BayStrWG lassen ein Pachtverhältnis unberührt, wenn gerade der Pächter den Weg für den öffentlichen Verkehr nutzbar macht (BayObLGZ 1974, 226). Die Eigentumsverhältnisse ändern sich insoweit nicht.

432 Das **Erlöschen eines Dauerwohn- oder Dauernutzungsrechts** (Rn 77) beendet kraft Gesetzes nach den §§ 37 Abs 1, 31 Abs 3 WEG einen Pachtvertrag, den der Berechtigte über die seinem Recht unterliegenden Gebäude- oder Grundstücksteile abgeschlossen hat. Bei Veräußerung oder Heimfall des Rechts gelten nach den §§ 37 Abs 2 und 3 S 1, 31 Abs 3 WEG die Regelungen der §§ 566–566e entsprechend.

433 Mit der **Veräußerung eines verpachteten Grundstücks** tritt der Erwerber unter den Voraussetzungen der §§ 566, 578 Abs 1 (= § 571 aF) aufgrund eines selbständigen Rechts und nicht als Rechtsnachfolger des Verpächters in ein bestehendes Pachtverhältnis ein (BGH NJW 1962, 1388, 1390). Dies gilt auf der Grundlage des § 14

BJagdG auch bei der Veräußerung eines Eigenjagdbezirks, obwohl nur das Jagdrecht Gegenstand des Pachtvertrags ist. Die Veräußerung eines zu einem gemeinschaftlichen Jagdbezirk gehörigen Grundstücks hat nach dieser Vorschrift auf den Pachtvertrag keinen Einfluß. Bei der Fischereipacht besteht diese Rechtslage zT kraft besonderer landesgesetzlicher Anordnung (Rn 68). Generell erlischt das Pachtverhältnis mit dem bisherigen Verpächter.

Neben den allgemeinen Vorschriften (Rn 62) ergibt sich für die **Beendigung des** **434** **Jagdpachtvertrags** aus § 13 BJagdG ein besonderer Grund. Hiernach erlischt der Vertrag kraft Gesetzes, wenn dem Pächter der Jagdschein unanfechtbar entzogen worden ist oder wenn die Gültigkeitsdauer des Jagdscheins abgelaufen ist und entweder die zuständige Behörde die Erteilung eines neuen Jagdscheins unanfechtbar abgelehnt hat oder der Pächter die Voraussetzungen für die Erteilung eines neuen Jagdscheins nicht fristgemäß erfüllt. Letzteres gilt aber nur, wenn der Pächter trotz einer Aufforderung der zuständigen Behörde nicht innerhalb der ihm gesetzten Frist die Erteilung eines neuen Jagdscheins beantragt (LG Landau MDR 1968, 496; MITZSCHKE/SCHÄFER, BJagdG § 13 Rn 9 ff). Besondere landesrechtliche Vorschriften bestehen zT für die Beendigung des Fischereipachtvertrags (Rn 73).

Sonstige Gründe für die Beendigung eines Pachtverhältnisses ergeben sich aus der **435** Rechtsnatur einer Partei oder aus besonderen gesetzlichen Bestimmungen. Soweit die Parteien eines Pachtvertrags natürliche Personen sind, endet der Vertrag nicht ohne weiteres durch den Tod einer Partei, sondern wird mit dem Erben fortgesetzt. Mit dem Untergang einer juristischen Person ist der Pachtvertrag beendet, wenn nicht im Wege der Umwandlung oder Verschmelzung eine Gesamtrechtsnachfolge stattfindet (RG HRR 1942, Nr 257). Nach § 61 BauGB kann ein Pachtverhältnis im Umlegungsverfahren durch den Umlegungsplan als Verwaltungsakt aufgehoben werden. Weitere Möglichkeiten der Aufhebung ergeben sich nach § 182 BauGB im Sanierungsverfahren in einem förmlich festgelegten Sanierungsgebiet und aus § 183 BauGB bei Festsetzung der anderweitigen Nutzung eines unbebauten Grundstücks durch den Bebauungsplan. Auch im Enteignungsverfahren können nach § 86 Abs 1 Nr 3 BauGB oder anderen enteignungsrechtlichen Vorschriften (BGH WuM 1993, 114) die Rechte aus einem Pachtverhältnis entzogen werden.

13. Stillschweigende Verlängerung

a) Entsprechend den §§ 581 Abs 2, 545 (= § 568 aF) gilt das Pachtverhältnis als **436** auf unbestimmte Zeit verlängert, wenn der Pächter den Gebrauch des Pachtgegenstandes nach dem Ablauf der Pachtzeit fortsetzt und weder der Verpächter noch der Pächter seinen entgegenstehenden Willen innerhalb einer Frist von zwei Wochen dem anderen Teil gegenüber erklärt (STAUDINGER/EMMERICH [2003] § 545 Rn 4 ff). Die Frist beginnt für den Pächter mit der Fortsetzung des Gebrauchs, für den Verpächter mit dem Zeitpunkt, in dem er von der Fortsetzung Kenntnis erlangt. Die Verlängerung des Pachtverhältnisses tritt kraft Gesetzes und nicht mehr, wie nach altem Recht, im Wege einer Fiktion ein (STAUDINGER/EMMERICH [2003] § 545 Rn 2). Die Vorschrift gilt auch für die Pacht und wird nicht durch die Regelung des § 584b über die Entschädigungspflicht bei verspäteter Rückgabe ausgeschlossen (RG HRR 1932, Nr 1648; R REUTER DJZ 1900, 478).

437 b) Dem **Tatbestand** nach fällt unter § 545 jede Art der Beendigung des Pachtverhältnisses (Rn 383 ff). Die Fortsetzung des Gebrauchs ist keine Willenserklärung oder Willensbetätigung, sondern ein rein tatsächlicher Vorgang. Da es auf die Willensrichtung der Parteien nicht ankommt, braucht der Pächter nicht den Willen zu betätigen, den Pachtgegenstand weiter zum Fruchtgenuß zu benutzen (aA Mot II 431). Wegen der Regelung des § 537 kommt es nicht einmal darauf an, daß der Pächter den Gegenstand weiterhin in vollem Umfang entsprechend dem Vertragszweck tatsächlich benutzt. Entscheidend ist allein, daß er ihn mit der Möglichkeit weiterer Benutzung behält. Dies muß allerdings über eine bloße Vorenthaltung iS des § 584b hinausgehen (dort Rn 9 ff). Auch in einer Unterverpachtung ist ein Gebrauch zu sehen (RG HRR 1932, Nr 111), selbst wenn der Pächter einen entgegenstehenden, aber nicht erklärten Willen hatte und dem Unterpächter den Besitz nicht mehr vermitteln wollte (BGH WuM 1986, 281). Setzt ein Unterpächter nach Beendigung des Unterpachtverhältnisses den Gebrauch in tatsächlicher Hinsicht unverändert fort, so steht sein nicht erklärter Wille, den Pachtbesitz nur noch aufgrund eines zwischenzeitlich mit dem Hauptverpächter unmittelbar abgeschlossenen Pachtvertrags ausüben zu wollen, der Fortsetzung des Unterpachtverhältnisses nach § 545 nicht entgegen (OLG Düsseldorf DWW 1992, 366). Ist das Pachtverhältnis durch eine außerordentliche fristlose Kündigung des Pächters beendet worden, setzt er aber den Gebrauch fort, braucht darin keine einseitige Rücknahme der Kündigung gesehen zu werden, die ohnehin nicht möglich ist (LG Hannover ZMR 1979, 248; Rn 410; aA OLG Karlsruhe OLGE 2, 480), weil sich das Pachtverhältnis unter den Voraussetzungen des § 545 verlängert. Der Widerspruch, der den Eintritt der Fiktion des § 545 verhindert, ist eine einseitige, empfangsbedürftige Willenserklärung (STAUDINGER/EMMERICH [2003] § 545 Rn 10).

14. Eintritt des Grundstückserwerbers in den Pachtvertrag

a) Anwendungsbereich

438 aa) Entsprechend den §§ 581 Abs 2, 566, 578 Abs 1 tritt der Erwerber eines verpachteten Grundstücks an Stelle des Verpächters in die sich während der Dauer seines Eigentums aus dem Pachtverhältnis ergebenden Rechte und Pflichten ein, wenn das Pachtgrundstück nach der Überlassung an den Pächter von dem Verpächter an einen Dritten veräußert wird. Zum unmittelbaren Anwendungsbereich dieser Normen gehört die Pacht von **Grundstücken** (Rn 10 ff). Hierzu zählen nicht nur die reine Grundstückspacht, sondern auch Bodenabbauverträge (RGZ 94, 279, 280; RG JW 1919, 379 u 674; BayObLGZ 10, 280; Rn 15 f), ferner die Gestattung der Quellwasserentnahme gegen ein einmaliges Entgelt (RG HRR 1934, Nr 1197) und die Verpachtung geschlossener Privatgewässer zur Fischerei, weil nicht das Fischereirecht, sondern das Seegrundstück den Pachtgegenstand bildet (KG OLGE 38, 93). Gleichgestellt ist die Pacht von *Grundstücksteilen* (Rn 10) und nach § 578 Abs 2 die Pacht von *Räumen* (Rn 18 ff). Dabei spielt es keine Rolle, ob die verpachteten Räume Bestandteil eines grundstücksgleichen Rechts sind, wie etwa nach § 11 ErbbVO das aufgrund eines Erbbaurechts errichtete Bauwerk oder nach § 1 Abs 3 WEG das Teileigentum an nicht zu Wohnzwecken dienenden Gebäudeteilen. Beim Erbbaurecht gilt § 566 aber nur im Verhältnis zwischen Pächter und Erbbauberechtigtem, nicht aber gegenüber dem Grundstückseigentümer (STAUDINGER/EMMERICH [2003] § 566 Rn 11).

439 bb) Beschränkt sich der Pachtvertrag auf bewegliche Sachen, fällt er nicht unter

§ 566. Problematisch ist die Anwendbarkeit dieser Vorschrift aber, wenn die **Pacht eines Grundstücks mit weiteren Gegenständen** verbunden ist. Soweit es sich um *wesentliche Bestandteile* des Grundstücks handelt, teilen sie nach § 93 ohne weiteres das rechtliche Schicksal der Hauptsache. Fraglich ist, ob § 566 auch für mitverpachtete *bewegliche Sachen und Rechte* gilt, wie vor allem bei der Verpachtung eingerichteter Geschäftsräume (Rn 18 ff, 28 ff) und bei der Unternehmenspacht (Rn 89 ff). Die Rspr geht dem Problem dadurch aus dem Weg, daß sie bei solchen zusammengesetzten Verträgen im Zweifel einen vertraglichen Ausschluß der §§ 566 ff annimmt (KG JW 1925, 2266 m krit Anm RUTH und Anm JOSEF JW 1926, 718). Das Schrifttum stimmt dem teilweise zu, soweit sich der Vertrag über Grundstück oder Räume und über die mitverpachteten Gegenstände nicht getrennt beurteilen läßt (MITTELSTEIN 650; JOSEF JW 1926, 718; ders Gruchot 49, 737, 753 f).

Für die Lösung des Problems ist das Ziel der §§ 566, 578 Abs 1 entscheidend, Mieter **440** und Pächter bei einer Veräußerung des Grundstücks in der Weise zu schützen, daß der Grundstückserwerber neuer Vertragspartner wird und ihnen so der Vertragsgegenstand erhalten bleibt. Dieser Schutzzweck legt eine extensive Auslegung nahe. Erstreckt sich die Grundstücks- oder Raumpacht auf bewegliche Sachen, was für die Verpachtung eingerichteter Geschäftsräume geradezu typisch ist, handelt es sich um einen einheitlichen Vertrag. Die Regelungen der §§ 566, 578 Abs 1 knüpfen an die Veräußerung des Grundstücks an und binden den Erwerber für die Dauer seines Eigentums an dem Grundstück. Erstreckt sich diese Veräußerung nach § 926 auf bewegliche Sachen, die nach den §§ 97, 98 Zubehör des Grundstücks sind, so ist auch der Geltungsbereich der §§ 566, 578 Abs 1 auf diese Sachen auszudehnen (KG OLGE 38, 93; OLG Kiel DRiZ 1933, Nr 79). Zum Schutz des Pächters kann einer formalen Trennung der Veräußerungsgeschäfte keine Bedeutung beigemessen werden. Andere Sachen sowie Rechte, die nicht in einem Rechtsakt mit dem Grundstück veräußert werden können, werden hingegen nicht von den §§ 566, 578 Abs 1 erfaßt. Insoweit ist der Abschluß eines neuen Pachtvertrags mit dem Erwerber erforderlich, soweit sich der Pächter hinsichtlich der beweglichen Sachen nicht mit dem schwächeren Schutz des § 986 Abs 2 begnügen will. Wird nur das Grundstück veräußert, während mitverpachtete bewegliche Sachen im Eigentum des bisherigen Verpächters bleiben, wird der Pachtvertrag nicht in zwei selbständige Verträge aufgespalten, sondern besteht im Interesse des Pächters als einheitlicher Vertrag fort, so daß der bisherige Verpächter und der Grundstückserwerber Gesamtgläubiger und Gesamtschuldner werden. Ähnliches gilt, wenn mitverpachtete Rechte nicht mitveräußert werden. Die gleichen Probleme ergeben sich, wenn an dem Grundstück mehrere Personen beteiligt sind, wenn das Grundstück an verschiedene Personen verpachtet wird oder wenn mehrere Gebäude zu einer einheitlichen Pacht verpachtet werden und während der Vertragszeit ein Teil der Gebäude an verschiedene Erwerber veräußert wird (OLG Rostock OLG-Rp 2001, 283). Werden hingegen das Grundstück einerseits und bewegliche Sachen oder Rechte andererseits an verschiedene Personen veräußert, greift § 566 nur für den Grundstückserwerber ein. Insoweit ist der Pachtvertrag auf jeden Fall aufzuteilen. Im übrigen ist der Pächter nur durch § 986 Abs 2 geschützt. Die Komplikationen zeigen, daß in derartigen Fällen eine vertragliche Vereinbarung der Beteiligten unter Einbeziehung des Pächters empfehlenswert ist.

cc) Für die Veräußerung oder Belastung eines verpachteten **Schiffs**, das im Schiffs- **441** register eingetragen ist, gelten entsprechend den §§ 581 Abs 2, 578a die Vorschriften der §§ 566, 566a, 566e bis 567b sinngemäß. Für Verfügungen über die Pacht enthält § 578a Abs 2 eine besondere Regelung.

442 **dd)** Die Pacht von **Rechten** wird grundsätzlich nicht von den §§ 566, 578 Abs 1 erfaßt. Hiervon sind jedoch mehrere Ausnahmen zu machen.

443 Gegenstand der **Jagdpacht** ist das Jagdausübungsrecht, das aus dem Jagdrecht des Grundstückseigentümers abgeleitet ist (Rn 55). Es handelt sich um Rechtspacht. Deshalb war die Geltung des § 571 aF aufgrund seines auf die Grundstückspacht beschränkten Tatbestandes in stRspr zunächst abgelehnt worden (RGZ 70, 70; 98, 101). Die entsprechende Anwendung der §§ 571 bis 579 (jetzt §§ 566 bis 567b) sowie modifiziert des § 57 ZVG wurde erst durch § 16 des RJagdG vom 3. 7. 1934 (RGBl I 549) angeordnet und ist nunmehr in § 14 BJagdG bestimmt. Dies gilt sowohl für die vollständige oder teilweise Veräußerung eines Eigenjagdbezirks als auch für die Veräußerung des zu einem gemeinschaftlichen Jagdbezirk gehörigen Grundstücks. Nicht erfaßt wird hingegen die Begründung eines neuen oder die Verlängerung des bisherigen Jagdpachtverhältnisses durch eine Jagdgenossenschaft, wenn die Voraussetzungen des § 7 BJagdG für die Entstehung eines Eigenjagdbezirks hinsichtlich eines Teils der Grundstücke bereits vor dem Vertragsabschluß eingetreten waren (BGHZ 62, 297 = NJW 1974, 1655).

444 Bei der Überlassung von Fischereigewässern ist zu unterscheiden, ob das Grundstück (KG OLGE 38, 93) oder das **Fischereirecht** verpachtet ist (Rn 63). Im letzteren Fall ist der Tatbestand der §§ 566, 578 Abs 1 nicht erfüllt. Wird nur das Fischereirecht an einem fremden Gewässer veräußert, kann die Vorschrift aufgrund landesgesetzlicher Bestimmungen eingreifen (Rn 68). Dem ist gleichzustellen, daß das Grundstück, mit dem das Fischereirecht verbunden ist, veräußert wird (KG JW 1934, 1252 Nr 1; BERGMANN, Fischereirecht 185). Dies ist durch die enge Verbindung von Grundstückseigentum und Fischereirecht gerechtfertigt.

445 Ist die **Rechtspacht mit der Überlassung eines Grundstücks** verbunden, ergibt sich die Frage, ob die §§ 566, 578 Abs 1 entsprechend anwendbar sind. Soweit das verpachtete Recht nicht veräußerlich ist, stellt sich das Problem nicht. Dies gilt für die Verpachtung eines Nießbrauchs (Rn 76) und einer beschränkten persönlichen Dienstbarkeit (Rn 77). Bei der Verpachtung einer Grunddienstbarkeit (Rn 75) ist § 566 insoweit unmittelbar anwendbar, als das herrschende Grundstück veräußert wird und damit die Dienstbarkeit als Bestandteil iS des § 96 auf den Erwerber übergeht. Teilweise ist die entsprechende Anwendung des § 566 im Gesetz ausdrücklich angeordnet, so für die Veräußerung eines verpachteten Dauernutzungsrechts (Rn 77) in den §§ 37 Abs 2 und 3, 31 Abs 3 WEG, oder sie ergibt sich aus einer Verweisung auf die Vorschriften des BGB über Grundstücke, so in § 11 ErbbVO für die Veräußerung eines verpachteten Erbbaurechts (Rn 80). Darüber hinaus ist § 566 wegen seines Charakters als Sondervorschrift idR nicht entsprechend anwendbar. Dies wird zwar in erster Linie für andersartige Rechtsverhältnisse als Miete oder Pacht ausgeführt (STAUDINGER/EMMERICH [2003] § 566 Rn 19 f), gilt aber für einen anderen Vertragsgegenstand als ein Grundstück in gleicher Weise. So wird die Anwendung des § 566 auf die Rechtspacht auch dann abgelehnt, falls das Recht überlassen wird, eine in eine größere Organisation integrierte Einrichtung zu nutzen (Rn 46), selbst wenn sich die Nutzung auf ein Grundstück, Räume oder Teile derselben erstreckt (RGZ 97, 166; RG DJZ 1925, 432; BGH LM Nr 31 zu § 581 BGB = MDR 1968, 233). Nach dieser Auffassung, die auf die Rspr zum MietSchG zurückgeht (BGH aaO), fällt nicht jede Überlassung eines örtlichen Bereichs zur Nutzung unter den Begriff der Raumüberlassung. Der Pächter muß vielmehr die tatsächliche Gewalt im Sinne einer wenigstens teilweise oder zeitweise selbständigen Verfügungsmöglichkeit ausüben. Dies hängt ganz von den Umständen und der Vertragsgestaltung im Einzelfall ab. Auch soweit die Benutzung eines Grundstücks nur als Nebenleistung erscheint, ändert dies nicht die rechtliche Natur eines Rechtspachtvertrags (RGZ 70, 70, 74). Hat der Pächter keinen Besitz, scheidet die Anwendbarkeit des § 566 aus. Kann der Pächter jedoch die tatsächliche Gewalt über ein Grundstück oder dessen Teile ausüben, wird durch das dann beherrschende Element der Grundstücksüberlassung auch der Vertragscharakter als solcher bestimmt, so daß nicht mehr Rechtspacht, sondern Grundstücks- oder Raumpacht vorliegt. Damit sind die §§ 566, 578 Abs 1, Abs 2 S 1 unmittelbar anwendbar.

b) Veräußerung durch den Verpächter
Der Tatbestand der §§ 566, 578 Abs 1 setzt voraus, daß das verpachtete Grundstück **446** von dem Verpächter an einen Dritten veräußert worden ist. Das Grundstück ist veräußert, sobald der rechtsgeschäftliche Eigentumserwerb nach den §§ 873, 925 durch Auflassung und Eintragung vollendet ist (STAUDINGER/EMMERICH [2003] § 566 Rn 26 ff). Für einen Erwerb im Wege der Zwangsversteigerung gelten die §§ 57 ff ZVG.

c) Überlassung an den Pächter
Weiteres Tatbestandsmerkmal der §§ 566, 578 Abs 1 ist die Überlassung des Grund- **447** stücks an den Pächter, bevor es veräußert worden ist (STAUDINGER/EMMERICH [2003] § 566 Rn 33 ff). Die Anforderungen, die an die Überlassung zu stellen sind, richten sich nach dem vertragsmäßigen Gebrauch, der dem Pächter nach § 535 Abs 1 S 2 einzuräumen ist. Hierzu gehört nach § 581 Abs 1 auch der Fruchtgenuß. Eine bloße Besitzübertragung unter Ausschluß des Fruchtziehungsrechts genügt deshalb nicht einer vertragsmäßigen Überlassung iS der §§ 566, 578 Abs 1.

d) Rechtsfolgen
Der Erwerber des Grundstücks tritt an Stelle des Verpächters in die sich während **448** der Dauer seines Eigentums aus dem Pachtverhältnis ergebenden **Rechte und Verpflichtungen** ein (STAUDINGER/EMMERICH [2003] § 566 Rn 37 ff). Es handelt sich nicht um eine Rechtsnachfolge zwischen dem bisherigen Verpächter und dem Grundstückserwerber, sondern um einen unmittelbaren Eintritt kraft Gesetzes in das bestehende Pachtverhältnis. Dabei tritt der Erwerber in sämtliche Rechte und Pflichten ein, die sich aus dem Pachtverhältnis ergeben. Dies gilt auch für ein Vorpachtrecht, das der bisherige Verpächter dem Pächter zu dem Zweck eingeräumt hat, diesem die Fortsetzung des Gebrauchs und der Nutzung des gepachteten Grundstücks nach Beendigung des ursprünglichen Vertrags zu ermöglichen (BGHZ 55, 71 = NJW 1971, 422 m Anm BRAXMAIER LM Nr 17 zu § 571 BGB). Der Eintritt des Grundstückserwerbers in den Pachtvertrag wird nicht durch eine Auflassungsvormerkung zugunsten des ankaufsberechtigten Pächters verhindert, auch wenn der Ankaufsfall durch den Grundstückserwerb eintritt (BGH LM Nr 13 zu § 883 BGB = MDR 1974, 919 m Anm U H SCHNEIDER JR 1974, 515). Maßgebend ist der Inhalt des Pachtvertrags, wie er im

Zeitpunkt der Grundstücksveräußerung besteht. Entscheidend ist, welche Rechte und Pflichten in diesem Zeitpunkt begründet sind. Auf ihre Fälligkeit oder die Abhängigkeit von Bedingungen kommt es nicht an. Vor der Umschreibung des Eigentums im Grundbuch stehen dem Erwerber gegen den Pächter Ansprüche auf Pacht nur dann zu, wenn der Verpächter diese Ansprüche an den Erwerber abtritt (OLG Düsseldorf DWW 1993, 76); der Veräußerer kann den Erwerber zu diesem Zeitpunkt auch wirksam ermächtigen, einen bestehenden Pachtvertrag im eigenen Namen zu kündigen (BGH NJW 1998, 896 für Mietvertrag). Sind vor der Veräußerung des Grundstücks der Pachtvertrag oder ein Verlängerungsvertrag abgeschlossen und das Grundstück an den Pächter überlassen worden, so tritt der Grundstückserwerber auch dann in den Vertrag ein, wenn der Pachtzeitraum erst nach dem Grundstückserwerb beginnt (BGHZ 42, 333, 340 = NJW 1964, 1851, 1852). Hat sich der Verpächter vertraglich verpflichtet, das bei Pachtende vorhandene Inventar des Pächters gegen Entgelt zu übernehmen, trifft diese Verpflichtung im Falle der Veräußerung des Grundstücks den Erwerber (BGH LM Nr 9 zu § 571 BGB = NJW 1965, 2198; aA OLG Kassel OLGE 17, 16). Im allgemeinen kommen für einen Eintritt des Erwerbers nur solche Rechte und Pflichten in Betracht, die sich auf den Pachtgegenstand, seine Überlassung und Rückgabe sowie auf die Entrichtung der Gegenleistung beziehen oder die auf Vereinbarungen beruhen, die in einem unlösbaren Zusammenhang mit dem Pachtvertrag stehen (RG JW 1906, 58; JW 1939, 286; BGH LM Nr 9 zu § 571 BGB = NJW 1965, 2198). Ist dies der Fall, kommt es nicht mehr darauf an, ob sich die Rechte und Pflichten aus dem Gesetz oder aus vertraglichen Vereinbarungen ergeben, selbst wenn solche Vereinbarungen in einem gesonderten Vertragswerk enthalten sind. Entscheidend ist, welche Abreden nach dem Willen der Parteien einen untrennbaren Bestandteil des Pachtvertrags bilden sollen (STAUDINGER/EMMERICH [2003] § 566 Rn 39 ff).

449 Rechte und Pflichten aus **selbständigen Nebenabreden**, die nur anläßlich des Abschlusses eines Pachtvertrags getroffen werden oder damit in wirtschaftlichem Zusammenhang stehen, gehen nicht auf den Grundstückserwerber über (STAUDINGER/ EMMERICH [2003] § 566 Rn 39). Dies hat die Rspr zB für ein Darlehensversprechen des Pächters gegenüber dem Verpächter (RG JW 1939, 286) und für ein beiderseitiges Wettbewerbsverbot mit Vertragsstrafeversprechen angenommen, weil nach dem Wortlaut des § 566 nur solche Rechte und Pflichten in Betracht kämen, die aus dem Wesen der Miete oder Pacht als einem auf entgeltliche Gebrauchsüberlassung gerichteten Vertragsverhältnis abzuleiten seien (RG JW 1906, 58). Gegen eine Verallgemeinerung dieser Entscheidung bestehen Bedenken, weil nicht das Wesen der Pacht, sondern der Parteiwille über die untrennbaren Vertragsbestandteile entscheidet. Diese Bedeutung kann nach dem Parteiwillen auch einem Wettbewerbsverbot beizumessen sein. Der BGH hat in jüngerer Zeit für den Mietvertrag entschieden, daß der Erwerber nur hinsichtlich solcher Verpflichtungen an die Stelle des Veräußerers trete, die sich auf das Grundstück beziehen und deshalb regelmäßig auch nur von dessen jeweiligen Eigentümer erfüllt werden können, namentlich hinsichtlich der Pflicht zur Gebrauchsüberlassung und Erhaltung in vertragsgemäßem Zustand. Hierzu zähle die Verpflichtung zur Rückgabe der vom Mieter geleisteten Sicherheit nicht, da diese nicht aus dem Mietverhältnis selbst, sondern aus der ergänzend getroffenen Sicherungsabrede folge, mit der Gewährung des Gebrauchs des Grundstücks in keinem inneren Zusammenhang stehe und keine Gegenleistung für die Miete darstelle, sondern allein durch die Hingabe der Sicherheit bedingt sei (BGHZ

141, 160, 166 = NJW 1999, 1857 = NZM 1999, 498 m zust Anm HAASE JR 2000, 242, 243 und BORSTINGHAUS MDR 1999, 990). Gegen diese Ansicht spricht jedoch, daß § 566 allgemein den Eintritt des Erwerbers in die sich aus dem „Mietverhältnis" und nach den §§ 581 Abs 2, 566 aus dem „Pachtverhältnis" ergebenden Rechte und Pflichten regelt. Entscheidend ist also, ob die fraglichen Rechte und Pflichten auf dem Miet- bzw Pachtvertrag oder auf einem anderen, rechtlich davon getrennten Vertrag beruhen; maßgebend ist mithin, ob die Abreden nach dem Parteiwillen einen untrennbaren Bestandteil des Miet- bzw Pachtvertrags bilden sollen oder nicht (STAUDINGER/EMMERICH [2003] § 566 Rn 40 mwNw). Verpflichtungen des Verpächters gegenüber Dritten gehen auf keinen Fall auf den Erwerber über, selbst wenn sie sich auf den Pachtvertrag beziehen. Dies gilt zB für Sicherheiten, die von einem Dritten für den Pächter gestellt werden (BGHZ 141, 160, 168 f = NJW 1999, 1857). Vereinbart der Verpächter, der sein Grundstück verkauft hat, vor Eintragung des Erwerbers als Eigentümer im Grundbuch mit dem Pächter, daß die Pachtzeit eines langfristigen Pachtvertrags verkürzt wird, so ist die Vergütung, die er dem Pächter dafür zusagt, nicht eine ohne weiteres kraft Gesetzes auf den Erwerber übergehende Verpflichtung, da die Entschädigung keine Leistung aus dem auslaufenden Pachtverhältnis ist (BGH LM Nr 4 zu § 571 BGB = MDR 1961, 930).

Die **Rechtsstellung des bisherigen Verpächters** ergibt sich aus § 566 Abs 1 und 2. Er **450** scheidet wegen des Eintritts des Grundstückserwerbers aus dem Pachtverhältnis aus, haftet jedoch für den Schaden, den der Erwerber bei Nichterfüllung seiner Pflichten zu ersetzen hat, wie ein Bürge, der auf die Einrede der Vorausklage verzichtet hat. Hiervon kann sich der Verpächter durch Mitteilung des Eigentumsübergangs gegenüber dem Pächter befreien, wenn dieser gerade dadurch Kenntnis vom Eigentumsübergang erlangt und das Pachtverhältnis nicht für den ersten Termin kündigt, für den eine ordentliche Kündigung möglich ist (STAUDINGER/EMMERICH [2003] § 566 Rn 59 ff).

Da § 566 nicht zwingend ist, sind **abweichende Vereinbarungen** der Parteien grund- **451** sätzlich zulässig. Aus der Betroffenheit von drei Personen ergeben sich allerdings gewisse Schranken, da zweiseitige Abreden nicht die Rechte Dritter beschneiden können (STAUDINGER/EMMERICH [2003] § 566 Rn 57 f; MAYER ZMR 1990, 121, 123).

e) Weitere Sondervorschriften
In den §§ 566a bis 567b, die nach den §§ 581 Abs 2, 578 Abs 1 entsprechend anzu- **452** wenden sind, finden sich weitere Sondervorschriften für den Fall der Veräußerung sowie der Belastung des verpachteten Grundstücks. In § 566a sind Fragen der Sicherheitsleistung durch den Pächter geregelt. § 566b begrenzt die Wirksamkeit von Vorausverfügungen des Verpächters über die Pacht, während § 566c Schranken für Rechtsgeschäfte über die Entrichtung der Pacht zwischen Pächter und Verpächter aufstellt. Durch § 566d wird dem Pächter in Anlehnung an § 406 die Aufrechnungsmöglichkeit, die er dem bisherigen Verpächter gegenüber bereits erworben hat, hinsichtlich der Pachtforderung des Grundstückserwerbers erhalten. Durch § 566e wird ähnlich wie in § 409 das Vertrauen des Pächters auf eine Mitteilung des Verpächters über die Veräußerung geschützt. Die Vorschriften der §§ 566 bis 566e gelten nach § 567 entsprechend bei einer Belastung des Pachtgrundstücks mit dem Recht eines Dritten, wenn durch die Ausübung des Rechts dem Pächter der vertragsmäßige Gebrauch oder der Fruchtgenuß entzogen wird. Nach § 567a kann

bei einer Veräußerung oder Belastung vor Überlassung des Grundstücks der Erwerber durch Erfüllungsübernahme die gleiche Rechtsstellung wie in den Fällen der §§ 566 Abs 1 und 567 erlangen. In § 567b wird der Fall der Weiterveräußerung des verpachteten Grundstücks durch den Erwerber geregelt.

15. Rückerstattung vorausbezahlter Pacht

453 Aus der entsprechenden Anwendung der §§ 581 Abs 2, 547 ergibt sich eine allgemeine Regelung für die Frage, nach welchen Grundsätzen der Verpächter bei einer Beendigung des Pachtverhältnisses verpflichtet ist, die für eine spätere Zeit im voraus gezahlte Pacht zurückzuerstatten. Zwar ist ein Verweis auf das Rücktrittsrecht in der Neuregelung nicht mehr vorhanden, sondern die Rechtsfolge ist im Gesetzestext selbst genannt; in der Sache hat sich dadurch aber nichts geändert (STAUDINGER/ROLFS [2003] § 547 Rn 2, 25). Vereinbart der Veräußerer eines Grundstücks, der dieses zugleich zur Fortführung seines Betriebs vom Erwerber pachtet, einen Nachlaß auf den ursprünglich vorgesehenen Kaufpreis mit der Maßgabe, daß sich zum Ausgleich hierfür die Pacht für einen bestimmten Zeitraum ermäßigt, so liegt in Höhe der Kaufpreisdifferenz eine Pachtvorauszahlung iSv § 547 vor (BGH NJW 2000, 2987 = NZM 2000, 761). Die Vorschrift gilt für jede Art der Beendigung des Vertrags (OLG Celle MDR 1978, 492; STAUDINGER/ROLFS [2003] § 547 Rn 12). Die Verpflichtung zur Rückerstattung richtet sich grundsätzlich nach den Vorschriften über den Rücktritt vom Vertrag in § 347. Wird das Pachtverhältnis wegen eines Umstandes beendet, den der Verpächter nicht zu vertreten hat, greift die weniger strenge Bereicherungshaftung nach Maßgabe des § 818 ein. So haftet der Verpächter nur nach Bereicherungsgrundsätzen, wenn den Erben des Pächters in einem langfristigen Pachtvertrag für den Fall, daß der Pächter vorzeitig stirbt, ein außerordentliches Kündigungsrecht eingeräumt worden ist. Die Erben können sich deshalb nicht auf die Störung der Geschäftsgrundlage berufen, wenn sich der Pächter zur Zahlung eines Baukostenzuschusses für den Neubau eines Gebäudes verpflichtet hat und vor dessen Fertigstellung stirbt (OLG Celle MDR 1967, 1012). Abweichende Vereinbarungen sind im Pachtrecht grundsätzlich zulässig, da die entgegenstehende Regelung des § 547 Abs 2 nur für Mietverhältnisse über Wohnraum gilt. Bei Formularverträgen sind die Vorschriften der §§ 305 ff zu beachten. So ist nach § 307 eine Klausel unwirksam, die eine Tilgung des vom Pächter geleisteten Finanzierungsdarlehens in Jahresraten in der Weise vorsieht, daß der Verpächter für jedes Jahr der Vertragsdauer von der anteiligen Darlehensschuld befreit wird, auch wenn das Pachtjahr gerade erst begonnen hat (OLG München ZMR 1994, 15). Besonderheiten ergeben sich aus den §§ 566b, 566c für den Verpächterwechsel bei einer Grundstücksveräußerung (STAUDINGER/ROLFS [2003] § 547 Rn 37).

16. Rückgabe des Pachtgegenstandes

a) Rückgabe durch den Pächter
aa) Voraussetzungen

454 Der vertragliche Rückgabeanspruch des Verpächters gegen den Pächter ergibt sich aus der entsprechenden Anwendung der §§ 581 Abs 2, 546 (= § 556 Abs 1 aF; BGH LM Nr 1 zu § 556 BGB = MDR 1960, 432; LG Mannheim WuM 1964, 11; Rn 278). Es handelt sich um eine selbständige Leistungspflicht des Pächters, die außerhalb des synallagmatischen Zusammenhangs steht. Der Anspruch setzt voraus, daß zwischen den

Parteien ein wirksames Pachtverhältnis bestanden hat, das beendet worden ist (OLG München NJW-RR 1989, 524). Anderenfalls kommt eine bereicherungsrechtliche Rückabwicklung in Betracht, was insbesondere bei fehlgeschlagener Unternehmenspacht Schwierigkeiten aufwirft (SCHWINTOWSKI JZ 1987, 588). Die Regelung des § 546 Abs 1 gilt auch im Verhältnis zwischen Pächter und Unterpächter. Hierbei geht der Anspruch des Pächters wahlweise auf Herausgabe an ihn oder an den Hauptverpächter (OLG München aaO). Der Grund sowie die Art und Weise der Beendigung sind unerheblich. Der Zeitpunkt, in dem das Pachtverhältnis endet, ergibt sich aus § 542 oder aus den Vereinbarungen der Parteien (STAUDINGER/ROLFS [2003] § 546 Rn 6). Besondere Vorschriften gelten nach § 582a für die Rückgewähr eines mit Inventar verpachteten Grundstücks.

bb) Rechtsfolgen
Die Vorschrift ist auf **Rückgabe des Pachtgegenstandes** an den Verpächter gerichtet. Damit ist bei Grundstücken und beweglichen Sachen grundsätzlich die Einräumung des unmittelbaren Besitzes gemeint (STAUDINGER/ROLFS [2003] § 546 Rn 9 ff). Das gleiche gilt für Sachen, die im Rahmen der Rechtspacht überlassen worden sind, wie vor allem Urkunden über das verpachtete Recht und Grundstücke oder Räume, die als Nebenleistung zur Ausübung des Rechts gedient haben (Rn 150). Bei der Pacht einer Steuerberaterpraxis und eines Praxiswertes gehört auch der Kundenstamm dazu (BFH GmbHR 1997, 568); das gleiche gilt bei der Pacht einer Tierarztpraxis einschließlich Kundenkartei (LG Berlin VuR 2002, 331, 332). Bei Apothekenpachtverträgen, die unter der Geltung des Konzessionssystems abgeschlossen worden waren, sah es die Rspr als eine Frage der Vertragsauslegung an, ob der Pächter, der selbst die räumlichen und sachlichen Voraussetzungen für den Betrieb zu schaffen hatte, nach der Beendigung des Pachtverhältnisses dem Verpächter die Apotheke mit Räumen, Einrichtung, Warenlager und Kundenstamm zur Verfügung zu stellen hatte (BGH LM Nr 1 zu § 597 BGB = ZMR 1961, 162; LM Nr 1 a zu § 597 BGB = NJW 1964, 2204; LM Nr 1 b zu § 597 BGB). Nach den gleichen Grundsätzen ist bei der Unternehmenspacht hinsichtlich solcher Gegenstände zu verfahren, die erst der Pächter selbst geschaffen hat. Nach dem Vertrag kann sich die Herausgabepflicht auch hierauf erstrecken. Dies kann bei Sachen und Rechten, wie etwa Kundenforderungen, die Pflicht des Pächters begründen, sie rechtsgeschäftlich auf den Verpächter zu übertragen. Der Warenbestand, den der Pächter bei Pachtbeginn durch Kauf übernommen hat, ist bei Beendigung des Pachtverhältnisses nicht zurückzugeben oder wertmäßig auszugleichen (BGH WuM 1992, 246), sofern die Parteien nicht etwas anderes vereinbart haben. Der Pächter hat den Gebrauch einer mit dem verpachteten Unternehmen überlassenen Firma einzustellen, so daß der Verpächter sie wieder verwenden kann (KG OLGE 27, 300). Will der Verpächter eine in der Zwischenzeit vom Pächter begründete Firma fortführen, ist nach § 22 HGB dessen Zustimmung erforderlich (STAUB/HÜFFER, HGB [4. Aufl 1983] § 22 Rn 80). Hierzu kann der Pächter bei entsprechender Auslegung des Pachtvertrags verpflichtet sein. Die Fortführung der Firma des Pächters kann eine Haftung des Verpächters aus § 25 HGB auslösen (RGZ 133, 318, 323). Ähnliche Grundsätze gelten für bloße Geschäftsbezeichnungen (BGH MDR 1959, 184). Ein Ausgleichsanspruch für den mit der Rückgabe an den Verpächter zu übertragenden Goodwill steht dem Pächter nicht zu, auch wenn der Verpächter gleichzeitig stiller Gesellschafter war (BGH LM Nr 49 zu § 581 BGB = NJW 1986, 2306; BGH NJW-RR 2003, 894, 895).

456 Mit dem Pachtgegenstand ist das **Zubehör** zurückzugeben (STAUDINGER/ROLFS [2003] § 546 Rn 16). Insoweit ist die Sonderregelung der §§ 582, 582a zu beachten. Die Verpflichtung kann sich nach dem Vertrag auf das Zubehör erstrecken, das im Eigentum des Pächters oder Dritter steht. Dies gilt auch für Fernsprecheinrichtungen, die der Pächter bei Beendigung des Pachtvertrags dem Verpächter oder einem Nachfolgepächter belassen muß, wenn sonst der Pachtgegenstand verschlechtert oder in seinem Wert gemindert würde (OLG Saarbrücken OLGZ 1971, 322; LG Konstanz NJW 1971, 515; aA LG Nürnberg-Fürth MDR 1967, 47).

457 Über den **Zustand**, in dem der Pachtgegenstand zurückzugeben ist, enthält § 546 keine Regelung. Der Pächter braucht den Pachtgegenstand deshalb grundsätzlich nur in dem Zustand zurückzugeben, in dem sich dieser zur Zeit der Beendigung des Pachtverhältnisses befindet (BGHZ 86, 204 = NJW 1983, 1049 m Anm HAASE JR 1983, 364; BezG Cottbus WuM 1994, 146; Rn 227; STAUDINGER/ROLFS [2003] § 546 Rn 17). Einrichtungen und bauliche Veränderungen durch den Pächter sind grundsätzlich zu beseitigen, soweit sie nicht nach dem Vertrag dem Verpächter zu belassen sind (OLG Köln NZM 1998, 767; STAUDINGER/ROLFS [2003] § 546 Rn 21 f). Veränderungen oder Verschlechterungen des Pachtgegenstandes, die durch den vertragsmäßigen Gebrauch eingetreten sind, hat der Pächter nach § 538 nicht zu vertreten (Rn 334). Er kann sich jedoch vertraglich zur Wiederherstellung verpflichten. Stehen der Wert des Pachtgegenstandes und der Wiederherstellungsaufwand in einem krassen Mißverhältnis, ist dem Pächter die Wiederherstellung nicht zuzumuten, so daß er den Verpächter nach § 251 Abs 2 in Geld entschädigen kann (BGH NJW 1976, 235). Wenn ein Pachtvertrag nach Eröffnung des bis zum Inkrafttreten der InsO möglichen Vergleichsverfahrens über das Vermögen des Pächters fortgesetzt worden ist, so trägt der Verpächter, der seinen Wiederherstellungsanspruch außerhalb des Vergleichsverfahrens geltend macht, die Behauptungs- und Beweislast dafür, daß die zu beseitigenden Veränderungen nach der Eröffnung des Vergleichsverfahrens eingetreten sind und somit nicht von dem Vergleich erfaßt werden (BGH NJW 1994, 1858). Die Rspr nimmt im Wege der ergänzenden Vertragsauslegung an, der Pächter müsse anstelle seiner Verpflichtung zur Vornahme von Schönheitsreparaturen einen Ausgleich in Geld zahlen, wenn der Verpächter den Pachtgegenstand umbauen wolle und dadurch die Schönheitsreparaturen zerstört würden (BGHZ 77, 301 = NJW 1980, 2347; OLG Düsseldorf ZMR 1994, 402; OLG Oldenburg WuM 2000, 301 = NZM 2000, 828; Rn 234).

458 **Teilleistungen** des Pächters bei Erfüllung der Rückgabepflicht sind nach § 266 grundsätzlich unzulässig (STAUDINGER/ROLFS [2003] § 546 Rn 24). Der Pächter erfüllt seine Rückgabepflicht deshalb nicht, falls er nur einen Teil der gepachteten Räume zurückgibt, selbst wenn es sich dabei um sämtliche Gewerberäume handelt, die zusammen mit den noch zurückbehaltenen Wohnräumen verpachtet worden sind (LG Mannheim MDR 1965, 140).

459 Die Rückgabepflicht entsteht sofort mit dem **Zeitpunkt** oder Tag der Beendigung des Pachtverhältnisses (BGH NJW 1989, 451, 452; STAUDINGER/ROLFS [2003] § 546 Rn 25 ff; aA JAUERNIG/TEICHMANN § 546 Rn 2; MUTTER ZMR 1991, 329). Der Pächter ist nach § 271 Abs 2 zwar grundsätzlich berechtigt, die Leistung auch schon vorher zu bewirken (OLG Dresden NZM 2000, 827). Dies gilt aber nur im Zweifel und ist zB ausgeschlossen, wenn der Pachtgegenstand durch die vorzeitige Rückgabe beeinträchtigt wird (RG

Recht 1919, Nr 43) oder wenn es dem Verpächter nicht möglich ist, den vorzeitig zurückgegebenen Pachtgegenstand unterzubringen. Auch bei einer vertraglich übernommenen Gebrauchspflicht des Pächters (Rn 228 ff) ist eine vorzeitige Rückgabe idR ausgeschlossen.

Der **Ort der Rückgabe** richtet sich bei unbeweglichen Sachen nach ihrer Belegenheit. Bewegliche Sachen sind grundsätzlich am Wohnsitz des Verpächters zurückzugeben (STAUDINGER/ROLFS [2003] § 546 Rn 29 f). 460

Die **Durchsetzung des Rückgabeanspruchs** richtet sich nach den Vorschriften der ZPO (STAUDINGER/ROLFS [2003] § 546 Rn 32 ff). Sie steht nach § 242 unter dem Vorbehalt von Treu und Glauben. Das Verlangen des Verpächters, ein zur Errichtung einer Notwohnung überlassenes Pachtgrundstück gemäß den im Pachtvertrag getroffenen Vereinbarungen entschädigungslos zu räumen, verstößt allerdings weder gegen gesetzliche Vorschriften noch gegen Treu und Glauben, wenn diese Rechtsfolgen dem Pächter für den Fall der Inanspruchnahme des Grundstücks zu öffentlichen Zwecken bekannt sein mußten (LG Mannheim WuM 1971, 154). Es ist auch keine unzulässige Rechtsausübung, wenn der Verpächter den Pachtgegenstand nach Beendigung des Pachtverhältnisses nur in der Absicht herausverlangt, den bisherigen Pächter zur Vereinbarung einer höheren Pacht zu veranlassen (BGH WM 1980, 1073). Ist der Vertrag als Pachtvertrag zu qualifizieren, steht dem Pächter kein Recht zum Widerspruch gegen eine Kündigung aus den §§ 574, 574a, b (= § 556a aF) zu, auch wenn Wohnräume zum Pachtgegenstand gehören (LG Mannheim aaO). Der Herausgabeanspruch kann deshalb entgegen § 940a ZPO ohne Einschränkung im Wege der einstweiligen Verfügung durchgesetzt werden (LG Wiesbaden NJW-RR 1993, 1293). Nimmt die Obdachlosenbehörde den Verpächter wegen der Obdachlosigkeit des früheren Pächters in Anspruch, ist sie wegen der dadurch entstehenden Nachteile zur Entschädigung verpflichtet (OLG Hamm ZMR 1995, 25). 461

b) Ausschluß des Zurückbehaltungsrechts
Dem Pächter kann für etwaige eigene Schadensersatz- oder Verwendungsersatzansprüche nach den §§ 273 oder 1000 ein Zurückbehaltungsrecht gegenüber dem Rückgabeanspruch des Verpächters zustehen (STAUDINGER/ROLFS [2003] § 570 Rn 4 ff). Das Zurückbehaltungsrecht ist entsprechend den §§ 581 Abs 2, 570, 578 Abs 1 (= § 556 Abs 2 aF) für den Pächter eines **Grundstücks** (Rn 10 ff) ausgeschlossen, weil die darin liegende besondere Sicherheit in keinem Verhältnis zu den Gegenansprüchen des Pächters steht (Prot II 189). Der Ausschluß erstreckt sich auf die Bestandteile des Grundstücks. Er gilt aber nicht für das Zubehör (Prot II 246, 248 f) und wird zudem durch das Pächterpfandrecht des § 583 an Inventarstücken des Verpächters eingeschränkt. Ist ein Pachtvertrag zur Erfüllung einer Schuld aus einem Dienst- oder Werkvertrag abgeschlossen, so ist dem Pächter nach Beendigung des Pachtverhältnisses die Geltendmachung eines Zurückbehaltungsrechts gegenüber dem Herausgabeanspruch aus § 546 Abs 1 auch verwehrt, wenn die Schuld des Verpächters aus dem früheren Vertrag noch nicht vollständig erfüllt ist (BGH LM Nr 1 zu § 556 BGB = MDR 1960, 482). Die Geltendmachung ist selbst dann ausgeschlossen, wenn dem Pächter gerade für die Auflösung des Pachtverhältnisses ein Entschädigungsanspruch zusteht (RGZ 108, 137; LG Mannheim WuM 1971, 154). Die Regelung des § 570 steht auch einer entsprechenden Anwendung des § 986 Abs 1 auf den Rückgabeanspruch entgegen (BGH ZMR 1998, 754, 755). § 570 ist zwar nicht 462

zwingend, in der Vereinbarung eines Entschädigungsanspruchs für die vorzeitige Beendigung des Pachtverhältnisses kann aber nicht ohne weiteres eine stillschweigend hiervon abweichende Vereinbarung gesehen werden (RGZ aaO).

463 Neben der Grundstückspacht gilt § 570 entsprechend den §§ 581 Abs 2, 578 Abs 1, Abs 2 für die Pacht von **Grundstücksteilen und Räumen**. Die Vorschrift ist auf die Unternehmenspacht anwendbar, wenn zum Vertragsgegenstand Grundstücke oder Räume gehören, ist dann aber hierauf sowie auf deren wesentliche Bestandteile zu beschränken. Sie ist darüber hinaus auf die Rechtspacht entsprechend anzuwenden, wenn im Rahmen dieses Vertrags Grundstücksteile oder Räume als unselbständige Nebenleistung an den Pächter überlassen worden sind (Rn 150).

464 § 570 stellt eine eng auszulegende Ausnahmevorschrift dar. Gegenüber dem auf § 985 gestützten Herausgabeverlangen des Verpächters kann der Pächter also ein Zurückbehaltungsrecht wegen zu ersetzender Verwendungen geltend machen (BGH NZM 1998, 779, 780).

c) Herausgabeanspruch gegen einen Dritten

465 Entsprechend den §§ 581 Abs 2, 546 Abs 2 steht dem Verpächter nach der Beendigung des Pachtverhältnisses ein unmittelbarer Herausgabeanspruch gegen einen Dritten zu, dem der Pächter den Gebrauch des Pachtgegenstandes überlassen hat (STAUDINGER/ROLFS [2003] § 546 Rn 49 ff). Diese Grenze gilt in erster Linie für die Unterverpachtung, sobald das Hauptpachtverhältnis beendet ist (OLG München NJW-RR 1989, 524; LG Mannheim ZMR 1966, 48). Die Vorschrift erfaßt auch andere Fälle, in denen der Pächter den Pachtgegenstand einem Dritten zum Gebrauch überlassen hat, zB die Untervermietung und Leihe. Sie gilt auch bei mehrfach gestuften Pachtverhältnissen, so daß der Hauptverpächter oder der jeweilige Unterverpächter die Herausgabe von dem Unterpächter verlangen kann. Dies ist auch bei mehrfach gestuften Kleingartenpachtverhältnissen anzunehmen, wenn die Voraussetzungen des § 10 Abs 3 BKleingG für einen Eintritt des Verpächters in die Verträge mit den Kleingärtnern bei Kündigung des Zwischenpachtverhältnisses nicht erfüllt sind (BGHZ 119, 300 = NJW 1993, 55; BGH MDR 1994, 1212; NZM 2002, 698 = NJW-RR 2002, 1203).

d) Ansprüche bei verspäteter Rückgabe

466 Die Regelung des § 546a Abs 1 über die Ansprüche bei verspäteter Rückgabe wird für die Pacht durch § 584b verdrängt. Diese Vorschrift stellt nicht schlechthin auf eine Entschädigung des Verpächters in Höhe der vereinbarten Pacht ab, sondern berücksichtigt die Nutzungen während der Zeit der Vorenthaltung des Pachtgegenstandes im Verhältnis zu den Nutzungen des ganzen Pachtjahres (§ 584b Rn 19). Soweit § 571 (= § 557 Abs 2–4 aF) die Vermietung von Wohnraum betrifft, scheidet eine entsprechende Anwendung auf die Pacht grundsätzlich aus (Rn 390). Sind Wohnräume im Rahmen eines einheitlichen Pachtvertrags überlassen worden, wird zT die Gewährung einer gerichtlichen Räumungsfrist nach § 721 oder § 794a ZPO zugelassen, soweit die Pacht- und die Wohnräume aus tatsächlichen Gründen getrennt zurückgegeben werden können, also eine teilbare Leistung vorliegt (OLG Hamburg MDR 1972, 955; LG Hamburg WuM 1993, 36 u 203; LG Köln NJW-RR 1989, 404; LG Mannheim WuM 1971, 154, 156; ZMR 1974, 48; ZMR 1993, 79; ZMR 1994, 21; BAUMBACH/ LAUTERBACH/ALBERS/HARTMANN, ZPO [62. Aufl 2004] § 721 Rn 4; aA LG Frankfurt aM WuM 1994, 15; LG Wiesbaden NJW-RR 1993, 1293). Diese Auffassung, die den Schutz des

Pächters in seinem persönlichen Wohn- und Lebensbereich verfolgt, kann aber nicht zur entsprechenden Anwendbarkeit des § 571 Abs 2 führen, die den Mieter von Wohnraum für die Dauer der Räumungsfrist von der Verpflichtung zum Ersatz eines weiteren Schadens entbindet. Insoweit geht es nicht mehr um den Schutz des persönlichen Lebensbereichs. Eine weitergehende, materielle Entlastung des Pächters ist nicht geboten.

VIII. Abweichende Vereinbarungen

Die Regelung des § 581 ist abdingbar, soweit die charakteristischen Merkmale der **467** Pacht erhalten bleiben (MünchKomm/VOELSKOW[3] Rn 23; PALANDT/WEIDENKAFF Rn 5). Diese Grenze gilt vor allem für das Fruchtziehungsrecht. Auf die Einzelheiten abweichender Vereinbarungen ist bei den jeweiligen Rechten und Pflichten der Parteien eingegangen worden. Bei Formularpachtverträgen sind die §§ 305 ff zu beachten.

Vorbemerkungen zu §§ 582–583a

Schrifttum

BEWER, Bewertung des Inventars bei Pachtübergaben, RdL 1966, 198
BREME, Zum Pachtinventar, JW 1922, 65
H BRUNS, Das „pächtereigene Inventar" bei Pachtende, RdL 1969, 141
DAHMANN, Pachtgutinventar, in: Handwörterbuch der Rechtswissenschaft Bd IV (1927) 344
ESSER/WEYERS, Schuldrecht Bd II: Besonderer Teil, Teilband 1 Verträge (8. Aufl 1998) § 23 II 3 (S 197)
FENSCH, Das landwirtschaftliche Inventar (1926)
GITTER, Gebrauchsüberlassungsverträge (1988) § 4 B II 2 (S 124)
KRÜCKMANN, Die Inventarpacht mit Schätzungspreis und der Valutasturz (1921)
LARENZ, Schuldrecht II/1 (13. Aufl 1986) § 49 I (S 282)
LEONHARD, Die Bewertung des landwirtschaftlichen Pachtinventars bei der Rückgabe (1921)
ders, Zum Pachtinventar, JW 1922, 70
ders, Schuldrecht II (1931) 177
Loos, Die Behandlung der Wertänderung von Pachtgegenständen im Betriebspachtvertrag, NJW 1963, 990
G MEYER, Technische Veralterung bei eisern übernommenem Inventar, RdL 1967, 66
MOSER, Das eiserne Inventar in der Landwirtschaft, AgrarR 1985, 40
MÜLLER/WALTHER, Miet- und Pachtrecht (2004)
OERTMANN, Rechtsgutachten über die landwirtschaftliche Inventarfrage (1921)
REICHEL, Inventarpacht mit Vorauszahlung der Schätzungssumme, AcP 122 (1934) 117
H RICHTER, Die Inventarfrage, JW 1921, 1195, 1348
ders, Das landwirtschaftliche Inventar (1922)
SPRENGER, Der Eigentumserwerb durch Einverleibung in ein Inventar (1904)
vWENDORFF, Über den Pachtkredit nach dem Urteil des BGH vom 26. 4. 1961, RdL 1965, 221
WOLFF/RAISER, Sachenrecht (10. Bearb 1957) § 76
WOLF/ECKERT/BALL, Hdb (9. Aufl 2004) Rn 1583 (468).

Systematische Übersicht

1. Geschichte _____ 1
2. Anwendungsbereich _____ 2

Vorbem zu §§ 582–583a

3.	Überblick	3	5.	Inventarkauf	8
4.	Inventar	5	a)	Vereinbarung	8
a)	Begriff	5	b)	Kaufrecht	11
b)	Beispiele	7	c)	Rückkauf	13

Alphabetische Übersicht

(zugleich zu den §§ 582–583a)

Ablehnungsrecht des Verpächters	§ 582a 36 ff
– Beweislast	§ 582a 37
– Eigentumserwerb des Pächters	§ 582a 39
– Gestaltungsrecht	§ 582a 39
– Voraussetzungen	§ 582a 37 f
– Wertausgleich	§ 582a 41 ff
– Wirkungen	§ 582a 29
– Zweck	§ 582a 36
Anwendungsbereich	
2; § 582 3; § 582a 6 ff; § 583 3; § 583a 3 f	
Ausbesserungspflicht des Pächters	§ 582 6 f
Ausgleichsanspruch	§ 582a 41 ff
Dauer der Gefahrtragung	§ 582a 12
Eigentumserwerb des Verpächters	
	§ 582a 21 ff
– Anschaffung	§ 582a 24
– Anwendungsbereich	§ 582a 6 ff
– Eigentumsvorbehalt	§ 582a 27 f
– Einverleibung	§ 582a 25
– gesetzlicher Erwerb	§ 582a 29
– gutgläubiger Erwerb	§ 582a 27 f
– Rechtshandlung	§ 582a 26
– Überinventar	§ 582a 2, 21 f
– Voraussetzungen	§ 582a 23 f
Eigentumsverhältnisse	5
Eigentumsvorbehalt	§ 582a 27
Eisernviehvertrag	§ 582a 1 ff
Eintritt eines neuen Pächters	§ 582a 31
Einverleibung	§ 582a 25 f
Ergänzungspflicht des Verpächters	§ 582 9 ff
Erhaltungspflicht des Pächters	
	§ 582 4 ff; § 582a 13 ff
Gefahrtragung	§ 582a 10 ff
Geschichte	1; § 582a 1 ff, 41 f
Inflation	§ 582a 41 ff, 50
Inventar	5 ff

Inventarkauf	8 ff
Inventarverzeichnis	§ 582 17
Kauf	8 ff
Mehrbestand	§ 582a 2
Pfandrecht des Pächters	§ 583 1 ff
– Abwendung	§ 583 6
– Anwendungsbereich	§ 583 3
– gesicherte Forderungen	§ 583 4
– Umfang	§ 583 5
– Zurückbehaltungsrecht	§ 583 7
– Zweck	§ 583 2
Risiko der technischen Entwicklung	
	§ 582a 51 f
Rückgewährpflicht des Pächters	§ 582a 33 ff
Rückkauf des Inventars	13 ff
Tiere	§ 582 13 ff; § 582a 7
Unternehmenspacht	
2; § 582 3; § 582a 6, 45; § 583a 3 f	
Verfügungsbefugnis des Pächters	§ 582a 16 ff
– Rechtsnatur	§ 582a 17
– Überinventar	§ 582a 20
– Umfang	§ 582a 18 f
– Zweck	§ 582a 16 f
Verfügungsbeschränkung des Pächters	
	13; § 583a 1 ff
– Anwendungsbereich	§ 583a 3 f
– Ausnahmen	§ 583a 6
– Nichtigkeit	§ 583a 5
Verjährung	§ 582a 53
Verschlechterungen	§ 582a 10
Viehverstellung	§ 582a 7
Währungsrisiko	§ 582a 41 ff, 50 f
Wertausgleich	§ 582a 41 ff
– Anwendungsbereich	§ 582a 45

Titel 5 · Mietvertrag, Pachtvertrag Vorbem zu §§ 582–583a
Untertitel 4 · Pachtvertrag 1–4

– Ausgleichsanspruch	§ 582a 53 f	– Unternehmenspacht	§ 582a 44
– Auskunftspflicht	§ 582a 49	– Währungsrisiko	§ 582a 41 ff, 50
– Ermittlung	§ 582a 46 ff	– Wertermittlung	§ 582a 46 ff
– Geschichte	§ 582a 41 ff	– Zurückbehaltungsrecht	§ 582a 54
– Inflation	§ 582a 42, 50	Wirtschaft, ordnungsmäßige	§ 582a 18
– Mitwirkungspflichten	§ 582a 49		
– Schätzung	§ 582a 47 ff	Zurückbehaltungsrecht	§ 582a 54; § 583 7
– technische Entwicklung	§ 582a 51 f		

1. Geschichte

Das Gesetz enthält in den §§ 582 bis 583a besondere Vorschriften für den Fall, daß **1**
ein Grundstück mit Inventar verpachtet wird. Diese Vorschriften sind erst durch das
Gesetz zur Neuordnung des landwirtschaftlichen Pachtrechts vom 8. November
1985 (BGBl I 2065) in das BGB eingefügt worden (Vorbem 6, 11 zu § 581). Inhaltlich
entsprechen sie mit wenigen Ausnahmen den früheren §§ 586 bis 590 (vgl die Begr zum
RegE BT-Drucks 10/509, 13 ff; den Ausschußbericht BT-Drucks 10/3830, 28 f). Zur Erläuterung
der §§ 582 ff kann daher unbedenklich auf Literatur und Rechtsprechung zu den
früheren §§ 586 ff zurückgegriffen werden. Durch das Gesetz zur Neugliederung,
Vereinfachung und Reform des Mietrechts (Mietrechtsreformgesetz), in Kraft seit
1. 9. 2001, hat lediglich § 582a eine redaktionelle Änderung erfahren. Im übrigen
wurden die Normen nicht geändert.

2. Anwendungsbereich

Die §§ 582 bis 583a gelten für die gesamte Grundstückspacht einschließlich namentlich **2**
der Landpacht (§ 585 Abs 2). Beispiele sind die Verpachtung von Fabriken,
Gasthöfen oder Theatern mit ihrem Fundus (Prot II 516). Sie können außerdem
entsprechend auf die Verpachtung von *Unternehmen* angewandt werden, jedenfalls,
wenn zu dem Unternehmen Grundstücke gehören und die Parteien vertraglich eine
den §§ 582 ff entsprechende Regelung getroffen haben (RG WarnR 1920 Nr 141, S 170).

3. Überblick

Geregelt sind in den §§ 582 bis 583a lediglich die Fälle der einfachen Mitverpach- **3**
tung des Inventars (sog schlichte Mitverpachtung; § 582) und der Übernahme des
Inventars zum Schätzwert mit der Verpflichtung zur Rückgewähr zum Schätzwert
bei Vertragsende (§ 582a). Im wesentlichen ungeregelt geblieben ist hingegen der
häufige Fall des **Verkaufs** des Inventars durch den Verpächter an den Pächter, weil
man der Meinung war, daß ein Bedürfnis zur Regelung dieser Fälle nicht bestehe
(Mot II 439). Erst 1985 wurde durch das genannte Reformgesetz (Rn 1) ein einzelner
Aspekt des Fragenkreises in § 583a geregelt.

Die praktische Bedeutung der §§ 582 bis 583a scheint gering zu sein. Offenbar **4**
werden die mit dem Inventar zusammenhängenden Fragen heute meistens in einer
vom Gesetz abweichenden Weise vertraglich geregelt (vgl zB Loos NJW 1963, 990;
Wolf/Eckert/Ball, Hdb Rn 1585 [S 468]).

4. Inventar

a) Begriff

5 Mit Rücksicht auf die großen Schwierigkeiten hat das Gesetz auf eine Definition des Inventarbegriffs verzichtet (Mot II 426). Der Begriff ist weiter als der des Zubehörs (s §§ 97, 98 Abs 2) und umfaßt die Gesamtheit der beweglichen Sachen, die für die Betriebsführung auf einem Grundstück bestimmt sind und in einem entsprechenden räumlichen Verhältnis zu dem Grundstück stehen. Für die genaue Abgrenzung ist in erster Linie die Verkehrsauffassung maßgebend. Auf die Eigentumsverhältnisse kommt es hingegen nicht an; namentlich spielt es keine Rolle, ob die fraglichen Sachen im Eigentum des Verpächters oder des Pächters stehen. Entsprechend § 98 Nr 2 gehören auch die Erzeugnisse des Grundstücks dazu, soweit sie zur Fortführung des Betriebs bis zur nächsten Ernte erforderlich sind (RGZ 142, 201, 202; RG HRR 1931 Nr 597; BGHZ 41, 6, 7 = NJW 1964, 495; BGH LM Nr 9 zu § 571 BGB = NJW 1965, 2198; RdL 1960, 213; BFHE 186, 263, 266; OLG Kiel SchlHAnz 1974, 111; OLG Celle RdL 1960, 209, 211; OLG Düsseldorf ZMR 1987, 377; LG Nürnberg/Fürth MDR 1967, 47 Nr 46; LG Konstanz NJW 1971, 515; DAHMANN, in: Handwörterbuch der Rechtswissenschaft Bd IV 344; ERMAN/JENDREK Vorbem 4; LARENZ II/1 § 49 I [S 282 f]; MünchKomm/HARKE § 582 Rn 2; PALANDT/WEIDENKAFF 582 Rn 2; SOERGEL/HEINTZMANN Vorbem 4; vWENDORFF RdL 1965, 221, 222; WOLF/ECKERT/BALL, Hdb Rn 1583 [S 468]).

6 Innerhalb des Inventars unterscheidet man nach unterschiedlichen Gesichtspunkten verpächtereigenes und pächtereigenes Inventar sowie lebendes und totes Inventar. Zum toten Inventar gehören neben den Geräten insbesondere die Vorräte, die landwirtschaftlichen Erzeugnisse sowie die Aussaat und der Dünger, wobei die letzteren häufig auch als Feld- und Wieseninventar bezeichnet werden. Entsprechend der unterschiedlichen Regelung der Rechtsverhältnisse am Inventar in den §§ 582 ff muß man außerdem noch zwischen dem mitverpachteten Inventar (§ 582), dem zum Schätzwert übernommenen Inventar (§ 582a) und dem Kaufinventar unterscheiden (§ 583a).

b) Beispiele

7 Nach dem Gesagten (Rn 5 f) sind zB Inventar bei einer Gaststätte außer den Vorräten die Anrichte, die Zapfanlage und die Kühlanlage (OLG Düsseldorf ZMR 1987, 377) sowie bei landwirtschaftlichen Grundstücken insbesondere das Milchvieh (OLG Kiel SchlHAnz 1974, 111), die noch nicht geernteten Früchte (OLG Celle RdL 1960, 209, 211) sowie das gesamte auf dem Grundstück zur Betriebsführung befindliche Gerät (vWENDORFF RdL 1965, 221, 222). Hingegen gehören zum Inventar nicht bloße bauliche Maßnahmen wie zB die Sanitär- und Elektroarbeiten in einer Gaststätte (OLG Düsseldorf ZMR 1987, 377) oder der Fernsprechanschluß (OLG Saarbrücken OLGZ 1971, 322, 325 f; LG Konstanz NJW 1971, 515; LG Nürnberg/Fürth MDR 1976, 47).

5. Inventarkauf

a) Vereinbarung

8 Sowohl im Falle des § 582 als auch in dem des § 582a bleibt der Verpächter Eigentümer des Inventars (RGZ 152, 100, 102 f; BGH LM Nr 9 zu § 571 BGB = NJW 1965, 2198; RdL 1960, 213; OLG Celle RdL 1960, 209, 211; MDR 1965, 831 f; NJW-RR 2000, 873; vgl § 582a Abs 2 S 2). Denn nur unter dieser Voraussetzung kann das Inventar überhaupt

Gegenstand des Pachtvertrages sein (s Mot II 425; Prot II 243). *Kauft* der Pächter hingegen das Inventar von dem Verpächter, so scheidet das Inventar als Gegenstand des Pachtvertrages aus (RGZ 152, 100, 103).

Ob ein Kauf des Inventars vorliegt, ist eine Frage der Auslegung der Parteiabreden **9** im Einzelfall. Eine Vermutung für das Vorliegen eines Kaufvertrages über das Inventar besteht nicht, auch nicht bei Übernahme des Inventars zum Schätzpreis, so daß der Pächter, der eine derartige Abrede behauptet, dafür die *Beweislast* trägt. Aus der Vereinbarung einer Verzinsung der Anfangsschätzsumme allein ergibt sich gleichfalls noch nicht ohne weiteres der Abschluß eines Kaufvertrages, da es sich hierbei auch um einen bloßen Zuschlag zur Pacht handeln kann (RG WarnR 1923/24 Nr 71, S 86, 87).

Zulässig ist auch die Abrede, daß der Pächter nur einen *Teil* des Inventars kauft, **10** während es hinsichtlich des Restes bei der Geltung der §§ 582a, b bleiben soll (BGH LM Nr 1 zu § 589 BGB = MDR 1960, 834 = RdL 1960, 213). Ebenso ist es allein eine Frage der Vereinbarung der Parteien, ob der Kaufpreis sofort *fällig* sein soll oder ob er bis zum Vertragsende gestundet wird, wobei im zweiten Fall eine Verzinsung des Kaufpreises (zusätzlich zur Pacht) üblich ist (OLG Celle RdL 1960, 209, 211).

b) Kaufrecht
Beim Kauf des Inventars durch den Pächter handelt es sich um einen normalen **11** Kaufvertrag neben dem Pachtvertrag, auf den ausschließlich Kaufrecht Anwendung findet (RGZ 152, 100, 103; RG JW 1927, 1516, 1518 Nr 2; OLG Celle RdL 1960, 209, 211). Folglich richtet sich in diesem Fall zB die Verjährung des Kaufpreisanspruchs des Verpächters nicht nach § 548, sondern nach den §§ 195 ff (RGZ 152, 100, 102 f).

Hat sich der Verpächter im Falle der Stundung des Kaufpreises das Eigentum an **12** dem Inventar vorbehalten (§ 449), so kann er nach **§ 809** eine Besichtigung des Inventars nur verlangen, wenn er daran ein besonderes Interesse nachweist, zB infolge schlechter Wirtschaftsführung des Pächters (RG WarnR 1927 Nr 142, S 247 f).

c) Rückkauf
Mit dem Kauf des Inventars seitens des Pächters wird häufig das Recht oder die **13** Pflicht des Verpächters zum Rückkauf des Inventars bei Vertragsende verbunden. In zwei Fällen ist heute aufgrund des 1985 in das Gesetz eingefügten § 583a diese Rückkaufpflicht des Verpächters sogar zwingendes Recht. Und auch in den übrigen Fällen wird man nach Treu und Glauben von einer Rückkaufpflicht des Verpächters auszugehen haben, solange die Parteien nicht ausdrücklich das Gegenteil vereinbart haben, weil der Pächter in aller Regel an einer derartigen Vereinbarung ein elementares Interesse hat (§§ 133, 157, 242; BRUNS RdL 1969, 141).

Die Rückkaufpflicht des Verpächters bei Vertragsende geht nach den **§§ 566, 578** **14** **Abs 1** (= § 571 aF) auf den Grundstückserwerber über (RG JW 1905, 487 Nr 5; BGH LM Nr 9 zu § 571 BGB = NJW 1965, 2198). Hat jedoch der Grundstückserwerber das Eigentum an dem Inventar bereits zuvor durch den Zuschlag in der Zwangsversteigerung erworben, so handelt es sich um einen Fall des § 326 Abs 1 (= § 323 aF), so daß er dem Pächter nichts mehr schuldet (RG JW 1905, 487 Nr 5).

15 Ist der Verpächter verpflichtet, das Inventar bei Vertragsende zum **Schätzpreis** zurückzukaufen, so ist bei der Bewertung des Inventars grundsätzlich von den jetzigen Werten (und nicht von den Werten bei Vertragsbeginn) auszugehen (OLG Dresden LZ 1927, 1160, 1161).

§ 582
Erhaltung des Inventars

(1) Wird ein Grundstück mit Inventar verpachtet, so obliegt dem Pächter die Erhaltung der einzelnen Inventarstücke.

(2) Der Verpächter ist verpflichtet, Inventarstücke zu ersetzen, die infolge eines vom Pächter nicht zu vertretenden Umstands in Abgang kommen. Der Pächter hat jedoch den gewöhnlichen Abgang der zum Inventar gehörenden Tiere insoweit zu ersetzen, als dies einer ordnungsmäßigen Wirtschaft entspricht.

Materialien: E I § 535; II § 526; III § 579; Mot II 425 f; Prot II 243 f; Gesetz zur Neuordnung des landwirtschaftlichen Pachtrechts vom 8. 11. 1985 (BGBl I 2065).

Systematische Übersicht

1.	Geschichte	1	4.	Ergänzungspflicht des Verpächters	9
2.	Anwendungsbereich	3	5.	Tiere	13
3.	Erhaltungspflicht des Pächters	4	a)	Ergänzungspflicht des Pächters	13
a)	Grundsatz	4	b)	Eigentum	16
b)	Umfang	6	6.	Inventarverzeichnis	17
c)	Schadensersatzpflicht	8			

Alphabetische Übersicht

Siehe Vorbem zu §§ 582–583a.

1. Geschichte

1 § 582 regelt den Fall der einfachen oder schlichten Mitverpachtung des (verpächtereigenen) Inventars. Die Vorschrift geht zurück auf das Gesetz zur Neuordnung des landwirtschaftlichen Pachtrechts vom 8. 11. 1985 (BGBl I 2065) und entspricht im wesentlichen dem alten § 586. Ein sachlicher Unterschied besteht lediglich insofern, als in Abs 2 S 2 der Vorschrift die Worte „aus den Jungen" gestrichen worden sind, um dem Pächter zu ermöglichen, Tiere auch dadurch zu ersetzen, daß er sie sich von dritter Seite beschafft (Rn 14). Eine Übergangsvorschrift für Altverträge aus der Zeit vor dem 1. Juli 1986 findet sich in Art 219 EGBGB.

2 Ursprünglich war noch die Klarstellung beabsichtigt gewesen, daß der Pächter auch zum Gebrauch und zur Nutzung des mitverpachteten Inventars berechtigt ist (Mot II 425; Prot II 243). Später wurde diese Bestimmung jedoch als selbstverständlich gestrichen (s §§ 535, 581 Abs 1). Die praktische Bedeutung der Vorschrift scheint gering zu sein (ebenso schon Prot II 243).

2. Anwendungsbereich

§ 582 gilt für die gesamte Grundstückspacht (Vorbem 2 zu §§ 582–583a), also nicht nur für die landwirtschaftliche Pacht (§ 585 Abs 2), sondern zB auch für die Pacht gewerblich genutzter Grundstücke (Prot II 516) oder für die Pacht einer Kiesgrube (RG WarnR 1943 Nr 10, S 28 f). Die Vorschrift kann außerdem je nach den Umständen des Falles entsprechend auf die Unternehmenspacht angewandt werden (RG WarnR 1920 Nr 141, S 170; Loos NJW 1963, 990 f; PALANDT/WEIDENKAFF Rn 1). **3**

3. Erhaltungspflicht des Pächters

a) Grundsatz

Wenn ein Grundstück mit Inventar verpachtet wird, folgt an sich aus den §§ 581 Abs 2 und 535 Abs 1 S 2 die Verpflichtung des **Verpächters**, das mitverpachtete Inventar während der ganzen Vertragsdauer in einem zum vertragsmäßigen Gebrauch des Pächters geeigneten Zustand zu erhalten. Davon geht im Grundsatz auch § 582 aus, so daß grundsätzlich der Verpächter und nicht etwa der Pächter Gegenstände, die durch den vertragsmäßigen Gebrauch des Pächters verbraucht werden, ergänzen muß (s auch § 538). Aus demselben Grund bleiben Aufwendungen des Pächters auf die einzelnen Inventarstücke solche iS der §§ 536a Abs 2 Nr 2, 539 (= § 547 aF) mit der Folge, daß etwaige Ersatzansprüche des Pächters nach § 548 (= § 558 aF) verjähren (RGZ 152, 100, 102 ff). **4**

§ 582 modifiziert diese Rechtslage nur in einzelnen Beziehungen (Rn 9). Das geschieht, indem im Falle der Mitverpachtung des Inventars die allgemeine Ergänzungspflicht des Verpächters durch eine Erhaltungspflicht des **Pächters** begrenzt wird. Deshalb bestimmt § 582 Abs 1, daß in diesem Fall der Pächter zur Erhaltung der einzelnen Inventarstücke verpflichtet ist. **5**

b) Umfang

Nach den §§ 581 Abs 2 und 538 hat der Pächter an sich Veränderungen oder Verschlechterungen des mitverpachteten Inventars, die durch seinen vertragsmäßigen Gebrauch herbeigeführt werden, nicht zu vertreten. Hieran ändert auch § 582 Abs 1 nichts. In Erweiterung des § 547 Abs 1 S 2 aF bestimmt § 582 Abs 1 jedoch, daß der Pächter die einzelnen Inventarstücke erhalten muß, so daß er (und nicht der Verpächter) alle erforderlichen und wirtschaftlich lohnenden Ausbesserungen vorzunehmen hat (s LARENZ II/1 § 49 I [S 383]). **6**

Beispiele sind die Kosten der Fütterung der Tiere (ebenso schon § 547 Abs 1 S 2 aF), die Wartungs- und Kurkosten der Tiere, die Kosten der Reparatur der mitverpachteten Gerätschaften und dergleichen mehr. Der Pächter trägt die Reparaturkosten auch dann, wenn sie durch den natürlichen *Verschleiß* von Maschinen bei ihrem Gebrauch notwendig werden oder wenn es sich um umfangreiche Maßnahmen handelt (RG WarnR 1943 Nr 10, S 28, 29 f; ERMAN/JENDREK Rn 2; PALANDT/WEIDENKAFF Rn 7; **7**

WOLF/ECKERT/BALL, Hdb Rn 1586, 1588 [S 468 f]). Dasselbe gilt für die Kosten einer Generalüberholung solcher Geräte oder der Miete von Ersatzstücken während der Überholung (RG aaO; BGB-RGRK/GELHAAR § 586 Rn 1). Eine Versicherungspflicht des Pächters ergibt sich hieraus nicht; wenn nichts anderes vereinbart ist, ist die Versicherung des Inventars vielmehr Sache des Verpächters, da dieser die Gefahr des zufälligen Untergangs des Inventars trägt (§ 582 Abs 2 S 1; PALANDT/WEIDENKAFF Rn 7; MünchKomm/HARKE Rn 3; SOERGEL/HEINTZMANN Rn 6; WOLF/ECKERT/BALL, Hdb Rn 1586 f [S 468]).

c) Schadensersatzpflicht

8 § 586 ändert nichts an der Schadensersatzpflicht des Pächters bei einer von ihm zu **vertretenden** Verletzung seiner Obhutspflicht (§§ 276, 536c, 538, 581 Abs 2). Folglich ist der Pächter zum Schadensersatz verpflichtet, wenn einzelne Inventarstücke infolge eines von ihm zu vertretenden Umstandes verschlechtert oder zerstört werden. Gemäß § 249 muß er dann grundsätzlich die beschädigten Stücke reparieren oder ersetzen (RG WarnR 1943 Nr 10, S 28, 29 ff).

4. Ergänzungspflicht des Verpächters

9 Die Erhaltungspflicht des Pächters (Rn 4 ff) ist nur eine Einschränkung der allgemeinen, sich schon unmittelbar aus den §§ 581 Abs 2 und 535 Abs 1 S 2 ergebenden Verpflichtung des Verpächters, das mitverpachtete Inventar in einem zum vertragsmäßigen Gebrauch des Pächters geeigneten Zustand zu erhalten und deshalb notfalls auch zu ergänzen (Rn 5; Mot II 425 f; Prot II 243 f; Loos NJW 1963, 990 f). Zur Klarstellung hebt dies § 582 Abs 2 S 1 nochmals durch die Bestimmung hervor, daß der Verpächter verpflichtet bleibt, Inventarstücke zu ergänzen, die infolge eines von dem Pächter **nicht** zu vertretenden Umstandes in Abgang kommen (Rn 8).

10 § 582 Abs 2 S 1 bedeutet, daß der Verpächter die Gefahr des **zufälligen** Untergangs der einzelnen Inventarstücke trägt, so daß der Pächter in einem derartigen Fall nicht darauf beschränkt ist, die Pacht zu mindern (§§ 581 Abs 2, 536), sondern, insoweit in Übereinstimmung mit § 535 Abs 1 S 2, auch Erfüllung durch Neuanschaffung verlangen kann. Die Folge ist namentlich, daß der Verpächter die Last der **Neuinvestitionen** tragen muß, wenn das mitverpachtete Inventar durch den vertragsmäßigen Gebrauch des Pächters „in Abgang kommt", dh so aufgebraucht wird, daß eine Reparatur (die nach § 582 Abs 1 dem Pächter obliegt) nicht mehr möglich oder wirtschaftlich sinnlos ist (RG WarnR 1943 Nr 10, S 28, 29 f; Loos NJW 1963, 990 f). Zu beachten bleibt jedoch, daß § 582 kein zwingendes Recht enthält, so daß die Parteien in jeder Hinsicht etwas anderes vereinbaren können.

11 Die Ergänzungspflicht des Verpächters ist nicht dahin zu verstehen, daß er jedes einzelne zufällig in Abgang gekommene Inventarstück während der gesamten Vertragsdauer unverzüglich ersetzen müßte. Er muß vielmehr lediglich dafür Sorge tragen, daß das Inventar **insgesamt** dauernd in einem zum vertragsmäßigen Gebrauch des Pächters geeigneten Zustand erhalten bleibt (MünchKomm/HARKE Rn 4).

12 Die Ergänzungspflicht des Verpächters entfällt daher namentlich dann, wenn das noch vorhandene Inventar bereits vollauf für die Zwecke des Pächters ausreicht. Denkbar ist das zB dann, wenn zwischenzeitlich bereits angeschaffte neue Geräte wesentlich leistungsfähiger als alte jetzt in Abgang gekommene Geräte sind, so daß sie deren Aufgaben ohne weiteres mitübernehmen können.

5. Tiere

a) Ergänzungspflicht des Pächters

Eine Ausnahme von der Ergänzungspflicht des Verpächters (Rn 9 ff) enthält § 582 Abs 2 S 2 durch die Bestimmung, daß der Pächter verpflichtet bleibt, den gewöhnlichen Abgang der zu dem Inventar gehörenden Tiere insoweit zu ersetzen, als dies einer ordnungsmäßigen Wirtschaft entspricht. Diese Ausnahmevorschrift betrifft nach den Vorstellungen der Gesetzesverfasser lediglich den Fall, daß der auf dem Grundstück vorhandene Viehbestand eine Einheit bildet; andernfalls soll der Pächter berechtigt bleiben, jedes einzelne Tierjunge zu verkaufen (Prot II 244). **13**

In der ursprünglichen Fassung des § 582 Abs 2 S 2 (= § 586 Abs 2 S 2 aF) war noch hinzugefügt, daß die Ergänzung der Tiere „aus den Jungen" erfolgen müsse. Dieser Zusatz ist 1985 bei der Neufassung der Vorschriften (Rn 1) gestrichen worden, um dem Pächter die Möglichkeit zu eröffnen, Tiere auch dadurch zu ersetzen, daß er sich die Tiere von Dritten auf dem Markt beschafft (Begr zum RegE BT-Drucks 10/509, 15). **14**

Die Ergänzungspflicht beschränkt sich auf die Fälle des gewöhnlichen Abgangs der zu dem Inventar gehörenden Tiere, dh auf solche Fälle, wie sie im Rahmen einer ordnungsmäßigen Wirtschaft regelmäßig vorkommen. Außergewöhnliche Abgänge durch besondere Unglücksfälle wie zB Tierseuchen gehören nicht hierher, so daß in solchen Fällen eine Ergänzungspflicht des Pächters nicht angenommen werden kann. **15**

b) Eigentum

Die Ergänzungspflicht des Pächters hat nur schuldrechtliche Bedeutung, so daß er an den Tierjungen zunächst nach § 956 das Eigentum erwirbt. Es ist eine Frage des Einzelfalles, ob er das Eigentum anschließend nach § 930 auf den Verpächter überträgt oder nicht, wobei dann schon in dem Pachtverhältnis die Besitzmittlung liegt. Die Beweislast für den Eigentumserwerb nach § 930 trägt der Verpächter (BGH WM 1960, 1148, 1149 = BB 1960, 997; MünchKomm/VOELSKOW[3] Rn 4). **16**

6. Inventarverzeichnis

Errichten die Parteien bei Vertragsbeginn ein sog Inventarverzeichnis, so hat dieses grundsätzlich nur die Bedeutung einer Beweisurkunde, so daß ein Gegenbeweis möglich bleibt. Wenn nicht ausdrücklich das Gegenteil vereinbart ist, stellt das Inventarverzeichnis keinen Anerkennungsvertrag dar, der bei Unrichtigkeit nur durch Anfechtung beseitigt werden könnte (so RG WarnR 1910 Nr 147 S 153 = Recht 1910 Nr 1519). Nur bei der Landpacht sind die Parteien seit 1986 nach § 585b zur Aufstellung eines solchen Verzeichnisses gegenseitig verpflichtet. **17**

§ 582a
Inventarübernahme zum Schätzwert

(1) Übernimmt der Pächter eines Grundstücks das Inventar zum Schätzwert mit der Verpflichtung, es bei Beendigung des Pachtverhältnisses zum Schätzwert zurückzugewähren, so trägt er die Gefahr des zufälligen Untergangs und der zufälligen Verschlechterung des Inventars. Innerhalb der Grenzen einer ordnungsmäßigen Wirtschaft kann er über die einzelnen Inventarstücke verfügen.

(2) Der Pächter hat das Inventar in dem Zustand zu erhalten und in dem Umfang laufend zu ersetzen, der den Regeln einer ordnungsmäßigen Wirtschaft entspricht. Die von ihm angeschafften Stücke werden mit der Einverleibung in das Inventar Eigentum des Verpächters.

(3) Bei Beendigung des Pachtverhältnisses hat der Pächter das vorhandene Inventar dem Verpächter zurückzugewähren. Der Verpächter kann die Übernahme derjenigen von dem Pächter angeschafften Inventarstücke ablehnen, welche nach den Regeln einer ordnungsmäßigen Wirtschaft für das Grundstück überflüssig oder zu wertvoll sind; mit der Ablehnung geht das Eigentum an den abgelehnten Stücken auf den Pächter über. Besteht zwischen dem Gesamtschätzwert des übernommenen und dem des zurückzugewährenden Inventars ein Unterschied, so ist dieser in Geld auszugleichen. Den Schätzwerten sind die Preise im Zeitpunkt der Beendigung des Pachtverhältnisses zugrunde zu legen.

Materialien: E I § 544; II § 527 bis 529; III § 580 bis 582; BGB §§ 587 bis 589; Mot II 433 ff; Prot II 259, 516; Gesetz zur Neuordnung des landwirtschaftlichen Pachtrechts vom 8.11.1985 (BGBl I 2065); Gesetz zur Neugliederung, Vereinfachung und Reform des Mietrechts (Mietrechtsreformgesetz) vom 19.6.2001 (BGBl I 1149); Begr zum RegE BT-Drucks 14/4553, 34 ff, 75; Ausschußbericht BT-Drucks 14/5663, 33 f.

Systematische Übersicht

I. Geschichte _____ 1	**VII. Verfügungsbefugnis**
II. Zweck _____ 4	1. Zweck _____ 16
	2. Umfang _____ 18
III. Anwendungsbereich	**VIII. Eigentumserwerb**
1. Unternehmenspacht _____ 6	1. Überblick _____ 21
2. Viehverstellung _____ 7	2. Voraussetzungen _____ 23
	a) Anschaffung _____ 24
IV. Voraussetzungen _____ 8	b) Einverleibung _____ 25
	c) Kein gutgläubiger Erwerb _____ 27
V. Gefahrtragung	3. Wirkungen _____ 29
1. Bedeutung _____ 10	4. Abweichende Vereinbarungen _____ 30
2. Dauer _____ 12	5. Eintritt eines neuen Pächters _____ 31
VI. Erhaltungspflicht des Pächters _____ 13	**IX. Abwicklung bei Vertragsende** _____ 32
	1. Rückgewährpflicht des Pächters _____ 33

a)	Umfang	33	a) Geschichte	41
b)	Rückgewähr	35	b) Anwendungsbereich	45
2.	Ablehnungsrecht des Verpächters	36	c) Wertermittlung	46
a)	Zweck	36	d) Währungsrisiko	50
b)	Voraussetzungen	37	e) Risiko der technischen Entwicklung	51
c)	Wirkungen	39	f) Ausgleichsanspruch	53
3.	Wertausgleich	41	g) Abweichende Vereinbarungen	55

Alphabetische Übersicht

Siehe Vorbem zu §§ 582–583a.

I. Geschichte

In § 582a gibt das Gesetz Sondervorschriften für den Fall der Übernahme des **1** Inventars durch den Pächter zum Schätzwert mit der Verpflichtung zur Rückgabe bei Vertragsende ebenfalls zum Schätzwert. Vorbild dieser Vorschrift ist der Eisernvieh- oder **Eiserninventarvertrag** des früheren Rechts (vgl insbes ALR I 21 §§ 474 ff; Art 1821 ff Code Civil; Mot II 433; BREME JW 1922, 65 f; KRÜCKMANN JW 1922, 68 f; aA RICHTER JW 1921, 1195 f). Dementsprechend war ursprünglich auch beabsichtigt gewesen, den Anwendungsbereich der Vorschrift auf landwirtschaftliche Pachtverhältnisse zu beschränken (Mot II 438 f). Erst in den Beratungen der 2. Kommission wurde ihr Anwendungsbereich auf die gesamte Grundstückspacht erweitert, weil auch bei der Verpachtung von Theatern oder Gasthöfen entsprechende Abreden vorkämen (Prot II 516).

Die geltende Fassung des § 582a beruht auf dem Gesetz zur Neuordnung des land- **2** wirtschaftlichen Pachtrechts vom 8.11.1985 (BGBl I 2065). Durch dieses Gesetz sind die früheren §§ 587 bis 589 in einer Vorschrift zusammengefaßt worden. Ursprünglich hatte dabei die Absicht bestanden, abweichend von der bisherigen Rechtslage dem Pächter das Eigentum an dem sogenannten **Überinventar** zuzuweisen, um ihm die Modernisierung und Verbesserung des Inventars zu erleichtern und seine Kreditbasis zu verbreitern (s die Begr zum RegE BT-Drucks 12/509, 15). Dieser Plan stieß jedoch auf verbreitete Kritik (zB MOSER AgrarR 1985, 40, 42) und wurde wieder aufgegeben, nicht zuletzt deshalb, weil man befürchtete, die geplante Regelung werde zu Unklarheiten in der Eigentumslage am Inventar führen (Ausschußbericht BT-Drucks 10/3830, 28; zustimmend LARENZ II/1 § 49 I [S 284]). Weitere Änderungen betrafen den der Ermittlung des Schätzwertes zugrundezulegenden Zeitpunkt (s § 582a Abs 3 S 4 und dazu die Begr aaO, 15; den Ausschußbericht aaO, 28).

Durch das Mietrechtsreformgesetz vom 19.6.2001 (BGBl I 1149) wurden lediglich **3** redaktionelle Anpassungen an die Regeln des Mietrechts vorgenommen; in Abs 1 S 1 sowie in Abs 3 S 1 und 4 wurden jeweils die Wörter „der Pacht" durch „des Pachtverhältnisses" ersetzt.

II. Zweck

Die Gesetzesverfasser gingen davon aus, daß die Parteien mit der Abrede der **4**

Übernahme und Rückgabe des Inventars zum Schätzwert im wesentlichen dieselben Zwecke wie mit einem Kauf und Rückkauf des Inventars verfolgten. Mit dieser Begründung wurde vor allem die Gefahrtragungsregelung des § 582a Abs 1 S 1 gerechtfertigt (Mot II 437; zust RG Gruchot 62 [1918] 108, 109). Tatsächlich sind die beiden Fälle indessen kaum vergleichbar, da der Verpächter bei der Übernahme des Inventars zum Schätzwert anders als im Falle des Inventarkaufs Eigentümer des Inventars bleibt (Vorbem 8 ff zu §§ 582–583a), so daß das Inventar hier (neben dem Grundstück) Gegenstand des Pachtvertrages ist (Mot II 435; BGH LM Nr 9 zu § 571 BGB = NJW 1965, 2198; vgl auch RGZ 104, 394, 398; OLG Kiel SchlHAnz 1954, 116, 117).

5   Daraus folgt, daß der Zweck des § 582a in erster Linie darin besteht, das Inventar, das zum Grundstück gehört und für dessen Wirtschaftlichkeit ausschlaggebend ist, während der ganzen Vertragsdauer in einem für die Betriebsführung geeigneten Zustand zu erhalten. Damit soll erreicht werden, daß der Verpächter bei Rückgabe des Grundstücks den Betrieb sogleich fortführen kann (Mot II 435; RGZ 104, 394, 396; OLG Celle MDR 1965, 831, 832; Krückmann JW 1922, 68 f; Rn 13). Für den Pächter bedeutet die Übernahme des Inventars zum Schätzwert deshalb eine erhebliche Belastung, so daß solche Abreden heute offenbar nur noch selten vorkommen (Moser AgrarR 1985, 40; MünchKomm/Voelskow³ Rn 2).

III. Anwendungsbereich

1. Unternehmenspacht

6   § 582a gilt für die gesamte Grundstückspacht einschließlich der Landpacht (§ 585 Abs 2; Vorbem 2 zu §§ 582–583a). Die Vorschrift ist außerdem entsprechend auf die Unternehmenspacht anwendbar, wenn bei ihr eine Übernahme des Inventars zum Schätzwert mit der Verpflichtung zur Rückgewähr zum Schätzwert vereinbart ist (RG WarnR 1920 Nr 141, S 170). Solche Abreden sind vor allem denkbar und sinnvoll bei Überlassung der Firma oder bei Lizenzierung von Schutzrechten zusammen mit der Verpachtung des Unternehmens (s zB Loos NJW 1963, 990, 993 f; Soergel/Heintzmann Rn 3; MünchKomm/Voelskow³ Rn 3).

2. Viehverstellung

7   § 582a gilt weiter entsprechend für die sogenannte Viehverstellung. Man versteht darunter die Verpachtung einer Viehherde zum Schätzwert mit der Verpflichtung zur Rückgabe der Herde bei Vertragsende ebenfalls zum Schätzwert (Mot II 439; MünchKomm/Voelskow³ Rn 3).

IV. Voraussetzungen

8   § 582a ist nur anwendbar, wenn zu der Übernahme des Inventars zum Schätzwert die Verpflichtung des Pächters hinzutritt, das Inventar bei Vertragsende zum Schätzwerte zurückzugewähren. Fehlt diese **Rückgewährpflicht** zum Schätzwert, so ist je nach den Abreden der Parteien nur § 582 anzuwenden oder ein Kauf des Inventars zum Schätzwert anzunehmen (Palandt/Weidenkaff Rn 3).

9   Für die Anwendung des § 582a ist insbesondere kein Raum, wenn der Pächter das

Inventar **gekauft** hat. Dies gilt selbst dann, wenn der Kaufpreis bis zum Vertragsende gestundet wird oder wenn der Verpächter zum Rückkauf verpflichtet ist. Was im Einzelfall vorliegt, ist eine Auslegungsfrage; eine Vermutung in der einen oder anderen Richtung besteht nicht (s Vorbem 8 ff zu §§ 582–583a).

V. Gefahrtragung

1. Bedeutung

Nach § 582a Abs 1 S 1 trägt der Pächter bei Übernahme des Inventars zum Schätz- 10
wert – anders als im Falle des § 582 – die Gefahr des zufälligen Untergangs und der zufälligen Verschlechterung des Inventars. Das bedeutet vor allem, daß der Pächter bei einer von ihm nicht zu vertretenden Verschlechterung oder Zerstörung einzelner Inventarstücke die Pacht entgegen § 536 nicht mindern kann. Eine Konsequenz dieser Gefahrtragungsregel ist außerdem die Erhaltungspflicht des Pächters (Rn 13 f).

Die Gefahr der zufälligen Verschlechterung des Inventars umfaßt auch die Gefahr 11
einer **technischen Veralterung** der einzelnen Inventarstücke (Bewer RdL 1966, 198, 200; aA G Meyer RdL 1967, 66 f). Auch die Regelung des § 582a Abs 3 S 3 deutet darauf hin, daß der Pächter dieses Risiko tragen muß.

2. Dauer

Die Gefahrtragungsregel des § 582a Abs 1 S 1 gilt nur **während** der Pachtzeit, dh nur 12
bis zum Vertragsende (Mot II 439; anders die überwiegende Meinung, zB BGB-RGRK/ Gelhaar § 588 Rn 1; Leonhard Bd II 178; Palandt/Weidenkaff Rn 5; MünchKomm/Voelskow[3] Rn 4). In der Zeit nach Vertragsende bis zur Rückgabe der Pachtsache hat es bei der Anwendung der allgemeinen Vorschriften und namentlich der Verzugsregeln sein Bewenden (s §§ 287 S 2, 300 Abs 1; Mot II 439). Durch diese Vorschriften wird der Verpächter in jeder Hinsicht ausreichend geschützt.

VI. Erhaltungspflicht des Pächters

Nach § 582a Abs 2 S 1 hat der Pächter das Inventar in dem Zustand zu erhalten und 13
in dem Zustand laufend zu ersetzen, der den Regeln einer ordnungsmäßigen Wirtschaft entspricht. Vor allem in dieser Bestimmung kommt der *Zweck* der ganzen Regelung zum Ausdruck: Das Inventar soll sich jederzeit in einem Zustand befinden, der dem Verpächter bei Rückgabe des Pachtgrundstückes ohne weiteres die Fortführung des Betriebs ermöglicht (s Mot II 435; Rn 4 f).

Maßstab der Erhaltungs- und Ersetzungspflicht des Pächters sind seit der Neufas- 14
sung des § 582a Abs 2 S 1 durch das Reformgesetz von 1985 nur noch die Regeln einer ordnungsmäßigen Wirtschaft, während es auf den Zustand und den Umfang des Inventars bei Übergabe zum Schätzwert nicht mehr ankommt (MünchKomm/ Voelskow[3] Rn 6). Der Pächter muß deshalb durch Gebrauch oder Zufall schadhaft oder minderwertig gewordene Inventarstücke reparieren, untergegangene Inventarstücke ersetzen und das Inventar insgesamt, soweit dies den Regeln einer ordnungsmäßigen Wirtschaft entspricht, modernisieren, wozu auch die Neuanschaffung bis-

her nicht vorhandener Inventarstücke gehören kann (Rn 11). Maßstab ist entsprechend dem Zweck der Regelung (Rn 4, 13) durchweg allein, ob dem Verpächter bei objektiver Betrachtungsweise aufgrund des Zustandes des Inventars eine ordentliche Fortführung des Betriebs möglich ist. Eine **Nutzungsänderung** kommt bei der Landpacht nur im Rahmen des § 590 Abs 2 und 3 in Betracht (s dazu MünchKomm/ Voelskow³ aaO).

15 Die Erhaltungspflicht des Pächters bezieht sich nur auf das Inventar in seiner **Gesamtheit**. Deshalb ist der Pächter nicht notwendig zum Ersatz jedes einzelnen Stückes verpflichtet, wenn die übrigen Stücke für die Betriebsführung vollauf ausreichen (s BGB-RGRK/Gelhaar § 588 Rn 3; G Meyer RdL 1967, 66 f).

VII. Verfügungsbefugnis

1. Zweck

16 Nach § 582a Abs 1 S 2 kann der Pächter über die einzelnen Inventarstücke, obwohl sie im Eigentum des Verpächters stehen (s § 582a Abs 2 S 2; Rn 21 ff), innerhalb der Grenzen einer ordnungsmäßigen Wirtschaft verfügen (ebenso für den Nießbrauch § 1048 Abs 1 S 1). Diese Verfügungsbefugnis des Pächters war einer der wichtigsten Gründe für die frühere Verbreitung der Übernahme des Inventars zum Schätzwerte, weil ohne sie eine wirtschaftliche Nutzung des Inventars häufig kaum möglich ist (Mot II 435). Jedoch begrenzt der Zweck des § 582a, das Inventar des Verpächters in dem zur Bewirtschaftung des Grundstücks geeigneten Zustand zu erhalten (Rn 4, 13), die Verfügungsbefugnis des Pächters in wichtigen Beziehungen.

17 Die rechtliche Konstruktion der Verfügungsbefugnis des Pächters ist umstritten. Es kommt sowohl eine konkludente Einwilligung des Verpächters (§§ 183, 185) als auch die Annahme eines gesetzlichen Gestaltungsrechtes des Pächters in Betracht (Soergel/Heintzmann Rn 8; s auch Palandt/Weidenkaff Rn 6 „gesetzlich fingierte Einwilligung"). Die Frage hat indessen keine praktische Bedeutung hat, so daß sie offen bleiben kann.

2. Umfang

18 § 582a Abs 1 S 2 setzt der Verfügungsbefugnis des Pächters in zweierlei Hinsicht Grenzen: Sie besteht einmal nur in den Grenzen einer ordnungsmäßigen Wirtschaft und bezieht sich zum anderen lediglich auf einzelne Inventarstücke, also nicht auf das Inventar in seiner Gesamtheit. Dies bedeutet, daß der Pächter allein über einzelne Inventarstücke im Rahmen des Üblichen und Angemessenen verfügen darf, in keinen Fall jedoch über das gesamte Inventar (OLG Celle MDR 1965, 831, 832).

19 Erlaubt ist nach dem Gesagten (Rn 18) zB der Verkauf solcher Stücke, die nicht mehr benötigt werden oder die für die Zwecke des Grundstücks nicht mehr brauchbar sind, etwa der Verkauf einzelner Viehstücke im Herbst, die sich nach der Lage der Wirtschaft nicht zur Überwinterung eignen. Die Übereignung einzelner Viehstücke an einen Dritten zur Sicherheit für einen Kredit kann im Einzelfall ebenfalls durch die Verfügungsbefugnis des Pächters gedeckt sein, namentlich, wenn die

fraglichen Tiere jederzeit unschwer aus den Jungtieren ersetzt werden können (OLG Celle MDR 1965, 831, 832).

Aus der früheren Fassung des § 588 Abs 2 S 1 aF wurde überwiegend der Schluß **20** gezogen, die geschilderten Grenzen für die Verfügungsbefugnis des Pächters (Rn 18 f) hätten keine Bedeutung für das vom Pächter zusätzlich angeschaffte sogenannte Mehr- oder **Überinventar**, so daß er über dieses frei verfügen könne (Mot II 436; OLG Celle MDR 1965, 831, 832; STAUDINGER/EMMERICH[12] §§ 587, 588 Rn 19). Nach der Änderung des § 588 durch das Gesetz von 1985 kann jedoch hieran heute nicht mehr festgehalten werden, da sich seitdem die Erhaltungs- und Ersetzungspflicht des Pächters nicht mehr wie früher (§ 588 Abs 1 S 2 aF) an dem Zustand bei Übergabe, sondern allein an dem orientiert, was den Regeln einer ordnungsmäßigen Wirtschaft entspricht (§ 582a Abs 2 S 1; Rn 14 f).

VIII. Eigentumserwerb

1. Überblick

Nach § 582a Abs 2 S 2 werden die vom Pächter angeschafften Stücke mit ihrer **21** Einverleibung in das Inventar Eigentum des Verpächters. Das gilt auch für das Überinventar (Rn 2; s § 582a Abs 3 S 2 HS 2). Vergleichbare Regelungen finden sich für den Nießbrauch in § 1048 Abs 1 S 2 HS 2 und für die Vorerbschaft in § 2111 Abs 2 (s SPRENGER, Eigentumserwerb durch Einverleibung [1904]).

Der Eigentumserwerb des Verpächters am Inventar wurde sowohl im Interesse des **22** Verpächters als auch der Hypothekengläubiger vorgesehen, denen nach § 1120 das Inventar haftet (Mot II 436). Die Regelung kann nach ihrem Zweck uU entsprechend auf die Verpachtung von Unternehmen angewandt werden (JAEGER JW 1919, 107; vgl auch für den Nießbrauch BGH LM Nr 12 zu § 930 BGB = MDR 1975, 225).

2. Voraussetzungen

Der Eigentumserwerb des Verpächters setzt vor allem zweierlei voraus, einmal die **23** Anschaffung der Inventarstücke durch den Pächter und zum andern deren Einverleibung in das Inventar. Außerdem ist noch erforderlich, daß das Eigentum an dem fraglichen Inventarstück nicht Dritten zusteht. Alle diese Voraussetzungen müssen erfüllt sein, wenn der Verpächter Eigentum erwerben soll, wobei die zeitliche Reihenfolge keine Rolle spielt.

a) Anschaffung

Der Begriff der Anschaffung ist im denkbar weitesten Sinne auszulegen. Auch der **24** Erwerb von Jungtieren nach § 956 fällt darunter, so daß diese Tiere mit ihrer Einverleibung in das Inventar gleichfalls in das Eigentum des Verpächters übergehen (OLG Celle MDR 1965, 831 f; BGB-RGRK/GELHAAR § 588 Rn 4; SOERGEL/HEINTZMANN Rn 10; MünchKomm/HARKE Rn 5).

b) Einverleibung

Unter der Einverleibung des vom Pächter angeschafften Inventarstückes in das **25** Inventar versteht man die räumliche und wirtschaftliche Einfügung des Stücks in das Inventar. Dazu ist idR die Einbringung des Stücks in das Grundstück erforderlich (Mot II 436; OLG Celle MDR 1965, 831 f; WOLFF/RAISER § 76 II 2).

26 Die Einverleibung ist eine Rechtshandlung, so daß sie Geschäftsfähigkeit erfordert und bei Willensmängeln angefochten werden kann (aA PALANDT/WEIDENKAFF Rn 9). Vertretung ist möglich (WOLFF/RAISER § 76 II 2).

c) Kein gutgläubiger Erwerb
27 aa) Letzte Voraussetzung des Eigentumserwerbs des Verpächters ist vorheriger Eigentumserwerb des Pächters. Ein gutgläubiger Erwerb des Verpächters an Sachen Dritter ist nicht möglich. Wichtig ist dies namentlich für Inventarstücke, die der Pächter lediglich unter **Eigentumsvorbehalt** erworben hat. Aus dem Gesagten folgt, daß der Verpächter an diesen Stücken gleichfalls nur ein Anwartschaftsrecht erlangen kann (OLG Stuttgart Recht 1909 Nr 1860; OLG Braunschweig Recht 1910 Nr 878; OLG Dresden JW 1931, 3461; ERMAN/JENDREK Rn 5; MünchKomm/HARKE Rn 5; PALANDT/WEIDENKAFF Rn 9; WOLF/RAISER § 76 III).

28 bb) Ein gutgläubiger Erwerb des Verpächters an Sachen Dritter kommt nur bei Rückgabe des Inventars in Betracht, wenn die Parteien in diesem Augenblick tatsächlich noch einen Übereignungswillen haben. In aller Regel dürfte dies jedoch zu verneinen sein (SOERGEL/HEINTZMANN Rn 12; aA WOLFF/RAISER § 76 III).

3. Wirkungen
29 Mit der Einverleibung erwirbt der Verpächter das Eigentum an den vom Pächter angeschafften Stücken **kraft Gesetzes** (offen gelassen in Mot II 436). Ein entgegenstehender Wille des Pächters vermag daher den Eigentumserwerb des Verpächters nicht zu verhindern (RGSt 7, 41, 44; OLG Dresden JW 1931, 3461 Nr 2; OLG Celle MDR 1965, 831 f; WOLFF/RAISER § 76 II 1). Dies gilt auch für das sogenannte Überinventar (Rn 2, 21; Mot II 436; OLG Celle MDR 1965, 831 f); der Verpächter hat jedoch insoweit ein Ablehnungsrecht (§ 582a Abs 3 S 2 HS 2).

4. Abweichende Vereinbarungen
30 § 582a Abs 2 S 2 ist nicht zwingend (RG BayZ 1920, 25 = Recht 1920 Nr 3093). Die Parteien können daher den Eigentumserwerb des Verpächters ausschließen, zB durch die Abrede, daß der Pächter mit Bezahlung des Inventars das Eigentum daran erwerben soll. Der Pächter wird dann mit der Anschaffung und Einverleibung der einzelnen Stücke in das Inventar deren Eigentümer, und zwar ohne Rücksicht auf einen entgegenstehenden Willen des Verpächters (RG WarnR 1912 Nr 214, S 236, 237 f).

5. Eintritt eines neuen Pächters
31 Wenn anstelle des bisherigen Pächters ein neuer Pächter durch Vertrag mit diesem unter Zustimmung des Verpächters in den Vertrag eintritt, liegt hinsichtlich des Inventars, das nach wie vor dem Verpächter gehört, kein Kaufvertrag vor, so daß eine kaufrechtliche Sachmängelhaftung des alten Pächters ausscheidet. Die Rechtsfolgen etwaiger Mängel des Inventars können daher in einem derartigen Fall allein

nach den vertraglichen Absprachen zwischen den beiden Pächtern beurteilt werden (KG JW 1931, 3460 Nr 1).

IX. Abwicklung bei Vertragsende

§ 582a Abs 3 regelt im Anschluß an den früheren § 589 die Abwicklung des Pachtverhältnisses bei Übernahme des Inventars zum Schätzpreis. Im einzelnen enthält das Gesetz Bestimmungen über die Rückgewährpflicht des Pächters, das Ablehnungsrecht des Verpächters und den Wertausgleich zwischen Pächter und Verpächter. 32

1. Rückgewährpflicht des Pächters

a) Umfang
Nach § 582a Abs 3 S 1 hat der Pächter bei Beendigung des Pachtverhältnisses das vorhandene Inventar dem Verpächter zurückzugewähren. Zurückzugeben ist mithin das gesamte bei Vertragsende **vorhandene** Inventar, aber auch nur dieses. 33

Bleibt das vorhandene Inventar im Wert hinter dem Inventar zurück, das dem Pächter bei Vertragsbeginn übergeben wurde, so hat der Verpächter lediglich einen Anspruch auf Wertausgleich (§ 582a Abs 3 S 3); er kann hingegen jetzt nicht mehr die Ergänzung des Inventars verlangen (RG WarnR 1920 Nr 141, S 170 f = Recht 1920 Nr 3095). Anders verhält es sich nur, wenn der Pächter schuldhaft gegen seine Erhaltungspflicht verstoßen hat, weil der Verpächter dann auch Schadensersatz fordern kann (§§ 582a Abs 2 S 1, 276, 249; Rn 13 ff). *Übersteigt* das vorhandene Inventar hingegen das dem Pächter übergebene Inventar, so erstreckt sich seine Rückgewährpflicht auch auf dieses sogenannte Über- oder Mehrinventar (Rn 2). Der Verpächter hat jedoch in diesem Fall das Ablehnungsrecht des § 582a Abs 3 S 2 (Rn 36 ff). 34

b) Rückgewähr
Der Pächter muß das Inventar dem Verpächter „zurückgewähren" (§ 582a Abs 3 S 1), dh zurückgeben im Sinne des § 546 Abs 1, und zwar in dem Zustand, der dem § 582a Abs 1 und 2 entspricht (Rn 13 ff, 33; MünchKomm/Harke Rn 6). Erfüllungsort für die Rückgewährpflicht des Pächters ist derjenige Ort, wo sich die Inventarstücke befinden, und damit grundsätzlich das Pachtgrundstück (§ 269 Abs 1 BGB). Fällig wird die Rückgewährpflicht mit der rechtlichen Beendigung des Pachtverhältnisses (§ 271 Abs 1). 35

2. Ablehnungsrecht des Verpächters

a) Zweck
Durch die Vereinbarung, daß der Pächter das Inventar zum Schätzwert übernimmt und zum selben Wert zurückzugewähren hat, soll sichergestellt werden, daß der Verpächter im Falle der Rückgabe des Grundstücks den bisherigen Betrieb ohne weiteres fortführen kann (Rn 5). Weitergehende Zwecke verfolgt die gesetzliche Regelung nicht, so daß der Verpächter die Übernahme derjenigen vom Pächter angeschafften Inventarstücke ablehnen kann, die nach den Regeln einer ordnungsmäßigen Wirtschaft für das Grundstück überflüssig oder zu wertvoll sind (§ 582a 36

Abs 3 S 2 HS 1). Mit der Ablehnung geht das Eigentum an den abgelehnten Stücken, das der Verpächter zuvor nach § 582a Abs 2 S 2 erworben hatte, wieder kraft Gesetzes auf den Pächter über (§ 582a Abs 3 S 2 HS 2).

b) Voraussetzungen

37 Das Ablehnungsrecht beschränkt sich auf die Inventarstücke, die nach den Regeln einer ordnungsmäßigen Wirtschaft für das Grundstück überflüssig oder zu wertvoll sind (§ 582a Abs 3 S 2 HS 1). Ob dies der Fall ist, beurteilt sich nicht nach den Vorstellungen des Verpächters, sondern nach einem *sachlich-objektiven* Maßstab, wobei die *Beweislast* den Verpächter trifft (Mot II 438; PALANDT/WEIDENKAFF Rn 12; MünchKomm/VOELSKOW[3] Rn 8). Bloße Preissteigerungen bei dem Inventar geben dem Verpächter daher kein Ablehnungsrecht (RGZ 104, 394, 395).

38 Der Verpächter hat ein Ablehnungsrecht **zB**, wenn der Pächter anstelle von Arbeitspferden wertvolle Reitpferde oder wenn er unnötig aufwendige Maschinen angeschafft hat. Sind mehrere Inventarstücke überflüssig, so hat der Verpächter die Wahl, welches der einzelnen Inventarstücke er ablehnen will (Mot II 438).

c) Wirkungen

39 Das Ablehnungsrecht ist ein *Gestaltungsrecht*, das durch einseitige empfangsbedürftige Willenserklärung des Verpächters ausgeübt wird. Mit der Ausübung dieses Gestaltungsrechts durch den Verpächter (§ 130) geht das *Eigentum* an den abgelehnten Inventarstücken nach § 582a Abs 3 S 2 HS 2 kraft Gesetzes wieder auf den Pächter über (Mot II 438). Ein entgegenstehender Wille des Pächters ist unbeachtlich.

40 Die Folge des Rückfalls des Eigentums an den Pächter ist vor allem, daß die abgelehnten Stücke bei dem *Wertausgleich* nach § 582a Abs 3 S 3 nicht zu berücksichtigen sind. Macht der Verpächter hingegen von seinem Ablehnungsrecht keinen Gebrauch, so sind auch die überflüssigen oder zu wertvollen Inventarstücke in den Wertausgleich einzubeziehen (Mot II 438; RGZ 104, 394, 399).

3. Wertausgleich

a) Geschichte

41 Der Kern des Rechtsinstituts der Inventarübernahme zum Schätzwert ist der früher in § 589 Abs 3 und heute in § 582a Abs 3 S 3 geregelte Ausgleichsanspruch. Nach § 589 Abs 3 aF hatte, wenn der Gesamtschätzungswert der übernommenen Stücke höher oder niedriger als der gesamte Schätzungswert der zurückzugewährenden Stücke ist, im ersten Fall der Pächter dem Verpächter und im zweiten Fall der Verpächter dem Pächter den Mehrbetrag zu ersetzen. Unter der Geltung dieser Bestimmung war vor allem umstritten gewesen, wer das **Währungsrisiko**, dh das Risiko einer Veränderung des Geldwertes zwischen Vertragsbeginn und Vertragsende zu tragen hat (s STAUDINGER/EMMERICH[12] § 589 Rn 16 ff). Die überwiegende Meinung ging in Übereinstimmung mit dem Willen der Gesetzesverfasser (Mot II 437) zuletzt dahin, daß Preissenkungen zwischen Vertragsbeginn und Vertragsende dem Verpächter zugute kommen, während sich zwischenzeitliche Preissteigerungen zugunsten des Pächters auswirken sollten, so daß im Grundsatz der **Verpächter** das Risiko von Preissteigerungen tragen mußte (RG Gruchot 62 [1918] 108, 109; WarnR 1920

Nr 141, S 170 = SeufArch 75 Nr 151, S 267 = Recht 1920 Nr 3094; KG JW 1921, 1349; OLG Kiel SchlAnz 1954, 116, 118).

Von dem Grundsatz, daß der Verpächter das Währungsrisiko tragen muß (Rn 41), **42** wurden Ausnahmen allein in Fällen einer grundstürzenden Veränderung der Wirtschafts- und Währungsverhältnisse zugelassen. Gedacht war dabei natürlich in erster Linie an die inflationären Verhältnisse nach dem ersten und dem zweiten Weltkrieg, so daß in diesen Fällen die Anfangswerte entsprechend dem in der Zwischenzeit eingetretenen Kaufkraftverlust der Währung in die Werte bei Vertragsende umgerechnet werden mußten (RGZ 104, 394, 396 ff; RG WarnR 1923/24 Nr 71, S 86 f; BGH LM Nr 1 zu § 589 BGB = MDR 1960, 834 = RdL 1960, 213; OLG Celle RdL 1960, 209, 211 f; OLG Kiel aaO; sehr str).

An diesen Grundsätzen haben die Gesetzesverfasser nach 1985 nicht uneinge- **43** schränkt festgehalten. Unterschiede im Schätzwert, die allein eine Folge der Veränderung der Kaufkraft sind, sollen vielmehr fortan nicht mehr berücksichtigt werden (Begr zum RegE BT-Drucks 10/509, 15). Deshalb wurde in den Ausschußberatungen in § 582a Abs 3 als neuer Satz 4 die Bestimmung hinzugefügt, daß den Schätzwerten die Preise im Zeitpunkt der **Beendigung** der Pacht zugrunde zu legen sind. Man wollte dadurch erreichen, daß sich Preisänderungen für das Inventar während der Pachtzeit nicht einseitig zu Lasten der einen oder der anderen Partei auswirken (s dazu ausführlich den Ausschußbericht BT-Drucks 10/3830, 28).

Ausschlaggebend für die Änderung war die Überlegung, man müsse schon deshalb **44** von dem Preisniveau bei Vertragsende ausgehen, weil der Verpächter etwa fehlendes Inventar ebenfalls nur zu den Preisen bei Pachtende wiederbeschaffen könne; aus diesem Grund müßten die Schätzwerte zu Beginn der Pachtzeit auf die Preisverhältnisse bei Pachtende umgerechnet werden. Das entspreche auch der Schätzungsordnung für das landwirtschaftliche Pachtwesen von 1982 (Rn 47). Diese Schätzungspraxis habe sich bewährt, so daß andere Fragen wie die Berücksichtigung technischer und züchterischer Innovationen oder die qualitative Bewertung der Inventarstücke im Gesetz nicht geregelt zu werden brauchten.

b) Anwendungsbereich
Der Wertausgleich nach § 582a Abs 3 S 3 kommt bei der gesamten Grundstücks- **45** pacht einschließlich der Landpacht in Betracht (§ 585 Abs 2). Die Regelung ist außerdem entsprechend auf die Unternehmenspacht anwendbar, wenn die Parteien bei dieser eine Übernahme des Inventars durch den Pächter zum Schätzwert vereinbart haben (RG WarnR 1920 Nr 141, S 170 f = SeufArch 75 Nr 151, S 267 f = Recht 1920 Nr 3094). Bewertungsprobleme ergeben sich hier namentlich bei Überlassung der Firma sowie im Falle der Mitverpachtung von Schutz- und Urheberrechten (s dazu Loos NJW 1963, 990, 993 f). Die Folge ist, daß in der Praxis für diese Fragen von § 582a Abs 3 abweichende Abreden verbreitet sind (Loos aaO).

c) Wertermittlung
Für die Ermittlung des Ausgleichsanspruchs sind der Gesamtwert des Inventars bei **46** Vertragsbeginn und bei Vertragsende einander gegenüberzustellen. Dabei müssen grundsätzlich *dieselben* Bewertungsgrundsätze und -maßstäbe angewandt werden.

47 Die Schwierigkeiten einer derartigen Wertermittlung, vor allem bei einer langen Vertragsdauer, sind bekannt. In der Praxis wird deshalb häufig der Wertermittlung vertraglich die von den Landwirtschaftskammern beschlossene **Schätzungsordnung** für das landwirtschaftliche Pachtwesen idF vom 10. 11. 1982 zugrunde gelegt, wovon auch die Gesetzesverfasser ausgegangen sind (Ausschußbericht BT-Drucks 10/3830, 28; MünchKomm/HARKE Rn 8; PALANDT/WEIDENKAFF Rn 13; SOERGEL/HEINTZMANN Rn 22). Nach dieser Schätzungsordnung, die bei einer Einigung der Parteien auf sie die Bedeutung von allgemeinen Geschäftsbedingungen hat, erfolgt die Schätzung des lebenden Inventars grundsätzlich zu Marktpreisen (Art 17 aaO), während bei der Schätzung des toten Inventars vom sogenannten wirtschaftlichen Gebrauchswert ausgegangen wird (Art 18 aaO). Einzelheiten der Wertermittlung speziell bei dem eisernen Inventar (§ 582a) regelt ergänzend Art 24 der Schätzungsordnung (s im einzelnen BEWER RdL 1966, 198).

48 Die Schätzung der Anfangs- und Endwerte des Inventars erfolgt gewöhnlich durch landwirtschaftliche **Sachverständige**. In diesem Fall sind auf die Schätzung die §§ 317 bis 319 anwendbar, so daß die Schätzung für die Parteien (nur) *unverbindlich* ist, wenn sie grob unbillig ist (§ 319 Abs 1 S 1; RG WarnR 1922 Nr 37, S 41, 42; OLG Kiel SchlHAnz 1929, 92; 1954, 116, 117).

49 Bei der Schätzung müssen beide Parteien nach Treu und Glauben **mitwirken**. Sie sind daher verpflichtet, dem Sachverständigen, der die Schätzung vornimmt, die erforderlichen *Auskünfte* zu erteilen und ihn auf verborgene, nur ihnen bekannte *Mängel* des Inventars hinzuweisen. So darf zB der Pächter bei Vertragsende nicht verschweigen, daß große Teile der landwirtschaftlichen Vorräte verdorben sind oder daß einzelne Maschinen äußerlich nicht erkennbare, ihre Funktionsfähigkeit aber erheblich beeinträchtigende Mängel aufweisen (OLG Kiel SchlHAnz 1929, 92 ff).

d) Währungsrisiko

50 Nach dem früheren Recht (§ 589 Abs 3 aF) mußte grundsätzlich der Verpächter das Risiko von Preissteigerungen tragen (Mot II 437; Rn 41 ff; STAUDINGER/EMMERICH[12] § 589 Rn 16 ff; sehr str). Hingegen bestimmt jetzt § 582a Abs 3 S 4 ausdrücklich, daß den Schätzwerten die Preise im Zeitpunkt der **Beendigung** des Pachtverhältnisses zugrunde zu legen sind, um zu verhindern, daß Preisänderungen einseitig zum Nachteil des Verpächters ausschlagen, so daß zur Ermittlung des Wertausgleichs die Schätzwerte zu Beginn der Pachtzeit auf die Preisverhältnisse bei Pachtende umgerechnet werden müssen (Rn 43 f; Begr zum RegE BT-Drucks 10/509, 15; Ausschußbericht BT-Drucks 10/3830, 28; LARENZ II/1 § 49 I [S 284]; MünchKomm/HARKE Rn 8; PALANDT/WEIDENKAFF Rn 13). Ebenso wurde früher bereits bei grundstürzenden Veränderungen der Währungsverhältnisse, dh bei inflationären Entwicklungen wie nach dem ersten und dem zweiten Weltkrieg verfahren (Rn 42). Dies bedeutete zB, daß bei einem zwischenzeitlichen Kaufkraftverlust von 75% auf die Anfangswerte ein Aufschlag von ebenfalls 75% zu berechnen war (STAUDINGER/EMMERICH[12] § 589 Rn 18). Ebenso ist jetzt generell zu verfahren (vgl dazu schon RGZ 104, 394, 401 f; BGH LM Nr 1 zu § 589 BGB = MDR 1960, 834 = RdL 1960, 213).

e) Risiko der technischen Entwicklung

51 In der Literatur war seit jeher umstritten, wer bei dem Wertausgleich das Risiko einer Wertminderung des Inventars durch die zwischenzeitliche technische Entwicklung tragen muß (s BEWER RdL 1966, 198; G MEYER RdL 1967, 66). In den Beratungen des Gesetzes zur Neuordnung des landwirtschaftlichen Pachtrechts ist die Frage ausdrücklich offengelassen worden, da man der Meinung war, zumindest im Bereich der Landwirtschaft könne diese Frage ohne weiteres der „seit langem bewährten Schätzungspraxis" überlassen werden, was immer das bedeuten mag (Ausschußbericht BT-Drucks 10/3830, 28; Rn 44).

Für den Regelfall, dh vorbehaltlich abweichender Vereinbarungen der Parteien, **52** dürfte davon auszugehen sein, daß das Risiko der technischen Entwicklung der **Pächter** zu tragen hat. Denn angesichts der stürmischen technischen Entwicklung muß heute jedermann mit einer Entwertung des Inventars durch den Fortschritt der Technik rechnen, zumal bei langfristigen Verträgen. Aus auch praktischen Gründen dürfte sich für den Regelfall eine abweichende Entscheidung verbieten.

f) Ausgleichsanspruch
Ergibt sich bei Vergleich der Anfangs- und Endwerte ein Saldo zugunsten einer **53** Partei, so steht dieser ein Ausgleichsanspruch gegen die andere zu (§ 582a Abs 3 S 3). Der Anspruch auf den Saldo ist bei Vertragsende fällig (§ 271). Erfüllungsort ist der Ort, wo das Pachtgrundstück belegen ist, nicht etwa der Wohnsitz einer der Parteien (RG Recht 1904, 107 Nr 410). Der Anspruch verjährt in der Frist des § 548 (RGZ 95, 302, 303 f; **aA** WALTHER, in: MÜLLER/WALTHER C § 582a Rn 24; WOLF/ECKERT/BALL, Hdb Rn 1587 [S 470]). Wird das Grundstück veräußert, so geht die Verpflichtung zum Wertausgleich nach den §§ 581 Abs 2, 593b und 566 auf den Erwerber über (Münch-Komm/VOELSKOW[3] Rn 11; wohl auch BGH LM Nr 9 zu § 571 BGB = NJW 1965, 2198 = MDR 1966, 45).

Der Ausgleichsanspruch des Pächters ist gesichert durch ein *Pfandrecht* an den in **54** seinen Besitz gelangten Inventarstücken des Verpächters (§ 583). Außerdem steht dem Pächter gegenüber dem Rückgewähranspruch des Verpächters (§ 582a Abs 3 S 1) ein *Zurückbehaltungsrecht zu* (§ 273), weil § 570 hier nicht anwendbar ist (Prot II 246; SOERGEL/HEINTZMANN Rn 23).

g) Abweichende Vereinbarungen
§ 582a Abs 3 S 3 und 4 ist nicht zwingend, so daß die Parteien in jeder Hinsicht **55** etwas anderes vereinbaren können (BGB-RGRK/GELHAAR § 589 Rn 6). Verbreitet sind vor allem Abreden über die Bewertungsgrundsätze sowie über die Festlegung einheitlicher Bewertungszeitpunkte.

Hatten die Parteien zB vereinbart, daß die Schätzsumme bei Vertragsbeginn *sofort* **56** an den Verpächter *ausbezahlt* wird und daß bei Vertragsende eine erneute Schätzung des Inventars zu erfolgen hat, so ist ebenso wie in den Fällen des § 582a Abs 3 zu verfahren. Maßgebend für den Wertvergleich sind somit auch hier die Werte bei Vertragsende (anders früher REICHEL AcP 122, 117, 122 ff).

§ 583
Pächterpfandrecht am Inventar

(1) Dem Pächter eines Grundstücks steht für die Forderungen gegen den Verpächter, die sich auf das mitgepachtete Inventar beziehen, ein Pfandrecht an den in seinen Besitz gelangten Inventarstücken zu.

(2) Der Verpächter kann die Geltendmachung des Pfandrechts des Pächters durch Sicherheitsleistung abwenden. Er kann jedes einzelne Inventarstück dadurch von dem Pfandrecht befreien, dass er in Höhe des Wertes Sicherheit leistet.

Materialien: E I § 536; II § 530; III § 583; BGB § 590; Mot II 426; Prot II 244 ff; Gesetz zur Neuordnung des landwirtschaftlichen Pachtrechts vom 8. 11. 1985 (BGBl I 2065).

Systematische Übersicht

1. Geschichte _____ 1	5. Umfang _____ 5
2. Zweck _____ 2	6. Abwendung _____ 6
3. Anwendungsbereich _____ 3	7. Zurückbehaltungsrecht _____ 7
4. Gesicherte Forderungen _____ 4	

Alphabetische Übersicht

Siehe Vorbem zu §§ 582–583a.

1. Geschichte

1 § 583 entspricht dem früheren § 590. Durch das Gesetz zur Neuordnung des landwirtschaftlichen Pachtrechts von 1985 ist lediglich die frühere Verweisung auf § 562 (§ 590 Abs 1 S 2 aF) durch sinngemäße Übernahme des Textes des § 562 in den neuen § 583 Abs 2 ersetzt worden, um die Verständlichkeit des Gesetzestextes zu fördern (s den Ausschußbericht BT-Drucks 10/3830, 28). Keine Änderung erfuhr die Norm durch das jüngst am 1. 9. 2001 in Kraft getretene Mietrechtsreformgesetz (s Vorbem 1 zu §§ 582–583a).

2. Zweck

2 § 583 Abs 1 gewährt dem Pächter eines Grundstücks für seine Forderungen gegen den Verpächter hinsichtlich des mitgepachteten Inventars ein Pfandrecht an den in seinen Besitz gelangten Inventarstücken. Damit wird naturgemäß in erster Linie bezweckt, die Pächteransprüche gegen den Verpächter zu sichern. Außerdem soll § 583 den Pächter während der Dauer der Pacht vor der Gefahr schützen, durch Herausgabeansprüche Dritter oder durch Pfändung des Inventars durch Gläubiger des Verpächters in der Verfügung über das Pachtinventar beeinträchtigt zu werden; dies wird dadurch erreicht, daß das Pfandrecht des Pächters kraft Gesetzes auch an

den Inventarstücken Dritter entsteht (Rn 5; Prot II 247 f; Begr zum RegE BT-Drucks 10/ 509, 15 f; BGHZ 34, 153, 157 = NJW 1961, 502; Larenz II/1 § 49 I [S 284]).

3. Anwendungsbereich

Der Anwendungsbereich des § 583 deckt sich mit dem der §§ 582 f (Vorbem 2 zu §§ 582–583a). Er umfaßt deshalb die gesamte Grundstückspacht einschließlich der Landpacht (§ 582 Abs 2; RG BayZ 1910, 404).

4. Gesicherte Forderungen

Gesichert sind alle Forderungen des Pächters gegen den Verpächter mit Bezug auf das mitgepachtete Inventar. Zu denken ist dabei in erster Linie an einen etwaigen Ausgleichsanspruch des Pächters nach § 582a Abs 3 S 3 (s § 582a Rn 41 ff), an Verwendungsersatzansprüche des Pächters wegen der Ergänzung von Inventarstücken an Stelle des hierzu verpflichteten Verpächters (§ 582 Abs 2 S 1) sowie an Ansprüche des Pächters auf Rückgabe einer Kaution für das Inventar (Begr zum RegE BT-Drucks 10/509, 15; BGB-RGRK/Gelhaar § 590 Rn 1; MünchKomm/Harke Rn 1).

5. Umfang

Das Pfandrecht des Pächters erstreckt sich entsprechend seinem Zweck (o Rn 2) auf *alle* in den Besitz des Pächters gelangten Inventarstücke ohne Rücksicht auf die Eigentumsverhältnisse an ihnen. Namentlich werden auch Inventarstücke, die im Eigentum *Dritter* stehen, von dem Pfandrecht erfaßt (BGHZ 34, 153, 157 = NJW 1961, 502; Erman/Jendrek Rn 3; MünchKomm/Harke Rn 1; Palandt/Weidenkaff Rn 2; Soergel/ Heintzmann Rn 5).

6. Abwendung

Nach § 583 Abs 2 kann der Verpächter die Geltendmachung des Pfandrechts durch Sicherheitsleistung abwenden; insoweit gilt § 562c in umgekehrter Parteistellung (Palandt/Weidenkaff Rn 3). Die Sicherheitsleistung kann notfalls auch durch Stellung eines Bürgen erfolgen (§ 232 Abs 2).

7. Zurückbehaltungsrecht

Neben dem Pfandrecht steht dem Pächter wegen der genannten Ansprüche (Rn 4) nach § 273 ein Zurückbehaltungsrecht an dem Inventar zu (Prot II 246), während er kein Zurückbehaltungsrecht am Grundstück hat (§§ 581 Abs 2, 570, 578 Abs 1, 596 Abs 2). Die Ausübung dieses Zurückbehaltungsrechtes kann der Gläubiger gleichfalls durch Sicherheitsleistung abwenden (§ 273 Abs 3 S 1); jedoch ist hier die Sicherheitsleistung durch Bürgen ausgeschlossen (§ 273 Abs 3 S 2), so daß insoweit das Zurückbehaltungsrecht eine weitergehende Wirkung als das Pfandrecht hat (Rn 6).

§ 583a
Verfügungsbeschränkungen bei Inventar

Vertragsbestimmungen, die den Pächter eines Betriebs verpflichten, nicht oder nicht ohne Einwilligung des Verpächters über Inventarstücke zu verfügen oder Inventar an den Verpächter zu veräußern, sind nur wirksam, wenn sich der Verpächter verpflichtet, das Inventar bei der Beendigung des Pachtverhältnisses zum Schätzwert zu erwerben.

Materialien: Gesetz zur Neuordnung des landwirtschaftlichen Pachtrechts vom 8.11.1985 (BGBl I 2065).

Alphabetische Übersicht

Siehe Vorbem zu §§ 582–583a.

1. Zweck

1 Die Vorschrift des § 583a ist erst 1985 durch das Gesetz zur Neuordnung des landwirtschaftlichen Pachtrechts (BGBl I 2065) in das Gesetz eingefügt worden. Dahinter stand die Erfahrung, daß in Pachtverträgen über Betriebe häufig dem Pächter weitgehende Verfügungsbeschränkungen hinsichtlich des Inventars auferlegt werden, namentlich wenn und soweit der Pächter das in dem Pachtbetrieb befindliche Inventar vom Verpächter oder von dem früheren Pächter erwirbt (s die Begr zum RegE BT-Drucks 10/509, 16).

2 Gegen Verfügungsbeschränkungen des Pächters ist nach Meinung der Gesetzesverfasser grundsätzlich nichts einzuwenden, solange sie durch eine Inventarabnahmeverpflichtung des Verpächters ausgeglichen werden. Häufig fehle jedoch eine derartige Abnahmeverpflichtung des Verpächters. Namentlich in den beiden im Gesetz geregelten Fällen bedeute dann die einseitige Beschränkung der Verfügungsbefugnis des Pächters eine schwere Benachteiligung, weshalb in diesen Fällen zusätzliche Bestimmungen zu seinem Schutz erforderlich seien (zust LARENZ II/1 § 49 I; MünchKomm/HARKE Rn 1; SOERGEL/HEINTZMANN Rn 3). Für Altverträge aus der Zeit vor dem 1. Juli 1986 enthält Art 219 EGBGB eine Übergangsregelung.

2. Anwendungsbereich

3 Der Anwendungsbereich des § 583a ist enger als der der §§ 582, 582a (Vorbem 2 zu §§ 582–583a). Denn die Vorschrift gilt nicht für die gesamte Grundstückspacht, sondern nur für die Pacht eines Betriebes einschließlich der Landpacht (§ 585 Abs 2). Ausgenommen ist mithin die reine Grundstückspacht. Die Anwendung der Vorschrift setzt außerdem voraus, daß das Inventar nicht dem Verpächter gehört (dann §§ 582, 582a), sondern dem Pächter oder einem Dritten (PALANDT/WEIDENKAFF Rn 1). Wichtigster Anwendungsfall der Vorschrift ist der Fall des Kaufs des Inventars vom Verpächter (Vorbem 8 ff zu §§ 582–583a).

In den geregelten Fällen (Rn 3) wendet sich das Gesetz gegen zwei Abreden, einmal 4
gegen die Verpflichtung des Pächters, über die Inventarstücke nicht oder doch nicht
ohne Einwilligung des Verpächters zu verfügen, zum andern gegen die Verpflichtung,
das Inventar an den Verpächter zu veräußern. Grundsätzlich unbedenklich ist hingegen eine Abrede, wonach der Pächter verpflichtet ist, das Inventar an einen etwaigen
Nachfolger zu verkaufen (MünchKomm/Voelskow[3] Rn 3; aA MünchKomm/Harke Rn 2).

3. Rechtsfolgen

Die genannten Abreden (Rn 4) sind grundsätzlich nichtig (§ 134). Das ist zwingen- 5
des Recht (Begr zum RegE BT-Drucks 10/509, 16). Die Auswirkungen der Nichtigkeit
dieser Abreden auf den gesamten Pachtvertrag beurteilen sich nach § 139, wobei
Teilnichtigkeit des Vertrages jedoch die Regel sein dürfte (Erman/Jendrek Rn 3;
Palandt/Weidenkaff Rn 4; aA Soergel/Heintzmann Rn 7).

Die weitere Folge der Nichtigkeit der Abreden (Rn 5) ist, daß der Pächter in seiner 6
Verfügungsbefugnis über die fraglichen Inventarstücke nicht mehr beschränkt ist.
Etwas anderes gilt nur, wenn sich der Verpächter verpflichtet, das Inventar bei
Vertragsende zum Schätzwert zu erwerben (§ 583a); in diesem Fall sind dann auch
die dem Pächter auferlegten Verfügungsbeschränkungen (Rn 4) wirksam.

§ 584
Kündigungsfrist

(1) Ist bei dem Pachtverhältnis über ein Grundstück oder ein Recht die Pachtzeit nicht bestimmt, so ist die Kündigung nur für den Schluss eines Pachtjahrs zulässig; sie hat spätestens am dritten Werktag des halben Jahres zu erfolgen, mit dessen Ablauf die Pacht enden soll.

(2) Dies gilt auch, wenn das Pachtverhältnis außerordentlich mit der gesetzlichen Frist gekündigt werden kann.

Materialien: E I § 537; II § 535; III § 588; Mot II 426 ff; Prot II 246 ff, 515 f; Art 1 Nr 1 G zur Neuordnung des landwirtschaftlichen Pachtrechts vom 8.11.1985 (BGBl I 2065); Begr zum RegE BT-Drucks 10/509, 16; Ausschußbericht BT-Drucks 10/3830, 28; Gesetz zur Neugliederung, Vereinfachung und Reform des Mietrechts (Mietrechtsreformgesetz) vom 19.6.2001 (BGBl I 1149); Begr zum RegE BT-Drucks 14/4553, 34 ff, 75; Ausschußbericht BT-Drucks 14/5663, 33 f.

Schrifttum

Fränkel, Das Miet- und Pachtrecht nach dem Bürgerlichen Gesetzbuch für das Deutsche Reich (1897)
Jakobs/Schubert, Die Beratung des Bürgerlichen Gesetzbuchs in systematischer Zusammenstellung der unveröffentlichten Quellen, Recht der Schuldverhältnisse II (1980)
Schubert, Die Vorlagen der Redaktoren für die erste Kommission zur Ausarbeitung des Entwurfs eines Bürgerlichen Gesetzbuches, Recht der Schuldverhältnisse II (1980)
Stiff, Pachtjahr, Recht 1910, 639.

Systematische Übersicht

I. Allgemeine Kennzeichnung
1. Überblick ___ 1
2. Entstehung der Vorschrift ___ 2
3. Zweck der Vorschrift ___ 5

II. Voraussetzungen
1. Gegenstand des Pachtvertrags ___ 6
   a) Grundstück ___ 6
   b) Recht ___ 9
2. Pachtvertrag auf unbestimmte Zeit ___ 13
3. Besondere Voraussetzungen der außerordentlichen befristeten Kündigung ___ 15

III. Rechtsfolgen
1. Allgemeines ___ 18
2. Kündigungserklärung ___ 19
3. Kündigungsfrist ___ 20

IV. Abweichende Vereinbarungen ___ 24

Alphabetische Übersicht

Abweichende Vereinbarungen ___ 20, 24

Beweislast ___ 24

Entstehung der Vorschrift ___ 2 ff

Form der Kündigung ___ 19

Gegenstand des Pachtvertrags ___ 6
Grundstück ___ 6
– Begriff ___ 6
– Raum ___ 7
– Wohnraum ___ 8

Kündigung
– außerordentliche befristete ___ 15, 18
– ordentliche ___ 13, 18
Kündigungserklärung ___ 19
Kündigungsfrist ___ 20, 22
Kündigungsschutz ___ 8

Landpacht ___ 1 ff, 16, 19
Lizenzvertrag ___ 12

Optionsrecht ___ 14

Pachtvertrag ___ 6
– auf bestimmte Zeit ___ 14
– auf unbestimmte Zeit ___ 13

Recht ___ 9
– Aneignungsrecht ___ 10
– Begriff ___ 9
– beschränktes dingliches Recht ___ 10
– bewegliche Sache ___ 11
– Immaterialgüterrecht ___ 12
– integrierte Einrichtung ___ 10
Rechtsfolgen ___ 18
Reform ___ 3 f

Unternehmen ___ 6

Verlängerungsklausel ___ 14
Voraussetzungen ___ 6 ff

Widerruf ___ 23
Wirkung der Kündigung ___ 23

Zubehör ___ 6 f
Zweck der Vorschrift ___ 5

I. Allgemeine Kennzeichnung

1. Überblick

1 Für die Beendigung eines Pachtverhältnisses sind aufgrund der Verweisung des § 581 Abs 2 grundsätzlich die Vorschriften über die Miete entsprechend anwendbar (§ 581 Rn 383 ff). In § 584 stellt das Gesetz jedoch für die Kündigung des Pachtvertrags über ein Grundstück oder ein Recht eine Sondervorschrift auf. Die ordentliche Kündigung eines auf unbestimmte Zeit eingegangenen Pachtverhältnisses ist nach Abs 1 abweichend von § 580a Abs 1 Nr 1 oder Abs 2 mit halbjähriger Kündigungsfrist nur für den Schluß eines Pachtjahres zulässig. Dabei kommt es nicht auf den Zeitraum an, nach dem die Pacht bemessen wird. Die gleiche Frist ist bei diesen Pachtgegenständen in Abs 2 für die außerordentliche befristete Kündigung vorgeschrieben. Die außerordentliche fristlose Kündigung ist in § 584 nicht geregelt (BGB-RGRK/GELHAAR § 595 Rn 3; ERMAN/JENDREK Rn 2; OERTMANN § 595 Anm 1; PALANDT/ WEIDENKAFF Rn 3). Insoweit bleiben die mietrechtlichen Vorschriften uneingeschränkt entsprechend anwendbar (§ 581 Rn 408 ff). Das gleiche gilt für die Beendigung durch Zeitablauf (§ 581 Rn 384 ff). Die Kündigungsfristen bei der Landpacht sind in § 594a besonders geregelt.

2. Entstehung der Vorschrift

a) Die Vorschrift betraf in der **ursprünglichen Fassung** des BGB als § 595 alle **2** Pachtverhältnisse über Grundstücke und Rechte in gleicher Weise, galt also auch für die Landpacht. Sie ändert nach dem Vorbild früherer Gesetze gegenüber der Miete die Kündigungsfrist und den Kündigungstermin, zu dem das Pachtverhältnis beendet werden kann (Mot II 427). Ausgangspunkt war bei den Beratungen des Gesetzentwurfs die Bestimmung des Art 588 Dresdener Entw, nach der die Pachtzeit bei unbefristeter Verpachtung eines landwirtschaftlichen Grundstücks so lange dauern sollte, als zur vollständigen Ziehung einer Ernte erforderlich sei (SCHUBERT 248). Hiervon sah die 1. Komm zugunsten einer Kündigungsregelung ab, wie sie zuvor für das Mietrecht beschlossen worden war. Im einzelnen wurden die unterschiedlichsten Vorschläge unterbreitet (JAKOBS/SCHUBERT 672 ff). Die nach den gesetzlichen Vorbildern bestehende Beschränkung auf landwirtschaftliche Grundstücke wurde nicht übernommen, um das Gesetz durch Festsetzung einer einheitlichen Frist zu vereinfachen (Mot II 427; JAKOBS/SCHUBERT 674, 675). Ein späterer Antrag, die auf sechs Monate festgesetzte Kündigungsfrist auf ein Jahr zu verlängern, stieß auf Ablehnung (Prot II 247, 248; JAKOBS/SCHUBERT 682). Abweichend von der Regelung des ALR I, 21 § 343 und entsprechenden Gesetzgebungsanträgen wurde als Kündigungstermin nicht der Ablauf des Wirtschaftsjahres vorgesehen, sondern der Schluß eines Pachtjahres. Der Begriff des Wirtschaftsjahres, der sich vor allem wegen der unterschiedlichen klimatischen Verhältnisse kaum durch das Gesetz festlegen lasse, wurde als zu schwankend und unbestimmt angesehen. Die 2. Komm strich die in § 537 Abs 2 E I enthaltene Vorschrift, daß das erste Pachtjahr mit dem Anfang der Pacht beginne, weil dies selbstverständlich sei (Prot II 515 f; JAKOBS/SCHUBERT 685). Obwohl der Justizausschuß des Bundesrats die mietrechtliche Regelung des § 565 Abs 1 über den Kündigungstag dahin gehend änderte, daß die Kündigung nicht am ersten, sondern spätestens am dritten Werktag zu erfolgen habe, wurde davon abgesehen, die pachtrechtliche Bestimmung insoweit anzupassen, weil hierfür kein Bedürfnis bestehe (JAKOBS/SCHUBERT 548, 686). Die Vorschrift ist in der Fassung des § 535 E II, abgesehen von einer geringfügigen redaktionellen Änderung, Gesetz geworden.

b) Mit der **Reform** durch das Gesetz zur Neuordnung des landwirtschaftlichen **3** Pachtrechts vom 8. 11. 1985 (BGBl I 2065) sind die Vorschriften über die nichtlandwirtschaftlichen Pachtverhältnisse und über die Landpacht getrennt worden. Der frühere § 595 regelt nunmehr als § 584 die Kündigungsfristen bei der nichtlandwirtschaftlichen Pacht von Grundstücken und Rechten, während § 594a eine erheblich abweichende Regelung für die Landpacht enthält. Dabei ist § 584 Abs 1 gegenüber dem früheren § 595 Abs 1 aus Gründen der Rechtsvereinheitlichung während des Gesetzgebungsverfahrens insoweit geändert worden, als der Kündigungstermin im Einklang mit § 594a vom ersten auf den dritten Werktag der Kündigungsfrist verlegt worden ist (Ausschußbericht BT-Drucks 10/3830, 28). Im übrigen ist die Vorschrift nur redaktionell geringfügig geändert worden.

4 Weitere Änderungen, allerdings nur sprachlicher Natur, hat die Regelung durch das Mietrechtsreformgesetz vom 19. 6. 2001 (BGBl I 1149) erfahren. In Abs 1 wurden die Wörter „der Pacht eines Grundstücks oder eines Rechts" durch „dem Pachtverhältnis über ein Grundstück oder ein Recht" ersetzt, Abs 2 wurde neu gefaßt. Diese Änderungen beinhalten sprachliche Anpassungen, die durch die Ersetzung des Begriffs „Pachtzins" durch „Pacht" sowie durch die vom Mietrecht übernommene, neu eingeführte Bezeichnung der verschiedenen Kündigungsrechte bedingt sind (Begr zum RegE BT-Drucks 14/4553, 75).

3. Zweck der Vorschrift

5 Die von der Miete abweichende Regelung der gesetzlichen Kündigungsfrist und des Kündigungstermins bei der Pacht von Grundstücken und Rechten beruht auf einem wesentlichen Unterschied zwischen beiden Rechtsverhältnissen (Mot II 427). Das Gebrauchsrecht des Mieters und seine Möglichkeit, aus dem Gebrauch Vorteile zu ziehen, bleiben idR während der ganzen Dauer des Mietverhältnisses gleich. Hingegen ist der Pächter eines Grundstücks meist nur während einer kürzeren oder längeren Zeit des Jahres in der Lage, tatsächlich Früchte zu ziehen. Deshalb soll die Länge der Kündigungsfrist beim Pachtverhältnis beide Parteien zwingen, das erste Jahr und mangels rechtzeitiger Kündigung auch die folgenden Jahre am Pachtverhältnis festzuhalten (Mot II 427; PLANCK/KNOKE § 595 Anm 2). Dies entspricht dem Wesen der Pacht, die häufig auf eine größere Dauer angelegt ist als die Miete (OERTMANN § 595 Anm 1). Vor allem für die früher mitgeregelte Kündigung der Pacht eines landwirtschaftlichen Grundstücks spielten diese Überlegungen eine wichtige Rolle. Darüber hinaus soll die längere Kündigungsfrist der Tatsache Rechnung tragen, daß das bevorstehende Ende des Pachtverhältnisses regelmäßig beide Parteien zu zeitraubenden Maßnahmen veranlassen wird, indem der Verpächter einen neuen Pächter suchen oder sich selbst auf die Übernahme der Bewirtschaftung vorbereiten muß oder indem sich der Pächter um ein neues Pachtgrundstück bemüht (Mot II 427). Das gleiche gilt im Interesse der Einfachheit des Gesetzes für die Pacht von Rechten (Mot II 428; JAKOBS/SCHUBERT 676).

II. Voraussetzungen

1. Gegenstand des Pachtvertrags

a) Grundstück

6 Die Vorschrift setzt in der 1. Alt einen Pachtvertrag über ein Grundstück voraus. Der **Begriff** des Grundstücks entspricht der Regelung des § 580a Abs 1 (STAUDINGER/ ROLFS [2003] § 580a Rn 13). Ein Grundstück ist ein abgegrenzter Teil der Erdober-

fläche, der im Grundbuch als Grundstück geführt wird. Das Gesetz unterscheidet nicht nach der jeweiligen Beschaffenheit und Art der Nutzung. Die Regelung sollte durch eine einheitliche Frist vereinfacht werden. Den Parteien konnte es überlassen werden, durch eine abweichende Vereinbarung Kündigungstermin und Kündigungsfrist ihren besonderen Bedürfnissen anzupassen (Mot II 427; JAKOBS/SCHUBERT 674, 675). Damit werden neben forstwirtschaftlich genutzten Grundstücken auch gewerblichen, freiberuflichen oder rein privaten Zwecken dienende Pachtgrundstücke erfaßt. Der Pachtvertrag kann sich auf Teile eines Grundstücks im Rechtssinne beschränken (BFHE 126, 63 = BStBl II 1979, 37) oder mehrere Grundstücke umfassen (§ 581 Rn 10). Dies gilt zunächst für die reine Grundstückspacht über den Grund und Boden, auch wenn Wirtschaftsanlagen als wesentliche Bestandteile des Grundstücks oder Zubehör als bewegliche Sachen hinzukommen.

Anders als das Mietrecht unterscheidet das Pachtrecht nicht zwischen Grundstücken und Räumen (§ 581 Rn 18). Ein **Raum** ist ein allseits umschlossener Teil eines festen Gebäudes, der so groß ist, daß sich ein Mensch darin aufhalten kann. Zu den Gebäuden zählen alle unbeweglichen, mit dem Erdboden fest verbundenen Bauwerke, die zum Aufenthalt von Menschen bestimmt und geeignet sind (STAUDINGER/ EMMERICH [2003] Vorbem 23 zu § 535). Wegen der Verweisung des § 581 Abs 2 auf § 578 Abs 2 sind die Vorschriften, die für die Grundstückspacht gelten, auch auf die Pacht von Räumen anwendbar (§ 581 Rn 281). Die Kündigungsfrist des § 584 gilt deshalb auch für die Raumpacht (BGH LM Nr 2 zu § 595 BGB = ZMR 1957, 264; BGB-RGRK/ GELHAAR § 595 Rn 1; ERMAN/JENDREK Rn 1; MünchKomm/HARKE Rn 1; **aA** OLG München HRR 1939, Nr 140 – § 565). Dabei macht es keinen Unterschied, ob sich der Pachtvertrag über ein Grundstück auf das gesamte darauf errichtete Gebäude erstreckt oder ob der Vertrag auf einzelne Räume eines Gebäudes beschränkt ist. Sind in den Pachtvertrag bewegliche Sachen, zB als Zubehör, einbezogen, ist die Kündigungsfrist des § 584 für den ganzen Vertrag maßgebend, weil das einheitliche Rechtsverhältnis insoweit nicht aufgespalten werden kann. Dies gilt zB für die Unternehmenspacht (§ 581 Rn 89 ff). 7

Umfaßt ein Pachtvertrag über ein Grundstück auch **Wohnraum**, wie vor allem die Pächterwohnung, gilt für den ganzen Vertrag die Kündigungsfrist des § 584 (MünchKomm/HARKE Rn 1; PALANDT/WEIDENKAFF Rn 1; WALTER, in: MÜLLER/WALTHER C § 584 Rn 3). Da es sich nicht um ein Mietverhältnis über Wohnraum handelt, sind neben § 573c Abs 3 (= § 565 Abs 3 aF) auch die sonstigen besonderen Schutzvorschriften wie der Kündigungsschutz nach den §§ 573, 573a, 573b (= § 564b aF) und die Sozialklausel in den §§ 574, 574a, 574b (= § 556a aF) grundsätzlich unanwendbar (LG Mannheim WuM 1971, 154, 156; SCHOPP ZMR 1975, 97, 98; SOERGEL/HEINTZMANN Rn 2). Dies gilt nach den für Mischmietverhältnisse aufgestellten Grundsätzen jedoch nur dann, wenn der zur Fruchtziehung genutzte Anteil des Grundstücks überwiegt (§ 581 Rn 390; **aA** SCHOPP ZMR 1975, 97, 98). 8

b) Recht

Die Vorschrift erfaßt in der 2. Alt neben der Grundstückspacht den Pachtvertrag über ein Recht. Der **Begriff** des verpachtungsfähigen Rechts wird vom Gesetz nicht näher bestimmt. Aus dem Wesen des Pachtvertrags ergibt sich allerdings, daß es sich um ein Recht handeln muß, das eine Fruchtziehung erlaubt und dessen Ausübung einem anderen überlassen werden darf. Hierzu sind in erster Linie private sub- 9 jektive Rechte geeignet, wie zB beschränkte dingliche Rechte, Immaterialgüterrechte, Forderungen und Aneignungsrechte. Auch selbständige Gerechtigkeiten werden erfaßt. Darüber hinaus können öffentliche Rechte verpachtet werden, soweit nicht zwingende Vorschriften des öffentlichen Rechts entgegenstehen (§ 581 Rn 44 ff).

10 Als Pacht eines Rechts iS des § 584 kommen in erster Linie solche Verträge in Betracht, die sich auf dingliche Rechte an einem **Grundstück** beziehen oder bei denen die Nutzung des Rechts im Zusammenhang mit einem Grundstück steht. Ersteres gilt für die Verpachtung von beschränkten dinglichen Rechten, soweit diese ein Fruchtziehungsrecht zum Inhalt haben oder schuldrechtlich zur Fruchtziehung überlassen werden können. Als Dienstbarkeiten sind die Grunddienstbarkeit (§ 581 Rn 75), der Nießbrauch (§ 581 Rn 76) und die beschränkte persönliche Dienstbarkeit zu erwähnen (§ 581 Rn 77). Ferner sind die Reallast (§ 581 Rn 78) und Nutzungspfandrechte (§ 581 Rn 79) zu nennen, während auf das Erbbaurecht nach § 11 Abs 1 S 1 ErbbVO die Vorschriften über die Grundstückspacht, also § 584 Abs 1 1. Alt, entsprechend anwendbar sind (§ 581 Rn 80). Rechtspacht ist auch die Pacht von Gerechtigkeiten (§ 581 Rn 48 ff). Darüber hinaus nimmt die Rspr eine Rechtspacht an, wenn das Recht überlassen wird, im Zusammenhang mit einem Grundstück eine in eine größere Organisation integrierte Einrichtung zu nutzen, wobei die Abhängigkeit von der Organisation, wie zB einem andersartigen Hauptbetrieb, kennzeichnend ist (§ 581 Rn 46). Dabei ist es nicht entscheidend, daß das Grundstück, Räume oder Teile derselben mit überlassen werden. Schließlich fällt die Verpachtung von Aneignungsrechten wie die Jagd- und Fischereipacht unter § 584, soweit diese Verträge über die gesetzliche Mindestdauer hinaus auf unbestimmte Zeit abgeschlossen werden (§ 581 Rn 62, 73).

11 Die Regelung des § 584 ist auf die Pacht **beweglicher Sachen** (§ 581 Rn 41 ff) unanwendbar, falls diese nicht in einem einheitlichen Pachtvertrag über ein Grundstück oder über Räume mitverpachtet werden. Insoweit verbleibt es bei der allgemeinen Kündigungsregelung der §§ 581 Abs 2, 580a Abs 3 (BGB-RGRK/GELHAAR § 595 Rn 1; JAUERNIG/TEICHMANN Rn 1; MünchKomm/HARKE Rn 1; PLANCK/KNOKE § 595 Anm 1; WALTHER, in: MÜLLER/WALTHER C § 584 Rn 4). Wird hingegen ein Recht an einer beweglichen Sache verpachtet, was insbesondere für einen Nießbrauch in Betracht kommt, so ist § 584 seinem Wortlaut nach anwendbar. Dies wird jedoch nach allgM im Wege restriktiver Auslegung zu Recht abgelehnt (BGB-RGRK/GELHAAR aaO; MünchKomm/ VOELSKOW aaO; OERTMANN § 595 Anm 2; PLANCK/KNOKE aaO). Da bei der Verpachtung des Rechts an einer beweglichen Sache idR die Sache selbst zur Fruchtziehung überlassen wird, kann nach dem Zweck der Vorschriften (Rn 5; STAUDINGER/ROLFS [2003] § 580a Rn 4) keine längere Kündigungsfrist gelten, als wenn die Sache als solche verpachtet wird (Mot II 428).

12 Als **sonstige Rechte**, die in den Anwendungsbereich des § 584 fallen, kommen vor allem Immaterialgüterrechte in Betracht (§ 581 Rn 82 ff). Werden solche Rechte entgeltlich zur Nutzung überlassen, kann es sich um einen Pachtvertrag handeln oder um einen Vertrag eigener Art mit pachtähnlichem Charakter, auf den pachtrechtliche Vorschriften entsprechend anwendbar sind. Dies gilt vor allem für einfache Lizenzverträge über geschützte oder ungeschützte Erfindungen, Geheimverfahren oder Know-how, die dem Lizenznehmer ein obligatorisches Benutzungsrecht einräumen (§ 581 Rn 83). Wird ein Lizenzvertrag für die Dauer des Schutzrechts abgeschlossen, was sich auch im Wege der Auslegung ergeben kann, endet der Vertrag mit dem Erlöschen des Schutzrechts, so daß eine ordentliche Kündigung nach § 584 ausscheidet (LINDENMAIER, PatG [6. Aufl 1973] § 9 Rn 59; LÜDECKE/FISCHER, Lizenzverträge [1957] 576; STUMPF/GROSS, Der Lizenzvertrag [7. Aufl 1998] Rn 477; TETZNER, Das materielle Patentrecht der Bundesrepublik Deutschland [1972] § 9 Rn 13; vgl RG GRUR 1937, 1003; GRUR 1940, 558). Haben die Parteien den Lizenzvertrag jedoch ausdrücklich auf unbestimmte Zeit abgeschlossen oder betrifft er kein befristetes Schutzrecht, so richtet sich die Kündigung nach § 584 (LINDENMAIER aaO; STUMPF/GROSS Rn 483). Bei gesellschaftsähnlichen Verträgen greifen die §§ 723 ff ein (LINDENMAIER aaO).

2. Pachtvertrag auf unbestimmte Zeit

Es muß sich um einen Pachtvertrag auf **unbestimmte Zeit** handeln. Die Pachtzeit ist **13** unbestimmt, wenn die Parteien die Dauer des Vertragsverhältnisses nicht durch Angabe eines Endtermins oder den Ablauf bestimmter Zeiteinheiten festgelegt haben und die Pachtzeit auch nicht aufgrund des Vertragsinhalts durch den Gegenstand des Vertrags oder den Eintritt eines bestimmten Ereignisses fest vereinbart ist (§ 581 Rn 384). Entscheidend ist, daß der Vertrag keine Zeitbestimmung enthält, so daß er grundsätzlich nur durch Kündigung beendet werden kann. Einer Kündigung ist gleichzustellen, wenn der Pächter, zB bei einem Bodenabbauvertrag, nach den Vereinbarungen durch einseitige Verzichtserklärung auf die Ausübung seiner Rechte verzichten kann (BGH LM Nr 1 zu § 595 BGB). Die Pachtzeit ist ferner dann unbestimmt, wenn die Parteien zwar eine Höchstdauer und damit eine bestimmte Zeit festgelegt haben, aber unter dem Vorbehalt, sich im Wege der ordentlichen Kündigung schon früher von dem Vertrag lösen zu dürfen. Wird die nach den §§ 581 Abs 2, 550 gebotene Schriftform nicht eingehalten, gilt der Vertrag als auf unbestimmte Zeit geschlossen (§ 581 Rn 290), so daß sich die Kündigung nach § 584 richtet (OLG Kiel SchlHAnz 1915, 57, 58; PALANDT/WEIDENKAFF Rn 1).

Ein Pachtvertrag auf **bestimmte Zeit** endet nach den §§ 581 Abs 2, 542 Abs 1 durch **14** Zeitablauf (§ 581 Rn 384). Dies gilt auch für einen Pachtvertrag mit Optionsrecht, sofern die berechtigte Partei nicht rechtzeitig von ihrem Optionsrecht Gebrauch macht (§ 581 Rn 385). Ebenso endet ein Pachtvertrag mit Verlängerungsklausel durch Zeitablauf, wenn ein Vertragsteil innerhalb einer bestimmten Frist vor Ablauf des Pachtverhältnisses die weitere Fortsetzung ablehnt (§ 581 Rn 386). In Verträgen ist insoweit manchmal von Kündigung die Rede. Dies ist jedoch eine untechnische Formulierung für eine Willenserklärung des Inhalts, eine Fortsetzung des Pachtverhältnisses werde abgelehnt (STAUDINGER/ROLFS [2003] § 542 Rn 122 mwNw). Teilweise werden in der Praxis Optionsrecht und Verlängerungsklausel in der Weise kombiniert, daß die Anfrage des einen Vertragsteils nach Fortsetzung des Vertrags von dem anderen Teil innerhalb einer bestimmten Frist abgelehnt werden muß, um den Vertrag zu beenden. Auch wenn vertraglich für die Anfrage oder die Ablehnungserklärung die Frist des § 584 vereinbart wird, handelt es sich nicht um die Kündigungsfrist iS dieser Vorschrift. Haben die Parteien vereinbart, daß das Pachtverhältnis nach Ausübung des Optionsrechts oder aufgrund der Verlängerungsklausel auf unbestimmte Zeit fortgesetzt wird, kann es grundsätzlich nur noch durch Kündigung nach Maßgabe des § 584 beendet werden (SOERGEL/HEINTZMANN Rn 3).

3. Besondere Voraussetzungen der außerordentlichen befristeten Kündigung

15 Nach § 584 Abs 2 gilt Abs 1 auch, wenn das Pachtverhältnis außerordentlich mit der gesetzlichen Frist gekündigt werden kann. Damit stellt die Bestimmung keinen eigenständigen Kündigungsgrund auf, sondern regelt nur die **gesetzliche Kündigungsfrist**, auf die in den anderweitig geregelten Fällen der außerordentlichen befristeten Kündigung verwiesen wird. In diesen Ausnahmefällen, deren besondere Voraussetzungen jeweils erfüllt sein müssen, können sich die Parteien trotz einer an sich noch länger andauernden, fest bestimmten Vertragszeit oder trotz eines vertraglichen Kündigungsausschlusses bzw einer vertraglich nur mit einer längeren als der Halbjahresfrist des § 584 Abs 1 möglichen ordentlichen Kündigung vorzeitig von dem Pachtverhältnis lösen (§ 581 Rn 408 ff). Für die außerordentliche befristete Kündigung kommt es also nicht darauf an, ob der Pachtvertrag auf bestimmte oder auf unbestimmte Zeit abgeschlossen ist (OLG Celle NJW-RR 1988, 80).

16 Die außerordentliche befristete Kündigung ist für folgende **Fälle** gesetzlich geregelt, die sich zT nach § 581 Abs 2 aus der entsprechenden Anwendung mietrechtlicher Vorschriften ergeben: § 554 Abs 3 S 2 – Kündigungsrecht des Pächters bei Modernisierung der Pachträume, wobei nach § 581 Abs 2 nur auf den Kündigungsgrund und nicht auf die von § 584 abweichende Kündigungsfrist verwiesen wird; § 544 S 1 – Kündigungsrecht beider Vertragsteile bei Pachtvertrag über mehr als dreißig Jahre; § 580 – Kündigungsrecht der Erben bei Tod des Pächters (Rn 17); § 1056 Abs 2 – Kündigungsrecht des Eigentümers bei Verpachtung durch Nießbraucher über die Dauer des Nießbrauchs hinaus; § 2135 – Kündigungsrecht des Nacherben bei Verpachtung durch Vorerben über die Dauer der Vorerbschaft hinaus; § 30 Abs 2 ErbbVO – Kündigungsrecht des Grundstückseigentümers bei Erlöschen des Erbbaurechts; § 57a ZVG – Kündigungsrecht des Erstehers in der Zwangsversteigerung; § 19 KO – Kündigungsrecht des Verpächters und des Konkursverwalters bei Konkurs des Pächters, nach § 109 Abs 1 S 1 der ab 1.1.1999 geltenden InsO beschränkt auf ein Kündigungsrecht des Insolvenzverwalters; § 21 Abs 4 S 1 KO, § 57a ZVG – Kündigungsrecht des Erwerbers eines vom Gemeinschuldner verpachteten Grundstücks oder eingetragenen Schiffs, ab 1.1.1999 ersetzt durch § 111 InsO; § 51 Abs 2 VerglO – Kündigungsrecht des vom Vergleichsverfahren betroffenen Pächters, ab 1.1.1999 ersetzt durch § 109 Abs 1 S 1 InsO; Art 42 des G Nr 59 der US-Militärregierung Deutschland (ABlMR AmZ, Ausg G, vom 10.11.1947), Art 34 des G Nr 59 der Britischen Militärregierung Deutschland (VOBl BRZ 1949, 152) – Kündigungsrecht des Rückerstattungsberechtigten. Vgl zur Landpacht §§ 594b, 594c, 594d.

17 Damit ergeben sich gewisse **Abweichungen vom Mietrecht** (STAUDINGER/ROLFS [2003] § 542 Rn 91). Dies beruht nicht nur darauf, daß einzelne Fälle der außerordentlichen befristeten Kündigung speziell für Mietverhältnisse, insbesondere solche über Wohnraum, vorgesehen sind. Darüber hinaus finden sich ausdrückliche Ausnahmen in § 584a. So gibt es kein Kündigungsrecht des Pächters bei Verweigerung der Erlaubnis zur Unterverpachtung entsprechend den §§ 581 Abs 2, 540 Abs 1 S 2 und des Verpächters beim Tod des Pächters entsprechend § 580.

III. Rechtsfolgen

1. Allgemeines

Bei der unbefristeten Pacht eines Grundstücks oder eines Rechts ist die ordentliche **18** Kündigung (§ 581 Rn 401 ff) nach § 584 Abs 1 nur für den Schluß eines Pachtjahres zulässig. Die Kündigung hat spätestens am dritten Werktag des halben Jahres zu erfolgen, mit dessen Ablauf das Pachtverhältnis enden soll. Die gleiche Frist gilt in diesen Fällen nach Abs 2 für die außerordentliche befristete Kündigung (§ 581 Rn 408 ff), ohne daß es darauf ankommt, ob der Pachtvertrag befristet oder unbefristet ist. Eine besondere Frist ergibt sich wegen des Vorrangs des § 584 auch nicht aus § 554 Abs 3 S 2 (= § 541b Abs 2 S 2 aF) für die Kündigung wegen Modernisierung der Pachträume. Beide Arten der Kündigung stehen nach § 242 unter dem Vorbehalt der unzulässigen Rechtsausübung (§ 581 Rn 391).

2. Kündigungserklärung

Das Kündigungsrecht ist durch einseitige, empfangsbedürftige Willenserklärung **19** auszuüben (§ 581 Rn 393 ff). Hierfür gelten alle Vorschriften des BGB über einseitige Rechtsgeschäfte. Eine besondere Form ist für die Kündigung des Pachtvertrags nicht vorgeschrieben. Eine Ausnahme gilt nach § 594f für die Landpacht. Die Kündigung anderer Pachtverträge ist deshalb formfrei möglich, sofern die Parteien nicht einen vertraglichen Formzwang vereinbart haben (§ 581 Rn 400). Hiervon wird in der Praxis durch Vereinbarung der schriftlichen Kündigung oder der Kündigung durch eingeschriebenen Brief häufig Gebrauch gemacht. Bei der Vereinbarung durch Formularpachtverträge ist zu beachten, daß die Kündigung nach § 309 Nr 13 nicht an eine strengere Form als die Schriftform oder an besondere Zugangserfordernisse gebunden werden kann. Die Kündigung durch eingeschriebenen Brief kann nur im Wege der Individualabrede nach § 305 Abs 1 S 3 vereinbart werden. Die Kündigungserklärung wird wirksam, wenn sie dem anderen Vertragsteil nach den §§ 130 ff zugeht. Stellvertretung ist auf beiden Seiten möglich (RG SeuffA 60, Nr 34).

3. Kündigungsfrist

Nach § 584 Abs 1 HS 1 ist die Kündigung nur für den Schluß eines Pachtjahres **20** zulässig. Damit ist der **Kündigungstermin** bestimmt, nämlich der Tag, mit dessen Ablauf die Kündigung das Pachtverhältnis beendet. Dieser Termin muß bei der Kündigung nicht angegeben werden (BGH NJW-RR 1996, 144 = WM 1996, 133). Unerheblich ist, ob dieser Tag auf einen Sonnabend, einen Sonn- oder Feiertag fällt. Das Pachtverhältnis verlängert sich in diesen Fällen nicht nach § 193, der allein auf den Ablauf einer Frist nicht anwendbar ist. Diese Vorschrift ist nur für etwaige Leistungspflichten der Parteien bedeutsam, die sich aus der Beendigung des Vertrags ergeben (STAUDINGER/ROLFS [2003] §§ 573c Rn 12, 580a Rn 10). Pachtjahr ist das mit dem Abschluß des Pachtvertrags beginnende bewegliche Jahr (Mot II 427 f; Prot II 515 f; **aA** ERMAN/JENDREK Rn 3; PALANDT/WEIDENKAFF Rn 2: Beginn des Pachtverhältnisses; WALTHER, in: MÜLLER/WALTHER C § 584 Rn 12) und zwar ohne Rücksicht darauf, ob es mit dem Kalenderjahr oder Wirtschaftsjahr übereinstimmt (RG Recht 1914, Nr 1558; BGB-RGRK/GELHAAR § 595 Rn 2; FRÄNKEL 92; MünchKomm/VOELSKOW[3] Rn 3; PALANDT/WEIDENKAFF

Rn 2; aA STIFF Recht 1910, 639). Die Parteien können das Pachtjahr vertraglich abweichend vom Vertragsbeginn festlegen, so daß es zB mit dem Wirtschaftsjahr übereinstimmt. Diese Vereinbarung ist auch für den Kündigungstermin maßgebend. Die Regelung des § 594a Abs 1 S 2, nach der im Zweifel das Kalenderjahr als Pachtjahr gilt, betrifft nur die Landpacht. Im einzelnen ist das Pachtjahr nach den §§ 187, 188 zu berechnen.

21 Nach § 584 Abs 1 HS 2 hat die Kündigung spätestens am dritten Werktag des halben Jahres zu erfolgen, mit dessen Ablauf das Pachtverhältnis enden soll. Hierdurch wird der **Kündigungstag** bestimmt, an dem die Kündigungserklärung durch Zugang beim Empfänger spätestens wirksam werden muß. Zu den Werktagen gehört weder der Sonntag noch ein am Erklärungsort staatlich anerkannter allgemeiner Feiertag (STAUDINGER/WERNER [2001] § 193 Rn 3 ff). Das gleiche gilt für den Sonnabend (STAUDINGER/ROLFS [2003] § 573c Rn 10 mwNw). Dadurch wird allerdings nicht ausgeschlossen, daß der Kündigende seine Erklärung an einem solchen Tag abgibt. Ebensowenig ist aus § 193 zu schließen, daß eine Kündigungserklärung, die dem Empfänger an einem solchen Tag tatsächlich zugeht, rechtlich noch nicht zugegangen ist. Entscheidend ist, daß der Zugang in diesen Fällen vor dem letztlich maßgebenden Werktag liegt (STAUDINGER/ROLFS [2003] §§ 573c Rn 9, 580a Rn 9). Dies ist der dritte Werktag des halben Jahres vor dem Schluß des Pachtjahres. Die Halbjahresfrist ist nach den §§ 187 bis 189 zu berechnen.

22 Die **Kündigungsfrist** ist somit nicht nach einem festen Zeitabschnitt bemessen. Sie liegt zwischen Kündigungstag und Kündigungstermin und ergibt sich nur mittelbar aus diesem zeitlichen Abstand. Sie beträgt knapp ein halbes Jahr und kann jeweils nach Lage der Sonn- oder Feiertage sowie der Sonnabende unterschiedlich lang sein.

23 Die **Wirkung** der Kündigung besteht darin, das Pachtverhältnis mit Ablauf der Kündigungsfrist zu beenden (§ 581 Rn 422). Ist eine Kündigung verspätet oder ist ein unrichtiger Kündigungstermin angegeben, wirkt sie zum nächstzulässigen Termin, sofern der Kündigende das Pachtverhältnis auf jeden Fall beenden will und dieser Wille dem anderen Vertragsteil genügend erkennbar ist (BGH NJW-RR 1996, 144 = WM 1996, 133; OLG Frankfurt NJW-RR 1990, 337; OLG Köln RdL 1960, 48; STAUDINGER/ROLFS [2003] § 542 Rn 63). Der Widerruf einer Kündigung ist nach § 130 Abs 1 S 2 nur möglich, wenn er vorher oder gleichzeitig mit der Kündigungserklärung zugeht. Im übrigen können die Parteien die Rechtsfolgen einer durch Zugang wirksam gewordenen Kündigungserklärung nur noch einverständlich beseitigen. Heben die Parteien die Kündigung vor Ablauf der Kündigungsfrist durch Vereinbarung auf, bleibt der bisherige Vertrag in Kraft. Daraus folgt, daß die Schriftform entsprechend den §§ 581 Abs 2, 550 nicht gewahrt zu werden braucht und daß eine von der Landeszentralbank genehmigte Wertsicherungsklausel nicht erneut genehmigt werden muß (BGH LM Nr 22 zu § 566 BGB = NJW 1974, 1081). Ist das Pachtverhältnis durch die Kündigung bereits beendet worden, können die Parteien es durch einverständliche Aufhebung der Kündigungswirkungen nur neu begründen (§ 581 Rn 423).

IV. Abweichende Vereinbarungen

24 Die Regelung des § 584 ist nicht zwingend (BGB-RGRK/GELHAAR § 595 Rn 1; BAMBER-

Titel 5 · Mietvertrag, Pachtvertrag § 584a
Untertitel 4 · Pachtvertrag

Ger-Roth/Wagner Rn 1; Erman/Jendrek Rn 1; Jauernig/Teichmann Rn 1; MünchKomm/ Harke Rn 5; Palandt/Weidenkaff Rn 1; Walther, in: Müller/Walther C § 584 Rn 18). Die gesetzliche Regel sollte den besonderen Bedürfnissen des einzelnen Falls anzupassen sein (Mot II 427). Die Parteien können deshalb abweichende Vereinbarungen hinsichtlich des Kündigungstermins und der Kündigungsfrist treffen. Sie können den Kündigungstermin zB auf das Ende des Wirtschafts- oder des Kalenderjahres legen, die Kündigungsfrist verlängern oder verkürzen und dabei für die ordentliche und die außerordentliche befristete Kündigung unterschiedliche Regelungen vereinbaren. Die Beweislast für eine von der gesetzlichen Kündigungsfrist abweichende Vereinbarung obliegt der Partei, die sich darauf beruft (OLG Braunschweig SeuffA 61, Nr 242). Bei Formularpachtverträgen sind die §§ 305 ff zu beachten.

§ 584a
Ausschluss bestimmter mietrechtlicher Kündigungsrechte

(1) Dem Pächter steht das in § 540 Abs. 1 bestimmte Kündigungsrecht nicht zu.

(2) Der Verpächter ist nicht berechtigt, das Pachtverhältnis nach § 580 zu kündigen.

Materialien: E I §§ 533, 538; II § 536; III § 589; Mot II 423, 428 f; Prot II 233 ff, 249 ff; Art 1 Nr 1 G zur Neuordnung des landwirtschaftlichen Pachtrechts vom 8. 11. 1985 (BGBl I 2065); Begr zum RegE BT-Drucks 10/509, 16; Ausschußbericht BT-Drucks 10/3830; Gesetz zur Neugliederung, Vereinfachung und Reform des Mietrechts (Mietrechtsreformgesetz) vom 19. 6. 2001 (BGBl I 1149); Begr zum RegE BT-Drucks 14/4553, 34 ff, 75; Ausschußbericht BT-Drucks 14/5663, 33 f.

Schrifttum

Fränkel, Das Miet- und Pachtrecht nach dem Bürgerlichen Gesetzbuch für das Deutsche Reich (1897)
Jakobs/Schubert, Die Beratung des Bürgerlichen Gesetzbuchs in systematischer Zusammenstellung der unveröffentlichten Quellen, Recht der Schuldverhältnisse II (1980)
Schubert, Die Vorlagen der Redaktoren für die erste Kommission zur Ausarbeitung des Entwurfs eines Bürgerlichen Gesetzbuches, Recht der Schuldverhältnisse II (1980).

Systematische Übersicht

I. Allgemeine Kennzeichnung	
1. Überblick	1
2. Entstehung der Vorschrift	2
3. Zweck der Vorschrift	8
II. Ausschluß des Rechts zur außerordentlichen befristeten Kündigung	
1. Allgemeines	10
2. Verweigerung der Erlaubnis zur Unterverpachtung	11
3. Tod des Pächters	16
III. Abweichende Vereinbarungen	17

Alphabetische Übersicht

Abweichende Vereinbarungen	14, 17	Unterverpachtung	
Ausschluß des Kündigungsrechts	10 ff	– Anspruch auf Erlaubnis	12
		– Mieter	15
Beweislast	17	– Pächter	11
Entstehung der Vorschrift	2 ff	Versetzung des Pächters	5, 7
Reform	6 f	Wohnraum	13, 16
Tod des Pächters	4, 9, 16	Zweck der Vorschrift	8

I. Allgemeine Kennzeichnung

1. Überblick

1 Die Vorschrift schränkt abweichend vom Mietrecht die Möglichkeiten für eine außerordentliche befristete Kündigung ein. Der Pächter hat nach § 584a Abs 1 im Gegensatz zu § 540 Abs 1 S 2 kein Recht zur außerordentlichen Kündigung, wenn der Verpächter die zur Unterverpachtung notwendige Erlaubnis verweigert. Der Verpächter kann beim Tod des Pächters nach Abs 2 nicht außerordentlich kündigen, während dieses Recht den Erben des Pächters entsprechend den §§ 581 Abs 2, 580 S 1 erhalten bleibt. Übte der Pächter einen Beruf als Soldat, Beamter, Geistlicher oder Lehrer an öffentlichen Unterrichtsanstalten aus, stand ihm nach Abs 3 aF bei einer Versetzung – entgegen § 570 aF – auch kein Recht zur außerordentlichen befristeten Kündigung zu; diese Regelung ist mit Inkrafttreten des Mietrechtsreformgesetzes am 1. 9. 2001 entfallen.

2. Entstehung der Vorschrift

2 Die Vorschrift ist während der Beratungen des Gesetzentwurfs in der 2. Komm aus mehreren selbständigen Bestimmungen zusammengewachsen (JAKOBS/SCHUBERT 672 ff, 684). Sie ist bis auf redaktionelle Änderungen in der Fassung des § 538 E II als § 596 Gesetz geworden.

3 In § 516 E I war zunächst die Untervermietung ohne Erlaubnis des Hauptvermieters grundsätzlich für zulässig erklärt. Die **Unterverpachtung** wurde hingegen in § 533 E I ausnahmsweise an die Einwilligung des Verpächters gebunden, wenn der Pachtzins des Hauptpachtvertrags in einem Bruchteil der gezogenen Früchte bestehen sollte. Hierzu diente Art 582 Dresdener Entw als Vorbild (Mot II 423; SCHUBERT 246, 425), während das ALR I, 21 §§ 313, 314 die Einwilligung unabhängig von der Art der Pachtzinsbemessung vorschrieb und nur bei der Zusammenfassung „mehrerer Wirthschaftsrubriken oder Vorwerke" einzelne Ausnahmen zuließ. Nachdem die 2. Komm beschlossen hatte, die Untervermietung ohne Erlaubnis des Vermieters in § 493 E II für unzulässig zu erklären (Prot II 178 ff), wurde die gleiche Lösung für die Unterverpachtung getroffen, wobei die dahin zielenden Anträge jedoch kein Kündigungsrecht für den Fall vorsahen, daß der Verpächter die Erlaubnis zur

Unterverpachtung verweigerte (Prot II 233 ff). Weitere Anträge, dem Pächter eines Landguts oder eines gewerblichen Unternehmens die Unterverpachtung einzelner Grundstücke oder eines Nebenbetriebs ohne Erlaubnis des Hauptverpächters zu gestatten, wurden abgelehnt. Ebensowenig wurde dem Vorschlag zugestimmt, die Unzulässigkeit einer Unterverpachtung auf Landgüter und gewerbliche Unternehmen zu beschränken (Prot II 233, 236 f).

In § 538 E I war zunächst vorgesehen, das Recht zur außerordentlichen befristeten 4 Kündigung im Gegensatz zur mietrechtlichen Vorschrift des § 526 E I beim **Tod des Pächters** sowohl für dessen Erben als auch für den Verpächter auszuschließen. Abweichend von dem Vorbild des ALR I, 21 §§ 368, 369, 374 sollte mit Rücksicht auf die Vermögensinteressen des sonst zu kündigenden Vertragsteils an der Regel festgehalten werden, daß der Tod einer Partei die Rechte und Pflichten aus vermögensrechtlichen Verträgen nicht beeinflusse (Mot II 428 f; JAKOBS/SCHUBERT 677 f). Die Vorkommission des RJA sah den Ausschluß des Kündigungsrechts für die Erben des Pächters jedoch als unbillig an (JAKOBS/SCHUBERT 681). Dementsprechend wurde in der 2. Komm eine Fassung der Vorschrift beschlossen, nach der beim Tod des Pächters das außerordentliche Kündigungsrecht dem Verpächter nicht zustehen sollte. Der weitergehende Antrag, den Erben des Pächters das Kündigungsrecht nur einzuräumen, wenn der Verpächter seine Einwilligung zur Unterverpachtung versage, wurde abgelehnt (Prot II 249 ff; JAKOBS/SCHUBERT 682 f).

Von Beginn der Beratungen an unumstritten war der schon in § 538 E I vorgesehene 5 Ausschluß des Rechts zur außerordentlichen befristeten Kündigung durch den Pächter im Fall seiner **Versetzung als Beamter** oder in ähnlicher Stellung (Mot II 429; Prot II 250; JAKOBS/SCHUBERT 678, 681).

Bei der **Reform** durch das Gesetz zur Neuordnung des landwirtschaftlichen Pacht- 6 rechts vom 8.11.1985 (BGBl I 2065) ist der frühere § 596 unverändert als § 584a übernommen worden. Die Regelung gilt nach § 585 Abs 2 nicht mehr für die Landpacht. Da insoweit auch die Verweisung des § 581 Abs 2 auf § 570 aF und § 549 Abs 1 S 2 aF nicht eingriff, ist es beim Ausschluß der außerordentlichen befristeten Kündigung im Fall der Versetzung des Pächters und der Verweigerung der Erlaubnis zur Unterverpachtung geblieben. Die Unterverpachtung ist ohne ein Kündigungsrecht in § 589 besonders geregelt. Abweichend von der früheren Rechtslage und dem geltenden § 584a Abs 2 ist für die Landpacht in § 594d beim Tode des Pächters neben den Erben auch dem Verpächter das außerordentliche Kündigungsrecht eingeräumt worden.

Eine jüngste Änderung hat § 584a durch das Mietrechtsreformgesetz vom 7 19.6.2001 (BGBl I 1149) erfahren. Infolge der Änderungen des Mietrechts mußten die Verweisungen auf die mietrechtlichen Vorschriften entsprechend der geänderten Paragraphenfolge angepaßt werden (Begr zum RegE BT-Drucks 14/4553, 75). Die Verweisung in Abs 1 auf § 549 wurde ersetzt durch die auf § 540; in Abs 2 wurde anstelle von § 569 als Norm, auf die verwiesen wird, § 580 aufgenommen; Abs 3 fiel infolge der Streichung von § 570 aF (Kündigungsrecht des Mieters wegen Versetzung) ersatzlos weg (für Altfälle vgl Art 229 § 3 Nr 1 EGBGB). Für den Landpachtvertrag hat diese Änderung keine Auswirkungen, da § 585 Abs 2 nur § 581 Abs 1, nicht aber Abs 2 in Bezug nimmt.

3. Zweck der Vorschrift

8 Die regelmäßige Unzulässigkeit der **Unterverpachtung** beruht auf der Erwägung, daß die Person des Pächters für die ordnungsmäßige Behandlung des Pachtgegenstandes und dessen Nutzbarkeit von entscheidender Bedeutung ist. Meistens wählt sich der Verpächter deshalb den Pächter mit Rücksicht auf dessen persönliche Tüchtigkeit aus. Da dies im Grunde für alle Pachtgegenstände gilt, wurden die in der 2. Komm vorgeschlagenen gesetzlichen Einschränkungen der Unzulässigkeit einer Unterverpachtung abgelehnt. Vor allem bei Landgütern widerspreche die Unterverpachtung ohne Einwilligung des Verpächters idR dem Vertragswillen, dem Interesse des Verpächters und der Landeskultur, weil der Unterpächter häufig nur auf kurze Zeit pachte und deshalb kein Interesse daran habe, den Boden dauernd ertragsfähig zu erhalten (Prot II 234, 236 f). Diese Erwägungen gelten in ähnlicher Weise für andere Pachtgegenstände. Auf dieser Grundlage ist der Zweck zu erklären, der mit dem Ausschluß des Kündigungsrechts bei Verweigerung der Erlaubnis zur Unterverpachtung verfolgt wird. Der Verpächter soll auch nicht mittelbar durch eine drohende Kündigung gezwungen werden, sich mit einem Unterpächter einverstanden zu erklären, zumal der Pächter, falls er persönlich verhindert sei, sein Recht für sich durch Gehilfen oder Verwalter ausüben lassen könne (Prot II 234).

9 Der ursprünglich in § 538 E I vorgesehene generelle Ausschluß des Rechts zur außerordentlichen befristeten Kündigung beim **Tod des Pächters** beruhte auf der Erwägung, daß der Pachtgegenstand im Gegensatz vor allem zur Wohnraummiete nicht in erster Linie dazu dient, die persönlichen Bedürfnisse zu befriedigen, sondern daß meist erhebliche Vermögensinteressen auf dem Spiel stehen. Vermögensrechtliche Verträge sollten aber durch den Tod eines Vertragsteils nicht beeinträchtigt werden (Mot II 428 f). Gleichwohl setzte sich bei den weiteren Beratungen des Gesetzentwurfs die Auffassung durch, daß ein Ausschluß des Kündigungsrechts den Erben des Pächters gegenüber unbillig sei (JAKOBS/SCHUBERT 681). Wenn die Erben nicht selbst dazu befähigt seien, den Pachtgegenstand zu bewirtschaften, müßten sie mangels einer Einwilligung zur Unterverpachtung einen Verwalter bestellen. Dessen Kosten würden aber den Ertrag des Pachtgegenstandes nicht selten ganz aufzehren. Dieser besonderen Interessenlage soll die Kündigungsmöglichkeit für die Erben Rechnung tragen. Der Ausschluß des Kündigungsrechts für den Verpächter dient ebenfalls dem Schutz der Erben. Es kann sein, daß die Erben mit Rücksicht auf die Verwendungen, die der Pächter in der ersten Zeit des Vertragsverhältnisses gemacht hat, ein erhebliches Vermögensinteresse an der Fortdauer des Pachtverhältnisses während der ganzen Vertragszeit haben, um diese Verwendungen wieder aus dem Pachtgegenstand herauswirtschaften zu können (Prot II 250; JAKOBS/SCHUBERT 682).

II. Ausschluß des Rechts zur außerordentlichen befristeten Kündigung

1. Allgemeines

10 Die Parteien können sich unter bestimmten Voraussetzungen im Wege der außerordentlichen befristeten Kündigung vorzeitig von einem Pachtvertrag lösen (§ 581 Rn 408 ff). Die Rechtsgrundlagen ergeben sich aus einer abschließend geregelten

Zahl gesetzlicher Vorschriften, die zT auf der nach § 581 Abs 2 entsprechenden Anwendung mietrechtlicher Vorschriften beruhen (§ 584 Rn 16). Hiervon macht § 584a drei wichtige Ausnahmen. Die Vorschrift betrifft außer der Landpacht alle anderen Arten von Pachtgegenständen (FRÄNKEL 95).

2. Verweigerung der Erlaubnis zur Unterverpachtung

a) Nach § 584a Abs 1 steht dem **Pächter** das in § 540 Abs 1 S 2 bestimmte **11** Kündigungsrecht nicht zu. Der Pächter ist ohne die Erlaubnis des Verpächters nicht berechtigt, den Gebrauch des Pachtgegenstandes einem Dritten zu überlassen, insbesondere den Pachtgegenstand weiter zu vermieten oder zu verpachten (§ 581 Rn 339 ff). Während dem Mieter ein Recht zur außerordentlichen befristeten Kündigung zusteht, falls der Vermieter die Erlaubnis zur Gebrauchsüberlassung ohne wichtigen Grund in der Person des Dritten verweigert, soll der Pächter den Verpächter auch nicht mittelbar durch eine angedrohte Kündigung zwingen können, sich mit einem Unterpächter einverstanden zu erklären (Rn 8). Neben der Unterverpachtung werden noch andere Verträge zur Überlassung des Gebrauchs an Dritte erfaßt, zB Miete oder Leihe (§ 581 Rn 341, 343).

b) Der Ausschluß des Kündigungsrechts besagt zugleich, daß dem Pächter im **12** allgemeinen kein **Anspruch auf die Erlaubnis** zur Gebrauchsüberlassung an Dritte zusteht (PALANDT/WEIDENKAFF Rn 2).

Dies gilt zunächst hinsichtlich eines **gesetzlichen Anspruchs**. Im Mietrecht wird zwar **13** erwogen, im Einzelfall auf der Grundlage des § 242 einen dahin gehenden Anspruch des Mieters zu bejahen (BGH NJW 1995, 2034 = EWiR § 549 BGB 1/95, 751 m Anm ECKERT; STAUDINGER/EMMERICH [1995] § 549 Rn 47). Im Pachtrecht ist von solchen Ausnahmen angesichts der Entstehungsgeschichte und des Zwecks des § 584a (Rn 3, 8) grundsätzlich abzusehen, da die Person des Pächters von entscheidender Bedeutung ist. Kann der Pächter den Pachtgegenstand nicht selbst bewirtschaften, steht es ihm frei, sein Recht für sich durch den gesetzlichen Vertreter, durch Verwalter oder Gehilfen ausüben zu lassen (Prot II 234, 238). Hiervon weicht die Praxis bei sogenannten Familien-Pachtübergabeverträgen vor allem zwischen Eltern und Kindern ab (OLG Breslau DJ 1937, 1087; OLG Köln RdL 1960, 48). Dies muß sich allerdings auf erbberechtigte Kinder beschränken, denen gegenüber der Verpächter die spätere Übernahme des Pachtverhältnisses durch Erbfolge ohnehin nicht verhindern kann, da sein Recht zur außerordentlichen befristeten Kündigung beim Tode des Pächters durch § 584a Abs 2 ausgeschlossen wird. Ist dem Pächter im Rahmen des Pachtgegenstandes auch Wohnraum überlassen, soll nach zT vertretener Auffassung § 553 (= § 549 Abs 2 aF), der dem Mieter unter bestimmten Voraussetzungen einen Anspruch auf Erteilung der Erlaubnis zur Untervermietung einräumt (STAUDINGER/EMMERICH [2003] § 553 Rn 1 ff), nicht entsprechend anwendbar sein (BGB-RGRK/GELHAAR § 596 Rn 1). Diese Vorschrift sei nur im Mietrecht angebracht, weil das Recht zur Untervermietung ein soziales, seit langem überkommenes Dauerrecht sei. Demgegenüber ist zu bedenken, daß in § 584a Abs 1 lediglich das Recht zur außerordentlichen Kündigung nach § 540 Abs 1 S 2 (= § 549 Abs 1 S 2 aF) ausgeschlossen ist, im übrigen aber die Verweisung des § 581 Abs 2 auf § 553 (= § 549 Abs 2 aF) nicht berührt wird. Der Anspruch auf Erteilung der Erlaubnis ist zwar in das Gesetz aufgenommen worden, um den Mieter von Wohnraum nicht zur Kündigung zu zwingen (Begr zum RegE eines

MietRÄndG II [BT-Drucks IV/806, 9]), setzt also ein Mietverhältnis über Wohnraum voraus; hieran hat die Neuregelung in § 553 durch das Mietrechtsreformgesetz nichts geändert, da sie nur sprachliche und aufbaumäßige, aber keine inhaltlichen Änderungen gebracht hat (Begr zum RegE BT-Drucks 14/4553, 49). Obwohl der genannte Normzweck im Pachtrecht wegen § 584a Abs 1 nicht durchgreift, ist die Interessenlage für den Pächter nicht anders als für den Mieter, wenn etwa nach Abschluß des Vertrags Wohnraum durch Tod oder Wegzug von Familienangehörigen oder Arbeitnehmern überflüssig wird und leersteht. Da es auch nur um einen Teil des Wohnraums geht und nicht um die Bewirtschaftung des Pachtgegenstandes, die weiterhin der Person des Pächters obliegt, geht es ohnehin nur um eine Untervermietung. Einer entsprechenden Anwendung des § 553 steht deshalb nichts entgegen.

14 Es ist den Parteien freigestellt, schon im Pachtvertrag einen **vertraglichen Anspruch** auf Erteilung der Erlaubnis zur Unterverpachtung oder Untervermietung zu begründen. Ein solcher Anspruch kann ausdrücklich vereinbart werden. Er kann sich auch im Wege der Auslegung aus dem gesamten Vertragsinhalt ergeben (BAMBERGER-ROTH/WAGNER § 584 Rn 3). Versagt der Verpächter in einem solchen Fall ständig und planmäßig die Erlaubnis, um den Pächter zur Aufgabe des Pachtverhältnisses zu veranlassen, handelt es sich um eine zu Schadensersatz führende Pflichtverletzung nach § 280 (früher ungeschriebener Tatbestand der positiven Vertragsverletzung, RGZ 138, 359, 364 f). Darüber hinaus kann davon ausgegangen werden, daß die Parteien mit der Vereinbarung eines vertraglichen Anspruchs auf Erteilung der Erlaubnis im allgemeinen zumindest stillschweigend den Ausschluß des Kündigungsrechts aus § 584a Abs 1 abbedingen, sofern der Verpächter die Erlaubnis grundlos verweigert.

15 c) Das Recht zur außerordentlichen befristeten Kündigung ist nach § 584a Abs 1 nur für den Pächter, nicht für den **Mieter** ausgeschlossen. Einer Unterverpachtung steht nicht entgegen, daß der Hauptvertrag ein Mietvertrag ist. Dies gilt etwa, wenn der Mieter von Räumen ein Unternehmen gründet und darin betreibt, das er später mit den Räumen unterverpachten will (BGH LM Nr 2 zu § 36 MietSchG = NJW 1952, 821; KG JR 1948, 314; OLG Celle ZMR 1973, 109; LG Göttingen NdsRpfl 1948, 242), oder wenn der Garten eines gemieteten Hauses einem Dritten zur selbständigen Nutzung überlassen werden soll. Verweigert der Vermieter in derartigen Fällen die Erlaubnis zur Unterverpachtung, wird das Kündigungsrecht des Mieters aus § 540 Abs 1 S 2 nicht berührt.

3. Tod des Pächters

16 Stirbt der Mieter, so sind nach § 580 S 1 sowohl der Erbe als auch der Vermieter berechtigt, das Mietverhältnis unter Einhaltung der gesetzlichen Frist für den ersten zulässigen Termin zu kündigen (FRÄNKEL 95; STAUDINGER/ROLFS [2003] § 580 Rn 4 ff). Dieses Recht zur außerordentlichen befristeten Kündigung gilt aufgrund der Verweisung in § 581 Abs 2 beim Tode des Pächters für dessen Erben entsprechend. Beim Tode eines von mehreren Pächtern steht dessen Erben das Kündigungsrecht aufgrund der Einheitlichkeit des Rechtsverhältnisses aber nur zu, wenn dies vertraglich vorgesehen ist (RGZ 90, 328, 330 f; STAUDINGER/ROLFS [2003] §§ 580 Rn 6, 564 Rn 6). Bei der Pacht eines Grundstücks oder eines Rechts richten sich Kündigungstermin und Kündigungsfrist nach § 584 (dort Rn 6 ff, 20 ff), im übrigen nach den §§ 581 Abs 2,

Titel 5 · Mietvertrag, Pachtvertrag §584a, 17
Untertitel 4 · Pachtvertrag §584b

573d Abs 1 (= § 565 Abs 5 aF) (STAUDINGER/ROLFS [2003] §§ 573d Rn 1 ff, 580a Rn 40 ff). Der Verpächter ist hingegen aufgrund des § 584a Abs 2 nicht berechtigt, das Pachtverhältnis nach § 580 zu kündigen (RGZ 90, 328, 329; RG WarnR 1914, Nr 116). Der Ausschluß des Kündigungsrechts dient dem Schutz der Erben (Rn 9). Bei der Landpacht ist der Gesetzgeber in § 594d von diesem Ziel abgewichen. Die Vorschriften der §§ 563, 563a, die bei einem Mietverhältnis über Wohnraum für den Fall des Todes des Mieters eine Sonderrechtsnachfolge des Ehegatten, Lebenspartners, der Kinder, anderen Familienangehörigen oder von Personen ermöglichen, die mit dem Mieter einen auf Dauer angelegten gemeinsamen Haushalt führen, sind im Pachtrecht wegen ihres besonderen, auf die Wohnraummiete zugeschnittenen Zwecks unanwendbar. Es ist auch nicht möglich, den Pachtvertrag hinsichtlich des der Fruchtziehung dienenden Teils und der Pächterwohnung aufzuteilen und nur für die Wohnung eine Sondernachfolge zuzulassen (BGB-RGRK/GELHAAR § 596 Rn 1; SOERGEL/HEINTZMANN Rn 12).

III. Abweichende Vereinbarungen

Die Regelung des § 584a ist in vollem Umfang abdingbar (Prot II 236; BGB-RGRK/ 17 GELHAAR § 596 Rn 5; ERMAN/JENDREK Rn 1; JAUERNIG/TEICHMANN Rn 1; MünchKomm/HARKE Rn 2; OERTMANN § 596 Anm 2; PALANDT/WEIDENKAFF Rn 1; WALTHER, in: MÜLLER/WALTHER C § 584a Rn 9). So können die Parteien dem Pächter ein Recht zur außerordentlichen befristeten Kündigung einräumen, falls der Verpächter die notwendige Erlaubnis zur Unterverpachtung verweigert. Sie können das Kündigungsrecht beim Tod des Pächters neben dessen Erben auch dem Verpächter zugestehen. Andererseits kann das außerordentliche Kündigungsrecht der Erben abweichend von den §§ 581 Abs 2, 580 S 1 ausgeschlossen werden. Wird ein solcher Kündigungsausschluß allerdings in einem Formularpachtvertrag vereinbart, ist im Zweifel eine unangemessene Benachteiligung der Erben anzunehmen, die nach § 307 Abs 2 Nr 1 zur Unwirksamkeit der Klausel führt. Sie ist mit den wesentlichen Grundgedanken des § 580, der die Erben auch im Pachtrecht schützen soll (Rn 9), nicht zu vereinbaren (SONNENSCHEIN NJW 1980, 1713, 1718). Im übrigen sind bei der Vereinbarung von Kündigungsrechten in einem Formularvertrag vor allem die Klauselverbote des § 309 Nr 12 über die Änderung der Beweislast und des § 309 Nr 13 über Form und Zugangserfordernisse der Kündigungserklärung bedeutsam.

§ 584b
Verspätete Rückgabe

Gibt der Pächter den gepachteten Gegenstand nach der Beendigung des Pachtverhältnisses nicht zurück, so kann der Verpächter für die Dauer der Vorenthaltung als Entschädigung die vereinbarte Pacht nach dem Verhältnis verlangen, in dem die Nutzungen, die der Pächter während dieser Zeit gezogen hat oder hätte ziehen können, zu den Nutzungen des ganzen Pachtjahrs stehen. Die Geltendmachung eines weiteren Schadens ist nicht ausgeschlossen.

Materialien: E I § 542; II § 537; III § 590; Mot II 431 f; Prot II 256 ff; Art 1 Nr 1 G zur Neuordnung des landwirtschaftlichen Pachtrechts vom 8. 11. 1985 (BGBl I 2065); Begr zum RegE BT-Drucks 10/509, 16; Ausschußbericht BT-Drucks 10/3830; Gesetz zur Neugliederung, Vereinfachung und Reform des Mietrechts (Mietrechtsreformgesetz) vom 19. 6. 2001 (BGBl I 1149); Begr zum RegE BT-Drucks 14/4553, 34 ff, 75; Ausschußbericht BT-Drucks 14/5663, 33 f.

Schrifttum

CROME, Die partiarischen Rechtsgeschäfte nach römischem und heutigem Reichsrecht (1897) FRÄNKEL, Das Miet- und Pachtrecht nach dem Bürgerlichen Gesetzbuch für das Deutsche Reich (1897) JAKOBS/SCHUBERT, Die Beratung des Bürgerlichen Gesetzbuchs in systematischer Zusammenstellung der unveröffentlichten Quellen, Recht der Schuldverhältnisse II (1980) R REUTER, Zulässigkeit der reconductio tacita bei der Pacht nach BGB, DJZ 1900, 478 SCHUBERT, Die Vorlagen der Redaktoren für die erste Kommission zur Ausarbeitung des Entwurfs eines Bürgerlichen Gesetzbuches, Recht der Schuldverhältnisse II (1980).

Systematische Übersicht

I.	**Allgemeine Kennzeichnung**		2. Rechtsfolgen	17
1.	Überblick	1	a) Allgemeines	17
2.	Entstehung der Vorschrift	2	b) Vereinbarte Pacht	18
3.	Zweck der Vorschrift	5	aa) Grundsatz	18
			bb) Bemessung nach dem Verhältnis der Nutzungen	19
II.	**Nutzungsentschädigung**		c) Fälligkeit des Anspruchs	20
1.	Voraussetzungen	6	d) Verjährung des Anspruchs	21
a)	Pachtvertrag	6	e) Sonstige Rechtsfolgen	22
b)	Beendigung der Pacht	7		
c)	Vorenthaltung des Pachtgegenstandes	9	**III. Weitergehender Schadensersatz**	
aa)	Begriff	9	1. Anspruchsgrundlagen	25
bb)	Vorenthaltung der tatsächlichen Gewalt	10	2. Umfang des Schadensersatzes	26
cc)	Möglichkeit der Rückgabe	14	**IV. Konkurrenzen**	27
dd)	Rücknahmewille des Verpächters	15		
ee)	Dauer der Vorenthaltung	16	**V. Abweichende Vereinbarungen**	30

Alphabetische Übersicht

Abweichende Vereinbarungen	30	Fälligkeit der Nutzungsentschädigung	20
Apothekenpacht	11		
		Grundstück	6, 11, 23
Beendigung der Pacht	7		
Bereicherungsanspruch	5, 15, 17 f, 27, 29	Kaufvertrag	10
Bewegliche Sache	6	Konkurrenzen	27
Beweislast	26, 30		
		Landpacht	3, 6
Entgangener Gewinn	26	Landwirtschaftliches Grundstück	2, 6
Entstehung der Vorschrift	2		

Mitverschulden des Verpächters	17, 26	Teilpacht	19
Nutzungen	2, 19	Unternehmen	6, 11
Nutzungsentschädigung	5	Unterverpachtung	6, 14
– Bemessung	18 ff		
– Fälligkeit	20	Verjährung	21, 29
– Rechtsfolgen	17 ff	Verlängerung der Pacht	8, 10
– vereinbarte Pacht	18	Verschulden	9, 25, 30
– Verjährung	21	Vorenthaltung des Pachtgegenstandes	9 ff
– Voraussetzungen	6 ff	– Begriff	9
		– Dauer	16
Pacht	17 f	– Möglichkeit der Rückgabe	14
Pachtvertrag	6	– Nutzungsentschädigung	17
Pfandrecht	17	– Rückgabeanspruch	9
		– Rücknahmewille	15
Raum	1, 6, 11, 23	– sonstige Rechtsfolgen	22
Recht	6, 11	– Teilleistungen	12
Rechtsfolgen	17 ff	– Verletzung sonstiger Pflichten	13
Reform	3 f	– Verschulden	9
Schaden	17	Wohnraum	1, 12, 23, 26, 30
Schadensersatz	25 f, 28		
– Anspruchsgrundlagen	25	Zurückbehaltungsrecht	7, 10
– Umfang	26	Zweck der Vorschrift	5
– Verjährung	29		

I. Allgemeine Kennzeichnung

1. Überblick

Sobald das Pachtverhältnis beendet ist, hat der Pächter den Pachtgegenstand **1** entsprechend den §§ 581 Abs 2, 546 zurückzugeben (§ 581 Rn 454 ff). In § 584b sind Ansprüche des Verpächters für den Fall geregelt, daß der Pächter den Pachtgegenstand nicht oder nicht rechtzeitig zurückgibt. Hierbei handelt es sich zum einen um den Anspruch auf Nutzungsentschädigung für die Dauer der Vorenthaltung aus S 1, zum anderen um die Geltendmachung eines weiteren Schadens nach S 2. Die Bestimmung entspricht im Prinzip der mietrechtlichen Regelung des § 546a, weicht aber als Sondervorschrift hinsichtlich der Bemessung der Nutzungsentschädigung davon ab. Die als Entschädigung zu zahlende Miete richtet sich genau nach der Dauer der Vorenthaltung und wird in gleichbleibender Höhe nach den jeweils vereinbarten Zeitabschnitten bemessen. Der Verpächter kann hingegen die vereinbarte Pacht nur nach dem Verhältnis verlangen, in dem die Nutzungen, die der Pächter während der Dauer der Vorenthaltung gezogen hat oder hätte ziehen können, zu den Nutzungen des ganzen Pachtjahres stehen. Abweichend von § 546a Abs 1 kommt es nur auf die vereinbarte, nicht auf eine ortsübliche Pacht an, selbst wenn der Pachtgegenstand Räume umfaßt. Ferner gelten für den Verpächter nicht die Beschränkungen eines weitergehenden Schadensersatzanspruchs, wie sie für den Vermieter von Wohnraum in § 571 enthalten sind.

Hierfür kommt es nicht darauf an, ob der Pachtgegenstand auch Wohnraum umfaßt.

2. Entstehung der Vorschrift

2 a) Die Vorschrift ist in der **ursprünglichen Fassung** des BGB als § 597 in Zusammenhang mit der Regelung des § 568 aF (jetzt § 545) entstanden, nach der das Mietverhältnis grundsätzlich als auf unbestimmte Zeit verlängert gilt, wenn der Mieter den Gebrauch der Sache nach dem Ablauf der Mietzeit fortsetzt. Neben dieser als § 524 E I entworfenen Bestimmung war in § 525 E I, dem Vorläufer des § 557 aF (jetzt § 546a), vorgesehen, daß der Vermieter für die Zeit der Fortsetzung des Gebrauchs eine Entschädigung in Höhe des vertragsmäßigen Mietzinses fordern könne, wenn der Mieter den Gebrauch nach Ablauf der Mietzeit ohne Verlängerung des Mietverhältnisses fortsetze. Diese Regelung sollte abweichend von den Vorschriften des ALR I, 21 §§ 334, 335, aber übereinstimmend mit den Art 570, 578 Dresdener Entw auf die Pacht entsprechend anzuwenden sein (Mot II 432; Schubert 245 f, 386 ff, 423). Ein in der 1. Komm gestellter Antrag, die in die späteren §§ 524, 525 E I eingegangene mietrechtliche Regelung bei der Pacht landwirtschaftlich benutzter Gegenstände für unanwendbar zu erklären, stieß auf Ablehnung. In § 542 E I wurde die Nutzungsentschädigung bei der Pacht eines landwirtschaftlichen Grundstücks allerdings nur insofern zugelassen, als der Pächter während der ganzen Dauer eines oder mehrerer Pachtjahre den Fruchtgenuß behalten habe (Jakobs/Schubert 674, 676 f). Trotz der Zweifel, ob sich diese Einschränkung nicht von selbst verstehe, wurde eine ausdrückliche Regelung für ratsam gehalten, um einer nicht unwichtigen Streitfrage vorzubeugen (Mot II 432; Jakobs/Schubert 677). Auf Anregung der Vorkommission des RJA dehnte die 2. Komm die Regelung auf alle Pachtgegenstände aus und ließ die Entschädigung auch bei einer Fortsetzung des Fruchtgenusses für eine kürzere Zeit als ein Pachtjahr zu. Darüber hinaus wurde bestimmt, daß die Entschädigung nicht nur nach der Dauer der Vorenthaltung, sondern auch nach den in diese Zeit fallenden Nutzungen zu bestimmen sei (Prot II 256 ff; Jakobs/Schubert 680 ff). Abgesehen von redaktionellen Verbesserungen, ist die Vorschrift idF des § 537 E II als § 597 Gesetz geworden.

3 b) Bei der **Reform** durch das Gesetz zur Neuordnung des landwirtschaftlichen Pachtrechts vom 8. 11. 1985 (BGBl I 2065) ist der frühere § 597 bis auf geringfügige redaktionelle Verbesserungen inhaltlich unverändert als § 584b in den Untertitel über die nichtlandwirtschaftliche Pacht übernommen worden. Für die Landpacht ist hingegen mit der Neufassung des § 597 eine dem § 557 Abs 1 S 1 HS 1 und S 2 aF (= § 546a nF) entsprechende Vorschrift geschaffen worden, weil die für das Mietrecht getroffene Regelung bei den landwirtschaftlichen Verhältnissen angemessener sei als die des seinerzeit geltenden § 597 (Begr zum RegE BT-Drucks 10/509, 26 f). Warum das abweichend von den bei der Entstehung des BGB maßgebenden Erwägungen (Rn 2) so sein soll, wird nicht näher begründet.

4 Das Mietrechtsreformgesetz vom 19. 6. 2001 (BGBl I 1149) hat an dieser Rechtslage nichts verändert, sondern lediglich zu einer sprachlichen Änderung geführt, die durch die Ersetzung des Begriffs „Pachtzins" durch „Pacht" bedingt war (Begr zum RegE BT-Drucks 14/4553, 75).

3. Zweck der Vorschrift

Die Vorschrift des § 584b bezweckt, dem Verpächter auf einfache Art und Weise 5
eine Mindestentschädigung einzuräumen, wenn ihm der Pächter den Pachtgegenstand nach der Beendigung des Pachtverhältnisses vorenthält und die Voraussetzungen für eine stillschweigende Verlängerung entsprechend den §§ 581 Abs 2, 545 nicht erfüllt sind. Eine solche Regelung wurde für praktisch zweckmäßig gehalten, um Streitigkeiten über die Höhe eines etwaigen Schadensersatz- oder Bereicherungsanspruchs in einfacher und angemessener Weise abzuschneiden (Mot II 415). So wird ein Schadensersatzprozeß vereinfacht, wenn der Pächter den Pachtgegenstand bei einem Streit über die Dauer der Pachtzeit unberechtigt nicht zurückgibt und weiterhin Früchte zieht (Prot II 257). Die von § 546a abweichende Bemessung der Entschädigung nach dem Verhältnis der gezogenen oder ziehbaren Nutzungen während der Dauer der Vorenthaltung zu den Nutzungen des ganzen Pachtjahres soll dem Umstand Rechnung tragen, daß sich die Nutzungen bei der Pacht häufig ungleichmäßig auf das ganze Pachtjahr verteilen und eine Bemessung des Entschädigungsanspruchs allein nach der Dauer der Vorenthaltung zu einem unbilligen Ergebnis führen kann (Prot II 257; BGH NZM 2000, 134, 135; JAKOBS/SCHUBERT 677; WARNEYER § 597 Anm 1). Wie § 584b S 2 zeigt, soll durch diese Regelung allerdings nicht ausgeschlossen werden, daß der Verpächter nach den allgemeinen Vorschriften einen weiteren Schaden geltend macht.

II. Nutzungsentschädigung

1. Voraussetzungen

a) Pachtvertrag
Zwischen den Parteien muß nach § 584b S 1 ein Pachtverhältnis bestanden haben. 6
Die Vorschrift gilt deshalb nicht zwischen Hauptverpächter und Unterpächter (OLG Hamburg WuM 1999, 289). Der Vertrag muß wirksam zustande gekommen sein und darf auch nicht aufgrund einer Anfechtung nach § 142 Abs 1 von Anfang an nichtig sein. Auf die Rückabwicklung fehlgeschlagener Verträge ist die Vorschrift nicht anwendbar. Die Art des Pachtgegenstandes ist unerheblich, ausgenommen die Landpacht, für die in § 597 eine Sonderregelung besteht. Im übrigen gilt die Vorschrift deshalb in gleicher Weise für die Pacht von Grundstücken zu jedweder Nutzung, für die Pacht von Räumen, beweglichen Sachen, Unternehmen und Rechten (§ 581 Rn 10 ff), bei Rechten allerdings nur, soweit nach dessen jeweiliger Art oder nach den von den Parteien getroffenen Nebenabreden irgendein körperlicher Gegenstand zurückzugeben ist und damit vorenthalten werden kann (aA Münch-Komm/HARKE Rn 1; Walther, in: MÜLLER/WALTHER C § 584b Rn 3).

b) Beendigung der Pacht
Das Pachtverhältnis muß **beendet sein**. Wann dies der Fall ist, ergibt sich aus den 7
§§ 584, 581 Abs 2, 542 (= § 564 aF). Ein befristetes Pachtverhältnis endet mit Ablauf der vereinbarten Zeit (§ 581 Rn 384). Bei einem Pachtverhältnis auf unbestimmte Zeit ist der Zeitpunkt maßgebend, zu dem der Pächter oder Verpächter ordentlich gekündigt hat (§ 581 Rn 401 ff, 422; § 584 Rn 20 ff). Das gleiche gilt unabhängig von der vereinbarten Dauer des Pachtverhältnisses bei einer außerordentlichen befristeten oder fristlosen Kündigung (§ 581 Rn 407 ff, 422; § 584 Rn 20 ff). Wird das Pachtverhältnis

einvernehmlich aufgehoben, ist der von den Parteien vereinbarte Zeitpunkt entscheidend (§ 581 Rn 425). Bei einer Beendigung aufgrund sonstiger Umstände kommt es auf den Eintritt des jeweiligen Grundes an (§ 581 Rn 426 ff). Ist das Pachtverhältnis nicht beendet oder bestehen Zweifel an der Wirksamkeit einer Kündigung durch den Verpächter, so ist der Pächter mangels eines Zurückbehaltungsrechts nicht berechtigt, weitere Zahlungen zu verweigern, weil er entweder die Pacht aus dem fortbestehenden Vertrag oder die Entschädigung aus § 584b schuldet (RG JW 1931, 3425 m Anm RICHTER; BGB-RGRK/GELHAAR § 597 Rn 1).

8 Das Pachtverhältnis muß **beendet bleiben**. Die Regelung des § 584b greift deshalb nicht ein, wenn die Parteien den Vertrag unmittelbar vom Zeitpunkt der Beendigung an durch ausdrückliche oder stillschweigende Vereinbarung verlängern, wenn der Vertrag entsprechend den §§ 581 Abs 2, 545 (= § 568 aF) durch Fortsetzung des Gebrauchs und der Fruchtziehung als verlängert gilt (RG HRR 1932, Nr 111 u 1648; BGB-RGRK/GELHAAR § 597 Rn 1; OERTMANN § 597 Anm 1; PALANDT/WEIDENKAFF Rn 1; PLANCK/KNOKE § 597 Anm 1; R REUTER DJZ 1900, 478; WALTHER, in: MÜLLER/WALTHER C § 584b Rn 6).

c) Vorenthaltung des Pachtgegenstandes
aa) Begriff

9 Der Begriff der Vorenthaltung ist erst in den §§ 499, 537 E II in den Gesetzentwurf aufgenommen worden, während in § 525 E I von der Zeit der Fortsetzung des Gebrauchs die Rede war. Die Entstehungsgeschichte trägt nichts dazu bei, den Begriff der Vorenthaltung zu klären (JAKOBS/SCHUBERT 507). Darüber hinaus ist der Tatbestand des § 584b ebenso wie der des § 546a insofern ungenau gefaßt, als zum einen vorausgesetzt wird, daß der Pächter den gepachteten Gegenstand nicht zurückgibt, und daß zum anderen von der Vorenthaltung gesprochen wird, für deren Dauer die Nutzungsentschädigung zu entrichten ist. Daraus wird geschlossen, daß die Vorenthaltung nicht einfach mit der Nichtrückgabe gleichzusetzen ist. Eine Vorenthaltung liegt nur dann vor, wenn der Pächter den Pachtgegenstand nicht zurückgibt, obwohl ihm das möglich ist, und wenn dieses Verhalten des Pächters dem Willen des Verpächters widerspricht (BGH NJW 1960, 909, 910 mwNw; NZM 2000, 134, 135; OLG Bamberg ZMR 2002, 738; SOERGEL/HEINTZMANN Rn 6; STAUDINGER/ROLFS [2003] § 546a Rn 15 ff). Auf ein Verschulden des Pächters hinsichtlich der Vorenthaltung kommt es nicht an (RG HRR 1932, Nr 111; OLG Kiel SchlHAnz 1927, 43; BGB-RGRK/ GELHAAR § 597 Rn 1; ERMAN/JENDREK Rn 2; PALANDT/WEIDENKAFF Rn 3; SOERGEL/HEINTZMANN Rn 7; WALTHER, in: MÜLLER/WALTHER C § 584b Rn 7).

bb) Vorenthaltung der tatsächlichen Gewalt

10 Der Pächter ist entsprechend den §§ 581 Abs 2, 546 grundsätzlich verpflichtet, dem Verpächter den **unmittelbaren Besitz** an dem Pachtgegenstand zu verschaffen (STAUDINGER/ROLFS [2003] § 546 Rn 9 ff). Eine Vorenthaltung setzt deshalb voraus, daß der Pächter dem Verpächter nicht nach § 854 die tatsächliche Gewalt über den Pachtgegenstand einräumt, so daß der Rückgabeanspruch nicht erfüllt wird. Dies ist zunächst der Fall, wenn der Pächter den Pachtgegenstand in seinem Besitz behält. Nicht erforderlich ist, daß er weiterhin den Gebrauch ausübt und Früchte zieht (Prot II 258; RGZ 99, 230, 231 f; PALANDT/WEIDENKAFF Rn 3). Dies ergibt sich schon aus dem Wortlaut der Vorschrift, die auf die Nutzungen abstellt, die der Pächter hätte ziehen können. Eine Vorenthaltung ist auch dann anzunehmen, wenn der Pächter

weder unmittelbarer noch mittelbarer Besitzer ist, den Pachtgegenstand aber aufgrund seiner Rechtsbeziehungen zu dem besitzenden Dritten, zB nach den §§ 812 Abs 1, 823 oder 861, herausverlangen und dann dem Verpächter zurückgeben könnte (offengelassen von RGZ 99, 230, 232). Macht der Pächter zulässigerweise ein Zurückbehaltungsrecht geltend, weil die §§ 581 Abs 2, 570 nicht eingreifen (§ 581 Rn 462 ff), so liegt keine Vorenthaltung iS des § 584b vor, soweit sich der Pächter auf die bloße Zurückbehaltung beschränkt und den Gegenstand nicht weiterhin nutzt (BGHZ 65, 56, 59 = NJW 1975, 1773 m Anm HAASE JR 1976, 22). Wenn der Pächter nach Ablauf der Pachtzeit das gepachtete Grundstück aufgrund eines Kaufvertrags behält, dessen Erfüllung der Verpächter wegen rechtlich begründeter Meinungsverschiedenheiten über die Höhe des Kaufpreises zunächst zu Recht verweigert, so liegt für die Zeit bis zur Auflassung keine Pachtverlängerung, sondern eine Vorenthaltung iS des § 584b vor (OLG Kiel SchlHAnz 1927, 43; WARNEYER § 597 Anm 1).

Im übrigen kann von einer Vorenthaltung nur so weit die Rede sein, wie der **Umfang der Rückgabeverpflichtung** des Pächters reicht. Grundsätzlich braucht der Pächter nur das zurückzugeben, was er zuvor von dem Verpächter oder dessen Geheißpersonen erhalten hat. Besondere Probleme warf dabei früher die Apothekenpacht auf, nachdem sich das BVerfG für die Niederlassungsfreiheit auf dem Gebiet des Apothekenrechts ausgesprochen hatte (BVerfGE 7, 377 = NJW 1958, 1035; § 581 Rn 49). Da es sich hinsichtlich der Überlassung der Konzession um Rechtspacht handelt, stellte sich die Frage, ob der Pächter nach der Beendigung des Pachtverhältnisses das gesamte Unternehmen einschließlich der von ihm selbst beschafften Räume, der Einrichtung und des Warenlagers an den Verpächter der Konzession herausgeben mußte und deshalb bei einer Vorenthaltung nach § 597 aF eine danach bemessene Entschädigung zu zahlen hatte. Die Rspr hat ein Übernahmerecht des Verpächters mit einer entsprechenden Herausgabe- und Übertragungspflicht des Pächters nicht aus den gesetzlichen Bestimmungen der §§ 556, 597 aF abgeleitet, sondern allein aus dem Inhalt des jeweiligen Vertrags. Nur wenn der Vertrag ein Übernahmerecht zum Inhalt hatte, kamen eine Vorenthaltung und damit eine Entschädigungspflicht nach § 597 aF in Betracht (BGH LM Nr 1 zu § 597 BGB; LM Nr 1 a zu § 597 BGB = NJW 1964, 2204; LM Nr 1 b zu § 597 BGB; LM Nr 2 zu § 597 BGB = NJW 1968, 197). Die gleichen Probleme können sich neben der Rechtspacht auch bei der Grundstücks- oder Raumpacht stellen, wenn erst der Pächter das wirtschaftliche Unternehmen schafft, dem das Grundstück oder die Räume als Grundlage dienen. Hier richtet es sich im Einzelfall nach dem Vertragsinhalt, ob der Pächter nach der Beendigung des Pachtverhältnisses über das Grundstück oder die Räume hinaus das gesamte Unternehmen zur Verfügung stellen muß und bei einer Vorenthaltung des letzteren eine Entschädigung nach § 584b schuldet. **11**

Teilleistungen des Pächters sind nach § 266 bei der Erfüllung der Rückgabepflicht grundsätzlich unzulässig (STAUDINGER/ROLFS [2003] § 546 Rn 24). Gibt der Pächter nur einen Teil des einheitlichen Pachtgegenstandes zurück, hat dies zur Folge, daß der ganze Gegenstand vorenthalten wird und der Pächter nicht nur einen Teil der Entschädigung schuldet (BGB-RGRK/GELHAAR § 597 Rn 1; SOERGEL/HEINTZMANN Rn 8). Dies gilt etwa bei der Verpachtung einer Gastwirtschaft, wenn die zurückgegebenen Galträume und die vom Pächter vorenthaltenen Wirtschafts- und Wohnräume nach ihrer Lage, Größe und Verwendbarkeit einen einheitlichen Pachtgegenstand darstellen, weil sie nur als Gesamtheit sachgemäß weiterverpachtet werden können (LG **12**

Mannheim MDR 1965, 140). Das gleiche gilt bei teilweiser Rückgabe eines gepachteten Grundstücks, soweit dieses für den Verpächter nicht von eigenständigem Interesse ist (OLG Hamburg ZMR 1996, 259). Die mietrechtlichen Kündigungsschutzvorschriften sind auf Pachtverträge nicht anwendbar und rechtfertigen deshalb wegen der Einheitlichkeit des Rechtsverhältnisses hinsichtlich eines mitverpachteten Wohnraums kein anderes Ergebnis (§ 581 Rn 390). Ist die Annahme der Teilleistung dagegen für den Verpächter zumutbar, weil er die einzelnen Teile des Pachtgegenstandes in Zukunft getrennt verpachten will, so beschränkt sich die Vorenthaltung auf die nicht zurückgegebenen Teile mit der Folge, daß auch die Entschädigung nur anteilig zu entrichten ist.

13 Der Pachtgegenstand wird nicht vorenthalten, wenn der Pächter ihn zwar zurückgibt, aber seine **weiteren Pflichten** nicht erfüllt, die im Rahmen der Rückgabepflicht bestehen (SOERGEL/HEINTZMANN Rn 5; STAUDINGER/ROLFS [2003] § 546a Rn 20). Dies gilt zB für unterbliebene Schönheitsreparaturen, Beseitigung von Schäden und die Wegnahme von Einrichtungen, Anlagen und Gebäuden, die der Pächter in Ausübung seines Pachtrechts angebracht oder errichtet hat (RG JW 1910, 939; LG Köln MDR 1966, 239).

cc) **Möglichkeit der Rückgabe**
14 Der Pachtgegenstand wird dem Verpächter nur vorenthalten, wenn und solange seine Rückgabe nicht objektiv unmöglich ist. Wenn der Pachtgegenstand im Zeitpunkt der Beendigung des Vertragsverhältnisses untergegangen ist oder wenn dies später geschieht, entfällt die Vorenthaltung in dem Zeitpunkt, in dem die Rückgabe objektiv unmöglich wird (STAUDINGER/ROLFS [2003] § 546a Rn 22 mwNw). Streitig ist, ob der Pachtgegenstand auch dann vorenthalten wird, wenn die Rückgabe dem Pächter subjektiv unmöglich ist. Diese Frage stellt sich vor allem bei der Unterverpachtung über das Ende des Hauptpachtverhältnisses hinaus (RG HRR 1932, Nr 111). Sie wird von der hM zu § 546a (= § 557 aF) bejaht (BGHZ 90, 145, 149 f = NJW 1984, 1527, 1528 m Anm ECKERT ZIP 1984, 615; OLG Hamburg ZMR 1953, 112; vgl STAUDINGER/ROLFS [2003] § 546a Rn 25 mwNw), während eine abweichende Auffassung das Unvermögen der objektiven Unmöglichkeit gleichstellt (LG Düsseldorf MDR 1954, 419; LG Hamburg ZMR 1960, 44; LG Köln MDR 1959, 762; vgl STAUDINGER/ROLFS [2003] § 546a Rn 24 mwNw). Entscheidend ist, ob dem Pächter die Rückgabe sofort oder in einem späteren Zeitpunkt möglich ist, selbst wenn er sich den Pachtgegenstand zunächst wiederbeschaffen muß (STAUDINGER/ROLFS [2003] § 546a Rn 27). Dies ist bei der Unterverpachtung oder Untervermietung durch den Hauptpächter regelmäßig anzunehmen, so daß der Pachtgegenstand von der Beendigung des Hauptpachtverhältnisses an vorenthalten wird. Die Vorenthaltung wird nicht durch die frühere Erlaubnis des Hauptverpächters zur Überlassung des Gebrauchs an einen Dritten ausgeschlossen (SOERGEL/HEINTZMANN Rn 7). Dies gilt grundsätzlich auch, wenn dem Hauptverpächter bei Erteilung der Erlaubnis erkennbar war, daß die Unterpacht möglicherweise länger als das Hauptpachtverhältnis andauern würde. Der Hauptpächter ist insoweit nicht nach § 242 schutzbedürftig, weil er bei solchen zeitlichen Unterschieden davon ausgehen kann, daß der Hauptverpächter ihm nach dem Ende des Hauptpachtverhältnisses nicht ohne weiteres die Nutzungen unentgeltlich überlassen will.

dd) **Rücknahmewille des Verpächters**
15 Die Vorschrift des § 584b knüpft Ersatzansprüche an ein vertragswidriges Verhalten

des Pächters, der seine Rückgabepflicht nicht erfüllt. Ein vertragswidriges Verhalten ist nur gegeben, wenn der Pachtgegenstand gegen den Willen des Verpächters nicht zurückgegeben wird (BGH NZM 2000, 134, 135; BAMBERGER-ROTH/WAGNER Rn 6; SOERGEL/ HEINTZMANN Rn 6; STAUDINGER/ROLFS [2003] § 546a Rn 28 ff; aA MünchKomm/HARKE Rn 3). Eine Vorenthaltung scheidet deshalb aus, wenn der Verpächter zu erkennen gibt, daß er die Rückgabe des Pachtgegenstandes nicht wünscht, weil er etwa eine Kündigung des Pächters für unwirksam hält und deshalb den Vertrag zu Unrecht für fortbestehend hält (RGZ 103, 289, 290; RG JW 1937, 809 m Anm ROQUETTE; BGH LM Nr 2 zu § 557 BGB = NJW 1960, 909; WM 1973, 383, 386; OLG Düsseldorf DWW 1991, 16) oder weil er den Pachtgegenstand trotz der Beendigung des Vertrags nicht zurückfordert, um einen neuen Vertrag mit dem Pächter abzuschließen (KG NJW 1971, 432). Die Vorenthaltung kann trotz des fehlenden Rücknahmewillens auch nicht mit der Begründung bejaht werden, der Pächter sei zur Rückgabe nicht in der Lage (BGH LM Nr 2 zu § 557 BGB = NJW 1960, 909, 910; aA RG WarnR 1934, Nr 176; SOERGEL/HEINTZMANN Rn 6). Rücknahmewille und Möglichkeit der Rückgabe sind selbständige Merkmale des Begriffs der Vorenthaltung. Nicht erforderlich ist, daß der Rücknahmewille auf einem Nutzungswillen des Verpächters beruht (OLG München ZMR 1993, 466). Ist der Tatbestand des § 584b nicht erfüllt, schuldet der Pächter nur unter den Voraussetzungen der §§ 812, 818 eine Nutzungsentschädigung, die idR dem objektiven Pachtwert entspricht (KG aaO; vgl BGH WM 1973, 383, 386).

ee) Dauer der Vorenthaltung
Die Vorenthaltung beginnt mit dem Zeitpunkt, in dem das Pachtverhältnis beendet **16** ist. Sie endet, sobald der Pächter seine Rückgabepflicht erfüllt oder wenn ihm die Erfüllung unmöglich wird (STAUDINGER/ROLFS [2003] § 546a Rn 31). Die Dauer der Vorenthaltung ist neben dem Verhältnis der in dieser Zeit gezogenen oder möglichen Nutzungen zu den Nutzungen des ganzen Pachtjahres ein Kriterium, nach dem die Höhe der Entschädigung bemessen wird.

2. Rechtsfolgen

a) Allgemeines
Nach der Beendigung des Pachtverhältnisses entsteht für die Dauer der Vorenthal- **17** tung zwischen den früheren Vertragsparteien ein gesetzliches Schuldverhältnis (STAUDINGER/ROLFS [2003] § 546a Rn 32 mwNw), aus dem sich in erster Linie der Anspruch des Verpächters auf Nutzungsentschädigung nach § 584b S 1 ergibt (Rn 18 ff). Hierbei handelt es sich wie im Mietrecht nach zT vertretener Ansicht um einen reinen Schadensersatzanspruch (BGH NJW 1961, 916; OLG Frankfurt Betrieb 1987, 2195; ZMR 1987, 177; OLG Karlsruhe ZMR 1987, 261) oder um einen schadensersatzähnlichen Anspruch (LG Göttingen MDR 1959, 928), während andere einen vertraglichen Abwicklungsanspruch (LG Stuttgart ZMR 1987, 153; BAMBERGER/ROTH/WAGNER Rn 1; ERMAN/ JENDREK § 546a Rn 2) oder einen vertraglichen Anspruch eigener Art annehmen (BGHZ 68, 307, 310 = NJW 1977, 1335, 1336; BGHZ 90, 145, 151 = NJW 1984, 1527, 1528; BGHZ 104, 285, 290 = NJW 1988, 2665, 2666; BGH ZMR 1996, 131, 133; BGH WuM 2003, 510 = NZG 2003, 971; MünchKomm/HARKE Rn 1; SOERGEL/HEINTZMANN Rn 3). Die Streitfrage ist im wesentlichen theoretischer Natur, da der Anspruch in jedem Fall auf Entschädigung des Verpächters gerichtet ist (Mot II 415; RG SeuffA 69, Nr 30; KG HRR 1932, Nr 107). Soweit aber der Nutzungsentschädigung kein Schadensersatzcharakter beigemessen wird, ist es folgerichtig, eine Kürzung wegen mitwirkenden Verschuldens nach § 254

abzulehnen (BGHZ 90, 145, 150 = NJW 1984, 1527, 1528; BGHZ 104, 285, 290 = NJW 1988, 2665, 2666; BAMBERGER/ROTH/WAGNER Rn 1; SOERGEL/HEINTZMANN Rn 11; WALTHER, in: MÜLLER/ WALTHER C § 584b Rn 17). Die Höhe des Anspruchs ist unabhängig davon, ob und inwieweit der Verpächter aus der Vorenthaltung des Pachtgegenstandes einen Schaden erlitten hat und ob der Pächter den Pachtgegenstand noch tatsächlich genutzt hat (RG WarnR 1934, Nr 176; BGH NJW 1961, 916; KG HRR 1934, Nr 855; BGH NZM 2000, 134, 135). Der Verpächter kann als Mindestschaden die vereinbarte Pacht verlangen. Zu berücksichtigen ist allerdings, ob der Verpächter die Nutzung der Pachtsache nachholen kann. Wird eine Kiesgrube zum Sandabbau verpachtet, dieser aber vom Pächter teilweise nicht vorgenommen, so kann dies vom Verpächter oder einem neuen Pächter nachgeholt werden. In diesem Umfang erleidet der Verpächter dann keine Vermögenseinbuße in Form des Verlustes einer Nutzungsmöglichkeit (BGH NZM 2000, 134, 135). Eine Haftung wegen Fortführung der Firma nach § 25 HGB erfaßt auch die Nutzungsentschädigung (BGH NJW 1982, 577 = WM 1981, 1255). Die Geltendmachung eines weiteren Schadens ist nach § 584b S 2 nicht ausgeschlossen (Rn 25 f). Das gleiche gilt für Bereicherungsansprüche aus den §§ 812 ff, auch wenn sie über die vereinbarte Pacht hinausgehen (Rn 27). Im übrigen können sich aus dem gesetzlichen Schuldverhältnis weitere Rechte und Pflichten der Parteien ergeben, die insbesondere dann bedeutsam werden, wenn der Pächter den Pachtgegenstand weiterhin nutzt (Rn 22 ff). Der Verpächter eines Grundstücks hat für seine Forderungen aus dem Pachtverhältnis, zu denen auch die Entschädigungsansprüche des § 584b gehören, entsprechend den §§ 581 Abs 2, 562 ein Pfandrecht an den eingebrachten Sachen des Pächters (STAUDINGER/EMMERICH [2003] § 562 Rn 8 ff, 26 f). Da der Entschädigungsanspruch nach Beendigung des Pachtverhältnisses an die Stelle des Pachtanspruchs tritt, unterliegt er wie dieser der Umsatzsteuer (BGH ZMR 1996, 131, 133; § 581 Rn 199). Gegenüber dem Ersatzanspruch kann sich der Pächter nicht darauf berufen, daß er das Pachtverhältnis selbst hätte anfechten oder wegen Vertragswidrigkeiten des Verpächters hätte kündigen können, wenn er hiervon in Kenntnis der Anfechtungs-/Kündigungsgründe keinen Gebrauch gemacht hat (OLG Köln VersR 2000, 1113 f).

b) Vereinbarte Pacht
aa) Grundsatz

18 Der Verpächter kann nach § 584b S 1 für die Dauer der Vorenthaltung als Entschädigung die vereinbarte Pacht nach dem Verhältnis verlangen, in dem die Nutzungen, die der Pächter während dieser Zeit gezogen hat oder hätte ziehen können, zu den Nutzungen des ganzen Pachtjahres stehen. Vereinbarte Pacht ist der Betrag, der vertraglich zur Zeit der Beendigung des Pachtverhältnisses zu entrichten war. Dieser Betrag braucht nicht mit der bei Vertragsabschluß vereinbarten Pacht übereinzustimmen, sondern kann aufgrund der Parteivereinbarungen auch nachträglich erhöht oder ermäßigt worden sein (§ 581 Rn 197 ff). Eine im Zeitpunkt des Vertragsendes geminderte Pacht bleibt für die Dauer der Vorenthaltung maßgebend, solange der Fehler des Pachtgegenstandes nicht beseitigt ist (OLG Düsseldorf DWW 1991, 16). Eine Minderung ist dagegen ausgeschlossen, wenn sich der Pachtgegenstand nach Beendigung des Pachtverhältnisses erstmalig oder weiter verschlechtert (OLG Düsseldorf DWW 1991, 236; WALTHER, in: MÜLLER/WALTHER C § 584b Rn 31; aA STAUDINGER/ ROLFS [2003] § 546a Rn 37). Ebenso scheidet nach dem Vertragsende eine Erhöhung der Nutzungsentschädigung aufgrund solcher Abreden aus, die von den Parteien in dem früheren Vertrag getroffen worden sind. Dies gilt nicht nur für Wertsicherungsklauseln (BGH WM 1973, 383, 386; § 581 Rn 205 ff), sondern auch für sonstige Vereinbarungen, die dem Verpächter ein Recht auf Erhöhung der Pacht einräumen (§ 581 Rn 200 ff). Die abweichende Auffassung beruht sich zu Unrecht auf den Grundsatz, der Verpächter dürfe bei Vorenthaltung des Pachtgegenstandes keinesfalls schlechter gestellt werden als während der Dauer des Vertrags (so BGB-RGRK/GELHAAR § 597 Rn 3; MünchKomm/VOELSKOW Rn 5; SOERGEL/HEINTZMANN Rn 10; vgl BGH WM 1973, 383, 386; KG HRR 1932, Nr 107). Solche Klauseln verlieren mit dem Vertragsende ihre Wirksamkeit, da sie im Gegensatz zu einem vertraglichen Minderungs- oder Aufrechnungsverbot den Inhalt der Pachtvereinbarung und damit des Vertrags nach dessen Ende ändern sollen. Der Verpächter kann insoweit allenfalls einen weitergehenden Schadensersatzanspruch iS des § 584b S 2 (Rn 25 f) oder Bereicherungsansprüche aus den §§ 812 ff geltend machen (Rn 27). Umfaßt die vereinbarte Pacht die Umsatzsteuer, ist auch die Entschädigung entsprechend zu bemessen (BGHZ 104, 285 = NJW 1988, 2665; BGH ZMR 1996, 131, 133; OLG Düsseldorf DWW 2002, 329, 330 = ZMR 2003, 105, 106).

bb) Bemessung nach dem Verhältnis der Nutzungen
Die Entschädigung richtet sich in erster Linie nach der Dauer der Vorenthaltung des Pachtgegenstandes. Dabei ist die nach längeren Zeitabschnitten bemessene Pacht ggf tageweise umzurechnen. Die Höhe der Entschädigung ist darüber hinaus von dem Verhältnis abhängig, in dem die Nutzungen, die der Pächter während dieser Zeit gezogen hat oder hätte ziehen können, zu den Nutzungen des ganzen Pachtjahres stehen. Diese Bestimmung berücksichtigt, daß sich die Nutzungen vor allem bei Grundstücken, Saisonbetrieben und auch anderen Pachtgegenständen häufig ungleichmäßig über das Pachtjahr verteilen (Prot II 257; Rn 5; BGH NZM 2000, 134, 135; PLANCK/KNOKE § 597 Anm 2). Nutzungen sind nach § 100 die Früchte und die Gebrauchsvorteile des Pachtgegenstandes. Zum einen ist auf die Nutzungen abzustellen, die der frühere Pächter während der Dauer der Vorenthaltung tatsächlich gezogen hat. Zum anderen kommt es auf die Nutzungen an, die er während dieser Zeit hätte ziehen können. Maßgebend sind die Regeln einer ordnungsmäßigen Wirtschaft (BGB-RGRK/GELHAAR § 597 Rn 2; ERMAN/JENDREK Rn 3; PLANCK/KNOKE § 597 Anm 2). Entscheidend ist, welche Nutzungen nach den Regeln erzielbar gewesen wären, die nach allgemeiner Auffassung in den betroffenen Kreisen bestehen, um den Pachtgegenstand ordentlich und durchschnittlichen Anforderungen genügend zu bewirtschaften. Bleiben die Nutzungen dahinter zurück, weil der frühere Pächter den Pachtgegenstand nur noch schlecht oder gar nicht mehr bewirtschaftet, so ist der mögliche höhere Ertrag maßgebend (BGH NZM 2000, 134, 135). Liegen die tatsächlichen Nutzungen jedoch höher, weil überdurchschnittlich gut gewirtschaftet wird, ist dieser Betrag entscheidend. § 584b ist auch auf die Teilpacht anwendbar, bei der sich die Pacht an sich nach den tatsächlich gezogenen Nutzungen bemißt (§ 581 Rn 189 ff). Es besteht kein Grund, im Rahmen des § 584b bei der Teilpacht die erzielbaren Nutzungen außer Betracht zu lassen (aA CROME 122 f), zumal die Pflicht zur Zahlung der Pacht auch bei einem noch bestehenden Pachtverhältnis nicht ohne weiteres deshalb entfällt, weil der Pächter den Pachtgegenstand nicht nutzt (BGH NJW 1979, 2351, 2352). Verschiedenartige Nutzungen sind mit ihrem jeweiligen objektiven Wert zusammenzurechnen. Der maßgebende Betrag ist in das Verhältnis zu den gesamten Nutzungen eines Pachtjahres zu setzen, die hätten erzielt werden

können. Hieraus ergibt sich eine Verhältniszahl, nach der aus der Jahrespacht der Teil der Pacht für die Dauer der Vorenthaltung zu berechnen ist (FRÄNKEL 93 f). Die Entschädigung, die sich allein aus der Dauer der Vorenthaltung ergeben würde, kann sich dadurch erhöhen oder ermäßigen. Erstreckt sich die Vorenthaltung genau über ein oder mehrere Pachtjahre, wird die Jahrespacht durch die Verhältnisrechnung nicht verändert (PLANCK/KNOKE § 597 Anm 2). Das gleiche gilt, wenn die Nutzungen, wie etwa bei einem Lagerplatz, während des ganzen Jahres annähernd gleichbleiben (KG JW 1938, 2140; BGB-RGRK/GELHAAR § 597 Rn 2; SOERGEL/HEINTZMANN Rn 9).

c) Fälligkeit des Anspruchs

20 Die Fälligkeit der Nutzungsentschädigung richtet sich grundsätzlich nach der Regelung, die der Pachtvertrag für die Fälligkeit der Pacht vorsah (STAUDINGER/ROLFS [2003] § 546a Rn 39). Der Pächter kann deshalb nach § 286 Abs 2 auch ohne Mahnung mit der Leistung der Entschädigung in Verzug geraten (aA OLG Köln MDR 1966, 761). Für eine Fälligkeit nach Maßgabe der früheren Pacht sind die Ähnlichkeit beider Ansprüche und das Bestreben entscheidend, weder den Verpächter noch den Pächter zu benachteiligen, wie es einerseits bei einer Fälligkeit mit dem Ende der Vorenthaltung oder andererseits bei täglicher Fälligkeit eintreten würde (BGH NJW 1974, 556; BGB-RGRK/GELHAAR § 597 Rn 3; MünchKomm/VOELSKOW[3] Rn 1).

d) Verjährung des Anspruchs

21 Der Anspruch auf Nutzungsentschädigung verjährt im Interesse eines alsbaldigen Rechtsfriedens wie der Pachtanspruch, an dessen Stelle er tritt, grundsätzlich nach § 195 in der Frist von drei Jahren (zu § 197 aF OLG Düsseldorf DWW 2002, 329, 330 = ZMR 2003, 105, 107; KG NJW 1971, 432; OLG Königsberg HRR 1936, Nr 869; BGB-RGRK/GELHAAR § 597 Rn 6; SOERGEL/HEINTZMANN Rn 13; vgl BGHZ 68, 307, 310 = NJW 1977, 1335, 1336 m Anm WOLF LM Nr 9 zu § 557 BGB; WALTHER, in: MÜLLER/WALTHER C § 584b Rn 60; einschränkend HECKELMANN JuS 1977, 799); die absolute Verjährungsfrist richtet sich nach § 199 Abs 4 (MünchKomm/HARKE Rn 7). Die sechsmonatige Verjährungsfrist entsprechend den §§ 581 Abs 2, 548 scheidet aus, da es sich bei der Nutzungsentschädigung nicht um einen Ersatzanspruch wegen Veränderungen oder Verschlechterungen des Pachtgegenstandes handelt (OLG Königsberg HRR 1936, Nr 869).

e) Sonstige Rechtsfolgen

22 Mit dem Ende des Pachtverhältnisses erlöschen grundsätzlich alle vertraglichen Rechte und Pflichten. Aufgrund der Vorenthaltung des Pachtgegenstandes entsteht zwischen den Parteien ein **gesetzliches Schuldverhältnis**. Hieraus ergeben sich neben der Nutzungsentschädigung aus § 584b weitere Rechte und Pflichten, die vor allem eingreifen, wenn der frühere Pächter den Pachtgegenstand weiterhin nutzt. Die inhaltliche Bestimmung dieser Rechte und Pflichten hat zu berücksichtigen, daß der Pächter den Pachtgegenstand möglicherweise nur noch vorübergehend ausschließlich im eigenen Interesse nutzt und daß der Verpächter ihm den Besitz nicht eigenmächtig entziehen oder ihn in der Ausübung des Besitzes stören darf (MÜLLER MDR 1971, 253).

23 Der **Verpächter** ist bei der Grundstücks- oder Raumpacht verpflichtet, dem Pächter weiterhin einen gefahrlosen Zugang zu ermöglichen und alle Gefahren zu beseitigen, die vom Besitz des Pachtgegenstandes ausgehen können. Weitergehende Instandhaltungen braucht er nicht vorzunehmen. Versorgungsleistungen sind insoweit in angemessenem Umfang zur Verfügung zu stellen, als es sich um die Pächterwohnung handelt, damit nicht ein mittelbarer Druck zur Räumung entsteht. Im übrigen ist der Verpächter nicht verpflichtet, solche Versorgungsleistungen zu erbringen, die zur Aufrechterhaltung eines Betriebs durch den Pächter notwendig sind.

Der **Pächter** ist zur Obhut über den Pachtgegenstand verpflichtet. Eine vertraglich 24 übernommene Pflicht, Schönheits- und andere Reparaturen vorzunehmen, wirkt jedoch nicht fort. Dies gilt auch für sonstige besondere vertragliche Pflichten, die nicht typischerweise zum Mindestinhalt eines Pachtverhältnisses gehören und nach Sinn und Zweck des nunmehr bestehenden gesetzlichen Schuldverhältnisses nicht dessen Inhalt prägen. Zu beachten ist aber, daß nicht Rückgewährpflichten durch die Vorenthaltung beeinträchtigt werden, weil der Rückgabeanspruch des Verpächters noch nicht erfüllt ist. So kann den früheren Pächter hinsichtlich des Inventars eine Erhaltungspflicht nach den §§ 582, 582a treffen.

III. Weitergehender Schadensersatz

1. Anspruchsgrundlagen

Nach § 584b S 2 ist die Geltendmachung eines weiteren Schadens durch den Ver- 25 pächter nicht ausgeschlossen. Hierbei handelt es sich nicht um eine selbständige Anspruchsgrundlage. Die Vorschrift stellt klar, daß neben der Mindestentschädigung weitere Schadensersatzansprüche aus den allgemeinen Vorschriften unberührt bleiben (STAUDINGER/ROLFS [2003] § 546a Rn 51 ff). Hierzu gehören in erster Linie Ansprüche wegen Schuldnerverzugs nach den §§ 286 ff (KG NJW 1970, 951). Ferner kommen Ansprüche aus Pflichtverletzung nach § 280 und unerlaubter Handlung nach den §§ 823 ff in Betracht. Derartige Ansprüche setzen im Gegensatz zur Nutzungsentschädigung des § 584b S 1 voraus, daß der Pächter den Pachtgegenstand schuldhaft nicht zurückgegeben hat.

2. Umfang des Schadensersatzes

Der Umfang des zu ersetzenden Schadens richtet sich nach den §§ 249 ff. Damit 26 wird vor allem der entgangene Gewinn iS des § 252 erfaßt. Dieser Gewinn kann der Höhe nach der bisherigen Pacht entsprechen, wenn nach dem gewöhnlichen Lauf der Dinge oder nach den besonderen Umständen mit Wahrscheinlichkeit erwartet werden konnte, daß der Verpächter den Pachtgegenstand bei rechtzeitiger Rückgabe zu den gleichen Bedingungen erneut verpachtet hätte (KG NJW 1970, 951). Das gleiche gilt, wenn die vorzeitige Beendigung der Pacht auf einer Vertragsverletzung des Pächters beruht und der Verpächter bei einer erneuten Verpachtung nicht die bisherige Pacht erzielen kann. Der entgangene Gewinn kann auch höher sein, wenn es dem Verpächter sonst gelungen wäre, einen günstigeren Vertrag abzuschließen. Anders als die Mindestentschädigung nach § 584b S 1, die an die Dauer der Vorenthaltung gebunden ist (Rn 9 ff), kann der Ersatz des entgangenen Gewinns auch auf eine Zeit nach der verzögerten Rückgabe entfallen, wenn es dem Verpächter deshalb nicht gelingt, den Pachtgegenstand alsbald neu zu verpachten. Ein anderer Unterschied zur Mindestentschädigung liegt darin, daß der Verpächter einen weitergehenden Schaden darlegen und im Streitfall beweisen muß. Als weiterer Schaden kommen neben dem entgangenen Gewinn andere Vermögenseinbußen sowie Veränderungen und Verschlechterungen des Pachtgegenstandes in Betracht, die sich im Rahmen der §§ 581 Abs 2, 538 halten (STAUDINGER/ROLFS [2003] § 546a Rn 57). Im Unterschied zum Entschädigungsanspruch nach § 584b S 1 (o Rn 18) kann der Ersatz des darüber hinausgehenden Schadens nach § 584b S 2 beim Verpächter nicht als steuerpflichtiger Schadensersatz beurteilt werden (BGH ZMR 1996, 131, 132 = NJW-RR 1996, 460; OLG Köln VersR 2000, 1113). Der Pächter kann gegenüber den sonstigen Schadensersatzansprüchen des Verpächters den Einwand mitwirkenden Verschuldens nach § 254 geltend machen (STAUDINGER/ROLFS [2003] § 546a Rn 58). Die in § 571 enthaltenen Einschränkungen bei der Vermietung von Wohnraum gelten nicht für die Pacht, auch soweit im Rahmen des Pachtgegenstandes Wohnraum mit überlassen ist.

IV. Konkurrenzen

27 1. Im Rahmen des § 546a ist umstritten, in welchem Verhältnis die Regelung zu den **verschuldensunabhängigen Ansprüchen** aus ungerechtfertigter Bereicherung nach den §§ 812 ff und aus dem Eigentümer-Besitzer-Verhältnis der §§ 987 ff steht (STAUDINGER/ROLFS [2003] § 546a Rn 59 ff; WALTHER, in: MÜLLER/WALTHER C § 584b Rn 50 ff). Das gleiche Problem stellt sich für die Pacht. Auch hier ist mit der hM davon auszugehen, daß die Vorschriften über die Herausgabe einer ungerechtfertigten Bereicherung und der vom früheren Pächter als nichtberechtigtem Besitzer gezogenen Nutzungen uneingeschränkt neben § 584b anwendbar bleiben, selbst wenn sie zu einem über die vereinbarte Pacht hinausgehenden Anspruch führen (BGH LM Nr 2 zu § 597 BGB = BGH NJW 1968, 197; hierzu RÜBER NJW 1968, 1611; BGB-RGRK/GELHAAR § 597 Rn 5; STAUDINGER/ROLFS [2003] § 546a Rn 60 ff mwNw).

28 2. Neben der Nutzungsentschädigung des § 584b S 1 können die **weitergehenden Schadensersatzansprüche**, wie das Gesetz in S 2 ausdrücklich hervorhebt, uneingeschränkt geltend gemacht werden. Vorrangig gegenüber einem Anspruch aus § 584b sind bei der entgeltlichen Überlassung eines gemeinschaftlichen Gegenstands durch einen Miteigentümer an die übrigen Teilhaber zur alleinigen Nutzung die Ausgleichsregeln der §§ 741 ff (BGH NJW 1998, 372, 373 = NZM 1998, 372 m abl Anm ERBARTH NZM 1998, 740).

29 3. Die **Verjährung** der Ansprüche auf Schadensersatz und aus ungerechtfertigter Bereicherung, die mit dem Entschädigungsanspruch aus § 584b S 1 konkurrieren, beträgt wie für diesen Anspruch nach § 195 drei Jahre (Rn 21). Das vor Erlaß des Schuldrechtsmodernisierungsgesetzes vom 26.11.2001 (BGBl I 3138) bestehende Konkurrenzproblem bei den Verjährungsfristen, das zugunsten einer entsprechenden Anwendung von § 197 aF auf die konkurrierenden Ansprüche auf Schadensersatz und ungerechtfertigter Bereicherung gelöst wurde (BGHZ 68, 307, 311 = NJW 1977, 1335, 1336 m Anm WOLF LM Nr 9 zu § 557 BGB; einschränkend HECKELMANN JuS 1977, 799), ist mit der Neuregelung des Verjährungsrechts durch das Schuldrechtsmodernisierungsgesetz mit Wirkung vom 1.1.2002 entfallen. Werden für die Zeit nach Beendigung eines Pachtverhältnisses Ansprüche auf Nutzungsentschädigung geltend gemacht, ohne daß die Voraussetzungen des § 584b erfüllt sind, so unterliegen auch diese Ansprüche nach § 195 der regelmäßigen Verjährung von drei Jahren (zu § 195 aF [dreißigjährige Verjährungsfrist] KG NJW 1971, 432).

V. Abweichende Vereinbarungen

Die Vorschrift des § 584b ist anders als § 546a in vollem Umfang abdingbar (Erman/ **30**
Jendrek Rn 1; Jauernig/Teichmann Rn 1; MünchKomm/Harke Rn 9; Soergel/Heintzmann
Rn 14; Walther, in: Müller/Walther C § 584b Rn 65). Dies gilt auch, wenn Wohnräume
zum Pachtgegenstand gehören. Die Parteien können die Vorenthaltung an ein
Verschulden des Pächters binden, die Entschädigung unabhängig von dem Verhältnis der Nutzungen nur nach der Dauer der Vorenthaltung bemessen oder eine
Mindestentschädigung ohne Rücksicht auf die tatsächliche Zeit der Vorenthaltung
festsetzen. Bei Formularpachtverträgen sind die Vorschriften der §§ 305 ff zu beachten. Neben der Generalklausel des § 307 kommen vor allem in Betracht die
Klauselverbote aus § 309 Nr 3 für ein Aufrechnungsverbot, aus § 309 Nr 5 über die
Pauschalierung von Schadensersatzansprüchen, aus § 309 Nr 6 über Vertragsstrafen
und aus § 309 Nr 15 über die Beweislastverteilung.

Untertitel 5
Landpachtvertrag

§ 585
Begriff des Landpachtvertrags

(1) Durch den Landpachtvertrag wird ein Grundstück mit den seiner Bewirtschaftung dienenden Wohn- oder Wirtschaftsgebäuden (Betrieb) oder ein Grundstück ohne solche Gebäude überwiegend zur Landwirtschaft verpachtet. Landwirtschaft sind die Bodenbewirtschaftung und die mit der Bodennutzung verbundene Tierhaltung, um pflanzliche oder tierische Erzeugnisse zu gewinnen, sowie die gartenbauliche Erzeugung.

(2) Für Landpachtverträge gelten § 581 Abs. 1 und die §§ 582 bis 583a sowie die nachfolgenden besonderen Vorschriften.

(3) Die Vorschriften über Landpachtverträge gelten auch für Pachtverhältnisse über forstwirtschaftliche Grundstücke, wenn die Grundstücke zur Nutzung in einem überwiegend landwirtschaftlichen Betrieb verpachtet werden.

Materialien: BT-Drucks 10/508; 10/509; 10/3830; 10/3498.

Schrifttum

BARNSTEDT/STEFFEN, Gesetz über das gerichtliche Verfahren in Landwirtschaftssachen (LwVG) (6. Aufl 2001)
BEYER, Milchquotenpächterschutz bei Betriebspacht, AgrarR 1994, 218
BOTH, Zur Auslegung des § 554 Abs 1 Nr 1 BGB bei Verzug mit einem Teil des Mietzinses, NJW 1970, 2197
vBOTH, Agrar-Unternehmensrecht – Der landwirtschaftliche Betrieb im Spannungsfeld zwischen allgemeinem Gesellschaftsrecht und Agrarsonderrecht (Diss Potsdam 1999)
DEWITT/SCHIRP, Die Rechte des Land-Pächters in der Enteignung, AgrarR 1994, 109
DIEDERICHSEN, Anmerkung zum Urteil des BGH vom 20.5.1964 (VIII ZR 235/63), NJW 1964, 2269
DINGERDISSEN, Der Ausgleich von Ver- und Aufwendungen sowie von Wertverbesserungen zwischen Pächter und Verpächter während des Pachtverhältnisses und bei dessen Beendigung, AgrarR 1997, 105
DÜSING, Zur Problematik des Übergangs von Referenzmengen bei Rückgewähr der Pachtsache, AgrarR 1988, 93
FASSBENDER/HÖTZEL/LUKANOW, Landpachtrecht (2. Aufl 1993); zitiert FHL
FASSBENDER/HÖTZEL/VJEINSEN/PIKALO, Höfeordnung (3. Aufl 1994); zitiert FHvJP
FISCHER/WÖHRMANN, Kommentar zum Landpachtgesetz (2. Aufl 1954)
GRAFMÜLLER, Freistellung von LPGen von vertraglichen Ansprüchen aus Gebäudeunterhaltung, AgrarR 1992, 226
GRAGES, Die Lieferrechte der Zuckerrübenbauer (Diss Köln 1989)
ders, Zuckermarktordnung und Rechtsbeziehungen zwischen Zuckerfabriken und Zuckerrübenanbauern, RdL 1990, 141

ders, Rechtsbeziehungen zwischen Zuckerfabriken und Zuckerrübenanbauern, RdL 1990, 227
GRÖGER, Zum Verwendungsersatz des Pächters bei Pachtende – Milchreferenzmenge –, AgrarR 1991, 68
HENSE, Pfand- und Zurückbehaltungsrechte des abziehenden Pächters, RdL 1952, 311
HOFFMANN, Stand der Rechtsprechung zum Grundstücksverkehrs-, Landpacht- und Höferecht (begleitende Arbeitsunterlagen der Deutschen Anwaltsakademie aus Anlaß der jährlich stattfindenden Goslarer Agrarrechtswoche)
HURST, Die Reinigungs- und Streuplicht des Anliegers und Erdgeschoßbewohners aus rechtlicher Sicht, ZMR 1967, 67
JACOBS, Die Begrenzung des Verwendungsersatzes, AcP 167 (1967) 350
JAKOBS/SCHUBERT, Die Beratung des Bürgerlichen Gesetzbuches, systematische Zusammenstellung der unveröffentlichten Quellen Recht der Schuldverhältnisse II §§ 433–651 (1980)
vJEINSEN, Existenzberechtigung des § 17 Abs 2 HöfeO unter besonderer Berücksichtigung „moderner" Hofübergabeverträge, AgrarR 1983, 261
ders, Zur Änderung des Landwirtschaftsanpassungsgesetzes, AgrarR 1991, 177
ders, Überlegungen zur Landpacht, AUR (ehemals AgrarR) 2003, 197
ders, Die Agrarreform 2003 – Konsequenzen für die Vertragsgestaltung, AUR (ehemals AgrarR) 2003, 293
ders, Die Agrarreform 2003 – Zwischenstand, AUR (ehemals AgrarR) 2004, 112
KEIDEL, Anmerkung zum Beschluß des BGH vom 29.1.1952 (V BLw 16/51), RdL 1952, 127
KLAUSER, Aufwendungsersatz bei Neubauten und werterhöhenden Verwendungen auf fremden Grund und Boden, NJW 1965, 513
KÖHNE, Bewertung landwirtschaftlicher Flächen und Betriebe, in: Handbuch des Agrarrechts Band I (1982)
KRÄMER, Anmerkung zum Urteil des OLG Celle vom 8.6.1962 (AZ 7 U 100/61), NJW 1962, 2301
KROESCHELL, Das neue Landpachtrecht und die DGAR, AgrarR 1987, 304
LANGE/WULFF, Kommentar zum Landpachtgesetz (2. Aufl 1955)

LANGE/WULFF/LÜDTKE-HANDJERY, Landpachtrecht (3. Aufl 1989); zitiert LWLH
LIPPMANN, Die Superinventarischen Bauten des Pächters, JW 1925, 1075
LUKANOW, Nutzungsänderung und Verwendungsersatzanspruch des Pächters in der Pachtrechtsnovelle, AgrarR 1984, 264
ders, Der Pächterquotenschutz bei Milchwirtschaftsbetrieben, AgrarR 1994, 115
ders, Kreispachtverträge – erste Urteile des BGH, AgrarR 1994, 358
ders, Rechtsprobleme bei Kreispachtverhältnissen, AgrarR 1995, 236
MAYER, Überlegungen über die Auflösung der Rechtsverhältnisse zwischen Kreis, LPG und Eigentümer, AgrarR 1992, 188
MOSER, Zum Verwendungsersatz des Pächters bei Pachtende – Milchreferenzmenge –, AgrarR 1990, 161
NETZER, Systematisch-historische Darstellung der Regelungen zur Referenzmengenübertragung in den EG-Vorschriften und ihrer Umsetzung in der Milch-Garantiemengen-Verordnung, AgrarR 1988, 102
dies, Die Milchquote in der Erbfolge nach dem 1. April 2000 – „Vertragsbindung" statt „Flächenbindung" AgrarR 2001, 133
NIES, Zur Gestaltung des Milchmarktes seit dem 1.4.2000 und Aspekte des Milchreferenzhandels, AgrarR 2001, 4
OTTO, Vorschriften zum Bodenschutz und zur Bioabfallverwertung, RdL 1999, 85
PICKER, Der Anspruch auf Verwendungsersatz und das Prinzip „Kauf bricht nicht Miete", NJW 1982, 8
PIKALO, Landpachtrecht in der notariellen Praxis, DNotZ 1981, 276
ders, Das neue Landpachtrecht, NJW 1986, 1472
POHLMANN, Rechts- und Parteifähigkeit der Gesellschaft bürgerlichen Rechts, WM 2002, 1421
O RABE, Steuerrecht für Vertragsjuristen und Notare (1996)
K SCHMIDT, Die BGB-Außengesellschaft: rechts- und parteifähig, NJW 2001, 993
SCHOPP, Bedeutung und Grenzen von § 541a BGB, ZMR 1965, 193
SONNENSCHEIN, Die Entwicklung des privaten

Wohnraummietrechts 1984 und 1985, NJW 1986, 2731
ders, Inhaltskontrolle von Formularmietverträgen nach dem AGB-Gesetz, NJW 1980, 1719
STEFFEN, Gesetz zur Neuordnung des landwirtschaftlichen Pachtrechts (1), RdL 1986, 29
ders, Gesetz zur Neuordnung des landwirtschaftlichen Pachtrechts (2), RdL 1986, 60
STERNEL, Mietrecht (3. Aufl 1988)
THEISINGER, Äquivalenzstörung beim Pachtvertrag infolge beitragsneuregelung zur Berufsgenossenschaft, AgrarR 1985, 8
ULMER, Die höchstrichterlich „enträtselte" Gesellschaft bürgerlichen Rechts, ZIP 2001, 585
UPMEIER ZU BELZEN, Die landwirtschaftliche Familiengesellschaft als Gesellschaft Bürgerlichen Rechts (Diss Köln 1966)
VORWERK/vSPRECKELSEN, Kommentar zum Grundstücksverkehrsgesetz (1963)

WANGARD, Nochmals: Die Aufnahme eines Dritten in die Wohnung, ZMR 1986, 73
WEIMAR, Vermieterpfandrecht und Wegnahmerecht des Mieters, ZMR 1967, 196
WENZEL, Rechtsfragen zum Grundstücksverkehrs-, Höfe- und Landpachtrecht in der Rechtsprechung des BGH, AgrarR 1995, 37
ders, Aktuelle Rechtsfragen der Umwandlung und Vermögensauseinandersetzung der LPG sowie der Ansprüche aus den Kreispachtverträgen unter Berücksichtigung der Rechtsprechung des BGH, AgrarR 1996, 37
WITT, Das Pfandrecht am Inventar des landwirtschaftlichen Betriebs (Diss Hohenheim 1974)
WÖHRMANN, Kommentar zur HöfeO (7. Aufl 1999)
WOLF/ECKERT, Handbuch des gewerblichen Miet-, Pacht- und Leasingrechts (7. Aufl 1995).

Systematische Übersicht

I. Allgemeine Kennzeichnung	
1. Normzweck	1
2. Normgehalt	2
a) Begriffsmerkmale	2
b) „Eiserne" Verpachtung	4
II. Definitions- und Abgrenzungsfragen	
1. Zu anderen (vorhergehenden) Vereinbarungen	5
a) Pachtvorvertrag, Vorpachtvertrag	5
b) Vorhand, Pachtvorrang	6
c) Pachtoption	7
2. Art des Landpachtvertrages	8
a) Flächen- und Betriebspacht	8
b) Hauptpacht und Unterpacht	9
c) Einzelpacht und Sammelpacht	11
d) Deputat-, Dienst- und Heuerlingsverträge	12
e) Landpacht und Kleingartenpacht	14
f) Sonstige Vertragsformen und Abgrenzungen	15
3. „Kreispachtverträge" in der ehemaligen DDR	16
III. Der Gegenstand des Landpachtvertrages	
1. Grundstückspacht	17
a) Allgemeines	17
b) Grundstück	18
2. Betriebspacht	19
a) Definition	19
b) Abgrenzungsfragen	20
3. Verpachtung überwiegend zur Landwirtschaft	24
4. Forstflächen	28
5. (Mitverpachtete) Gegenstände und Rechte, Produktionsquoten	29
a) Inventar	29
b) Rechte	30
c) Milchquoten	31
d) Zuckerrübenlieferrechte	32
e) Die Agrarreform 2003/2004	33
IV. Die Parteien des Pachtvertrages	
1. Grundsätzliches	34
2. Natürliche Personen, Gesellschaften	35
3. Parteiwechsel	37
4. Rechte und Pflichten der Vertragsparteien	38
V. Vertragsabschluß, Wirksamkeitsvoraussetzungen, Anzeigepflichten	
1. Abschluß	39
2. Form	40

Titel 5 · Mietvertrag, Pachtvertrag § 585
Untertitel 5 · Landpachtvertrag

3.	Allgemeine Geschäftsbedingungen, Formularverträge, Kartellrecht	41	VII. Steuerrechtliche Folgen	47
a)	§§ 305–310 BGB	41	VIII. Verfahrensrechtliches	48
b)	Kartellrecht	43	IX. Überleitungsrecht in den Neuen Ländern, Mietrechtsreform 2001, Schuldrechtsreform 2002	
4.	Genehmigungs- und Anzeigeerfordernisse	44	1. Neue Länder	49
VI.	Abdingbarkeit	46	2. Mietrechtsreform 2001, Schuldrechtsreform 2002	50

Alphabetische Übersicht

Abdingbarkeit		46	Mehrheit von Personen als Vertragspartei	33 ff
Altenteilsvertrag, Abgrenzung zur Landpacht		15	Mietrechtsreform 2001	50
Anzeigepflicht des Landpachtvertrages		45	Milchquote	31
Arten des Landpachtvertrages, Abgrenzungen		8 ff	Neue Bundesländer, Besonderheiten	49
Betriebspacht		19 ff	Option	7
– Abgrenzung zur Flächenpacht		8	Pachtvorrang	6
Deputat-Vertragsverhältnis		12	Pachtvorvertrag	5
			Parteiwechsel während der Vertragslaufzeit	37
Einzelpacht, Abgrenzung zur Sammelpacht		11	Pflugtausch	10
„Eiserne" Verpachtung		4	Produktionsbeschränkungen	31
Form des Landpachtvertrages		40	Referenzmengen	31
Forstflächen		28		
			Sammelpacht, Abgrenzung Einzelpacht	11
Genehmigung des Landpachtvertrages		44	Schuldrechtsreform	50
Grundstückspacht		8, 17 f	Sonderrecht, landwirtschaftliches	3, 24
Heuerlingsvertrag		13	Unterpacht, Abgrenzung zur Hauptpacht	9
Kleingartenpacht, Abgrenzung zur Landpacht		14	Verfahrensrecht	48
Kontingente		31	Vorhand	6
Kreispachtverträge		16	Vorpachtvertrag	5
Landpachtverkehrsrecht, Anzeigepflicht		45	Zuckerrübenlieferrechte	32
Landwirtschaft, Verpachtung zur		24		

I. Allgemeine Kennzeichnung

1. Normzweck

1 Der Regelungsgehalt dieser Bestimmung tritt an die Stelle des im Zuge der Landpachtnovelle aufgehobenen § 1 Abs 2, 3 LPachtG. § 585 definiert den Landpachtvertrag als eine spezielle Form des allgemeinen Pachtvertrages (§§ 581 ff; s zur Abgrenzung auch STAUDINGER/EMMERICH/VEIT Vorbem 10 zu § 581) und grenzt ihn derart ab. Aus der Definition des Landpachtvertrages als eines speziellen Pachtvertrages folgt, daß im übrigen der Landpachtvertrag den Begriffsmerkmalen des allgemeinen Pachtvertrages iSv § 581 Abs 1 entsprechen muß, siehe die Verweisung in § 585 Abs 2.

2. Normgehalt

a) Begriffsmerkmale

2 Die Bestimmung definiert einen Landpachtvertrages als eine Vereinbarung, die eine **eigentypische Sonderform** des allgemeinen Pachtvertrages (§ 585 Abs 1) darstellt.

Dies bezieht sich zunächst auf die Beschränkung des Pachtvertrag-Gegenstandes: Gegenstand eines Landpachtvertrages kann nur ein (oder mehrere) Grundstück(e) sein, wobei zwei Alternativen möglich sind: Wird das Grundstück mit den zu seiner Bewirtschaftung dienenden Wohn- oder Betriebsgebäuden verpachtet, handelt es sich um eine **Betriebspacht** (s im einzelnen Rn 8, 19 ff), ansonsten nur um eine **Grundstückspacht** (s dazu Rn 8, 17 f), die zumeist eine Zupacht zu dem vom Pächter ohnehin bewirtschafteten landwirtschaftlichen Betrieb darstellt.

3 Hinsichtlich der **Zweckausrichtung** ist eigentypisches Merkmal die Verpachtung „**überwiegend zur Landwirtschaft**"; dies bedeutet eine Abgrenzung von Bewirtschaftungsformen mit gewerblichem Charakter (s im einzelnen Rn 24 ff) wie auch reiner Forstwirtschaft. In untergeordnetem Umfang können Forstflächen jedoch Gegenstand eines Betriebspachtvertrages sein (s dazu Rn 28).

Weiter muß die Anpachtung in **Gewinnerzielungsabsicht** erfolgen. Es ist dies ein Ausfluß des Grundsatzes, daß auch die Landpacht ein **landwirtschaftliches Sonderrecht** darstellt, dessen *Existenz nur soweit und solange zu verantworten ist, als es darum geht, leistungsfähige Betriebe in bäuerlicher Hand zu erhalten* (BVerfG AgrarR 1985, 15; zu der insoweit weiteren Rechtsprechung und Literatur zum Höferecht WENZEL AgrarR 1995, 37 [39]; FHvJP, HöfeO [3. Aufl] § 4 Rn 4; zu Einzelheiten und Abgrenzung s Rn 24 ff).

b) „Eiserne" Verpachtung

4 § 585 Abs 2 erstreckt den Geltungsbereich des speziellen Landpachtrechts auch auf die Normen über die **Inventarverpachtung** nach den §§ 582 bis 583a. Diese Bezugnahme bedeutet auch, daß nun in den Fällen der Inventaranpachtung im Zusammenhang mit einer Grundstückspacht von einem Landpachtvertrag iS der §§ 585 ff die Rede sein kann. „Eiserne" Verpachtung ist die Verpachtung (zumeist) eines landwirtschaftlichen Betriebes einschließlich dessen bei Vertragsbeginn vorhandenen Inventars, das – zur Vermeidung von Ausgleichszahlungen – vom Pächter während der Vertragszeit in seiner Substanz zu erhalten und in entsprechender

Art und Güte bei Vertragsende zurückzugeben ist (s ie § 596 Rn 4). Diese Vertragskonstruktion stellt besondere Anforderungen an die Übergabe und die Rückgabe des Pachtgegenstandes; zu beiden Zeitpunkten sind die Gesamtschätzwerte einander gegenüberzustellen (RABE § 5 Rn 19). Besondere Bedeutung kommt dabei – im Zusammenhang mit der Übergabe – der Beschreibung der Pachtsache nach § 585b zu. Zu Bilanzierungspflichten in diesem Zusammenhang s BFH DB 1999, 2609.

II. Definitions- und Abgrenzungsfragen

1. Zu anderen (vorhergehenden) Vereinbarungen

a) Pachtvorvertrag, Vorpachtvertrag

Der Pachtvorvertrag ist noch kein Landpachtvertrag, vielmehr eine verbindliche 5
Vereinbarung der Parteien, die darauf gerichtet ist, künftig einen Landpachtvertrag abzuschließen.

Demgegenüber räumt der Vorpachtvertrag den Berechtigten die Möglichkeit ein, in einen vom Verpächter mit einem Dritten abgeschlossenen Pachtvertrag einzutreten (LWLH Rn 40). Auf dieses Rechtsverhältnis sind die Bestimmungen über das Vorkaufsrecht (§§ 463 ff) entsprechend anzuwenden (FHL Rn 53 mwN).

b) Vorhand, Pachtvorrang

Bei der sog Vorhand oder Pachtvorrang verpflichtet sich der Verpächter vertraglich, 6
die Pachtsache zunächst einem bestimmten Interessenten anzubieten. Diese Verpflichtung beschränkt den Verpächter nur für den Fall einer von ihm angestrebten (weiteren) Verpachtung; hindert ihn aber nicht, den Gegenstand der Vereinbarung zu veräußern, in Eigenbewirtschaftung zu nehmen (FHL Rn 22) oder sonstwie zu nutzen.

c) Pachtoption

Bei der Pachtoption handelt es sich um einen Landpachtvertrag unter der aufschie- 7
benden Bedingung, daß eine Vertragspartei von dem ihr eingeräumten Recht Gebrauch macht, durch einseitige Erklärung (Optionserklärung) den Vertrag zustandezubringen oder eine auslaufende Vereinbarung zu verlängern (LWLH Rn 40).

2. Art des Landpachtvertrages

a) Flächen- und Betriebspacht

Die Unterscheidungsmöglichkeit zwischen Flächen- und Betriebspacht folgt bereits 8
aus dem Gesetzestext des Abs 1. Werden gemeinsam mit dem Grundstück die zu seiner Bewirtschaftung dienenden Wohn- oder Wirtschaftsgebäude verpachtet, handelt es sich um eine Betriebspacht. Diese ist mit („eiserne") Verpachtung) und ohne Inventar-Mitpachtung denkbar. Handelt es sich lediglich um die Zupacht einzelner Grundstücke oder von Teilen davon zu einem vom Pächter bewirtschafteten Betrieb, ist von Grundstücks- oder Flächenpacht die Rede. Dabei macht es keinen Unterschied, ob der Pächterbetrieb in dessen Eigentum steht oder gleichfalls von anderer Seite angepachtet ist.

Diese Unterscheidung ist in folgenden Fällen von besonderer Bedeutung:

– für den Umfang der Verpächterpflichten hinsichtlich Überlassung und Erhaltung sowie der Pächterpflicht zu ordnungsgemäßer Bewirtschaftung und Ausbesserung, § 586;

– bei der Bewertung bzw Bemessung des Pachtschutzes nach § 595;

– im Zusammenhang mit der Zurücklassung vorhandener landwirtschaftlicher Erzeugnisse, § 596b;

– nicht jedoch im Zusammenhang mit der Vertragsüberleitung bei auf Pächterseite erfolgendem Betriebsübergang im Wege der vorweggenommenen Erbfolge, § 593a; denn der Regelungsgehalt dieser Bestimmung beschränkt sich auf die Zupacht von Grundstücken (nicht Betrieben) zu dem vom Pächter übergebenen (eigenen) Betrieb (vgl § 593a Rn 7 ff).

b) Hauptpacht und Unterpacht

9 Ersteres ist das Vertragsverhältnis zwischen (Haupt-)Verpächter und (Haupt-)Pächter, letzteres das Rechtsverhältnis bei Weiterverpachtung durch den (Haupt-)Pächter an einen Dritten (Unterpächter).

Zu den rechtlichen Beziehungen der drei beteiligten Parteien vgl im einzelnen § 589 Rn 28 ff, zur Zulässigkeit/Erlaubnispflicht der Unterpacht vgl § 589 Rn 25.

10 In Fällen des **Pflugtausches** wird die Bewirtschaftung von Grundstücken, etwa zum Zwecke der Arbeitserleichterung oder der besseren Einhaltung der Fruchtfolge, unter verschiedenen Pächtern/Eigentümern getauscht. Soweit Flächen derart von einem Pächter weggegeben werden, liegt eine genehmigungspflichtige Gebrauchsüberlassung an Dritte iSv § 589 vor (vgl § 589 Rn 4).

c) Einzelpacht und Sammelpacht

11 Die **Einzelpacht** hat die Vertragsbeziehungen zwischen zwei Vertragsparteien (die aus mehreren Personen bestehen können) über einen Pachtgegenstand (der aus mehreren Grundstücken und/oder Gebäuden bestehen kann) zum Gegenstand. Von **Sammelpacht** ist die Rede, wenn mehrere Pachtverträge in einer Urkunde zusammen gefaßt werden; Hauptanwendungsfall ist die Verpachtung verschiedener Pachtgegenstände durch einen Verpächter an verschiedene Pächter (LWLH Rn 34).

d) Deputat-, Dienst- und Heuerlingsverträge

12 Deputat- und Heuerlingsverträge sind *gemischte Verträge*, deren Einordnung nach sorgfältiger Beurteilung und Gewichtung der Lebensvorgänge und wechselseitig geschuldeten Leistungen zu erfolgen hat (STAUDINGER/LÖWISCH [2001] § 305 Rn 27 ff, 30 ff).

Ein **Deputatvertragsverhältnis** liegt vor, wenn landwirtschaftliche Flächen zur Eigenbewirtschaftung sowie Fruchtziehung als Teil der Entlohnung aus einem Dienstvertragsverhältnis zur Verfügung gestellt werden. Überwiegendes Element bei diesem „gemischten Vertrag mit aneinandergereihten Typen" (STAUDINGER/LÖWISCH [2001] § 305 Rn 39) ist die Erbringung von Dienstleistungen gegen Entgelt, an dessen Stelle nur zu einem untergeordneten Anteil die Zurverfügungstellung von Land tritt. Daher steht diese Überlassung mit dem Dienstvertragsverhältnis in einem derart engen Zusammenhang, daß von einem (gesonderten) Landpachtvertragsverhältnis nicht die Rede sein kann (LWLH Rn 13 mwN). Endet das Dienstvertragsverhältnis (etwa auch, weil arbeitsrechtliche Schutzmechanismen nicht greifen), hat dies automatisch die Rückgabepflicht des Deputatlandes zur Konsequenz, ohne daß der Dienstverpflichtete weiteren Schutz (etwa nach § 595) in Anspruch nehmen kann. Gleiches gilt für sonstige Vereinbarungen, bei denen **dienstvertragliche Elemente** überwiegen (OLG Oldenburg AUR [ehemals AgrarR] 2004, 159; sa STAUDINGER/EMMERICH/VEIT Vorbem 39 zu § 581).

Heuerlingsverträge werden Vereinbarungen genannt, in denen jemand („Heuerling") landwirtschaftliche Flächen (auch einen zumeist kleinen Betrieb [„Heuerlingsstelle"]) zur eigenen Bewirtschaftung erhält. In Ergänzung seiner häufig nur geringen finanziellen Gegenleistung verpflichtet er sich, seine oder seiner Familienangehörigen Arbeitskraft und/oder die (Mit-)Benutzung von Inventargegenständen dem Vertragspartner zur Verfügung zu stellen (sa STAUDINGER/EMMERICH/VEIT Vorbem 81 zu § 581). **13**

Im Unterschied zum Dienstvertrag mit Deputatlandgewährung schuldet der Heuerling also dem Vertragspartner nicht die gesamte, sondern nur einen Teil seiner Arbeitskraft (LWLH Rn 14). Als überwiegendes Element erscheint hier die Zurverfügungstellung landwirtschaftlicher Flächen (eines Betriebes), so daß das Vertragsverhältnis insgesamt als Landpachtvertrag einzuordnen ist.

e) Landpacht und Kleingartenpacht
Letztere ist keine Landpacht, da sie nicht zur erwerbsmäßigen (gärtnerischen) Nutzung, sondern eher als Art der Freizeitgestaltung betrieben wird (vgl dazu weiter Rn 3; zur Abgrenzung BGH RdL 2004, 233). **14**

Das Kleingarten-Pachtrechtsverhältnis regelt sich nach den Bestimmungen der §§ 581 bis 584b, ergänzt um die Sondervorschriften des Bundeskleingartengesetzes (vgl dazu weiter STAUDINGER/EMMERICH/VEIT Vorbem 52 ff zu § 581; LWLH Rn 21 ff; FHL Rn 40 ff)

f) Sonstige Vertragsformen und Abgrenzungen
Wird Acker- oder (häufiger) Gartenland im Rahmen eines **Altenteilvertrages** zum Zwecke der (Mit-)Benutzung überlassen (Naturalaltenteil), handelt es sich nicht um Landpacht. Denn die Altenteilsgewährung insgesamt ist geschuldete Gegen- oder Abfindungsleistung aus Anlaß des Generationswechsels hinsichtlich eines landwirtschaftlichen Betriebes (LWLH Rn 19). Im **Nießbrauchsrecht** wird zwar auf das Landpachtrecht verwiesen (§§ 1048 Abs 2, 1055 Abs 2); gleichwohl handelt es sich bei der Nießbrauchsgewährung landwirtschaftlicher Flächen nicht um ein Landpachtvertragsverhältnis (LWLH Rn 27; FHL Rn 59). **15**

Die Unterscheidung nach den verwandtschaftlichen Beziehungen **(Fremdpacht, Familienpacht)** ist zB von Bedeutung für die Frage der Anzeigepflicht nach dem LPachtVG (LWLH Rn 35).

Vgl zu **weiteren** möglichen (tlw seltenen) **Sonderformen** STAUDINGER/EMMERICH/ VEIT Vorbem 29–38 zu § 581; FHL Rn 59 ff und LWLH Rn 25 ff.

3. „Kreispachtverträge" in der ehemaligen DDR

16 Soweit während des Bestehens der DDR landwirtschaftliche Nutzflächen in Eigentum des Volkes überführt oder unter dementsprechende Verwaltung gestellt worden waren, wurden durch die Räte der Kreise mit den landwirtschaftlichen Produktionsgenossenschaften (LPG) Pachtverträge abgeschlossen (sog „Kreispachtverträge", vgl zur Konstruktion dieser Vertragsbeziehungen etwa GRAFMÜLLER AgrarR 1992, 226; MAYER AgrarR 1992, 188; OLG Naumburg AgrarR 1995, 305; LUKANOW AgrarR 1995, 326; WENZEL AgrarR 1996, 37; BGH AgrarR 1996, 55; Thür OLG AgrarR 1997, 57; LG Gera AgrarR 1997, 260; OLG Jena AgrarR 1998, 323). Dies und die anschließende Rechtsprechung hat zu einer erheblichen Benachteiligung der Grundstückseigentümer bzw Rückgabeberechtigten geführt. Die Eigentümer hatten zu den Räten der Kreise keinerlei direkte Vertragsbeziehungen, mit der Konsequenz fehlender vertraglicher (Schadensersatz) Rechte. Derartige Beziehungen bestanden nur zwischen den Räten der Kreise und den LPG. Jedoch sind die derzeit bestehenden Landkreise und Länder nicht als Rechtsnachfolger der ehemaligen Räte der Kreise anzusehen (BGH AgrarR 1995, 15; LUKANOW AgrarR 1994, 358; zum Rechtsweg für derartige Streitigkeiten s BGH AgrarR 1995, 51; 1995, 146; RdL 1995, 68). Dies hat zur Konsequenz, daß durch die Verpächter oder deren Rechtsnachfolger keinerlei mittelbare Schadensersatzansprüche – etwa wegen Schlechtbewirtschaftung – mehr geltend gemacht werden können. Sollten sie allerdings vom Rat des Kreises dessen Ersatzansprüche abgetreten erhalten haben, können derartige Ansprüchen unabhängig davon geltend gemacht werden, welche Ansprüche dem Kreis zugestanden hätten (BGH AgrarR 1996, 55; zur Verjährung s § 591b Rn 4).

III. Der Gegenstand des Landpachtvertrages

1. Grundstückspacht

a) Allgemeines

17 Es ist dies die **Grundform** eines jeden Landpachtverhältnisses. Das bedeutet, daß zB ein Pachtvertrag über landwirtschaftliche Grundstücke ohne Gebäude ein Landpachtvertragsverhältnis sein kann, nicht aber umgekehrt.

b) Grundstück

18 Darunter ist in erster Linie derjenige abgegrenzte Teil der Erdoberfläche zu verstehen, der im Bestandsverzeichnis des Grundbuchs unter einer eigenen Nummer eingetragen ist (PALANDT/BASSENGE vor § 90 Rn 3; vor § 873 Rn 1; FHL Rn 28 mwN). Darüber hinaus können auch reale Grundstücksteile Gegenstand des Landpachtvertragsverhältnisses sein. Diese müssen dann allerdings konkret bestimmt sein, am besten durch eine Skizze als Vertragsanlage bzw im Rahmen der Pachtgegenstands-Beschreibung nach § 585b (vgl § 585b Rn 5).

Zur Abgrenzung bei gemischt genutzten Grundstücken s Rn 23.

2. Betriebspacht

a) Definition

Werden zusammen mit einem (oder mehreren) Grundstück(en) die zu dessen (deren) Bewirtschaftung dienenden Wohn- und/oder Wirtschaftsgebäude mitverpachtet, ist von Betriebspacht die Rede (FHL Rn 11). **19**

Damit liegt die **Schwelle** für die Qualifikation einer Landpacht als Betriebspacht **unterhalb der Anpachtung eines vollständigen landwirtschaftlichen Betriebes** (dh des „Hofes") im herkömmlichen Sinne. Die gemeinsame Verpachtung einer bestimmten Fläche sowie der zu deren Bewirtschaftung notwendigen Gebäude als Vertragsgegenstand reicht aus (FHL Rn 14).

Die Gebäude können alternativ oder kumulativ Wohn- oder Wirtschaftszwecken dienen.

Zu weitgehend ist die Forderung von FASSBENDER (in FHL Rn 16), wonach zur Betriebspacht ein Umfang gehört, der – gegebenenfalls mit weiteren eigenen bzw von dritter Seite zugepachteten Flächen – eine ausreichende Existenzgrundlage ermöglicht. Dies wird nach dem Gesetzeswortlaut nicht verlangt. Darüber hinaus ist dies auch eher eine Frage der Abgrenzung zwischen landwirtschaftlicher und hobbymäßiger Bewirtschaftung, die gem § 585 Abs 1 S 1 aE immer vorzunehmen ist (dazu Rn 24 ff). Daher wird man von Betriebspacht auch dann sprechen können, wenn ein Landwirt zu bereits im Rahmen einer ausreichenden wirtschaftlichen Grundlage bewirtschafteten Flächen weitere – und diese mit Gebäuden – hinzupachtet; wobei sich die Betriebspacht dann auf diese Zupachtung beschränkt.

Stets ist allerdings – und insoweit FASSBENDER zu folgen – Voraussetzung der Qualifizierung eines Vertragsverhältnisses als Landpachtvertrag, daß er allein oder in Kombination mit der pächterseitigen Bewirtschaftung weiterer Flächen/Gebäude einen ausreichend großen und ertragreichen landwirtschaftlichen Betrieb ermöglicht (vgl Rn 3, 24). Diese Frage wird insbesondere Bedeutung bei der Verpachtung nur (oder im wesentlichen) eines Wohngebäudes mit einem dazugehörigen Grundstück haben. Nur wenn dies zum Zwecke der Bewirtschaftung eines **leistungsfähigen Betriebes** geschieht, wird Landpacht- und nicht Wohnraum-Mietrecht zur Anwendung kommen.

b) Abgrenzungsfragen

Von einem **Mischbetrieb** ist die Rede, wenn sich der Pachtgegenstand aus einem landwirtschaftlichen und einem gewerblichen Betriebsteil zusammensetzt. Ferner müssen – unabhängig von vertraglicher Gestaltung – beide Betriebsteile so eng miteinander verflochten sein, daß ihre Trennung für einen oder beide nachteilig wäre (vgl LWLH Rn 50; FHL Rn 20 ff). Dann bleiben stets beide Betriebsteile einer einheitlichen rechtlichen Betrachtung unterworfen (FHL aaO); auf einen solchen Pachtgegenstand findet das **Landpachtrecht** nur Anwendung, wenn der **landwirtschaftliche Betriebsteil überwiegt**. **20**

Demzufolge ist auch die Verpachtung eines **Nebenbetriebes** stets Betriebspacht; von einem Nebenbetrieb spricht man, wenn der Pachtgegenstand dem (im Pächterei- **21** gentum stehenden oder von dritter Seite angepachteten) Hauptbetrieb zu dienen bestimmt ist (FHL Rn 24 ff; LWLH Rn 52).

22 Sind hingegen die beiden Betriebsteile entweder selbständig oder problemlos zu trennen, liegt kein gemischter Betrieb sondern ein **Doppelbetrieb** vor, auf dessen (nur) landwirtschaftlichen Teil das Landpachtrecht Anwendung findet (FHL Rn 21; LWLH Rn 51).

23 Gleichermaßen gilt bei der Grundstückspacht und gemischter Nutzung Landpachtrecht nur:

– bei Untrennbarkeit, wenn die landwirtschaftliche Nutzung überwiegt sowie

– bei Trennbarkeit hinsichtlich des landwirtschaftlichen Grundstücksteils.

3. Verpachtung überwiegend zur Landwirtschaft

24 Zur Annahme eines Landpachtvertragsverhältnisses gehört weiter, daß Grundstück bzw Betrieb überwiegend zur **landwirtschaftlichen Nutzung** verpachtet wird. *Insoweit ist das Vertragsverhältnis gegenüber beabsichtigter Nutzung zu Hobby- oder gewerblichen Zwecken (weiter) abzugrenzen.* Dabei ist nach Art und Umfang der beruflichen Tätigkeit zu fragen, nicht aber nach der Rechtsform, in der diese stattfindet. Daher ist für die Beurteilung eines Pacht- als Landpachtverhältnis unerheblich, ob der Pächter die Eintragung in das Handelsregister herbeiführt (§ 3 HGB) oder ob auf Pächterseite eine Personenhandelsgesellschaft (OHG, KG) oder eine juristische Person (AG, GmbH, Genossenschaft) beteiligt ist. Gerade letztere sind in den neuen Bundesländern häufig anzutreffen.

Unter „**Landwirtschaft**" in diesem Sinne sind Ackerbau, Wiesen- und Weidewirtschaft, der Erwerbsgarten- oder Obstbau, der Weinbau (BGH RdL 2000, 234), die Gärtnerei, die Imkerei und die Binnenfischerei zu verstehen (LWLH Rn 59 ff; FHL Rn 33 ff). Das Rechtsinstitut des Landpachtvertrages ist dabei auch für moderne, früher vielleicht untypische Bewirtschaftungsformen zu öffnen, wie etwa diejenige eines Gärtnereibetriebes, der Pflanzen „bodenunabhängig" in Gewächshäusern bzw Containern zieht (vgl AgrarR 1997, 120; diese Entscheidung ist zwar zur HöfeO ergangen, es ist jedoch kein Grund ersichtlich, die dort aufgestellten – richtigen – Grundsätze nicht auch hier anzuwenden).

25 Werden Grundstücke nach Übergabe zunächst bewirtschaftet, dann im Rahmen der staatlichen Programme aber **stillgelegt**, entfällt dadurch ebensowenig die Verpachtung „zur Landwirtschaft" wie bei der Zupacht stillgelegter oder stillzulegender Flächen zu einem im übrigen betriebenen landwirtschaftlichen Betrieb. Denn für diesen kann es betriebswirtschaftlich sinnvoll sein, qualitativ hochwertige Flächen zu bewirtschaften und dafür die schlechteren (zugepachteten) stillzulegen.

26 Die Verpachtung hat **überwiegend** zu diesen Zwecken zu geschehen. Derart hat die Abgrenzung zu hobby- bzw gewerbsmäßiger Nutzung zu erfolgen (FHL Rn 33 f). In diesem Zusammenhang erlangt die bereits zitierte (Rn 3) Rechtsprechung – in erster Linie des Bundesverfassungsgerichts – **Bedeutung, nach der es zur Rechtfertigung**

jedes landwirtschaftlichen Sonderrechts gehört, leistungsfähige Betriebe in bäuerlicher Hand zu erhalten. Von einem Landpachtvertragsverhältnis kann mithin (auch) nicht die Rede sein, wenn der Pachtgegenstand zwar landwirtschaftlicher Nutzung dienen soll, seine Bewirtschaftung hingegen nicht als Teil der Bewirtschaftung eines *leistungsfähigen* Betriebes angesehen werden kann. Diese Frage spielt – in erster Linie im Falle einer überhöhten Pacht – speziell bei der Betriebspacht (vgl oben Rn 19 ff) eine Rolle. In Fällen der Grundstückspacht (Zupacht) sind nicht der Pachtgegenstand und die darauf bezogenen Vertragsbedingungen isoliert zu betrachten, vielmehr ist insgesamt der Pächterbetrieb unter Einschluß der zugepachteten Fläche in Betracht zu nehmen.

Ist ein Pachtvertrag demzufolge nicht als Landpachtverhältnis einzustufen, kommen die Vorschriften der §§ 585 ff nicht zur Anwendung. Dem Pächter steht also insbesondere kein Pachtschutz nach § 595 zu (s dort Rn 3, 27, 30).

Inhaltlich können die Parteien die beiderseitigen Vertragsrechte und -pflichten im Rahmen des gesetzlich Zulässigen frei ergänzend regeln. Sie können dabei etwa bestimmte Bewirtschaftungsformen vereinbaren und sanktionieren, wie zB eine Pächterberechtigung oder -verpflichtung zu biologischer/ökologischer Wirtschaftsweise oder – im Gegenteil – mit dessen Verpflichtung zur Aufbringung von Klärschlamm (OLG Koblenz RdL 1999, 232). Bei den gesetzlichen Beschränkungen sind neuerdings diejenigen des BBodSchG vom 17. 3. 1998 (BGBl I 502) zu beachten. Dieses sieht (§ 17) nur die ordnungsgemäß betriebene Landwirtschaft als „gute fachliche Praxis" in der Landwirtschaft an, die als solche keine verbotenen schädlichen Bodenveränderungen iSv §§ 2 Abs 3; 4 Abs 1 BBodSchG vornimmt (s dazu im einzelnen die Kommentierung von § 586 Rn 35 f). **27**

4. Forstflächen

Soweit Forstflächen Gegenstand des Vertragsverhältnisses sind, ist zu unterscheiden: **28**

Nach Abs 3 sind auch solche Forstflächen Gegenstand eines Landpachtvertrages, die zu einem überwiegend landwirtschaftlichen Betrieb zugepachtet werden. Von dieser Ausnahme abgesehen unterliegt die Verpachtung forstwirtschaftlicher Grundstücke und/oder Betriebe nur den Regelungen der § 581 ff (PALANDT/PUTZO Rn 5). Es ist dies die begrüßenswerte Klarstellung einer vor der Landpachtnovelle umstrittenen Frage (s dazu STAUDINGER/PIKALO[12] Anh 49, 65 zu § 597; FISCHER/WÖHRMANN § 1 LPachtG Rn 10).

Forstflächen müssen also – im Verhältnis zu dem landwirtschaftlichen Pachtgegenstand – **einen untergeordneten Umfang haben.** Die Abgrenzung ist so vorzunehmen wie zwischen gewerblich und landwirtschaftlich genutzten Misch- oder Doppelbetrieben (vgl oben Rn 23, 25; LWLH Rn 53).

Bei der Verpachtung **ausschließlich forstwirtschaftlich genutzter Flächen** ist weiter zu differenzieren: Ist der Pächter – gleichgültig, ob nur durch diese Anpachtung oder in Zusammenhang mit eigenen bzw von dritter Seite gepachteten Forstflächen – nur

Inhaber eines forstwirtschaftlichen Betriebes, liegt keine Landpacht vor, die §§ 581 bis 584b finden Anwendung.

5. (Mitverpachtete) Gegenstände und Rechte, Produktionsquoten

a) Inventar

29 Werden landwirtschaftliche Flächen oder ein Betrieb zusammen mit dazugehörigem bzw zur Bewirtschaftung notwendigem Inventar verpachtet, liegt ein einheitlicher Landpachtvertrag vor. Dieser enthält zumeist eine Pächterpflicht zur Werterhaltung des mitverpachteten Inventars (sog „eiserne Verpachtung", s Rn 4). Hingegen ist die bloße entgeltliche Überlassung landwirtschaftlichen Inventars nie ein Landpachtvertrag. In Zweifelsfällen wird es – wie beim Mischbetrieb (vgl Rn 23) – darauf ankommen, ob die Verpachtung landwirtschaftlicher Grundstücke bzw eines entsprechenden Betriebes überwiegen.

b) Rechte

30 Zur Anpachtung spezieller, mit landwirtschaftlichen Grundstücken zusammenhängender Rechte siehe LWLH Rn 56 ff; FHL Rn 4, 7. Derart reine Rechtspacht ist keine Landpacht (FHL Rn 53).

c) Milchquoten

31 Im Rahmen der Marktordnungs-Regeln der Europäischen Gemeinschaft wurde mit Verordnung des Rates der EG am 27. 6. 1968 (Nr 804/68) ein Richtpreis für Milch und ein Interventionspreis für die Abnahmepflicht für Milchprodukte eingeführt. Dies führte in den Folgejahren zu einer steigenden Überproduktion an Milch, die 1983/84 durch den EG-Haushalt nicht mehr zu finanzieren war. Infolge dessen wurde durch die Verordnung des Rates vom 31. 8. 1984 (Nr 856/84 und 857/84) eine Milchkontingent-Regelung eingeführt. Diese beschränkt die Milchproduktion auf das dem Landwirt zugeteilte – nach Maßgabe der Produktion der Vorjahre berechnete – Kontingent ([Anlieferungs-]**Referenzmenge**, gemeinhin auch „*Milchquote*" genannt). Jede darüber hinausgehende Produktion wird mit Sonderabgaben in einer Höhe belegt, die sie als absolut unwirtschaftlich erscheinen läßt. Die EG-Ratsverordnungen wurden durch die **Milchgarantiemengen-Verordnung** (MGVO, später MGV) in nationales Recht umgesetzt, die mehrfach geändert und durch die Zusatzabgabenverordnung (ZAVO) vom 12. 1. 2000 (BGBl I 27) im wesentlichen aufgehoben wurde.

Ihrer rechtlichen Qualifikation nach ist die Referenzmenge eine abgabenfreie Lieferungsberechtigung zu einem gestützten Preis, die subventionsähnlichen Charakter hat (BGH AgrarR 1991, 343), vom BGH (AgrarR 1997, 214) treffend formuliert ist sie eine „subventionsähnlich abgabenrechtliche Bevorzugung".

Sie war bis 2000 grundsätzlich **streng flächenakzessorisch**, dh nicht aus dem Zusammenhang mit derjenigen zur Milcherzeugung genutzten Fläche zu lösen, auf der die Milcherzeugung (vor Inkrafttreten der MGV oder später) aufgenommen worden ist (BGH RdL 1995, 139; sa BFH BStBl 1994 II 538; BVerwG AgrarR 1997, 33). Seit der 16. Änderungsverordnung war ab 1990 die zeitlich beschränkte Überlassung eines Teils der betrieblichen Referenzmenge ohne gleichzeitige Überlassung (Verkauf, Verpachtung) der dazugehörigen Fläche möglich (sog **„Quoten-Leasing"**, rechtlich aber ungenau, vgl FHL Rn 14). Nur unter diesen Voraussetzungen konnte die Referenzmenge Gegenstand eines gesonderten Pachtvertrages sein, der **kein Landpachtvertrag** war. Durch die ZAVO wurde das bisherige System ab dem 1.4.2000 grundlegend geändert. Seither können Milchquoten nur ohne die (ehemals) zugehörigen Flächen übertragen werden, und zwar nur zu feststehenden Terminen und über von den Ländern einzurichtende Verkaufsstellen („Quoten-Börsen"). Nur hinsichtlich eines gesamten Betriebes, der als selbständige Produktionseinheit bewirtschaftet und verpachtet wird, kann seither der Übergang der Milchquote vereinbart werden (§ 7 ZAVO). Am 1.4.2000 bestehende Pachtverträge können mit Weiterverpachtung der Milchquote verlängert werden (§ 12 ZAVO). (Zu den Rechtsfolgen einer Vertragsbeendigung s § 596 Rn 34. Zu ersten Bedenken gegen Gesetz- und Verfassungsmäßigkeit der Neuregelung s Nies AgrarR 2001, 4.)

Die EU-rechtlichen Bestimmungen sehen wie die MGV (§ 7) einen **begrenzten Pächterschutz** vor. Soweit nach dem Grundsatz der Flächenakzessorietät jedoch die Referenzmenge bei Pachtende an den Verpächter zurückfällt, hat der Pächter in Ermangelung entgegenstehender Vereinbarungen keinen Ausgleichsanspruch für den Verlust der – häufig ihm ursprünglich selbst zugeteilten – Referenzmenge. Denn diese ist weder Grundstücksbestandteil noch ist die Verwendung iSv § 591 (vgl dazu ausführlich § 596 Rn 34).

d) Zuckerrübenlieferrechte
Hier ist die rechtliche Behandlung uneinheitlich. Denn im Gegensatz zur Milchquote hat nicht der Landwirt, sondern die Zuckerfabrik eine Quote erhalten, die sie an die sie beliefernden Landwirte weitergibt. Dies geschieht im Rahmen besonderer, zumeist kollektiver Vereinbarungen zwischen den Fabriken und rübenanbauenden Landwirten.

In **Ermangelung** einer der früheren Milchquote vergleichbaren **Flächenakzessorietät** sind die Rübenlieferrechte in den meisten Fällen zwischen den Landwirten – unter notwendiger Zustimmung der Zuckerfabrik – **frei handelbar**. Sie können mithin auch Gegenstand eines Nutzungsvertragsverhältnisses sein, das kein Landpachtverhältnis ist (vgl dazu ausf GRAGES, Die Lieferrechte der Zuckerrübenanbauer [Diss Köln 1989]; ders RdL 1990, 141, 227; FHL Rn 19 ff).

e) Die Agrarreform 2003/2004
Seit dem 1.1.2005 ist das landwirtschaftliche Subventionsrecht wesentlich vereinfacht und zusammengefasst. Aufgrund der Ratsverordnung Nr 1782/2002 hat der nationale Gesetzgeber mit Gesetz vom 21.7.2004 (BGBl I S 1763) für Deutschland ein **Kombimodell** eingeführt, wonach die meisten bisher gezahlten Subventionen in eine einheitliche Prämie umgewandelt werden, die – völlig abgekoppelt von der Produktion – dem Landwirt teilweise betriebs-, teilweise flächenbezogen künftig ausgezahlt werden (s im einzelnen vJEINSEN AUR [ehemals AgrarR] 2003, 294 sowie 2004, 112). Während die Prämienansprüche mit und ohne Fläche verkauft werden können, ist ihre Verpachtung nur **flächenakzessorisch** möglich, dh unter gleichzeitiger Verpachtung einer gleichwertigen Hektarzahl beihilfefähiger Flächen.

Die Agrarreform wird – sollte es zu der ursprünglich angedachten, derzeit aber nicht umgesetzten Degression kommen – zu einer ganz erheblichen Absenkung der landwirtschaftlichen Einkünfte führen. Dies wird Auswirkungen auch auf landwirtschaftliche Pachtverhältnisse haben, zumindest im Bereich der § 593 (s dort Rn 11). Bedauerlicherweise regeln weder die EU-Verordnung noch die nationale Umsetzung die zivilrechtliche Einordnung der neuen Prämienansprüche. Ob sie landpachtrechtlich wie die bisherigen Milch- und Rübenkontingente als „subventionsähnliche, abgabenrechtliche Bevorzugungen" (wie der BGH zur Milchquote ausgeführt hat) einzustufen sind, erscheint ebenso fraglich wie die Pächterverpflichtungen zur Rückgabe bei Pachtende (s dazu § 596 Rn 35).

Die EU-Agrarreform 2003 betrifft die bisherigen Regelungen für den Zucker- sowie den Milchmarkt noch nicht. Die bisherige Milchquoten-Regelung wird noch bis 2014/2015 verlängert. Eine Reform der EU-Zuckermarktordnung wird derzeit zwar diskutiert, ist hinsichtlich ihrer Umsetzung aber noch nicht absehbar.

IV. Die Parteien des Pachtvertrages

1. Grundsätzliches

34 Vertragsparteien können sowohl auf Verpächter- wie auf Pächterseite Einzelpersonen oder Personengemeinschaften (Eigentümergemeinschaften, Pächtergemeinschaften) sein.

Der Normalfall ist die Verpachtung durch den Grundstückseigentümer; daneben kommen als Verpächter in erster Linie sonstige dinglich (Abbaurecht, Nießbrauchsrecht) oder obligatorisch (Hauptpächter im Falle der Unterpacht) Berechtigte in Betracht (vgl LWLH Rn 43 f).

2. Natürliche Personen, Gesellschaften

35 Gleichgültig für die Qualifizierung als Landpachtvertrag ist weiterhin, ob die Vertragsparteien natürliche Personen, Personengesellschaften oder -gemeinschaften oder juristische Personen sind. Aufgrund des zunehmenden Rentabilitätsdrucks in der Landwirtschaft hat schon vor Jahren ein Konzentrationsprozeß begonnen, aufgrund dessen auf Pächterseite immer mehr Gesellschaften stehen.

Von der Möglichkeit der Bewirtschaftung landwirtschaftlicher Betriebe in Form **juristischer Personen** ist vor allem in den **Neuen Bundesländern**, in Zusammenhang mit der Umwandlung Landwirtschaftlicher Produktionsgenossenschaften, Gebrauch gemacht worden. Durch das Landwirtschafts-Anpassungsgesetz (LAnpG) vom 29. 6. 1990 in der Fassung vom 3. 7. 1991 (BGBl I 1418) war den Landwirtschaftlichen Produktionsgenossenschaften die Möglichkeit eröffnet worden, sich zur Vermeidung ihrer Liquidation in eine oder mehrere natürliche oder juristische Personen aufzuspalten bzw umzuwandeln (vgl dazu vJEINSEN, Zur Änderung des Landwirtschaftsanpassungsgesetzes, AgrarR 1991, 177). Der Tradition ihrer Organisation zu DDR-Zeiten folgend, haben sich die landwirtschaftlichen Produktionsgenossenschaften überwiegend in Form eingetragener Genossenschaften (eG) organisiert, darüber hinaus finden sich – teilweise regional sehr unterschiedlich – zumeist Aktiengesellschaften und Gesellschaften mit beschränkter Haftung.

In den alten Bundesländern hat diese Herausforderung zu einer erheblichen Konzentration mit entsprechendem Wachstum landwirtschaftlicher Betriebseinheiten geführt. Zumeist handelt es sich dabei um Zusammenschlüsse in Form von Gesellschaften Bürgerlichen Rechts (GbR, §§ 705 ff). Aufgrund der neueren Rechtsprechung des BGH (NJW 2002, 1197; s K Schmidt NJW 2001, 993; Pohlmann WM 2002, 1421; Ulmer ZIP 2001, 585) wurde der GbR eine zumindest beschränkte Rechtsfähigkeit zugesprochen, soweit sie als Teilnehmer im Rechtsverkehr eigene (vertragliche) Rechte und Pflichten begründet. Damit soll dem Vertragspartner die Unsicherheit der Rechtsverfolgung (unbekannte, häufig große bzw schnell wechselnde Gesellschafterzahl, Vollstreckungsprobleme) weitgehend genommen sein. Zweifel hieran bleiben.

Auf diese Entwicklungen hat der Gesetzgeber hinsichtlich der Landpacht bis jetzt erstaunlicherweise nicht reagiert, auch nicht im Zuge der Mietrechtsreform 2001, die lediglich zu einigen redaktionellen Anpassungen der Landpachtbestimmungen geführt hat. Daher ist das Gesetz bei einer strikt personalistischen Ausrichtung (zB in den §§ 594d, 595) geblieben, die das weiterentwickelte Spektrum der pachtweisen Bewirtschaftung landwirtschaftlicher Betriebe bzw Flächen bei weitem nicht mehr abdeckt. Die dadurch zutage tretenden Probleme werden bis zu einer Gesetzesänderung nur durch eine erweiterte, an der Sache anstelle der formorientierten Auslegung der relevanten Bestimmungen lösen lassen.

3. Parteiwechsel

Abgesehen von der Möglichkeit des Parteiwechsels durch dreiseitige Vereinbarungen (Eintritt eines Dritten, LWLH Rn 47) hat der in bestimmten Fällen erfolgende **Parteiwechsel kraft Gesetzes** eine besondere Bedeutung:

Auf **Verpächterseite** folgt nach §§ 593b; 566 bis 567b die Verpächter- im Regelfall der Eigentümerstellung (vgl ausf die Kommentierung zu diesen Bestimmungen).

Auf **Pächterseite** erfolgt ein gesetzlicher Wechsel des Vertragspartners nach § 593a im Falle der Betriebsübergabe im Wege der vorweggenommenen Erbenfolge.

Bei **Tod einer Vertragspartei** wird das Rechtsverhältnis mit dem/den Erben fortgesetzt (ausf mit Hinweis auf die teilweise unterschiedlichen landesrechtlichen Regelungen LWLH Rn 48), der Verpächter hat ein außerordentliches Kündigungsrecht nach § 594d.

4. Rechte und Pflichten der Vertragsparteien

Diese sind in erster Linie in § 586 zusammengefaßt, im übrigen ergeben sie sich aus allgemeinen miet- und pachtrechtlichen Regelungen; auf die jeweils dortigen Ausführungen wird verwiesen.

V. Vertragsabschluß, Wirksamkeitsvoraussetzungen, Anzeigepflichten

1. Abschluß

Der Landpachtvertrag als schuldrechtlicher Vertrag kommt nach den Regeln des Allgemeinen Teils zustande, Stellvertretung ist zulässig (LWLH Rn 40 f).

2. Form

40 Andere als kurzfristige Vertragsverhältnisse unterliegen nach § 585a der Schriftform, zur weiteren Erläuterung sei auf die dortigen Ausführungen verwiesen.

3. Allgemeine Geschäftsbedingungen, Formularverträge, Kartellrecht

a) §§ 305–310 BGB

41 Soweit Landpachtverträge von einer Partei als (kaum verhandelbare) Vertragsmuster vorgegeben werden, unterliegen sie der Kontrolle nach den §§ 305 ff. Praktisch relevant wird dies stets, wenn große Institutionen – wie etwa in den Neuen Bundesländern die Treuhand-Nachfolgegesellschaft BVVG – als Verpächter auftreten (BGH AgrarR 1998, 353; **aA** PEINEMANN AgrarR 1996, 47). Auch dann, wenn eine Partei ein – etwa von einem Berufsverband oder einem Verlag erstelltes Vertragsformular – erwirbt, ausfüllt und der anderen als Vorschlag unterbreitet, ist sie ein allgemeine Geschäftsbedingungen stellender Verwender iSv § 305, zu deren Lasten nach § 305c Abs 2 etwa Unklarheiten gehen (STAUDINGER/SCHLOSSER [1998] § 1 AGBG Rn 25; vgl zum Unterschied zwischen Stellen und Aushandeln BGH DB 2000, 817).

42 Hinsichtlich der Einzelheiten sei auf Rechtsprechung und Kommentatur zu den §§ 305 ff verwiesen. Als spezifisch landpachtrechtliche Probleme, die bei formularmäßigen Regelungen zur Nichtigkeit nach § 307 Abs 1 und 2 führten, sind bisher hervorgetreten:

- das Versagen von Pachtschutz nach § 595 für den Pächter (AG Fürstenwalde AgrarR 1996, 27),

- die Vereinbarung eines Vertragsstrafversprechens für den Fall der Nichteinhaltung vom Pächter übernommener Investitionspflichten, wenn die Vertragsstrafe unangemessen ist (BGH AgrarR 1998, 353),

- die Vereinbarung des Kündigungsrechts für nur eine Partei in einem langfristigen Vertrag (OLG Rostock AgrarR 1998, 219),

- die Vereinbarung eines Sonderkündigungsrechts zugunsten des Verpächters für den Fall der (teilweisen) Veräußerung des Pachtgegenstandes (OLG Oldenburg NdsRpfl 1996, 12).

- Hingegegen ist der Ausschluß eines Vertragsverlängerungsanspruchs nach § 595 in Verträgen mit Treuhand-Nachfolgeinstitutionen für den Fall einer Restituion zulässig (BGH AgrarR 1999, 215).

b) Kartellrecht

43 Ähnlich wie die Zuckerfabriken als – bezogen auf den Ankauf der Rüben – marktbeherrschende Unternehmen angesehen werden (BGH RdL 1991, 103; OLG Celle RdL 1994, 167; OLGR 1995, 287; 1996, 227) gilt dies auch für den regionalen Pachtmarkt beherrschende Verpächterinstitutionen. So hat das OLG Rostock (AgrarR 2000, 379) der BVS – einer Treuhand-Nachfolgeorganisation – aufgrund ihrer faktischen Monopolstellung eine marktbeherrschende Stellung beigemessen, die jedenfalls einzelne Pachtinteressenten nicht verbotenerweise diskriminieren darf. Ähnlich wie nach der zitierten Rechtsprechung bezüglich der Zuckerfabriken wird man derart starke Verpächter zwar nicht einem Kontrahierungszwang unterwerfen müssen (so auch das OLG Rostock). Sie werden aber verpflichtet sein, hinsichtlich der zur Verfügung stehenden Flächen nach objektiven und nachvollziehbaren Kriterien einem möglichst großen Kreis von Pachtinteressenten die Chance auf einen Vertragsabschluß zu geben. Selbstverständlich darf die Auswahl unter mehreren in Betracht kommenden Pächtern dann nach individuellen (zB landwirtschaftlichen Fähigkeiten, Kapitalstärke) wie auch generellen (zB Bevorzugung von Bio-Landwirten, Schaffung von Arbeitsplätzen, auch Beeinflussung der Betriebsgrößen im Interesse der Agrarstruktur) Kriterien erfolgen, solange der angelegte Maßstab gleich bleibt. Soweit die Treuhand-Nachfolgeorganisationen als Verpächter auftreten, wird man ihre Verpachtungen als verwaltungsprivatrechtliches Handeln (MAUNZ-DÜRIG Art 3 GG Rn 476) einstufen müssen, da ihr öffentlicher Auftrag auf die Privatisierung ehemals volkseigenen Vermögens gerichtet ist, wozu auch die Verpachtung zählt. Dann haben sie gleichfalls das Willkürverbot von Art 3 GG zu beachten (OLG Brandenburg AgrarR 1999, 126).

4. Genehmigungs- und Anzeigeerfordernisse

Zivilrechtlich (zB in Bezug auf Minderjährige oder vollmachtlos Vertretene) gelten die allgemeinen Bestimmungen. Speziell **landpachtrechtliche Genehmigungen** sind für die Wirksamkeit des Vertrages **nicht notwendig**. 44

Im Regelfalle sind Landpachtverträge nach § 2 LPachtVG **anzeigepflichtig**, und zwar gleichermaßen der Neuabschluß wie anschließende Vertragsänderungen. Ausnahmen regelt § 3 LPachtVG, bei dem speziell die Anzeigebefreiung für Landpachtverträge zwischen nahen Verwandten und Ehegatten hervorzuheben ist. 45

Die Nichtanzeige hat jedoch **nicht die Unwirksamkeit** des Landpachtvertrages zur Folge (LWLH § 2 LPachtVG Rn 19). Die Parteien riskieren „lediglich" **Ordnungsmaßnahmen** nach § 10 LPachtVG. Darüber hinaus ist eine *Vertragsanpassung im Sinne von § 593* nur möglich, wenn ein anzeigepflichtiger Landpachtvertrag auch angezeigt ist (§ 9 LPachtVG).

Nach erfolgter Anzeige hat die zuständige Behörde die Möglichkeit einer **Beanstandung** des Landpachtvertrages (zusammengefaßt) in Fällen einer ungesunden Bodenverteilung und eines Mißverhältnisses zwischen Pacht und Ertragsmöglichkeit, § 4 LPachtVG. Kommen die Vertragsparteien der Beanstandung **nicht** nach, **gilt** der Landpachtvertrag nach Ablauf der gesetzten Frist **als aufgehoben**, wenn nicht vorher ein Vertragsteil einen Antrag auf gerichtliche Entscheidung gestellt hat, § 7 Abs 2 LPachtVG.

Zu den Einzelheiten der Anzeigepflicht sowie dieses Beanstandungsverfahrens sei auf die Kommentierungen zum LPachtVG verwiesen.

VI. Abdingbarkeit

46 Wie die Regelung in § 581 (STAUDINGER/SONNENSCHEIN/VEIT Rn 467) ist auch die des § 585 **grundsätzlich abdingbar**, soweit die charakteristischen Wesensmerkmale der Landpacht erhalten bleiben. Dies bezieht sich insbesondere auf den Vertragszweck („zur Landwirtschaft") sowie das Fruchtziehungsrecht des Pächters (LWLH Rn 3). Auch könnte die (völlige) Aufhebung der Pachtzahlungspflicht die Pachteigenschaft zu Fall bringen.

Nur einzelne Bestimmungen des Landpachtrechts sind nicht dispositiv, vgl dazu die jeweilige Kommentierung.

Unabhängig davon ist die rechtsgeschäftliche Gestaltungsfreiheit der Vertragsparteien nach den allgemeinen Grundsatzregelungen eingeschränkt. Dies bezieht sich in erster Linie auf die zwingenden Nichtigkeitsnormen des BGB. Darüber hinaus ist bei vorformulierten Verträgen oder solchen mit beigefügten Allgemeinen Vertragsbedingungen einer Seite eine Wirksamkeitsprüfung nach Maßgabe der §§ 305 ff vorzunehmen.

VII. Steuerrechtliche Folgen

47 Bei Verpachtung eines zuvor selbst bewirtschafteten landwirtschaftlichen Betriebes stellt sich für den Verpächter das Problem der steuerlichen **Betriebsaufgabe**. Denn nach Pachtbeginn betreibt er reine Vermögensverwaltung, also eine Tätigkeit, die typischerweise im Privatvermögen erfolgt. Die Konsequenz wäre nicht nur ein Wechsel in der Einkunftsart (von LuF zu VuV), sondern – viel gravierender – die zwingende Überführung des (ehemaligen) Betriebs- in das Privatvermögen des Verpächters. Dieser hätte dann die stillen Reserven aufzudecken und zu versteuern. Um diesen erheblichen Nachteil zu vermeiden, billigt die Rechtsprechung dem Verpächter ein **Wahlrecht** zu. Er kann zum Zeitpunkt der Verpachtung wie auch während der gesamten Vertragslaufzeit die Betriebsaufgabe erklären und hat dann die stillen Reserven gem §§ 13, 14, 15 Abs 1 S 1 Ziff 1, 16 Abs 1 Nr 1 iVm § 34 Abs 2 EStG zu versteuern. Ohne diese Erklärung bleibt der Pachtgegenstand sein Betriebsvermögen.

Dieses Wahlrecht besteht aber nur bei der Betriebspacht mit Verpachtung der wesentlichen Betriebsgrundlagen, also der typischen eisernen Verpachtung (BFH DStR 1997, 1880). Für die landwirtschaftliche Betriebspacht weicht der BFH (BStBl 1991 II 883) ausnahmsweise von diesem Prinzip ab: wird ein landwirtschaflicher Betrieb ohne Inventar verpachtet, liegt darin noch keine Betriebsaufgabe, die einer steuerlichen Fortführung entgegenstehen würde.

Wird ein landwirtschaftlicher Betrieb erworben und im Anschluß daran verpachtet, wird er stets dem Privatvermögen zugerechnet (BFH BStBl 1989 II 863; FR 1996, 353). Der Verpächter hat also ebensowenig ein (umgekehrtes) Wahlrecht wie er Veräußerungsgewinne aus einem vorhergehenden Verkauf auf einen verpachteten Betrieb nach § 6b EStG übertragen kann.

Die dauerhafte Verpachtung einzelner landwirtschaftlicher Flächen führt stets zu einer steuerlichen Entnahme mit der Konsequenz der Versteuerung evtl stiller Reserven.

VIII. Verfahrensrechtliches

Das LwVG weist Streitigkeiten aus Landpachtverträgen grundsätzlich der *Freiwilligen Gerichtsbarkeit* zu. In erster Instanz entscheidet das Amtsgericht als Landwirtschaftsgericht, in zweiter der Landwirtschaftssenat des Oberlandesgerichts. Ausnahmsweise ist unter den besonderen Voraussetzungen des § 24 LwVG die Rechtsbeschwerde zum Bundesgerichtshof eröffnet. **48**

Nicht ganz einsichtig ist, daß nach § 1 LwVG nur Streitigkeiten aus genau genannten Bestimmungen des Landpachtrechts sowie solche aus der *„Landpacht im übrigen"* (§ 1 Nr 1 a LwVG) dieser Jurisdiktion zuordnet. Dies umso weniger, als nach der Rechtsprechung des BGH (RdL 1999, 119) sogar Regelungen der ZPO auf nichtstreitige Verfahren nach dem LwVG analog anzuwenden sind. Die Zweiteilung des Verfahrens führt in vielen Fällen zu schwierigen Abgrenzungsfragen zu denjenigen Landpachtstreitigkeiten, die zwar auch in dem vorgenannten Instanzenzug, aber nach den Vorschriften der ZPO durchzuführen sind („streitige Landpachtsachen"). Im einzelnen sei dazu auf die Kommentatur zu den jeweiligen landpachtrechtlichen Bestimmungen verwiesen.

Besonders problematisch sind die Fälle, in denen – nebeneinander – Auseinandersetzungen zwischen denselben Vertragsparteien und denselben Vertragsgegenstand betreffend vorliegen, von denen einige streitige, andere nicht streitige Landpachtsachen sind. Nach dem Urteil des OLG Oldenburg vom 5.4.1994 (10 U 16/93, nicht veröffentlicht) ist die prozessuale Verbindung derart unterschiedlicher Verfahren nicht zulässig.

Streitigkeiten speziell und nur aus § 585 erscheinen nur in Ausnahmefällen denkbar; soweit sie vorkommen, wird in Ermangelung der Benennung des § 585 in § 1 Ziff 1 LwVG nach § 48 LwVG im ZPO-Verfahren zu entscheiden sein.

IX. Überleitungsrecht in den Neuen Ländern, Mietrechtsreform 2001, Schuldrechtsreform 2002

1. Neue Länder

Das noch zu Zeiten des Bestehens der DDR veröffentlichte **Landwirtschaftsanpas- 49 sungsgesetz** vom 29.6.1990 (GblDDR Nr 42/90 vom 20.7.1990 S 642 ff, geändert durch Gesetz vom 3.7.1991 [BGBl I 1418]), regelt in § 52 die Übernahme der Landpachtbestimmungen des BGB, und zwar ab seinem Inkrafttreten (1.3.1990). Innerhalb einer Jahresfrist sollten so alle Nutzungsverhältnisse in Pachtverträge umgewandelt werden.

Diese Bestimmung ist im Einigungsvertrag (Art 232 § 3 Abs 2 EGBGB) unberührt gelassen worden, so daß es als Redaktionsversehen erscheint, daß nach § 3 Abs 1 vom Zeitpunkt der Wiedervereinigung an bürgerlich-rechtliches Pachtrecht auch in den Neuen Bundesländern gelten sollte (FHL Rn 66).

2. Mietrechtsreform 2001, Schuldrechtsreform 2002

50 Durch das **Mietrechtsreformgesetz** vom 19. 6. 2001 (BGBl I S 1142) haben sich zum 1. 9. 2001 die Regelungen der Landpacht mit *Ausnahme* des Wegfalls von *§ 594d Abs 1 S 2 aF* substantiell nicht geändert; lediglich die Texte wurden redaktionell dem neuen Verständnis angepaßt (zB „Pacht" anstelle von „Pachtzins" in § 587, vgl dazu weiter STAUDINGER/SONNENSCHEIN/VEIT § 581 Rn 5). Angesichts der Neugliederung des Mietrechts haben sich darüber hinaus die Verweisungsnormen geändert.

Die zum 1. 1. 2002 inkraftgetretene Schuldrechtsreform hat zwar einige Bestimmungen des Mietrechts (redaktionell) wieder verändert, das Pacht- sowie Landpachtrecht sind jedoch unverändert geblieben.

§ 585a
Form des Landpachtvertrags

Wird der Landpachtvertrag für längere Zeit als zwei Jahre nicht in schriftlicher Form geschlossen, so gilt er für unbestimmte Zeit.

Materialien: BT-Drucks 10/508; 10/509; 10/3830; 10/3498 Mietrechtsreformgesetz von 2001 (BGBl I S 1149).

Schrifttum

Siehe § 585 sowie
WENZEL, AgrarR 1995, 42.

Systematische Übersicht

I. Überblick	1	b) Inhalt ... 13
1. Normgehalt und Zweck	2	c) Elektronische Form ... 15
a) Zeitdauer	2	2. Vertragsänderungen und -ergänzungen ... 16
b) Hauptzweck des Formzwanges	3	
c) Landpachtnovelle – Übergangsrecht	4	3. Heilung ... 17
2. Anwendungsbereich	5	
3. Verhältnis der Vorschrift	8	**III. Formmangel und Treu und Glauben** ... 18
a) Zu sonstigen Vorschriften des Landpachtrechts	8	**IV. Vereinbarte Schriftform** ... 19
b) Zum Landpachtverkehrsgesetz	10	
c) Zu anderen Vorschriften	11	**V. Folge fehlender Form (S 2)** ... 20
II. Umfang und Inhalt des Formerfordernisses		**VI. Abdingbarkeit** ... 21
1. Vertragsschluß	12	**VII. Beweislast** ... 22
a) Umfang	12	

Alphabetische Übersicht

Abdingbarkeit	21	Pachtvorvertrag	6
Anwendungsbereich	5		
		Treu und Glauben, Berufen auf ... bei	
Beweislast	22	fehlender Form	18
Einheitlichkeit der Urkunde	13	Übergangsrecht	4
		Umfang des Formzwangs	12
Fehlen der Schriftform, Konsequenzen	20	– bei gemischtem Vertrag	5
Gemischter Vertrag, Umfang des Form-		Vereinbarungen zur Schriftform	19
zwangs	5	Vertragsänderung, Anspruch auf	8
Gerichtliche Entscheidung als Alternative		Vertragsänderungen, Notwendigkeit	
zur Schriftform	9	der Schriftform	16
		Vorpachtvertrag	6
Heilung des Formmangels	17		
		Zeitdauer als Voraussetzung für den	
Mindestinhalt des Schriftformerforder-		Formzwang	2, 7
nisses	12	Zweck des Formzwanges	3
Notarielle Beurkundung, Verhältnis zum			
Schriftformerfordernis	11		

I. Überblick

Die Vorschrift tritt seit der Reform des Landpachtrechts zum 1. Juli 1986 anstelle **1** des zuvor über § 581 Abs 2 geltenden § 566 S 1 und 2 HS 1, übernimmt aber im wesentlichen dessen Regelungen (STAUDINGER/EMMERICH [2003] § 550 Rn 2). Sie wurde im Rahmen des Mietrechtsreformgesetzes 2001 nur redaktionell geändert und entspricht hinsichtlich Inhalt und Zweck dem (jetzigen) § 550, auf dessen Kommentatur im wesentlichen verwiesen wird..

Im Gegensatz dem vor 1986 geltenden Landpachtrecht greift der Formzwang jedoch erst bei Verträgen mit mehr als zweijähriger Laufzeit ein. Das stimmt mit der Neuregelung der Kündigungsfrist in § 594a überein.

1. Normgehalt und Zweck

a) Zeitdauer
Die Vorschrift unterstellt den **länger als zwei Jahre** geschlossenen Landpachtvertrag **2** der Schriftform (§§ 126 ff), wobei ein Formverstoß nicht nach § 125 S 1 zur Nichtigkeit, sondern zu einem Pachtverhältnis auf unbestimmte Zeit mit der Kündigungsmöglichkeit nach § 594a Abs 1 führt.

b) Hauptzweck des Formzwanges
Der Hauptzweck des Formzwanges folgt aus der Entstehungsgeschichte des § 566 **3** aF: Bei Übergang zu dem mieterschützenden Grundsatz *„Kauf bricht nicht Miete"*

(§ 571 aF, § 566 nF) hielt es der Gesetzgeber zum Ausgleich für geboten, dem Grundstückserwerber zu ermöglichen, sich über den Inhalt der auf ihn übergehenden (langfristigen) Bindungen durch Vertragseinsicht zuverlässig zu unterrichten. Andererseits sollte aber der Mieter nicht wegen Nichtigkeit des Vertrages schutzlos gestellt werden (STAUDINGER/EMMERICH [2003] § 550 Rn 3; ausf LWLH Rn 2).

Die Vorschrift dient weiter der *Beweissicherung* zwischen den Beteiligten, nicht jedoch ihrem Schutz vor Eingehung langfristiger Bindung (STAUDINGER/EMMERICH aaO). Wegen ihrer Schutzfunktion im Interesse des Grundstückserwerbers wurde früher ausschließlich einer strengen und nicht nachsichtigen Handhabung der Formvorschrift das Wort geredet (STAUDINGER/EMMERICH[12] § 566 Rn 3 und BGH LM zu § 566 Nr 6 und 7).

Den Grundstückserwerber hingegen vermag die Vorschrift nur recht *unvollkommen* zu schützen: Zum einen werden Landpachtverträge vielfach überhaupt nicht schriftlich oder nur formmangelhaft abgeschlossen oder während der Laufzeit abgeändert. Zum anderen mögen erforderliche behördliche Genehmigungen zB nach den Rechtsverordnungen aufgrund § 2 PaPkG oder die Anzeige nach § 2 LPachtVG fehlen (zu den Konsequenzen vgl § 585 Rn 45; FHL § 2 LPachtVG Rn 35 ff). Dem Vertragstext läßt sich im übrigen oft auch nicht entnehmen, ob eine Vertragsänderung durch gerichtliche Entscheidung (nach §§ 588, 590, 591, 593 oder § 595) erfolgt ist. Daher empfiehlt sich stets, in einem Grundstückskaufvertrag das Nichtvorhandensein oder den bestimmten Inhalt eines Drittnutzungsverhältnisses als Verkäufer-Garantie zu formulieren, um dem Käufer ein Höchstmaß an Ersatzansprüchen zu gewähren.

Im Hinblick auf die Regelung des § 594a (Verlängerung der Kündigungsfrist für auf unbestimmte Zeit abgeschlossene Verträge auf praktisch zwei Jahre) sollten auch kurzfristige Verträge schriftlich abgeschlossen werden. Bei längerfristigen nicht formgerechten Verträgen ist zu beachten, daß eine vereinbarte Verkürzung der gesetzlichen Kündigungsfrist ebenfalls der Schriftform bedarf (§ 594a Abs 2 S 1).

c) Landpachtnovelle – Übergangsrecht

4 Ist vor dem 1. Juli 1986 ein Vertrag mit einer Laufzeit zwischen einem und zwei Jahren abgeschlossen worden, verbleibt es bei der alten Rechtslage und der Vertrag gilt als auf unbestimmte Zeit eingegangen (STAUDINGER/vJEINSEN[12] Art 219 EGBGB Rn 3). Im Interesse der Rechtssicherheit läßt Art 219 Abs 1 S 1 EGBGB die Wirkung der Fristüberschreitung des § 566 Abs 1 für vor dem 1. Juli 1986 ebenso unberührt wie die Kündigungsfrist des § 595a aF für vor dem Stichtag ausgesprochene Kündigungen.

2. Anwendungsbereich

5 Die Vorschrift ist nur auf **Landpachtverträge** und diesen nach § 585 Abs 3 gleichgestellten Zupachtverträge über forstwirtschaftliche Grundstücke anwendbar. Sie gilt nicht bei unentgeltlicher Bewirtschaftungsüberlassung oder wenn die Bewirtschaftung im wesentlichen unentgeltlich zu bloß vorübergehenden Zwecken überlassen wird. Hier wird häufig von der Vereinbarung einer Pacht abgesehen, damit der Eigentümer frei von pachtrechtlichen Beschränkungen über den Grundbesitz verfügen kann. Es gibt jedoch zahlreiche Grenzfälle, insbesondere im familiären

Bereich, in denen eine Pacht unter üblicher Höhe vereinbart wird. Hervorzuheben ist, daß die Vereinbarung einer bloßen Gefälligkeitspacht bei Vorliegen der Voraussetzungen eines Pachtverhältnisses im übrigen nicht zum Fortfall der Bindungen des Grundstückserwerbers führt und solche Verträge gerade im Hinblick auf die für den Erwerber nachteiligen Folgen der Schriftform unterliegen. Zu Einzelheiten der Abgrenzung von Landpacht- zu anderen Vertragsverhältnissen siehe § 585 Rn 5 ff.

Ist der Pachtvertrag Teil eines **gemischten Vertrages**, erfaßt der Formzwang des § 585a den **gesamten Vertrag**, kann jedoch durch eine höherrangige Formvorschrift (zB § 311b nF) verdrängt werden (s zB OLG Koblenz RdL 2002, 69; STAUDINGER/EMMERICH [2003] § 550 Rn 5).

Dem Formzwang unterliegen auch Optionsvereinbarungen bezüglich eines Landpachtvertrages (vgl PALANDT/WEIDENKAFF § 550 Rn 3) sowie der Unterpachtvertrag einschließlich des Pflugtauschvertrages, Vertragsverlängerungen und nicht nur unwesentliche Vertragsänderungen und -ergänzungen, ferner der in Erfüllung eines Vorvertrages abgeschlossene Pachtvertrag, der Vertragsschluß in Erfüllung eines Vermächtnisses sowie der durch Ausübung des Vorpachtrechts zustandekommende Pachtvertrag (STAUDINGER/EMMERICH [2003] § 550 Rn 6). Formbedürftig ist weiter eine Vereinbarung mit Alt- und Neupächter über einen Pächterwechsel (FHL Rn 18).

Der Schriftform bedürfen nicht Vorpacht- und Pachtvorverträge, weil der Grund- 6 stückserwerber nicht an solche Vereinbarungen gebunden ist (STAUDINGER/EMMERICH [2003] § 550 Rn 6; FHL Rn 15), mit Ausnahme eines Vorpachtrechtes für den Fall der Vertragskündigung (KG OLGE 13, 379). Gleichfalls nicht formgebunden ist die Ausübung des Vorpachtrechts, ferner nicht die Aufhebung des gesamten Vertrages, die gemeinsame Aufhebung einer Kündigung bei Wiederherstellung des im wesentlichen unverändert bleibenden Vertrages, Pächter- oder Verpächterwechsel aufgrund Gesetzes, einmalige (Abstands-)Zahlungen an den Verpächter, zB für den Vertragsabschluß oder eine Vertragsverlängerung, sofern hierin nicht die Pachtzahlung liegt (STAUDINGER/EMMERICH [2003] § 550 Rn 31), ferner alle Vereinbarungen mit Dritten anläßlich Vertragsschluß oder Veräußerung, zB Vereinbarungen zwischen Verpächter und Grundstückserwerber, für eine bestimmte Zeit keine Pachterhöhung oder Kündigung vorzunehmen. Formlos möglich sind auch Sondervereinbarungen der Vertragsparteien aus Anlaß des Pachtvertragsabschlusses, die mit einem Landpachtvertrag nichts zu tun haben (FHL Rn 17).

Dem Anwendungsbereich der Vorschrift unterfallen nur Verträge **mit mehr als** 7 **zweijähriger Dauer**. Die Frist berechnet sich ab dem vereinbarten Tag des Vertragsbeginns, nicht dem Datum der Unterzeichnung (STAUDINGER/EMMERICH [2003] § 550 Rn 8).

Für länger als zwei Jahre abgeschlossen sind nicht nur Verträge mit einer diese Frist überschreitenden, in Jahreszahlen bemessenen Pachtzeit. Betroffen sind auch alle Verträge, die – zumindest nach den Vorstellungen der Beteiligten – auf eine Dauer von mehr als zwei Jahren angelegt sein können bzw sollen Dazu gehören etwa Verträge

– mit unbestimmter Dauer, wenn die Kündigung nicht erstmals zum Ablauf des zweiten Jahres erfolgen kann;

– die sich ohne Kündigung zum Ende der Zwei-Jahres-Frist automatisch verlängern (FHL Rn 5);

– die auf Lebenszeit einer Partei oder eines Dritten (STAUDINGER/EMMERICH [2003] § 550 Rn 10) eingegangen ist;

– deren Laufzeit sonst von einem zukünftigen ungewissen Ereignis (zB auflösende Bedingung) abhängt;

– bei denen der Verpächter von Anfang an oder später auf sein Kündigungsrecht verzichtet;

– mit Verlängerungsklauseln oder Optionen, die dem Pächter die einseitige Verlängerung eines auf bestimmte Zeit abgeschlossenen Vertrages ermöglichen (STAUDINGER/EMMERICH [2003] § 550 Rn 9);

– mit Bestimmungen über Pachtvorauszahlungen, die auf einen über zwei Jahre währenden Zeitraum angerechnet werden sollen.

Die die Vertragsdauer nur mittelbar über zwei Jahre hinaus verlängernden Vereinbarungen mit Dritten führen nicht zu einer Anwendung des § 585a (zB Verzicht des Grundstückserwerbers gegenüber dem Veräußerer auf Pachtvertragskündigung für einen Zeitraum über zwei Jahre).

3. Verhältnis der Vorschrift

a) Zu sonstigen Vorschriften des Landpachtrechts

8 Das Fehlen der im § 585b empfohlenen *Beschreibung* der Pachtsache berührt die Wirksamkeit eines im übrigen formgerecht abgeschlossenen Vertrages nicht.

Soweit Vorschriften des Landpachtrechts einem Vertragsteil einen **Anspruch auf Vertragsänderung** oder auf Abgabe der Willenserklärung zum entsprechenden Vertragsschluß gewähren (siehe §§ 588, 590, 591, 593, 594d, 595), ist fraglich, ob und wieweit diese Vorschriften den Formzwang des § 585a verdrängen und damit entweder formlose Vertragsänderungen möglich werden oder das Pachtverhältnis in eines auf unbestimmte Zeit umgewandelt wird. Für die Formfreiheit der Vertragsänderung spricht zunächst, daß das Verlangen wie bei einer Vertragsänderung inhaltlich hinreichend bestimmt sein muß. Ferner sieht nur § 595 Abs 4 für den Pachtverlängerungsantrag die Schriftform vor, woraus im Umkehrschluß Formfreiheit in den übrigen Fällen gefolgert werden könnte. *Jedoch widerspräche es der Schutzfunktion des Schriftformerfordernisses*, eine formlose Vertragsänderung nur mit der Begründung zuzulassen, daß sie auf ein gesetzlich vorgesehenes Anpassungsverlangen zurückgeht; dies insbesondere deshalb, weil dann die ersichtlich vom Gesetzgeber nicht gewollte Möglichkeit stillschweigenden Vertragsschlusses zum Tragen käme. Hinzu kommt, daß auf einseitiges Verlangen zurückgehende Vertragsänderungen häufig darüber hinaus gehende Regelungen enthalten und dann die Grenzziehung zu formfrei zulässigen Vereinbarungen kaum noch möglich wäre. Zu Änderungen der Pachtsachen nach § 590s dort Rn 15, 37.

Bei streitig gebliebenem Anpassungsverlangen ist durch die **gerichtliche Entschei-** 9
dung ein entsprechender nachträglicher schriftlicher Vertragsschluß entbehrlich. Entweder kommt der Entscheidung selbst (§ 21 LwVG: Beschluß) Gestaltungskraft zu (§ 595 Abs 6 [PALANDT/WEIDENKAFF § 595 Rn 13] und § 594d Abs 2 S 4). Oder aber die Entscheidung ersetzt die Erklärung des anderen Teils (§ 588 Abs 4 S 2; 590 Abs 2 S 3; 591 Abs 2 S 3), dann gilt diese mit Rechtskraft der Entscheidung als abgegeben. Der Vertragsschluß setzt jedoch weiter voraus, daß die Erklärung des anderen Vertragsteils in der erforderlichen Form abgegeben wird und dem Gegner zugeht.

Ist der Abschluß des Pachtvertrages Teil eines gerichtlichen **Vergleichs**, wird die Schriftform durch eine entsprechende gerichtliche Protokollierung ersetzt (§§ 127a, 126 Abs 4).

§ 594b geht § 585a insoweit vor, als bei Verträgen mit mehr als dreißigjähriger Laufzeit danach eine Kündigung mit der Frist des § 594a zulässig ist, also trotz Wahrung der Schriftform eine Umwandlung in ein Vertragsverhältnis auf unbestimmte Zeit erfolgt.

b) Zum Landpachtverkehrsgesetz
Die Anzeigepflicht nach § 2 LPachtVG ist von der Formgebundenheit längerfristi- 10
ger Verträge unabhängig.

c) Zu anderen Vorschriften
Vereinbaren die Beteiligten individualvertraglich für den Vertragsabschluß Schrift- 11
form (§§ 125 S 2, 127) gilt der gesamte Vertrag bis zur schriftlichen Fixierung nach § 154 S 2 (im Zweifel) als nicht geschlossen, so daß auch § 585a S 2 nicht gilt (PALANDT/WEIDENKAFF § 550 Rn 14; aA STAUDINGER/EMMERICH (2003) § 550 Rn 45, der entgegen § 154 S 2 mit Rücksicht auf § 550 im Zweifel Wirksamkeit annimmt).

§ 585a S 2 verdrängt § 139, so daß der Formmangel die Wirksamkeit des Vertrages mit Ausnahme der Bestimmungen über dessen Dauer unberührt läßt.

§ 311b nF erstreckt den notariellen **Beurkundungszwang** auch auf solche Landpachtverträge und sonstige pachtrechtliche Vereinbarungen (Pachtoptions- und -anpachtsrechte, Vorpachtrechte, Pachtvorverträge), die gewollter rechtlicher Bestandteil des Grundstücksveräußerungsvertrags selbst sind (zum Umfang des Beurkundungszwanges s zusammenfassend STAUDINGER/WUFKA [2001] § 313 [aF] Rn 152 ff).

Überträgt zB der Eigentümer zwecks **vorweggenommener Erbfolge** seinen Betrieb unter Nießbrauchsvorbehalt auf den Übernehmer und verpachtet ihm diesen gleichzeitig auf Grund seines Nießbrauchs (sog Rheinische Hofübergabe, FHvJP § 17 Rn 40), ist der Pachtvertrag als gewollter Bestandteil des Übergabevertrags vom Beurkundungserfordernis mit erfaßt. Jedoch wird in solchen Fällen jeder Formmangel (also auch ein mündlicher Vertragsschluß) durch § 311b Abs 1 S 2 geheilt (BGH AgrarR 1978, 225; zu zusammengesetzten und gemischten Verträgen s PALANDT/HEINRICHS § 311b

Rn 32 f). Entsprechendes gilt, wenn ein an den Übernehmer bereits verpachteter Betrieb „rheinisch" übertragen wird und die Vertragsparteien auf Grund des Nießbrauchsvorbehalts die Pachtbedingungen ändern (vgl PIKALO DNotZ 1981, 276).

Wird (etwa für die Dauer des Pachtvertrags) dem Pächter ein **Vor- oder Ankaufsrecht** am Pachtgrundbesitz bestellt, bedarf der Pachtvertrag in seiner Gesamtheit der Mitbeurkundung (STAUDINGER/EMMERICH [2003] § 550 Rn 5; RGZ 110, 327; 125, 261); dies kann auch nicht durch die bloße Bestellung eines dinglichen Vorkaufsrechts umgangen werden (zur Heilung entspr § 313 S 2 [aF] vgl BGH DNotZ 1968, 93). Die Wirkungen aus § 311b Abs 1 nF reichen in diesem Zusammenhang weit: hat beispielsweise der Verpächter dem Pächter ein Vorkaufs- oder Ankaufsrecht für die Dauer des Pachtverhältnisses oder danach eingeräumt, bedarf etwa die Vereinbarung über die frühere Beendigung des Pachtvertrags der Form des § 311b Abs 1 nF (BGH AgrarR 1972, 324).

Bedurfte die mit dem nicht oder nicht vollständig mitbeurkundeten Pachtvertrag nach dem Beteiligtenwillen eine Einheit bildende Veräußerung der Genehmigung nach dem GrdstVG, erfaßt diese das verdeckte Geschäft nicht, und das Grundstücksgeschäft einschließlich Pachtvertrag kann erst mit Ablauf der Jahresfrist des § 7 Abs 3 GrdstVG wirksam werden (BGH NJW 1981, 1957).

II. Umfang und Inhalt des Formerfordernisses

1. Vertragsschluß

a) Umfang

12 Formbedürftig ist der gesamte Vetragsinhalt (LWLH Rn 8) einschließlich aller Vereinbarungen, die Teil des Pachtvertrages sein sollen. Grundsätzlich muß also der gesamte Vertragsinhalt durch die Unterschrift der Parteien gedeckt sein (LWLH Rn 13).

Sollen für den Vertrag die gesetzlichen Bestimmungen gelten, gehören zu dessen **Mindestinhalt**: Bezeichnung der Vertragsparteien, Pachtgegenstand, Pachtzeit und Höhe der Pacht (BGH NJW 1975, 1653, 1654). Die Pachtzeit ist durch Beginn und Ende bzw Dauer festzulegen, Datum und Ort der Unterzeichnung sind entbehrlich.

In der Niederschrift nicht enthaltene mündliche Absprachen können für die Auslegung des Vertragstextes herangezogen werden. Eine Auslegung unter Heranziehung außerhalb einer Urkunde liegender Umstände setzt allerdings voraus, daß der einschlägige rechtsgeschäftliche Wille der Beteiligten in der formgerechten Urkunde einen, wenn auch nur unvollkommenen oder andeutungsweisen Ausdruck gefunden hat (sogenannte Andeutungslehre, BGH NJW 1983, 1610, 1611 mwN).

b) Inhalt

13 Was Schriftform im einzelnen bedeutet, ist in § 126 geregelt. Auf die dortige Kommentierung und ergänzend auf die von STAUDINGER/EMMERICH (2003) § 550 Rn 11 ff sei daher verwiesen.

Stets ist erforderlich, dass alle Vertragsparteien unterschreiben. Ist eine Gesellschaft bürgerlichen Rechts Vertragspartner, bedarf es der Unterschrift aller ihrer Gesellschafter; es sei denn, ein Vertretungsverhältnis kommt deutlich zum Ausdruck (BGH NJW 2003, 3053).

Sind Ehegatten Vertragspartner, gilt im Miet- wie auch im landwirtschaftlichen Pachtrecht nicht der Erfahrungssatz, wonach ein Ehegatte den anderen vertreten will/soll (vgl STAUDINGER/EMMERICH [2003] Vorbem 82 zu § 535). Unterschreibt nur ein Ehegatte, ist der Vertrag insgesamt formunwirksam, also (auch) nicht nur mit diesem formwirksam zustande gekommen; dies gilt jedenfalls dann, wenn ersichtlich beide Ehegatten Vertragspartei werden (BGH AgrarR 1994, 275 = RdL 1994, 122).

Zu Fragen des Formerfordernisses bei mehrseitigen und/oder mit Anlagen versehenen Verträgen s ausführlich STAUDINGER/EMMERICH (2003) § 550 Rn 18 ff. **14**

c) Elektronische Form
Zu Fragen an das Formerfordernis bei elektronischen bzw mit Signaturen versehenen Verträgen (§ 126a) s ausführlich STAUDINGER/EMMERICH (2003) § 550 Rn 17. **15**

2. Vertragsänderungen und -ergänzungen

Der Formzwang umfaßt alle Vertragsänderungen und -verlängerungen, wenn die Laufzeit unter Einbeziehung der Änderung noch mehr als zwei Jahre beträgt (PALANDT/WEIDENKAFF § 550 Rn 16). Er ergreift auch die Aufhebung oder Beschränkung einzelner Rechte und Pflichten – insbesondere Pachtsenkung oder Vertragsverlängerung –, auch wenn die Aufhebung des gesamten Vertrages formfrei ist. Zu alledem und auch den Ausnahmen von diesem Grundsatz sowie zu den Anforderungen an die Schriftform in diesen Fällen vgl STAUDINGER/EMMERICH (2003) § 550 Rn 28 ff. **16**

3. Heilung

Eine Heilung durch Erfüllung ist (für die Vergangenheit) solange möglich, bis sich eine Partei auf den Formmangel berechtigterweise beruft. **17**

Wird die unterbliebene Niederschrift nachgeholt, wird der Vertrag ex nunc formgültig. Ein Anspruch darauf besteht aber nur, wenn die Beteiligten dies vorher verabredet haben oder wenn sie eine solche Abrede nachträglich (formlos) treffen (vgl STAUDINGER/EMMERICH [2003] § 550 Rn 39).

III. Formmangel und Treu und Glauben

Vgl zu den Konsequenzen eines Formmangels im Hinblick auf Treu und Glauben iE STAUDINGER/EMMERICH (2003) § 550 Rn 40. **18**

IV. Vereinbarte Schriftform

Zu den Konsequenzen von Vereinbarungen über die Vertragsform s STAUDINGER/EMMERICH (2003) § 550 Rn 44 f. **19**

V. Folge fehlender Form (S 2)

20 Ist die Schriftform nicht eingehalten, ist zunächst durch Auslegung zu ermitteln, ob die Parteien überhaupt einen Landpachtvertrag eingehen wollten. Bejahendenfalls wird der Vertrag zu einem mit unbestimmter Dauer (S 2); diese Bestimmung ist lex specialis gegenüber § 139 (FHL Rn 44). Die Kündigungsmöglichkeit regelt sich dann nach § 594a.

Ist im Falle einer Vertragsänderung eine formunwirksame Verlängerung vorgesehen, läuft das Vertragsverhältnis jedenfalls bis zum ursprünglich formwirksam vereinbarten Ende und verlängert sich danach unbefristet (BGH AgrarR 1994, 275 = RdL 1994, 122).

VI. Abdingbarkeit

21 § 585a ist nach allgemeiner Meinung (LWLH Rn 3 mwN) **zwingend**, so daß ein Pachtvertrag mit einer Laufzeit von mehr als zwei Jahren nicht formlos abgeschlossen werden kann. Dies gilt wegen seiner drittschützenden Wirkung (§ 550, so Rn 3), verstärkt durch den zusätzlichen Schutzgehalt des § 595, dessen in Abs 8 festgelegte Unabdingbarkeit auch in den Bereich des § 571 hineingehoben wird (PIKALO DNotZ 1981, 282).

Haben die Vertragsteile die nachträgliche schriftliche Abfassung vereinbart, kann jeder Vertragsteil Niederschrift verlangen. Das hat zur Folge, daß eine vorzeitige Kündigung gemäß § 594a nicht möglich ist. Auf diese Weise läßt sich der Formzwang umgehen.

VII. Beweislast

22 Wird über ein Rechtsgeschäft eine *formrichtige Urkunde* erstellt, begründet diese die – widerlegbare – *Vermutung der Vollständigkeit und Richtigkeit* für sich. Das gilt sowohl bei durch Gesetz geforderter als auch vereinbarter Schriftform, auch wenn diese nur Beweiszwecken dient (STAUDINGER/EMMERICH [2003] § 550 Rn 47), ferner im Anwendungsbereich der §§ 305 ff. Die Vermutung geht dahin, daß eine vor Niederschrift des Rechtsgeschäftes getroffene mündliche Abrede anderen oder ergänzenden Inhalts durch die anschließende schriftliche abgeändert wurde oder weitere Vereinbarungen nicht getroffen wurden.

Wer sich bei gesetzlich nicht formgebundenem Vertrag auf die Vereinbarung der Schriftform beruft, trägt hierfür ebenso die Beweislast wie derjenige, der bei gesetzlich geltender oder unstreitig vereinbarter Schriftform behauptet, diese diene nur der Beweissicherung (MünchKomm/EINSELE § 125 Rn 32 f) oder sie sei einverständlich aufgehoben.

Titel 5 · Mietvertrag, Pachtvertrag § 585b
Untertitel 5 · Landpachtvertrag

§ 585b
Beschreibung der Pachtsache

(1) Der Verpächter und der Pächter sollen bei Beginn des Pachtverhältnisses gemeinsam eine Beschreibung der Pachtsache anfertigen, in der ihr Umfang sowie der Zustand, in dem sie sich bei der Überlassung befindet, festgestellt werden. Dies gilt für die Beendigung des Pachtverhältnisses entsprechend. Die Beschreibung soll mit der Angabe des Tages der Anfertigung versehen werden und ist von beiden Teilen zu unterschreiben.

(2) Weigert sich ein Vertragsteil, bei der Anfertigung einer Beschreibung mitzuwirken, oder ergeben sich bei der Anfertigung Meinungsverschiedenheiten tatsächlicher Art, so kann jeder Vertragsteil verlangen, dass eine Beschreibung durch einen Sachverständigen angefertigt wird, es sei denn, dass seit der Überlassung der Pachtsache mehr als neun Monate oder seit der Beendigung des Pachtverhältnisses mehr als drei Monate verstrichen sind; der Sachverständige wird auf Antrag durch das Landwirtschaftsgericht ernannt. Die insoweit entstehenden Kosten trägt jeder Vertragsteil zur Hälfte.

(3) Ist eine Beschreibung der genannten Art angefertigt, so wird im Verhältnis der Vertragsteile zueinander vermutet, dass sie richtig ist.

Materialien: BT-Drucks 10/508; 10/509; 10/3830; 10/3498.

Schrifttum

Siehe § 585.

Systematische Übersicht

I.	**Allgemeine Kennzeichnung**		**IV.**	**Anfertigung der Beschreibung**
1.	Normgehalt und Normzweck	1	1.	Durch die Vertragsteile selbst ... 11
2.	Verhältnis zum früheren Recht	3	2.	Durch einen Sachverständigen ... 12
3.	Anwendungsbereich	4	a)	Sachliche Voraussetzungen ... 12
			b)	Verfahren ... 15
II.	**Inhalt und Zeitpunkt der Beschreibung**		c)	Kosten ... 18
1.	Inhalt	5	**V.**	**Duldungs- und Auskunftspflichten** ... 19
2.	Zeitpunkt	8	**VI.**	**Wirkung der Beschreibung (Abs 3)** ... 20
III.	**Form der Beschreibung**	9	**VII.**	**Abdingbarkeit** ... 21

Alphabetische Übersicht

Abdingbarkeit der Vorschrift	21	– durch einen Sachverständigen	12 ff
Anfertigung durch die Vertragsparteien	11	Anwendungsbereich	4

Ulrich von Jeinsen

Beschreibung, Duldungspflichten	19	Sachverständiger	12 ff
– Form	9 f	Umfang der Beschreibung bei Betriebs-	
– Inhalt und Umfang	5 ff	pacht	7
– Wirkung	20	– der Beschreibung bei Grundstückspacht.	6
Duldungspflichten bei Aufstellung der Beschreibung	19	Verfahren, gerichtliches bei Sachverständigenbenennung	13 ff
Form der Beschreibung	9 f	Wirkung der Beschreibung	20
Früheres Recht, Verhältnis zum	3		
Inhalt der Beschreibung	5 ff	Zeitpunkt der Aufstellung der Beschreibung	8
Kosten des gerichtlichen Verfahrens	18	Zweck der Vorschrift	2
Mitwirkung der Parteien	12 ff		

I. Allgemeine Kennzeichnung

1. Normgehalt und Normzweck

1 Die durch die Landpachtnovelle neu eingefügte Dispositivnorm sieht eine gemeinsam durch Verpächter und Pächter anzufertigende Beschreibung der Pachtsache jeweils bei Beginn und Ende des Pachtverhältnisses vor.

2 **Zweck der Vorschrift** ist es, Streitigkeiten zwischen den Vertragsparteien zu vermeiden, die sich aus der fehlenden Feststellung der faktischen Grundlagen für die Verteilung von Rechten und Pflichten ergeben können. Es besteht hier eine besondere Möglichkeit der Beweissicherung (FHL Rn 5), die nicht mit einem Beweisverfahren im Sinne der ZPO verwechselt oder auch nur verglichen werden darf.

Der Pächter etwa hat nach § 586 Abs 1 S 2 die gewöhnlichen Ausbesserungen der Pachtsache auf seine Kosten durchzuführen. Weil der Verpächter aber die Pachtsache in einem zu der vertragsmäßigen Nutzung geeigneten Zustand zu überlassen hat (§ 586 Abs 1 S 1), muß er neben den außergewöhnlichen auch die gewöhnlichen Ausbesserungen tragen (§ 586 Abs 2 mit §§ 536 Abs 3; 536a-d), soweit letztere bereits bei Pachtbeginn erforderlich sind (STAUDINGER/SONNENSCHEIN[12] § 582 aF Rn 17). Eine bei Pachtbeginn gefertigte Beschreibung stellt Umfang und Zustand der Pachtsache zu diesem Zeitpunkt außer Streit und legt damit bis zum Beweis des Gegenteils (Abs 3) die Tatsachengrundlage fest, aufgrund derer über Ansprüche der Vertragsteile zu entscheiden ist.

Zur Bedeutung der Beschreibung im Zusammenhang mit Veränderungen der Pachtsache vgl § 590 Rn 4, 37.

Eine besondere Veranlassung zu detaillierter Beschreibung geben die Fälle der sog „eisernen Verpachtung", in denen ein landwirtschaftlicher Betrieb mit dessen Inventar verpachtet wird und der Pächter dessen Wert als Teil des Pachtentgelts zu verzinsen sowie bei Pachtende zurückzugeben hat.

2. Verhältnis zum früheren Recht

Bis zum 30.6.1986 enthielt das Pachtrecht, auch soweit es aus dem BGB ausgegliedert war, keine entsprechende Bestimmung, wenngleich in der Praxis, insbesondere bei Betriebspachten, eine Hofbeschreibung üblich war (FHL Rn 4). Ein im Gesetzgebungsverfahren zum BGB gestellter Antrag, bei der Pacht eines Landgutes eine dem späteren § 1034 entsprechende Regelung aufzunehmen, wurde abgelehnt (JAKOBS/SCHUBERT, Recht der Schuldverhältnisse II 671). Wegen ihrer Zweckmäßigkeit wurde die Beschreibung der Pachtsache weitgehend praktiziert. Daher hielt der Gesetzgeber der Landpachtnovelle es für angezeigt, die Beteiligten stets dazu anzuhalten.

3. Anwendungsbereich

Nach § 585 Abs 2 stellt § 585b eine besondere Vorschrift für **Landpachtverträge** dar, die also auf andere Arten des Pachtvertrages keine Anwendung findet. Die Interessenlage bei anderen Pachtverhältnissen ist allerdings aufgrund der Verweisung auf das Mietrecht in § 581 Abs 2 im wesentlichen die gleiche. Es hätte daher nahegelegen, die Beschreibung der Pachtsache unter den §§ 582 bis 584b als allgemeine Vorschrift für alle Pachtverhältnisse aufzunehmen.

Die gesetzliche Beschränkung auf das Landpachtrecht schließt aber nicht aus, eine Beschreibung der Pachtsache auch in anderen Fällen – etwa bei der Verpachtung eines ganzen Gewerbebetriebes – ausdrücklich zu vereinbaren. Nicht zweckmäßig wäre es jedoch, nur die entsprechende Anwendung des § 585b festzuschreiben. Dadurch könnte nämlich die Zuständigkeit des Landwirtschaftsgerichts zur Bestellung eines Sachverständigen für die Erstellung der Beschreibung nicht begründet werden.

II. Inhalt und Zeitpunkt der Beschreibung

1. Inhalt

Die Vorschrift bestimmt nur die Feststellung von Umfang und Zustand der Pachtsache bei ihrer Überlassung bzw bei Beendigung des Pachtverhältnisses. Auf eine weitergehende Konkretisierung der Merkmale der Pachtbeschreibung wurde wegen der Unterschiedlichkeit der Pachtverhältnisse verzichtet (FHL Rn 15; Regierungsentwurf BT-Drucks 10/509 S 17). Der Umfang der Beschreibung wird von den Vertragsparteien festgelegt; er bestimmt das Ausmaß der Vermutungswirkung des Abs 3.

Bei der Pacht **einzelner Grundstücke** ist in der Regel deren Identifizierung ausreichend. Wenn sich die Pachtsache in ordnungsgemäßem Zustand befindet, genügt die allgemeine Feststellung dieser Tatsache; es empfiehlt sich allerdings, auch den Zustand zB der Boden-Aufdüngung durch die Durchführung entsprechender Proben festzuhalten. Darüber hinausgehende Angaben sind erforderlich, wenn weitere Gegenstände (wesentliche Bestandteile, Zubehör) mitverpachtet sind und/oder

der Zustand dies verlangt. Detaillierte Beschreibungen empfehlen sich weiter, wenn die Flächen in einem besonderen Kulturzustand übergeben werden, den es zu erhalten gilt. Dies ist etwa dann der Fall, wenn die Flächen die besonderen Voraussetzungen erfüllen, nach denen die darauf gezogenen Früchte als aus biologischem Anbau anerkannt werden.

7 Wird ein **landwirtschaftlicher Betrieb** im ganzen verpachtet, wird der Zweck einer „Beweissicherung" um so eher erreicht, je detaillierter die Beschreibung der Pachtsache ausfällt. Hinsichtlich des Umfangs empfiehlt sich ggf die Beifügung von Inventarverzeichnissen, hinsichtlich des Zustandes die Hinzuziehung eines Sachverständigen, dessen Feststellungen ebenfalls Bestandteil der Beschreibung werden sollten. In den Fällen der *„eisernen Verpachtung"* gehört zu der Auflistung und Zustandsbeschreibung die *Bewertung* jedes einzelnen Inventargegenstandes. Nur dann liegen die Voraussetzungen für eine reibungslose Pachtrückgabe vor. Eine vollständige Zusammenstellung möglicher Punkte einer Beschreibung findet sich bei LWLH Rn 10 ff.

2. Zeitpunkt

8 Sinnvoll ist die Beschreibung per wirtschaftlichem **Vertragsbeginn** und -ende, und zwar jeweils auf den Übergabe- bzw Rückgabezeitpunkt bezogen (nicht das Datum des Vertragsschlusses).

Sie empfiehlt sich darüber hinaus bei Wechsel des Vertragspartners sowie bei jeder **Änderung** des Pachtgegenstandes hinsichtlich Art, Umfang oder Nutzung. Insbesondere bei erlaubten Nutzungsänderungen iSv § 590 Abs 1 oder 2 ist sie zu Beweiszwecken unabdingbar, wenn zu Vertragsbeginn eine Beschreibung erstellt wurde. Weigert sich ein Vertragsteil, ist in Einzelfällen selbst bei nunmehr (genehmigter) nicht mehr landwirtschaftlicher Bestimmung der Pachtsache Abs 2 mit der Zuständigkeit des Landwirtschaftsgerichts anzuwenden, s dazu iE § 590 Rn 14.

III. Form der Beschreibung

9 Eine Beschreibung liegt nur vor, wenn sie in der **schriftlichen Form des § 126** erfolgt ist (**aA** LWLH Rn 9). Bei einem langfristigen Pachtvertrag ist dieses Erfordernis ausreichend berücksichtigt, wenn (auch) die Beschreibung unterschrieben ist und ein räumlicher Zusammenhang mit der Haupturkunde (vgl STAUDINGER/EMMERICH [2003] § 550 Rn 11 ff) besteht. Im übrigen bestätigt die hier vertretene Auffassung Abs 1 S 3, der bei Anfertigung der Beschreibung durch die Vertragsparteien deren Unterschriften zwingend vorschreibt. Die Unterzeichnung dokumentiert die Einigung der Vertragsteile über den Inhalt der Beschreibung und rechtfertigt die in Abs 3 angeordneten Rechtsfolgen.

Die Unterzeichnung der *durch einen Sachverständigen* angefertigten Beschreibung ist in § 585b nicht vorgesehen. Aus der Notwendigkeit der Schriftform für die Beschreibung ist jedoch zu folgern, daß eine von ihm gefertigte Beschreibung ebenfalls zu unterzeichnen ist.

10 Die fehlende Datumsangabe führt nicht zur Unwirksamkeit der Beschreibung.

Insoweit ist Abs 1 S 3 – entgegen dem Referentenentwurf vom 29. 4. 1976 – als bloße Sollvorschrift ausgestaltet. Fehlt das Datum oder liegt es ganz erheblich außerhalb des von § 585b Abs 1 vorgesehenen Zeitraumes, können sich Zweifel hinsichtlich der Einhaltung des Formerfordernisses ergeben. Jedenfalls beeinträchtigen Abweichungen vom (zu beweisenden) Datum der Übergabe den Beweiswert der Beschreibung.

IV. Anfertigung der Beschreibung

1. Durch die Vertragsteile selbst

Das Gesetz sieht vor, daß die Beschreibung regelmäßig durch die Vertragsparteien gemeinsam angefertigt wird. Die Mitunterzeichnung der von einem Vertragsteil gefertigten Beschreibung durch den anderen Teil reicht aus. **11**

2. Durch einen Sachverständigen

a) Sachliche Voraussetzungen

Verweigert ein Teil seine Mitwirkung bei der Anfertigung oder können sich beide nicht auf den Inhalt einigen und/oder wird sie nicht von beiden unterschrieben, so kann jeder Teil die Anfertigung durch einen Sachverständigen verlangen. Gleiches gilt, wenn ein Vertragsteil die Erstellung der gemeinsamen Beschreibung in einer Weise verzögert, daß sie ihrem Zweck (so Rn 2) nicht mehr gerecht zu werden droht. Einer Abmahnung oder gar Fristsetzung mit Ablehnungsandrohung bedarf es vor Einleitung des gerichtlichen Verfahrens nicht. **12**

Das Verlangen kann auch der Vertragsteil stellen, an dessen Verhalten die gemeinsame Beschreibung gescheitert ist.

Das Verlangen ist nicht an den anderen Vertragsteil zu richten, (aA PALANDT/WEIDENKAFF Rn 9), sondern erschöpft sich in dem einseitig möglichen **Antrag an das Landwirtschaftsgericht** auf Sachverständigenernennung (MünchKomm/VOELSKOW Rn 5). Der Gesetzgeber hat wegen der bei der Durchsetzung zu befürchtenden zeitlichen Verzögerungen bewußt auf die Begründung eines solchen Anspruchs verzichtet (RegE BT-Drucks 10/509 S 18). **13**

Das Verlangen muß innerhalb einer Frist von **neun Monaten** nach Überlassung der Pachtsache bzw drei Monaten nach Pachtende gestellt werden. Diese Regelung ist wenig glücklich; insbesondere, weil nach Bestellung des Sachverständigen die Frist bis zur tatsächlichen Erstellung der Beschreibung idR erheblich sein wird. Unter Berücksichtigung der realistischen Fristen kann sich der Zustand der Pachtsache so verändert haben, daß die Beschreibung nicht mehr die Aussagekraft hat, die ihr zukommen soll (so Rn 2).

Die Gefahr, das verfolgte Ziel zu verfehlen, besteht besonders im Falle einer nach Pachtende notwendigen Sachverständigenbeschreibung. Der Grund liegt hier in der Verjährungsregelung des § 591b. Danach beträgt die Verjährungsfrist für Ansprüche der Pachtvertragsparteien gegeneinander sechs Monate ab Beendigung des Pacht- **14** verhältnisses. Der Antrag auf Sachverständigenernennung hemmt in entsprechender Anwendung des § 204 Nr 7 die Verjährungsfrist.

b) Verfahren

15 Der **Antrag** auf Sachverständigenernennung kann schriftlich oder zu Protokoll der Geschäftsstelle eines jeden Amtsgerichts gestellt werden (§§ 9 LwVG; 11 FGG). Er muß in jedem Fall innerhalb der maßgeblichen Frist beim örtlich zuständigen Amtsgericht – Landwirtschaftsgericht – eingehen. Über den Antrag entscheidet das Landwirtschaftsgericht im Verfahren der freiwilligen Gerichtsbarkeit (§§ 9 ff; 1 Nr 1 LwVG), wobei eine Zuziehung ehrenamtlicher Richter nicht erforderlich ist (§ 20 Abs 1 Nr 6 a LwVG).

Ob die gesetzlichen Voraussetzungen für eine Ernennung gegeben sind, hat das Landwirtschaftsgericht von Amts wegen festzustellen (§§ 9 LwVG; 12 FGG). Vor seiner Entscheidung hat es den Beteiligten Gelegenheit zur Stellungnahme, insbesondere zur Person des in Aussicht genommenen Sachverständigen, zu geben (§ 14 Abs 2 S 1 LwVG).

16 Den Sachverständigen **bestimmt** das Gericht nach **freiem Ermessen**. Da die gerichtliche Tätigkeit allein auf die Ernennung beschränkt ist, sind die prozessualen Vorschriften der §§ 15 FGG; 402 ff ZPO nicht über § 9 LwVG anwendbar. Trotzdem wird das Gericht bei der Auswahl des Sachverständigen eine Einigung der Vertragsteile auf eine bestimmte Person ebenso zu beachten haben wie von den Beteiligten vorgebrachte Ablehnungsgründe (vgl §§ 404 Abs 4; 406 ZPO).

Die Ernennung des Sachverständigen erfolgt durch gerichtlichen, zu begründenden **Beschluß**. Er ist als „in der Hauptsache ergangen" iSv § 21 Abs 2 LwVG anzusehen, da er das gerichtliche Verfahren abschließt (MünchKomm/Voelskow Rn 12). Er ist daher auch nach § 21 Abs 2 S 1 LwVG von Amts wegen zuzustellen und kann nach § 22 Abs 1 LwVG mit der **sofortigen Beschwerde** angefochten werden.

17 Von der von dem Sachverständigen angefertigten Beschreibung erhält jeder Vertragsteil eine **Ausfertigung**. Bei der – gesetzlich nicht geregelten – Weigerung zur Anfertigung der Beschreibung werden die §§ 408, 409 ZPO sinngemäß anwendbar sein, ebenso § 411 Abs 1 S 2, Abs 2 ZPO über die Befugnis des Gerichts zur Fristbestimmung für die Anfertigung und zur Festsetzung von Ordnungsgeld bei Fristversäumung (MünchKomm/Voelskow Rn 11).

Die *Klage des einen Vertragsteils gegen die Richtigkeit* der Feststellungen des Sachverständigen ist gegen den anderen Teil, nicht den Sachverständigen, zu erheben (MünchKomm/Voelskow Rn 6).

c) Kosten

18 Gem § 585b Abs 2 S 2 hat jeder Vertragsteil die Kosten von Gericht und Sachverständigem je zur Hälfte zu tragen, gleichgültig ob er zur Mitwirkung an einer gemeinsam zu fertigenden Beschreibung bereit war oder nicht. Die Gerichtskosten bestimmen sich über § 33 LwVG nach der Kostenordnung. Für Gebühren und Auslagen des Sachverständigen gelten die Vorschriften des ZSEG (MünchKomm/ Voelskow Rn 13; **aA** FHL Rn 36, 40), denn der Sachverständige wird zwar im Interesse

der Vertragsteile, nicht aber in deren Auftrag tätig. Er wird vielmehr allein durch das Gericht ernannt, das auch auf seine Tätigkeit einwirken kann.

V. Duldungs- und Auskunftspflichten

Weil die Beschreibung der Pachtsache deren *vorherige Besichtigung zwingend voraussetzt*, bestehen gegenseitige Duldungspflichten. Wird der Besitz nur von einem Vertragsteil ausgeübt, muß dieser dem anderen Teil und/oder dessen Bevollmächtigten und Hilfspersonen (Privatsachverständige) das Betreten und Besichtigen der Pachtsache gestatten. Gleiches gilt gegenüber einem gerichtlich ernannten Sachverständigen und dessen Hilfskräften (LWLH Rn 42). **19**

Hat nach Beendigung eines Pachtverhältnisses bereits ein *neuer Pächter* die Pachtsache in Besitz genommen, ist dieser verpflichtet, in gleichem Umfang das Besichtigen und Betreten zu gestatten (MünchKomm/VOELSKOW Rn 7).

Jedenfalls im Zusammenhang mit der Erstellung der Pachtsachenbeschreibung haben die Parteien – in erster Linie der Verpächter – einander auch ungefragt alle Auskünfte zu erteilen, die zur vollständigen Beschreibung und damit Grundlagen der künftigen Vertragsbeziehung notwendig sind. Dies gilt etwa für frühere Nutzungen, soweit diese Auswirkungen auf die künftige haben (so für die Nutzung für die Milcherzeugung, OLG Celle Urteil vom 9.8.1990 7 U [Lp] 220/89 nv), nicht ohne weiteres zu erkennende Bewirtschaftungshindernisse (wie unter der Erdoberfläche vorhandene Fundamente), öffentlich-rechtliche Beschränkungen oä.

VI. Wirkung der Beschreibung (Abs 3)

Ist eine Beschreibung der Pachtsache durch die Vertragsteile oder einen Sachverständigen angefertigt worden, hat sie im Verhältnis der Vertragsteile – nicht auch gegenüber Dritten – die **Vermutung der Richtigkeit** für sich. Dies bezieht sich jedoch nur auf den/die beschriebenen Pachtgegenstand/-gegenstände. Hingegen ist die Richtigkeits- keine Vollständigkeitsvermutung dahin, daß sie bis zum Beweis des Gegenteils stets das gesamte Pachtobjekt erfaßt (FHL Rn 43). **20**

Derjenige Vertragsteil, der die Unrichtigkeit der Beschreibung behauptet, muß diese darlegen und beweisen. Eine dementsprechende Klage geht zweckmäßigerweise auf die Feststellung des behaupteten Zustands, der dann für die Vertragsparteien in Rechtskraft erwächst. Dies gilt unabhängig davon, ob es sich um eine von den Parteien oder durch den Sachverständigen angefertigte Beschreibung handelt.

Nicht zu folgen ist der Ansicht (MünchKomm/VOELSKOW Rn 8), die bei einer von den Vertragspartnern gemeinsam errichteten Beschreibung den Gegenbeweis auf die Fälle beschränkt, daß ein gemeinsamer Irrtum vorgelegen hat oder der beweisbelastete Teil seine Erklärung noch wirksam anfechten kann. § 585b soll die tatsächlichen Voraussetzungen der die Kosten- und Lastenverteilung zwischen Verpächter und Pächter regelnden Normen feststellen und insoweit Streitigkeiten vermeiden helfen. Dieser Zweck wird vereitelt, wenn eine erwiesenermaßen unrichtige Beschreibung zur Entscheidungsgrundlage wird, nur weil mit ihr zu weitgehende Beweisvermutungen verknüpft werden. Selbst wenn bei keinem Vertragsteil ein Irrtum vorlag, sollte die Gründung von Ansprüchen nur auf richtige Sachverhaltsfeststellungen möglich sein. Zu geringe Möglichkeiten der nachträglichen Korrektur verhindern zumindest die Bereitschaft der Pachtvertragsparteien zu einvernehmlicher Mitwirkung an einer Zustandsbeschreibung und wirken so dem mit § 585b verfolgten gesetzgeberischen Ziel entgegen bzw führen zu unnötigen gerichtlichen Bestellungen von Sachverständigen.

Eine Beschreibung, die nach Form oder Inhalt nicht den Anforderungen des § 585b Abs 1 oder 2 entspricht, löst die Vermutungswirkung des Abs 3 nicht aus.

VII. Abdingbarkeit

21 Die Abdingbarkeit des § 585b Abs 1 ergibt sich bereits aus seiner Ausgestaltung als Sollvorschrift; sie ist ganz oder teilweise möglich (LWLH Rn 3 ff).

§ 586
Vertragstypische Pflichten beim Landpachtvertrag

(1) Der Verpächter hat die Pachtsache dem Pächter in einem zu der vertragsmäßigen Nutzung geeigneten Zustand zu überlassen und sie während der Pachtzeit in diesem Zustand zu erhalten. Der Pächter hat jedoch die gewöhnlichen Ausbesserungen der Pachtsache, insbesondere die der Wohn- und Wirtschaftsgebäude, der Wege, Gräben, Dränungen und Einfriedigungen, auf seine Kosten durchzuführen. Er ist zur ordnungsmäßigen Bewirtschaftung der Pachtsache verpflichtet.

(2) Für die Haftung des Verpächters für Sach- und Rechtsmängel der Pachtsache sowie für die Rechte und Pflichten des Pächters wegen solcher Mängel gelten die Vorschriften des § 536 Abs. 1 bis 3 und der §§ 536a bis 536d entsprechend.

Materialien: BT-Drucks 10/508; 10/509; 10/3830; 10/3498.

Schrifttum

Siehe § 585.

Systematische Übersicht

I.	Übersicht, systematische Stellung	1	b)	Zeitpunkt	13
			c)	Folgen	14
II.	Die Pachtsache und ihr Zustand	7	4.	Leistungsstörungen	16
			a)	Verzug des Verpächters	17
III.	Pflichten des Verpächters		b)	Vertragsverletzung (§ 280 nF)	18
1.	Überblick	8	c)	Störung der Geschäftsgrundlage	
2.	Der geeignete Zustand	9		(§ 313 nF)	19
3.	Überlassung	12	5.	Die Haftung des Verpächters	20
a)	Begriff, Inhalt	12	a)	Mängelgewährleistung	20

b)	Fehlen einer zugesicherten Eigenschaft	22	3.	Gewöhnliche Ausbesserungen	42
			a)	Begriff	42
c)	Ausschluß der Gewährleistung	23	b)	Anwendungsbereich	44
6.	Erhaltungspflicht	25	aa)	Umfänglich	44
			bb)	Zeitlich	46
IV.	**Pflichten des Pächters**		c)	Vornahme auf Kosten des Pächters	49
1.	Überblick	32	d)	Besichtigungs- und Auskunftsrecht des Verpächters	51
2.	Ordnungsgemäße Bewirtschaftung	33			
a)	Allgemeines	33			
b)	Sinn und Auswirkung der Vorschrift	34	**V.**	**Abdingbarkeit**	52
c)	Inhalt der Pächterpflicht	35			
d)	Informationspflichten des Pächters, Rechtsbehelfe des Verpächters	41	**VI.**	**Prozessuales**	53

Alphabetische Übersicht

Abdingbarkeit	52	Hauptpflicht des Verpächters		2
Ausbesserungen	45 f	Hauptpflicht des Pächters		4
– gewöhnliche und außergewöhnliche	3, 29	Herrichtung der Pachtsache durch Verpächter		10
– gewöhnliche, als Pächterpflicht	42 ff			
Auskunfts- und Besichtigungsrechte des Verpächters	51	Informationspflichten des Pächters		41
Besichtigungs- und Auskunftsrechte des Verpächters	51	Kontingente, Erhaltung durch den Pächter		38
Besitzschutzrechte des Pächters	14	Lasten der Pachtsache, Verteilung		3
Bewirtschaftung, ordnungsgemäße, als Pächterpflicht	33 ff	Leistungsstörungen		16 ff
– als Ausfluß landwirtschaftlichen Sonderrechts	34	Mangel, Haftung des Verpächters		20
Biologischer Landbau, Umstellung auf	39	Milchquote, Erhaltung durch den Pächter		38
Eigenschaft, zugesicherte	22	Nutzung, vertragsgemäße, als Grundlage der Vertragspflichten		7
Eiserne Verpachtung, Erhaltungspflichten	30			
Erhaltung des Zustands der Pachtsache als Hauptpflicht	2	Pächter, Nebenpflichten, zur Information		41
Erhaltungspflicht des Verpächters	25 ff	– Pflicht zur Beachtung von Umweltauflagen		37
Flächenstillegungsprogramme, Teilnahme an	37	– Pflicht zur gewöhnlichen Ausbesserung		42 ff
Fruchtziehungsrecht als Folge der Überlassung	15	– Pflicht zur ordnungsgemäßen Bewirtschaftung		33 ff
		– Teilnahme an Flächenstillegungsprogrammen		37
Gebrauchsüberlassung als Hauptpflicht	2	– Vertragspflichten		32 ff
Geschäftsgrundlage, Störung der	19	Pachtsache, Herrichtung		10
Gewährleistung, Ausschluß der Haftung	23 f	– Überlassung		12 ff
– Haftung des Verpächters	20 ff	– Zerstörung der		31
– und Unmöglichkeit	18	Produktionsquoten, Erhaltung durch den Pächter		38

Sonderrecht, landwirtschaftliches,
   Auswirkung auf Bewirtschaftungspflicht   34
Störung der Geschäftsgrundlage _____ 19

Überlassung, Folgen _____ 14 f
– Zeitpunkt _____ 13
Überlassungspflicht des Verpächters   12 ff, 27
– Inhalt _____ 12
– Nebenpflichten _____ 12
Umweltauflagen, Beachtung durch
   den Pächter _____ 37

Verfahrensrecht _____ 53
Verkehrssicherungspflichten des Verpäch-
   ters _____ 25
Verkehrssicherungspflichten des Pächters _ 43
Verpächter, Ausschluß der Gewähr-
   leistungshaftung _____ 23 f
– Besichtigungs- und Auskunftsrechte ____ 47
– Erhaltungspflicht _____ 25 ff

– Gewährleistungshaftung _____ 20 ff
– Nebenpflichten bei Überlassung _____ 12
– Pflicht zur Herrichtung der Pachtsache _ 10
– Überlassungspflicht _____ 12 ff, 27
– Verkehrssicherungspflicht _____ 25
– Vertragspflichten _____ 2, 8 ff
Vertragsgemäßheit der Nutzung als
   Vertragsgrundlage _____ 7
Vertragsverletzung _____ 18
Verzug, des Verpächters _____ 17

Zeitpunkt der Überlassung
   der Pachtsache _____ 13
Zerstörung der Pachtsache _____ 31
Zuckerrübenlieferrechte _____ 12
Zugesicherte Eigenschaft _____ 22
Zustand der Pachtsache, Erhaltung _____ 2
– der Pachtsache als Basis
   der Vertragspflichten _____ 7
– geeigneter, zur Gebrauchsüberlassung   9, 26

I. Übersicht, systematische Stellung

1 Die Bestimmung faßt die grundlegenden **wechselseitigen Vertragspflichten hinsichtlich Gebrauchsüberlassung, Nutzung und Erhalt** der Pachtsache zusammen.

2 Übereinstimmend mit den vorhergehenden Regelungen der §§ 581 Abs 2, 536 bestimmt § 586 Abs 1 S 1 die **Hauptpflicht des Verpächters** zur **Gebrauchsüberlassung**; ergänzt dahingehend, daß die Pachtsache in einem dem angestrebten Nutzungszweck entsprechenden, geeigneten **Zustand** zu überlassen und (seitens des Verpächters) zu **erhalten** ist.

3 Abs 1 S 2 entspricht § 582 aF. Dementsprechend sind die **Lasten** zwischen den Parteien so **verteilt**, daß der **Pächter** die **gewöhnlichen Ausbesserungen** an der Pachtsache – die Aufzählung in S 2 ist nur beispielhaft und nicht abschließend – auf seine Kosten vorzunehmen hat. Dem **Verpächter** obliegen die **außergewöhnlichen Ausbesserungen**. Diese Verteilung beruht einmal auf einer im landwirtschaftlichen Bereich üblichen Verkehrssitte (so schon Mot II 429 f); zum anderen entspricht sie dem Wesen der Pacht und findet sich auch bei dem von der Interessenlage vergleichbaren Nießbrauch (§ 1041) wieder.

4 In **Abs 1 S 3** ist nunmehr die **Pächterpflicht zur ordnungsmäßigen Bewirtschaftung** ausdrücklich normiert. Diese konnte bisher nur den §§ 581 Abs 1 S 1, 591 S 1 aF entnommen werden, da die dort geregelten Rechtsfolgen eine ordnungsmäßige Bewirtschaftung voraussetzten. Es liegt im Interesse einer klaren und verständlichen Fassung des Landpachtrechts, die ordnungsmäßige Bewirtschaftung als eine **wesentliche Hauptpflicht** des Pächters herauszustellen.

Abs 2 regelt die Rechtsfolgen bei Sach- und Rechtsmängeln, wobei wegen der vergleichbaren Interessenlage eine weitgehende Verweisung auf die entsprechenden mietrechtlichen Vorschriften erfolgt, entsprechend der Generalverweisung früheren Rechts (in § 581 Abs 2). 5

§ 536c Abs 2 verweist auf das fristlose Kündigungsrecht nach § 543 Abs 3 S 1. Auf die Vorgängervorschrift des § 542 aF war in § 586 Abs 2 nicht in Bezug genommen worden, so daß bis zur Mietrechtsreform das Kündigungsrecht nur aufgrund entsprechender Anwendung in Betracht kam (s STAUDINGER/PIKALO vJEINSEN[13] Rn 6). 6

II. Die Pachtsache und ihr Zustand

Dieser dem Vertragsverhältnis zugrundegelegte und (§ 585b) tunlichst genau zu fixierende **Vertragsgegenstand ist Objekt umfangreicher Verpächter-** (su Rn 8 ff) **und Pächterpflichten** (su Rn 32 ff). Durch das Abstellen auf die **vertragsmäßige** und nicht lediglich die gewöhnliche oder übliche **Nutzung** in S 1 kommt auch hier den Vereinbarungen der Parteien herausragende Bedeutung zu. Es besteht insoweit eine Vergleichbarkeit zu § 434 Abs 1 Ziff 1 („die nach dem Vertrag vorausgesetzte Verwendung"). Wie im Kauf- ist auch im Pachtrecht die ausdrückliche oder stillschweigende Willenseinigung der Parteien über einen bestimmten Zweck maßgebend (STAUDINGER/EMMERICH [2003] § 535 Rn 15). Insoweit genügt es, daß die Zweckbestimmung für beide Partner Geschäftsgrundlage geworden ist (RGZ 131, 343, 352; BGH LM Nr 10 zu § 459); einseitig gebliebene Zweckvorstellungen (Motive) wirken dagegen nicht ausgestaltend. 7

Dem Ziel einer möglichst weitgehenden Konkretisierung sollten kaum Grenzen gesetzt werden, ggf empfiehlt sich die Festlegung bestimmter Nutzungsarten und Fruchtfolgen (LWLH Rn 10). Denn an diesen Festlegungen orientieren sich ua die Verpächter-Pflichten zur Gebrauchsüberlassung. Besondere Bedeutung kommt ihr bei „besonderen" Bewirtschaftungsformen zu, wie zB im Fall von beizubehaltendem/beabsichtigtem alternativem Landbau, etwa nach den strengen Richtlinien bestimmter Vereinigungen (zB „Bioland"). Fehlt sie oder ist sie auch nur zweifelhaft, hat dies sowohl Auswirkungen auf Unterlassungs- bzw Erfüllungsansprüche zur ordnungsgemäßen Bewirtschaftung als auch auf die Fragen nach erforderlicher Erhaltung/Verbesserung (§ 588), Änderung der landwirtschaftlichen Bestimmung (§ 590) oder außerordentlicher Kündigung wegen Schlechtbewirtschaftung (§§ 594e; 553).

III. Pflichten des Verpächters

1. Überblick

Bereits nach dem bisher geltenden Pachtrecht hatte der Pächter durch § 536 aF einen Erfüllungsanspruch auf Herstellung eines zum vertragsmäßigen Gebrauch geeigneten Zustands bzw auf Schadensersatz wegen Nichterfüllung (Mot II 373). 8

Wie den Vermieter treffen den Verpächter zwei Hauptleistungspflichten, die über die geregelte Pflicht der Gebrauchsgewährung (§§ 585 Abs 2, 581 Abs 1) hinausgehen. § 586 Abs 1 S 1 gibt dem Pächter demnach, unabhängig von den sonstigen Rechtsbehelfen, einen eigenständigen klagbaren Anspruch auf **Überlassung und Erhaltung** der Pachtsache in einem zur vertragsmäßigen Nutzung geeigneten Zustand.

2. Der geeignete Zustand

9 Gleich dem in § 536 Abs 1 verwendeten Begriff der Tauglichkeit wird durch das Merkmal der Eignung hier derjenige, durch die Vertragsgemäßheit (so Rn 7) weiter konkretisierte Zustand beschrieben, der durch die Bezugnahme von § 536 Abs 1 in § 586 Abs 2 ua die **Grenze zur Mangelhaftigkeit** darstellt.

10 Je nach Vereinbarung ist dabei der vorhandene Zustand genügend oder hat der Verpächter Pflichten zur vorherigen **Veränderung** (zB Beseitigung übermäßiger Verunkrautung, Dränierung von Ackerflächen, Ausbesserung an Gebäuden). Denkbar ist auch, daß der Verpächter in einem längeren Zeitraum vor Übergabe Bewirtschaftungsbeschränkungen oder -umstellungen einzuhalten hat, um dem Pächter eine bestimmte Wirtschaftweise zu ermöglichen/erleichtern (zB „Bioland").

Die Ermöglichung der vertragsmäßigen Nutzung kann es auch erforderlich machen, dem Pächter Rechte zur Mitbenutzung (zB von Wegen für die An- und Abfahrt) einzuräumen oder eigene Rechte abzutreten (LWLH Rn 8).

11 Gleichfalls kann zur Übergabe der Pachtsache in dem nach dieser Bestimmung verlangten Zustand das Zurverfügungstellen von Gebäuden und/oder Einrichtungen gehören, die im Vertrag nicht ausdrücklich genannt, aber zu der durch ihn zugrundegelegten Wirtschaftsweise des Pächters notwendig sind. Dazu gehören etwa die zur Viehhaltung notwendigen Zäune und Tränken, ggf auch Stallungen und Vorratseinrichtungen für Futter.

Ändert sich der Zustand der Pachtsache nach § 590 Abs 2, ist dieser neue Maßstab auch für die wechselseitigen Pflichten nach § 586 (§ 590 Rn 31) ausschlaggebend.

Wegen weiterer Einzelheiten zu dem Zustand, in dem sich die Pachtsache (im Regelfall) zu befinden hat vgl LWLH Rn 11 ff und FHL Rn 12.

3. Überlassung

a) Begriff, Inhalt

12 Entsprechend der in § 581 Abs 1 S 1 normierten Pflicht zur „Gewährung" hat der Verpächter durch **Übergabe** von Sachen und Einräumung von Rechten – frei von Mängeln und Rechten Dritter – alles Erforderliche zu tun, um dem Pächter die Bewirtschaftung der Pachtsache in dem vereinbarten Zustand zu ermöglichen (BGHZ 19, 85, 93 f; BGH LM Nr 31 zu 581). Dies geschieht im Regelfall durch die *Verschaffung unmittelbaren Besitzes*, in Einzelfällen kann die Einräumung lediglich mittelbaren Besitzes oder Mitbesitzes ausreichen (vgl zur Miete RGZ 108, 204 f; RG JW

1905, 46 Nr 13; STAUDINGER/EMMERICH (2003) § 535 Rn 15), ferner durch die Verschaffung der Rechtsausübungsmöglichkeit bei mitverpachteten Rechten.

Stets wird vom Verpächter **aktives Tun** verlangt, Dulden reicht – wie im Mietrecht (BGHZ 19, 93) – nicht aus. Dies bedeutet zB bei der Mitverpachtung von Zuckerrübenlieferrechten, daß der Verpächter gegenüber der Zuckerfabrik die Erklärungen abzugeben hat, die zur Rechtsübertragung für die Dauer des Pachtverhältnisses auf den Pächter verlangt werden.

Nebenpflichten des Verpächters können sich in diesem Zusammenhang auch auf Auskünfte über den Zustand sowie die bisherige Nutzung der Pachtsache erstrecken (für Fragen der Milcherzeugung s OLG Celle 7 U [Lp] 220/89 nv; sa § 585b Rn 19).

b) Zeitpunkt
Dieser entspricht dem vereinbarten **Beginn des Pachtverhältnisses**. Ebenso wie bei der Miete sind Leistung und Gegenleistung nicht Zug um Zug zu erfüllen, vielmehr trifft den Verpächter eine gesetzliche **Vorleistungspflicht** (§ 587 Abs 1). Diese gesetzliche Regelung ist jedoch dispositiv, so daß zB hinsichtlich des Pachtzinses Vorleistung des Pächters vereinbart werden kann. Dann hat der Pächter Überlassung der Pachtsache Zug um Zug gegen Pachtzins-Zahlung zu verlangen (STAUDINGER/SONNENSCHEIN/VEIT § 581 Rn 152; RG JW 1906, 333 Nr 8).

Bei Pflichtverletzung des Verpächters hinsichtlich der Überlassungspflicht hat der Pächter ein Zurückbehaltungsrecht hinsichtlich der Pachtzinszahlung; dies gilt auch, wenn dieser den Pachtzins vorzuleisten hat (LWLH Rn 17), darüber hinaus die Ansprüche auf Erfüllung bzw Schadensersatz wegen Nichterfüllung oder Pachtzinsminderung.

c) Folgen
In Konsequenz dessen hat der Pächter anschließend **Besitzschutzrechte** (§§ 859 ff) und ist durch das Pfandrecht an dem mitverpachteten Inventar (§§ 585 Abs 2, 583) geschützt. Im Fall der Grundstücksveräußerung hat der Pächter die Schutzstellung aus § 566, der nach § 593b entsprechend anwendbar ist.

An den nach der Überlassung der Pachtsache gezogenen Boden- oder Tierfrüchten (§ 99) erwirbt der Pächter Eigentum mit ihrer Trennung von der Muttersache, §§ 956, 957, wobei die Besitzüberlassung den guten Glauben iSv § 957 vermitteln kann. Dies gilt nach §§ 585 Abs 2; 581 Abs 1 aber nur insoweit, als die Früchte nach den Regeln einer ordnungsmäßigen Wirtschaft als Ertrag anzusehen sind. Diese Einschränkung grenzt die zulässige von (die Substanz betreffender) übermäßiger **Fruchtziehung** ab. So stehen dem Pächter etwa durch Raubbau oder zur Unzeit gewonnene Früchte ebensowenig zu wie durch Windbruch gefallenes Holz.

4. Leistungsstörungen

Wie bereits im früheren Pachtrecht durch die Generalverweisung des § 581 Abs 2 aF sind für das Landpachtrecht nach § 586 Abs 2 die Gewährleistungsregeln des Mietrechts sowie die Haftungsregeln des Allgemeinen Schuldrechts entsprechend anwendbar. Zu Einzelheiten vgl STAUDINGER/EMMERICH (2003) § 535 Rn 17 ff.

a) Verzug des Verpächters

17 Siehe dazu die Kommentatur von STAUDINGER/EMMERICH (2003) § 535 Rn 18.

b) Vertragsverletzung (§ 280 nF)

18 Ein Schadensersatzanspruch aus diesem rechtlichen Gesichtspunkt ist durch die Sondervorschriften der §§ 636 ff nicht ausgeschlossen (OLG Frankfurt WuM 1984, 78). Er erfaßt die Fälle eines Verstoßes gegen eine Nebenleistungspflicht, der nicht zur Unmöglichkeit oder zur Mangelhaftigkeit der Sache führt. Dabei darf der Begriff des Mangels iSd § 536 nicht zu sehr ausgeweitet werden (OLG Frankfurt aaO). So kann aus der bloßen Möglichkeit einer schädlichen Einwirkung von Naturkräften auf die Pachtsache nicht ohne weiteres der Schluß gezogen werden, diese sei mangelhaft. Dies gilt etwa in einer dem vom OLG Frankfurt entschiedenen Fall vergleichbaren Weise für die Einwirkung ungewöhnlich starker Regenfälle bei der Verpachtung landwirtschaftlicher Flächen.

c) Störung der Geschäftsgrundlage (§ 313 nF)

19 Die Vertragsanpassung aus diesem Grunde darf nicht zu einer Änderung der gesetzlichen oder vertraglichen Risikoverteilung führen (vgl STAUDINGER/EMMERICH [2003] Vorbem 7 f zu § 536). Umstände, die in den Risikobereich einer Vertragspartei fallen, geben dieser in der Regel nicht das Recht, eine Änderung der Vertragspflichten zu ihren Gunsten herbeizuführen, weil anderenfalls die in der Vertragsgestaltung liegende Risikoverteilung in einer für die Vertragspartner nicht tragbaren Weise verändert würde (BGH NJW 1981, 2405 zur Gewinnerwartung bei einem zu gewerblichen Zwecken überlassenen Grundstück; BGHZ 74, 370 zum Risiko künftiger Bebaubarkeit beim Kauf von Bauerwartungsland; BGH LM Nr 46 zu § 581 zur Rentabilität beim Kiesabbau). Es darf nicht außer Betracht bleiben, daß grundsätzlich der Pächter das sog Verwendungsrisiko trägt. Hinsichtlich des vereinbarten Pachtzinses findet sich in § 593, hinsichtlich der Pachtdauer in § 595 eine gesetzlich vorgesehene Korrekturmöglichkeit. Eine *Vertragsanpassung wegen Zweckverfehlung wird daher in aller Regel nur die Ausnahme sein.*

5. Die Haftung des Verpächters

a) Mängelgewährleistung

20 Zum Begriff des Mangels und seiner Abgrenzung gegenüber der Leistungsstörung im Bereich der Vertragserfüllung siehe im einzelnen STAUDINGER/EMMERICH (2003) § 536 Rn 5 ff. Hervorzuheben ist, daß es auf das Vorhandensein eines **Mangels zur Zeit der Überlassung** ankommt. Für einen später, während der Pachtzeit entstehenden Mangel muß der Verpächter einstehen, da er nach § 586 Abs 1 während der gesamten Vertragsdauer zur Erhaltung der Pachtsache in einem zur vertragsmäßigen Nutzung geeigneten Zustand verpflichtet ist. Besteht ein Mangel der Pachtsache bei Vertragsbeginn, begründet dieser ohne entsprechende Vorbehaltserklärung keine Pächterrechte auf Gewährleistung; er begründet auch keinen späteren Ersatzanspruch, wenn die Pachtsache später vom Pächter in einen ordnungsgemäßen Zusand versetzt wurde (OLG Köln 23 U 4/88 nv).

21 Beispielsfälle aus der Landwirtschaft: Ein Mangel am Grundstück ist regelmäßig bei drohender Versumpfung oder Überschwemmung (RG JW 1921, 334) oder mangelnder Vorflut (OLG Kiel SchlHAnz 1933, 122) gegeben. Ebenso kann eine fehlende Dränage die vertragsmäßige Nutzung beeinträchtigen und somit ein Mangel sein (die erstmalige Anlage von Dränagen zählt zu den Verpächterpflichten). Dagegen liegt das normale Ertragsrisiko beim Pächter. Bei den mitverpachteten Gebäuden kommen in erster Linie Baumängel in Betracht. Hinsichtlich des Inventars ist auf die normalerweise zu erwartende Funktionsfähigkeit abzustellen. Mängel können auch in öffentlich-rechtlichen Beschränkungen bestehen. Als Mangel der Pachtsache ist zB auch anerkannt, wenn in dem Grundstück die Betonplatte einer ehemaligen FLAK-Stellung liegt, die vom Pflug erfaßt werden kann (OLG München RdL 90, 148 = AgrarR 91, 134). Zu weiteren Einzelheiten wird verwiesen auf die Zusammenstellung STAUDINGER/SONNENSCHEIN/VEIT § 581 Rn 295 ff.

b) Fehlen einer zugesicherten Eigenschaft

Zum Begriff vgl STAUDINGER/EMMERICH (2003) § 536 Rn 33 ff sowie STAUDINGER/SONNENSCHEIN/VEIT § 581 Rn 302 ff. Bei **längerfristigen Verträgen** folgt aus dem Schriftformerfordernis des § 585a, daß auch die zugesicherten Eigenschaften schriftlich im Vertrag festzuschreiben sind. Nicht ausreichend ist insoweit die Beschreibung der Pachtsache gemäß § 585b, da sie nur den Zustand bei Beginn des Pachtverhältnisses festhält, ohne irgendwelche Verpflichtungen des Verpächters zu beinhalten.

Nach § 537 Abs 2 S 2 aF stand bei der Verpachtung eines Grundstücks die Zusicherung einer bestimmten **Grundstücksgröße** der Zusicherung einer Eigenschaft gleich. Diese Bestimmung ist durch die Mietrechtsreform 2001 ersatzlos gestrichen worden, so daß sich die Frage, ob die Vereinbarung einer bestimmten Größe eine Eigenschaftszusicherung ist, nach den allgemeinen Regeln bestimmt (vgl STAUDINGER/EMMERICH [2003] § 536 Rn 39).

c) Ausschluß der Gewährleistung

Die Kenntnis des Mangels schließt Gewährleistungsansprüche aus (vgl STAUDINGER/EMMERICH [2003] § 536 Rn 67).

Im Landpachtrecht können die Gewährleistungsrechte des Pächters aus § 536 Abs 1, 2, 4 (Minderung), § 536a (Schadensersatz wegen Nichterfüllung) und § 536 Abs 3 (Minderung und Schadensersatz wegen Nichterfüllung bei einem Rechtsmangel) vertraglich ausgeschlossen werden. Bei vorformulierten Verträgen sind die Grenzen von § 307 zu beachten.

6. Erhaltungspflicht

Als weitere **Hauptpflicht** trifft den Verpächter die Verpflichtung, die Pachtsache während der Dauer des Pachtverhältnisses in einem zur vertragsmäßigen Nutzung geeigneten Zustand zu **erhalten** (vgl STAUDINGER/EMMERICH [2003] §§ 535 Rn 20 ff). *Dies geht über die allgemeine Duldungspflicht hinaus*, die bereits in der Verpflichtung zur Gebrauchsgewährung (§§ 585 Abs 2, 581 Abs 1) enthalten ist. **Verstößt** der Verpächter gegen diese Pflicht, regeln sich die Ansprüche des Pächters zunächst nach dem Miet- (§§ 535 ff) und weiter evtl nach dem Haftungsrecht des Allgemeinen Schuldrechts (vgl STAUDINGER/EMMERICH [2003] § 535 Rn 21 M; OLG Celle RdL 1988, 321 zu § 326 aF).

Verpächterpflicht in diesem Zusammenhang ist vielmehr, alle Maßnahmen in Bezug auf die Pachtsache zu ergreifen, die nicht als gewöhnliche Ausbesserung Pächterpflicht sind (LWLH Rn 22 iVm Rn 32). Wie schon nach altem Landpachtrecht, kann auch hier zur Abgrenzung der Rechte und Pflichten auf die Lastenverteilung beim Nießbrauch zurückgegriffen werden (LWLH Rn 31).

Erhaltung ist dabei alles, was zur Instandsetzung zwecks Mängelbeseitigung nötig ist, um die Sache in einem zum vertragsgemäßen Gebrauch geeigneten Zustand zu erhalten. Demgegenüber fallen in den Verantwortungsbereich des Pächters alle Maßnahmen zur Behebung von Folgen des üblichen Gebrauchs der Pachtsache, die nach dem gewöhnlichen Lauf der Dinge von Zeit zu Zeit (regelmäßig) zur Erhaltung oder Wiederherstellung der Gebrauchsfähigkeit notwendig werden (vgl Rn 43; zur Abgrenzung s BGH RdL 1993, 37).

In engem Zusammenhang mit Instandhaltungs-, Instandsetzungs- und Ausbesserungspflichten steht die Pflicht der **Verkehrssicherung**, die teilweise dem Verpächter, teilweise dem Pächter obliegt. Soweit sie durch notwendige Ausbesserungen der Pachtsache erreicht wird, liegt sie im Verantwortungsbereich des Pächters. Dagegen sind nachträgliche Maßnahmen, die aufgrund bau-, feuer- oder gewerbepolizeilicher Vorschriften notwendig werden, vom Verpächter auf seine Kosten durchzuführen, da er im Falle einer Neuverpachtung diese Maßnahmen im Rahmen der Überlassung zur vertragsmäßigen Nutzung ebenfalls hätte treffen müssen. Nichts anderes kann gelten für zwingend vorgeschriebene Maßnahmen des Umweltschutzes (STAUDINGER/SONNENSCHEIN/VEIT § 581 Rn 164).

Die Erhaltungspflicht des Verpächters wirkt als Verkehrssicherungspflicht gegenüber dem Pächter und seiner Familie (LWLH Rn 21).

26 Maßstab ist der **vertragsgemäße Zustand** der Pachtsache, also derjenige, der dem Pächter die – an seiner (vertraglich zugrundegelegten) Wirtschaftsweise orientierte – beabsichtigte ordnungsgemäße Wirtschaftsweise ermöglicht. Demzufolge besteht die Erhaltungspflicht nicht um ihrer selbst willen; sie entfällt also etwa insoweit, als bestimmte Teile des Pachtgegenstandes vom Pächters nicht genutzt werden oder dieselben Bewirtschaftungsergebnisse durch Alternativmaßnahmen mit gleicher Kostenstruktur erzielt werden können (BGH AgrarR 92, 341 = RdL 92, 38). Gleichfalls ist der Verpächter nicht verpflichtet, ein defektes Inventarstück mit hohem finanziellen Aufwand in den ursprünglichen Zustand zu versetzen, wenn dem Pächter nach einer (preiswerteren) Alternativmaßnahme die gleichen betriebswirtschaftlichen Ressourcen zur Verfügung stehen (LWLH Rn 23).

27 In diesem Zusammenhang hat der Verpächter insbesondere den **störungsfreien Gebrauch** der Pachtsache zu ermöglichen, also etwa alle nach § 906 unzulässigen Einwirkungen zu verhindern. Dabei sind Grenzen und Schranken in der Eigentumsnutzung zu beachten, die aufgrund besonderer gesetzlicher Anordnung oder gewohnheitsrechtlicher Handhabung bestehen. Beispiele dazu sind etwa die Zulässigkeit des Betretens fremder Grundstücke, auch der Wege und Wälder, zB nach § 14 BWaldG, sowie vielen Feld- und Forstordnungsgesetzen der Länder (vgl im einzelnen PALANDT/BASSENGE § 903 Rn 11 ff mwN).

28 Teil der Verpächterpflicht zur Gewährung störungsfreien Gebrauchs können auch

Pflichten sein bzw werden, *die mit der eigentlichen Substanzerhaltung unmittelbar nichts zu tun haben.* So kann es – namentlich bei der Verpachtung von Betrieben mit Direktvermarktung (zB Gärtnereien) – zu den Verpächter-Pflichten gehören, das Entstehen von Konkurrenzunternehmen zu dem verpachteten Betrieb nicht zu ermöglichen.

Eine **Ausnahme** gilt, soweit dem Pächter Beeinträchtigungen bei Vertragsabschluß bekannt gewesen und von ihm gebilligt worden sind (vgl OLG Celle OLGE 24, 358; OLG Dresden OLGE 18, 14; OLG Frankfurt WuM 1981, 63).

Aus der Pflicht des Verpächters, die Pachtsache in einem zur vertragsmäßigen Nutzung geeigneten Zustand zu überlassen und zu erhalten sowie aus der auf die gewöhnlichen Ausbesserungen beschränkten Überbürdung der Lasten auf den Pächter folgt, daß dem Verpächter alle **außergewöhnlichen Ausbesserungen** obliegen. Hierzu werden auch alle Maßnahmen gerechnet, die infolge Brand, Überschwemmung, Erdbeben oder sonstiger ungewöhnlicher Witterungseinflüsse bedingt sind. Diese hat der Verpächter auf seine Kosten vornehmen zu lassen, wobei es ihm – ebensowenig wie dem Pächter – gestattet ist, die notwendigen Materialien dem Pachtgrundstück zu entnehmen. **29**

Völlig anders hingegen stellt sich die Situation in den Fällen der bei Betriebspacht häufig praktizierten **eisernen Verpachtung** iSv § 582a dar (vgl § 585 Rn 4). Dann folgt aus der den Pächter treffenden Rückgabepflicht in dem übernommenen Wertumfang und -zustand, daß ihn allein die Erhaltungspflicht der Pachtsache in dem Umfang trifft, die ansonsten dem Verpächter obliegt (vgl LWLH § 582a Rn 12 mwN). **30**

Unterschiedlich sind die Wiederherstellungspflichten der Vertragsparteien im Falle der völligen oder teilweisen **Zerstörung der Pachtsache** zu beurteilen. Kein Zweifel besteht daran, daß diejenige Vertragspartei neben der Wiederherstellungs- auch eine Schadensersatzpflicht trifft, die die Zerstörung **zu vertreten** hat (BGH AgrarR 92, 341 = RdL 92, 38). **31**

Hat keine Partei die Zerstörung zu vertreten, erlöschen die wechselseitigen Vertragspflichten zur Gebrauchsüberlassung, Pachtzinszahlung und damit auch Wiederherstellung. Etwas anderes wird nur gelten, wenn eine Partei (im Regelfall der Verpächter) die Pachtsache gegen Zerstörung **versichert** hat. Dann wird man es als Nebenpflicht ansehen müssen, die erhaltene Versicherungssumme zur Ersatzbeschaffung einzusetzen (vgl ausf LWLH Rn 25).

Nach Vertragsende hat der Verpächter die Pachtsache grundsätzlich nicht mehr in einem ordnungsgemäßen Zustand zu erhalten. Seine Verpflichtung aus § 586 Abs 1 S 1 entfällt (BGH WM 1961, 455; Wolf/Eckert Rn 303); soweit indessen von der Pachtsache Gefahren für den Pächter und das Inventar ausgehen, hat er diese zu beseitigen.

IV. Pflichten des Pächters

1. Überblick

32 Anders als im Miet- ist es im landwirtschaftlichen Pachtrecht seit jeher Pächterpflicht, neben der **ordnungsgemäßen Bewirtschaftung** für die gewöhnlichen **Ausbesserungen der Pachtsache** zu sorgen (Mot II 429 f). Dementsprechend wiederholt die Bestimmung die bisher in § 582 aF enthaltene Regelung in einer – nicht abschließenden – Aufzählung, ergänzt um die Ausbesserungspflicht hinsichtlich der Dränungen. Nicht erwähnt und auch nicht mit erfaßt ist das **Inventar**. Nach §§ 585 Abs 2, 582 (der nahezu unverändert § 586 aF entspricht) trifft insoweit auch die **Erhaltungspflicht** den Pächter, während die Ergänzungspflicht – abgesehen von der Sonderregelung für lebendes Inventar – dem Verpächter obliegt.

2. Ordnungsgemäße Bewirtschaftung

a) Allgemeines

33 *Im Rahmen des vor 1986 geltenden Pachtrechts* wurde in der Literatur zum Teil eine aus § 591 abgeleitete Pflicht des Pächters zur ordnungsmäßigen Bewirtschaftung des Pachtgegenstandes angenommen (BGB-RGRK/Gelhaar § 591 Rn 1; Staudinger/Pikalo[12] Anh zu § 597). Dementsprechend wird in dem Verstoß dagegen ein vertragswidriger Gebrauch gesehen, der Ansprüche auf Unterlassung (§ 541), Schadensersatz wegen Vertragsverletzung oder das Recht des Verpächters zur fristlosen Kündigung (§ 543 Abs 2) zur Folge haben konnte. Anderer Auffassung war im wesentlichen Sonnenschein (Staudinger/Sonnenschein[12] § 591 Rn 11) unter Berufung auf die bei den Beratungen des Gesetzentwurfs maßgeblichen Überlegungen. In § 586 Abs 1 S 3 ist die **Bewirtschaftungspflicht des Pächters nunmehr ausdrücklich gesetzlich normiert** worden.

b) Sinn und Auswirkung der Vorschrift

34 Die Bewirtschaftungspflicht des Pächters bei Verpachtung landwirtschaftlich genutzter Grundstücke liegt ebenso im schutzwürdigen Interesse des Verpächters wie in dem der Allgemeinheit (Staudinger/Pikalo[12] Anh 64 zu § 597). Sie ist nicht zuletzt Konsequenz des Bestehens eines landwirtschaftlichen Sonder-Pachtrechts an sich, das – wie andere landwirtschaftsrechtliche Sonderrechte (zB HöfeO, §§ 1371 Abs 4, 2049, 2306) auch – seine **Rechtfertigung darin findet, im öffentlichen Interesse ertragsfähige landwirtschaftliche Betriebe in bäuerlicher Hand zu erhalten** (so grundlegend BVerfG AgrarR 1985, 12; BGH NJW 1989, 1222; BGH RdL 1992, 217).

c) Inhalt der Pächterpflicht

35 Die Ordnungsmäßigkeit der Bewirtschaftung bestimmt sich zunächst nach den getroffenen **Vereinbarungen**, darüber hinaus dem **Vertragszweck**, *der im Zweifel in der substanzschonenden Erhaltung des Zustandes der Pachtsache im Zeitpunkt der Übergabe liegt* (BGH RdL 2000, 234). Sie orientiert sich letztlich an den Anforderungen, die an die Fähigkeiten/Tätigkeiten eines durchschnittlich sachkundigen und verantwortungsbewußten Landwirts zu stellen sind. Dies deckt sich weitgehend mit den Anforderungen, die an die Wirtschaftsfähigkeit im Sinne von § 6 IV HöfeO gestellt werden (s hierzu im einzelnen FHvJP § 6 HöfeO Rn 40 ff); ferner mit dem, was als „gute fachliche Praxis" iSv § 17 BBodenschG anzusehen ist. Die entsprechenden Bestimmungen sind in Zweifelsfällen zur Auslegung dessen heranzuziehen, was eine ordnungsgemäße Bewirtschaftung iSv § 586 Abs 1 S 3 darstellt.

Unklare Vereinbarungen können dem Pächter unverhältnismäßige Bewirtschaftungs- und Erhaltungspflichten auferlegen (OLG Koblenz AgrarR 2000, 333; im entschiedenen Fall war ein Grundstück zur „weinbaulichen bzw ackerbaulichen Nutzung" verpachtet, was das Gericht zum Anlaß nahm, dem Pächter die Unterhaltung der Fläche mit Weinstöcken aufzuerlegen und sie dementsprechend zurückzugeben, nachdem er diese nach Vertragsbeginn angepflanzt hatte).

Ergänzend wird man zur Begriffsdefinition offizielle Leitlinien heranziehen können, wie sie zB von der Agrarministerkonferenz in München am 23. 9. 1987 verabschiedet worden sind. Im Mittelpunkt solcher gesetzgeberischen Überlegungen und Maßnahmen haben in den letzten Jahren umweltpolitische Fragen gestanden. Dabei spielt der Gesichtspunkt einer gesunden Ernährung eine ebenso große Rolle wie die Erhaltung eines gesunden, chemisch unbelasteten Bodens für die kommenden Generationen. Die Bundesregierung hat die gute fachliche Praxis beim Düngen im Verordnungswege näher geregelt (DüngeVO vom 26. 1. 1996, BGBl I S 118; vgl AgrarR 1995, 301). **36**

In diesem Zusammenhang kommt einem höheren **Umweltbewußtsein** wie auch in dessen Folge sog „alternativen Wirtschaftsweisen" eine **zunehmende Bedeutung** zu. Sie führen zu schwierigen Beurteilungen, wenn der Landpachtvertrag überhaupt keine Konkretisierungen im Hinblick auf eine (ordnungsgemäße) Wirtschaftsweise enthält. Daß desungeachtet dem Pächter nicht gestattet ist, umweltbelastende Stoffe (Klärschlamm, unerlaubte „Pflanzenschutzmittel") ein- bzw aufzubringen, ist zwischenzeitlich ein begrüßenswerter Stand der Rechtsprechung (OLG Köln AgrarR 1991, 323). Die Parteien können jedoch die Düngung mit Klärschlamm ausdrücklich verbieten oder zulassen; in beiden Alternativen ist eine Mißachtung der Vereinbarung ein Verstoß gegen den Grundsatz ordnungsgemäßer Bewirtschaftung (OLG Celle AgrarR 1997, 259; OLG Koblenz AgrarR 1999, 350 in diesem Fall hatte eine Gemeinde den Pächter ausdrücklich zur Düngung mit Klärschlamm verpflichtet). Ist der Klärschlamm unbedenklich und haben die Parteien nichts vereinbart, liegt bei Verwendung kein Verstoß gegen § 686 Abs 1 S 2 vor (OLG Celle AgrarR 1997, 258). Die Nichtbewirtschaftung von landwirtschaftlichen Nutzflächen im Rahmen der **Flächenstillegungsprogramme** der Europäischen Union wird als ordnungsgemäße Bewirtschaftung anzusehen sein. Denn sie ist Voraussetzung für die Berechtigung des Pächters, die vorgesehenen Beihilfen für Ertragsausfälle zu erhalten, die ihn andererseits in die Lage versetzen, die vereinbarte Pacht zu „erwirtschaften". Dies wird jedenfalls solange gelten, wie dauerhafte Substanzschäden durch geeignete Pflegemaßnahmen vermieden werden. **37**

Soweit Gegenstand des Pachtvertrages auch **Produktionsquoten** sind (derzeit für Zucker und Milch, vgl § 585 Rn 31 f, 43) oder solche während der Dauer des Vertragsverhältnisses (neu) festgesetzt werden, ist es Inhalt der Pächterpflicht zur ordnungsgemäßen Bewirtschaftung, alles zu tun, um (bei erstmaliger Zuteilung) möglichst hohe Produktionsquoten zu bekommen und diese dann auch zu erhalten. Denn es hat sich gezeigt, daß – speziell im Bereich der Milchviehwirtschaft – der Verkehrswert landwirtschaftlicher Flächen ohne Quote bis zur Unverkäuflichkeit sinkt. Zum Schicksal von (flächenakzessorischen) Produktionsquoten bei Vertragsende siehe **38**

§ 596 Rn 34 ff. Ergibt sich die Chance auf weitergehende Zuteilung, hat der Pächter sie wahrzunehmen und in Höhe seiner Aufwendungen einen Anspruch nach § 591 (s dort Rn 13). Kann/will er die Mittel zum Erwerb nicht aufwenden, hat er wenigstens den Verpächter zu informieren, damit dieser die Quote erwerben und ihm ggf verpachten kann (arg OLG Naumburg AgrarR 2001, 355 BGH RdL 2001 212 = AgrarR 2001, 381; aA OLG Celle OLGE 1994, 32).

Soweit den Landwirten zur Reduktion von Überproduktionen **staatliche Leistungen für die Aufgabe bestimmter Produktionszweige** angeboten werden (zB Milchaufgabevergütung), entspricht deren Annahme nur dann einer ordnungsgemäßen Wirtschaftsweise, wenn sichergestellt ist, daß diese nur während der Pachtzeit wirken und der Pachtgegenstand bei Vertragsende mit voller Produktionsmöglichkeit wieder zurückgegeben werden kann. Dies wird sich nach den geltenden Regeln kaum realisieren lassen, weshalb beispielsweise die Inanspruchnahme von Milchaufgabevergütung öffentlichrechtlich ohnehin nur mit Verpächter-Zustimmung möglich ist (BVerwG AgrarR 1994, 404). Daß die Aufgabe der Produktion – mit entsprechendem Verfall der Quote – ebensowenig ohne Verpächterzustimmung erfolgen kann wie der (nach der früheren MGV mögliche) Verkauf der Quote, versteht sich vor diesem Hintergrund von selbst (vgl BGH AgrarR 1997, 214).

39 Problematischer sind die Fälle, in denen der Pächter bisher im konventionellen Landbau bewirtschaftete Flächen übernimmt, diese anschließend aber zum **biologischen Landbau** (ohne Verwendung anorganischen Düngers oder jedweder chemischer Pflanzenschutzmittel) nutzt. Dadurch lassen sich höhere Verunkrautungen häufig nicht vermeiden, die – wenn die Unkräuter das Aussamungsstadium erreichen – den Boden langfristig erheblich schädigen können. Bei einer derartigen Umstellung wird man nicht per se von einer nicht (mehr) ordnungsgemäßen Bewirtschaftung sprechen können. Vielmehr wird es darauf ankommen, daß der Boden bei Vertragsende (§ 596) ordnungsgemäß (und sei es auch wieder im konventionellen Sinne) zurückgegeben wird. Zu Fragen des Verwendungsersatzes aufgrund der Wirtschaftsumstellung s § 591 Rn 12; zu Fragen von Ausgleichsleistungen bei Pachtende § 596 Rn 33.

40 Der Verstoß gegen die aus § 589 folgende Pflicht zur Eigenbewirtschaftung ist gleichfalls ein solcher gegen die Pächterpflicht aus § 586 Abs 1 S 3. Mangels einer entgegenstehenden Vereinbarung wird man jedoch nicht soweit gehen können, den Pächter als zur persönlichen Bewirtschaftung (zur Abgrenzung s § 589 Rn 12) verpflichtet anzusehen und einen Wegzug zum Anlaß einer fristlosen Kündigung zu nehmen (OLG Stuttgart RdL 1995, 153).

d) Informationspflichten des Pächters, Rechtsbehelfe des Verpächters

41 Wenn auch gewiß der Pächter nicht zur unaufgeforderten laufenden **Informationserteilung** über Zustand und Entwicklung der Pachtsache verpflichtet ist (zB zum Stand der mitverpachteten Lieferrechte), besteht eine derartige Pflicht jedoch bei signifikanten Änderungen, die Auswirkungen auf die Zeit nach Vertragsende erwarten lassen (OLG Celle AgrarR 1994, 234 = OLGE 1994, 48).

Hat der Verpächter den begründeten Verdacht, der Pächter verstoße gegen seine Vertragspflichten, hat er ein ggf auch gerichtlich durchsetzbares Besichtigungs- und

Auskunftsrecht. Bei Verstößen des Pächters kann der Verpächter entweder auf **Unterlassung** klagen (§ 590a), **Schadensersatzansprüche** geltend machen oder das Pachtverhältnis fristlos kündigen (§§ 594e).

3. Gewöhnliche Ausbesserungen

a) Begriff

Auf eine nähere Definition hat der Gesetzgeber bewußt verzichtet (Mot II 430) und **42** es Lehre und Rechtsprechung überlassen, ihn auszufüllen. Dies hat zu einer weitgehend übereinstimmenden Definition geführt, so daß bei der Neuregelung des Landpachtrechts kein Bedürfnis bestand, diesen Begriff näher zu beschreiben.

Unter gewöhnlichen Ausbesserungen werden ganz allgemein alle **durch normale** **43** **Abnutzung** und Einwirkung im Laufe der Pachtzeit wirtschaftlich **notwendigen Maßnahmen** verstanden, die dazu dienen, das Pachtobjekt in seinem Wert zu erhalten (Wenzel AgrarR 1995, 42). Dabei ist unerheblich, ob es sich um eine Abnutzung der Pachtsache durch vertragsmäßige Nutzung oder um eine Verschlechterung der Pachtsache durch sonstige Umstände (zB übliche Witterungseinflüsse) handelt (MünchKomm/Voelskow Rn 1). Auch Maßnahmen, die durch häufige und typische Betriebsrisiken bedingt sind, gehen zu Lasten des Pächters (Staudinger/Emmerich/ Veit § 582 Rn 7); ebenso können ihn Maßnahmen treffen, die **Verkehrssicherungscharakter** haben.

Dagegen sind **Verbesserungsmaßnahmen**, die das Pachtobjekt in einen gegenüber dem Zeitpunkt des Vertragsabschlusses höherwertigen Zustand versetzen, keine „Ausbesserungen". Sie fallen deshalb auch nicht dem Pächter zur Last, auch wenn sie die Bewirtschaftungsmöglichkeiten steigern. Gleiches gilt, wenn – etwa bei Durchrostungen – rein technisch auch durch Ausbesserungen keine Substanzerhaltung erreicht werden kann; dann können dementsprechende Maßnahmen vom Pächter auch nicht verlangt werden (OLG Oldenburg 10 WLw 4/89 nv).

Gehen die Maßnahmen des Pächters darüber hinaus, steht ihm möglicherweise neben einem Verwendungsersatz- (§ 591) ein Wegnahmeanspruch bei Pachtende (§ 591a) zu.

b) Anwendungsbereich
aa) Umfänglich

Die Pächterpflicht betrifft den **Pachtgegenstand insgesamt** und beinhaltet etwa hin- **44** sichtlich der Nutzflächen Reparaturen an Wegen, Gräben, Brücken, Zäunen, Windschutzanlagen, Brunnen, Tränken, Wasserleitungen; hinsichtlich der Wohn- und Wirtschaftsgebäude auch die wesentlichen Bestandteile, nicht dagegen Scheinbestandteile, die in seinem Eigentum stehen, § 95 (Lippmann JW 1925, 1075).

Zu den gewöhnlichen Ausbesserungen gehören etwa (zu weiteren Beispielsfällen vgl LWLH Rn 31 ff):

- Schönheitsreparaturen an Gebäuden;

- die Beseitigung von Witterungsschäden;

– die Beseitigung von Beschädigungen Dritter;

– das Ausbessern von Wegen, nicht jedoch deren erstmalige Befestigung;

– das Weißen und Desinfizieren der Ställe (BGB-RGRK/GELHAAR § 582 Rn 1), und zwar nicht nur nach einer Maul- und Klauenseuche, sondern auch vorbeugend (MünchKomm/VOELSKOW Rn 1; vgl auch ERMAN/JENDREK § 582 Rn 2);

– die Unterhaltung eines Teichablaufs (BGH RdL 1993, 37)

– die Ausbesserung und ggf sukzessive Erneuerung von Weidepfählen (sa OLG Celle OLGR 2003, 255).

Diese Pflichten trafen bei Kreispachtverträgen in der ehemaligen DDR (s § 585 Rn 16) grds auch die LPGen (BGH AgrarR 1996, 55).

45 Daß die Erhaltung der **Dränungen** insoweit auch zu den Pächterpflichten gehört, ist zwar seit der Landpachtnovelle nun ausdrücklich Bestandteil der gesetzlichen Regelung, war aber schon seit jeher Pächterpflicht (MünchKomm/VOELSKOW Rn 1 unter Hinweis auf RG Recht 1930 Nr 1027).

bb) Zeitlich

46 Der Pächter ist nur zu den **während der Vertragszeit** erforderlich werdenden Ausbesserungen verpflichtet. Solche, die durch davor liegende Vernachlässigung – sei es durch Ver- oder Vorpächter – notwendig werden, gehen mangels anderweitiger vertraglicher Grundlage als Bestandteil seiner Pflicht zur Gebrauchsüberlassung zulasten des Verpächters (Rn 12; vgl auch ERMAN/JENDREK aaO). Jedoch sind *bei Vertragsschluß vorhandene Abnutzungserscheinungen*, die noch keine Ausbesserung erfordern oder die Überlassung in vertragsgemäßem Zustand nicht tangieren (zB bei Übergabe einer gebrauchten Maschine), im Rahmen der späteren Instandsetzung voll vom Pächter zu tragen, denn das Gesetz sieht eine weitergehende Differenzierung nicht vor.

47 Nicht erfaßt von der Pächterpflicht ist die **nach Vertragsende** anfallende Ausbesserung, da § 586 einen bestehenden Pachtvertrag voraussetzt. Dies gilt grundsätzlich auch, wenn der Pächter dem Verpächter das Pachtobjekt vorenthält und die Rechtsfolgen des § 597 eingreifen. Im Gegensatz zu der früheren Regelung, die von einer Vertragsverlängerung durch die Gebrauchsfortsetzung ausging (§§ 581 Abs 2, 545), kommt dies nach der Neuregelung nur noch unter den Voraussetzungen des § 594 in Betracht, während § 545 aF keine entsprechende Anwendung mehr findet (hinsichtlich § 568 aF s BT-Drucks 10/509 zu § 594). *In der Zeit des Pächter-Besitzes nach Vertragsablauf* besteht zwischen den Parteien ein Abwicklungsschuldverhältnis, innerhalb dessen (entsprechend der nach § 546a für Mietverhältnisse geltenden und in § 597 übernommenen Regelung) der Pächter zur Erhaltung der Pachtsache und des übernommenen Inventars und damit zur Durchführung gewöhnlicher Ausbesserungen verpflichtet bleibt (MünchKomm/VOELSKOW § 557 Rn 22). Zu den Rückgabepflichten des Pächters vgl § 596.

48 Die Pächterpflicht zur Vornahme gewöhnlicher Ausbesserungen ist im Zusammenhang mit der grundsätzlichen Erhaltungspflicht des Verpächters während der Pachtzeit zu sehen. Daraus folgt, daß der Pächter sich **nicht** darauf beschränken kann, **am Ende der Pachtzeit (einmalig)** diese Maßnahmen zu treffen. Der Schutz des vom Verpächter zur Verfügung gestellten Eigentums gebietet es, auch für die ordnungsgemäße Rückgabe im Falle einer vorzeitigen Vertragsbeendigung Sorge zu tragen. Daher erfordern die Pflichten zur ordnungsmäßigen Bewirtschaftung sowie zur Rückgabe der Pachtsache in einem der ordnungsmäßigen Bewirtschaftung entsprechenden Zustand (§ 596 Abs 1) eine Ausbesserung, *sobald der Schaden die Erreichung des Vertragszwecks beeinträchtigt*. Insbesondere sind Schäden, die die Verkehrssicherheit gefährden, unverzüglich zu beseitigen.

c) Vornahme auf Kosten des Pächters

Die ausdrückliche Hervorhebung, daß die Ausbesserung auf Kosten des Pächters zu erfolgen hat, soll deutlich machen, daß **Ersatzansprüche des Pächters**, sei es aus Auftragsrecht, sei es aus ungerechtfertigter Bereicherung, in diesen Fällen **ausgeschlossen** sind.

Bei den Beratungen zu § 582 aF war ein Antrag abgelehnt worden, Pächter und Verpächter – diesem für die ihm obliegenden außergewöhnlichen Ausbesserungen – die *Entnahme des notwendigen Materials* (entsprechend der beim Nießbrauch geltenden Regelung [§§ 1043, 1044]) aus dem Grundstück selbst zu gestatten. Die zur Ausbesserung benötigten Materialien darf der Pächter also nur dem Pachtgrundstück entnehmen, wenn sie Teil des ihm gebührenden Pachtertrages sind (MünchKomm/VOELSKOW Rn 1). Alle Abweichungen müssen einer Regelung durch die Vertragsparteien vorbehalten bleiben (MünchKomm/VOELSKOW aaO).

Eine Vorschrift, daß der **Verpächter** bei Verzug des Pächters die Ausbesserung **selbst vornehmen** dürfe und den Ersatz der aufgewandten Kosten vom Pächter verlangen könne, ist trotz entsprechender Überlegungen seinerzeit nicht in das BGB aufgenommen worden und hat auch in die Neuregelung des Landpachtrechts keinen Eingang gefunden. Es gelten insoweit die allgemeinen Vorschriften. Danach kann der Verpächter insbesondere neben einer Leistungsklage auf Vornahme der Handlung von seinem Recht auf außerordentliche Kündigung (§ 594e) Gebrauch machen.

d) Besichtigungs- und Auskunftsrecht des Verpächters

Wie das Mietrecht sah und sieht auch das (Land-)Pachtrecht kein ausdrückliches Besichtigungsrecht des Verpächters zur Überprüfung der Einhaltung der hier beschriebenen Pächterpflichten vor. Entsprechende Überlegungen bei den Beratungen des BGB fanden keine Mehrheit. Grund hierfür war letztlich die Erwägung, daß im Einzelfall häufigere als einmalige Besichtigungen erforderlich sein könnten, denen der Pächter dann unter Hinweis auf die im laufenden Jahr bereits erfolgte Besichtigung widersprechen könnte.

Ob dem Verpächter die Besichtigung zu gestatten sei, soll nach der Literatur nach den tatsächlichen Gegebenheiten des Einzelfalles sowie Treu und Glauben entschieden werden. Während zum Teil dem Verpächter ein dem Vermieter entsprechendes Besichtigungsrecht eingeräumt wird (LWLH Rn 29 unter Hinweis auf §§ 586 Abs 2 iVm 545 aF; MünchKomm/VOELSKOW Rn 2), beschränkt sich dieses nach anderer Auffassung auf ein Besichtigungsrecht in größeren Abständen (BGH VersR 1965, 413) und lediglich in besonderen Ausnahmefällen (STAUDINGER/SONNENSCHEIN/VEIT § 581 Rn 247 ff).

Letzterer Auffassung ist zu folgen. Eine Gleichstellung mit den Rechten des Vermieters läßt außer Betracht, daß diesen, im Gegensatz zum Verpächter, auch die normale Instandhaltungspflicht trifft. Das macht es notwendig, daß der Vermieter sich vom Zustand der Mietsache überzeugen muß, und zwar aufgrund eigener Augenscheinseinnahme. Die Besichtigung durch den Verpächter beeinträchtigt regelmäßig das Gebrauchsrecht des Pächters und ist daher auf Ausnahmefälle zu beschränken. Zum Teil ergeben sich solche aus dem Gesetz, etwa aus § 809 oder §§ 586 Abs 2, 536c, wenn Reparaturen durch den Verpächter notwendig werden. Auch zur Abwendung eines drohenden Schadens kann eine Besichtigung zulässig sein (LG Bremen, BlGBW 1964, 159). Anläßlich der Beendigung des Pachtverhältnisses (gleich aus welchem Grunde) ist dem Verpächter ein – auch häufigeres – Besichtigungsrecht zuzugestehen, um sich angemessen um eine Nachpachtung kümmern zu können.

Allenfalls bei **begründeter Annahme**, der Pächter komme seinen Pflichten nicht nach, und dadurch sei eine substantielle Verschlechterung der Pachtsache zu befürchten, ist dem Verpächter ein Besichtigungsrecht zuzugestehen. Dieses ist allerdings schonend und ohne übermäßige Belästigung des Pächters auszuüben. Eine gewaltsame Durchsetzung ist ausgeschlossen; vielmehr ist im Weigerungsfall auf Duldung bzw Auskunft zu klagen.

V. Abdingbarkeit

52 Die gesamte Regelung des § 586 ist dispositiv (LWLH Rn 3 mwN). Jedwede modifizierende Regelungen sind jedoch unter dem Gesichtspunkt des § 307 kritisch zu würdigen, insbesondere bei einer zu weitgehenden, zulasten des Pächters gehenden Verlagerung der Pflichten betreffend (zusammengefaßt) die Erhaltungsaufwendungen für die Pachtsache (FHL Rn 9; SONNENSCHEIN NJW 1980, 1719).

VI. Prozessuales

53 Streitigkeiten aus dieser Norm entscheidet das Landwirtschaftsgericht im streitigen Verfahren (§§ 1 Nr 1 a iVm 48 LwVG; MünchKomm/VOELSKOW Rn 5; LWLH Rn 42). Zum Indizienbeweis für eine Verletzung der Pächterpflichten bei dessen tatsächlicher Nutzung vgl BGH AgrarR 1996, 55.

§ 586a
Lasten der Pachtsache

Der Verpächter hat die auf der Pachtsache ruhenden Lasten zu tragen.

Materialien: BT-Drucks 10/508; 10/509; 10/3830; 10/3498.

Schrifttum

Siehe § 585.

Systematische Übersicht

I.	Bedeutung der Vorschrift	1	3. Veränderungen während der Vertragsdauer	8
II.	Verhältnis zum früheren Recht	3	IV. Die Wirkung abweichender Vereinbarungen	9
III.	Die grundsätzliche Lastentragungspflicht des Verpächters			
1.	Begriffsdefinition	4	V. Verfahrensrechtliches	12
2.	Abgrenzung zu persönlichen Lasten	7		

Alphabetische Übersicht

Abdingbarkeit	1, 9	– Begriff	4
		– öffentliche	6
Beiträge zu Bodenverbänden etc	6	– persönliche	7
Berufsgenossenschaftsbeiträge	7	– private	5
Dauer der Lastenverteilung	8	Vereinbarungen, Auswirkungen im Innenverhältnis	11
Erbfolge, vorweggenommene	11	Verfahrensrecht	12
Landwirtschaftskammerbeiträge	6	Wirkung von Vereinbarungen	11
Lasten, Auslegung und Abgrenzung	4 ff, 11		

I. Bedeutung der Vorschrift

Im Einklang mit der überkommenen gesetzlichen Regelung will das Gesetz durch diese **Dispositivregelung** (BT-Drucks 10/509 S 17) klarstellen, wer die zahlreichen verschiedenen, auf dem Pachtobjekt ruhenden Lasten tragen muß. Während der Nießbraucher dem Eigentümer gegenüber verpflichtet ist, die meisten der auf der Sache ruhenden öffentlichen und privaten Lasten zu tragen (§ 1047 BGB), ist die gesetzliche Regelung bei Miete (§ 535 Abs 1 S 3) und Landpacht (im alten Recht nach §§ 581 Abs 2 iVm 546; jetzt nach § 586a) entgegengesetzt orientiert. Dabei bringt es die Eigenart des Landpachtverhältnisses mit sich, daß hier häufig von der gesetzlichen Regelung abweichende Vereinbarungen erfolgen (vgl ERMAN/JENDREK § 581 Rn 23). **1**

Die vertragliche Vereinbarung bedarf aber grundsätzlich der **Anzeige nach § 2 Abs 1 S 2 LPachtVG**. Wird während der Vertragslaufzeit die (gesetzliche oder vereinbarte) Regelung über die Lastentragungspflicht durch Nachtragsvereinbarungen nur zu Lasten des Verpächters abgeändert, ist jedoch versäumt worden, dies der Behörde anzuzeigen, so sollte dies nach dem höheren Sinngehalt des § 9 LPachtVG jedenfalls dann einer Entscheidung zugunsten des Verpächters auf dessen Antrag nach § 593 **2** nicht entgegenstehen, wenn die – meist entschuldbare – Versäumung der Anzeige noch vor der Entscheidung nachgeholt wird.

II. Verhältnis zum früheren Recht

3 Die Vorschrift **entspricht** inhaltlich der Regelung in § 546 aF (jetzt 535 Abs 1 S 3 nF), die vor der Landpachtnovelle über § 581 Abs 2 auch für die Pacht Geltung hatte.

III. Die grundsätzliche Lastentragungspflicht des Verpächters

1. Begriffsdefinition

4 Unter „Lasten" im Sinne dieser Vorschrift fallen alle Verbindlichkeiten, **die auf der Sache selbst ruhen** oder den Eigentümer, Besitzer oder Rechtsinhaber als solchen treffen; seien sie privat- oder öffentlichrechtlicher Natur (BGH NJW 1980, 2465; BGB-RGRK/Gelhaar § 546 aF Rn 1). Ergänzend sei auf die Kommentierungen zu § 535 verwiesen (Staudinger/Emmerich [2003] § 535 Rn 63 ff).

5 Die Umlage zu den **Landwirtschaftskammern** ist – soweit es diese Institutionen gibt – in einzelnen Bundesländern unterschiedlich geregelt. Beitragspflichtig ist zumeist der Schuldner der Grundsteuer, wobei einzelne Landesgesetze ausdrücklich die Abwälzung der Beiträge auf den Pächter (mangels abweichender Vereinbarung) regeln. Eine umfassende Zusammenstellung aller landesgesetzlichen Regeln und Besonderheiten findet sich bei FHL Rn 14 bis 21.

6 Beiträge zu Wasser-, Boden- und anderen „Unterhaltungsverbänden" sowie Teilnehmergemeinschaften zur Flurbereinigung haben eher einen öffentlich- denn privatrechtlichen Bezug. Bei Vereinbarungen in diesem Bereich ist besonders auf die Verteilung bzw Anrechnung oder Erstattung der teils erheblichen Zuschüsse zu achten.

2. Abgrenzung zu persönlichen Lasten

7 Nicht zu den von dieser Vorschrift erfaßten Lasten gehören dagegen die rein persönlichen einer Vertragspartei, wie die Vermögensabgabe nach dem Lastenausgleichsgesetz sowie die Soforthilfeabgabe (BGH LM Nr 11 zu § 535 BGB), die Vermögensteuer (RGZ 122, 335; RG JW 1927, 1753 Nr 2) und die Prämien für die Feuerversicherung (OLG Marienwerder JZ 1919, 821 Nr 2; Staudinger/Emmerich [2003] § 535 Rn 65; LWLH Rn 6), aber auch Nebenkosten wie Heiz-, Energie- und Wasserkosten.

Ebenfalls von § 586a nicht erfaßt und vom Pächter zu tragen sind die Beiträge zur **landwirtschaftlichen Berufsgenossenschaft**. Der frühere § 815 RVO, der die Möglichkeit vorsah, die Beiträge zur Berufsgenossenschaft auch vom Grundstückseigentümer, also dem Verpächter zu erheben, ist mit Wirkung vom 1.1.1984 durch Art II § 4 Nr 1 und § 40 Abs 4 SGB X vom 18.8.1980 aufgehoben worden. Nach der Neuregelung ist an die Stelle der Eigentümer-Veranlagung die des Unternehmers getreten.

Die Lastentragungspflicht des Verpächters grenzt sich insoweit entscheidend durch Beantwortung der Frage ein, ob es sich um Leistungen handelt, die „aus der Pachtsache zu entrichten sind", ob also ein innerer Zusammenhang zwischen der Belastung und der Pachtsache einerseits oder der Person einer Vertragspartei andererseits besteht (BGB-RGRK/Gelhaar § 546 aF Rn 1).

3. Veränderungen während der Vertragsdauer

Diese Verteilung gilt grundsätzlich **für die gesamte Dauer des Pachtverhältnisses**. **8**

Ist der Pächter zur Übernahme aller öffentlichen Lasten verpflichtet und kommen neue (zB Steuern) hinzu, so hat er diese zu tragen (BGH LM 11 zu § 535).

Während der Vertragsdauer auftretende **gravierende Äquivalenzstörungen** (angesichts des zumeist engen Zusammenhangs zwischen Pachtzins und Lasten) zwingen im Rahmen des Interessenausgleichs zu einer Angleichung der Lastentragungsvereinbarung an die veränderten Umstände (§ 593). Dem tragen die heute üblichen Normalpachtverträge schon weitgehend Rechnung, wenn sie vorsehen, daß bei einer Erhöhung der öffentlichen Abgaben und Lasten um einen bestimmten Prozentsatz entweder über die Verteilung der Lasten neu verhandelt werden soll oder daß der Mehrbetrag von beiden Parteien je zur Hälfte getragen werden soll (zur Äquivalenzstörung des Pachtvertrages infolge der Beitragsneuregelung zur Berufsgenossenschaft siehe Theisinger AgrarR 1985, 8).

IV. Die Wirkung abweichender Vereinbarungen

Die Bestimmung ist ihrem Grundsatz nach **dispositiv**. **9**

Die häufig in Formularpachtverträgen enthaltenen Klauseln über die weitgehende **10** Abwälzung der Lastentragung auf den Pächter verstoßen nicht gegen § 138 oder die **Bestimmungen der §§ 305 ff** und die ihnen zukommende Schutzfunktion. Trotz § 307 ist sie – möglicherweise anders als es nach § 535 Abs 1 S 3 auf den Mieter zulässig wäre (vgl Staudinger/Emmerich [2003] § 535 Rn 67) – wirksam; denn es ist nicht zu übersehen, daß der Landpächter ganz anders als ein Mieter das Verhältnis von Aufwand zu Ertrag einer Anpachtung betriebswirtschaftlich kalkuliert und einschätzen kann, was er übernimmt. Derart entspricht die weitgehende Übernahme der Lasten durch den Pächter der bereits in der Vergangenheit im Bereich der Landwirtschaft weitgehend geübten Handhabung.

Da nach der Gesetzesformulierung der Verpächter allein verpflichtet ist, gehen Unklarheiten im Zusammenhang mit einer anderen Verteilung im Zweifel zu seinen Lasten (LWLH Rn 2; FHL Rn 27).

Klauseln, die den Pächter zur Übernahme der (oder aller) öffentlichen Lasten **11** verpflichten, sind dahin **auszulegen**, daß damit diejenigen gemeint sind, die nach den Regeln einer ordnungsmäßigen Bewirtschaftung aus dem Ertrag der Pachtsache und nicht aus der Vermögenssubstanz bestritten werden können (LWLH Rn 2 mwN; BGB-RGRK/Gelhaar § 546 aF Rn 2 mit Hinweis auf RG 115, 209 – Rentenbankzinsen – und RG JW 1929, 1396 – Industriebelastung –).

Anderes wird dann zu gelten haben, wenn die (Betriebs-)Verpachtung ersichtlich zum Zwecke der **Vorbereitung der Erbfolge** geschieht, also die Pachtzinsbemessung in erster Linie Versorgungscharakter hat und sie dem Pächter sogar bestimmte Schutzmechanismen gegen eine Vertragsbeendigung gewährt (vgl für den Geltungsbereich der Nordwestdeutschen HöfeO FHvJP § 6 Rn 18). In diesen Fällen erscheint es vertretbar zu sein, dem Pächter auch die persönlichen Lasten (so Rn 7) aufzuerlegen.

Sind vom Pächter die **Lasten** eines Gebäudes übernommen worden, so sind die Straßenreinigungskosten davon ausgenommen, weil diese unabhängig davon, ob das Grundstück bebaut ist oder nicht, zu entrichten sind (KG JW 1931, 3467). Ebenso fallen unter eine derart **pauschal formulierte Regelung** nicht Anlieger- und Erschließungsbeiträge (OLG Celle MDR 1983, 402) oder die persönlichen Steuern des Verpächters (LG Mannheim WuM 1976, 125).

Vereinbaren die Parteien entgegen der gesetzlichen Regelung eine Abwälzung der öffentlichen Lasten auf den Pächter, so entfaltet dies nur Rechtswirkungen in diesem **Innenverhältnis**. Im Außenverhältnis gegenüber dem öffentlichen Leistungsberechtigten bleibt der Verpächter verpflichtet. Soweit der Pächter derart Verpächter-Pflichten „übernimmt", besteht im Zweifel nur eine Erstattungs- nicht aber eine Freistellungspflicht.

V. Verfahrensrechtliches

12 Gerichtliche Auseinandersetzungen im Hinblick auf diese Bestimmung sind streitige Landpachtsachen im Sinne von § 1 Nr 1 a LwVG.

§ 587
Fälligkeit der Pacht; Entrichtung der Pacht bei persönlicher Verhinderung des Pächters

(1) Die Pacht ist am Ende der Pachtzeit zu entrichten. Ist die Pacht nach Zeitabschnitten bemessen, so ist sie am ersten Werktag nach dem Ablauf der einzelnen Zeitabschnitte zu entrichten.

(2) Der Pächter wird von der Entrichtung der Pacht nicht dadurch befreit, dass er durch einen in seiner Person liegenden Grund an der Ausübung des ihm zustehenden Nutzungsrechts verhindert wird. § 537 Abs. 1 Satz 2 und Abs. 2 gilt entsprechend.

Materialien: BT-Drucks 10/508; 10/509; 10/3830; 10/3498.

Schrifttum

Siehe § 585.

Titel 5 · Mietvertrag, Pachtvertrag   § 587
Untertitel 5 · Landpachtvertrag   1, 2

Systematische Übersicht

I.	**Überblick**	
1.	Normgehalt und -zweck	1
2.	Entstehungsgeschichte, Verhältnis zum bisherigen Recht, Mietrechtsnovelle 2001	3
II.	**Inhalt der Norm**	
1.	Allgemeine Grundlagen	4
a)	Begriffsdefinition	4
b)	Die Höhe der Pacht	5
c)	Anpassungs- und Abänderungsmöglichkeiten	8
2.	Fälligkeit	11
3.	Rechtzeitige Entrichtung	16
a)	Allgemeine Grundsätze	16
b)	Aufrechnung, Zurückbehaltung	17
4.	Verzug	18
III.	**Nutzungsverhinderung (Abs 2)**	
1.	Grundsatzregelung (S 1)	20
a)	Problemstellung	20
b)	Ausnahmen	21
2.	Anrechnungspflicht des Verpächters (Abs 2 S 2; § 537 Abs 1 S 2 und Abs 2)	22
a)	Kein Pflichtenzuwachs zulasten des Verpächters	22
b)	Ersparte Aufwendungen und sonstige Vorteile	23
3.	Befreiung des Pächters von der Verpflichtung zur Entrichtung der Pacht (Abs 2 S 2; § 537 Abs 2)	24
IV.	**Verjährung und Verwirkung**	27
V.	**Abdingbarkeit**	29
VI.	**Verfahrens- und Beweislastfragen**	
1.	Verfahren	31
2.	Beweislast	32

Alphabetische Übersicht

Pacht, Fehlen einer Vereinbarung	7
– Fixierung	5
– Fortzahlungspflicht bei Nutzungsverhinderung	20 ff
– Höhe	5
– Schickschuld	16
– Verjährung und Verwirkung	27 f
– Verzug	18
Übliche Pacht bei Fehlen einer Vereinbarung	7
Verfahrensfragen	31
Verjährung und Verwirkung	27 f
Verpächter, Gebrauchsgewährung als Gegenleistung	2
Vorfälligkeitsklausel	30
Wertsicherungsklauseln	9
Zurückbehaltungsrecht	17

I. Überblick

1. Normgehalt und -zweck

Abs 1 bestimmt die Fälligkeit der pächterseits nach den §§ 585 Abs 1 S 1; 581 Abs 1 S 2 zu erbringenden Gegenleistung (früher: Pachtzins, nach der Novelle: **Pacht**), indem er die mietrechtlichen Normen der §§ 556b, 579 nF (§ 551 aF) übernimmt. **1**

Abs 2 regelt entsprechend § 537 nF (§ 552 aF), daß in der persönlichen Sphäre des Pächters – seinem Risikobereich – liegende Verhinderungen zur Ausübung seiner Gebrauchsbefugnis keinen Einfluß auf den Fortbestand seiner Zahlungsverpflich- **2** tung haben, wie es im übrigen auch hinsichtlich seiner Bewirtschaftungspflicht nach § 586 (siehe dort Rn 33 ff) gilt. **Der Pächter schuldet die Pacht allein für die Gebrauchsgewährung**, also ohne Rücksicht darauf, ob er den Gebrauch ausübt oder ausüben kann bzw will. Das bedeutet, daß er als Sachleistungsgläubiger grundsätzlich das Verwendungsrisiko zu tragen hat (STAUDINGER/EMMERICH [2003] § 537 Rn 7 f). Dieser Grundsatz wird für die Fälle anderweitiger Verwertung (§ 537 Abs 1 S 2) und vereinbarter Gebrauchsüberlassung an Dritte (§ 537 Abs 2) zugunsten des Pächters eingeschränkt.

Härten werden im Rahmen des § 594c bzw des § 594d ausgeschaltet (BT-Drucks 8/141, S 16); vgl im übrigen auch die Sonderregelungen in §§ 588 Abs 3 S 1; 593.

2. Entstehungsgeschichte, Verhältnis zum bisherigen Recht, Mietrechtsnovelle 2001

3 Die Bestimmung ist mit Art 1 Nr 1 des LPachtNeuOG neu gefaßt worden. Sie ersetzt in Abs 1 den bisher über § 581 Abs 2 aF geltenden § 551 Abs 1 und den § 584 aF. Abs 2 tritt an die Stelle des früher über § 581 Abs 1 aF anzuwendenden § 552.

Die Regelung bringt keine bedeutsamen Änderungen im Verhältnis zu der bis 1985 geltenden Rechtslage. Jedenfalls ist die Vorleistungspflicht des Verpächters gesetzliches Leitbild geblieben. Der noch in § 584 aF erwähnte Begriff des Pachtjahres, der sich lediglich als (entbehrliche) Spezialnorm zur allgemeinen Grundsatzregelung des § 587 Abs 1 darstellte, geht in der jetzigen Fassung „Pachtzeit" bzw „Zeitabschnitt" auf. Im übrigen findet sich der Pachtjahres-Begriff außer in § 584 auch in § 594a (vgl FHL § 594a Rn 13).

Die Änderungen des § 587 durch das MietrechtsreformG 2001 (BGBl I S 1142) sind redaktionell, sowohl in dieser („Pacht" anstelle von „Pachtzins") wie in den Verweisungsvorschriften der §§ 556b, 579 Abs 1 S 1 und 2, 537 („Miete" anstelle von „Mietzins"): diese entsprechen im übrigen inhaltlich den §§ 551, 552 aF, auf die entsprechenden Kommentierungen wird ergänzend verwiesen.

II. Inhalt der Norm

1. Allgemeine Grundlagen

a) Begriffsdefinition

4 Die Pacht ist das vereinbarte Entgelt des Pächters für die ihm vom Verpächter zu gewährende Nutzungs- und Gebrauchsbefugnis am Pachtgegenstand in dem vereinbarten Umfang. Sie besteht regelmäßig in einer wiederkehrenden, auch oft währungsgesicherten, **Geldzahlung**, ist aber auch in (wiederkehrenden oder einmaligen) **geldwerten Leistungen** jeder Art möglich. Beispiele hierfür sind: Die Lieferung von Sachen, Naturalien, die Übernahme von Dienst-, Altenteils- bzw Werkleistungen (bauliche Maßnahmen, Renovierungen, vgl auch § 585 Rn 13 f), Übernahme von Lasten und Schulden, Abschreibungen von Feldeinrichtungen, oder auch die Gebrauchsüberlassung von Sachen und Rechtsstellungen des Pächters zugunsten des Verpächters (vgl zu weiteren denkbaren Möglichkeiten FHL Rn 6; LWLH Rn 4 bis 6).

Gleichermaßen sind Teil der vom Pächter geschuldeten Gegenleistung die kraft gesetzlicher Bestimmungen als Vertragsinhalt angeordneten oder ausdrücklich vereinbarten weiteren Pächterpflichten, wie zB die Pflicht zur Erhaltung der Pachtsache (§ 586 Abs 1 S 1 u 2) oder die gerichtlichen Anordnungen im Rahmen der §§ 595 Abs 6; 595a.

b) Die Höhe der Pacht
Die Höhe der Pacht ist – unbeschadet § 4 Abs 1 Nr 3 LPachtVG – grundsätzlich **frei** **5** **vereinbar**. Sie kann **fest fixiert**, aber auch an den Versorgungsbedarf (auf Verpächterseite, etwa bei Pachtverträgen zur Vorbereitung der Erbfolge), an der Umsatz- oder Ertragslage (auf Pächterseite) oder an den Entwicklungen der Erzeugerpreise bzw Lebenshaltungskosten **variabel** orientiert werden. Möglich ist gleichfalls eine Verbindung von festen und variablen Anteilen (vgl dazu ausführlich STAUDINGER/ EMMERICH [2003] § 535 Rn 84 ff).

Wird die Leistung des Landübernehmers in einer solch **minimalen Art und Höhe** **6** bestimmt, daß sie nicht im entferntesten mit einem üblichen Pachtpreis vergleichbar ist (zB bei Freistellung von der Bewirtschaftungspflicht und etwa lediglich der Pflicht, Verunkrautung oder Müllablagerung zu verhindern), liegt kein Pacht- sondern ein **Leihvertrag** vor.

Unterbleibt eine **Vereinbarung** über die Höhe der Pacht, gilt die Verpflichtung zur **7** Zahlung der **üblichen** Pacht, wobei mangels anderweitiger Anhaltspunkte der Verpächter die Höhe nach billigem Ermessen festsetzen darf. Gleiches gilt im Zweifel bei Unwirksamkeit einer genehmigungsbedürftigen Währungsklausel (FHL § 587 Rn 7; STAUDINGER/PIKALO[12] Anh 82 zu § 597 mwN; BGH DNotZ 1986, 472 ff).

c) Anpassungs- und Abänderungsmöglichkeiten
Anpassungs- und Abänderungsmöglichkeiten sind gerade für die gerechte Funktion **8** der Landpacht als Dauerschuldverhältnis unentbehrlich. Hierbei kommt der vertraglichen Initiative und Gestaltung die primäre Bedeutung zu. Vielfach sind die Anpassungsgrundsätze schon in der Vertragsurkunde vereinbart und bedürfen lediglich der entsprechenden Konkretisierung. Hierbei kann die Anpassung auch einem Sachverständigen – unbeschadet der gerichtlichen Nachprüfbarkeit auf Unrichtigkeit oder offenbare Unbilligkeit – übertragen werden (LWLH Rn 7; FHL Rn 7; WÖHRMANN/HERMINGHAUSEN § 2 Rn 9 u 10; PRITSCH § 2 Rn FV S 119; über die Grenzen der Zulässigkeit BARNSTEDT/STEFFEN, LwVG § 2 Rn 13).

Wertsicherungsklauseln sind bei langfristigen Pachtverträgen häufig und werden **9** regelmäßig als Spannungsklauseln nicht der Genehmigung nach § 2 PaPkG (BGBl I 1998, 1253) unterliegen (STAUDINGER/AMANN [2002] Vorbem 7 zu §§ 759 ff).

Jede Änderungsvereinbarung ist nach § 2 LPachtVG der Landwirtschaftsbehörde **10** **anzuzeigen**, soweit nicht die Befreiungserfordernisse der §§ 3, 4 LPachtVG gegeben sind.

2. Fälligkeit

11 Wegen der grundsätzlichen Vorleistungspflicht des Verpächters gebührt ihm die Pacht nach den Regeln des Abs 1 **nachträglich**.

Findet der Pachtvertrag bzw der Zeitabschnitt, nach dem die Pacht bemessen wird, ein **vorzeitiges Ende** (§§ 594c, 543 Abs 2 [553 aF], 543 Abs 1, 569 Abs 2, 4 [554a aF]), wird der der vorzeitigen Beendigung entsprechende Teilbetrag sofort fällig (LWLH Rn 8 mit Hinweis auf BGB-RGRK/GELHAAR § 551 Rn 1).

12 Abweichungen von der gesetzlichen Vorleistungspflicht des Verpächters können sich abgesehen von Vereinbarungen insbesondere aus der Natur der Sache ergeben. Hat es der Pächter etwa übernommen, als Entgelt auch Zins- und/oder Tilgungsraten einer Darlehensschuld des Verpächters zu zahlen, richtet sich die Zahlungspflicht nach der Fälligkeit der übernommenen Verbindlichkeiten; derartige Fälle sind insbesondere bei einer Verpachtung im Zuge der vorweggenommenen Erbfolge häufig.

13 Bei der **partiarischen Pacht** hängt die Ermittlung der Pachthöhe von vorhergehenden Feststellungen, insbesondere vom Umfang der Fruchtziehung bzw des Umsatzes ab. Daher kann zur Fälligkeit die entsprechende Klarstellung bzw eine Mitteilung seitens des Verpächters gehören (LWLH Rn 4).

14 Ein **Heuerlingsvertrag** kann eine täglich fällige Pachtzahlung bewirken (LWLH Rn 10). Zu gebräuchlichen Pachtjahr-Vereinbarungen zB bei der Stücklandpacht, der Verpachtung von Ackerland in der rheinischen Bucht, bei Weidewirtschaft oder beim Weinbau sei verwiesen auf FHL Rn 12.

15 Evtl vereinbarte Übernahmen von Lasten durch den Pächter (vgl dazu § 586a Rn 9 ff) sind im Zweifel zu denjenigen Terminen fällig, zu denen sie der Verpächter dem jeweiligen Gläubiger schuldet. Handelt es sich um Verbrauchskosten, zu deren Festsetzung eine Abrechnung erforderlich ist, ist der Pächteranteil nach Zugang der Abrechnung mit entsprechender Zahlungsaufforderung fällig. Zu vorherigen Abschlagszahlungen ist der Pächter nur bei entsprechender Vereinbarung verpflichtet.

3. Rechtzeitige Entrichtung

a) Allgemeine Grundsätze

16 Ist die Pacht in Geld geschuldet, handelt es sich regelmäßig um eine Schickschuld (§ 270), weshalb der Betrag grundsätzlich vom Pächter auf dessen Kosten und Gefahr an den Verpächter zu dessen Wohnsitz zu übermitteln ist (§§ 270 Abs 1, 269 Abs 1). Bei **bargeldloser Zahlung** muß der Überweisungsauftrag vor Fristablauf beim Geldinstitut eingegangen sein und die Deckung auf dem Konto ausreichen (OLG Celle MDR 1969, 1007). Maßgebend ist, daß der Pächter das zur Übermittlung Erforderliche getan hat (BGH NJW 1964, 499), so daß außergewöhnliche Verzögerungen im Überweisungsverfahren keinen Verzug begründen.

Besteht die Pacht nicht aus einer festen Leistung, wie etwa bei Berechnung nach dem Ertrag, erweitert sich die Pächterpflicht, so zB auf zusätzliche Erstellung eines Verzeichnisses (§ 260) und/oder Rechnungslegung (FHL § 587 Rn 16).

b) Aufrechnung, Zurückbehaltung
Die Ausübung eines Aufrechnungs- oder Zurückbehaltungsrechts hindert den Eintritt der Verzugsfolgen; zur Zulässigkeit eines Ausschlusses in Formularverträgen vgl § 309 Abs 1 Nr 3. **17**

Ist ein Aufrechnungsverbot vereinbart, ist dem Pächter die Ausübung eines Zurückbehaltungsrechts nicht verwehrt (BGH NJW 1974, 367, 368).

4. Verzug

Erbringt der Pächter die Leistung trotz Fälligkeit der Pacht nicht rechtzeitig, so kommt er in Verzug; bei kalendermäßig bestimmter Leistungszeit bedarf es hierzu keiner vorherigen Mahnung (§ 286 Abs 2 Nr 1). Die vom Pächter zu vertretenden Umstände ergeben sich aus den §§ 276 bis 278. Der Pächter ist also nach dem erweiterten § 276 auch für mangelnde finanzielle Leistungsfähigkeit oder Fehler bei der geschäftlichen Disposition verantwortlich (BGHZ 36, 315 zu § 279 aF). **18**

Die Rechte des Verpächters im Verzugsfalle richten sich zunächst auf den **Verzugsschaden** auf Grundlage der §§ 286 ff. Daneben gibt § 594e dem Verpächter ein außerordentliches **Kündigungsrecht**. Ein gesetzliches **Rücktrittsrecht** nach § 323 ist nur vor der Überlassung des Pachtobjekts möglich. Während der Zeit der Überlassung wird das Rücktrittsrecht generell durch das Recht zur außerordentlichen fristlosen Kündigung oder auf Schadensersatz nach § 536a verdrängt. **19**

III. Nutzungsverhinderung (Abs 2)

1. Grundsatzregelung (S 1)

a) Problemstellung
Der Fortbestand der Pachtzahlungspflicht im Fall eines im Risikobereich des Pächters liegenden Unvermögens zur Pachtnutzung (§ 587 Abs 1 S 1) stellt sich als abdingbare (vgl Rn 30) Ausnahmeregelung zu § 326 dar, dies unabhängig davon, ob der Verhinderungsfall schon vor der Überlassung oder erst nachträglich eingetreten ist. Auf ein **Verschulden** des Pächters an der Nutzungsverhinderung kommt es **nicht** an. **20**

Beispielsweise fallen in den **Risikobereich des Pächters**:

– witterungsbedingte Nutzungsbeeinträchtigungen, unbeschadet einer Pacht- Anpassungsmöglichkeit bei verwüstenden Naturereignissen gemäß § 593 Abs 2 S 2;

– verschlechterte Ertragslagen durch Fehlbewirtschaftung (§ 593 Abs 1 S 2);

– Ertrags- bzw Gewinneinbußen infolge verschlechterter (wirtschaftlicher) Rahmenbedingungen, insbes infolge von Produktionsbeschränkungen, unbeschadet etwaiger Anpassungsmöglichkeiten aus § 593 oder aus § 313, letztere aber ausnahmsweise allenfalls, um den Pächter vor Eintritt einer untragbaren Härte – Existenzvernichtung – zu bewahren (vgl BGH NJW 1982, 2405). Nur insoweit bedeutet dies eine Auflockerung des in § 537 (§ 587 Abs 2 S 1) verankerten Grundsatzes, daß der Mieter (Pächter) das Verwendungsrisiko zu tragen hat (FHL Rn 24);

– persönliche Hinderungsgründe wie Abwesenheit, familiäre Betreuungspflichten, Krankheit oä;

– die Regelungen des BBodenSchG wie auch die Auswirkungen (weiterer) die Nutzung einschränkender Umweltschutz-Bestimmungen, also zB auch die Einbeziehung der Pachtflächen in Wasser-, Natur- oder Landschaftsschutzgebiete;

– grundsätzlich auch staatlich verfügte Bewirtschaftungsverbote und -gebote, die im Rahmen der Sozialbindung des Eigentums nach Art 14 Abs 1 S 2 GG entschädigungslos hinzunehmen sind (vgl BVerfGE 52, 1, 27 ff; 58, 300, 318 ff, 330 ff), soweit die dadurch eintretenden Nutzungsbeschränkungen den Risikobereich des Pächters treffen.

Für die besonders gravierenden Konsequenzen von **Tod oder Berufsunfähigkeit** des Pächters enthalten die §§ 594c, d Sonderkündigungsrechte.

b) Ausnahmen

21 Demgegenüber wird der **Pächter** von seiner Verpflichtung zur Pachtzahlung **befreit**, solange der Verpächter (gleichviel ob verschuldet oder nicht) ihm den vertragsgemäßen Gebrauch und Genuß des Pachtobjekts (§§ 581 Abs 1 S 1; 586 Abs 1 S 1, s dort Rn 8 ff) nicht gewährt.

Der Pächter ist auch dann von der Leistungspflicht frei, wenn er (objektiv) in der Nutzung gehindert ist, etwa aufgrund von Naturereignissen oder entschädigungslosen gesetzlichen Nutzungsverboten. Dies gilt überhaupt in allen Fällen, in denen er ein Recht zur Vertragskündigung aus wichtigem Grund (§ 594e) hat.

2. Anrechnungspflicht des Verpächters (Abs 2 S 2; § 537 Abs 1 S 2 und Abs 2)

a) Kein Pflichtenzuwachs zulasten des Verpächters

22 Art und Umfang der Rechte und Pflichten des Verpächters werden durch die im persönlichen Bereich des Pächters liegenden Gründe an seiner Bewirtschaftungsverhinderung (Rn 20) grundsätzlich nicht berührt.

Für den Verpächter besteht mangels anderweitiger Vereinbarung grundsätzlich keine Verpflichtung, einen vom Pächter vorgeschlagenen **Ersatzpächter** zu akzeptieren (BGH NJW 1947, 842), auch nicht, um einen Schaden des Pächters zu mindern. § 254 wird grundsätzlich nicht für anwendbar gehalten; die Weigerung wird grundsätzlich nicht als arglistig anzusehen sein (vgl BGH NJW 1981, 43).

b) Ersparte Aufwendungen und sonstige Vorteile

23 Gemäß dem in § 587 Abs 2 S 2 bezogenen § 537 Abs 1 S 2 muß sich der Verpächter den Wert ersparter Aufwendungen und solcher Vorteile anrechnen lassen, die er aus einer anderen Gebrauchsverwertung erlangt. Er ist allerdings nicht zu derart anderer Nutzung verpflichtet (vgl STAUDINGER/EMMERICH [2003] § 537 Rn 12). Mit dieser Regelung soll vermieden werden, daß der Verpächter aus der persönlichen Verhinderung des Pächters einen Vorteil erzielt, wenn er selbst keinen Nachteil erfährt.

Überläßt der Verpächter während einer Nutzungsstillegung das Pachtobjekt vorübergehend einem Dritten, ist das Entgelt hierfür anrechnungspflichtig (Münch-Komm/VOELSKOW § 552 Rn 5; LWLH Rn 14 ff; FHL Rn 29 ff).

3. Befreiung des Pächters von der Verpflichtung zur Entrichtung der Pacht (Abs 2 S 2; § 537 Abs 2)

Über § 537 Abs 2 ist der Pächter von der Verpflichtung zur Pachtzahlung solange **24** entbunden, wie der **Verpächter** infolge der Überlassung des Pachtobjekts an einen Dritten **außerstande** ist, ihm **Gebrauch und Nutzung zu gewähren** (vgl dazu ausf STAUDINGER/EMMERICH [2003] § 537 Rn 33 ff). Die letztgenannte Vorschrift entspricht dem vor der Mietrechtsreform 2001 geltenden § 552 S 3.

Unerheblich ist, ob die Überlassung **entgeltlich** ist oder nicht (OLG Hamm BB 1966, 1046; LWLH Rn 18). Grund für die Gewährung kann etwa die bereits erfolgte Überlassung der Bewirtschaftung auf Dauer an ein Kind im Rahmen vorweggenommener Erbfolge sein. Im Geltungsbereich der Höfeordnung gehört dazu nicht einmal eine ausdrückliche Vereinbarung des Eigentümers mit dem Miterben, § 6 Abs 1 HöfeO (FHvJP § 6 Rn 10); diesem steht allein aufgrund der (geschützten) Wirtschaftsüberlassung ein eigenes Besitzrecht zu (BGH AgrarR 1991, 194).

Auch bei nur **vorübergehender** anderweitiger Vergabe (Verpachtung oder unentgeltlicher Nutzungsüberlassung) ist der Pächter für diese Zeit von der Zahlungspflicht befreit.

Nutzt der Verpächter das Pachtobjekt während der Verhinderung des Pächters selbst oder überläßt er die Nutzung einem Dritten, ohne die Interessensphäre des Pächters wesentlich zu beeinträchtigen, besteht dessen Zahlungspflicht grundsätzlich fort, dies indes unter Anrechnung der Vorteile des Verpächters aus der Eigen- oder Fremdnutzung (LWLH Rn 18 mwN).

Im übrigen ist der **Pächter** bei eigener Leistungsbereitschaft grundsätzlich berech- **25** tigt, das Pachtverhältnis nach §§ 594e Abs 1 fristlos zu **kündigen**.

Findet der Verpächter für den das Pachtobjekt noch während der Pachtzeit end- **26** gültig aufgebenden Pächter einen **Ersatzpächter**, der nur eine geringere Pacht zahlt, kann der Verpächter den Erstpächter auf Zahlung des Unterschiedsbetrags in Anspruch nehmen (OLG Hamm NJW-RR 1986, 507; BGB-RGRK/GELHAAR § 552 Rn 10; vgl STAUDINGER/EMMERICH [2003] § 537 Rn 36 f).

IV. Verjährung und Verwirkung

Die **Pachtforderung** des Verpächters jedweder Art einschließlich der Nebenkosten **27** verjährt nach drei Jahren, § 195 (vgl STAUDINGER/SONNENSCHEIN/VEIT § 581 Rn 226; LWLH Rn 20), beginnend mit dem Schluß des Jahres des Fälligkeitseintritts, § 199 Abs 1 Nr 1.

28 Die **Verwirkung** setzt neben dem Zeitmoment (Verstreichen eines längeren Zeitraums seit der Möglichkeit der Geltendmachung) auch noch ein Umstandsmoment (besondere, sich aus der Gesamtheit des Sachverhalts ergebende Umstände, aus denen der Pächter entnehmen darf, daß der Verpächter von einer Inanspruchnahme absieht) voraus (BGH NJW 1984, 1684 mwN). Daher sollte das Vorliegen einer Verwirkung mit einer gewissen **Zurückhaltung** beurteilt werden. Dies wird auch und gerade in den Fällen einer Betriebsverpachtung zwecks vorweggenommener Erbfolge gelten; dann dürfte die Entscheidung letztlich davon abhängen, inwieweit die Pacht Versorgungscharakter hat. Die **Verwirkung** ist von Amts wegen (STERNEL, Mietrecht III Rn 146) zu berücksichtigen.

V. Abdingbarkeit

29 Die gesetzliche Sonderregelung zur Leistungsbestimmung **ist dispositiv**. Dies wird insbesondere hinsichtlich der Vorleistungspflicht des Verpächters relevant, gilt aber auch für alle anderen Komponenten der Pachthöhe und -zahlungsmodalitäten (LWLH Rn 2).

Abweichungen von der Gesetzeslage werden auch häufig hinsichtlich der sog „**Nebenkosten**" (zB Kammer- und Versicherungsbeiträge) vereinbart; ferner finden sie sich häufig in Fällen der Betriebspacht, in denen der Pächter in mehrmals jährlich fälligen Raten vorleistet.

30 Stets sind Abweichungen an den Maßstäben zwingenden Rechts (zB §§ 134, 138) sowie in vorformulierten Verträgen an denen der §§ 305 ff zu messen. **Vorformulierte Vorfälligkeitsklauseln**, nach denen bei Zahlungsrückstand mit nur einer Rate sämtliche bis Ende der Vertragszeit geschuldeten Beträge fällig werden sollen, sind im Landpachtvertragsrecht im Gegensatz zur gewerblichen Miete und Pacht nach § 309 Nr 6 unwirksam.

VI. Verfahrens- und Beweislastfragen

1. Verfahren

31 Über Streitigkeiten aus der Norm wird im **streitigen Verfahren** nach § 48 LwVG vom Landwirtschaftsgericht (§ 1 Nr 1 a LwVG) entschieden.

Anders ist es, wenn für die zu regelnde Pachtangelegenheit die landwirtschaftsgerichtliche Zuständigkeit im FGG-Verfahren (nach § 1 Nr 1 LwVG) gegeben ist,

– weil die Pacht Gegenstand von Abwicklungsanordnungen im Sinne des § 595 ist, über die auf Antrag das Landwirtschaftsgericht im FGG-Verfahren zu entscheiden hat (§ 595a Abs 3 S 2)

– oder weil im ZPO-Pachtstreit (§§ 1 Nr 1a, 2 Abs 1; 48 LwVG) ein Antrag auf

Pachtanpassung nach § 593 gestellt ist; dann wäre das ZPO-Verfahren solange auszusetzen, bis im FGG-Verfahren über den Antrag entschieden ist (FHL Rn 78 zu Art 3 LPachtNeuOG).

2. Beweislast

Im Bereich des Abs 1 obliegt dem Verpächter die Beweislast für abweichende Fälligkeitsvoraussetzungen der Pacht, während der Pächter für die Erfüllung bzw für das Vorliegen eines von der Erfüllung befreienden Sachverhalts beweispflichtig ist (LWLH Rn 21 mwN).

Im Bereich des Abs 2 ist der Pächter beweispflichtig

– für die in seiner Sphäre liegende Verhinderung an der Nutzungsausübung;

– für Aufwendungsersparnisse des Verpächters bzw eine anderweitige Nutzung;

– für das Fehlen der Erfüllungsbereitschaft des Verpächters (im einzelnen umstritten, vgl LWLH Rn 21);

– dafür, daß die Voraussetzungen für die Annahme eines geeigneten Ersatzpächters gegeben waren (LWLH aaO; FHL Rn 35; für die Miete MünchKomm/VOELSKOW § 552 Rn 16).

§ 588
Maßnahmen zur Erhaltung oder Verbesserung

(1) Der Pächter hat Einwirkungen auf die Pachtsache zu dulden, die zu ihrer Erhaltung erforderlich sind.

(2) Maßnahmen zur Verbesserung der Pachtsache hat der Pächter zu dulden, es sei denn, dass die Maßnahme für ihn eine Härte bedeuten würde, die auch unter Würdigung der berechtigten Interessen des Verpächters nicht zu rechtfertigen ist. Der Verpächter hat die dem Pächter durch die Maßnahme entstandenen Aufwendungen und entgangenen Erträge in einem den Umständen nach angemessenen Umfang zu ersetzen. Auf Verlangen hat der Verpächter Vorschuss zu leisten.

(3) Soweit der Pächter infolge von Maßnahmen nach Absatz 2 Satz 1 höhere Erträge erzielt oder bei ordnungsmäßiger Bewirtschaftung erzielen könnte, kann der Verpächter verlangen, dass der Pächter in eine angemessene Erhöhung der Pacht einwilligt, es sei denn, dass dem Pächter eine Erhöhung der Pacht nach den Verhältnissen des Betriebs nicht zugemutet werden kann.

(4) Über Streitigkeiten nach den Absätzen 1 und 2 entscheidet auf Antrag das Landwirtschaftsgericht. Verweigert der Pächter in den Fällen des Absatzes 3 seine Einwilligung, so kann sie das Landwirtschaftsgericht auf Antrag des Verpächters ersetzen.

Materialien: BT-Drucks 10/508; 10/509; 10/3830; 10/3498.

Schrifttum

Siehe § 585 sowie
DINGERDISSEN, Der Ausgleich von Ver- und Aufwendungen sowie von Wertverbesserungen zwischen Pächter und Verpächter während des Pachtverhältnisses und bei dessen Beendigung, AgrarR 1997, 105.

Systematische Übersicht

I.	**Überblick**	
1.	Normgehalt und Zweck	1
2.	Verhältnis zum früheren Recht	2
3.	Geltungsbereich der Vorschrift	3
4.	Verhältnis der Vorschrift	4
a)	Zum Mietrecht	4
b)	Zu den anderen Vorschriften des Landpachtrechts	6
c)	Sonstiges	7
II.	**Die Duldungspflichten des Pächters nach Abs 1**	
1.	Erhaltung der Pachtsache	8
2.	Die Duldungspflicht	10
3.	Ansprüche des Pächters	12
III.	**Die Duldungspflicht des Pächters nach Abs 2**	
1.	Verbesserungsmaßnahmen	13
2.	Die Duldungspflicht des Pächters und ihre Grenzen	14
3.	Ersatzansprüche des Pächters	17
4.	Die Vorschußleistung	19
IV.	**Der Anspruch auf Pachtzinserhöhung**	
1.	Die Voraussetzungen	20
2.	Das Erhöhungsverlangen	21
3.	Die Angemessenheit der Erhöhung	22
4.	Die Unzumutbarkeit nach den Verhältnissen des Betriebes	23
V.	**Schadensersatzansprüche der Vertragsparteien**	24
VI.	**Zur Abdingbarkeit**	26
VII.	**Die Zuständigkeit des Landwirtschaftsgerichts (Abs 4)**	
1.	Verfahren	27
2.	Antrag	28
3.	Sonstiges	29

Alphabetische Übersicht

Abdingbarkeit	26
Angemessenheit der Pachtzinserhöhung	22
Duldungspflichten des Pächters bei Erhaltung	8 ff
– des Pächters bei Verbesserung	14 ff
Erhaltungsmaßnahmen der Pachtsache	8
– Erforderlichkeit	9
Gerichtsverfahren mangels Einigung	27 ff
Pächter, Anspruch auf Vorschußleistung	19
– Duldungspflichten bei Erhaltung	8 ff
– Duldungspflichten bei Verbesserung	14 ff
– Ersatzansprüche bei Duldung	12
– Ersatzansprüche bei Verbesserung	17 f
– Schadensersatzansprüche	25
– Unzumutbarkeit der Pachtzinserhöhung bei Verbesserung	23
Pachtsache, Erhaltungsmaßnahmen	8
Pachtzinserhöhung, Angemessenheit	22
– Anspruch des Verpächters bei Verbesserung	20 ff
– Zumutbarkeit für Pächter	23
Schadensersatzansprüche der Vertragsparteien	24 f

Titel 5 · Mietvertrag, Pachtvertrag   § 588
Untertitel 5 · Landpachtvertrag   1–4

Streitigkeiten, Entscheidung durch das Landwirtschaftsgericht	27 ff	Verhältnis zum früheren Recht	2
		– zum Mietrecht	4
Überblick	1	Verpächter, Anspruch auf Pachtzinserhöhung bei Verbesserung	20 ff
		– Pflicht zur Vorschußleistung	19
Verbesserungsmaßnahmen des Verpächters	13 ff	– Schadensersatzansprüche	24
		Vorschußleistungspflicht des Verpächters	19
Verfahren vor dem Landwirtschaftsgericht	27 ff		

I. Überblick

1. Normgehalt und Zweck

Die Vorschrift **ermöglicht dem Verpächter** in Anlehnung an die mietrechtlichen   1
Vorschriften der §§ 554, 559 ff nF (541a und b aF; 3 MHG) die Durchführung von
Maßnahmen zur **Erhaltung und Verbesserung** der Pachtsache. Hierbei korrespondiert die in Abs 1 normierte Duldungspflicht des Pächters mit dessen Anspruch auf
Erhaltung der Pachtsache gemäß § 586 Abs 1 S 1. Die Vorschrift besitzt insoweit nur
Klarstellungsfunktion (BT-Drucks 10/509 S 19).

Die Absätze 2 und 3 gestatten dem Verpächter ausnahmsweise solche Einwirkungen
auf die Pachtsache, die Verbesserungen sind, und zwar unabhängig vom Einverständnis des Pächters. *Durch die Möglichkeit, ertragssteigernde Maßnahmen durch
Pachtzinserhöhung in den Grenzen der Zumutbarkeit für den Pächter umzulegen*,
soll dem Verpächter eine rechtzeitige Modernisierung etwa in den Fällen ermöglicht
werden, in denen einerseits der Pächter daran wegen nur noch kurzer Vertragslaufzeit nicht mehr interessiert ist, die andererseits aber dem Verpächter eine bessere
Ausgangslage für eine Weiterverpachtung oder künftige Eigenbewirtschaftung
schafft (BT-Drucks 10/509 S 19).

2. Verhältnis zum früheren Recht

Die Vorschrift tritt an die Stelle der für die Landpacht bisher über die Verweisung   2
in § 581 Abs 2 aF geltenden mietrechtlichen Vorschriften der §§ 541a und b aF und
paßt die Rechtslage den besonderen landpachtrechtlichen Bedürfnissen an.

3. Geltungsbereich der Vorschrift

Sie erfaßt sowohl die Betriebs- wie die Stücklandpacht und ist Rechtsgrundlage für   3
alle Verpächter-Maßnahmen zur Erhaltung und Verbesserung der Pachtsache insgesamt (Gebäude und Grundstücke).

4. Verhältnis der Vorschrift

a) Zum Mietrecht
Aufgrund der jetzt im Landpachtrecht enthaltenen **Sonderregelung** ist ein Rückgriff   4
auf den § 554 auch insoweit ausgeschlossen, als dessen nicht in § 588 übernommener

Inhalt auch nicht entsprechend anzuwenden ist. Angesichts der weitgehenden Ähnlichkeit beider Vorschriften kann jedoch ergänzend auf die dortige Kommentatur verwiesen werden.

5 Darüber hinaus soll diese Sonderregelung im Landpachtrecht zu einer **Verdrängung** etwaiger Ansprüche aus § 536 auf **Pachtzins-Minderung** wegen Gebrauchs-Beeinträchtigung im Zusammenhang mit der Durchführung der Erhaltungsmaßnahme bzw auf Ersatz der dadurch verursachten Nachteile des Pächters führen (FHL Rn 8). Indes hat der Gesetzgeber zwar die generelle Verweisung auf die mietrechtlichen Vorschriften beseitigt, jedoch die §§ 536 Abs 1 bis 3, 536a bis 536d in die Verweisung des § 586 Abs 2 einbezogen, so daß dem zur Duldung der Verpächter-Maßnahmen verpflichteten Pächter Minderungs-Ansprüche zustehen können (vgl STAUDINGER/EMMERICH [2003] § 554 Rn 12, 51).

b) Zu den anderen Vorschriften des Landpachtrechts
6 § 591 regelt Rechtslage und -folgen bei werterhöhenden Verbesserungsmaßnahmen seitens des Pächters an der Pachtsache.

c) Sonstiges
7 Die Gesetzesbegründung (BT-Drucks 10/509 S 19) stellt klar, daß § 588 Abs 3 unberührt von den Vorschriften der § 70 Abs 1 iVm § 58 Abs 1 S 2 und § 71 des Flurbereinigungsgesetzes bleibt, nach denen die Flurbereinigungsbehörde bei Verbesserungen der Pachtsache durch Maßnahmen der Flurbereinigung auf Antrag des Verpächters im Flurbereinigungsplan eine Erhöhung des Pachtzinses festzusetzen hat.

II. Die Duldungspflichten des Pächters nach Abs 1

1. Erhaltung der Pachtsache

8 Nach der gesetzlichen Regelung des § 586 Abs 1 trifft den **Verpächter die Pflicht zur Erhaltung** der Pachtsache in einem zur vertragsmäßigen Nutzung geeigneten Zustand (S 1); hingegen hat der **Pächter die gewöhnlichen Ausbesserungen** auf seine Kosten vorzunehmen (S 2; zur Abgrenzung im einzelnen vgl § 586 Rn 25 ff, 42 ff). Dementsprechend ist auch im Normalfall die Grenze bei der Beurteilung der Duldungspflichten zu ziehen. Dies gilt nur dann nicht, wenn der Verpächter zur Gefahrabwendung Ausbesserungen durchführt; dann kann ihm der Pächter wohl kaum den Zutritt verweigern (so LWLH Rn 13 f).

9 Die Frage nach der **Erforderlichkeit** der Erhaltungsmaßnahme ist **nach objektiven Kriterien**, unter Zugrundelegung der in § 586 festgelegten Verpächter-Pflichten zu beurteilen (für das Mietrecht vgl STAUDINGER/EMMERICH [2003] § 554 Rn 4).

Dient eine Verpächter-Maßnahme zugleich der Erhaltung und der Verbesserung der Pachtsache und lassen sich beide Maßnahmen nicht ohne zumutbaren Aufwand trennen, soll für eine Einordnung unter dem Kostengesichtspunkt das wirtschaftliche Schwergewicht der Maßnahmen ausschlaggebend sein (für das Mietrecht vgl SCHOPP ZMR 1965, 193, 194; 1983, 11; vgl STAUDINGER/EMMERICH [2003] § 554 Rn 6).

2. Die Duldungspflicht

Der **Verpächter** hat als **Nebenpflicht** dem Pächter bevorstehende Maßnahmen so **10** rechtzeitig wie möglich mitzuteilen, daß dieser entsprechend disponieren kann (§ 554 Abs 3 S 1); unterbleibt dieses, ist die Duldungspflicht des Pächters nicht fällig (vgl STAUDINGER/EMMERICH [2003] § 554 Rn 41).

Weiter hat er bei Durchführung der Maßnahmen die geringst mögliche Beeinträchtigung des Pächterbetriebes zu wählen (FHL Rn 7).

Die Pächterpflicht zur Duldung von Erhaltungsmaßnahmen (Abs 1) umfaßt alle mit **11** deren Durchführung **notwendigerweise einhergehenden Einwirkungen** auf die Pachtsache, die den Pachtgebrauch in irgendeiner Weise beschränken, insbesondere durch Besichtigung, vorübergehende Räumung, Immissionen, Entziehung von Licht und Luft oder die Beanspruchung landwirtschaftlicher Nutzfläche. Die Duldungspflicht des Pächters ist grundsätzlich **nicht eingeschränkt**, da der Verpächter zur Erhaltung uneingeschränkt verpflichtet. Sie ist auch nicht auf Passivität beschränkt, *vielmehr können den Pächter Mitwirkungspflichten treffen* (LWLH Rn 19). Diese können auch vertraglich begründet sein, etwa durch die Verpflichtung des Pächters zur Leistung von Hand- und Spanndiensten (FHL Rn 7).

3. Ansprüche des Pächters

Im Gegensatz zu § 588 Abs 2 S 2 (Verbesserungsmaßnahmen) stehen dem Pächter **12** **Ansprüche** auf Ersatz eigener Aufwendungen (zB für vorübergehende Anmietung einer Ersatzwohnung oder auf Ertragsausfall) **nicht zu**. Nach Abschluß der Erhaltungsarbeiten kann er aber Wiederherstellung des vertragsgemäßen Zustandes des Pachtgegenstandes verlangen, wozu auch Reinigungsarbeiten gehören (MünchKomm/ VOELSKOW § 541a aF Rn 8). Unberührt bleiben etwaige Minderungs-Rechte des Pächters (s Rn 5).

III. Die Duldungspflicht des Pächters nach Abs 2

1. Verbesserungsmaßnahmen

Der Begriff der „Maßnahme" ist **nicht auf „Verwendung" beschränkt** (BT-Drucks 10/ **13** 509 S 19). *Er umfaßt alles, was zu einer objektiven Erhöhung des Gebrauchs- oder Substanzwertes der Pachtsache führen, ohne nur Erhaltungsmaßnahmen zu sein.* Die Gesetzesbegründung (BT-Drucks 10/509 S 19) nennt als Beispiele Dränung, die Anlage von Wirtschaftswegen und die Modernisierung von Ställen. Verbesserungsmaßnahme kann auch der Einbau einer Heizanlage oder die Befestigung von Hofraum und -zufahrt sein (vgl zur Abgrenzung mit Beispielen LWLH Rn 22 ff; FHL Rn 9). Wie § 588 Abs 3 zeigt, muß eine Verbesserungsmaßnahme nicht zu einer Steigerung der Ertragsfähigkeit der Pachtsache führen. Denkbar sind insoweit sogar Maßnahmen, welche die **Umweltverträglichkeit** des Betriebes zwar verbessern, seine Produktivität jedoch vermindern können.

2. Die Duldungspflicht des Pächters und ihre Grenzen

14 Im Gegensatz zu den Erhaltungs- soll der Pächter **nur** solche **Verbesserungsmaßnahmen** dulden müssen, die ihm **zugemutet** werden können. Die Duldungspflicht entfällt daher, wenn die vorgesehenen Verbesserungsmaßnahmen für den Pächter eine Härte bedeuten würden, die auch unter Würdigung der berechtigten Verpächter-Interessen nicht zu rechtfertigen ist (arg § 554 Abs 2 S 2). Das erfordert bei Vorliegen einer Härte auf der Pächterseite eine umfassende Interessenabwägung der Belange beider Seiten, in die mit Rücksicht auf § 586 Abs 1 Satz 2 auch eine etwaige Erhöhung der Unterhaltskosten einzubeziehen ist (vgl MünchKomm/VOELSKOW Rn 6; FHL Rn 10; STAUDINGER/EMMERICH [2003] § 554 Rn 26, 28 ff).

Ob die Maßnahme für den Pächter zu einem Härtefall wird, hängt in aller Regel auch davon ab, inwieweit er sich **rechtzeitig** darauf einstellen kann. Daher wird für die Frage der Zumutbarkeit viel davon abhängen, wie rechtzeitig die Ankündigung von Verpächterseite erfolgt (FHL Rn 7).

15 Anders als § 554 Abs 2 führt die Härteklausel *keine Beispiele* für im Pächterinteresse zu berücksichtigende Umstände auf. Hieraus kann aber nicht gefolgert werden, daß die in § 554 Abs 2 genannten **Härtefälle** im Landpachtrecht keine Berücksichtigung finden können (MünchKomm/VOELSKOW Rn 6). Art und Umfang der vorzunehmenden Arbeiten, deren bauliche Folgen (§ 586 Abs 1 S 2) oder vorhergegangene Pächter-Verwendungen können durchaus im Einzelfall eine auch durch berechtigte Verpächter-Interessen nicht zu rechtfertigende Härte begründen (FHL Rn 10). Mit Rücksicht auf die Regelung des § 588 Abs 3 bleibt indes – anders als bei § 554 Abs 2 S 4 – eine Pachtzins-Erhöhung bei der Interessenabwägung außer Betracht (MünchKomm/VOELSKOW Rn 6). Fehlt der vorgesehenen Verbesserungsmaßnahme eine ertragssteigernde Wirkung, wie dies beispielsweise bei Maßnahmen zu einer besseren Umweltverträglichkeit des Betriebes der Fall sein kann, ist diese nicht ohne weiteres für den Pächter unzumutbar. Maßnahmen, die zu einer **Produktivitätsverminderung** des Betriebes führen, braucht der Pächter jedoch in aller Regel – auch wenn es sich um „Umweltmaßnahmen" handelt – nicht hinzunehmen.

16 *Liegt für den Pächter ein Härtefall vor*, soll nach Auffassung von MünchKomm/ VOELSKOW (Rn 6) nur in Ausnahmefällen dem Verpächterinteresse an der Verbesserung Vorrang zukommen. Dies soll dann der Fall sein, wenn die Notwendigkeit von Verbesserungsmaßnahmen wegen einer unvorhergesehen Entwicklung bei Abschluß des Pachtvertrages nicht berücksichtigt werden konnte und dem Verpächter ohne Durchführung der Maßnahme nach Vertragsbeendigung erheblich größere Nachteile entstünden als dem Pächter.

Dies kann bei einer nur noch kurzen Restlaufzeit des Pachtvertrages von bis zu 3 Jahren – entsprechend der gesetzlichen Wertung in §§ 590 Abs 2 S 4, 591 Abs 2 S 2 – grundsätzlich nicht zu einem überwiegenden Verpächterinteresse führen. Aus den Gesetzesmaterialien ergibt sich, daß der Gesetzgeber dem Verpächter insbesondere in Fällen einer nur noch kurzen Vertragslaufzeit die Durchführung von Verbesserungsmaßnahmen ermöglichen wollte, weil von einer rechtzeitigen Modernisierung für den Verpächter abhängen kann, ob die Pachtsache nach Ablauf der Pachtzeit noch rentabel weiter verpachtet oder genutzt werden kann. Zwischen dem Interesse des von einer Härte getroffenen Pächters am Unterbleiben der Maßnahme und dem Interesse des Verpächters an deren Durchführung wird daher **in jedem Einzelfall abzuwägen** sein, wobei gerade bei nur noch kurzer Vertragslaufzeit dem Verpächterinteresse an der künftigen Verwertung der Pachtsache besonderes Gewicht zukommen dürfte (FHL Rn 10).

3. Ersatzansprüche des Pächters

§ 588 Abs 2 S 2 gibt dem zur Duldung verpflichteten Pächter **Anspruch auf Ersatz von Aufwendungen und entgangener Erträge** in einem dem Umfang nach angemessenen Verhältnis. Aufwendungen können ihm etwa wegen anderweitiger Unterbringung von Familie bzw Inventar während der Modernisierungsmaßnahme oder bei der Beseitigung von durch die Verpächtermaßnahme verursachten Schäden entstehen (LWLH Rn 31; FHL Rn 12 mit weiteren Beispielen). Nicht zu ersetzen ist dagegen der abstrakte Gebrauchsvorteil (BT-Drucks 10/509 S 19). Dadurch wird jedoch die Möglichkeit einer abstrakten Berechnung des entgangenen Gewinns gemäß § 252 S 2 nicht ausgeschlossen. **17**

Aufwendungsersatz und entgangenen Gewinn kann der Pächter nur in einem den Umständen nach **angemessenen Umfang** verlangen. Das bedeutet, daß nicht generell alle Aufwendungen zu ersetzen sind, sondern auf den Einzelfall abzustellen ist. Die Hinnahme geringfügiger Belastungen wird dem Pächter zuzumuten sein. **18**

4. Die Vorschußleistung

Auf Verlangen des Pächters hat der **Verpächter** Vorschuß zu leisten (§ 588 Abs 3 S 3). Hierbei müssen Art und Umfang der voraussichtlichen Aufwendungen dargelegt und der Höhe nach aufgeschlüsselt werden. Entsprechendes gilt für ein Vorschußverlangen bezüglich entgangener Erträge. Anders als § 554 Abs 4 beschränkt § 588 Abs 2 den Pächteranspruch nicht auf Aufwendungsersatz und Vorschußzahlung. **19**

Wird Vorschußzahlung **verweigert**, braucht der Pächter die Verpächter-Maßnahme **nicht zu dulden** (§ 273 Abs 1; vgl STAUDINGER/EMMERICH [2003] § 554 Rn 54; FHL Rn 11).

IV. Der Anspruch auf Pachtzinserhöhung

1. Die Voraussetzungen

Pachtzinserhöhungen aufgrund Verbesserungsmaßnahmen gemäß Abs 2 S 1 schienen dem Gesetzgeber (BT-Drucks 10/509 S 19) nur gerechtfertigt, *wenn sich die Verbesserungen der Pachtsache auch auf die Produktivität des Betriebes positiv auswirken können.* Abs 3 gewährt dem Verpächter daher nur dann einen Anspruch auf Einwilligung in eine Pachtzinserhöhung, wenn der Pächter **infolge der Verbesserungsmaßnahme tatsächlich höhere Erträge** erzielt oder bei ordnungsgemäßer Bewirtschaftung (hierzu oben § 586 Rn 33 ff) erzielen könnte (Kausalität, vgl LWLH Rn 51). Das erfordert einen Vergleich der tatsächlichen bzw der bei ordnungsgemäßer Bewirtschaftung möglichen Ertragslage vor und nach Durchführung der Verbesse- **20** rungsmaßnahme, wobei die Ertragslage beeinflussende andere Faktoren (zB Witterungsverhältnisse) unberücksichtigt bleiben.

Ertragssteigernde Verbesserungsmaßnahmen werden vor allem im Bereich der **Betriebspacht** vorkommen (zB Modernisierung von Stallgebäuden), sind aber auch bei der Stücklandpacht denkbar (zB Anlegung von Dränungen, wenn der Pachtzins aufgrund fehlender Dränung niedriger bemessen war [FHL Rn 13]).

2. Das Erhöhungsverlangen

21 Sind die Voraussetzungen für eine Pachtzinserhöhung erfüllt, liegt in dem Erhöhungsverlangen die Geltendmachung des Anspruchs auf Vertragsänderung, dh auf Abgabe der Willenserklärung zum entsprechenden Vertragsschluß. Einer besonderen **Form** bedarf das Verlangen selbst **nicht**. Für die Änderungsvereinbarung ist jedoch § 585a (Schriftformerfordernis) zu beachten (vgl auch STAUDINGER/EMMERICH [2003] § 550 Rn 18 ff).

3. Die Angemessenheit der Erhöhung

22 Der Verpächter kann nur eine angemessene Erhöhung verlangen. Dies wird sich nach dem Umfang einer (möglichen) **Ertragssteigerung** beurteilen, die auf die Verbesserungsmaßnahme zurückzuführen ist. Dabei ist jedoch gleichfalls die durch die andere (möglicherweise intensivere) Wirtschaftsweise notwendige Kostenbelastung mit zu berücksichtigen.

Angemessenheit der Erhöhung bedeutet nicht, daß diese eine gute Verzinsung des Investitionskapitals des Verpächters erreicht (FHL Rn 19). Dessen Höhe steht nicht zwingend in wirtschaftlich vernünftigem Verhältnis zu einer (möglichen) Produktivitäts-Steigerung.

4. Die Unzumutbarkeit nach den Verhältnissen des Betriebes

23 Ausgeschlossen ist eine an sich angemessene Pachtzins-Erhöhung, wenn diese dem Pächter nach den konkreten Verhältnissen des Betriebes nicht zugemutet werden kann. Die Gesetzesmaterialien (BT-DruckS 10/509 S 19) nennen als Beispiele für eine Unbilligkeit der Pachtzinserhöhung, daß die Pachtzeit sich dem Ende nähert oder wenn der Pächter sich wegen einer ungünstigen Betriebsstruktur oder ungünstiger Marktbedingung in einer wirtschaftlich angespannten Situation befindet. Als nur noch kurze Pachtzeit wird entsprechend der gesetzlichen Wertung in §§ 590 Abs 2 S 2; 591 Abs 2 S 2 ein Zeitraum von bis zu 3 Jahren anzusehen sein (MünchKomm/ VOELSKOW Rn 7). Ist dem Pächter eine Erhöhung in geringerer Höhe als dem an sich angemessenen Umfang zumutbar, entfällt der Anspruch nicht – wie es der Gesetzeswortlaut zunächst nahelegt – gänzlich, sondern nur, soweit die Pachtzinserhöhung für den Pächter unzumutbar ist.

V. Schadensersatzansprüche der Vertragsparteien

24 Verstößt der Pächter gegen seine Duldungspflichten nach Abs 1 oder 2, ist er dem Verpächter schadensersatzpflichtig (LWLH Rn 30).

Umgekehrt ist der Pächter unter dem Gesichtspunkt der positiven Vertragsverlet- 25
zung schadensersatzberechtigt, wenn der Verpächter im Zusammenhang mit der
Durchführung von (berechtigten) Maßnahmen Pflichtverletzungen begeht (LWLH
Rn 32).

VI. Zur Abdingbarkeit

Die Vorschrift ist dispositives Recht und in den Grenzen der §§ 305 ff und des § 242 26
abdingbar – und zwar auch zuungunsten des Pächters und soweit dessen Wohnraum
betroffen ist (LWLH Rn 2; FHL Rn 3). § 554 Abs 5 greift nicht ein.

VII. Die Zuständigkeit des Landwirtschaftsgerichts (Abs 4)

1. Verfahren

Der Gesetzgeber (BT-Drucks 10/509 S 19) ist davon ausgegangen, daß bei fehlender 27
Einigung der Beteiligten über die Duldungspflicht von Erhaltungs- (§ 588 Abs 1)
bzw Verbesserungsmaßnahmen und Pächteransprüchen auf Ersatz- und Vorschußleistungen (§ 588 Abs 2) oder über eine Pachtzinserhöhung (§ 588 Abs 3) durch
rechtzeitiges Einschalten berufsständischer Pachtschlichtungsstellen ein angemessener Interessenausgleich gefunden werden kann. Für den Streitfall hat er mit Rücksicht auf „den rechtsgestaltenden Einschlag" (vgl BT-Drucks 10/509 S 19) die zu treffenden Entscheidungen in § 588 Abs 4 dem Landwirtschaftsgericht zugeordnet, das
nach § 9 iVm § 1 Nr 1 LwVG im Verfahren der **freiwilligen Gerichtsbarkeit** entscheidet (LWLH Rn 5).

2. Antrag

Antragsberechtigt ist der jeweils die Leistung/Zustimmung Beanspruchende. Eine 28
Frist besteht nicht.

Antragsinhalt ist in den Fällen der begehrten Duldung von Verpächter-Maßnahmen
gemäß § 588 Abs 1 und Abs 2 S 1, zu entscheiden, daß der Pächter die vorgesehene
Maßnahme zu dulden habe, im Falle der Geltendmachung der Pachtzinserhöhung
gemäß § 588 Abs 3 die erforderliche Einwilligung des Pächters zu ersetzen und in
den Fällen der Forderung von Ersatz- und Vorschußleistung gemäß § 588 Abs 2 S 2
und 3 zu entscheiden, daß der Verpächter zur Zahlung der verlangten Beträge
verpflichtet ist sowie festzustellen, daß er vorher mit den Maßnahmen nicht beginnen darf.

3. Sonstiges

Wird die Einwilligung des Pächters zur Pachtzinserhöhung durch die Entscheidung 29
ersetzt, führt dies nur zu einer Vertragsänderung. Die Festsetzung einer erhöhten
Pacht mangels Einwilligung iSv Abs 2 ist keine streitige Pachtsache (es gilt das
FGG-Verfahren), wogegen die Durchsetzung des Zahlungsanspruches im ZPO-
Verfahren nach § 45 LwVG (BARNSTEDT/STEFFEN § 1 Rn 79) erfolgt. Ein evtl einheitliches Verfahren aufgrund verbundener Anträge ist zu trennen (OLG Stuttgart RdL
1991, 54).

§ 589
Nutzungsüberlassung an Dritte

(1) Der Pächter ist ohne Erlaubnis des Verpächters nicht berechtigt,

1. die Nutzung der Pachtsache einem Dritten zu überlassen, insbesondere die Sache weiter zu verpachten,

2. die Pachtsache ganz oder teilweise einem landwirtschaftlichen Zusammenschluss zum Zwecke der gemeinsamen Nutzung zu überlassen.

(2) Überlässt der Pächter die Nutzung der Pachtsache einem Dritten, so hat er ein Verschulden, das dem Dritten bei der Nutzung zur Last fällt, zu vertreten, auch wenn der Verpächter die Erlaubnis zur Überlassung erteilt hat.

Materialien: BT-Drucks 10/508; 10/509; 10/3830; 10/3498.

Schrifttum

Siehe § 585.

Systematische Übersicht

I.	**Entstehungsgeschichte**	1
II.	**Normzweck**	2
III.	**Erlaubnispflichtige Fremdnutzung**	
1.	Normbereich des § 589 Abs 1	3
a)	Die Nutzungsüberlassung (Abs 1 Nr 1)	5
b)	Gesellschaftsrechtliche Einbringung (Abs 1 Nr 2)	6
c)	Änderung der Pächter-Rechtsform	8
d)	Gesellschaftsinterne Vorgänge	9
e)	Abgeleitete Nutzziehung	12
f)	Auskunftsanspruch	13
IV.	**Die Erlaubnis**	
1.	Rechtsnatur	14
2.	Erteilung	15
3.	Kein Anspruch auf Erlaubniserteilung	17
4.	Wirkung der Erlaubnis	18
5.	Konsequenzen fehlender Erlaubnis	19
6.	Widerruf der Erlaubnis	20
V.	**Sonderfälle**	
1.	Berufsunfähigkeit des Pächters	21
2.	Familien-Pachtübergabeverträge	22
3.	Wohnraum	23
4.	Tod des Pächters	24
5.	Zupachtflächen	25
VI.	**Annex: Unterpacht**	
1.	Begriff	26
2.	Abgrenzungen	27
3.	Rechtsbeziehungen zwischen Verpächter und Pächter	29
a)	Erlaubte Unterpacht	29
b)	Unerlaubte Unterpacht	31
4.	Verhältnis zwischen (Haupt-)Verpächter und Unterpächter	34
5.	Verhältnis zwischen Haupt-Pächter und Unterpächter	35
VII.	**Haftung des Pächters bei Nutzungsüberlassung an Dritte (Abs 2)**	36
VIII.	**Abdingbarkeit**	37
IX.	**Verfahrensfragen**	38

Dezember 2004

Titel 5 · Mietvertrag, Pachtvertrag
Untertitel 5 · Landpachtvertrag

§ 589

Alphabetische Übersicht

Abdingbarkeit	37
Abtretung der Pächterrechte	12, 28, 30
Auskunftsrecht des Verpächters	13
Berufsunfähigkeit des Pächters	21
Dauer als Merkmal der Nutzungsüberlassung	3
Definition der Nutzungsüberlassung	3 ff
Einbringung des Pachtrechts in Gesellschaft	6 f
Einzelfall, Erstreckung der Erlaubnis auf	16
Entgeltlichkeit der Nutzungsüberlassung	5
Erbfolge, vorweggenommene, auf Pächterseite	21
Erlaubnis des Verpächters	14 ff
– Erstreckung nur auf den Einzelfall	16
– Form der	15 f
– kein Anspruch auf	17
– Widerruf	20
– Wirkung	18
Familien-Pachtübergabeverträge	22
Gesellschaft, Einbringung des Pachtrechts in	6 f
Kündigungsrecht des Verpächters bei unerlaubter Unterpacht	32
Normzweck	2
Nutzungsüberlassung bei Abtretung der Pächterrechte	8
– bei Änderung der Pächter-Rechtsform	8 ff
– Dauer	3
– Definition	3
– Einbringung des Pachtrechts in Gesellschaft	6 f
– Entgeltlichkeit	5
– keine bei abgeleiteter Nutzziehung	12
Nutzziehung, abgeleitete	12
Pächter, Berufsunfähigkeit	21
– Betriebsübertragung im Wege vorweggenommener Erbfolge	22
– Haftung bei Nutzungsüberlassung	36
– Tod des Pächters	24
Pächter-Rechtsform, Änderung der	8
Pächterrechte, Abtretung der	12, 28
Pflugtausch als Fall der Nutzungsüberlassung	4
Rechtsbeziehungen bei Unterpacht	29 ff
Tod des Pächters	24
Unterpacht	26 ff
– als Fall der Nutzungsüberlassung	4
– erlaubte	29 f
– Rechtsbeziehungen	29 ff
– unerlaubte	31 ff
Verfahrensfragen	38
Verpächter, Auskunftsrecht	13
– Erlaubnis	14 ff
– Kündigungsrecht bei unerlaubter Unterpacht	32
Widerruf der Erlaubnis	20
Wirkung, der Erlaubnis	18
Wohnraum, mitverpachteter, keine anderweitige Behandlung	23
Zupachtflächen, Besonderheit	25

I. Entstehungsgeschichte

Die Vorschrift geht auf das LPachtNeuOG zurück. Es entspricht Abs 1 Nr 1 dem § 549 Abs 1 S 1 iVm § 581 Abs 2 aF und § 596 Abs 1 aF, der Abs 2 dem § 539 Abs 3 iVm § 581 Abs 2 aF. Neu ist Abs 1 Nr 2 als Klarstellung zu Abs 1 Nr 1.   **1**

II. Normzweck

2 Die Vorschrift geht in Übereinstimmung mit § 540 von dem **Grundsatz** aus, daß der Pächter ohne Erlaubnis des Verpächters **nicht zur Nutzungsüberlassung an Dritte** – insbesondere zur Unterverpachtung – berechtigt ist. *Das Gesetz schützt das (Vertrauens-)Interesse des Verpächters, daß die Pachtsache nur von demjenigen genutzt wird, dem er sie übergeben hat.* Denn die Pacht ist – mehr noch als die Miete – ein persönliches, von gegenseitigem Vertrauen getragenes Rechtsverhältnis. Daher soll sich der Verpächter – wie auch bereits der Vermieter – nicht gegen seinen Willen einen anderen Vertragspartner aufdrängen lassen müssen (vgl STAUDINGER/EMMERICH [2003] § 540 Rn 1). Mehr noch als bei dem Vermieter muß es bei dem Verpächter seiner Entscheidung vorbehalten bleiben, welche Risiken der hinsichtlich Fähigkeiten (zur Bedeutung s § 586 Rn 35 ff) und Solvenz seines Vertragspartners einzugehen bereit ist. Diese Besonderheit des Pachtrechts wird nicht mehr wie bisher in § 596 Abs 1 aF ausdrücklich erwähnt, sondern als selbstverständliche Folge des Abs 1 Nr 1 angesehen.

Bei den Beratungen zur Landpachtnovelle ist lange überlegt worden, ob in Fällen der Unterpacht oder (wenigstens) der Einbringung in eine Gesellschaft die durch den Verpächter verweigerte Zustimmung durch eine solche des Landwirtschaftsgerichts ersetzbar werden sollte; derartige Überlegungen sind aber auf Anraten der DGAR nicht weiterverfolgt worden (KROESCHELL AgrarR 1987, 304); zu Veränderungen innerhalb einer Pächter-Gesellschaft vgl Rn 8 ff.

III. Erlaubnispflichtige Fremdnutzung

1. Normbereich des § 589 Abs 1

a) Die Nutzungsüberlassung (Abs 1 Nr 1)

3 Eine erlaubnispflichtige Nutzungsüberlassung der Pachtsache an einen Dritten liegt vor, wenn der Pächter entgegen seiner aus § 586 Abs 1 S 3 folgenden Pflicht die **eigenverantwortliche Bewirtschaftung** und/oder Nutzziehung ganz oder teilweise **aufgibt** und diese stattdessen einem Dritten gestattet. Dabei ist nach neuerer Auffassung in Rechtsprechung und Literatur gleichgültig, ob der Dritte selbstständig oder unselbstständig sowie ganz oder partiell nutzt (vgl OLG Hamm NJW 1982, 2876; WANGARD ZMR 1986, 73; STAUDINGER/EMMERICH [2003] § 540 Rn 7; OLG Stuttgart RdL 1995, 153, 155 mwN; OLG Naumburg AgrarR 2001, 353).

Von der Nutzungsüberlassung abzugrenzen ist die Pächter-Bewirtschaftung unter Verwendung von Erfüllungsgehilfen oder durch Zusammenarbeit mit einem anderen Landwirt (OLG Naumburg aaO); letztere sind selbstverständlich zulässig. Die Grenze ist dort überschritten, wo der Dritte die Bewirtschaftung auf eigene Rechnung oder Verantwortung durchführt.

4 Hauptanwendungsfall der selbständigen Nutzungsüberlassung ist die **Unterpacht**, daneben kommen *Miete oder Leihe* in Betracht. Dazu gehört auch der *Pflugtausch* als wechselseitige Einräumung selbständiger Nutzung an Einzelgrundstücken zum Zwecke der Arrondierung (BGH AgrarR 1999, 212; OLG Naumburg AgrarR 2001, 331). Auch Unterpacht zum Zwecke der Nachholung einer unterbliebenen Übergabe im

Rahmen der vorweggenommenen Erbfolge des Pächterbetriebes (§ 593a Rn 4) ist genehmigungspflichtig, auch wenn die Übergabe nach § 593a ohne Verpächter-Genehmigung möglich ist (§ 593a Rn 1).

Gleichgültig ist im übrigen, ob die Überlassung **entgeltlich** oder unentgeltlich erfolgt. 5
Ist dem Pächter **Tierhaltung** gestattet, bezieht sich dies im Zweifel nur auf pächtereigene, nicht auch fremde Tiere; hält der Pächter letztere oder duldet er dies, kann ihm nach Abmahnung fristlos gekündigt werden (OLG Nürnberg AgrarR 1991, 106).

b) Gesellschaftsrechtliche Einbringung (Abs 1 Nr 2)

Auch für die Sonderfälle der Einbringung der Pachtsache in eine **landwirtschaftliche** 6 **Kooperation** (zumeist in Form einer Gesellschaft Bürgerlichen Rechts) macht das Gesetz, im Unterschied zum Regierungsentwurf, **keine Ausnahme** (FHL Rn 12 ff). Die ursprünglich geplante Kooperationsklausel des § 589 Abs 2 Regierungsentwurf (BT-Drucks 10/509 S 19) ist zum Schluß der Beratungen gestrichen worden, da nachteilige Auswirkungen auf die Verpachtungsbereitschaft landwirtschaftlicher Grundeigentümer befürchtet wurden (BT-Drucks 10/3830 S 29).

Durchgehender Leitgedanke des Gesetzes ist, daß die Herrschaft und Obhut über die Pachtsache bei der/den Person/en zu verbleiben hat, der/denen der Verpächter sie vertragsgemäß anvertraut hat. In Abweichung vom Reformvorhaben enthält Abs 1 Nr 2 also keinen über Nr 1 hinausgehenden Regelungsinhalt, vielmehr lediglich die Klarstellung, daß der Pächter weiter nicht berechtigt ist, die Pachtsache ganz oder teilweise ohne Erlaubnis des Verpächters einem landwirtschaftlichen Zusammenschluß zum Zwecke der gemeinsamen Nutzung zu überlassen.

Mithin ist **jede Form** der gemeinschafts- oder gesellschaftsrechtlichen Einräumung von Mit-Nutzungsrechten Dritter an der Pachtsache der unberechtigten Gebrauchsüberlassung gleichzustellen, da durch sie in die vom Verpächter gewollte eigenständige Bewirtschaftung der Pachtsache durch seine/n Pächter eingegriffen wird (OLG Naumburg AgrarR 2001, 253).

Unter Beachtung dieser Grundsätze bleiben demgemäß **erlaubnisfrei** alle Maßnah- 7
men des Pächters, die nicht zu einer gemeinsamen Nutzung der Pachtsache nach erfolgter dementsprechender gesellschaftsrechtlicher Einbringung führen. Unter diesen Voraussetzungen kann der Pächter sich etwa ohne Erlaubnis des Verpächters an Maschinen- und Betriebsgemeinschaften beteiligen, solange er nicht verpächtereigenes Inventar einbringt (FHL Rn 13 ff).

c) Änderung der Pächter-Rechtsform

Eine Nutzungsüberlassung liegt nicht vor, wenn der Pächter selbst die Bewirtschaf- 8
tung in einem Handelsgeschäft fortsetzt, da dann die Herrschaft und Obhut über die Pachtsache bei der Personen verbleibt, denen der Verpächter sie einräumen wollte. Gleiches gilt bei bloßer Umwandlung der Rechtsform nach dem UmwG.

Besonderheiten gelten für die Änderung der Rechtsform im Wege der **Erbfolge**. Übernimmt eine Erbengemeinschaft nach dem Tod des Pächters die Bewirtschaftung, gilt § 594d.

d) Gesellschaftsinterne Vorgänge

9 Diese (wie etwa der Wechsel von Gesellschaftern) sind mietrechtlich ohne Einfluß auf das Vertragsverhältnis (vgl Staudinger/Emmerich [2003] § 540 Rn 51). Daß dieser Grundsatz auf das Landpachtrecht übertragen werden kann, ist angesichts des Regelungsgehalts von § 589 Abs 1 Nr 2 abzulehnen: Wenn nach dem spezifischen Gesetzeswortlaut bereits die Einbringung des Landpacht-Vertragsgegenstandes in einen Zusammenschluß ohne Verpächter-Zustimmung nicht gestattet ist, liegt nahe, auch jeden Wechsel in der Zusammensetzung des Zusammenschlusses – als die Identität des Vertragspartners genauso tangierend – von der Verpächter-Erlaubnis abhängig zu machen (so grds auch OLG Rostock AUR [vormals AgrarR] 2004, 403).

ME wird man hier (wie bei § 594d, s dort Rn 7 ff) weitergehend als in der Vorauflage zu differenzieren haben. Nur wenn hinsichtlich der für die Pächtergesellschaft vereinbarungsgemäß handelnden Personen über die gesellschaftsrechtliche Maßnahme hinaus **Personenidentität** verbleibt, kann der Verpächter weder Unterlassung verlangen noch außerordentlich kündigen.

10 Derart wird der Verpächter jedoch reagieren dürfen, wenn ein ehemals bei Vertragsbeginn (vereinbarungsgemäß) in der Geschäftsführung aktiver Gesellschafter einer Personengesellschaft während der Vertragsdauer ausscheidet oder auch – nach Beendigung seiner aktiven Mitwirkung – nur noch als reiner Kapitalgeber fungiert. Gleichermaßen bedarf der Verpächter-Zustimmung die vollständige Übertragung aller Beteiligungen an einer Personengesellschaft an einen Dritten (OLG Rostock aaO).

Ob man allerdings diese für die Personengesellschaft aufgestellten Grundsätze für den Fall als unanwendbar erklären kann, dass eine juristische Person als Pächter auftritt (so OLG Rostock aaO), mag ernsthaft bezweifelt werden. Denn wäre diese Auffassung richtig, müsste vorsichtshalber der Vorbehalt der Verpächter-Genehmigung auf jeden Fall der Umwandlung einer Personen- in eine Kapitalgesellschaft oder Genossenschaft ausgeweitet werden. ME ist zu differenzieren: soweit der reine Gesellschafter- oder Genossenwechsel keine Auswirkungen auf die Bewirtschaftung des Pachtgegenstandes hat (etwa, weil der Ausscheidende nicht Mitglied von Geschäftsführung oder Vorstand ist und auch sonst keinen maßgeblichen Einfluß auf die Organe hat), ist eine Zustimmung des Verpächters nicht notwendig. Hingegen bedarf der Verpächter-Zustimmung jeder Personenwechsel innerhalb des Pächter-Organs ebenso wie der Wechsel hinsichtlich der Inhaberschaft der Mehrheit der Geschäfts- oder Genossenschaftsanteile oder gar der völlige Gesellschafter- oder Genossenwechsel.

11 Aus diesen Überlegungen wird diesseits die vom BGH neuerdings (RdL 2002, 228) vertretene Auffassung nicht geteilt, wonach die „Überführung" eines Landpachtvertrages auf eine neue Gesellschaft im Wege der Verschmelzung ohne weiteres keinen Verstoß gegen die Bestimmung darstellt. Daß der BGH dem Verpächter dabei ausnahmsweise ein Recht zur fristlosen Kündigung bei (konkret nachzuweisender) Verletzung seiner Interessen einräumt, steht mE im Widerspruch zu dem Regel-Ausnahme-Mechanismus dieser Vorschrift.

Bei Umwandlung einer LPG in eine GmbH lehnt das Brandenburgische OLG (AUR [ehemals AgrarR] 2003, 28), wenn auch mit anderer Begründung, die Anwendbarkeit der Vorschrift ab.

e) Abgeleitete Nutzziehung

Das Nutzungsrecht des Pächters umfaßt allerdings die **Befugnis**, ohne Verpächter-Erlaubnis **abgeleiteten Allein- oder Mitgebrauch** einzuräumen. Dazu zählen zB die Fallgestaltungen, in denen der Pächter persönlich gehindert ist, die Pachtsache selbst zu nutzen und sich entschließt, sein Recht durch Gehilfen oder/und Verwalter ausüben zu lassen (OLG Koblenz AgrarR 1985, 261); ferner – soweit Wohnraum mitverpachtet ist – die Aufnahme Dritter, wenn diese keinen selbständigen Haushalt begründen (wegen der Einzelheiten vgl STAUDINGER/EMMERICH [2003] § 540 Rn 2 ff); auch die unselbständige Überlassung eines Teils des Betriebsgebäudes zB zur Lagerung ist zulässig, solange allein der Pächter die Herrschaft über die Pachträume behält (OLG Hamm WM 1973, 525). Diese Gestattung ist **nur in den Grenzen ordnungsgemäßer Bewirtschaftung erlaubnisfrei** (§ 586 Abs 1 S 3). **12**

Die **Abtretung** von Pächterrechten (zur Abgrenzung von der Unterpacht s Rn 27) hingegen ist wiederum als originäre Nutzung des Pachtgegenstandes durch den Dritten **erlaubnispflichtig**.

f) Auskunftsanspruch

Um beurteilen zu können, ob eine übermäßige Einräumung unselbständiger Nutzungsrechte vorliegt, hat der Pächter dem Verpächter auf Verlangen Auskunft über die Ausgestaltung der Rechtsposition des/der das Pachtobjekt (mit-)nutzenden Dritten zu geben. **13**

IV. Die Erlaubnis

1. Rechtsnatur

Die Erlaubnis ist keine Zustimmung iSd §§ 182 ff, sondern eine **einseitig empfangsbedürftige Willenserklärung** iSd § 130 (LWLH Rn 16; FHL Rn 21; BGB-RGRK/GELHAAR § 549 aF Rn 6). Sie ist daher keine Wirksamkeitsvoraussetzung für die Vereinbarung des Pächters mit dem Dritten über die Einräumung der (Mit-)Nutzungsüberlassung (siehe etwa für die Unterverpachtung BGH NJW 1972, 1267). Sie muß entweder gegenüber dem anwesenden Pächter abgegeben werden oder diesem zugehen (§ 130 Abs 1). **14**

2. Erteilung

Da § 585a die Schriftform für Landpachtverträge nicht zwingend vorschreibt, erscheint es richtig, auch für die Erlaubnis eine bestimmte Form nicht vorzusehen. Die Erlaubnis kann – wie im Mietrecht – **formlos**, auch durch konkludentes Verhalten, erteilt werden, im Regelfall aber nicht durch bloße Duldung (vgl STAUDINGER/EMMERICH [2003] § 540 Rn 11; BGH WM 1987, 431). Stillschweigen wird in den seltensten Fällen – und nur bei Vorhandensein eines außergewöhnlichen Vertrauenstatbestandes – genügen. Für eine Gestattung der Nutzungsüberlassung spricht indessen eine längere, widerspruchslose Duldung (LWLH Rn 18; MünchKomm/VOELSKOW § 549 aF Rn 16), die Kenntnis des Verpächters von diesem Zustand voraussetzt. **15**

16 Formularverträge sehen durchgehend vor, daß der Pächter nur mit schriftlicher Erlaubnis des Verpächters die Nutzung des Hofes oder Teile hiervon einem anderen überlassen, insbesondere unterverpachten darf. Die vertraglich vereinbarte Form hat nur deklaratorische Bedeutung; die Erlaubnis kann gleichwohl formlos erklärt werden; darlegungs- und beweispflichtig für die erteilte Genehmigung ist im Streitfall der Pächter.

Die Erlaubnis ist **im Zweifel** nur für den bestimmten **Einzelfall** erteilt, da die Person des Dritten für die Willensbildung des Verpächters von maßgeblicher Bedeutung ist (vgl STAUDINGER/EMMERICH [2003] § 540 Rn 10).

Sinnvoll ist es, bereits bei Abschluß des Pachtvertrages klarzustellen, daß die Erlaubnis des Verpächters nicht erforderlich ist, wenn der Pächter geringfügige Flächen aus besonderem Anlaß, etwa eines Arbeitsverhältnisses überläßt.

3. Kein Anspruch auf Erlaubniserteilung

17 Der Pächter hat grundsätzlich keinen Anspruch auf Erlaubniserteilung; dem freien Ermessen des Verpächters unterliegt es, ob er die Erlaubnis erteilen will (FHL Rn 23; vgl auch STAUDINGER/EMMERICH [2003] § 540 Rn 8, 10, 15).

Ebenso wie der gewerbliche Mieter kann der Landpächter sich nicht auf die jetzt für das Wohnraummietrecht abgekoppelte Vorschrift des § 553 nF (§ 549 Abs 2 S 2 aF) berufen. So ist der Verpächter selbst dann nicht verpflichtet, einer Unterverpachtung zuzustimmen, wenn sich nach Abschluß des Pachtvertrages herausgestellt hat, daß dem Pächter ohne die Unterverpachtung die volle Ausnutzung der Vorteile des langjährigen günstigen Pachtverhältnisses nicht möglich ist (BGH WM 1968, 650 f).

Darüber hinaus ist dem Landpächter aber im Unterschied zum gewerblichen Mieter grundsätzlich auch die Möglichkeit genommen, auf die Verweigerung der Erlaubnis zur selbständigen Nutzungsüberlassung mit der außerordentlichen Kündigung zu reagieren, § 540 Abs 1 S 2 gilt im Landpachtrecht nicht.

Die Konsequenzen einer Erlaubnis-Verweigerung sind anders als im Mietrecht geregelt. Das Recht des Mieters zur **außerordentlichen Kündigung** (§ 540 Abs 1 S 2) steht dem Pächter **nicht** zu; dieser soll den Verpächter auch nicht mittelbar durch eine angedrohte Kündigung zwingen können, mit einem Unterpächter einverstanden zu sein (STAUDINGER/SONNENSCHEIN[12] § 596 Rn 7, 11).

4. Wirkung der Erlaubnis

18 Stets gestattet sie nur solche Nutzungen durch den Dritten, die auch dem Pächter selbst gestattet wären (BGH WM 1984, 1031).

Zur Unterpacht vgl oben Rn 4 und unten Rn 30 ff. Überläßt der Pächter mit Erlaubnis des Verpächters die Pachtsache einem landwirtschaftlichen Zusammenschluß, so bleibt der Pächter als alleiniger Vertragspartner des Verpächters zur ordnungsgemäßen Rückgabe der Pachtsache verpflichtet.

5. Konsequenzen fehlender Erlaubnis

Schließt der Pächter die Vereinbarung der (Mit-)Nutzungsüberlassung **mit dem** 19 **Dritten** nicht unter dem Vorbehalt (= der Bedingung) der Verpächter-Zustimmung, besteht insoweit ein **wirksamer Vertrag**, der vom Pächter nicht erfüllt werden kann. Nur theoretisch kommt dann in erster Linie § 326 zur Anwendung. Denn ist der Vertrag schon in Vollzug gesetzt, tritt an die Stelle des Rücktritts- das Kündigungsrecht. Der Verpächter ist also im Regelfall gem § 594e iVm § 543 zur außerordentlichen Kündigung berechtigt (FHL Rn 25).

6. Widerruf der Erlaubnis

Die erteilte Erlaubnis kann der Verpächter generell nur bei entsprechendem **Vor-** 20 **behalt** anläßlich der Erteilung widerrufen (vgl Staudinger/Emmerich [2003] § 540 Rn 13). Er hat dieses Recht darüber hinaus, wenn trotz Abmahnung die Pachtsache derart vertragswidrig genutzt wird, daß er bei entsprechendem Verhalten seines originären Vertragspartners diesem gegenüber zur Kündigung aus wichtigem Grund berechtigt wäre (Wolf/Eckert Rn 346). Widerrufsrechte **aus wichtigem Grund** bleiben daneben unberührt (vgl Staudinger/Emmerich [2003] § 540 Rn 13).

V. Sonderfälle

1. Berufsunfähigkeit des Pächters

Aus Gründen der sozialen Gerechtigkeit hat das Gesetz für den Fall der Berufsun- 21 fähigkeit des Pächters den Ausschluß des Kündigungsrechtes mit der Regelung des § 594c **durchbrochen** (BT-Drucks 10/509 S 24). Der im Sinne der Vorschriften der gesetzlichen Rentenversicherung berufsunfähig gewordene Pächter kann hiernach das Pachtverhältnis fristgemäß kündigen, wenn der Verpächter der selbständigen Überlassung der Pachtsache (in der Regel Unterverpachtung) an einen Dritten, der eine ordnungsgemäße Bewirtschaftung verspricht, widerspricht.

2. Familien-Pachtübergabeverträge

Der Fall der Übergabe des gepachteten Betriebes als Ganzen im Wege der vorweg- 22 genommenen Erbfolge an einen Dritten (zumeist seinem künftigen Hofnachfolger) ist **im Gesetz nicht als Ausnahme geregelt**. Im Gegenteil legt § 593a nahe, daß die Übergabe des Betriebes als Ganzes nur mit Zustimmung des Verpächters wirksam ist. Dies entspricht der allgemeinen Regelung in § 415. Eine grundsätzlich zustimmungsfreie Übergabe des „Pachthofes" an den „Hofprätendenten" dürfte daher abzulehnen sein. Treu und Glauben werden nur gleichsam im Vorfeld des § 594c Abs 2 in Ausnahmefällen eine andere Entscheidung rechtfertigen können, da die gesetzliche Neuregelung eine unzumutbare Belastung des Pächters weitgehend durch die §§ 594c, 594d Abs 2, aber auch durch § 593a vermeidet (weitergehend zu § 596 aF Staudinger/Sonnenschein[12] Rn 12; OLG Köln RdL 1960, 48).

Zur Behandlung von Zupachtflächen zu einem zu übergebenden Betrieb vgl unten Rn 25.

3. Wohnraum

23 Ist dem Betriebspächter gleichzeitig Wohnraum überlassen worden, so hat er grundsätzlich auch unter den Voraussetzungen des § 553 **keinen Anspruch auf Erteilung der Erlaubnis zur Untervermietung** (BGB-RGRK/Gelhaar § 596 Rn 1). § 589 sieht ausdrücklich die wohnraummietrechtliche Sonderregelung des § 553 (§ 549 Abs 2 aF) nicht vor. Für die rechtliche Beurteilung des mitverpachteten Wohnraums ist daher ausschließlich Landpachtrecht maßgebend; anderenfalls bestünde die **Gefahr**, daß bei Beendigung des Hauptpachtverhältnisses eine **Spaltung** zwischen dem landwirtschaftlichen Teil und dem Wohnteil eintritt und der Dritte sich auf mietrechtliche Kündigungsschutzbestimmungen berufen könnte.

4. Tod des Pächters

24 Bei Tod des Pächters hat der **Verpächter** gem § 594d Abs 2 eine **Einschränkung seines freien Ermessens** bei der Auswahl des Nachfolgepächters dann hinzunehmen, wenn die ordnungsgemäße Bewirtschaftung durch die Erben oder einen von ihnen beauftragten Miterben oder Dritten gewährleistet erscheint. Im Streitfall entscheidet das Landwirtschaftsgericht. Unabhängig vom Willen des Verpächters kann kraft Gesetzes aber nur der Wechsel auf die Rechtsnachfolger des Pächters und die Beauftragung eines sachkundigen Miterben oder Dritten durch diese erfolgen; erlaubnispflichtig bleibt weiterhin eine von den Erben angestrebte Unterverpachtung.

5. Zupachtflächen

25 Einen weiteren Sonderfall des Pächterwechsels enthält § 593a. Bei Übergabe eines Betriebes mit land- und forstwirtschaftlichen Pachtflächen im Wege vorweggenommener Erbfolge muß der Verpächter den ordnungsgemäß wirtschaftenden Betriebsnachfolger (Übernehmer) als Pächter seiner Zupachtfläche akzeptieren, ohne daß es seiner Zustimmung oder des Abschlusses eines neuen Pachtvertrages bedarf.

VI. Annex: Unterpacht

1. Begriff

26 Der Unterpachtvertrag (Regelfall der Überlassung an Dritte) ist ein **echter Landpachtvertrag** mit allen Rechten und Pflichten. Als eigenständiger schuldrechtlicher Vertrag ist er sowohl von der Erteilung der Erlaubnis als auch vom Bestand des Hauptpachtvertrags unabhängig (Staudinger/Sonnenschein/Veit § 581 Rn 341; vgl auch für das Mietrecht Staudinger/Emmerich [2003] § 540 Rn 25; vgl MünchKomm/Voelskow § 549 aF Rn 24); nur der Hauptpächter bleibt aus dem Hauptpachtvertrag berechtigt und verpflichtet.

Ist der Unterpachtvertrag für länger als 2 Jahre geschlossen, bedarf er gem § 585a ebenfalls der **Schriftform**.

2. Abgrenzungen

27 Von der Unterpacht zu unterscheiden ist der Pächterwechsel. Dieser kann durch

Vereinbarung gem §§ 415, 305 zwischen ausscheidendem und eintretendem Pächter gegenüber dem Verpächter nur mit Zustimmung des Verpächters wirksam werden (BGH WM 1967, 746; vgl STAUDINGER/EMMERICH [2003] § 540 Rn 52 ff; WOLF/ECKERT Rn 345, 347). Ohne Zustimmung des Verpächters vollzieht sich der Pächterwechsel lediglich ausnahmsweise in den Fällen der §§ 593a, 594d Abs 2.

Zur Vermeidung späterer Streitigkeiten ist stets darauf zu achten, daß die **Haftung** zwischen Alt- und Neupächter für die bereits bestehenden und die künftigen Schulden eindeutig **geregelt** ist.

Die **Abtretung von Pächterrechten** ist in entsprechender Anwendung der Bestimmung ebenfalls nur mit Erlaubnis des Verpächters möglich, weil das Recht des Pächters auf Nutziehung nicht selbstständig abtretbar ist (im Ergebnis wie im Mietrecht, s STAUDINGER/EMMERICH [2003] § 540 Rn 40 f). Stimmt der Verpächter nicht zu, liegt regelmäßig eine unerlaubte Unterpacht iSd § 589 Abs 1 S 1 vor (WOLF/ ECKERT Rn 346). **28**

3. Rechtsbeziehungen zwischen Verpächter und Pächter

a) Erlaubte Unterpacht

Nach erlaubter Überlassung der Pachtsache an den Unterpächter beurteilen sich die **29** Rechtsbeziehungen zwischen Verpächter und Hauptpächter weiterhin allein nach dem von ihnen abgeschlossenen Pachtvertrag. Einen Unterpachtzuschlag kann der Verpächter nur bei entsprechender Vereinbarung verlangen; diese kann auch vorformuliert getroffen werden (WOLF/ECKERT Rn 347).

Der Hauptpächter hat gegenüber dem Verpächter jede schuldhafte vertragswidrige Nutzung des **Unterpächters**, der als sein **Erfüllungsgehilfe** betrachtet wird (vgl STAUDINGER/EMMERICH [2003] § 540 Rn 1), zu vertreten (§§ 589 Abs 2, 278). Der Verpächter kann den Hauptpächter daher selbst bei vertragswidriger Nutzung des Unterpächters auf Unterlassung in Anspruch nehmen (§§ 590a, 589 Abs 2) oder ihm nach erfolgloser Abmahnung fristlos kündigen (§§ 594e Abs 1, 543, 589 Abs 2).

Von dem Unterpächter ausgehende Störungen kann der Verpächter auch selbst nach Maßgabe der §§ 823, 1004 abwenden.

Nach **Beendigung des Hauptpachtverhältnisses** kann der Verpächter die **Herausgabe 30** des Pachtobjektes von dem Hauptpächter auch dann verlangen, wenn dieser nur noch mittelbaren Besitz hat. Der Hauptpächter kann dabei seine Rückgabepflicht nicht durch Abtretung seines Anspruchs auf Rückgabe gegenüber dem Unterpächter erfüllen (BGH NJW 1971, 2065). Für die weitere Nutzung des Pachtobjektes schuldet der Hauptpächter bis zur Herausgabe Nutzungsentschädigung gem § 597 BGB, zu weiteren Einzelheiten siehe die dortige Kommentierung.

b) Unerlaubte Unterpacht

Auf den vom Unterpächter geschuldeten, möglicherweise höheren Pachtzins kann **31** der Verpächter aus keinem Rechtsgrund zugreifen (BGH NJW 1964, 1853; **aA** [Anspruch aus § 816] DIEDERICHSEN NJW 1964, 2296; WOLF/ECKERT Rn 348).

32 Hält der Hauptpächter trotz Abmahnung des Verpächters an der Unterpacht fest, so ist der Verpächter zur **fristlosen Kündigung** des Pachtverhältnisses gem §§ 594e Abs 1, 553 berechtigt, da hierin regelmäßig ein erheblicher Vertragsverstoß liegt (vgl OLG Hamburg NJW 1982, 1157; BGH NJW 1985, 2527; vgl STAUDINGER/EMMERICH [2003] § 540 Rn 31).

Der Kündigung wird grundsätzlich der **Einwand des Rechtsmißbrauchs** nicht entgegengehalten werden können, da von § 242 angesichts der gesetzlichen Neuregelung nur mit **größter Zurückhaltung** Gebrauch gemacht werden sollte. Anderenfalls würde die vom Gesetzgeber gewollte erlaubnisgebundene Unterverpachtung ausgehöhlt; dem Pächter unzumutbare Situationen dürften grundsätzlich durch die gesetzlichen Ausnahmeregelungen hinreichend berücksichtigt sein.

Bis zur Erteilung der Erlaubnis ist die Unterverpachtung unberechtigt, selbst wenn der Hauptpächter einen Anspruch auf Erlaubniserteilung haben sollte.

33 Bei unerlaubter Verpachtung muß der Pächter zusätzlich jeden von dem Dritten verursachten Schaden an der Pachtsache unabhängig vom Verschulden übernehmen **(Zufallshaftung)**, es sei denn, er kann nachweisen, daß der Schaden auch ohne die (Unter-)Verpachtung eingetreten wäre (vgl STAUDINGER/EMMERICH [2003] § 540 Rn 38; BGB-RGRK/GELHAAR § 549 aF Rn 16). Grundlage ist die Analogie zu § 287 S 2. Da der Pächter wegen der unerlaubten Verpachtung schon nach den allgemeinen Grundsätzen für adäquate Folgen haftet, bedeutet Zufallshaftung, daß ausnahmsweise nicht nur für adäquate sondern für alle Folgen der unerlaubten Verpachtung gehaftet wird (ausnahmsweise Geltung der Äquivalenztheorie im Zivilrecht).

4. Verhältnis zwischen (Haupt-)Verpächter und Unterpächter

34 Der Verpächter hat gegenüber dem Unterpächter **keine vertraglichen Ansprüche** (vgl ausf STAUDINGER/EMMERICH [2003] § 540 Rn 28 ff). Lediglich bei Beendigung des Hauptpachtverhältnisses kann er aus quasi-vertraglichem Recht den Unterpächter aus § 596 Abs 3 unmittelbar auf Rückgabe in Anspruch nehmen. Gegenüber dem Unterpächter steht ihm weder ein Pachtzinsanspruch noch ein gesetzliches Pfandrecht an den eingebrachten Sachen des Unterpächters zu. Anstelle vertraglicher Schadenersatzansprüche bestehen allenfalls solche aus unerlaubter Handlung (vgl STAUDINGER/EMMERICH [2003] § 540 Rn 30). Denkbar sind indessen Ansprüche des Unterpächters gegenüber dem (Haupt-)Verpächter auf Verwendungsersatz aus GoA und ungerechtfertigter Bereicherung (WOLF/ECKERT Rn 353).

5. Verhältnis zwischen Haupt-Pächter und Unterpächter

35 Siehe zunächst Rn 25. Der Unterpachtvertrag ist als **normaler Pachtvertrag** unabhängig von der Erlaubnis des Verpächters gültig (BGH NJW 1986, 308). Hat der Pächter ausnahmsweise den Unterpachtvertrag ausdrücklich oder stillschweigend von der Erlaubnis des Verpächters abhängig gemacht, liegt hierin eine Bedingung iSd § 158.

Ein wirksamer Unterpachtvertrag verpflichtet den Hauptpächter, für die versprochene Nutzungsüberlassung einzustehen. Kann er dieser Pflicht wegen **verweigerter**

Erlaubnis seines Verpächters nicht nachkommen, **haftet** er dem Unterpächter vor Übergabe aus §§ 280, 323, danach gem §§ 586 Abs 2, 541 bei Rückforderung wegen eines Rechtsmangels (Wolf/Eckert Rn 349, 351). Diese Haftung greift auch dann ein, wenn der Hauptpächter durch die Beendigung des Hauptpachtverhältnisses nicht mehr in der Lage ist, dem Unterpächter den Gebrauch der Mietsache zu gewähren.

Nimmt der Verpächter den Unterpächter als Dritten auf Herausgabe der Pachtsache in Anspruch, kann der Hauptpächter seiner Verpflichtung zur Nutzungsgewährung nicht mehr nachkommen, so daß ihm auch keine Ansprüche auf den Unterpachtzins mehr zustehen; ferner ist der Unterpächter nach §§ 594e Abs 1, 543 zur fristlosen Kündigung des Unterpachtvertrages berechtigt. Hat der Hauptpächter die Beendigung des Hauptpachtverhältnisses zu vertreten, haftet er dem Unterpächter gem §§ 586 Abs 2, 538 zudem auf Schadenersatz (Wolf/Eckert Rn 351 mwN).

Im übrigen wird der Unterpachtvertrag entsprechend den Regeln für den Hauptpachtvertrag beendet und rückabgewickelt.

VII. Haftung des Pächters bei Nutzungsüberlassung an Dritte (Abs 2)

Bei erlaubter Nutzungsüberlassung haftet der Pächter für durch den Dritten verursachte Schäden an der Pachtsache nur insoweit, als der Dritte schuldhaft gehandelt hat. 36

In den Fällen der unerlaubten Nutzungsüberlassung an den Dritten muß der Pächter zusätzlich auch für Schäden einstehen, die der Dritte unverschuldet mitverursacht hat (Zufallshaftung, so Rn 32).

VIII. Abdingbarkeit

Die Vorschrift ist weiterhin **dispositiv**; bei der Verwendung vorformulierter Verträge 37 sind die Bestimmungen der §§ 305 ff zu beachten.

IX. Verfahrensfragen

Über die Rechtsstreitigkeiten aus erlaubter und unerlaubter Nutzungsüberlassung 38 an Dritte hat das Landwirtschaftsgericht im Wege des streitigen Verfahrens (ZPO-Verfahren) gem §§ 1 Nr 1a, 2 Abs 1, 48 LwVG zu entscheiden (LWLH Rn 26).

Das Fortsetzungsverlangen der Erben nach dem Tod des Pächters gem § 549d Abs 2 betrifft indessen eine Landpachtsache der freiwilligen Gerichtsbarkeit (FGG-Verfahren).

§ 590
Änderung der landwirtschaftlichen Bestimmung oder der bisherigen Nutzung

(1) Der Pächter darf die landwirtschaftliche Bestimmung der Pachtsache nur mit vorheriger Erlaubnis des Verpächters ändern.

(2) Zur Änderung der bisherigen Nutzung der Pachtsache ist die vorherige Erlaubnis des Verpächters nur dann erforderlich, wenn durch die Änderung die Art der Nutzung über die Pachtzeit hinaus beeinflusst wird. Der Pächter darf Gebäude nur mit vorheriger Erlaubnis des Verpächters errichten. Verweigert der Verpächter die Erlaubnis, so kann sie auf Antrag des Pächters durch das Landwirtschaftsgericht ersetzt werden, soweit die Änderung zur Erhaltung oder nachhaltigen Verbesserung der Rentabilität des Betriebs geeignet erscheint und dem Verpächter bei Berücksichtigung seiner berechtigten Interessen zugemutet werden kann. Dies gilt nicht, wenn der Pachtvertrag gekündigt ist oder das Pachtverhältnis in weniger als drei Jahren endet. Das Landwirtschaftsgericht kann die Erlaubnis unter Bedingungen und Auflagen ersetzen, insbesondere eine Sicherheitsleistung anordnen sowie Art und Umfang der Sicherheit bestimmen. Ist die Veranlassung für die Sicherheitsleistung weggefallen, so entscheidet auf Antrag das Landwirtschaftsgericht über die Rückgabe der Sicherheit; § 109 der Zivilprozessordnung gilt entsprechend.

(3) Hat der Pächter das nach § 582a zum Schätzwert übernommene Inventar im Zusammenhang mit einer Änderung der Nutzung der Pachtsache wesentlich vermindert, so kann der Verpächter schon während der Pachtzeit einen Geldausgleich in entsprechender Anwendung des § 582a Abs. 3 verlangen, es sei denn, dass der Erlös der veräußerten Inventarstücke zu einer zur Höhe des Erlöses in angemessenem Verhältnis stehenden Verbesserung der Pachtsache nach § 591 verwendet worden ist.

Materialien: BT-Drucks 10/508; 10/509; 10/3830; 10/3498.

Schrifttum

Siehe § 585.

Systematische Übersicht

I. Normzweck und Entstehungsgeschichte ___ 1	III. Nutzungsänderungen bei (beibehaltener) landwirtschaftlicher Bestimmung (Abs 2) ___ 14
II. Veränderung der landwirtschaftlichen Bestimmung der Pachtsache ___ 3	1. Änderung ___ 15
1. Landwirtschaftliche Bestimmung der Pachtsache ___ 4	2. Änderungswirkung innerhalb der Pachtzeit ___ 16
2. Änderung ___ 5	3. Änderungswirkung über die Pachtzeit hinaus; Errichtung von Gebäuden ___ 18
3. Erlaubnis des Verpächters ___ 7	
4. Wirkung der (fehlenden) Erlaubnis ___ 11	4. Die Ersetzung der Zustimmung ___ 21

Titel 5 · Mietvertrag, Pachtvertrag
Untertitel 5 · Landpachtvertrag

§ 590

a) Voraussetzungen 22
b) Wirkung 26
c) Bedingungen/Auflagen des Landwirtschaftsgerichts 27
5. Auswirkung auf die Rückgabepflicht,
   Wiederherstellung 31

IV. **Ausgleichsanspruch des Verpächters
   (Abs 3)**
1. Grundsatz 32

2. Ausnahme: angemessene
   Reinvestition 34

V. **Abdingbarkeit, vertragliche
   Konkretisierung** 36

VI. **Verfahren, Beweislast**
1. Verfahren 40
2. Beweis- bzw Darlegungslast 41

Alphabetische Übersicht

Abdingbarkeit .... 36 ff
Änderung der landwirtschaftlichen
  Bestimmung der Pachtsache .... 3 ff
– der Nutzung, bei Beibehaltung der
  landwirtschaftlichen Bestimmung ..... 14 ff
Auflagen des Landwirtschaftsgerichts ... 27 ff
Ausgleichsanspruch des Verpächters .... 32 f
– keiner des Verpächters bei
  Reinvestition .... 34 f

Bedingungen des Landwirtschafts-
  gerichts .... 27 ff
Bestimmung, landwirtschaftliche, der
  Pachtsache .... 3 ff
Beweislast .... 41 f
Biologische Bewirtschaftung, Nutzungs-
  änderung .... 14 ff

Erlaubnis bei Errichtung von Gebäuden ... 19 f
– des Verpächters .... 7 ff
– Ersetzung durch Landwirtschafts-
  gericht .... 21 ff
– fehlende, Konsequenzen .... 11 ff
– kein Rechtsanspruch auf 10
– keine bei Nutzungsänderung innerhalb
  der Pachtzeit 16
– notwendig bei Nutzungsänderung über
  die Pachtzeit hinaus .... 18 ff
Ersetzung der Erlaubnis, Bedingungen,
  Auflagen .... 27 ff
– durch Landwirtschaftsgericht .... 21 ff
– Sicherheitsleistung 30
– Wirkung 26

Interessen, gegenläufige, hinsichtlich des
  Zustandes der Pachtsache 1
Landwirtschaftsgericht, Ersetzung der
  Erlaubnis .... 21 ff
Nutzungsänderung bei Beibehaltung der
  landwirtschaftlichen Bestimmung ...... 15 ff
– biologische Wirtschaftsführung 15
– Flächenstillegung 15
– innerhalb der Pachtzeit, keine Erlaubnis .. 16
– über die Pachtzeit hinaus .... 18 ff
– Zulässigkeit innerhalb der Pachtzeit 16
Pachtende, Rückgabepflicht des Pächters .. 31
Pächter, Rückgabepflicht bei Pachtende ... 31
Rückgabe des Pächters bei Pachtende 31
Sicherheitsleistung, Anordnung des
  Landwirtschaftsgerichts 30
Verfahrensfragen 40
Verpächter, Ausgleichsanspruch .... 32 f
– Erlaubnis bei Änderung der landwirt-
  schaftlichen Bestimmung .... 3, 7 ff
– kein Ausgleichsanspruch bei
  Reinvestition .... 34 f
Zustand der Pachtsache, gegenläufige
  Interessen der Parteien 1
Zweck der Bestimmung 1

I. Normzweck und Entstehungsgeschichte

1 **Bei der Bewirtschaftung** der Pachtsache haben die Parteien des Landpachtvertrages – besonders in Fällen der Betriebspacht – zumeist **gegenläufige Interessen**. Der Verpächter möchte in erster Linie den Wert der Pachtsache erhalten sehen und sieht dies zumeist durch eine möglichst die Verhältnisse bei Pachtbeginn „konservierenden" Wirtschaftsweise gewährleistet. Der Vorrang dieses Interesses wird auf den ersten Blick durch die Vorschriften der §§ 585b (Pachtsachenbeschreibung) und 596 (Rückgabe) gedeckt. Hingegen werden im Pächterinteresse flexible Nutzungsänderungen – etwa zum Zwecke einer Ertragssteigerung durch Anpassung der Wirtschaftsweise an sich ändernde Verhältnisse – liegen.

Auf der anderen Seite sollte jeder Verpächter an der dynamischen Weiterentwicklung seines Eigentums interessiert sein, die er bei Eigenbewirtschaftung im Zweifel selbst vornehmen würde. Er ist jedoch vor risikoreichen oder solchen Pächterinvestitionen zu schützen, die er nach Vertragsende übernehmen muß, die für ihn aber – etwa mangels eigener Spezialisierung – unbrauchbar oder gar schädlich sind.

Letztlich ist zu berücksichtigen, daß der Verpächter nicht unkontrollierten Ersatzansprüchen bei Rückgabe aufgrund hoher Pächterinvestitionen ausgesetzt sein soll; der Grundsatz ist vielmehr, daß sich Pächter-Investitionen während der Pachtzeit amortisieren sollen (FHL Rn 68).

2 Diesem Spannungsverhältnis soll die grundsätzliche Novellierung der Rechtslage zu dieser Problematik besser als die vorhergehende Regelung Rechnung tragen (BT-Drucks 10/509 S 20).

Nach dem alten § 583 war die Änderung der wirtschaftlichen Bestimmung eines landwirtschaftlichen Grundstücks grundsätzlich nur mit Erlaubnis des Verpächters zulässig, wenn ihre Wirkungen über das Ende der Pachtzeit hinausgingen. Diese Regelung wurde allgemein als zu wenig sachgerecht angesehen (BT-Drucks 10/509 S 20). Die Neuregelung soll durch eine weitergehende Differenzierung einen besseren Ausgleich und damit bessere Nutzungsmöglichkeiten der Pachtsache schaffen.

Die Vorschrift gilt für alle unter § 585 fallenden Pachtverhältnisse, also sowohl für Betriebs- als auch für Stücklandpacht.

II. Veränderung der landwirtschaftlichen Bestimmung der Pachtsache

3 Beabsichtigt der Pächter insoweit eine Veränderung, bedarf er nach Abs 1 stets der **(vorherigen) Zustimmung** des Verpächters. Dies gilt unabhängig davon, ob die landwirtschaftliche Bestimmung vorübergehend oder auf Dauer bzw für die Pachtzeit oder darüber hinaus geändert werden soll.

1. Landwirtschaftliche Bestimmung der Pachtsache

4 Es ist dies die bei Vertragsbeginn existierende **Widmung** der Pachtsache zu Zwecken der landwirtschaftlichen Nutzung, also der Erzeugung pflanzlicher oder tierischer Produkte aufgrund von Bodenbewirtschaftung oder mit Bodennutzung verbundener

Tierhaltung bzw der Gartenbau; zu Einzelheiten s § 585 Rn 3. Hier zeigt sich die Bedeutung einer Beschreibung der Pachtsache iSv § 585b.

2. Änderung

Diese Bestimmung wird geändert, wenn die Pachtsache anders als in diesem Sinne genutzt wird. 5

Dies ist bereits bei einer Zuführung zu **gewerblicher Nutzung** (OLG Karlsruhe AgrarR 1988, 23) der Fall, etwa wenn landwirtschaftliche Nutzflächen als Campingplatz oder Gebäude als gewerbliche Lagerhalle oder Ferienwohnung zweckentfremdet genutzt werden. Erst recht liegt eine genehmigungspflichtige Nutzungsänderung vor, wenn dadurch in landwirtschaftsfremder Weise die Substanz der Pachtsache berührt wird, wie bei der **Ausbeute** von Sand, Kies, Ton oä. Auch eine die landwirtschaftliche Bestimmung übersteigende Intensivierung ist Veränderung im Sinne dieser Vorschrift; wie dies beispielsweise der Fall ist, wenn die Verbindung zwischen Tierhaltung und Bodenbewirtschaftung nicht mehr besteht und daher die Grenze zur Gewerblichkeit (s § 51 BewG) überschritten wird.

Genehmigungspflichtige Veränderung in diesem Sinne ist auch jede Veränderung, die zu einer wesentlichen wertverändernden Beeinträchtigung führt, die aus ihrer Natur heraus nicht oder zumindest nicht in der (verbleibenden) Pachtzeit rückgängig gemacht werden kann (OLG Celle OLGR 1998, 198 für die Inanspruchnahme der Milchaufgabevergütung mit der Konsequenz einer nicht mehr bei Vertragsende auf den Verpächter zurückgehenden Milchquote [Rechtslage bis 2000]; sa BGH AgrarR 1997, 214). Dies gilt beispielsweise auch dann, wenn bei Umwandlung von Acker- in Dauerbrache zwar eine Wiederherstellung zum Vertragsende möglich ist (s Rn 16), jedoch durch Wegfall von Fördermitteln oder Bewuchs mit Bäumen und daraufhin „drohender" Stellung unter Naturschutz dauerhafte Wertbeeinträchtigungen zu befürchten sind (OLG Rostock AgrarR 1998, 219).

Obwohl das Gesetz nur von „Pachtsache" spricht, ist bei der Beurteilung nicht danach zu fragen, ob der gesamte Gegenstand des Pachtvertrages durch die Maßnahme seine landwirtschaftliche Bestimmung verliert, also bei der Betriebspacht die gesamte Besitzung ihre landwirtschaftliche Widmung. Eine solche Auslegung würde dem Schutzzweck der Norm nicht gerecht. Die Verpächterinteressen sind schon dann in eine die Genehmigung voraussetzenden Weise berührt, wenn ein **abgrenzbarer Teil der Pachtsache**, also etwa ein Grundstück oder Gebäude, so verändert werden soll, daß die Widmung zu Zwecken landwirtschaftlicher Nutzung entfällt.

Aktives Tun des Pächters ist dazu nicht unbedingt Voraussetzung. Die Veränderung 6 kann auch Folge von **Unterlassen** sein, dies etwa dann, wenn Flächen durch Nichtbewirtschaftung veröden oder erodieren. Flächenstillegungen, erst recht im Zusammenhang mit entsprechenden Programmen oder Auflagen, fallen allerdings nur unter Abs 1, wenn sie zu dauerhaften Substanzschäden führen, die sich durch geeignete Pflegemaßnahmen hätten vermeiden lassen.

3. Erlaubnis des Verpächters

7 Diese muß nach dem ausdrücklichen Gesetzeswortlaut **vor der beabsichtigten Nutzungsänderung** erteilt sein. Zu Einzelheiten vgl § 589 Rn 14 ff. Sie formlos zu erteilen, ist unter Beweis-Gesichtspunkten sehr risikoreich, so daß sich eine individualvertragliche Anpassung anbietet.

8 Die Erlaubnis kann für einen konkreten Fall erklärt werden; sie kann auch für eine Reihe von Vorhaben und auch bereits im Pachtvertrag erklärt werden. Sie verpflichtet den Pächter aber nicht zur Durchführung der Maßnahme.

9 Eine Erlaubnis unter **Widerrufsvorbehalt** ist nicht ausreichend, kann aber einen Vertrauenstatbestand schaffen, der einen späteren Widerruf unzulässig erscheinen läßt.

10 Angesichts der Bedeutung der (beabsichtigten) Veränderung besteht **kein Rechtsanspruch** des Pächters auf Erteilung der Erlaubnis. Diese kann daher konsequenterweise nicht durch eine Entscheidung des Landwirtschaftsgerichts ersetzt werden (so ausdrücklich der Regierungsentwurf BT-Drucks 10/509 S 21). Die Verweigerung begründet keine Ansprüche auf Schadensersatz, Pachtzinsminderung oder -anpassung (§ 593) oder ein Recht des Pächters zu fristloser Kündigung.

4. Wirkung der (fehlenden) Erlaubnis

11 Nimmt der Pächter eine die landwirtschaftliche Bestimmung der Pachtsache verändernde Maßnahme **ohne (vorherige) Genehmigung** vor, hat der Verpächter einen Anspruch auf Unterlassung bzw Beseitigung sowie ggf auf Schadensersatz; so etwa bei Aufgabe der Milchproduktion und Erhalt einer Rente nach der bis 2000 geltenden Milchquotenregelung (s § 585 Rn 31; vgl OLG Oldenburg AgrarR 1996, 342; OLG Celle AgrarR 1996, 227; zu Auskunftspflichten OLG Hamm AgrarR 1997, 20). Diese können aber erst bei Pachtende geltend gemacht werden (OLG Oldenburg AgrarR 1997, 20), wobei auf die kurze Verjährung nach § 591b zu achten ist.

Darüber hinaus wird er den Vertrauensbruch zum Anlaß einer fristlosen Kündigung nehmen können. Zu den Konsequenzen bei durch die Pächtermaßnahme vermindertem „eisern" mitverpachteten Inventar vgl unten Rn 32 f.

12 Erteilt der Verpächter die Erlaubnis, wird die modifizierte Nutzung vertragsgemäß. Und zwar mit allen sich daraus ergebenden Konsequenzen, auch bei späterer (nochmaliger) Änderung. Die sich daraus ergebende Gebrauchsbestimmung ist die Basis für die Rückgabepflicht des Pächters bei Vertragsende.

Erlaubte Nutzungsänderungen im Sinne dieser Bestimmung unterliegen **nicht der Anzeigepflicht** nach § 2 Abs 1 LPachtVG (s auch FHL Rn 88).

13 Ist die Pachtsache mit Verpächter-Erlaubnis berechtigterweise geändert, ist die ggf zu Vertragsbeginn erstellte Pachtsachenbeschreibung (§ 585b) unrichtig, und jede Partei kann eine ergänzende verlangen. Auch wenn nunmehr die landwirtschaftliche Bestimmung der Pachtsache fehlt, bleibt dieser Anspruch – mit der Möglichkeit der

Anrufung des Landwirtschaftgerichts – als Ausfluß der ursprünglich existierenden Bestimmung ebenso bestehen wie bei einer evtl späteren nochmaligen Änderung.

III. Nutzungsänderungen bei (beibehaltener) landwirtschaftlicher Bestimmung (Abs 2)

Berührt die vom Pächter beabsichtigte Änderung die landwirtschaftliche Bestimmung der Pachtsache nicht, ist zu differenzieren. **14**

1. Änderung

Stets muß eine Änderung im Verhältnis zur (bisherigen bzw vereinbarten) landwirtschaftlichen Nutzung beabsichtigt sein. Dies ist solange nicht der Fall, wie sich der Pächter im durch § 586 gesteckten Rahmen der ordnungsgemäßen Bewirtschaftung bewegt (FHL Rn 22), dem wiederum die getroffenen Vereinbarungen zugrundeliegen (s § 586 Rn 35). Zu beurteilen ist dabei, ob die landwirtschaftliche Nutzung des individuell betroffenen Grundstücks oder Gebäudes, also nicht der „Pachtsache" insgesamt, geändert werden soll (arg Rn 5 aE). **15**

Ob eine Maßnahme eine Änderung darstellt, ist nach dem **Zeitpunkt ihrer** (beabsichtigten) **Vornahme** zu beurteilen und nicht rückwirkend zum Zeitpunkt der Rückgabe der Pachtsache.

Die Teilnahme an **Flächenstillegungsprogrammen** (§ 586 Rn 37) als solche ist noch keine Änderung im Sinne dieser Vorschrift, wenn sie die Nutzungsbeschränkung der Pachtsache nicht über das Vertragsende hinaus bindet.

Soweit den Landwirten zur Reduktion von Überproduktionen **staatliche Leistungen für die Aufgabe bestimmter Produktionszweige** angeboten werden (zB Milchaufgabevergütung), entspricht deren Annahme nur dann einer unveränderten Wirtschaftsweise, wenn sichergestellt ist, daß diese nur während der Pachtzeit wirken und der Pachtgegenstand bei Vertragsende mit voller Produktionsmöglichkeit wieder zurückgegeben werden kann. Dies wird sich nach den geltenden Regeln kaum realisieren lassen, weshalb beispielsweise die Inanspruchnahme von Milchaufgabevergütung öffentlichrechtlich ohnehin nur mit Verpächter-Zustimmung möglich ist (BVerwG AgrarR 1994, 404; RdL 1995, 160). Derart ist der Verpächter als zur fristlosen Kündigung berechtigt bereits dann angesehen worden, wenn der Pächter – ohne die vorherige Zustimmung des Verpächters einzuholen – Weideland umwidmete, um Milchrente zu erlangen (BGH LwZR 11/91 nv).

Die **Umstellung der Bewirtschaftung** (einzelner Flächen) von intensiv auf extensiv (oder umgekehrt) ist zweifellos eine Änderung der bisherigen Nutzung. Ob sie bei Zustimmungsverweigerung des Verpächters gerichtlich erzwungen werden kann, wird im Rahmen der durchzuführenden Interessenabwägung von den anschließenden Nutzungsmöglichkeiten durch den Verpächter abhängen (su Rn 23).

Häufig wird eine Nutzungsänderung nach Abs 2 mit **Investitionen** des Pächters einhergehen, für deren (ggf) Ausgleich mangels anderweitiger Vereinbarungen der Regelungsmechanismus des § 591 gilt.

2. Änderungswirkung innerhalb der Pachtzeit

16 Sind die Wirkungen der Änderung auf die Pachtzeit beschränkt, bedarf diese **keiner Erlaubnis** des Verpächters.

Die Wiederherstellung des ursprünglichen Zustandes am Ende der Pachtzeit muß allerdings in einem Umfang gewährleistet sein, in dem die **Anschluß-Bewirtschaftung** im Sinne der (durch die getroffenen Vereinbarungen durchgeführten) Widmung der Pachtsache vor der Änderung ohne zeitliche Verzögerung oder wirtschaftliche Beeinträchtigung **möglich** ist. Bricht der Pächter zB Dauerweiden zu Ackerland um, reicht nicht aus, daß die Flächen bei Pachtzeitende noch nicht wieder als Dauerweiden mit entsprechender Ertragskraft zu benutzen sind. Bei Umstellung von intensiver auf extensive Bewirtschaftung (ggf noch nach den Vorschriften eines ökologischen Produktionsverbandes) erfolgt häufig ein Verzicht auf Düngung und Pflanzenschutz. Dementsprechend sehen die Flächen dann aus bzw sind in ihrer Ertragskraft gemindert.

In derartigen Fällen darf die andere (als bei Vertragsbeginn vereinbarte) Nutzung nur solange andauern, bis aufgrund der Überführung in die ursprüngliche Wirtschaftsweise bei Pachtvertragsende die ursprüngliche Situation wiederhergestellt ist (s § 596 Rn 14).

17 Das **Ende der Pachtzeit** bestimmt sich nach den vertraglichen Vereinbarungen. Sind feste Laufzeit oder (längere) Kündigungsfristen nicht vereinbart, muß der ursprüngliche Zustand innerhalb der nach § 594a laufenden Kündigungsfrist wiederherstellbar sein, damit die Änderung genehmigungsfrei ist. Dabei wird der Pächter nicht eine von ihm evtl bereits beabsichtigte Verlängerung des Vertragsverhältnisses nach § 595 mit einkalkulieren oder gar ein Verlängerungsverlangen mit noch nicht wiederhergestelltem Zustand begründen können. Denn sonst könnte derart der Schutzzweck der Norm unterlaufen, also die Ausnahme zur Regel werden.

Zwar braucht der Pächter keine Belastung bei Vertragsende aufgrund eigener **fristloser Kündigung** wegen schwerwiegenden Verpächter-Fehlverhaltens einzukalkulieren. Andersherum bringt dem Pächter die Herbeiführung des Vertragsendes aufgrund fristloser Kündigung des Verpächters keine Entlastung hinsichtlich des noch nicht wiederhergestellten Zustandes. Denn erweist sich die fristlose Kündigung (wegen schwerwiegenden Fehlverhaltens der anderen Vertragsseite) als berechtigt, ist der Kündigende in erste Linie schutzwürdig.

3. Änderungswirkung über die Pachtzeit hinaus; Errichtung von Gebäuden

18 Wirkt die Änderung über die Pachtzeit hinaus, bedarf die Maßnahme der **vorherigen Zustimmung** des Verpächters. Zu Einzelheiten und Konsequenzen vgl oben Rn 7 bis 13.

19 Ebenfalls stets **zustimmungspflichtig** ist nach S 2 die **Errichtung von Gebäuden**. Darunter sind alle Arten von Baulichkeiten zu verstehen, sofern sie mit dem Grund und Boden fest verbunden werden und damit wesentliche Bestandteile des Grundstücks werden, § 94 (**aA** FHL Rn 41, 43, die ein allseits umschlossenes Bauwerk fordern und eine feste Verbindung mit dem Grund und Boden für unwichtig halten). Bei der Errichtung von **Windkraftanlagen** (und den Zweifeln bei deren Bestandteils-Eigenschaft) wird dieser Streit nicht praktisch, weil der Betreiber stets die Einwilligung des Eigentümers in Form einer Dienstbarkeit verlangt, um überhaupt die Baugenehmigung zu erhalten.

Jedenfalls sind Gebäude in diesem Sinne auch Befestigungsanlagen, Mauern, Bodenplatten oä. Ebenfalls fallen darunter Umbaumaßnahmen an Gebäuden größeren Stils (LWLH Rn 20). Die Erlaubnis muß auch hier **vor der Durchführung** der beabsichtigten Maßnahme vorliegen und kann nicht im Nachhinein verlangt oder durch gerichtliche Entscheidung ersetzt werden.

Nimmt der Pächter derartige Maßnahmen ohne vorherige Verpächter-Erlaubnis vor, hat dieser die gleichen Rechte wie im Falle des Verstoßes gegen Abs 1 (siehe Rn 11). Zu Einzelheiten der Erlaubnis so Rn 7 ff. **20**

4. Die Ersetzung der Zustimmung

Die verweigerte Zustimmung des Verpächters kann der Pächter durch die Entscheidung des **Landwirtschaftsgerichts** ersetzen lassen. **21**

a) Voraussetzungen

Der Verpächter muß die **Zustimmung** (ausdrücklich oder konkludent) **verweigern.** Davon kann ausgegangen werden, wenn der Verpächter auf eine entsprechende Pächter-Anfrage innerhalb angemessener Frist überhaupt nicht antwortet oder seine Zustimmung von unzumutbaren Bedingungen (auch Gegenleistungen) abhängig macht. **22**

Weitere Voraussetzung ist, daß die beabsichtigte Änderung zur **Erhaltung oder nachhaltigen Verbesserung der Rentabilität** des Pächter-Betriebes **geeignet** erscheint. Der insoweit anzustellenden Untersuchung ist stets die vom Pächter aktuell und insgesamt bewirtschaftete Betriebseinheit zugrundezulegen. Dies ist im Falle der Betriebspacht der Pachtgegenstand, ansonsten der Pächter-Betrieb, zu dem die Stückländereien bzw der Pachtbetrieb hinzugepachtet ist. Die beabsichtigte Rentabilitätsverbesserung muß – nach betriebswirtschaftlichen Grundsätzen kalkuliert – realistisch erscheinen; ihr Erfolg muß also nicht als sicher vorhergesagt werden müssen. **23**

Da das Gesetz von einer Erhaltung oder Verbesserung der **Rentabilität** spricht, ist eine **bereits vorhandene** des Pächter-Betriebes vorauszusetzen. Es erscheint nicht sachgerecht, dem Verpächter die Zustimmung zu Maßnahmen zuzumuten, durch die der verlustreich wirtschaftende Pächterbetrieb erst wieder in die Gewinnzone kommen will.

Letztlich muß die Änderung dem Verpächter **zumutbar** sein. Dazu sind die Interessen der Vertragsparteien – das des Pächters an einem möglichst rentablen Betrieb, das des Verpächters an Erhalt und Rückgabefähigkeit des Pachtgegenstandes im vereinbarten (also idR einmal übergebenen) Zustand – gegeneinander abzuwägen. Auf Verpächterseite wird insoweit in erster Linie zu beantworten sein, ob es ihm **24** zumutbar ist, dem Pächter bei Vertragsende den Mehrwert der Verbesserung zu ersetzen (§ 591 Abs 1). Denn häufig wird der Verpächter mit guten Gründen der Veränderung widersprechen, etwa aus betriebswirtschaftlichen Gründen – zB wenn er selbst – aufgrund anderer oder nicht so weitgehender Qualifikation/Spezialisierung – anschließend mit der Investition nichts anfangen kann.

Da der Pächter den Pachtgegenstand grundsätzlich wie übernommen bzw wie vereinbart zurückgeben muß, sind derartige individuelle Umstände in der Person des **Verpächters** bei der Interessenabwägung im Zweifel gegenüber den Pächterinteressen **vorrangig**. Denn die Ausnahmeregelung des § 590b Abs 2 S 3 kann den Grundsatz nicht außer Kraft setzen, daß sich Pächter-Investitionen während der Pachtzeit amortisieren sollten (FHL Rn 68).

Zur Interessenabwägung bei der Bewirtschaftungsumstellung von intensiv auf extensiv (bzw umgekehrt) so Rn 16; zu evtl Ausgleichspflichten im Rahmen von § 591 siehe dort Rn 13.

25 Nach dem ausdrücklichen Gesetzeswortlaut kann die Verpächter-Zustimmung **nicht ersetzt** werden, wenn – gleich aus welchem Grunde – das Vertragsverhältnis gekündigt ist oder in weniger als drei Jahren – gerechnet ab (rechtskräftiger) gerichtlicher Entscheidung – endet. Gleichfalls ist eine gerichtliche Ersetzung nicht möglich, wenn der Pächter entgegen dem Gesetzeswortlaut erst die Maßnahme durchführt, dann keine Genehmigung erhält und anschließend das Landwirtschaftsgericht anruft.

b) Wirkung
26 Die (**rechtsgestaltende**) **gerichtliche Entscheidung** fixiert – wie in § 595 Abs 3 – den Vertragsinhalt. Sie verpflichtet den Pächter aber nicht zur Durchführung der Maßnahme. Fehlt die Ersetzung, ist die Nutzungsänderung gesetzeswidrig und berechtigt den Verpächter zu denselben Reaktionen wie im Falle der erlaubnislosen Änderung der landwirtschaftlichen Bestimmung (so Rn 11).

c) Bedingungen/Auflagen des Landwirtschaftsgerichts
27 Mit diesem Instrumentarium wird das Landwirtschaftsgericht in die Lage versetzt, in Fällen zu helfen, in denen es eigentlich die Ersetzung versagen müßte (vgl insbesondere oben Rn 25), dies aber doch als **unbillige Härte gegenüber dem Pächter** ansieht. Aus der Systematik der Bestimmung folgt, daß meist der die Genehmigungs-Ersetzung begehrende Pächter dadurch belastet wird. Jedoch ist – zumindest theoretisch – auch eine Belastung des Verpächters denkbar.

28 Dabei ist im Falle einer **Bedingung** die (auch rechtskräftige) Ersetzung solange nicht wirksam, wie die Bedingung nicht erfüllt ist. Sie empfiehlt sich hinsichtlich essentieller Begleit- bzw Kompensationsmaßnahmen, die sinnvollerweise vor bzw während der Investitionsphase erfüllt werden können. Eine besonders wichtige Bedingung kann sein, daß die Parteien sich vorher über die Modalitäten der Rückgabe, auch der Leistung von Verwendungsersatz (§ 591), zu einigen haben.

29 Auflagen hingegen berühren die Wirksamkeit der gerichtlichen Ersetzung nicht und bieten sich für solche Maßnahmen an, die bis zum Pachtende durchzuhalten bzw bei

Pachtende durchzuführen sind, wozu auch die Wiederherstellung des ursprünglichen Zustandes gehören kann. Werden sie nicht erfüllt, kann die begünstigte Partei auf Leistung klagen.

Das Instrument der **Sicherheitsleistung** wird das Landwirtschaftsgericht einsetzen, **30** wenn es mit finanziellen Schäden des (zumeist) Verpächters rechnet, gleichzeitig aber ein Bedürfnis des Pächters anerkennt, die Maßnahme auszuführen. Die Sicherheitsleistung kann als Bedingung oder Auflage ausgestaltet werden, wegen der Bedeutung wird vornehmlich die erste Alternative in Betracht kommen; jedenfalls ist eine klare Formulierung vonnöten.

Da das Gericht auch hinsichtlich der Art der Sicherheitsleistung freien Gestaltungsspielraum hat, ist es nicht auf die in § 232 genannten Sicherungsmittel beschränkt. Besondere Bedeutung wird daher angesichts ihrer Praktikabilität der Stellung eines Bürgen zukommen.

Entfällt der (gerichtlich zu bestimmende) Anlaß zur Sicherheitsleistung, kann nach Abs 2 S 6 deren **Rückgabe** verlangt und dies notfalls auch gerichtlich durchgesetzt werden. Zur weiteren Ausgestaltung des Verfahrens bei Rückgabe verweist das Gesetz auf § 109 ZPO.

5. Auswirkung auf die Rückgabepflicht, Wiederherstellung

Hat der Verpächter der Veränderung zugestimmt oder ist diese durch landwirt- **31** schaftsgerichtliche Entscheidung ersetzt worden, **entspricht der veränderte Zustand dem vertragsgemäßen**, der mithin Maßstab für die Verpflichtungen der Vertragsparteien zur Gebrauchsüberlassung, Erhaltung und Bewirtschaftung (§ 586) ist. Auch bestimmt sich danach – vorausgesetzt, es liegen keine Mängel vor – der Gegenstand bei Pachtende. Daneben besteht grundsätzlich die Berechtigung des Pächters, nach § 591 bei Pachtende Verwendungsersatz zu verlangen.

IV. Ausgleichsanspruch des Verpächters (Abs 3)

1. Grundsatz

Ist das Inventar in das Vertragsverhältnis mit einbezogen (§ 582a), liegt also ein Fall **32** der „**eisernen Verpachtung**" vor, kann die veränderte Wirtschaftsweise Auswirkung auf den Inventarbestand haben. Beispiele sind etwa das Unterlassen der Ersatzanschaffung einer übernommenen Maschine, die durch Veränderung überflüssig wurde oder die Umstellung von Viehhaltung auf viehlose Wirtschaftsweise.

In diesen Fällen wird die **Ausgleichspflicht** hinsichtlich des Minderwertes (§ 582a Abs 3) vom Ende der Pachtzeit auf den Zeitpunkt der Abschaffung des Inventars **vorverlagert**. Dies ist jedoch nur dann der Fall, wenn die Inventarminderung im Zusammenhang mit der Nutzungsänderung steht. Zur Berechnung gilt § 582a Abs 3 Satz 4 entsprechend (LWLH Rn 41).

Da der gesetzestreue Pächter nicht schlechter gestellt sein sollte als der gesetzes- **33** widrig handelnde, wird dem Verpächter der vorgezogene **Ersatzanspruch auch** zuzusprechen sein, wenn die Inventarverminderung im Zusammenhang mit einer **nicht erlaubten Änderung** der landwirtschaftlichen Bestimmung (Abs 1) oder erlaubnispflichtigen Nutzungsänderung (Abs 2) ohne Erlaubnis/Ersetzung erfolgt. Wählt der Verpächter diese Alternative, entfällt sein Recht aus § 582a Abs 2; beide sind nebeneinander nicht denkbar (LWLH Rn 40).

Eine analoge Anwendung dieser Bestimmung auf alle (übrigen) Fälle von Verminderungen des „eisern" mitgepachteten Inventars ist angesichts des Ausnahmecharakters der Bestimmung abzulehnen.

2. Ausnahme: angemessene Reinvestition

34 Der Ausgleichsanspruch des Verpächters entfällt, wenn der Pächter den **Erlös einer Inventarveräußerung** in angemessenem Umfang wieder in die Pachtsache **investiert** und dadurch die Voraussetzungen schafft, bei Pachtende nach § 591 Verwendungsersatz zu erhalten.

Als Veräußerung kommt dabei jedes Rechtsgeschäft in Betracht, solange als Gegenleistung Geldzahlungen erfolgen. Denkbar ist zB auch das Einbringen des Inventargegenstandes in eine Gesellschaft (LWLH Rn 42); der Normalfall ist allerdings der Verkauf.

35 Dieser Erlös muß in einer Weise reinvestiert werden, die zu einer **dauerhaften Wertverbesserung** der Pachtsache und damit zu einem Anspruch des Pächters auf Verwendungsersatz wegen Werterhöhung bei Pachtende führt. Eine dem Erlös identische Werterhöhung der Pachtsache ist nicht notwendig; das Wertverhältnis zwischen Erlös und Verbesserung muß angemessen sein. Dabei wird die nach § 591 vorzunehmende Bewertung – auch unter dem Gesichtspunkt der Brauchbarkeit der Reinvestition für den Verpächter – an dieser Stelle vorwegzunehmen sein.

Ob der Pächter derart reinvestiert anstatt den Betrag sogleich auszuzahlen ist ebenso in seine **freie Entscheidung** gestellt wie die Art der Reinvestition. Erfolgt die Reinvestition nur mit einem Teil des Erlöses, ist der überschießende Betrag auszuzahlen. Anders als zB in § 13 Abs 2 HöfeO muß der Pächter die Reinvestition nicht innerhalb eines bestimmten Zeitraums vornehmen, um in den Genuß dieser Vorschrift zu kommen (**aA** FHL Rn 84, die unverzügliche Reinvestition fordern).

V. Abdingbarkeit, vertragliche Konkretisierung

36 Wie bereits die vorhergehende Bestimmung des § 583 aF (vgl dazu STAUDINGER/EMMERICH[12] § 583 Rn 21) ist § 590 **kein zwingendes Recht**. Die Regelungen aller drei Absätze können ausgeschlossen oder modifiziert werden.

37 Häufig empfehlen sich an der jeweiligen vertraglichen Situation orientierte Änderungen, Ergänzungen oder Klarstellungen. Bereits der Beschreibung der Pachtsache (§ 585b) kommt in diesem Zusammenhang eine besondere Bedeutung zu. Durch sie kann die landwirtschaftliche Bestimmung iSv Abs 1 konkretisiert und die Art der landwirtschaftlichen Nutzung iSv Abs 2 Satz 1 in einer Weise festgeschrieben werden, die einen Streit zu der Frage minimiert, was eine Änderung ist. Ein in den

Vertrag aufgenommener Katalog bereits genehmigter Änderungen und deren Kompensierung und/oder Einfluß auf Pachtzins oder -laufzeit können für beide Parteien sehr früh wertvolle Klarheit schaffen. Häufig führen an den Verpächter herangetragene Bitten um Genehmigung zu Anpassungen des Vertragsinhalts (Schriftform notwendig, vgl § 585a).

Stets erscheint die Vereinbarung der Schriftform für Anfrage und Erlaubnis sinnvoll. **38**

Soweit modifizierende Regelungen in vorformulierten Vertragsmustern enthalten sind, ist unter dem Gesichtspunkt des der §§ 307 ff Vorsicht geboten, denn die Norm hat verpächter- und pächterschützende Komponenten. **39**

VI. Verfahren, Beweislast

1. Verfahren

Streitigkeiten nach Abs 1 und 3 sind nach § 1 Nr 1 a LwVG im ZPO-Verfahren, solche nach Abs 2 nach §§ 1 Nr 1; 9 LwVG im FGG-Verfahren zu entscheiden (so auch LWLH Rn 50; während FHL [Rn 85] den Streit um den Ausgleichsanspruch nach Abs 3 dem FGG-Verfahren zuordnen). Zuständig ist stets, auch für Unterlassungs- und Schadensersatzansprüche, das Landwirtschaftsgericht. **40**

2. Beweis- bzw Darlegungslast

Sie trifft den Verpächter für **41**

– ein gekündigtes Pachtverhältnis oder dessen Ende innerhalb von 3 Jahren;

– eine Inventarminderung zur Durchsetzung einer vorzeitigen Ausgleichsforderung nach Abs 3;

– eine Änderung der landwirtschaftlichen Bestimmung/Nutzung, wenn der Pächter dies bestreitet.

Der Pächter hingegen ist darlegungs- bzw beweispflichtig für **42**

– eine Wiederherstellung der Änderung in der Pachtzeit;

– die Verweigerung des Verpächters, ihm die Erlaubnis zu erteilen in den Fällen einer gerichtlichen Ersetzungsmöglichkeit;

– die Notwendigkeit einer Veränderungsmaßnahme für die Rentabilität seines Betriebes;

– ein angemessenes Verhältnis von Erlös zu Reinvestition iSv Abs 3.

§ 590a
Vertragswidriger Gebrauch

Macht der Pächter von der Pachtsache einen vertragswidrigen Gebrauch und setzt er den Gebrauch ungeachtet einer Abmahnung des Verpächters fort, so kann der Verpächter auf Unterlassung klagen.

Materialien: BT-Drucks 10/508; 10/509; 10/3830; 10/3498.

Schrifttum

Siehe § 585.

1. Entstehungsgeschichte, Regelungsgehalt, Anspruchskonkurrenzen

1 Die Bestimmung gibt dem Verpächter einen **gesonderten Unterlassungsanspruch** bei vertragswidrigem Gebrauch der Pachtsache durch den Pächter. Sie ist eine eigenständige landpachtrechtliche Regelung, die den Verweis auf die vom Wortlaut her identische Bestimmung des § 541 nF (§ 550 aF über § 581 Abs 2 aF) entbehrlich macht.

2 Dieser Anspruch steht **neben** denjenigen des Verpächters auf außerordentliche Kündigung (§§ 594e Abs 1, 543) und Schadensersatz wegen positiver Vertragsverletzung (§ 280) oder (bei Beschädigungen) unerlaubter Handlung. Wegen der vorgeschriebenen vorherigen Abmahnung und der darin enthaltenen Warnfunktion scheidet die Anwendung von § 1004 aus (LWLH Rn 1; **aA** STAUDINGER/EMMERICH [2003] § 541 Rn 1). Da es sich bei dem Anspruch aus § 590a um einen vertraglichen Erfüllungsanspruch handelt (LWLH Rn 5), besteht der Anspruch aus § 1004 aber gegenüber einem Dritten.

2. Anspruchsinhalt und Durchsetzung

3 Maßstab des vertragsgemäßen Gebrauchs ist zunächst der Landpachtvertrag in seiner konkreten Ausgestaltung. Der Gegenstand des Pachtvertragsverhältnisses regelt sich nach den getroffenen Vereinbarungen (§ 585), die ordnungsgemäße Bewirtschaftungspflicht als vertragsgemäßer Gebrauch nach § 586 Abs 1 S 3. Auch hier zeigt sich, wie hilfreich die Existenz einer Beschreibung der Pachtsache (§ 585b) ist.

4 **Jeder Verstoß** des Pächters gegen vertragliche oder gesetzliche (§§ 586 Abs 1 Satz 3, 586a, 588, 589, 590, 593a Satz 3, 906) Gebrauchs- bzw Nutzungspflichten und -beschränkungen stellt einen vertragswidrigen Gebrauch dar und gibt dem Verpächter (auch) den Anspruch auf Unterlassung. Zu Beispielsfällen sei auf die Gründe für eine fristlose Kündigung in § 594e verwiesen.

5 Dabei kann der Verstoß des Pächters sowohl in einem **Tun wie in einem Unterlassen** bestehen (LWLH Rn 7; vgl STAUDINGER/EMMERICH [2003] § 541 Rn 4). So erfüllt auch das

Brachliegenlassen von Ackerland den Tatbestand dieser Bestimmung, wenn dadurch Schäden am Boden oder Bewirtschaftungserschwernisse zu erwarten sind (OLG Rostock AgrarR 1998, 219), Verstöße von **Erfüllungsgehilfen** hat er sich über § 278 zurechnen zu lassen, ebenso die Verhaltensweisen sonstiger Dritter, die er – aus welchem Grunde auch immer – an dem Gebrauch der Pachtsache beteiligt (vgl STAUDINGER/EMMERICH [2003] § 541 Rn 2; LWLH Rn 7; zu Beispielen siehe FHL Rn 5).

Für den Unterlassungsanspruch reicht die objektive Pflichtwidrigkeit des Pächterverhaltens, **schuldhaftes Handeln ist nicht notwendig** (vgl STAUDINGER/EMMERICH [2003] § 541 Rn 2, 9, 11 [str]). Gleichfalls bedarf es weder einer besonderen Gefährdung der Pachtsache noch des Rückgabeanspruchs des Verpächters (LWLH Rn 8).

Die eindeutige Ankündigung vetragswidrigen Gebrauchs reicht zur Geltendmachung des Unterlassungsanspruchs aus (OLG Koblenz AgrarR 2000, 333).

Ein im Prinzip vertragswidriger Gebrauch kann sich bei längerem Dulden in vertragsgemäßen verwandeln, den der Verpächter dann weiter hinzunehmen hat (OLG Karlsruhe RdL 1987, 208 = AgrarR 1988, 23).

Ist eine Personenmehrheit Pächter und geschieht der vertragswidrige Gebrauch nur durch einen von ihnen, ist dieser Anspruchsgegner, § 425.

3. Abmahnung

Anspruchsvoraussetzung des Verpächteranspruchs ist stets eine **vorherige** Abmahnung, die jedenfalls wohl empfangsbedürftig ist (zur rechtlichen Einordnung siehe STAUDINGER/EMMERICH [2003] § 541 Rn 5 mwN; LWLH Rn 9).

Sie muß stets dem Pächter **zugehen**, nicht dem vertragswidrig handelnden Dritten. Sind mehrere Pächter vorhanden, muß die Abmahnung – auch bei vertragswidrigem Handeln von nur einem – allen zugehen. Denn es geht auch um die Rechtsstellung aller, und sie müssen zumindest die Möglichkeit des Einwirkens auf den vertragswidrig Handelnden haben. Ist eine Gesellschaft bürgerlichen Rechts Pächterin, ist sie nach überwiegender Meinung in der Literatur und neuester Rechtsprechung (s zusammenfassend PALANDT/SPRAU § 705 Rn 24 mwN) rechtsfähig. Jedenfalls seither reicht Zugang nach den Grundsätzen des § 130 aus (vgl STAUDINGER/EMMERICH [2003] § 541 Rn 6).

In ihr ist das vorwerfbare Verhalten (nicht zuletzt aus Beweiszwecken) präzise zu beschreiben und zu dessen Unterlassung aufzufordern, weshalb sich **trotz Formfreiheit** auch die **Schriftform empfiehlt**. Einer Fristsetzung zur Abänderung bedarf es ebensowenig wie der Androhung gerichtlicher Schritte.

Die Abmahnung ist ausnahmsweise **entbehrlich**, wenn der Pächter zu erkennen gibt, daß er ihrer ungeachtet sein Verhalten fortsetzen wird (vgl STAUDINGER/EMMERICH [2003] § 541 Rn 8); beweispflichtig dafür ist der Verpächter.

4. Unterlassungsanspruch

7 Stellt der Pächter ungeachtet der Abmahnung sein beanstandetes Verhalten nicht unverzüglich ein, entsteht der – notfalls gerichtlich durchzusetzende – Unterlassungsanspruch des Verpächters (vgl STAUDINGER/EMMERICH [2003] § 541 Rn 9 ff).

Unterbricht der Pächter das beanstandete Verhalten und nimmt es später in gleicher Weise wieder auf, ist eine erneute Abmahnung entbehrlich.

Stellt hingegen der Pächter die abgemahnte Verhaltensweise ein, entfällt der Unterlassungsanspruch ungeachtet eines daneben auch ohne Abmahnung entstandenen Verpächteranspruchs auf Schadensersatz.

5. Abdingbarkeit

8 Die Vorschrift ist **dispositiv**. Abändernde Regelungen bieten sich vor allem an, wenn die (Mit-)Bewirtschaftung durch Dritte, zB im Rahmen einer Bewirtschaftungsgemeinschaft (§§ 705 ff) zu erwarten ist. Stets ist auf die Einhaltung der Schriftform (§ 585a) zu achten. In den Fällen der Verwendung formularmäßiger Vertragsmuster sind die Vorschriften der §§ 305 ff zu beachten.

6. Verfahrensfragen

9 Entsprechend den Möglichkeiten in § 541 (STAUDINGER/EMMERICH [2003] § 541 Rn 14) kann der Verpächter sowohl durch Klage als auch durch einstweilige Verfügung vorgehen.

Das Verfahren ist ein „übriges" Landpachtverfahren im Sinne von § 1 Nr 1 a LwVG, so daß die Vorschriften der ZPO zur Anwendung kommen (LWLH Rn 12).

§ 590b
Notwendige Verwendungen

Der Verpächter ist verpflichtet, dem Pächter die notwendigen Verwendungen auf die Pachtsache zu ersetzen.

Materialien: BT-Drucks 10/508; 10/509; 10/3830; 10/3498.

Schrifttum

Siehe § 585.

Systematische Übersicht

I.	**Überblick**		2. Verhältnis zum bisherigen Recht	2
1.	Normgehalt und Zweck	1	3. Verhältnis der Vorschrift	3

a)	zum BGB-Landpachtrecht	3	b) Rechte als Teil des Pfandobjekts	14
b)	zu sonstigen BGB-Normen	5	3. Der Anspruch	15
4.	Anwendungsbereich	6	a) Entstehung	15
			b) Art und Umfang	17
II.	**Ersatzansprüche des Pächters**		c) Verpächterpfandrecht	18
1.	Notwendige Verwendungen	7	d) Verjährung	19
a)	Verwendungsbegriff	7	4. Zum Unterpachtverhältnis	20
b)	Notwendige Verwendungen	8		
c)	Verhältnis zu nützlichen Verwendungen	10	**III. Zur Abdingbarkeit**	21
d)	Keine Verwendungen	11	**IV. Verfahren und Beweislast**	22
2.	Verwendungen auf die Pachtsache	13		
a)	Allgemeines	13		

Alphabetische Übersicht

Abdingbarkeit	21	Verwendungen, Begriff	7
Anwendungsbereich der Vorschrift	6	Verwendungen, notwendige	7 ff
		– auf die Pachtsache	13 f
Beweislast	22	– Beispiele	9
		– keine bei Luxusaufwendungen	9
Luxusaufwendungen, keine notwendigen Verwendungen	9	– Negativabgrenzung	11
		– Vorsorgemaßnahmen	8
		Verwendungsersatzanspruch	15 ff
Normgehalt der Vorschrift	1	– Art und Umfang	17
		– Entstehung	15
Pachtsache als Objekt der Verwendungen	13	– Gläubiger	16
		– Sicherung	18
Unterpacht, Auswirkung auf Verwendungsersatzanspruch	20	– Verjährung	19
		Vorsorgemaßnahmen als notwendige Verwendungen	8
Verfahrensfragen	22		
Verhältnis zu anderen Vorschriften	3 ff	Zweck der Vorschrift	1

I. Überblick

1. Normgehalt und Zweck

Die Bestimmung regelt die Ersatzpflicht des Verpächters für notwendige Verwendungen des Pächters auf die Pachtsache. Er ist **inhaltsgleich** mit der entsprechenden Mietnorm des **§ 536a Abs 2 Nr 2** (§ 547 Abs 1 S 1 aF). 1

2. Verhältnis zum bisherigen Recht

Aus vorgenannten Gründen ist gemäß der BT-Drucks 10/3830 S 29 nunmehr die ehemalig einheitliche Regelung (§ 547) für notwendige und nützliche Verwendun- 2 gen für das Landpachtrecht **in zwei Normen getrennt geregelt**, unter Voranstellung des § 590b für die notwendigen Verwendungen.

Im übrigen bleiben die umfassenden kritischen Hinweise von STAUDINGER/EMMERICH (1995) zu § 547 Rn 3, insbes über die bisherige „unglückliche Verweisungstechnik der BGB-Verfasser" und die Regelung der Materie gleich in drei Normen, nämlich §§ 538 Abs 2 (jetzt bezogen durch § 586), 547 (jetzt 590b und 591) und 547a (jetzt 591a) gesetzlich wohl nicht mehr ganz unberücksichtigt. Denn die weite Zweckausrichtung, die das LPachtNeuOG in § 591 Abs 2 auch iVm mit § 590 Abs 2 für die Funktion des Verwendungsbegriffs gesetzt hat, sollten für die weitere Auslegung – wenn nicht gar Prägung – des Verwendungsbegriffs den vorgezeichneten landwirtschaftlichen Rahmen geben.

Bezüglich des Übergangsrechts gilt Art 219 EGBGB.

3. Verhältnis der Vorschrift

a) zum BGB-Landpachtrecht

3 Die Verwendungsmaßnahmen aus § 590 Abs 2 können sich unbeschadet einer weitgehenden Übereinstimmung des Wortlauts des § 590 Abs 2 S 3 mit § 591 Abs 2 je nach Sachlage auch als notwendige Verwendungen iSv § 590b darstellen, während andererseits nicht jede in Übereinstimmung mit § 590 Abs 2 vorgenommene Maßnahme (Investitions- oder Nutzungsänderung) eine Ersatzpflicht aus § 591 Abs 1 auslöst (vgl LWLH § 591 Rn 5).

4 Im übrigen sei bei Errichtung eines Gebäudes auf dem Pachtgrundbesitz durch den Pächter verwiesen:

– auf die grundsätzlich vorrangige Anwendung des § 590 Abs 2 bei Änderung der landwirtschaftlichen Nutzung;

– bezüglich des Ersatzanspruchs des Pächters wegen Unanwendbarkeit der §§ 994 ff auf §§ 536a Abs 2 und 539 Abs 1.

b) zu sonstigen BGB-Normen

5 Zu § 812: Hat der Pächter auf seine Kosten erhebliche Verwendungsmaßnahmen im Hinblick auf seinen langfristigen Pachtvertrag ausgeführt, der nun vorzeitig endet, können hieraus dem Verpächter Bereicherungsansprüche (§§ 812 ff) erwachsen; zur Verjährungsfrage s Rn 19.

4. Anwendungsbereich

6 Die Norm ist nur auf Landpachtverhältnisse (§ 585 ff) anwendbar und nur, soweit der Verpächter mit der Vornahme einer ihm obliegenden Verwendungsmaßnahme in Verzug ist, es sich um notwendige Verwendungen (in Abgrenzung zu denen aus § 591) handelt, und (in Abgrenzung zu § 994) der Pächter vertraglich besitzberechtigt ist.

II. Ersatzansprüche des Pächters

1. Notwendige Verwendungen

a) Verwendungsbegriff

Verwendungen sind „Aufwendungen für die Sache", die nach dem Pächterwillen 7 darauf abzielen, den Bestand der Pachtsache zu erhalten, wiederherzustellen oder ihren Zustand zu verbessern (s im einzelnen STAUDINGER/EMMERICH [2003] § 536a Rn 35 ff; LWLH § 591 Rn 4; FHL § 590b Rn 4 und § 591 Rn 7 f; alle mwN). Verwendungsmaßnahmen können übrigens nicht ohne zerstörende Einwirkungen auf das Objekt wieder rückgängig gemacht werden.

Als Verwendungen kommen **geldwerte Leistungen aller Art** in Betracht, insbesondere Kapital, Geld- und Sachwerte sowie Arbeitsleistungen. Es handelt sich hierbei um willentliche Leistungen für das Pachtobjekt zu dessen Erhaltung, Wiederherstellung, Verbesserung oder Veränderung. Im Zuge der Rechtsentwicklung hat sich gegenüber einem engeren Verwendungsbegriff entsprechend den Erfordernissen der wirtschaftlichen Entwicklung ein weiter gefaßter herausgebildet.

Die **weitere Begriffsdefinition** entspricht der des Mietrechts: Verwendungen sind solche Maßnahmen, die zur Erhaltung der Pachtsache erforderlich sind, jedoch nicht solche, die ihren erstmaligen vertragsgemäßen Zustand herstellen sollen. Aufwendungen des Pächters zu letzterem können nur als Ersatzanspruch nach §§ 586 Abs 2, 538 Abs 2 ausgeglichen werden (BGH AgrarR 1991, 245 = RdL 1991, 10).

b) Notwendige Verwendungen

Dies sind solche, die zur Erhaltung des Pachtobjekts im vertragsgemäßen Zustand 8 oder zu seiner ordnungsgemäßen Bewirtschaftung entsprechend dem vorausgesetzten Nutzungszweck (FHL § 590b Rn 5) oder zur ordnungsgemäßen Bewirtschaftung notwendig sind und die bei Nichtvornahme dem Eigentümer zur Last gefallen wären. Hierzu gehören **insbesondere „Vorsorgemaßnahmen"** (STERNEL V Rn 145), die das Pachtobjekt „vor einer unmittelbar bevorstehenden Gefahr der Verschlechterung" bewahren sollen (STAUDINGER/EMMERICH [1995] § 547 Rn 19 mwN; LWLH § 590b Rn 5).

Jedenfalls richtet sich die Frage, ob sich Verwendungen auf Grund einer Änderung der bisherigen landwirtschaftlichen Nutzungsart als notwendige (§ 590b) oder nützliche (§ 591) darstellen, nach dem **Verwendungszweck** auf Grund der erstrebten geänderten Nutzung, zu der der Verpächter seine vorherige Erlaubnis erteilt oder das Landwirtschaftsgericht diese ersetzt hat (§ 590 Abs 2; LWLH Rn 6 f).

Als **Beispiele** notwendiger Verwendungen seien angeführt (zu weiteren LWLH Rn 4; 9 FHL Rn 5): der Bau einer Stützmauer, Errichtung von Wirtschaftsgebäuden, Wiederaufbau durch Feuer beschädigter gepachteter Gebäude (zu weiteren Beispielen s STAUDINGER/EMMERICH [2003] § 536a Rn 35 ff).

Stets geht es nur um den angemessenen Umfang; notwendige Verwendungen **in Luxusausführung** ohne Verpächterzustimmung geben hinsichtlich der durch die Luxusanfertigung erhöhten Kosten keinen Ersatzanspruch; dies auch nicht im Anwendungsbereich des § 591, soweit der Kostenaufwand bei Pachtende keinen wirtschaftlichen Mehrwert begründet (LWLH § 591 Rn 4).

c) Verhältnis zu nützlichen Verwendungen

10 Sachlich einheitliche Verwendungen können sich zugleich rechtlich teils als „notwendige", teils als „nützliche" (§ 591) darstellen mit den jeweils unterschiedlichen Rechtsfolgen bezüglich der Verpächter-Ersatzpflicht (FHL § 590b Rn 8).

d) Keine Verwendungen

11 Die landwirtschaftliche Zweckausrichtung wirkt sich insbesondere dahin aus, daß Verwendungen zu **nichtlandwirtschaftlichen, insbesondere gewerblichen, Zwecken** (Umwandlung in Campingplätze) Verwendungsersatzansprüche der §§ 590b, 591 grundsätzlich nicht auslösen.

Keine ersatzpflichtigen „Verwendungen" sind weiter:

– gewöhnliche Ausbesserungen des Pachtobjekts, da diese der Pächter auf seine Kosten bewirken muß (§ 586 Abs 1 S 2, s STAUDINGER/EMMERICH [2003] § 536a Rn 37 mwN);

– Verwendungen, die der Pächter in Erfüllung seiner ihm obliegenden Bewirtschaftungspflicht (§ 586 Abs 1 S 3, LWLH Rn 5) oder Inventarerhaltungspflicht nach § 582 vornimmt;

– Aufwendungen, zu deren Erbringung sich der Pächter verpflichtet hat (LWLH Rn 5);

– Aufwendungen, durch die der Pächter erst das Pachtobjekt in vertragsgemäßen Zustand setzt (LWLH Rn 1; BGH NJW 1984, 1552);

– die Behebung eines vom Pächter schuldhaft verursachten Schadens;

– die Stillegung landwirtschaftlicher Nutzflächen (LWLH Rn 9);

– grundsätzlich staatliche Subventionen (im einzelnen LWLH Rn 1).

12 Die Erlangung von **Produktionskontingenten und Referenzmengen** für die bewirtschafteten Pachtflächen ist nach übereinstimmender Auffassung der Rechtsprechung gleichfalls keine notwendige oder nützliche Verwendung, die dem Pächter einen Ersatzanspruch für Wertschöpfungen des Pachtgegenstandes zu geben vermögen. Es handelt sich dabei nur um eine Produktionsbeschränkung, die bei Pachtende entschädigungslos auf den Verpächter übergeht (s § 591 Rn 13 mwN).

2. Verwendungen auf die Pachtsache

a) Allgemeines

13 **Objekt** der landpachtrechtlichen Verwendungen ist der Gegenstand des Landpachtvertrages. Bezüglich der verwendungsrechtlichen Besonderheiten im Inventarbe-

reich sei verwiesen auf § 590 Abs 3 sowie auf die nach § 582 mögliche Pächterpflicht zur Inventarerhaltung bei Mitverpachtung.

b) Rechte als Teil des Pfandobjekts
Es kann für den Pächter zweckmäßig sein, zur Erhaltung oder Verbesserung mitgepachteter Rechte bzw Rechtsstellungen (LWLH § 585 Rn 56) Maßnahmen zu treffen, die über den Rahmen seiner Bewirtschaftungspflicht (§ 586 Abs 1 S 3) hinausgehen. Die Aufwendungen hierfür rechtfertigen nach dem Sinn- und Zweckgehalt der §§ 590b und 591 ihre Anwendung **auch** unter dem Aspekt der Verwendungsersatzansprüche für den Pächter. **14**

3. Der Anspruch

a) Entstehung
Mangels abweichender Vereinbarung entsteht der Ersatzanspruch des Pächters grundsätzlich mit der **Vornahme der Verwendung** (FHL Rn 9; BGHZ 5, 197, 199), im Falle des § 536a Abs 2 Nr 1 indes nur bei Verzug des Verpächters mit der Mängelbeseitigung, was auch für die zulässige Anwendung des § 536a Abs 2 Nr 2 anstelle der Nr 1 zu beachten ist (im einzelnen umstritten, STAUDINGER/EMMERICH [2003] § 536a Rn 1, 26 f; vgl auch FHL § 547 Rn 7). **15**

Der Pächter kann vor Ausführung der Verwendungen vom Verpächter **Vorschuß** verlangen (BGHZ 47, 272; 56, 141). Auch kann sich bei **Gefahr im Verzug** eine Pflicht des Pächters zur Vornahme notwendiger Verwendungen auch ohne Inverzugsetzung des Verpächters ergeben (BGH NJW 1963, 1823; FHL § 590b Rn 7).

Anspruchsgläubiger ist der verwendende Pächter, im Fall des § 593a regelmäßig der Betriebsnachfolger. Schuldner ist der Verpächter, der diese Position zur Zeit der Vornahme der Verwendung innehatte. **16**

b) Art und Umfang
Der – abtretbare – Aufwendungsersatzanspruch des Pächters ist grundsätzlich ein Geldanspruch in Höhe des Werts der Pächteraufwendungen im notwendigen Umfang. **17**

Der Ersatzanspruch schließt etwaige Schadensersatz- bzw Minderungsansprüche (§§ 586, 536a) nicht aus (vgl STAUDINGER/EMMERICH [2003] § 536a Rn 24). Im übrigen ergibt sich der Inhalt des Anspruchs aus den vertraglichen Vereinbarungen und den §§ 256, 257.

c) Verpächterpfandrecht
Zur **Sicherung** der Pächterersatzansprüche sei verwiesen auf das Pächterpfandrecht, § 583. **18**

d) Verjährung
Der Lauf der **sechsmonatigen** Verjährungsfrist für die Verwendungsersatzansprüche des Pächters beginnt mit der **Beendigung des Pachtverhältnisses**. Bei vorzeitiger Aufgabe des Nutzungsrechts beträgt die Verjährungsfrist bei einem etwaigen Be- **19**

reicherungsanspruch des Verpächters gegen den Pächter an sich dreißig Jahre, was den vorherigen Eintritt einer Verwirkung nicht ausschließt.

4. Zum Unterpachtverhältnis

20 Aus der Struktur des Unterpachtverhältnisses (vgl § 589 Rn 25 ff) folgt, daß die beiden Verwendungsabwicklungs-Verhältnisse (Hauptverpächter/Pächter und Pächter/Unterpächter) jeweils **getrennt** zu beurteilen und zu behandeln sind und der Unterpächter gegen den Hauptverpächter jedenfalls keine unmittelbaren Ersatzansprüche herleiten kann.

Allerdings kann der Pächter seinerseits seine Ansprüche stellen und diese an den Unterpächter abtreten.

III. Zur Abdingbarkeit

21 Die Norm ist im Rahmen der Grundsätze der Vertragsfreiheit grundsätzlich ganz oder teilweise abdingbar und kann durch andere Regelungen ersetzt werden (STAUDINGER/EMMERICH [2003] § 536a Rn 44; FHL Rn 1; LWLH Rn 2). Bei Verwendung vorformulierter Vertragsmuster sind die Bestimmungen des § 307 zu beachten (zu dem Fall einer zu einseitigen Lastenverteilung siehe BGH NJW 1967, 1224).

Zur Schriftform von – auch späteren – Vertragsänderungen vgl § 585a und die dortige Kommentierung.

IV. Verfahren und Beweislast

22 Der Verwendungsanspruch des Pächters ist im **streitigen Verfahren** vor dem Landwirtschaftsgericht nach § 1 Nr 1 a iVm § 48 LwVG einzuklagen. Die Beweislast für die anspruchsbegründenden Tatsachen obliegt dem Pächter. Von der gesetzlichen Regelung abweichende Vereinbarungen sind vom Verpächter zu beweisen.

§ 591
Wertverbessernde Verwendungen

(1) Andere als notwendige Verwendungen, denen der Verpächter zugestimmt hat, hat er dem Pächter bei Beendigung des Pachtverhältnisses zu ersetzen, soweit die Verwendungen den Wert der Pachtsache über die Pachtzeit hinaus erhöhen (Mehrwert).

(2) Weigert sich der Verpächter, den Verwendungen zuzustimmen, so kann die Zustimmung auf Antrag des Pächters durch das Landwirtschaftsgericht ersetzt werden, soweit die Verwendungen zur Erhaltung oder nachhaltigen Verbesserung der Rentabilität des Betriebs geeignet sind und dem Verpächter bei Berücksichtigung seiner berechtigten Interessen zugemutet werden können. Dies gilt nicht, wenn der Pachtvertrag gekündigt ist oder das Pachtverhältnis in weniger als drei Jahren endet. Das Landwirtschaftsgericht kann die Zustimmung unter Bedingungen und Auflagen ersetzen.

Titel 5 · Mietvertrag, Pachtvertrag § 591
Untertitel 5 · Landpachtvertrag

(3) Das Landwirtschaftsgericht kann auf Antrag auch über den Mehrwert Bestimmungen treffen und ihn festsetzen. Es kann bestimmen, dass der Verpächter den Mehrwert nur in Teilbeträgen zu ersetzen hat, und kann Bedingungen für die Bewilligung solcher Teilzahlungen festsetzen. Ist dem Verpächter ein Ersatz des Mehrwerts bei Beendigung des Pachtverhältnisses auch in Teilbeträgen nicht zuzumuten, so kann der Pächter nur verlangen, dass das Pachtverhältnis zu den bisherigen Bedingungen so lange fortgesetzt wird, bis der Mehrwert der Pachtsache abgegolten ist. Kommt keine Einigung zustande, so entscheidet auf Antrag das Landwirtschaftsgericht über eine Fortsetzung des Pachtverhältnisses.

Materialien: BT-Drucks 10/508; 10/509; 10/3830; 10/3498.

Schrifttum

Siehe § 585 sowie
DINGERDISSEN, Der Ausgleich von Ver- und Aufwendungen sowie von Wertverbesserungen zwischen Pächter und Verpächter während des Pachtverhältnisses und bei dessen Beendigung, AgrarR 1997, 105.

Systematische Übersicht

I.	**Allgemeine Kennzeichnung**		f) Anspruchskonkurrenz	34
1.	Normgehalt und Normzweck	1	g) Sicherung des Anspruchs	35
a)	Normgehalt	1		
b)	Normzweck	2	**III.** **Ersetzung der Verpächter-Zustimmung (Abs 2)**	
2.	Verhältnis zu früherem Recht	3		
3.	Anwendungsbereich	5	1. Bedeutung	36
4.	Verhältnis der Vorschrift zum LPachtVG	8	2. Verfahrensrechtliche Voraussetzungen	37
			a) Antrag	37
II.	**Die Ersatzpflicht des Verpächters**		b) Eine gewisse Vertragsdauer	38
1.	Andere als notwendige Verwendungen	9	c) Verweigerte Verpächter-Zustimmung	39
a)	Verwendungen	9	3. Materiellrechtliche Voraussetzungen	40
b)	Andere als notwendige Verwendungen	10	a) Eignung zur Betriebserhaltung oder nachhaltigen Rentabilitätsverbesserung	40
c)	Verwendungen für die „Pachtsache"	15		
2.	Zeitpunkt	16	b) Zumutbarkeit	43
3.	Zustimmung des Verpächters	17	4. Zustimmungsersetzung unter Bedingungen bzw Auflagen (S 3)	44
4.	Zur Fristbeschränkung nach Abs 2 S 2	25	a) Überblick	44
5.	Zum Mehrwert-Ersatzanspruch	26	b) Bedingungen	47
a)	Grundsätzliches	26	c) Auflagen	48
b)	Entstehung	27	5. Beschränktes Antragsrecht des Verpächters	49
c)	Fälligkeit	28		
d)	Höhe	31		
e)	Gläubiger und Schuldner des Anspruchs	32		

IV. Gerichtliche Mehrwertbestimmung (Abs 3)

1. Überblick und Regelung nach S 1 und 2 50
2. Mehrwertberechnung 51
3. Pachtfortsetzung zwecks Mehrwertabgeltung (Abs 3 S 3 und 4) 57

V. Verjährung 58
VI. Abdingbarkeit 59
VII. Verfahren 60

Alphabetische Übersicht

Abdingbarkeit	59
Anwendungsbereich der Bestimmung	5 ff
Anzeigepflicht nach dem LPachtVG	8
Auflagen	48
Bedingungen	47
Bedingungen, Auflagen, des Gerichts	44 ff
– des Verpächters	19
Betriebsverbesserung als Merkmal nützlicher Verwendungen	11
Biologische Wirtschaftsweise	12
Ersetzung, gerichtliche	
– Anspruch nur bei Mindestvertragsdauer	38
– Antrag	37
– Antragsrecht	49
– Bedingungen, Auflagen	44 ff
– der Zustimmung	25, 36 ff
– und Mehrwertbestimmung	52
– Voraussetzungen	40 ff
– Zumutbarkeitsprüfung	43
Fortsetzung des Vertragsverhältnisses zur Mehrwertabgeltung	57
Mehrheit von Verpächtern oder Pächtern	23
Mehrwert-Ersatzanspruch	26 ff
– Absicherung	35
– Anspruchskonkurrenz	34
– bei Betriebsveräußerung	29
– Entstehung	27
– Fälligkeit	28, 30
– Gläubiger und Schuldner	32 f
– Höhe	31
– Verjährung	30
Mehrwertabgeltung durch Pachtfortsetzung	57
Mehrwertbestimmung gerichtliche	50 ff
– und gerichtliche Ersetzung	52
– Vollstreckbarkeit	53
Milchquote	13
Mindest-Vertragsdauer als Anspruchsvoraussetzung	38
Pächter, Mehrheit	23
Pachtfortsetzung zur Mehrwertabgeltung	57
Pachtsache als Objekt der Verwendung	15
Produktionsquoten	13
Schadensersatzpflicht, keine, des Verpächters bei Verweigerung	22
Sicherung des Anspruchs auf Mehrwertersatz	35
Sonderrecht, landwirtschaftliches	42
Unterpacht	24
Verfahrensfragen	60
Verhältnis der Bestimmung zum früheren Recht	3 f
Verjährung des Mehrwert-Ersatzanspruches	30, 58
Verpächter, beschränktes Antragsrecht	49
– Mehrheit	23
– Zustimmung	17 ff
Verwendungen, Begriff	9
Verwendungen, nützliche	
– Abgrenzung zu notwendigen	10 ff
– bei biologischer Wirtschaftsweise	12
– bei Produktionsquoten	13
– Beispiele	12 ff
– Erfordernis der Betriebsverbesserung	11 f
– für die Pachtsache	15
– Verpächter-Zustimmung	17 ff
– Zeitpunkt	16
Vollstreckbarkeit der gerichtlichen Mehrwertbestimmung	53

Titel 5 · Mietvertrag, Pachtvertrag §591
Untertitel 5 · Landpachtvertrag 1–3

Voraussetzungen der gerichtlichen Ersetzung	40 ff	– bei Unterpacht	24
		– Form	20
		– gerichtliche Ersetzung	25, 36 ff
Zeitpunkt der nützlichen Verwendung	16	– keine Schadensersatzpflicht bei Verweigerung	22
Zuckerrübenlieferrechte	13		
Zustimmung des Verpächters	17 ff	– Zeitpunkt	18
– Bedingungen, Auflagen	19	Zweck der Bestimmung	2

I. Allgemeine Kennzeichnung

1. Normgehalt und Normzweck

a) Normgehalt

Die Bestimmung regelt als **besonders eigenständige Neuschöpfung** der Landpacht- **1** novelle die Ersatzpflicht des Verpächters für **nützliche Verwendungen** des Pächters in Bezug auf die Pachtsache. *Sie ist die Ergänzung zu § 590b,* der (wie früher § 547 Abs 1 aF) die Ersatzpflicht für notwendige Pächterverwendungen anordnet. Die Ersatzpflicht besteht nur dann, wenn der Verpächter den Verwendungen des Pächters **zugestimmt** hat. Sie besteht nur in Höhe des Wertes, den die Pachtsache aufgrund der Verwendungen über die Pachtzeit hinaus erlangt (Mehrwert).

Eine **verweigerte Zustimmung** kann nach Abs 2 durch die **gerichtliche ersetzt** werden. Dies jedoch nur insoweit, als die Verwendungen zur Erhaltung oder nachhaltigen Verbesserung der Rentabilität des Betriebs geeignet sind; dies steht im Einklang mit dem seit einiger Zeit neu herausgebildeten Grundsatz der Förderungswürdigkeit leistungsfähiger Betriebe (BVerfG AgrarR 1995, 15; s ausf § 585 Rn 19). Das gerichtliche Verfahren nach den Abs 2 und 3 ist auf **angemessenen Interessenausgleich** ausgerichtet.

Die in Abs 3 S 3 und 4 vorgesehene Möglichkeit einer **Fortsetzung des Pachtverhältnisses** auf Pächterinitiative zur Mehrwertabgeltung erscheint verwandt mit dem Regelungsbereich des § 595 (Pachtverlängerung), mit dem Unterschied, daß § 595 nach seinem Abs 8 grundsätzlich unabdingbar ist.

b) Normzweck

Die Neuregelung verbessert die Stellung des Pächters zum Zwecke einer dynami- **2** schen Betriebsbewirtschaftung. Sie soll ein geeignetes Mittel zur nachhaltigen Verbesserung der Betriebsrentabilität darstellen und sein Investitionsinteresse animieren. Der Aufbau des § 591 ist wegweisend für die sukzessive individualgerechte Bewältigung des Mehrwertproblems. Hier ist wie in den anderen Normen gerichtlicher Vertragsgestaltung (§§ 590, 593, 595) das Erfordernis **eines vorangegangenen Versuchs zur gütlichen Einigung** vorgeschaltet. *Der fehlgeschlagene Einigungsversuch ist Voraussetzung für eine Sachentscheidung gem Abs 2 und 3.*

2. Verhältnis zu früherem Recht

Nach dem *früheren Recht* konnte der Pächter Aufwendungsersatz nur nach den **3** Vorschriften der §§ 812 ff oder über § 539 Abs 1 der auftraglosen Geschäftsführung

(§§ 677 ff) verlangen. Diese Regelungen wurden als nicht mehr ausreichend angesehen, um den Bedürfnissen des landwirtschaftlichen Strukturwandels Rechnung zu tragen. Speziell das Erfordernis, sowohl im Interesse als auch nach dem wirklichen oder mutmaßlichen Willen des Verpächters zu handeln, erschwerte beachtlich die Begründung eines Ersatzanspruchs des Pächters und beeinträchtigte damit dessen Investitionsbereitschaft.

Damit bestand die Gefahr, daß der Pächter für seine Aufwendungen ersatzlos blieb; so insbesondere, wenn trotz der objektiven Wertsteigerung der Verpächter aus subjektiven Gründen am Mehrwert nicht interessiert war (dazu JAKOBS AcP 167, 350; LAUSNER NJW 1965, 513; zur subjektiven Bewertung BGHZ 10, 171, 180; 23, 61).

4 **Neu eingeführt** sind der **(objektive) Mehrwertbegriff** des § 591 Abs 1 als Grundlage des Verwendungsersatzanspruchs, ferner das **Zustimmungserfordernis** des Verpächters nach Abs 2 sowie die **Entscheidungsmöglichkeit des Landwirtschaftsgerichts** nach Abs 2 S 3 bzw Abs 3.

3. Anwendungsbereich

5 Die Norm bezieht sich auf **alle Landpachtverhältnisse**, sowohl auf die Betriebspacht wie die Stücklandpacht (BT-Drucks 10/509 S 21). Wertersatzansprüche entstehen nur insoweit, als die **Verwendungen während der Pachtzeit** erfolgt sind und die Pachtsache im Verwendungszeitpunkt die landwirtschaftliche Qualifikation nicht verloren hat.

6 *Die Norm bezieht sich auch auf Einrichtungen* (§ 591a), mit denen der Pächter das Pachtobjekt versehen hat (BT-Drucks 10/509 S 22; vgl STAUDINGER/EMMERICH [2003] § 539 Rn 27), soweit diese wegen ihres betriebswirtschaftlichen Wertes Verwendungen sind.

7 Die Norm bezieht sich **nicht** auf

– Maßnahmen zur Mängelbeseitigung des Pächters, soweit er sich bei Vertragsbeginn keine dementsprechenden Rechte vorbehalten hat (OLG Köln 23 U 4/88 [nv]);

– Ausbesserungsmaßnahmen iSv § 586 Abs 1 S 2;

– Erhaltungsmaßnahmen nach §§ 582 Abs 2, 582a bei Inventarpacht sowie auch nicht auf bloß notwendige Verwendungen;

– Verwendungen auf die Pachtsache, die vor Abschluß bzw nach Beendigung des Landpachtverhältnisses oder nach Verlust der landwirtschaftlichen Zwecksetzung erfolgt sind (vgl LWLH Rn 3);

– Ansprüche aus Verträgen, die vor dem 1. Juli 1986 geschlossen sind, es sei denn, daß ein Vertragsteil nach Art 219 Abs 1 EGBGB erklärt hat, daß das alte Recht Anwendung finden soll;

– die Abbedingung der Bestimmung bzw bei Verwendungen, die sich als Teil des geschuldeten Pachtzinses darstellen (BGH LM § 662 Nr 28) oder bei denen kostenlose Vornahme vereinbart war.

4. Verhältnis der Vorschrift zum LPachtVG

Der Ausschluß oder die Abänderung der gesetzlichen Mehrwertausgleichsregelung **8** als Teil eines nach § 2 LPachtVG anzeigebedürftigen Landpachtvertrags ist grundsätzlich in beanstandungsfähiger Hinsicht irrelevant. Deshalb **entfällt** auch ein **Anzeigebedürfnis** für entsprechende pachtvertragliche Abänderungsvereinbarungen (FHL Rn 41; § 590 Rn 12). Wird hingegen zB der Pächter zur Leistung nützlicher Verwendungen verpflichtet, die über den Rahmen der gesetzlichen Leistungspflicht hinausgehen (etwa anläßlich der Vereinbarung des Ausschlusses der Verwendungsersatzregelung aus § 591), besteht eine Anzeigepflicht nach § 4 Abs 1 Nr 3 LPachtVG.

Der Gehalt landwirtschaftsgerichtlicher Entscheidungen unterliegt weder im Rahmen des Zustimmungsverfahrens (§ 591 Abs 1 und 2) noch des Mehrwertverfahrens (Abs 3) der Anzeigepflicht nach § 2 LPachtVG.

II. Die Ersatzpflicht des Verpächters

1. Andere als notwendige Verwendungen

a) Verwendungen
Zum Begriff vgl die Erläuterungen zu § 590b (Rn 7 ff). **9**

b) Andere als notwendige Verwendungen
Es ist dies einerseits die **Abgrenzung** zu den notwendigen Verwendungen, deren **10** Ersatzmöglichkeit bzw -pflicht sich nach § 590b richtet. Andererseits bedeutet die in letztgenannter Norm enthaltene Beschränkung auf „notwendige" im Verpächterinteresse eine Abgrenzung zu nützlichen oder nur vom Pächter für sinnvoll gehaltenen, hinsichtlich derer die Ersatzpflicht danach nicht besteht. Es erfolgt hier also auch eine Abgrenzung auch gegenüber Luxusaufwendungen zu denen Verpächter zustimmen kann, aber nicht muß (vgl STAUDINGER/EMMERICH [2003] § 539 Rn 4 ff; LWLH Rn 4).

Wesentliches Erfordernis für den Mehrwertersatzanspruch des Pächters ist, daß die **11** Verwendung – und zwar nach objektiver Betrachtungsweise – **zur Erhaltung oder nachhaltigen Verbesserung des Betriebs geeignet** ist.

Dies rechtfertigt eine entsprechend weite Gesetzesauslegung, nach der zB nicht nur Maßnahmen der Erhaltung oder Verbesserung von Betriebs- und Wohngebäuden, sondern auch deren Errichtung durch den Gesetzeszweck gedeckt wird, gleichviel ob es sich dabei um eine Ersatzmaßnahme oder die Neuerrichtung im Rahmen einer ordnungsgemäßen landwirtschaftlichen Nutzung handelt (sa OLG Stuttgart RdL 1995, 63 im Falle der Errichtung eines zweiten Wohnhauses bei beengten Verhältnissen).

In diesem Sinne hat sich im Laufe der Rechtsentwicklung herausgebildet, daß grundlegende Veränderungen der Pachtsache als Verwendungen angesehen werden können (BGHZ 41, 160; nunmehr zweifelnd BGH NJW 1974, 743). Bleibt indes der landwirtschaftliche Betriebscharakter auch nach einer Bestimmungs- oder Nutzungsänderung (§ 590 Abs 2) gewahrt und erweisen sich nun grundlegende Veränderungen baulicher Art als sachgerecht und rentabilitätsverbessernd, erlangen damit auch solche den Charakter von vom Normzweck getragenen nützlichen Verwendungen.

12 **Typisch nützliche Verwendungen** im Sinne der Norm sind die zur Erhaltung und/oder Wiederherstellung bzw Verbesserung des Pachtobjekts vom Pächter erbrachten Aufwendungen, die nicht

– nach § 586 Abs 1 S 2 oder vereinbarungsgemäß ausgleichsfrei zu erbringen sind;

– notwendige Verwendungen im Sinne von § 590b sind; oder

– dem objektiven Maßstab der nachhaltigen Betriebsverbesserung nicht gerecht werden, wie etwa „Luxusverwendungen".

Dazu gehören zB die erlaubte (§ 590) Umwandlung von Weide- in Ackerland oder umgekehrt Anpflanzungen, die Anlage von Wegen, Dränagen oder Teichen, Verbesserung, Ausbau oder Umbau an Wirtschafts- und Wohngebäuden, Anlage von Leitungen, Silos oder Trocknungsanlagen (vgl zu weiteren Beispielsfällen STAUDINGER/ EMMERICH [2003] § 539 Rn 4; FHL Rn 9; LWLH Rn 5).

Ein zunehmend wichtiger Faktor wird insoweit die zunächst aufwendige, mittelfristig häufig sehr erfolgversprechende Umstellung der Produktion auf **biologische Wirtschaftsweise** (vgl dazu § 596 Rn 14).

Stellt der Pächter die **Bewirtschaftungsform** (einzelner Flächen) auf eine **biologische** um, hat dies in der Umstellungsphase häufig erhebliche Aufwendungen zur Folge, bis die Flächen als biologisch bewirtschaftete (zB „Bioland") anerkannt werden und in zweiter Konsequenz ausreichende Erträge bringen. Es ist andererseits nicht zu verkennen, daß in Zeiten drastisch sinkender Marktfruchtpreise derart umgestellte Flächen einen eigenen **Wert** repräsentieren.

13 Verwendungen müssen sich nicht notwendig in der Anschaffung und/oder Verbesserung vorhandener Sachen konkretisieren: In einer Zeit, in der die Inhaberschaft von **Produktionsquoten (derzeit für Zucker und Milch)** zunehmend an Bedeutung gewinnt, ist es sachgerecht, auch solche Pächteraufwendungen zu unterstützen, die sich insoweit auf Erwerb oder Ausbau richten. Der Erwerb der Produktionsquote als solcher ist ebensowenig als Verwendung anzusehen wie die Quote selbst eine Verwendung ist, sie ist eine Produktionsbeschränkung, die nach Vertragsende (entschädigungslos) auf den Verpächter übergeht (vgl § 596 Rn 34). Nimmt der Pächter allerdings die Chance auf weitergehende Quotenzuteilung wahr (Bewirtschaftungspflicht, s § 586 Rn 38), hat er in Höhe der ihm dadurch entstehenden Kosten einen Verwendungsersatzanspruch.

Auch öffentlichrechtlich bestehen keine Bedenken gegen Zuordnung der Milchquote an den Verpächter bei Pachtende (BVerwG RdL 1991, 101).

Die Anwendung der Bestimmung kommt auch zum Zuge, wenn sich bei einer vom **14** Pächter vorzunehmenden, ihm obliegenden notwendigen Verwendung zeigt, daß aus betriebswirtschaftlich sinnvollen Gründen zweckmäßigerweise **anstelle der notwendigen Verwendung eine umfassendere (andere) nützliche** vorgenommen wird. Denn findet sich der Pächter im eigenen Interesse zwecks Verbesserung der Betriebsrentabilität bereit, die umfassendere, werterhöhende Verwendung vorzunehmen, sollte ihm die Befugnis zustehen, im Weigerungsfalle des Verpächters die Entscheidung des Landwirtschaftsgerichts auf Zustimmungsersetzung herbeizuführen.

c) **Verwendungen für die „Pachtsache"**

„Pachtsache" ist der *Gegenstand des Landpachtvertrages* einschließlich der damit **15** verbundenen Einrichtungen sowie das mitgepachtete Inventar (§ 582). Es macht keinen Unterschied, ob die Einrichtungen mitverpachtet oder vom Pächter angeschafft sind, soweit sie (vertraglich) am Ende der Pachtzeit an den Verpächter zurückzugeben sind.

Bei gemischten Betrieben besteht der Mehrwertersatzanspruch nur insoweit, als die Verwendungen den landwirtschaftlichen Betrieb(-steil) betreffen.

2. Zeitpunkt

Die Verwendung muß **während der Pachtzeit** und während der Dauer der landwirt- **16** schaftlichen Zweckerfüllung erfolgt sein. Ansonsten bestehen allenfalls Ansprüche aus (auftragloser) Geschäftsführung (§§ 670, 683) oder ungerechtfertigter Bereicherung.

3. Zustimmung des Verpächters

Die „Zustimmung" des Verpächters zur nützlichen Verwendung ist **rechtliche Vor-** **17** **aussetzung für die Begründung seiner Mehrwertersatzpflicht.**

Sie kann vor der Maßnahme oder danach erfolgen, wie aus den Gesetzesmaterialien **18** (BT-Drucks 10/509 zu § 591 Abs 1 S 2) hervorgeht.

Der Verpächter kann die Zustimmung von **Bedingungen oder Auflagen** abhängig **19** machen, die er für sachgerecht hält und die das Landwirtschaftsgericht nach Abs 2 S 3 anordnen kann. Die Zustimmung kann widerruflich oder unwiderruflich erteilt werden.

Eine bestimmte **Form** ist für den Pächter-Antrag (anders als in § 595 Abs 4) oder die **20** Zustimmung **nicht** notwendig. Beides kann auch konkludent erfolgen (s etwa zur Verpächter-Zustimmung durch Mitwirkung im Baugenehmigungsverfahren OLG Stuttgart RdL 1995, 63). Jedoch empfiehlt sich aus Gründen der Rechtssicherheit die Schriftform (ähnlich wie bei der Zustimmung nach § 590, s dort Rn 7). Zu diesem Zweck sollte auch der Pächter den Verpächter im Zustimmungsersuchen über die zu dessen Entscheidungsfindung notwendigen Einzelheiten schriftlich informieren.

Sind zur Durchführung der Pächter-Maßnahme seitens des Verpächters Dritten gegenüber Erklärungen abzugeben, ist der Verpächter nach erteilter oder ersetzter Zustimmung auch dazu verpflichtet (s OLG Stuttgart RdL 1995, 63 im Zusammenhang mit dem Antrag auf Baugenehmigung für eine Gebäudeerrichtung).

21 **Verweigert** der Verpächter nachhaltig jede Stellungnahme dazu und kann auf seine Zustimmung auch nicht ausnahmsweise aus anderen Umständen geschlossen werden, so gilt sie ebenso als nicht erteilt wie bei einer definitiven Absage. Stillschweigen des Verpächters hindert den Pächter nicht, die Vornahme des Verwendungsaufwands gleichwohl zu riskieren – zumindest in den Erlaubnisgrenzen des § 590 –; er kann es aber auch bei deren Überschreitung darauf ankommen lassen, daß der Verpächter nachträglich noch zustimmt. Weigert sich der Verpächter, die **Zustimmung im gewünschten Umfang** zu erteilen, kann diese Zustimmung im Rahmen des Abs 2 der Norm auf Antrag des Pächters durch das Landwirtschaftsgericht ersetzt werden.

22 Da ein Pächteranspruch auf Zustimmungserteilung trotz der Ersetzungsbefugnis des Abs 2 nicht besteht (LWLH Rn 7 und FHL Rn 10), führt die Verweigerung seitens des Verpächters auch bei späterer **Ersetzung nicht zu Schadensersatzpflichten**.

23 Bei einer **Mehrheit von Pächtern** haben grundsätzlich alle das Verlangen zu stellen; es sei denn, die Vertragsparteien benennen (evtl schon im Pacht- oder Gesellschaftsvertrag) einen als insoweit vertretungsberechtigt. Bei **mehreren Verpächtern** ist die Zustimmung von allen zu erteilen bzw bedarf es zur Wirksamkeit des Mehrwertersatzanspruchs der Ersetzung der Zustimmung aller durch das Landwirtschaftsgericht; ein Fall der „Notgeschäftsführung" (s etwa § 744 Abs 2) wird schon begrifflich bei den hier interessierenden nützlichen Verwendungen in den seltensten Fällen vorliegen.

24 Im Falle der **Unterpacht** bestehen keine direkten Vertragsbeziehungen zwischen Verpächter und Unterpächter (vgl ausf § 589 Rn 25 ff). Derart sind für den Unterpächter sowohl die Zustimmung des Hauptpächters wie (durch diesen veranlaßt) die des Verpächters erforderlich.

4. Zur Fristbeschränkung nach Abs 2 S 2

25 Die in Abs 2 S 2 aufgeführten Fälle der nur noch kurzfristigen Vertragslaufzeit schließen die Zulässigkeit eines Pächterantrags auf gerichtliche Ersetzung der verweigerten Zustimmung aus. Auch kurzfristige Überschreitungen dieser gesetzlichen Fristen sind bei der seitens des Gerichts vorzunehmenden Interessenabwägung zu berücksichtigen (vgl Rn 43).

5. Zum Mehrwert-Ersatzanspruch

a) Grundsätzliches

26 Der „Mehrwert" (Abs 1, Abs 2 S 1) ist der Wert, um den die vom Pächter mit Verpächter-Zustimmung getätigten **nützlichen Verwendungen** an der Pachtsache deren Wert bei Beendigung des Pachtverhältnisses über die Pachtzeit hinaus erhöht.

b) Entstehung

Die Ausgleichsleistung entsteht dem Grunde und der Höhe nach bereits **mit der** **27** **Ausführung der Verwendung** (LWLH Rn 18). Bis zur Fälligkeit bei Pachtende verändert sich jedoch die Höhe, *ausgleichspflichtig ist der dann noch vorhandene Mehrwert*. Für die Notwendigkeit dieser Differenzierung spricht, daß gemäß der Begründung des Regierungsentwurfes (BT-Drucks 10/509 S 122) die Bestimmung des Anspruchs nach Lage der Umstände schon vor Pachtende notwendig sein kann, so zB schon im Verfahren über die Ersetzung der Verpächter-Zustimmung nach Abs 2; es muß aber schon dann eine sachgerechte Mehrwertbestimmung möglich sein, eine Möglichkeit, die in Abs 3 auf Antrag einer Partei vorgesehen ist.

Derart entsteht dem Grunde nach ein **(zunächst aufschiebend bedingter)** Pächteranspruch auf den (etwaigen) Mehrwertausgleich bei Vorliegen der folgenden **Voraussetzungen**: erstens die Erteilung der Verpächter-Zustimmung (oder deren Ersetzung), zweitens die Vornahme der Pächterverwendung und drittens die Festsetzung des Mehrwerts.

c) Fälligkeit

Der für die Berechnung und Entrichtung der Ersatzpflicht maßgebliche Zeitpunkt **28** ist nach Abs 1 der Norm die **rechtliche Beendigung des Pachtverhältnisses**. Der Beendigungsbegriff entspricht dem auch sonst im Landpachtrecht üblichen, vgl §§ 584b, 596 mit den jeweiligen Erläuterungen. Auf den Beendigungsgrund kommt es grundsätzlich nicht an.

Wie sich der Fall der **Betriebsveräußerung** auswirkt ist **zweifelhaft**. Gewiß wird wohl **29** überwiegend vertreten, daß die Veräußerung des Pachtobjektes eine rechtliche „Beendigung" des Pachtverhältnisses darstellt, unbeschadet der Eintrittswirkungen des Erwerbers in das Pachtverhältnis nach §§ 593b, 566 nF (571 aF) Abs 1 (BGH NJW 1965, 1225; ihm folgend FHL § 591b Rn 9). Andere differenzieren weitergehender bezüglich der Auswirkungen im Verwendungsbereich (PICKER NJW 1982, 8 ff und schon frühzeitig FISCHER/WÖHRMANN LPachtG § 8 Rn 5; LANGE/WULFF LPachtG § 3 Rn 39). **Diesseits** wird im Widerspruch zu der Auffassung von FHL insbesondere im Bereich des neuen § 591 vertreten:

– Bei der Leistung der nutzbringenden Verwendungen handelt es sich um einen gerade im Landpachtbereich geforderten vertragstypischen Vorgang, so daß der Grundstückserwerber in das unter anderem durch die Zustimmung des Verpächters inhaltlich bestimmte Pachtverhältnis ebenso eintritt wie in dessen Mehrwert-Ersatzverpflichtung.

– Handelt es sich um eine vom Pächter schon in die Wege geleitete sachgerechte Verwendung, die etwa schon teilweise ausgeführt ist, erscheint es nicht sachgerecht, den einheitlichen Verwendungsvorgang in zwei Teile zu zerlegen, in den bereits fertiggestellten Verwendungsteil und in den noch nicht erledigten; der Pächter kann auch hier einen Mehrwertersatz erst nach Beendigung des Pachtverhältnisses vom Erwerber verlangen.

– Hat der Pächter bereits ein Verwendungsobjekt mit Zustimmung des Verpächters fertiggestellt, so mindern sich die Bedenken, ihm schon einen Mehrwertersatzanspruch zum Zeitpunkt des Wirksamwerdens der Veräußerung des Pachtobjekts zuzusprechen. Indes wird für richtig gehalten, den Vorgang der Veräußerung nicht als Beendigung des Pachtverhältnisses im Sinne des § 591 Abs 2 zu würdigen, trotz des etwa möglichen Arguments, daß Verwendungen möglichst bald abgegolten werden sollen.

– Wegen der Zweifel erscheint es sachgerecht, daß sämtliche Beteiligte (veräußernder Verpächter, Erwerber und Pächter) sich über die etwaigen Zweifelsfragen anläßlich der Veräußerung abstimmen und einigen; nicht zuletzt, um den Pächter nicht der Gefahr der kurzfristigen Verjährung seiner Verwendungsansprüche (§ 591b) auszusetzen.

30 Wird – etwa aufgrund einer Änderungsvereinbarung – das Pachtobjekt, an dem die Verwendungen vorgenommen wurden, **vor Ende des Vertragsverhältnisses zurückgegeben**, ist der darauf entfallende Mehrwert-Ersatzanspruch fällig. Denn insoweit liegt in der Rückgabe eine (teilweise) Vertragsbeendigung.

Gibt der Pächter nach Ablauf der Pachtzeit das Pachtobjekt dem Verpächter **nicht zurück** (indem er es etwa eigenmächtig weiter nutzt, ohne daß dies als Verlängerung der Pachtzeit anzusehen ist), hindert dies nicht, den Mehrwertersatzanspruch des Pächters als entstanden anzusehen, der zB durch Gegenansprüche des Verpächters wegen der unterlassenen Rückgabe und der daraus resultierenden Schadensersatzansprüche aufgerechnet werden kann.

Die **Verjährung** richtet sich nach 591b (OLG Stuttgart RdL 1995, 63; LWLH Rn 20).

d) Höhe

31 Die Mehrwertbestimmung erfolgt durch die Gegenüberstellung der Werte des Pachtobjekts mit und ohne die Verwendungen (LWLH Rn 13 f). Eine Beschränkung auf die (noch nicht abgeschriebenen) Verwendungskosten des Pächters findet dabei nicht statt (LWLH Rn 17), vielmehr werden die **Verkehrswerte miteinander verglichen**.

e) Gläubiger und Schuldner des Anspruchs

32 Gläubiger ist der **Pächter**, der die Verwendungen getätigt hat bzw sind seine Erben. Tritt bei der **vorweggenommenen Erbfolge** in einen Hof bzw Landgut der Übernehmer in bestehende Zupachtverhältnisse ein (§ 581a), so wird nach Lage der Sache meist auch der Verwendungsanspruch als an ihn abgetreten gelten (vgl LWLH Rn 19). Bei einer **Mehrheit** von Pächtern steht diesen der Anspruch als Gesamtberechtigte zu.

Im Falle der **Unterpacht** besteht der Anspruch des die Verwendung tätigenden Unterpächters gegen den Hauptpächter, der wiederum gegenüber dem Verpächter berechtigt ist.

Die Abtretung des Anspruchs ist zulässig, sofern (§ 399) dadurch keine Inhaltsveränderung eintritt.

33 Schuldner der Mehrwertersatzverpflichtung ist grundsätzlich der **Verpächter**, der dies zur Zeit der Beendigung des Pachtverhältnisses ist, mag es sich hierbei um

den Verpächter zur Zeit des Vertragsabschlusses handeln oder um dessen Erben oder bei einem Wechsel des Verpächters dessen Nachfolger zum Ende der Pachtzeit.

f) Anspruchskonkurrenz

Trotz gewisser Wechselbeziehungen des Ordnungsbereichs der nützlichen Verwendungen (§ 591) mit dem der Bestimmungs- und Nutzungsänderung (§ 590) bestehen **grundsätzlich keine Anspruchskonkurrenzen**, weil keine Regelung die andere verdrängt (FHL Rn 29). Fehlt die Verpächter-Erlaubnis nach § 590 Abs 2 zur Nutzungsänderung, so kann diese nicht nach § 591 Abs 2 ersetzt werden. Dagegen ist eine Verbindung der Anträge nach §§ 591 Abs 2 und 590 Abs 2 möglich und empfehlenswert. **34**

Was das **Verhältnis** der verwandten Regelungsbereiche der **nützlichen (§ 591) zu den notwendigen (§ 591b) Verwendungen** angeht, so können sich Überschneidungen dann ergeben, wenn nicht eindeutig ist, ob die Verwendung eine notwendige oder nützliche ist. Dann empfiehlt sich die Klarstellung im Verfahren nach § 591. Erscheint die konkrete, vom Pächter beabsichtigte Verwendung gleichzeitig zum Teil als notwendig und zum Teil als darüber hinausgehend, sollte die Klarstellung durch das landwirtschaftsgerichtliche Verfahren nach Abs 2 und Abs 3 S 1 (Feststellung eines Mehrwerts) erfolgen.

Eine Konkurrenz mit **anderen gesetzlichen Ansprüchen** wird im Regelfall nicht praktisch. Bei Nichtigkeit des Pachtverhältnisses sind nur die §§ 994 ff anwendbar, eine Konkurrenz zu den §§ 590, 591 scheidet dann aus. Die §§ 994 ff sind weiter im Verhältnis zu den §§ 667 ff und 812 ff leges speziales.

Mangels Anspruchsgrundlage in § 591 wird bei fehlender Verpächter-Zustimmung ggf eine Anwendung der Grundsätze der Geschäftsführung ohne Auftrag mit denen des Bereicherungsrechts zwecks Wertausgleich für zulässig gehalten (vgl LWLH Rn 21). Dies erscheint bedenklich, da auch in vergleichbaren Fällen ein entsprechender Rückgriff verneint wird (zu § 633 Abs 3 vgl BGHZ 92, 123).

g) Sicherung des Anspruchs

Neben dem gesetzlichen **Pfandrecht** des Pächters aus § 583 gewährt § 591 Abs 3 S 3, 4 dem Pächter eine **Vertragsfortsetzung** bis zur Abgeltung des Mehrwert-Anspruchs. Vertragliche Sicherheitsleistungen können sich in den Möglichkeiten des § 223 sowie in der Vereinbarung einer Kaution oder dinglicher Sicherung konkretisieren. **35**

III. Ersetzung der Verpächter-Zustimmung (Abs 2)

1. Bedeutung

Angesichts der Bedeutung innovativer betrieblicher Entwicklung einerseits und der Konsequenzen fehlender Zustimmung für den Ersatzanspruch des Pächters andererseits hat der Gesetzgeber eine **Korrekturmöglichkeit** dafür geschaffen, daß der Verpächter den beabsichtigten Pächter-Maßnahmen – aus welchen Gründen auch immer – nicht zustimmt. **36**

2. Verfahrensrechtliche Voraussetzungen

a) Antrag

37 **Antragsberechtigt** ist der bzw sind (bei Personengemeinschaft so Rn 23) alle Pächter. Der **Sachantrag** hat zum Gegenstand, die Verpächter-Zustimmung zu den konkret aufgeführten Verwendungsmaßnahmen zu ersetzen. Über die Anordnung von **Bedingungen und Auflagen** (Abs 2 S 3) entscheidet das Gericht von Amts wegen, ohne daß es hierzu eines besonderen Antrags bedarf (vgl BARNSTEDT/STEFFEN, LwVG § 14 Rn 76).

Der das Verfahren einleitende Antrag ist an **keine Frist** gebunden; es gelten desungeachtet die allgemeinen Vorschriften über die Verwirkung. Dem Antrag ist eine sachliche **Begründung** beizufügen, aus der sich das Vorliegen der gesetzlichen Voraussetzungen nach Abs 2 S 1 für die Ersetzung der verweigerten Verpächter-Zustimmung ergibt. Zur Möglichkeit eines Verpächter-Antrags vgl Rn 49.

b) Eine gewisse Vertragsdauer

38 Nach Abs 2 S 2 darf der Pachtvertrag **nicht wirksam gekündigt** sein; dabei ist der Grund für die Kündigung ebenso gleichgültig wie die Frage, ob sie ordentlich oder außerordentlich erfolgte.

Der Vertrag darf auch **nicht in weniger als drei Jahren enden** (LWLH § 590 Rn 29; BARNSTEDT/STEFFEN, LwVG § 14 Rn 74; FHL Rn 15). Die Regelung entspricht wörtlich der in § 590 Abs 2 S 4. Ihr Sinn besteht darin, daß in derartigen Fällen die Zustimmungsersetzung dem Pächter wegen des relativ kurzen Zeitraums kaum mehr zu berücksichtigende Vorteile gegenüber der Interessenlage des Verpächters bringt (RegE BT-Drucks 10/509 Abs 2 S 21 und zu § 589 Abs 2 S 19). Auch kurzfristige Überschreitungen dieser gesetzlichen Fristen sind bei der seitens des Gerichts vorzunehmenden Interessenabwägung zu berücksichtigen (vgl Rn 43).

Für die Berechnung kommt es auf das vertraglich vereinbarte oder gerichtlich festgesetzte (§ 595 Abs 6) Vertragsende an; eine nach § 595 begehrte Zusatzpachtzeit ist unberücksichtigt zu lassen (FHL Rn 15).

c) Verweigerte Verpächter-Zustimmung

39 Ihr Nachweis ist eine weitere Anspruchsvoraussetzung (BARNSTEDT/STEFFEN, LwVG § 14 Rn 72).

Erteilt der Verpächter erst im gerichtlichen Verfahren seine Zustimmung, können ihm die hierdurch entstandenen **Verfahrenskosten** jedenfalls dann auferlegt werden, wenn der Pächter sein Fortsetzungsbegehren sachgerecht begründet hat (FHL Rn 11, 12).

3. Materiellrechtliche Voraussetzungen

a) Eignung zur Betriebserhaltung oder nachhaltigen Rentabilitätsverbesserung

40 Es sind dies nahezu die gleichen Erfordernisse wie in § 590 Abs 2 S 2 (s dort Rn 22 ff), jedoch mit dem sachgerechten Unterschied, daß nach § 591 der Betrieb zur Erhaltung der nachhaltigen Rentabilitätsverbesserung geeignet sein muß (Gesetzeswort-

laut: *„geeignet ist")*, während nach dem Gesetzeswortlaut des § 590 genügt, daß der Betrieb zur Verbesserung der Rentabilität *„geeignet erscheint".* Zum Verständnis des unterschiedlichen Gesetzeswortlauts ist zu bemerken, daß die konkreten Verbesserungsmaßnahmen in § 591 besser deren betriebswirtschaftliche Überprüfung ermöglichen als die Rentabilitätsprognose einer Nutzungsänderung (§ 590).

Was den Aspekt der Rentabilität „des Betriebs" angeht, handelt es sich anerkanntermaßen (FHL Rn 13 und LWLH § 590 Rn 24) **um den vom Pächter geführten Betrieb**, gleichviel, ob es sich hierbei um einen Eigentumsbetrieb des Pächters mit Zupachtland oder einen Pachtbetrieb des Pächters handelt.

Die Erfassung der nachhaltigen **Rentabilitätsverbesserung** des Betriebs verlangt eine **41** „Schätzung für die Zukunft" (LWLH § 590 Rn 25) auf betriebswirtschaftlicher Grundlage. Zur begrifflichen und betriebswirtschaftlichen Erfassung des Rentabilitätsbegriffs im einzelnen sei auf FHL (§ 590 Rn 40) verwiesen. Hiernach stellt sich die Betriebsrentabilität als der Betriebsgewinn in Prozentsätzen des im Betrieb eingesetzten Kapitals dar. Dabei sind die Belastungen durch Fremdkapital mit zu berücksichtigen, so daß die Zinsen für das Fremdkapital als Aufwand zu behandeln sind. Bei alledem wird entscheidend der zu erwartende (positive) Einfluß der Verbesserungsmaßnahmen auf die betriebliche Rentabilität zu beurteilen sein.

Zumeist wird im Verfahren *die Stellungnahme eines Sachverständigen* nicht zu umgehen sein; vor allem wenn es gilt, den „nachhaltigen" Verbesserungseffekt unter Mitberücksichtigung der zu veranschlagenden Marktentwicklungsfaktoren zu beurteilen (FHL § 590 Rn 41).

Wenn auch der Gesetzeswortlaut die Erhaltung und die nachhaltige Rentabilitäts- **42** verbesserung scheinbar gleichrangig nebeneinander stellt, so darf nicht außer Acht gelassen werden, daß es auch hier um die **Erhaltung leistungsfähiger Betriebe in bäuerlicher Hand** gehen muß (so Rn 1 mwN). Von vornherein ausscheiden werden daher Betriebe, bei denen vorhergesagt werden kann, daß sie auch nicht durch die beabsichtigte Maßnahme eine hinreichende Kapitalverzinsung ermöglichenden werden. In solchen Fällen ist – namentlich bei beabsichtigten Maßnahmen auf Zupachtflächen – dem Verpächter um so weniger zumutbar, durch gerichtliche Entscheidung zu Ersatzleistungen gezwungen zu werden.

b) Zumutbarkeit
Die zu prüfende Zumutbarkeit der vom Pächter beabsichtigten betrieblichen Maß- **43** nahmen mit ihren Folgewirkungen für den Verpächter erfordert eine **beiderseitige Interessenabwägung**.

Dabei liegen die **Pächter-Interessen** bereits aufgrund seiner Bitte um Zustimmung bzw späterer Begründung seines Antrages relativ klar auf der Hand. Sie orientieren sich an seinen betriebswirtschaftlichen Vorstellungen und Möglichkeiten, die – insbesondere dann, wenn es um Maßnahmen auf Zupacht-Flächen geht – nicht immer und ausschließlich etwas mit dem Pachtverhältnis und -gegenstand zu tun haben.

In der **Vorstellungswelt des Verpächters** geht es um oftmals nicht kongruente Fragen:

etwa, ob und in welcher Weise er den Pachtgegenstand anschließend in Eigenbewirtschaftung nehmen oder weiterverpachten möchte, ob er dessen Veräußerung anstrebt oder ihn im Wege vorweggenommener Erbfolge abgeben möchte. Bei allen diesen und evtl anderen Absichten kann die Pächter-Maßnahme stören; sei es durch nicht vorhandene oder eingeschränkte Brauchbarkeit wegen (anderweitiger oder nicht vorhandener) Spezialisierung, sei es schlicht durch die Belastung mit der Pflicht zur Zahlung des Ersatzanspruches.

Es mag als agrarpolitisch gewollte *„Wohltat des Gesetzgebers"* akzeptiert werden, dem Pächter die Möglichkeit zu geben, den Verpächter zur Duldung einer individuell gewollten Investition mit nachfolgender Entschädigungspflicht zu zwingen. Mit den **Eigentumsrechten** des Verpächters ist dies aber nur soweit und solange vereinbar, wie die Gerichte ernsthaft die individuellen Interessen des Verpächters hinsichtlich Nutzungsmöglichkeit und Abfindungspflicht berücksichtigen und das Überwiegen der Pächter-Interessen an strengen, aber nicht überstrengen Maßstäben messen. Daher hat zB das OLG Oldenburg (Beschl v 22.4.1993 10 W 25/92 [nv]) zu Recht darauf hingewiesen, daß an die Zustimmungsersetzung um so höhere Maßstäbe anzulegen seien, je kürzer die Restlaufzeit des Vertrages ist; und zwar auch über die in Abs 2 genannte Frist hinaus.

4. Zustimmungsersetzung unter Bedingungen bzw Auflagen (S 3)

a) Überblick

44 Es sind dies die dem Landwirtschaftsgericht zur Verfügung gestellten Möglichkeiten, bei der im vorstehenden Sinne vorzunehmenden Interessenabwägung **Korrekturen** der widerstreitenden Anträge vorzunehmen, um so zu einem sachgerechten Ergebnis zu gelangen. Die bedingt erteilte Zustimmungsersetzung *schiebt* die Wirksamkeit der *Zustimmung* bis zum Eintritt der Bedingung hinaus. Demgegenüber zwingt die Auflage den Pächter zu dem vom Gericht festgelegten Handeln. Im übrigen kann auch die bedingte Zustimmungsersetzung mit Auflagen verbunden werden. Die Bedingung suspendiert, zwingt aber nicht, die Auflage zwingt, aber suspendiert nicht (FHL § 590 Rn 50).

45 Wird die Zustimmung des Verpächters zu einer Verwendung unter einer **Bedingung** ersetzt, die nicht erfüllt wird, so entfällt ein Wertersatzanspruch des Pächters auf der Grundlage des § 591; dies schließt im übrigen Ersatzansprüche aus anderen Anspruchsgrundlagen nicht aus.

46 Die nicht erfüllte **Auflage** läßt den Wertersatzanspruch des Pächters grundsätzlich unberührt. Erfüllt der Pächter die Auflage nicht (vollständig), ist die Zustimmung gleichwohl mit allen Konsequenzen durch die gerichtliche Entscheidung ersetzt. Der Verpächter hat die Möglichkeit, den Pächter durch gerichtliche Entscheidung zur Durchsetzung zu zwingen. Endet das Pachtverhältnis vorher, stehen ihm Aufrechnungs- bzw Zurückbehaltungsrechte zu.

Da die Auflagen stets (auch) zulasten des Pächters gehen, sollten sie nicht ohne vorherige Ankündigung angeordnet werden. Dann hat der Pächter die Möglichkeit, seinen Antrag auf Genehmigungsersetzung zurückzuziehen, falls ihm die Auflagen zu drückend erscheinen.

Zur Anordnung von Bedingungen und Auflagen bedarf es keines besonderen Sachantrags.

b) Bedingungen
Bedingungen werden in erster Linie die Absicherung der Durchführung der Pächter-Maßnahme betreffen. In Betracht kommt insbesondere der Nachweis, daß die **Finanzierung** der vorgesehenen Verwendung **sichergestellt** ist und dem Verpächter vor Beginn nachgewiesen wird. Andere bzw weitere Bedingungen können die Versicherung für aus der Verwendung drohende Risiken betreffen oder eine den Verpächter schützende Sicherheitsleistung zum Gegenstand haben. **47**

Denkbar sind weiter Bedingungen, die die vorherige (rechtskräftige) Einholung der zur Errichtung notwendigen Genehmigungen betreffen.

Auch sind Bedingungen denkbar, die eine Verbindung mit dem den Verpächter bei Pachtende treffenden Ausgleichsleistungen herstellen; etwa der Art, daß der Pächter auf einen Mehrwertausgleich ganz oder teilweise verzichtet, so daß der Verpächter höchstens einen für tragbar gehaltenen Höchstbetrag auszugleichen haben wird. Von Bedeutung kann gleichfalls die Bedingung sein, daß der Pächter sich dann mit einer Vertragsverlängerung (Abs 3 S 4) zu für beide Seiten auskömmlichen Konditionen einverstanden erklärt (zum Weigerungsfall des Pächters vgl unten Rn 57).

Trotz der Regelung des § 593 und des Abs 3 S 3 erscheint es zulässig, die Ersetzung der Zustimmung von dem Einverständnis des Pächters in einen **erhöhten Pachtzins** abhängig zu machen. Damit wäre dem Verpächter das Risiko genommen, seinerseits später den Nachweis einer Veränderung der maßgebenden Verhältnisse führen zu müssen. Dies insbesondere, damit ihm der Pächter bei einer Auseinandersetzung nach § 593 nicht entgegenhalten kann, daß wertverbessernde Verwendungen schon deshalb nicht zu veränderten Verhältnissen geführt haben, weil im Verfahren nach § 591 Abs 2 S 1 das Landwirtschaftsgericht von der Festsetzung entsprechender Bedingungen abgesehen hat.

c) Auflagen
Als solche kommen etwa folgende Verpflichtungen des Pächters in Betracht: **48**

– bestimmte Anordnungen bei Durchführung der Maßnahme einzuhalten, auch unter Aufsicht eines vom Gericht bestellten Fachmannes;

– Unterhaltungs- und Erhaltungs-, ggf auch Inspektionsmaßnahmen;

– das Pachtobjekt bei Pachtbeendigung wieder so herzustellen, wie es sich ohne die Verwendung darstellen würde.

Denkbar ist auch, daß das Landwirtschaftsgericht die vorstehend als Beispiele für Bedingungen genannten Möglichkeiten (nur) als Auflagen ausgestaltet.

Soweit der Finanzierungs-Gläubiger die **grundbuchliche Absicherung** eines Finanzierungsdarlehens verlangt, wird vom Verpächter das Zurverfügungstellen seines Grundeigentums **nur in Ausnahmefällen** verlangt werden können. Zwingend dabei ist dann, daß die Löschung bzw Pfandfreigabe zum Ende der Pachtzeit durch den Pächter (zB durch Bankbürgschaft) sichergestellt ist.

5. Beschränktes Antragsrecht des Verpächters

49 Obgleich dem Verpächter im Bereich des Abs 2 im Gegensatz zum Pächter ausdrücklich keine besondere Antragsbefugnis eingeräumt wurde, ist doch entsprechend anerkannter Handhabung im Anwendungsbereich des § 595 (Rn 5, 67) die Befugnis zuzuerkennen, ein negatives Feststellungsverfahren zu beantragen, zB dahingehend, daß es sich nicht um nützliche, zur Erhaltung oder Steigerung der Rentabilität handelnde Verwendungen handelt, sondern etwa um notwendige (§ 590b) oder um Luxusverwendungen (oben Rn 10, 12) oder auch um solche, die nur teilweise im Rahmen dieser Norm liegen. Ebenfalls denkbar ist ein Antrag des Inhalts, daß es sich bei nützlichen Verwendungen um für den Verpächter unzumutbare oder um eine nicht erlaubte oder erlaubnispflichtige Nutzungsänderung (§ 590) handelt (FHL Rn 17; vgl ergänzend Rn 51).

IV. Gerichtliche Mehrwertbestimmung (Abs 3)

1. Überblick und Regelung nach S 1 und 2

50 Abs 3 regelt **zwei Antragsbereiche**: Zum einen die **Mehrwertbestimmung** und Festsetzung (S 1) mit der konkretisierenden Bestimmung in S 2 über die Wertersetzung in Teilbeträgen bzw die Festsetzung von Bedingungen für die Bewilligung der Teilzahlungen. Zum anderen in S 3 und 4 den **Mehrwertersatz** durch Fortsetzung des Pachtverhältnisses mit Antragsbefugnis an das Landwirtschaftsgericht bei fehlgeschlagener Vorverhandlung.

2. Mehrwertberechnung

51 Die Mehrwertberechnung nach S 1 erfolgt ebenso wie die nach S 3 auf **Antrag des Pächters**, mag auch dieser eigens als Antragsberechtigter erwähnt sein (BARNSTEDT/STEFFEN, LwVG § 14 Rn 79). Es ist allgemein anerkannt, dem Verpächter eine Antragsbefugnis auf negative Feststellung zuzuerkennen, daß ein Mehrwert aus der beabsichtigten oder durchgeführten Verwendung des Pächters bei Pachtende nicht besteht (vgl FHL Rn 18).

52 Das Verfahren nach Abs 3 setzt **nicht** voraus, daß **zuvor ein Verfahren nach Abs 2** stattgefunden haben muß, zumal Streitigkeiten über den Mehrwertersatz auch bei Verwendungen möglich sind, zu denen der Verpächter schon nach Abs 1 zugestimmt hat (BARNSTEDT/STEFFEN, LwVG § 14 Rn 80). Im übrigen kann der Antrag nach Abs 3 schon im Verfahren nach Abs 2 oder auch später als gesonderter Antrag gestellt werden.

Der Sachantrag nach S 1 hat zum Ausdruck zu bringen, daß dem Verpächter die Zahlung des Mehrwerts aufgegeben wird (BARNSTEDT/STEFFEN, § 14 Rn 81; FHL Rn 18).

53 Der nicht eindeutige Ausdruck „festsetzen" in S 1 ist im Einklang mit der Begründung im Regierungsentwurf (BT-Drucks 10/509 S 22) dahin zu verstehen, daß das

Landwirtschaftsgericht einen **vollstreckungsgeeigneten Titel** erlassen kann: Hiernach soll die Differenzierung dem Gericht vor allem ermöglichen, schon bei einem Antrag auf Mehrwertbestimmung noch vor erfolgter Pächter-Investition den auf das Pachtende zu ermittelnden Mehrwert zu bestimmen, mag auch die Wertfestsetzung durch einen vollstreckbaren Zahlungstitel erst nach Beendigung des Pachtverhältnisses erfolgen können, dies unbeschadet einer Einigung der Vertragsparteien auf frühere Festsetzung der Fälligkeit (FHL Rn 18, 51).

Der nicht zeitgebundene Antrag auf Mehrwertbestimmung kann ebenso wie der Antrag auf Zustimmungsersetzung noch vor Ausführung der Verwendungen gestellt werden, muß aber spätestens mit dem Antrag auf Zustimmungsersetzung gestellt und kann auch mit diesem kumuliert werden.

Bei dem Mehrwert handelt es sich nach dem Wortlaut des Abs 1 um den Wert, um den die Pächterverwendungen den **„Wert der Pachtsache über die Pachtzeit hinaus erhöhen"**. Wegen der Verflochtenheit dieser Bestimmung in Abs 1 mit ihren tragenden, in Abs 2 S 1 aufgezeigten Faktoren der Erhaltung oder nachhaltigen Verbesserung der Rentabilität des Betriebs beanspruchen diese Aspekte grundsätzlich auch einen beachtlichen Einfluß auf die Auslegung des Begriffs „Wert der Pachtsache". Denn die betriebliche Rentabilität spielt de facto eine beachtliche Rolle; nicht nur für die Höhe des Mehrwerts, sondern auch für dessen Aufbringung, sowohl unter den Aspekten des Abs 2 S 3 und des Abs 3 S 2 bezüglich der Teilleistungen, ersatzweise der Fortsetzung des Pachtverhältnisses (Abs 3 S 3 und 4), als auch hinsichtlich der in Abs 2 S 1 und Abs 3 S 3 konkretisierten materiellrechtlichen Faktoren bezüglich der Zumutbarkeit für den Verpächter (LWLH Rn 52).

Auch eine teilweise Vorverlegung des Zeitpunkts der Zahlungspflicht vor den gesetzlichen Zeitpunkt der Beendigung des Pachtverhältnisses ist nicht zulässig; dies wohl auch dann nicht, wenn die Nutzungsmöglichkeit vorzeitig auf den Verpächter übergeleitet wird.

Zum Erlaß der Sachentscheidung ist Voraussetzung, daß sich im Zeitpunkt der Entscheidung kalkulieren läßt, ob ein Mehrwert eingetreten ist oder nicht. Dementsprechend ist das Gericht ggf berechtigt, eine Sachentscheidung abzulehnen und den Antrag als zur Zeit unbegründet zurückzuweisen; zumindest solange der Vertrag noch nicht abgelaufen ist (Barnstedt/Steffen, LwVG § 21 Rn 107 mit Hinweis auf die von Lukanow AgrarR 1984, 264, 269 aufgezeigten Schwierigkeiten).

Im übrigen wird (LWLH Rn 30 f) es als zweifelhaft angesehen, ob Abs 3 S 2 nur ein gesetzlich genanntes Beispiel für eine landwirtschaftsgerichtliche Entscheidung darstellt bzw ob auch andere ähnliche Bestimmungen zugelassen sind, zB Stundung der ganzen Abfindungsforderung oder Teilleistung. Aus den Landpachtnormen lassen sich keine grundsätzlichen Stundungsregelungen für den Mehrwertausgleich entnehmen, anders bei angeordneter Teilzahlung. Grundsätzlich wird erwartet, daß der Pächter zur Begleichung seiner Forderung die Fortsetzung des Pachtverhältnisses verlangt. Hiernach soll der Pächter bei Pachtende zumindest Ratenzahlungen auf seine Ausgleichsforderung oder die Nutzungsmöglichkeit des wertverbesserten Pachtobjekts erhalten (im einzelnen hierzu LWLH Rn 30). Dies spricht gegen die Annahme der generellen Zulässigkeit von Stundungsanordnungen.

56 Des weiteren ist die praktisch bedeutsame Frage ebenfalls nicht abschließend geklärt, ob schon vor Beendigung des Pachtverhältnisses vom Verpächter zu erbringende **Teilleistungen** angeordnet werden können. Auch wenn LWLH (Rn 33) die Höhe von Teilleistungen an der des Nutzungswertes orientiert, bestehen grundsätzlich aus Gründen des Verpächterschutzes Bedenken. Denn dieser erhält den „Gegenwert" erst bei Pachtende und trägt bei vorverlagerter Teilzahlung insoweit das wirtschaftliche Risiko des Vorhandenseins des „Gegenwertes" bei Pachtende.

Für die Bewilligung von Teilzahlungen bzw bei Festsetzung von Bedingungen (in S 2) bedarf es keines besonderen Antrags. Das Gericht entscheidet hierüber von Amts wegen (BARNSTEDT/STEFFEN, LwVG § 14 Rn 82). Zu den Entscheidungskriterien für die Bestimmung von Teilleistungen, Bedingungen und Auflagen sei insbesondere verwiesen auf LWLH Rn 30 f und FHL Rn 16.

Sowohl der Anspruch des Pächters auf den Mehrwert als auch sein entsprechendes Anwartschaftsrecht sind **abtretbar**.

Im Zusammenhang mit der Festsetzung des Mehrwerts kann das Landwirtschaftsgericht auf Antrag Teilbeträge zur Abzahlung des Mehrwerts festsetzen, insbesondere anordnen, daß ein gestellter Antrag auf Teilzahlung abgelehnt wird. Wird vom Gericht eine Abgeltung des Mehrwerts nur in Teilbeträgen für den Pächter für erbringbar und zumutbar gehalten, so kann es die Details näher festlegen. Hierbei können auch Bestimmungen über die Verzinsung der fälligen Mehrwert-Restforderung getroffen werden (zu allem LWLH Rn 31 ff).

Die Mehrwertregelung erfordert eine Interessenabwägung entsprechend den bereits in Abs 1 S 1 zugrundegelegten, in Abs 2 S 1 näher präzisierten und in Abs 3 S 3 noch fallgerecht angepaßten Leitaspekten. Hierbei kommt neben den objektiven Kriterien der Eignung der Verwendungen zur Erhaltung oder nachhaltigen Verbesserung der Rentabilität des Betriebs dem Begriff der Zumutbarkeit eine besondere Bedeutung auch bei der Festlegung von Teilleistungen und deren Höhe zu (vgl LWLH Rn 32 f). Ein kritisches Augenmerk ist insbesondere auf die Problematik der etwaigen Verlängerung des Pachtverhältnisses bei Unzumutbarkeit der Mehrwertersatzleistungen durch den Verpächter zu richten.

3. Pachtfortsetzung zwecks Mehrwertabgeltung (Abs 3 S 3 und 4)

57 Ist dem Verpächter nach seiner sozialen und wirtschaftlichen Situation **nicht zuzumuten, den Mehrwertersatz in Geld zu leisten**, so kann der Pächter nur verlangen, daß das Pachtverhältnis zu den bisherigen Bedingungen solange fortgesetzt wird, bis die Mehrwertschuld des Verpächters abgegolten ist (S 3).

Ob die Voraussetzungen hierfür vorliegen, kann schon im Verfahren nach Abs 3 S 2 festgestellt werden.

Beruft sich der **Verpächter** auf **Unzumutbarkeit** im Sinne von Abs 3 S 3 und zeigt sich der Pächter nicht an einer Fortsetzung interessiert, ist damit im Zweifel dessen Begehren auf Zustimmungsersetzung (Abs 2 S 1) abzulehnen. Zu einer Entscheidung durch das Landwirtschaftsgericht nach S 3 kann es dann nicht mehr kommen.

Eine Ausnahme kann nur dann gelten, wenn der Interessenwiderstreit ausnahmsweise auf andere Weise gelöst werden kann.

V. Verjährung

Auszugehen ist von der gesetzlichen Grundsatzregelung des § 591b, nach der die **58** Ersatzansprüche des Pächters aus Verwendungsersatz binnen **sechs Monaten** verjähren, beginnend mit dem Zeitpunkt der **Beendigung des Pachtverhältnisses**. Indes gilt die längere Verjährungsfrist nach § 218, falls die Mehrwertbestimmung vor Pachtende bzw Beginn der Verwendungsmaßnahme erfolgt ist (FHL Rn 27).

Im Falle der Grundstücksveräußerung (§ 566) soll der Lauf der sechsmonatigen Verjährungsfrist für den Mehrwertsanspruch nach hA bereits mit der rechtswirksamen Veräußerung (BGH NJW 1965, 1225) und der Kenntnis des Pächters hiervon (LWLH § 591b Rn 18 mwN) beginnen. Diese Auffassung ist abzulehnen: Wenn dem Pächter der Ersatzanspruch weder gegenüber dem veräußernden Verpächter noch gegenüber dem Erwerber aus Anlaß der Veräußerung zustehen soll (vgl oben Rn 29), kann die Verjährungsfrist erst mit Ende der Pachtdauer gegenüber dem Erwerber zu laufen beginnen.

VI. Abdingbarkeit

Die völlige oder teilweise Abbedingung der Norm ist nach einhelliger Auffassung **59** **zulässig** (LWLH Rn 2; FHL Rn 6).

Wird der Mehrwert-Ersatzanspruch für gewisse Fälle (etwa bei vorzeitigem Vertragsende) ausgeschlossen und/oder der Ausschluß als Versprechen einer Vertragsstrafe (§ 339) auszulegen sein (vgl BGH LM § 339 Nr 13 Rn 3 zu § 590b), so kann sich – namentlich in Muster-Pachtverträgen aus §§ 307, 309 Nr 6 – daraus die Unwirksamkeit ergeben (vgl auch STAUDINGER/EMMERICH [2003] § 539 Rn 19).

VII. Verfahren

Die landwirtschaftsgerichtlichen Entscheidungen im Rahmen des Abs 2 und Abs 3 **60** der Norm ergehen nach § 1 Nr 1 LwVG im Verfahren nach § 9 LwVG, also den Grundsätzen der freiwilligen Gerichtsbarkeit (BGH RdL 1991, 195; OLG Stuttgart RdL 1995, 63). Dies gilt auch in Fällen der Verbindung mit anderen Ansprüchen (etwa §§ 596b, § 588 Abs 2 S 2, § 590 Abs 5, der auch einen Verrechnungszusammenhang mit den Pächteransprüchen aus § 591 beinhaltet).

Ebenfalls unterliegen Verfahren aufgrund von Feststellungsanträgen der Vertragsparteien (vgl hinsichtlich des Verpächters Rn 49) über das Bestehen oder Nichtbestehen einer Pächterverwendung oder eines Mehrwertsatzanspruchs des Pächters der landwirtschaftsgerichtlichen Zuständigkeit nach den §§ 1 Nr 1 und 9 LwVG (s zur Zulässigkeit derartiger Feststellungsanträge auch im FGG-Verfahren OLG Stuttgart RdL 1995, 63).

(Getrennte) Verfahren nach § 590 Abs 3 und § 597b unterstehen dem landwirtschaftsgerichtlichen Verfahren nach §§ 1 Nr 1 a iVm § 48 LwVG.

Auch hier gilt das Prinzip der Meistbegünstigung, wenn die dementsprechend vom Gericht belehrte Partei das falsche Rechtsmittel einlegt (BGH AgrarR 1991, 195).

In dringenden Fällen besteht die Möglichkeit zum Erlaß einer vorläufigen Anordnung nach § 18 LwVG (vgl PIKALO NJW 1986, 1474 und LWLH Rn 26).

§ 591a
Wegnahme von Einrichtungen

Der Pächter ist berechtigt, eine Einrichtung, mit der er die Sache versehen hat, wegzunehmen. Der Verpächter kann die Ausübung des Wegnahmerechts durch Zahlung einer angemessenen Entschädigung abwenden, es sei denn, dass der Pächter ein berechtigtes Interesse an der Wegnahme hat. Eine Vereinbarung, durch die das Wegnahmerecht des Pächters ausgeschlossen wird, ist nur wirksam, wenn ein angemessener Ausgleich vorgesehen ist.

Materialien: BT-Drucks 10/508; 10/509; 10/3830; 10/3498.

Schrifttum

Siehe § 585.

Systematische Übersicht

I. Normzweck und Überblick	1	IV. Abwendungsrecht des Verpächters — 11
		1. Übernahmerecht und dessen Ausübung — 12
II. Einrichtungen	3	a) Erklärung — 12
III. Wegnahmerechte des Pächters		b) Zeitpunkt — 13
1. Anwendungsbereich	4	2. Entgegenstehendes Pächterinteresse — 14
2. Einbringung durch den Pächter	5	3. Entschädigung — 15
3. Wegnahmerecht des Pächters	6	4. Übernahmepflicht des Verpächters — 16
a) Inhalt	6	
b) Zeitpunkt	7	V. Abdingbarkeit — 17
c) Anzeigepflicht des Pächters	8	
d) Ausschluß des Wegnahmerechts	9	VI. Verjährung — 18
4. Wegnahmepflicht des Pächters	10	
		VII. Verfahrensrecht — 19

Alphabetische Übersicht

Abdingbarkeit	17	– Zeitpunkt — 13
Abwendungsrecht des Verpächters	11 ff	
– Entschädigung	15	Eigentum, Auswirkungen auf Wegnahmerecht — 6
– Erklärung	12	
– und Pächterinteresse	14	Einrichtungen, Definition — 3

Pächter, Wegnahmepflicht	10	Verpächter, Abwendungsrecht	11 ff
– Wegnahmerecht	4 ff	– Übernahmepflicht	16
Spannungsverhältnis zwischen den Vertragsparteien	2	Wegnahmerecht, Anzeigepflicht	8
		– Ausschluß	9
		– Eigentumsfragen	6
Übernahmepflicht des Verpächters	16	– Inhalt	6
		– Konsequenzen für Rückgabe	6
Verfahrensfragen	19	– Zeitpunkt	7
Verjährung von Ansprüchen	18		

I. Normzweck und Überblick

Diese durch das LPachtNeuOG **neu eingeführte Bestimmung** ist das landpachtrecht- 1 liche **Gegenstück zu** der mietrechtlichen Bestimmung des **§ 539 Abs 2 nF** (547a aF), auf dessen Kommentierung in Zweifelsfällen verwiesen werden kann.

Mehr noch als im Mietbestand im Landpachtrecht ein Regelungsbedürfnis. Die Unterhaltungspflicht des Pächters nach § 586 Abs 1 S 2 hat eine statische Komponente und erfaßt den Pachtgegenstand so, wie er übergeben und zu unterhalten ist. Demgegenüber hat der auf dem Pachtgegenstand praktizierte landwirtschaftliche Betrieb des Pächters eine vorrangig **dynamische Komponente**, in dem er die Wirtschaftsweise an sich verändernde Verhältnisse anpaßt. Es wird daher der Normalfall (jedenfalls bei der Betriebspacht) sein, daß der Pächter den Pachtgegenstand im Laufe der Zeit mit Einrichtungen ausstattet. Dies ist auch ohne erlaubnisfähige Änderung der bisherigen Nutzung (§ 590 Abs 2) denkbar und kann sich als nicht ausgleichspflichtige nützliche Verwendung iSv § 591 Abs 1 darstellen.

Die Norm löst über alle Ausgleichspflichten hinaus das **Spannungsverhältnis** zwi- 2 schen dem Pächterinteresse auf Investitionen während der Pachtzeit und Kompensation bei deren Ende auf der einen Seite sowie dem Verpächterinteresse an der Erhaltung des derart weiter entwickelten Betriebes auf der anderen.

II. Einrichtungen

„Einrichtung" im Sinne der Norm ist nicht zu verwechseln mit Bestandteilen oder 3 Zubehör (§§ 93 ff), obwohl Überschneidungen möglich sind.

Mit „Einrichtung" im Sinne der Bestimmung werden **alle beweglichen Gegenstände** bezeichnet, mit denen der Pächter die Pachtsache während der Pachtzeit versehen hat und die dazu bestimmt sind, deren Zweck zu dienen (BGHZ 101, 37). Eine Einrichtung kann durch die Verbindung mit der Pachtsache zu deren wesentlichem Bestandteil (§§ 93, 94, 946, 947) werden. Ansonsten ist sie im Regelfall Pächtereigentum (vgl STAUDINGER/EMMERICH [2003] § 539 Rn 28).

Einrichtungen können nützliche Verwendungen im Sinne von § 591 sein (FHL Rn 6). Beispiele für Einrichtungen sind Maschinen, Fütterungsanlagen, eine Werkstatt, Anlagen zur Reinigung, Trocknung und Lagerung von Getreide, Beregnungsanlagen und dergleichen (zu weiteren Beispielen STAUDINGER/EMMERICH [2003] § 539 Rn 29; LWLH Rn 6 f; FHL Rn 4 ff).

III. Wegnahmerechte des Pächters

1. Anwendungsbereich

4 Voraussetzung ist stets das Vorhandensein eines wirksamen Landpachtvertrages; dazu sowie zu Abgrenzungsfragen vgl die Kommentierung zu § 585.

2. Einbringung durch den Pächter

5 Der Pächter muß die Pachtsache mit der Einrichtung versehen haben. Das bedeutet, er muß die Investition selbst oder durch Dritte, jedenfalls aber **auf eigene Kosten** veranlaßt haben.

3. Wegnahmerecht des Pächters

a) Inhalt

6 Der Pächter ist zur Wegnahme derartiger Einrichtungen befugt, **gleichgültig**, ob sie (sein) gesondertes **Eigentum** geblieben oder durch Verbindung mit der Pachtsache Eigentum des Verpächters geworden sind. Derart beinhaltet das Wegnahmerecht des Pächters eine Duldungspflicht des Verpächters mit dinglichem Charakter (FHL Rn 8 mwN).

Als selbständiges Recht ist das Wegnahmerecht **abtretbar, es unterliegt der kurzen Verjährung** des § 591b (FHL Rn 8). Das Recht besteht gegenüber dem Verpächter wie auch dessen Rechtsnachfolger, auch bei Veräußerung und Anwendbarkeit von § 566 (LWLH Rn 11).

Nach der Wegnahme ist die Pachtsache auf Pächterkosten in den **vorherigen Zustand** (§ 258) bzw den vertraglich hinsichtlich der Rückgabe vereinbarten zu versetzen (LWLH Rn 10).

b) Zeitpunkt

7 Der Pächter kann sein Wegnahmerecht **jederzeit** ausüben, also ebenso während der Dauer des Vertragsverhältnisses wie aus Anlaß von dessen Beendigung. Auch noch nach Rückgabe besteht dieser Anspruch, der dann auf Duldung der Trennung und Herausgabe gerichtet ist (LWLH Rn 9). Unter dem Gesichtspunkt des „dolo agit, qui petit, quod statim redditurus est" wird dem Pächter die Wegnahme jedoch solange verwehrt sein, wie er für die zugrundeliegende Investition Verwendungsersatz beansprucht.

c) Anzeigepflicht des Pächters

8 Eine generelle Anzeigepflicht im Hinblick auf die beabsichtigte Wegnahme einer Einrichtung wird abgelehnt und nur ausnahmsweise angenommen (str, vgl LWLH Rn 18; STAUDINGER/EMMERICH [2003] § 552 Rn 5 mwN). Dies erscheint in Ansehung der Abwendungsrechte des Verpächters unrichtig zu sein. Denn ist die Wegnahme erst einmal durchgeführt, kann sie vom Verpächter praktisch nicht mehr abgewendet

werden. Es liegt daher nahe, hier denselben Rechtsgedanken anzuwenden, der § 593a S 2 zugrundeliegt. Daher wird man den Pächter **stets vor Wegnahme als zur Anzeige verpflichtet** ansehen müssen mit der Konsequenz einer Schadensersatzpflicht aus positiver Vertragsverletzung im Falle der Nichtbeachtung.

d) Ausschluß des Wegnahmerechts
Der Pächter ist nicht zur Wegnahme befugt, wenn: 9

– er die Pachtsache mit der Einrichtung in Erfüllung seiner Unterhaltungspflicht aus § 586 Abs 1 S 2 versehen hat;

– es sich um eine notwendige Verwendung handelt, für die dem Pächter ein Ausgleichsanspruch nach § 590b zusteht (LWLH Rn 8);

– sein Recht abbedungen wurde (vgl Rn 17) oder die Vertragsparteien (nachträglich) etwas anderes vereinbart haben;

– der Verpächter insoweit sein Verpächterpfandrecht (§ 592) geltend macht (LWLH Rn 13);

– er durch die Geltendmachung von Mehrwert-Ansprüchen nach § 591 Abs 2 konkludent auf den Wegnahmeanspruch verzichtet hat (LWLH aaO);

– die Wegnahme ausnahmsweise als unzulässig erscheint, etwa weil dadurch die Einrichtung zerstört oder unbrauchbar würde oder die Pachtsache selbst in nicht wiederherzustellender Weise beeinträchtigt würde.

4. Wegnahmepflicht des Pächters

Eine Wegnahmepflicht des Pächters besteht im Regelfall nicht, sie kann sich vielmehr nur ausnahmsweise aus den vertraglichen Vereinbarungen und/oder den allgemeinen Pflichten des Pächters zur Rückgabe des Pachtobjektes (§ 596) ergeben (vgl STAUDINGER/EMMERICH [2003] § 539 Rn 25; FHL Rn 10; LWLH Rn 17). 10

IV. Abwendungsrecht des Verpächters

Der Verpächter kann nach S 2 im Regelfall die Wegnahme dadurch abwenden, daß er die Einrichtung gegen Zahlung einer Entschädigung übernimmt. 11

1. Übernahmerecht und dessen Ausübung

a) Erklärung
Dazu muß der Verpächter dem Pächter eindeutig seine Übernahme- und Zahlungsbereitschaft erklären sowie ggf seine Fähigkeit hierzu nachweisen. 12

b) Zeitpunkt
Die Erklärung kann nicht mehr zur Übernahme führen, wenn der Pächter die Einrichtung bereits weggenommen hat (vgl STAUDINGER/EMMERICH [2003] § 552 Rn 3; FHL Rn 17; LWLH Rn 14). Hier zeigt sich die Notwendigkeit, eine Nebenpflicht des 13

Pächters zur Information vor der Wegnahme zu begründen (so Rn 8), damit das Abwendungsrecht des Verpächters nicht zur Farce wird und er zumindest Schadensersatzansprüche behält.

Aber auch sonst begegnet die Durchführung des Abwendungsrechts teilweise *praktischen Schwierigkeiten*: Macht der Pächter von seinem Wegnahmerecht während der Pachtzeit Gebrauch, wird der Verpächter (insbesondere bei größeren Einrichtungsgegenständen) zumeist überhaupt nicht die Möglichkeit haben, den Einrichtungsgegenstand zu übernehmen und zu lagern.

2. Entgegenstehendes Pächterinteresse

14 Der Pächter kann Übernahme und Entschädigung seitens des Verpächters ausnahmsweise abwenden, wenn er ein **berechtigtes Interesse** an der Wegnahme hat. Dies wird im Zweifelsfall, jedenfalls bei Vorliegen „**vernünftiger Gründe**" (vgl STAUDINGER/EMMERICH [2003] § 552 Rn 9), zu bejahen sein. Ein berechtigtes Interesse besteht insbesondere dann, wenn der Pächter auf die Weiternutzung der Einrichtung – etwa angesichts ihrer Individualität oder eines groben Mißverhältnisses zwischen Nutz- und Entschädigungswert – betriebswirtschaftlich dringend angewiesen ist (vgl dazu weiter LWLH Rn 15).

3. Entschädigung

15 Die Angemessenheit der seitens des Verpächters zu leistenden Entschädigung wird sich in erster Linie am **Verkehrswert** der Einrichtung zum Zeitpunkt der beabsichtigten Wegnahme orientieren (vgl § 591 Rn 31; so auch STAUDINGER/EMMERICH [2003] § 552 Rn 6; LWLH Rn 13; **aA** FHL Rn 16). Stets sind davon jedoch die aus Anlaß der Investition vom Verpächter ersparten Aufwendungen abzuziehen.

Die Art der Entschädigung unterliegt der Parteivereinbarung, sie muß dem Pächter nicht in Geld zufließen (LWLH Rn 2).

4. Übernahmepflicht des Verpächters

16 Eine solche kann ausnahmsweise bei entsprechender vertraglicher Vereinbarung oder dann bestehen, wenn im Rahmen eines Ersetzungsverfahrens nach § 591 Abs 2, 3 das Landwirtschaftsgericht dementsprechende Auflagen gemacht hat.

V. Abdingbarkeit

17 Nach S 3 kann das Wegnahmerecht des Pächters ausgeschlossen werden; eine derartige Vereinbarung ist jedoch nur bei gleichzeitiger Regelung eines angemessenen Ausgleichs wirksam (LWLH Rn 2). Dies ist auch bei vertraglich vereinbarten Einschränkungen des Pächterrechts zu berücksichtigen. Auch dieser angemessene Ausgleich muß nicht in einer Geldentschädigung zum Zeitpunkt der Belassung (spätestens Rückgabe) bestehen, kann sich vielmehr auch in anderen Vorteilen (zB Pachthöhe) konkretisieren.

Bei formularmäßiger Regelung sind die Vorschriften über die Geltung Allgemeiner Geschäftsbedingungen (insbesondere §§ 307, 309 Nr 6 nF) zu beachten.

VI. Verjährung

Ansprüche der Vertragsparteien aus dieser Bestimmung verjähren nach § 591b Abs 1 in sechs Monaten (FHL Rn 21; LWLH Rn 20; vgl STAUDINGER/EMMERICH [2003] § 539 Rn 34). **18**

VII. Verfahrensrecht

Streitigkeiten aus dieser Bestimmung sind solche der „Landpacht im übrigen" im Sinne von § 1 Nr 1 a LwVG, so daß sich das streitige Gerichtsverfahren nach den Regeln der ZPO richtet. **19**

§ 591b
Verjährung von Ersatzansprüchen

(1) Die Ersatzansprüche des Verpächters wegen Veränderung oder Verschlechterung der verpachteten Sache sowie die Ansprüche des Pächters auf Ersatz von Verwendungen oder auf Gestattung der Wegnahme einer Einrichtung verjähren in sechs Monaten.

(2) Die Verjährung der Ersatzansprüche des Verpächters beginnt mit dem Zeitpunkt, in welchem er die Sache zurückerhält. Die Verjährung der Ansprüche des Pächters beginnt mit der Beendigung des Pachtverhältnisses.

(3) Mit der Verjährung des Anspruchs des Verpächters auf Rückgabe der Sache verjähren auch die Ersatzansprüche des Verpächters.

Materialien: BT-Drucks 10/508; 10/509; 10/3830; 10/3498.

Schrifttum

Siehe § 585.

I. Allgemeines

1. Entstehungsgeschichte und Zweck der Vorschrift

Diese Verjährungsregelung für die Landpacht ist durch das LpachtNeuoG eingefügt worden. Hierbei wurde die für die **Pacht** im Allgemeinen und für die **Miete** nach §§ 548, 581 Abs 2 geltende kurze Verjährung **inhaltsgleich** übernommen. Dies deshalb, weil bei allen drei Rechtsformen bei Beendigung des Vertragsverhältnisses bzw bei Rückgabe der Miet- bzw Pachtsache *möglichst rasch eine abschließende* **1**

Klärung der gegenseitigen Ansprüche der Vertragsteile herbeigeführt werden soll (STAUDINGER/EMMERICH [1995] § 558 Rn 2). Diese abschließende Klärung könnte durch eine längere Verjährungsfrist infolge der dann möglichen faktischen Veränderung der Miet- oder Pachtsache nur erschwert werden.

2. Verhältnis zu den Vorschriften des Mietrechts

2 Die im Rahmen der **Mietrechtsreform** 2001 vorgenommenen inhaltlichen Änderung (die Einführung der Verjährungsunterbrechung durch selbstständiges Beweisverfahren gem § 548 Abs 3 idF der Mietrechtsreform 2001) hatte erstaunlicherweise zu keinen Anpassungen der landpachtrechtlichen Verjährungsvorschrift geführt, wohingegen sie über § 581 Abs 2 im allgemeinen Pachtrecht galt. Praktische Auswirkungen hat dies allenfalls für die Zeit zwischen dem Inkrafttreten der Mietrechtsreform 2001 (= 1.9.2001) und derjenigen der **Schuldrechtsmodernisierung** 2002 (= 1.1.2002). Denn der zwischenzeitlich neue § 548 Abs 3 ist wegen der Einführung des § 204 Abs 1 Ziff 7 nF nach vier Monaten wieder aufgehoben worden (STAUDINGER/EMMERICH [2003] § 548 Rn 1). Diesen handwerklichen Fehler des Gesetzgebers wird man für die relevante Zeit durch eine entsprechende Anwendung des § 548 Abs 3 idF der Mietrechtsreform 2001 zu lösen haben.

3 Abgesehen von Singular/Plural-Formulierungen im Zusammenhang mit den Begriffen Veränderung oder Verschlechterung und der Aufnahme des Begriffes Aufwendungen anstelle von Verwendungen sind die Regelungen der §§ 548 nF, 591b wort- und inhaltsgleich. Daher kann zu den Einzelheiten der Kommentierung auf diejenige von STAUDINGER/EMMERICH zu § 548 nF verwiesen werden.

3. Landpachtrechtliche Besonderheiten

4 Landpachtrechtliche Besonderheiten sind kaum vorhanden. Allenfalls kann darauf verwiesen werden, daß nach dieser Vorschrift verjähren

– grds auch Ansprüche der Geschädigten, sog Kreispachtverträge (s § 585 Rn 18), auch wenn diese Frist wegen bestehender Rechtsunsicherheit bis zum 31.1.1995 gehemmt war (BGH AgrarR 1996, 55);

– Ansprüche des Verpächters auf Auskehr der Milchaufgabevergütung nach der bis 2000 geltenden Milchquoten-Regelung (s dazu § 585 Rn 33; BGH AgrarR 1997, 214; 2001, 19),

– nicht jedoch die Rückgabeansprüche nach § 596 als solche (vgl dazu die dortige Kommentierung).

Ebensowenig haben verwaltungsrechtliche, die Ansprüche einer Partei beeinflussende Verfahren (zB über Milchlieferrechte) Auswirkungen auf den Beginn und/ oder Lauf der Verjährungsfrist (OLG Celle OLGR 2003, 336).

II. Verfahrensrechtliches

5 Je nach Art des geltend gemachten Anspruchs kann die Verjährungsfrage im strei-

tigen oder dem Verfahren der freiwilligen Gerichtsbarkeit ausgetragen werden (vgl LWLH Rn 22).

§ 592
Verpächterpfandrecht

Der Verpächter hat für seine Forderungen aus dem Pachtverhältnis ein Pfandrecht an den eingebrachten Sachen des Pächters sowie an den Früchten der Pachtsache. Für künftige Entschädigungsforderungen kann das Pfandrecht nicht geltend gemacht werden. Mit Ausnahme der in § 811 Abs. 1 Nr. 4 der Zivilprozessordnung genannten Sachen erstreckt sich das Pfandrecht nicht auf Sachen, die der Pfändung nicht unterworfen sind. Die Vorschriften der §§ 562a bis 562c gelten entsprechend.

Materialien: BT-Drucks 10/508; 10/509; 10/3830; 10/3498.

Schrifttum

Siehe § 585.

Systematische Übersicht

I.	**Allgemeine Kennzeichnung**		4.	Die Rechtslage bei Unterverpachtung und bei landwirtschaftlicher Kooperation ... 16
1.	Überblick ... 1		a)	Unterverpachtung ... 16
2.	Verhältnis zu anderen Vorschriften ... 2		b)	Kooperationen ... 17
II.	**Wesen und Wirkungen des Verpächterpfandrechts** ... 3		**V.**	**Erlöschen des Verpächterpfandrechts**
III.	**Begründung und Inhalt des Verpächterpfandrechts**		1.	Die allgemeinen Erlöschensgründe ... 18
1.	Landpachtvertrag ... 5		2.	Das Erlöschen nach den §§ 592 S 4, 562a ... 19
2.	Verpächterforderungen ... 6		a)	Entfernung der Sachen ... 20
a)	Gesicherte Forderungen ... 6		b)	Ausnahmesachverhalte ... 21
b)	Nicht gesicherte Forderungen ... 7		c)	Ausschluß des Widerspruchsrechts ... 24
3.	Pfandgegenstand ... 8		3.	Beweislast ... 25
a)	Eingebrachte Sachen des Pächters ... 8		**VI.**	**Das Selbsthilferecht des Verpächters (§§ 592 S 4, 561)**
b)	Früchte der Pfandsache ... 12		1.	Allgemeine Grundsätze ... 26
IV.	**Pfandrechtskonkurrenzen**		2.	Das Selbsthilferecht vor Entfernung der Sachen (§ 561 Abs 1) ... 27
1.	Zu den Pfändungspfandrechten ... 13		a)	Voraussetzungen ... 27
2.	Zum Früchtepfandrecht ... 14		b)	Verhinderung der Entfernung ... 28
3.	Zum Inventarpfandrecht nach dem Pachtkreditgesetz ... 15		c)	Inbesitznahme ... 29

3. Die Rechtslage nach Entfernung der Sachen (§ 561 Abs 2) _____ 30
a) Herausgabeanspruch _____ 30
b) Erlöschen des Anspruchs _____ 31
4. Beweislast _____ 32

VII. Sicherheitsleistung des Pächters (§§ 592 S 4, 562)
1. Allgemeines _____ 33

2. Die Abwendung des Pfandrechts _____ 34
3. Die Sicherheitsleistung _____ 35

VIII. Die Vollziehung des Verpächterpfandrechts _____ 36

IX. Grundsätzlich nachgiebiges Recht _____ 37

X. Verfahren _____ 38

Alphabetische Übersicht

Abdingbarkeit _____ 37

Beweislast _____ 25, 32

Eigentum des Pächters _____ 11
Einbringung des Pfandgegenstandes _____ 10
Entfernen des Pfandgegenstandes, Rechtslage danach _____ 30 f

Forderungen, (un)gesicherte _____ 6 f
Früchte als Pfandgegenstand _____ 12
Früchtepfandrecht _____ 14

Inventarpfandrecht _____ 15

Konkurrenzen des Verpächterpfandrechts _____ 13 ff
Kooperation unter Pächtern _____ 17

Pächter, Eigentum _____ 11
– Sicherheitsleistung _____ 33 ff
Pachtzinsforderungen _____ 6
Pfandgegenstand _____ 8 ff
– Einbringung _____ 10
– Entfernen _____ 20 ff
– Früchte _____ 12
– Pächter-Eigentum _____ 11
– Rechtslage nach Entfernen _____ 30 f

Rechte des Verpächters _____ 4

Schadensersatzansprüche _____ 6
Selbsthilferecht des Verpächters _____ 24, 26 ff
Sicherheitsleistung des Pächters _____ 33 ff

Unterverpachtung _____ 16

Verfahrensfragen _____ 38
Verhältnis der Vorschrift zu anderen _____ 2
Verpächter, Ausschluß des Widerspruchsrechts _____ 24
Verpächter, Selbsthilferecht _____ 24, 26 ff
– Widerspruch gegen Entfernen _____ 23 f
Verpächterpfandrecht, Begründung _____ 5 ff
– Erlöschen _____ 18 ff
– gesicherte Forderungen _____ 6 f
– Konkurrenzen _____ 13 ff
– Pfandgegenstand _____ 8 ff
– Selbsthilferecht _____ 26 ff
– Vollziehung _____ 36
– Vorrang bei Früchten _____ 12
– Wesen _____ 3
– Wirkung _____ 4

Widerspruch des Verpächters gegen Entfernen _____ 23 f
Widerspruchsrecht, Ausschluß _____ 24

I. Allgemeine Kennzeichnung

1. Überblick

1 Die Bestimmung gibt die vor der Landpachtnovelle über § 581 Abs 2, geltende

Regelung wieder. Sie ist im Zuge der Mietrechtsnovelle 2001 redaktionell hinsichtlich der miet- und zivilprozessualen Verweisungen, geändert worden.

2. Verhältnis zu anderen Vorschriften

Entsprechend der jetzigen mietrechtlichen Regelung (s zu den sich zuvor aus § 559 S 2 aF ergebenden Einschränkungen STAUDINGER/EMMERICH [1995] § 559 aF Rn 56 ff) kann dieses Verpächterpfandrecht für den **gesamten Pachtzins** geltend gemacht werden. Es besteht ferner gegenüber einem Pfändungspfandgläubiger und bezüglich des gesamten rückständigen Pachtzinses. Es erstreckt sich auch auf die Früchte der Pfandsache und auf die nach § 811 Abs 1 Nr 4 ZPO der Pfändung nicht unterworfenen Sachen. Soweit vorhanden erfaßt es auch Rechtsfrüchte.

2

Das Korrelat zum Verpächterpfandrecht ist das Pächterpfandrecht (§§ 585 Abs 2, 583).

Zu der Funktion des § 1257 vgl STAUDINGER/EMMERICH (2003) § 562 Rn 3. Im übrigen kann neben dem gesetzlichen für den Verpächter auch ein rechtsgeschäftliches Pfandrecht bestellt werden; dies dürfte aber im Gegensatz etwa zur Sicherungsübereignung kaum von praktischer Bedeutung sein. Auch kann der Verpächter eingebrachte Sachen nach § 808 ZPO pfänden.

Zu den Pfandrechtskonkurrenzen vgl Rn 3.

Das Verpächterpfandrecht geht dem Wegnahmerecht des Pächters aus § 591a vor (entsprechend dem Vorrang zu §§ 539 Abs 2, 552, 578 Abs 2; vgl STAUDINGER/EMMERICH [2003] § 562 Rn 5).

Das Verpächterpfandrecht wird über § 823 Abs 1 (BGH WPM 1965, 704) sowie §§ 823 Abs 2 BGB, 289 StGB geschützt.

II. Wesen und Wirkungen des Verpächterpfandrechts

Auf das gesetzliche besitzlose Verpächterpfandrecht finden über § 1257 die allgemeinen Vorschriften über das rechtsgeschäftliche Pfandrecht entsprechende Anwendung, naturgemäß mit Ausnahme der Bestimmungen, die den Besitz am Pfandobjekt voraussetzen. Daher ist ein gesetzlicher Pfandrechtserwerb kraft guten Glaubens ausgeschlossen.

3

Zum Pfandrechtsschutz siehe §§ 1257, 1227, zum Umfang der Pfandrechtsverhaftung §§ 1257, 1222.

Das Pfandrecht gibt dem **Verpächter** insbesondere die **folgenden Rechte**:

4

– zur Zurückbehaltung der eingebrachten Pächtersachen (§ 562b Abs 1) einschließlich des daraus resultierenden Selbsthilferechts;

– auf Verfolgung fortgeschaffter Sachen des Pächters (§ 562b Abs 2);

– zur Befriedigung aus den vorgenannten Sachen, soweit dies zur Befriedigung der pfandgeschützten Forderungen des Verpächters erforderlich ist (§§ 1257, 1228, 1233, 1241). Nach Eintritt der Voraussetzungen für die Befriedigung aus dem Pfand steht dem Verpächter gegen den Besitzer das Klagerecht auf Pfandherausgabe zum Zwecke des Verkaufs zu (vgl STAUDINGER/EMMERICH [2003] § 562 Rn 7).

Der Pächter hat dem Verpächter, zumindest auf dessen Befragen, zur Vermeidung einer Schadensersatzpflicht, die Pfändung eingebrachter Sachen durch Drittgläubiger zu offenbaren. Bei unerlaubter Wegschaffung und Veräußerung der eingebrachten Pächter-Sachen geht das Verpächterpfandrecht auf den Erlös über (RGZ 119, 265). Dagegen besteht – anders als bei der Hypothek (§ 1127) – kein Ersatzpfandrecht an der Versicherungsforderung wegen Zerstörung der Sache (RG HRR 34, 1677); ebensowenig gibt es ein Pfandrecht am Ersatzanspruch des Eigentümers gegen den Zerstörer der Pfandsache. Auch besteht kein dem § 281 entsprechender Anspruch auf Einräumung eines Pfandrechts am Ersatzanspruch (RGZ 94, 22; 105, 87).

III. Begründung und Inhalt des Verpächterpfandrechts

1. Landpachtvertrag

5 Voraussetzung ist zunächst das Bestehen eines **Landpachtverhältnisses**.

2. Verpächterforderungen

a) Gesicherte Forderungen

6 Das Pfandrecht sichert alle Forderungen, die **aus dem Pachtverhältnis selbst** heraus entstanden sind, gleichgültig, ob sie aus Haupt- oder Nebenleistungspflichten oder aus dem Gesetz folgen. Nicht gesichert sind also Forderungen, die dem Verpächter aus einem anderen Rechtsverhältnis heraus gegen den Pächter zustehen.

Dazu gehört in erster Linie die **Pachtzinsforderung**, ferner auch sog Nebenkosten, die der Pächter entweder kraft Gesetzes (§ 586a) oder aufgrund vertraglicher Vereinbarung zu tragen hat (zB Kosten für die Beheizung der Wirtschaftsgebäude oder der Pächterwohnung). Das Verpächterpfandrecht erstreckt sich auch auf den Zahlungsanspruch des Verpächters aufgrund der Inventar-Übernahme durch den Pächter (RGZ 38, 66, 69 f).

Zu den gesicherten Forderungen gehören darüber hinaus alle im Zusammenhang mit der Pachtsache entstandenen **Schadensersatzansprüche**, etwa wegen Verschlechterung oder Beschädigung aufgrund vertragswidrigen Gebrauchs, aus Verletzung der Anzeigepflicht (§ 536c) oder der Rückgabepflicht (BGHZ 60, 22). Gesichert sind außerdem eventuelle Ausgleichsansprüche nach §§ 582a Abs 3 und 590 Abs 3, Ansprüche auf Zinsen und Vertragsstrafen (§ 1210), Verpächter-Forderungen gegenüber dem Vorpächter, wenn der Pächter dessen Verbindlichkeiten übernommen hat (BGH WPM 1965, 703) sowie die Kosten der Rechtsverfolgung einschließlich der Kündigung und der Pfandverwertung, allerdings nicht die infolge der Rechtsverfolgung gegen einen Bürgen entstandenen Kosten.

Ob das Pfandrecht sich auch auf den Verpächter-Anspruch auf Leistung der Kaution erstreckt, ist umstritten (verneinend insoweit RGZ 37, 88, 92; aA wohl STAUDINGER/ EMMERICH [2003] § 562 Rn 27 und MünchKomm/VOELSKOW § 550b aF Rn 12). Bei einem dem Pächter vom Verpächter als Betriebskapital gewährten Darlehen hat das Reichsgericht (RGZ 37, 88, 91 f) diesen inneren Zusammenhang verneint. Der an dieser Entscheidung geübten Kritik von VOELSKOW (MünchKomm/VOELSKOW Rn 4) ist beizupflichten. Die Abgrenzung hat im Hinblick auf die Zweckbestimmung des Darlehens zu erfolgen; soll es der Pachtsache zugute kommen, ist der innere Zusammenhang zu bejahen. Anders ist es demnach nur, wenn das Darlehen zu Privatzwecken des Pächters gegeben wird.

b) Nicht gesicherte Forderungen
Entsprechend der mietrechtlichen Regelung des § 652 Abs 2 kann der Verpächter 7 nach S 2 das Pfandrecht nicht für künftige Entschädigungsforderungen geltend machen. Dies sind alle Ersatzansprüche, die noch nicht mit Erfolg eingeklagt werden können, deren Entstehung noch ungewiß ist, weil sie von zukünftigen Ereignissen abhängig sind (BGH LM Nr 51 zu § 535 BGB), die mit anderen Worten „noch nicht liquide" sind (so STAUDINGER/EMMERICH [2003] § 562 Rn 30 ff). Dies ist nicht identisch mit der Fälligkeit, da Schadensersatzansprüche im Zeitpunkt ihrer Entstehung fällig werden. Für die Beurteilung, ob es sich um eine gegenwärtige oder zukünftige Entschädigungsforderung handelt, ist abzustellen auf den Zeitpunkt der (auch vorgerichtlichen) Geltendmachung des Pfandrechts. Beispiele für zukünftige Entschädigungsforderungen sind (zitiert nach STAUDINGER/EMMERICH [2003] § 562 Rn 32):

– Forderungen für Schäden, die sich erst nach Beendigung des Pachtverhältnisses ergeben, so wenn jetzt noch nicht feststeht, ob und zu welchen Bedingungen die Sache anderweitig verpachtet werden kann (RGZ 142, 201);

– Forderungen wegen einer mangelhaften Instandhaltung der Pachtsache, die erst geltend gemacht werden können, wenn feststeht, daß der Pächter seine Instandhaltungspflicht nicht erfüllt hat;

– Forderungen wegen einer Kündigung durch den Konkursverwalter (RG JW 1909, 424);

– Ansprüche des Verpächters wegen einer Vorenthaltung der Pachtsache;

– alle betagten und befristeten Ersatzansprüche.

3. Pfandgegenstand

a) Eingebrachte Sachen des Pächters
Das Pfandrecht des Landverpächters besteht – **erweitert** gegenüber denjenigen des 8 Vermieters und sonstigen Verpächters – an den eingebrachten und pfändbaren Pächter-Sachen auch insoweit, als das zum Wirtschaftsbetrieb erforderliche Gerät und Vieh nebst dem nötigen Dünger betroffen ist; desgleichen landwirtschaftliche Erzeugnisse, soweit sie zur Unterhaltssicherung des Pächters, seiner Familie und seiner Arbeitnehmer oder zur Fortführung der Wirtschaft bis zur nächsten Ernte gleicher oder ähnlicher Erzeugnisse erforderlich sind.

9 Für den **Begriff der Sache** – generell definiert in § 90 – spielt es keine Rolle, ob der Gegenstand vorübergehend mit dem Grundstück verbunden ist wie beispielsweise bei einem Gewächshaus des Pächters, das gleichwohl dem Verpächterpfandrecht unterliegt (RGZ 132, 120).

Nicht eindeutig ist die Rechtslage bei Wertpapieren und ähnlichen Urkunden. Nach Emmerich (STAUDINGER/EMMERICH [2003] § 562 Rn 8 f) ist darauf abzustellen, ob die jeweilige Urkunde einen eigenen Vermögenswert besitzt. Danach unterliegen dem Verpächterpfandrecht: Inhaberpapiere, Schecks, Wechsel, Banknoten jeder Währung. Nicht erfaßt sind dagegen sämtliche auf den Namen lautende Schuldurkunden, insbesondere die sogenannten Legitimationspapiere, wie beispielsweise Sparbücher, auf den Namen lautende Hypothekenbriefe und Lebensversicherungspolicen (§ 952). Gleiches gilt für Ansprüche und Forderungen des Pächters, es sei denn, es handelt sich um sog Rechtsfrüchte der Pachtsache (s Rn 12 aE).

Dem Verpächterpfandrecht unterliegen ebenfalls **nicht** Versicherungsansprüche, die an die Stelle vernichteter eingebrachter Sachen getreten sind (RG GE 1934, 730). Gleiches gilt bezüglich des Erlöses für solche dem Pfandrecht unterliegenden Sachen, die der Pächter eigenmächtig entfernt und veräußert hat. Insoweit verbleiben dem Verpächter nur Ansprüche nach § 816 Abs 1 S 1 bzw § 823 Abs 1.

10 Die ebenfalls zur Pfandrechts-Entstehung notwendige **Einbringung der Sachen** im rechtlichen Sinne bedeutet, daß der Pächter sie in den durch das Pachtverhältnis vermittelten Machtbereich des Verpächters verbracht hat. Dabei muß die Einbringung auf eine gewisse Dauer angelegt sein und nicht nur zu einem vorübergehenden Zweck erfolgen (RGZ 132, 116). Abzugrenzen ist in diesem Zusammenhang zwischen der Einbringung und der bloßen Einstellung (s hierzu STAUDINGER/EMMERICH [2003] § 562 Rn 11 ff).

Die Einbringung muß **während der Vertragsdauer** erfolgen, eine davor oder danach erfolgte begründet kein Pfandrecht (LWLH Rn 8). Zur Einbringung ist nicht erforderlich, daß die eingebrachten Sachen in der Folgezeit auch ständig in diesem Bereich verbleiben; weiter ist nicht erforderlich, daß dabei dem Pächter die Entstehung des (gesetzlichen) Pfandrechts bewußt ist/wird.

Voraussetzung einer pfandrechtsrelevanten Einbringung ist ferner, daß sie **willentlich** geschieht. Dazu gehört auch die Geschäftsfähigkeit des Pächters (zum Meinungsstand zur Frage der vollen Geschäftsfähigkeit s STAUDINGER/EMMERICH [2003] § 562 Rn 10).

11 Das Pfandrecht des Verpächters entsteht grundsätzlich nur an eingebrachten Sachen im **Pächter-Eigentum**. Besteht dieses auflösend-bedingt, entsteht das Pfandrecht mit der Einbringung, bei Bedingungseintritt geht es unter (vgl STAUDINGER/EMMERICH [2003] § 562 Rn 15). Hat der Pächter aufschiebend-bedingtes Eigentum (etwa bei Eigentumsvorbehalt des Verkäufers), entsteht mit der Einbringung noch kein Verpächterpfandrecht. In diesem Fall hat der Verpächter aber ein Pfandrecht am Anwartschaftsrecht des Pächters mit der Folge, daß der Verpächter durch Zahlung den Bedingungseintritt herbeiführen kann und er ein Pfandrecht an der Sache selbst erwirbt, das vorrangig ist gegenüber etwaigen in der Zwischenzeit begründeten Pfändungspfandrechten Dritter (BGH LM Nr 3 zu § 559 aF).

Ist der Pächter nur **Miteigentümer**, gilt § 1258 entsprechend (vgl STAUDINGER/EMMERICH [2003] § 562 Rn 18). Ist eine **Gesellschaft** Pächterin, so ist zu unterscheiden: bei einer BGB-Gesellschaft ist jeder einzelne Pächter, so daß die eingebrachten Sachen aller Gesellschafter dem Verpächterpfandrecht unterliegen. Bei OHG oder KG haften nur die von der Gesellschaft eingebrachten Sachen, nicht aber die Sachen der (persönlich haftenden) Gesellschafter (vgl STAUDINGER/EMMERICH [2003] § 562 Rn 18).

Ist der Pächter Vorerbe, so unterliegen alle von ihm eingebrachten Nachlaßgegenstände dem Verpächterpfandrecht, da er auch als Vorerbe voller Eigentümer ist (RGZ 80, 30).

b) Früchte der Pfandsache
Nach § 592 S 1 erfaßt das Verpächterpfandrecht **auch die Früchte** der Pachtsache. **12** Zugrunde zu legen ist die Begriffsbestimmung des § 99. Nach hM entsteht das Pfandrecht an Früchten schon **vor ihrer Trennung**, und zwar in dem Augenblick, „in dem im natürliche Sinne erstmals von Früchten die Rede sein kann, obwohl vor Trennung der Früchte diese an sich noch im Eigentum des Verpächters stehen". Macht der Verpächter von seinem Pfandrecht Gebrauch, erwirbt der Pächter mit der Trennung der Früchte zwar nach § 956 das Eigentum, jedoch belastet mit dem Pfandrecht des Verpächters (RGZ 132, 116). Das bedeutet aber andererseits, daß bei einer Kündigung des Pachtvertrages vor der Ernte der Früchte das Pfandrecht an ihnen nicht mehr voll wirksam werden kann (RG HRR 1931 Nr 597).

Durch die Möglichkeit, das Pfandrecht auch schon an nicht getrennten Früchten geltend machen zu können, erlangt der Verpächter den **Vorrang vor jedem anderen Pfändungsgläubiger**, der die Früchte nach § 810 ZPO pfändet. Er kann gemäß § 805 ZPO auf vorzugsweise Befriedigung klagen (MünchKomm/VOELSKOW Rn 5).

Nach § 99 Abs 3 BGB zählen zu den Früchten auch die sog Rechtsfrüchte, also Ansprüche, die dem Pächter aus der Pachtsache erwachsen, wie etwa der Anspruch auf den Unterpachtzins (BGB-RGRK/GELHAAR § 585 Rn 4).

IV. Pfandrechtskonkurrenzen

1. Zu den Pfändungspfandrechten

Nach §§ 1257, 1209 richtet sich der Rang des Verpächterpfandrechts nach dem Zeit- **13** punkt seiner Bestellung. Es geht daher allen nachträglich begründeten Pfandrechten vor (§ 563, allerdings für die Landpacht ohne die darin enthaltene Beschränkung auf den Pachtzins des letzten Jahres). Im übrigen gilt das Prioritätsprinzip, dh daß ein bei Einbringung der Sache bereits bestehendes Pfändungspfandrecht dem Verpächterpfandrecht vorgeht.

Vorrangig ist dagegen das Verpächterpfandrecht einem nach § 810 ZPO bestellten Pfändungspfandrecht an den Früchten (su Rn 14).

Denkbar ist auch das Zusammentreffen des Verpächterpfandrechts mit einem Pfändungspfandrecht des Verpächters. Beide stehen dann selbständig nebeneinander, wobei der Pächter dem Pfändungspfandrecht gegenüber alle Einwendungen, die einem Schuldner gegen die Zwangsvollstreckung zustehen, geltend machen kann (OLG Frankfurt MDR 1975, 228).

2. Zum Früchtepfandrecht

14 **Lieferanten von Düngemitteln und Saatgut** steht nach dem Gesetz zur Sicherung der Düngemittel- und Saatgutversorgung vom 19.1.1949 (BGBl III 403-11 idF des Gesetzes vom 30.7.1951, BGBl I 476; vgl dazu LG Braunschweig RdL 1991, 127) für ihre Ansprüche aus der Lieferung solcher Produkte ein gesetzliches Pfandrecht an der Pfändung unterliegenden Grundstücksfrüchten zu. Dieses Pfandrecht geht allen anderen dinglichen Rechten, so auch dem Verpächterpfandrecht, vor.

Durch dieses sog Früchtepfandrecht nicht erfaßt werden die nach § 811 Abs 1 Nr 4 ZPO unpfändbaren sog Wirtschaftsfrüchte iSd § 98 Abs 2 BGB (MünchKomm/Voelskow Rn 7), die ihrerseits aber dem Verpächterpfandrecht unterliegen.

Steht der Pächter mit dem Lieferanten in einem Kontokorrentverhältnis, so erlischt das Pfandrecht des Lieferanten nicht dadurch, daß in das Kontokorrent auch dessen Forderungen aus anderen Lieferungen eingestellt werden. Es erlischt auch nicht dadurch, daß der Pächter dem Lieferanten Erzeugnisse der laufenden Ernte liefert und der Erlös im Kontokorrent gutgeschrieben wird.

3. Zum Inventarpfandrecht nach dem Pachtkreditgesetz

15 Um dem Pächter landwirtschaftlicher Flächen und Betriebe eine Möglichkeit der Kreditbeschaffung einzuräumen, wurde das Inventarpfandrechtsgesetz vom 9.7.1926 (RGBl I 399, 412) geschaffen, das am 5.8.1951 als Pachtkreditgesetz (BGBl I 494) neu gefaßt wurde. Ausgehend davon, daß das Pächter-Inventar regelmäßig sein einziges und wichtigstes Kapital ist, auf dessen Besitz er angewiesen ist, wurde zugunsten bestimmter Kreditinstitute ein besitzloses Pfandrecht geschaffen, dessen Gegenstand das dem Pächter gehörende Inventar ist. Dieses entspricht begrifflich weitgehend dem Zubehör im Sinne der §§ 97 und 98 Abs 2. Im Gegensatz zum Früchtepfandrecht des Dünger- und Saatgutlieferanten erfaßt das Inventarpfandrecht auch die sog Wirtschaftsfrüchte, nicht aber die Verkaufsfrüchte, die ihrerseits dem Früchtepfandrecht unterliegen (MünchKomm/Voelskow Rn 7). Damit ist eine Konkurrenz der Pfandrechte nach dem Gesetz zur Sicherung der Düngemittel- und Saatgutversorgung und dem Pachtkreditgesetz ausgeschlossen.

Das Verpächterpfandrecht und das Inventarpfandrecht des PKrG besitzen denselben Rang (Staudinger/Emmerich[12] § 585 Rn 23). Dementsprechend ist in § 11 PKrG geregelt, daß der Verpächter zur Befriedigung oder Sicherstellung seiner durch das Verpächterpfandrecht gesicherten Ansprüche die Hälfte des Erlöses erhält.

4. Die Rechtslage bei Unterverpachtung und bei landwirtschaftlicher Kooperation

a) Unterverpachtung

16 Zu den Rechtsverhältnissen des Verpächters zu Haupt- und Unterpächter sowie dem zwischen Haupt- und Unterpächter vgl § 589 Rn 33, 34. Ebensowenig wie einen

Pachtzinsanspruch hat der Verpächter ein Pfandrecht an den vom Unterpächter eingebrachten Sachen (vgl STAUDINGER/EMMERICH [2003] § 562 Rn 19). Aus den normalen pachtvertraglichen Beziehungen zwischen Haupt- und Unterpächter folgt ein Pfandrecht an den vom Unterpächter eingebrachten Sachen. Nach §§ 592 S 1, 99 Abs 3 steht dem Verpächter gegen den Pächter ein Pfandrecht an dessen Pachtzinsanspruch wie auch allen seinen anderen gesetzlich pfändbaren Forderungen gegen den Unterpächter zu. Das Verhältnis der beiden konkurrierenden Pfandrechte des Pächters und des Verpächters an dieser Forderung wird durch § 1209 geregelt: Es gilt das Prioritätsprinzip – das ältere Recht geht dem jüngeren vor –, beide Pfandrechte sind bei gleichzeitiger Entstehung gleichrangig.

b) Kooperationen

17 Bringen Eigentümer ihr Land in einen landwirtschaftlichen Zusammenschluß zur Nutzung – insbesondere in eine BGB-Gesellschaft als Pächter – ein, so weist WITT (Das Pfandrecht am Inventar des landwirtschaftlichen Betriebs [Diss Hohenheim 1974] 143 ff, 150) die Anwendbarkeit des PKrG auf die Verpfändung des Betriebsinventars der Kooperation mit eingehender Begründung nach und stellt unter Hinweis auf § 11 PKrG das Konkurrenzverhältnis zwischen Inventar- und Verpächterpfandrecht heraus (WITT 155, 156): Die beiden Pfandrechte erstrecken sich auf das gesamte Inventar untereinander zu gleichem Rang, unabhängig vom Zeitpunkt der Bestellung (BGH NJW 1970, 2212), so daß im Falle der Pfandverwertung eine Erlösteilung gemäß § 11 PKrG stattzufinden hat und beim Ausfall des einen der Erlösanteil dem anderen zuwächst, ohne starr auf die Hälfte beschränkt zu sein (§ 11 Abs 1 S 4 PKrG). Witt sieht keine Bedenken, den Anwendungsbereich des PKrG auch auf die sog landwirtschaftlichen Familiengesellschaften beispielsweise zwischen Vater und Sohn (vgl UPMEIER ZU BELZEN S 35 ff) zu erstrecken, jedenfalls dann, wenn ausschließlich das Betriebsinventar in das Gesellschaftsvermögen überführt wird, also der Gesellschaft kein Grundbesitz gehört, der als Hypothekenhaftung zur Verfügung gestellt werden könnte (UPMEIER ZU BELZEN 157).

Akzeptiert man den Standpunkt Witts über die Anwendbarkeit des PKrG bei Kooperationen, in denen der Eigentümer Land zur Nutzung einbringt, auf das der Kooperation gehörende Betriebsinventar an, so muß entsprechendes auch für den Zusammenschluß gelten, der sich auf das von den Pächtern zur Nutzung eingebrachte Pachtland stützt.

Soweit der Pächter durch die Einbringung der Pachtländereien (und ggf angepachteten Inventars) in den landwirtschaftlichen Zusammenschluß Rechte erlangt, steht dem Verpächter an diesen Rechten gemäß den §§ 592 S 1, 99 Abs 3 das Verpächterpfandrecht zu; soweit es sich hierbei um gesamthänderisch gebundene Gemeinschaftsrechte handelt, gilt dies beschränkt nach § 717, dh an den in Satz 2 dieser Vorschrift genannten Ansprüchen.

Bringt der Pächter eigenes eingebrachtes Inventar in den Zusammenschluß zur bloßen Nutzung ein, wobei das Inventar auf dem Pachtbesitz verbleibt, so behält der Verpächter sein Pfandrecht an diesem Inventar. Bringt der Pächter sein auf dem Pachtgrundbesitz verbleibendes Inventar in den Zusammenschluß zu gesellschaftsrechtlichem Eigentum ein, so erwerben die in Gesamthandsgemeinschaft verbundenen Gesellschafter dieses Eigentum nur belastet mit dem Verpächterpfandrecht.

V. Erlöschen des Verpächterpfandrechts

1. Die allgemeinen Erlöschensgründe

18 Da über § 1257 für das (gesetzliche) Verpächterpfandrecht die Vorschriften über das rechtsgeschäftlich bestellte entsprechende Anwendung finden, gelten entsprechend auch die allgemeinen Erlöschensgründe.

Als solche kommen in Betracht:

- rechtmäßige Veräußerung des Pfandes (§ 1242 Abs 2 S 1);

- Forderungsabtretung mit Ausschluß des Pfandrechtsübergangs (§ 1250 Abs 2);

- Erlöschen der Forderung (§ 1252);

- Aufhebung des Pfandrechts (§ 1255);

- Vereinigung von Pfandrecht und Eigentum (§ 1256).

Das Pfandrecht erlischt des weiteren durch Untergang oder dauernde Wertlosigkeit der Pfandsache (RGZ 96, 185).

Da es sich beim Verpächterpfandrecht um ein besitzloses gesetzliches Pfandrecht handelt, kommt der Erlöschensgrund des § 1253 – Erlöschen durch Pfandrückgabe – nicht in Betracht. Die Rückgabe eines vom Verpächter in Besitz genommenen Pfandes kann aber die Aufhebung des Pfandrechts nach § 1255 bedeuten.

2. Das Erlöschen nach den §§ 592 S 4, 562a

19 Das Verpächterpfandrecht ist ein besitzloses Pfandrecht, das dem Pächter als Eigentümer weiterhin den Besitz an der dem Pfandrecht unterliegenden Sache beläßt. Erforderlich für das Bestehen des Pfandrechts ist aber, daß die Pfandsache sich auf dem Pachtgegenstand befindet. Nach der gem S 4 entsprechend anwendbaren Vorschrift des § 562a erlischt das Verpächterpfandrecht mit der Entfernung der Sache von dem Grundstück, es sei denn, daß die Entfernung ohne Wissen oder unter Widerspruch des Verpächters erfolgt.

a) Entfernung der Sachen

20 Entfernung ist diesbezüglich jedes **willentliche Wegschaffen** der Sache durch den Pächter oder einen Dritten (RGZ 71, 418). Erforderlich ist demnach das gleiche bewußte Handeln wie bei der Einbringung der Sache (§ 562). Der Streit, ob bei einer nur vorübergehenden Entfernung der Sache (etwa eines Kraftfahrzeugs) das Verpächterpfandrecht erlischt, ist aber mehr theoretischer Natur, da auch die Verfechter dieser Auffassung die Neubegründung annehmen, wenn die Sache auf das Verpächtergrundstück zurückgebracht wird (s hierzu OLG Karlsruhe NJW 1971, 624; OLG Hamm MDR 1981, 407).

Das Verpächterpfandrecht erlischt auch, wenn der **Gerichtsvollzieher** die Sachen des

Pächters entfernt. Der Verpächter ist dann durch § 805 ZPO hinreichend geschützt (vgl STAUDINGER/EMMERICH [2003] § 562a Rn 6). Der Pfändungsgläubiger seinerseits kann aber auf die Rechte des Pächters aus § 562a S 2 verweisen (RGZ 71, 418). Dem Einwand, daß die zurückgebliebenen Sachen zu seiner Sicherheit ausreichen, kann der Verpächter dadurch begegnen, daß er auf sein Pfandrecht an den zurückgebliebenen Sachen verzichtet (BGHZ 27, 227).

b) Ausnahmesachverhalte

Trotz der Entfernung der Pfandsache vom Pachtgrundstück bleibt das Verpächterpfandrecht bestehen, wenn die Entfernung entweder ohne Wissen des Verpächters oder gegen seinen Widerspruch geschieht. 21

Ohne Wissen des Verpächters ist nicht gleichbedeutend mit heimlicher Fortschaffung der Sachen (Prot II 207 F); abzustellen ist allein auf die **positive Kenntnis** des Verpächters oder seines Vertreters; grob fahrlässige Unkenntnis reicht zum Erlöschen des Verpächterpfandrechts nicht aus. Beobachtet dagegen der Verpächter die Entfernung der Sachen, ohne darauf zu reagieren, so ist davon auszugehen, daß er auf das Pfandrecht verzichtet (vgl STAUDINGER/EMMERICH [2003] § 562a Rn 11). Nach hM erlischt das Pfandrecht des Verpächters auch, wenn die Entfernung zwar ohne sein Wissen erfolgt, er ihr aber auch bei Kenntnis wegen Vorliegens der Voraussetzungen von § 560 S 2 nicht hätte widersprechen können, er diese vielmehr hätte dulden müssen (vgl STAUDINGER/EMMERICH [2003] § 562a Rn 12). 22

Das Verpächterpfandrecht erlischt nicht bei sofortigem **Widerspruch** nach Kenntniserlangung. Zur Durchsetzung seines berechtigten Widerspruchs steht dem Verpächter das **Selbsthilferecht** des § 562b zu (su Rn 26). Der Widerspruch muß entweder vor oder während der Entfernung der Pfandsache erklärt werden, ein erst danach erklärter ist wirkungslos. Unterbleibt ein Widerspruch seitens des Verpächters, so erlischt mit der Entfernung der Sache sein Pfandrecht. Gleiches gilt, wenn dem Verpächter kein Widerspruchsrecht zusteht, er vielmehr zur Duldung verpflichtet ist. 23

c) Ausschluß des Widerspruchsrechts

Nach der nicht abdingbaren Vorschrift des § 562a S 2 hat der Verpächter die Entfernung der dem Verpächterpfandrecht unterliegenden Sachen zu dulden, wenn: 24

– die Entfernung im regelmäßigen Betriebe des Geschäfts des Pächters erfolgt;

– sie den gewöhnlichen Lebensverhältnissen des Pächters entspricht;

– die zurückbleibenden Sachen zur Sicherung des Verpächters offenbar ausreichen.

Ob die Voraussetzungen der Duldungspflicht vorliegen, bestimmt sich nach dem Zeitpunkt der Entfernung.

Die Entfernung von Sachen durch den Insolvenzverwalter ist kein Fall der §§ 560, 561, mit der Konsequenz, daß dem Verpächter kein Widerspruchsrecht zusteht. Er kann sich vielmehr auf die Rechte aus §§ 49 ff InsO – abgesonderte Befriedigung – berufen (vgl STAUDINGER/EMMERICH [2003] § 562a Rn 9).

Unter die erste Alternative fallen alle Vorgänge, die normalerweise zum Geschäftsbetrieb des Pächters gehören, also beispielsweise die Veräußerung von Waren, die Ablieferung auf dem Grundstück hergestellter Waren, die Entfernung der Tageskasse (OLG Braunschweig MDR 1980, 403). In diesen Fällen steht zu erwarten, daß die entfernten Sachen alsbald wieder ersetzt werden (BGH LM Nr 2 zu § 560).

Entfernung entsprechend den gewöhnlichen Lebensverhältnissen des Pächters bedeutet zB die Mitnahme von Sachen auf Reisen, die Weggabe zum Zwecke der Reparatur oder die Gefälligkeitsleihe.

Das Widerspruchsrecht des Verpächters entfällt ferner, wenn er durch die zurückbleibenden Sachen offenbar ausreichend gesichert ist. Dies ist an dem voraussichtlichen Verwertungserlös zu messen. Offenbar bedeutet, daß dies ohne nähere Untersuchung für den Verpächter erkennbar ist; also bleiben zB alle Sachen mit zweifelhafter Eigentumslage außer Betracht. Neben dem Pächter selbst können sich auch dessen Gläubiger und Dritte auf die verbleibende ausreichende Sicherung berufen (BGHZ 27, 227; vgl STAUDINGER/EMMERICH [2003] § 562a Rn 21).

3. Beweislast

25 Den Pächter trifft die Beweislast für die Entfernung der Sachen, den Verpächter für das Vorliegen eines der Ausnahmetatbestände, daß die Entfernung ohne sein Wissen oder gegen seinen Widerspruch erfolgt ist. Gelingt dem Verpächter dieser Beweis, so hat der Pächter die Voraussetzungen der Duldungspflicht des Verpächters (S 2) zu beweisen. Beruft sich ein Dritter auf fehlendes Eigentum des Pächters an einer Sache, so hat er und nicht der Verpächter dies zu beweisen (vgl STAUDINGER/EMMERICH [2003] § 562a Rn 23).

VI. Das Selbsthilferecht des Verpächters (§§ 592 S 4, 561)

1. Allgemeine Grundsätze

26 Über die jedem Pfandgläubiger zustehenden Rechte aus den §§ 816, 823 BGB sowie § 1227 iVm den §§ 985 und 1004 hinaus räumt § 592 S 4 iVm § 562b dem Verpächter ein *weitgehendes* Selbsthilferecht ein. Dieses Recht besteht hinsichtlich aller dem Pfandrecht unterliegenden Sachen, deren Entfernung er widersprechen kann, also nicht hinsichtlich solcher Sachen, deren Entfernung er nach § 562a S 2 dulden muß.

Die Ausübung des Selbsthilferechts hat **schonend** zu erfolgen; also derart, daß der Verpächter nicht auf mehr Sachen zugreifen darf als zu seiner Sicherung erforderlich sind. Abzugrenzen ist danach, was für ihn insoweit **offenbar erkennbar** ist.

§ 562b ist nicht abdingbar, jedenfalls insofern, als das Selbsthilferecht des Verpächters nicht erweitert werden kann (vgl STAUDINGER/EMMERICH [2003] § 562b Rn 1).

2. Das Selbsthilferecht vor Entfernung der Sachen (§ 561 Abs 1)

a) Voraussetzungen

27 Das Selbsthilferecht hat zur **Voraussetzung** die Pächter-Absicht, die der Pfändung unterliegenden Sachen vom Pachtgrundstück zu entfernen. Es ist zeitlich derart begrenzt, daß es vor dem Beginn der Entfernung noch nicht (OLG Düsseldorf ZMR 1983, 376) und nach der Entfernung, also nach Überschreiten der Grundstücksgrenzen, nicht mehr ausgeübt werden kann. Es beschränkt sich damit praktisch auf den Zeitpunkt der versuchten Entfernung. Der Verpächter hat somit abgesehen von dem Sonderfall des § 229 kein Recht zur sog Nacheile (vgl STAUDINGER/EMMERICH [2003] § 562b Rn 8).

b) Verhinderung der Entfernung

Der Verpächter hat sich zunächst darauf zu beschränken, der Entfernung zu widersprechen. Bleibt der Pächter bei seinem Entschluß, die Sachen zu entfernen, so ist im Rahmen der Verhältnismäßigkeit eine dahingehende **Gewaltanwendung** zulässig, daß der Verpächter beispielsweise durch das Verschließen von Türen oder ähnliche Maßnahmen die Entfernung zu verhindern sucht, oder, wenn dieses nicht zum Erfolg führt, er diesen Personen die Sachen abnehmen darf (vgl STAUDINGER/EMMERICH [2003] § 562b Rn 9). Dabei darf der Verpächter keine Gewalt gegen Personen anwenden. **28**

c) Inbesitznahme

Zieht der Pächter vom Pachtgrundstück ab, dh gibt er den Besitz daran endgültig auf, so reicht zur Sicherung des Verpächters die bloße Verhinderung der Entfernung der dem Pfandrecht unterliegenden Sachen nicht aus. In diesem Fall darf der Verpächter die Sachen selbst in Besitz nehmen. Voraussetzung des Rechts zur Inbesitznahme ist, daß der Pächter mit dem Auszug tatsächlich begonnen hat. Macht er seinen Entschluß wegen der Ausübung des Selbsthilferechts durch den Verpächter wieder rückgängig, so erlischt dieses. **29**

Mit der Inbesitznahme treffen den Verpächter alle Rechte und Pflichten eines jeden Pfandgläubigers. Er ist zur Verwahrung verpflichtet und hat die Sachen nach seiner Befriedigung zurückzugeben. Nach den Vorschriften über die Geschäftsführung ohne Auftrag kann er Verwendungsersatz verlangen (§ 1216). Lagert der Verpächter die Sachen in den vom Pächter gepachteten Räumen, kann er weder Lagergeld fordern noch mit der Begründung, der Pächter enthalte ihm die Räume vor, Schadensersatz nach § 597 fordern (vgl STAUDINGER/EMMERICH [2003] § 562b Rn 11).

3. Die Rechtslage nach Entfernung der Sachen (§ 561 Abs 2)

a) Herausgabeanspruch

Das **Selbsthilferecht des Verpächters endet**, sobald die Sachen vom Pachtgrundstück entfernt worden sind. Nach diesem Zeitpunkt tritt an seine Stelle ein **Herausgabeanspruch**. Er entspricht der zum Schutz des rechtsgeschäftlich bestellten Pfandrechts getroffenen Regelung des § 1227. Voraussetzung des Anspruchs ist, daß die Sachen entweder ohne Wissen des Verpächters oder gegen seinen Willen entfernt worden sind. Da es sich um einen dinglichen Herausgabeanspruch handelt, kann er gegen jeden unmittelbaren oder mittelbaren Besitzer der Sache, also nicht bloß den Pächter, gerichtet werden (vgl STAUDINGER/EMMERICH [2003] § 562b Rn 12). Der Anspruchsgegner muß nicht identisch sein mit der Person, die die Sache vom Pachtgrundstück entfernt hat. Zur Vorbereitung des Herausgabeanspruchs hat der Verpächter einen Auskunftsanspruch (LG Mannheim WuM 1978, 92). **30**

Der Anspruch ist auf **Zurückschaffung** der Sache auf das Pachtgrundstück gerichtet sowie im Falle der Räumung der Pachtsache durch den Pächter auf Herausgabe an den Verpächter. Gibt der Pächter die Sache heraus, obliegt dem Verpächter deren Zurückschaffung. Kann der Verpächter wegen des Auszugs des Pächters Herausgabe an sich selbst verlangen, so erhält er die Rechtsstellung eines Faustpfandrechtsgläubigers.

Gegenüber dem Herausgabeanspruch kann sich der Besitzer auf gutgläubig lastenfreien Eigentums-, vorrangigen Nießbrauchs- oder Faustpfandrechtserwerb berufen (vgl STAUDINGER/EMMERICH [2003] § 562b Rn 12). Das gesetzliche Pfandrecht eines neuen Verpächters hat dagegen entsprechend § 1209 keinen Vorrang.

b)   Erlöschen des Anspruchs

31 Nach § 562b Abs 2 S 2 erlischt das Pfandrecht mit dem Ablauf eines Monats, nachdem der Verpächter von der Entfernung der Sachen Kenntnis erlangt hat. Er hat bis dahin diesen Anspruch gerichtlich geltend zu machen. Die Frist ist eine **Ausschlußfrist**, deren Berechnung sich nach den §§ 187 Abs 1, 188 Abs 2 richtet und die vertraglich nicht verlängert werden kann (vgl STAUDINGER/EMMERICH [2003] § 562b Rn 17).

Die Frist beginnt mit der **Kenntnis** des Verpächters zu laufen, nicht mit dem Zeitpunkt der tatsächlichen Entfernung der Sachen. Die Frist läuft auch unabhängig davon, ob der Verpächter weiß, wo und in wessen Besitz die Sachen sich befinden. Unter gerichtlicher Geltendmachung ist jede erkennbare Rechtsverfolgungsmaßnahme zu verstehen, also neben der Klageerhebung beispielsweise auch der Antrag auf Erlaß einer einstweiligen Verfügung auf Zurückschaffung der Sachen (KG OLGE 20, 189; 27, 156) oder der Antrag auf Hinterlegung des Erlöses beim Vollstreckungsgericht, § 805 Abs 4 ZPO (KG JW 1933, 921).

Da § 562b Abs 2 S 2 nicht für die Pfändung und Verwertung der Pächtersachen durch andere Gläubiger gilt, ist die Klage des Verpächters auf vorzugsweise Befriedigung aus § 805 ZPO nicht an die Monatsfrist gebunden.

Die Versäumung der Monatsfrist hat das Erlöschen des Pfandrechts zur Folge. Unberührt davon bleiben die Ansprüche des Verpächters aus Vertrag und unerlaubter Handlung wegen schuldhafter, rechtswidriger Verletzung des Pfandrechts (aA STAUDINGER/EMMERICH [2003] § 562b Rn 21). Allerdings ist § 254 wegen schuldhafter Fristversäumung zu berücksichtigen (RGZ 119, 265).

4.   Beweislast

32 Der Verpächter ist für den Bestand des Pfandrechts sowie für Bestand und Umfang des Selbsthilferechts beweispflichtig. Ebenso hat er die rechtzeitige gerichtliche Geltendmachung zu beweisen. Behauptet der Besitzer der Sache ein vorrangiges Recht, so ist er insoweit beweispflichtig. Eine etwaige Bösgläubigkeit bei Erwerb des Rechts hat hingegen wieder der Verpächter zu beweisen.

VII. Sicherheitsleistung des Pächters (§§ 592 S 4, 562)

1. Allgemeines

Nach § 592 S 4 iVm § 562c kann der Pächter die dem Verpächterpfandrecht unterliegenden Sachen frei bekommen, wenn er Sicherheit leistet. **33**

Dies kann einmal dadurch geschehen, daß er die Geltendmachung des Pfandrechts insgesamt durch Sicherheitsleistung abwendet. Er kann aber auch jede einzelne Sache dadurch vom Pfandrecht befreien, daß er in der Höhe ihres Wertes Sicherheit leistet (§ 562c HS 2). Der Pächter hat das Recht, von seinem Abwendungsrecht jederzeit während des laufenden Pachtverhältnisses Gebrauch zu machen.

2. Die Abwendung des Pfandrechts

Der Pächter kann die Geltendmachung des Verpächterpfandrechts dadurch abwenden, daß er in Höhe der Verpächterforderung Sicherheitsleistung anbietet. Nimmt der Verpächter das Angebot nicht an, so *verliert* er sein Widerspruchs- (§ 562b Abs 1) und das Selbsthilferecht (Abs 2). **34**

Das Abwendungsrecht steht neben dem Pächter auch dem Dritten, der Eigentümer der eingebrachten Sache ist, zu (BGH WM 1971, 1086), ferner einem nachrangigen Pfändungsgläubiger (KG GE 1928, 986; vgl STAUDINGER/EMMERICH [2003] § 562c Rn 3). Der Verpächter ist verpflichtet, dritten Eigentümern und Pfändungsgläubigern seine Forderung nach Art und Höhe mitzuteilen (BGH WM 1971, 1086).

Die Sicherheitsleistung bewirkt, daß der Verpächter sein Pfandrecht nicht mehr geltend machen kann. Übt er gleichwohl das Selbsthilferecht noch aus, macht er sich ersatzpflichtig (BGB-RGRK/GELHAAR § 562 Rn 1).

Der Pächter kann die Geltendmachung des Verpächterpfandrechts auch an einzelnen Sachen durch Sicherheitsleistung in Höhe deren Wertes abwenden. Die Sicherheit bewirkt, daß das Pfandrecht an diesem einzelnen Gegenstand erlischt. Danach neu eingebrachte Gegenstände unterliegen wieder unbeschränkt dem Verpächterpfandrecht.

3. Die Sicherheitsleistung

Die Sicherheitsleistung selbst richtet sich nach den §§ 232–240, auf die wegen der Einzelheiten verwiesen wird. Die Sicherheit kann auch von einem Dritten (KG GE 1928, 986) oder durch die Stellung eines Bürgen (§§ 232 Abs 2, 239) geleistet werden. Bei Sicherheitsleistung durch Wertpapiere kann der Verpächter deren Hinterlegung verlangen (OLG Dresden OLGE 36, 61). **35**

VIII. Die Vollziehung des Verpächterpfandrechts

Die Vollziehung des Pfandrechts richtet sich nach den §§ 1257, 1228. Danach hat der Verpächter zum Zwecke der Verwertung der Sache ein Recht auf deren Herausga- **36** be. Die Verwertung selbst erfolgt durch Pfandverkauf nach den §§ 1233 ff, insbesondere im Wege der Versteigerung nach § 1235.

IX. Grundsätzlich nachgiebiges Recht

37 Die Regelung ist dispositiv (RGZ 141, 102). Auch sind Beschränkungen möglich, etwa auf eingebrachte Sachen oder Früchte.

Ob eine – stillschweigende – Abbedingung angenommen werden kann, wenn der Pächter eine vereinbarte Kaution stellt (vgl §§ 592 S 4, 562), ist Auslegungssache. Ein Pfandrechtszugriff wird aber insoweit gegen Treu und Glauben verstoßen, als sich der Verpächter aus der Kaution befriedigen kann.

Nicht abdingbar ist die im öffentlichen Interesse zugunsten des Pächters liegende Schutzvorschrift des § 562a S 2; ebensowenig ist eine vertragliche Erweiterung des Selbsthilferechts des Verpächters aus § 562b zugelassen (zB bezüglich unpfändbarer Sachen) oder Verlängerung der Ausschlußfrist des § 562b Abs 2 S 2. Auch § 562c kann nicht zum Nachteil des Pächters abbedungen werden (STAUDINGER/EMMERICH [2003] § 562c Rn 2).

X. Verfahren

38 Bei Streitigkeiten über das Verpächterpfandrecht nach § 592 entscheidet das Landwirtschaftsgericht im streitigen Verfahren, § 48 iVm § 1 Nr 1 a LwVG (MünchKomm/ VOELSKOW Rn 10).

§ 593
Änderung von Landpachtverträgen

(1) Haben sich nach Abschluss des Pachtvertrags die Verhältnisse, die für die Festsetzung der Vertragsleistungen maßgebend waren, nachhaltig so geändert, dass die gegenseitigen Verpflichtungen in ein grobes Missverhältnis zueinander geraten sind, so kann jeder Vertragsteil eine Änderung des Vertrags mit Ausnahme der Pachtdauer verlangen. Verbessert oder verschlechtert sich infolge der Bewirtschaftung der Pachtsache durch den Pächter deren Ertrag, so kann, soweit nichts anderes vereinbart ist, eine Änderung der Pacht nicht verlangt werden.

(2) Eine Änderung kann frühestens zwei Jahre nach Beginn des Pachtverhältnisses oder nach dem Wirksamwerden der letzten Änderung der Vertragsleistungen verlangt werden. Dies gilt nicht, wenn verwüstende Naturereignisse, gegen die ein Versicherungsschutz nicht üblich ist, das Verhältnis der Vertragsleistungen grundlegend und nachhaltig verändert haben.

(3) Die Änderung kann nicht für eine frühere Zeit als für das Pachtjahr verlangt werden, in dem das Änderungsverlangen erklärt wird.

(4) Weigert sich ein Vertragsteil, in eine Änderung des Vertrags einzuwilligen, so kann der andere Teil die Entscheidung des Landwirtschaftsgerichts beantragen.

Titel 5 · Mietvertrag, Pachtvertrag
Untertitel 5 · Landpachtvertrag

§ 593

(5) Auf das Recht, eine Änderung des Vertrags nach den Absätzen 1 bis 4 zu verlangen, kann nicht verzichtet werden. Eine Vereinbarung, dass einem Vertragsteil besondere Nachteile oder Vorteile erwachsen sollen, wenn er die Rechte nach den Absätzen 1 bis 4 ausübt oder nicht ausübt, ist unwirksam.

Materialien: BT-Drucks 10/508; 10/509; 10/3830; 10/3498.

Schrifttum

Siehe § 585.

Systematische Übersicht

I. Überblick	
1. Normgehalt und Zweck ___ 1	a) Zwei-Jahres-Frist nach Vertragsbeginn bzw -änderung ___ 17
2. Früheres Recht und Textgeschichte ___ 2	b) Wirkung nur ab dem laufenden Pachtjahr (Abs 3) ___ 18
a) Vergleich zum früheren Recht ___ 2	4. Das Abänderungsbegehren und seine Ablehnung ___ 19
b) Textgeschichte ___ 3	
3. Verhältnis der Vorschrift ___ 4	**III. Gerichtliches Verfahren zur Änderung** ___ 20
a) Zum Verfassungsrecht ___ 4	1. Die Einleitung des landwirtschaftsgerichtlichen Verfahrens durch Antragstellung (Abs 4) ___ 21
b) Zu sonstigen Vorschriften des BGB-Landpachtrechts ___ 5	a) Antragsberechtigung ___ 22
c) Zum LPachtVG (speziell § 8 Abs 1 S 2) ___ 6	b) Form und Frist ___ 24
d) Verhältnis zu sonstigen Vorschriften ___ 7	c) Inhalt des Antrags ___ 25
aa) Zu § 313 BGB nF ___ 7	2. Verfahrensgrundsätze ___ 26
bb) Abänderungsmöglichkeiten nach § 323 ZPO ___ 8	**IV. Unabdingbarkeit, unzulässige Vereinbarungen**
II. Vorgerichtliches Änderungsbegehren	1. Grundsatz ___ 27
1. Anwendungsbereich ___ 9	2. Beispiele ___ 28
2. Materielle Voraussetzungen für eine Vertragsanpassung ___ 10	3. Zulässige Vereinbarungen und ihre Grenzen ___ 29
a) Änderung der Verhältnisse ___ 11	
b) Grobes Mißverhältnis ___ 15	
c) Umfang und Grenzen der Anpassung ___ 16	
3. Formelle Voraussetzungen bzw Hinderungsgründe ___ 17	

Alphabetische Übersicht

Abdingbarkeit ___ 27 ff	Früheres Recht, Vergleich ___ 2 f
Änderungsbegehren ___ 19	Gerichtsverfahren, Antrag ___ 21 ff
Anwendungsbereich der Vorschrift ___ 9	– Darlegungsfragen ___ 25
Beweislast ___ 25	– Entscheidungsgrundsätze ___ 26
	– Verfahrensgrundsätze ___ 26

– zur Vertragsanpassung	20 ff	– Änderungsbegehren	19
		– formelle Voraussetzungen	17 f
Mißverhältnis, grobes	15	– gerichtliches Verfahren	20 ff
		– grobes Mißverhältnis	15
Vereinbarungen anstelle der gesetzlichen		– Hinderungsgründe	17 f
Bestimmung	29	– Voraussetzungen	10 ff
Verhältnis der Vorschrift zu anderen	4 ff		
Verhältnisse, Änderung	11 ff	Zweck der Vorschrift	1
Vertragsanpassung, Änderung der Verhältnisse	11 ff		

I. Überblick

1. Normgehalt und Zweck

1 Die Bestimmung sichert die sach- und funktionsgerechte **Kontinuität** des Landpachtvertrags, indem sie zur **Anpassung** von Vertragsbedingungen, die im Laufe der Pachtzeit grob ungleichgewichtig geworden sind, das rechtliche Instrumentarium (Anspruch auf Vereinbarung, ersatzweise landwirtschaftsgerichtliche Entscheidung) anbietet (mit Ausnahme der Vertragsdauer).

Sie hilft mithin in den Fällen, in denen nach Vertragsschluß infolge nachhaltiger Veränderung der zugrundegelegten bzw maßgebenden Verhältnisse die beiderseitigen Vertragsleistungen in ein **grobes Mißverhältnis** zueinander geraten sind. Hierbei bietet die Vorschrift eine für die Landpacht als Dauerschuldverhältnis unentbehrliche Grundlage zur erforderlichen Konkretisierung des nach Treu und Glauben wegen veränderter Geschäftsgrundlage zu ermittelnden und festzulegenden Wiederherstellung des Gleichgewichts der beiderseitigen Vertragsleistungen an. Ihre Anwendung und die des mit ihr verwandten § 595 fördert die vom Gesetzgeber erwünschte Neigung der Verpächter zur Verpachtung.

Der in den §§ 593 u 595 als grundsätzlich unabdingbar geschützte Regelungsgehalt ist seit der Herausbildung des Landpachtrechts in der RPachtO als **zwingendes Recht** verankert, um dem (ehedem oft) wirtschaftlich schwächeren Pächter im *öffentlichen Interesse* vor den ihm drohenden typischen Beeinträchtigungen seiner Existenzgrundlage abzuschirmen. Deshalb werden einerseits **Verstöße** – insbesondere **Umgehungen** – des Schutzwerts mit der Sanktion der **Unwirksamkeit** dieser Maßnahmen geahndet (§ 593 Abs 5).

2. Früheres Recht und Textgeschichte

a) Vergleich zum früheren Recht

2 Die Bestimmung tritt an die Stelle von **§ 7 LPachtG**. Grundsätze der bisherigen Rechtsprechung hierzu können – soweit sich nicht aus der teilweise geänderten Gesetzesfassung etwas anderes ergibt – auch für die Auslegung der jetzigen Norm herangezogen werden.

Soweit die Neuregelung an den bisherigen § 7 LPachtG anknüpft, geschieht dies unter Korrektur gewisser Einzelheiten, die sich als nicht praktikabel erwiesen haben: Ob ein grobes Mißverhältnis im Sinne der Vorschrift vorliegt, ist demnach (so die amtliche Begründung) nicht mehr „unter Berücksichtigung der ganzen Vertragsdauer" zu beurteilen, sondern unter dem neu eingeführten Gesichtspunkt der **nachhaltigen Änderung der maßgebenden Verhältnisse**. Auch hat man davon Abstand genommen, anstelle des Worts „Verhältnisse" den Begriff „Voraussetzungen" in die Neuregelung aufzunehmen, um den Kreis der für die Berücksichtigung maßgeblichen Faktoren nicht uferlos zu erweitern. Im Rahmen der Streitlösung betont die Vorschrift den Vorrang des privaten Einigungsversuchs, so daß bei vorprozessual mißlingender Einigung grundsätzlich das Gericht versuchen sollte, die Parteien zunächst zu einer gütlichen Verständigung zu bewegen.

Die in Abs 5 im Interesse der Funktionssicherheit der Vorschrift angeordnete **Unabdingbarkeit** entspricht grundsätzlich dem Regelungsgehalt des bisherigen § 10 LPachtG.

Schon vor dem LPachtG hatte § 5 RPachtO eine weitergehende und einschneidendere Regelung des Inhalts von Landpachtverträgen auf Antrag vorgesehen, der auch von Dritten gestellt werden konnte; hiernach war eine Änderung nur aus öffentlichem Interesse (volkswirtschaftlich nicht gerechtfertigt) möglich, so daß die über Gebühr zurückgedrängten privatwirtschaftlichen Interessen der Vertragsparteien allenfalls nur mittelbar eine Rolle spielten (vgl FISCHER/WÖHRMANN, LPachtG § 7 Rn 1).

b) Textgeschichte
Die Norm hat entsprechend ihrer Bedeutung ihren Niederschlag in allen Vorentwürfen gefunden. Wenn sie es anstelle der Fassung des Entwurfs vom 1. 2. 1972: „Haben sich nach Abschluß des Vertrags die Voraussetzungen nachhaltig geändert, ..." bei dem Wortlaut des § 7 LPachtG „Verhältnisse" belassen hat, bedeutet dies eine Zurückhaltung gegenüber der mit dem Wort „Voraussetzungen" erstrebten Absicht, daß alle nur denkbaren, auch persönlichen Umstände berücksichtigt werden sollen.

Die Begründung vom Juni 1973 zum damaligen Referentenentwurf führt im einzelnen aus, weshalb die frühere Fassung der Berücksichtigung der „ganzen Vertragsdauer" als mit zu berücksichtigender Maßstab für die Entscheidung als nicht praktikabel abzulehnen war.

3. Verhältnis der Vorschrift

a) Zum Verfassungsrecht
Die Norm (iVm § 9 LPachtVG) hat die ehedem mE möglichen Bedenken wegen Verstoßes gegen den Gleichheitsgrundsatz (Art 3 GG), die noch § 7 Abs 2 S 2 LPachtG nahegelegt hatte, beseitigt, da die nunmehrige Regelung keine einseitige Sanktion nur gegen den Verpächter bei unterlassener Vertragsanzeige (§ 2 LPachtVG) verhängt.

b) Zu sonstigen Vorschriften des BGB-Landpachtrechts
Die Rechtsgrundsätze des § 593 sind von Bedeutung im Zusammenhang mit **§ 588** Abs 3 (bei Maßnahmen zur Verbesserung der Pachtsache).

Nach § 595 Abs 2 S 2 kann der Pächter die Fortsetzung des Pachtverhältnisses zu den bisherigen Vertragsbedingungen nur verlangen, wenn dies für den Verpächter zumutbar ist; ansonsten muß er mit einer angemessenen Änderung der Vertragsbedingungen einverstanden sein.

Dagegen dürfte mE § 590 Abs 2 S 5 dem Gericht nicht die Befugnis geben, von sich aus als Bedingung die Anpassung der Vertragsleistungen im übrigen iS des § 593 anzuordnen; es bleibt den Beteiligten die Möglichkeit offen, eine solche Änderung mit der Begründung nach § 593 zu beantragen.

Unberührt von der Änderungsmöglichkeit aus § 593 bleiben im übrigen die Vorschriften der §§ 586, 536, die eine Minderung der Pächterleistungen regeln. Hier ist zu unterscheiden: Die Minderung bleibt zulässig, wenn das Pachtobjekt bereits *zum Zeitpunkt seiner Überlassung* an den Pächter mit Fehlern behaftet war, die ihre Tauglichkeit zum vertragsgemäßen Gebrauch aufheben oder mindern oder wenn eine zugesicherte Eigenschaft fehlt bzw später wegfällt. In Fällen dieser Art hat das Landwirtschaftsgericht im Rahmen des neu eingeführten § 48 LwVG über das Minderungsbegehren zu entscheiden. Ist der Minderungsanspruch erst während des Laufs des Pachtvertrags entstanden und liegt im ganzen eine nachhaltige Veränderung der Verhältnisse iS des § 593 vor, können sich der auch in diesem Fall bestehende Minderungsanspruch aus den §§ 586, 536 mit dem Antrage auf Änderung des Pachtzinses nach § 593 überschneiden und der Pächter hat dann die Wahl, welchen Weg er beschreiten will (LANGE/WULFF, LPachtG § 7 Rn 69 d).

c) Zum LPachtVG (speziell § 8 Abs 1 S 2)

6 Zu dem verfassungsrechtlich höchst bedenklichen Spannungsverhältnis dieser Norm, die über § 593 hinaus eine gerichtliche Abänderungsmöglichkeit des Vertragsinhalts von Amts wegen auch bei fristgerecht angezeigten Verträgen anordnet, zu den verfassungsrechtlichen Grundsätzen des Art 14 GG, der Vertragsfreiheit und der Verhältnismäßigkeit sei verwiesen auf PIKALO NJW 1986, 200. Des weiteren ist auf die Wechselbeziehung von § 9 LPachtVG zu § 593 Abs 4 zu verweisen.

Vertragsänderungen, die auf einem nach dieser Vorschrift begehrten Änderungsverlangen beruhen, sind nach § 2 LPachtVG anzeigepflichtig.

d) Verhältnis zu sonstigen Vorschriften
aa) Zu § 313 BGB nF

7 § 593 ist als besondere Ausgestaltung der Lehre über die Folgen des Wegfalls der Geschäftsgrundlage (BGH AgrarR 1997, 122 = RdL 97, 119) *Spezialregelung gegenüber § 313 nF*. Letztgenannte Norm ist jedoch ggf ergänzend heranzuziehen (zu weit deshalb mE LANGE/WULFF, LPachtG § 7 Rn 69 b), vielmehr wird eher FISCHER/WÖHRMANN (LPachtG § 7 Rn 42) zu folgen sein, der einen Ausschluß des § 242 aF „nur in der Regel" für gegeben hält. Da die jetzige Fassung der Norm bewußt in Abs 1 S 1 die Formulierung „Verhältnisse" anstelle derjenigen mancher Vorentwürfe, in denen der Ausdruck „Voraussetzungen" vorgesehen war, verwendet und da in § 313 nF von „Umständen" die Rede ist, sind durchaus Fälle denkbar, in denen als Geschäftsgrundlage zugrunde gelegte rechtserhebliche Voraussetzungen wegfallen, die außerhalb des Rahmens des § 593 liegen (zB bestimmte persönliche Verhältnisse oder Verhaltensweisen eines Beteiligten, namentlich im Bereich von Familienpacht-

verträgen und dgl mehr). Für solche Fälle müßte die weitergehende Anpassungsmöglichkeit des § 313 nF ebenso erhalten bleiben wie Rechtsprechung und Literatur zu dieser Bestimmung ergänzend zur Auslegung von § 593 insoweit heranzuziehen sind, wie die Regelungsgehalte deckungsgleich sind.

bb) Abänderungsmöglichkeiten nach § 323 ZPO

Haben Eltern ihren Besitz im Wege „vorweggenommener Erbfolge" verpachtet (vgl dazu vJEINSEN AgrarR 1983, 261), gehört zur üblichen vertraglichen Gestaltung die Anpassung der Barleistungen (hier: Pacht) an die allgemeine Wertentwicklung. Es eröffnet sich hier eine steuerlich interessante Gestaltungsmöglichkeit: Versorgungsleistungen können als Leibrente oder dauernde Last vereinbart werden, was eine Frage der Formulierung sowie des Hinweises auf **§ 323 ZPO** (mit seinen Risiken!) ist. Als **Leibrente** sind die Zahlungen beim Leistenden nur mit dem Ertragsanteil als Sonderausgaben abziehbar und dementsprechend beim Leistungsempfänger zu versteuern; im Falle einer **dauernden Last** besteht volle Abzugsfähigkeit und Versteuerungspflicht (s BFH BStBl 1992, II 78, 499; 1993, 1540). Versorgungsleistungen (Leibrenten oder dauernde Lasten) begründen allerdings eine Abzugsfähigkeit als Sonderausgaben nur unter den im sog Rentenerlass des Bundesfinanzministeriums (BMF-Schreiben vom 30.10.1998, BStBl 1998, I 1417) bezeichneten Voraussetzungen. Danach setzen Versorgungsleistungen für die Abzugsfähigkeit als Sonderausgaben ua voraus, daß Gegenstand der Vermögensübergabe eine sog „existenzsichernde Wirtschaftseinheit" umfaßt. Darunter versteht man grundsätzlich, daß das übertragene Vermögen (der übertragene Hof) für eine generationenübergreifende dauerhafte Anlage geeignet und bestimmt sein muß und dem Übernehmer zur Fortsetzung des Wirtschaftens überlassen wurde, um damit wenigstens zeitweise die Existenz des Übergebers zu sichern. 8

Haben die Parteien zur Anpassung des Pachtzinses die Anwendung von § 323 ZPO vereinbart, fragt sich, ob für die Anpassung das Landwirtschaftsgericht nach § 593 oder das Prozeßgericht nach § 323 IV ZPO zuständig ist. Dabei kommt es entscheidend darauf an, ob und inwieweit die Gegenleistung des Pächters anstelle eines auch unter Dritten üblichen Entgelts eher Renten- bzw Versorgungscharakter hat; dann wäre das Prozeßgericht zuständig. Dabei wird schon der Vereinbarung der Anwendbarkeit von § 323 ZPO (die häufig aus Gründen der vollen steuerlichen Abzugsfähigkeit der Leistungen beim Zahlenden zur Anwendung kommt) entscheidende Indizwirkung zukommen.

II. Vorgerichtliches Änderungsbegehren

1. Anwendungsbereich

Die Norm findet grundsätzlich auf alle **Landpachtverträge** (§ 585) Anwendung, und zwar auch auf diejenigen, die nach § 2 LPachtVG von der Anzeigepflicht ausgenommen sind, also auch auf die Pachtverträge unter nahen Angehörigen (§ 3 Abs 1 Nr 2 LPachtVG). 9

Ist ein nach § 2 LPachtVG anzeigebedürftiger Pachtvertrag **nicht angezeigt** worden, ist die die Vertragsänderung begehrende Vertragspartei nach § 9 LPachtVG von der Befugnis **ausgeschlossen**, beim Landwirtschaftsgericht die Vertragsänderung zu beantragen (§ 593 Abs 4). Im Gegensatz zur früheren Regelung (§ 7 Abs 2 S 2 LPachtG) ist jedoch **Heilung** möglich: Wenn die Anzeige (auch verspätet – etwa kurz vor Stellung des Antrags nach § 593 Abs 4) erfolgt, hat das Gericht in der Sache zu entscheiden. Nur wird in diesem Fall das Gericht vorher den Abschluß des Anzeigeverfahrens abzuwarten haben.

Auch auf das **Unterpachtverhältnis** ist die Norm anwendbar. Dabei wird bei der sachlichen Entscheidung oft mit zu berücksichtigen sein, ob der unterverpachtende Pächter seinerseits gegen den Hauptverpächter ein Änderungsbegehren nach § 593 mit Erfolg durchsetzen kann.

Der Vorschrift unterliegen auch die zur Zeit des Inkrafttreten der Landpachtnovelle (1. 7. 1986) laufenden Pachtverträge. War ein solcher Vertrag bereits durch Gerichtsbeschluß oder Vereinbarung geändert, ist § 593 Abs 2 zu beachten; im übrigen muß die in § 593 Abs 1 S 1 verlangte nachhaltige Änderung der Verhältnisse nach dem Beschluß oder der Vereinbarung eingetreten sein (so auch die frühere Regelung, LANGE/WULFF, LPachtG zu § 7 Rn 63 c).

2. Materielle Voraussetzungen für eine Vertragsanpassung

10 Nach Abs 1 müssen sich nach Vertragsabschluß die für die Festsetzung der Vertragsleistungen maßgebenden **Verhältnisse nachhaltig so verändert** haben, daß einer Partei ein Festhalten daran **unzumutbar** erscheint.

a) Änderung der Verhältnisse
11 Zu dem aus § 7 LPachtG übernommenen Begriff der „Verhältnisse" und seine Abgrenzung gegenüber „Voraussetzungen" vgl oben Rn 2.

„Verhältnisse" sind die **wirtschaftlichen Rahmenbedingungen**, unter denen das Vertragsverhältnis begonnen wurde, und zwar in

– **allgemein wirtschaftlicher Hinsicht**: Dies ist der **Regelfall**, der für Vertragsänderungen infrage kommt. Darunter fallen die allgemeine wirtschaftliche Entwicklung in der Landwirtschaft (BGH AgrarR 1997, 122 = RdL 1997, 119), Geldentwertungen, Steuererhöhungen, wirtschaftspolitische Lenkungsmaßnahmen (wie Abbau von Subventionen, Einführung einer Kontingentierung, **aA** OLG Oldenburg AgrarR 1994 373), Naturkatastrophen. Auch eine evtl kommende Degression der Prämienansprüche aufgrund der **EU-Agrarreform 2003** (s dazu § 585 Rn 33) wird dazu gehören. Oder in

– **betriebsbezogener/persönlicher Hinsicht**: Berücksichtigt werden sollen **(ausnahmsweise)** auch die auf den Betrieb des Pächters bezogenen Verhältnisse, so etwa Beeinträchtigungen des individuellen Betriebes durch Witterungsverhältnisse, Tierseuchen, Bewirtschaftungserschwernisse aufgrund Krankheit, Unfall oä.

Die in der Vorauflage noch vertretene Auffassung, wonach **veränderte Bedingungen auf dem Pachtmarkt** allein kein Grund für ein Anpassungsverlangen seien, wird aufgegeben. Vielmehr erscheint es sachgerecht, grundsätzlich die Entwicklung der Pachtpreise unter Berücksichtigung vergleichbarer Objekte und regionaler Besonderheiten gleichermaßen als nachhaltige Veränderung der Verhältnisse anzuerkennen (so die hM, s BGH AgrarR 1997, 122 = RdL 1997, 119 mwN). Jedoch sollte aus agrarstrukturellen Gründen insoweit eine gewisse Kontinuität beibehalten werden und zu zurückhaltender Anwendung führen, der bei längerfristigen Verträgen durch die ursprüngliche Vereinbarung Rechnung getragen werden soll; dies insbesondere, weil der Grundsatz „pacta sunt servanda" im Verhältnis zu einem wirtschaftenden Landwirt kaum unter Verbraucher- oder Mieterschutzgesichtspunkten eingeschränkt werden müßte.

Zu den Schwierigkeiten, die Veränderung der Verhältnisse (später) auf die Durchführung wertverbessernder Verwendungen zu stützen, sei auf die Ausführungen zu § 591 (Rn 47) verwiesen.

Wenn der Verpächter sich weigert, dem **Pächter** die Teilnahme an Flächenstillegungsprogrammen zu ermöglichen (s § 586 Rn 37), kann dieser die Reduzierung des Pachtzinses verlangen. Zu weiteren **Beispielen** für die Vertragsanpassung aufgrund veränderter Verhältnisse sei auf die ausführliche Kommentierung bei LUKANOW (FHL Rn 24 ff und 39 ff) verwiesen.

Im übrigen kann auf die Kommentierung zu § 7 LPachtVG zurückgegriffen werden (vgl Rn 1).

Hingegen wird man die Einflußmöglichkeit der **persönlichen Rahmenbedingungen** 12 (praktisch werden nur die des Pächters und seiner Familie) **nicht** als Änderungsgrund ansehen können; hier schafft § 594c für den Fall der Berufsunfähigkeit ebenso eine ausreichende Korrekturmöglichkeit (so Rn 3) wie § 594d für den Fall der Rechtsnachfolge von Todes wegen.

Des weiteren kann man das Gefüge von Leistung und Gegenleistung nicht an den **betriebswirtschaftlichen Fähigkeiten** des Pächters zur ertragskräftigen Bewirtschaftung der Pachtsache messen (Abs 1 S 2, vgl FHL Rn 32 f).

Von Gesetzes wegen (Abs 1 S 1) kann die vereinbarte **Pachtdauer** über § 593 nicht geändert werden, hier kommt die Spezialregelung des § 595 zum Zuge (OLG Stuttgart RdL 1989, 10).

Weiter werden nur **nachhaltige** Änderungen berücksichtigt, so daß einmalig wirken- 13 de Beeinträchtigungen (zB Hagelschlag) keine, auch nicht nur das entsprechende Wirtschaftsjahr betreffende, Korrekturen rechtfertigen (LWLH Rn 10; FHL Rn 34).

Letztlich müssen die Änderungen **nach Vertragsschluß** eingetreten sein, so daß eine 14 etwa fehlende Übereinstimmung des wechselseitigen Leistungsgefüges mit den Verhältnissen zur Zeit des Vertragsabschlusses über diese Norm nicht nachträglich korrigiert werden kann (vgl dazu Rn 3; OLG Oldenburg AgrarR 1990, 141; vgl weiter ausführlich FHL Rn 36 ff; **aA** OLG Köln RdL 1994 106 = AgrarR 1994, 134, wonach ein ursprünglich unter dem ortsüblichen liegender Pachtzins dem Pächter nicht notwendigerweise als Vorteil durch quotalen Abschlag erhalten bleiben muß).

b) Grobes Mißverhältnis

15 Leichte oder mittelschwere Beeinträchtigungen des Gleichgewichts von Leistung und Gegenleistung reichen zur Begründung eines Anpassungsverlangens nicht; vielmehr muß für die fordernde Vertragsseite die **Grenze des noch Zumutbaren** überschritten worden sein; und zwar durchaus in einer an den Maßstäben des **Wegfalls der Geschäftsgrundlage** orientierten Betrachtungsweise (FHL Rn 35). Geht es um eine **Pachtzinsanpassung**, ist durchaus ein Bezug zu den für vergleichbare Flächen aktuell gezahlten Beträgen herzustellen (LWLH Rn 12).

c) Umfang und Grenzen der Anpassung

16 Dabei ist grundsätzlich Zurückhaltung geboten. Denn die Bestimmung ist die Ausnahme zu dem auch bei langfristigen Verträgen geltenden Prinzip „pacta sunt servanda". Dies bedeutet sowohl umfänglich wie zeitlich nur die Korrektur des groben Mißverhältnisses unter Berücksichtigung der individuellen Umstände, jedoch nicht eine automatische Anpassung ans das „marktübliche", und dies schon gar nicht unter Berücksichtigung evtl künftiger Entwicklungen. Daher wird diesseits der Auffassung des OLG Köln (RdL 1994, 106) widersprochen, wonach ein (etwa familienbedingter) bei Vertragsbeginn vereinbarter Pächtervorteil diesem im Rahmen einer Anpassung nach § 593 nicht unbedingt erhalten bleiben muß.

Obergrenze des Zulässigen ist jedenfalls dasjenige, was bei einer Inhaltskontrolle nach § 4 Abs 1 Nr 3 LPachtVG „gerade noch" akzeptabel ist.

Ob bei der Bestimmung der Anpassung aus Pächtersicht dessen betriebswirtschaftliche Deckungsbeitragsrechnung so absolut abzulehnen ist wie der BGH dies meint (AgrarR 1997, 122 = RdL 1997, 119; RdL 1999, 119), erscheint zweifelhaft. Einerseits ist richtig, daß der Umfang des Beitrags der Pachtflächen zu der (aktuellen) betrieblichen Ertragssituation ebensowenig Auslöser einer Pachtzinsanpassung sein kann wie die (veränderte) Ertragssituation selbst. Die Deckungsbeitragsrechnung ist jedoch eine objektive Rechengröße, die angibt, wie sich der betriebliche Gesamtgewinn verändert, wenn das Produktionsverfahren um eine Einheit ausgedehnt oder reduziert wird. Sie kann mithin insbesondere bei der Beurteilung einer angemessenen Stücklandpacht wertvolle Hilfe leisten. Wenn also die „regional übliche Vergleichspacht" mit den in Rn 11 skizzierten Einschränkungen Auslöser einer Pachtzinsanpassung nach § 593 sein kann, ist die Frage nach deren Einfluss auf **zumindest die (verobjektivierte) Ertragslage des Betriebs** mE ein entscheidendes Parameter.

Eine entsprechende Orientierung ausschließlich an **Indizes bleibt problematisch**. So hat etwa das OLG Oldenburg (RdL 1989, 254 = AgrarR 1990, 141) entschieden, daß eine automatische Anpassung des Pachtzinses an die Entwicklung der Schweinepreise nur zulässig ist, wenn mit den Erzeugnissen von den Pachtflächen auch Schweinemast betrieben wird.

3. Formelle Voraussetzungen bzw Hinderungsgründe

a) Zwei-Jahres-Frist nach Vertragsbeginn bzw -änderung

17 Weil evtl bei Vertragsabschluß getroffene Fehlüberlegungen einer Vertragsseite über diese Bestimmung nicht korrigiert werden sollen (vgl oben Rn 14), soll die

Anpassung frühestens zwei Jahre nach Pachtbeginn erstmals verlangt werden können (Abs 2 S 1; vgl FHL Rn 55).

Nach einer durchgeführten Anpassung soll dieselbe Frist vor einem neuen Verlangen verstreichen; dies nicht zuletzt deshalb, damit nicht durch laufende und zu kurzfristige Änderungsverlangen jede kontinuierliche betriebswirtschaftliche Planung unmöglich wird (LWLH Rn 24). Bezugspunkt ist jeweils die vorhergegangene Einigung oder rechtskräftige landwirtschaftsgerichtliche Entscheidung.

Die Gesetzesformulierung („zwei Jahre nach ... verlangt werden") ist keine zusätzliche formelle Voraussetzung derart, daß erst nach zwei Jahren das Verlangen zugehen darf, um wirksam zu sein. Vielmehr geht es darum, daß erst **ab dem dritten Pachtjahr** nach Vertragsbeginn (LWLH Rn 24) die erste Änderung begehrt werden kann. Dies deckt sich mit der Regelung in Abs 3.

Vor Ablauf der Zwei-Jahres-Frist kann das Änderungsverlangen nur unter den Ausnahme-Bedingungen des Abs 2 S 2 in formell berechtigter Weise gestellt werden.

b) Wirkung nur ab dem laufenden Pachtjahr (Abs 3)

18 Anders als beispielsweise im Mietrecht (§§ 558, 558b) kann die Vertragsänderung nicht nur für die Zukunft begehrt werden; es wirkt vielmehr für das Pachtjahr, in dem das (berechtigte) Änderungsverlangen zugeht (LWLH Rn 26; FHL Rn 56). Die Anpassung wirkt rückwirkend ab Beginn des Pachtjahres, in dem eine Partei die Änderung verlangt und den Umfang der begehrten Änderung zumindest substantiiert dargelegt hat (OLG Koblenz RdL 1990, 93 = AgrarR 1991, 52).

4. Das Abänderungsbegehren und seine Ablehnung

19 Zu Rechtsnatur und Wirkung des Änderungsverlangens vgl die Kommentierung zu § 595 (Rn 51).

Das Anpassungsbegehren kann **formlos** gestellt werden; es ist an keine **Frist** gebunden, jedoch ist die Rückwirkungsklausel des Abs 3 zu beachten.

In dem Anpassungsverlangen ist konkret die – durch die Änderung der Verhältnisse begründete – Vertragsanpassung zu fordern. Zur „Substantiierung" vgl Rn 18, 25 f.

III. Gerichtliches Verfahren zur Änderung

20 Kommt es aufgrund des Änderungsverlangens nicht zu einer Vereinbarung unter den Vertragsparteien, kann die die Änderung fordernde ein auf gerichtliche Regelung gerichtetes Verfahren in Gang setzen.

1. Die Einleitung des landwirtschaftsgerichtlichen Verfahrens durch Antragstellung (Abs 4)

21 Das Verfahren wird durch Antrag eines Vertragsteils eingeleitet. Dabei handelt es sich wie bei dem Antrag nach § 595 Abs 6 nicht um einen Verfahrens-, sondern um einen **Sachantrag**, der das Gericht bei seiner Entscheidung bindet (BARNSTEDT/STEFFEN, LwVG § 14 Rn 19, 88; LANGE/WULFF, LPachtG § 7 Rn 68; WÖHRMANN/HERMINGHAUSEN § 14 Rn 3; PRITSCH § 14 LX β VI c, 190).

a) Antragsberechtigung
22 Antragsberechtigt ist **jede Vertragspartei**. Besteht eine Partei aus mehreren Personen, können diese nur gemeinschaftlich handeln (§§ 709, 712, 745, 2038 Abs 1), denn ihre Stellung richtet sich grundsätzlich nach dem jeweiligen materiellen Gemeinschaftsrecht (eheliches Güterrecht, Gesellschaftsrecht, BGB-Miteigentumsrecht bzw Erbengemeinschaftsrecht, s BGH RdL 2002, 73).

Der **Erwerber** des verpachteten Grundstücks tritt nach den §§ 593b, 566 vom Zeitpunkt ab Eigentumsübergang in den Pachtvertrag ein. Von diesem Zeitpunkt an muß sich auch ein Antrag des Pächters nach den §§ 7, 8 LPachtVG gegen ihn richten. Mit Zustimmung des Pächters kann der Verpächter in das anhängige Pachtschutzverfahren aus § 593 eintreten (ebenso OLG Freiburg RdL 1950, 168; WÖHRMANN/HERMINGHAUSEN § 9 Rn 40).

23 Zur Berechtigung des **Gegners** eines Anpassungsverlangens, seinerseits einen negativen Feststellungsantrag zu stellen, vgl § 595 Rn 67.

b) Form und Frist
24 Der Antrag kann schriftlich, aber auch zu Protokoll der Geschäftsstelle des zuständigen Gerichts gestellt werden (§ 11 FGG).

c) Inhalt des Antrags
25 Als Sachantrag sind die gewünschten Änderungen der Vertragsleistungen präzise zu bezeichnen (vgl BARNSTEDT/STEFFEN, LwVG § 14 Rn 17). „Schlüssigkeitsvoraussetzung" ist ein fehlgeschlagenes vorgerichtliches Anpassungsbegehren.

Der die Anpassung Verlangende muß die wesentliche dauernde Veränderung der wirtschaftlichen Verhältnisse **darlegen**, insbesondere auch unter Berücksichtigung dessen, was die Parteien bei Vertragsbeginn wollten. Der Darlegungspflicht im Hinblick auf die Veränderungen kann auch durch Verweis auf Vergleichspachtzinsen genügt werden (OLG Koblenz RdL 1990, 93 = AgrarR 1991 52).

2. Verfahrensgrundsätze
26 Das Landwirtschaftsgericht entscheidet über die Festsetzung im nichtstreitigen Verfahren der freiwilligen Gerichtsbarkeit (FHL Rn 59; LWLH Rn 27), die Einforderung danach noch nachzuzahlender Beträge aber im streitigen (BGH RdL 199, 119). Derart kann auch nicht das Anpassungsverfahren (inzident) durch einen „verfrühte" Zahlungsantrag ersetzt werden (OLG Oldenburg, Urteil vom 6.5.1993 10 U 18/92 nv).

Verbundene Anträge sind daher zu trennen, getrennte Verfahren sind notwendig, können aber verbunden werden (OLG Stuttgart RdL 1991, 54).

Nach der Aufhebung des § 13 LwVG iVm der Einfügung des § 47 LwVG ist das im Rahmen des § 593 – und auch des § 595 – angegangene Landwirtschaftsgericht ausschließlich und unabdingbar (anstelle des Prozeßgerichts oder eines etwa vereinbarten Schiedsgerichts) zuständig (OLG Karlsruhe AgrarR 1998, 285). Dies gilt nur nicht, wenn Vorfragen zur Zeit der Antragstellung bereits Gegenstand eines schon anhängigen Rechtsstreits sind (vgl ÄndG Art 5).

Wird mit dem Verfahren aus § 593 ein streitiges Verfahren (etwa wegen Minderung des Pachtzinses) verbunden, ermöglicht der neu eingeführte § 48 Abs 1 LwVG mittels seiner Verweisung auf § 10 LwVG die Zuständigkeit desselben Landwirtschaftsgerichts.

IV. Unabdingbarkeit, unzulässige Vereinbarungen

1. Grundsatz

Nach Abs 5 ist die Vorschrift **zwingendes Recht**. Ihren Regelungsmechanismus 27 störenden Vereinbarungen sind daher im Zweifel unwirksam.

Die **Folgen** einer unwirksamen Vereinbarung als Bestandteil eines Pachtvertrags richten sich nach dem Sinngehalt des Abs 5 S 2, der insoweit als Spezialvorschrift zu § 139 dessen Unwirksamkeitsvermutung für den ganzen Vertrag in das Gegenteil verkehrt. Unwirksam bleibt somit grundsätzlich nur die in Abs 5 S 2 gekennzeichnete Vereinbarung (so auch LANGE/WULFF, LPachtG § 10 Rn 91 unter Bezug auf RG Gruchot 68, 518 für das Mietrecht und so auch für die RPachtO BGH RdL 1952, 243).

2. Beispiele

Unwirksam ist etwa ein (rechtsgeschäftlicher) Verzicht auf das Recht, eine Ände- 28 rung des Vertrags nach den Abs 1 bis 4 zu verlangen. Gleichgültig ist, ob dies für die ganze Pachtsache bzw Vertragslaufzeit oder jeweils Teile davon, durch eine oder beide Vertragsparteien, untereinander oder in Bezug auf Dritte (etwa iSv § 328) geschieht. Gleichermaßen sind Vereinbarungen unwirksam, die die Rechtsstellung eines Beteiligten aus § 593 Abs 1 bis 4 mittelbar beeinträchtigen. Darunter fallen etwa Vertragsstrafen, Rücktritts- oder außerordentliche Kündigungsrechte oder sonstige Nachteile, die für den Fall der Ausübung der Rechte nach den Abs 1 bis 4 zugunsten der anderen Seite gelten sollen.

3. Zulässige Vereinbarungen und ihre Grenzen

Kein Verstoß gegen Abs 5 sind Vereinbarungen, nach denen Pachtzinsänderungen 29 an andere, weniger strenge Voraussetzungen als § 593 angeordnet, geknüpft werden (OLG Hamm RdL 1954, 49; OLG Oldenburg RdL 1989, 254 = AgrarR 1990, 141; LANGE/WULFF, LPachtG zu § 7 Rn 63e; WÖHRMANN RdL 1952, 251). Die Vertragsteile werden sich in Fällen dieser Art jedoch auf § 593 berufen können, wenn die Anwendung der vertraglichen Vereinbarung so wenig eine Anpassung an geänderte Verhältnisse ermöglicht, daß praktisch schon von einem Ausschluß von § 593 die Rede ist. Dabei ist der Umfang der zum Zeitpunkt des Anpassungsverlangens eingetretenen Änderungen ein wichtiges Indiz. Klauseln, die die Anpassung an den Preisindex koppeln und zur zusätzlichen Kontrolle periodische Überprüfung durch Sachverständige anordnen, sind zulässig (OLG Stuttgart RdL 1991, 205).

Vereinbarungen, nach denen ein **Schiedsgutachter(-kollegium)** bei veränderten Verhältnissen auf Antrag einer Vertragspartei die angemessene Vertragsanpassung, insbesondere der Pachtzinshöhe, vorschlagen soll, sind wirksam, soweit das Schiedsgutachten für die Beteiligten als Grundlage für ihren anschließenden gütlichen Einigungsversuch gedacht ist. Kommt es dazu nicht, entscheidet das Landwirtschaftsgericht auf der Basis der vorstehend skizzierten Parameter (OLG Karlsruhe AgrarR 1998, 283). Haben aber die Parteien zulässigerweise die Bedingungen für eine Vertragsanpassung konkret vereinbart, kommt dem Schiedsgutachten in einem Verfahren nach Abs 4 zumindest indizielle Wirkung zu.

Haben die Vertragschließenden eine Anpassungsregelung iS des § 323 ZPO getroffen, ist durch Auslegung zu ermitteln, ob die Beteiligten damit die Berechtigung zur Anpassung auch für solche Fälle haben vereinbaren wollen, in denen (noch) von einem groben Mißverhältnisses iSv § 593 die Rede ist.

§ 593a
Betriebsübergabe

Wird bei der Übergabe eines Betriebs im Wege der vorweggenommenen Erbfolge ein zugepachtetes Grundstück, das der Landwirtschaft dient, mit übergeben, so tritt der Übernehmer anstelle des Pächters in den Pachtvertrag ein. Der Verpächter ist von der Betriebsübergabe jedoch unverzüglich zu benachrichtigen. Ist die ordnungsmäßige Bewirtschaftung der Pachtsache durch den Übernehmer nicht gewährleistet, so ist der Verpächter berechtigt, das Pachtverhältnis außerordentlich mit der gesetzlichen Frist zu kündigen.

Materialien: BT-Drucks 10/508; 10/509; 10/3830; 10/3498.

Schrifttum

Siehe § 585.

Systematische Übersicht

I. Überblick	aa) Zupachtgrundstück	8
1. Normgehalt und Zweck ___ 1	bb) Teilweise Übergabe	9
2. Früheres Recht, Textgeschichte ___ 3	c) Zeitpunkt	10
3. Anwendungsbereich der Vorschrift ___ 4	d) Benachrichtigung	11
4. Verhältnis der Vorschrift ___ 5	e) Andere Formen der Übergabe	12
a) Zum Verfassungsrecht ___ 5	2. Rechtsfolgen	14
b) Zu sonstigen Vorschriften ___ 6	a) Eintritt des Übernehmers als Pächter in den Zupachtvertrag	14
II. Inhalt und Wirkungen	b) Zustimmung des Verpächters	17
1. Voraussetzungen ___ 7		
a) Betriebsübergabe ___ 7		
b) Übergabe eines Zupachtgrundstücks ___ 8		

Titel 5 · Mietvertrag, Pachtvertrag § 593a
Untertitel 5 · Landpachtvertrag 1

III. Benachrichtigung des Verpächters (S 2)	
1. Bedeutung	18
2. Verpflichtung zur unverzüglichen Benachrichtigung	19
3. Verstoß gegen das Benachrichtigungserfordernis	20
IV. Kündigungsrecht des Verpächters (S 3)	
1. Voraussetzung	21
2. Kündigung	23
3. Beweislast	25
V. Abdingbarkeit	26
VI. Verfahrensrecht	27
VII. Zur entsprechenden Anwendung der Vorschrift	28
1. Betriebsübergang im Zuweisungsverfahren (§§ 13 ff GrdstVG)	29
2. Hoferbfolge in Anerbengut	30
3. Betriebsübergang bei Erbauseinandersetzung eines Landguts nach BGB	31

Alphabetische Übersicht

Abdingbarkeit	26
Anerbengut	30
Anwendung, entsprechende der Vorschrift	28 ff
Anwendungsbereich der Vorschrift	4
Benachrichtigung des Verpächters	11, 18 ff
Betriebsübergabe, Begriff	7
– Formen	7, 12 f
– Rechtsfolgen	14 ff
– rückständige Pächterpflichten	15
– Umfang	9
– Vertragsidentität	14
– Zeitpunkt	10
Beweislast	25
Erbfolge, vorweggenommene	7
Form der Verpächter-Kündigung	23
Grundstücksverkehrsrecht	29
Kündigung des Verpächters, Form	23
Kündigungsrecht des Verpächters	21 ff
– Pachtschutz	24
– Voraussetzungen	21 f
Landgut, entsprechende Anwendung bei Erbauseinandersetzung	31
Mehrere landwirtschaftliche Betriebe auf Pächterseite	5
Pachtbetrieb, entsprechende Anwendung	
– Inanspruchnahme von Pachtschutz	24
– mehrerer landwirtschaftlicher Betriebe	5
– Übergang rückständiger Pflichten	15
Pachtschutz, Inanspruchnahme durch den Pächter	24
Unverzüglichkeit der Benachrichtigung	11, 19
Verfahrensfragen	27
Verhältnis der Vorschrift zu anderen	5 f
Verpächter, Benachrichtigung	11, 18 ff
– keine Zustimmung notwendig	17
– Kündigungsrecht	21 ff
Vorweggenommene Erbfolge	7
Zupachtgrundstück	8
Zweck der Vorschrift	1

I. Überblick

1. Normgehalt und Zweck

Die Vorschrift regelt die pachtrechtlichen Konsequenzen für ein betriebszugehöri- 1 ges **Zupachtgrundstück** bei Betriebsübergabe zwecks **vorweggenommener Erbfolge**. Sie bezweckt, die **Bewirtschaftungseinheit** eines landwirtschaftlichen Eigentumsbetriebes mit seinen Zupachtländereien über den Betriebsübergang im Zuge einer vorweggenommenen Erbfolge hinaus in der Hand des Übernehmers auch rechtlich zu erleichtern.

Dies geschieht durch den in der Vorschrift angeordneten **gesetzlichen Eintritt** des **Übernehmers als Pächter** in das laufende Pachtverhältnis anstelle des Übergebers (des bisherigen Pächters). Damit wird den Beteiligten erspart, dies anläßlich der Betriebsübergabe dreiseitig besonders zu vereinbaren; ferner sind dadurch der Pächter und sein Nachfolger vom Einverständnis des Verpächters unabhängig. Voraussetzung hierfür ist nur, daß die Zupachtländereien im Zuge der Betriebsübergabe dem Nachfolger mit übergeben werden.

Der Übergeber scheidet damit als bisheriger Pächter aus dem laufenden Pachtverhältnis aus, ohne daß es hierzu einer Zustimmung des Verpächters bedarf. Der Verpächter ist von der Betriebsübergabe „unverzüglich" (§ 593a S 2) zu benachrichtigen. Der Übergang des Zupachtverhältnisses auf den Pächter wird (mangels abweichender Vereinbarung) grundsätzlich **auch gegen den Willen des Verpächters** ermöglicht. Diesem ist lediglich das Recht der *vorzeitigen Kündigung* (§ 593a) unter Einhaltung der gesetzlichen Kündigungsfrist (§ 594a) für den Fall eingeräumt, daß die *ordnungsgemäße Bewirtschaftung der Zupachtländereien durch den Übernehmer nicht gewährleistet* ist.

Ebenso wie der Pächter bei der teilweisen Veräußerung der verpachteten Grundstücke eine **Aufsplitterung** seines Pachtverhältnisses hinnehmen muß, dürfte grundsätzlich das gleiche für den Verpächter gelten, wenn sein Pächter nur einen Teil des Pachtgrundbesitzes dem Pächter bei der Betriebsübergabe übergibt.

2 Wird das Zupachtgrundstück im Zuge der Betriebsübergabe nicht mit übergeben, verbleibt es bei dem Pachtverhältnis mit dem bisherigen Pächter; eine Befugnis zur Unterverpachtung an den Betriebsnachfolger ohne Erlaubnis des Verpächters ist nicht zulässig. Der Pächter kann aber seine Rechtsstellung per letztwilliger Verfügung auf den Betriebsnachfolger – mit den Folgen aus § 594d – übertragen.

2. Früheres Recht, Textgeschichte

3 Die Norm ist durch die Landpachtnovelle 1986 neu eingeführt worden. Wenn der Pächterwechsel kraft gesetzlicher Anordnung das „persönliche Band" der Vertragsparteien zueinander im Interesse der Erhaltung der Betriebseinheit und Kontinuität lockert, stellt sich dies seither mehr als ein rechtliches, als ein faktisches Novum dar. Denn dergestalt wurden bereits bislang regelmäßig die Zupachtverhältnisse bei Betriebsübergaben als sachgerecht im Zuge stillschweigender oder ausdrücklicher Parteivereinbarung gehandhabt. Soweit dies ausnahmsweise nicht geschah, hat bereits die Rechtsprechung diesen Weg – zumindest im Ergebnis – vorgezeichnet.

3. Anwendungsbereich der Vorschrift

4 Die Vorschrift ist wegen ihrer Stellung im Landpachtbereich (§§ 585 ff) nur anwendbar, soweit es sich um zugepachtete Grundstücke im Rahmen eines **Landpachtvertrags** handelt; mithin wohl nicht, wenn ein Forstbetrieb übergeben wird, zu dem landwirtschaftliche Grundstücke zugepachtet sind. Indes kann die entsprechende Anwendbarkeit der Vorschrift im Rahmen des Zupacht-Verhältnisses vereinbart werden. Die Zupachtung forstwirtschaftlicher Grundstücke zu einem landwirtschaftlichen Betrieb, der übergeben wird (§ 585 Abs 3), steht der Anwendbarkeit der Vorschrift nicht entgegen, sofern nur, was im Zweifel anzunehmen ist, die zugepachtete Forstwirtschaftsfläche dem landwirtschaftlichen Betrieb dienlich ist.

Übergibt der Inhaber **mehrerer landwirtschaftlicher Betriebe** einen davon zwecks vorweggenommener Erbfolge einem Abkömmling, ist auf eindeutige Zugehörigkeit der Zupachtflächen, die mit übergehen sollen zu achten.

4. Verhältnis der Vorschrift

a) Zum Verfassungsrecht

Die dem Pächter eingeräumte Gestaltungsbefugnis, im Rahmen der Vorschrift an seine Stelle einen anderen Pächter auch gegen den Willen des Verpächters zu setzen, bedeutet immerhin einen Eingriff in die Dispositionsfreiheit des Verpächters und gerät damit in ein Spannungsverhältnis zu Art 14 GG, das gewiß weitgehend durch die dem Verpächter in S 2 der Vorschrift eingeräumte Kündigungsbefugnis abgemildert wird. Indes sind namentlich bei verschuldeten Betrieben Fallgestaltungen denkbar, in denen dem Verpächter der bisherige Pächter kreditwürdiger (finanziell vertrauenswürdiger) erscheint als der Übernehmer, ohne daß dies schon nachweislich zu einer Kündigungsbefugnis ausreicht. Hinzu kommt, daß die Regelung des § 593a dem Altpächter dem Verpächter gegenüber keine Bürgenhaftung für die ordnungsgemäße Vertragserfüllung seitens des Neupächters auferlegt, wie solches in der Grundsatzregelung des § 566 Abs 2 verankert ist. Gleichwohl dürften diese Aspekte nicht ausreichen, grundlegende Bedenken gegen die Verfassungskonformität der jetzigen Regelung durchgreifen zu lassen. Immerhin besteht die Möglichkeit, bei Abschluß von Pachtverträgen die Anwendung der Dispositiv-Vorschrift des § 593a auszuschließen. 5

b) Zu sonstigen Vorschriften

Der Schutzzweck des § 585b ist darauf gerichtet, durch die Beschreibung der Pachtsache die Gefahr von Streitigkeiten hierüber zwischen den Pachtvertragsparteien zu mildern. Daher ist eine neue Beschreibung anläßlich der Übergabe nicht notwendig. 6

Da die Norm einen gesetzlichen Übergang der Pächterstellung anordnet, dürfte der Eintritt in den Pachtvertrag von der Anzeigepflicht nach dem LPachtVG befreit sein.

Kommt die Vorschrift nicht zur Anwendung und behält der Übergebende die Zupachtflächen, kann sich dies bei der Genehmigungsfähigkeit des Hofübergabevertrages (§ 17 HöfeO) auswirken, wenn die Herausnahme der Zupachtländereien aus der Bewirtschaftungseinheit des Hofs dessen Ertragskraft zu sehr schwächen würde.

II. Inhalt und Wirkungen

1. Voraussetzungen

a) Betriebsübergabe

7 Es muß sich zunächst um die Übergabe eines bewirtschafteten landwirtschaftlichen Betriebs zur landwirtschaftlichen Nutzung handeln.

„Betrieb" ist die organisatorische Zusammenfassung der zur landwirtschaftlichen Bewirtschaftung erforderlichen Grundlagen (Ländereien, regelmäßig mit einer zugehörigen Wirtschaftsstelle als Betriebsmittelpunkt und normalerweise Inventar) zu einer funktionsgerechten landwirtschaftlichen Wirtschaftseinheit. Da der Begriff derselbe ist wie in § 585 Abs 1 S 1, sei auf die dortigen Erläuterungen verwiesen, obwohl es bei § 593a nicht um die Übergabe von Verpächter auf Pächter geht. Der Betrieb muß im **Eigentum** des übergebenden Pächters stehen.

Die **Übergabe** ist im Gesetz als eine solche der „**vorweggenommenen Erbfolge**" charakterisiert. Dieses Rechtsinstitut gibt es im *BGB* nicht; unter diesem Begriff wurde von Rechtsprechung und Literatur die besondere Schenkung unter Auflagen weiterentwickelt, bei der ein (landwirtschaftlicher) Betrieb schon zu Lebzeiten des Eigentümers in die nächste Generation übertragen wird, gegen die Gewährung von Leistungen finanzieller oder natureller Art, die in erster Linie Versorgungscharakter haben. Eine gesetzliche Regelung befindet sich etwa in § 17 der *HöfeO* für die Nordwestdeutschen Bundesländer. Der Begriff der vorweggenommenen Erbfolge soll nach der Rspr des OLG Celle (AgrarR 1991, 350) weit zu fassen sein. Darunter sollen nicht nur Pacht- und Wirtschaftsüberlassungsverträge fallen, sondern generell alles, was mit gleitender Hofübergabe zu tun hat. Aus den in Rn 15 genannten Gründen wird diese Auffassung nicht geteilt.

Dem Begriff des Übergabevertrages widerspricht nicht, wenn Grundstücke vom Übergeber zurückbehalten oder zur Abfindung weichender Erben verwandt werden; also solange nicht, wie nicht die Übergabe der „Wirtschaftseinheit Hof" in Zweifel steht, um dessen Zupachtgrundstück es geht. Desgleichen ist für die Anwendung dieser Vorschrift nicht hinderlich, wenn der Übergebende seinen (großen) Hof im Zuge der Übergabe in zwei Betriebe zerlegt und getrennt an mehrere überträgt. Der Verpächter hat dann die Aufteilung der Zupachtländereien unter den Nachfolgepächtern hinzunehmen.

b) Übergabe eines Zupachtgrundstücks
aa) Zupachtgrundstück

8 Bei dem zugepachteten Grundstück kann es sich um **ein einzelnes oder** um eine **Mehrheit** von Flächen handeln, gleichviel, ob sie von einem oder verschiedenen Verpächtern angepachtet sind. Dem gleich stehen abtretbare Rechte, die zur landwirtschaftlichen Grundstücksnutzung berechtigen wie etwa bei Verwaltungsvereinbarung über die Grundstücksnutzung in einer Erbengemeinschaft.

Übergebender Eigentümer und Pächter des Zupachtgrundstücks sind regelmäßig identisch, indes sind Ausnahmen denkbar. Übergibt zB die Ehefrau als Betriebseigentümerin unter Mitwirkung ihres Ehemanns ein von diesem zu ihrem Betrieb zugepachtetes Grundstück, dürfte dies der Anwendung der Vorschrift nicht entgegenstehen.

bb) Teilweise Übergabe
Die Parteien des Übergabevertrags können mangels anderweitiger Vereinbarung mit dem Verpächter bestimmen, daß einzelne Zupachtverhältnisse von dem Übergang der Pächterstellung auf den Übernehmer ausgeschlossen sein sollen. Dies gilt sowohl, wenn es sich um verschiedene Verpächter handelt, als auch bei Anpachtung mehrerer Grundstücke von dem gleichen Verpächter. **9**

c) Zeitpunkt
Die Fixierung des für den Eintritt des Übernehmenden in das Pachtverhältnis maßgeblichen Zeitpunkts ist von Bedeutung für die allseitige Abgrenzung der Rechte und Pflichten. **10**

Zweckmäßigerweise ist dabei mangels anderweitiger Vereinbarung auf das Datum der **Besitzübergabe** des im Wege vorweggenommener Erbfolge übertragenen Betriebes abzustellen.

d) Benachrichtigung
Ebenfalls auf diesen Zeitpunkt ist bei Beurteilung der **Unverzüglichkeit** der Benachrichtigung des Verpächters abzustellen. Jedoch ist die rechtzeitige Anzeige nicht Voraussetzung für einen wirksamen Eintritt des Übernehmers (OLG Hamm AgrarR 1998, 440); sie wird ggf Auslöser von Schadensersatzansprüchen sein. **11**

e) Andere Formen der Übergabe
Häufig geschieht die Vorbereitung der Erbfolge in landwirtschaftlichen Betrieben nicht durch Übereignung unter Lebenden. Vielmehr behält sich der Betriebsinhaber das Eigentum und damit auch eine „letzte Kontrolle" vor und läßt den als Erben Ausersehenen den Betrieb bereits eigenverantwortlich bewirtschaften (pachten). Dies ist ein weit verbreiteter, speziell bei langfristig angelegten und über eine imaginäre Ruhestandsgrenze hinausgehenden Verträgen steuer- und altersgeldrechtlich anerkannter Vorgang (vgl vJEINSEN AgrarR 1983, 261). Eine andere Variante ist die Gründung einer Gesellschaft bürgerlichen Rechts mit dem künftigen Erben und ggf weiteren Familienangehörigen. **12**

Die Bestimmung ist aber nicht auf derartige, auch auf Dauer angelegte Fallgestaltungen **entsprechend** anzuwenden (vgl auch OLG Koblenz AUR [ehemals AgrarR] 2004, 337). Denn die Genehmigungserfordernisse des Hofübergabevertrages durch das Landwirtschaftsgericht (§ 18 Abs 3 HöfeO) wie auch die Genehmigung nach dem GrstVG haben in diesem Zusammenhang auch eine Schutzwirkung für den Verpächter, die von wirtschaftlich entscheidender Bedeutung sein kann (Rn 15, 23).

Hat sich der Übergebende bei der sogenannten „**Rheinischen Hofübergabe**" den lebenslangen Nießbrauch an der übergebenen Besitzung vorbehalten und sie gleichzeitig dem Übernehmer verpachtet, ist im Zweifel nicht anzunehmen, daß er sich die weitere Nutzung der Zupachtländereien vorbehalten wollte. Demgemäß bleibt es auch in diesen Fällen grundsätzlich bei dem Eintritt des Übernehmers in das Zupachtverhältnis. **13**

2. Rechtsfolgen

a) Eintritt des Übernehmers als Pächter in den Zupachtvertrag

14 Es handelt sich um einen **Übergang der Pächterstellung kraft Gesetzes**. Der Übernehmer erhält – weitergehender als es der Rechtsstellung des Erwerbers als Nachfolger in die Vermieterrechte und -verpflichtungen nach § 566 Abs 1 BGB entspricht – die volle Rechtsstellung eines Nachfolgepächters. Auch trifft den Verpächter **keine Bürgenhaftung** für die Erfüllung der künftigen Verpflichtungen des Nachfolgepächters wie dies § 566 Abs 2 für den Veräußerer anordnet.

Die **Vertragsidentität** bleibt über den Pächterwechsel hinaus erhalten, wenn nicht einzelne Zupachtflächen von der Übergabe ausgenommen werden. Dies gilt auch für den Fall, daß im Zuge dessen die Vertragsbedingungen geändert werden (Anzeigepflicht nach § 2 LPachtVG).

Dem Nachfolgepächter wachsen das Pächterpfandrecht am Inventar nach den §§ 585 Abs 2, 583, sowie ferner die Rechte zu, die sich aus Maßnahmen des bisherigen Pächters zur Verbesserung der Pachtsache (§ 588 Abs 2) ergeben. Ihn trifft dann auch die Verpflichtung zur Leistung eines Geldausgleichs nach § 590 Abs 3.

Dem Nachfolgepächter steht der Anspruch auf Verwendungsersatz aus § 590b zu. Der Altpächter kann sich diesen Ersatzanspruch im Übergabevertrag vorbehalten. Entsprechendes gilt für die Ansprüche aus § 591 (Verwendungsersatz bei Mehrwert) und für das Wegnahmerecht aus § 591a.

Das vor Übergabe entstandene Verpächterpfandrecht nach § 592 bleibt bestehen und erweitert sich um die eingebrachten Sachen des Nachfolgepächters.

15 Da der Nachfolgepächter im vollem Umfang in die Rechtsstellung des Altpächters eintritt, treffen ihn nicht nur seine Verpflichtungen ab Eintritt, sondern er ist auch anstelle des Altpächters für dessen **rückständige Verpflichtungen** dem Verpächter gegenüber verantwortlich. Dieser Zustand bleibt bestehen, auch wenn der Verpächter nach § 593a S 3 das Pachtverhältnis kündigt. Denn der Nachfolgepächter bleibt Pächter bis zum Zeitpunkt des Wirksamwerdens dieser Verfügung.

Eine andere Auslegung gibt die Gesetzesformulierung nicht her. Dies kann zu unbilligen Ergebnissen führen, etwa dann, wenn sich der Neupächter in schlechteren wirtschaftlichen Verhältnissen befindet, dem Verpächter entsprechender Pächterwechsel nicht unverzüglich angezeigt wird und dadurch erhebliche, nicht zu realisierende Pachtrückstände entstehen. Daher sind wohl auch, allerdings ohne weitergehende Begründung, FHL (Rn 30; zweifelnd LWLH Rn 11) der unberechtigten Auffassung, der Altpächter hafte für seine, vor der Übergabe entstandenen, Verbindlichkeiten weiter. Indes dürfte das Risiko eher theoretisch sein, angesichts des in HöfeO und GrstVG (Rn 21) enthaltenen Kontrollmechanismus'. Zur Möglichkeit einer außerordentlichen Kündigung s Rn 22.

16 Der Eintritt des Nachfolgepächters kann ausnahmsweise zur Folge haben, daß der Verpächter ein bereits entstandenes, aber bislang nicht ausgeübtes Kündigungsrecht aus wichtigem Grund, zB wegen schlechter Wirtschaftsweise oder gar Wirtschaftsunfähigkeit des Altpächters verliert. Dies gilt jedoch nicht (§ 242), wenn die Betriebsübergabe nur erfolgt ist, um sich den Folgen einer bevorstehenden Kündigung des Verpächters zu entziehen.

b) **Zustimmung des Verpächters**

Die in den Vorentwürfen vorgesehene Bestimmung, daß sich die Pächternachfolge kraft Gesetzes **ohne Zustimmung** des Verpächters vollzieht, ist als entbehrlich angesehen und in die Norm nicht mehr aufgenommen worden. Gleichwohl kann eine Zustimmung zweckmäßig sein, etwa um dadurch frühzeitig Gewißheit zu erlangen, daß der Verpächter kein Kündigungsrecht aus S 3 geltend machen wird. **17**

III. Benachrichtigung des Verpächters (S 2)

1. Bedeutung

Gesetzlich ist die als Vertragspflicht angeordnete Verpflichtung zur Benachrichtigung des Verpächters über den Betriebsübergang **keine Wirksamkeitsvoraussetzung** für den Eintritt des Übernehmers als Pächter (OLG Koblenz RdL 2002, 121). Dies ist wohl deshalb so geregelt, damit nicht an dieser Formalität der fast stets als agrarwirtschaftlich sachgerecht anzusehende Eintritt des Betriebsnachfolgers als Folgepächter scheitert. **18**

Die Benachrichtigungspflicht dient in erster Linie der **Rechtssicherheit und -klarheit**. Sie liegt vorab im Verpächter-Interesse, zur Klärung der Vertragspartnerschaft sowie der sich aus dem Wechsel ergebenden Rechte (S 3).

Die Benachrichtigung braucht – anders die Regelung in § 594 S 4 – keinen Hinweis auf eine etwaige Kündigungsbefugnis zu enthalten.

2. Verpflichtung zur unverzüglichen Benachrichtigung

Aus Gründen der Rechtssicherheit wäre ideal, wenn beide Partner des Übergabevertrages den Verpächter benachrichtigen (weitergehend STEFFEN RdL 1986, 29). Es reicht aber, wenn **Alt- oder Neupächter** (auch namens des anderen) die Benachrichtigung vornimmt, soweit dadurch dem Verpächter die notwendige Klarheit verschafft wird. Insoweit verbleibende Zweifel oder gar unterlassene Informationen können die Benachrichtigung als unzureichend erscheinen lassen. **19**

Die Benachrichtigung hat die Betriebsübergabe zum Gegenstand, zweckmäßigerweise unter Hinweis auf ihren Zeitpunkt. Sie hat unverzüglich, also ohne schuldhaftes Zögern (§ 121 Abs 1 S 1) zu geschehen.

Eine besondere **Form** für die Benachrichtigung ist gesetzlich **nicht vorgeschrieben**, im Gegensatz zu den sonst relativ zahlreichen Schriftformerfordernissen bei landpachtrechtlich bedeutsamen Erklärungen (§§ 594 S 3, 594a Abs 1 S 3, § 594d Abs 2 S 3, § 594 f, § 595 Abs 4). Deshalb genügt grundsätzlich die mündliche Benachrichtigung.

3. Verstoß gegen das Benachrichtigungserfordernis

20 Ein solcher (verspätete oder gar unterlassene Benachrichtigung) hindert zwar weder den Eintritt der Rechtswirkungen aus S 1 noch dürfte sich daraus ohne weiteres ein Grund zur außerordentlichen Kündigung ergeben (OLG Celle AgrarR 1991, 350; so auch OLG Hamm 10 U 97/89 nv). Die nicht rechtzeitige Anzeige beeinflußt den wirksamen Eintritt des Übernehmers nicht (OLG Hamm AgrarR 1998, 440); sie wird ggf Auslöser von Schadensersatzansprüchen sein.

Falls der Verpächter auf Befragen nachhaltig darüber im Unklaren gelassen wird, ob (und ggf hinsichtlich welcher Flächen) der Übernehmer Nachfolgepächter sein soll oder gar Übergeber und Übernehmer über die Nachfolge und/oder deren Zeitpunkt streiten, kann dies einen wichtigen Grund zur Kündigung rechtfertigen. Die Kündigung wäre vorsorglich dem Altpächter und dem Übernehmer gegenüber auszusprechen.

Beide Teile der Pächterseite müssen auch jene Nachteile tragen, welche die Verletzung der gesetzlichen Mitteilungspflicht zur Folge haben und die sich aus einer daraus resultierenden Unklarheit des Verpächters ergeben, insbesondere bei Wahrnehmung seiner Vertragsrechte.

IV. Kündigungsrecht des Verpächters (S 3)

1. Voraussetzung

21 Voraussetzung des Kündigungsrechts ist, daß die **ordnungsgemäße Bewirtschaftung** des Pachtobjekts durch den Übernehmer **nicht gewährleistet** ist. Dies dürfte angesichts der genehmigungsrechtlichen Kontrolle (§ 2 GrdstVG, § 17 HöfeO), der der Übergabevertrag unterliegt, nur ausnahmsweise der Fall sein.

Bezüglich des Begriffs der ordnungsgemäßen Bewirtschaftung sei auf § 586 (Rn 33 ff) verwiesen. Dies ist nach einem strengen, aber nicht überstrengen Maßstab zu beurteilen. Die ordnungsgemäße Bewirtschaftung erscheint mithin als nicht gewährleistet, wenn der Übernehmer kraft seiner Ausbildung und bisherigen Tätigkeit nicht die Annahme rechtfertigt, daß er die Pachtländereien ordnungsgemäß zu bewirtschaften vermag.

22 **Darüber hinaus** steht dem Verpächter gerade im Zusammenhang mit dem Übergang der Pächterstellung gemäß § 593a ein **Kündigungsrecht aus wichtigem Grund** zu (§ 594a, bezogen auf 594e). Ein solcher läge beispielsweise vor, wenn die Beziehung zu dem Übernehmer in persönlicher oder sonstiger Weise so schwerwiegend belastet ist, daß die erforderlichen Voraussetzungen für die geordnete Funktion eines Dauerschuldverhältnisses nicht zu erwarten sind. Weiterer Grund dürfte die begründete Gefahr sein, daß der Verpächter von dem Übernehmer die Erfüllung der Vertragspflichten nicht mit der gleichen Sicherheit erwarten kann wie dies beim Übergeber der Fall war.

2. Kündigung

Die Frist zum Ausspruch der Kündigung (§§ 593a S 3, 594a Abs 2) beginnt, wenn **23** der Verpächter zuverlässig den Wechsel in der Pächterstellung erfährt. Unter diesem Aspekt kommt der in S 2 statuierten Benachrichtigungspflicht eine besondere Bedeutung zu.

Hat der Verpächter die ihm gesetzte **Frist verpaßt**, verbleibt ihm die Möglichkeit der außerordentlichen Kündigung im Rahmen des § 594e und der daselbst bezogenen Vorschriften, falls nachträglich durch den Nachfolge-Pächter ein dementsprechender Grund geschaffen wird.

Der Lauf der Kündigungsfrist (§ 594a S 2) **endet vorzeitig**, wenn sich der Verpächter nach erlangter Kenntnis endgültig damit **einverstanden** erklärt, was auch durch konkludentes Handeln erfolgen kann. Dann vermag der Verpächter nicht mehr auf ihm bis dahin bekannte Gründe zurückzugreifen, die die mangelnde Bewirtschaftungseignung des Übernehmers dokumentieren könnten.

Für die Form der Kündigung schreibt § 584f zwingend die **Schriftform** vor. Dabei muß der Kündigungswille unmißverständlich zum Ausdruck gebracht werden. Ein Kündigungsgrund muß nicht angegeben werden. Die Kündigung wird mit Zugang (§§ 130, 132) an den Pächter wirksam.

Die Kündigung löst das Pachtverhältnis nicht mit rückwirkender Kraft (rückbezo- **24** gen auf den Zeitpunkt des Eintritts des Nachfolgers in das Pachtverhältnis) auf, sie beendet die Pacht erst gemäß § 594a (so Rn 15).

Der Rechtsnachfolger kann sich gegen die Kündigung **nicht** mit einem **Pachtschutzverfahren** nach § 595 wehren (siehe § 595 Abs 3 Nr 2).

Eine unberechtigte Kündigung kann in besonders gelagerten Fällen das Vertrauensverhältnis zwischen den Vertragsparteien derart stören, daß sie dem Pächter einen hinreichend wichtigen Grund zur Kündigung des Pachtverhältnisses zu geben vermag.

3. Beweislast

Die Beweislast für das Vorhandensein von Kündigungsgründen obliegt zwar dem **25** Verpächter; indes treffen den Alt- und den Neupächter auf Grund der pachtvertraglichen Beziehungen umfassende Auskunfts- und Darlegungspflichten.

V. Abdingbarkeit

Die Vorschrift ist **dispositiv**. Beläßt man es bei der Grundsatzregelung des § 593a **26** S 1, so ist die Geltung von S 2 nicht abdingbar (FHL Rn 41; **aA** LWLH Rn 2).

VI. Verfahrensrecht

27 Über Streitigkeiten aus dieser Bestimmung entscheidet das Landwirtschaftsgericht im streitigen Verfahren nach §§ 1 Nr 1a); 48 LwVG (LWLH Rn 23).

VII. Zur entsprechenden Anwendung der Vorschrift

28 In einer Reihe anderer Fälle stellt sich die Frage, ob aus sachlich gerechtfertigten Gründen (Ausfüllung einer Regelungslücke bzw erhöhter Sachgerechtigkeit) vertreten werden kann, der entsprechenden Anwendung des § 593a Vorrang vor der sonst gewiesenen Anwendung des § 594d einzuräumen, obwohl gegen die analoge Anwendbarkeit des § 593a dessen Ausnahmecharakter sprechen könnte.

1. Betriebsübergang im Zuweisungsverfahren (§§ 13 ff GrdstVG)

29 Für die entsprechende Anwendung der Vorschrift in den landwirtschaftsgerichtlichen Verfahren über die Zuweisung eines im erbengemeinschaftlichen Eigentum kraft gesetzlicher Erbfolge stehenden landwirtschaftlichen Betriebes an einen Miterben auf dessen Antrag nach § 13 ff GrdstVG sprechen gute Gründe: Die Zuweisung wird als „nachgeholte Betriebsübergabe" nach dem mutmaßlichen oder präsumtiven Willen des Erblassers (§ 15 Abs 1 S 1 und 2 GrdstVG) charakterisiert. Gerade der Zupacht hat der Gesetzgeber für die Zuweisung besondere Bedeutung beigemessen (§ 14 Abs 1 S 2 GrdstVG); dieser wird nur bei Realisierung der Erstreckung der Zuweisungsmöglichkeit auf das Zupachtland Rechnung getragen.

Wenn die Zuweisung auch der Zupachtländereien auf Antrag des Zuweisungsempfängers mit Zustimmung schon des Verpächters (§§ 398, 581 Abs 2, 549) – nicht auch der weichenden Erben – bislang für zulässig erachtet wurde (VORWERK/VSPREKKELSEN, GrdstVG §§ 13–15 Rn 54), so ist mittlerweile durch § 593a verfestigt, daß die fehlende Verpächter-Zustimmung (wegen der Sozialbindung) kein Hindernis für die Zuordnung des Pachtlandes an den Betriebsnachfolger zu sein braucht.

Mit dieser Lösung wird die zusätzliche Verfahrenskomplikation aus § 594d vermieden, die zu Lasten der weichenden Miterben noch mit dem Nachteil ihres Verbleibens in der Mithaftung für die Pächterverpflichtung verbunden wäre.

2. Hoferbfolge in Anerbengut

30 Gehört zum Nachlaß des Erblassers ein Anerbengut, zB ein Hof im Sinne der HöfeO mit Zupachtländereien, das nur einem Erben, dem Hoferben, zufällt, folgt die Pächterstellung gleichfalls dem Eigentümerwechsel. Dies ergibt sich bereits aus der Formulierung von § 593a, die von „vorweggenommener Erbfolge" spricht, so wie sie in § 17 HöfeO kodifiziert ist. Darüber hinaus entspricht diese Regelung dem Sinngehalt landwirtschaftlichen Sonderrechts, leistungsfähige Betriebe in bäuerlicher Hand zu erhalten (BVerfG AgrarR 1985, 12). Letztlich dürfte hier – angesichts der anerbenrechtlich geringen Abfindung der weichenden Erben – um so weniger Rechtfertigung dafür zu finden sein, die weichenden Erben für Verpflichtungen aus einem Pachtvertrag mithaften zu lassen, von dessen Beerbung und damit auch Bewirtschaftung sie gerade ausgeschlossen wurden.

3. Betriebsübergang bei Erbauseinandersetzung eines Landguts nach BGB

Die dementsprechende Teilungsanordnung nach den §§ 2049, 2312 hat gleichfalls in erster Linie abfindungsbeschränkende Konsequenzen. Daher sollte hier – mit denselben Argumenten wie in Anerbengut-Fällen – dasselbe gelten. Einziger Unterschied ist der Zeitpunkt: während etwa bei Geltung der HöfeO (§ 4) die landwirtschaftliche Besitzung nicht Bestandteil des Gesamt-Nachlasses wird und derart nicht (zunächst) der Verfügungsbefugnis der Erbengemeinschaft unterliegt (FvJHP § 4 Rn 5), gilt in Landgut-Fällen der Pachtvertrags-Übergang erst ab Durchführung der Erbauseinandersetzung. **31**

§ 593b
Veräußerung oder Belastung des verpachteten Grundstücks

Wird das verpachtete Grundstück veräußert oder mit dem Recht eines Dritten belastet, so gelten die §§ 566 bis 567b entsprechend.

Materialien: BT-Drucks 10/508; 10/509; 10/3830; 10/3498.

Schrifttum

Siehe § 585.

1. Normzweck unter besonderer Berücksichtigung des § 566

Die im durch die **Landpachtnovelle** neu eingeführten § 593b statuierte entsprechende Anwendung der §§ 566 bis 567b nF (§§ 571 bis 579 aF) auf Grundstücksveräußerungen im Landpachtbereich (anstelle der früheren Verweisungen in § 581 Abs 2) ist nur wegen des neu eingeführten Untertitels „Landpacht" erforderlich geworden und bringt **keine sachlichen Änderungen**. **1**

Die Bestimmungen sollen dem insbesondere im Landpachtbereich bedeutsamen Fortbestand des Pachtverhältnisses vor seiner sonst durch den Eigentumswechsel drohenden Gefährdung, besonders im Interesse des Pächters, schützen. Der im Gesetz (§ 566 Abs 1) verankerte Grundsatz „Kauf bricht nicht Miete/Pacht" verleiht dem Pachtverhältnis einen Bestandsschutz von nahezu dinglicher Art (PIKALO DNotZ 1981, 281). Bei rechtsgeschäftlicher Veräußerung des verpachteten Grundbesitzes nach dessen Überlassung an den Pächter tritt der Erwerber in alle sich aus dem Pachtverhältnis ergebenden Rechte und Pflichten für die Dauer seines Eigentums ein. Daß diese Schutzwirkung für die Pacht und Überlassung des Pachtobjektes an den Pächter abhängig gemacht wird, zeigt, welche enorme Bedeutung diesem Faktum – dem Gebrauchs- und Nutzungsbesitz – vom Gesetz beigemessen wird.

Der Veräußerung gleichgestellt werden durch §§ 567, 567a nF Fälle von Belastungen des Pachtgrundstücks mit Rechten, die dem **Pächter** den vertragsgemäßen Gebrauch entziehen; hierzu gehören insbesondere Nießbrauch oder Erbbaurecht.

2 In allen Fällen gilt der Pächter-Schutz allerdings nur insoweit, als der **Pachtvertrag** auch **wirksam** ist oder rückwirkend wirksam wird. Insoweit dient die dem § 566 korrespondierende Formvorschrift des § 585a nicht nur dem Interesse des Erwerbers, sich einwandfrei über Art und Umfang der auf ihn zukommenden Bindungen zu informieren, sondern vor allem auch dem Pächterinteresse an der Bindung des Erwerbers an einen länger laufenden Pachtvertrag.

2. Anwendungsbereich

3 Kraft ausdrücklicher gesetzlicher Anordnung gilt die Vorschrift entsprechend bei der Jagdpacht (§ 14 BJagdG), in den Fällen der Verpachtung durch den Nießbraucher (§ 1056), Vorerben (§ 2135), Erbbauberechtigten (§ 30 ErbbauRVO) sowie die Veräußerung durch den Insolvenzverwalter (§§ 159, 165 InsO), im Rahmen der Zwangsversteigerung (§§ 57 ff ZVG) und bei Veräußerung und Heimfall des Dauerwohnrechts (§ 37 Abs 2 und 3 WEG). Hinsichtlich der Besonderheiten in der Anwendung ist auf diese Vorschriften im einzelnen zu verweisen.

Nicht entsprechend anwendbar ist § 566 auf Pachtvor- (STAUDINGER/EMMERICH [2003] § 566 Rn 1) oder Unterpachtverträge (STAUDINGER/EMMERICH [2003] § 566 Rn 10). Keine Anwendung findet § 566 auch auf dingliche Rechte, so daß ein Erwerber nicht danach (nach dem Kauf) in obligatorische Abreden zwischen Veräußerer (Grundstückseigentümer) und Erbbauberechtigten oder den Inhaber eines Wohnungsrechts (§ 1093) eintritt.

3. Verhältnis zu sonstigen Vorschriften des Landpachtrechts

4 Unter dem Aspekt des § 593 gibt der Eintritt des Erwerbers als solcher grundsätzlich keinen gerechtfertigten Grund, eine Vertragsänderung zu beantragen (§ 593); der Erwerber tritt in ein laufendes Änderungsverfahren ein.

Im Bereich des § 595 verliert der laufende Pachtvertrag nicht den Charakter des bisherigen iSd § 595 Abs 6 S 2. Der Veräußerer tritt in ein laufendes Pachtschutzverfahren ein.

Der Eintritt des Erwerbers in das Vertragsverhältnis ist kein nach § 2 LPachtG anzeigebedürftiger Vorgang (FHL § 2 Rn 16; STAUDINGER/PIKALO[12] Anh 117 zu § 597; LANGE/WULFF, LPachtG § 3 Rn 39; FISCHER/WÖHRMANN, LPachtG § 3 Rn 6). Denn dabei handelt es sich nicht um den Neuabschluß eines Pachtvertrags, sondern den unmittelbaren Eintritt des Erwerbers kraft Gesetzes in das bestehende Pachtverhältnis infolge des Eigentumserwerbs, worauf ausdrücklich die Prot II 139 hinweisen (vgl STAUDINGER/EMMERICH [2003] § 566 Rn 2).

4. Abdingbarkeit

5 § 566 ist **grundsätzlich abdingbar** (LWLH Rn 3; STAUDINGER/EMMERICH [2003] § 566 Rn 55; MünchKomm/VOELSKOW § 571 aF Rn 7). Eine entsprechende Vereinbarung zwischen

Verpächter (Veräußerer) und Erwerber kann nur mit Zustimmung des Pächters wirksam getroffen werden. Diese bedarf weder der Form des § 585a noch der Anzeige nach § 2 LPachtVG.

Sie verstößt auch nicht gegen die zwingende Verbotsnorm des § 595 Abs 8 (Unzulässigkeit des Verzichts auf Pachtschutz), weil es sich bei der Abbedingung der Rechtsfolgen aus § 566 anläßlich der Veräußerung unter Mitwirkung des Pächters im Verhältnis zwischen Pächter und Verpächter um eine Art „Ablaufvereinbarung" handelt. Angesichts des Schutzzweckes von § 595 Abs 8 ist allerdings problematisch, bereits bei Abschluß des Pachtvertrages den Ausschluß der Rechtsfolgen aus § 566 wirksam zu vereinbaren. Jedoch können die Pachtvertragsparteien wirksam ein Kündigungsrecht des Verpächters für den Fall vereinbaren, daß eine verpachtete Teilfläche, etwa als Bauland, veräußert werden soll. Hierdurch wird die Pachtschutzmöglichkeit (§ 595) nicht ausgeschlossen; immerhin vermindert eine solche Vereinbarung die Wahrscheinlichkeit, daß gegebenenfalls dem Pächter ein nennenswerter Pachtschutz gewährt wird (vgl FHL Rn 24 und PIKALO DNotZ 1981, 282).

5. Einzelheiten

Wegen der Einzelheiten zu Voraussetzungen und Wirkungen sei auf die Kommentierung zu den §§ 566 bis 567b verwiesen. 6

6. Verfahrensrecht

Bei Streitigkeiten zwischen den Vertragsparteien kann das Landwirtschaftsgericht 7 angerufen werden, das im streitigen Verfahren entscheidet (§ 48 iVm § 1 Nr 1 a LwVG).

§ 594
Ende und Verlängerung des Pachtverhältnisses

Das Pachtverhältnis endet mit dem Ablauf der Zeit, für die es eingegangen ist. Es verlängert sich bei Pachtverträgen, die auf mindestens drei Jahre geschlossen worden sind, auf unbestimmte Zeit, wenn auf die Anfrage eines Vertragsteils, ob der andere Teil zur Fortsetzung des Pachtverhältnisses bereit ist, dieser nicht binnen einer Frist von drei Monaten die Fortsetzung ablehnt. Die Anfrage und die Ablehnung bedürfen der schriftlichen Form. Die Anfrage ist ohne Wirkung, wenn in ihr nicht auf die Folge der Nichtbeachtung ausdrücklich hingewiesen wird und wenn sie nicht innerhalb des drittletzten Pachtjahrs gestellt wird.

Materialien: BT-Drucks 10/508; 10/509; 10/3830; 10/3498.

Schrifttum

Siehe § 585.

Systematische Übersicht

I. Allgemeine Kennzeichnung
1. Überblick _____ 1
2. Entstehung und Zweck der Vorschrift _____ 2

II. Beendigung eines auf bestimmte Zeit abgeschlossenen Pachtverhältnisses
1. Beendigung durch Zeitablauf _____ 4
   a) Pachtverhältnis auf bestimmte Zeit _ 4
   b) Sonderfälle der Pachtverhältnisse auf bestimmte Zeit _____ 5
2. Vorzeitige Beendigung von Pachtverträgen mit bestimmter Laufzeit _ 7

III. Verlängerung des Pachtverhältnisses
1. Möglichkeiten einer ausdrücklichen Verlängerung _____ 8
   a) Parteivereinbarung _____ 8
   b) Gerichtliche Entscheidung _____ 9

2. Die Verlängerungsfiktion der Sätze 2 bis 4 _____ 10
   a) Pachtverhältnis auf bestimmte Zeit _ 11
   b) Die Anfrage und deren Inhalt ____ 12
   c) Schriftliche Anfrage (S 3) _____ 13
   d) Weitere Wirksamkeitsvoraussetzungen der Anfrage (S 4) _____ 14
   e) Ablehnung der Anfrage (S 2) _____ 15
   f) Mehrere Personen als Vertragsparteien _____ 16
3. Eintritt und Rechtsfolgen der Verlängerung _____ 17
4. Beseitigung der Rechtsfolge der Verlängerung _____ 18

IV. Abdingbarkeit _____ 19

V. Verfahren _____ 20

Alphabetische Übersicht

Abdingbarkeit _____ 19	Verfahrensfragen _____ 20
Ablehnung der Anfrage _____ 15	Verlängerung _____ 8 ff
Anfrage zur Vertragsverlängerung _____ 12	– durch Vereinbarung _____ 8
	– gerichtliche Entscheidung _____ 9
Beendigung durch Zeitablauf _____ 4 ff	Verlängerungsfiktion _____ 10 ff
Befristete Pachtverträge, Beendigung _____ 4 ff	– Ablehnung _____ 15
	– Anfrage _____ 12 f
Form einer Verlängerungsvereinbarung _____ 8	– befristete Pachtverträge _____ 11
	– Beseitigung _____ 18
Mehrere Personen als Vertragspartei _____ 16	– Wirkung _____ 17
	Verlängerungsklausel _____ 6
Option _____ 5	Verlängerungsvereinbarung, Form _____ 8
Pachtverträge, befristete _____ 4 ff	Zweck der Vorschrift _____ 2

I. Allgemeine Kennzeichnung

1. Überblick

1 Von den beiden häufigsten Beendigungsarten eines Pachtverhältnisses – Zeitablauf oder Kündigung (§§ 594a bis 594e, 586 Abs 2 iVm 536c nF [545 aF], 593a) – regelt § 594 die Pachtbeendigung durch Ablauf der vereinbarten Pachtzeit. S 1 entspricht inhaltlich der mietrechtlichen Regelung des § 542 Abs 2. Neu eingeführt im Zuge der Landpachtnovelle ist die Verlängerungsmöglichkeit gemäß den S 2 bis 4.

2. Entstehung und Zweck der Vorschrift

Mit der in S 1 der Vorschrift übernommenen mietrechtlichen Grundsatzregelung **2** wird vorsorglich klargestellt, daß es zur Beendigung eines auf bestimmte Zeit eingegangenen Pachtverhältnisses keiner Kündigung bedarf.

Die in den Sätzen 2 bis 4 neu geschaffene Verlängerungsregelung tritt an die Stelle des zuvor geltenden § 568 aF (OLG Köln AgrarR 1990, 263), dessen Regelung für Landpachtverhältnisse als unzulänglich erachtet wurde. Sie soll beide Vertragsteile davor schützen, daß derjenige, dem an der Fortsetzung des laufenden Pachtvertrages liegt, von dem anderen oft bis zum letzten Augenblick im Unklaren gelassen wird, ob er mit einer Verlängerung des Vertrages rechnen kann. Dadurch wird es dem Betroffenen außerordentlich erschwert, notwendige Entscheidungen zeitgerecht zu treffen, was besonders für den Pächter existenzgefährdend werden kann. Um diesem Mißstand abzuhelfen, ist vorgesehen, daß jeder Vertragsteil durch Anfrage bei dem anderen klären kann, ob dieser zur Fortsetzung der Pacht bereit ist (BT-Drucks 10/509 S 24).

Trotz dieser praktischen Verbesserung kann sich das Fehlen einer § 545 nF entsprechenden Regelung – neben der nunmehrigen der Sätze 2 bis 4 – als durch entsprechende Anwendung auszufüllende Lücke erweisen, wenn sich herausstellen sollte, daß die Verpächter aus Bindungsscheue die Pächteranfrage nach S 2 vorsorglich abschlägig bescheiden, aber gleichwohl das Pachtverhältnis nach Ablauf der Pachtzeit stillschweigend weiterlaufen lassen.

Problematisch ist, ob sich die stillschweigende Fortsetzung des Pachtverhältnisses **3** als Neuabschluß eines (anzeigepflichtigen) Pachtvertrages (vgl § 585 Rn 45) darstellt. Dies dürfte jedenfalls dann zu verneinen sein, wenn die Verlängerungsvereinbarung noch vor Vertragsablauf getroffen wird. Allerdings bleibt eine Vertragsverlängerung unter abgeänderten Bedingungen anzeigepflichtig. Zum anderen wird sich der Pächter künftig deutlicher als zuvor vergewissern müssen, daß der Verpächter trotz seiner Ablehnung mit der Fortsetzung des Pachtverhältnisses einverstanden ist, um sich nicht den Nachteilen aus § 597 auszusetzen.

II. Beendigung eines auf bestimmte Zeit abgeschlossenen Pachtverhältnisses

1. Beendigung durch Zeitablauf

a) Pachtverhältnis auf bestimmte Zeit
Die Grundsatzregelung über die Beendigung eines Pachtverhältnisses durch Zeit- **4** ablauf bezieht sich nur auf Pachtverhältnisse, die **auf bestimmte Zeit eingegangen** sind. Dabei ist gleichgültig, ob die Zeitbestimmung nach Daten oder Zeitabschnitten getroffen worden ist.

Auch die Bestimmung eines Ereignisses, dessen Eintritt gewiß ist, dessen Zeitpunkt aber noch nicht feststeht, ist als Vereinbarung auf bestimmte Zeit anzusehen, zB Pachtvertrag auf Lebenszeit. Ein unter einer auflösenden Bedingung (Eintritt eines ungewissen Ereignisses, § 158 Abs 2) abgeschlossener Pachtvertrag wird regelmäßig mit einer bestimmten oder unbestimmten Zeitdauer gekoppelt sein. Dann endet das

Pachtverhältnis durch Zeitablauf, falls dies nicht vorher durch Eintritt der auflösenden Bedingung geschieht.

b) Sonderfälle der Pachtverhältnisse auf bestimmte Zeit

5 Der mit einem **Optionsrecht** gekoppelte Pachtvertrag kann auf bestimmte oder unbestimmte Zeit abgeschlossen sein. Im erstgenannten Fall endet der Vertrag nach § 594 S 1 durch Zeitablauf, wenn der Optionsberechtigte nicht rechtzeitig – jedenfalls vor Beendigung der Pachtzeit (STAUDINGER/ROLFS [2003] § 542 Rn 120; BGH WM 1967, 935) – durch ausdrückliche Erklärung sein Optionsrecht ausübt.

6 Pachtverträge mit **Verlängerungsklausel**, die auf bestimmte Zeit abgeschlossen sind, verlängern sich auf bestimmte oder unbestimmte Zeit, wenn nicht ein Vertragspartner vor Ablauf des Pachtverhältnisses dessen Fortsetzung ablehnt. Die Ablehnungserklärung hat in der vereinbarten Form und Frist zu erfolgen, wobei es sachgerecht ist, einen möglichst frühzeitigen Erklärungszeitpunkt zu vereinbaren, um dem Erklärungsempfänger die rechtzeitige Einstellung auf das Pachtende zu ermöglichen, entsprechend dem Grundgedanken des § 594 S 2 bis 4. Lehnt keine der Vertragsparteien die Fortsetzung ab, so verlängert sich das alte Pachtverhältnis stillschweigend; es entsteht kein neues Pachtverhältnis (BGH NJW 1974, 1081).

2. Vorzeitige Beendigung von Pachtverträgen mit bestimmter Laufzeit

7 Insoweit ist zunächst auf die Anlässe der Anfechtung (s hierzu STAUDINGER/ROLFS [2003] § 542 Rn 148 ff), Unmöglichkeit der Gewährung des vertragsmäßigen Gebrauchs (vgl STAUDINGER/ROLFS [2003] § 542 Rn 155 f) oder der Störung der Geschäftsgrundlage (vgl STAUDINGER/ROLFS [2003] § 542 Rn 157 f) zu verweisen. Hinzu kommen der Abschluß eines Aufhebungsvertrages (s hierzu STAUDINGER/ROLFS [2003] § 542 Rn 126 ff), der Eintritt einer auflösenden Bedingung (vgl STAUDINGER/ROLFS [2003] § 542 Rn 142), die vorzeitige Beendigung durch eine außerordentliche Kündigung oder diejenige durch einen vorbehaltenen Rücktritt (vgl STAUDINGER/ROLFS [2003] § 542 Rn 143).

III. Verlängerung des Pachtverhältnisses

1. Möglichkeiten einer ausdrücklichen Verlängerung

a) Parteivereinbarung

8 Denkbar ist zunächst die Verlängerung des Pachtverhältnisses durch Parteivereinbarung. Sie bedarf für einen Zeitraum von mehr als zwei Jahren der Schriftform (§ 585a, s Rn 13), sofern nicht ausnahmsweise eine strengere Form vorgeschrieben bzw vereinbart ist.

Als Verlängerungsvereinbarung ist auch die vom Verpächter stillschweigend hingenommene Fortsetzung des Pachtverhältnisses durch den Pächter zu werten. Dann gilt das Pachtverhältnis auf unbestimmte Zeit fort. Es fehlt zwar an einer dem § 545 entsprechenden Vorschrift für Landpachtverträge, so daß die Fiktionswirkung der Zwei-Wochen-Frist dieser Bestimmung eigentlich (so Rn 2) nicht angewandt werden kann. Die Annahme der stillschweigenden Vertragsfortsetzung rechtfertigt sich jedoch aus dem Bedürfnis der Praxis im Einklang mit agrarpolitischen, wirtschaftlichen und sozialen Gründen, und zwar sowohl bei Unterbleiben einer Anfrage gemäß S 2 bis 4 als auch unter Umständen nach Ablehnung einer erfolgten Anfrage.

b) Gerichtliche Entscheidung
Die andere Alternative der Vertragsverlängerung ist die durch landwirtschaftsgerichtliche Entscheidung nach § 595. Die gerichtliche Verlängerung gibt dem Vertrag eine weitere bestimmte Laufzeit (s u Rn 17).

2. Die Verlängerungsfiktion der Sätze 2 bis 4

Abgesehen von den Fällen einer **konkludenten Vertragsverlängerung** (durch Weiterbewirtschaftung, trotz Nichtanwendbarkeit von § 545, vgl OLG Köln AgrarR 1990, 263) gilt das Pachtverhältnis nach den Sätzen 2 bis 4 unter den folgenden Umständen als auf unbestimmte Zeit verlängert.

a) Pachtverhältnis auf bestimmte Zeit
Es muß sich um ein auf bestimmte Zeit laufendes Pachtverhältnis handeln, dessen Laufzeit auf mindestens 3 Jahre vereinbart wurde. Die Vereinbarung eines früheren möglichen Auflösungsgrundes (zB auflösende Bedingung) ist unschädlich, solange dieser nicht eingetreten ist.

Bei einem auf mehr als 30 Jahre abgeschlossenen Pachtvertrag macht die Regelung des § 594b eine Anfrage nach § 594 S 2 in der dort bestimmten Frist entbehrlich.

Da die gemäß § 594 eintretende Verlängerung auf unbestimmte Zeit erfolgt, ist eine zwei- oder mehrmalige Verlängerung nach § 594 nicht möglich. Im Hinblick auf § 594a beinhaltet die Regelung des § 594 praktisch eine einmalige Verlängerungsmöglichkeit um 2 Jahre.

b) Die Anfrage und deren Inhalt
Pächter oder Verpächter müssen an den jeweils anderen Vertragsteil die in S 2 bis 4 gekennzeichnete schriftliche Anfrage richten, sofern es ihnen nicht nur um eine alsbaldige Klärung über das weitere Schicksal des Pachtvertrages, sondern auch zusätzlich um eine Verlängerung des Vertrages geht.

Angesichts der Fiktionswirkung der Anfrage ist notwendig, daß sie der geschäftsfähigen Vertragspartei oder deren gesetzlichen Vertreter oder Bevollmächtigten zugeht. Sie ist ein Vertragsantrag im Sinne von § 145, der nach § 594 S 2 innerhalb einer Frist von drei Monaten ab Zugang angenommen werden kann. Der Anfragende ist für die Dauer der gesetzlichen Annahmefrist an den Antrag gebunden (MünchKomm/VOELSKOW § 594 Rn 4).

Der Pächter, der nicht um Pachtverlängerung nachfragt, kann dennoch eine Fortsetzung des Pachtverhältnisses nach § 595 beantragen. Jedoch kann der Verpächter im Verfahren nach § 595 eine Ablehnung der Fortsetzung des Pachtverhältnisses erfolgreich bewirken, wenn der *Pächter* zuvor auf die Anfrage des Verpächters nach § 594 die Fortsetzung abgelehnt hat.

Enthält die Anfrage das Angebot zur Fortsetzung des Pachtverhältnisses zu geänderten Bedingungen und läßt sich der Adressat darauf nicht ein, gilt das Vertragsverhältnis zu den alten Konditionen fort.

c) Schriftliche Anfrage (S 3)

13 Das Schriftlichkeitserfordernis der Anfrage dient der Rechtsklarheit und -sicherheit. Die Schriftlichkeit ist erforderlich, um den Befragten mittels des Hinweises des S 4 vor einem Rechtsverlust wegen etwa nicht hinreichender Kenntnis der Folgen des Schweigens zu bewahren. Fehlt es an der korrekten Form, hat dies die Nichtigkeit der Erklärung gem § 125 zur Folge (LWLH Rn 11).

d) Weitere Wirksamkeitsvoraussetzungen der Anfrage (S 4)

14 Die Anfrage muß, um ihre Fiktionswirkungen entfalten zu können, auf die Folge der Nichtbeantwortung (Fortsetzung des Pachtverhältnisses auf unbestimmte Zeit) ausdrücklich hinweisen. Ist dies in der Anfrage nicht geschehen, reicht es nicht aus, den Hinweis des S 4 (ohne Wiederholung der Anfrage) nachzureichen. Die Anfrage ist vielmehr mit dem Hinweis zu wiederholen.

Das Gesetz verleiht der Anfrage die ihr eigenen Fiktionswirkungen (Fortsetzungsfiktion) nur dann, wenn die Anfrage innerhalb des drittletzten Pachtjahres gestellt wird; eine vorherige oder spätere Stellung der Anfrage reicht nicht aus.

e) Ablehnung der Anfrage (S 2)

15 Die Vertragsverlängerung tritt nur ein, falls die befragte Vertragspartei die Anfrage nicht fristgerecht ablehnt. Die Ablehnung bedarf zu ihrer Wirksamkeit gleichfalls der Schriftform (LWLH Rn 15).

Adressat des Ablehnungsbescheids ist die anfragende Partei. Hat ein rechtsgeschäftlich Bevollmächtigter die Anfrage gestellt, ist die Ablehnung ihm wie dem Vollmachtgeber gegenüber wirksam, wenn sich aus dem dem Ablehnenden bekannten Inhalt der Vollmacht die Berechtigung zur Inempfangnahme ergibt.

Als Ablehnung ist jede Äußerung anzusehen, aus der hervorgeht, daß die befragte Partei nicht uneingeschränkt und vorbehaltlos mit der Fortsetzung des Pachtverhältnisses (zu den bisherigen Bedingungen) bereit ist. Macht die befragte Partei die Vertragsfortsetzung von einer Änderung der Vertragsbedingungen abhängig, so finden hierauf die Vorschriften der §§ 145 ff Anwendung, ohne daß die Verlängerungsfiktion aus § 594 eingreifen kann.

f) Mehrere Personen als Vertragsparteien

16 Besteht eine Vertragspartei aus mehreren Personen, so ist die Anfrage von allen zu stellen bzw an alle zu richten, damit sie die Fiktionswirkungen auslösen kann (OLG Braunschweig OLGE 1994, 189). Häufig wird man hier aber von einem (stillschweigend) Bevollmächtigten ausgehen müssen.

3. Eintritt und Rechtsfolgen der Verlängerung

17 Bei ordnungsgemäßer, fristgerechter, schriftlicher Anfrage (S 2) tritt mit Verstreichen der dreimonatigen Antwortfrist die Rechtsfolge ein, daß das Pachtverhältnis

vom vereinbarten Zeitpunkt seines Ablaufs auf unbestimmte Zeit verlängert wird, und zwar mit den Rechtsfolgen aus § 594a.

4. Beseitigung der Rechtsfolge der Verlängerung

Die Rechtsfolge der Verlängerungsfiktion des Pachtverhältnisses auf unbestimmte **18** Zeit kann stets durch formlose Vereinbarung der Vertragsparteien beseitigt werden; sei es durch Aufhebungsvertrag oder Abänderungsvertrag, der indes im Fall des § 585a der Schriftform bedarf.

Denkbar ist weiter die Anfechtung. Da dem **Schweigen** auf die Anfrage nach der gesetzlichen Konstruktion die Bedeutung einer fiktiven Willenserklärung beigelegt wird (STAUDINGER/DILCHER[12] Vorbem 43 zu §§ 116 ff), erscheint es gerechtfertigt, dem Verpächter dann auch eine Anfechtungsmöglichkeit zu eröffnen; diese ergibt sich aus der entsprechenden Anwendung des § 123, falls mit der Anfrage eine rechtserhebliche Täuschung oder Drohung einherging oder entsprechend § 119 BGB, wenn sich der Angefragte über die Auslegung der Belehrungsklausel des S 4 vor allem bei mißverständlicher Fassung geirrt hat.

Das Kündigungsrecht aus § 594a Abs 1 S 1 steht den Vertragsparteien erst nach Ablauf der ursprünglich vereinbarten Vertragszeit zu.

IV. Abdingbarkeit

Die Bestimmung ist abdingbar, das Vertragsverhältnis kann einvernehmlich – auch **19** konkludent durch Weiterbewirtschaftung – fortgesetzt werden (OLG Köln AgrarR 1990, 263).

V. Verfahren

Bei Streitigkeiten zwischen den Vertragsparteien kann das Landwirtschaftsgericht **20** angerufen werden, das im streitigen Verfahren entscheidet (§ 48 iVm § 1 Nr 1 a LwVG).

§ 594a
Kündigungsfristen

(1) Ist die Pachtzeit nicht bestimmt, so kann jeder Vertragsteil das Pachtverhältnis spätestens am dritten Werktag eines Pachtjahrs für den Schluss des nächsten Pachtjahrs kündigen. Im Zweifel gilt das Kalenderjahr als Pachtjahr. Die Vereinbarung einer kürzeren Frist bedarf der Schriftform.

(2) Für die Fälle, in denen das Pachtverhältnis außerordentlich mit der gesetzlichen Frist vorzeitig gekündigt werden kann, ist die Kündigung nur für den Schluss eines Pachtjahrs zulässig; sie hat spätestens am dritten Werktag des halben Jahres zu erfolgen, mit dessen Ablauf die Pacht enden soll.

§ 594a

Materialien: BT-Drucks 10/508; 10/509; 10/3830; 10/3498.

Schrifttum

Siehe § 585.

Systematische Übersicht

I.	**Allgemeine Kennzeichnung**		ee)	Teilkündigung	8
1.	Entstehung der Vorschrift	1	c)	Kündigungsfrist	9
2.	Zweck der Vorschrift	2	aa)	Begriff des Pachtjahres	10
			bb)	Fristberechnung	11
II.	**Inhalt der Vorschrift**		d)	Formerfordernis	12
1.	Beendigung des Pachtverhältnisses durch ordentliche Kündigung	3	2.	Beendigung des Pachtverhältnisses durch vorzeitige Kündigung	13
a)	Pachtvertrag ohne bestimmte Laufzeit	3	a)	Allgemeines	13
b)	Kündigung	4	b)	Fälle einer vorzeitigen Kündigung	14
aa)	Allgemeine Grundsätze	4	c)	Fristberechnung	15
bb)	Inhalt der Kündigung	5	d)	Formerfordernis	16
cc)	Mehrheit von Beteiligten	6	**III.**	**Grundsätzlich nachgiebiges Recht**	17
dd)	Parteiwechsel während der Pachtzeit	7	**IV.**	**Verfahren, Beweislast**	18

Alphabetische Übersicht

Abdingbarkeit	17	Kündigungsgrund, Angabe		5
Berechnung der Kündigungsfrist	11	Mehrheit von Beteiligten		6
Beweislast	18			
		Parteiwechsel während der Vertragszeit		7
Frist der Kündigung	9 ff, 14			
		Unbefristete Pachtverträge, Beendigung durch Kündigung		3 ff
Kündigung	4 ff			
– Angabe von Gründen	5	Verfahrensfragen		18
– Form	12, 16	Vorzeitige Kündigung		13 ff
– Frist	9 ff	– Fälle der		14
– Grundsätze	4	– Form		16
– Inhalt	5	– Fristberechnung		15
– Parteiwechsel	7			
– teilweise	8	Zweck der Vorschrift		2
– vorzeitige	13 ff			

I. Allgemeine Kennzeichnung

1. Entstehung der Vorschrift

Die in § 595 Abs 1 aF normierte halbjährliche Kündigungsfrist sollte nach dem 1 Willen des Gesetzgebers im Hinblick auf die Besonderheiten der Landpacht, insbesondere der dort notwendigen langfristigen Planung und Disposition, deutlich verlängert werden. Uneinigkeit bestand lediglich darüber, ob die für angemessen erachtete zweijährige Kündigungsfrist sowohl für die ordentliche wie die außerordentliche Kündigung gelten sollte (s insoweit die Entwürfe vom Juni 1972 und vom 29.4.1976). Letztendlich hat sich in den Fällen der vorzeitigen Kündigung die Meinung durchgesetzt, die in Anlehnung an die Regelung des § 584 Abs 1 eine halbjährliche Kündigungsfrist für ausreichend ansah. In Anlehnung an die mietrechtliche Kündigungsfrist des § 573c Abs 1 S 1 ist als Kündigungstag, an dem die Kündigungserklärung dem Empfänger zugegangen sein muß, der dritte Werktag statt des nach § 595 aF geltenden ersten Werktages bestimmt worden.

2. Zweck der Vorschrift

Durch die Vervierfachung der bisher geltenden halbjährlichen Kündigungsfrist auf 2 2 Jahre sollte die Rechtsstellung des Pächters gestärkt werden. Dem liegt die Auffassung des Gesetzgebers zugrunde, daß es unter den heutigen betriebs- und marktwirtschaftlichen Bedingungen in der Regel nicht möglich ist, einen Pachtvertrag in einem kürzeren Zeitraum ordnungsgemäß und ohne vermeidbare Verluste abzuwickeln (BT-Drucks 10/509 S 14 Ziff 6). Dem insbesondere bei der Stücklandpacht denkbaren Interesse an einer kürzeren Kündigungsfrist, wenn ein landwirtschaftliches Grundstück nur noch für eine kürzere Zeit als zwei Jahre zur landwirtschaftlichen Nutzung zur Verfügung steht, soll Satz 3 Rechnung tragen, der die Möglichkeit eröffnet, eine kürzere Kündigungsfrist zu vereinbaren. Zur Vermeidung späterer Streitigkeiten ist hier Schriftform vorgeschrieben (BT-Drucks 10/509 S 24 zu § 594a).

II. Inhalt der Vorschrift

1. Beendigung des Pachtverhältnisses durch ordentliche Kündigung

a) Pachtvertrag ohne bestimmte Laufzeit

§ 594a gilt nur für auf unbestimmte Zeit geschlossene Landpachtverträge. Er dürfte 3 daher bei schriftlichen Landpachtverträgen nur selten zum Tragen kommen, da neben der Beschreibung des Pachtobjekts und der Höhe des Pachtzinses die Pachtdauer regelmäßig zu den wesentlichen Regelungstatbeständen eines Pachtvertrages gehören dürfte. Seine Bedeutung dürfte sich daher im wesentlichen auf die Fälle beschränken, in denen die Schriftform nicht gewahrt worden ist (§ 585a), bzw in denen die Verlängerungsfiktion wirksam wird (§ 594 S 2).

b) Kündigung
aa) Allgemeine Grundsätze
Die Kündigung ist eine **einseitige empfangsbedürftige Willenserklärung**, zu der jede 4 Vertragspartei berechtigt ist. Neben dem Zugangserfordernis (§§ 130 ff) hängt ihre

Wirksamkeit von der Beachtung der im Zuge der Neuordnung eingeführten Schriftform ab (§ 594f). Sind die Personen des Kündigungsempfängers (zB ein Erbe einer Vertragspartei) oder sein dessen Aufenthalt unbekannt, eröffnet sich der Weg der Ersatzzustellung oder der öffentlichen Zustellung nach § 132. Im übrigen kann insbesondere die Vereitelung der Zustellung durch den Kündigungsempfänger zur Folge haben, daß sich dieser nicht auf den verspäteten Zugang der Kündigung berufen kann (BGHZ 67, 271).

Für einen nicht voll Geschäftsfähigen muß grundsätzlich sein gesetzlicher Vertreter die Kündigung erklären. Gleiches gilt, wenn der Kündigungsempfänger nicht voll geschäftsfähig ist; in diesem Fall muß die Kündigungserklärung an den gesetzlichen Vertreter gerichtet werden (LG Berlin ZMR 1982, 238).

Die Kündigung durch einen Nichtberechtigten kann nicht entsprechend § 185 Abs 2 durch spätere Genehmigung des Berechtigten mit rückwirkender Kraft wirksam werden.

Als einseitige Willenserklärung bedarf die Kündigung zu ihrer Wirksamkeit nicht der Annahme durch den Kündigungsempfänger.

Nach Zugang der Kündigung ist ihr Widerruf oder ihre einseitige Rücknahme nicht mehr möglich, § 130 Abs 1 S 2 (vgl HEROLD BlGBW 72, 126; STAUDINGER/ROLFS [2003] § 542 Rn 28 ff mwN).

bb) Inhalt der Kündigung

5 Die Kündigungserklärung muß den Kündigungswillen **eindeutig und unbedingt** zum Ausdruck bringen. Die Angabe eines bestimmten **Kündigungsgrundes** ist weder bei der ordentlichen noch bei der außerordentlichen Kündigung erforderlich, wird aber namentlich bei letzterer zweckmäßig sein (STAUDINGER/ROLFS [2003] § 542 Rn 65 ff mwN). Ebensowenig ist die Wirksamkeit der Kündigungserklärung von dem Anlaß des Kündigenden zur Abgabe der Erklärung (zB Bemühen um günstigere Vertragskonditionen für die Zukunft) berührt.

Die Angabe eines Kündigungstermins ist nicht vorgeschrieben. Das Pachtverhältnis endet mangels einer Angabe im Kündigungsschreiben zum gesetzlich nächstzulässigen Zeitpunkt. Wird die Kündigung bei unbestimmter Pachtzeit zu einem erklärten Termin verspätet ausgesprochen, so tritt die Wirkung zum nächstzulässigen Termin allerdings nur dann ein, wenn dies dem Willen des Kündigenden entspricht und dieser Wille auch dem anderen Vertragsteil genügend klar erkennbar wird (STAUDINGER/ROLFS [2003] § 542 Rn 63).

cc) Mehrheit von Beteiligten

6 Bei einer Mehrheit von Beteiligten auf der einen oder anderen Vertragsseite muß grundsätzlich wegen der **Einheitlichkeit** des Pachtvertrages die Kündigungserklärung von allen Kündigenden gegenüber allen Vertragspartnern erklärt werden (Mot II 413; STAUDINGER/ROLFS [2003] § 542 Rn 8 ff mwN; BGH DB 2002, 89 für die Gesellschaft Bürgerlichen Rechts).

Eine Vereinfachung läßt sich insoweit nur durch **Bevollmächtigung** je eines der

Gemeinschafter auf jeder Vertragsseite erreichen, die Kündigung auszusprechen oder zu empfangen. Diese Vollmacht ist formlos wirksam (§ 167 Abs 2), jedoch sollte sie zweckmäßigerweise im Hinblick auf § 174 schriftlich erteilt werden. Sie kann auch im Pachtvertrag enthalten sein, wobei die Vollmacht sich ausdrücklich auf die Kündigung erstrecken muß (STAUDINGER/ROLFS [2003] § 542 Rn 22 f). Bei Formularverträgen sind die §§ 307 Abs 1 und 308 Nr 6 zu beachten. Im übrigen sind die gesetzlichen Möglichkeiten der Mehrheitsbeschlußfassung der Gemeinschafter nach den §§ 2038, 745 zu beachten (BGH RdL 1951, 87).

Die Kündigung eines Pachtvertrages über eine landwirtschaftliche Besitzung seitens einer Erbengemeinschaft als Verpächterin stellt keine Verfügung über einen Nachlaßgegenstand dar, sondern ist eine Verwaltungshandlung im Sinne des § 2038. Die Kündigung erfordert daher nicht die Mitwirkung aller Miterben, sondern kann nach § 745 von der Mehrheit der Miterben beschlossen werden. Wollen einzelne Miterben auf der Verpächterseite einer Kündigung des Pächters entgegentreten, so kann dies, da es sich hierbei um eine Verwaltungsmaßnahme ohne Verfügungscharakter handelt, auch jeder einzelne Verpächter für sich tun (KEIDEL RdL 1952, 128; BGH RdL 1952, 125 ff).

dd) Parteiwechsel während der Pachtzeit
Bei einem Parteiwechsel während des Laufes des Pachtvertrages geht das Kündi- 7 gungsrecht auf den **Nachfolger** über.

ee) Teilkündigung
Eine Teilkündigung (zB für einzelne Parzellen) ist – falls nicht vertraglich vereinbart 8 – angesichts der grundsätzlichen Einheitlichkeit des Pachtverhältnisses **unzulässig** (STAUDINGER/SONNENSCHEIN/VEIT § 581 Rn 399; OLG Dresden AUR [ehedem AgrarR] 2003, 376). Zum umgekehrten Fall des auf einen Teil des Pachtgegenstandes bezogenen Schutzantrages vgl § 595 Rn 35.

c) Kündigungsfrist
Nach Abs 1 kann jeder Vertragsteil das Pachtverhältnis spätestens am dritten Werk- 9 tag eines Pachtjahres für den Schluß des nächsten Pachtjahres kündigen.

aa) Begriff des Pachtjahres
Die für den Fall der fehlenden vertraglichen Fixierung vom Gesetzgeber vorgese- 10 hene Lösung, daß im Zweifel das Kalenderjahr als Pachtjahr gelte (Abs 1 S 2), dürfte an den Bedürfnissen und Gegebenheiten der Praxis vorbeigehen. Diese orientiert sich vielmehr regelmäßig an der Ernte im Herbst, da anschließend – also noch vor Ende des Kalenderjahres – schon erhebliche Vorarbeiten im Hinblick auf die Bestellung für die nächste Wachstumsperiode notwendig werden. Diese Arbeiten hat der Pächter als Konsequenz aus der ihm obliegenden Pflicht zur ordnungsgemäßen Bewirtschaftung zu erbringen, ohne dafür nach § 596a Ersatz verlangen zu können (s § 596a Rn 2). Landesüblich beginnt das Pachtjahr ohne ausdrückliche Vereinbarung häufig am 1. Oktober oder am 11. November (Martini).

bb) Fristberechnung
Nach § 186 gelten auch für die Fristberechnung bei der Kündigung von Landpacht- 11 verträgen die Auslegungsvorschriften der §§ 187 ff. Der Fristbeginn bestimmt sich

nach § 187 Abs 2, das Fristende demgemäß nach § 188 Abs 2. Ist das Pachtjahr gleich dem Kalenderjahr, so beginnt es am 1.1. und endet am 31.12.

§ 594a bestimmt als Kündigungstag den dritten Werktag eines Pachtjahres. Zu diesem Zeitpunkt muß die Kündigungserklärung dem Empfänger wirksam zugegangen sein. Dadurch, daß ausdrücklich auf den dritten Werktag abgestellt wird, ist eine Regelung getroffen worden, die jeden Streit über die Anwendbarkeit des § 193 ausschließt.

Das Pachtverhältnis endet bei einer wirksamen Kündigung am Ende des nächsten Pachtjahres, wobei unerheblich ist, ob dieser Tag auf einen Sonnabend, Sonntag oder Feiertag fällt. § 193 ist in diesem Fall eines bloßen Fristablaufs nicht anwendbar (STAUDINGER/ROLFS [2003] § 580a Rn 10).

Eine verspätete Kündigung kann uU in eine Kündigung zum nächstmöglichen Zeitpunkt (SOERGEL/HEINTZMANN § 594a Rn 6) oder einen Antrag auf Vertragsaufhebung umgedeutet werden.

d) Formerfordernis
12 Die Kündigung bedarf der Schriftform. Insoweit wird auf die Kommentierung zu § 594f verwiesen.

2. Beendigung des Pachtverhältnisses durch vorzeitige Kündigung

a) Allgemeines
13 Unter bestimmten Voraussetzungen ist es den Parteien gestattet, sich vorzeitig vom Pachtvertrag zu lösen. Dabei unterscheidet der Gesetzgeber zwischen den Fällen einer fristgebundenen und einer fristlosen vorzeitigen Kündigung.

§ 594a Abs 2 erfaßt die Fälle, in denen eine vorzeitige Kündigung unter Einhaltung der gesetzlichen Frist zulässig ist. Die Dauer der gesetzlichen Frist ergibt sich aus Abs 2.

Nicht erfaßt sind daher die Fälle einer vorzeitigen Kündigung, in denen das Gesetz nicht auf die gesetzliche Frist verweist, sondern eine eigene Frist bestimmt. Der Gesetzgeber räumt nämlich in Fällen, in denen sich die tatsächlichen Verhältnisse während der Pachtzeit so wesentlich verändern, daß eine Bindung an den Pachtvertrag nicht mehr zumutbar erscheint, den Parteien das Recht ein, das Pachtverhältnis vorzeitig unter Einhaltung einer bestimmten Frist zu kündigen.

Die Voraussetzungen einer außerordentlichen fristlosen Kündigung regelt § 594e; insoweit wird auf die dortige Kommentierung verwiesen.

b) Fälle einer vorzeitigen Kündigung
14 Möglichkeiten der vorzeitigen fristgerechten Kündigung mit eigenen Fristen bestehen zunächst nach § 594b bei Verträgen mit einer Laufzeit über 30 Jahren und nach § 594d beim Tod des Pächters.

Weiter können unter Einhaltung der sich nach § 594a Abs 2 bestimmenden Frist Landpachtverträge in folgenden Fällen gekündigt werden:

- § 593a; Kündigungsrecht des Verpächters, wenn bei der Übergabe eines Betriebs im Wege der vorweggenommenen Erbfolge die ordnungsmäßige Bewirtschaftung der Pachtsache durch den Übernehmer nicht gewährleistet ist;

- §§ 593b, 566 Abs 2 S 2; Kündigungsrecht des Pächters im Falle der Grundstücksveräußerung;

- § 594c; Kündigungsrecht des Pächters im Falle seiner Berufsunfähigkeit;

- § 1056; Kündigungsrecht beider Parteien bei Verpachtung durch den Nießbraucher, wenn der Nießbrauch während laufender Pachtzeit endet;

- §§ 2135, 1056; Kündigungsrecht des Nacherben bei Verpachtung durch den Vorerben über die Dauer der Vorerbschaft hinaus;

- § 30 Abs 2 ErbbauRVO; Kündigungsrecht des Grundstückseigentümers bei Erlöschen des Erbbaurechts;

- § 109 InsO; Kündigungsrecht des Insolvenzverwalters bei Insolvenz des Pächters;

- § 57a ZVG; Kündigungsrecht des Erstehers in der Zwangsversteigerung.

c) **Fristberechnung**
Es gelten auch hier die Vorschriften der §§ 187 ff, vgl oben Rn 11. **15**

d) **Formerfordernis**
Auch die vorzeitige Kündigung bedarf der Schriftform iSd § 594f. **16**

III. Grundsätzlich nachgiebiges Recht

Abweichende Vereinbarungen der Parteien über die Länge der Kündigungsfrist **17** sind grundsätzlich zulässig. Allerdings bedarf die Vereinbarung einer kürzeren Kündigungsfrist der Schriftform, Abs 1 S 3. Aus der Beschränkung des Schriftformerfordernisses auf diese Änderung folgt, daß die Verlängerung der Kündigungsfristen formlos möglich ist.

IV. Verfahren, Beweislast

Bei Streitigkeiten entscheidet das Landwirtschaftsgericht im streitigen Verfahren. **18** Dies gilt insbesondere hinsichtlich der Auswirkung eines vorzeitig beendeten Landpachtvertrages (§ 595a Abs 2 und 3).

Derjenige, der sich auf eine vom Kalenderjahr abweichende Vereinbarung der Bestimmung des Pachtjahres beruft, hat diese zu beweisen.

§ 594b
Vertrag über mehr als 30 Jahre

Wird ein Pachtvertrag für eine längere Zeit als 30 Jahre geschlossen, so kann nach 30 Jahren jeder Vertragsteil das Pachtverhältnis spätestens am dritten Werktag eines Pachtjahrs für den Schluss des nächsten Pachtjahrs kündigen. Die Kündigung ist nicht zulässig, wenn der Vertrag für die Lebenszeit des Verpächters oder des Pächters geschlossen ist.

Materialien: BT-Drucks 10/508; 10/509; 10/3830; 10/3498.

Schrifttum

Siehe § 585.

Systematische Übersicht

I.	**Allgemeine Kennzeichnung**		2.	Rechtsfolge	6
1.	Entstehung der Vorschrift	1	3.	Kündigungsfrist	7
2.	Zweck der Vorschrift	2	4.	Ausschluß des Kündigungsrechts	
3.	Zwingendes Recht	3		(S 2)	9
II.	**Inhalt der Vorschrift**		**III.**	**Verfahrensrecht**	10
1.	Anwendungsbereich	4			

I. Allgemeine Kennzeichnung

1. Entstehung der Vorschrift

1 § 594b ist mit der Landpachtnovelle an die Stelle der früheren Regelung der §§ 581 Abs 2, 567 getreten; dies mit dem Unterschied, daß nicht die gesetzliche Kündigungsfrist des § 594a Abs 2, sondern die längere zweijährige Kündigungsfrist des § 594a Abs 1 gilt.

2. Zweck der Vorschrift

2 Der Grund für die – modifizierte – Beibehaltung der mietrechtlichen Regelung des § 544 ist, daß das gesetzgeberische Motiv des **Ausschlusses einer Art „Erbmiete bzw -pacht"** auch heute noch von Bedeutung sein soll (BT-Drucks 10/509 S 24 zu § 594b). Die Parteien sollen, wenn sie eine längere als 30-jährige Besitzüberlassung wünschen, eine entsprechende dingliche Veränderung herbeiführen. Es ist für die Beteiligten außerdem nicht annähernd möglich, die Entwicklung über einen Zeitraum von mehr als 30 Jahren vorherzusehen und in ihrer Vertragsgestaltung zu berücksichtigen (BT-Drucks aaO).

3. Zwingendes Recht

Wie § 544 ist auch § 594b grundsätzlich zwingend (PIKALO NJW 1986, 1472 ff; so auch **3** LWLH Rn 2). Ein vertraglicher Ausschluß des Kündigungsrechts nach Ablauf von 30 Jahren wäre unwirksam, zu den Rechtsfolgen su Rn 6.

Aus dem Zweck der Vorschrift der Verhinderung „erbpachtähnlicher" Landpachtverträge folgt, daß eine kürzere Kündigungsfrist wirksam vereinbart werden kann (MünchKomm/VOELSKOW Rn 2).

II. Inhalt der Vorschrift

1. Anwendungsbereich

Abgesehen von Landpachtverträgen, die ausdrücklich eine längere als 30jährige **4** Laufzeit beinhalten, gelten als Verträge im Sinne dieser Vorschrift auch:

- Pachtverhältnisse, die für 30 Jahre oder eine kürzere Zeit abgeschlossen worden sind, aber aufgrund einer Option auf einen über 30 Jahre hinausgehenden Zeitraum ausgedehnt werden können;

- Pachtverhältnisse, die auf unbestimmte Zeit abgeschlossen sind und bei denen die Kündigung mindestens für einen Vertragspartner für längere Zeit als 30 Jahre ausgeschlossen ist;

- Pachtverhältnisse, bei denen ein rechtlicher oder wirtschaftlicher Zwang zur Vertragsverlängerung oder zum Abschluß entsprechender Verträge besteht; Voraussetzung ist, daß die Gesamtdauer der Verträge 30 Jahre überschreitet (im einzelnen MünchKomm/VOELSKOW § 567 Rn 2 mwN);

- Pachtverhältnisse, die mit dem Eintritt eines künftigen, ungewissen Ereignisses enden, sofern nur die Möglichkeit besteht, daß das Ereignis bis zum Ablauf von 30 Jahren nicht eintritt (s auch STAUDINGER/EMMERICH [2003] § 544 Rn 5);

- Pachtvorverträge; insoweit ist § 594b entsprechend anwendbar (vgl MünchKomm/VOELSKOW § 567 Rn 2; STAUDINGER/EMMERICH [2003] § 544 Rn 2).

Eine Verpachtung auf Lebenszeit oder bis zum Eintritt des Rentenalters ist nicht schon per se als eine mehr als dreißigjährige zu qualifizieren (LWLH Rn 9).

Streitig ist, ob das Kündigungsrecht des § 594b auch eingreift, wenn bei einem auf unbestimmte Zeit geschlossenen Pachtvertrag die Kündigung in der Weise erschwert ist, daß sie eine Entschädigungspflicht des Kündigenden auslöst (so MünchKomm/VOELSKOW § 567 Rn 2 mit Fußnote 4; aA STAUDINGER/EMMERICH [2003] § 544 Rn 6, der in der Vereinbarung einer Entschädigungspflicht des Kündigenden nur dann eine Umgehung des § 594b sieht, wenn die Kündigung vertraglich von Bedingungen oder Verpflichtungen abhängig gemacht ist, deren Erfüllung unmöglich ist oder eine übermäßige wirtschaftliche Erschwerung der Kündigung darstellt; so auch LWLH Rn 4).

5 Keine Anwendung findet § 594b bei Kausalgeschäften, die der Bestellung einer Grunddienstbarkeit zugrunde liegen (vgl MünchKomm/VOELSKOW § 567 Rn 3; STAUDINGER/ EMMERICH [2003] § 544 Rn 3) und bei Vorpachtrechten, weil durch deren Ausübung jeweils ein neuer Vertrag zustande kommt.

2. Rechtsfolge

6 Ein Verstoß gegen § 594b führt **nicht zur Nichtigkeit** des Vertrages, eine entgegenstehende Vereinbarung hat nicht die Nichtigkeit des gesamten Pachtvertrages zur Folge, insbesondere auch nicht hinsichtlich der vereinbarten Vertragsdauer. Für die Anwendung von § 139 ist demzufolge kein Raum. Anstelle der unwirksamen Bestimmung tritt vielmehr die Kündigungsfrist des § 594b (BGH LM Nr 2 und 31 zu § 581).

Denkbar ist allerdings, daß ein Vertrag wegen der übermäßigen Bindung einer oder beider Parteien gegen § 138 verstößt und deshalb nichtig ist (vgl STAUDINGER/EMMERICH[12] § 567 Rn 9).

Die Kündigung nach § 594b kann im Ausnahmefall eine unzulässige Rechtsausübung darstellen (PALANDT/WEIDENKAFF § 544 Rn 6 iVm § 242 Rn 78; aA MünchKomm/VOELSKOW § 567 Rn 4).

3. Kündigungsfrist

7 Bei der Berechnung der Vertragslaufzeit ist nicht auf den Zeitpunkt des Vertragsabschlusses, sondern auf den der Überlassung der Pachtsache an den Pächter abzustellen (vgl STAUDINGER/EMMERICH [2003] § 544 Rn 8). Die Festlegung auf 30 Jahre bedeutet aber keine Fristsetzung zur Ausübung des Kündigungsrechts etwa mit der Folge, daß dieses verwirkt sei, wenn es nicht innerhalb eines angemessenen Zeitraums nach Ablauf der 30 Jahre ausgeübt werde. Die Kündigung kann vielmehr nach 30-jähriger Vertragslaufzeit zu jedem beliebigen Zeitpunkt erklärt werden. Die Kündigungserklärung setzt die Kündigungsfrist in Gang, die sich abweichend von § 544 hier nicht nach § 594a Abs 2 – gesetzliche Kündigungsfrist – bestimmt, sondern wie in § 594a Abs 1 fast zwei Jahre beträgt: am dritten Werktag eines Pachtjahres für den Schluß des nächsten Pachtjahres.

8 Zur Fristberechnung siehe § 594a Rn 9 ff.

4. Ausschluß des Kündigungsrechts (S 2)

9 Das Kündigungsrecht des § 594b Abs 1 ist ausgeschlossen, wenn der Pachtvertrag für die Lebensdauer des Pächters oder des Verpächters oder beider Vertragsparteien geschlossen worden ist. Sind auf einer Seite mehrere Personen beteiligt, so ist das Kündigungsrecht bis zum Tode des Letztversterbenden ausgeschlossen. Ein auf Lebenszeit geschlossener Vertrag bedarf nach § 585a immer der Schriftform.

Als Ausnahme zum Regelfall des § 594b S 1 ist S 2 eng auszulegen (OLG München HRR 1942 Nr 852).

Er ist auf juristische Personen nicht, auch nicht entsprechend, anwendbar (vgl Staudinger/Emmerich [2003] § 544 Rn 11).

Ebensowenig ist S 2 auf erbrechtliche Verhältnisse anwendbar (vgl Staudinger/Emmerich [2003] § 544 Rn 11 unter Hinweis auf LG Mannheim DWW 1968, 258).

III. Verfahrensrecht

Streitigkeiten aus dieser Bestimmung heraus sind nach §§ 1 Nr 1a, 48 LwVG im (streitigen) ZPO-Verfahren zu entscheiden. **10**

§ 594c
Kündigung bei Berufsunfähigkeit des Pächters

Ist der Pächter berufsunfähig im Sinne der Vorschriften der gesetzlichen Rentenversicherung geworden, so kann er das Pachtverhältnis außerordentlich mit der gesetzlichen Frist kündigen, wenn der Verpächter der Überlassung der Pachtsache zur Nutzung an einen Dritten, der eine ordnungsmäßige Bewirtschaftung gewährleistet, widerspricht. Eine abweichende Vereinbarung ist unwirksam.

Materialien: BT-Drucks 10/508; 10/509; 10/3830; 10/3498.

Schrifttum

Siehe § 585.

Systematische Übersicht

I. Allgemeines	1	2.	Kündigungsfrist	5
		3.	Formerfordernis	6
II. Inhalt der Vorschrift		4.	Abdingbarkeit	7
1. Voraussetzungen des Kündigungsrechts des Pächters	2	**III.**	**Verfahren**	8
a) Begriff der Berufsunfähigkeit	2			
b) Widerspruch des Verpächters	3			

I. Allgemeines

Von Beginn der Überlegungen zur Neuordnung des Landpachtrechts an bestand **1** Einigkeit darüber, daß aus Gründen der sozialen Gerechtigkeit ein Sonderkündigungsrecht bei Berufsunfähigkeit eingeräumt werden sollte (BT-Drucks 10/509 S 14). Die im Vorentwurf des Bundesjustizministeriums vom Juni 1972 gefundene Regelung hat in der Folgezeit keine Veränderungen mehr erfahren.

Hierzu heißt es in der amtlichen Begründung (BT-Drucks 10/509 S 24): „Die vorgesehene Regelung schränkt aus Gründen der sozialen Gerechtigkeit den bisher in § 596 Abs 1 enthaltenen Kündigungsausschluß ein. Es wäre unbillig, einen Pächter an seinen vertraglichen Verpflichtungen auch dann festzuhalten, wenn er wegen Berufsunfähigkeit die Pachtsache nicht mehr selber bewirtschaften kann, vom Verpächter aber daran gehindert wird, die Bewirtschaftung einem Dritten zu überlassen, der eine ordnungsmäßige Bewirtschaftung und damit die Erfüllung der Pächterpflichten gewährleistet."

Die Regelung ist sinnvoll, wenn sich auch die Frage aufdrängt, ob für sie ein praktisches Bedürfnis bestand oder besteht. Ein Verpächter, der auf der Weiterbewirtschaftung durch einen berufsunfähigen Landwirt besteht, dürfte gegen seine eigenen Interessen handeln, da mit der zu erwartenden nicht mehr ordnungsmäßigen Bewirtschaftung auch eine Gefährdung der Pachtzahlung und eine Verschlechterung der Pachtsache zu befürchten sind.

II. Inhalt der Vorschrift

1. Voraussetzungen des Kündigungsrechts des Pächters

a) Begriff der Berufsunfähigkeit

2 Nach S 1 definiert sich der Begriff der Berufsunfähigkeit nach den Vorschriften der gesetzlichen Rentenversicherung, dh nach den §§ 240 SGB VI, 240 Abs 2 SGB V. Danach gilt: Berufsunfähig ist ein Versicherter, dessen Erwerbsfähigkeit wegen Krankheit oder Behinderung im Vergleich zur Erwerbsfähigkeit von körperlich, geistig und seelisch gesunden Versicherten mit ähnlicher Ausbildung und gleichwertigen Kenntnissen und Fähigkeiten auf weniger als 6 Stunden gesunken ist. Eine eigenständige Definition der Berufsunfähigkeit im landwirtschaftlichen Sozialrecht gibt es nicht.

Daher ist trotz des sozialversicherungsrechtlichen Zusammenhangs zwischen Berufs- und Erwerbsunfähigkeit im Rahmen des § 594c zwischen den beiden Begriffen zu unterscheiden. Das Kündigungsrecht des § 594c beschränkt sich aus dem Sinn der Vorschrift auf den Fall der **Berufsunfähigkeit als Landwirt**, gleichgültig, ob der Pächter durch Umschulung oder andere Maßnahmen einer anderen Tätigkeit nachgehen kann und somit als erwerbsfähig anzusehen ist.

Unerheblich ist, auf welchen Ursachen die Berufsunfähigkeit beruht. Entscheidend ist allein eine seelisch oder körperlich bedingte Einschränkung der Leistungsfähigkeit, die den Grad der Berufsunfähigkeit erreicht und die in absehbarer Zeit nicht zu beheben ist. Die Angabe von Gründen in der Kündigungserklärung ist nicht notwendig, sie müssen jedoch zum Zeitpunkt der Kündigung gegeben sein (OLG Frankfurt AgrarR 1991, 107).

Haben die Parteien **keine höchstpersönliche Bewirtschaftung** der Pachtsache durch den Pächter vereinbart (dies müßte vor dem Hintergrund des § 589 ausdrücklich geschehen), ist dessen Berufsunfähigkeit soweit und solange unbeachtlich, als die ordnungsgemäße Bewirtschaftung durch Erfüllungsgehilfen der Bewirtschaftung (s § 589 Rn 3) gewährleistet ist.

b) Widerspruch des Verpächters

Neben der Berufsunfähigkeit ist **weitere Voraussetzung** des Kündigungsrechts des Pächters, daß der Verpächter der Überlassung der Pachtsache zur Nutzung an einen Dritten widerspricht, obwohl dieser eine ordnungsmäßige Bewirtschaftung gewährleistet. Das Kündigungsrecht ist ausgeschlossen, wenn der Widerspruch des Verpächters gegen die beabsichtigte Nutzungsüberlassung begründet ist. **3**

Der Widerspruch des Verpächters setzt voraus, daß er zuvor über die Berufsunfähigkeit und die Person des zur Übernahme vorgesehenen Nachfolgers **unterrichtet** worden ist. Angesichts der an verschiedenen Stellen des Landpachtrechts vorgeschriebenen Schriftform (siehe nur §§ 594 S 4, 594a Abs 1 S 3, 594d Abs 2 S 3, 594f) ist hier davon auszugehen, daß sowohl die Mitteilung an den Verpächter als auch dessen Widerspruch **nicht formgebunden** sind.

Zum Begriff der Nutzungsüberlassung siehe § 589 Rn 3 ff. Regelmäßiger Fall ist der der Unterverpachtung; denkbar ist daneben die Leihe, etwa wenn die Pachtsache einem Dritten, zB dem Ehegatten oder einem nahen Angehörigen unentgeltlich überlassen wird (MünchKomm/VOELSKOW Rn 3).

Der Widerspruch des Verpächters löst nur dann das Kündigungsrecht des Pächters **4** aus, wenn der zur Nutzungsüberlassung vorgesehene **Dritte** die Gewähr einer **ordnungsmäßigen Bewirtschaftung** bietet. Dies ist dann der Fall, wenn der Dritte über die dazu notwendige(n) Ausbildung, Kenntnisse und/oder Erfahrungen verfügt und derart zur ordnungsgemäßen Bewirtschaftung iS von § 586 Abs 1 in der Lage ist (vgl dort Rn 33 ff).

Diese Voraussetzungen hat der Pächter als derjenige, der hieraus Rechte herleiten will, zu **beweisen**.

2. Kündigungsfrist

Hat der Pächter nach dieser Vorschrift ein Kündigungsrecht, gilt die Kündigungs- **5** frist nach § 594a Abs 2, dh die Kündigung hat spätestens am dritten Werktag des halben Jahres zu erfolgen, mit dessen Ablauf das Pachtverhältnis enden soll. Die Kündigung kann aber erst erfolgen, nachdem der Verpächter der Nutzungsüberlassung widersprochen hat.

Nach der amtlichen Begründung (BT-Drucks 10/509 S 24) soll der Pächter nur in dem Pachtjahr zur Kündigung berechtigt sein, in dem er dem Verpächter vergeblich einen geeigneten Übernehmer angeboten hat („er muß kündigen"). Diese Auffassung wird vom Gesetzeswortlaut nicht gedeckt, da er die beispielsweise in der nachfolgenden Vorschrift des § 594d Abs 1 S 2 enthaltene Bestimmung, daß die Kündigung nur für den ersten Termin erfolgen kann, für den sie zulässig ist, gerade nicht enthält. Das Kündigungsrecht des Pächters unterliegt daher nur den allgemein gültigen zeitlichen Begrenzungen, etwa in der Weise, daß nach Ablauf einer angemessenen Überlegungsfrist Verwirkung eintreten kann (so auch MünchKomm/VOELSKOW Rn 3).

3. Formerfordernis

6 Die Kündigung hat nach § 594f schriftlich zu erfolgen. Wegen der Einzelheiten wird auf die dortige Kommentierung verwiesen.

4. Abdingbarkeit

7 Nach S 2 ist eine abweichende Vereinbarung unwirksam. Sie würde den Schutzzweck der Vorschrift unterlaufen.

III. Verfahren

8 Über Streitigkeiten entscheidet das Landwirtschaftsgericht im streitigen Verfahren (§ 48 iVm § 1 Nr 1 a LwVG).

§ 594d
Tod des Pächters

(1) Stirbt der Pächter, so sind sowohl seine Erben als auch der Verpächter innerhalb eines Monats, nachdem sie vom Tod des Pächters Kenntnis erlangt haben, berechtigt, das Pachtverhältnis mit einer Frist von sechs Monaten zum Ende eines Kalendervierteljahrs zu kündigen.

(2) Die Erben können der Kündigung des Verpächters widersprechen und die Fortsetzung des Pachtverhältnisses verlangen, wenn die ordnungsmäßige Bewirtschaftung der Pachtsache durch sie oder durch einen von ihnen beauftragten Miterben oder Dritten gewährleistet erscheint. Der Verpächter kann die Fortsetzung des Pachtverhältnisses ablehnen, wenn die Erben den Widerspruch nicht spätestens drei Monate vor Ablauf des Pachtverhältnisses erklärt und die Umstände mitgeteilt haben, nach denen die weitere ordnungsmäßige Bewirtschaftung der Pachtsache gewährleistet erscheint. Die Widerspruchserklärung und die Mitteilung bedürfen der schriftlichen Form. Kommt keine Einigung zustande, so entscheidet auf Antrag das Landwirtschaftsgericht.

(3) Gegenüber einer Kündigung des Verpächters nach Absatz 1 ist ein Fortsetzungsverlangen des Erben nach § 595 ausgeschlossen.

Materialien: BT-Drucks 10/508; 10/509; 10/3830; 10/3498.

Schrifttum

Siehe § 585.

Systematische Übersicht

I. Allgemeine Kennzeichnung
1. Überblick ____ 1
2. Entstehung und Zweck der Vorschrift, Mietrechtsreform 2001 ____ 2
3. Verhältnis zu anderen Vorschriften ____ 4

II. Kündigungsbefugnis der Pächtererben und des Verpächters (Abs 1)
1. Tod des Pächters ____ 5
   a) Natürliche Person ____ 6
   b) Personengesellschaft ____ 7
   c) Juristische Person ____ 8
2. Kündigungsberechtigung ____ 9
   a) der Pächtererben ____ 9
   b) des Verpächters ____ 10
   c) Mehrheit von Pächtern und Verpächtern ____ 11
3. Kündigungsfristen und -termine ____ 13
   a) Kündigungsfrist ____ 13
   b) Kündigungstermin ____ 14
   c) Folgen der Fristversäumung ____ 15

III. Widerspruchsrecht der Erben nach Abs 2
1. Ordnungsmäßige Bewirtschaftung der Pachtsache durch die Pächtererben ____ 16
2. Übertragung der Bewirtschaftungsführung auf einen Erben oder Dritten ____ 19
3. Fristgerechte Benachrichtigung des Verpächters ____ 20
4. Formgerechte Benachrichtigung des Verpächters ____ 21

IV. Ablehnungsrecht des Verpächters (Abs 2 S 2) ____ 22

V. Anrufung des Landwirtschaftsgerichts (Abs 2 S 4) ____ 24

VI. Ausschluß des Fortsetzungsanspruchs aus § 595 (Abs 3) ____ 28

VII. Ersatzansprüche der Pächtererben bei Kündigung während des laufenden Pachtjahres ____ 29

VIII. Grundsätzlich nachgiebiges Recht ____ 30

Alphabetische Übersicht

Abdingbarkeit	30
Ablehnungsrecht des Verpächters	22
Ausschluß des Fortsetzungsanspruchs	28
Benachrichtigung des Verpächters	20 f
Berechtigung zur Kündigung	5 ff
Dritter, Übertragung der Bewirtschaftung	19
Ersatzanspruch der Pächtererben	29
Fortsetzungsanspruch, Ausschluß	28
Frist, Versäumung	15
Gerichtliche Entscheidung	24 ff
Interessenlage der Vertragsparteien	2
Kündigungsbefugnis der Pächtererben, Voraussetzungen	6 ff
Kündigungsfrist	13
Kündigungstermin	14
Mehrheit bei einer Vertragspartei	11
Ordnungsgemäße Bewirtschaftung als Widerspruchsgrund	16 ff
Pächtererben, Ersatzanspruch	29
– Kündigungsberechtigung	9
– Widerspruchsrecht	16 ff
Testamentsvollstrecker	12
Tod des Pächters	5

Übertragung der Bewirtschaftung auf Dritten ____ 19	– Kündigungsberechtigung ____ 9
Verhältnis zu anderen Vorschriften ____ 4	Widerspruchsrecht der Erben ____ 16 ff
– Ablehnungsrecht ____ 22	Zweck der Vorschrift ____ 2
– Benachrichtigung ____ 20 f	

I. Allgemeine Kennzeichnung

1. Überblick

1 Die Vorschrift regelt die Konsequenzen des **Todes des Pächters** für den Landpachtvertrag, indem sie grundsätzlich **jeder Vertragspartei das Kündigungsrecht** nach Abs 1 zuerkennt. Hierbei ist das Kündigungsrecht des Verpächters neu eingeführt. Abs 2 räumt aus gewissen sachlich gerechtfertigten Gründen den Erben des Pächters ein Widerspruchsrecht ein.

Wie bisher trifft das Gesetz für den **Tod des Verpächters keine besondere Regelung**. Deshalb wird nach allgemeinen Erbrechtsgrundsätzen das Pachtverhältnis mit den Erben des Verpächters fortgesetzt, ohne daß deshalb einer Partei das Kündigungsrecht zusteht; alle Mitglieder der Erbengemeinschaft haben die vertraglichen Rechte und Pflichten des Verpächters gemeinsam wahrzunehmen (OLG Celle OLGE 1994, 189). Etwaige Probleme, die sich aus veränderten Umständen ergeben (zB die dem Verpächter gewährte Kaution erscheint in den Händen nicht vertrauenswürdiger Erben gefährdet), lassen sich nach allgemeinen Grundsätzen, insbesondere durch eine Vertragsanpassung bei veränderter Geschäftsgrundlage (§ 313) lösen.

2. Entstehung und Zweck der Vorschrift, Mietrechtsreform 2001

2 Abs 1 beinhaltet eine ausgewogene Angleichung der Rechtsstellung beider Vertragsteile hinsichtlich ihrer Kündigungsberechtigung. Damit wird einmal dem berechtigten **Individualinteresse des Verpächters** Rechnung getragen und außerdem die Gefahr einer Mißwirtschaft durch ungeeignete Erben gebannt. In der amtlichen Begründung heißt es hierzu (BT-Drucks 10/509 S 24 zu § 594d): „Der Grund für diese Besserstellung des Verpächters gegenüber der geltenden Rechtslage liegt darin, daß oftmals keiner der Erben willens oder in der Lage ist, den landwirtschaftlichen Betrieb fortzuführen und deshalb auch der Verpächter die Möglichkeit haben muß, in einem solchen Fall das Pachtverhältnis aufzulösen."

Den berechtigten **Interessen des Pächters** an einer Fortsetzung des Pachtverhältnisses trägt Abs 2 Rechnung, der in ausdrücklicher Anlehnung an §§ 574 ff dem Pächter ein Widerspruchsrecht einräumt, während noch in früheren Entwürfen der Konstruktion eines Ausschlusses des Kündigungsrechts des Verpächters der Vorzug gegeben worden war. Die amtliche Begründung für die nun Gesetz gewordene Regelung des Abs 2 lautet (BT-Drucks 10/509 aaO): „Erscheint die ordnungsgemäße Bewirtschaftung durch die Erben oder durch einen von diesen beauftragten Miterben oder Dritten gewährleistet, kann der Kündigung widersprochen und Fortsetzung des Pachtverhältnisses verlangt werden. [...] Die Vorschrift lehnt sich an den in der Ausgangslage vergleichbaren § 556a aF an. In beiden Fällen steht dem Verpächter oder Vermieter ein Kündigungsrecht zu, das aber nicht durchgreifen soll, wenn – was der Kündigende nicht im voraus zu wissen braucht – die Erben des Pächters oder der Mieter der Kündigung widersprechen und die Voraussetzungen für den Widerspruch im Streitfall beweisen können".

Abs 3 stellt – so die amtliche Begründung – klar, daß die Erben nicht zusätzlich auf die Härteklausel des § 595 zurückgreifen dürfen, da sie durch die Möglichkeit des Vorgehens nach § 594d Abs 2 ausreichend geschützt sind.

Die Abs 1 entsprechende Vorschrift des § 569 aF ist im Zuge der Mietrechtsreform 2001 unter dem § 580 neu gefaßt worden. In diesem Zusammenhang ist Abs 1 S 2 aF entfallen. Entsprechend der mietrechtlichen (1 Monat) ist nun also auch die landpachtrechtliche Beschränkung auf einen „ersten zulässigen Termin" entfallen, weil sie – je nach dem Zeitpunkt des Todes des Mieters/Pächters im Einzelfall – zu eine Kündigungspflicht innerhalb weniger Tage führen könnte (s Begründung zu § 563 4 [S 61 der BT-Drucks 14/4553], auf die die Begründung zu § 580 letztlich verweist).

3

3. Verhältnis zu anderen Vorschriften

Wie § 593a für die vorweggenommene Erbfolge, so sichert § 594d für die eigentliche Erbfolge in vertretbarer Weise die Aufrechterhaltung des Pachtverhältnisses und die Integrität der Betriebskontinuität.

4

Die Grundsätze der erbrechtlichen Gesamtrechtsnachfolge werden für die Pächtererben durch Abs 2 grundsätzlich nicht durchbrochen. Die Übertragung der Betriebsführung ändert nichts am weiteren Fortbestand der Miterben-Pächterstellung aller Pächtererben. Weigert sich ein Miterbe, seine Zustimmung zu der Übertragung zu geben, so kann er zur Vermeidung der Verpächterkündigung von der Mehrheit der Miterben entsprechend den §§ 2038 Abs 2, 745 überstimmt werden. Notfalls kann eine Klage bzw ein Antrag auf Erlaß einer einstweiligen Verfügung des übernahmefähigen und -willigen Miterben gegen die widerstrebenden und ungeeigneten Miterben in Betracht kommen, um das Pachtverhältnis vor der Kündigung durch den Verpächter zu schützen.

II. Kündigungsbefugnis der Pächtererben und des Verpächters (Abs 1)

Die Kündigung setzt voraus:

5

1. Tod des Pächters

Zunächst ist Voraussetzung für dieses Kündigungsrecht der Tod des Pächters. Unterschiede bei der Definition des Todes können sich deshalb ergeben, weil auf Pächterseite entweder eine natürliche Person oder aber eine Personenmehrheit stehen kann.

a) Natürliche Person
Das Landpachtrecht ist seit jeher – und auch in der Novelle 1986 – personalistisch geprägt: jedenfalls auf Pächterseite war fast ausschließlich eine natürliche Person,

6

der Inhaber eines bäuerlichen Familienbetriebes, Vertragspartei. Auch § 594d geht daher von dem Normalfall aus, daß der Pächter eine natürliche Person ist und knüpft an dessen Tod die Kündigungsbefugnis seiner Erben. Der Tod des Pächters bestimmt sich parallel zu § 1922 (vgl STAUDINGER/MAROTZKE [2000] § 1922 Rn 4 ff). Die Todeserklärung steht dem Tod des Pächters gleich; bloße Verschollenheit genügt dagegen nicht. Steht auf der Pächterseite eine Personenmehrheit, hat – entgegen der Vorauflage – eine weitergehende Differenzierung zu erfolgen:

b) Personengesellschaft

7 Konsequenzen aus der personalistischen Ausrichtung des Landpachtrechts ergeben sich bereits hier (s auch § 589 Rn 6 ff). Stirbt ein Gesellschafter, der lediglich als Kapitalgeber fungieren, also bei Pachtvertragsbeginn in der Geschäftsführung nicht aktiv mitarbeiten sollte, gibt es keine Berechtigung zu einer Kündigung nach Abs 1. Erst recht kommt kein Kündigungsrecht der Gesellschaft gegenüber dem Verpächter in Betracht. Anders ist es nur bei Tod eines bei Vertragsbeginn (vereinbarungsgemäß) aktiven Gesellschafters. Allein für diesen Fall greift die Norm nach ihrem Sinngehalt.

Vereinbaren die Gesellschafter im Gesellschaftsvertrag, daß bei Tod eines Gesellschafters die Gesellschaft von den anderen fortgesetzt wird, ohne daß die Erben des Verstorbenen in dessen Gesellschafterposition nachrücken (Fortsetzungsklausel), so steht das Widerspruchsrecht des Abs 2 dem/den verbleibenden Gesellschafter(n) zu. Sollte der Verstorbene außerhalb des Kreises der Gesellschafter beerbt werden, können die verbleibenden dieselbe Konsequenz unter dem Gesichtspunkt der actio pro socio (STAUDINGER/KESSLER[12] § 705 Rn 61 ff) für sich erreichen.

Wird die Gesellschaft aufgelöst, gilt folglich Abs 1 entsprechend. Ob dies auch für Abs 2 gilt, wird vom Einzelfall abhängen. Vereinbaren die Gesellschafter zB die Fortsetzung des Landpachtvertrages insgesamt durch einen oder mehrere von ihnen, besteht eine Berechtigung für das Recht zum Widerspruch; bei vereinbarter Aufteilung der Flächen unter ihnen kann nicht mehr von demselben Pachtverhältnis die Rede sein, um dessen Fortsetzung es gehen soll.

c) Juristische Person

8 Ist der Pächter eine **juristische Person**, so gelten die zur Personengesellschaft vorgenommenen Differenzierungen sinngemäß. Der Tod eines lediglich kapitalgebenden Gesellschafters ist auf das Landpachtverhältnis ohne Einfluß; anders ist es stets bei Tod der Person, die bei Vertragsabschluß Geschäftsführer war und demzufolge die Person, in der sich die ua aus § 589 folgende Pflicht zur persönlichen Bewirtschaftung konkretisierte.

2. Kündigungsberechtigung

a) Der Pächtererben

9 Das Kündigungsrecht steht den Erben des Pächters zu, wobei sich die Erbenstellung nach den §§ 1922 ff bestimmt. Der Verpächter kann die Wirksamkeit der Kündigung nicht von einem Nachweis der Erbeneigenschaft abhängig machen (KG JW 1918, 517). Dieser Risikoaufbürdung zu Lasten des Verpächters muß aber eine Schadensersatz-

pflicht des nicht hinreichend zur Kündigung berechtigten Pächtererben aus dem Gesichtspunkt der positiven Vertragsverletzung (§ 280 Abs 1) entsprechen.

b) Des Verpächters
Der Verpächter ist naturgemäß zur Kündigung erst nach Kenntnis vom Tode des Pächters in der Lage. Die gesetzliche Regelung schreibt – vom Sonderfall des Abs 2 S 2 abgesehen – den Pächtererben **keine besondere Benachrichtigungspflicht** vor. 10

c) Mehrheit von Pächtern und Verpächtern
Es ist von dem herrschend anerkannten Grundsatz auszugehen, daß ein einheitliches Pachtverhältnis bei mehreren Pächtern oder Verpächtern nur von allen oder gegen alle anderen Beteiligten gekündigt werden kann (BGH RdL 2002, 73; vgl MünchKomm/VOELSKOW § 569 Rn 6; BGB-RGRK/GELHAAR Rn 4; STAUDINGER/ROLFS [2003] § 542 Rn 8 unter Hinweis auf Mot II 413). Ebenso gilt, daß beim Tode eines von mehreren Pächtern wegen der grundsätzlichen Unteilbarkeit des Pachtverhältnisses lediglich den Erben dieses Pächters das Kündigungsrecht nicht gewährt werden kann. Haben indes die Parteien eine entsprechende Vereinbarung getroffen, so kann die Vorschrift auch beim Tode eines von mehreren Mitpächtern anwendbar sein. 11

Hat der Pächter mehrere Erben hinterlassen, kann die Kündigung wegen § 2040 nur von allen Miterben gemeinsam erklärt werden (vgl STAUDINGER/ROLFS [2003] § 580 Rn 8 unter Verweis auf § 564 Rn 5). Ist der Verpächter selbst Miterbe, so bedarf es seiner Mitwirkung bei der Kündigung durch die Erbengemeinschaft nicht. Die nach § 2040 notwendige gemeinschaftliche Verfügung erfordert keine Gleichartigkeit und Gleichzeitigkeit der Erklärung. Erforderlich ist nur, daß sich die – wegen des Formerfordernisses schriftlichen – Erklärungen zu einer einheitlichen Verfügung ergänzen (KGJ 53, 133).

Die Kündigung kann nach allgemeinen Rechtsgrundsätzen auch seitens bzw gegenüber einem Bevollmächtigten erfolgen. So wird beim Vorhandensein mehrerer Erben häufig einer als faktisch für die Erbengemeinschaft Handelnder hervortreten, für den der Rechtsschein der Vollmacht sprechen kann. Im übrigen richten sich die Folgen eines vollmachtlosen Handelns eines Miterben nach § 180. Haben die Erben eine Auseinandersetzung vorgenommen und ist dabei einem Miterben das Pachtobjekt zugeteilt worden, so wird dieser im Zweifel als Bevollmächtigter zur Abgabe und Entgegennahme von Kündigungen betreffend des Pachtobjekts angesehen werden können.

Der Kündigungsempfänger kann eine Kündigung nach § 174 zurückweisen, wenn der Bevollmächtigte ihm keine Vollmachtsurkunde vorlegt. Insoweit sind aber die Grundsätze von Treu und Glauben zu beachten. Liegt keine vorherige Zustimmung der Miterben zu der lediglich von einem von ihnen erklärten Kündigung vor, so wird diese nur dann wirksam, wenn die übrigen Miterben sie nachträglich genehmigen (BGHZ 19, 138).

Der **Testamentsvollstrecker** ist nach Annahme seines Amts (§ 2202 Abs 1) zum Ausspruch und zur Entgegennahme von Kündigungen als legitimiert anzusehen. Eine vor Annahme des Amts durch den Erben selbst ausgesprochene Kündigung ist 12 unwirksam, da seine Verfügungsbefugnis bereits vom Erbfall an beschränkt ist (BGHZ 25, 275).

Bezüglich der Beteiligung Minderjähriger wird auf die §§ 111 S 1 und 131 verwiesen.

3. Kündigungsfristen und -termine

a) Kündigungsfrist

13 Was die sechsmonatige Kündigungsfrist des Abs 1 anbetrifft, so richten sich Lauf und Berechnung nach den Vorschriften der §§ 186 ff, insbesondere 187, 188, 190. Hingegen gilt § 193 nicht für den Lauf von Kündigungsfristen (STAUDINGER/REPGEN [2003] § 193 Rn 14).

b) Kündigungstermin

14 Nach Wegfall des Abs 1 S 2 aF ist die Kündigung innerhalb eines Monats nach Kenntniserlangung seitens des Verpächters vom Tod des Pächters möglich.

c) Folgen der Fristversäumung

15 Eine absichtlich oder auch infolge unverschuldeter Rechtsunkenntnis verspätete Kündigung ist unwirksam. Dies schließt nicht aus, daß die Parteien die Auflösung des Pachtverhältnisses einverständlich vereinbaren können. Der Kündigungsempfänger könnte sich indes von der Vereinbarung lösen, wenn er dabei von der irrigen Meinung ausgegangen ist, daß es ich um eine wirksame Kündigung gehandelt habe (§ 242, evtl § 119).

III. Widerspruchsrecht der Erben nach Abs 2

1. Ordnungsmäßige Bewirtschaftung der Pachtsache durch die Pächtererben

16 Der Widerspruch setzt voraus, daß die ordnungsmäßige Bewirtschaftung des Pachtobjekts durch die Pächtererben (bzw die gesellschaftsrechtlichen Nachfolger, s Rn 7 f) gewährleistet erscheint. Zum Begriff der **ordnungsmäßigen Bewirtschaftung** der Pachtsache wird zunächst auf § 586 und die dortige Kommentierung (Rn 33 ff) verwiesen.

17 Die Bewirtschaftung „durch die Erben" des Pächters setzt nach Sinn und Zweck der Vorschrift lediglich voraus, daß mit dem notwendigen Maß an Sicherheit erwartet werden kann, daß das Pachtobjekt – mag es sich hierbei um einen Betrieb oder bloß um Stückländereien handeln – **ordnungsgemäß in Erbenhand weiter bewirtschaftet** wird. Dabei ist nicht darauf abzustellen, daß die Erben sämtlich zur Bewirtschaftung geeignet sein müssen, ebensowenig, daß sie sämtlich die Bewirtschaftung führen; es muß **genügen**, wenn auch nur **einer** oder einige von ihnen faktisch in der Lage sind, das Pachtobjekt zu bewirtschaften und dies auch demgemäß tun. Dabei dürfen sie sich auch geeigneter Hilfskräfte bedienen.

18 Die ordnungsmäßige Bewirtschaftung „**erscheint gewährleistet**", wenn rechtlich anerkannte Merkmale (zB Wirtschaftsfähigkeit) der Erben oder Merkmale der praktischen Erfahrung erwarten lassen, daß sich die Bewirtschaftung durch die Erben ordnungsgemäß und reibungslos vollziehen wird. Letzteres kann beispielsweise an-

genommen werden, wenn ein bereits älterer Pächter im wesentlichen seine Familienangehörigen (= Erben) zur Zufriedenheit ordnungsgemäß hat wirtschaften lassen bzw wenn das vorhandene und weiter beschäftigte Personal verläßlich ist und damit die Gewähr einer ordnungsmäßigen Bewirtschaftung bietet.

2. Übertragung der Bewirtschaftungsführung auf einen Erben oder Dritten

Ein Widerspruchsrecht der Pächtererben kann auch damit begründet werden, daß 19 die Wirtschaftsführung nach dem Pächtertod einem der Erben oder einem von der Erbengemeinschaft beauftragten Dritten übertragen worden ist bzw werden wird. Voraussetzung ist auch hier, daß hierdurch die ordnungsgemäße Bewirtschaftung der Pachtsache gewährleistet ist. Im einzelnen:

Hinsichtlich der **Übertragung der Bewirtschaftungsführung** entspricht die Regelung derjenigen in § 6 Abs 1 Nr 1 HöfeO. Daher ist nur diese faktische Maßnahme erforderlich, mag sie auch häufig in Form eines Vertragsverhältnisses erfolgen (FHvJP § 6 Rn 14).

Was die **Qualifikation** des Übernehmers angeht, so muß dieser „zur ordnungsmäßigen Bewirtschaftung der Pachtsache" (so Rn 18) geeignet erscheinen, was regelmäßig mit den zur Wirtschaftsfähigkeit iSd § 6 Abs 7 HöfeO herausgebildeten Grundsätzen konform gehen dürfte (s dazu LWLH § 6 Rn 61 ff). Wem immer die Bewirtschaftungsführung übertragen worden ist, er muß zum ordnungsmäßigen Umgang mit allen Pachtgegenständen in der Lage sein, daß ihre Gesamtheit die Pachtsache bildet, deren ordnungsmäßige Bewirtschaftung in § 594d Abs 2 S 1 gefordert wird.

Während die Entscheidung über die Kündigung oder den Widerspruch eine Verfügung über einen Nachlaßgegenstand iSd § 2040 darstellt, ist die Übertragung der Bewirtschaftung auf einen Miterben oder einen Dritten eine Verwaltungsmaßnahme iSd § 2038, an der der einzelne Miterbe mitzuwirken hat. Im Weigerungsfalle kann seine Mitwirkung im Klagewege erzwungen werden (BGHZ 6, 76).

Zu dem Fall der Fortsetzung einer Pächter-Gesellschaft s Rn 7 f.

3. Fristgerechte Benachrichtigung des Verpächters

Nach Abs 2 S 2 müssen die Pächtererben den Widerspruch spätestens **3 Monate vor** 20 **Ablauf des Pachtverhältnisses** erklären. Der Zeitpunkt des Pachtendes wird durch den Zeitpunkt der Kündigung bestimmt.

Bei einer **Erbengemeinschaft** gelten für die Erklärung des Widerspruchs die gleichen Anforderungen wie bei einer Kündigung, dh also, daß gemäß § 2040 ein gemeinschaftlicher Widerspruch aller Miterben erforderlich ist. Dies gilt in gleicher Weise auch für den Verzicht auf das Widerspruchsrecht, da dieser die Beendigung des Pachtverhältnisses zur Folge hat.

4. Formgerechte Benachrichtigung des Verpächters

21 Nach Abs 2 S 3 hat die Widerspruchserklärung **in schriftlicher Form** zu erfolgen. Dies entspricht dem in § 594f geregelten Formerfordernis. Wegen weiterer Einzelheiten wird daher auf die Kommentierung zu § 594f verwiesen.

Neben dem Widerspruch haben die Pächtererben dem Verpächter die **Umstände mitzuteilen,** nach denen die weitere ordnungsmäßige Bewirtschaftung der Pachtsache gewährleistet erscheint. Diese Mitteilung kann gesondert von der Widerspruchserklärung erfolgen. Sie ist aber gleichermaßen frist- und formgebunden wie diese. Die Mitteilung erfordert eine kurze Darlegung der Merkmale, die die Bewirtschaftungsfähigkeit des Übernehmers begründen; hierzu dürften auch Angaben über seine wirtschaftliche Solidität gehören. Wird die Mitteilung dieser Umstände unterlassen, so ist der Widerspruch unwirksam.

Zur Wirksamkeit des Widerspruchs ist es nicht erforderlich, daß der Mitteilung der Pächtererben Unterlagen beigefügt werden, aus denen sich die Wirtschaftsfähigkeit und Bonität des Übernehmers ergeben. Die – fristgebundene – Mitteilung soll den Verpächter nur in die Lage versetzen, sich ein Urteil bilden zu können. Verlangt er allerdings den Nachweis der behaupteten Fähigkeit, so haben die Pächtererben dem zu entsprechen. Dies unterliegt aber nicht der Fristgebundenheit, vielmehr gelten hier die allgemeinen Grundsätze, daß nämlich im Interesse des Verpächters an einer möglichst schnellen Entscheidung über die Person des künftigen Pächters die Vorlage alsbald erfolgen soll. Bei Differenzen darüber, ob die Nachweise ausreichen, den Widerspruch zu begründen, entscheidet auf Antrag das Landwirtschaftsgericht (Abs 2 S 4).

IV. Ablehnungsrecht des Verpächters (Abs 2 S 2)

22 Nach Abs 2 S 2 und 3 kann der Verpächter **in drei Fällen** die Fortsetzung des Pachtverhältnisses trotz des Widerspruchs der Pächtererben ablehnen:

– bei verspätetem Widerspruch;

– bei unterlassener oder verspätet erfolgter Mitteilung der Umstände, nach denen die weitere ordnungsmäßige Bewirtschaftung der Pachtsache gewährleistet erscheint;

– bei Nichteinhaltung der vorgeschriebenen Schriftform (S 3).

Zu diesen rein formellen Ablehnungsgründen tritt das Ablehnungsrecht des Verpächters **hinzu,** wenn ihm aufgrund der ihm mitgeteilten Umstände die ordnungsmäßige **Bewirtschaftung** der Pachtsache durch den Pächtererben oder den von diesem beauftragten Dritten **nicht gewährleistet** erscheint. Insbesondere in dieser Frage kann es zu den Meinungsverschiedenheiten kommen, für deren Klärung in S 4 die Anrufung des Landwirtschaftsgerichts vorgesehen ist. Das schließt nicht aus, daß die Entscheidung des Landwirtschaftsgerichts auch bei Differenzen in der Frage der Fristwahrung beantragt werden kann.

Im Gegensatz zum Widerspruch ist die Ablehnung weder form- noch fristgebunden. **23**
Dies folgt daraus, daß der Gesetzgeber im Kündigungsrecht Form- und Fristerfordernisse jeweils ausdrücklich normiert hat (§§ 594, 594a, 594d Abs 1, Abs 2 S 2, 3, 594f), bezüglich der Ablehnung jedoch nichts bestimmt ist.

Hinsichtlich der **Frist**, innerhalb der die Ablehnung zu erfolgen hat, gelten daher – wie schon im Zusammenhang mit der Beibringung der Nachweise über die Geeignetheit des Übernehmers ausgeführt (Rn 18) – die allgemeinen Grundsätze. Dabei ist auszugehen vom Interesse beider Parteien an einer möglichst schnellen Klarheit über die Fortgeltung des Pachtverhältnisses. Das bedeutet, daß die Erklärung zwar nicht unverzüglich, jedoch **alsbald**, dh unter Berücksichtigung einer angemessenen Überlegungsfrist des Verpächters zu erfolgen hat, wobei die Angemessenheit jeweils nach den Umständen des Einzelfalles letztlich nach Treu und Glauben zu beurteilen ist. Solche zu berücksichtigenden Umstände können zB Krankheit oder Ortsabwesenheit des Verpächters sein. Abzulehnen ist eine Einschränkung der angemessenen Entscheidungsfrist des Verpächters durch eine Fristsetzung des Pächters. Damit würde der Wille des Gesetzgebers, der den Verpächter aus gutem Grund vor einer überstürzten Entscheidung durch eine abstrakte Fristsetzung schützen will, unterlaufen.

Die Ablehnungserklärung ist auch an kein Formerfordernis gebunden. Sie kann ebenso mündlich wie schriftlich erfolgen. Zu empfehlen ist jedoch eine schriftliche Erklärung, und zwar nicht nur aus Gründen der besseren Beweisbarkeit, sondern auch zur genauen Fixierung des Ablehnungsgrundes. Ebenso wie der Pächter gezwungen ist, die Umstände mitzuteilen, auf die er seinen Widerspruch stützt, ist vom Verpächter eine Angabe des Ablehnungsgrundes zu fordern. Erst die Kenntnis des Ablehnungsgrundes und die Prüfung seiner Stichhaltigkeit durch den Pächter versetzt diesen in die Lage zu entscheiden, ob er eine Entscheidung des Landwirtschaftsgerichts beantragen will oder nicht.

V. Anrufung des Landwirtschaftsgerichts (Abs 2 S 4)

Kommt eine Einigung zwischen den Erben des Pächters und dem Verpächter nicht **24** zustande, so kann nach Abs 2 S 4 **jede Partei** das Landwirtschaftsgericht anrufen und dessen Entscheidung beantragen.

Der Antrag kann schriftlich gestellt oder zu Protokoll der Geschäftsstelle des **25** Landwirtschaftsgerichts erklärt werden. Anwaltszwang besteht nicht. Daraus folgt, daß zu große Anforderungen an die Darlegungspflicht des Antragstellers nicht zu stellen sind. Es reicht aus, daß deutlich wird, um was für ein Verfahren es sich handeln soll und welches Ziel angestrebt wird.

Der Antrag ist nicht fristgebunden. Jedoch gelten auch hier die allgemeinen Er- **26** wägungen, nach denen im Interesse einer baldmöglichen Klärung über die Fortgeltung des Pachtverhältnisses und der zu treffenden Dispositionen die alsbaldige Anrufung des Landwirtschaftsgerichts zu fordern ist.

Die **Beweis- bzw Darlegungslast** liegt bei den Pächtererben, die die Umstände, nach denen die ordnungsmäßige Bewirtschaftung der Pachtsache durch sie oder einen Dritten gewährleistet ist, zu beweisen haben.

27 Hinsichtlich der **Verfahrensart** ist zu unterscheiden, ob das Landwirtschaftsgericht wegen Streitigkeiten nach Abs 1 oder Abs 2 angerufen wird. Bei solchen nach Abs 1, wie etwa der Wirksamkeit der Kündigung, entscheidet das Landwirtschaftsgericht im streitigen Verfahren (§ 48 iVm § 1 Nr 1 a LwVG). Dagegen hat es bei Streitigkeiten nach Abs 2 – Widerspruchsrecht der Pächtererben und Ablehnungsrecht des Verpächters – im Verfahren der freiwilligen Gerichtsbarkeit zu entscheiden (§ 9 iVm § 1 Nr 1 LwVG). Zu den praktischen Schwierigkeiten dieser Regelung siehe MünchKomm/VOELSKOW Rn 6.

VI. Ausschluß des Fortsetzungsanspruchs aus § 595 (Abs 3)

28 Nach Abs 3 ist der Fortsetzungsanspruch des § 595 ausdrücklich ausgeschlossen. Der Grund liegt darin, daß durch das den Pächtererben in Abs 2 eingeräumte Widerspruchsrecht deren Interesse an einer Fortführung des Pachtverhältnisses ausreichend geschützt wird (BT-Drucks 10/509 S 25). Liegen die Voraussetzungen einer ordnungsmäßigen Bewirtschaftung für die Zukunft nicht vor, was ggf durch das Landwirtschaftsgericht geprüft und festgestellt werden kann, so sind die Bedingungen, unter denen nach § 595 ein Fortsetzungsanspruch der Pächtererben begründet sein kann, ebenfalls nicht gegeben. Insoweit bedeutet der Ausschluß im Ergebnis keine Verkürzung der Rechte der Pächtererben.

VII. Ersatzansprüche der Pächtererben bei Kündigung während des laufenden Pachtjahres

29 Endet aufgrund einer Kündigung nach § 594d das Pachtverhältnis im Laufe des Pachtjahres, so folgen die Ersatzansprüche der Pächtererben aus § 596a.

VIII. Grundsätzlich nachgiebiges Recht

30 Die Vorschrift enthält grundsätzlich nachgiebiges Recht. Daran ändert auch die ordnungspolitische Zielrichtung der Vorschrift nichts; die Unabdingbarkeit des Abs 2 folgt auch nicht aus dem Rechtsgedanken des § 574 Abs 4, da die Sozialklausel des § 574 speziell auf das Mietverhältnis zugeschnitten ist und von der Interessenlage nicht ohne weiteres auf das Landpachtrecht zu übertragen ist.

Denkbar – und durchaus zweckmäßig – kann es sein, im Pachtvertrag die Zustimmung des Verpächters im voraus dazu zu erteilen, daß bei einer Betriebsübertragung an einen geeigneten Pächtererben, der das Pachtverhältnis allein fortsetzen soll, die übrigen Pächtererben aus dem Pachtverhältnis entlassen werden. Dies erleichtert insbesondere im Anerbenrecht den Übergang von Zupachtverhältnissen auf den Hoferben.

Titel 5 · Mietvertrag, Pachtvertrag § 594e
Untertitel 5 · Landpachtvertrag

§ 594e
Außerordentliche fristlose Kündigung aus wichtigem Grund

(1) Die außerordentliche fristlose Kündigung des Pachtverhältnisses ist in entsprechender Anwendung der §§ 543, 569 Abs. 1 und 2 zulässig.

(2) Abweichend von § 543 Abs. 2 Nr. 3 Buchstaben a und b liegt ein wichtiger Grund insbesondere vor, wenn der Pächter mit der Entrichtung der Pacht oder eines nicht unerheblichen Teils der Pacht länger als drei Monate in Verzug ist. Ist die Pacht nach Zeitabschnitten von weniger als einem Jahr bemessen, so ist die Kündigung erst zulässig, wenn der Pächter für zwei aufeinander folgende Termine mit der Entrichtung der Pacht oder eines nicht unerheblichen Teils der Pacht in Verzug ist.

Materialien: BT-Drucks 10/508; 10/509; 10/3830; 10/3498.

Schrifttum

Siehe § 585.

Systematische Übersicht

I.	Allgemeine Kennzeichnung	1	2. Zahlungsverzug des Pächters (§ 594e Abs 2)	18
II.	**Kündigungsrecht des Pächters**		a) Jährliche Pachtfälligkeit	19
1.	Vorenthaltung des Gebrauchs (§§ 594e Abs 1, 543 Abs 2 Nr 1)	3	aa) Pacht	20
			bb) Nicht unerheblicher Teil	21
a)	Vertragsmäßiger Gebrauch	4	cc) Verzug	22
b)	Nichtgewähren des Gebrauchs	5	dd) 3-Monatsfrist	23
c)	Wiederentziehen des Gebrauchs	8	b) Kürzere Pachtfälligkeit	24
d)	Erheblichkeit	9	c) Kündigungsausschluß (Befriedigung, Aufrechnung)	25
e)	Abmahnung, Fristsetzung	10		
f)	Ausschluß des Kündigungsrechts	11	d) Beweislast	26
g)	Teilkündigung	12		
h)	Beweislast	13	**IV.** **Kündigungsrecht beider Parteien**	
2.	Gesundheitsgefährung (§§ 594e Abs 1, 569 Abs 1)	14	1. Schuldhafte Vertragsverletzung (§§ 594e Abs 1, 543 Abs 1)	27
			2. Störung des Hausfriedens (§ 569 Abs 2)	28
III.	**Kündigungsrecht des Verpächters**			
1.	Vertragswidriger Gebrauch (§§ 594e Abs 1, 543)	15	**V.** **Kündigung**	
a)	Begriff des vertragswidrigen Gebrauchs	15	1. Form	29
			2. Frist	30
b)	Gefährdung der Verpächterinteressen	16	3. Inhalt	31
			4. Wirkung	32
c)	Beweislast	17		

VI. Schadensersatzansprüche	34	VIII. Verfahren	37
VII. Abdingbarkeit der Vorschrift	35		

Alphabetische Übersicht

Abdingbarkeit	35 f	– Teilkündigung	12
Abmahnung	10	– Wiederentzug des Gebrauchs	8
Aufrechnung des Pächters	25	Pächter, Schadensersatzansprüche	34
Behördliches Verbot als Fall der Gebrauchsvorenthaltung	7	Schadensersatzansprüche	34
Beweislast	13, 17, 26	Teilkündigung	12
Erheblichkeit der Störung	9	Verfahrensfragen	37
		Verpächter, Kündigungsrecht	15 ff
Fristsetzung bei Pächterkündigung	10	– bei Zahlungsverzug	18 ff
		– vertragswidriger Gebrauch	15 ff
Gebrauchsvorenthaltung, Kündigungsrecht des Pächters	3 ff	Verpächter, Schadensersatzansprüche	34
		Vertragsfortsetzung, Unzumutbarkeit	2
Gesundheitsgefährdung bei Pächterkündigung	14	Vertragsverletzung als Kündigungsgrund	27
		Vertragswidriger Gebrauch	15 ff
Kündigung, Form	29	– Abmahnung	15
– Frist	30	– Begriff	15
– Wirkung	32 f	– Beweislast	17
Kündigungsrecht beider Parteien	27 f	– Erheblichkeit	16
		Verzug des Pächters mit Pachtzahlung	18 ff
Mietrecht, Verweisung	1	Wichtiger Grund als Kündigungsgrund	2
		Wirkung der Kündigung	32 f
Pächter, Kündigungsrecht, Ausschluß	11		
– behördliches Verbot	7	Zahlungsverzug des Pächters	18 ff
– bei Gebrauchsvorenthaltung	3 ff	– Beweislast	26
– bei Gesundheitsgefährdung	14	– Erheblichkeit	21
– Beweislast	13	– Kündigungsausschluß	25
– Erheblichkeit der Störung	9	– Verzug	22
– Fristsetzung	10		

I. Allgemeine Kennzeichnung

1 Wegen der einem Mietverhältnis weitgehend vergleichbaren Situation, insbesondere auch des Interessenausgleichs zwischen den Vertragsparteien, **verweist § 594e** im wesentlichen auf die entsprechenden **Vorschriften des Mietrechts**.

Im Zuge der Mietrechtsreform 2001 hat sich über die Verweisungsnormen (§§ 542 bis 544, 553 und 554a aF) hier auch substantiell der Text einer Landpachtnorm geändert: Abs 2 S 3 ist weggefallen, weil eine dementsprechende Regelung in § 543 Abs 2 enthalten ist. Von der Verweisung ausdrücklich ausgenommen ist § 543 Abs 2

Nr 3a, b, der das fristlose Kündigungsrecht des Vermieters bei Zahlungsverzug des Mieters regelt. Insoweit ist für den Fall des **Zahlungsverzuges des Pächters die Sonderregelung des § 594e Abs 2** getroffen worden. Grund für die Schaffung dieser Sondervorschrift sind die gegenüber der Miete idR erheblich längeren Zahlungstermine bei der Landpacht (BT-Drucks 10/509 S 25).

Durch die inhaltliche Erweiterung des Mietrechts in § 543 Abs 1 S 2 ist jetzt auch **2** gesetzlich und entsprechend der bisherigen herrschenden Literaturmeinung (STAUDINGER/SONNENSCHEIN/VEIT § 581 Rn 418) ein Recht zur fristlosen Kündigung aus wichtigem Grund **auch bei fehlendem Verschulden** geregelt, wenn in der Person eines Vertragsteils Umstände eingetreten sind, die es unter Abwägung der beiderseitigen Interessen und nach strenger Prüfung für den anderen Vertragsteil unzumutbar erscheinen lassen, das Pachtverhältnis fortzusetzen.

II. Kündigungsrecht des Pächters

1. Vorenthaltung des Gebrauchs (§§ 594e Abs 1, 543 Abs 2 Nr 1)

Nach den §§ 594e Abs 1, 543 Abs 2 Nr 1 kann der Pächter den Pachtvertrag ohne **3** Einhaltung einer Frist kündigen, wenn ihm der vertragsmäßige Gebrauch entweder nicht rechtzeitig gewährt oder aber wieder entzogen wird.

Dieses Kündigungsrecht stellt eine wesentliche **Verstärkung der Pächterrechte** gegenüber den allgemeinen Rechtsbehelfen bei Leistungsstörungen dar (Mot II 419). Es gilt bereits in der Zeit zwischen Vertragsabschluß und Überlassung der Pachtsache (vgl STAUDINGER/EMMERICH [2003] § 543 Rn 16). Steht in diesem Zeitraum bereits fest, daß bei Beginn des Pachtverhältnisses die Voraussetzungen des § 543 Abs 2 Nr 1 gegeben sein werden, so hat der Pächter ebenfalls das Recht zur fristlosen Kündigung; das gilt allerdings dann nicht, wenn lediglich Zweifel an der Leistungsfähigkeit des Verpächters bestehen (BGH LM Nr 1 zu § 542 BGB). Die Kündigung nach §§ 594e, 542 schließt die Geltendmachung der Rechte aus § 586 Abs 2 iV mit den dort in Bezug genommenen mietrechtlichen Vorschriften nicht aus (vgl STAUDINGER/ EMMERICH [2003] § 543 Rn 15).

a) Vertragsmäßiger Gebrauch
Der Begriff des vertragsmäßigen Gebrauchs ist identisch mit dem Begriff der **ver- 4 tragsmäßigen Nutzung des § 586**. Es kann daher zunächst auf die Kommentierung zu § 586 Rn 7 mwN verwiesen werden. Abzustellen ist regelmäßig auf den Wortlaut des Vertrages, die Beschreibung nach § 585b und den darin zum Ausdruck gekommenen Parteiwillen. Bei Zweifeln ist dieser Wille durch Auslegung nach §§ 133, 157 zu ermitteln. Ausgehend von dem, was die Vertragsparteien vereinbart haben, hat jedes Zurückbleiben der Verpächterleistung hinter diesem Maßstab das Kündigungsrecht des Pächters zur Folge.

Ergänzend verwiesen sei auf STAUDINGER/EMMERICH (2003) § 543 Rn 18 ff.

b) Nichtgewähren des Gebrauchs
Wird dem Pächter der vertragsmäßige Gebrauch der Pachtsache nicht rechtzeitig **5** gewährt, kann er das Pachtverhältnis fristlos kündigen. Dabei ist, um das Kündi-

gungsrecht ausüben zu können, der **Grund für die Nichterfüllung ebensowenig von Bedeutung** wie die Frage, ob der Verpächter die Nichterfüllung zu vertreten hat (BGH LM Nr 6 zu § 542 BGB). Nicht erforderlich ist, daß die Pachtsache insgesamt nicht zur Verfügung gestellt wird. Es genügt auch eine teilweise Nichtgewährung, wobei allerdings der zurückgehaltene Teil nicht bloß unerheblich sein darf, sondern sein Fehlen die Nutzung der Pachtsache insgesamt beeinträchtigen muß.

6 Ist der **Pächter** selbst aus von ihm **zu vertretenden Gründen** am Gebrauch der Pachtsache gehindert, ist ihm die Kündigungsmöglichkeit **versagt**. Dies gilt ebenso dann, wenn der Pächter die Pachtsache vertragswidrig gebrauchen will (vgl STAUDINGER/EMMERICH [2003] § 543 Rn 19). Das Kündigungsrecht lebt aber wieder auf, wenn der Pächter die Pachtsache (vertragsgemäß) gebrauchen will und kann, der Verpächter aber zur Erfüllung nicht gewillt oder in der Lage ist (BGH LM Nr 3 zu § 542 BGB).

7 Beruht die Nichtgewährung auf einem **behördlichen Verbot**, so kann der Pächter fristlos kündigen, wenn sich das Verbot nicht gegen seine Person, sondern die Pachtsache richtet (vgl STAUDINGER/EMMERICH [2003] § 543 Rn 22). Gleiches gilt, wenn der Verpächter sich weigert, behördlichen Umbauanordnungen nachzukommen, von denen die weitere Genehmigung des Betriebes abhängig gemacht wird (KG HRR 1937, Nr 502).

c) **Wiederentziehen des Gebrauchs**
8 Wird dem Pächter der Gebrauch der zunächst überlassenen Pachtsache nachträglich ganz oder teilweise wieder entzogen (§ 543 Abs 2 Nr 1 2. Alt), kann er das Pachtverhältnis ebenfalls fristlos kündigen. Auch hier gilt, daß bei nur teilweiser Entziehung diese sich erheblich auf den vertragsmäßigen Gebrauch der Pachtsache insgesamt auswirken muß (s weiter dazu STAUDINGER/EMMERICH [2003] § 543 Rn 20)..

d) **Erheblichkeit**
9 Die fristlose Kündigung wegen Nichtgewährung oder späterer Entziehung des Gebrauchs setzt voraus, daß die Störung erheblich ist. Dies gilt trotz Wegfalls des § 542 Abs 2 aF, weil sonst dem Pächter die Vertragsfortsetzung zumutbar ist (vgl STAUDINGER/EMMERICH [2003] § 543 Rn 25). Liegt ein Mangel vor, ist wegen des Anspruchs des Pächters auf den vertragsmäßigen Gebrauch zunächst einmal davon auszugehen, daß er auch erheblich ist. Eine Bewertung als unerheblich ist nur gerechtfertigt, wenn es sich allenfalls um einen marginalen Mangel handelt (vgl STAUDINGER/EMMERICH [2003] § 543 Rn 26).

e) **Abmahnung, Fristsetzung**
10 Der Pächter kann das Pachtverhältnis erst fristlos kündigen, wenn er dem Verpächter zuvor eine angemessene Frist gesetzt oder diesen abgemahnt hat, um ihm Gelegenheit zu geben, Abhilfe zu schaffen (§ 543 Abs 3).

Zu den Einzelheiten vgl STAUDINGER/EMMERICH [2003] § 543 Rn 71 ff. Evtl kann eine verfrühte Kündigung ihrerseits als Abmahnung verstanden werden (vgl STAUDINGER/EMMERICH [2003] § 543 Rn 12 ff; 94 b).

f) Ausschluß des Kündigungsrechts

Nach den §§ 594e Abs 1, 543 Abs 4 finden auf das Kündigungsrecht des Pächters die Vorschriften der §§ 536b, d entsprechende Anwendung. Das bedeutet, daß unter den dort genannten Voraussetzungen – Kenntnis des Mangels bei Vertragsabschluß oder grob fahrlässige Unkenntnis (§ 536b) bzw vertragliche Abrede (§ 536d) – das Kündigungsrecht ausgeschlossen ist. Darüber hinaus ist es ausgeschlossen, wenn der Pächter die Störung zu vertreten hat. Zu den Einzelheiten s STAUDINGER/EMMERICH [2003] § 543 Rn 83 f sowie dessen Kommentatur zu §§ 536b, d.

11

g) Teilkündigung

Für den Fall der Gebrauchsvorenthaltung eines Teils der Pachtsache kam entsprechend den §§ 469 aF und 471 aF, auf die § 543 aF ausdrücklich verwies, eine Teilkündigung in Betracht. Diese ist im Zuge der Mietrechtsreform gestrichen, was dem Charakter der grundsätzlichen Unteilbarkeit des Vertragsverhältnisses entspricht (vgl STAUDINGER/EMMERICH [2003] § 543 Rn 85).

12

h) Beweislast

Die Voraussetzungen des Kündigungsrechts aus den §§ 594e Abs 1, 543 hat der Pächter darzulegen und zu beweisen (vgl STAUDINGER/EMMERICH [2003] § 543 Rn 110). Dies schließt die Fristsetzung oder die Umstände, nach denen eine solche entbehrlich ist, ein. Dagegen hat der Verpächter zu beweisen, daß er den vertragsmäßigen Gebrauch der Sache rechtzeitig gewährt oder bei Störungen vor Fristablauf Abhilfe geschaffen hat. Bei Streitigkeiten über die Erheblichkeit der Störung hat der Verpächter die Unerheblichkeit zu beweisen, da grundsätzlich von der Erheblichkeit ausgegangen wird (BGH LM Nr 22 zu § 537).

13

2. Gesundheitsgefährdung (§§ 594e Abs 1, 569 Abs 1)

Nach den §§ 594e Abs 1, 569 Abs 1 kann der Pächter das Pachtverhältnis fristlos kündigen, wenn eine Wohnung oder ein anderer zum Aufenthalt von Menschen bestimmter Raum so beschaffen ist, daß die Benutzung mit einer erheblichen Gefährdung der Gesundheit verbunden ist. Dies gilt selbst dann, wenn der Pächter von der Gefahr Kenntnis oder auf dieses Recht verzichtet hatte. Hinsichtlich der Einzelheiten sowie der Veränderungen aufgrund der Mietrechtsreform 2001 sei auf die Kommentatur von STAUDINGER/EMMERICH zu § 569 Abs 1 verwiesen.

14

Diese Möglichkeit kommt in der Landpacht nur in Betracht, wenn landwirtschaftliche Flächen und zum Aufenthalt von Menschen bestimmte Räumlichkeiten (vgl STAUDINGER/EMMERICH § 569 Rn 6) Gegenstand eines Landpachtvertrages sind; in erster Linie also bei einer Betriebspacht. Angesichts der grundsätzlichen Unzulässigkeit einer Teilkündigung (so Rn 12) wird der gesundheitsgefährdende Zustand einzelner Räumlichkeiten grundsätzlich nur zum Anlaß einer insgesamten Vertragskündigung genommen werden können, mögen auch mitverpachtete Flächen, andere Gebäude und ggf Inventar einwandfrei sein. Entschließt sich der Pächter zu diesem Schritt anstatt Beseitigung (s § 586 Rn 25 ff) zu verlangen, kommt ein Ausgleich nur über die Schadensersatzpflicht des Vermieters in Betracht (vgl STAUDINGER/EMMERICH [2003] § 543 Rn 104; su Rn 34).

III. Kündigungsrecht des Verpächters

1. Vertragswidriger Gebrauch (§§ 594e Abs 1, 543)

a) Begriff des vertragswidrigen Gebrauchs

15 Nach den §§ 594e Abs 1, 553 aF konnte der Verpächter das Pachtverhältnis fristlos kündigen, wenn der Pächter ungeachtet einer Abmahnung durch vertragswidrigen Gebrauch der Pachtsache die Rechte des Verpächters in erheblichem Maße verletzte oder die Pachtsache erheblich gefährdete. § 553 aF ist in § 543 Abs 2 Nr 2 aufgegangen, der jedoch – im Gegensatz zu den Motivangaben des Gesetzgebers – erheblich enger formuliert ist und nur noch die beiden Fälle vertragswidrigen Gebrauchs (Sorgfaltsvernachlässigung, unbefugte Gebrauchsüberlassung) aufführt, die in § 553 aF exemplarisch genannt waren (s STAUDINGER/EMMERICH [2003] § 543 Rn 27). Es gibt keine Anhaltspunkte dafür, daß dies mehr als ein Formulierungsfehler ist, der Gesetzgeber also die Kündigungsrechte des Verpächters eines Landpachtvertrages – mit den schon vom Vertragsgegenstand sehr viel weitergehenden Möglichkeiten eines vertragswidrigen Gebrauchs – derart einschränken wollte. Daher wird man hinsichtlich aller nicht unter § 543 Abs 2 Nr 2 zu subsumierenden Fälle des vetragswidrigen Gebrauchs über die Generalklausel des § 543 Abs 1 zur Berechtigung zu einer fristlosen Kündigung kommen müssen. Wichtig ist insoweit, daß ein Verschulden zur Anwendung von § 543 Abs 1 nicht stets vorliegen muß, vielmehr nur ein (Regel-)Fall für das Recht des Vertragspartners auf fristlose Kündigung ist.

Dabei ist im Landpachtrecht in besonderem Maße auf die ordnungsmäßige Bewirtschaftung der Pachtsache abzustellen, zu der der Pächter verpflichtet ist (§ 586 Abs 1 S 3; siehe dort Rn 33 ff).

Was vertragswidriges Pächterverhalten ist, bestimmt sich im wesentlichen anhand von § 586 Abs 1 S 2 und 3: jeder Verstoß gegen die Pflicht zur Ausbesserung und insbesondere zur ordnungsgemäßen Bewirtschaftung kann dem Verpächter einen Grund zur fristlosen Kündigung geben.

Im übrigen sei auf die Kommentatur von STAUDINGER/EMMERICH [2003] zu § 543 verwiesen. Dies gilt insbesondere auch für die weiteren Kündigungsvoraussetzungen nach dieser Vorschrift (Fristsetzung, Abmahnung, § 543 Abs 3).

b) Gefährdung der Verpächterinteressen

16 § 553 aF, auf den § 594e Bezug nahm, verlangte als Voraussetzung des Kündigungsrechts, daß durch den vertragswidrigen Gebrauch entweder die Rechte des Verpächters erheblich verletzt wurden, wobei die unbefugte Gebrauchsüberlassung der Pachtsache an einen Dritten als ein solcher Fall ausdrücklich herausgestellt wurde, oder die Pachtsache erheblich gefährdet wurde. Durch die Fassung von § 543 Abs 2 Nr 3 infolge der Mietrechtsreform 2001 sind auch diese Parameter in Richtung einer Gefährdung der Pachtsache verändert worden (vgl STAUDINGER/EMMERICH [2003] § 543 Rn 32). Diese Beschränkung wird den Bedürfnissen der Parteien eines Landpachtvertrages nicht gerecht: die gefährdeten Verpächterinteressen können anderer Natur sein als beim Mietvertrag und müssen auch Rechtspositionen umfassen. Es bietet sich daher an, die bisher zu §§ 594e, 553 aF entwickelten Überlegungen

hinsichtlich der Landpachtvertragsparteien über § 543 Abs 1 in die Interessenabwägung einzubeziehen.

In Zeiten erheblicher Überproduktion an Marktfrüchten kommt beispielsweise der Gewährung und Aufrechterhaltung von **Produktionsquoten** besondere Bedeutung zu. Ohne diese – zumeist an die Fläche gebundenen Quoten – verliert Ackerland häufig erheblich an Wert. Werden durch den Pächter diese Produktionsquoten gefährdet, bedeutet dies zugleich eine **Gefährdung der Pachtsache**. Dies gilt auch dann, wenn in der Person eines Grundeigentümers die Maßnahme beanstandungsfrei wäre: Soweit den Landwirten zur Reduktion von Überproduktionen **staatliche Leistungen für die Aufgabe bestimmter Produktionszweige** angeboten werden (zB Milchaufgabevergütung), entspricht deren Annahme nur dann einer ordnungsgemäßen Wirtschaftsweise, wenn sichergestellt ist, daß diese nur während der Pachtzeit wirken und der Pachtgegenstand bei Vertragsende mit voller Produktionsmöglichkeit wieder zurückgegeben werden kann. Denn es ist Sache des Verpächters (Eigentümers, vgl § 903), zu entscheiden, wie er die Fläche bzw den Betrieb weiter nutzen (lassen) will.

Dies wird sich nach den geltenden Regeln kaum realisieren lassen. Deshalb ist beispielsweise die Inanspruchnahme von Milchaufgabevergütungen öffentlichrechtlich ohnehin nur mit Verpächterzustimmung möglich (BVerwG AgrarR 1994, 404).

Eine fristlose Kündigung ist um so mehr berechtigt, je weiter der Pächter mit betrieblichen Umgestaltungen die Wiederaufnahme der Herstellung kontingentierter Produkte erschwert. So hat der BGH die fristlose Kündigung eines Verpächters dann akzeptiert, wenn der Pächter – ohne die vorherige Zustimmung des Verpächters einzuholen – Weideland umwidmet, um Milchrente zu erhalten (BGH LwZR 11/91 nv).

c) Beweislast
Der Verpächter hat die Voraussetzungen des Kündigungsrechts, dh den vertragswidrigen Gebrauch, die Abmahnung, die Fortsetzung des vertragswidrigen Gebrauchs sowie die Verletzung seiner Rechte bzw die Gefährdung der Pachtsache, zu beweisen.

2. Zahlungsverzug des Pächters (§ 594e Abs 2)

Ebenso wie für das Mietrecht in § 543 Abs 2 Nr 3 sieht auch das Landpachtrecht ein fristloses Kündigungsrecht des Verpächters bei Zahlungsverzug des Pächters vor. Die Regelung des § 594e Abs 2 beinhaltet keine materiellrechtlichen Abweichungen, sie trägt lediglich den abweichenden Fälligkeitsterminen in der Landpacht Rechnung. Zahlt der Pächter regelmäßig unpünktlich, ohne aber die Fristen § 594e Abs 2 zu überschreiten, so kann darin ein Kündigungsgrund nach § 543 Abs 1 wegen vertragswidrigen Verhaltens liegen.

a) Jährliche Pachtfälligkeit
Ist der Pächter bei jährlicher Pachtzahlung mit der Entrichtung des ganzen oder eines nicht unerheblichen Teils der Pacht länger als drei Monate in Verzug, so ist der Verpächter zur fristlosen Kündigung berechtigt.

aa) Pacht

20 Zur Pacht können auch Nebenkosten und Umlagen gehören, soweit sie als Entgelt für die Gebrauchsüberlassung entrichtet werden (BGH WM 1975, 897); ausgenommen sind nicht periodische Zahlungspflichten des Pächters wie Baukostenzuschüsse, Mietvorauszahlungen, Kautionen, Schadensersatzleistungen oder Kostenerstattungen (vgl STAUDINGER/EMMERICH [2003] § 543 Rn 50 f).

bb) Nicht unerheblicher Teil

21 Bleibt der Pächter lediglich mit einem Teil der Pacht rückständig, so darf dieser **nicht nur geringfügig** sein (RGZ 86, 334). Ob es sich um einen nicht unerheblichen Teil der Pacht handelt, bestimmt sich nach den **gesamten Umständen des Einzelfalles** und danach, ob der rückständig gebliebene Rest im Verhältnis zur gesamten Pachtrate geringfügig ist (vgl STAUDINGER/EMMERICH [2003] § 543 Rn 52). Da § 594e dem Verpächter bei unter einem Jahr liegenden Pachtfälligkeiten das Kündigungsrecht erst bei einem Verzug für zwei aufeinanderfolgende Termine einräumt, was in der Praxis einen erheblichen Pachtrückstand bedeuten kann, dürfte als ein nicht unerheblicher Teil bei jährlicher Pachtzahlung jedenfalls die halbe Pacht anzusehen sein.

cc) Verzug

22 S dazu im einzelnen STAUDINGER/EMMERICH (2003) § 543 Rn 53 ff.

dd) 3-Monatsfrist

23 Der Verpächter ist erst zur fristlosen Kündigung berechtigt, wenn der Pächter mit einem zumindest nicht unerheblichen Teil der Pacht länger als drei Monate im Verzug ist. Diese 3-Monatsfrist berechnet sich ab der Fälligkeit, die entweder vertraglich oder gesetzlich (§ 587) bestimmt ist.

b) Kürzere Pachtfälligkeit

24 Ist die Pacht nach Zeitabschnitten von weniger als einem Jahr bemessen, so ist die Kündigung erst zulässig, wenn der Pächter **für zwei aufeinanderfolgende Termine** mit der Entrichtung der Pacht oder eines **nicht unerheblichen Teils** desselben in Verzug ist.

Die Fälligkeit bestimmt sich hier nach § 587, wobei es sich um Wochen-, Monats- oder Quartalstermine handeln kann.

Die Grenze zur Erheblichkeit des Rückstandes dürfte auch hier bei **der Hälfte** des jeweils geschuldeten Betrages liegen, so daß eine fristlose Kündigung dann gerechtfertigt sein kann, wenn der Pächter von zwei aufeinanderfolgenden Pachtraten jeweils nur die Hälfte gezahlt hat, er sich also zahlenmäßig mit einer Rate im Rückstand befindet.

c) Kündigungsausschluß (Befriedigung, Aufrechnung)

25 Das Kündigungsrecht des Verpächters ist ausgeschlossen, wenn der Pächter vor der Kündigung den Verpächter befriedigt. Die Kündigung ist unwirksam, wenn der Pächter ein Recht zur Aufrechnung hat und dieses ausübt. Im Zuge der Mietrechtsreform 2001 ist § 594e Abs 2 S 4 ersatzlos entfallen, weil in § 543 Abs 2 S 2 und 3 eine wortgleiche Regelung aufgenommen wurde. Mangels landpachtrechtlicher Besonderheiten sei daher zur weiteren Erläuterung auf STAUDINGER/EMMERICH, (2003) § 543 Rn 60 ff verwiesen.

d) Beweislast

Die Voraussetzungen des Kündigungsrechts, also den Zahlungsverzug, hat der Ver- 26
pächter zu beweisen. Demgegenüber liegt die Beweislast für das Vorliegen eines Kündigungsausschlusses, zB wegen der Befriedigung des Verpächters oder einer unverzüglich erklärten Aufrechnung, beim Pächter.

IV. Kündigungsrecht beider Parteien

1. Schuldhafte Vertragsverletzung (§§ 594e Abs 1, 543 Abs 1)

Nach § 543 Abs 1 können beide Parteien das Vertragsverhältnis fristlos kündigen, 27
wenn dem Kündigenden unter Berücksichtigung aller Umstände und bei Abwägung der beiderseitigen Interessen die **Fortsetzung** des Vertragsverhältnisses **nicht zugemutet werden kann**. Verschulden des jeweils anderen ist dafür bereits nach dem Gesetzeswortlaut nicht notwendig; jedoch mag schuldhaftes Handeln ein Indiz für die Berechtigung zur fristlosen Kündigung sein. Dies unterscheidet die jetzige Rechtslage von der früher entsprechenden Anwendung des § 554a aF (s STAUDINGER/PIKALO/VJEINSEN [1995] § 594e Rn 43).

Im übrigen sei wegen der nunmehrigen Wortgleichheit auf die Kommentatur zu § 543 (STAUDINGER/EMMERICH [2003] § 543 Rn 4 ff) verwiesen.

2. Störung des Hausfriedens (§ 569 Abs 2)

Durch den ausdrücklichen Verweis auf § 569 Abs 2 in § 594e Abs 1 hat der Gesetz- 28
geber einen weiteren Beispielsfall für das Recht zu einer fristlosen Kündigung vorgegeben. Er dürfte im Landpachtrecht von sehr untergeordneter Bedeutung sein, da im Falle der Betriebspacht zumeist das ganze Wohnhaus Vertragsgegenstand ist. Für die Fälle, in denen die Bestimmung relevant werden kann, sei auf STAUDINGER/EMMERICH [2003] § 569 Rn 20 ff verwiesen.

V. Kündigung

1. Form

Die Kündigung bedarf zu ihrer Wirksamkeit der **Schriftform**. Dies folgt zwingend 29
aus § 594 f.

2. Frist

Das Recht zur fristlosen Kündigung bedeutet **nicht**, daß diese auch **unmittelbar nach** 30
Kenntnis vom Kündigungsgrund erklärt werden muß. Allerdings hat der Kündigungsberechtigte sein Kündigungsrecht innerhalb einer **angemessenen Zeit** auszuüben, § 314 Abs 3 (s weiter STAUDINGER/EMMERICH [2003] § 543 Rn 12 ff; 87 ff).

3. Inhalt

31 Ein bestimmter besonderer Inhalt ist nicht vorgeschrieben (vgl STAUDINGER/EMMERICH [2003] § 543 Rn 96), jedoch empfiehlt sich zu Beweiszwecken die Angabe des Kündigungsgrundes und in den entsprechenden Fällen auch die Bezugnahme auf die vorhergehende Abmahnung.

Zum Zeitpunkt der Kündigung müssen die Gründe jedoch gegeben sein (OLG Frankfurt AgrarR 1991, 107).

4. Wirkung

32 Durch die fristlose Kündigung wird das Landpachtverhältnis mit deren Zugang beendet (vgl STAUDINGER/EMMERICH [2003] § 543 Rn 95). Erforderlich ist, daß der geltend gemachte Kündigungsgrund im Zeitpunkt, in dem die Kündigungserklärung wirksam wird, dh dem Kündigungsgegner zugeht, tatsächlich vorliegt.

33 Die **Umdeutung einer unwirksamen fristlosen Kündigung in eine ordentliche** Kündigung ist auf der Grundlage des § 140 möglich. Erforderlich hierzu ist, daß die fristlose Kündigung den inneren und äußeren Erfordernissen einer ordentlichen Kündigung entspricht und erkennbar vom Willen des Kündigenden mit erfaßt ist.

Neben dem Recht auf Kündigung können den Parteien Schadensersatzansprüche zustehen (Rn 34); statt des Kündigungsrechts kann auch ein Unterlassungsanspruch geltend gemacht werden.

VI. Schadensersatzansprüche

34 Neben dem Recht, das Pachtverhältnis fristlos zu kündigen, bestehen Schadensersatzansprüche der kündigenden Partei wegen der schuldhaften Vertragsverletzung des Vertragsgegners uneingeschränkt fort. S dazu im einzelnen STAUDINGER/EMMERICH (2003) § 543 Rn 104 ff.

VII. Abdingbarkeit der Vorschrift

35 Diese Vorschrift ist grundsätzlich abdingbar; etwas anderes gilt nach § 569 Abs 5 lediglich für die reine Wohnraumüberlassung.

36 Erfolgen die Änderungen in Formular- oder vorformulierten Verträgen, sind die Vorschriften der §§ 307 ff zu beachten (s a STAUDINGER/EMMERICH [2003] § 543 Rn 103). Dabei ist unter dem Gesichtspunkt von § 307 eine gewisse Zurückhaltung der Rechtsprechung zur Kreierung weiterer (Kündigungs-)Gründe zu beobachten (OLG Oldenburg Nds Rpfl 1996, 12 für ein außerordentliches Kündigungsrecht im Falle der Veräußerung einer Pachtfläche; OLG Celle OLGR 1995, 65; OLG Schleswig OLGR 1996, 51).

Soweit in den Neuen Bundesländern Flächen verpachtet sind, die nach dem **Vermögensgesetz** ihren früheren Eigentümern zurückgegeben werden müssen, unterliegen sie insoweit auch einer öffentlichen Aufgabe im Sinne von § 595 Abs 3 Nr 4; ein Vertragsverlängerungsanspruch des Pächters besteht dann nicht (s § 595 Rn 49).

Titel 5 · Mietvertrag, Pachtvertrag §594e, 37
Untertitel 5 · Landpachtvertrag §594f

Es erscheint daher sachgerecht, dem Verpächter bei latent vorhandenen Rückgabeansprüchen das Recht zu geben, ohne Verstoß gegen § 307 für diese Fälle ein Sonderkündigungsrecht auch in vorformulierte Verträge aufzunehmen. In Weiterentwicklung dieses Gedankens sind die Privatisierungsaufträge der **BVVG** sowie der BVS als öffentliche Aufgaben anzusehen. Dies hätte zur Konsequenz, daß eine vertraglich vereinbarte Kündigung bei beabsichtigtem Privatisierungsverkauf mit § 307 vereinbar ist. Gleiches muß gelten, wenn die BVVG/BVS als Privatbetriebe der öffentlichen Verwaltung ihnen gehörende Flächen zu anderen öffentlichen Aufgaben iwS (zB Entwicklung von Infrastrukturmaßnahmen, Ausgleichsflächen) zur Verfügung stellen sollen.

VIII. Verfahren

Bei Streitigkeiten entscheidet das Landwirtschaftsgericht im streitigen Verfahren **37** (§ 48 iVm § 1 Nr 1 a LwVG).

§ 594f
Schriftform der Kündigung

Die Kündigung bedarf der schriftlichen Form.

Materialien: BT-Drucks 10/508; 10/509; 10/3830; 10/3498.

Schrifttum

Siehe § 585.

Systematische Übersicht

I. Überblick	2. Der Inhalt des Kündigungsschreibens 7
1. Verhältnis zum bisherigen Recht und Entstehungsgeschichte 1	3. Folgen des Formverstoßes 10
2. Normzweck 2	
3. Anwendungsbereich 3	**III. Vereinbarungen über die Vorschrift** 11
4. Verhältnis der Vorschrift zum Mietrecht (§ 564a) 4	**IV. Verfahrensfragen** 12
II. Die Schriftform der Kündigung	
1. Die Voraussetzungen des Schrifterfordernisses 5	

I. Überblick

1. Verhältnis zum bisherigen Recht und Entstehungsgeschichte

1 Die Vorschrift ist für das Landpachtrecht **neu**. Sie hat ein gewisses Vorbild in der mietrechtlichen Vorschrift des § 564a Abs 2 BGB aF bzw jetzt § 568 Abs 1, die aufgrund des Art 1 Nr 5 des 1. MietRÄndG angefügt und durch Art 1 Nr 6 des 3. MietRÄndG neu gefaßt wurde.

Sie erscheint in den Entwürfen seit dem 6. 11. 1976 (BT-Drucks 677/76) aus systematischen Gründen anstelle der ursprünglich (BT-Drucks 8/141) noch als § 594e Abs 3 vorgesehenen Regelung.

2. Normzweck

2 Die Vorschrift ist die praktische Konsequenz der Vielzahl von Schriftformregelungen des landwirtschaftlichen Pachtrechts (§§ 585a, 585b, 594, 594d Abs 2, 595 Abs 2). Sie dient der **Rechtssicherheit**, aus ähnlichen Gründen wie § 568 Abs 1 sowie ua der Erleichterung der Fristberechnung bei § 595 Abs 7.*

3. Anwendungsbereich

3 Die Vorschrift schützt Landpachtverträge im Sinne des § 585 aller Art vor ihrer Vernichtung durch Kündigungen aller Art, die von einem Kündigungsberechtigten in nicht schriftlicher Form ausgesprochen werden.

Sie gilt daher zB auch für Unterpachtverträge, ferner für Pachtverträge mit Verlängerungsklausel, bei denen die Verlängerung durch eine binnen einer bestimmten Frist vor Vertragsablauf abzugebende Erklärung abgelehnt werden muß.

Sie gilt für **alle Arten von Kündigungen**, also gleichgültig, ob es sich um eine ordentliche, um eine außerordentliche befristete, eine außerordentliche fristlose Kündigung aus wichtigem Grund, einer nach § 242, oder um eine vertraglich zulässige teilweise Kündigung (bezüglich nur eines Teils des Pachtobjektes) handelt.

Gleichgültig ist ferner, ob der Verpächter oder der Pächter kündigt oder ob es sich um die Kündigung einer sonstigen hierzu berechtigten Person (Insolvenzverwalter) handelt.

Bei Mischbetrieben (s § 585 Rn 20) – jedenfalls bei gemischten Betrieben und landwirtschaftlichen Nebenbetrieben – gelten die gleichen Grundsätze wie bei der Ver-

---

* Daher ist auch der Aspekt einer beachtenswerten sozialen Schutzbedürftigkeit des Pachtverhältnisses von Bedeutung, dessen Bestand nicht etwa durch eine übereilte mündliche Kündigung unnötig gefährdet werden soll. Insoweit erfährt das – auch nur für eine geringe Zupachtfläche – vereinbarte Landpachtverhältnis einen stärkeren Bestandsschutz als andere Dauerschuldverhältnisse einschließlich der außerlandwirtschaftlichen Pacht, wie beispielsweise der Dienstvertrag oder das Gesellschaftsverhältnis, bei denen die Schriftform für die Kündigung nicht vorgesehen ist.

tragskontrolle nach dem LPachtVG. Daher bedarf bei einem gemischten Betrieb, dessen landwirtschaftlicher Betriebsteil überwiegt und bei einem landwirtschaftlichen Betrieb mit gewerblichem Nebenbetrieb die Pachtvertragskündigung der Schriftform. Im umgekehrten Fall ist die mündlich ausgesprochene Kündigung des Pachtverhältnisses über den Gesamtbetrieb auch bezüglich des landwirtschaftlichen Betriebsteils wirksam.

Sind durch einheitlichen Vertrag ein landwirtschaftlicher und ein gewerblicher Betrieb angepachtet (Doppelbetrieb) ist die Frage, ob die bloß mündlich ausgesprochene Kündigung des Gesamtvertrages ausreicht, unter Zugrundelegung von § 139 zu beantworten.

4. Verhältnis der Vorschrift zum Mietrecht (§ 564a)

Auch hinsichtlich des mitverpachteten Wohnraums gilt § 594 f, so daß es im Kündigungsschreiben zB nicht der Mitteilung der Kündigungsgründe (s etwa §§ 573 Abs 3, 569 Abs 4) bedarf. 4

Gleichfalls braucht der Verpächter den Pächter nicht auf die Möglichkeit des Pachtschutzes nach § 595 entsprechend dem § 568 Abs 2 hinzuweisen. Schließlich gilt § 594f auch für die Kündigung nur vorübergehend verpachteter Ländereien (vgl § 595 Abs 3 Nr 4).

II. Die Schriftform der Kündigung

1. Die Voraussetzungen des Schrifterfordernisses

Die Schriftform verlangt nach § 126 Abs 1, daß die Kündigung in einem Schriftstück 5 erklärt und von dem Kündigenden eigenhändig durch Namensunterschrift oder notariell beglaubigtes Handzeichen unterzeichnet ist. Gemäß § 126 Abs 3 genügt die in notarieller Urkunde ausgesprochene Kündigung dem Schrifterfordernis. Die Kündigung kann auch im Prozeßverfahren mittels Einreichung eines Schriftsatzes oder durch Einlegung eines Rechtsmittels gegen ein klagabweisendes Urteil erfolgen.

Besteht die kündigende Partei (Verpächter oder Pächter) aus **mehreren Personen**, so muß das Kündigungsschreiben von allen unterzeichnet sein. Dies gilt insbesondere in den (derzeit häufigen) Fällen, in denen eine Gesellschaft bürgerlichen Rechts (GbR) Vertragspartner ist; daran hat sich mangels Eintragung des vertretungsberechtigten Organs auch durch die Anerkennung einer (Teil-)rechtsfähigkeit der GbR nichts geändert (BGH AUR [ehemals AgrarR] 2003, 115). Kündigt ein Vertreter, braucht die Vollmacht grundsätzlich nicht schriftlich erteilt zu sein (§ 167 Abs 2); indes kann die Kündigung bei Nichtvorlage der Vollmachtsurkunde zurückgewiesen werden, § 174 (LG Wiesbaden WuM 1967, 184; aA AG Frankfurt ZMR 1969, 86). Im übrigen muß der Vertretungswille – insbesondere wieder bei der Vertragspartnerschaft einer GbR – hinreichend deutlich zum Ausdruck kommen (sa BGH NJW 2003, 3053).

Die wechselseitige **Bevollmächtigungsklausel** mehrerer Personen auf einer Vertragsseite zur Abgabe bzw Entgegennahme von Willenserklärungen gibt nach hM nicht die Befugnis zum Ausspruch der Kündigung (SOERGEL/HEINTZMANN § 564a Rn 18). Eine unwiderrufliche Vollmacht unterliegt dem Formzwang des § 594 f.

Soll für eine Gesellschaft bürgerlichen Rechts gekündigt werden, kommt es zur Berechtigung und damit Wirksamkeit der Erklärung zunächst auf die Regelung der Geschäftsführung an, § 714. Nur der dazu Befugte kann die Gesellschaft im Außenverhältnis vertreten, er benötigt aber desungeachtet eine seine Vertretungsmacht nachweisende Urkunde (§ 174), die eine Vollmacht aller anderen Gesellschafter oder der seine Geschäftsführung regelnde Passus des Gesellschaftsvertrages sein kann (BGH NJW 2002, 1194).

Für einen nicht voll **Geschäftsfähigen** muß grundsätzlich sein gesetzlicher Vertreter die Kündigung erklären.

6 **Formfrei** sind hingegen:

– der Pachtaufhebungsvertrag;

– die vertragsgemäße Aufhebung der Kündigung vor Beendigung des Pachtvertrages;

– die Rücktrittserklärung, mag der Rücktritt vertraglich vorbehalten oder kraft Gesetzes zulässig sein; indes ist ein Rücktritt anstelle der Kündigung nur zulässig, falls das Pachtobjekt noch nicht überlassen ist;

– die Anfechtungserklärung wegen Irrtums (§ 119) bzw arglistiger Täuschung (§ 123), die nach hM grundsätzlich nur bis zur Überlassung des Pachtobjekts zulässig ist, während danach nur das Recht zur außerordentlichen fristlosen Kündigung besteht; lediglich eine Mindermeinung gibt dem Getäuschten das Anfechtungsrecht aus § 123 auch nach Überlassung des Pachtobjekts.

Ist in den vorgenannten Fällen die Rücktritts- bzw Anfechtungserklärung nach Überlassung des Pachtobjekts in eine außerordentliche fristlose Kündigungserklärung **umzudeuten**, so gilt grundsätzlich das Erfordernis der Schriftform nach § 594 f, soweit nicht im Einzelfall Treu und Glauben zugunsten des Getäuschten eine Ausnahme zulassen.

2. Der Inhalt des Kündigungsschreibens

7 Die Kündigungserklärung muß den Kündigungswillen **eindeutig und unbedingt** zum Ausdruck bringen. *Ein bestimmter Kündigungsgrund braucht weder bei der ordentlichen noch bei der außerordentlichen Kündigung angegeben zu werden*, wird aber namentlich bei letzterer zweckmäßig sein.

Nach Zugang der Kündigung ist ihr **Widerruf** oder ihre **Rücknahme nicht mehr möglich** (§ 130 Abs 1 S 2).

Will der Kündigende mittels der Kündigung eine Änderung der Vertragsbedingungen erreichen, so ist grundsätzlich deswegen die Kündigung nicht (etwa nach § 138) nichtig.

Die Angabe eines **Kündigungstermins** ist nicht vorgeschrieben. Das Pachtverhältnis **8** endet mangels einer Angabe im Kündigungsschreiben zum gesetzlich nächst zulässigen Zeitpunkt. Wird die Kündigung zu einem erklärten Termin verspätet ausgesprochen, etwa im Bereich des § 594a bei unbestimmter Pachtzeit, so tritt die Wirkung zum nächst zulässigen Termin nur dann ein, wenn dies dem Willen des Kündigenden entspricht und dieser Wille auch dem anderen Vertragsteil genügend klar erkennbar wird.

Eine **Teilkündigung** (beispielsweise für nur einzelne Parzellen) ist, falls nicht ver- **9** traglich vereinbart, wegen der grundsätzlichen Einheitlichkeit des Pachtverhältnisses **unzulässig** (aA FHL Rn 5). Dies schließt für den umgekehrten Fall der Pachtverlängerung im Verfahren nach § 595 nicht aus, daß im Einverständnis mit dem Verpächter die Pachtfortsetzung auch nur auf einen Teil der Pachtsache beschränkt werden kann.

3. Folgen des Formverstoßes

Die Nichteinhaltung der gesetzlich vorgeschriebenen Schriftform bewirkt nach **10** § 125 S 1 die **Nichtigkeit** der ausgesprochenen Kündigung.

Der Berufung auf die Nichtigkeit können ausnahmsweise **Treu und Glauben** (§ 242) entgegenstehen. Dies gilt etwa (vgl auch STAUDINGER/EMMERICH [2003] § 550 Rn 40):

– bei arglistigem Verhalten, wenn ein Vertragsteil in Kenntnis der Rechtslage den anderen davon abgehalten hat, die schriftliche Form zu wahren (LWLH Rn 8 mwN);

– wenn anderenfalls das Ergebnis nicht nur hart, sondern schlechthin unerträglich wäre (BGH NJW 1996, 1960; 1996, 2503, 2504);

– bei vereinbarter strengerer Form (zB Einschreiben/Rückschein) soll die Kündigung wirksam sein, wenn sie unstreitig rechtzeitig zugegangen ist (OLG Stuttgart RdL 1995, 153); dies erscheint angesichts der klaren, zuvor zitierten BGH-Rechtsprechung zweifelhaft, weil das OLG Stuttgart nicht auf eine Abwägung der Konsequenzen des Berufens auf die Formvorschrift abstellt;

– ferner bei gesundheitsschädlichem Zustand des Pachtobjekts (SOERGEL/HEINTZMANN § 564a Rn 7).

Haben beide Parteien in (zunächst) Unkenntnis der Unwirksamkeit der formnichtigen Kündigung das Pachtverhältnis als erloschen betrachtet, so kann vor Abzug des Pächters zumindest der Kündigungsadressat die Fortsetzung des Pachtverhältnisses verlangen, solange nicht Treu und Glauben, zB bei zwischenzeitlich anderweitiger vertraglicher Bindung, entgegenstehen.

Läßt sich der Kündigungsadressat auf die formnichtige Kündigung ein, so darf daraus nur dann auf den Abschluß eines Pachtaufhebungsvertrages geschlossen werden, wenn sich beide Parteien der Formnichtigkeit bewußt waren. Ist der Pächter in Unkenntnis der vom Verpächter ausgesprochenen formnichtigen Kündigung abgezogen, so wird er grundsätzlich daraus keine Rechte, auch nicht auf Schadensersatz, herleiten können. Denn er hätte zumindest Pachtschutzantrag (§ 595) stellen können.

III. Vereinbarungen über die Vorschrift

11 Wie zB auch bei § 568f kann auch das Schriftformerfordernis aus § 594f **nicht wirksam abbedungen werden**. Dies wird durch den Sinn und Zweck der Formvorschriften der §§ 126, 125 gehindert; danach wäre eine bloß mündlich ausgesprochene Kündigung selbst dann nichtig, wenn ihre Zulässigkeit pachtvertraglich vereinbart worden wäre. Die Kündigung müßte grundsätzlich unter Wahrung der Schriftform wiederholt werden, soweit nicht ausnahmsweise Treu und Glauben die Wirksamkeit rechtfertigen. Die derart nichtige Vereinbarung der Zulässigkeit einer mündlichen Kündigung wird über § 139 nicht zur Gesamtnichtigkeit des Landpachtvertrages führen. In vorformulierten Verträgen ergibt sich dies bereits aus § 306.

Der an sich nach § 126 Abs 3 zulässigen Vereinbarung einer strengeren Form, zB der notariellen Beglaubigung oder Beurkundung, können Bedenken aus § 309 Nr 13 entgegenstehen. Die Vereinbarung der Kündigungsübermittlung durch eingeschriebenen Brief ist hingegen zulässig, da sie dem erhöhten Bedürfnis der Sicherheit des Rechtsverkehrs dient und deshalb häufig in Miet- und Pachtverträgen vereinbart wird (OLG Stuttgart RdL 1995, 153; **aA** MünchKomm/Voelskow § 564a Rn 19). Im übrigen ist nach der Rechtsprechung die Vereinbarung einer bestimmten Übersendungsform im Zweifel nicht eine besondere Wirksamkeitsvoraussetzung, sondern nur eine Beweiserleichterung. Daher ist die Kündigung nicht unwirksam, wenn sie nur als einfacher Brief zugeht.

Nach § 140 kann die mündliche Kündigung wirksam in ein Angebot zum Abschluß eines Pachtaufhebungsvertrages, der formlos wirksam ist (BGH NJW 1981, 43, 976) umgedeutet werden. Davon ist aber noch nicht auszugehen, wenn der Empfänger der unwirksamen Kündigung diese in Unkenntnis der Formnichtigkeit „annimmt"; denn dies würde den Schutzzweck der Vorschrift vereiteln.

IV. Verfahrensfragen

12 Streitigkeiten über die Formwirksamkeit der Kündigungen gehören zu den streitigen Landpachtsachen, die nach §§ 1 Nr 1a; 48 LwVG im ZPO-Verfahren von den Landwirtschaftsgerichten zu entscheiden sind (LWLH Rn 9).

§ 595
Fortsetzung des Pachtverhältnisses

(1) Der Pächter kann vom Verpächter die Fortsetzung des Pachtverhältnisses verlangen, wenn

1. bei einem Betriebspachtverhältnis der Betrieb seine wirtschaftliche Lebensgrundlage bildet,

2. bei einem Pachtverhältnis über ein Grundstück der Pächter auf dieses Grundstück zur Aufrechterhaltung seines Betriebs, der seine wirtschaftliche Lebensgrundlage bildet, angewiesen ist

und die vertragsmäßige Beendigung des Pachtverhältnisses für den Pächter oder seine Familie eine Härte bedeuten würde, die auch unter Würdigung der berechtigten Interessen des Verpächters nicht zu rechtfertigen ist. Die Fortsetzung kann unter diesen Voraussetzungen wiederholt verlangt werden.

(2) Im Falle des Absatzes 1 kann der Pächter verlangen, dass das Pachtverhältnis so lange fortgesetzt wird, wie dies unter Berücksichtigung aller Umstände angemessen ist. Ist dem Verpächter nicht zuzumuten, das Pachtverhältnis nach den bisher geltenden Vertragsbedingungen fortzusetzen, so kann der Pächter nur verlangen, dass es unter einer angemessenen Änderung der Bedingungen fortgesetzt wird.

(3) Der Pächter kann die Fortsetzung des Pachtverhältnisses nicht verlangen, wenn

1. er das Pachtverhältnis gekündigt hat,

2. der Verpächter zur außerordentlichen fristlosen Kündigung oder im Falle des § 593a zur außerordentlichen Kündigung mit der gesetzlichen Frist berechtigt ist,

3. die Laufzeit des Vertrags bei einem Pachtverhältnis über einen Betrieb, der Zupachtung von Grundstücken, durch die ein Betrieb entsteht, oder bei einem Pachtverhältnis über Moor- und Ödland, das vom Pächter kultiviert worden ist, auf mindestens 18 Jahre, bei der Pacht anderer Grundstücke auf mindestens zwölf Jahre vereinbart ist,

4. der Verpächter die nur vorübergehend verpachtete Sache in eigene Nutzung nehmen oder zur Erfüllung gesetzlicher oder sonstiger öffentlicher Aufgaben verwenden will.

(4) Die Erklärung des Pächters, mit der er die Fortsetzung des Pachtverhältnisses verlangt, bedarf der schriftlichen Form. Auf Verlangen des Verpächters soll der Pächter über die Gründe des Fortsetzungsverlangens unverzüglich Auskunft erteilen.

(5) Der Verpächter kann die Fortsetzung des Pachtverhältnisses ablehnen, wenn der Pächter die Fortsetzung nicht mindestens ein Jahr vor Beendigung des Pachtverhältnisses vom Verpächter verlangt oder auf eine Anfrage des Verpächters nach § 594 die Fortsetzung abgelehnt hat. Ist eine zwölfmonatige oder kürzere Kündigungsfrist vereinbart, so genügt es, wenn das Verlangen innerhalb eines Monats nach Zugang der Kündigung erklärt wird.

(6) Kommt keine Einigung zustande, so entscheidet auf Antrag das Landwirtschaftsgericht über eine Fortsetzung und über die Dauer des Pachtverhältnisses sowie über die Bedingungen, zu denen es fortgesetzt wird. Das Gericht kann die Fortsetzung des Pachtverhältnisses jedoch nur bis zu einem Zeitpunkt anordnen, der die in Absatz 3 Nr. 3 genannten Fristen, ausgehend vom Beginn des laufenden Pachtverhältnisses, nicht übersteigt. Die Fortsetzung kann auch auf einen Teil der Pachtsache beschränkt werden.

(7) Der Pächter hat den Antrag auf gerichtliche Entscheidung spätestens neun Monate vor Beendigung des Pachtverhältnisses und im Falle einer zwölfmonatigen oder kürzeren Kündigungsfrist zwei Monate nach Zugang der Kündigung bei dem Landwirtschaftsgericht zu stellen. Das Gericht kann den Antrag nachträglich zulassen, wenn es zur Vermeidung einer unbilligen Härte geboten erscheint und der Pachtvertrag noch nicht abgelaufen ist.

(8) Auf das Recht, die Verlängerung eines Pachtverhältnisses nach den Absätzen 1 bis 7 zu verlangen, kann nur verzichtet werden, wenn der Verzicht zur Beilegung eines Pachtstreits vor Gericht oder vor einer berufsständischen Pachtschlichtungsstelle erklärt wird. Eine Vereinbarung, dass einem Vertragsteil besondere Nachteile oder besondere Vorteile erwachsen sollen, wenn er die Rechte nach den Absätzen 1 bis 7 ausübt oder nicht ausübt, ist unwirksam.

Materialien: BT-Drucks 10/508; 10/509; 10/3830; 10/3498.

Schrifttum

Siehe § 585.

Systematische Übersicht

I.	**Überblick**			e)	Übergangsrecht	10
1.	Normgehalt und Zweck		1	4.	Verhältnis der Vorschrift	11
a)	Normgehalt		1	a)	Zu Bestimmungen des Miet- bzw	
b)	Zweck		3		Pachtrechts	11
2.	Verhältnis zum früheren Recht		4	b)	Zu sonstigen Vorschriften des BGB	12
3.	Anwendungsbereich		6	c)	Zum LPachtVG	13
a)	Sachlich		6	5.	Unabdingbarkeit	14
b)	Persönlich		7			
c)	Laufende Pachtverträge		8			
d)	Keine Anwendbarkeit		9			

II.	**Pachtvertragliche Voraussetzungen für den Pachtschutz (Abs 1 S 1)**	15	2.	Mehrere Beteiligte auf einer Vertragsseite ... 52
1.	Landpachtvertrag ...	16	3.	Schriftform (Abs 4 S 1) ... 53
2.	Vertragswirksamkeit ...	17	4.	Frist ... 54
3.	Laufender Pachtvertrag ...	18	5.	Erklärungsinhalt ... 55
4.	Schutz vor vertragsmäßiger Beendigung ...	19	6.	Auskunftspflichten und -rechte ... 56
			a)	Auskunftspflichten des Pächters ... 56
5.	Fortsetzungsverlangen ...	21	b)	Auskunftsrechte des Pächters ... 57
III.	**Die beiderseitige Interessenabwägung**		**VII.**	**Das Verpächter-Verhalten im Vorverfahren, insbesondere die Ablehnung des Pachtschutzverlangens**
1.	Überblick ...	22		
2.	Die Abwägungsfaktoren ...	23	1.	Überblick ... 58
a)	Auf Pächterseite ...	23	2.	Ablehnung des Fortsetzungsverlangens (Abs 5) ... 60
aa)	Grundzüge, „Person" des Pächters	23		
bb)	Betriebspacht ...	25	a)	Rechtsnatur ... 60
cc)	Grundstückspacht ...	28	b)	Form und Fristen ... 61
b)	Auf Verpächterseite ...	29	c)	Wirkung ... 62
3.	Die Abwägung der beiderseitigen Interessenlagen ...	30	3.	Modifikation der Ablehnung ... 63
4.	Wiederholte Fortsetzung (Abs 1 S 2)	32	**VIII.**	**Landwirtschaftsgerichtliches Verfahren (Abs 6 und 7)**
IV.	**Fortsetzungsdauer und (sonstige) Vertragsänderungen (Abs 2)**		1.	Grundsatzregelung ... 64
			2.	Entscheidungsantrag ... 65
1.	Überblick ...	33	a)	Antragsbefugnis ... 65
2.	Dauer ...	34	aa)	Des Pächters ... 65
3.	Teilweise Fortsetzung (Abs 6 S 3)	35	bb)	Des Verpächters ... 66
4.	Fortsetzung bei (sonstiger) Vertragsänderung (Abs 2 S 2) ...	36	cc)	Mehrheit von Beteiligten auf einer Vertragsseite ... 67
V.	**Ausschluß des Fortsetzungsanspruchs (Abs 3)**		b)	Antragsform ... 68
			c)	Antragsinhalt ... 69
1.	Vorbemerkung ...	38	aa)	Auf Pächterseite ... 69
2.	Vorherige Pächter-Kündigung ...	39	bb)	Auf Verpächterseite ... 70
3.	Fristlose und vorzeitige Kündigungsbefugnis des Verpächters ...	40	3.	Antragsfristen (Abs 7) ... 71
			a)	Grundzüge (Abs 7 S 1) ... 71 f
4.	Erreichte Maximalfrist (Abs 3 Nr 3)	42	b)	Nachträgliche Zulassung des Pachtschutz-Antrages bei Fristversäumung (S 2) ... 73
5.	Fortsetzungsausschluß bei beabsichtigter Eigennutzung (Abs 3 Nr 4)			
a)	Vorübergehende Verpachtung ...	45	4.	Die gerichtliche Entscheidung im Fortsetzungsverfahren (Abs 6) ... 74
b)	Eigene bzw anderweitige Nutzung	46	a)	Verfahrensrecht, Entscheidungskompetenz ... 74
aa)	Eigennutzung des Verpächters ...	47		
bb)	Erfüllung gesetzlicher oder sonstiger öffentlicher Aufgaben ...	49	b)	Sachliche Entscheidung ... 75
			aa)	Vertragsfortsetzung ... 76
VI.	**Die Pächtererklärungen (Fortsetzungsverlangen) im Vorverfahren (Abs 4)**		α)	Dauer und Höchstdauer ... 76
			β)	Fortsetzungsbedingungen ... 77
1.	Bedeutung und Rechtsnatur ...	50	bb)	Abweisung ... 78

5. Rechtsnatur und Wirkungen der gerichtlichen Fortsetzungsentscheidung 79

IX. Zwingender Rechtsgehalt und seine Grenzen (Abs 8)
1. Rechtliche Sicherung des Funktionszwecks der Norm 81
a) Grundzüge 81
b) Wirkungen eines verbotenen Verzichts 84

c) Zur Unwirksamkeit von Umgehungsvereinbarungen 85
2. Zulässiger Verzicht vor kompetenter Stelle 87
a) Zur Beilegung eines Pachtstreits 88
b) Kompetente Stelle 90
aa) Gerichte 90
bb) Pachtschlichtungsstellen 91
c) Formerfordernis 92

Alphabetische Übersicht

Abdingbarkeit	2, 14, 45, 81 ff
Ablehnung des Fortsetzungsverlangens durch den Verpächter	60 ff
– Form	61
– Fristen	61
– teilweise	63
– Wirkung	62
Antrag im gerichtlichen Verfahren	68 ff
Antragsbefugnis in gerichtlichem Verfahrens	65 ff
Anwendung, keine der Vorschrift	9
– Landpachtvertrag als Voraussetzung	16 ff
– nur bei vertragsgemäßer Beendigung	19 f
– und außerordentliche Kündigung	19
– Voraussetzungen	15 ff
Anwendungsbereich bei Mischbetrieben	6
– der Vorschrift	6 ff
– laufende Pachtverträge	8
– persönlich	7
– sachlich	6
Anzeige des Fortsetzungsbeschlusses	80
Auskunft, Pflichten des Pächters	56
– Rechte des Pächters	57
Ausschluß des Fortsetzungsanspruchs	38 ff
Beiderseitige Interessenlagen, Abwägung	30 f
Betriebspacht, Interessenabwägung	25 ff
Dauer der Fortsetzung	34
Eigennutzung, kein Anspruch auf Vertragsfortsetzung	45 ff
Erklärungspflicht, vorgerichtliche des Verpächters	58 f

Form des Fortsetzungsverlangens	53
Fortsetzung, Dauer	34 ff
– Grundsätzliches	33 ff
– teilweise	35
– und Vertragsänderung	36 f
– und Vertragsanpassung	37
Fortsetzungsanspruch, Ausschluß	38 ff
Fortsetzungsverlangen, Ablehnung durch den Verpächter	60 ff
– Bedeutung	50
– des Pächters	50 ff
– Erklärungsinhalt	55
– Form	53
– Frist	54
– Rechtsnatur	51
– wiederholtes	32
Frist des Fortsetzungsverlangens	54
Fristlose Kündigung, kein Anspruch auf Vertragsfortsetzung	40 f
Fristversäumung bei gerichtlichem Pachtschutzantrag	73
Früheres Recht	4 f
Gerichtliches Verfahren	64 ff
– Antragsbefugnis	65 ff
– Antragsform	68
– Antragsfristen	71 ff
– Antragsinhalt	69 f
– Entscheidung	74 f
– Entscheidungsbefugnis	76 ff
– Fortsetzung unter Inhaltsänderung	77
– Sachentscheidung	75
– Wirkung, der Entscheidung	79 f
Gesetzliche oder öffentliche Aufgaben, kein Anspruch auf Vertragsfortsetzung	49

Titel 5 · Mietvertrag, Pachtvertrag § 595
Untertitel 5 · Landpachtvertrag 1

Grenzen des gerichtlichen Pachtschutzes	76	Pächterkündigung, kein Anspruch auf Vertragsfortsetzung	39
Grundstückspacht, Interessenabwägung	28		
Interessenabwägung	22 ff	Sozialschutz des Pächters	3
– bei Betriebspacht	25 ff		
– bei Grundstückspacht	28	Teilweise Ablehnung des Fortsetzungsverlangens	63
– der beiderseitigen Interessenlagen	30 f	Teilweise Fortsetzung	35
– Faktoren auf Pächterseite	23 ff		
– Faktoren auf Verpächterseite	29	Übergangsrecht	10
		Umgehung der Vorschrift	85 f
Kündigung, außerordentliche	19		
		Verfahrensfragen	74
Landpachtvertrag als Anwendungsvoraussetzung	16 ff	Verhältnis, der Vorschrift zu anderen	4, 11 ff
		Verpächter, Ablehnung des Fortsetzungsverlangens	60 ff
Maximalfrist, kein Anspruch auf Vertragsfortsetzung	42 ff	– Interessenabwägung	29
Mehrere Beteiligte	52	– vorgerichtliche Verhaltenspflichten	58 f
– im gerichtlichen Verfahren	67	Vertragsänderung	36 f
Mischbetriebe	6	Vertragsanpassung bei Fortsetzung	37
		Vertragsbedingungen, Anpassung bei gerichtlicher Entscheidung	77
Normgehalt	1	Verzicht auf Pachtschutz	87 ff
Öffentliche oder gesetzliche Aufgaben, kein Anspruch auf Vertragsfortsetzung	49	Vorübergehende Verpachtung, kein Anspruch auf Vertragsfortsetzung	45
Pächter, Auskunftsrechte und -pflichten	56 f	Wirkung der gerichtlichen Entscheidung	59 f
– Interessenabwägung	23 ff	Zweck der Vorschrift	3

I. Überblick

1. Normgehalt und Zweck

a) Normgehalt

Die Bestimmung ist eine der zentralen der Landpachtnovelle 1986. Die Möglichkeit **1** des Pächters, die Fortsetzung eines sonst zu Ende gehenden Pachtverhältnisses zu erwirken, ist im **Verhältnis zu der Vorgänger-Vorschrift (§ 8 LPachtG) entscheidend erweitert** worden. Anstelle einer ausnahmsweise zum Zuge kommenden „richterlichen Vertragshilfe" hat der Pächter nunmehr, ähnlich dem Kündigungsschutz des Wohnraummieters (§ 573), einen Fortsetzungsanspruch (LWLH Rn 17; FHL Rn 1; kritisch dazu KROESCHELL, Stellungnahme 1977 zum Referentenentwurf BT-Drucks 841).

Die nunmehrige Gesetzesfassung spricht von der **„Fortsetzung des Pachtverhältnisses";** im Gegensatz zu der „Verlängerung" des § 8 LPachtG. Damit soll klargestellt werden, daß bei Vertragsfortsetzung über seine -verlängerung hinaus auch die **Änderung sonstiger vertraglicher Bestimmungen** möglich ist.

2 Der Pächter-Anspruch **setzt voraus**:

(1) einen wirksamen, insbesondere nicht abgelaufenen Pachtvertrag (Rn 16, 17),

(2) das Vorliegen besonderer gesetzlicher Voraussetzungen (Abs 1, su Rn 22 ff),

(3) das Fehlen der Ausschlußgründe (Abs 3, su Rn 38 ff),

(4) für die gerichtliche Durchsetzung: den vorhergehenden, erfolglos gebliebenen Einigungsversuch in einer Art „privaten Vorverfahrens" (su Rn 50 ff).

Abs 8 statuiert die grundsätzliche **Unabdingbarkeit** der Vorschrift (su Rn 82 ff).

b) Zweck

3 Ziel der Bestimmung ist die Erhaltung des Pachtverhältnisses im Interesse eines **Sozialschutzes des Pächters**. Dieser Schutz bezieht sich auf den landwirtschaftlichen Betrieb als wirtschaftliche sowie die mitgepachteten Wohngebäude als persönliche Existenzgrundlage des Pächters und seiner Familie, so daß eine gewisse **Verwandtschaft zu § 573** besteht. *Derart kann in Zweifelsfällen auf die Auslegung dieser Bestimmung verwiesen werden.*

Die *Sicherung der Volksernährung* – noch ein tragender Gesichtspunkt im Zusammenhang mit § 8 LPachtG (LWLH, Landpachtrecht [2. Aufl] § 8 Rn 70) *ist demgegenüber zurückgetreten* (FHL Rn 1; LWLH Rn 1). Desungeachtet wird auch diese Norm – namentlich bei Beurteilung des Pächterschutzes – nach den Grundsätzen auszulegen sein, die das Bundesverfassungsgericht (AgrarR 1995, 12) im Zusammenhang mit der **Privilegierung jeglichen landwirtschaftlichen Sonderrechts** (s § 585 Rn 3; § 586 Rn 34) aufgestellt hat: Soweit und solange es *das gesetzgeberische Ziel* ist, *landwirtschaftliches Sonderrecht* – hier also eine die Vertragsfreiheit tangierende Verlängerung von Pachtverhältnissen – zu schaffen bzw erhalten, ist dies nur soweit und solange anzuwenden, als der gesetzgeberische Wille erreicht wird, leistungsfähige Betriebe in bäuerlicher Hand zu erhalten.

2. Verhältnis zum früheren Recht

4 Die vorhergehende Vorschrift (§ 8 LPachtG) geht in ihren Grundlagen auf die RPachtO vom 30.7.1940 (RGBl S 1065) zurück. Deren strenge Handhabung war durch die Verordnung vom 11.10.1944 (RGBl S 245) noch perfektioniert worden. Diese enthielt die Bestimmung einer gesetzlichen Verlängerung von Pachtverträgen; von diesem Geist war die weitere Entwicklung des Pachtschutzes nach 1945 weitgehend getragen. *Derart wurden Pachtverlängerungen zum Regelfall.* Dies führte zu einer *wirtschaftsschädlichen Erstarrung* des Pachtmarktes, die erst durch die Regelung von § 8 LPachtG wieder aufgelockert wurde. Im Rahmen der Landpachtnovelle ist die Sozialklausel des § 8 LPachtG in Aufbau und Formulierung der Sozialklausel des Wohnraummietrechts (§ 574) angepaßt und inhaltlich modifiziert worden.

Insgesamt ist der Pachtschutz nach der Neuregelung konkreter und einengender geregelt als bisher: Die Haupt-Charakteristika der Lebensgrundlage des angepachteten Betriebes bzw der Notwendigkeit der Zupachtfläche zur Aufrechterhaltung des Pächter-Betriebes waren nach früherem Recht nur unter anderem zu berücksichtigende Aspekte. Während bisher schlechthin ein bloßes Überwiegen der Pächterinteressen ausreichte, besteht nach der Neuregelung Anspruch auf Pachtschutz nur (noch), wenn dessen Versagung für den Pächter bzw seine Familie eine untragbare Härte darstellte. Überdies kann im Gegensatz zu § 8 Abs 1 c LPachtG ein abgelaufener Vertrag nicht mehr unter Festsetzung einer weiteren Laufzeit wieder in Kraft gesetzt werden (§ 595 Abs 7 S 2).

Während die gerichtliche Pachtschutz-Gewährung nach § 8 LPachtG die Bestimmung einer weiteren Pachtdauer und damit eines neuen Vertrages war (BGH RdL 1954, 11), folgt aus der in § 595 enthaltenen Formulierung „Fortsetzung", daß der **bisherige Vertrag bis zu seinem neuen Ende weiterläuft**, mit den bisher geltenden und eventuell veränderten Bedingungen.

Neu ist weiter, daß – abweichend von der bisherigen Regelung – **Pachtschutz nur noch vom Pächter verlangt** werden kann. Indes dürften **Ausnahmefälle** denkbar sein, in denen der **Verpächter** – dann über § 242 – eine Vertragsverlängerung durchsetzen kann; so beispielsweise dann, wenn ein Pachtvertragsverhältnis als Vorstufe zur Hofübergabe eingegangen wurde sowie der alternde Betriebseigentümer aus der Pachtung sein „Altenteil" beziehet und auf die Fortsetzung des Vertragsverhältnisses angewiesen ist.

Anders als in § 8 LPachtG **differenziert** die Neuregelung in ihren Regelungsaspekten **zwischen Betriebs- und reiner Grundstückspacht** (§ 585 Abs 1, vgl dort Rn 8).

Neu ist auch das dem gerichtlichen Pachtschutzverfahren notwendigerweise vorhergehende (und fehlgeschlagene) Vorverfahren auf einvernehmliche Regelung (Abs 4 und 6) mit der Beachtung der dafür statuierten Fristen (Abs 5).

3. Anwendungsbereich

a) Sachlich

Die Vorschrift gilt für alle **Landpachtverträge im Sinne von § 585**; gleichviel, ob sie nach dem LPachtVG anzeigebedürftig sind oder nicht sowie, ob sie angezeigt wurden oder nicht. Sie gilt ebenso für die landwirtschaftliche Betriebspacht wie für die Pacht von Einzelgrundstücken.

Bei **Mischbetrieben** muß der landwirtschaftliche Charakter überwiegen, um das Landpachtrecht und damit auch das Pachtschutzrecht anzunehmen.

Unerheblich ist, ob der Pächter (aktuell) die Flächen bewirtschaftet oder (zB im Rahmen der Rotationsbrache) ungenutzt läßt (s § 586 Rn 37).

b) Persönlich

Pachtschutz gilt auch, soweit eine **Anzeigepflicht** nach § 3 LPachtVG nicht besteht sowie für mündlich abgeschlossene Verträge (OLG Köln RdL 1982, 51).

Pachtschutz können Pächter als **natürliche** und – unter besonderen Umständen –

auch **juristische Personen bzw Personengesellschaften** (s dazu Rn 24) in Anspruch nehmen.

Auch der **Unterpächter** ist pachtschutzberechtigt, jedoch nur gegenüber dem Haupt-Pächter (s zum Verhältnis zueinander § 589 Rn 25 ff).

Grundsätzlich ist unerheblich, ob der Pächter ein Vollerwerbs- oder **Nebenerwerbslandwirt** ist. Er muß jedoch stets erwerbswirtschaftlich tätig sein (Abgrenzung zum „Hobbybetrieb", vgl § 585 Rn 19).

c) Laufende Pachtverträge

8 Pachtschutz besteht nur bei solchen Pachtverträgen, die noch nicht abgelaufen sind (Abs 7 S 2).

Dies führt bei auflösend bedingten Pachtverträgen regelmäßig zur Versagung von Pachtschutz, weil die auflösende Bedingung regelmäßig so unvorhergesehen eintritt, daß eine vorherige Antragstellung nicht erfolgen kann (PIKALO NJW 1986, 1473; ausführlich LWLH Rn 21 mwN, auch zu der nach früherem Recht bereits kontrovers diskutierten Frage, inwieweit dem Pächter in derartigen Fällen mit einer entsprechenden Anwendung der Pachtschutzregelungen geholfen werden kann).

d) Keine Anwendbarkeit

9 Keine Anwendbarkeit dieser Norm besteht für

– Pachtschutz-Anträge des Verpächters;

– abgelaufene oder nichtige Pachtverträge;

– die in Abs 3 der Norm von der Anwendung ausgeschlossenen Verträge/Fälle;

– für Pachtschutz des Unter-Pächters gegenüber dem Haupt-Verpächter.

e) Übergangsrecht

10 Insoweit sei auf Art 219 EGBGB verwiesen. Die Vorschrift gilt auch für Pachtverträge, die zum Zeitpunkt des Inkrafttretens der Landpachtnovelle (1. Juni 1986) bereits liefen.

4. Verhältnis der Vorschrift

a) Zu Bestimmungen des Miet- bzw Pachtrechts

11 Bei **Veräußerung** des Pachtobjektes gilt § 566. Geschieht diese während eines laufenden Pachtschutz-Verfahrens, hat die Veräußerung (§ 265 ZPO) auf das Verfahren keinen Einfluß; der bisherige Verpächter kann das Pachtschutzverfahren also fortsetzen. Bei Zustimmung des Pächters kann der Erwerber in das Verfahren eintreten.

Hinsichtlich der bei Betriebspacht mitverpachteten Pächter-Wohnung besteht neben dem Fortsetzungsverlangen nach § 595 **keine Berechtigung des Pächters, nach § 574 ff vorzugehen**.

Das vorzeitige **Kündigungsrecht** des Verpächters im Fall des § 593a bleibt unberührt und versagt dem (nachfolgenden) Pächter Pachtschutz nach § 595 (Abs 3 Nr 2). Lehnt der Verpächter die Pächteranfragen nach § 594 S 2 auf Fortsetzung form- und fristgerecht ab, kann er in gleicher Weise dem Fortsetzungsverlangen im Pachtschutzverfahren widersprechen (§ 595 Abs 5 S 1; LWLH § 594 Rn 17; FHL § 594 Rn 25).

Nach § 594d Abs 3 ist im Falle des **Todes des Pächters** ein Pacht-Fortsetzungsverlangen dessen Erben gegenüber der Kündigung des Verpächters ausgeschlossen, und zwar unbeschadet des Widerspruchsrechts des Pächtererben im Rahmen und in den Grenzen des § 594d Abs 2.

b) Zu sonstigen Vorschriften des BGB

In besonders gelagerten Fällen kann auch für den Pächter **über § 242 ein weitergehender Schutz** vor Vertragsbeendigung erfolgen, als dieser nach § 595 möglich ist (so dem Grunde nach auch OLG Frankfurt RdL 2003, 182). Dies ist insbesondere in den Fällen denkbar, in denen die Betriebspacht die Vorstufe der (vorweggenommenen) Erbfolge in den landwirtschaftlichen Betrieb darstellt. Wie im Bereich der Höfeordnung für die Nordwestdeutschen Bundesländer in § 6 Abs 1 der im Vertrauen auf eine spätere Erbenstellung Tätige bzw Ausgebildete (weitgehend) vor später willkürlicher entgegenstehender Handlungsweise des Eigentümers geschützt ist, ist ein vergleichbarer Schutz erst recht dem in vorweggenommener Erbfolge tätigen Betriebspächter zu gewähren, weil dieser durch vertragliche Bindung und erbrachte Gegenleistung um so schützenswerter erscheint (vgl dazu im einzelnen FHvJP § 6 Rn 7 ff).

c) Zum LPachtVG

Der Pächter-Anspruch auf Vertragsfortsetzung wird durch eine unter Verstoß gegen § 2 LPachtVG unterbliebene Anzeige nicht berührt (s zum Verhältnis der Landpacht- zu den Landpachtverkehrsvorschriften § 585 Rn 45). Gleichermaßen ist (anders als im Rahmen der Vertragsänderung nach § 593, vgl § 9 LPachtVG) die unterlassene Anzeige kein Hinderungsgrund für den Pächter, gerichtliche Hilfe nach § 595 Abs 6 in Anspruch zu nehmen.

Haben sich die Beteiligten nach § 595 über eine Vertrags-Fortsetzung geeinigt, ist diese nach § 2 LPachtVG **anzeigebedürftig** (LWLH, LPachtVG § 2 Rn 15).

Unbeschadet der Vorzugsstellung langfristiger Pachtverträge nach § 595 Abs 3 Nr 3 im Pachtschutzverfahren ist die Vertragsdauer in § 4 LPachtVG als solche nicht als ein besonderer Beanstandungsgrund aufgeführt. Sie ist desungeachtet im Vertrags-Prüfungsverfahren zu berücksichtigen, wie die Erwähnung in § 2 Abs 1 LPachtVG zeigt. Man wird jedoch nicht so weit gehen können, dem Landwirtschaftsgericht nach § 8 LPachtVG die Befugnis einer Änderung der Vertragsdauer einzuräumen. Dies folgt aus dem Wortlaut von § 8 Abs 1 S 2 LPachtVG, der dem Gericht nur die Befugnis gibt, den Vertrag „insoweit" zu ändern, als es sich um eine auf § 4 Abs 1 Nr 3 LPachtVG gestützte Beanstandung (Pachtzinshöhe) handelt.

5. Unabdingbarkeit

Der soziale Schutzzweck der Norm (vgl BT-Drucks 10/509 zu § 595 Abs 8 S 26) rechtfertigt ihre grundsätzliche Unabdingbarkeit, wie dies schon nach § 10 Abs 2 bis 4 LPachtG der Fall war. Im einzelnen su Rn 82 ff.

II. Pachtvertragliche Voraussetzungen für den Pachtschutz (Abs 1 S 1)

15 Die Anwendbarkeit der Norm steht unter folgenden Grundsatz-Voraussetzungen:

1. Landpachtvertrag

16 Dessen begriffliche Merkmale ergeben sich aus § 585, auf die dortigen Erläuterungen wird verwiesen, insbesondere auch im Hinblick auf die Abgrenzung eines Landpacht- zu einem sonstigen Pachtverhältnis sowie den Stellenwert der Unterpacht.

2. Vertragswirksamkeit

17 Dieser Vertrag muß wirksam sein. Ein nichtiger oder anfechtbarer Vertrag kann nicht Grundlage eines Fortsetzungsbegehrens sein.

3. Laufender Pachtvertrag

18 Nach § 595 Abs 7 S 2 darf der Landpachtvertrag noch nicht abgelaufen sein, wenn er dem Pächter einen Fortsetzungsanspruch geben soll; dies unterscheidet die Anwendbarkeit der Bestimmung von ihrer Vorgängerin (§ 8 Abs 1 c LPachtG).

4. Schutz vor vertragsmäßiger Beendigung

19 Schließlich gilt der Pachtschutz-Anspruch nur zur Verhinderung der vertragsmäßigen Beendigung des Pachtverhältnisses. Die Rechte des Verpächters bei Vorhandensein von Gründen zur **außerordentlichen Kündigung** (beispielsweise nach §§ 593a bis 594e) bleiben davon **unberührt**.

20 Eine vertragsmäßige Pachtbeendigung liegt vor

– bei einer auf bestimmte Zeit abgeschlossenen, durch Zeitablauf endenden Vereinbarung (§ 594 Abs 1 S 1);

– bei Pachtverhältnissen, bei denen das Vertragsende – abweichend von der ursprünglichen Vereinbarung – nachträglich zu einem bestimmten Zeitpunkt vertraglich festgelegt wurde (zB § 594);

– bei Bestimmung des Pachtendes durch Pachtfortsetzungsbeschluß des Landwirtschaftsgerichts nach Abs 6 S 1;

– bei Pachtverträgen mit Verlängerungsklausel: Zeitablauf nach der die Beendigung auslösenden Handlung (Widerspruch, Kündigung);

– bei auf unbestimmte Zeit eingegangenen Pachtverhältnissen: durch Kündigung (§ 594a) und Ablauf der Kündigungsfrist;

– in Fällen der Vereinbarung des Pachtendes bei Eintritt eines künftigen (ungewissen) Ereignisses, wenn dieses eingetreten ist (vgl LWLH Rn 23).

5. Fortsetzungsverlangen

Der Pächter muß seinen Anspruch zunächst gegenüber dem Verpächter (Abs 4, 5) und im Verweigerungsfalle durch Antrag beim Landwirtschaftsgericht (Abs 6) geltend machen. **21**

III. Die beiderseitige Interessenabwägung

1. Überblick

Die „angemessene" (= ausgewogene) Abwägung der Interessenlagen beider Vertragsteile ist nach wie vor funktionsnotwendiges Element für die Pachtfortsetzung, dies indes im Verhältnis zum früheren Recht mit einer bemerkenswert anderen Akzentuierung: Abgesehen davon, daß der **Verpächter** aus der Pachtschutz-Bestimmung heraus **nicht mehr antragsberechtigt** ist (vgl zu Ausnahmen oben Rn 5), spielt bei der Interessenabwägung auch **keine Rolle** mehr, ob eine Pachtverlängerung **die bessere Bewirtschaftung** des Pachtobjektes erwarten läßt. Ferner kommt es **nicht mehr** darauf an, ob die Verlängerung wegen eines Überwiegens der Pächterinteressen **dringend geboten** erscheint; **ausreichend ist** vielmehr die Feststellung, daß – in Abwägung mit der normgerechten Interessenlage des Verpächters – die Nichtfortsetzung der Pacht für den Pächter und seine Familie eine **unzumutbare Härte** bedeuten würde. **22**

2. Die Abwägungsfaktoren

a) Auf Pächterseite
aa) Grundzüge, „Person" des Pächters
Das Gesetz definiert den für die Beurteilung bedeutsamen Begriff der „**Härte**" nicht näher. Daher ist insoweit auf die **Sozialklausel im Wohnraummietrecht** (§ 574) zurückzugreifen (Regierungsentwurf BT-Drucks 10/509 zu § 595 Abs 1 S 25). Daraus folgt, daß eine Härte nur „**eine Beeinträchtigung sein kann, die diejenigen Nachteile übersteigt, die mit der Aufgabe des Pachtobjektes üblicherweise verbunden sind**" (LWLH Rn 29; allgemein zum Begriff der untragbaren Härte OLG Köln AgrarR 1991, 322). **23**

Zur Rechtsstellung des Pächters im Falle der **Enteignung** verpachteten Landes vgl DEWITT/SCHIRP AgrarR 1994, 108.

Diese weitergehenden Nachteile könnten **persönlicher** (zB Alter, Gesundheit) und/ oder **wirtschaftlicher Natur** sein. Der Beurteilung des Pachtgegenstandes als (wesentlicher Bestandteil der aktuellen) Existenzgrundlage des Pächters und seiner Familie kommt dabei eine herausragende Bedeutung zu. Diese wird noch verstärkt, wenn der Pächter nachweisen kann, sich vergeblich um eine anderweitige, zumutbare Existenzgrundlage bemüht zu haben (FHL Rn 28 mwN).

Bei der Bewertung des **Einflusses eines Pacht-Endes auf die Lebensgrundlage des Pächters und seiner Familie** sind die gesamten Einkunfts- und Vermögensverhältnisse der Pächter-Familie (also auch die außerlandwirtschaftlichen) zu berücksichtigen. Dabei wird es lediglich auf die Situation des Pächters und allenfalls seines Ehegatten, nicht hingegen sonstiger (unterhaltspflichtiger) Verwandter ankommen.

24 Problematisch ist, inwieweit die Pächter-Schutzbestimmung des § 595 auf diejenigen Fälle ausgeweitet werden kann, in denen nicht eine natürliche Person, sondern eine **Personengesellschaft** oder eine juristische Person Pächter ist. Die Abgrenzung ist entsprechend der Kommentatur zu § 589 (Rn 8 ff) und § 594d (Rn 6 f) vorzunehmen: Auf die Verhältnisse eines Personengesellschafters, der lediglich als Kapitalgeber fungiert, kann es nicht ankommen. Anders verhält es sich hinsichtlich eines bei Vertragsbeginn (vereinbarungsgemäß) aktiven Gesellschafters; allein für diesen Fall greift die Norm nach ihrem Sinngehalt.

Handelt es sich bei dem Pächter um eine **juristische Person**, so gelten die zur Personengesellschaft vorgenommenen Differenzierungen sinngemäß. Die Verhältnisse eines lediglich kapitalgebenden Gesellschafters sind hinsichtlich der Berechtigung zum Pachtschutz ohne Belang; anders dagegen bezüglich einer Person und ihrer Familie, die bei Vertragsabschluß Geschäftsführer war.

bb) Betriebspacht

25 In diesen Fällen (vgl zur näheren Definition § 585 Rn 8; zur Abgrenzung auch OLG Celle AgrarR 1988, 169) muß der landwirtschaftliche Betrieb die **wirtschaftliche Lebensgrundlage des Pächters und seiner Familie darstellen**. Dieses Erfordernis reicht als solches zur Bejahung eines Pachtschutz-Antrages allerdings noch nicht aus; es bildet die **Grundlage** der (darüber hinaus) anzustellenden **Interessenabwägung** (FHL Rn 19). Findet der Pächter seine ausreichende Lebensgrundlage kontinuierlich und unabhängig vom Pachtbetrieb, ist grundsätzlich – ohne weitere Interessenabwägung – sein Fortsetzungsanspruch unbegründet.

26 Zur Bestimmung dessen, was als „**wirtschaftliche Lebensgrundlage**" anzusehen ist, mag auf die Vorgänger-Vorschrift des § 8 Abs 1 LPachtG und ihre Interpretation zurückgegriffen werden (LWLH Rn 24). Danach muß der Pachtbetrieb nicht die alleinige wirtschaftliche Lebensgrundlage des Pächters sein; es genügt, daß der Betrieb **im wesentlichen Umfang** die wirtschaftliche Lebensgrundlage des Pächters darstellt. Daher wird darauf abzustellen sein, ob die Pächter-Familie ihren Lebensunterhalt aus Besitz, Gebrauch und Nutzung des Pachtbetriebes gewinnen kann und gewinnt.

Unter Hinweis auf § 14 GrdstVG wird auch bei der Betriebspacht zu berücksichtigen sein, inwieweit (von dritter Seite) zugepachtete Ländereien zum Betriebsergebnis beitragen.

Stets geht es um den landwirtschaftlichen Betrieb des Pächters; bei (überwiegend) **gewerblicher Nutzung** des Pachtgegenstandes besteht kein Pachtschutz (OLG Karlsruhe AgrarR 1990, 50).

Ein wichtiger Fall der Anwendung ist gegeben, wenn der Prätendent eines **formlos bindenden Hofübergabevertrages** (FHvJP § 6 Rn 18; § 17 Rn 163 ff) in Form eines Pachtvertrages Pachtschutz bis zum Tode des Übergebers begehrt (OLG Hamm AgrarR 1991, 322).

Besondere **Investitionen** des Pächters und seiner Familie in das Pachtobjekt als solches sind kein gesondertes Argument für einen Pachtschutz über § 595 (zu den Möglichkeiten einer Pachtverlängerung nach § 591 Abs 3 S 3 siehe § 591 Rn 57). Zur Behandlung der Milchquote im Falle des Vertragsendes siehe § 596 Rn 34. Hat der Pächter nach § 590 genehmigungsfreie **Veränderungen** an der Pachtsache vorgenommen, die er bis zum Pachtende noch nicht wieder in ihren ursprünglichen Zustand zurückversetzen konnte (vgl § 590 Rn 16), so ist dies allein noch kein Argument für eine Pachtvertragsverlängerung. Der **Verlust oder der Erwerb/Erhalt einer Produktionsquote** (zB Milchquote) begründet gleichfalls für sich allein keinen Pachtverlängerungsanspruch des Pächters (OLG Köln AgrarR 1994, 135; zu den gemeinschaftsrechtlichen Aspekten des Pächterschutzes im Bereich der Milchquoten siehe LUKANOW AgrarR 1994, 59).

Insbesondere bei (insgesamt) **nebenerwerblich** tätigen Landwirten ist die Frage eines Beitrags der Erträgnisse aus dem zugepachteten Betrieb zur wirtschaftlichen Lebensgrundlage kritisch und **zurückhaltend** zu beurteilen. **27**

Im Zuge landwirtschaftlicher Konzentrationen gewinnt zunehmend die Frage an Bedeutung, wie auf Pächterseite die Bewirtschaftung **mehrerer** (ehemals selbständig geführter) **landwirtschaftlicher Betriebe** zu bewerten ist. Bei der vorzunehmenden Abwägung wird es darauf ankommen, welchen Anteil die Erträgnisse aus dem Zupacht-Betrieb, um den es im Pachtschutzverfahren konkret geht, an den Erträgnissen der gesamten vom Pächter betriebenen Landwirtschaft haben und ob eine Herausnahme dieser Einkunftsquelle die wirtschaftliche Lebensgrundlage des Pächters in einer Pachtschutz rechtfertigenden Weise beeinträchtigt. Diese Frage wird auch unter Berücksichtigung der Struktur sowie Dauerhaftigkeit des/der übrigen Pächterbetriebe(s) zu beantworten sein; insoweit kommt es auch auf die Dauer der übrigen Pachtverhältnisse bzw den Eigentumsanteil des Pächters an seinem Gesamtbetrieb an.

Angesichts der in die Gesamt-Abwägung einzubeziehenden Pächter-Familie ist es gleichgültig, ob der zupachtende Betrieb dem Pächter selbst oder dem Ehegatten gehört bzw von diesem angepachtet ist.

cc) Grundstückspacht
Es ist dies die Zupacht zu einem bereits bestehenden Pächterbetrieb. Pachtschutz ist insoweit an drei Voraussetzungen geknüpft: **28**

– Der Pächterbetrieb muß zu seiner Aufrechterhaltung auf die Zupacht angewiesen sein.

– Der Pächterbetrieb muß die wirtschaftliche Lebensgrundlage des Pächters und/ oder seiner Familie bilden.

– Auch die übrigen allgemeinen Voraussetzungen, insbesondere die gebotene Interessenabwägung, müssen gegeben sein bzw erfolgen.

Gleichgültig ist auch hier, ob der zupachtende Pächterbetrieb in dessen Eigentum steht oder seinerseits auch angepachtet ist; letzterenfalls wird die **Dauer dieses Vertragsverhältnisses** sowie bei der Dauer der zuzugestehenden Vertragsverlängerung bei der Interessenabwägung zu berücksichtigen sein (s Rn 34).

Angesichts der in die Gesamt-Abwägung einzubeziehenden Pächter-Familie ist es gleichgültig, ob der zupachtende Betrieb dem **Pächter selbst oder dem Ehegatten** gehört bzw von diesem angepachtet ist.

Grundsätzlich soll der zupachtrechtliche Fortsetzungsanspruch **denselben Voraussetzungen** unterliegen, **wie** dies **bei der Betriebspacht** der Fall ist (Protokoll des Bundestags-Ernährungsausschusses Nr 44 vom 10.12.1984 Anlage 2). Speziell ist bei der Abwägung zu berücksichtigen, welchen Einfluß die Herausnahme der Pachtfläche auf Organisations- und Ertragsstruktur des Pächter-Betriebes hat. Dabei werden auch Kosten/Nachteile zu berücksichtigen sein, die dem Pächter durch eine schädliche oder gar untragbare Umstrukturierung seines restlichen Betriebes entstehen, auch unter Berücksichtigung des Verlustes staatlicher Förderungsmaßnahmen oder den Überbestand von Inventar in Bezug auf den Verlust ausreichender landwirtschaftlicher Produktionsfläche (LWLH Rn 26 ff; FHL Rn 35 ff).

Zur Frage, bei welchen Größen- und damit Ertragsverhältnissen ernsthafterweise von einer Lebensgrundlage des Gesamtbetriebes (Eigenland und Zupachtflächen) des Pächters gesprochen werden kann, ist auf den individuellen Betrieb in seinem makroökonomischen Umfeld abzustellen: In Zeiten steigender Kosten und sinkender Erträge – gar noch bei Wegfall staatlich garantierter Interventionspreise – werden kleine Einheiten den Schutz des § 595 nicht für sich reklamieren können (vgl Rn 3, 30). In diesem Sinne kann der apodiktischen Auffassung des OLG Stuttgart (RdL 1996, 230) nicht gefolgt werden, ein kleinerer Eigenbetrieb von (im entschiedenen Fall) 50 ha reiche stets als Lebensgrundlage aus, weshalb der Wegfall einer Zupacht (hier 22 ha) keine unzumutbare Härte sein könne.

Ist der zupachtende Betrieb des Pächters ein **Nebenerwerbsbetrieb**, der erst durch die Zupacht-Flächen zum Vollerwerbsbetrieb wird, werden die Pächterinteressen in aller Regel überwiegen. Bildet der Pächterbetrieb hingegen trotz der Zupacht für den Pächter und seine Familie keine ausreichende Lebensgrundlage, besteht auch unter dem Gesichtspunkt der Erhaltung leistungsfähiger Betriebe in bäuerlicher Hand vom gedanklichen Ansatz her kaum ein Grund zur Gewährung von Pächterschutz.

b) Auf Verpächterseite

29 Im Gegensatz zu den Pächterinteressen (wirtschaftliche Lebensgrundlage, Härte für die Pächter-Familie) sind diejenigen des Verpächters im Gesetz **nicht näher definiert**. Es ist nur von „berechtigten" Interessen die Rede.

Ansatzpunkt für die Ausgestaltung ist das (in der Regel) **Eigentum** des Verpächters mit allen sich daraus ergebenden schutzwürdigen Gesichtspunkten (Art 14 GG) sowie Rechten (**§§ 903 ff**). Abgesehen von Bedenken auf Verpächterseite hinsichtlich **ordnungsgemäßer Bewirtschaftung** und Instandhaltung der Pachtsache sind auch die Interessen des Verpächters vorrangig zu berücksichtigen, den Pachtgegenstand künftig **anders als durch Verpachtung zu nutzen**. Dies kann durch Eigenbewirtschaftung des Verpächters oder eines Familienangehörigen geschehen oder auch in Form einer „Umwidmung" der landwirtschaftlichen Flächen, zB für Bauland. Auch ein pachtfreier Verkauf (§ 566) ist ein entscheidender, auf Verpächterseite zu berücksichtigender Gesichtspunkt, da im Rahmen vorformulierter Verträge der anstehende Betriebs- oder Flächenverkauf kein Grund für eine außerordentliche Kündigung ist (vgl § 594e Rn 36).

3. Die Abwägung der beiderseitigen Interessenlagen

Die Abwägung der gewiß häufig auf beiden Seiten vorhandenen, mit gleicher Berechtigung vorgebrachten Interessen verlangt (letztlich) die Prüfung, ob die Pachtbeendigung für den Pächter – unter Berücksichtigung der berechtigten Verpächter-Interessen – eine **„nicht zu rechtfertigende Härte"** wäre. Nur wenn dies zu bejahen ist, ist dem Fortsetzungsanspruch stattzugeben. Dabei ist die Gesamt-Situation des Pächters – auch im Hinblick auf übrige Einkunfts- und Vermögensquellen – heranzuziehen. Des weiteren ist zu beurteilen, welche zumindest mittelfristige Perspektive der übrige landwirtschaftliche Pächterbetrieb hat: Besteht dieser – gleichgültig ob Betriebs- oder Zupacht – aus nur geringen, minderwertigen und/oder ihrerseits nur (noch) kurzfristig angepachteten Flächen, wird man insgesamt nicht mehr davon sprechen können, daß auf der Pächterseite ein schutzwürdiger landwirtschaftlicher Betrieb vorhanden ist, der ihm und seiner Familie eine ausreichende Lebensgrundlage gewährleistet. Dann ist es auch nicht gerechtfertigt, die Pächterinteressen insoweit als überwiegend anzusehen, als die im Pachtschutzverfahren zu beurteilende Betriebs- oder Zupacht eine Art „letzten Strohhalm" für seine wirtschaftliche Existenz und die seiner Familie darstellt. 30

Denn auch im Rahmen der Interessenabwägung ist der Grundsatz zu berücksichtigen, daß jegliches landwirtschaftliches Sonderrecht (und dazu gehört auch der Pachtschutz) nur soweit und solange zu verantworten ist, als es darum geht, **leistungsfähige Betriebe in bäuerlicher Hand zu erhalten** (so Rn 3 mwN). 31

Unterpacht als bloße Vermögensverwaltung auf Pächterseite wird regelmäßig der Anerkennung eines Pachtschutzes entgegenstehen.

Die nach Abs 1 S 2 mögliche wiederholte Fortsetzung des Pachtvertrags-Verhältnisses (su Rn 32) kann bei der Abwägung zu Lasten des Pächters erschwerend berücksichtigt werden; dies insbesondere dann, wenn sich der Pächter auf die Unzumutbarkeit einer „nunmehr" drohenden Umstrukturierung oder auch die Beeinträchtigung des Familieneinkommens beruft, er aber schon längst hätte Vorsorge treffen können.

4. Wiederholte Fortsetzung (Abs 1 S 2)

Ausdrücklich ist dem Pächter aufgrund der Landpachtnovelle die Möglichkeit gegeben, den Fortsetzungsanspruch wiederholt geltend zu machen. Dem setzen allerdings die zeitlichen Höchstgrenzen des Abs 3 Nr 3 einen festen Rahmen. 32

Wiederholte Fortsetzung kann sowohl bei der Betriebs- wie der Grundstückspacht begehrt werden (BT-Drucks 10/509 § 595 Abs 1 S 25).

IV. Fortsetzungsdauer und (sonstige) Vertragsänderungen (Abs 2)

1. Überblick

33 Zusätzlich zu der bereits in Abs 1 S 2 herausgestellten wiederholten Fortsetzungsmöglichkeit regelt Abs 2 weitere Grundsätze über die zeitliche Dauer der Pacht-Verlängerungsmöglichkeit. Diese erfolgt auf Verlangen des Pächters, soweit „dies unter Berücksichtigung aller Umstände angemessen ist" (Abs 2 S 1).

S 2 engt für gewisse Fallgestaltungen **den Gehalt des Fortsetzungsanspruchs dahin ein**, daß die Fortsetzung nur bei **angemessener Änderung der Vertragsbedingungen** zugestanden werden kann. Insoweit entspricht Abs 2 dem Wortlaut und Gehalt von § 574a Abs 1. Dies macht die Handhabung der nunmehrigen Pachtfortsetzungs-Norm flexibler als es im Bereich des § 8 LPachtG der Fall war; dieser Vorschrift war eine derartige Koppelung von Pachtfortsetzungs- und sonstigem Vertragsänderungsrecht (§ 7 LPachtG) fremd.

Im Rahmen des der gerichtlichen Auseinandersetzung vorgeschalteten Vorverfahrens ist auch eine **gütliche Einigung über die Fortsetzungsdauer** notwendig. Indes verlangt die Schriftform des Fortsetzungsverlangens (Abs 4) nicht auch die Angabe einer konkreten Verlängerungsfrist; vielmehr reicht es aus, daß das Verlangen sinngemäß eine angemessene Verlängerung begehrt (LWLH Rn 39; einschränkend FHL Rn 82). Unter dem Gesichtspunkt seiner Prozeßchancen ist dem Pächter allerdings dringend anzuraten, seinen Fortsetzungsanspruch so konkret wie möglich zu umreißen (su Rn 56).

2. Dauer

34 Die angemessene Dauer der Fortsetzung findet vorab ihre zeitliche Grenze in den Fristen des Abs 3 Nr 3 iVm Abs 6 S 2. Handelt es sich um die Grundstückspacht zu einem vom Pächter (von dritter Seite) angepachteten Betrieb, wird dessen Vertragsdauer die äußerste Grenze der zuzugestehenden Grundstückspacht-Vertragsverlängerung darstellen.

Im übrigen wird der Pächter im Rahmen seines Verlängerungsbegehrens Vorgaben zu machen und darzulegen haben, warum gerade diese Frist von ihm als angemessen angesehen wird. Je weniger schlüssig oder beweisbar die (insoweit) Pächter-Argumentation für die Zukunft anzusehen ist, um so weniger lang wird der Zeitraum der angemessenen Fortsetzung seitens des Gerichts zu fixieren sein.

Statistische Erhebungen über gerichtlich erlaubte Anpassungsfristen sind nicht bekannt. Lediglich bei der Stückland-Pacht ist von einem Verlängerungsanspruch von einem bis zu drei Jahren als üblich auszugehen (FHL Rn 45 mwN).

3. Teilweise Fortsetzung (Abs 6 S 3)

35 Die Fortsetzung eines von mehreren Pachtverträgen unter denselben Parteien regelt sich jeweils isoliert nach § 595. Besonderer Regelungsbedarf besteht jedoch, wenn der Pächter ein und dasselbe Vertragsverhältnis lediglich teilweise fortsetzen möchte.

Gesetzlicher Vorläufer von Abs 6 S 3 ist der frühere § 8 Abs 1 S 2 LPachtG. Der Unterschied in der Formulierung („Pachtgegenstand, Pachtsache") bedeutet keinen sachlichen Unterschied.

Die einheitliche Fortsetzung des Vertragsverhältnisses ist die Grundlage, die teilweise nach dieser Bestimmung die **Ausnahme**. Derart ist auch im Zweifel ein Fortsetzungsverlangen des Pächters zu interpretieren. Demzufolge ist bei der vorzunehmenden Interessenabwägung die Berechtigung einer teilweisen Fortsetzung gesondert und kritisch zu überprüfen. Es wird vor allem mit dem regelmäßigen Verpächter-Interesse zu vergleichen sein, eine Zersplitterung des Pachtgegenstandes zu vermeiden. Indes kann auch der Verpächter – zB bei Verkauf einzelner Parzellen als Bauland – an einer nur teilweisen Fortsetzung des Pachtvertrags-Verhältnisses interessiert sein (LWLH Rn 37).

4. Fortsetzung bei (sonstiger) Vertragsänderung (Abs 2 S 2)

Grundsätzlich ist Gegenstand des Fortsetzungsverlangens der existierende Pachtvertrag mit seinem gesamten Leistungsgefüge. **36**

Diese neue in das Pachtfortsetzungsrecht eingeführte Bestimmung trägt einem **praktischen Bedürfnis** Rechnung. Dem Pächter soll auch dann ein Fortsetzungsanspruch ermöglicht werden, wenn die Voraussetzungen des Abs 1 nur bei entsprechender Anpassung der sonstigen Vertragsbedingungen zwecks Herstellung eines wechselseitig gerechten Leistungsgefüges angenommen werden können.

Schon nach der Gesetzesformulierung geht es um einen (weiteren) **Verpächter-An-** **37** **spruch auf Vertragsanpassung**, der neben demjenigen des § 593 steht und diesem in Fällen eines Pächter-Fortsetzungsverlangens vorgeht. Erfahrungsgemäß kommen folgende Regelungsaspekte in Betracht:

– die Erhöhung des Pachtzinses;

– die Übernahme von Kosten und Lasten zur Erhaltung und Nutzung des Pachtobjektes, die nach der gesetzlichen Regelung den Verpächter treffen;

– insbesondere hinsichtlich Erhaltungsmaßnahmen an Pachtgebäuden;

– Herausnahme von Teilflächen aus der Pacht, damit dem Verpächter eine anderweitige Verwendungsmöglichkeit ermöglicht wird.

Ob und inwieweit diesen Verpächter-Ansprüchen zu folgen ist, ist im Rahmen der Interessenabwägung nach Abs 1 zu berücksichtigen. Denn der Pächter wird regelmäßig überhaupt nicht vorhersehen (und sein Verlangen dementsprechend beschränken) können, in welcher Hinsicht und welchem Umfang dem Verpächter Vertragsänderungen vorschweben (LWLH Rn 34).

V. Ausschluß des Fortsetzungsanspruchs (Abs 3)

1. Vorbemerkung

38 Die Regelung über einzelne Fälle des Ausschlusses eines Fortsetzungsanspruchs findet ihren Ursprung in § 8 Abs 2 LPachtG und hinsichtlich der Wohnraummiete in § 556a Abs 4 aF (jetzt § 574). Im Gegensatz zu § 8 Abs 2 LPachtG ist jedoch der Ausschluß eines Fortsetzungsanspruchs nicht (mehr) an die landpachtverkehrsrechtliche Anzeige geknüpft (vgl dazu grds Rn 13).

Abgesehen von den übrigen Fällen (zB wirksamer außerordentlicher Verpächter-Kündigung, LWLH Rn 47; so Rn 19 f) normiert Abs 2 vier Fallgestaltungen des Fortsetzungsausschlusses.

2. Vorherige Pächter-Kündigung

39 Der Pachtfortsetzungsanspruch ist bei jeglicher (wirksamen) Pächter-Kündigung **ausgeschlossen**, sei sie ordentlich oder außerordentlich, fristlos oder fristgerecht.

Kündigen beide Vertragsparteien, hängt die Anwendbarkeit dieser Regelung davon ab, welche Kündigung vorher wirkt; ist dies die Pächter-Kündigung, bleibt es zunächst bei einem Ausschluß des Fortsetzungsanspruchs (LWLH Rn 46; vgl STAUDINGER/ EMMERICH [2003] § 574a Rn 61). Da die Norm eine Ausgestaltung des venire contra factum proprium darstellt, wird diese Konsequenz auch vorliegen, wenn „zufällig" die Kündigungen beider Vertragsteile auf denselben Zeitpunkt fallen oder die Pächter- eine Folge der Verpächterkündigung ist.

3. Fristlose und vorzeitige Kündigungsbefugnis des Verpächters

40 Ist der Verpächter aus besonderem Grund zur fristlosen Kündigung des Vertragsverhältnisses (§ 594e) berechtigt, **entfällt der Fortsetzungsanspruch**. Diese auch in § 574 Abs 1 S 2 enthaltene Regelung trägt dem Umstand Rechnung, daß der Pächter durch seinen Fortsetzungsanspruch nicht dasjenige ungeschehen machen kann, was den Verpächter zur fristlosen Kündigung berechtigt.

Daneben gibt der Sonderfall der Verpächter-Kündigung wegen **Betriebsübergabe** (§ 593a S 3) dem Pächter keinen Fortsetzungsanspruch.

41 Der Pachtschutz entfällt bei Vorhandensein einer entsprechenden **Befugnis auf Verpächter-Seite zu außerordentlicher Kündigung**; nicht notwendig ist, daß der Verpächter diese Kündigung auch erklärt (hat). Abzugrenzen sind hingegen die Fälle einer Verwirkung des Kündigungsrechts (LWLH Rn 48). Demgegenüber wird das Fortsetzungsverlangen des Pächters nach § 594d Abs 3 nicht schon durch die bloße Kündigungsbefugnis des Verpächters, sondern erst durch die Ausübung des Kündigungsrechts gegenüber den Pächtererben ausgeschlossen.

4. Erreichte Maximalfrist (Abs 3 Nr 3)

42 Entsprechend der vorhergehenden Regelung (§§ 8 Abs 2a, 2 LPachtG) hat auch die nunmehrige Regelung die **langfristigen Pachtverträge** mit gesetzlicher Mindestdauer für **nicht fortsetzungsfähig** erklärt. Hierbei hat die neue Regelung die Mindestdauer für Betriebs- und diesen gleichgestellten Pachten (§ 2 Abs 1a-c LPachtG) von 18 Jahren beibehalten, indes die Mindestdauer bei der Parzellenpacht von 9 Jahren auf 12 Jahre erhöht. Weitergehender Pachtschutz ist allenfalls über § 242 denkbar (vgl oben Rn 12).

Demzufolge unterliegen der 18-jährigen Mindestdauer als Voraussetzung für die Pachtschutz-Versagung: 43

– die Betriebspacht (vgl § 585 Rn 8);

– die Zupacht von Einzelgrundstücken, aus denen ein landwirtschaftlicher Betrieb besteht; sowie

– die Pacht von vom Pächter kultivierten Moor- oder Ödland.

Dabei ist dem Erfordernis der Entstehung eines landwirtschaftlichen Betriebes durch Zupacht auch dann genügt, wenn der Pächter eine fehlende Hofstelle oder sonst für die Bewirtschaftung unentbehrliche Gebäude hinzupachtet oder -mietet (LWLH Rn 53), gleichgültig, von wem dies erfolgt.

Zweifelhaft ist, ob die **Langfristigkeit** des Vertragsverhältnisses von vornherein 44 vereinbart sein muß (so LWLH Rn 50) oder dieser Zustand auch **als Konsequenz mehrfacher Vertragsverlängerung** erreicht sein kann. Letzterer Auffassung ist der Vorzug zu geben (sa OLG Karlsruhe RdL 1998, 65 = AgrarR 1998, 281). Gesetzgeberisches Ziel ist es, die zu langfristige Bindung der Vertragsteile aneinander zu vermeiden, um so auch einer Erstarrung des Pachtmarktes (so Rn 4) entgegenzuwirken. Dazu ist es gleichgültig, ob der Zustand des Erreichens der Maximalfrist durch ursprünglich einmalige oder nacheinander mehrmalige Vereinbarung erreicht wurde (vgl zu den Fundstellen Rn 77). Mithin kommt es für das Bestehen eines Fortsetzungsanspruchs allein darauf an, ob zum Zeitpunkt des Wirksamwerdens der ihm vorhergehenden Kündigung die Höchstgrenzen erreicht sind oder nicht.

5. Fortsetzungsausschluß bei beabsichtigter Eigennutzung (Abs 3 Nr 4)

a) Vorübergehende Verpachtung
Hat der Verpächter bei Vertragsabschluß die Absicht gehabt, dem Pächter das 45 Pachtobjekt nur für eine Übergangszeit zu überlassen, in der Annahme, die Eigennutzung (danach) wieder aufnehmen (lassen) zu wollen, liegt keine „Dauerverpachtung" vor und besteht somit **kein Fortsetzungsanspruch**.

Der dementsprechende Verpächter-Wille muß bei Vertragsabschluß **erkennbar zum Ausdruck gekommen** sein; und zwar ausdrücklich oder nach Lage der Umstände (OLG Hamm RdL 1953, 133; OLG Celle RdL 1954, 125; OLG Köln AgrarR 1989, 51; FHL Rn 69; LWLH Rn 58). *Das Absehen von einem Schriftform-Erfordernis ist nur auf den ersten Blick ein Widerspruch gegenüber § 585a.* Denn die vorübergehende Nutzung als Ausschluß des Fortsetzungsanspruchs ist kein vertraglicher Regelungsbestandteil. Dies wäre eine Umgehung der Unabdingbarkeit der Pachtschutz-Vorschrift (Abs 8).

Vielmehr ist die nur vorübergehende Nutzung ein einseitiger Verpächter-Vorbehalt, der (nur) dem Pächter gegenüber in hinreichender Deutlichkeit zum Ausdruck kommen muß.

Ein Pachtschutz-Anspruch des Pächters besteht in derartigen Fällen um so weniger, je länger der Pächter die durch den Verpächter beabsichtigte Bewirtschaftungsübernahme kennt und er sich derart darauf einstellen konnte (OLG Köln AgrarR 1989, 50).

Einer **befristeten Betriebsverpachtung** kommt **nicht** ohne weiteres der Charakter einer vorübergehenden im Sinne dieser Bestimmung zu; indes kann bei mehrjähriger Pächter-Kenntnis von der Verpächter-Absicht auf Eigenbewirtschaftung dessen berechtigtes Interesse an der Versagung an Pachtschutz überwiegen (OLG Köln AgrarR 1989, 50 f).

Gleichgültig ist, ob der Verpächter die anschließende Eigennutzung selbst betreiben oder durch seinen Vorbehalt **Familienangehörige** – etwa im Sinne einer vorweggenommenen Erbfolge – begünstigen will (arg § 573 Abs 2 Nr 2). Umgekehrt wird man auch auf Pächterseite auf die Familie abstellen müssen. Von vorübergehender Nutzung iSv Abs 3 Satz 4 kann etwa dann nicht die Rede sein, wenn der Betrieb seit Jahrzehnten an die Pächter-Familie verpachtet war (OLG Köln AgrarR 1989, 50).

Die Beweislast für eine bloße vorübergehende Verpachtung mit anschließender Absicht auf (anderweitige) Eigennutzung obliegt dem Verpächter (FHL Rn 70).

b) Eigene bzw anderweitige Nutzung

46 Im übrigen ist der Ausschluß der Pachtfortsetzung nur bei Vorliegen einer der beiden nachgenannten Fallgestaltungen zugelassen:

aa) Eigennutzung des Verpächters

47 Anders als in § 8 Abs 2 b LPachtG ist nun nicht mehr notwendig, daß der Verpächter das Pachtobjekt vor der Verpachtung persönlich bewirtschaftet hat. Auch der Rechtsnachfolger (durch Erbfolge oder Kauf) bleibt zur späteren Übernahme der Eigenbewirtschaftung berechtigt.

Mangels gesetzlicher Präzisierung braucht die Eigennutzung **nicht** (mehr) eine **landwirtschaftliche** zu sein, gewerbliche oder bauliche (Wohnungsbau) Nutzung ist ebenfalls möglich.

Nutzung bedeutet im Regelfall **unmittelbare Nutzung** durch Eigenbewirtschaftung; im Gegensatz zur Nutzziehung, etwa bei anderweitiger Verpachtung. Zulässig ist auch eine Nutzung mit Hilfe Dritter, so bei der Beschäftigung von Hilfskräften und/oder Beitritt zu einer Bewirtschaftungsgemeinschaft. Letzteres wird jedenfalls dann gelten, wenn der Verpächter darin aktiv mitarbeitet (LWLH Rn 61).

48 Bei anschließender nur **teilweiser Eigennutzung** auf Verpächterseite ist auch nur insoweit der Pachtschutz ausgeschlossen.

Gibt der Verpächter im Laufe der Pachtzeit seine **Absicht zur Eigennutzung auf**, wird er nur in Ausnahmefällen verpflichtet sein, dies dem Pächter gegenüber zu erklären.

Seine darauf gegründete Einrede gegen einen Fortsetzungsanspruch fällt allerdings weg.

In entsprechender Anwendung der zu §§ 573 ff ergangenen Rechtsprechung ist der Verpächter allerdings schadensersatzpflichtig, wenn er die anschließende Eigennutzung nur vortäuscht, aber nicht praktiziert bzw praktizieren läßt (FHL Rn 74).

bb) Erfüllung gesetzlicher oder sonstiger öffentlicher Aufgaben
Unter der Voraussetzung bloß vorübergehender Verpachtung (so Rn 45) besteht des weiteren kein Pachtschutz, wenn das Pachtobjekt zur Erfüllung gesetzlicher oder sonstiger öffentlicher Aufgaben verwendet werden soll. Diese Regelung ist in die Pachtschutznovelle auf Anregung der Siedlungs- und Gemeinnützigen Wohnungsunternehmen hin erfolgt (Protokoll des Bundestags-Ernährungsausschusses Nr 34/II Anlagen 25, 27).

49

Aus der Gesetzesformulierung („will") folgt, daß der hiernach begünstigte Verpächterkreis zunächst nur die Träger gesetzlicher oder öffentlicher Aufgaben umfassen soll, so zB Landgesellschaften, Gemeinden, Siedlungsunternehmen usw (FHL Rn 75). Weiter besteht – in entsprechender Anwendung der Norm – auch dann kein Fortsetzungsanspruch, wenn der Verpächter anschließend die Fläche öffentlichen Aufgaben zugänglich machen soll (so zB zur Entwicklung von Bau- oder Gewerbegebieten oder bei Beanspruchung als öffentliche Wegefläche durch den Träger der Straßenbaulast). Die lediglich mittelbare Nutzung – so zB als Ausgleichsflächen für Verkäufer der öffentlichen Belangen zugeführten Flächen – wird hingegen nicht genügen.

Soweit in den Neuen Bundesländern Flächen verpachtet sind, die nach dem **Vermögensgesetz** ihren früheren Eigentümern zurückzugeben sind, unterliegen sie insoweit auch einer öffentlichen Aufgabe im Sinne dieser Bestimmung; ein Vertragsverlängerungsanspruch des Pächters besteht dann nicht (sa BGH AgrarR 1999 215 = RdL 1999, 120). In Weiterentwicklung dieses Gedankens erscheint es vertretbar, auch den Strukturierungs- und **Privatisierungsauftrag der Treuhandanstalt, der BVVG sowie der BVS** als öffentliche Aufgaben anzusehen (s dazu BGH VIZ 2004, 316 = ZOV 2004, 134). Dies hat zur Konsequenz, daß bei beabsichtigtem Privatisierungsverkauf § 595 Abs 3 Ziff 4 einem Pachtverlängerungsbegehren entgegenstehen dürfte. Hingegen wird man nicht soweit gehen können, dem Erwerber bei anschließend auslaufendem Pachtverhältnis dieselbe Rechtsposition einzuräumen, da dann eine Verwendung zur Erfüllung öffentlicher Aufgaben bereits geschehen ist.

VI. Die Pächtererklärungen (Fortsetzungsverlangen) im Vorverfahren (Abs 4)

1. Bedeutung und Rechtsnatur

Der Gesetzgeber hat das Verfahren ausdrücklich „zweistufig" angelegt. **Erster Schritt** ist das vom Pächter vorprozessual zu stellende Fortsetzungsverlangen. Nur falls daraufhin keine Verständigung erfolgt, ist die Voraussetzung für die sachliche Entscheidungskompetenz des Landwirtschaftsgerichts gegeben (LWLH Rn 74).

50

Damit ist das vom Pächter zu stellende Fortsetzungsverlangen für seine verfahrensrechtliche Position von Bedeutung; der **Nachweis des ergebnislosen Vorverfahrens** ist materielle Anspruchs- bzw „*Schlüssigkeitsvoraussetzung*" für das anschließende gerichtliche Verfahren (FHL Rn 89).

Das Pächter-Verlangen ist nur **entbehrlich**, wenn es zur bloßen **Förmelei** würde; speziell also dann, wenn der Verpächter bereits erklärt hat, er werde – unter keinen Umständen – einem Fortsetzungsverlangen zustimmen.

51 Seiner **Rechtsnatur** nach ist das Fortsetzungsverlangen insoweit eine geschäftsähnliche Handlung, als es – für sich genommen – zwar noch keine Vertragsfortsetzung bewirkt, wohl aber die Vorstufe dazu insoweit schafft, als nur dadurch der Anspruch auf gerichtliche Pachtfortsetzung begründet wird.

2. Mehrere Beteiligte auf einer Vertragsseite

52 In jedem Fall ist dann das Fortsetzungsverlangen gegenüber der Vertragspartei von und gegenüber dem- bzw denjenigen anzugeben, die gesellschaftsrechtlich zur Vertretung bei der Abgabe und Entgegennahme von Willenserklärungen bevollmächtigt sind.

3. Schriftform (Abs 4 S 1)

53 Angesichts der gesetzlich eindeutigen Regelung führt die **Nichtbeachtung** der Form grundsätzlich zur **Nichtigkeit** der Erklärung nach § 125 S 1; dies selbst bei verspätet nachgeholtem schriftlichen Verlangen (OLG Stuttgart AgrarR 1999, 351). Welche Voraussetzungen für die Einhaltung der Schriftform anzulegen sind, beurteilt sich über §§ 594 f, 585b nach den §§ 126, 127.

4. Frist

54 Die Frist vor Pachtvertrags-Ende, innerhalb derer das Fortsetzungsverlangen zugehen muß, ist von der Dauer des Vertragsverhältnisses abhängig; bei Nichtbeachtung hat der Verpächter ein (besonderes) Ablehnungsrecht nach Abs 5 (su Rn 61).

5. Erklärungsinhalt

55 Das Fortsetzungsverlangen sollte allein schon deshalb hinsichtlich Dauer und Bedingungen **hinreichend präzisiert** werden, damit es bei Einverständnis des Verpächters „automatisch" zu einer Fortsetzungsvereinbarung kommen kann. Notwendig ist nur der – allerdings eindeutig erklärte – Pächter-Wille zur Fortsetzung des Vertragsverhältnisses.

Ist das Fortsetzungsverlangen hinsichtlich seiner Ausgestaltung so präzise gefaßt, daß der Verpächter schriftlich zustimmen kann und zustimmt, liegt darin die der Form des § 585a ohne weiteres genügende Fortsetzungsvereinbarung. Auch zur Eingrenzung prozessualer – auch unter Kostengesichtspunkten – Risiken ist es ratsam, das Fortsetzungsverlangen zu begründen und mit einer gewünschten Zeitdauer zu versehen (LWLH Rn 39; FHL Rn 82; je mwN). Je genauer umrissen die Fortsetzungs-Vorstellungen des Pächters sind und mitgeteilt werden, desto intensiver muß sich damit der Verpächter vorprozessual auseinandersetzen, kann also etwa in einem anschließenden Verfahren nicht (teilweise) anerkennen oder für erledigt erklären.

6. Auskunftspflichten und -rechte

a) Auskunftspflichten des Pächters

Da der Verpächter für seine Entscheidung regelmäßig auf hinreichende sachliche Information angewiesen sein wird, gibt Abs 4 S 2 ihm einen entsprechenden Auskunftsanspruch zu den Gründen des Fortsetzungsverlangens. **56**

b) Auskunftsrechte des Pächters

Das Gesetz erlegt dem Verpächter nicht in gleicher Weise Auskunftspflichten auf; diese können aber sinnvoll sein, zB im Hinblick auf seine Vorstellungen zu Modalitäten einer Vertragsanpassung (Abs 2 S 2). Daher wird der Verpächter unter dem Gesichtspunkt des § 242 allgemein insoweit als auskunftspflichtig angesehen (LWLH Rn 44; vgl BGB-RGRK/ALFF § 242 Rn 44; BGHZ 87, 371). **57**

VII. Das Verpächter-Verhalten im Vorverfahren, insbesondere die Ablehnung des Pachtschutzverlangens

1. Überblick

Die gesetzliche Regelung fordert **keine ausdrückliche Erklärung des Verpächters**; dies ist gewiß wenig verständlich im Hinblick auf die andersartige Regelung des § 594 und die des Abs 6 S 1, wonach der gerichtliche Antrag auf Pachtschutz das Scheitern des Vorverfahrens voraussetzt. **58**

Erklärt sich der Verpächter nicht, kann der Pächter mithin im Rahmen des Pachtschutzantrages in **Darlegungsnot** kommen. Erklärt sich der Verpächter nicht definitiv und/oder treten die Verhandlungen auf der Stelle, kann der Pächter deshalb in entsprechender Anwendung von § 326 dem Verpächter eine Frist zur endgültigen Erklärung setzen und nach deren Ablauf gerichtlichen Pachtschutzantrag stellen.

Erklärt sich der Verpächter, sind verschiedene **Varianten** denkbar: **59**

(1) Ist er mit dem (hinreichend spezifizierten) Fortsetzungsverlangen einschränkungslos **einverstanden**, kann die Erklärung als „Annahme" ausgelegt werden, mit der Konsequenz des Zustandekommens einer Fortsetzungs-Vereinbarung; diese bedarf dann allerdings zum Erreichen der zumeist gewünschten Längerfristigkeit der Form des § 585a.

(2) Erklärt sich der Verpächter mit dem Fortsetzungsverlangen **nicht einverstanden**, ist dem Pächter die Möglichkeit zur Inanspruchnahme gerichtlichen Pachtschutzes gegeben.

(3) In der Praxis wird das Fortsetzungsverlangen häufig Veranlassung für **Neuverhandlungen** unter den Vertragsparteien sein, die in einem – dann wiederum formbedürftigen (§ 585a) – neuen Vertrag enden.

2. Ablehnung des Fortsetzungsverlangens (Abs 5)

a) Rechtsnatur

60 Dem in Abs 5 dem Verpächter zuerkannten Recht auf Ablehnung kommt die rechtliche Qualifikation einer **Einrede** zu, da der Fortsetzungs-Verweigerungsgrund nicht von Amts wegen zu beachten ist (LWLH Rn 67).

Macht demzufolge der Verpächter seine Einwilligung „**von Bedingungen abhängig**", wird das Vertragsverhältnis nicht ohne weiteres zu diesen fortgesetzt; es bedarf vielmehr einer Fortsetzungsvereinbarung bzw der Pächter kann gerichtlichen Pachtschutz in Anspruch nehmen.

Der Verpächter kann seine Ablehnung der Pachtfortsetzung – gleichgültig ob im gerichtlichen Verfahren oder davor erklärt – jederzeit zurücknehmen.

Gründe zur Ablehnung des Fortsetzungsverlangens sind in Abs 5 nicht aufgeführt: Der Verpächter vermag wegen Verfristung (Versäumung der gesetzlichen Frist zur Erklärung des Fortsetzungsverlangens) abzulehnen; zum anderen auch dann, wenn der Pächter früher die Fortsetzung des Vertragsverhältnisses nach § 594 abgelehnt hat. Ergänzend kann sich der Verpächter auf alle Gründe berufen, auch und besonders auf die aus Abs 3.

b) Form und Fristen

61 Die Verpächter-Verweigerung ist eine **empfangsbedürftige Willenserklärung**, die formlos abgegeben werden kann (LWLH Rn 40).

Eine Frist zu ihrer Abgabe ist nicht vorgeschrieben; allein rechtfertigt dies, nach Ablauf einer Überlegungsfrist seitens des Pächters eine Nachfrist zu setzen (vgl Rn 59).

c) Wirkung

62 Die Ablehnung des Fortsetzungsanspruchs durch den Verpächter – wie im übrigen auch sein Schweigen – bedeutet die vorgerichtliche **Abweisung des Pachtschutz-Antrages** und eröffnet dem Pächter die Möglichkeit zur Inanspruchnahme gerichtlicher Hilfe.

Dabei beschränkt sich die Ablehnung auf die Vereitelung des Fortsetzungsanspruchs, berührt demgegenüber nicht den (laufenden) Pachtvertrag.

3. Modifikation der Ablehnung

63 Beschränkt der Verpächter seine Ablehnung auf nur einen Teil des Pachtobjekts, kommt insoweit noch kein fortgesetzter Pachtvertrag zustande (arg § 150 Abs 2). Es ist dann Sache des Pächters, sich damit zufriedenzugeben oder insgesamt einen Antrag auf gerichtliche Entscheidung zu stellen.

VIII. Landwirtschaftsgerichtliches Verfahren (Abs 6 und 7)

1. Grundsatzregelung

Das gerichtliche Pachtschutzverfahren setzt die Ablehnung des vorprozessualen Pachtschutz-Antrags des Pächters voraus; diesen Sachverhalt hat der Pächter zur Schlüssigkeit seines Antrags vorzutragen und bei Bestreiten zu beweisen (so Rn 50). **64**

2. Entscheidungsantrag

a) Antragsbefugnis
aa) Des Pächters
Antragsbefugt ist in dem Verfahren grundsätzlich lediglich der Pächter. **65**

bb) Des Verpächters
Dem Verpächter steht (so Rn 5) nur in **Ausnahmefällen** ein eigenes, auf Fortsetzung gerichtetes Antragsrecht zu. **66**

Soweit der Pächter vor dem Landwirtschaftsgericht noch keinen Pachtfortsetzungs-Antrag gestellt hat, ist der Verpächter berechtigt, seinerseits **Feststellung** zu beantragen, daß dem Pächter kein Anspruch zusteht (LWLH Rn 85; FHL Rn 90). § 595 begründet insoweit kein Antragsmonopol des Pächters (OLG Köln AgrarR 1989, 50). Stellt der Pächter danach gerichtlichen Pachtschutz-Antrag, erledigt sich der Verpächter-Antrag; ist der auf Zurückweisung gerichtete Verpächter-Antrag eine zulässige Antragsänderung entsprechend § 263 ZPO (BARNSTEDT/STEFFEN, LwVG § 9 Rn 108).

Ein Rechtsschutzbedürfnis des Verpächters ist gegeben, wenn der Pächter ihm gegenüber erklärt hat, Pachtschutz in Anspruch nehmen zu wollen (OLG Köln AgrarR 1989, 50) oder wenn der Verpächter die Klarstellung möchte, daß dem Pächter aus einem der in Abs 3 aufgeführten Ausschlußgründe kein Pachtschutz zusteht.

Seine Auffassung, daß der Pachtvertrag nur unter modifizierten Bedingungen (Abs 2 S 2) fortgesetzt wird, muß der Verpächter nicht mit einem dementsprechenden Antrag unterlegen; denn wenn er dazu Gründe vorträgt, sind diese vom Gericht auch ohne Antrag zu berücksichtigen (aA FHL Rn 90).

cc) Mehrheit von Beteiligten auf einer Vertragsseite
Zur Wahrung der **Einheitlichkeit des Pachtverhältnisses** sind grundsätzlich auf Pächter- wie Verpächterseite alle Vertragsbeteiligten an dem Gerichtsverfahren zu beteiligen. Sämtliche Pächter haben mithin – evtl in getrennten Schriftsätzen – Pachtschutz geltend zu machen und den Antrag gegen alle Verpächter zu stellen. **67**

Davon zu unterscheiden sind **Sammelpachtverträge**, bei denen in einer Urkunde eine Anzahl selbständiger Verträge zusammengefaßt werden; dies ist etwa der Fall, wenn ein Verpächter seinen Grundbesitz aufgeteilt an verschiedene Pächter verpachtet. Hier sind die einzelnen Pachtverhältnisse grundsätzlich unabhängig voneinander pachtschutzfähig.

Umgekehrt müssen bei einem Verpächter-Feststellungsantrag (so Rn 67) sämtliche Verpächter den Antrag einheitlich stellen.

b) Antragsform
68 Anträge können sowohl schriftlich als auch nach §§ 9 LwVG, 11 FGG zu Protokoll der Geschäftsstelle gestellt werden.

c) Antragsinhalt
aa) Auf Pächterseite
69 Mindestvoraussetzung ist zunächst die schlüssige Behauptung, daß **vorprozessualer Pachtschutzantrag** gestellt wurde und eine Einigung nicht erzielt werden konnte; zweckmäßigerweise sollte dabei das schriftliche Fortsetzungsverlangen (Abs 4 S 1) einschließlich einer etwa erteilten Pächterauskunft nach Abs 4 S 2 überreicht werden.

Weiter notwendig ist der **Antrag auf Pachtfortsetzung.** Soweit der Pächter die Fortsetzung **zu geänderten Bedingungen** oder nur bezüglich eines Teils der Pachtsache beantragt, hat er dies in der Antragsschrift auszuführen.

Jedenfalls ist – allein zur Vermeidung von Prozeßrisiken – eine möglichst konkrete Antragsfassung zu befürworten (zur Formulierung des vorgerichtlichen Pachtschutz-Antrags so Rn 50, 56).

Über den gestellten Antrag hinaus darf die Pachtfortsetzung nicht ausgesprochen werden.

bb) Auf Verpächterseite
70 Er muß (so Rn 67) den Feststellungsantrag enthalten, daß das konkret zu umschreibende Pachtvertragsverhältnis nicht fortgesetzt werden kann.

3. Antragsfristen (Abs 7)

a) Grundzüge (Abs 7 S 1)
71 Die Frist für den Pachtschutzantrag ist abhängig von der Vertragszeit; sie muß bei Gericht eingegangen sein:

- bei Verträgen mit einer 12monatigen oder kürzeren Kündigungsfrist: spätestens zwei Monate nach Zugang der Kündigung;

- in allen anderen Fällen: spätestens neun Monate vor Beendigung des Pachtverhältnisses; dies ist bei zeitlich befristeten Pachtverträgen, solche mit gesetzlicher Kündigungsfrist (§ 584) sowie Verträgen mit vertraglich vereinbarter Kündigungsfrist der Fall.

72 Bei **Stücklandpacht mit unbestimmter Zeitdauer** ist die gesetzliche Regelung **wenig praktikabel.** Denn der Pächter müßte bereits nach einem Pachtjahr vom Verpächter schriftlich Pachtfortsetzung verlangen und den Fortsetzungsantrag bei unterbleibender Reaktion drei Monate später bei Gericht einreichen (FHL Rn 92).

b) Nachträgliche Zulassung des Pachtschutz-Antrages bei Fristversäumung (S 2)

Wie bei § 8 Abs 1 S 3 LPachtG ist die nachträgliche Antragstellung zur **Vermeidung unbilliger Härten** zulässig. Dagegen ist sie nunmehr nicht zulässig, wenn der Vertrag bereits abgelaufen ist.

Ein Fall unbilliger Härte ist etwa gegeben, wenn den Pächter kein Verschulden an der Fristversäumung trifft (OLG Celle RdL 1957, 80). Insbesondere bei irriger Annahme über das weitere Schweben von Einigungsverhandlungen oder Irrtum des Pächters über die Unwirksamkeit einer ausgesprochenen Kündigung kann ein Fall unbilliger Härte gegeben sein (LWLH Rn 89).

Ob der Pachtschutzantrag Erfolg haben wird, ist in diesem Zusammenhang keine Frage (LWLH Rn 89).

4. Die gerichtliche Entscheidung im Fortsetzungsverfahren (Abs 6)

a) Verfahrensrecht, Entscheidungskompetenz

Streitigkeiten aus § 595 sind (§§ 1 Nr 1; 9 LwVG) **Landwirtschaftssachen der freiwilligen Gerichtsbarkeit**. Hiernach gelten die Grundsätze der Amtsermittlung (§§ 9 LwVG, 12 FGG), die mit der sofortigen Beschwerde (§ 22 LwVG) anfechtbare Entscheidung ergeht in Beschlußform.

Ähnlich der **Beweislast** im Zivilprozeß ist auch im Verfahren der freiwilligen Gerichtsbarkeit grundsätzlich derjenige darlegungspflichtig, der eine für sich rechtlich vorteilhafte Position behauptet. Derart geht die Nichterweislichkeit zu seinen Lasten.

Zur **Schlüssigkeit** des Pächter-Antrages (so Rn 50) gehört mithin die Behauptung eines gescheiterten Vorverfahrens. Diese Darlegung – unter Vermeidung der Kostenrisiken – kann schwierig sein, da für die ablehnende Verpächter-Erklärung keine Schriftform notwendig ist (vgl Rn 50).

Auch im übrigen ist der Pächter für das Vorliegen der Pachtschutzvoraussetzungen darlegungspflichtig. Er sollte – und hier rechtfertigt sich ein möglichst präziser vorgerichtlicher Pachtschutzantrag (so Rn 56) – von Anfang an seine genauen Vorstellungen über die Modalitäten der Vertragsfortsetzung (Dauer, evtl Abänderung nach Abs 2 S 2) sogleich mit beantragen und begründen.

Hält sich das Landwirtschaftsgericht in Ermangelung eines Landpacht-Vertrages (zur Abgrenzung vgl § 585 Rn 19) für **unzuständig**, hat es den Rechtsstreit nach Anhörung der Parteien von Amts wegen gemäß § 12 Abs 1 LwVG an das zuständige Prozeßgericht abzugeben (aA STEFFEN RdL 1987, 85, der eine Verweisung nach § 281 ZPO für notwendig hält).

b) Sachliche Entscheidung

Das Landwirtschaftsgericht hat nach Abs 6 S 1 über die Fortsetzung des Landpachtverhältnisses sowie deren Modalitäten (Dauer, Bedingungen) zu entscheiden. Gründe, die bereits in **vorhergehenden, rechtskräftig abgeschlossenen Pachtschutzverfahren** geltend gemacht wurden, können in erneutem Verfahren nicht wieder zur Entscheidungsgrundlage werden. Denn die Begründung/Ablehnung des Pachtverlängerungs-Anspruchs ist in materielle Rechtskraft erwachsen (OLG Oldenburg 10 WLw 16/89 nv).

aa) Vertragsfortsetzung
α) **Dauer und Höchstdauer**

76 Das Landwirtschaftsgericht ist in der Bestimmung der weiteren Vertragsdauer frei. Es kann also eine feste Verlängerungszeit, einen bestimmten Endtermin oder eine Pachtverlängerung auf unbestimmte Zeit (LWLH Rn 75) bestimmen.

Der zeitlichen Höchstdauer sind indes unter doppeltem Aspekt **Grenzen gesetzt**: Weder darf das Landwirtschaftsgericht über den Pächter-Antrag hinausgehen noch die in Abs 3 Nr 3 bestimmten Höchstlaufzeiten überschreiten.

In Bezug auf diese Höchstlaufzeiten hat das Landwirtschaftsgericht (Abs 6 S 2) **vom Beginn des laufenden Pachtverhältnisses** aus zu rechnen. Die Auslegung dieser Eingrenzung (Abs 6 S 2: „Pachtverhältnis"; Abs 3 Nr 3: „Pachtvertrag") ist umstritten. Pachtschutz ist nach diesseitiger Auffassung zu versagen, wenn das Pachtverhältnis als Überlassungsform bereits über die in Abs 3 Nr 3 genannten Zeiträume angedauert hat (OLG Celle AgrarR 1988, 169; OLG Celle AgrarR 1990, 22 unter Bezugnahme auf PIKALO NJW 1986, 1465; Beschluß vom 20.6. 1994 Az 7 W 24/94 nv; OLG Schleswig AgrarR 1988, 167; OLG Oldenburg 10 W 69/91 und 2/92 nv; kritisch LWLH Rn 76; zum Übergangsrecht bei langfristigen Vertragsverhältnissen vgl OLG Schleswig AgrarR 1988, 283).

β) **Fortsetzungsbedingungen**

77 Grundsätzlich erfolgt die Pachtfortsetzung zu den bisherigen Vertragsbedingungen. Ausnahmsweise gilt dies nicht **bei Unzumutbarkeit** für den Verpächter. Dann hat das Gericht die Pachtfortsetzung auch unter angemessener **inhaltlicher Änderung** der bisherigen Vertragsbedingungen zu beschließen (Abs 6 S 1 iVm Abs 2 S 2, der auch die Grenzen der Änderungsbefugnis umreißt, so Rn 36).

Zugelassen ist auch die Beschränkung der Pachtfortsetzung auf einen Teil der Pachtsache, entsprechend dem bisherigen Recht (§ 8 Abs 1 S 3 LPachtG), so Rn 35. Zur Entscheidungskompetenz des Landwirtschaftsgerichts in diesen Fällen s § 595a Rn 8.

Die Anordnung der wiederholten Pachtfortsetzung ist zulässig, allerdings nur im Rahmen der Höchstdauer von Abs 6 S 2 iVm Abs 3 Nr 3.

bb) Abweisung

78 Der nicht für begründet befundene Fortsetzungsantrag führt zu dessen Abweisung. Wird der Fortsetzungsanspruch nur **bezüglich eines Teils** des Pachtobjekts für begründet gehalten, so kann auf Antrag des Pächters diesem Teil unter entsprechender Veränderung der Vertragsbedingungen (Pachtzins-Festsetzung) stattgegeben werden.

5. Rechtsnatur und Wirkungen der gerichtlichen Fortsetzungsentscheidung

79 Der die Pachtfortsetzung rechtsgestaltend anordnende **Gerichtsbeschluß** bewirkt eine dem Beschlußinhalt entsprechende **Änderung des Vertragsinhalts**. Derart war

bereits in § 11 Abs 2 LPachtG eine mit Wirkung für die Vertragsteile anordnende Fiktion statuiert, während das jetzige Recht eine entsprechende ausdrückliche Regelung für entbehrlich hält. Bei dieser Änderung des Vertragsinhalts handelt es sich nicht um eine vertragliche, sondern um eine gerichtliche Änderung.

Aus dem nunmehrigen Begriff der „Fortsetzung" anstelle der früheren Formulierung „Verlängerung" folgt, daß die bislang vereinbarte vertragsmäßige Beendigung gegenstandslos geworden und das bisherige Pachtverhältnis mit den nunmehr geänderten Bedingungen bis zum neu festgesetzten Endzeitpunkt weiterläuft. Damit ist die frühere Auffassung des BGH (RdL 1954, 11) als überholt anzusehen (vgl hierzu auch kritisch LWLH Rn 77).

Der **Fortsetzungsbeschluß** ist **nicht** nach § 2 LPachtVG **anzeigebedürftig** (LWLH 80 Rn 96). Wird **jedoch** das landwirtschaftsgerichtliche Verfahren durch einen **Vergleich** beendet, ist dieser eine vertragliche Einigung mit der Konsequenz ihrer Anzeigepflicht.

IX. Zwingender Rechtsgehalt und seine Grenzen (Abs 8)

1. Rechtliche Sicherung des Funktionszwecks der Norm

a) Grundzüge
Die zwingende Vorschrift des Abs 8 sichert den rechtlichen Funktionszweck von 81 § 595, in dem sie das in den Abs 1–7 statuierte **Recht des Pächters auf Vertragsfortsetzung für unverzichtbar** (S 1) und die in S 2 aufgeführten **Umgehungsgeschäfte für unwirksam** erklärt.

Unzulässig ist zunächst die **Aufgabe des materiellrechtlichen Fortsetzungsanspruchs** nach Abs 1 der Norm, gleichgültig, ob im Pachtvertrag oder einer späteren (Pachtverlängerungs-)Vereinbarung enthalten. Dem **gleichgestellt** sind Rechtsgestaltungen, die der Wirkung eines **Verzichts** gleichkommen, etwa Rücktrittsrechte mit rückwirkender Auflösungskraft (LWLH Rn 6).

Unzulässig sind weiter **Teilverzichte**, gleichgültig, ob sie den materiellen Fortset- 82 zungsanspruch zum Gegenstand haben oder dessen Durchsetzung erschweren; dazu gehören etwa Vereinbarungen,

– welche die Rechtsstellung des Pächters bezüglich des Fortsetzungsantrags aus Abs 4 erschweren, insbesondere sein Antragsrecht abbedingen;

– die die Frage der unbilligen Härte in einer für den Pächter negativen Weise festschreiben;

– die bereits die Bedingungen einer Pachtfortsetzung (Abs 2 S 2) festschreiben;

– die für den Pächter ungünstigeren Antragsfristen als in Abs 7 vorgesehen statuieren.

Unzulässig ist weiter die Vereinbarung eines **Schiedsgerichts**, das den Fortsetzungsanspruch hinsichtlich seines Durchsetzungs-Mechnismus' außer Kraft setzt (BGH RdL 1952, 206; FISCHER/WÖHRMANN, LPachtG § 10 Rn 6; LANGE/WULFF, LPachtG § 10 Rn 91h; LWLH Rn 7).

Kein Verzicht (und damit wirksam) ist die einvernehmliche Vertragsaufhebung der Pachtvertrags-Parteien zu einem bestimmten Zeitpunkt.

83 Verboten ist nur ein **Verzicht des Pächters** auf seine Rechte; diejenigen des Verpächters sind nicht in vergleichbarer Weise beschränkt (LWLH Rn 15).

b) Wirkungen eines verbotenen Verzichts
84 Ein vereinbarter Verzicht – gleich welchen Umfangs – ist **nichtig**, § 134. § 139 kommt allerdings nicht zur Anwendung, da dies den Sinn der Norm in ihr Gegenteil verkehren würde (LWLH Rn 8).

c) Zur Unwirksamkeit von Umgehungsvereinbarungen
85 Nach S 2 sind auch solche Vereinbarungen unwirksam, nach denen einem Vertragsteil besondere Vor- oder Nachteile erwachsen sollen, wenn er die Rechte nach den Abs 1–7 ausübt bzw nicht ausübt.

Warum derartige Vereinbarungen „unwirksam" sind, der Verzicht in Abs 1 demgegenüber „nichtig", erscheint nicht ganz klar. Beide Ausdrücke werden nicht immer konsequent in demselben Sinne verwandt, und ein unwirksames Geschäft hat im Gegensatz zu einem nichtigen immer noch die Chance, ein wirksames zu werden.

86 Unwirksam im Sinne von S 2 sind beispielsweise

– Zahlungsversprechen oder die Vereinbarung sonstiger Zuwendungen an den Pächter für den Fall fristgerechten/vereinbarten Abzugs;

– Pachtzinsermäßigung bei Nicht-Geltendmachung von Pachtschutz (LWLH Rn 14);

– Vertragsstrafe-Vereinbarungen, Pachterhöhungs- oder sonstige zusätzliche Verpflichtungen des Pächters für den Fall seines nicht fristgerechten Abzugs, insbesondere Auflösung des Pachtvertrages mit Geltendmachung von Pachtschutz;

– ein Rücktrittsrechts des Verpächters bei Fortsetzungsanspruch des Pächters.

2. Zulässiger Verzicht vor kompetenter Stelle
87 Die Wirksamkeit des Pachtschutzverzichts ist an zwei Voraussetzungen geknüpft:

a) Zur Beilegung eines Pachtstreits
88 Dieser muß **nicht** notwendigerweise bereits **vor Gericht** anhängig sein; es reicht, daß der Pächter ein Pacht-Fortsetzungsverlangen bestellt und sich der Verpächter damit nicht einverstanden erklärt hat (FHL Rn 106).

Bei dem Pachtstreit muß es sich nicht um einen nach § 595 handeln; eine zulässige

Verzichts-Vereinbarung ist vielmehr **auch aus Anlaß anderer Streitigkeiten** zwischen den Vertragsparteien möglich (FHL aaO).

Stets aber muß ein wirksamer Vertrag vorliegen und in Lauf gesetzt worden sein; es **89** erscheint **unzulässig**, den Begriff des „Pachtstreits" auf die **Verhandlungen zum Vertragsabschluß** auszudehnen, so daß auf diesem „Umweg" doch wiederum von vornherein ein Verzicht des Pächters auf Pachtfortsetzungsanspruch vereinbart werden kann. Derart ist diese Ausnahme-Vorschrift restriktiv auszulegen und nur auf diejenigen Fälle anzuwenden, in denen im Rahmen eines laufenden Vertragsverhältnisses der Pächter als Beitrag zu einem beiderseitigen Nachgeben auf Pachtschutz-Rechte verzichtet.

Wenngleich sich die Bestimmung des Abs 8 S 1 nur auf die Verzichtserklärung bezieht, wird man unter dem Gesichtspunkt der Einheitlichkeit der Erklärung (arg § 313) verlangen müssen, daß **die insgesamt zur Beilegung des Pachtstreits getroffene Vereinbarung** – einschließlich des Verzichts – **schriftlich vor der zuständigen Stelle abgegeben** wird. Dafür spricht im übrigen auch das Schriftformerfordernis des § 585a, zum Erreichen einer längerfristigen Vereinbarung.

b) Kompetente Stelle
aa) Gerichte
Da Schiedsgerichte im Zusammenhang mit Pachtschutz-Verfahren regelmäßig kei- **90** ne Rolle spielen (so Rn 83), beschränkt sich die Zuständigkeit auf die ordentlichen Gerichte.

Regelmäßig ist damit das Landwirtschaftsgericht im Zusammenhang mit einem gerichtlich anhängigen Pachtstreit-Verfahren gemeint; mangels dementsprechender Eingrenzung ist theoretisch für die Verzichtserklärung **jedes deutsche Gericht – gleich welcher Instanz – zur Entgegennahme befugt** (LWLH Rn 9). Dabei ist es dem jeweiligen Gericht überlassen, den Verzicht vor dem Kollegialorgan oder einem einzelnen Richter entgegenzunehmen. Da jedoch stets der Zusammenhang mit einem Pachtstreit bestehen muß, ist die Verzichts-Abgabe vor einem anderen als dem Landwirtschaftsgericht ein meist nur theoretischer Fall.

bb) Pachtschlichtungsstellen
Damit gemeint sind die von Berufsverbänden und/oder Landwirtschaftskammern **91** gebildeten Schlichtungsstellen (LWLH Rn 10; FHL Rn 106). Zur Entwicklung der Pachtschlichtungsstelle im Bereich der Landwirtschaftskammer Westfalen-Lippe vgl AgrarR 1987, 74.

Ihre Zuständigkeit zur Inempfangnahme einer Verzichtserklärung wird regelmäßig bei vorgerichtlichen Pachtstreitigkeiten gegeben sein.

c) Formerfordernis
Das für Landpacht-Vereinbarungen zu beachtende grundsätzliche Schriftform-Er- **92** fordernis (§ 585a) erstreckt sich auch auf den vergleichsweisen Verzicht auf Pachtfortsetzung. Diesem Erfordernis wird durch Wahrung der dem Gericht obliegenden Protokollierungsform nach §§ 15 Abs 6 LwVG, 160 Abs 3 Nr 1 ZPO, 16 S 3 LwVG, 126 Abs 3 genügt.

Im übrigen ist der Vorgang gemäß § 2 Abs 1 LPachtVG vom Anzeigeerfordernis freigestellt.

§ 595a
Vorzeitige Kündigung von Landpachtverträgen

(1) Soweit die Vertragsteile zur außerordentlichen Kündigung eines Landpachtverhältnisses mit der gesetzlichen Frist berechtigt sind, steht ihnen dieses Recht auch nach Verlängerung des Landpachtverhältnisses oder Änderung des Landpachtvertrags zu.

(2) Auf Antrag eines Vertragsteils kann das Landwirtschaftsgericht Anordnungen über die Abwicklung eines vorzeitig beendeten oder eines teilweise beendeten Landpachtvertrags treffen. Wird die Verlängerung eines Landpachtvertrags auf einen Teil der Pachtsache beschränkt, kann das Landwirtschaftsgericht die Pacht für diesen Teil festsetzen.

(3) Der Inhalt von Anordnungen des Landwirtschaftsgerichts gilt unter den Vertragsteilen als Vertragsinhalt. Über Streitigkeiten, die diesen Vertragsinhalt betreffen, entscheidet auf Antrag das Landwirtschaftsgericht.

Materialien: BT-Drucks 10/508; 10/509; 10/3830; 10/3498.

Schrifttum

Siehe § 585.

Systematische Übersicht

I.	**Allgemeine Kennzeichnung**		**III.** **Richterliche Vertragshilfe (Abs 2)**	8
1.	Normgehalt	1		
2.	Verhältnis zum früheren Recht	5	**IV.** **Wirkungen (Abs 3)**	9
3.	Anwendungsbereich	6		
			V. **Abdingbarkeit**	10
II.	**Die vorzeitige Kündigung (Abs 1)**	7		
			VI. **Verfahrensfragen**	11

I. Allgemeine Kennzeichnung

1. Normgehalt

1 § 595a regelt **verschiedene Sachverhalte**, die nur einen losen Zusammenhang zueinander aufweisen. Der Systematik des Gesetzes und dem Verständnis der Bestimmungen wäre die Trennung der einzelnen Absätze dieser Vorschrift zu jeweils eigenen Paragraphen dienlich gewesen.

§ 595a Abs 1 stellt klar, daß das Recht zur vorzeitigen Kündigung eines Landpacht- 2
vertrages nicht durch eine gerichtliche Änderung (§ 593 Abs 4) oder Verlängerung
(§ 595 Abs 6) dieses Vertrages ausgeschlossen wird. Abs 2 S 1 begründet die Befugnis des Landwirtschaftsgerichts, Anordnungen über die Abwicklung eines vorzeitig oder teilweise beendeten Landpachtvertrages zu treffen.

Abs 2 S 2 verdeutlicht im wesentlichen nur die sich aus § 595 Abs 6 S 3 in Verbin- 3
dung mit S 1 ergebene Ermächtigung des Landwirtschaftsgerichts, bei einer gerichtlich angeordneten teilweisen Vertragsverlängerung den Pachtzins festzusetzen. Eigenständige Bedeutung kommt der Bestimmung bei einverständlicher teilweiser Vertragsverlängerung ohne Pachtzinsfestsetzung zu.

Abs 3 schließlich stellt klar, daß Anordnungen des Landwirtschaftsgerichts wie 4
vertragliche Vereinbarungen der Beteiligten zu behandeln sind. Wie diese Vereinbarungen unterliegen auch getroffene Anordnungen der jederzeitigen Überprüfung des Landwirtschaftsgerichts.

2. Verhältnis zum früheren Recht

Nach der amtlichen Begründung soll § 595a Abs 1 die Regelung des früheren § 9 5
LPachtG unverändert übernehmen, wonach die Verlängerung oder Änderung eines Landpachtvertrages das Recht der Vertragsteile unberührt ließ, das Pachtverhältnis „aus besonderem vertraglichen, aus gesetzlichem oder aus wichtigem Grunde" vorzeitig zu kündigen. § 595a Abs 2 entspricht weitgehend der Regelung des § 11 Abs 1 LPachtG, dessen S 2 in § 595a Abs 2 S 2 wörtlich übernommen ist. Dort fehlt gegenüber § 11 Abs 1 S 1 LPachtG lediglich die Regelung über die Abwicklung eines aufgrund behördlicher Beanstandung aufgehobenen Landpachtvertrages; diese ist jetzt in § 8 Abs 2 LPachtVG enthalten. § 595a Abs 3 S 1 entspricht § 11 Abs 2 LPachtG, der allerdings noch klarstellte, daß seine Rechtsfolge nicht nur Abwicklungsanordnungen, sondern unter anderem auch Anordnungen über die Änderung und Verlängerung eines Landpachtvertrages betraf. § 595a Abs 3 S 2 wurde neu in das Gesetz eingeführt.

3. Anwendungsbereich

Die Bestimmung ist nach ihrem Abs 2 ausschließlich auf Landpachtverträge iSv 6
§ 585 Abs 1 und 3 anwendbar. Dies folgt hinsichtlich der Absätze 2 und 3 bereits daraus, daß sie Sonderfälle der gerichtlichen Vertragshilfe regeln, die keine Basis für eine Analogie bilden können. In § 595a Abs 1 hingegen ist ein Rechtsgedanke positiviert, der auch ohne ausdrückliche Vorschrift Geltung beanspruchen kann (SOERGEL/HEINTZMANN Rn 2; MünchKomm/VOELSKOW Rn 1). Für eine Analogie besteht kein Bedarf. Ebenso darf die Vorschrift nicht zu dem unzutreffenden Umkehrschluß verleiten, der in ihr enthaltene Rechtsgedanke gelte in anderen Fällen, insbesondere bei Vertragsverlängerungen und -anpassungen nach den § 556a bis c nicht (MünchKomm/VOELSKOW Rn 1).

II. Die vorzeitige Kündigung (Abs 1)

Die aus § 9 LPachtG übernommene, unnötige Regelung war ursprünglich eine 7

Reaktion auf die Bestimmungen des § 4 RPachtO gewesen, wonach der Verpächter der Zustimmung des Pachtamtes bedurfte, wenn er einen vom Pachtamt verlängerten Vertrag vorzeitig kündigen wollte. Bereits im Rahmen des LPachtG war die Klarstellung im Hinblick auf § 11 Abs 2 (jetzt § 595a Abs 3 S 1) überflüssig (vgl FISCHER/WÖHRMANN, § 9 LPachtG Rn 1). Bei der Reform des Landpachtrechts bestand um so weniger Anlaß, die Regelung durch ihre Übernahme ins BGB fortzuführen.

Die Fälle einer vorzeitigen Kündigung werden in § 595a nicht geregelt, sondern vorausgesetzt. Auch aus § 594a Abs 2 kann nicht gefolgert werden, daß nur in den dort behandelten Fällen der Kündigung unter Einhaltung der gesetzlichen Frist eine vorzeitige Kündigung vorliegt (aA MünchKomm/VOELSKOW Rn 1). § 594a Abs 2 hat allein den Zweck, die regelmäßige Kündigungsfrist nach § 594 Abs 1 zu verkürzen, wenn ein Recht zur vorzeitigen Kündigung besteht. Entsprechend der Formulierung in dem früheren § 9 LPachtG ist daher unter Abs 1 jedes sich aus vertraglichem, gesetzlichem oder wichtigem Grunde ergebende Recht zur vorzeitigen Kündigung zu fassen (SOERGEL/HEINTZMANN Rn 2).

Bei Vorliegen der entsprechenden Voraussetzungen kann der Kündigungsberechtigte ohne Rücksicht auf eine etwaige Verlängerung des Landpachtverhältnisses oder Änderung des Landpachtvertrages kündigen. Dabei weist die Unterscheidung zwischen dem Landpachtverhältnis bei Verlängerung und dem Landpachtvertrag bei Änderung nicht auf einen sachlichen Unterschied hin, sondern beruht lediglich auf der insoweit unterschiedlichen Terminologie in den §§ 593, 595.

III. Richterliche Vertragshilfe (Abs 2)

8 Abs 2 räumt dem Landwirtschaftsgericht in S 1 die Befugnis ein, auf Antrag Anordnungen über die Abwicklung eines vorzeitig oder teilweise beendeten Landpachtvertrages zu treffen.

Eine **vorzeitige** Beendigung liegt vor, wenn ein Vertragsteil – aus welchem Grunde auch immer – gekündigt hat. Vom Wortlaut umfaßt wird auch die **einvernehmliche Aufhebung** des Pachtvertrages. Da die den Wortsinn einschränkende Verweisung auf vorzeitige Kündigungsfälle, die in § 11 Abs I LPachtG enthalten war, nicht übernommen wurde und ein vergleichbares Bedürfnis nach richterlicher Gestaltung der Vertragsabwicklung besteht, ist die Bestimmung auch bei einverständlicher Vertragsaufhebung anwendbar (FHL Rn 2). Gleiches gilt für die Beendigung des Vertragsverhältnisses aufgrund Eintritts einer auflösenden Bedingung.

Eine **teilweise Beendigung** erfolgt, wenn das Landwirtschaftsgericht im Pachtschutzverfahren die Fortsetzung des Vertrages gemäß § 595 Abs 6 S 3 auf einen Teil der Pachtsache beschränkt hat.

Einen Sonderfall bildet die einverständliche teilweise Vertragsaufhebung, ohne daß sich die Beteiligten über den neuen Pachtzins für die restliche Pachtsache einigen. In Abweichung von den allgemeinen Grundsätzen führt die fehlende Einigung hier nicht zur Unwirksamkeit der Vereinbarung, weil nach Abs 2 S 2 das Landwirtschaftsgericht den Pachtzins festsetzen kann (MünchKomm/VOELSKOW Rn 2).

IV. Wirkungen (Abs 3)

Alle Entscheidungen des Landwirtschaftsgerichts nach Abs 2 werden Vertragsinhalt des Landpachtvertrages. Wie in den Fällen der gerichtlich festgesetzten Vertragsverlängerung (§ 595 Rn 13, 77 ff) bedarf nicht die Entscheidung, wohl aber der zur Verfahrensbeendigung geschlossene Vergleich der Anzeige nach § 2 LPachtG. 9

V. Abdingbarkeit

Die Abdingbarkeit des § 595a Abs 1 richtet sich nach der jeweiligen, das Recht zur vorzeitigen Kündigung regelnden Norm. Läßt diese eine Abbedingung zu, kann das betreffende Kündigungsrecht auch für die Zeit nach einer Vertragsverlängerung oder Anpassung ausgeschlossen werden. 10

Die Absätze 2 und 3 ergänzen die Befugnisse und das Verfahren des Landwirtschaftsgerichts bei Verlängerung und Anpassung von Landpachtverträgen gemäß §§ 593, 595. Ebenso wie bei diesen Vorschriften ist von der Unabdingbarkeit der gesetzlichen Regelung auszugehen.

VI. Verfahrensfragen

In den Fällen des Abs 2 und 3 entscheidet das Landwirtschaftsgericht im FGG-Verfahren gem §§ 1 Nr 1, 9 LwVG (LWLH Rn 21). 11

§ 596
Rückgabe der Pachtsache

(1) Der Pächter ist verpflichtet, die Pachtsache nach Beendigung des Pachtverhältnisses in dem Zustand zurückzugeben, der einer bis zur Rückgabe fortgesetzten ordnungsmäßigen Bewirtschaftung entspricht.

(2) Dem Pächter steht wegen seiner Ansprüche gegen den Verpächter ein Zurückbehaltungsrecht am Grundstück nicht zu.

(3) Hat der Pächter die Nutzung der Pachtsache einem Dritten überlassen, so kann der Verpächter die Sache nach Beendigung des Pachtverhältnisses auch von dem Dritten zurückfordern.

Materialien: BT-Drucks 10/508; 10/509; 10/3830; 10/3498.

Schrifttum

Siehe § 585.

Systematische Übersicht

I. Entstehungsgeschichte	1
II. Überblick	2
III. Voraussetzungen des Anspruchs auf Rückgabe	5
IV. Rückabwicklung des Pachtverhältnisses	
1. Rückgabe	6
a) Rückgabehandlung	7
b) Zustand der Pachtsache	9
c) Nicht vertragsgemäßer Zustand	12
d) Weitere Einzelheiten	13
2. Fälligkeit	17
3. Leistungsort	21
4. Zurückbehaltungsrecht (Abs 2)	22
5. Verjährung	23
6. Protokoll über die Rückgabe	24
V. Ersatzansprüche des Verpächters bei nicht vertragsgemäßer Rückgabe	
1. Bloße Nichterfüllung	25
2. Leistungsstörungen	26
3. Verspätete Rückgabe	27
4. Rückgabe in nicht ordnungsgemäßem Zustand	28
a) Allgemeines	28
b) Rücknahmeverweigerung des Verpächters	29
5. Teilweise Räumung	30
VI. Ersatzansprüche des Pächters für Verbesserungen der Pachtsache	
1. Ersatzlos geschuldete Verbesserungen	31
2. Notwendige Verwendungen	32
3. Nützliche Verwendungen	33
4. Lieferrechte und -beschränkungen, Subventionen	34
a) Lieferrechte und -beschränkungen	34
b) Subventionsleistungen, EU-Agrarreform 2003	35
VII. Rückgabeanspruch gegenüber Dritten (Abs 3)	
1. Zweck der Vorschrift	36
2. Voraussetzungen	37
VIII. Abdingbarkeit	39
IX. ZPO-Verfahren, Beweislast	40

Alphabetische Übersicht

Abdingbarkeit	39
Ausbesserungspflichten	10
Auskunftsansprüche anläßlich der Rückgabe	16
Beweislast	41
Biologische Wirtschaftsweise	14
DDR, Kreispachtverträge	15
Dritter als Schuldner des Rückgabeanspruchs	36 f
Ersatzansprüche des Pächters	31 ff
– des Verpächters	25 ff
Fälligkeit des Rückgabeanspruchs	17 ff
Forstwirtschaftliche Nutzung	14
Kreispachtverträge	15
Leistungsort der Rückgabe	21
Leistungsstörungen bei Rückgabe	26
Milchquote	34
Ordnungsgemäße Bewirtschaftung	2 f
Ordnungsgemäßer Zustand bei Rückgabe nicht vorhanden	28 ff
Pächter, Ersatzansprüche	31 ff
– Ersatzansprüche bei Produktionsquoten	34
Pachtsache, Zustand bei Rückgabe	9 ff
Produktionsbeschränkungen	34
Räumung, teilweise	30

Titel 5 · Mietvertrag, Pachtvertrag §596
Untertitel 5 · Landpachtvertrag 1–3

Räumungsschutz bei Wohnraum	20	Teilweise Räumung	30
Rückgabe	6 ff	Verfahrensfragen	40
– Auskunftsansprüche	16	Verjährung	23
– Fälligkeit des Anspruchs	17 ff	Verpächter, Ersatzansprüche	25 ff
– in nicht ordnungsgemäßem Zustand	28 ff	– Rücknahmeverweigerung	29
– Leistungsort	21	Verwendungen, Ersatzansprüche	
– Leistungsstörungen	26	des Pächters	32 f
– Protokoll	24	Wirtschaftsweise, biologische	14
– Umfang	8	Wohnraum, Räumungsschutz	20
– verspätete	27	Zuckerrübenlieferrechte	34
– von Drittem	36 f	Zurückbehaltungsrecht	22
– Voraussetzungen	5	Zustand der Pachtsache bei Rückgabe	9 ff
– vorzeitige	18	– nicht vertragsgemäßer	12 ff
– Zustand	2, 9 ff	– Veränderungen	11
Rückgabehandlung	7		
Rücknahme, Verweigerung			
durch den Verpächter	29		
Subventionen	35		

I. Entstehungsgeschichte

Die Vorschrift geht auf das LPachtNeuOG vom 8.11.1985 zurück und entspricht in **1**
Abs 1 dem § 591 S 1 aF. S 2 aF wurde in die Neuregelung nicht aufgenommen, da
die Bestellung idS nur einen Unterfall der ordnungsgemäßen Bewirtschaftung iSd
§ 596 nF darstellt (BT-Drucks 10/509 S 26). Die Absätze 2 und 3 entsprechen den
geltenden §§ 570, 578 Abs 1, 546 Abs 2 iVm § 581 Abs 2.

II. Überblick

Im Unterschied zum Miet- oder sonstigen Pachtrecht beinhaltet § 596 Abs 1 für das **2**
Landpachtrecht eine dispositive **Sonderregelung**: Der Landwirtschaftspächter muß
danach den Pachtgegenstand in dem Zustand zurückgewähren der **ordnungsgemäßer
Bewirtschaftung** entspricht. Das muß nicht der Zustand sein, in dem er sich bei
Vertragsbeginn befunden hat.

§ 596 Abs 1 knüpft ausdrücklich an die in § 586 Abs 1 S 3 statuierte Pächterpflicht **3**
zur ordnungsgemäßen Bewirtschaftung an und setzt konsequenterweise voraus, daß
der Zustand der Pachtsache bei Rückgabe das Ergebnis dementsprechenden Verhaltens widerspiegeln muß. Um einen ordnungsgemäßen Zustand der Pachtsache
bis zum Ende des Pachtverhältnisses sicherzustellen, hat der Gesetzgeber die **Bewirtschaftungspflicht des Pächters in § 586 Abs 1 S 3 als fortgesetzt geschuldete Tätigkeit** normiert. § 596 Abs 1 verstärkt dies mit dem Merkmal „fortgesetzt". Daraus
folgt zugleich, daß die ordnungsgemäße Bewirtschaftung **bis zur endgültigen Abwicklung** des Pachtverhältnisses geschuldet ist und zwar in der Weise, daß auch nach
Ende der Pacht dauerhafte Erträge aus dem Pachtobjekt erzielt werden können.
Abgesichert wird dies zusätzlich dadurch, daß der Pächter bestimmte landwirtschaftliche Erzeugnisse entspr § 596b zurücklassen muß.

4 Die **weiteren Regelungen** zur Rückabwicklung des Landpachtvertrages finden sich in §§ 596a (Halmtaxe), 596b (Zurücklassung von Erzeugnissen), 597 (Ersatzansprüche des Verpächters für die Vorenthaltung der Pachtsache) sowie in den §§ 582a bis 583a (eiserne Verpachtung).

III. Voraussetzungen des Anspruchs auf Rückgabe

5 Die Rückgabepflicht setzt die Beendigung eines wirksamen Landpachtvertrages voraus. Aus welchen Gründen das Pachtverhältnis beendet worden ist, ob zB durch Zeitablauf, Kündigung oder einverständliche Absprache, ist ohne Bedeutung (LWLH Rn 9). Liegt kein wirksamer Pachtvertrag vor, verbleibt es bei den Ansprüchen aus §§ 812 ff, 985.

IV. Rückabwicklung des Pachtverhältnisses

1. Rückgabe

6 Mit der Beendigung des Pachtverhältnisses ist der Pächter verpflichtet, das Pachtobjekt in dem Zustand zurückzugeben, der einer bis zur Rückgabe fortgesetzten ordnungsgemäßen Bewirtschaftung entspricht.

a) Rückgabehandlung

7 Die Rückgabe selbst vollzieht sich in der Weise, daß **der Pächter dem Verpächter den unmittelbaren Besitz an der Pachtsache einräumt**. Dies gilt **auch** dann, wenn nicht er, sondern ein **Dritter** unmittelbaren Besitz an der Pachtsache hat (BGHZ 56, 308). Zur Erfüllung des Rückgabeanspruchs genügt nicht die Abtretung des Herausgabeanspruchs gegenüber dem Dritten; ihn kann der Verpächter aus eigenem Recht gem § 596 Abs 3 zusätzlich in Anspruch nehmen (vgl § 589 Rn 33).

8 Mit dem unmittelbaren Besitz muß der Verpächter die gesamte Pachtsache **mit allen Einrichtungen und Anlagen** zu seiner uneingeschränkten Disposition erlangen; hierzu gehören ua

- die Räumung der Betriebsstelle von Pächterinventar,

- die Übergabe der Schlüssel (BGH NJW 1983, 1049; Wolf/Eckert Rn 1041),

- nebst der ungetrennten Früchte.

b) Zustand der Pachtsache

9 *Mit der schlichten Rückgabe der Pachtsache erfüllt der Pächter seine Rückgabepflicht nicht.* Er hat darüber hinaus die Pachtsache in **vertragsgemäßem Zustand** zu übergeben, dh nach dem ausdrücklichen Wortlaut des § 596 Abs 1 in dem Zustand, der einer bis zur Rückgabe fortgesetzten ordnungsgemäßen Bewirtschaftung entspricht.

Ob das Pachtobjekt sich in einem derartigen Zustand befindet, beurteilt sich zunächst nach den zum **Vertragsinhalt** erhobenen Vorstellungen der Parteien, wie er sich aus dem Landpachtvertrag sowie einer nach § 585b erstellten **Beschreibung** der Pachtsache darstellt. Diese Angaben sind die **Basis**, die häufig (zB zur Bestellung,

Bodenbearbeitung und Düngung) detaillierte Regelungen hinsichtlich des zurückzugebenden Zustands enthält. Darauf aufbauend ist ggf weiter zu fragen, ob aus der Sicht eines verständigen Landwirtes die Bewirtschaftung des Pachtobjekts bei der Rückgabe den Anforderungen entspricht, die die Parteien bei Vertragsschluß zugrunde gelegt haben; unerhebliche Abweichungen müssen außer Betracht bleiben.

Können **keine besonderen Vereinbarungen** der Parteien festgestellt werden, verbleibt 10 es bei der Beurteilung des Bewirtschaftungszustandes nach **objektiven Kriterien**. Es ist mithin danach zu fragen, ob der Pächter seinen **Bewirtschaftungs- und Ausbesserungspflichten** nachgekommen ist, dh nach den Regeln gewirtschaftet hat, die nach allgemeiner Auffassung in landwirtschaftlichen Kreisen einzuhalten sind, um einen ordentlichen, durchschnittlichen Anforderungen genügenden Bewirtschaftungsstand der konkreten Pachtsache zu erreichen (BGB-RGRK/Gelhaar § 591 Rn 1; vgl dazu ausführlich § 586 Rn 32 ff). Sind nach den Grundsätzen ordnungsgemäßer Bewirtschaftung vor Rückgabe noch Arbeiten durchzuführen, deren Früchte der Pächter nicht mehr ernten wird, so ist er gleichwohl zur Durchführung der Arbeiten verpflichtet, um eine ordnungsgemäße **Anschlußbewirtschaftung** zu gewährleisten; ein Ausgleich findet über § 590b statt, bei vorzeitiger Rückgabe über § 596a.

Ist während der Vertragzeit der Zustand der Pachtsache einvernehmlich geändert 11 worden (§ 590 Rn 31), ist dieser der Maßstab auch für die Rückgabe. Hat zB der Verpächter zu einer Verwendung iSv § 591 die Zustimmung erteilt, ist der Pächter zur Rückgabe in dem durch die Verwendung beeinflußten Zustand verpflichtet; er hat Ersatzansprüche, darf die Pachtsache aber nicht zur Erreichung des vor der Verwendung bestehenden Zustands verändern (BGH AgrarR 2001, 144).

Besondere Schwierigkeiten bereiten in diesem Zusammenhang hingegen **während der Vertragslaufzeit eingetretene Änderungen** in den Vorstellungen einer Vertragspartei oder der Allgemeinheit über den Inhalt ordnungsgemäßer Bewirtschaftung. Auch insoweit gilt, daß sich die Rückgabepflicht prinzipiell an der Ordnungsgemäßheit der Bewirtschaftung während der Vertragslaufzeit orientiert. Das bedeutet, daß der **Verpächter** etwa ebenso den Zustand der Pachtsache nach zulässiger biologischer Wirtschaftsweise und/oder als Konsequenz ordnungsgemäßer Einbeziehung in Flächenstillegungsprogramme hinnehmen muß wie der **Pächter** zu Allgemeingut gewordene Erkenntnisse hinsichtlich der Bodenbelastung mit Schadstoffen (zB aufgrund übermäßiger Düngung, Einsatz von unzulässig gewordenen Pflanzenschutzmitteln oder Gülleaufbringung) der Bewirtschaftungs- und damit der Rückgabepflicht zugrundezulegen hat. In Zweifelsfällen wird ein Vertragsverstoß des Pächters während der Bewirtschaftung mit entsprechenden Pflichten anläßlich der Rückgabe nicht anzunehmen sein, wenn der Verpächter während der Vertragslaufzeit nicht gemahnt bzw auf eine Klärung hingewirkt hat.

c) Nicht vertragsgemäßer Zustand

Nicht vertragsgemäß ist folglich der Bewirtschaftungszustand, der einer fortgesetz- 12 ten ordnungsgemäßen Bewirtschaftung nicht entspricht. Die bloße **Erhaltung des bei Übergabe vorgefundenen Zustands der Pachtsache reicht nicht aus**; ein bei Antritt der Pacht schlechter Zustand der Pachtsache ist nur dann vom Verpächter am Pachtende hinzunehmen, wenn der Pächter trotz ordnungsgemäßer Bewirtschaftung keine Abhilfe schaffen konnte.

d) Weitere Einzelheiten

13 Sind während der Pachtzeit Grenzsteine abhanden gekommen, müssen diese vom Pächter ersetzt werden (OLG Koblenz AgrarR 1994, 101).

14 Zu Fragen der Nutzungsänderungen vgl § 590 Abs 2 und die dortige Kommentierung. Speziell die land- und forstwirtschaftlichen Nutzflächen sind in einem ordnungsgemäß und bestimmungsgemäß gepflegten, gedüngten und – je nach Übergabezeitpunkt – bestellten Zustand zurückzugeben. Hat zB der Pächter außerhalb einer Vereinbarung mit dem Verpächter (s § 586 Rn 35) die Bewirtschaftung der Flächen auf **biologische Wirtschaftsweise** umgestellt und sind daher – unter dem Gesichtspunkt konventioneller Wirtschaftsweise – die Flächen zu stark verunkrautet, ist dies kein ordnungsgemäßer Rückgabezustand. Die Umwandlung von Acker- in Weideland soll bei einem Milchviehbetrieb wegen des Erhalts der Referenzmenge unschädlich sein, da auch Ackerland eine zur Milcherzeugung dienende Fläche ist (OLG Hamm AgrarR 1991, 133). Dies erscheint auch akzeptabel, wenn zum Zeitpunkt der Rückgabe eine ordnungsgemäße Bewirtschaftung des Milchviehbetriebes (mit Weidehaltung, wenn dazugehörig) gewährleistet ist.

Wenn Flächen zur **forstwirtschaftlichen** Nutzung verpachtet wurden, besteht keine Pflicht zur Rodung von Stubben (OLG Hamm AgrarR 1990, 201).

15 In der **ehemaligen DDR** waren die Flächen vieler nicht enteigneter Eigentümer zwangsweise an die Räte der Kreise verpachtet, die diese dann ihrerseits an Landwirtschaftliche Produktionsgenossenschaften weiter verpachteten (sog **„Kreispachtverträge")**. Bei der Rückabwicklung dieser Verträge war streitig, wem gegenüber die Eigentümer Ansprüche wegen Veränderung/Verschlechterung durchsetzen konnten. Diese Frage ist mittlerweile vom BGH (AgrarR 1995, 15, 19) dahingehend entschieden, daß die Eigentümer praktisch keinerlei Anspruchsgegner haben: die Räte der Kreise existieren nicht mehr, die Neuen Bundesländer haften nicht als ihre Rechtsnachfolger; die Eigentümer haben mangels Vertragsbeziehung auch keine direkten Ansprüche gegenüber den Landwirtschaftlichen Produktionsgenossenschaften. Denkbar ist nur die Abtretung von Schadensersatzansprüchen der ehemaligen Räte der Kreise gegen die Landwirtschaftlichen Produktionsgenossenschaften.

16 Auskunftsansprüche des Verpächters zur Vorbereitung der Rückgabe bestehen allenfalls unmittelbar vorher (OLG Celle AgrarR 1994, 234; **aA** OLG Oldenburg AgrarR 1994, 268).

2. Fälligkeit

17 Der Rückgabeanspruch des Verpächters ist **unmittelbar mit Beendigung des Landpachtverhältnisses** fällig, nach hM am Tage nach Pachtende (LWLH Rn 11; MünchKomm/Voelskow § 556 Rn 15 mwN; **aA** Wolf/Eckert Rn 1040; Staudinger/Rolfs [2003] § 546 Rn 25: letzter Tag der Pachtzeit).

18 Eine **vorzeitige Rückgabe** nach Maßgabe des § 271 Abs 2 ist dem Pächter nur mit **Verpächterzustimmung** möglich. Dieser verzichtet mit der Rücknahme des Pachtobjektes bis zum Vertragsende auf die vom Pächter geschuldete ordnungsgemäße

Bewirtschaftung. Ohne Zustimmung des Verpächters fallen mithin Fälligkeit und Erfüllbarkeit zusammen.

Die Fälligkeit **entfällt**, wenn der Pächter nach Maßgabe des § 595 eine **Fortsetzung** 19 des Pachtverhältnisses erwirken kann. Die Entscheidung des Landwirtschaftsgerichtes setzt im Wege des gestaltenden Beschlusses eine neue Frist für die Beendigung des Vertrages fest. Überschneiden sich Räumungsklage nach § 596 als streitiges Verfahren gem § 1 Nr 1 a LwVG und das Verfahren auf Vertragsfortsetzung als FGG-Verfahren, so ist das **Räumungsverfahren** gem §§ 48 Abs 1 LwVG, 148 ZPO **auszusetzen**, da das FGG-Verfahren nach § 595 vorrangig ist.

Soweit **Wohnraum** mitverpachtet ist, kann der **Räumungsschutz** nach § 721 ZPO iVm 20 § 48 Abs 1 LwVG bedeutsam werden. Die Gewährung einer derartigen Räumungsfrist beseitigt Fälligkeit und Verzug nicht. Ansprüche auf Ersatz des weiteren Schadens sind indessen in analoger Anwendung des § 571 Abs 2 ausgeschlossen.

3. Leistungsort

Die Rückgabe der Pachtsache hat an dem Ort zu erfolgen, an dem sich die Grund- 21 stücke befinden. Hiernach beurteilt sich auch der Gerichtsstand (§ 29 ZPO iVm § 48 Abs 1 LwVG).

4. Zurückbehaltungsrecht (Abs 2)

Gegenüber dem Rückgabeanspruch des Verpächters steht dem Pächter wegen aller 22 Gegenansprüche, die sich auf den Grundbesitz beziehen, insbesondere wegen solcher auf Ersatz von Verwendungen, **kein Zurückbehaltungsrecht** zu. Die gesetzliche Regelung beruht auf der Überlegung, daß die Gegenansprüche des Pächters regelmäßig außer Verhältnis zum Wert des Pachtgegenstandes stehen. Sie ist inhaltsgleich mit §§ 570, 578 Abs 1 (vgl STAUDINGER/ROLFS [2003] § 570 Rn 1 ff). Etwas anderes gilt nur wegen der Forderungen des Pächters, die sich auf das mitgepachtete Inventar beziehen, was aus §§ 585 Abs 2, 583 Abs 1 folgt.

Kann der Verpächter sein Herausgabeverlangen mangels wirksamen Pachtvertrages nicht auf § 596, sondern nur auf §§ 985, 812 ff stützen, ist § 273 gleichfalls nicht ausgeschlossen (STAUDINGER/ROLFS [2003] § 570 Rn 6). Für die gerichtliche Durchsetzung des Herausgabeanspruchs ist in jedem Fall die Zuständigkeit des Landwirtschaftsgerichts gegeben, gleichgültig, ob dieser auf § 596 oder auf § 985 gestützt wird (OLG Köln AgrarR 1990, 263).

5. Verjährung

Der **Rückgabeanspruch** des Verpächters hinsichtlich aller Gegenstände der Verpach- 23 tung (BGH NJW 1985, 2103) unterliegt nicht der regelmäßigen Verjährungsfrist von 30 Jahren (§ 197 Abs 1 Nr 1, weil er kein Rückgabeanspruch aus dinglichem Rechts ist; (PALANDT/HEINRICHS § 197 Rn 2). Vielmehr unterliegt der Anspruch gem § 195 einer Verjährungsfrist von **3 Jahren**; ohne Rücksicht auf die Kenntnis verjährt der Herausgabeanspruch gem § 199 Abs 4 spätestens in **10 Jahren** von seiner Entstehung an (STAUDINGER/ROLFS [2003] § 546 Rn 73). Dies bezieht sich auch auf den Anspruch auf

(Rück-)Übertragung von Rechten, wie zB Milchquoten (OLG Celle OLGR 1994, 256; Urteil vom 4.11. 1999 7 U 220/98 nv).

Die beiderseitigen **Ersatzansprüche** verjähren in **6 Monaten** nach näherer Maßgabe des § 591b. Verhandeln die Parteien während der Verjährungsfrist und darüber hinaus über eine einvernehmliche Regelung, ist die Verjährungseinrede innerhalb einer nach Abbruch der Verhandlungen laufenden Überlegungsfrist **unzulässige Rechtsausübung** (§ 203). Dies soll nach einer Entscheidung des OLG Köln (AgrarR 1993, 150) jedoch nicht gelten, wenn die Parteien (nur) gemeinsam einen Gutachter mit der Mangelfeststellung beauftragen.

6. Protokoll über die Rückgabe

24 *Angesichts der außerordentlichen wirtschaftlichen Tragweite empfiehlt sich für die Vertragsparteien eine protokollierte Übergabeverhandlung.* Der etwaige vertragswidrige oder überobligationsmäßige Zustand des Pachtobjekts ist im Übergabeprotokoll festzuhalten. Die Übergabeverhandlung hat Vergleichscharakter, so daß grundsätzlich nur die aufgenommenen Mängel oder Verbesserungen in einem späteren Rechtsstreit Berücksichtigung finden können (BGH NJW 1983, 446, 448).

Soweit keine Übergabeverhandlung stattfindet, der Verpächter die Pachtsache aber vorbehaltlos zurücknimmt, gibt er zu erkennen, daß er die Rückgabe als vertragsgerecht angesehen hat. Gem § 363 trifft ihn daher die Beweislast, wenn er sich später darauf berufen will, der Pächter habe seine Rückgabepflicht nicht erfüllt (vgl WOLF/ ECKERT Rn 1050).

V. Ersatzansprüche des Verpächters bei nicht vertragsgemäßer Rückgabe

1. Bloße Nichterfüllung

25 Gibt der Pächter die Pachtsache bei Pachtende nicht zurück – etwa weil er die Kündigung des Verpächters nicht für wirksam hält –, liegt kein Fall einer Leistungsstörung vor. **Bei** bloßer **Nichtleistung** des Pächters muß der Verpächter seinen **Erfüllungsanspruch** – hier seinen Rückgabeanspruch – durchsetzen. Für die Dauer der Vorenthaltung gewährt § 597 dem Verpächter jedoch einen Anspruch auf Nutzungsentschädigung in Höhe des vereinbarten Pachtzinses.

Im übrigen sei auf die Kommentatur zu § 546 verwiesen, die auch im Landpachtrecht ergänzend heranzuziehen ist.

2. Leistungsstörungen

26 Bezüglich der Leistungsstörungen, die bei der Rückgabe der Pachtsache auftreten können, sei auf die Kommentatur zu §§ 275 ff nF verwiesen.

3. Verspätete Rückgabe

27 Erfolgt die Rückgabe gegen den Willen des Verpächters verspätet, so kann dieser **Nutzungsentschädigung nach § 597** beanspruchen. Ist der Pächter für die Verzögerung verantwortlich, kann der Verpächter unter den (weiteren) Voraussetzungen des **Verzuges** gem § 286 Abs 1 einen **darüber hinausgehenden Verzögerungsschaden** ersetzt verlangen.

4. Rückgabe in nicht ordnungsgemäßem Zustand

a) Allgemeines

Nimmt der Verpächter die Pachtsache in nicht ordnungsgemäßem Bewirtschaftungszustand zurück, hat er zunächst **mangels einer Vorenthaltung keinen Ersatzanspruch aus § 597** (vgl BGH WM 1974, 260; Wolf/Eckert Rn 1046).

Hat er wegen des vertragswidrigen Zustands der Pachtsache Pachtausfallschäden, stehen ihm **Schadensersatzansprüche aus § 280** (früher positive Vertragsverletzung) dann zu, wenn der Pächter die Schlechterfüllung zu vertreten hat (hierzu auch § 597 Rn 12). Diese Anspruchsgrundlage gilt auch für die übrigen Schäden des Verpächters, wie zB Kosten zur Wiederherstellung eines ordnungsgemäßen Zustandes der Pachtsache.

Nimmt der Verpächter den Pächter auf **Schadensersatz wegen nicht durchgeführter, laufender Unterhaltungs- und Bewirtschaftungsmaßnahmen** in Anspruch, muß er grundsätzlich seinem Pächter in Anlehnung an § 286 Abs 1 zusätzlich eine angemessene **Nachfrist** zu deren Vornahme setzen (vgl MünchKomm/Ernst § 286 Rn 46 ff). Die Pflichtverletzung des Pächters betrifft, wie § 586 Abs 1 S 1 klarstellt, eine **Hauptleistungspflicht** (§ 586 Rn 33 ff). Ebenso wie im Mietrecht bei unterlassenen Schönheitsreparaturen, die der Mieter vertraglich übernommen hat, erhält der Pächter damit Gelegenheit, die durch die ordnungswidrige Unterhaltung und Bewirtschaftung verursachten Mängel innerhalb der gesetzten Nachfrist kostengünstig zu beseitigen. Diese Vorgehensweise ist lediglich in den Fällen des § 286 Abs 2 entbehrlich, wobei stets die Umstände des Einzelfalls entscheidend sind. Hat der Verpächter das Pachtverhältnis vorzeitig wegen vertragswidriger Bewirtschaftung beenden können, wird es regelmäßig angesichts der Unfähigkeit und Unzuverlässigkeit des Pächters keiner Mahnung mehr bedürfen; dies gilt ferner auch in den Fällen ernsthafter und endgültiger Erfüllungsverweigerung, § 286 Abs 2 Nr 3; schließlich aber auch immer dann, wenn die Parteien auf eine Mahnung bereits im Pachtvertrag oder im Rahmen der Rückgabeverhandlungen verzichtet haben.

b) Rücknahmeverweigerung des Verpächters

Verweigert der Verpächter die Rücknahme der Pachtsache in dem angebotenen ordnungswidrigen Zustand, gerät er wegen der Sonderregelung des § 596 grundsätzlich nicht in Annahmeverzug, wenn er gleichzeitig dem Pächter eine angemessene Frist setzt, innerhalb derer dieser die Pachtsache in einen **ordnungsgemäßen Zustand** zu versetzen hat. Ist die Fristsetzung indessen erkennbar ohne Erfolgsaussicht oder dem Verpächter nicht mehr zumutbar, muß dieser die Pachtsache nicht zuletzt im Interesse einer zügigen Vertragsabwicklung auch im vertragswidrigen Zustand zurücknehmen, anderenfalls kommt er in Annahmeverzug.

Hierdurch unterscheidet sich die Rechtsstellung des Verpächters von der des Vermieters, der nach BGH NJW 1983, 1049 die Mietsache uneingeschränkt auch dann zurücknehmen muß, wenn sie sich in einem vertragswidrigen Zustand befindet (vgl zum Mietrecht STAUDINGER/ROLFS [2003] § 546 Rn 17 mwN; WOLF/ECKERT Rn 1046). Die durch die berechtigte Rücknahmeverweigerung entstehenden **Pachtausfallschäden** kann der Verpächter nicht über § 597 ersetzt verlangen, da ihm der Pächter – bei gebotener gegenständlicher Betrachtungsweise – die Pachtsache nicht vorenthält (hM zu §§ 546a, 571 [557 aF]; vgl MünchKomm/VOELSKOW § 557 Rn 5 mwN). In Betracht kommen insoweit nur Schadensersatzansprüche aus § 280 (ehemals positive Vertragsverletzung) und unerlaubter Handlung.

5. Teilweise Räumung

30 Läßt der Pächter nur einzelne Sachen zurück, stellt sich ebenso wie im Mietrecht die Frage, ob eine **unzulässige Teilleistung** iSd § 266 vorliegt, die Rückgabe mithin insgesamt als vertragswidrig anzusehen ist. Ist dies zu bejahen, kann der Verpächter die Rücknahme der Pachtsache verweigern, ohne in Annahmeverzug zu geraten; gleichzeitig ist er bei unzulässiger Teilleistung berechtigt, seinen Vorenthaltungsschaden aus § 597 BGB geltend zu machen.

Grundsätzlich ist der Pächter nicht zu Teilleistungen berechtigt; im Einzelfall können indessen Treu und Glauben ein abweichendes Ergebnis rechtfertigen; dem Verpächter bleiben dann lediglich Ersatzansprüche nach den allgemeinen Regeln. Dies gilt auch für seine Kosten aus Aufbewahrung der Pächtersachen.

VI. Ersatzansprüche des Pächters für Verbesserungen der Pachtsache

1. Ersatzlos geschuldete Verbesserungen

31 Aus der Bewirtschaftungspflicht des Pächters folgt eine Einschränkung seiner Ansprüche auf Aufwendungsersatz. Regelmäßig wird die ordnungsgemäße Bewirtschaftung zu einer Verbesserung der Pachtsache führen. **Ersatzlos** bleiben alle Verbesserungsmaßnahmen, soweit sie **innerhalb ordnungsgemäßer Bewirtschaftung** geschuldet sind; es sind dies vor allem die gewöhnlichen Ausbesserungen iSd § 586 Abs 1 S 2, wozu ua laufende Ausbesserungen der Wohn- und Wirtschaftsgebäude, der Wege, Gräben, Dränungen und Einfriedungen gehören (sa OLG Celle OLGR 2003, 255).

Überschreiten die Aufwendungen diesen Rahmen, ist – soweit die Parteien keine abweichende Regelung getroffen haben – nach dem Gesetz zwischen notwendigen, nützlichen und sonstigen Verwendungen zu unterscheiden.

2. Notwendige Verwendungen

32 Notwendige Verwendungen **hat der Verpächter** gem § 590b im Hinblick auf seine aus § 586 Abs 1 S 1 folgende Überlassungs- und Erhaltungspflicht **zu erstatten**. Zu beachten ist dabei jedoch der doppelt eingeschränkte Verwendungsbegriff des Bundesgerichtshofs (vgl BGHZ 41, 157). Die Verwendungen dürfen die Sache zum einen nicht grundlegend verändern; zum anderen sind die Verwendungen nur dann notwendig, wenn sie zur Abwendung einer der Pachtsache drohenden Gefahr oder zu ihrer Erhaltung erforderlich sind (BGH WM 1983, 766). Aufwendungen, die dazu dienen, die Sache in einen vertragsgemäßen Zustand zu versetzen oder einen Sach-

mangel zu beheben, sind regelmäßig nicht unbedingt notwendig; insoweit ist der Pächter nur berechtigt, nach §§ 586 Abs 2, 536a vorzugehen, dh er kann Ersatz seiner Aufwendungen zur Mängelbeseitigung nur dann beanspruchen, wenn er den Verpächter in Verzug gesetzt hat (vgl WOLF/ECKERT Rn 1235; vgl auch OLG Köln 23 U 4/88 nv) oder die umgehende Beseitigung des Mangels zur Erhaltung des Bestands der Pachtsache notwendig war.

Besteht bei Vertragsbeginn ein Mangel, hinsichtlich dessen der Pächter keinen Vorbehalt erklärt und den er beseitigt hat, steht ihm bei Vertragsende diesbezüglich kein Ersatzanspruch zu.

3. Nützliche Verwendungen

Ersatz seiner übrigen, nicht notwendigen, Verwendungen kann der Pächter nur verlangen, soweit es sich nicht um Maßnahmen der Ausbesserungs- und/oder Bewirtschaftungspflicht handelt und sie dem Verpächter nützlich sind. Die Voraussetzungen folgen aus § 591. Danach schuldet der Verpächter nur **Ersatz des Mehrwertes**. **33**

Dazu können auch Aufwendungen gehören, die der Pächter zur vereinbarten Umstellung (von Teilflächen) auf biologische Wirtschaftsweise getätigt hat (s § 586 Rn 39; § 591 Rn 12).

4. Lieferrechte und -beschränkungen, Subventionen

a) Lieferrechte und -beschränkungen

Im Rahmen des **Abbaus der Überproduktion** an sog Marktfrüchten hat die EU für Zucker und Milch spezielle Systeme von Produktionsquoten eingeführt. Danach kann der Landwirt (vereinfacht) nur noch im Rahmen der ihm zugewiesenen Quote produzieren und abliefern; jede darüber hinausgehende Produktion wird nicht oder zu selten mit auskömmlichen Preisen abgenommen (Zucker) bzw mit Abgaben belegt (Milch). **34**

Die Quoten für **Zucker** sind dabei den Zuckerfabriken erteilt worden, die diese nach teilweise sehr unterschiedlichen Systematiken an Landwirte weitergeben und auch die Weitergabe unter den Landwirten regeln (vgl dazu § 585 Rn 32). Für die Usancen einiger im Bezirk des OLG Celle ansässigen Zuckerfabriken und des durch sie praktizierten Verkehrs mit Rübenlieferrechten vgl drei neuere Entscheidungen des OLG Celle (OLGR 1994, 256; AgrarR 1994, 209; AgrarR 1994, 234). Danach muß eine mitverpachtete Rübenquote bei Vertragsende an den Verpächter zurückgegeben werden. Dies geschieht jedoch aufgrund einer (ggf erzwungenen) rechtlichen Einigung unter den Pachtvertragsparteien und nicht, auch nicht aufgrund der Usancen der Zuckerfabriken, „automatisch" (OLG Celle OLGR 1995, 48). Der Verpächter hat keinen Anspruch auf Übertragung der Rübenquote, wenn diese dem Pächter von der Fabrik zugewiesen wurde und ihm vertraglich ein Rückgabeanspruch bei Vertragsende nicht eingeräumt wurde. Es gibt keine Nebenpflichten des Pächters zu laufender Information über den Stand der mitverpachteten Lieferrechte während der Vetragszeit.

Im Bereich der **Milchproduktion** sind die Quoten („Anlieferungsreferenzmenge") den einzelnen Landwirten zugeteilt; die nunmehr nur noch sehr eingeschränkte Übertragbarkeit von einem Landwirt auf den anderen regelt anstelle der MGV (Milch-Garantiemengen-Verordnung) seit 2000 die ZAV (Zusatzabgabenverordnung). Landpachtrechtlich bleiben ungeachtet dessen die schon zum alten Recht diskutierten Rechtsfragen virulent, da im Verhältnis unter den Landpachtvertragsparteien direkte Übertragungen nach wie vor möglich sind (vgl § 585 Rn 31).

Zivilrechtlich wurde heftig diskutiert, wie die zur Zeit eines laufenden Pachtverhältnisses dem Pächter zugewiesene Produktionsquote bei dessen Ende zu behandeln ist (zur unübersichtlichen Rechtslage s FHL Rn 20; Düsing AgrarR 1988, 93 ff). Diese Frage ist von weittragender wirtschaftlicher Bedeutung: Bliebe die Quote bei dem Pächter, wäre auf den (ehemaligen) Pachtflächen keine Milchproduktion mehr zulässig. Überdies hat sich gezeigt, daß der Verkehrswert von Ländereien ohne die flächenakzessorische Referenzmenge teilweise bis zur Unverkäuflichkeit gemindert ist. Bleibt hingegen die Quote bei dem Verpächter (Eigentümer), stellt sich die Frage, wie der Pächter für die zurückgelassene Referenzmenge zu entschädigen ist.

Produktionsquoten für Milch stellen nach der Rechtsprechung des BGH (V ZR 53/90, nv) kein Recht iSv § 536 Abs 3 dar, sie sind als „subventionsähnlich abgabenrechtliche Bevorzugung" zu qualifizieren (BGH AgrarR 1997, 214). Sie gehen bei Pachtende auf den Verpächter über. Der Erwerb der Produktionsquote ist ebensowenig als Verwendung anzusehen wie die Quote selbst eine Verwendung ist; sie ist eine Produktionsbeschränkung, die nach Vertragsende (§ 596) auf den Verpächter (entschädigungslos) übergeht (siehe § 591 Rn 13; vgl auch BGH LwZR 3/90; OLG Schleswig AgrarR 1991, 227; OLG Köln AgrarR 1990, 53; OLG Celle RdL 1990, 92 [sogar bei Extrazahlungen des Pächters]; AgrarR 1991, 108; OLG Köln AgrarR 1990, 53; OLG Schleswig AgrarR 1991, 227; OLG Oldenburg 10 WLw 6/91; auch nicht nach 591 analog BGH LwZR 3/90; gute Zusammenfassung zu diesem Thema bei Hoffmann in der Schrift zu der Goslarer Agrarrechtswoche [1991]; siehe auch Moser AgrarR 1990, 161; Gröger AgrarR 1991, 86; auch Lukanow AgrarR 1994, 115; Beyer AgrarR 1994, 218; vgl auch § 590b Rn 12). Dies gilt auch in Fällen der Stücklandpacht (OLG Koblenz AgrarR 1995, 155) sowie bei der Auskehr der Milchaufgabevergütung (BGH AgrarR 2001, 19). Der Pächter hat selbst dann Quote entschädigungslos zurückzugeben, wenn sie zum Zeitpunkt des Vertragsbeginns noch nicht erteilt, vielmehr während der Vertragszeit vom Pächter „erarbeitet" wurde (OLG Hamm AgrarR 1997, 20; OLG Celle OLGR 1998, 136; OLG Celle OLGR 2002, 45 = RdL 2002, 75).

Hat der Pächter die Milchproduktion aufgegeben, sei es mit Verpächtererlaubnis nach § 590 Abs 2 oder aufgrund Vertragsverstoßes (s dort Rn 15), hat er bei Vertragsende jedenfalls evtl erhaltene (staatliche) Ausgleichsleistungen dem Verpächter zu übergeben bzw (bei wiederkehrenden Leistungen) zu übertragen (BGH AgrarR 1997, 214 zur Aufgabevergütung); dies kann den Schadensersatzanspruch des Verpächters jedoch nur mindern.

Wenngleich Rechtsprechung und Literatur sich in der Vergangenheit im wesentlichen mit Problemen im Bereich der Milchquote beschäftigt haben, können – bezogen auf die Rechtsfragen zwischen Pachtvertragsparteien – die Gedanken auf die Behandlung von Zucker-Produktionsquoten nach der derzeitigen Zuckermarktordnung übertragen werden. Aufgrund der Quotenzuteilung durch die Fabrik stellen sich ergänzend gesellschaftsrechtliche Fragen. Dies beispielsweise dann, wenn die Zuteilung von Produktionsquoten an den Erwerb oder die Übertragung einer Beteiligung am Unternehmen geknüpft wird; dann erstreckt sich die Übertragunspflicht des Pächters auch auf die entsprechende Beteiligung („MZBAK"-Rechtsprechung AG Magdeburg AgrarR 2000, 370; OLG Naumburg AgrarR 2001, 355; BGH RdL 2001, 212 = AgrarR 2001, 381).

Öffentlich-rechtlich bestehen gleichfalls keine Bedenken gegen die Zuordnung der Referenzmenge an den Verpächter bei Pachtende (BVerwG RdL 1991, 101).

b) Subventionsleistungen, EU-Agrarreform 2003
Soweit Subventionsleistungen – auch über die Pachtdauer hinaus – betriebs- oder **35** flächenbezogen gewährt werden gebühren sie dem Verpächter. Vgl zu der Frage, inwieweit die Inanspruchnahme von Subventionen der ordnungsgemäßen Bewirtschaftung entspricht (Milchrente) § 586 Rn 38.

Die aufgrund der **EU-Agrarreform 2003** (s § 585 Rn 33; vJeinsen AUR [ehedem AgrarR] 2003, 204; AUR 2004, 112) eingeführten (betriebs- und flächenbezogenen) Prämien sind zwar keine „subventionsähnlichen abgabenrechtlichen Bevorzugungen" (BGH AgrarR 1997, 214); denn sie sind rechtssystematisch keine Abgaben für überproduzierte landwirtschaftliche Produkte (Milch) oder an die Produktion gekoppelte Kontingente (Zucker). Aufgrund der durch die Agrarreform vorgenommenen Entkopplung der Prämienzahlungen von der landwirtschaftlichen Produktion kann eher von einem „produktionsunabhängigen Wirtschaftlichkeitsbeitrag" die Rede sein. Dieser ist pachtrechtlich von erheblicher Relevanz, weil eine Verpachtung der Prämien nur mit entsprechenden Flächenverpachtungen einhergehen kann und umgekehrt.

Bedauerlicherweise ist gesetzlich nicht geregelt, ob diese Prämienansprüche bei **Vertragsende** mit den Flächen zurückgegeben werden müssen. Man wird trotz differenzierender Sachverhaltsgestaltungen davon einheitlich auszugehen haben: Soweit nach Inkrafttreten der Agrarreform am 1. Januar 2005 landwirtschaftliche Flächen mit ihren Prämienansprüchen verpachtet werden (und anders geht es nicht), werden die Prämienansprüch bei Vertragsende eindeutig mit zurückzugeben sein („umgekehrte Akzessorietät"). Soweit die Prämienansprüche pächterseits während eines laufenden Pachtverhältnisses „erworben" wurden, ist denkbar, dass angesichts des in Deutschland eingeführten Kombimodells die Prämienansprüche jedenfalls dann beim Pächter verbleiben können, wenn dieser über andere (eigene oder gepachtete) landwirtschaftliche Nutzflächen verfügt, auf denen keine Prämienansprüche ruhen. Indes ist diese Möglichkeit abzulehnen. Klar ist, dass landwirtschaftliche Nutzflächen ohne darauf ruhende Prämienansprüche künftig ebenso erheblich an Wert verlieren werden, wie dies bei Grünland ohne darauf ruhender Milchquote nach Einführung der Milchgarantiemengenregelung 1984 der Fall war. Daher wird ungeachtet der rechtlich anderen Konstruktion der Pächter sie aus den gleichen Gründen bei Vertragsenden entschädigungslos zurückzugeben haben, wie dies schon jetzt aufgrund der ständigen Rechtsprechung zu Milch- und Rübenquoten der Fall ist. Sollte der Pächter hingegen Verwendungen zum Erhalt der Prämienansprüche getätigt haben, hat er insoweit einen Ersatzanspruch.

VII. Rückgabeanspruch gegenüber Dritten (Abs 3)

1. Zweck der Vorschrift

36 Durch sie wird sichergestellt, daß der Verpächter den Dritten auch dann auf Herausgabe der Pachtsache in Anspruch nehmen kann, wenn er nicht Vertragspartner oder wenigstens Eigentümer ist. Für diese Fallgestaltungen könnte die Abtretung der Herausgabeansprüche des Hauptpächters dann nicht weiterhelfen, wenn dieser sich dem Unterpächter gegenüber längerfristig gebunden hätte. Ein derartiges Ergebnis würde der Natur der Unterpacht widersprechen, die in Entstehung und Fortbestand vom Hauptpachtverhältnis abhängt (vgl MünchKomm/VOELSKOW § 556 Rn 25).

2. Voraussetzungen

37 Daher gewährt Abs 3 dem Verpächter gegenüber dem Dritten einen **besonderen vertraglichen Anspruch, obwohl er mit diesem keinen Vertrag geschlossen hat**. Der Anspruch setzt lediglich voraus, daß das wirksame Hauptpachtverhältnis rechtlich beendet ist, die Pachtsache befugt oder unbefugt gem § 589 dem Dritten zur eigenverantwortlichen Nutzung überlassen worden ist, der Dritte die Pachtsache noch in Besitz hat und ergebnislos vorab zur Herausgabe des Pachtobjektes aufgefordert worden ist (MünchKomm/VOELSKOW § 556 Rn 26).

38 Die Rückgabe wird von **Hauptpächter und Drittem als Gesamtschuldner** geschuldet (§ 431; OLG Celle NJW 1953, 1475), wobei der Dritten auch durch die Herausgabe der Pachtsache an den Hauptpächter gem § 428 befreit wird (PALANDT/WEIDENKAFF § 546a Rn 21). Wegen der Ansprüche gegen den Hauptpächter für den Fall der Unterpacht s § 589 Rn 28 ff.

Da der Titel gegen den Hauptpächter nicht gegenüber dem Dritten wirkt, empfiehlt es sich, Pächter wie Dritten **gemeinsam zu verklagen**; entbehrlich ist dies lediglich unter den Voraussetzungen des § 325 ZPO und des § 886 ZPO. In dem Verfahren kann der Dritte dem Verpächter gegenüber alle Einwendungen erheben, die der Hauptpächter gegenüber dem Verpächter hat (LWLH Rn 26).

VIII. Abdingbarkeit

39 Die Vorschrift ist in allen Teilen **dispositiv**; speziell der Ausschluß des Zurückbehaltungsrechts (Rn 22) kann abbedungen werden (STAUDINGER/ROLFS [2003] § 570 Rn 8).

IX. ZPO-Verfahren, Beweislast

40 Die gerichtliche Verfolgung der Rückgabeansprüche hat vor dem Landwirtschaftsgericht im Wege des **streitigen Verfahrens** (ZPO-Verfahren) gem §§ 1 Nr 1a, 2 Abs 1, 48 LwVG zu erfolgen. Für den Fall, daß Räumungsklage und ein Verfahren auf Vertragsfortsetzung zusammentreffen, sind beide Verfahren getrennt zu führen und ist das Räumungsverfahren ggf auszusetzen (§ 148 ZPO).

Vorgreiflich hat das Landwirtschaftsgericht ferner dann gem § 1 Nr 1 LwVG im

Rahmen des FGG-Verfahrens zu entscheiden, wenn eine Partei gem §§ 595a Abs 2 S 1, 8 Abs 2 S 3 LPachtVG beantragt, Anordnungen über die Abwicklung eines vorzeitig beendeten oder teilweise beendeten Landpachtvertrages zu treffen. Der Inhalt der getroffenen Anordnungen gilt unter den Parteien nach § 595a Abs 3 S 1 als Vertragsinhalt. Das Landwirtschaftsgericht stellt damit verbindlich fest, ob und unter welchen Voraussetzungen die Rückgabe als ordnungsgemäß angesehen werden kann. Die Klage auf Erfüllung der Anordnungen hat wiederum im ZPO-Verfahren zu erfolgen (Barnstedt/Steffen § 1 LwVG Rn 53; FHL § 595a Rn 10).

Für die gerichtliche Durchsetzung des Herausgabeanspruchs ist in jedem Fall die Zuständigkeit des Landwirtschaftsgerichts gegeben; gleichgültig, ob dieser auf § 596 oder auf § 985 gestützt wird (OLG Köln AgrarR 1990, 263).

Darlegungs- bzw beweispflichtig ist üblicherweise derjenige, der ein Recht durchsetzen will. Hat aber der Pächter den Vertragsgegenstand genutzt, ohne die im Sinne einer ordnungsgemäßen Bewirtschaftung notwendigen Erhaltungsmaßnahmen durchzuführen, spricht die Vermutung dafür, daß der Pachtgegenstand ihm in ordnungsgemäßem Zustand übergeben wurde und er seine Vertragspflichten verletzt hat (BGH AgrarR 1996, 55). **41**

§ 596a
Ersatzpflicht bei vorzeitigem Pachtende

(1) Endet das Pachtverhältnis im Laufe eines Pachtjahrs, so hat der Verpächter dem Pächter den Wert der noch nicht getrennten, jedoch nach den Regeln einer ordnungsmäßigen Bewirtschaftung vor dem Ende des Pachtjahrs zu trennenden Früchte zu ersetzen. Dabei ist das Ernterisiko angemessen zu berücksichtigen.

(2) Lässt sich der in Absatz 1 bezeichnete Wert aus jahreszeitlich bedingten Gründen nicht feststellen, so hat der Verpächter dem Pächter die Aufwendungen auf diese Früchte insoweit zu ersetzen, als sie einer ordnungsmäßigen Bewirtschaftung entsprechen.

(3) Absatz 1 gilt auch für das zum Einschlag vorgesehene, aber noch nicht eingeschlagene Holz. Hat der Pächter mehr Holz eingeschlagen, als bei ordnungsmäßiger Nutzung zulässig war, so hat er dem Verpächter den Wert der die normale Nutzung übersteigenden Holzmenge zu ersetzen. Die Geltendmachung eines weiteren Schadens ist nicht ausgeschlossen.

Materialien: BT-Drucks 10/508; 10/509; 10/3830; 10/3498.

Schrifttum

Siehe § 585.

Systematische Übersicht

I.	Entstehungsgeschichte	1
II.	Überblick	2
III.	**Wertersatz nach Abs 1**	
1.	Landpachtvertrag	6
2.	Beendigung des Pachtverhältnisses	7
3.	Vorzeitige Beendigung im Laufe des Pachtjahres	8
4.	Wertersatz im einzelnen	10
a)	Allgemeine Kennzeichnung	10
b)	Zwischen Pachtende und Rückgabe getrennte Früchte	11
c)	Umfang des Wertersatzanspruchs	13
d)	Fälligkeit	17
IV.	**Aufwendungsersatz nach Abs 2**	
1.	Allgemeine Kennzeichnung	18
2.	Aufwendungsersatz im einzelnen	19
a)	Keine zuverlässige Wertermittlung der ungetrennten Früchte	19
b)	Umfang des Anspruchs	20
c)	Fälligkeit	22
V.	**Regelungen für forstwirtschaftlich genutzte Grundstücke**	
1.	Wertersatzanspruch des Pächters nach Abs 3 S 1	23
2.	Besondere Ersatzansprüche des Verpächters	24
a)	Ersatz für nicht ordnungsgemäßen Einschlag (Abs 3 S 2)	24
b)	Weitere Schadensersatzansprüche (Abs 3 S 3)	25
c)	Verpächterpfandrecht	26
VI.	**Sicherungsrechte des Pächters: Pächterpfandrecht und Zurückbehaltungsrecht**	27
VII.	**Entsprechende Anwendung**	28
VIII.	**Dispositive Regelung**	29
IX.	**ZPO-Verfahren**	30

Alphabetische Übersicht

Abdingbarkeit	29
Aufwendungen, Arten	20
Aufwendungsersatz, Abs 2	18 ff
– Berechnung	20
– Bewertungszeitpunkt	21
– Fälligkeit	22
– Wertermittlung, keine zuverlässige	19
Beendigung im Laufe des Pachtjahres	8
– des Landpachtvertrages	6
– Fallbeispiele	9
– Gründe sind nicht entscheidend	7
Ende von Pacht- und Fruchtziehungsrecht	2
Fälligkeit	17, 22
Forstwirtschaftlicher Betrieb	23 ff
Früchte, getrennte	11
Halmtaxe	3
Kleingartenpacht, entsprechende Anwendung	28
Nießbrauch, entsprechende Anwendung	28
Pächter, Anspruch auf Wertersatz	10
– Aufwendungsersatz	18
– Fruchtziehungsrecht	2
– Pfandrecht	27
Verfahrensfragen	30
Verpächter, Pfandrecht	26
Wertersatz, Abs 1	6 ff
– Berechnung	13
– Fälligkeit	17
– Umfang	13 ff

I. Entstehungsgeschichte

Die dispositive Vorschrift ist durch Art 1 Nr 1 des LPachtNeuOG vom 8.11.1985 eingefügt worden; sie löst den vorherigen § 592 ab und erweitert die Rechte des Pächters bei vorzeitigem Pachtende.

II. Überblick

§ 596a gewährt dem Pächter einen Ersatzanspruch bei vorzeitigem Pachtende. Hintergrund dieser Regelung ist, daß mit dem **Ende des Pachtverhältnisses das Fruchtziehungsrecht** des Pächters **erlischt**; ihm gebühren nur die Früchte, die er während der Dauer seiner Berechtigung getrennt hat (§ 101 Nr 1); nur an diesen kann er kraft wirksamer Aneignungsgestattung gem § 956 Eigentum erwerben. *Die noch nicht getrennten Früchte sind dem Verpächter zurückzulassen.* Zu den zwischen Pachtende und Rückgabe getrennten Früchten siehe Rn 11. Diese Rechtslage kann der Pächter **nicht** durch **vermehrte Fruchtziehung** kompensieren, da er die Pachtsache in dem Zustand zurückgeben muß, der einer bis zur Rückgabe ordnungsgemäßen Bewirtschaftung entspricht (§ 596 Abs 1, s dort Rn 9). Alle Früchte, die nach diesen Maßstäben nicht geerntet werden dürfen, sind demgemäß schuldrechtlich und dinglich dem Verpächter zuzuordnen. Aus Billigkeitsgründen mildert § 596a die sich hieraus ergebenden wirtschaftlichen Nachteile des Pächters dahin, daß ihm **Ersatzansprüche** in abgestufter Form zugestanden werden.

Mit Abs 1 S 1 wird dem Pächter zunächst über § 592 aF hinaus für den Fall **vorzeitiger Beendigung** der Pacht ein Ersatzanspruch nach der sog **Halmtaxe** zugebilligt, dh nach dem Wert der noch nicht getrennten Früchte. *Mit dieser Änderung soll dem Umstand Rechnung getragen werden, daß sich der Produktionsaufwand des Pächters nicht in den Bestellungskosten erschöpft.* Bei der Feststellung des Wertes der noch nicht getrennten Früchte sind sowohl die ersparten Ernteaufwendungen als auch nach S 2 das Ernterisiko des Pächters zu berücksichtigen (BT-Drucks 10/509 S 26).

Endet die Pacht zu einer Zeit, in der der Wert der Früchte aus jahreszeitlichen Gründen nicht festgestellt werden kann, eine **„Halmtaxe" also nicht möglich ist**, hat der Pächter gem Abs 2 nur einen Anspruch auf Ersatz seiner **Aufwendungen** für die Bestellung (BT-Drucks aaO). Zu beachten ist, daß die Neuregelung einen Aufwendungsersatz und nicht nur einen Ersatz der Bestellungskosten vorsieht.

Mit Abs 3 S 1 wird für den **forstwirtschaftlichen Bereich** eine dem Abs 1 entsprechende Regelung getroffen. S 2 verpflichtet den Pächter zum Wertersatz, wenn er mehr Holz geschlagen hat, als bei ordnungsgemäßer Nutzung zulässig war. Da der vorzeitige Einschlag überdies eine bedeutsame Minderung späterer Erträge verursachen kann, stellt S 3 klar, daß der Verpächter nicht gehindert ist, auch diesen weiteren Schaden geltend zu machen (BT-Drucks 10/509 S 26).

III. Wertersatz nach Abs 1

1. Landpachtvertrag

§ 596a ist eine Sondervorschrift für die Abwicklung von Landpachtverträgen bei vorzeitiger Beendigung. Voraussetzung für den Wertersatzanspruch nach Abs 1 ist demgemäß, daß ein wirksamer Landpachtvertrag iSd § 585 bestanden haben muß. War der Landpachtvertrag von Anfang an unwirksam, kommen lediglich die allgemeinen Vorschriften in Betracht (§§ 812 ff, 987 ff, 998).

2. Beendigung des Pachtverhältnisses

7 Der Wertersatzanspruch setzt weiter voraus, daß das Pachtverhältnis beendet ist.

Die **Gründe**, aus denen die landpachtrechtliche Sonderverbindung beendet wurde (Zeitablauf oder Kündigung), sind ohne Bedeutung. Insbesondere ist **nicht entscheidend**, ob der Pächter die Beendigung **zu vertreten** hat, da der Ersatzanspruch nicht an ein vertragsgerechtes Verhalten des Pächters gebunden ist (§ 592 Rn 7; § 597 Rn 4).

3. Vorzeitige Beendigung im Laufe des Pachtjahres

8 Weitere Voraussetzung ist die vorzeitige Beendigung des Pachtverhältnisses **im Laufe des Pachtjahres**. Dies bedeutet, daß der Pächter dann keinen Wertersatzanspruch nach § 596a hat, wenn der Pachtvertrag – wie regelmäßig – mit dem Schluß des Pachtjahres endet.

Was unter Pachtjahr zu verstehen ist, beantwortet sich vorrangig aus dem Pachtvertrag; dabei muß der Vertragsbeginn nicht identisch sein mit dem Anfang des Pachtjahres. Haben die Parteien das Pachtjahr nicht bestimmt, greift § 594a Abs 1 S 2 ein, wonach im Zweifel das Kalenderjahr als Pachtjahr gilt.

9 Fallgestaltungen vorzeitiger Beendigung des Pachtverhältnisses im Laufe des Pachtjahres sind demgemäß lediglich:

– außerordentliche Kündigung wegen des Todes des Pächters gem § 594d;

– fristlose Kündigung nach

  – § 594e aus wichtigem Grund,

  – § 543 Abs 2 Nr 1 bei Nichtgewährung des Gebrauchs der Pachtsache,

  – § 569 Abs 1 S 1 bei Gesundheitsgefährdung des Pächters,

  – § 543 Abs 2 Nr 2 bei vertragswidrigem Gebrauch,

  – § 594e Abs 2 bei Nichtzahlung der Pacht;

– Vertragsaufhebung, wobei in besonderen Fällen der Wille der Vertragsparteien dahin gehen kann, daß Ersatzansprüche des Pächters aus § 596a ausgeschlossen sein sollen; darlegungs- und beweispflichtig hierfür ist der Verpächter.

Im übrigen kann das Vertragsverhältnis nur zum Schluß des Pachtjahres gekündigt werden, so daß die besonderen Ersatzansprüche aus § 596a nicht in Betracht kommen.

4. Wertersatz im einzelnen

a) Allgemeine Kennzeichnung

Während § 592 aF dem Pächter nur einen Anspruch auf Ersatz der Bestellungskosten gewährte, spricht § 596a Abs 1 dem Pächter einen **weitergehenden Anspruch auf Wertersatz**, dh Geldersatz für die Früchte zu, die nach den Regeln ordnungsgemäßer Bewirtschaftung erst nach Pachtende, aber noch innerhalb des (nach den ursprünglichen Vereinbarungen) laufenden Pachtjahres geerntet werden können. **10**

Gegenstand von Ersatzansprüchen sind nur die aufgrund des Pachtrechts zu gewinnenden **unmittelbaren Sachfrüchte** gem §§ 101 Nr 1, 99 Abs 1, wobei § 101 Nr 1 die unmittelbaren Rechtsfrüchte den unmittelbaren Sachfrüchten gleichstellt (MünchKomm/Holch § 101 Rn 6). Mittelbare Sach- und Rechtsfrüchte (zB Pachtzinsen aus Unterpacht über ein Wohnhaus oder eine Gaststätte) werden von § 596a nicht erfaßt.

Der auf Billigkeitserwägungen beruhende § 596a wird weiter dadurch **begrenzt**, daß der Pächter Ersatz nur für die Früchte beanspruchen kann, die bei ordnungsgemäßer Bewirtschaftung noch **während des laufenden Pachtjahres** zu trennen (ernten) gewesen wären. Demgemäß müssen die Früchte aus der Herbstbestellung dann außer Ansatz bleiben, wenn die Fruchtreife erst nach Ablauf des Pachtjahres eintritt (§ 592 Rn 19).

Was „den Regeln einer ordnungsgemäßen Bewirtschaftung" entspricht, beurteilt sich unter besonderer Beachtung des Vertragsinhalts nach dem objektiven Urteil eines verständigen Landwirtes. Es ist zu fragen, ob aus dieser Sicht die Fruchtreife noch im laufenden Pachtjahr zu erwarten ist (vgl zum Schlüsselbegriff der ordnungsgemäßen Bewirtschaftung § 586 Rn 33 ff; § 596 Rn 9).

b) Zwischen Pachtende und Rückgabe getrennte Früchte

Die vom Pächter – entsprechend seiner aus § 596 folgenden Pflicht zur ordnungsgemäßen Bewirtschaftung – zwischen Pachtende und Rückgabe getrennten Früchte **gebühren** nicht dem Verpächter, sondern weiterhin **dem Pächter**. **11**

Außerhalb des Landpachtrechts muß zwar davon ausgegangen werden, daß das Pachtende einen Wechsel im Fruchtziehungsrecht nach sich zieht. § 101 Nr 1 bestimmt aber, daß die unmittelbaren Sach- und Rechtsfrüchte demjenigen gebühren, der bei Anfallen der Früchte der Berechtigte ist (MünchKomm/Holch § 101 Rn 2 ff).

Mit dem **Erlöschen des Pachtverhältnisses** ist nur noch der **Verpächter Berechtigter**, so daß ihm nicht nur die ungetrennten, sondern auch die erst nach Pachtende, aber noch vor Rückgabe getrennten Früchte zugeordnet werden müssen. Zum Ausgleich bestimmt § 102, daß der Verpächter dem Pächter die Gewinnungskosten für die getrennten Früchte zu erstatten hat. Dieser schuldrechtlichen Rechtslage entspricht die dingliche, da die herrschende Meinung in Anknüpfung an RGZ 78, 36 auf dem Standpunkt steht, daß der Pächter nur an den während der Dauer seiner Berechti- **12** gung getrennten Früchten gem § 956 Eigentum erwerben kann (PALANDT/BASSENGE § 956 Rn 2).

Für das **Landpachtrecht** sind diese Grundsätze jedoch bei sachgerechter Auslegung der §§ 596, 596a dahin **abzuwandeln**, daß dem Pächter als Ausgleich für seine bis zur Rückgabe geschuldete ordnungsgemäße Bewirtschaftung auch die Früchte seiner Arbeit gebühren müssen. Die „Dauer seiner Berechtigung" iSd § 101 Nr 1 erstreckt sich folglich bis zur tatsächlichen Abwicklung des Pachtverhältnisses, bis zur Rückgabe. Dieses Auslegungsergebnis liegt den §§ 596, 596a offenkundig zugrunde. Dies folgt auch daraus, daß andernfalls die Anpassung des § 102, der nur eine Erstattung der Gewinnungskosten vorsieht, an die Neuregelung des § 596a Abs 1 geboten gewesen wäre, da sachliche Gründe für eine Schlechterstellung des Pächters hinsichtlich der von ihm im Rahmen ordnungsgemäßer Bewirtschaftung zwischen Pachtende und Rückgabe getrennten Früchten nicht bestehen.

c) Umfang des Wertersatzanspruchs

13 Der Wertersatz wird in Geld geschuldet. Zu ersetzen ist der **gemeine Wert** der ungetrennten Früchte, dh ihr nach objektiven Kriterien zu ermittelnder Verkehrswert. Dieser Bewertungsvorgang wird mit dem Begriff „Halmtaxe" umschrieben. Dabei ist das besondere Interesse des Pächters an den Früchten ebenso unbeachtlich wie der spätere tatsächliche Gewinn (PALANDT/SPRAU § 818 Rn 19).

Der Wert der ungetrennten Früchte wird nach dem **Ertragswert** ermittelt, dh der Differenz aus den für den Stichtag zu erwartenden Einnahmen und Ausgaben (vgl KÖHNE 176, 178), wobei die einzelnen Rechengrößen zu schätzen sind, so daß im Rechtsstreit Raum für § 287 Abs 2 ZPO sein wird. **Bewertungsstichtag** sollte mit Rücksicht darauf, daß der Umfang der zurückzulassenden Früchte erst bei Rückgabe feststeht, nicht das Pachtende, sondern der **Zeitpunkt der Rückgabe** bzw der Rückgabeverhandlung sein.

14 Zu den „**Einnahmen**" gehören:

- die voraussichtlichen Erlöse aus Verkäufen von Feldfrüchten aller Art und tierischen Produkten (Wolle, Milch, Jungvieh etc).

15 Zu den „**Ausgaben**" gehören:

- die voraussichtlichen Ernteaufwendungen (die für die Einbringung der Ernte erforderlichen Betriebskosten);

- das erkennbare Ernterisiko (Ertragseinbußen der Ernte, soweit sie objektiv nach den jeweiligen Gegebenheiten zu erwarten sind; vollkommen unvorhersehbare Ereignisse, ex post bekannt gewordene Katastrophen, müssen demgemäß außer Betracht bleiben);

- die nach § 596b zum Verbrauch bestimmten Erzeugnisse (zB Futtererzeugung für die eigene Masttierhaltung).

16 Das konkrete **Marktrisiko** kann wegen der Natur des Wertersatzanspruchs nicht

gesondert als Passivposten Berücksichtigung finden. *Zu erstatten ist nur der gemeine Wert, nicht der tatsächliche Gewinn der Früchte.* Das allgemeine Marktrisiko ist allerdings bei den „Aktiva" als Komponente für die Berechnung der „voraussichtlichen Erlöse" maßgeblich; in diesem Rahmen sind künftige Marktentwicklungen, soweit sie verläßlich vorhersehbar sind, mindernd oder erhöhend zu beachten.

d) Fälligkeit

Der Wertersatzanspruch ist mit dem **tatsächlichen Ende des Pachtverhältnisses** **17** (Rückgabe) fällig. Ist der Wertersatz Gegenstand einer zwischen Pachtende und Rückgabe angesetzten Rückgabeverhandlung, dürfte hierdurch der Fälligkeitszeitpunkt abweichend bestimmt sein.

IV. Aufwendungsersatz nach Abs 2

1. Allgemeine Kennzeichnung

Lassen sich im Rahmen des Abs 1 aus jahreszeitlich bedingten Gründen die Werte **18** der noch nicht getrennten Früchte nicht feststellen, so gibt Abs 2 dem Pächter lediglich in Anlehnung an § 592 aF einen Anspruch auf Aufwendungsersatz (**Aufwendungstaxe** – vgl KÖHNE 176, 178). Zu erstatten ist der Gesamtbetrag der Aufwendungen für die ungetrennten Früchte, soweit sie im Rahmen einer ordnungsgemäßen Bewirtschaftung liegen. Damit entscheidet die Neuregelung die zu § 592 aF erörterte Streitfrage, ob der Begriff „Kosten" iS von „reinen Sachauslagen" oder „Gesamtaufwand einschließlich des Unternehmerlohns" zu verstehen ist (STAUDINGER/SONNENSCHEIN[12] § 592 Rn 12 mwN). Nunmehr sind die gesamten **Produktionskosten** einschließlich der eigenen **Arbeitsleistung** erstattungsfähig. Der Höhe nach gibt es dabei im Unterschied zu § 592 aF keine Begrenzung mehr durch den Wert der Früchte.

2. Aufwendungsersatz im einzelnen

a) Keine zuverlässige Wertermittlung der ungetrennten Früchte

Dem Aufwendungsersatz nach Abs 2 kommt gegenüber dem Wertersatz nach Abs 1 **19** eine **Auffangfunktion** zu. Nur wenn eine verläßliche Schätzung des Ernteerfolgs nicht möglich ist, muß der Pächter sich mit dem regelmäßig geringeren Aufwendungsersatz zufriedengeben. Im Vordergrund stehen dabei die Fälle, in denen die Feldfrüchte noch so wenig entwickelt sind, daß eine zutreffende Halmtaxe nicht möglich ist.

b) Umfang des Anspruchs

Der Umfang des Aufwendungsersatzanspruchs umfaßt den gesamten „Aufwand", **20** den der Pächter bis zur Rückgabe der Pachtsache (so Rn 12) im Rahmen ordnungsgemäßer Bewirtschaftung für die noch im Laufe des Pachtjahres zu erntenden Früchte erbracht hat.

Zum Aufwand des Pächters gehören **Sachaufwendungen** (ua für Saatgut, Düngemittel, Treibstoffe, Versicherungen und Reparaturen, ferner die Abschreibung pächtereigenen Inventars), **Lohnaufwendungen** (Vergütungen für Leistungen Dritter ebenso wie für die eigene Arbeitsleistung, dh Unternehmerlohn), **Kosten, Steuern** und **Lasten** (Ausgaben für Steuern und Abgaben, soweit sie den Betrieb belasten) und der **sonstige Aufwand** (Ausgaben für Zinsen, Pachten und Mieten); vgl hierzu FHL Rn 25 f. Die **Pachtzinsen** sind keine Aufwendungen im Sinne dieser Bestimmung (OLG Oldenburg RdL 1993, 65).

Seinen betrieblichen Aufwand kann der Pächter aber nur insoweit erstattet verlangen, als er einer **ordnungsgemäßen Bewirtschaftung** entspricht und sich auf die noch im laufenden Pachtjahr zu trennenden Früchte bezieht. Die tatsächlichen Kosten werden mithin begrenzt durch diejenigen, die aus der Sicht eines verständigen Landwirts erforderlich waren.

21 Für die Bewertung der einzelnen Aufwandspositionen ist auf den **Zeitpunkt ihrer Entstehung** abzustellen. Ergibt die nach objektiven Kriterien durchzuführende Vergleichsregelung, daß der tatsächliche (der vom Pächter berechnete) Aufwand niedriger ist, hat der Verpächter nur die tatsächlich aufgewandten Kosten zu ersetzen, da er nur Aufwendungs- und nicht Schadensersatz schuldet (vgl zu § 818 BGH NJW 1964, 1365).

Eine **weitergehende Begrenzung** der Ersatzansprüche durch den „Wert der Früchte" kennt die Neuregelung **nicht** mehr. Dies beinhaltet, daß die **Gefahr des Untergangs oder der Verschlechterung** der Früchte durch einfachen Zufall oder höhere Gewalt nicht mehr den Pächter trifft (dies war aber nach der früheren Rechtslage der Fall, vgl MünchKomm/VOELSKOW[1] § 592 Rn 5). Der **Verpächter** muß sich an der eventuell ausgezahlten Versicherungssumme schadlos halten.

c) Fälligkeit

22 Der Aufwendungsersatzanspruch des Pächters kann nicht bereits mit dem Ende des Pachtverhältnisses fällig sein (so STAUDINGER/SONNENSCHEIN[12] § 592 Rn 22 f), sondern erst mit der **Rückgabe des Pachtobjekts**. Der Pächter ist bis zu diesem Zeitpunkt zur ordnungsgemäßen Bewirtschaftung verpflichtet.

V. Regelungen für forstwirtschaftlich genutzte Grundstücke

1. Wertersatzanspruch des Pächters nach Abs 3 S 1

23 Für die Pacht forstwirtschaftlicher Grundstücke beinhaltet Abs 3 S 1 **keine besondere Regelung**; es wird lediglich klargestellt, daß auch dieser Pächter Wertersatz für das zum Einschlag vorgesehene, aber noch nicht eingeschlagene Holz beanspruchen kann. Wie aus § 585 Abs 3 folgt, muß es sich aber um solche forstwirtschaftlich genutzten Grundstücke handeln, die zusammen mit überwiegend landwirtschaftlich genutzten Grundstücken überlassen wurden. Die „überwiegend" betriebene Forstwirtschaft unterliegt nicht dem Landpachtrecht (FHL § 585 Rn 45).

Das „zum Einschlag vorgesehene Holz" ergibt sich aus dem Betriebsplan (Forstbetriebswerk), der den allgemein anerkannten Regeln der Forstwirtschaft entsprechen muß. Dieser Plan bestimmt aufgrund langjähriger Beobachtungen den jährlichen Einschlag. Berechnungseinheit ist der Erntefestmeter (vgl MÜLLER § 523 ff, 526, 531). Die zu erstattenden Festmeter sind nach objektiven Kriterien zu ermitteln. Einen maßgeblichen Anhalt geben die in den letzten Jahren bei Holzverkäufen erzielten

Durchschnittspreise. Die ersparten Aufwendungen und das Ernterisiko sind auch hier zu berücksichtigen (FHL Rn 30). Der Anspruch ist ebenfalls erst bei tatsächlicher Beendigung fällig.

2. Besondere Ersatzansprüche des Verpächters

a) Ersatz für nicht ordnungsgemäßen Einschlag (Abs 3 S 2)

Für den Fall der vorzeitigen Vertragsbeendigung erleichtert § 596 Abs 3 S 2 die **24** Rechtsverfolgung des Verpächters durch verschuldensunabhängige Ersatzansprüche gegen den Pächter. Hat dieser **mehr Holz eingeschlagen**, als bei ordnungsgemäßer Nutzung zulässig war, muß er dem Verpächter den Wert der die normale Nutzung übersteigenden Holzmenge ersetzen; ob und inwieweit ihn an der Übernutzung ein **Verschulden** trifft, ist **unerheblich**.

Der Umfang der übermäßigen Nutzung ist anhand des Betriebsplans festzustellen, und zwar durch den Vergleich von Soll- und Isteinschlag (FHL Rn 31).

b) Weitere Schadensersatzansprüche (Abs 3 S 3)

Abs 3 S 3 hat ebenfalls lediglich klarstellende Bedeutung: weitergehende Schadens- **25** ersatzansprüche sind nicht ausgeschlossen. Hierbei ist an Schadensersatzansprüche wegen Nicht- bzw Schlechterfüllung zu denken, ausgelöst dadurch, daß der Pächter seiner Pflicht zur ordnungsgemäßen Rückgabe der Pachtsache aus § 596 nicht genügt hat.

Das vertragswidrige Verhalten des Pächters kann zu einem solchen Schaden des Verpächters führen, daß die durch die Übernutzung eingetretenen Vermögenseinbußen nicht durch den bloßen Ersatz des „Mehreinschlags" auszugleichen sind (Kosten für Aufforstung, Nutzungsausfälle in der Zukunft usw).

c) Verpächterpfandrecht

Wegen seiner Ansprüche aus S 2 u 3 steht dem Verpächter gem § 592 S 1 ein **26** Verpächterpfandrecht zu. Dies gilt nicht für „künftige" Entschädigungsforderungen des Verpächters.

VI. Sicherungsrechte des Pächters: Pächterpfandrecht und Zurückbehaltungsrecht

Wegen seiner denkbaren Ersatzansprüche aus § 596a Abs 1, Abs 2, Abs 3 S 1 steht **27** dem Pächter **kein Pfand- oder Zurückbehaltungsrecht** zu. Die ungetrennten Früchte sind wesentlicher Bestandteil des Grundstücks; ein Pfandrecht an diesen Früchten würde daher dem Verbot des § 596 Abs 2 widersprechen. Das Pächterpfandrecht muß daher auf die Forderungen des Pächters aus §§ 582 Abs 2 S 1, 582a Abs 3 S 3, 585 Abs 2 beschränkt bleiben. Im übrigen ist der Pächter darauf angewiesen, seine Ersatzansprüche einzuklagen oder aber gem §§ 595a Abs 2 S 1, 8 Abs 2 S 3 LPachtVG beim Landwirtschaftsgericht Abwicklungsanordnungen zu beantragen (vgl zu § 592 Hense RdL 1952, 311 f).

VII. Entsprechende Anwendung

Kraft ausdrücklicher gesetzlicher Regelung ist § 596a auf die Rückgabepflicht des **28**

Nießbrauchers (§ 1055 Abs 2) und die Herausgabepflicht des **Vorerben** im Nacherbfall (§ 2130 Abs 1 S 2) entsprechend anzuwenden.

Darüber hinaus erscheint die analoge Anwendung des § 596a bei der **Kleingartenpacht** sachgerecht. Für das Eigentümer-Besitzer-Verhältnis ist indessen allein § 998 maßgebend; hiernach hat der Besitzer lediglich für die vor Ende des Wirtschaftsjahres zu trennenden Früchte einen Anspruch auf Ersatz seiner Bestellungskosten.

VIII. Dispositive Regelung

29 Den Parteien bleibt es unbenommen, abweichende Regelungen über die beiderseitigen Ersatzansprüche nach Pachtende herbeizuführen; zulässig ist auch der völlige Ausschluß der Rechte aus § 596a. Bei Formularpachtverträgen sind die §§ 307–309 zu beachten.

IX. ZPO-Verfahren

30 Die gerichtliche Verfolgung der Rückgabeansprüche hat vor dem Landwirtschaftsgericht im Wege des streitigen Verfahrens (ZPO-Verfahren) zu erfolgen (§§ 1 Nr 1a, 2 Abs 1, 48 LwVG). Soweit eine Partei indessen gem § 595a Abs 2 S 1 BGB den Antrag stellt, Anordnungen über die Abwicklung des vorzeitig beendeten Landpachtvertrages zu treffen, ist hierüber vorgreiflich durch das Landwirtschaftsgericht im FGG-Verfahren gem § 1 Nr 1 LwVG zu entscheiden.

§ 596b
Rücklassungspflicht

(1) Der Pächter eines Betriebs hat von den bei Beendigung des Pachtverhältnisses vorhandenen landwirtschaftlichen Erzeugnissen so viel zurückzulassen, wie zur Fortführung der Wirtschaft bis zur nächsten Ernte nötig ist, auch wenn er bei Beginn des Pachtverhältnisses solche Erzeugnisse nicht übernommen hat.

(2) Soweit der Pächter nach Absatz 1 Erzeugnisse in größerer Menge oder besserer Beschaffenheit zurückzulassen verpflichtet ist, als er bei Beginn des Pachtverhältnisses übernommen hat, kann er vom Verpächter Ersatz des Wertes verlangen.

Materialien: BT-Drucks 10/508; 10/509; 10/3830; 10/3498.

Schrifttum

Siehe § 585.

1. Entstehungsgeschichte und Zweck der Vorschrift

1 Die Vorschrift entspricht in ihrem wesentlichen Regelungsgehalt dem alten § 593

Abs 1 und 2. Dagegen ist die Regelung des § 593 Abs 3 aF, wonach der Pächter auch den in dem Betrieb gewonnenen Dünger zurücklassen mußte, als nicht mehr zeitgemäß (Regierungsbegründung BT-Drucks 10/509 § 556b S 26) ersatzlos gestrichen worden. Zu den verschiedenen Diskussionsphasen bei der Beratung vgl FHL Rn 1.

Aufrechterhalten wurde der Sinn der Bestimmung: im Interesse einer uneingeschränkten Fortführung des landwirtschaftlichen Betriebes soll der Pächter **soviel an Erzeugnissen zurücklassen, wie bis zum „Ernteanschluß" zur Fortführung der Wirtschaft nötig ist**. Damit gewährleistet die Regelung eine Fortsetzung der ordnungsgemäßen Bewirtschaftung (§ 586 Abs 1 S 3) über das Pachtende hinaus.

Die Bestimmung ermöglicht insoweit keinen (automatischen) Eigentumsübergang auf den Verpächter, beinhaltet vielmehr nur die **schuldrechtliche Pflicht zur Eigentumsverschaffung** (FHL Rn 7).

Daneben gilt die Bestimmung über § 1055 Abs 2 hinsichtlich des Nießbrauchs und über § 2130 Abs 1 S 2 der Herausgabe eines zur Vorerbschaft gehörenden Landgutes.

2. Voraussetzungen

a) Allgemeines

Zunächst muß ein Landpachtvertrag im Sinne von § 585 vorhanden sein. Dieser muß eine **Betriebspacht** zum Gegenstand haben (zur Abgrenzung gegenüber der Stücklandpacht vgl § 585 Rn 8). 2

Dieser Vertrag muß beendet sein oder werden, erst in diesem Zeitpunkt entsteht der Anspruch des Verpächters (LWLH Rn 10).

b) Erzeugnisse

Der Begriff der landwirtschaftlichen Erzeugnisse ist **weit auszulegen**, und seine Interpretation ist an der Gewährleistung einer geordneten Wirtschaftsfortführung zu orientieren. Er umfaßt alles, was infolge der Bewirtschaftung von Grund und Boden und/oder Viehbestand vorhanden ist; dabei ist gleichgültig, ob die Produkte zum Verkauf (zB als Brotgetreide) oder zur weiteren Veredelung (zB Futter) gedacht oder geeignet sind. 3

Ob die Produktion durch den Pächter oder einen Dritten (zB infolge Zukaufs) erfolgt ist, interessiert ebensowenig wie die Frage, ob die Produkte von dem Pachtgegenstand stammen oder etwa von Eigentumsflächen des Pächters.

Nicht dazu gehören angesichts der (insoweit einschränkenden) Gesetzesformulierung die Betriebsmittel (zB Treibstoffe, Werkzeuge, Ersatzteile, Pflanzenschutzmittel), mögen sie für die weitere Bewirtschaftung auch in vergleichbarer Weise notwendig sein (LWLH Rn 8 mwN, auch schon zum alten Recht). Weiter gehört nach der Streichung des alten § 593 Abs 3 der landwirtschaftlich produzierte Dünger (zB Gülle, Mist, Kompost) nicht zu den Erzeugnissen iSd § 596b. 4

Noch nicht geerntete Früchte unterliegen dieser Bestimmung nicht, da mit dem Ende der Pachtzeit auch das Fruchtziehungsrecht des Pächters entfällt.

Produktionsquoten (zB für Zucker und Milch) sind weder Erzeugnisse noch deren Bestandteile, vielmehr Produktionsbeschränkungen. Ihr Übergang regelt sich also nicht nach dieser Bestimmung (FHL Rn 9; vgl dazu im einzelnen § 596 Rn 34).

c) Umfang der Zurücklassungspflicht

5 Der Umfang der Zurücklassungspflicht orientiert sich gleichfalls an dem Ziel der Vorschrift, eine **geordnete „Ernteanschlußbewirtschaftung"** zu gewährleisten. Dementsprechend ist auch nach den verschiedenen Produkten zu unterscheiden: das für die Viehhaltung notwendige Stroh und Futter muß in einem Umfang zurückbleiben, der eine Versorgung bis zur nächsten (Getreide-) Ernte gewährleistet. Auf dem Betrieb gewonnenes Jungvieh muß nur insoweit zurückgelassen werden, wie der Viehbestand insgesamt, in einer den Grundsätzen ordnungsgemäßer Wirtschaftsführung entsprechenden Altersklassen-Struktur, zurückzugeben ist. Hingegen ist im Normalfall kein Grund ersichtlich, die ausschließlich zum Verkauf bestimmten Produkte (zB Brotgetreide, Eier) überhaupt zurückzulassen.

Die Zurückbelassungspflicht beschränkt sich auf **vorhandene Erzeugnisse**. Daher hat der Pächter – auch in Fällen vorzeitigen Verkaufs – keine Zukaufs-, wohl aber möglicherweise Schadensersatzpflichten (su Rn 6).

Hinsichtlich Art und Umfang der Betriebsfortführung hat sich die Pflicht des Pächters in objektiver Betrachtungsweise an derjenigen Betriebsstruktur zu orientieren, die er zurückzugeben hat, auch in Konsequenz der ihn treffenden Pflicht zur ordnungsgemäßen Bewirtschaftung (FHL Rn 11).

Daher sind zB keine Erzeugnisse für Produktionszweige zurückzulassen, die der Verpächter oder Nachfolgepächter anschließend aufzunehmen beabsichtigt und die nicht Gegenstand der Pacht(rückgabeverpflichtung) sind. Abweichende Pflichten bedürfen entsprechender vertraglicher Regelung.

Ob und in welchem Umfang der Pächter bei Vertragsbeginn derartige landwirtschaftliche Erzeugnisse übernommen hat, ist für die Rückgabepflicht ohne Belang, hat vielmehr nur Auswirkungen auf die Werterstattungsansprüche (Abs 2, su Rn 7).

Geht der Umfang der bei Pachtende auf dem Betrieb vorhandenen landwirtschaftlichen Erzeugnisse über das nach Abs 1 erforderliche Maß hinaus, bestehen weder Überlassungspflichten noch -rechte. Der Pächter kann insoweit die Erzeugnisse nicht zurücklassen und sich etwa darauf verlassen, nach Abs 2 entschädigt zu werden.

Der Pächter erfüllt seine Pflicht nach dieser Bestimmung nur, wenn er die zurückzubelassenden Gegenstände dem Verpächter **frei von Rechten Dritter** übereignet.

d) Rechtsfolge bei Verstößen

6 Sind in dem derart notwendigen Umfang landwirtschaftliche Erzeugnisse nicht vorhanden, hat der Verpächter anstelle des Erfüllungs- einen **Schadensersatzan-**

spruch. Angesichts des an die Rückbelassungspflicht anzulegenden objektiven Maßstabs ist gleichgültig, worauf das Unvermögen des Pächters (zB schlechte Ernte, vorzeitiger Verkauf) beruht. *Der Pächter hat sich rechtzeitig auf den Zeitpunkt der Rückgabe einzustellen und ggf die benötigten Erzeugnisse zuzukaufen.* Es wird ihm aber unbenommen sein, sich zur Abwendung der Schadensersatzpflicht die zu übergebenden Erzeugnisse von dritter Seite zu beschaffen.

Eine **Ausnahme** gilt nur, wenn der Pächter den Betrieb aufgrund seinerseits aus wichtigem Grund erklärter, fristloser Kündigung zurückgibt.

3. Wertersatzanspruch des Pächters (Abs 2)

Hat der Pächter nach Maßgabe von Abs 1 einen größeren oder wertvolleren Bestand an landwirtschaftlichen Erzeugnissen (zu) überlassen, als er bei Pachtantritt übernommen hat, hat er insoweit einen Anspruch auf Wertersatz. Dieser Anspruch ist die natürliche Konsequenz seiner aus Abs 1 folgenden Verpflichtung, die sich am objektiv Notwendigen orientiert. 7

Gegenüberzustellen sind dabei zunächst die Zeitpunkte der Übernahme („Antritt der Pacht") und der Rückgabe des Pachtbetriebs in Konsequenz der aus § 596 folgenden Pächterpflicht (LWLH Rn 13 mwN).

Im Hinblick auf die Bewertung des Markt-, also Verkehrswertes, der Erzeugnisse sind gleichfalls die Verhältnisse beider Zeitpunkte einander gegenüberzustellen (objektive Verkehrswertdifferenz, vgl LWLH Rn 14). Dabei eintretende Wertveränderungen sind – auch zulasten des Pächters – zu berücksichtigen. Bei der Rückgabe eines „eisern" verpachteten Betriebes hat der Verpächter auch nur einen Anspruch auf Übergabe von Inventar in der bei Pachtantritt übergebenen Menge und Qualität, ohne Rücksicht auf zwischenzeitliche Preisänderungen. Dann ist kein Grund ersichtlich, die Ansprüche des Pächters anders zu beurteilen (**aA** wohl LWLH Rn 15 und FHL Rn 20).

Sind die bei Pachtende nach Abs 1 zurückzulassenden Erzeugnisse **anderer Art** als die bei Pachtantritt übernommenen (zB infolge einer Umstellung in der Viehfütterung), sind die objektiven Verkehrswerte dieser unterschiedlichen Erzeugnisse einander gegenüberzustellen. Eine evtl vorhandene Differenz ist auszugleichen.

Der Anspruch ist **zum Zeitpunkt der Rückgabepflicht fällig**. Er kann Gegenstand von Aufrechnung oder Zurückbehaltungsrecht sein, wobei dieses sich auf die Erzeugnisse beschränkt und nicht auch an dem Pachtbetrieb wegen seines Anspruchs auf Wertsatz nach Abs 2 besteht (LWLH Rn 17). 8

Der Anspruch **verjährt** nach § 591b. 9

4. Abdingbarkeit

Die Vorschrift ist dispositiv. Abändernde Regelungen bieten sich vor allem an, wenn der Pächter eine spezielle Wirtschaftsweise beabsichtigt, die von seinem Nachfolger nicht fortgesetzt werden soll. Dann wird das Interesse des Verpächters an einer 10 geräumten Übergabe des Betriebes überwiegen, auf die sich dann der Pächter durch rechtzeitige Verwertung seiner Erzeugnisse einstellen kann. Überdies kann es sinnvoll sein, die Frage der Ausgleichsleistungen individuell zu regeln.

Stets ist auf die Einhaltung der **Schriftform** (§ 585a) zu achten. In den Fällen der Verwendung formularmäßiger Vertragsmuster sind die Vorschriften der §§ 307–309 zu beachten.

5. Verfahrensfragen

11 Streitigkeiten aus Rechten und Pflichten dieser Vorschrift sind nach §§ 1 Nr 1a, LwVG als streitige Landpachtsachen im ZPO-Verfahren zu entscheiden.

Die Beweislast hat derjenige, der aus der Vorschrift Rechte herleitet, also üblicherweise der Verpächter bei Ansprüchen aus Abs 1 und der Pächter bei solchen aus Abs 2.

§ 597
Verspätete Rückgabe

Gibt der Pächter die Pachtsache nach Beendigung des Pachtverhältnisses nicht zurück, so kann der Verpächter für die Dauer der Vorenthaltung als Entschädigung die vereinbarte Pacht verlangen. Die Geltendmachung eines weiteren Schadens ist nicht ausgeschlossen.

Materialien: BT-Drucks 10/508; 10/509; 10/3830; 10/3498.

Schrifttum

Siehe § 585.

Systematische Übersicht

I.	Entstehungsgeschichte	1	3.	Rechtsfolge des Entschädigungsanspruchs	9
II.	Überblick	2	4.	Erlöschen des Anspruchs auf Nutzungsentschädigung	10
III.	Vertraglicher Anspruch auf Ersatz des Vorenthaltungsschadens		5.	Sonstige Rechtsbeziehungen der Parteien für die Dauer der Vorenthaltung	11
1.	Beendeter Landpachtvertrag	3			
2.	Vorenthaltung der Pachtsache	5	IV.	**Weitergehender Schadensersatz**	
a)	Nichterfüllung des Rückgabeanspruchs	6	1.	Vertragliche Ansprüche wegen Verzugs oder Schlechterfüllung der Rückgabepflicht	12
b)	Unterlassen der Rückgabe gegen den Willen des Verpächters	7			

Titel 5 · Mietvertrag, Pachtvertrag § 597
Untertitel 5 · Landpachtvertrag 1, 2

2. Ansprüche aus ungerechtfertigter Bereicherung	13	V. Dispositive Regelung	16
3. Ansprüche aus Eigentümer-Besitzer-Verhältnis	14	VI. Verfahrensfragen	17
4. Verjährung	15		

Alphabetische Übersicht

Abdingbarkeit	16	Pachtsache, Vorenthaltung	5
		Pacht, als Mindestentschädigung	2
Bereicherungsansprüche	13	Pauschalierte Nutzungsentschädigung	2, 9
Fälligkeit des Entschädigungsanspruchs	9	Rückgabepflicht, Nichterfüllung	5
Landpachtvertrag, Beendigung	3	Schadensersatzansprüche, weitere	12
		Sonstige Rechte und Pflichten während der Vorenthaltung	11
Mindestentschädigung, Pacht	2		
Nutzungsentschädigung, Erlöschen	10	Verfahrensfragen	17
		Verjährung	15
Pächter, Nichterfüllung der Rückgabepflicht	6	Verpächter, Bereicherungsansprüche	13
		– Schadensersatzansprüche	12
– Vorenthaltung der Pachtsache	5	Vorenthaltung der Pachtsache	5

I. Entstehungsgeschichte

Die jetzige Fassung der Vorschrift geht auf das LPachtNeuOG vom 8.11. 1985 **1**
zurück. Sie entspricht in Abkehr von § 597 aF dem für die Miete geltenden
§ 546a. Der Gesetzgeber ist davon ausgegangen, daß die mietrechtliche Regelung
den landwirtschaftlichen Verhältnissen besser Rechnung trägt als § 597 aF, der
allerdings in § 584b für andere Pachtverträge weiter gilt (BT-Drucks 10/509 S 26 f).

II. Überblick

Gibt der Pächter die Pachtsache nach Beendigung des Pachtverhältnisses gegen den **2**
Willen des Verpächters nicht oder nur verspätet zurück, hat der Verpächter gegen
den Pächter aus § 597 einen vertraglichen Anspruch auf Zahlung einer **pauschalierten Nutzungsentschädigung** für die Dauer der Vorenthaltung. Dies gilt auch dann,
wenn der Pächter die verspätete Rückgabe nicht zu vertreten hat. Seinen Vorenthaltungsschaden muß der Verpächter nicht konkret darlegen und beweisen. Als
Mindestbetrag kann er die Zahlung der vereinbarten **Pacht** verlangen. In Abweichung von § 546a Abs 1 S 1 HS 2 steht ihm statt dessen nicht die „übliche" Pacht zu.

Die Geltendmachung weiterer Ansprüche bzw Schäden nach den allgemeinen Regeln (etwa wegen Verzugs, gem § 280 Abs 1 [früher pVV], §§ 812 ff oder §§ 987 ff)
ist nicht ausgeschlossen. Unerheblich ist, ob Wohnraum mit verpachtet ist, da § 597
die Beschränkungen aus § 571 nicht übernommen hat.

Ulrich von Jeinsen

III. Vertraglicher Anspruch auf Ersatz des Vorenthaltungsschadens

1. Beendeter Landpachtvertrag

3 Der besondere vertragliche Entschädigungsanspruch aus § 597 steht dem Verpächter nur bei der Abwicklung eines ursprünglich wirksamen Landpachtvertrages iSd § 585 zu (vgl zum Mietrecht STAUDINGER/ROLFS [2003] § 546a Rn 10). War der Vertrag von Anfang an unwirksam, verbleibt es bei den allgemeinen Regeln (§§ 812 ff, 987 ff).

4 Der Anspruch aus § 597 setzt die Beendigung des Pachtverhältnisses voraus. Aus welchen Gründen dies geschehen ist, ist ohne Bedeutung. Auch ist nicht entscheidend, ob der Pächter die Beendigung zu vertreten hat, da der Ersatzanspruch nicht an ein vertragsgerechtes Verhalten des Pächters gebunden ist. Die Rechtslage entspricht insoweit der zu §§ 596a u 596b (vgl § 596a Rn 7).

Das Pachtverhältnis erlischt nicht, wenn die Parteien seine Verlängerung vereinbaren oder im Rahmen des § 595 fortsetzen; gleichgültig, ob durch Verpächterzustimmung zum Fortsetzungsanspruch oder durch Verlängerung durch das Landwirtschaftsgericht.

Verweigert der Pächter die Rückgabe der Pachtsache mit sachlichen Gründen (etwa, weil er die Kündigung des Verpächters für unwirksam hält oder die Fortsetzung des Vertrages gem § 595 beansprucht), entsteht bis zur endgültigen Klärung der Rechtslage ein *Schwebezustand*, der den Pächter nicht berechtigt, seine „Pachtzahlungen" einzustellen.

2. Vorenthaltung der Pachtsache

5 Vorenthaltung ist nicht gleichbedeutend mit „Nichtrückgabe". Nach BGH NJW 1983, 112 setzt Vorenthalten voraus, daß der Pächter den Rückgabeanspruch des Verpächters aus § 596 Abs 1 nicht oder nur verspätet erfüllt und das Unterlassen der Rückgabe dem Willen des Verpächters widerspricht.

a) Nichterfüllung des Rückgabeanspruchs

6 Den Rückgabeanspruch des Verpächters erfüllt der Pächter nur dann, wenn er ihm **uneingeschränkt den unmittelbaren Besitz an der ordnungsgemäß bewirtschafteten Pachtsache** verschafft (vgl STAUDINGER/ROLFS [2003] § 546a Rn 16). Wegen des Umfangs der Rückgabepflicht im einzelnen siehe die Kommentierung zu § 596.

Ist dem Pächter die Erfüllung des Rückgabeanspruchs unmöglich geworden, wird er von dieser Verpflichtung frei. Hat er aber die Unmöglichkeit zu vertreten, stehen dem Verpächter aus §§ 280, 283 Schadensersatzansprüche zu.

Bei unzulässigen Teilleistungen liegt regelmäßig ein Vorenthalten der gesamten Pachtsache vor (vgl § 596 Rn 30).

Beruft der Pächter sich zu Recht auf sein Zurückbehaltungsrecht, ohne dabei die Pachtsache weiter zu nutzen, fehlt es an einem Vorenthalten (BGH NJW 1975, 1773);

im Hinblick auf § 596 Abs 2 kommt ein derartiges Leistungsverweigerungsrecht dann in Betracht, wenn Inventar mit verpachtet ist (vgl § 596 Rn 22).

b) Unterlassen der Rückgabe gegen den Willen des Verpächters
Die unterlassene Rückgabe muß dem Willen des Verpächters widersprechen (vgl STAUDINGER/ROLFS [2003] § 546a Rn 28 f). Hieran fehlt es, wenn der Pächter die Pachtsache deshalb nicht zurückgibt, weil der Verpächter der Ansicht ist, das Rechtsverhältnis bestehe noch fort (BGH NJW 1960, 909). **7**

Dem Verpächter wird die Pachtsache weiter auch dann nicht vorenthalten, wenn er **8**

– die Rücknahme der Pachtsache wegen ihres vertragswidrigen Zustandes ablehnt (MünchKomm/VOELSKOW § 557 Rn 5);

– sein gesetzliches Pfandrecht am Pächterinventar geltend macht und der Pächter deshalb das Inventar zurücklassen muß;

– ferner dann nicht, wenn der Pächter sein Besitzrecht aus einem neuen Unterpachtvertrag mit dem Nachfolgepächter ableiten kann (BGH NJW 1983, 446).

3. Rechtsfolge des Entschädigungsanspruchs

Der Pächter schuldet für die Dauer der Vorenthaltung nur **die vereinbarte Pacht**; im Unterschied zum Mietrecht ist der Verpächter nicht berechtigt, statt dessen die „übliche Pacht" zu verlangen. **9**

Gilt für die Zeit der Vorenthaltung aufgrund einer Anpassungsklausel eine erhöhte Pacht, so hat der Pächter diesen (zzgl evtl vereinbarter Nebenkosten, vgl STAUDINGER/ROLFS [2003] § 546a Rn 35) zu zahlen. Umgekehrt kann der Pächter sich auf § 536 iVm § 586 Abs 2 berufen, wenn dessen Voraussetzungen bei Vertragsende vorlagen. Bei der vereinbarten Pacht hat es indessen zu bleiben, wenn die Pachtsache erst nach Pachtende mangelhaft wird. Nach Vertragsende hat der Verpächter die Pachtsache grundsätzlich nicht mehr in einem ordnungsgemäßen Zustand zu erhalten. Seine Verpflichtung aus § 586 Abs 1 S 1 entfällt (BGH WM 1961, 455; WOLF/ECKERT Rn 1116); soweit indessen von der Pachtsache Gefahren für den Pächter und das Inventar ausgehen, hat er diese zu beseitigen.

Die **Fälligkeit** des Entschädigungsanspruchs richtet sich nach den getroffenen Vereinbarungen für die Pacht. Der Anspruch auf Nutzungsentschädigung verjährt wie der Pachtanspruch in drei Jahren gem §§ 195, 199.

4. Erlöschen des Anspruchs auf Nutzungsentschädigung

Mit der tatsächlichen Rückgabe erlischt der (weitere) Entschädigungsanspruch. Für die Zeit danach schuldet der Pächter nur nach den allgemeinen Vorschriften Schadensersatz, zB wenn der Verpächter die Pachtsache infolge des Pächterverzuges erst zu einem späteren Zeitpunkt weiter verpachten kann (vgl WOLF/ECKERT Rn 1120). **10**

Im übrigen erlischt der Anspruch durch Unmöglichkeit der Rückgabe (vgl Rn 6). Das für die Pacht vereinbarte zulässige Aufrechnungsverbot gilt auch für den Entschädigungsanspruch (OLG Stuttgart NJW 1956, 914).

5. Sonstige Rechtsbeziehungen der Parteien für die Dauer der Vorenthaltung

11 Während der Dauer der Vorenthaltung treffen den Pächter neben seiner Entschädigungs- auch nachvertragliche **Obhutspflichten**, die durch § 596 ihre besondere Ausgestaltung erfahren haben. Danach ist der Pächter verpflichtet, die Pachtsache bis zur tatsächlichen Rückgabe ordnungsgemäß zu bewirtschaften.

Befindet der Pächter sich mit der Rückgabe der Pachtsache in **Verzug**, haftet er für Verschlechterung und Untergang der Pachtsache gem § 287 S 2.

Eine Haftungserleichterung kommt dem Pächter nur bei Annahmeverzug des Verpächters gem § 300 Abs 1 zugute.

Der Verpächter ist seinerseits nicht nur gehalten, jede eigenmächtige Störung des Pächter-Besitzes zu unterlassen, sondern auch die von der Pachtsache für den Pächter und sein Inventar ausgehenden Gefahren zu beseitigen, um die Aufrechterhaltung der ordnungsgemäßen Bewirtschaftung bis zur Rückgabe zu ermöglichen. Im Ergebnis treffen den Verpächter damit Verkehrssicherungspflichten, deren Verletzung gem § 823 Abs 1 zum Schadensersatz verpflichtet. Eine weitergehende Pflicht zur Erhaltung der Pachtsache hat der Verpächter damit aber nicht (vgl STAUDINGER/ROLFS [2003] § 546a Rn 7; WOLF/ECKERT Rn 1146 f).

IV. Weitergehender Schadensersatz

1. Vertragliche Ansprüche wegen Verzugs oder Schlechterfüllung der Rückgabepflicht

12 § 597 S 2 stellt ausdrücklich klar, daß der Verpächter den ihm weiter entstandenen Schaden nach Maßgabe der dafür relevanten Anspruchsgrundlagen geltend machen kann. Die Bestimmung eröffnet keine selbständige Anspruchsgrundlage (vgl STAUDINGER/ROLFS [2003] § 546a Rn 52).

Gibt der Pächter bei Pachtende die Pachtsache schuldhaft nicht fristgerecht zurück, gerät er regelmäßig **ohne weitere Abmahnung in Verzug** (§ 286 Abs 2 Nr 2). Der Verpächter kann seinen Verzögerungsschaden aus §§ 280 Abs 2, 286 herleiten. Gewährt der Verpächter seinem Pächter eine Rückgabefrist, beinhaltet dies regelmäßig keine Stundung der Rückgabe bis zum Fristablauf; der Pächter bleibt weiterhin in Verzug (vgl WOLF/ECKERT Rn 1128 f.) Dies gilt auch dann, wenn das Gericht in Ausnahmefällen hinsichtlich des mitverpachteten Wohnraums eine Räumungsfrist aus § 721 ZPO bewilligen sollte (vgl STAUDINGER/ROLFS [2003] § 546a Rn 28); weitere Einzelheiten § 596 Rn 20.

Hat der Pächter die Pachtsache schuldhaft in einem derart vertragswidrigen Zustand zurückgegeben, daß dem Verpächter Pachtausfallschäden entstehen, haftet er für diese Schäden wegen Schlechterfüllung seiner Rückgabepflicht aus § 280 Abs 1 (ehemals positive Vertragsverletzung, vgl dazu WOLF/ECKERT Rn 1134).

2. Ansprüche aus ungerechtfertigter Bereicherung

Nutzt der Pächter die Pachtsache ohne Rechtsgrund, kann die Anwendung des **13** § 597 daran scheitern, daß eine Vorenthaltung der Pachtsache nicht vorliegt. Dies ist zB dann der Fall, wenn der Verpächter die Rücknahme ablehnt, weil er vom Fortbestand des Pachtverhältnisses ausgeht. Dann schuldet der Pächter eine Nutzungsentschädigung aus ungerechtfertigter Bereicherung. Der Nutzungswert ist objektiv zu beurteilen (Wolf/Eckert Rn 1137 mwN).

3. Ansprüche aus Eigentümer-Besitzer-Verhältnis

Nach überwiegender Ansicht werden die sachenrechtlichen Ansprüche auf Nut- **14** zungsherausgabe nicht durch § 597 S 2 ausgeschlossen; es besteht Anspruchskonkurrenz (vgl Wolf/Eckert Rn 1139). Der unverklagte, entgeltliche, gutgläubige, unrechtmäßige Besitzer ist aber grundsätzlich gem § 993 Abs 1 weder zur Herausgabe der Nutzungen noch zum Schadensersatz verpflichtet (vgl Palandt/Bassenge § 993 Rn 1, 3, 5).

4. Verjährung

Die konkurrierenden Ansprüche verjähren wie der Anspruch auf Nutzungsentschä- **15** digung nach §§ 195, 199 in drei Jahren.

V. Dispositive Regelung

Den Parteien bleibt es unbenommen § 597 abzubedingen. Bei Formularpachtver- **16** trägen sind neben § 307 insbesondere die Klauselverbote nach § 309 Nr 3 (Aufrechnungsverbot), § 309 Nr 5 (Pauschalierung von Schadensersatzansprüchen), § 309 Nr 6 (Vertragsstrafe) und § 309 Nr 12 (Beweisvereitelung) zu beachten.

VI. Verfahrensfragen

Die gerichtliche Verfolgung der Ersatz- und Schadensersatzansprüche hat vor dem **17** Landwirtschaftsgericht im Wege des **streitigen Verfahrens** (ZPO-Verfahren) zu erfolgen (§§ 1 Nr 1a, 2 Abs 1, 48 LwVG). Soweit indessen eine Partei für den Fall vorzeitiger Beendigung des Pachtvertrages beim Landwirtschaftsgericht gem § 595a Abs 2 S 1 den Antrag stellt, Anordnungen über die Abwicklung des Vertrages zu treffen, hat das Gericht hierüber vorgreiflich im FFG-Verfahren gem § 1 Nr 1 LwVG zu entscheiden (vgl auch § 596 Rn 40).

Titel 6
Leihe

Vorbemerkungen zu §§ 598 ff

Schrifttum

BALLERSTEDT, Zur Haftung für culpa in contrahendo bei Geschäftsabschluß durch Stellvertreter, AcP 151 (1950/1951) 501
vBLUME, Das Reichsgericht und die Gefälligkeitsverträge, Recht 1908, 650
BOEHMER, Kann bei Gefälligkeitsfahrten § 708 angewendet werden?, JR 1959, 217
ders, Zum Ausmaß der Kraftfahrzeughalterhaftung bei Gefälligkeitsfahrten, MDR 1962, 174
ders, Realverträge im heutigen Recht, ArchBürgR 38, 314
CANARIS, Ansprüche wegen „positiver Vertragsverletzung" und „Schutzwirkung für Dritte" bei nichtigen Verträgen, JZ 65, 475
ders, Das Verlöbnis als „gesetzliches" Rechtsverhältnis – Ein Beitrag zur Lehre von der Vertrauenshaftung, AcP 165 (1965) 1
DÖLLE, Außervertragliche Schutzpflichten, ZStW 103 (1943) 67
EINSELE, Der vorzeitige unentgeltliche Einzug des Mieters in die Wohnung, WuM 1997, 533
ESSER/SCHMIDT, AT § 8 IV aE, § 35 I 2. 2. 1
ESSER/WEYERS, BT § 25 III aE
FISCHER, Die Unentgeltlichkeit im Zivilrecht (2002)
FRANCKE, Der Leihbetrieb der öffentlichen Bibliotheken und das geltende Recht (1905)
GESELL, Wertpapierleihe und Repurchase Agreement im deutschen Recht (Diss Köln 1995)
GITTER, Gebrauchsüberlassungsverträge (1988)
HAUPT, Über faktische Vertragsverhältnisse (1943)
GRUNDMANN, Zur Dogmatik der unentgeltlichen Rechtsgeschäfte, AcP 198 (1998) 457
HOFFMANN, Der Einfluß des Gefälligkeitsmoments auf das Haftungsmaß, AcP 167 (1967) 394

HORST, Unentgeltliche Nutzung fremder Grundstücke, DWW 1997, 103
KALLMEYER, Die Gefälligkeitsverhältnisse (Diss Göttingen 1968)
KLEIN, Die Rechtsformen der Gebrauchsleihe (1902)
KOLLHOSSER/BORK, Rechtsfragen bei der Verwendung von Mehrwegverpackungen, BB 1987, 909
KRÜCKMANN, Der Umfang der Gefährdungsaufrechnung, JherJb 1954, 107
ders, Gefälligkeitsverhältnisse, SeuffBl 74, 113, 153
KÜMPEL, Die Grundstruktur der Wertpapierleihe und ihre rechtlichen Aspekte, WM 1990, 909
KUHLENBECK, Der Leihvertrag, das Prekarium, JW 1904, 226
LANGEN, Das (Wohnungs-)Leihversprechen von Todes wegen, ZMR 1986, 150
LARENZ, Schuldrecht (1987) AT § 9 I
MARTINEK, Das Flaschenpfand als Rechtsproblem, JuS 1987, 514
ders, Leergut im Zwischenhandel – OLG Köln NJW-RR, 1988, 373 und OLG Karlsruhe NJW-RR 1988, 370, in: JuS 1989, 268
MEDICUS, Schuldrecht II § 92
ders, Zur Reichweite gesetzlicher Haftungsmilderungen, in: FS Odersky (1996) 589
MERSSON, Zur Haftung bei Gefälligkeitsfahrten, DAR 1993, 87
MÜLLER-GRAFF, Die Geschäftsverbindung als Schutzpflichtverhältnis, JZ 1976, 153
NEHLSEN/VAN STRYK, Unentgeltliches schuldrechtliches Wohnrecht, AcP 187 (1987) 552
PALLMANN, Rechtsfolgen aus Gefälligkeitsverhältnissen (Diss Regensburg 1971)
ROTHER, Haftungsbeschränkung im Schadensrecht (1965) 163

SCHLECHTRIEM, Vertragsordnung und außervertragliche Haftung (1972)
SCHLEEH, Vorvertragliches Fehlverhalten und der Schutz Dritter (Diss Tübingen 1965)
SCHWERDTNER, Der Ersatz des Verlusts des Schadensfreiheitsrabattes in der Haftpflichtversicherung – Ein Beitrag zur Abgrenzung Gefälligkeitshandlungen und Rechtsgeschäft, NJW 1971, 1673
SEETZEN, Zur Entwicklung des internationalen Deliktsrechts, VersR 1970, 1
SLAPNICAR, Gratis habitare (1981)
ders, Unentgeltliches Wohnen nach geltendem Recht ist Leihe, nicht Schenkung – Dogmengeschichtliches zu BGHZ 82, 354 ff, JZ 1983, 325

STOLL, Das Handeln auf eigene Gefahr (1961)
THIELE, Leistungsstörung und Schutzpflichtverhältnis, JZ 1967, 649
WILLOWEIT, Abgrenzung und rechtliche Relevanz rechtsgeschäftlicher Vereinbarungen (1969)
ders, Die Rechtsprechung zum Gefälligkeitshandeln, JuS 1986, 96
ders, Schuldverhältnis und Gefälligkeit, JuS 1984, 909
ZABEL, Der Leihvertrag nach deutschem bürgerlichen Recht (1901).
Vgl auch die beim Darlehen (§ 607) angegebenen Schriften.

1. Begriff und Rechtsnatur der Leihe

a) Begriff und Abgrenzung zu verwandten Vertragstypen

1 Die **Begriffselemente der Leihe** sind aus § 598 zu entnehmen (vgl die Erl hierzu). Danach ist die Leihe als unentgeltliche Überlassung einer Sache zum Gebrauch definiert. Die **Unentgeltlichkeit** unterscheidet die Leihe von der ebenfalls zu den Gebrauchsüberlassungsverträgen zählenden Miete; daraus erwächst eine gewisse Diskrepanz zwischen der Terminologie des Gesetzes und dem Sprachgebrauch des täglichen Lebens, der vielfach auch die entgeltliche Gebrauchsüberlassung beweglicher Sachen (Leihbibliothek, Leihwagen, Kostümverleih) als Leihe bezeichnet.

2 Der **vorübergehende** Charakter der Gebrauchsüberlassung kennzeichnet die Leihe im Verhältnis zur gleichfalls unentgeltlichen Schenkung. Das Nutzungsrecht des Entleihers ist zeitlich begrenzt; ihn trifft im Gegensatz zum Beschenkten eine vertragliche Rückgabepflicht. Solange und soweit die Einräumung der Nutzungsmöglichkeit nicht der Weggabe der Substanz der Sache gleichzusetzen ist, kommt eine Schenkung daher nicht in Betracht (BGH NJW 1985, 1553). Die weitergehende Ansicht, aus der Leihe werde erst Schenkung, wenn das Eigentum an der überlassenen Sache auf den Erwerber übergehe (so MünchKomm/HAASE[1] § 598 Rn 19), ist ebenso praktisch aufgegeben wie die engere Auffassung, trotz nur vorübergehender Gebrauchsüberlassung liege Schenkung vor, wenn sie eine üblicherweise geldwerte Nutzungsmöglichkeit wie zB eine Wohnung zum Gegenstand habe (BGH NJW 1970, 941; aA BGH NJW 1982, 820; vgl im einzelnen § 598 Rn 7 f). Ebenfalls geklärt ist, daß die Leihe in der Konkurrenz mit der Schenkung sämtliche, dh kurz- und langfristige Gebrauchsüberlassungen umfaßt (BGH NJW 1982, 820, 821). Vertreten wird lediglich noch die Möglichkeit einer vorsichtigen analogen Anwendung von Schenkungsrecht auf langfristige Gebrauchsüberlassungen. Doch soll dafür in der Regel wegen hinreichender Sachgerechtigkeit des Rechts der Leihe kein Bedürfnis bestehen (MünchKomm/KOLLHOSSER § 516 Rn 4). Für eine der wichtigsten Vorschriften, nämlich § 518 BGB, hat der BGH die Übertragbarkeit auf langfristige Gebrauchsüberlassungsverträge bereits ausdrücklich abgelehnt (BGH NJW 1982, 820, 821). Das OLG Hamm hat es auch abgelehnt, nach der Verarmung des Verleihers analog § 528 einen nachträg-

lichen Anspruch auf ein Nutzungsentgelt für die unentgeltlich überlassene Wohnung anzuerkennen (NJW-RR 1996, 717). In Grenzfällen, namentlich im Falle von Gebrauchsüberlassungen bis zum Eintritt ungewisser Ereignisse, kann die exakte Unterscheidung von Leihe und Schenkung trotz des inzwischen theoretisch klaren Meinungsstandes Schwierigkeiten bereiten. Nach der Rspr liegt Leihe und nicht Schenkung vor, wenn der Eigentümer seine Sache einem anderen zum Gebrauch überläßt, bis er eine lohnende Verwertungsgelegenheit findet (vgl RG SächsArch 10, 244).

Vom verwandten Darlehen hebt sich die Leihe dadurch ab, daß dem Entleiher kein **Ver**brauchsrecht, sondern nur ein **Ge**brauchsrecht zusteht, und er demzufolge die entliehene Sache und nicht nur eine Sache gleicher Art und Güte zurückgeben muß (§ 604 Abs 1; vgl § 604 Rn 1; ferner § 598 Rn 3; PALANDT/WEIDENKAFF Einf vor § 598 Rn 5; SOERGEL/KUMMER Vorbem 8 zu § 598). Das Gebrauchsrecht unterscheidet die Leihe ferner von der Verwahrung. Im Gegensatz zum Entleiher muß der Verwahrer die überlassene Sache uneigennützig besitzen. Zur Leihe als „anderstypischer Nebenleistung" (Verpackungsmaterial) vgl § 598 Rn 14. 3

b) Unentgeltliche Gebrauchsüberlassung im Rahmen von Verhandlungen über entgeltliche Verträge
Die Gebrauchsüberlassung von Sachen bei *Vertragsverhandlungen* kann nach hM leiheähnliche Bindungen erzeugen. BGH NJW-RR 2002, 282 nimmt sogar einen echten Leihvertrag für den Fall an, daß eine Bildagentur einer Werbeagentur Bilder zur Auswahl für eine entgeltliche urheberrechtliche Nutzung überläßt. Erst ein überwiegendes Eigeninteresse des Verleihers soll, wenn nicht den leihvertraglichen Charakter der Gebrauchsüberlassung, so doch die Privilegierung des Verleihers ausschließen. Die Ansicht ist zweifelhaft, weil das Eigeninteresse des Überlassenden am Zustandekommen des Vertrags und damit an der Förderung der Vertragsbereitschaft des anderen Teils durch die Gebrauchsüberlassung ein Wesenselement der Leihe, nämlich ihre Unentgeltlichkeit in Frage stellt (näher § 598 Rn 5). Insbesondere bei einer *Probe*fahrt dürfte wegen des Eigeninteresses des Händlers kein leiheähnlicher Vertrag, geschweige denn ein echter Leihvertrag zustandekommen (BGH MDR 1963, 408 = NJW 1964, 1225). Wegen des inneren Zusammenhanges mit dem (potentiellen) Vertragsschluß liegt es nahe, hier überhaupt nicht an einen selbständigen Vertrag zu denken (so aber BGH aaO), sondern im Falle von Schäden die Grundsätze über das Verschulden bei Vertragsschluß (§ 311 Abs 2) anzuwenden (für Haftung des Kauflustigen nach den Grundsätzen der Leihe aber RG HRR 1933 Nr 724; wohl auch BGH aaO; wie hier dagegen BGH NJW 1968, 1472, 1473; OLG Köln NJW-RR 1996, 1288; MünchKomm/KOLLHOSSER § 598 Rn 20). Ohnehin geht es der hM vor allem um die kurze Verjährung nach § 606, die sich jedoch entsprechend bei allen Gebrauchsüberlassungen (Miete, Nießbrauch) findet. Sie stellt mithin einen allgemeinen Rechtsgedanken dar, der an die vorübergehende Gebrauchsüberlassung, gleichgültig, aus welchem Rechtsgrund anknüpft, eine Leiheähnlichkeit also gar nicht voraussetzt. Zur Einschränkung der Haftung des Kauflustigen auf Vorsatz und grobe Fahrlässigkeit bei der Probefahrt aufgrund (angeblichen) konkludenten Haftungsausschlusses vgl BGH NJW 1972, 1363; OLG Düsseldorf DAR 1967, 323; BGH NJW 1980, 1681. 4

c) Rechtsnatur des Leihvertrags

5 Zum Charakter der Leihe als unvollkommen zweiseitigem Vertrag vgl § 598 Rn 7.

6 Im Gemeinen Recht hat man das sog commodatum und entsprechend nach dem Inkrafttreten des BGB die Leihe überwiegend zu den Realverträgen gerechnet (vgl ENNECCERUS/LEHMANN, Lehrbuch des Bürgerlichen Rechts, Band II, Recht der Schuldverhältnisse [15. Aufl 1958] § 140, 1 mwN; BOEHMER ArchBürgR 38, 314 ff; KUHLENBECK 226; ZABEL 3 ff sowie frühere Auflagen dieses Kommentars). Diese Lehre sah in der Einigung über die unentgeltliche Gebrauchsüberlassung lediglich einen Vorvertrag; erst durch die Hingabe des Leihgegenstandes sollte das voll bindende Vertragsverhältnis entstehen. Diese Ansicht, die an die römisch-rechtliche Unterscheidung von Real- und Konsensualverträgen anknüpft, ist mit der Anerkennung der schuldrechtlichen Vertragsfreiheit (§§ 311 Abs 1, 241 Abs 1) überholt; wo das Recht die Verbindlichkeit jeder mit Rechtsbindungswillen getroffenen Abrede anerkennt, bedarf es keines zusätzlichen „realen" Momentes, um eben diese Verbindlichkeit zu begründen (LARENZ II/1 § 50 S 294). Der *Vertragsschluß* vollzieht sich vielmehr schon durch die Abrede der Parteien über die unentgeltliche Gebrauchsgestattung. Lediglich der Inhalt der Überlassungspflicht ist analog dem Schenkungsrecht (§§ 516, 518) verschieden je nachdem, ob der Vertrag mit der Hingabe des Leihgegenstandes verbunden ist oder erst das Hingabeversprechen enthält: Im ersten Fall hat der Verleiher den Gebrauch entsprechend dem Wortlaut des § 598 „zu gestatten" („Handleihe"), im zweiten ihn darüber hinaus zu verschaffen („Leihversprechen"; ESSER/WEYERS II § 25 II S 210; LARENZ II/1 aaO; FIKENTSCHER, Schuldrecht § 77 Rn 842; ERMAN/vWESTPHALEN Vorbem 1 zu § 598; SOERGEL/KUMMER Vorbem 1 zu § 598; PALANDT/WEIDENKAFF § 598 Rn 6; BGB-RGRK/ GELHAAR Vorbem 15 zu § 598). Der Vertragsabschluß erfolgt gemäß §§ 145 ff. Eine *Form* ist gesetzlich nicht vorgeschrieben, auch nicht bei Grundstücksleihe (vgl § 311b), kann jedoch vereinbart werden, § 126.

7 Die Entscheidung gegen die Lehre vom Realvertrag und für diejenige vom **Konsensualvertrag** bedingt, daß auch im Leihvertragsrecht der Verpflichtungsvertrag (das „Leihversprechen") Hauptvertrag und nicht bloß Vorvertrag ist. Der Abschluß eines Leihvorvertrages bleibt nach allgemeinen Grundsätzen möglich, dh er ist dann anzunehmen, wenn sich der „Verleiher" nicht schon unmittelbar zur Überlassung des Gebrauchs der Sache, sondern erst zum demnächstigen Abschluß eines Leihvertrages verpflichtet. Das kann sinnvoll sein, falls die Beteiligten die genauen Details des Leihverhältnisses noch nicht festlegen können oder möchten. Allerdings ist zu beachten, daß die Wirksamkeit des Vorvertrages zumindest die *Bestimmbarkeit* des Inhalts des zukünftigen Leihvertrages voraussetzt, kann doch ohnedem das Gericht im Streitfall nicht zum Abschluß des Leihvertrages verurteilen (FIKENTSCHER § 23, Rn 103). Zum im BGB nicht besonders geregelten (vgl aber auch § 604 Abs 3) sog precarium vgl STAUDINGER/RIEDEL[10/11] Vorbem 3 zu §§ 598 ff aA.

2. Gefälligkeitsverhältnisse

a) Abgrenzung Rechtsgeschäft – soziale Verständigung

8 Infolge seiner Unentgeltlichkeit zählt der Leihvertrag zu den **Gefälligkeitsverträgen**. Als solcher ist er gegen *Gefälligkeitsverhältnisse* auf der Grundlage sozialer Verständigung (GERNHUBER, Das Schuldverhältnis [1989] 123) abzugrenzen. Insbesondere die Gefälligkeiten des täglichen Lebens gelten nach hM (BGHZ 21, 102, 107; 56, 204, 210;

OLG Zweibrücken NJW 1971, 2077, 2078 = VersR 1971, 724, 725 f; LG Mannheim MDR 1965, 131; BGH NJW 1968, 1874; GITTER, Gebrauchsüberlassungsverträge [1988] 153; FIKENTSCHER § 7 Rn 25; BGB-RGRK/GELHAAR Vorbem zu § 598; SOERGEL/KUMMER Vorbem 4 zu § 598; ERMAN/ WERNER Einl § 242 RN 33; PALANDT/HEINRICHS Einf vor § 242 Rn 9; krit SCHWERDTNER NJW 1971, 1673, 1674) als Vorgänge, die mit rechtsgeschäftlichen Kategorien sachgerecht nicht zu erfassen sind. Als klassische Beispiele der außerrechtsgeschäftlichen (vorübergehenden) Gebrauchsüberlassung gelten die zeitweilige Überlassung des Opernglases an den Nachbarn in der Oper, die Duldung kurzfristigen Parkens auf einem Privatgrundstück, das „Ausleihen" des Fahrplanes in der Eisenbahn uäm. Die Begründung der hM bezieht sich im wesentlichen auf die Willensrichtung der Beteiligten: Der Wille soll nicht auf Rechtserfolge, sondern auf gesellschaftliche Kommunikation gerichtet sein. Wann der Bindungswille vorliegt und wann er fehlt, soll sich im Zweifel nach der „Art der Gefälligkeit, ihrem Grund und Zweck, ihrer wirtschaftlichen und rechtlichen Bedeutung, insbesondere für den Empfänger, den Umständen, unter denen sie erwiesen wird, und der dabei bestehenden Interessenlage der Parteien" beurteilen (so BGHZ 21, 102, 107; 56, 204, 210; vgl auch OLG Karlsruhe NJW 1961, 1866, 1867; OLG Celle NJW 1965, 2348, 2349; OLG München NJW-RR 1993, 215). So hat die Rechtsprechung eine bloße Gefälligkeit angenommen in dem Fall der kurzfristigen Überlassung eines Reitpferdes im sportkameradschaftlichen Verkehr (BGH NJW 1974, 234, 235; OLG Zweibrücken NJW 1971, 2077, 2078; aA KNÜTEL NJW 972, 163), bei Mitnahme im Auto (RGZ 65, 17, 18) und im Falle der Überlassung einer Gebirgsferienhütte an den Sohn und seine Verlobte (OLG München NJW-RR 1993, 215). Den Gegenpol zur hM bildet vor allem FLUME, der sich gegen die Relevanz des rechtsgeschäftlichen Bindungswillens wendet. Bei den üblichen Gefälligkeiten des täglichen Lebens steht die Rechtsordnung – so FLUME – für rechtsgeschäftliche Bindungen „nicht zur Verfügung". Erst wenn es sich um Angelegenheiten von einigem Gewicht handelt, insbesondere bei Geschäften, die üblicherweise gegen Entgelt übernommen werden, soll das Versprechen einer Gefälligkeit durch den erklärten Willen zur unentgeltlichen Übernahme rechtsgeschäftlichen Charakter erhalten können (FLUME AT II § 7, 5; im Ergebnis ähnlich MEDICUS, AT Rn 193; WILLOWEIT 44 ff).

Die hM stößt insofern auf Bedenken, als sie den Eindruck erweckt, es stehe im 9 Belieben der Beteiligten, ob sie ihre Beziehungen mit rechtsgeschäftlichen Mitteln regeln oder ob sie sich mit einer sozialen Verständigung begnügen. Demgegenüber hat das neuere Schrifttum zu Recht herausgearbeitet, daß Erwerbsgründe stets nur mit rechtsgeschäftlichen Mitteln geschaffen werden können (GERNHUBER, Das Schuldverhältnis [1989] 123 f). Eine unentgeltliche Gebrauchsüberlassung von objektivem Vermögenswert kann daher niemals im Wege bloßer sozialer Verständigung, sondern muß per Vertrag (Handleihe) erfolgen, weil sonst – entgegen dem Willen der Beteiligten – eine ungerechtfertigte Bereicherung entsteht. Der Wille, der Empfänger solle den empfangenen Vermögensvorteil behalten dürfen, ist notwendig ein Rechtsfolgewille, mögen die Betroffenen das juristisch korrekt nachvollziehen oder nicht (ausführlich WILLOWEIT JuS 1984, 909, 912 f; widersprüchlich PALANDT/HEINRICHS Einl v § 241 Rn 6: Gefälligkeitsverhältnis Rechtsgrund für das Behaltendürfen der Leistung). Dementsprechend begründet die unentgeltliche Gebrauchsüberlassung grundsätzlich ein (Hand-)Leihverhältnis, nicht ein bloßes Gefälligkeitsverhältnis. Lediglich wo ihr nach der Verkehrsauffassung kein Vermögenswert zukommt, der die Frage nach der Erwerbs-causa aufwerfen könnte, bleibt Raum für eine „Leihe" auf der Grundlage sozialer Verständigung (WILLOWEIT JuS 1984, 909, 913; in der Sache auch schon

SCHWERDTNER NJW 1971, 1673, 1675). Es ist also zwar entgegen FLUME nicht davon auszugehen, daß für die rechtsgeschäftliche Regelung von Gefälligkeiten des täglichen Lebens ohne objektiven (Markt-)Wert die Rechtsordnung „nicht zur Verfügung steht". Im Rahmen des geltenden Rechts gestattet es die Privatautonomie (§§ 311 Abs 1, 241 Abs 1), grundsätzlich alles zum Gegenstand vertraglicher Vereinbarung zu machen. Wohl aber setzt umgekehrt die bloße soziale Verständigung anstelle der rechtsgeschäftlichen Regelung voraus, daß der von den Beteiligten angestrebte Erfolg ohne die Inanspruchnahme rechtlicher Mittel zu erreichen ist. Und das trifft nur für die Gefälligkeiten des täglichen Lebens ohne Vermögenswert zu (Unrichtig daher OLG München NJW-RR 1993, 215: Unentgeltliche Überlassung einer Gebirgsferienhütte nicht Leihe, sondern bloße Gefälligkeit).

10 Praktisch folgt daraus, daß der Kreis der Gebrauchsüberlassungen auf außerrechtlicher, sozialer Grundlage wohl noch enger zu ziehen ist, als die hM annimmt. Selbst von den oben Rn 6 angeführten klassischen Beispielsfällen sind jedenfalls die zeitweilige Überlassung des Opernglases an den Nachbarn in der Oper und die Duldung kurzfristigen Parkens auf einem Privatgrundstück mit Fragezeichen zu versehen. Denn sowohl die Benutzung des Opernglases als auch die kurzfristige Parkerlaubnis sind Vorteile, die typischerweise gegen Entgelt zu haben sind und deshalb einen Vermögenswert aufweisen (**aA** MünchKomm/KOLLHOSSER § 598 Rn 15). Allein das Ausleihen des Fahrplans im Zug gehört einigermaßen eindeutig in die Kategorie (möglicher) Gefälligkeitsverhältnisse auf außerrechtsgeschäftlicher Grundlage. Kein brauchbares Kriterium liefert entgegen STAUDINGER/REUTER[12] § 598 Rn 10 die Frage, ob die Gebrauchsüberlassung mit dem (vorübergehenden) Übergang des Besitzes auf den Gebrauchsempfänger verbunden ist oder nicht. Zwar knüpfen die §§ 598 ff an die (unentgeltliche) Gebrauchsüberlassung mit Besitzwechsel an. Doch ändert der ausnahmsweise Ausfall des Besitzwechsels nichts an der rechtsgeschäftlichen Grundlage, sondern führt nur dazu, daß einzelne Vorschriften der §§ 598–605 nicht oder doch nicht direkt anwendbar sind.

b)   Schutzpflichten im Gefälligkeitsverhältnis?

11 Die weitgehende Unentrinnbarkeit der (Hand-)Leihe auf rechtsgeschäftlicher Grundlage führt dazu, daß der literarische Streit über Art und Ausmaß spezieller Schutzpflichten im Gefälligkeitsverhältnis (GERNHUBER, Das Schuldverhältnis [1989] 127; WILLOWEIT JuS 1984, 909, 911) eine geringere praktische Bedeutung hat, als vielfach angenommen wird. Denn die Annahme von (Hand-)Leihe auf rechtsgeschäftlicher Grundlage eröffnet automatisch den Zugang zu den Schutzpflichten im Sinne des § 241 Abs 2 (vgl GERNHUBER, Das Schuldverhältnis [1989] 21 ff). Im (schmalen) Restbereich hängt die Anerkennung von Schutzpflichten von den Anforderungen an ihre Entstehung ab. Wer dafür ausreichen läßt, daß ein besonderer sozialer Kontakt stattfindet (DÖLLE, ZStW 103 [1943] 67 ff), gelangt einigermaßen zwangsläufig aus Anlaß jeden Gefälligkeitsverhältnisses zu umfassenden wechselseitigen Schutzpflichten der Beteiligten. Denn das Gefälligkeitsverhältnis zieht einen Rechtsgüterkontakt nach sich, der sich von demjenigen im Zusammenhang mit der Durchführung von Schuldverhältnissen nicht unterscheidet (THIELE JZ 1967, 649, 651; GERHARDT JZ 1970, 538; K SCHMIDT JuS 1977, 722, 723 f; **aA** freilich der Begründer der Lehre, selbst DÖLLE ZStW 103 [1943] 67, 74 ff; vgl dazu WILLOWEIT JuS 1984, 909, 911). Die Lehre von der Begründung von Schutzpflichtverhältnissen durch besonderen sozialen Kontakt hat sich indessen nicht durchgesetzt. Vor allem hat die Rechtsprechung sie nicht übernommen (für das Gefälligkeitsverhältnis BGH NJW-RR 1992, 2474, 2475). In der Sache spricht gegen sie, daß der besondere soziale Kontakt **als Tatsache** lediglich eine rechtliche Problematik indiziert. Zur Entwicklung der Rechtsfolgen braucht man Ansatzpunkte im geltenden Recht, die sich zu einem Wertungs- und/oder Wirkungssystem „hochrechnen" lassen, für das sich die Schutzpflichtenbegründung durch sozialen Kontakt als folgerichtige Ergänzung anerkannten Rechts darstellt. An solchen Anhaltspunkten fehlt es. Im Gegenteil: Die neue gesetzliche Regelung der Begründung von Schutzpflichten als Grundlage der Haftung aus culpa in contrahendo in § 311 Abs 2 begnügt sich gerade nicht mit einem sozialen Kontakt, sondern verlangt ausdrücklich einen geschäftlichen Kontakt (**aA** MünchKomm/KOLLHOSSER § 598 Rn 16).

In STAUDINGER/REUTER[12] Vorbem 9 zu §§ 598 ff ist die Ansicht vertreten worden, das Gefälligkeitsverhältnis sei kraft Werbung um und Inanspruchnahme von Vertrauen mit Schutzpflichten im Sinne von Pflichten zur Rücksichtnahme auf die Rechtsgüter des Partners verbunden. Eine solche Vertrauenshaftung ist zwar im Gegensatz zur Haftung aus besonderem sozialen Kontakt trotz andauernder Kritik für die culpa in contrahendo in Rechtsprechung und Schrifttum etabliert (GERNHUBER, Das Schuldverhältnis [1989] 177 mit Nachweisen). Der Gesetzgeber erkennt sie, **auf geschäftliche Kontakte bezogen**, seit 2002 ausdrücklich an (§ 311 Abs 2 Nr 3). Doch ist die Vertrauenswerbung dessen, der eine Gefälligkeit erweist, schwerlich mit derjenigen zu vergleichen, die der Partner geschäftlicher Kontakte entfaltet (zu großzügig MünchKomm/KRAMER Einl vor § 241 Rn 38 f). Im Regelfall wird dem Empfänger der Gefälligkeit die damit verbundene Intensivierung des Rechtsgüterkontakts nach Treu und Glauben mit Rücksicht auf die Verkehrssitte (analog § 157) eher auf eigene Gefahr als mit einer „Sicherheitsgarantie" angedient werden, so daß die Vertrauenshaftung des Gefälligen jedenfalls spezielle Umstände voraussetzt (vgl schon BGHZ 21, 102, 107). Auf der Seite des Empfängers mag es anders aussehen. Immerhin genügt für eine Vertrauenswerbung durch ihn nicht, daß er sich die Gefälligkeit gefallen läßt. Vielmehr muß die Gefälligkeit, die den Gefälligen mit seinen Rechtsgütern Gefahren aus der Sphäre des Empfängers der Gefälligkeit aussetzt, von letzterem erbeten sein. Selbstverständlich ist, dass Schutzpflichten im Gefälligkeitsverhältnis aufgrund der Privatautonomie der Beteiligten auch speziell vereinbart werden können. Aber diese Vereinbarung ist entgegen FIKENTSCHER (§ 7 Rn 25) noch weniger als die Vertrauenswerbung zu vermuten, sondern muß als seltene Ausnahme nachgewiesen werden (OLG Hamm NJW-RR 1987, 1109).

c) Haftungsmilderung im Gefälligkeitsverhältnis

Unabhängig von der Anerkennung des Gefälligkeitsverhältnisses als eines Schutzpflichtverhältnisses stellt sich die Frage nach dem Haftungsmaßstab im Falle von Schäden, die der Gefällige dem Empfänger im Zusammenhang mit der Gefälligkeit (durch Schutzpflichtverletzung und/oder unerlaubte Handlung) zufügt. Die Antwort ist kontrovers. Die Rechtsprechung lehnt eine generelle Milderung der Haftung des Gefälligen ab (BGHZ 21, 102, 110; OLG München DAR 1998, 17, 18). Aber auch im Schrifttum findet die Gegenansicht (THIELE JZ 1967, 649, 654; HOFFMANN AcP 167, 394, 395 f, 401 ff) mit Rücksicht auf die differenzierenden Haftungsmaßstäbe in den Regelungen für Gefälligkeitsverträge, die von der Haftung für jede Fahrlässigkeit (Auftrag) über die Haftung für eigenübliche Sorgfalt (Verwahrung) bis zur Haftung bloß für Vorsatz und grobe Fahrlässigkeit (Leihe) reichen, nur noch wenig Resonanz (GERNHUBER, Das Schuldverhältnis [1989] 129; anders neuerdings wieder LANGE/SCHIE-

MANN, Schadensersatz [3. Aufl 2003] 659). Einigkeit scheint darüber zu herrschen, daß der auf der Grundlage sozialer Verständigung Gefällige nicht weitergehend haften darf als der auf vertraglicher Grundlage Gefällige (GERNHUBER, Das Schuldverhältnis [1989] 128; LANGE/SCHIEMANN, Schadensersatz [3. Aufl 2003] S 659; aA allerdings BGH NJW 1992, 2474). Da die gesetzlichen Haftungsmilderungen nicht nur die (auf Enttäuschung von Vertragserwartungen beruhenden, vgl § 599 Rn 2, § 600 Rn 2 f) vertraglichen Schadensersatzverpflichtungen betreffen, sondern auch auf die idealiter konkurrierenden Schadensersatzverpflichtungen wegen unerlaubter Handlungen und aus Gefährdungshaftung durchschlagen (BGHZ 46, 140, 145; BGH NJW 1985, 794, 796; 1992, 2474, 2475; OLG Düsseldorf MDR 1998, 409), läuft das für den auf der Grundlage sozialer Verständigung gefälligen Verleiher auf die Milderung (auch) einer etwaigen deliktischen Haftung hinaus. Die Gegenansicht des BGH (NJW 1992, 2474, 2475) ist evident wertungswidersprüchlich und daher abzulehnen (wie hier OLGR Bamberg 1999, 202, 203).

14 Allerdings ist zu beachten, daß bereits die Haftungsmilderungen des Schenkungs-, Verwahrungs-, Leihrechts etc nur noch nach einer Minderansicht (CANARIS JZ 1965, 481) sämtliche Schutzpflichtverletzungen (und die mit ihnen idealiter konkurrierenden unerlaubten Handlungen) erreichen. Die heute wohl hL beschränkt die Haftungsmilderung auf **Unmöglichkeit und Verzug** (LARENZ II/1 § 47 II a, 201 f; MünchKomm/ KOLLHOSSER § 521 Rn 6 ff; SCHLECHTRIEM, Vertragsordnung und außervertragliche Haftung [1972] 332 ff; STOLL JZ 1985, 384, 385 f; GRUNDMANN AcP 198 [1998] 457, 462 ff) mit der Folge, daß sie für das Gefälligkeitsverhältnis und die mit ihm verbundenen Schutzpflichtverletzungen und unerlaubten Handlungen gegenstandslos wird. Die Rechtsprechung vertritt eine vermittelnde Meinung: Die Haftungsmilderung soll sich nur auf die Schutzpflichtverletzungen und unerlaubten Handlungen erstrecken, die mit dem Vertragsgegenstand zusammenhängen, nicht dagegen auf diejenigen, die unabhängig vom Vertragsgegenstand geschehen (BGH NJW 1985, 794, 795 f; OLGR Bamberg 1999, 202, 203; ausführlicher § 599 Rn 2; § 600 Rn 2 f). Dementsprechend erfaßt die Haftungsmilderung im Falle der Gebrauchsüberlassung auf der Grundlage sozialer Verständigung die Schutzpflichtverletzungen und unerlaubten Handlungen, die sich als Enttäuschungen der spezifischen Leistungserwartungen des Gefälligkeitsempfängers darstellen. Für die Rechtsprechung spricht, daß sie nicht nur dem seit 1. 1. 2002 geltenden System der §§ 280 ff entspricht (das im Grundsatz nicht mehr zwischen Unmöglichkeit und Verzug auf der einen und sonstigen Pflichtverletzungen auf der anderen Seite, sondern zwischen Leistungs- und Schutzpflichten unterscheidet). Vielmehr ist auch das Ergebnis am sachgerechtesten. Die Lehre von der uneingeschränkten Anwendbarkeit der Haftungsmilderungen privilegiert den Schenker, Verwahrer, Verleiher in Situationen, in denen er gar nicht in seiner privilegierungswürdigen Rolle agiert. Es macht wenig Sinn, die Haftung eines Wohnungsinhabers wegen einer Körperverletzung von Besuchern im Gefolge einer auf dem Boden liegenden Bananenschale unterschiedlich zu gestalten, je nachdem, ob der Besucher die Wohnung als Käufer oder als Entleiher betreten hat. Umgekehrt ist die Lehre von der uneingeschränkten Unanwendbarkeit der Haftungsmilderungen zu streng. Denn sie führt dazu, daß den (auf der Grundlage vertraglicher Vereinbarungen oder sozialer Verständigung) Gefälligen die normale Haftung für den ordnungsgemäßen Zustand der „verliehenen" Sache trifft, die die Haftungsmilderung ihm ersparen soll. Wer eine Sache unentgeltlich aus Gefälligkeit erhält, hat zu Recht eine weitergehende Obliegenheit zur Selbstprüfung auf Unbrauchbarkeit und/oder Gefährlichkeit als derjenige, der bezahlt (vgl auch GRUND-

MANN AcP 198 [1998] 457, 470 f, der dem Gedanken allerdings nicht über die Haftungsmilderung, sondern dadurch Rechnung tragen will, daß er zugunsten des Gefälligen § 254 anwendet).

3. Freigabe von Plätzen etc zur öffentlichen Benutzung

Die Gestattung zum unentgeltlichen Gebrauch einer Sache im Sinne einer **Offerte** **15** **an jedermann,** insbesondere die *Freigabe von Anlagen, Plätzen oder sonstigen Sachen zur öffentlichen Benutzung* kann Angebote zum Abschluß von Leihverträgen enthalten. In der Benutzung wäre alsdann nach § 151 S 1 die Annahme zu sehen. Normalerweise wird man die Freigabe durch Anschlag oder sonstige öffentliche Bekanntgabe ihrem Erklärungswert nach jedoch nur als eine die Widerrechtlichkeit der Benutzung beseitigende Einwilligung in die Beeinträchtigung des Eigentums durch die Benutzer einzustufen haben, vorausgesetzt, daß es sich nicht sogar um eine Nutzung öffentlicher Sachen im Rahmen des öffentlichen Rechts (Gemeingebrauch, Sondernutzung) handelt (so auch ERMAN/vWESTPHALEN Vorbem 3 zu § 598; MünchKomm/KOLLHOSSER § 598 Rn 19), wofür nicht die Vorschriften des BGB zur Anwendung kommen, sondern das öffentliche Recht maßgebend ist (zB Benutzungsordnungen für öffentliche Einrichtungen; Haftung der öffentlichen Hand aufgrund sog öffentlich-rechtlicher Sonderverbindung, § 823 Abs 1 oder Art 34 GG, § 839 usw; insbes zur Frage des öffentlich-rechtlichen oder zivilrechtlichen Charakters der Verkehrssicherungspflicht an öffentlichen Straßen vgl BGH NJW 1973, 460 ff).

Nach welchen zivilrechtlichen Grundsätzen sich die Haftung für Verletzungen des **16** Eigentums durch die Benutzer oder umgekehrt die Haftung des Eigentümers für Schäden der Benutzer in den sonstigen Fällen richtet, ist zweifelhaft. Die hM verneint eine schuldrechtliche Sonderrechtsbeziehung und greift daher auf die allgemeinen Grundsätze der außervertraglichen Haftung zurück (SOERGEL/ZEUNER § 823 Rn 103 ff, 276 ff; ERMAN/vWESTPHALEN Vorbem 3 zu § 598; FLUME AT § 7, 4, 86). Wer als Benutzer die Sache beschädigt, haftet also nach § 823 Abs 1 und 2. Kommt ein Benutzer zu Schaden, so trifft den Eigentümer die Verantwortlichkeit nach den Regeln über die Verletzung von Verkehrssicherungspflichten. Lediglich über den in der letzten Variante maßgeblichen Verschuldensmaßstab herrscht auch innerhalb der hM Streit. Während die Literatur zT die Haftung auf grobe Fahrlässigkeit begrenzen will (so in der Tendenz FLUME AT § 7, 6; BEITZKE MDR 1958, 678 für Beschränkung auf diligentia quam in suis bei der Gefälligkeitsfahrt), wendet die Rspr uneingeschränkt § 276 an. (vgl die Nachw bei LARENZ I § 31 III, 555; FIKENTSCHER § 7 Rn 25). Mit der hM konkurriert die Ansicht, die bereits den „sozialen Kontakt" als Grundlage für eine Sonderrechtsbeziehung ausreichen läßt, ist danach doch der Anknüpfungspunkt der Verkehrssicherungspflicht – die Verantwortlichkeit für Gefahrenquellen, die aus der eigenen Sphäre für Dritte entstehen – immer zugleich auch ein hinreichender Anlaß für die Annahme einer Sonderrechtsbeziehung (DÖLLE ZStW 103 [1943] 67 ff, 72 ff, 84; HAUPT 9 ff, insbes 11 ff; SOERGEL/TEICHMANN § 242 Rn 30 ff, 178 ff; **aA** insbes LARENZ MDR 1954, 515 ff, 517; ders, Schuldrecht AT § 9 I, 109 Fn 11; STAUDINGER/LÖWISCH [2004] Vorbem 42 f zu § 275; ERMAN/H P WESTERMANN § 276, die alle einen geschäftlichen Kontakt fordern und einen lediglich sozialen Kontakt nicht genügen lassen. IE ebenso BGH NJW 1962, 31, 32; CANARIS JZ 1965, 475 ff, 478).

Zu folgen ist der hM, und zwar in der von der Literatur vertretenen Variante. Die **17** Lehre von der Sonderrechtsbeziehungen begründenden Wirkung sozialen Kontakts ist mit dem seit dem 1.1.2002 geltenden § 311 Abs 2, der in Nr 3 ausdrücklich einen geschäftlichen Kontakt verlangt, nicht in Einklang zu bringen. In der Sache spricht gegen sie, daß sie die gesetzlich vorgegebenen Grenzen zwischen den Rechtsgüterkontakten im allgemeinen Rechtsverkehr und denjenigen im Rahmen speziell übernommener Garantenstellungen verwischt (vgl auch Rn 9). Gewiß stimmt die Vorstellung des historischen Gesetzgebers von der Intensität der generellen sozialen Beziehungen nicht mehr. Das moderne Zusammenleben erzwingt in vielfältiger Hinsicht Rechtsgüterkontakte, die nach den Maßstäben des Jahres 1900 als rechtswidrige Störungen der jeweils anderen Rechtssphäre einzustufen wären. Auch sind die Übergänge zwischen Privat- und Sozialsphäre fließend geworden. Wer einen privaten Park für die Öffentlichkeit freigibt, erfüllt damit vielfach nach heutiger Anschauung eine moralische Pflicht gegenüber seiner Umwelt. Aber das ändert nichts daran, daß es sich um Kontakte im Rahmen des allgemeinen Rechtsverkehrs handelt. Soweit das dafür geschaffene Recht, nämlich das Deliktsrecht, in seiner überkommenen Gestalt nicht befriedigt, ist es nicht zugunsten von Anleihen aus dem Recht der vertraglichen und vertragsähnlichen Beziehungen zu verabschieden, sondern sachgerecht weiterzuentwickeln. Dem entsprechen die Verkehrssicherungspflichten. Soweit jemand die eigene Sphäre unentgeltlich und freiwillig für andere öffnet, erscheint allerdings eine Milderung der Haftung in Analogie zu den §§ 521, 599 gerechtfertigt. Denn anderenfalls droht ein Wertungswiderspruch: Wer die Inanspruchnahme der eigenen Rechtsgütersphäre durch andere duldet, kann nicht ungünstiger gestellt sein als derjenige, der sich zu einer solchen Duldung vertraglich verpflichtet (aA wohl Larenz I § 31 III, 556; Schwerdtner NJW 1971, 1673, 1676 l. Sp).

4. Leihvertrag als Instrument von Verwaltungshandeln

18 Der Leihvertrag kann nach hM Rechtsform von Verwaltungshandeln sein (vgl OVG Lüneburg NJW 1996, 2947: Unentgeltliche Überlassung von Schulbüchern an Schüler nach dem nds Gesetz über Lernmittelfreiheit). Das entspricht der Freiheit der öffentlichen Hand, sich zur Erfüllung ihrer Aufgaben auch privatrechtlicher Formen zu bedienen, kollidiert aber mit dem Erfordernis der Unentgeltlichkeit (vgl § 598 Rn 5). Insbesondere ist zweifelhaft, ob die Privilegierung des Verleihers nach § 599 paßt.

5. Besitzverhältnisse

19 **Sachenrechtliche** Wirkungen legt das BGB der Leihe nicht bei. Durch die Gebrauchsüberlassung wird der Verleiher idR mittelbarer, der Entleiher unmittelbarer Besitzer, vgl § 868. Begriffsnotwendig ist diese Änderung der Besitzverhältnisse aber nicht. Vielmehr hängt es vom Einzelfall ab, ob die ordnungsgemäße Gestattung des Gebrauchs den Erwerb des unmittelbaren Besitzes durch den Entleiher erfordert oder nicht. Insbesondere in den nach der hier vertretenen Ansicht als Leihverhältnisse einzuordnenden Fällen der kurzfristigen Überlassung des Opernglases und der Duldung kurzfristigen Parkens auf einem Privatgrundstück (vgl Rn 8) bleibt der Verleiher unmittelbarer Besitzer. Entgegen der hM (Erman/vWestphalen Rn 2, BGB-RGRK/Gelhaar Rn 7; Palandt/Weidenkaff Rn 7) übt er diesen unmittelbaren Besitz nicht durch den Entleiher als seinen Besitzdiener, sondern selbst aus. Denn ein soziales Abhängigkeitsverhältnis oder gar eine Funktion des Entleihers in einer vom Verleiher beherrschten Organisation, an die der Gesetzgeber in § 855 anknüpft, läßt sich in den benannten Beispielen selbst bei großzügigstem Verständnis nicht entdekken. Umgekehrt ist der Besitz kein physisch-realer, sondern ein sozialer Begriff. Die Verkehrsauffassung erkennt aber die Sachherrschaft in den angesprochenen Fällen wohl eher dem Verleiher als dem Entleiher zu (ebenso MünchKomm/KOLLHOSSER § 598 Rn 15). Die besitzrechtlichen Folgen stehen dem nicht entgegen: Der Verleiher kann insoweit selbst Besitzwehr üben, auf die Repräsentation durch den Entleiher gemäß § 860 ist er nicht angewiesen.

6. Übersicht

Den Begriff der Leihe und die Hauptverpflichtungen bestimmt § 598. Die Haftung 20 des Verleihers behandeln §§ 599, 600. Von der Erhaltung der Sache und dem Ersatz der Verwendungen handelt § 601. § 602 bezieht sich auf die Veränderungen und Verschlechterungen der Sache, die durch den vertragsmäßigen Gebrauch herbeigeführt werden, § 603 auf vertragswidrigen Gebrauch der Sache. § 604 betrifft die Verpflichtung zur Rückgabe, § 605 die Kündigung des Leihvertrages, § 606 die Verjährung von Nebenansprüchen.

§ 598
Vertragstypische Pflichten bei der Leihe

Durch den Leihvertrag wird der Verleiher einer Sache verpflichtet, dem Entleiher den Gebrauch der Sache unentgeltlich zu gestatten.

Materialien: E I § 549; II § 538; III § 591; Mot II 443 ff; Prot II 2221 ff.

I. Die Tatbestandsmerkmale der Leihe

§ 598 benennt die Begriffsmerkmale der Leihe, und zwar in einer Formulierung, die 1 den Willen des historischen Gesetzgebers zur Offenheit im gemeinrechtlichen Streit um die Qualifikation der Leihe als Real- oder Konsensualvertrag zum Ausdruck bringt (vgl Vorbem 2 zu §§ 598 ff; Mot II 443 ff).

1. Unentgeltlichkeit

a) Einigung über die Unentgeltlichkeit

Die Unentgeltlichkeit ist nicht objektiv, sondern nach dem Willen der Vertragspar- 2 teien zu bestimmen; es kommt auf die *Einigung über die Unentgeltlichkeit* an. Deshalb macht ein verhältnismäßig geringes Nutzungsentgelt einen Gebrauchsüberlassungsvertrag noch nicht zur Leihe; vielmehr liegt Miete vor (RG Recht 1929, Nr 321; BGH MDR 1970, 1004). Ebensowenig verwandelt sich ein Mietverhältnis schon dadurch in ein Leihverhältnis, daß der Vermieter auf den Mietzins verzichtet (LG Würzburg JW 1929, 3266). Das gilt jedenfalls dann, wenn der Vermieter den Verzicht nicht endgültig (dann wohl konkludente vertragliche Umwandlung), sondern lediglich vorübergehend – zB mit Rücksicht auf eine vorübergehende Notlage des Mieters – erklärt. Auf der anderen Seite wird die Unentgeltlichkeit nicht in Frage gestellt, wenn dem Entleiher eine „Anerkennungsgebühr" abverlangt wird, dh wenn die Vertragspartner sich einig sind, daß die Leistung des Entleihers nicht eine echte Gegenleistung für die Überlassung der Leihsache, sondern mehr eine symbolische Dankbarkeitsbezeugung darstellt (OLG Hamburg NJW 1949, 547 mit krit Anm LEWALD; ebenso SOERGEL/KUMMER Vor § 598 Rn 21; MünchKomm/KOLLHOSSER § 598 Rn 13; vgl auch BGH NJW 1977, 2159).

b) **Gemischte Leihe?**

3 Im Schrifttum wird darüberhinaus angenommen, es gelte im übrigen eine Art Schwerpunkttheorie: Das Gebrauchsüberlassungsverhältnis sei auch bei teilweiser Entgeltlichkeit und teilweiser Unentgeltlichkeit je nach dem Überwiegen des einen oder anderen Teils entweder Miete oder Leihe; eine gemischte Leihe analog der gemischten Schenkung gebe es nicht (MünchKomm/KOLLHOSSER § 598 Rn 13). Dieser Ansicht ist nicht zu folgen. Einmal geht sie dogmatisch nicht auf, weil sie den sonst unangefochtenen Ausgangspunkt verläßt, daß die Einigung der Parteien über die Entgeltlichkeit oder Unentgeltlichkeit über die Qualifikation als Miet- oder Leihverhältnis entscheidet. Soweit die Einigung auf teilweise Entgeltlichkeit und teilweise Unentgeltlichkeit gerichtet ist, führt von einem solchen Ausgangspunkt aus kein Weg am gemischten Leihverhältnis vorbei. Außerdem zieht die kritisierte Ansicht befremdliche Ergebnisse nach sich, wie namentlich der Fall der Wohnungsüberlassung zeigt. Insoweit läuft sie nämlich darauf hinaus, daß die Geltung des Mieterschutzes unterschiedlich zu beurteilen ist, je nach dem, ob die Parteien (nach ihrer Vorstellung) mehr oder weniger als 50% des an sich gerechtfertigten Mietzinses vereinbart haben. Demgegenüber fordert die Unabdingbarkeit des Mieterschutzes seine grundsätzliche Anwendung in allen Fällen, in denen die Wohnung teilweise entgeltlich überlassen wird. Wer anders entscheidet, läßt in der Sache contra legem den entgeltlichen Verzicht auf Mieterschutz zu: Der Vermieter kauft quasi dem Mieter den Mieterschutz ab. Allerdings dürfte es nicht gerechtfertigt sein, dem Wohnungsnehmer über die Anwendung der §§ 558 ff auch das Recht zur (teilweisen) unentgeltlichen Nutzung der Wohnung zu erhalten. Der unentgeltliche Vertragsteil muß daher nach § 604 frei widerrufen werden können mit der Folge, daß für die weitere entgeltliche Nutzung das Entgelt im Wege der ergänzenden Auslegung (§ 157) anzupassen ist. Das mag den Wohnungsnehmer im Einzelfall dazu zwingen, die Wohnung nolens volens aufzugeben. Aber das entspricht den Grenzen des Mieterschutzes, der dem Wohnungsgeber auch sonst nicht ansinnt, wegen fehlender wirtschaftlicher Leistungsfähigkeit des Wohnungsnehmers auf die Gegenleistung (teilweise) zu verzichten. Wenigstens insoweit ist die sozialstaatliche Verantwortung nach wie vor eine staatliche, nicht eine private Verantwortung.

c) **Abgrenzung Entgeltlichkeit – Unentgeltlichkeit**

4 Das Entgelt braucht nicht in Geldleistungen zu bestehen. Auch wenn sich der „Entleiher" im Vertrag zu Dienstleistungen und/oder Verbesserungsarbeiten an der überlassenen Sache verpflichtet, kann dies einen Leihvertrag ausschließen, vorausgesetzt, die Vertragsparteien sehen darin den hinreichenden Gegenwert für die Gebrauchsüberlassung (vgl ERMAN/vWESTPHALEN Rn 5). Im Zweifel ist insgesamt ein Mietverhältnis anzunehmen, wenn eine Sache nach einer unentgeltlichen Probezeit gemietet wird (OLG Hamburg OLGE 20, 210). Das gleiche gilt, wenn der Vertrag von vornherein eine unentgeltliche Anlaufzeit vorsieht (BGH MDR 1970, 1004). Dagegen liegt ein unentgeltliches, „rein vorvertragliches" Rechtsverhältnis vor, das weder

Leih- noch Mietverhältnis ist, wenn der Mieter vor Beginn der vereinbarten Mietzeit einzieht. Dieses Rechtsverhältnis ist analog den Mietvorschriften zu behandeln mit Ausnahme der Haftung des (zukünftigen) Vermieters, die sich während der unentgeltlichen Überlassung nach der Haftung des Verleihers (§ 599) richtet (EINSELE WuM 1997, 533, 534 f mit Nachweisen).

Umstritten ist, ob Unentgeltlichkeit angenommen werden kann, wenn die Gebrauchsüberlassung im Verständnis der Parteien nicht nur dem „Entleiher", sondern auch dem „Verleiher" einen (gleichwertigen) Vorteil verschafft (Beispiel: Ein noch unbekannter Maler überläßt seine Bilder ohne Gegenleistung dem Veranstalter einer Ausstellung, um sich dadurch dem kunstinteressierten Publikum bekanntzumachen). Die wohl hL bejaht die Unentgeltlichkeit (MünchKomm/KOLLHOSSER § 598 Rn 13). Der BGH hat in einem vergleichbaren Fall (kostenlose Überlassung der städtischen Theaterbühne an eine Theatergruppe mit der Maßgabe, die Theateraufführungen in das kulturelle Angebot der Stadt einzubringen) einen Vertrag sui generis mit Sympathie für die zumindest teilweise Anwendung des Rechts der Leihe angenommen (NJW 1992, 496, 497). Demgegenüber will M FISCHER in seiner 2002 erschienenen Habilitationsschrift die Unentgeltlichkeit auf Zuwendungen beschränken, die von einem übereinstimmenden Willen der Beteiligten zur Bereicherung des Empfängers getragen sind. Daran soll es fehlen, wenn der Zuwendende zur Zuwendung durch wirtschaftliche Eigeninteressen veranlaßt worden ist, die zumindest Geschäftsgrundlage sind (aaO 55 ff, 62 ff). Wenn man die Privilegierung des unentgeltlichen Leistenden (gemilderte Haftung, leichtere Lösungsmöglichkeit) darauf zurückführt, daß die Leistung einseitig dem Vorteil des Empfängers dient, dann ist das in der Tat ein folgerichtiger Ansatz. Wenn der Vertrag damit steht und fällt, ob infolge der Zuwendung ein erwarteter wirtschaftlicher Vorteil auch für den Zuwendenden eintritt oder nicht eintritt, entfällt der Grund für seine Privilegierung. Erst recht gilt das, wenn – wie im Fall BGH NJW 1992, 496 – der Zuwendungsempfänger zum zweckgerechten Gebrauch der überlassenen Sache nicht nur berechtigt, sondern mit dem Ziel einer Bereicherung des Kulturangebots der zuwendenden Stadt verpflichtet ist. Denn dann besorgt der Zuwendungsempfänger mit einem eigenen zugleich ein Geschäft der Stadt. Der Gebrauch ist das Entgelt für die Gebrauchsüberlassung.

2. Gegenstand der Gebrauchsüberlassung

a) Sachen

Gegenstand der unentgeltlichen Gebrauchsüberlassung sind Sachen (und Tiere, vgl § 90a). Es gilt § 90. Keine Rolle spielt, ob es sich um bewegliche oder unbewegliche Sachen handelt. Der Vertrag über das unentgeltliche Unterstellen von Möbeln auf dem Dachboden ist also Leihe (RG DJZ 1924, 905). Grundstücksleihe soll nach der unterinstanzlichen Rechtsprechung auch dann vorliegen, wenn der Eigentümer die unentgeltliche Inanspruchnahme eines Grundstücksstreifens als Geh- und Fahrweg durch den Nachbarn stillschweigend duldet (OLG Hamm NJW-RR 1987, 137, 18; OLG Köln NJW-RR 1992, 1497; LG Kassel NJW 1969, 1174; dagegen HODES NJW 1969, 1174; BGB-RGRK/GELHAAR Vorbem 6 zu § 598: außerrechtsgeschäftliches Gefälligkeitsverhältnis; vgl dazu Vorbem 3 zu §§ 598 ff). Gleiches gilt für die unentgeltliche Unterhaltung eines Gleisanschlusses auf einem fremden Grundstück (OLG München WM 1984, 1397, 1399). Die Benutzung von Grundstücken für Versorgungsleitungen kann auf einem Leihvertrag beruhen (RG WarnR 1934 Nr 152; HRR 1933, 1000; MEISNER/STERN/HODES, Nachbarrecht 766), was allerdings nur insoweit anzunehmen ist, als der Eigentümer nicht nach öffentlichem Recht zur Duldung verpflichtet ist (vgl FISCHERHOF, Rechtsfragen der Energiewirtschaft [1956] 125; in anderem Zusammenhang – Betreten des Bremer Rathauses – auch OVG Bremen NJW 1990, 931). Der BGH geht offenbar davon aus, daß die vom Eigentümer geduldete unentgeltliche Inanspruchnahme von Grundstücken für Versorgungsleitungen im Zweifel nicht auf einem Leihvertrag, sondern lediglich auf einer die Rechtswidrigkeit ausschließenden Einwilligung beruht (BGH NJW 1976, 416; dagegen für Leihvertrag SCHAPP NJW 1976, 1092 in einer Besprechung des Urteils).

b) Besonderheit der Wohnungsüberlassung?

7 Eine Ausnahme von der Qualifikation als Grundstücksleihe wird für die unentgeltliche Wohnungsüberlassung befürwortet. Zwar ist die im Schrifttum lange dominierende (vgl dazu SLAPNICAR 16 ff; NEHLSEN/VAN STRYK AcP 187, 552, 553 f mit Fn 3) und zeitweilig auch vom BGH vertretene (BGH NJW 1970, 941; aA BGH NJW 1982, 820) Ansicht, die mit dem Verzicht auf eine übliche Nutzung verbundene unentgeltliche Überlassung einer Sache sei nicht Leihe, sondern Schenkung, überwunden (Vorbem 2 zu §§ 598 ff). Auch die differenzierende Meinung M REINICKES (JA 1982, 328 f), der wenigstens Schenkungsvorschriften analog anwenden will, wenn das Rückforderungsrecht des Verleihers nach § 604 abbedungen ist, hat sich nicht durchgesetzt. Wohl halten sich nach wie vor Auffassungen, die speziell die unentgeltliche Wohnungsüberlassung dem Recht der Leihe mehr oder weniger entziehen. So will SLAPNICAR im Anschluß an das römische Recht die unentgeltliche Wohnungsüberlassung im Wege der Fiktion (!) als mit schenkungsweisem Erlaß der Mietzinsforderung gekoppelte Vermietung einordnen (Gratis habitare 172 ff und JZ 1983, 327 ff). Nach NEHLSEN/VAN STRYK soll zwar – enger – nicht jede langfristige unentgeltliche Wohnungsüberlassung der Analogie zum Schenkungsrecht unterliegen. Denn in der Regel behält sich ihrer Ansicht nach der Verleiher zumindest das Rückforderungsrecht gemäß § 605 Nr 1 vor. Doch soll eine Ausnahme für die unentgeltliche Wohnungsüberlassung auf Lebenszeit gelten, wenn und soweit -wie das gerade in diesem Fall vielfach geschieht – das Rückforderungsrecht wegen Eigenbedarfs abbedungen wird. Alsdann soll nicht nur die Formvorschrift des § 518 Abs 1 analog eingreifen, sondern auch die Möglichkeit einer analogen Anwendung sonstiger ihrem Wortlaut nach auf Schenkungen beschränkter Vorschriften wie der §§ 1641, 1804, des § 2287 und des § 2301 (vgl dazu auch LANGEN ZMR 1986, 150 ff) ins Blickfeld rücken (AcP 187, 552, 578 ff).

8 Der BGH hat sich gegen die analoge Anwendung des § 518 Abs 1 auf die unentgeltliche Wohnungsüberlassung auf Lebenszeit ausgesprochen, aber offengelassen, wie zu entscheiden ist, wenn sie wirtschaftlich auf die Aufgabe der Substanz der Wohnung hinausläuft (BGH NJW 1982, 820; 1985, 1553; vgl auch OLG Hamm NJW-RR 1996, 717, 718: analoge Anwendung des § 528 Abs 1 „fernliegend"). Auf die (im Gegensatz zur Ansicht von NEHLSEN/VAN STRYK) jedenfalls im Zeitpunkt der zweiten Entscheidung bereits bekannte Auffassung SLAPNICARS ist er nicht eingegangen. Tatsächlich ist diese Ansicht nicht haltbar. Das gilt einmal für die Methode, sich mit Hilfe einer Fiktion über den Willen der Parteien hinwegzusetzen (kritisch auch NEHLSEN/VAN STRYK AcP 187, 552, 571). Es gilt zum anderen aber auch für das Ergebnis, das auf die Ausdehnung des (sozialen) Wohnungsmietrechts auf unentgeltliche Wohnungsüberlassungen hinausläuft, obwohl der Gesetzgeber den unentgeltlichen Wohnungsgeber mit den

einschlägigen Vorschriften eindeutig nicht hat belasten wollen. Der Vorschlag von NEHLSEN/VAN STRYK berücksichtigt zu wenig, daß die Abbedingung der Eigenbedarfskündigung nichts an der Pflicht des Wohnungsnehmers ändert, die Wohnung als Fremdbesitzer zu nutzen, dh nicht zu beschädigen und letztlich zurückzugeben, mag die Rückgabepflicht bei normalem Verlauf (vorbehaltlich der jedenfalls unabdingbaren außerordentlichen Kündigung) auch erst von den Erben zu erfüllen sein. Es kann also gar nicht die Interessenlage entstehen, die das Schenkungsrecht im engeren Sinne, insbesondere das Formerfordernis nach § 518 voraussetzt (vgl auch OLG Koblenz NJW-RR 1996, 843, 844). Was die §§ 1641, 1804, 2227 und 2301 betrifft, so mögen gute rechtspolitische Gründe dafür bestehen, die unentgeltliche Wohnungsüberlassung auf Lebenszeit wie eine Schenkung zu behandeln. Aber es führt kein Weg daran vorbei, daß die unentgeltliche Wohnungsüberlassung auf Lebenszeit auch im Lichte dieser Vorschriften im Verhältnis zur Schenkung ein Minus darstellt, dessen Gleichstellung mit Hilfe bloßer analoger Normanwendung nicht lege artis zu schaffen ist. Fazit: Die unentgeltliche Wohnungsüberlassung ist Leihe; Schenkungsrecht ist weder analog noch direkt anwendbar.

c) Rechte
Die unentgeltliche Gebrauchsüberlassung von Rechten ist selten, kommt aber namentlich in Gestalt der Gebrauchsüberlassung von gewerblichen Schutzrechten vor. Ihre rechtliche Beurteilung ist umstritten. Da das Pachtrecht die Gebrauchsüberlassung von Rechten („Pachtgegenstände") im Gegensatz zum Recht der Miete und der Leihe ausdrücklich umfaßt, will eine Minderansicht – ergänzt um Vorschriften des Leihrechts, die an die Unentgeltlichkeit anknüpfen (§§ 599, 600) – Pachtrecht anwenden (FIKENTSCHER § 77, Rn 841). Demgegenüber greift die hM (RG JW 1904, 228; MünchKomm/KOLLHOSSER Rn 4; BGB-RGRK/GELHAAR Rn 1) auf die Analogie zu den §§ 598 ff zurück; Lücken werden im Wege der ergänzenden Vertragsauslegung ausgefüllt. Für die hM spricht, daß die Entgeltlichkeit oder Unentgeltlichkeit ein den Typus des Vertragsverhältnisses prägendes Merkmal ist, das nicht nur die Haftungsmaßstäbe, sondern auch die wechselseitigen Vertragserwartungen der Beteiligten insgesamt (einschließlich zB der Verantwortlichkeit für die Erhaltung der Funktionstauglichkeit des Rechts) bestimmt. Auch der historische Gesetzgeber hat nicht anders gedacht. Die Ausdehnung der §§ 598 ff auf die Rechtsleihe ist nur deshalb unterblieben, weil man angesichts des seltenen Vorkommens der Rechtsleihe dafür kein Bedürfnis empfand (Mot II 444). 9

3. Gebrauch

Der Verleiher hat dem Entleiher den Gebrauch zu gestatten. Was Gebrauch in diesem Sinne bedeutet, zeigt insbesondere die Rückgabepflicht nach § 604: Die überlassene Sache muß der Substanz nach unverändert bleiben; der Entleiher darf lediglich die mit dem Besitz verbundenen Vorteile nutzen. Gleichwohl können auch verbrauchbare Sachen (§ 92) Gegenstand der Leihe sein, nämlich dann, wenn sie entgegen dem (normalen) „bestimmungsgemäßen Gebrauch" nicht zum Verbrauch oder zur Veräußerung, sondern zB zu Ausstellungszwecken überlassen worden sind (RG HRR 32, Nr 1551). Zum „Gebrauch" überlassen sind auch Wertpapiere, die dem Entleiher die Stellung einer Kaution (RG WarnR 1936, Nr 190) oder die Sicherung einer Schuld (RGZ 91, 155, 158 – betr Hypothekenbrief) ermöglichen. Von dieser Gestaltung zu unterscheiden ist die sog Wertpapierleihe nach dem Wertpapier-Leihsystem 10 der Deutschen Kassenverein AG, die namentlich der Minderung des Risikos von Börsentermingeschäften dient. Da der „Entleiher" die Wertpapiere benötigt, um sie bei fallenden Kursen schon vor der Fälligkeit seines Terminkaufs über gleiche Wertpapiere verkaufen zu können, stellt diese Wertpapierleihe rechtlich ein – überdies entgeltliches – Wertpapierdarlehen dar: Der „Entleiher" muß nicht dieselben , sondern Wertpapiere gleicher Art zurückgeben. Der „Verleiher" hat nur insofern die Rechtsposition eines Verleihers im Sinne des § 598, als er wie dieser die Früchte (Dividenden, Zinsen) beanspruchen kann (vgl zum Ganzen KÜMPEL WM 1990, 909 ff; GESELL 20 ff).

11 Ganz allgemein kann Leihe vorliegen, wenn der Eigentümer einer Sache diese einem anderen zum Zweck der Verpfändung zur Verfügung stellt (RGZ 36, 161). Daß der Pfandgläubiger durch die Verpfändung ein Verwertungsrecht erwirbt, steht dem jedenfalls nicht entgegen, wenn Verleiher und Entleiher von der rechtzeitigen Ablösung des Pfandrechts ausgehen. Die Rückgabepflicht bleibt unter diesen Umständen trotz des Einverständnisses des Eigentümers mit der Verpfändung unangetastet. Kommt es trotzdem zur Verwertung, schuldet der Entleiher wegen Unmöglichkeit der (Besitz-)Rückgabe nach §§ 280 Abs 1, 3, 283 Schadensersatz statt der Leistung. Problematisch ist die Annahme eines Leihvertrages, soweit die Parteien ernsthaft mit der Möglichkeit der Verwertung des Pfandrechts rechnen. Eine solche Fallgestaltung läßt zumindest für eine unbedingte Rückgabepflicht keinen Raum. Entsprechend besteht der Leihvertrag unter der auflösenden Bedingung der Verwertung der Leihsache; je nachdem, ob der „Entleiher" zum Wertersatz verpflichtet sein soll oder nicht, ist mit dem auflösend bedingten Leihvertrag ein aufschiebend bedingter Kauf- oder Schenkungsvertrag kombiniert (vgl KUHLENBECK JW 1904, 229 ff mit Nachw). Überläßt jemand einem anderen „leihweise" Fremdwährungsbestände, so ist damit rechtlich ein gem § 244 Abs 1 in der fremden Währung rückzahlbares Darlehen gemeint (RGZ 153, 384).

12 Gebrauch ist zu unterscheiden von der Fruchtziehung (§§ 99, 100). Der Leihvertrag berechtigt also vorbehaltlich abweichender Vereinbarung nicht dazu, zB das geliehene Gartengrundstück abzuernten oder das „geliehene" Patent zu verwerten (vgl KÜMPEL WM 1990, 909, 910). Im Einzelfall kann sich allerdings aus den §§ 157, 242 nicht nur ein Fruchtziehungsrecht, sondern sogar eine Fruchtziehungspflicht ergeben, nämlich dann, wenn die Fruchtziehung zur Erhaltung der Sache erforderlich ist.

4. Gestattung

13 Der Verleiher hat dem Entleiher den Gebrauch zu **gestatten**. Die Gestattung des Gebrauchs ist abzugrenzen gegenüber der Gebrauchs**gewährung**, zu der der Vermieter nach § 535 verpflichtet ist. Anders als den Vermieter während der Mietzeit trifft den Verleiher während der Leihzeit nicht die Pflicht, den vertragsgemäßen Gebrauch durch positive Förderungsmaßnahmen (Instandhaltung der Sache, Abwehr von Drittstörungen) sicherzustellen. Die Verpflichtung des Verleihers beschränkt sich vielmehr darauf, bei Beginn der Leihe den Besitz zu überlassen und den Entleiher bis zur Beendigung nicht im Besitz zu stören (ERMAN/vWESTPHALEN Rn 3; PALANDT/WEIDENKAFF Rn 6; MünchKomm/KOLLHOSSER Rn 12). Die Verpflichtung des Verleihers ist daher, soweit nichts anderes vereinbart wird (§ 269), Holschuld. Selbstverständlich ist, daß die Gestattungspflicht nicht vom Eigentum des Verlei-

hers abhängt. Doch greifen die Regeln der §§ 275 ff ein, falls das fehlende Eigentum die Gestattung verhindert (PALANDT/WEIDENKAFF Rn 1; vgl auch BGH NJW 1974, 1086 mit mißverständlicher Formulierung). Überträgt der Verleiher während der Leihzeit das Eigentum an einer beweglichen Sache nach §§ 929, 931, so kann der Entleiher dem neuen Eigentümer nach § 986 Abs 2 sein Recht zum Besitz aus dem Leihvertrag entgegensetzen. Kein Recht zum Besitz steht dagegen dem Entleiher eines Grundstücks gegenüber einem neuen Eigentümer zu; § 566 ist auf die Leihe nicht entsprechend anwendbar (BGH NJW 1994, 3156, 3158; OLG Köln NJW-RR 2000, 152, 153). Dem Anspruch des Entleihers auf Gestattung des Gebrauchs entspricht grundsätzlich keine Gebrauchspflicht. Abweichende Vereinbarungen sind denkbar. Sie können sich auch aus den Umständen ergeben (zB bei Leihsachen, die ohne Gebrauch ihre Gebrauchsfähigkeit einbüßen – Reitpferd oä); allerdings stellt sich dann stets die Frage, ob die Gebrauchsüberlassung nicht im Interesse des Verleihers geschieht und deshalb als Auftrag oder Verwahrung zu qualifizieren ist (RG HRR 32, Nr 1551; vgl auch Rn 5).

II. Erscheinungsformen der Leihe

1. Der normtypische Fall

Der Leihvertrag ist ein **unvollkommen zweiseitiger Vertrag**, dh er begründet zwar **14** Pflichten sowohl für den Verleiher als auch für den Entleiher, doch stehen diese Pflichten nicht in einem Austauschverhältnis. Die Vorschriften über gegenseitige Verträge (§§ 320 ff) sind deshalb nicht anwendbar (ESSER/WEYERS § 25 II, 210; LARENZ II/1 § 50, 293). Hat der Entleiher Gegenansprüche gegen den Verleiher erworben, so kommt gegenüber dem Rückgabeanspruch des Verleihers aus § 604 ein Zurückbehaltungsrecht aus § 273 in Betracht (RGZ 65, 270, 277 – Verwendungen auf ein entliehenes Grundstück). Soweit der Leihvertrag den Gebrauch der Leihsache durch Hilfspersonen des Entleihers gestattet, können diese sich nach den Grundsätzen über den Vertrag mit Schutzwirkung zugunsten Dritter gegenüber einer Inanspruchnahme durch den Verleiher auf günstige Bestimmungen des Leihvertragsrechts berufen (BGHZ 49, 278 – kurze Verjährung des § 606 auch zugunsten der Hilfsperson des Entleihers, den der Verleiher nach § 823 Abs 1 wegen Eigentumsverletzung in Anspruch nimmt – vgl dazu § 599 Rn 3; § 606 Rn 10).

2. Die Leihe als anderstypische Nebenleistung

Eine gewisse Rolle spielt die Leihe als anderstypische Nebenleistung bei Austausch- **15** verträgen. Insbesondere nimmt die hM einen Leihvertrag im Hinblick auf Verpakkungsmaterial an, zB beim Flaschenbierhandel, wenn die Leerflaschen zurückzugeben sind (RGZ 159, 65; BGH LM Nr 2 zu § 989), oder beim Verkauf von Mehl in Säcken (OLG Stuttgart NJW 1949, 68). Allerdings soll – so heißt es – jeweils genau zu prüfen sein, ob wirklich das konkret benutzte und nicht etwa nur Verpackungsmaterial gleicher Menge, Art und Güte zurückzugeben ist (BGH NJW 1956, 298; OLG Düsseldorf BB 1948, 524). Denkbar soll auch sein, daß zwar primär die konkret benutzten Flaschen, Säcke etc zurückgegeben werden müssen, dem Abnehmer jedoch eine *Ersetzungsbefugnis* in Form der Leistung von Verpackungsmaterial gleicher Menge, Art und Güte eingeräumt ist (vgl DÜRKES BB 1948, 68, 197; WIRTZ BB 1948, 196). Neuerdings wird zwischen mehreren Varianten der Mehrwegverpackung differenziert.

Im Fall des Direktvertriebs Hersteller/Endverbraucher (Beispiel: Industriegas) soll hinsichtlich des Behälters ein modifizierter Leihvertrag (keine Haftungsmilderung; Verfall des „Pfandgeldes" auch bei unverschuldeter Unmöglichkeit der Rückgabe) vorliegen. Im Fall des mehrstufigen Vertriebs wird weiter unterschieden, je nachdem, ob die Behälter durch den einzelnen Hersteller, durch eine geschlossene Herstellergruppe oder als sog Einheitsbehälter einer Branche („Eurobierflaschen") gar nicht individualisiert sind. In den ersten beiden Alternativen sollen über die Behälter leihähnliche Gebrauchsüberlassungsverträge zustande kommen, die sich vom normalen Leihvertrag dadurch abheben, daß trotz des fortbestehenden Eigentums des Herstellers nicht die empfangenen, sondern Behälter gleicher Art und Güte zurückzugeben sind (OLG Karlsruhe NJW-RR 1988, 370, 371). In der dritten Alternative soll dagegen das Eigentum an den Behältern auf die Empfänger übergehen, so daß die Pflicht zur Rückgabe von Behältern gleicher Art und Güte darlehensähnliche Züge annimmt. Der Unterschied zum echten Darlehen soll darin bestehen, daß den Rückgabeschuldner keine Beschaffungspflicht trifft. Er schuldet also nicht die Rückgabe der empfangenen Menge, sondern wird – gegen Verfall des Pfandgeldes – frei, wenn er aus welchen Gründen auch immer nicht zurückgeben kann (KOLLHOSSER/BORK BB 1987, 909 ff; vgl auch MARTINEK JuS 1987, 514 ff; ders JuS 1989, 268 ff).

16 Richtiger Ansicht nach ist jedenfalls in den typischen Fällen, in denen es dem Erwerber freigestellt ist, ob er die Verpackung gegen Rückzahlung des „Pfandgeldes" zurückgibt oder nicht, weder (modifizierte) Leihe noch (modifiziertes) Darlehen, sondern Kauf der Verpackung anzunehmen. Die Möglichkeit der Rückgabe stellt sich für den Käufer als Angebot der zur Vertriebsorganisation der Hersteller oder Herstellergruppe gehörenden Händler dar, die Verpackung zu dem als „Pfandgeld" ausgewiesenen Betrag zurückzuerwerben. Nur diese Konstruktion wird den normalen Gegebenheiten gerecht, die weder eine Pflicht des Erwerbers zur Rückgabe an den seinerzeitigen Vertragspartner noch eine Schadensersatzpflicht im Fall der Zerstörung oder Beschädigung der Behälter kennen (vgl MARTINEK JuS 1987, 514, 520 f). Nur wenn es eine Rückgabeverpflichtung gegenüber dem seinerzeitigen Vertragspartner gibt, kommt ernsthaft Leihe in Betracht. Dabei spricht freilich die Interessenlage dafür, den Charakter des Leihverhältnisses als Annex des Kaufvertrages zum Anlaß für einen bloß eingeschränkten Rückgriff auf die §§ 598 ff zu nehmen. Namentlich die Privilegien des Verleihers nach den §§ 599, 600 sind im Zusammenhang mit einem Umsatzgeschäft fehl am Platze.

17 Bereits von der hM abgelehnt wird der Leihvertrag, soweit im Rahmen von Vertragsverhandlungen „leihweise" Warenmuster oder Probestücke überlassen werden (BGH NJW 1964, 1225). Richtiger Ansicht nach handelt es sich insoweit um einen Teil des Rechtsverhältnisses, das durch die Aufnahme von Vertragsverhandlungen per Werbung um und Inanspruchnahme von Vertrauen zwischen den potentiellen Vertragspartnern (§ 311 Abs 2) entsteht. Die Konsequenzen decken sich mit denen im Falle der Leihe als untergeordneter Nebenleistung im Rahmen von Austauschverträgen. Schlechthin unanwendbar sind die §§ 599, 600; dagegen gelten die §§ 601–606 nach hM wegen der Ähnlichkeit der Interessenlage analog, und zwar gleichgültig, ob der Kauf des Probestücks oder einer anderen Sache aus derselben Gattung beabsichtigt ist (BGH MDR 1968, 748). Der BGH hat das für die kurze Verjährung analog § 606 ausdrücklich bestätigt (vgl aber auch Vorbem 2 zu §§ 598 ff).

Auch die analoge Anwendung der §§ 601-606 ist allerdings nach BAG NJW 1985, 759 abzulehnen für das Rechtsverhältnis zwischen Arbeitgeber und Arbeitnehmer hinsichtlich eines Firmenwagens, der als Nebenleistung im Rahmen des Arbeitsverhältnisses überlassen wird. Insbesondere soll der Rückgriff auf § 606 für die Verjährung von Schadensersatzansprüchen wegen Beschädigung des Wagens ausscheiden (vgl dazu auch § 606 Rn 7). Das Gleiche hat folgerichtig für die „Leihe" von Büchern aus der Werksbibliothek zu gelten. Obwohl der Werksbücherverleih somit im weiteren Sinne entgeltlich erfolgt, fällt er nach der Rspr nicht unter die tantiemepflichtige Nutzung nach § 27 Abs 2 UrhG (BGH NJW 1972, 1271; aA REICHEL BB 1966, 1427 mit Nachw).

Wird ein Fahrzeug unentgeltlich nebst Bedienungspersonal zur Verfügung gestellt, **18** so liegt im Zweifel kein unentgeltlicher Fracht- oder Beförderungsvertrag (§§ 662 ff), sondern ein (kombinierter) Leih- und Dienstverschaffungsvertrag vor mit der Folge, daß das Bedienungspersonal nicht Erfüllungsgehilfe (§ 278) des Verleihers ist (BGH VersR 1970, 935).

§ 599
Haftung des Verleihers

Der Verleiher hat nur Vorsatz und grobe Fahrlässigkeit zu vertreten.

Materialien: E I § 550; II § 539; III § 592; Mot II 446; Prot II 2226.

1. Allgemeines

Die Haftung des Verleihers ist gegenüber der Grundregelung des § 276 durch die **1** §§ 599, 600 gemildert. Sie reiht sich damit in die Gruppe unter den Fällen gesetzlicher Haftungsprivilegierung ein, die an die Uneigennützigkeit des Verhaltens anknüpft (§§ 521, 680, 968, vgl dazu DEUTSCH NJW 1966, 705; RÖHL JZ 1974, 523). Zur Abgrenzung von § 599 zu § 600 vgl § 600 Rn 1.

2. Der maßgebliche Pflichtenbereich

Fraglich und umstritten ist, welchen Pflichtenbereich das Haftungsprivileg erfaßt. **2** Während die traditionelle Ansicht es auf sämtliche (Haupt- und Neben-)Pflichten des Verleihers bezieht, beschränkt eine neuerdings im Vordringen befindliche Ansicht es auf die Verletzung des Interesses des Entleihers an der Leistung. Soweit die (Neben-)Pflichten des Verleihers das Interesse des Entleihers an der Erhaltung seiner sonstigen Rechtsgüter betreffen, soll es bei der normalen Haftung nach § 276 bewenden (so LARENZ II/1 § 50, 294; MünchKomm/KOLLHOSSER Rn 3; grundlegend SCHLECHTRIEM 346 ff). Der neueren Ansicht ist sicherlich insoweit zuzustimmen, als sie sich gegen die Anwendung der §§ 599, 600 auf Situationen wendet, in denen sich die spezifische Verleiherrolle überhaupt nicht auswirkt. Wenn der Entleiher zwecks Rückgabe der Leihsache zum Verleiher geht und vor dessen Haustür auf einer

Bananenschale ausrutscht, haftet der Verleiher zwar wegen leihvertraglicher Verletzung der Pflichten. Doch tritt der Schaden weniger *im Zusammenhang mit der* als vielmehr *bei Gelegenheit der* unentgeltlichen Gebrauchsüberlassung ein. Die Unentgeltlichkeit mag eine gewisse Nachlässigkeit im Hinblick auf die *Leistung* entschuldigen; der begleitende Rechtsgüterkontakt unterscheidet sich nicht von demjenigen im Zusammenhang mit entgeltlichen Geschäften. Zu weit geht die neuere Ansicht jedoch, soweit sie auch die Verletzung der Leistungstreuepflicht (Schlechtleistung, mangelnde Aufklärung über Gefahren des Gebrauchs uä) aus dem Geltungsbereich des Haftungsprivilegs ausklammert. Die geminderte Verantwortlichkeit des Verleihers für die Ordnungsgemäßheit der Leistung muß sich auch auf die mit schlechter Leistung verbundenen weiteren Konsequenzen erstrecken (BGH NJW 1985, 794, 795 f; THIELE JZ 1967, 654; GERHARDT JuS 1970, 600; SCHWERDTNER NJW 1971, 1675; vgl auch Vorbem 12 zu §§ 598 ff. Zur Frage, ob § 599 oder § 600 anzuwenden ist, vgl § 600 Rn 3). Entsprechend ist die Frage zu beurteilen, ob das Haftungsprivileg für Verpflichtungen des Verleihers aus culpa in contrahendo (§ 311 Abs 2) eingreift. Sie ist zu bejahen, soweit die Pflichtverletzung die Leistung betrifft (zB vorherige Bedienungsanleitung durch den Verleiher), zu verneinen, soweit sie in den Sektor der begleitenden Verhaltenspflichten fällt (vgl auch GERHARDT JuS 1970, 597 ff).

3. Haftungsprivileg und Deliktshaftung

3 Der Haftungsmaßstab des § 599 gilt auch, soweit der Verleiher wegen eines Verhaltens, das vertragsrechtlich von der Privilegierung erfaßt wird, aus Delikt (oder Gefährdungshaftung) in Anspruch genommen werden soll (RGZ 88, 318; BGHZ 24, 195; 46, 313; 55, 392; BGH NJW 1974, 235; 1985, 794, 796; 1992, 2474, 2475; OLG Düsseldorf MDR 1998, 409; LG Braunschweig MDR 1997, 942, 943; in BGH NJW 1977, 2158 unter unrichtiger Berufung auf BGH NJW 1974, 235 offengelassen). Wer anders entscheidet, macht die unter Rn 2 befürwortete Privilegierung des Verleihers bei der Haftung für die Verletzung von Leistungstreuepflichten gegenstandslos, führen die Verletzungen der Leistungstreue doch regelmäßig zugleich zu Rechtsgüterverletzungen iSd § 823 Abs 1. Im gleichen Umfang ist der aus Delikt belangte Erfüllungsgehilfe des Verleihers privilegiert (vgl auch BGHZ 49, 350; 61, 227; BGH NJW 1978, 1426).

4. Haftung des Entleihers

4 Der Entleiher haftet nach §§ 276, 278, dh für Vorsatz und (jede) Fahrlässigkeit. Eine Ausnahme – Haftung nur für Vorsatz und grobe Fahrlässigkeit – greift nach BGH NJW 1979, 759 (ebenso OLG Hamm NJW-RR 2000, 1047; OLG Karlsruhe DAR 2000, 307; abweichend AG Duisburg ZfSch 1998, 464, 466: Haftung für leichte Fahrlässigkeit, aber nur in Höhe der im Fall des Bestehens der Vollkaskoversicherung zu erwartenden Selbstbeteiligung; AG Münsingen VersR 1999, 320: normalerweise kein Haftungsausschluß bei Verschweigen der Selbstbeteiligung bei Unfall des vollkaskoversicherten Ersatzfahrzeugs) dann ein, wenn ein Kfz-Verkäufer dem Käufer eines vollkaskoversicherten Kfz während einer Garantiereparatur einen nicht vollkaskoversicherten Ersatzwagen stellt, ohne auf das Fehlen der für den Käufer – wie er weiß – wichtigen Versicherung hinzuweisen (ergänzende Vertragsauslegung). Das gleiche gilt nach der Rechtsprechung des BGH (NJW 1972, 1363; 1986, 1099), wenn der Kfz-Verkäufer dem Kaufinteressenten ein nicht vollkaksoversichertes Fahrzeug zur Probefahrt überläßt. OLG Hamm NZV 1990, 350 dehnt dies auf den Fall aus, daß ein Kfz-Händler (Verleiher) das zu Leasingzwecken bestellte

Titel 6 § 599, 5
Leihe § 600, 1–3

Fahrzeug dem Leasingnehmer (Entleiher) vorzeitig mit rotem Kennzeichen überläßt. Wie andere Schuldner auch hat der Entleiher für Zufall (zur genauen dogmatischen Qualifikation vgl § 602 Rn 3) grundsätzlich nur einzustehen, wenn er entweder mit der Rückgabe der Leihsache in Verzug ist (§ 287 S 2) oder vertragswidrig einen Dauerzustand des Unrechts herbeigeführt hat, der den Eintritt der Unmöglichkeit begünstigt hat (analog § 287 S 2; vgl § 602 Rn 2 aE). Die Auslegung des Leihvertrages kann darüber hinaus eine vereinbarte Zufallshaftung des Entleihers ergeben (LG Aachen NJW 1952, 426; vgl auch AG Herford BB 1974, 1350 für den Fall, daß sich ein Arbeitgeber von einem seiner Arbeitnehmer dessen Kfz ausleiht, um es als Betriebsmittel einzusetzen).

5. Zur Anwendbarkeit des § 599 auf Gefälligkeitsverhältnisse vgl Vorbem 11 zu 5
§§ 598 ff.

§ 600
Mängelhaftung

Verschweigt der Verleiher arglistig einen Mangel im Recht oder einen Fehler der verliehenen Sache, so ist er verpflichtet, dem Entleiher den daraus entstehenden Schaden zu ersetzen.

Materialien: E I § 551; II § 540; III § 599; Mot II 446 f; Prot II 2226 f.

1. Anwendungsbereich

Die Regelung schränkt – ebenso wie das Schenkungsrecht (§§ 523, 524) – die 1 Haftung für Rechts- und Sachmängel noch stärker ein, als § 599 dies für die leihvertragliche Haftung generell tut. Anders als das Schenkungsrecht differenziert sie allerdings nicht zwischen Handleihe und Leihversprechen. Das entspricht der generellen Vernachlässigung des Leihversprechens in den §§ 598 ff (Vorbem 5 zu §§ 598 ff). Die Lücke ist durch die analoge Anwendung der §§ 523 Abs 2, 524 Abs 2 auf die Rechts- und Sachmängelhaftung des Verleihers wegen Nicht- bzw Schlechterfüllung des Leihversprechens zu schließen (MünchKomm/KOLLHOSSER Rn 1). Zu den Einzelheiten vgl die Kommentierung der §§ 523 Abs 2, 524 Abs 2.

Wie der Anwendungsbereich des § 600 exakt gegenüber demjenigen von §§ 280 2 Abs 1, 311 Abs 2 iVm § 599 abzugrenzen ist, ist bislang nicht geklärt. ZT wird angenommen, § 600 regele die Haftung für sämtliche Schäden aus Rechts- und Sachmängeln (SOERGEL/KUMMER Rn 1). ZT wird die Ansicht vertreten, § 600 erfasse nur den Mangelschaden, während der Mangelfolgeschaden die Domäne der §§ 280 Abs 1, 311 Abs 2 iVm § 599 sei (MünchKomm/KOLLHOSSER § 599 Rn 5). Schließlich gibt es noch die Auffassung, § 600 betreffe auch die Mangelfolgeschäden, lasse daneben aber auch den Rückgriff auf §§ 280 Abs 1, 311 Abs 2 iVm § 599 zu (STOLL JZ 1985, 386).

Zu folgen ist der Meinung, die § 600 auf den Ersatz des Mangelschadens bezieht 3 und begrenzt. Die Erstreckung der Vorschrift auf den Ersatz von Mangelfolgeschäden widerspricht ihrem Sinn, der vorbehaltlich arglistigen Verhaltens die Haftung des Verleihers für Bestand und Qualität des überlassenen Gebrauchswerts, nicht seine Verantwortlichkeit für von der Leihsache ausgehende Gefahren für andere Rechtsgüter des Entleihers verhindern will. Das allgemeine Privileg des unentgeltlichen Gebers enthält § 599, nicht § 600. Diesem Gedanken trägt zwar im Ergebnis auch die Ansicht Rechnung, die für den Ersatz von Mangelfolgeschäden § 600 und §§ 280 Abs 1, 311 Abs 2 iVm § 599 nebeneinander anwenden will. Anders als das frühere Nebeneinander von § 463 aF und culpa in contrahendo im Kaufrecht, das die Mangelfolgeschäden unter verschiedenen rechtlichen Gesichtspunkten – Erfüllungsinteresse einerseits, Schutzinteresse andererseits – erfaßte, macht ein Nebeneinander von § 600 und §§ 280 Abs 1, 311 Abs 2 iVm § 599 jedoch schon rein gedanklich keinen Sinn (aA STOLL JZ 1985, 386). Denn § 600 führt unstreitig nicht zum Ersatz des Erfüllungsinteresses (PALANDT/WEIDENKAFF § 600 Rn 4), so daß die Mangelfolgeschäden nicht schon als adäquate Folge der mangelnden Brauchbarkeit der Leihsache, sondern erst als Folge des vom Verleiher pflichtwidrig nicht verhinderten Vertrauens in die Brauchbarkeit der Leihsache ersatzfähig werden können. Eben letzteres ist der Anknüpfungspunkt für die Haftung aus § 280 Abs 1 (§ 311 Abs 2) iVm § 599.

2. Voraussetzungen

4 Die Tatbestandsmerkmale des § 600 – Mangel im Recht, Fehler der Sache – decken sich mit den übereinstimmenden Begriffen des Kauf-, Miet- und Werkvertragsrechts. Gleiches gilt für das arglistige Verschweigen (§§ 443, 463 S 2, 540). Der maßgebliche Zeitpunkt für das arglistige Verschweigen ist der Vertragsschluß, der (Handleihe; vgl Rn 1) mit der Übergabe der Leihsache zusammenfällt. Soweit der Verleiher erst danach Kenntnis von dem Rechts- und/oder Sachmangel erhält, kommt wegen des Verschweigens nur eine Haftung aus § 280 Abs 1 iVm § 599 in Betracht (MünchKomm/KOLLHOSSER Rn 2).

3. Rechtsfolge

5 Anders als früher die §§ 463, 635 aF verpflichtet § 600 nicht zum Ersatz des positiven, sondern nur des negativen Interesses (statt aller PALANDT/WEIDENKAFF Rn 4). Da (vgl Rn 2 aE) die Mangelfolgeschäden – die Folgen für andere Rechtsgüter des Entleihers – nicht unter § 600 fallen, bezieht sich die Vorschrift mithin auf das Vertrauensinteresse im engeren Sinne: Es wird nach § 600 der Schaden ersetzt, den der Entleiher dadurch erleidet, daß er im vom Verleiher pflichtwidrig nicht verhinderten Vertrauen auf die Brauchbarkeit der Leihsache nunmehr als nutzlos erwiesene Dispositionen getroffen oder tatsächlich notwendige Dispositionen unterlassen hat.

§ 601
Verwendungsersatz

(1) Der Entleiher hat die gewöhnlichen Kosten der Erhaltung der geliehenen Sache, bei der Leihe eines Tieres insbesondere die Fütterungskosten, zu tragen.

(2) Die Verpflichtung des Verleihers zum Ersatz anderer Verwendungen bestimmt sich nach den Vorschriften über die Geschäftsführung ohne Auftrag. Der Entleiher ist berechtigt, eine Einrichtung, mit der er die Sache versehen hat, wegzunehmen.

Materialien: E I § 553; II § 541; III § 594; Mot II 447 f; Prot II 2227 ff.

1. Umfang und Grenzen der Erhaltungspflicht

Da der Verleiher im Gegensatz zum Vermieter den Gebrauch der Leihsache nur **1** **gestatten**, nicht auch *gewähren* muß, braucht er nicht für einen gebrauchsfähigen Zustand zu sorgen. Entsprechend handelt der Entleiher, soweit er seinerseits die Sache während der Entleihzeit gebrauchsfähig erhält, ausschließlich im eigenen Interesse; die Kosten dafür sind demgemäß vom Entleiher zu tragen. Eine **Erhaltungspflicht** trifft den Entleiher zwar entgegen der hM (MünchKomm/Kollhosser Rn 1) nicht schon aufgrund der Kostentragungsregel des § 601, wohl aber aufgrund der vorbehaltlich des § 602 bestehenden Pflicht zur Rückgabe im gebrauchsfähigen Zustand nach § 604, die nach § 242 die Nebenpflicht zum ordnungsgemäßen Umgang mit der Sache während der Leihzeit einschließt. Der Verstoß gegen diese Nebenpflicht kann vom Verleiher analog § 541 mit einer Klage auf Unterlassung (= Erfüllung der Erhaltungspflicht) bekämpft werden. Stattdessen kann er auch nach § 605 Nr 2 außerordentlich kündigen. Soweit der Entleiher infolge der Pflichtverletzung die Leihsache nicht mehr ordnungsgemäß zurückgeben kann, schuldet er nach den §§ 604, 280 Abs 1, 3, 283 wegen (teilweiser) Unmöglichkeit Schadensersatz statt der Leistung.

2. Gewöhnliche Erhaltungsmaßnahmen

Die Kostentragungspflicht des Entleihers nach Abs 1 beschränkt sich auf die ge- **2** wöhnlichen Erhaltungsmaßnahmen. Wo die Grenze zwischen gewöhnlichen Erhaltungskosten und „anderen Verwendungen" im Sinne des Abs 2 verläuft, beurteilt sich nach der Verkehrsanschauung. Gewöhnliche Erhaltungskosten sind danach die regelmäßig wiederkehrenden laufenden Ausgaben wie die von § 601 selbst beispielhaft erwähnten Fütterungskosten eines entliehenen Tieres oder die Inspektionskosten eines entliehenen Kraftfahrzeugs, nicht dagegen der Einbau eines Austauschmotors. Der Ableitung der Erhaltungspflicht aus der Pflicht zur ordnungsgemäßen Rückgabe der Leihsache entspricht es anzunehmen, daß arg e § 602 das Risiko des normalen Verschleißes den Verleiher trifft. Demgemäß kann der Ersatz des normalen Verschleißes keine gewöhnlichen Erhaltungskosten iSd Abs 1 verursachen (MünchKomm/Kollhosser Rn 3; **aA** OLG Schleswig SchlHAnz 1951, 32).

3 Zum Verwendungsbegriff überhaupt gehört, daß es sich um freiwillige Vermögensaufwendungen handelt, die zumindest auch der Sache zugute kommen sollen (BGH NJW 1955, 340), indem sie sie wiederherstellen, erhalten oder verbessern (BGHZ 10, 177). Steuern und Versicherungen für ein entliehenes Kraftfahrzeug hat der Entleiher im Zweifel nicht zu tragen. Sonstige Aufwendungen, die den Gebrauch der Leihsache ermöglichen (Benzin, Strom etc), gehen zwar zu Lasten des Entleihers. Doch steht es diesem im Zweifel frei, ob er sie tätigt. Da sie für die Erhaltung der Sache ohne Bedeutung sind, trifft den Entleiher insoweit weder eine unselbständige noch eine selbständige Nebenpflicht (MünchKomm/KOLLHOSSER Rn 5).

3. Außergewöhnliche Erhaltungsmaßnahmen

4 Die Verweisung des Abs 2 auf die Geschäftsführung ohne Auftrag bildet eine Tatbestandsverweisung, dh der Ersatzanspruch gegen den Verleiher richtet sich nicht nur nach den Folgen, sondern auch nach den Voraussetzungen der §§ 677 ff. Insbesondere setzt er voraus, daß der Entleiher zumindest auch für den Verleiher hat handeln wollen. Die Verweisung hat mithin nur eine klarstellende Funktion (vgl zum übereinstimmenden § 539 Abs 1 BT-Drucks 14/4553 42; aA STAUDINGER/WITTMANN [1995] Vorbem 61 zu §§ 677 ff). Allerdings hindert das Erfordernis des Fremdgeschäftsführungswillens zumindest nach der Rechtsprechung (BGHZ 37, 258; 118, 142, 150) nicht daran, Geschäftsführung ohne Auftrag anzunehmen, wenn der Entleiher sich irrtümlich zur Vornahme der außergewöhnlichen Erhaltungsmaßnahmen für verpflichtet gehalten hat (aA STAUDINGER/EMMERICH [2003] § 539 Rn 6). Eine *Pflicht* zu außergewöhnlichen Erhaltungsmaßnahmen trifft den Entleiher selbst dann nicht, wenn diese zur Erhaltung der Sache notwendig sind. Doch hat er in einem solchen Falle den Verleiher nach § 242 (leihvertragliche Nebenpflicht) zu benachrichtigen, um ihm selbst die Erhaltungsmaßnahmen zu ermöglichen (ERMAN/VWESTPHALEN Rn 5; BGB-RGRK/GELHAAR Rn 2). Hat der Entleiher nach § 601 Abs 2 einen Ersatzanspruch gegen den Verleiher erworben, so kann er diesen nach § 273 Abs 2 auch per Einrede gegenüber dem Rückgabeanspruch nach § 604 geltend machen. Das gilt unabhängig davon, ob Leihgegenstand eine bewegliche oder eine unbewegliche Sache ist. Die §§ 570, 578 (= § 556 Abs 2 aF) sind auf die Leihe nicht anwendbar (RGZ 65, 270, 277).

4. Wegnahmerecht des Entleihers

5 Das Recht des Entleihers zur Wegnahme von Einrichtungen, mit denen er die Leihsache versehen hat, deckt sich mit dem entsprechenden Recht des Mieters nach § 539 Abs 2 (dazu ausführlich STAUDINGER/EMMERICH [2003] § 539 Rn 23 ff). Einrichtung ist eine Sache, die mit der Leihsache körperlich verbunden und dazu bestimmt ist, dem wirtschaftlichen Zweck der Leihsache zu dienen, und zwar gleichgültig, ob sie zum wesentlichen Bestandteil geworden ist oder nicht (BGH WM 1969, 1114; ausführlich STAUDINGER/EMMERICH [2003] § 539 Rn 27 ff). Das Recht zur Wegnahme bedeutet nicht ein Recht zur Herausgabe: Nicht der Verleiher, sondern der Entleiher selbst hat die Einrichtung von der Leihsache abzulösen und Besitz an ihr zu begründen (RGZ 105, 129); insoweit anfallende Kosten hat der Entleiher zu tragen (ERMAN/VWESTPHALEN RN 6). Ist der Verleiher wieder im Besitz der Sache, so gewährt das Wegnahmerecht zugleich einen Anspruch auf Duldung der Wegnahme (§ 258 S 2). Wird die Leihsache durch die Wegnahme beschädigt, so ist der Entleiher zur Instandsetzung

verpflichtet (§ 258 S 1). Das Wegnahmerecht ist abdingbar (BGH NJW 1958, 2109) und abtretbar (BGH NJW 1969, 40).

5. Verjährung

Die Verjährung der Ansprüche auf Verwendungsersatz oder auf Gestattung der Wegnahme einer Einrichtung richtet sich nach § 606. 6

§ 602
Abnutzung der Sache

Veränderungen oder Verschlechterungen der geliehenen Sache, die durch den vertragsmäßigen Gebrauch herbeigeführt werden, hat der Entleiher nicht zu vertreten.

Materialien: E I § 554; II § 542; III § 596; Mot II 448 ff; Prot II 2229 f.

1. Haftung und Rückgabepflicht

Wie der Mieter (§ 548) haftet der Entleiher nicht für Veränderungen und Verschlechterungen der Leihsache im Gefolge des vertragsgemäßen Gebrauchs. Der Vertrag modifiziert damit die Rückgabepflicht nach § 604, indem er sie unter den Vorbehalt vertragsmäßer Veränderungen oder Verschlechterungen stellt. Wird die Sache trotz vertragsmäßen Gebrauches zerstört oder geht sie unauffindbar verloren, so entfällt die Rückgabepflicht nach § 275 Abs 1 schlechthin (RGZ 159, 65, 67). 1

2. Der vertragsgemäße Gebrauch

Der Inhalt des „vertragsmäßigen Gebrauchs" ist durch die ausdrücklichen Vereinbarungen der Parteien und die aus § 242 resultierenden leihvertraglichen Nebenpflichten bestimmt. Der Entleiher ist danach insbesondere verpflichtet, die Leihsache zu verwahren, sie ordnungsgemäß zu behandeln und im Rahmen des Zumutbaren auch sonst vor Schaden und Verlust zu bewahren. Keine Pflicht besteht, einen durch ordnungsgemäße Instandhaltung nicht vermeidbaren Abnutzungsschaden zu beseitigen (RGZ 159, 65, 66; SOERGEL/KUMMER Rn 1; ERMAN/vWESTPHALEN Rn 1). Die Fortsetzung des Gebrauchs nach Ablauf der Leihzeit ist niemals vertragsgemäß; das Gleiche gilt für die Überlassung an Dritte, es sei denn, der Verleiher habe sie erlaubt (§ 603 S 2). 2

3. Haftung bei vertragswidrigem Gebrauch

Umstritten ist der Umfang der Haftung für den Fall, daß der Entleiher von der Leihsache einen vertrags**widrigen** Gebrauch macht. ZT will man den Entleiher in dieser Situation nur für Verschulden (LARENZ II/1 § 50, 295; BGB-RGRK/GELHAAR Rn 1; OLG Augsburg OLGE 39, 149), zT auch für Zufall haften lassen (SOERGEL/KUMMER Rn 1; 3

ERMAN/vWESTPHALEN § 603 Rn 1). Dieser Meinungsstand leidet schon darunter, daß die Fragestellung dogmatisch nicht korrekt ist. Nach § 280 Abs 1 muß das Verschulden sich nicht auf die Unmöglichkeit der Rückgabe der Sache im vertragsgemäßen Zustand, sondern auf das vertragswidrige Handeln („Pflichtverletzung") beziehen, dessen adäquate Folge die Unmöglichkeit ist (MünchKomm/THODE § 287 Rn 3; SOERGEL/ WIEDEMANN § 287 Rn 4). Die Unmöglichkeit braucht also selbst nicht verschuldet zu sein. Umgekehrt ist das Verschulden hinsichtlich des vertragswidrigen Handelns stets unerläßlich; eine Verschuldenshaftung, die im Gegensatz zu einer Zufallshaftung stehen könnte, gibt es nicht. Im Licht der heutigen Dogmatik heißt Zufallshaftung, daß das vertragswidrige Handeln die Unmöglichkeit nicht adäquat verursacht zu haben braucht, sondern daß es genügt, wenn das vertragswidrige Handeln condicio sine qua non für den Eintritt der Unmöglichkeit ist (Äquivalenz- statt Adäquanztheorie). Eine solche Zufallshaftung ordnet § 287 S 2 an, so daß es von der Analogiefähigkeit des § 287 S 2 abhängt, ob der Entleiher bei vertragswidrigem Gebrauch der Leihsache nicht nur für mit Rücksicht darauf absehbare, sondern auch für aus der Sicht des objektiven Beobachters überraschende (= generell unwahrscheinliche) Zerstörungs- bzw Verschlechterungsursachen einzustehen hat (aA zu Unrecht MünchKomm/KOLLHOSSER Rn 3; ganz mißverständlich GITTER 167: „Haftung analog § 287 S 2, wenn der Zufall adäquat kausal ohne den vertragswidrigen Gebrauch nicht eingetreten wäre"). § 287 S 2 regelt unmittelbar den Fall, daß die Leistung in der Sphäre des Schuldners unmöglich wird, obwohl sie bereits hätte erbracht werden müssen. Maßgeblich ist der „Dauerzustand des Unrechts, der den Eintritt der Unmöglichkeit begünstigt" (FIKENTSCHER § 47, Rn 404). Deshalb wird man zwar nicht jeden Fall des vertragswidrigen Gebrauchs, wohl aber denjenigen mit der Zufallshaftung analog § 287 S 2 verknüpfen müssen, der einen solchen „Dauerzustand des Unrechts" bewirkt. Überläßt der Entleiher zB entgegen § 603 S 2 die Leihsache einem Dritten und wird sie bei diesem zufällig zerstört, so erscheint das Risiko des Entleihers allein sachgerecht (im Ergebnis ebenso PALANDT/WEIDENKAFF § 603 Rn 1; FIKENTSCHER § 47, Rn 404; MünchKomm/KOLLHOSSER Rn 2, 3).

4. Personenverschiedenheit zwischen Verleiher und Eigentümer

4 Ist der Verleiher nicht der Eigentümer der Leihsache, so hängt die Verpflichtung des Entleihers zum Schadensersatz wegen vertragswidrigen Gebrauchs grundsätzlich von der Beschaffenheit der Rechtsbeziehung zwischen Verleiher und Eigentümer ab. Soweit der Verleiher seinerseits gegenüber dem Eigentümer Entleiher, Mieter oä ist, schuldet er regelmäßig selbst Schadensersatz, weil sein Entleiher im Verhältnis zum Eigentümer sein Erfüllungsgehilfe (§ 278) ist. Entsprechend kann er einen eigenen Schaden geltend machen. Ist der Verleiher aufgrund der Besonderheit seiner Rechtsbeziehung zum Eigentümer ausnahmsweise nicht selbst schadensersatzpflichtig, so soll nach SOERGEL/KUMMER Rn 2 der Eigentümer den Ersatzanspruch haben. Soweit damit der leihvertragliche Ersatzanspruch gemeint ist, läßt sich diese Auffassung allein über die Annahme eines Vertrags mit Schutzwirkung zugunsten des Eigentümers begründen. Ein solcher Anspruch scheitert aber daran, daß die Voraussetzungen für die Annahme von Drittschutz – die folge- und sinngerechte Erstreckung auf die von der Vertragsleistung wie der eigentliche Partner betroffene dritte Personen (MEDICUS, Bürgerliches Recht, § 33, Rn 841) – nicht erfüllt sind (vgl allerdings auch BGHZ 49, 350, 354 f). Einschlägig sind jedoch die Grundsätze über die Schadensliquidation im Drittinteresse. Es handelt sich um einen typischen Fall der Schadens*verlagerung*: Der Entleiher darf nicht davon profitieren, daß der Eigentümer den *Verleiher* von der Haftung freigestellt hat (vgl BERG JuS 1977, 364 mit Nachw in Fn 21).

5. Beweislast

Die Beweislast für die Beschädigung der Leihsache obliegt dem Verleiher; der 5 Entleiher hat zu beweisen, daß der Schaden beim vertragsgemäßen Gebrauch entstanden ist (MünchKomm/KOLLHOSSER RN 3 aE).

§ 603
Vertragsmäßiger Gebrauch

Der Entleiher darf von der geliehenen Sache keinen anderen als den vertragsmäßigen Gebrauch machen. Er ist ohne die Erlaubnis des Verleihers nicht berechtigt, den Gebrauch der Sache einem Dritten zu überlassen.

Materialien: E I § 549; II § 543; III § 596; Mot II 444 f; Prot II 2230.

1. Rechte des Verleihers bei vertragswidrigem Gebrauch

Zum Inhalt des „vertragsmäßigen Gebrauchs" vgl § 602 Rn 2. Überschreitet der 1 Entleiher die Grenzen des vertragsmäßigen Gebrauchs, so kann der Verleiher das Leihverhältnis auf bestimmte Zeit kündigen (§ 605 Nr 2) und anschließend nach § 604 Abs 1, 2 die Leihsache zurückfordern. Stattdessen kann er aber auch analog § 541 verfahren, wobei streitig ist, ob die Analogie nur die Möglichkeit der Unterlassungsklage oder auch das Erfordernis der vorherigen Abmahnung umfaßt (vgl MünchKomm/KOLLHOSSER §§ 602, 603, Rn 2 mit Fn 2). Vorzugswürdig ist die zweite Alternative. Denn das Erfordernis der vorherigen Abmahnung hat nichts mit der Entgeltlichkeit oder Unentgeltlichkeit der Gebrauchsüberlassung zu tun, sondern knüpft an das grundsätzliche Bedürfnis an, die unnötige Inanspruchnahme der Gerichte zu vermeiden. Dieses Bedürfnis stellt sich im Falle der Leihe genauso wie im Falle der Miete. Die Abmahnung muß das beanstandete Verhalten genau bezeichnen; die Äußerung allgemeiner Unzufriedenheit reicht nicht aus (RGZ 77, 117). Wegen der Kündigungsmöglichkeit nach § 605 Nr 2 (und der voraussetzungslosen Befugnis zur Rückforderung bei der Leihe auf unbestimmte Zeit nach § 604 Abs 1 S 3) wird der Rückgriff auf die Analogie zu § 541 zwar praktisch selten in Betracht kommen (BGB-RGRK/GELHAAR Rn 2). Entgegen STÜRNER (JZ 1976, 386 f) besteht jedoch zwischen Unterlassungsanspruch und Kündigungsrecht keine Gesetzeskonkurrenz zugunsten des Kündigungsrechts. Das Kündigungsrecht ist nicht notwendig das mildere und deshalb nach § 242 vorrangige Mittel. Zur Haftung des Entleihers wegen vertragswidrigen Gebrauchs vgl § 602 Rn 3.

2. Überlassung der Sache an einen Dritten

2 Vertragswidriger Gebrauch liegt vorbehaltlich der besonderen Erlaubnis des Verleihers vor, wenn der Entleiher die Leihsache einem Dritten überläßt. § 603 S 2 trägt der treuhänderischen Position Rechnung, die der Entleiher im Hinblick auf das Interesse des Verleihers an einer ordnungsgemäßen Rückgabe innehat. Die Bedeutung der Erlaubnis beschränkt sich auf das Innenverhältnis von Entleiher und Verleiher; sie ist nicht etwa Wirksamkeitsvoraussetzung des etwaigen Überlassungsvertrages zwischen Entleiher und Drittem. Nach Ansicht des BGH (BGHZ 59, 3, 7; BGH NJW 1991, 1750, 1751) ist die Erlaubnis eine einseitige empfangsbedürftige Willenserklärung, die die leihvertraglichen Befugnisse des Entleihers erweitert. Dogmatisch ist die Ansicht schwer einzuordnen. Denn einseitige Erklärungen können den Vertragsinhalt im allgemeinen nur ändern, wenn im Vertrag entsprechende Ermächtigungen erhalten sind. In STAUDINGER/REUTER[12] § 603 Rn 2 ist deshalb die Annahme eines Änderungsvertrags befürwortet worden (kritisch dazu MünchKomm/ KOLLHOSSER Rn 6). Aber dabei ist zu wenig berücksichtigt worden, daß die dogmatische Qualifikation der Erlaubnis nicht nur dem § 603 S 2, sondern auch dem gleichlautenden § 540 Abs 1 S 1 gerecht werden muß. Für § 540 Abs 1 S 1 kollidiert die Änderungsvertragskonstruktion aber mit der unstreitigen Ansicht, daß die Erlaubnis nicht der Form der §§ 550 S 1, 578 Abs 1 bedarf (vgl STAUDINGER/EMMERICH [2003] § 540 Rn 11). So bleibt nur die Deutung der Erlaubnis als gesetzliches Tatbestandsmerkmal des dispositiven Rechts von Entleiher bzw Mieter zur Unterleihe bzw Untervermietung. Wenn die Erweiterung der leihvertraglichen Befugnisse des Entleihers – wie es dieser Deutung entspricht – aufgrund der Erlaubnis kraft Gesetzes eintritt, so bietet sich freilich statt der Qualifikation der Erlaubnis als Willenserklärung diejenige als geschäftsähnliche Handlung an. Denn die Rechtsfolge der Erlaubnis tritt dann nicht ein, weil sie vom Verleiher gewollt ist, sondern weil sie von Gesetzes wegen an die Äußerung des Einverständnisses des Verleihers geknüpft wird. Die Konsequenz ist ua, daß eine Anfechtung wegen Irrtums über die grundsätzliche Unwiderruflichkeit (= bloße Widerruflichkeit aus wichtigem Grund) der Erlaubnis (vgl STAUDINGER/EMMERICH [2003] § 540 Rn 13) nicht in Betracht kommt.

3. Haftungsverhältnisse bei Überlassung an einen Dritten

3 Bei befugter Gebrauchsüberlassung an einen Dritten haftet der Entleiher einmal für eigenes Verschulden bei der Auswahl des Dritten (RGZ 159, 121, 128). Zum anderen hat der Entleiher für Verschulden des Dritten nach § 278 einzustehen. Das Fehlen einer dem § 540 Abs 2 entsprechenden Vorschrift im Recht der Leihe hindert den Rückgriff auf § 278 nicht, weil § 540 Abs 2 nur deklaratorische Bedeutung zukommt (OLG Stuttgart NJW 1953, 1512). Bei unbefugter Gebrauchsüberlassung an einen Dritten trifft den Entleiher analog § 287 S 2 eine Zufallshaftung (vgl § 602 Rn 3; dazu auch K SCHMIDT JuS 1977, 722, 723). Die Verjährung etwaiger Schadensersatzansprüche richtet sich nach § 606.

§ 604
Rückgabepflicht

(1) Der Entleiher ist verpflichtet, die geliehene Sache nach dem Ablauf der für die Leihe bestimmten Zeit zurückzugeben.

(2) Ist eine Zeit nicht bestimmt, so ist die Sache zurückzugeben, nachdem der Entleiher den sich aus dem Zweck der Leihe ergebenden Gebrauch gemacht hat. Der Verleiher kann die Sache schon vorher zurückfordern, wenn so viel Zeit verstrichen ist, dass der Entleiher den Gebrauch hätte machen können.

(3) Ist die Dauer der Leihe weder bestimmt noch aus dem Zweck zu entnehmen, so kann der Verleiher die Sache jederzeit zurückfordern.

(4) Überlässt der Entleiher den Gebrauch der Sache einem Dritten, so kann der Verleiher sie nach der Beendigung der Leihe auch von dem Dritten zurückfordern.

(5) Die Verjährung des Anspruchs auf Rückgabe der Sache beginnt mit der Beendigung der Leihe.

Materialien: E I § 555; II § 544; III § 597; Mot II 451 f; Prot II 2230 f.

I. Rückgabepflicht des Entleihers

Die Rückgabepflicht nach § 604 Abs 1 entspricht dem Wesen der Leihe („vorübergehende Gebrauchsüberlassung"). Rückgabe bedeutet im Zweifel Verschaffung des unmittelbaren Besitzes (BGHZ 56, 308; ebenso OLG Hamburg VersR 1984, 48 für die Rückgabe der Leihsache durch den Dritten iSd § 604 Abs 4). 1

1. Umfang der Rückgabepflicht

Zurückzugeben ist in erster Linie die überlassene Sache selbst in vertragsgemäßem Zustand (OGHBrZ NJW 1949, 623), darüber hinaus Zubehör und Zuwachs (BGB-RGRK/ GELHAAR Rn 1; ERMAN/vWESTPHALEN Rn 1). Während der Leihzeit gezogene Früchte sind herauszugeben, sofern nichts anderes – konkludent – vereinbart ist (Mot II 448 f; **aA** – Anwendung des § 101 – MünchKomm/KOLLHOSSER Rn 5). Wenn der Entleiher die Früchte unerlaubt, zB durch eine unbefugte mietweise Überlassung der Leihsache an einen Dritten, gezogen hat, ist § 604 nicht anwendbar, weil die Rückgabepflicht nur das vertraglich (der Substanz und der darin verkörperten Nutzungsmöglichkeit nach) „Überlassene" erfaßt. Die Rspr (BGH NJW 1964, 1853) lehnt darüber hinaus auch Ansprüche aus § 687 Abs 2 und § 816 Abs 1 S 1 analog ab. Dem ist zuzustimmen: Der Eigentümer, der seine Sache verliehen hat, verfügt während der Leihzeit nicht über die Möglichkeit der Vermietung; entsprechend kann die Vermietung durch den Entleiher im Vertrag nicht iSd § 687 Abs 2 ein Geschäft des Eigentümers sein. Im Ergebnis aus dem gleichen Grund entfällt die Möglichkeit der analogen Anwendung des § 816 Abs 1 S 1. Als Spezialfall der Eingriffskondiktion setzt § 816

Abs 1 S 1 den Eingriff in den Zuweisungsgehalt eines Rechtes des Anspruchsstellers voraus. Daran fehlt es im Fall der Untervermietung einer Sache, deren Eigentümer sich bereits durch die Leihe an den Untervermieter der Befugnis zur eigenen Vermietung begeben hat (vgl REUTER/MARTINEK, Ungerechtfertigte Bereicherung [1983] S 309 ff; aA STAUDINGER/REUTER[12] § 604 Rn 1; MünchKomm/KOLLHOSSER Rn 5; DIEDERICHSEN NJW 1964, 2296).

2. Rückgabepflicht als Bringschuld

2 Die Rückgabe ist Bringschuld (BGH NJW-RR 2002, 1027, 1029). Das ergibt sich „aus den Umständen" (§ 269 Abs 1), ist doch im Zweifel nicht anzunehmen, daß der Verleiher für seine Gefälligkeit noch die Mühen, Gefahren und Kosten der Rückschaffung der Sache übernommen hat (OLG Köln Betrieb 1972, 2392; BGB-RGRK/GELHAAR Rn 2). Etwas anderes kann sich kraft Vereinbarung oder Natur der Sache ergeben (zB Rückgabe eines Grundstücks). Mehrere Entleiher sind Gesamtschuldner (§ 431).

3. Entstehung der Rückgabepflicht

3 Die Rückgabepflicht entsteht mit der Beendigung des Leihvertrages durch Ablauf der – sei es unmittelbar durch Zeitangabe (Abs 1), sei es mittelbar durch Angabe des Zwecks (Abs 2) – vereinbarten Leihzeit, durch Rückforderung des Verleihers im Falle der Leihe auf unbestimmte Zeit (Abs 3) oder durch vorzeitige Kündigung (§ 605). Da der Leihvertrag im Interesse des Entleihers besteht, ist dieser in der Regel befugt, das Leihverhältnis vor Ablauf der vereinbarten Zeit zu kündigen. Diese Kündigung ist mit sofortiger Wirkung und durch Rückgabe der Leihsache möglich, aber auch entgegen zT vertretener Ansicht (PALANDT/WEIDENKAFF Rn 4; BGB-RGRK/GELHAAR § 605 Rn 1) erforderlich: Die Rückgabe der Leihsache allein kann den Leihvertrag mit dem Recht des Entleihers auf Gebrauchsüberlassung bis zum vereinbarten Zeitpunkt nicht ändern (Mot II 402). Das vorzeitige Kündigungsrecht des Entleihers muß allerdings so ausgeübt werden, daß es dem Interesse des Verleihers nicht zuwiderläuft (keine Kündigung zur Unzeit). Andernfalls ist die Kündigung unwirksam, der Verleiher gerät durch die Nichtannahme nicht in Gläubigerverzug (BGB-RGRK/GELHAAR Rn 2; ERMAN/vWESTPHALEN Rn 3; PALANDT/WEIDENKAFF Rn 4).

4. Zurückbehaltungsrecht des Entleihers

4 Die Rückgabepflicht macht den Leihvertrag nicht zu einem gegenseitigen Vertrag im Sinne der §§ 320 ff. Die Rückgabepflicht ist eine nicht im Austauschverhältnis stehende, einseitige Pflicht. Wegen etwaiger Gegenansprüche kann der Entleiher daher nicht ein Zurückbehaltungsrecht nach § 320, wohl aber ein Zurückbehaltungsrecht nach § 273 geltend machen. Die §§ 570, 578 Abs 1 sind auf die Leihe nicht entsprechend anzuwenden. Vgl auch § 601 Rn 3.

5. Personenverschiedenheit zwischen Verleiher und Eigentümer

5 Umstritten ist die Rechtslage im Hinblick auf die Rückgabepflicht, wenn der Verleiher nicht Eigentümer der Leihsache und auch nicht dem Eigentümer gegenüber (aus absolutem oder relativem Recht) zum Besitz berechtigt ist. ZT wird angenom-

men, die Rückgabepflicht bleibe unberührt (hM BGHZ 73, 317, 322; RG JW 1925, 472; BGB-RGRK/GELHAAR Rn 1).

ZT macht man die Rückgabepflicht davon abhängig, ob der Entleiher dadurch der Gefahr von Regreßforderungen des Eigentümers ausgesetzt wird oder nicht (RAAPE JW 1925, 472; STAUDINGER/RIEDEL 10/11 Rn 6; MünchKomm/KOLLHOSSER Rn 8). In der ersten Alternative soll der Verleiher nach § 242 nur Rückgabe an den Eigentümer verlangen können. Zwar wird man der hM darin beipflichten müssen, daß der Rückgabeanspruch des Verleihers und der Herausgabeanspruch des Eigentümers grundsätzlich nebeneinander bestehen. Der Entleiher kann deshalb nicht etwa die Rückgabe unter Hinweis auf das Eigentum eines Dritten verweigern, ohne die Sache wenigstens an den Dritten herauszugeben. Für die Beschränkung des Verleiheranspruchs nach § 242 besteht kein Bedürfnis, weil der Entleiher der Gefahr des Eigentümerregresses durch freiwillige Herausgabe an den Eigentümer entgehen kann. Wohl aber ist anzunehmen, daß der Entleiher gegenüber dem Verleiher nach § 275 Abs 2 frei wird, wenn er die Sache an den Eigentümer herausgibt. Der Anspruch des Eigentümers auf Herausgabe fällt – anders als in den Normalfällen der Doppelverpflichtung – nicht in den Risikobereich des Schuldners (Entleihers), sondern in den des Gläubigers (Verleihers). Deshalb kann der Verleiher von dem Entleiher nicht verlangen, daß dieser sich auf eine Auseinandersetzung mit dem Eigentümer einläßt, zumal der Verleiher kein schutzwürdiges Interesse daran hat, daß die Sache, die er ggf gleich an den Eigentümer weiterreichen müßte, erst noch an ihn übergeben wird. Die Belastung des Entleihers stünde ggf zum Leistungsinteresse des Verleihers in einem groben Mißverhältnis. Anders ist nur zu entscheiden, wenn der Verleiher gegenüber dem Herausgabeanspruch des Eigentümers ein Zurückbehaltungsrecht (zB wegen Verwendungen, § 1000) geltend machen könnte. Dann ist ein Leistungsinteresse des Gläubigers (Verleihers) anzuerkennen, das das Ansinnen an den Entleiher, sich im Interesse des Verleihers auf die Auseinandersetzung mit dem Eigentümer einzulassen, rechtfertigt. Zwar beschränkt sich der Herausgabeanspruch des Eigentümers nicht – wie KOLLHOSSER (MünchKomm Rn 8) meint – gem § 986 Abs 1 S 2 auf die Herausgabe an den Verleiher. § 986 Abs 1 S 2 paßt nicht, wenn der Besitzer (Verleiher) gegenüber dem Eigentümer nur ein Zurückbehaltungsrecht nach § 1000 hat (MünchKomm/MEDICUS § 986 Rn 17). Aber der Eigentümer muß nach § 242 hinnehmen, daß der Entleiher die nicht von ihm zu verantwortende Pflichtenkollision zulasten des weniger schutzwürdigen Gläubigers löst, und das ist in diesem Fall der Eigentümer. Auch seine Schadensersatzpflicht gem §§ 990, 989 scheidet schon dem Grunde nach aus, weil der Entleiher berechtigt ist, durch Rückgabe an den Verleiher seine Unfähigkeit zur Herausgabe herbeizuführen. Verschulden setzt rechtswidriges Handeln voraus.

Ist der Entleiher selbst der (zum unmittelbaren Besitz berechtigte) Eigentümer, so **6** ändert das zwar ebensowenig etwas an der Wirksamkeit des Leihvertrages wie das Eigentum eines Dritten: Die Fähigkeit des Verleihers, sich zur Überlassung des Gebrauchs einer Sache an den Entleiher zu verpflichten, wird nicht dadurch begrenzt, daß der Entleiher diese Überlassung bereits aus einem anderen Rechtsgrund, nämlich aufgrund seines Eigentums, verlangen kann; die Fähigkeit des Entleihers, sich zur Erhaltung, Verwahrung und späteren Rückgabe der Leihsache zu verpflichten, wird nicht dadurch berührt, daß er kraft Eigentums solche Verpflichtungen nicht einzugehen braucht, sondern mit der Sache „nach Belieben verfahren kann" (§ 903). Doch scheitert die Berufung des Verleihers auf die leihvertraglichen Ansprüche daran, daß der Entleiher das Leihverhältnis kündigen und sich alsdann auf sein Eigentum berufen kann. Insbesondere der Rückgabeanspruch begegnet mit Rücksicht auf den unmittelbar danach entstehenden Gegenanspruch aus § 985 nach § 242 dem Einwand des „dolo facit, qui petit quod statim redditurus est" (vgl ausführlich OERTMANN [5. Aufl 1929] Vorbem I 1 b zu § 535; abw RGZ 49, 286).

II. Beendigung des Leihverhältnisses

1. Beendigungsgründe

7 Unter den Beendigungsgründen unterscheidet das Gesetz zwischen automatischer Beendigung und Beendigung durch Kündigung („Rückforderung", vgl dazu Rn 3).

8 Das Leihverhältnis endet **ohne Kündigung** mit Ablauf der vereinbarten Zeitdauer oder Erfüllung des Leihzwecks (§ 604 Abs 1, Abs 2 S 1). Stellt ein Vater seiner Tochter und ihrem Ehemann unentgeltlich Wohnraum zur Verfügung, so hat deshalb der Ehemann während der Dauer des Scheidungsprozesses keinen Anspruch darauf, die Wohngelegenheit weiter zu behalten (OLG München Recht 1931 Nr 7; ähnlich RGZ 65, 270, 276). Das Recht zur unentgeltlichen Benutzung einer Straße für eine elektrische Hochspannungsleitung endet mit dem Auslaufen des Stromlieferungsvertrages zwischen Verleiher und Entleiher (RG WarnR, 1934 Nr 152). Wer jemandem einen Hypothekenbrief überlassen hat, damit dieser seinem Gläubiger eine Sicherheit leisten kann, kann Rückgabe erst nach Wegfall des Sicherungszwecks verlangen (RGZ 91, 155). Die Insolvenz des Verkäufers eines Grundstücks beendet die Leihe, wenn ihm der Käufer und neue Eigentümer erlaubt hatte, so lange wohnen zu bleiben, bis er seine wirtschaftlichen Schwierigkeiten überwunden habe (OLG Hamburg OLGE 22, 291).

9 Das Leihverhältnis endet durch **Kündigung** („Rückforderung"), falls die vom Leihzweck geforderte Leihdauer verstrichen (Abs 2 S 2) oder die Leihdauer weder zeitnoch zweckgebunden ist (Abs 3). Das Kündigungsrecht des Verleihers nach Abs 2 S 2 setzt nicht voraus, daß der Entleiher den Leihzweck **schuldhaft** trotz Ablaufs eines dafür objektiv ausreichenden Zeitraums noch nicht verwirklicht hat. Anknüpfungspunkt der gesetzlichen Regelung ist vielmehr, daß die Parteien des Leihvertrages mit der Zweckvereinbarung zugleich ungefähre Vorstellungen über die Leihdauer verbinden. Das Kündigungsrecht ist also gleichsam konkludent abgesprochener Vertragsinhalt (vgl ESSER/WEYERS II 1 § 25 IV; BGB-RGRK/GELHAAR Rn 4). Das Recht der „jederzeitigen Rückforderung" nach Abs 3 bedeutet nicht, daß der Verleiher hinsichtlich des Zeitpunktes der Kündigung keinerlei Schranken unterliegt. Richtiger Ansicht nach bezeichnet der Ausdruck „jederzeit" nicht mehr als den Gegensatz zum gebundenen Kündigungsrecht nach Abs 2 S 2. Er ändert nichts an der Pflicht zur gegenseitigen Rücksichtnahme (§ 242), die fordert, daß „der Verleiher die Sache nicht ohne beachtliches eigenes Interesse zur Unzeit unter Verletzung der Belange des Entleihers zurückverlangt" (BGB-RGRK/GELHAAR Rn 5; ebenso ERMAN/ vWESTPHALEN Rn 3). Da der Entleiher sich bei einer Leihe auf unbestimmte Zeit auf die Pflicht zur jederzeitigen Rückgabe einstellen muß, wird diese Einschränkung freilich selten praktisch werden (vgl auch PALANDT/WEIDENKAFF Rn 6: nicht ausreichend, daß die Rückgabe dem Entleiher ungelegen kommt). Auf keinen Fall kann das

Kündigungsrecht des Verleihers nach § 604 Abs 3 durch § 242 überhaupt ausgeschlossen werden (OLGR Hamburg 2000, 231, 232 betr die schuldrechtliche Einräumung eines Wegebenutzungsrechts zugunsten der Bewohner eines Hintergrundstücks). Ein Entleiherschutz analog dem Mieterschutz des Wohnraummieters kann über § 242 nicht begründet werden.

2. Rückgabeanspruch des Verleihers gegen Dritte

Entsprechend § 546 Abs 2 dehnt § 604 Abs 4 den leihvertraglichen Rückgabeanspruch auf den Dritten aus, dem der Entleiher den Gebrauch der Leihsache überlassen hat (gesetzlicher Schuldbeitritt; vgl RGZ 136, 33). Allerdings setzt dieser Anspruch die „Beendigung der Leihe", dh entweder den Ablauf der vereinbarten Leihzeit bzw die Erledigung des Leihwecks (Abs 1, Abs 2 S 1) oder die vorherige wirksame „Kündigung" gegenüber dem Entleiher (Abs 2, S 2, Abs 3) voraus. Das bestätigt die These (Rn 8), daß auch die Rückforderung gegenüber dem Entleiher nur deshalb zur Begründung des Rückgabeanspruchs gegen diesen ausreicht, weil darin konkludent die Kündigung des Leihverhältnisses steckt. Der Rückgabeanspruch gegen den Dritten besteht *neben* dem Rückgabeanspruch gegen den Entleiher („auch von dem Dritten"). Nach der hM (RGZ 156, 150; MünchKomm/KOLLHOSSER Rn 7) entsteht der Rückgabeanspruch gegen den Dritten aber erst, wenn zur Beendigung des Leihverhältnisses noch die Rückforderung gegenüber dem Dritten hinzutritt. Dem ist beizupflichten, da der am Leihverhältnis unbeteiligte Dritte den Hinweis auf seine Pflicht braucht, bevor man ihm die Folgen der Nichtleistung billigerweise anlasten kann (wichtig vor allem im Hinblick auf die Fälle des § 286 Abs 2; vgl dazu kritisch STAUDINGER/EMMERICH [2003] § 546 Rn 58 f). Die Rückforderung ist in diesem Verständnis geschäftsähnliche Handlung. Sie muß grundsätzlich gegenüber dem Dritten erfolgen, doch genügt es nach Ansicht des RG, wenn dem Dritten ein Rückforderungsbegehren gegenüber dem Entleiher bekannt ist und dadurch hinreichend deutlich wird, daß damit auch eine Rückforderung gegenüber ihm selbst beabsichtigt ist (RGZ 156, 150, 155; zust BGB-RGRK/GELHAAR § 556 Rn 17). Auch dem ist zuzustimmen. Denn unter diesen Umständen ist die Berufung des Dritten auf das Fehlen einer Rückforderung gegenüber ihm selbst rechtsmißbräuchlich (§ 242).

Der Rückgabeanspruch gegen den Dritten aus § 604 Abs 4 besteht einerseits *neben* dem Rückgabeanspruch gegen den Entleiher aus § 604 Abs 1 („auch von dem Dritten") und setzt ihn andererseits voraus: Wird das Leihverhältnis anders als durch Zeitablauf oder Kündigung beendet (zB durch Anfechtung), so entfällt mit dem Anspruch gegen den Entleiher aus § 604 Abs 1 zugleich derjenige gegen den Dritten aus § 604 Abs 4 (RGZ 85, 133; 136, 33; krit dazu BGB-RGRK/GELHAAR § 556 Rn 17). Keine Rolle spielt, ob der Entleiher die Leihsache befugt oder unbefugt an den Dritten überlassen hat (ERMAN/vWESTPHALEN Rn 4; PALANDT/WEIDENKAFF Rn 8). Ist der Verleiher Eigentümer, so kann er außer aus § 604 Abs 4 aus § 985 vorgehen (hM; aA L. RAISER JZ 1961, 529).

Der Dritte kann dem Rückgabeanspruch des Verleihers zumindest (regelmäßig wird das beendende Rechtsgeschäft schon nach § 138 Abs 1 nichtig sein) den Einwand der unzulässigen Rechtsausübung entgegensetzen, wenn Entleiher und Verleiher das Leihverhältnis in der Absicht, den Dritten zu schädigen, vorzeitig beendet haben. Das gleiche gilt, wenn der Entleiher das Leihverhältnis in der dem Verleiher bekannten Schädigungsabsicht (zB durch Kündigung; vgl Rn 3) einseitig vorzeitig beendet hat (vgl BGH v 18. 1. 1965 – VIII ZR 297/62 – zitiert nach BGB-RGRK/GELHAAR § 556 Rn 19; ferner LG Köln MDR 1954, 420; LG Kassel MDR 1954, 484).

3. Kleingartenrecht

13 Die früheren Beschränkungen für die Kündigung von Leihverhältnissen über Kleingärten und kleinere landwirtschaftliche Grundstücke (dazu STAUDINGER/REUTER[12] § 604 Rn 14) sind aufgrund des BKleinG vom 28. 2. 1983 (BGBl I 210) ersatzlos weggefallen.

§ 605
Kündigungsrecht

Der Verleiher kann die Leihe kündigen:

1. wenn er infolge eines nicht vorhergesehenen Umstandes der verliehenen Sache bedarf;

2. wenn der Entleiher einen vertragswidrigen Gebrauch von der Sache macht, insbesondere unbefugt den Gebrauch einem Dritten überlässt, oder die Sache durch Vernachlässigung der ihm obliegenden Sorgfalt erheblich gefährdet;

3. wenn der Entleiher stirbt.

Materialien: E I § 557; II § 545; III § 598; Mot II 452 f; Prot II 2231 f.

1. Allgemeines

1 § 605 setzt voraus, daß die Dauer der Leihe zeit- oder zweckbefristet ist; andernfalls hat der Verleiher schon das jederzeitige Rückforderungs- (= Kündigungs-)recht nach § 604 Abs 3. In diesem Sinne zweckbefristet ist auch die Leihe auf Lebenszeit. Anders als zB die Gesellschaft auf Lebenszeit (§ 724) steht die Leihe auf Lebenszeit der Leihe auf unbestimmte Zeit kündigungsrechtlich nicht gleich (OLG Koblenz NJW-RR 1996, 843, 844). § 605 konkretisiert für das Leihverhältnis von zeit- oder zweckbestimmter Dauer das Recht des Verleihers zur Kündigung aus wichtigem Grund in drei Fallgruppen. Da die außerordentliche Kündbarkeit von Dauerschuldverhältnissen nach heute ganz hM (BGHZ 9, 157, 161 ff; 41, 104, 108; 50, 312, 314 f; FIKENTSCHER § 8 Rn 36; LARENZ I § 2 VI, 30) einen allgemeingültigen zwingenden Rechtsgrundsatz darstellt, ist die Aufzählung in § 605 grundsätzlich nicht als abschließend anzusehen (BGHZ 82, 354, 359; BGH WM 1984, 1613). Umgekehrt können die Kündigungsrechte aus § 605 bis zur Grenze der Unzumutbarkeit der Fortsetzung des Leihverhältnisses für den Verleiher beschränkt werden. Die Kündigung wirkt sofort mit der Kündigungserklärung, doch kann der Verleiher, falls der Entleiher mit dem bestimmungsgemäßen Gebrauch der Leihsache begonnen hat, nach § 242 verpflichtet sein, eine

Frist zur Abwicklung des Leihverhältnisses einzuräumen. Ersatzansprüche des Entleihers wegen einer Kündigung nach § 605 kommen nicht in Betracht, da ein solcher Entzug zu den immanenten Risiken einer leihweise erlangten Gebrauchsmöglichkeit gehört. Der Verleiher hat im Prozeß zu behaupten und notfalls zu beweisen, daß die Voraussetzungen des Kündigungsrechts vorliegen.

2. Die Kündigung wegen Eigenbedarfs

Die Kündigung wegen Eigenbedarfs (Nr 1) entspricht dem Charakter der Leihe als eines Gefälligkeitsverhältnisses (RG WarnR 1920, Nr 40; HRR 1933, Nr 1000). In ihrer Eigenschaft als Konkretisierung des wichtigen Kündigungsgrundes bezeichnet sie *für den typischen Fall* das, was nach Ansicht des Gesetzgebers von Treu und Glauben gefordert wird. Entsprechend scheidet eine zusätzliche Begrenzung des Kündigungsrechts durch § 242 normalerweise aus (RG HRR 1933, Nr 1000). Immerhin kann in atypischen Fällen eine Beschränkung mit Rücksicht auf überwiegende Gegeninteressen des Entleihers gerechtfertigt sein (vgl BayObLGZ 32, 466). Die Abwägung des Bedarfs des Verleihers gegen das Interesse des Entleihers kann insbesondere dann zugunsten des Entleihers ausgehen, wenn dieser im Vertrauen auf den Fortbestand der Leihe im vereinbarten Umfang Dispositionen getroffen hat, aufgrund deren die Kündigung ihm unverhältnismäßige Nachteile bringt (OLG Düsseldorf NZM 2001, 74). 2

Der Eigenbedarf muß objektiv vorhanden, braucht aber im Regelfall nicht dringend zu sein (RG WarnR 1920, Nr 40; BGH NJW 1994, 3156, 3158; BGB-RGRK/Gelhaar Rn 1; Erman/vWestphalen Rn 2). Er kann auch darin bestehen, daß der Verleiher auf die Verwertung der Leihsache aus wirtschaftlichen Gründen angewiesen ist. Deshalb kann der Verleiher ein schuldrechtliches unentgeltliches Wohnrecht auf Lebenszeit kündigen, wenn er die Wohnung aus Kostengründen nicht halten kann oder wenn er den Erlös aus dem Verkauf der Wohnung braucht, um seinen eigenen Verpflichtungen nachkommen zu können (OLG Koblenz NJW-RR 1996, 843, 844; OLG Köln NJW-RR 2000, 152, 153). Soweit eine Erbengemeinschaft kraft Erbfolge in die Verleiherposition eingerückt ist, genügt es für den Eigenbedarf in diesem Sinne, daß Nachlaßschulden ohne die Verwertung nicht aus dem Nachlaß beglichen werden können (aA OLG Köln NJW-RR 2000, 152, 153, wonach es darauf ankommen soll, daß alle Mitglieder der Erbengemeinschaft persönlich die Nachlaßschulden nicht bezahlen können?!). Kein Hindernis für die Rechtfertigung der Kündigung durch Eigenbedarf ist auch, daß das schuldrechtliche unentgeltliche Wohnrecht mangels Anwendbarkeit des § 566 an sich kein Verwertungshindernis ist. Der Verleiher braucht das Kündigungsrecht trotzdem, wird er doch bei Fortbestand des Leihverhältnisses dem Entleiher gegenüber mindestens schadensersatzpflichtig, wenn dieser infolge eines Räumungsverlangens des Wohnungserwerbers räumen muß (aA anscheinend OLG Köln NJW-RR 2000, 152, 153). 3

§ 605 Nr 1 greift auch ein, falls der Eigenbedarf nach Abschluß des Leihvertrages, aber vor der Überlassung der Leihsache eingetreten ist. Da die Leihe (Vorbem 4 zu §§ 598 ff) Konsensualvertrag ist, bedarf es insoweit keiner Analogie (aA Erman/vWestphalen Rn 2). Der Eigenbedarf muß im Zeitpunkt der Kündigung vorliegen. Sein Wegfall im Zeitraum zwischen Kündigungserklärung und Rückgabe ist rechtlich bedeutungslos, würde doch sonst der Entleiher, der die Sache pflichtwidrig nicht sofort zurückgibt, uU für seine Pflichtverletzung belohnt. 4

5 § 605 Nr 1 ist entsprechend anwendbar auf unentgeltliche Freundschaftsdarlehen (OLG Stuttgart NJW 1987, 782; OLG Koblenz KTS 2000, 637; GILLES/BAUMGART JuS 1975, 107).

3. Die Kündigung wegen vertragswidrigen Gebrauchs

6 § 605 Nr 2 gibt das außerordentliche Kündigungsrecht im Falle von Verstößen gegen § 603. Einer vorangehenden Abmahnung, wie sie in § 543 Abs 3 S 1 bei der Miete vorgesehen ist, bedarf es bei der Leihe nicht (Mot II 452), ist doch das Erfordernis der Abmahnung bei § 543 Abs 3 S 1 – anders als bei § 541 (vgl dazu § 603 Rn 1) – Reaktion auf die besondere Schutzbedürftigkeit des Mieters, die für den Entleiher als unentgeltlichen Nutzer nicht zutrifft.

4. Die Kündigung wegen Todes des Entleihers

7 § 605 Nr 3 berücksichtigt die treuhänderische Position des Entleihers im Hinblick auf die Leihsache, die bewirkt, daß die Person des Entleihers für den Leihvertrag typischerweise wesentlich ist. Die Vorschrift gilt unabhängig davon, ob die Übergabe der Leihsache bereits erfolgt ist oder nicht (vgl Rn 4). Der Tod des Verleihers läßt den Leihvertrag grundsätzlich unberührt. Die Erben können sich aber uU auf § 605 Nr 1 berufen, falls der Gebrauch der Sache für sie (oder einzelne von ihnen) von Nutzen ist (PALANDT/WEIDENKAFF Rn 5; BGB-RGRK/GELHAAR Rn 4).

§ 606
Kurze Verjährung

Die Ersatzansprüche des Verleihers wegen Veränderungen oder Verschlechterungen der verliehenen Sache sowie die Ansprüche des Entleihers auf Ersatz von Verwendungen oder auf Gestattung der Wegnahme einer Einrichtung verjähren in sechs Monaten. Die Vorschriften des § 558 Abs. 2, 3 finden entsprechende Anwendung.

Materialien: E II § 546; III § 592; Prot II 2232 f.

I. Allgemeines

1. Bedeutung der Regelung

1 Die Verjährung der Ersatzansprüche desjenigen, der einem anderen eine Sache zum Gebrauch überlassen hat, ist für alle einschlägigen Rechtsverhältnisse (Miete, Leihe, Nießbrauch) gleich geregelt (§§ 548, 606, 1057). § 606 läßt sich damit als Ausdruck eines allgemeinen Rechtsgedankens qualifizieren, (BGH NJW 1964, 1225; NJW 1968, 1472; OLG Celle NJW 1962, 2302; GEORGIADES, Anspruchskonkurrenz im Zivilrecht und Zivilprozeßrecht [1967] 168 f.) Dieser Rechtsgedanke besagt, daß mit Rücksicht auf die sonst drohende Beweisnot des Mieters, Entleihers, Nießbrauchers oä, die sich grundsätzlich durch den Nachweis des Eintritts der Veränderungen und Verschlechterungen infolge **vertragsgemäßen** Gebrauchs entlasten können (vgl § 602 Rn 5), für eine schnelle Auseinandersetzung über den Ausgleich gesorgt sein muß. Die Ansprüche des Entleihers auf Ersatz von Verwendungen oder auf Gestattung der Wegnahme einer Einrichtung werden den Ersatzansprüchen des Verleihers deshalb gleichgestellt, weil sie zu den Ersatzansprüchen des Verleihers usw in einem Verhältnis der rechtlichen Konnexität stehen (HERMINGHAUSEN Betrieb 1970, 1725).

2. Verjährungsbeginn für den Verleiher

Der Beginn der Verjährung setzt für die Ersatzansprüche des Verleihers mit der Rückgewähr der Leihsache ein (§§ 606 S 2, 548 Abs 1 S 2). Der Verleiher hat die Leihsache zurückerhalten, wenn er sie tatsächlich und dadurch die Möglichkeit erworben hat, Mängel festzustellen (RGZ 128, 191, 194; RGZ 142, 258, 262; BGH NJW 1994, 1860, 1861). Deshalb beginnt die Verjährung nicht, wenn der Verleiher zwar den Besitz erhält, jedoch gleichwohl aus nicht in seiner Person liegenden Gründen gehindert ist, die Sache auf Veränderungen oder Verschlechterungen zu untersuchen (RG HRR 1928, Nr 1586). Andererseits setzt die Verjährung ein, ohne daß der Verleiher den unmittelbaren Besitz erhält, falls die Sache auf Wunsch des Verleihers unmittelbar einem Dritten überlassen wird (BGH MDR 1969, 43) oder wenn er freiwillig auf die Übernahme der unmittelbaren Sachherrschaft verzichtet (OLG Hamm NJW-RR 1996, 176, 177). Spätestens mit dem Rückgabeanspruch sind auch die Ersatzansprüche des Verleihers verjährt (§§ 606 S 2, 548 Abs 1 S 3). Der Anwendbarkeit des § 606 steht es nicht entgegen, daß die Ersatzansprüche des *Ver*leihers erst nach Ende des Leihverhältnisses (aber vor der Rückgabe) entstanden sind (BGH NJW 1970, 1182; NJW 1974, 743; aA RGZ 142, 258, 262; RG JW 1936, 2305). Bei der Leihe von Sachgesamtheiten beginnt die Verjährung mit der Rückgewähr der letzten Sache (OLG Düsseldorf MDR 1972, 694).

3. Verjährungsbeginn für den Entleiher

Der Beginn der Verjährung der Ansprüche des *Ent*leihers auf Verwendungsersatz und Gestattung der Wegnahme einer Einrichtung richtet sich nach der Beendigung des Leihverhältnisses (§§ 606 S 2, 548 Abs 2). *Insoweit* – aber auch nur insoweit, vgl Rn 2 – beschränkt sich die Anwendbarkeit des § 606 auf die während der Dauer des Leihverhältnisses entstandenen Ansprüche, wäre es doch widersinnig, die Verjährung von Ansprüchen zu einem Zeitpunkt beginnen zu lassen, in dem sie noch nicht einmal entstanden sind (BGH NJW 1968, 888).

II. Anwendungsbereich

Der Bezug des § 606 auf einen allgemeinen Rechtsgedanken bedingt einen weiten Anwendungsbereich der Vorschrift, der die Grenzen des Wortlauts zT sehr deutlich überschreitet.

1. Umfang der erfaßten Ansprüche

Zunächst ist die Formulierung „Ersatzansprüche ... wegen Veränderungen oder Verschlechterungen der verliehenen Sache" weit auszulegen. Darunter fallen nicht nur die Ansprüche wegen Verstoßes gegen die gesetzlichen Entleiherpflichten nach § 603, sondern auch solche wegen Verletzung zusätzlich vereinbarter Pflichten mit dem Ziel der Verhinderung von Schäden des Verleihers (BGH NJW 1965, 151). So soll nach Ansicht des BGH in der Frist von 6 Monaten sogar der Anspruch des Vermieters (und entsprechend des Verleihers) auf Ersatz von Brandschäden verjähren, der damit begründet wird, daß der Mieter (bzw Entleiher) abredewidrig keine Feuerversicherung für die Miet-(Leih-)sache abgeschlossen hat (BGH NJW 1964, 545). Ob der Rechtsgedanke der §§ 606, 548, 1057 dies abdeckt, ist zweifelhaft. Denn insoweit ist nicht über die Ursachen der Verschlechterung bzw Veränderung der Sache und die dementsprechende Zuordnung zur Verantwortungssphäre des einen oder anderen Vertragsteils zu entscheiden, sondern über die Nichterfüllung einer Pflicht, die mit der Behandlung der Sache nichts zu tun hat. Richtigerweise wird man daher nur Ansprüche wegen Verstoßes gegen solche vertraglichen Pflichten der Verjährung nach § 606 unterwerfen dürfen, die die Verantwortungssphäre unmittelbar für Veränderungen bzw Verschlechterungen der Sache verschieben (zB Pflicht des Entleihers zum Ausgleich der negativen Folgen auch des vertragsgemäßen Gebrauchs; vgl OLGR Koblenz 1999, 498, 499).

6 Zu den „Ersatzansprüchen ... wegen Veränderungen oder Verschlechterungen der verliehenen Sache" gehören nach der Rspr auch die Ansprüche wegen der Beschädigung von Gegenständen, die vom Entleiher (Mieter) nur mitbenutzt werden (RGZ 75, 116), und sogar an solchen, die zusammen mit der Leihsache (Mietsache) durch ein einheitliches Schadensereignis betroffen werden und im Verhältnis zur Leihsache (Mietsache) den größeren Schaden ausmachen (BGH NJW 1973, 2059: vom Mieter verursachte Gasexplosion beschädigt nicht nur die vermieteten Räume, sondern das ganze Haus des Vermieters).

2. Analoge Anwendbarkeit

7 Die Regelung der §§ 606, 548, 1057 ist *analog* auf Gebrauchsüberlassungen anderer Art anzuwenden, unabhängig davon, ob sie im Rahmen eines vertraglichen oder eines gesetzlichen Rechtsverhältnisses stattfinden (BGH NJW 1964, 1225; NJW 1968, 1472; OLG Celle NJW 1962, 2302 für Probefahrt im Rahmen von Pkw-Kaufverhandlungen; nicht allerdings nach BAG NJW 1985, 759 für einen Arbeitnehmer zur Erleichterung des Dienstes überlassenen Pkw; anders LAG Mannheim NJW 1978, 1400; LAG Stuttgart DB 1978; 703; LAG Rheinland-Pfalz VersR 1982, 1087). Keine Rolle spielt auch, ob die Gebrauchsüberlassung Hauptgegenstand des Vertragsverhältnisses ist oder nur im Rahmen der Erfüllung einer Obliegenheit stattfindet (BGH NJW 2002, 1336, 1337). Nach Ansicht des BGH (NJW 1967, 980) gilt dies auch, soweit die beabsichtigte vertragliche Gebrauchsüberlassung an der Minderjährigkeit des „Entleihers" („Mieters") scheitert. Der BGH begründet das Ergebnis damit, daß **alle** Gebrauchsüberlassungen dem Rechtsgedanken der §§ 606, 548, 1057 zu unterwerfen seien. Diese Auffassung geht zu weit, da sie, konsequent zu Ende gedacht, selbst den arglistigen Entleiher oder Mieter, der die Leih- bzw Mietsache nach erfolgreicher Anfechtung durch den Verleiher bzw Vermieter beschädigt zurückgibt, durch die kurze Verjährung privilegiert. Gleichwohl hat der BGH in casu richtig entschieden. Denn die Werbung und Inanspruchnahme wechselseitigen Vertrauens ereignet sich bei der Erfüllung unwirksamer Verträge genauso wie bei Vertragsverhandlungen, so daß in gleichem Maße wie bei den Vertragsverhandlungen wechselseitige (bei Beteiligung Minderjähriger: einseitige) Schutzpflichten entstehen (zutreffend HOFFMANN Betrieb 1969, 337; vgl seit 1. 1. 2002 § 311 Abs 2 Nr 3).

3. Anwendbarkeit in Fällen der Anspruchskonkurrenz

Der Geltungsanspruch der §§ 606, 548, 1057 erstreckt sich auf die mit den leih- **8** vertraglichen Anspruchsgrundlagen konkurrierenden gesetzlichen Anspruchsgrundlagen. Das ist im wesentlichen unstreitig für die mit den leihvertraglichen etc konkurrierenden *deliktischen* Ansprüche des Verleihers etc wegen Veränderung oder Verschlechterung der Sache (BGH NJW 1967, 980; 1968, 694; 1992, 2413, 2415; OLG Schleswig NJW 1974, 1712; OLGR Koblenz 1999, 498, 499; vgl EMMERICH JuS 1967, 345, 347 mit Nachw). Darüber hinaus hat der BGH zwar festgestellt, die kurze Verjährung gelte „sowohl für vertragliche Ansprüche als auch für Ansprüche aus dem Eigentum, aus unerlaubter Handlung und aus jedem sonstigen Rechtsgrund" (NJW 1964, 545; ebenso BGH NJW 1965, 151; KG LM Nr 5 zu § 558). Doch hat er dies in der Sache nicht stets durchgehalten (vgl BERG NJW 1967, 1320).

Wer dazu Stellung nimmt, wird einmal zwischen den Ansprüchen des Verleihers **9** (wegen Veränderungen und Verschlechterungen) und denen des Entleihers (auf Ersatz von Verwendungen und auf Gestattung der Wegnahme einer Einrichtung) zu unterscheiden haben. Nur in der ersten Alternative kommt nämlich eine Anspruchskonkurrenz überhaupt in Betracht. Die Vornahme von Verwendungen oder die Verbindung einer Einrichtung mit der Leihsache kann allein entweder vertragliche *oder* (wenn es vertraglich nicht vorgesehen ist) gesetzliche Ansprüche aus Geschäftsführung ohne Auftrag und Bereicherung auslösen. Die Ansprüche des Verleihers wegen Veränderungen und Verschlechterungen der Leihsache hingegen können sich auf Vertrag, Delikt und Gefährdungshaftung (BGH NJW 1973, 2059) stützen, nicht dagegen auf die §§ 990, 989, setzen diese doch das Fehlen eines (vertraglich vermittelten) Rechts zum Besitz voraus (MEDICUS JuS 1974, 223). Die Formulierung des BGH („aus jedem sonstigen Rechtsgrund") erweist sich damit als sehr viel weniger weittragend, als man auf den ersten Blick vermuten mag. Es geht darum, ob man die Verjährung nach §§ 606, 548, 1057 über die Ansprüche wegen Veränderungen bzw Verschlechterungen der Sache nach § 280 Abs 1 hinaus auf die damit in Anspruchskonkurrenz stehenden Ansprüche aus Delikt und Gefährdungshaftung (namentlich StVG) ausdehnen kann und muß. Diese Frage ist zu bejahen, weil man andernfalls den Zweck der kurzen Verjährung -Zwang zur schnellen Auseinandersetzung im Interesse sachgerechter Entscheidbarkeit einschlägiger Rechtsstreitigkeiten – verfehlt (FREUND/BARTHELMESS NJW 1975, 281, 288; ARENS AcP 170, 392, 399; **aA** DIETZ, Anspruchskonkurrenz bei Vertragsverletzungen und Delikt [1939] 15).

4. Anwendbarkeit zugunsten Dritter

Beschädigt ein Dritter die Leihsache, so ist die Verjährungsvorschrift des § 606 **10** einmal dann anzuwenden, wenn der Dritte in den Schutzbereich des Leihvertrages mit einbezogen ist, dh dann, wenn der Entleiher befugt ist, den Gebrauch der Leihsache durch den Dritten ausüben zu lassen (BGH NJW 1968, 694). Dritter in diesem Sinne kann jedermann sein, sofern er nur nach dem Sinn des Gebrauchsüberlassungsvertrages mit der Sache in Berührung kommt. Nicht nur Familienangehörige und Arbeitnehmer, sondern auch Selbständige, sogar Unter-Entleiher (Untermieter) können vom Schutzbereich des Vertrages erfaßt sein (BGHZ 61, 227; BGH NJW 1976, 1843; krit dazu BOECK NJW 1969, 1469).

5. Personenverschiedenheit zwischen Verleiher und Eigentümer

11 Ist der Eigentümer nicht gleichzeitig der Verleiher, so ist für die Anwendbarkeit des § 606 auf seinen (gesetzlichen) Anspruch gegen den Entleiher wegen der Veränderung oder Verschlechterung der Leihsache zu unterscheiden: Soweit er dem Verleiher die Überlassung der Sache an andere Personen im Rahmen eines Vertragsverhältnisses gestattet hat, ist § 991 Abs 2 entsprechend anzuwenden: Der Entleiher kann im Falle des kraft Gestattung der Gebrauchsüberlassung durch den Eigentümer diesem gegenüber berechtigten Besitzes nicht schlechter stehen, als wenn er mangels Gestattung des Eigentümers gutgläubiger unrechtmäßiger Besitzer gewesen wäre. BGH NJW 1970, 1736, 1737 entscheidet zwar im Ergebnis ebenso, jedoch mit einer schwerlich haltbaren Begründung: Es soll zumindest ausgeschlossen sein, daß der Verleiher sich nach Ablauf der Verjährung seines leihvertraglichen Anspruchs den Deliktsanspruch des Eigentümers abtreten läßt und gegenüber dem Entleiher geltend macht. Aber wenn der Eigentümer selbst den Deliktsanspruch geltend machen kann, ohne daran durch Verjährung gehindert zu sein, gibt es für die Verhinderung der Inanspruchnahme durch den Verleiher nach Abtretung kein schutzwürdiges Interesse des Entleihers. Man muß also schon den Deliktsanspruch des Eigentümers selbst der kurzen Verjährung unterwerfen (kritisch auch MünchKomm/KOLLHOSSER Rn 5). Soweit die Überlassung ohne Wissen und/oder Wollen des Eigentümers erfolgt ist, kommt es auf die Gut- oder Bösgläubigkeit des Entleihers an: Der gutgläubige Entleiher haftet dem Eigentümer gem § 991 Abs 2 lediglich nach Leihvertragsrecht einschließlich der kurzen Verjährung nach § 606, der bösgläubige Entleiher dagegen nach §§ 990, 989 mit normaler Verjährung (OLG Schleswig NJW 1974, 1712; HAGEN, Die Drittschadensliquidation im Wandel der Rechtsdogmatik [1971] 217 f).

6. Vernichtung der Leihsache

12 Von der Veränderung oder Verschlechterung der Leihsache ist ihre Vernichtung zu unterscheiden. Insoweit ist § 606 schon deshalb unanwendbar, weil die §§ 606 S 2, 548 Abs 2 nicht passen (RGZ 96, 300). Keine Vernichtung stellt nach Ansicht des BGH der „Totalschaden" eines Kfz dar, da der Begriff nicht mehr besagt, als daß die Kosten der Reparatur höher sind als der Zeitwert des Kfz vor dem Unfall (NJW 1968, 694). Der Gedankengang des BGH aaO legt darüber hinaus die Vermutung nahe, daß er § 606 selbst bei faktischer Irreparierbarkeit anwenden will, sofern der Entleiher auch nur die Substanz (Schrott) zurückerhält. Entscheidend ist, daß der Verleiher die Leihsache zurückbekommt. Denn schon dann besteht die Gefahr schwer aufklärbarer Streitigkeiten über ihren Zustand bei Rückgabe, denen die kurze Verjährung vorbeugen will (OLG Köln NJW 1997, 1157: irreparabel beschädigte Skulptur).

Sachregister

Die fetten Zahlen beziehen sich auf
die Paragraphen, die mageren Zahlen auf
die Randnummern.

Abbaugerechtigkeit
Umfang vertragsgemäßer Rechte **581** 333
Abbauverträge
Bodenabbauverträge
s. dort
Abdeckereigerechtigkeit
als Realgewerbeberechtigung des Landesrechts **581** 48
Aberntungsvertrag
Abgrenzung Pachtvertrag/Kauf
Vorbem 581 36
Abhängigkeitsverhältnisse
und Betriebspachtverträge **581** 110
Ablehnungsrechte
Landpacht
s. dort
Verpächterrecht bei Inventarrückgabe
582a 36 ff
Abmahnung
bei vertragswidrigem Gebrauch der Pachtsache **581** 416; **590a** 6; **594e** 10
Abnahme des Pachtgegenstandes
Pächterverpflichtung **581** 236
als vorbehaltlose Annahme/Gewährleistungsausschluß **581** 318 ff
Absatzmittlungssystem
Franchising
s. dort
Abtretung
Pachtanspruch und Kündigungsrecht
581 417
Pächterrechte **581** 340
Abweichende Vereinbarungen (Pachtvertrag)
Ausgleichsanspruch des Verpächters bei Ablehnung der Inventarrücknahme
582a 56
Eigentumserwerb von einverleibtem Inventar **582a** 30
Einrichtungen **581** 331
Eintritt des Grundstückserwerbers **581** 451
Fälligkeit des Pachtzinses **581** 222
Fruchtziehungsrecht **581** 467
Gebrauchspflicht **581** 228
Gewährleistung **581** 323
Grundstückspacht mit Inventar **582a** 30, 55
Instandhaltung **581** 163, 230
Inventarverfügung/Verfügungsbefugnis
583a 1 ff
Kündigung **581** 402, 408; **584** 23

Abweichende Vereinbarungen (Pachtvertrag)
(Forts.)
Landpacht
s. dort
Lastentragung **581** 328
Pacht/charakteristische Merkmale **581** 467
Pacht/Rückerstattung vorausgezahlter
581 453
Unterpacht **581** 352
Verjährung **581** 363
Verwendungen und Einrichtungen/Ersatz
581 331 f
Vorenthaltung des Pachtgegenstandes
584b 30
Aktiengesellschaft
Betriebspacht/Betriebsüberlassungsvertrag
581 105 ff, 127
Landpacht/Pächterstellung **594d** 8
Allgemeine Geschäftsbedingungen
Erhaltung des Pachtgegenstandes **581** 234
Franchising **Vorbem 581** 157
Gewährleistungsrechte des Pächters/
Ausschluß **581** 323
Kündigung wegen Zahlungsverzuges
581 417
Kündigungsform **581** 400; **584** 19
Landpacht
s. dort
Verjährung der Ansprüche **581** 363
Vertragsstrafe bei vorzeitiger Auflösung
des Pachtvertrages **581** 424
Altenteilsvertrag
und Landpacht/Abgrenzung **585** 15
Altlastenhaftung
Gesamtschuld Pächter/Verpächter **581** 357
Amtsgericht
als Landwirtschaftsgericht
s. Landpacht
Mietvertrag/Pachtvertrag **581** 40
Aneignungsrechte
und Fruchterwerb aufgrund Pachtvertrages
581 177
Rechtspacht **584** 9
Verpachtung besonderer Aneignungsrechte
581 53 ff
Anfechtung
Beendigung des Pachtvertrages **581** 428
Anpachtrecht
Landpacht **585a** 11
Rechtsnatur/rechtliche Konstruktion
581 143

Anpassung
der Pacht 581 201 ff; 587 8 f
Anzeigepflicht
Jagdpachtvertrag Vorbem 581 111 ff
Landpacht
s. dort
Pächterpflicht bei Mängeln 581 237, 317, 321
Apothekenbetrieb
Niederlassungsfreiheit 581 49
Rechtsformzulässigkeit Vorbem 581 126 f
Apothekengerechtigkeit
als Realgewerbeberechtigung des Landesrechts 581 49
Apothekenpacht
Entziehung vertragsgemäßen Gebrauchs 581 414
Konzessionsüberlassung als Rechtspacht 584b 11
Kündigung, außerordentliche 581 414
Kündigung des Mietvertrages 581 414
Niederlassungsfreiheit 584b 11
Pachthöhe 581 197
Pachthöhe/Mißverhältnis Leistung und Gegenleistung 581 197
Raummiete/Raumpacht Vorbem 581 128 ff
Rechtsnatur Vorbem 581 122
Rückgabe des Pachtgegenstandes 581 455
Umgehungsgeschäfte Vorbem 581 126 ff
Unternehmenseigenschaft/Unternehmenspacht Vorbem 581 122; 581 92
Verbot eigentlicher Pachtverträge Vorbem 581 122 f
Vorenthaltung und Umfang der Rückgabeverpflichtung 584b 11
Wettbewerbsverbot 581 273
Arbeitsrecht
Betrieb und Unternehmen/Bedeutung der Abgrenzung 581 90
und Betriebspachtvertrag Vorbem 581 41
und Franchising Vorbem 581 140 f
Arzneimittel
Apothekenbetrieb/Rechtsformbeschränkung Vorbem 581 127
Arztpraxis
Pachtvertrag 581 137
Aufhebungsvertrag
Beendigung des Pachtvertrages 581 425
Aufklärungspflicht
Franchising Vorbem 581 152
Aufrechnung
Insolvenz und Aufrechnungsverbot (Pacht) 581 187
Auftrag
und Leihe/Abgrenzung 598 13
Aufwendungen
aufgrund Landpachtvertrages
s. Landpacht

Aufwendungsersatz
Begriff der Aufwendungen/Verwendungen 581 329
Mängelbeseitigung durch den Pächter 581 311, 329
Unmöglichkeit des Pachtgegenstandes 581 139
Verjährung von Pächteransprüchen 581 359
Ausbesserungen
Landpacht
s. dort
Ausgleichsanspruch
Franchising Vorbem 581 173
Pachtvertrag 581 357, 455
Verpächteranspruch bei Ablehnung der Inventarrücknahme 582a 55
Auskunft
Landpacht
s. dort
Pächterpflicht aufgrund nachvertraglicher Pflichten 581 279
Pächterpflicht aufgrund Obhutspflicht 581 239
Verpächteranspruch, verjährter 581 357
Verpächterpflicht als nachvertragliche Pflicht 581 181
Verpächterpflicht als selbständige Nebenpflicht 581 179
Ausscheidungsrecht
DüngemittelsicherungsG/Pfandgläubigerschutz Vorbem 581 80
Ausschließlichkeitsbindungen
s. Kartellrecht
Ausschlußfrist
Gewährleistungsrechte des Pächters/Vereinbarung 581 324
Außerordentliche Kündigung
Pachtvertrag
s. Pachtvertrag (Kündigung)
Austauschverträge
und Wettbewerbsbeschränkungen 581 257 ff
Ausübung einer Tätigkeit
als Pachtvertragsgegenstand 581 45
Automatenaufstellverträge
Rechtsnatur 581 47

Baden-Württemberg
Fischereipacht 581 63, 69 f
Jagdrecht/Ausführungsgesetz zum BJagdG 581 54
Baukostenzuschüsse
Kündigungsrecht des Erstehers in der Zwangsversteigerung 581 409
Bauliche Maßnahmen/Veränderungen
als Erhaltungs- und Verbesserungsmaßnahmen 581 252

Bauliche Maßnahmen/Veränderungen (Forts.)
Inventarzugehörigkeit **Vorbem 582–583a** 7
Rückgabe des Pachtgegenstandes **581** 457
Baumängel
Mängel des Pachtgegenstandes/Gewährleistung **581** 295 ff
Baurecht
Bauverbot/Sachmängelhaftung im Pachtrecht **581** 301
Nutzungsbeschränkungen/Sachmängelhaftung im Pachtrecht **581** 301
Bayern
Fischereipacht **581** 63, 69
Jagdrecht/Ausführungsgesetz zum BJagdG **581** 54
Beamter
Altes Recht für Versetzungsfälle **584a** 5
Beanstandungsrecht
Fischereipachtvertrag und staatliches– **581** 69
Bedingung
Anpachtrecht **581** 143
Beendigung des Pachtvertrages **581** 426
Kündigung des Pachtvertrages **581** 397
Landpacht
s. dort
Pachtveränderung **581** 201
Beendigung des Pachtvertrages
Anfechtung des Vertrages **581** 428
Aufhebungsvertrag **581** 425
Auflösende Bedingung/Bedingungseintritt **581** 426
Dauer der Vorenthaltung **584b** 17
Dauernutzungsrecht/Erlöschen **581** 432
Dauerwohnrecht/Erlöschen **581** 432
Eigentumserwerb durch den Pächter **581** 431
Fiktion der Verlängerung **581** 436 f
Franchising **Vorbem 581** 162 ff
Geschäftsgrundlage **581** 430
Inventar-Rückgewährspflicht **582a** 33 ff
Jagdpacht **581** 62, 434
Juristische Person/Untergang **581** 435
Kaution des Pächters **581** 256
durch Kündigung
s. Kündigung des Pachtvertrages
Landpacht
s. dort
Mitrecht/Anwendbarkeit **584** 1
Nießbrauch am Pachtgegenstand/Erwerb durch den Pächter **581** 431
Rückgabe des Pachtgegenstandes **581** 454 f; **584b** 1
Rücktritt **581** 427
Umlegungsverfahren/Aufhebung **581** 435
Unmöglichkeit vertragsgemäßen Gebrauchs **581** 429
Unterpachtvertrag **581** 348

Beendigung des Pachtvertrages (Forts.)
Veräußerung verpachteten Grundstücks **581** 433
Zeitablauf **581** 384 ff
Zeitvertrag **584** 14
Befristung
Pachtzinsvereinbarung **581** 203
Beherbergungsbetrieb
Pachtvertrag **581** 20
Behördliche Erlaubnis
und Gewährleistungshaftung **581** 307
Güterfernverkehr/höchstpersönliches Recht **581** 44
Umgehungsgeschäft **581** 137
Beitrittsgebiet
s. a. DDR
Datschengrundstücke **Vorbem 581** 179, 181 ff
Kleingärtnerische Nutzung/ZGB-Rechtsverhältnisse **Vorbem 581** 184 ff
Land- und forstwirtschaftliche Nutzflächen **Vorbem 581** 178
Landpacht **585** 35, 49
Pachtverhältnisse/DDR-unbekannte frühere **Vorbem 581** 176 ff
Schuldrechtsanpassungsgesetz 1994 **Vorbem 581** 187 ff
Bergrecht
Abbauverträge **Vorbem 581** 29 ff
Bergrechtliche Gerechtigkeiten/Rechtspacht **581** 52
Bergwerkspacht als Rechtspacht **Vorbem 581** 100 f
Berlin
Fischereipacht **581** 63
Jagdrecht/Ausführungsgesetz zum BJagdG **581** 54
Berufliche Tätigkeit
Grundlage einer Rechtspacht **581** 45
Beschädigung
Pachtgegenstand **581** 165
Beschaffenheit
Pachtgegenstand/Mangelbegriff des Gewährleistungsrechts **581** 296
Beschränkte persönliche Dienstbarkeit
Rechtspacht **581** 77; **584** 10
Besichtigungsrecht
Verpächterrecht **581** 247 ff; **586** 41, 51
Besitzentziehung
Rechtsmängelhaftung des Verpächters **581** 315
Besitzloses Pfandrecht
Pachtkreditgesetz und Inventar **Vorbem 581** 66
Besitzverschaffung
Pachtgegenstand **581** 149
Rückgabeverpflichtung des Pächters **584b** 10

Bestimmungsrecht
und spätere Pachterhöhung **581** 203
Betrieb
Abgrenzung Raumpacht/Unternehmenspacht/Miete **581** 20
Betriebsbegriff/Unternehmensbegriff **581** 89 ff
Förderungspflicht/Franchising **Vorbem 581** 159
Grundstück und Inventar/Betriebsführung **Vorbem 582–583a** 5
Raumpacht
s. dort
Raumpacht und typische Einrichtung/ Betriebsbestimmung **581** 33
Betriebsaufgabe
oder Betriebsfortführung/Steuerrecht **581** 94 ff, 96 f; **585** 47
Betriebsaufspaltung
Unternehmenspacht/steuerrechtliche Bedeutung **581** 94 ff, 100 ff
Betriebsführungsvertrag
Gegenstand **581** 117
Pachtvertrag/Abgrenzung **Vorbem 581** 39
Rechtsnatur **581** 116, 119
Zulässigkeit **581** 118 f
Betriebsgeheimnisse
Lizenzverträge **Vorbem 581** 89
Betriebskosten
als Lasten des Pachtgegenstandes **581** 327
Betriebspacht
Abgrenzung zum Pachtvertrag **Vorbem 581** 39
Aktiengesellschaft, verpachtende **Vorbem 581** 132 ff
Landpacht
s. dort
Landpacht und Betriebspacht/Abgrenzung und Verhältnis **585** 19
Recht verbundener Unternehmen **Vorbem 581** 131 f; **581** 105 ff
Unternehmenspacht
s. dort
Betriebspflicht
als Gebrauchspflicht des Pächters **581** 228 ff, 416
Landpacht/Bewirtschaftungsverpflichtung
s. Landpacht
im partiarischen Rechtsverhältnis **Vorbem 581** 51
Betriebsübergang
und Arbeitnehmerschutz **581** 89
Betriebsüberlassungsverträge
Atypische Gestaltung **581** 114
und Betriebspachtvertrag/Abgrenzung, rechtliche Gleichstellung **Vorbem 581** 133; **581** 111
Gegenstand **581** 112

Betriebsüberlassungsverträge (Forts.)
Hauptversammlung/Zustimmung **581** 132
Konzerninterner Vertrag **581** 115
Sicherungspacht/Verbindung **Vorbem 581** 98
BGB-Gesellschaft
Apothekenbetrieb **Vorbem 581** 126 f
und Pachtvertrag **581** 127
Bierbezugsverpflichtung
Ausschließlichkeitsbindung **581** 262
Knebelung **581** 266
Kündigungsrecht bei anderweitigem Bezug **581** 416
Pacht **581** 194
Schriftform **581** 268
Wettbewerbsverbot **581** 273
Zusicherung der Brauereifreiheit **581** 303
Bodenabbauverträge
Auskiesung/Unterlassung **581** 416
Autobahnbau/Verwendung unbefugt entnommener Materialien **581** 15
Bodenschätze und Förderzins/Pachtbemessung **581** 190
Gebrauchspflicht **581** 228 f
als Grundstückspacht **Vorbem 581** 31; **581** 15
Grundstücksveräußerung und Erwerbereintritt **581** 438 ff
Kaliabbau
s. dort
als Kauf **Vorbem 581** 32
Pacht und Kauf/Abgrenzung **Vorbem 581** 29 ff
Rechtspacht/Abgrenzung **581** 16
Steuerrecht **581** 15
Unterlassen als vertragswidriger Gebrauch **581** 416
Vereinbarte Vollendung der Ausbeute **581** 384
Verzicht auf Abbaurechte **581** 396; **584** 13
Vorratserschöpfung **581** 409
Bordell
Pachtvertrag **581** 137
Brandenburg
Fischereipacht **581** 63
Jagdrecht/Ausführungsgesetz zum BJagdG **581** 54
Brauerei
Bierbezugsverpflichtung
s. dort
Unternehmenspacht **581** 92
Vorpachtberechtigung **581** 158
Bremen
Fischereipacht **581** 63
Jagdrecht/Ausführungsgesetz zum BJagdG **581** 54
Bühnenaufführungsverträge
Rechtsnatur **Vorbem 581** 91

Bundeswehrkantine
Pachtvertrag 581 22

Computerprogramm
Lizenzvertrag 581 83
Programmsperre 581 414

Culpa in contrahendo
Franchising/Verletzung vorvertraglicher Aufklärungspflichten Vorbem 581 152
Leihe 599 2; 600 2

Darlehen
als Kaution 581 255
und Leihe/Abgrenzung Vorbem 598 ff 3

Datschengrundstücke
Pachtverhältnisse Vorbem 581 179 ff
und SchuldrechtsanpassungsG 1994 Vorbem 581 189, 191

Dauernutzungsrecht
Pachtvertrag und Erlöschen eines– 581 432

Dauerschuldverhältnis
Franchising Vorbem 581 139, 142
Pachtvertrag 581 187
Pachtvertrag/unzumutbare Fortsetzung 581 419

Dauerwohnrecht
Pachtvertrag/Erlöschen eines– 581 432

DDR
s. a. Beitrittsgebiet
Datschengrundstücke
s. dort
Kreispachtverträge 585 16; 596 15
Land- und forstwirtschaftliche Bodenflächen/kleingärtnerische Nutzung Vorbem 581 184
Landwirtschaftsanpassungsgesetz 1990 585 49
Pacht/abgeschaffte (ZGB) Vorbem 581 175

Deckvertrag
Pachtvertrag/Abgrenzung Vorbem 581 38

Deputatverträge
und Landpacht/Abgrenzung 585 12

Dienstbarkeiten
Abgrenzung der Pacht 581 16
Rechtspacht 581 75; 584 10

Dienstleistungsbetrieb
Konkurrenzschutz im Pachtverhältnis 581 160

Dienstvertrag
Betriebspachtvertrag/Abgrenzung Vorbem 581 41
Franchising Vorbem 581 144, 149
Pachtvertrag/Abgrenzung Vorbem 581 39 ff
Umgehung eines Pachtvertrages 581 137

Dingliche Rechte
Fischereirechte 581 64
Jagdpachtvertrag Vorbem 581 114
Pachtvertrag und Fruchterwerb 581 177

Dingliche Rechte (Forts.)
Pachtvertrag/Verdinglichung Vorbem 581 16
Pächter-Wegnahmerecht/Verzicht 581 332
Realgewerbeberechtigungen des Landesrechts 581 48
Rechtspacht 581 74; 584 9
Verpächterpfandrecht 581 378

Domänenpächter
Römisches Recht Vorbem 581 1

Doppelverpachtung
als Rechtsmangel 581 314
und Weiterverpachtung/Unterverpachtung 581 61, 72

Dreißig-Jahre-Vertrag
und ausgeschlossenes Kündigungsrecht 581 395

Dresdener Entwurf
Pachtrecht 581 2

Dritter/Dritte
Eingriffe in den Pachtgegenstand 581 234
Gebrauchsüberlassung 581 339 ff; 589 1 ff
Haftung des Pächters 581 353
Herausgabeanspruch des Verpächters 581 465
Pacht/Bestimmung ihrer Höhe 581 198
Pachtvertrag/erforderliche Zustimmung eines– 581 132
Pachtvertrag/Kündigung mit Zustimmung eines– 581 394
Pachtvertrag/Leistungsbestimmung durch– 581 131
Rechtsmangel des Pachtgegenstandes wegen Rechte– 581 314
Vorpachtrecht 581 141

Düngemittelsicherungsgesetz
Pfandrecht an Grundstücksfrüchten (Verkaufsfrüchte) Vorbem 581 76 ff

Duldungspflichten
Besichtigungsrecht des Verpächters 581 247 ff
Erhaltungs- und Verbesserungsmaßnahmen des Pächters 581 252, 325 f
Landpacht
s. dort
und Verpächterpfandrecht 581 253
und Verpächterpflichten 581 148

Eigenkapitalersatz
Qualifikation einer Gebrauchsüberlassung 581 421

Eigenschaften
Sachmängelhaftung im Pachtrecht/Fehlen zugesicherter– 581 294 ff, 302

Eigentümer-Besitzer-Verhältnis
und Fruchtbegriff 581 173
Landpacht 597 14
Vorenthaltener Pachtgegenstand 584b 27

Eigentum
Eigentümer und Verpächter **581** 127
Grundstückspacht und Inventar
 Vorbem 582–583a 8 ff
Jagdrecht/Jagdausübungsrecht
 Vorbem 581 105
Landwirtschaftliches Grundstück
 s. dort
Eigentumserwerb
Fruchterwerb aufgrund Pachtvertrages
 Vorbem 581 17; **581** 177
Inventar-Einverleibung **Vorbem 581** 18;
 582a 21
und Jagdpachtvertrag **Vorbem 581** 115
am Pachtgegenstand durch den Pächter
 581 431
Eigentumsvorbehalt
Inventar-Einverleibung **582a** 27
Einheitlicher Pachtvertrag
Grundstückspacht/Verbindung mit weiteren Pachtgegenständen **581** 440
Einheitlichkeit der Urkunde
Schriftformerfordernis **581** 286 ff
Einmalige Leistung
als Pacht **581** 187
Einrichtungen des Pächters
Ersatzpflicht des Verpächters **581** 329 ff
Landpacht
 s. dort
und Rückgabe des Pachtgegenstandes
 581 457
Einstweilige Verfügung
Pachtgegenstand/Herausgabe **581** 461
Eintritt in den Pachtvertrag
Grundstückserwerber **581** 438 ff; **593b** 1 ff
Einwilligung/Erlaubnis
Unterpacht **581** 349
Eiserninventarvertrag
Altes Recht/Rechtsgrundlagen **582a** 1
Entschädigung
als Nutzungsentschädigung
 s. dort
EOP-Methode
Mißverhältnis Leistung/Gegenleistung
 581 138
Erbbaurecht
Äquivalenzverhältnis **581** 210
Erwerbereintritt in den Pachtvertrag
 581 438
als Grundstückspacht **584** 10
Pachtvertrag/Form bei Bestellungsverpflichtung **581** 135
Rechtspacht **581** 80 f
Erbengemeinschaft
und Pachtvertrag **581** 127
Erbrecht
und Fruchtbegriff **581** 173
Tod des Jagdpächters **Vorbem 581** 119

Erfüllungsort
Pachtentrichtung **581** 224
Ergänzungspflicht
des Pächters für mitgepachtete Tiere
 582 13 ff
des Verpächters für Inventarstücke **582** 9 ff
Erhaltung des Pachtgegenstandes
Ausgleichszahlung statt Schönheitsreparaturen **581** 234
Gewährleistung **581** 293 ff
Instandhaltung/Instandsetzung
 s. dort
Konkurrenzschutz
 s. dort
Landpacht
 s. dort
und Mängelbeseitigung **581** 234
Pächter-Duldungspflichten **581** 325
als Pächter-Hauptpflicht **581** 234
als Pächter-Hauptpflicht/als Vermieter-Hauptpflicht **581** 178, 293
als Pächter-Nebenleistung **581** 234
und Pächter-Obhutspflicht **581** 238
Pächter-Unterlassungspflichten **581** 241
Pächterpflicht/Inventarrückgewährspflicht zum Schätzwert **582a** 13 ff
Pächterpflicht/mitgepachtetes Inventar
 582 4 ff
Störungen
 s. dort
Verkehrssicherungspflicht
 s. dort
als Verpächter-Dauerleistung **581** 156
Verpächterpflicht/allgemeine Erhaltungspflicht und einbezogene Einzelpflichten
 581 156 ff
Erholungsnutzungsrechtsgesetz
Sonderregelungen des SchuldrechtsänderungsG 1994 **Vorbem 581** 196
Erlaubnis
Behördliche Erlaubnis
 s. dort
Untermiete/Unterpacht **581** 132, 344, 347, 349 ff, 409
Ersatzvornahme
Verpächterrecht bei unterbliebener Erhaltung des Pachtgegenstandes **581** 234
Ersetzungsbefugnis
bezüglich der Pacht **581** 185
Ersetzungspflicht des Pächters
Inventar bei Rückgewährspflicht zum Schätzwert **582a** 13 ff
Ertrag
und Fruchtbegriff **581** 173
einer Landpacht
 s. dort
eines Unternehmens/Unternehmensgewinn **581** 9

Europäisches Recht
Agrarreform 2003/2004 **585** 33
Flächenstillegungsprogramme **586** 37
Franchising/EuropKommission zur Rechtsnatur **Vorbem 581** 145
Kartellverbot und Franchising **Vorbem 581** 137, 145
Milchquoten **585** 31

Fabrik
Grundstücksverpachtung mit Inventar **Vorbem 582–583a** 2 f
Pachtvertrag **581** 26

Fälligkeit
Landpacht
s. dort
Nutzungsentschädigung bei Vorenthaltung der Pachtsache **584b** 20
der Pacht **581** 218 ff, 291
Pachtentrichtung **581** 218 ff, 291
Rückgabepflicht des Pächters **581** 459

Fehlen zugesicherter Eigenschaften
Sachmängelhaftung im Pachtrecht **581** 302 ff

Filmbestellverträge
Rechtsnatur **Vorbem 581** 95

Filmverwertungsverträge
Rechtsmängelhaftung **581** 315
Rechtsnatur **Vorbem 581** 92 ff; **581** 85

Finanzierungsbeiträge
und Kündigungsrecht des Erstehers in der Zwangsversteigerung **581** 409

Firma
Pächterfortführung nach Vertragsbeendigung/Haftung **584b** 17
Unternehmenspacht **581** 91
Unternehmensrückgabe **581** 455

Fischereipacht
Erwerbereintritt bei Veräußerung **581** 444
Gegenstand der Pacht **581** 438, 444
Genehmigungserfordernis **581** 132
Kündigung, außerordentliche **581** 414, 416
Landesrecht (Übersicht) **581** 63
Parteiwechsel **581** 129
Rechtsnatur **Vorbem 581** 103
Rechtspacht **Vorbem 581** 103; **581** 63 ff
Unterpacht **581** 344
Vorvertrag **581** 140
Weiterverpachtung/Unterverpachtung **581** 72
Zwangsversteigerung **581** 409

Forderungsrechte
und Rechtspacht **584** 9

Formfragen (Mietvertrag)
Pachtrechtliche Anwendung der Formerfordernisse **581** 283

Formfragen (Pachtvertrag)
Änderung formbedürftigen Vertrages **581** 288
Erbbaurechtsbestellung **581** 135
Fischereipacht **581** 69
Formverstoß/Rechtsfolgen **581** 290
Franchising **Vorbem 581** 153
Gebrauchsgewährung als Verpächter-Hauptpflicht **581** 149
Jagdpacht **Vorbem 581** 109; **581** 58
Kartellrecht/GWB-Fälle **Vorbem 581** 153; **581** 268
Kündigung des Pachtvertrages
s. dort
Landpacht
s. dort
Langfristiger Pachtvertrag **581** 134
Pachtanpassung/Einigung hierüber **581** 201
Pachtvertrag **581** 283 ff
Parteiwechsel **581** 129, 288
Schriftformerfordernis **581** 283 ff
Schriftformerfordernis/Einheitlichkeit der Urkunde **581** 289
Unterpacht/Erlaubnis **581** 350
Verlängerungsoption **581** 285
Vertragsverlängerung **581** 288
Vertragsverlängerung/Ausschluß ordentlichen Kündigungsrechts **581** 395
Vorkaufsrecht/Verbindung **581** 135
Vorpachtrecht/Ausübung **581** 142
Vorvertrag zum Pachtvertrag **581** 140, 285

Forstwirtschaft
Abgrenzung Landpacht/reine Grundstückspacht **581** 11 f
Forstflächen und Landpacht
s. Landpacht

Fortsetzung der Landpacht
s. Landpacht

Franchising
Absatzsystem/Einordnung **Vorbem 581** 134
Abschluß des Vertrages **Vorbem 581** 152 ff
Abwicklung **Vorbem 581** 169 ff
AGB **Vorbem 581** 157
Arbeitnehmerstellung/Selbständigkeit des Franchisenehmers **Vorbem 581** 140 f
Arten **Vorbem 581** 138
Aufklärungspflichten **Vorbem 581** 152
Ausgleichsanspruch **Vorbem 581** 173
Bedeutung **Vorbem 581** 138 ff
Beendigung **Vorbem 581** 162 ff
Betriebsförderungspflicht **Vorbem 581** 159
BGH-Beschluß **Vorbem 581** 141, 151
Dauer **Vorbem 581** 162
Dauerschuldverhältnis **Vorbem 581** 139, 142
Eintrittsgebühr und vorzeitige Vertragsbeendigung **Vorbem 581** 174

Franchising (Forts.)
Europäische Kommission zur Rechtsnatur
   Vorbem 581 145
Europäisches Kartellrecht **Vorbem 581** 154
Form des Vertrages **Vorbem 581** 136, 153 ff
Franchisegeber-Pflichten **Vorbem 581** 158 ff
Franchisenehmer-Pflichten **Vorbem 581** 161
Gebrauchsüberlassung **Vorbem 581** 134
Geschäftsbesorgung **Vorbem 581** 144
Geschichte **Vorbem 581** 135 ff
Haftung **Vorbem 581** 160
Inhaltskontrolle **Vorbem 581** 157
Investitionsschutz **Vorbem 581** 165
Karenzentschädigung **Vorbem 581** 173
Kartellrecht und Kündigungsschutz
   Vorbem 581 164 f
Kartellrecht/Formfrage **Vorbem 581** 153
Kaufleute **Vorbem 581** 136
Kündigung **Vorbem 581** 163 ff
Lizenzvertrag **Vorbem 581** 85, 143, 145 f, 148
Mischvertrag **Vorbem 581** 146, 149
Organisation **Vorbem 581** 140, 147
Pachtrecht **Vorbem 581** 146
Ratenlieferungsvertrag **Vorbem 581** 156
Rechtsnatur **Vorbem 581** 142 ff
Rücknahmepflicht des Franchisegebers
   Vorbem 581 171 ff
Sittenwidrigkeit **Vorbem 581** 157
Systemführer **Vorbem 581** 140
Treuepflicht **Vorbem 581** 150, 159
UNIDROIT/Modellrecht für vorvertragliche Aufklärung **Vorbem 581** 152
Vertragshändlersystem **Vorbem 581** 134
Wettbewerbsverbot **Vorbem 581** 173
Widerrufsrecht/Verbrauchereigenschaft
   Vorbem 581 156
Freiberufliche Tätigkeit
Raumpacht **581** 31 f
Unternehmenspacht **581** 89
Freiwillige Gerichtsbarkeit
Landpacht/Streitigkeiten
   s. Landpacht
Fristen
Kündigung des Pachtvertrages
   s. dort
Fristlose Kündigung
   s. Kündigung des Pachtvertrages
Früchte/Fruchterwerb
Aneignungsgestattung/Pachtvertrag
   581 177
Ausbeutung, bestimmungsgemäße **581** 172
Ausschluß der Fruchtziehung **581** 171
Begriff **581** 9, 167, 173
Besitzüberlassung **581** 149
Bewegliche Sachen **581** 41 ff
Dritte als Fruchtziehende **581** 341
Eigentümer-Besitzer-Verhältnis **581** 173

Früchte/Fruchterwerb (Forts.)
Entziehung **581** 315, 414
Erträge ordnungsgemäßer Wirtschaft
   581 173, 333
Ertrag **581** 173
Erzeugnisse der Sache **581** 172
Fruchtziehung und Gebrauch/Abgrenzung
   bei der Leihe **598** 11
Fruchtziehung/vertragliche Beschränkung
   581 170
Gebrauch des Pachtgegenstandes/vertragsgemäßer
   s. dort
Gebrauchs- oder Fruchtgenuß **581** 341
Gebrauchsrecht/Fruchtziehungsrecht
   581 149
Grenzen des Fruchtziehungsrechts
   581 333 ff
Grundstücksfrüchte und Düngemittelsicherungs G **Vorbem 581** 76 ff
Grundstückspacht **581** 10 ff
Juristische Früchte **581** 167
Kündigung/außerordentliche wegen
   Entziehung der Fruchtziehung **581** 414
Landpacht
   s. dort
Mietrecht **581** 9
Muttersache/Erhalt **581** 172
Nichtgewährung/Entziehung vertragsgemäßer Fruchtziehung **581** 414
Nutzungen **581** 9, 167
Pachtgegenstand/Eignung hierzu **581** 9, 155
Pachtminderung **581** 216
Pachtvertrag/Eignung zur Fruchtziehung
   581 44
Pachtvertrag/umfassendes Fruchtziehungsrecht **581** 169
Pächterrisiko der Fruchtziehung **581** 175, 215 f
Persönliche Pächterverhinderung
   581 215 f, 292
Raumpacht **581** 28
Rechte/Eignung zur Fruchtziehung **581** 44
Rechtspacht **584** 9, 46 f
Sachfrüchte/Rechtsfrüchte **581** 167
Tiere/Fruchtziehung **581** 42
Ungestörter Fruchtgenuß **581** 158
Unmittelbare, mittelbare Fruchtziehung
   581 169
Unternehmensgewinn **581** 9
Unterpacht **581** 345
Verpächter-Hauptleistungspflicht der
   Gewährung **581** 147, 167 ff
Weitervermietung **581** 28
Zufall **581** 216

Fürsorgeverpflichtung
Abgrenzung zur Obhutspflicht des Pächters
581 245
Fütterungskosten
Tiere/mitgepachtete **582** 7

Gärtnerische Nutzung
Abgrenzung Landpacht/reine Grundstückspacht **581** 11 f
Gastwirtschaft
Ausschankrecht/Nutzung **581** 46
Brauerei/Mitpächterstellung **581** 128
Bundeswehrkantine **581** 22
Dienst- oder Arbeitsverhältnis bei Tätigkeiten **Vorbem 581** 43
Dienstvertrag/verbotswidriger Umgehungszweck **581** 137
Einrichtung **581** 30
Getränkesteuer **581** 327
Grundstücksverpachtung mit Inventar **Vorbem 582-583a** 2
Inventar/Zugehörigkeit **Vorbem 582-583a** 7
Konkurrenzschutz **581** 158, 160
Öffentlich-rechtliche Beschränkungen/ Sachmängelhaftung **581** 301
Pachtvertrag **Vorbem 581** 42 f; **581** 22; **Vorbem 582-583a** 2
Pachtvertrag Eigentümer/vorpachtberechtigte Brauerei **581** 158
Pachtvertrag/Parteiwechsel **581** 129
Pächter-Obhutspflicht **581** 238
Raumpacht **581** 22
Sittenwidriges Pachtverhältnis/Vereinbarung überhöhter Pacht **581** 138
Umgehung des Erlaubniszwanges **581** 137
Unternehmenspacht **581** 92
Gebäude
Fehlerbegriff des Gewährleistungsrechts **581** 297
und Raumbegriff **581** 19
Gebrauch des Pachtgegenstandes/ vertragsgemäßer
s. a. Früchte/Fruchterwerb
Abmahnung wegen vertragswidrigen Gebrauchs **581** 416; **590a** 6; **594e** 10
und Besichtigungsrecht des Verpächters **581** 248 f
Entziehung als Rechtsmangel **581** 315
Erfüllung/Nichterfüllung der Verpächter-Hauptverpflichtung **581** 293
Erhaltung des Pachtgegenstandes
s. dort
Fristlose Kündigung wegen Nichtgewährung **581** 414
Gebrauchsüberlassung an Dritte ohne Erlaubnis **581** 354
Gebrauchsverpflichtung/Verletzung **581** 416

Gebrauch des Pachtgegenstandes/ vertragsgemäßer (Forts.)
Grenzen des Gebrauchsrechts **581** 333 ff, 416
Inventar/Ergänzungspflicht für mitverpachtetes **582** 9
Inventar/mitverpachtetes **582** 6
Landpacht
s. dort
Nichtgewährung **581** 414
Obhutspflicht des Pächters **581** 238
Raumpacht/Fruchtziehung neben weiteren– **581** 36
Überlassungspflicht des Verpächters zum Zweck des– **581** 154
Umfang **581** 333 ff
Unmöglichkeit **581** 429
Veränderungen/Verschlechterungen des Pachtgegenstandes **581** 334, 457
Vernachlässigung des Pachtgegenstandes **581** 416
Vertragswidriger Gebrauch **581** 416; **594e** 15 ff
Gebrauchspflicht des Pächters
Pächtereröffnung eines Konkurrenzunternehmens **581** 233
als vereinbarte Pächterpflicht **581** 228 ff, 414
Verletzung als vertragswidriger Gebrauch **581** 416
Gebrauchstauglichkeit
und Mangelbegriff **581** 295
Gebrauchsüberlassungsverträge
Abgrenzung Miete/Pacht **581** 28
Leihe **Vorbem 598 ff** 6
Überlassung und Gebrauchsgewährung/ Verhältnis, Abgrenzung beim Pachtvertrag **581** 148
Gefährdungshaftung
Leihe **606** 9
Gefälligkeitsverhältnis
und Haftungsmaßstab **Vorbem 598 ff** 13
und Leihe **Vorbem 598 ff** 8; **605** 2
Schutzpflichten **Vorbem 598 ff** 11
Gefahrtragung
Inventarrückgewährspflicht zum Schätzwert **582a** 10 f
Inventarstücke **582** 10
Gegenstand
Pachtgegenstand
s. dort
Geldschuld
und Wertsicherungsklausel in Pachtverträgen **581** 205 f
Gemeines Recht
Pachtverträge **Vorbem 581** 6
Genehmigungserfordernisse
Fischereipachtvertrag **581** 69

Genehmigungserfordernisse (Forts.)
 und Gewährleistung **581** 308
 Pachtvertrag **581** 132
 Wertsicherungsklauseln
  s. dort
Geräte
 Reparaturkosten bei Mitverpachtung/
  Pächter-Erhaltungspflicht **582** 7
Gerechtigkeiten
 Rechtspacht **584** 9 f
Geschäftsbesorgung
 Betriebsüberlassung mit Geschäftsbesorgungsvertrag **581** 114
 Franchising **Vorbem 581** 144
 Pachtvertrag/Abgrenzung **Vorbem 581** 39 ff
Geschäftsbetrieb
 s. Betrieb
Geschäftsführung ohne Auftrag
 Entleiher-Erhaltungsmaßnahmen/außergewöhnliche **601** 4
Geschäftsgrundlage
 Störung der Geschäftsgrundlage
  s. dort
Geschäftszweig
 Änderung/Abgrenzung Pacht und Miete **581** 33
 und Erhaltung des Pachtgegenstandes **581** 241
 und Konkurrenzschutz **581** 160
 Raumpacht/Änderung des Geschäftszweckes **581** 35
Gesellschaft
 Interne Rechtsvorgänge/Bedeutung für die Landpacht **589** 9 ff
 Pachtvertrag/Abgrenzung
  Vorbem 581 46 ff; **581** 196
Gesellschaftliche Kommunikation
 und Leihe **Vorbem 598 ff** 8
Gesellschaftsform
 s. Rechtsform
Gesetzliche Verbote
 und Pachtvertrag **581** 137
Gesetzliches Schuldverhältnis
 Vorenthaltung des Pachtgegenstandes **584b** 22
Gestaltungsrecht
 Verpächter-Ablehnungsrecht bei Inventarrückgabe **582a** 39
Gestattungsverträge
 Leihe **598** 13; **Vorbem 598 ff** 6
 Lizenzverträge **Vorbem 581** 85 ff
 Rechtspacht und besondere– **581** 47
 und Rechtspacht/Abgrenzung **581** 47
Gesundheitsgefährdung
 durch den Pachtgegenstand **581** 415
Gewährleistung (Pacht)
 Anfängliche Mängel/Abgrenzung zur Instandsetzungspflicht **581** 234

Gewährleistung (Pacht) (Forts.)
 Ausschluß der Gewährleistung **581** 318 ff
 Landpacht **586** 20 ff
 Nichterfüllte Verpächterpflichten **581** 293
 Rechtsmängel **581** 313 ff
 Sachmängelhaftung des Verpächters
  s. dort
Gewerbe
 s. a. Betrieb
 Abgrenzung Raumpacht/Unternehmenspacht/Miete **581** 20
 Geschäftsverlegung/Verlust der Gewerbeerlaubnis **581** 275
 Gewerbliche Zwischenvermietung/ Geschäftsraummiete **581** 28
 Mißverhältnis Leistung/Gegenleistung bei Miet- und Pachtverträgen **581** 138
 Rechtspacht und gewerbliche Tätigkeit **581** 45
 Verpachtung eines Gewerbebetriebs/Frage gewerblicher Betätigung **581** 94 ff
Gewinn
 und Pachtbemessung **581** 193
GmbH
 Betriebspacht/Betriebsüberlassungsvertrag **581** 121
 Gebrauchsüberlassung/Qualifizierung als Eigenkapitalersatz **581** 421
Grunddienstbarkeit
 Rechtspacht **581** 75
Grundsteuer
 Belastung des Pachtgegenstandes **581** 327
Grundstück
 Abgrenzung ggü beweglichen Sachen **581** 41
 Grundstückspacht
  s. dort
 Grundstückspacht mit Inventar
  s. dort
 Landpacht
  s. dort
 Landwirtschaftliches Grundstück
  s. dort
 und Räume/Unterscheidung **581** 18
Grundstückserwerb
 und Fischereipachtvertrag **581** 444
 und Jagdpachtvertrag **Vorbem 581** 115
 Konkurrenzschutz **581** 161
 Landpacht als Vertragsbestandteil **585a** 11
 Pachtvertrag/Verbindung mit formbedürftigem Grundstücksgeschäft **581** 135
 Rückkaufverpflichtung des Verpächters **Vorbem 582–583a** 14
 Schutz von Mietern/Pächtern **581** 438 ff
Grundstückspacht
 s. a. Bodenabbauverträge
 s. a. Grundstückspacht mit Inventar

630

Grundstückspacht (Forts.)
Abgrenzung der Landpacht zur reinen– **581** 11 f
Anlagenübergang auf den Verpächter **581** 332
Beseitigungspflichten des Pächters/verletzte **581** 357
Einheitlicher Vertrag bei Verbindung mit weiteren Gegenständen **581** 440
Fälligkeit der Pacht **581** 218 f
Form **581** 284
Gebrauchspflicht des Pächters **581** 230
Gewährleistungsrecht/Fehlerbegriff **581** 296
Größenzusicherung **581** 304 f
Grundsteuer **581** 327
Grundstücksbegriff **581** 10; **584** 6
Grundstücksveräußerung und Erwerbereintritt **581** 438 ff
Jagdpacht/Abgrenzung **Vorbem 581** 104
Konkurrenzschutz **581** 158
Kündigung/außerordentliche befristete **581** 410
Kündigung/ordentliche **584** 1 ff
Land- oder forstwirtschaftlicher Betrieb **581** 14
Landpacht
  s. dort
Mängel **581** 295 ff
Mietrechtliche Vorschriften/Anwendung **581** 17 f, 281
Mietvertrag/Abgrenzung **581** 13; **584** 5
Notwohnung/entschädigungslose Räumung errichteter **581** 461
Öffentliche Zwecke/Inanspruchnahme **581** 461
Pfandrecht des Verpächters **581** 366 ff
und Raumpacht/fehlende Differenzierung im Gesetz **584** 7
Rechtspacht und Grundstücksüberlassung **581** 445
Rechtspacht-Verbindung **581** 445
Rechtspacht/Abgrenzung **581** 16, 46 f
Reine Grundstückspacht **581** 11 ff
Rückgabe des Pachtgegenstandes **581** 455
Überlassung des Grundstücks an den Pächter **581** 149, 447
Umlegungsgebiet/Genehmigungserfordernis **581** 132
Umsatz/Gewinn als zugesicherte Eigenschaften **581** 303
oder Unternehmenspacht **581** 126
Verbindung mit weiteren Gegenständen **581** 439
Vertragsgemäße Pächterrechte/Umfang **581** 333
Vertragsverletzung/unzumutbare Vertragsfortsetzung **581** 418

Grundstückspacht (Forts.)
Verunreinigungen als Pächterpflichtverletzung **581** 357
Vorvertrag **581** 285
Grundstückspacht mit Inventar
Ablehnungsrecht/Verpächterrecht nach Schätzwertübernahme **582a** 36 ff
Abweichende Vereinbarungen **582a** 30, 55 f
Aussaat **Vorbem 582–583a** 6
Betriebsfortführung/Sicherstellung für den Beendigungsfall **582a** 5
Dünger **Vorbem 582–582a** 6
Eigentumsverhältnisse **Vorbem 582–582a** 5
Eiserninventarvertrag alten Rechts **582a** 1
Erzeugnisse des Grundstücks **Vorbem 582–582a** 5
Fabrikverpachtung **Vorbem 582–582a** 2
Firmenüberlassung **582a** 6
Forderungerechte des Pächters/Pfandrecht an Inventarstücken **583** 2 ff
Gasthofverpachtung **Vorbem 582–582a** 2
Gaststätteninventar **Vorbem 582–582a** 7
Gefahrtragung **582** 10; **582a** 4, 10 f
Geltungsbereich **Vorbem 582–582a** 2
Generalüberholung **582** 7
Geräte **Vorbem 582–582a** 6
Gesetzesgeschichte **Vorbem 582–582a** 1
Gestaltungsrecht des Verpächter-Ablehnungsrechts bei Schätzwertübernahme **582a** 39
Gewerbliche Grundstücksnutzung **582** 3
Grundstückserwerber und Rückkaufverpflichtung **Vorbem 582–582a** 14
Inventarbegriff **Vorbem 582–583a** 5 ff
Inventarbegriff/Verkehrsauffassung **Vorbem 582–583a** 5
Inventareigentum/Pächter, Verpächter **Vorbem 582–583a** 6
Inventareinverleibung **582a** 25 f
Inventarkauf und Pächter-Verfügungsbeschränkungen **583a** 4
Inventarkauf/Vereinbarung **Vorbem 582–583a** 11 ff
Inventar/lebendes, totes **Vorbem 582–583a** 6
Inventarstücke/Anschaffung durch den Pächter **582a** 24
Inventarstücke/Gutglaubenserwerb **582a** 27 f
Inventarstücke/Pächteraufwendungen **582** 5 f
Inventarverzeichnis **582** 17
Inventar/Zurückbehaltungsrecht des Pächters **583** 7
Inventarzustand, vertragsgemäßer **582** 9
Kiesgrube **582** 3

Grundstückspacht mit Inventar (Forts.)
Landwirtschaftliche Erzeugnisse
 Vorbem 582-583a 6
Landwirtschaftliches Grundstück, Inventar
 Vorbem 582-583a 7
Lizenzierung von Schutzrechten 582a 6
Mitverpachtung Vorbem 582-583a 3, 6
Mitverpachtung, einfache 582 1 ff
Mitverpachtung und Pächter-Erhaltungspflicht 582 4 ff
Mitverpachtung und Verpächter-Ergänzungspflicht 582 9 ff
Neuinvestitionen 582 10
Obhutspflicht des Pächters 582 8
Ordnungsgemäße Wirtschaft 582a 16, 37
Pfandrecht des Pächters an Inventarstücken 583 1 ff
Reparaturkosten 582 7
Rückgewährspflicht zum Schätzwert
 582a 8, 33 ff
Schadensersatzpflicht des Pächters 582 8
Schätzwertübernahme/Abrede 582a 4
Schätzwertübernahme/Bedingungen, Voraussetzungen 582a 8 f
Schätzwertübernahme/Bewertung
 Vorbem 582-582a 15
Schätzwertübernahme/Eintritt neuen Pächters 582a 31
Schätzwertübernahme/Nutzungsänderung 582a 14
Schätzwertübernahme/Pächter-Erhaltungspflicht 582a 13
Schätzwertübernahme/Überinventar
 582a 20
Schätzwertübernahme/Verpächter-Eigentumserwerb 582a 21 ff
Technische Entwicklung/Wertausgleichsrisiko 582a 51 ff
Theaterverpachtung Vorbem 582-583a 2
Tiere/Pächter-Ergänzungspflicht 582 13 ff
Tierfütterung 582 7
Untergang durch Zufall 582 7, 10
Unternehmenspacht 582 3;
 Vorbem 582-583a 2
Unternehmenspacht/Schätzwertübernahme 582a 6
Verfügungsbefugnis des Pächters bei Schätzwertübernahme 582a 16 ff
Verfügungsbeschränkung des Pächters/ nichtige bei fehlender Verpächter-Abnahmeverpflichtung 583a 6
Verjährung 582 4
Verschleiß und Reparaturkosten 582 7
Versicherungspflicht 582 7
Vertragsgemäßer Gebrauch/Veränderungen, Verschlechterungen 582 6
Viehverstellung und Schätzwertübernahme 582a 7

Grundstückspacht mit Inventar (Forts.)
Vorräte Vorbem 582-583a 6
Währungsrisiko bei Wertausgleich 582a 50
Wertausgleich bei Übernahmeablehnung durch Verpächter 582a 41 ff
Zubehör und Inventar Vorbem 582-583a 5

Güterfernverkehr
Erlaubnis als höchstpersönliches Recht
 581 44

Gutglaubenserwerb
Inventareinverleibung 582a 27
Verpächterpfandrecht 581 368

Haftungsfragen
Franchising Vorbem 581 160
Gewährleistung (Pachtvertrag)
 s. dort
Haftungsmilderungen im Schenkungs-, Verwahrungs- und Leihrecht
 Vorbem 598 ff 14
Leihe
 s. dort
Pächterhaftung für Dritte 581 353
Unternehmensfortführung 581 89

Hamburg
Fischereipacht 581 63
Jagdrecht/Ausführungsgesetz zum BJagdG
 581 54

Handelsgeschäft
Unternehmenspacht
 s. dort

Handelsvertreter
Franchising/anwendbares Recht
 Vorbem 581 172 ff

Handleihe
und Leihversprechen Vorbem 598 ff 9, 11;
 600 1

Handwerksbetrieb
Pachtvertrag 581 23

Heizungskosten
und vertragsgemäßer Gebrauch des Pachtgegenstandes 581 154

Hessen
Fischereipacht 581 63
Jagdrecht/Ausführungsgesetz zum BJagdG
 581 54

Heuerlingsverträge
als Pachtverträge Vorbem 581 81 ff; 587 14

Hypothek
und Fruchtbegriff 581 173

Immaterialgüterrechte
Rechtspacht 581 82 ff; 584 8, 11

Innenpacht
und Betriebsüberlassung 581 113

Insolvenz
Aufrechnungsverbot (Pacht) 581 187

632

Instandhaltung/Instandsetzung
s. a. Erhaltung des Pachtgegenstandes
Anfängliche Mängel **581** 234
Verpächterverpflichtung **581** 163
Vertragsgemäßer Gebrauch **581** 165
Interessenabwägung
Fortsetzung des Pachtvertrages/Zumutbarkeitsfrage **581** 421
Landpacht
s. dort
Inventar
Grundstückspacht mit Inventar
s. dort
Landpacht
s. dort
Pachtkreditgesetz und Inventarbegriff **Vorbem 581** 68
Investitionsschutz
Kündigung des Franchisenehmers **Vorbem 581** 165

Jagdpacht
Doppelverpachtung/Weiterverpachtung/Unterverpachtung **581** 61
Eigentümer-Jagdausübungsrecht als Vertragsgegenstand **Vorbem 581** 105
Formfrage **581** 136
Gegenstand der Jagdpacht **581** 443
Grundstücksveräußerung und Erwerbereintritt **581** 443
Jagdpachtfähigkeit **Vorbem 581** 107 f
Jagdschein-Entziehung/Beendigung des Vertrages **581** 434
Mangelbegriff/Ergiebigkeit der Jagd **581** 300
Mitpacht **581** 128
Pächterperson **581** 127
Parteiwechsel **581** 129
Rechtsnatur **Vorbem 581** 102 ff
Rechtspacht **Vorbem 581** 104
Tod des Pächters/Beendigung des Vertrages **581** 127
Unbefugte Überlassung eines Jagdausübungsrechts **581** 416
Unterpacht **581** 344
Verpachtung **581** 54 ff
Vertragswidriger Gebrauch **581** 416
Vorvertrag zum Pachtvertrag **581** 140, 285

Kaliabbau
Abgrenzung Bodenabbauvertrag/Rechtspacht **581** 16
Anpassung der Pacht **581** 210, 215
Beendigung des Vertragsverhältnisses durch einseitigen Verzicht **581** 396
Kantinenpacht
Nebenpflichten, selbständige **581** 179
Pachtvertrag **581** 22

Kantinenpacht (Forts.)
Rechtsnatur **Vorbem 581** 96 f
Risiko des Pächters **581** 176
Kartellrecht
Ausschließlichkeitsbindungen **581** 262
Betriebspacht-/Betriebsüberlassungsvertrag **581** 124
Form **Vorbem 581** 153; **581** 268
Franchising **Vorbem 581** 136 f, 145
Horizontale Bindungen **581** 269
Kartellverbot **581** 162, 181, 257, 277
Konkurrenzschutz und Kartellverbot **581** 162, 277
Kopplungsgeschäfte **581** 264
Lizenzvertrag **581** 267
Mißbrauchsaufsicht **581** 260, 265
Vertikale Bindungen **581** 259
Vertriebsbindungen **581** 263
Verwendungsbeschränkungen **581** 261
Wettbewerbsverbot **581** 269, 275, 277, 449
Zusammenschlußkontrolle **581** 123
Kauf bricht nicht Pacht
Grundstückspacht **581** 17, 40, 129
Landpacht **593b** 1 ff
Kaufrecht
Bodenabbauverträge **Vorbem 581** 30; **581** 16
Inventarkauf durch den Pächter **Vorbem 582–583a** 8 ff
Inventarkauf durch den Pächter/Abgrenzung der Schätzwertübernahme **582a** 4
Pacht/Abgrenzung **Vorbem 581** 28
Kaution
im Pachtrecht **581** 255 f
Klage/Klagbarkeit
Besichtigungsrecht des Verpächters **581** 250
Konkurrenzschutz des Pächters **581** 158
Pacht und Miete/Bedeutung der Abgrenzung **581** 40
Pachtvertrag/Vertragsabschluß aufgrund Vorvertrages **581** 140
Kleingärtnerische Nutzung
DDR-Rechtslage/Überleitung **Vorbem 581** 184 ff
Kleingartenpacht
Abweichende Vereinbarungen **Vorbem 581** 63 f
Begriff der kleingärtnerischen Nutzung **Vorbem 581** 57 f
Beitrittsgebiet **Vorbem 581** 186
Besitzverhältnisse/mehrfach gestufte und Rückgabeverpflichtung **581** 465
BGB-Anwendung **Vorbem 581** 64
BundeskleingartenG 1983 **Vorbem 581** 56
Dauerkleingärten **Vorbem 581** 58
Eigentümer- und Pächterstellung/Annäherung **Vorbem 581** 55

Kleingartenpacht

Kleingartenpacht (Forts.)
  Eigentümerrechte, beschränkte
    Vorbem 581 53
  Geschichte **Vorbem 581** 54 ff
  Größe, Bebauung **Vorbem 581** 59
  Kündigungsschutz **Vorbem 581** 55, 61 f
  und Landpacht **Vorbem 581** 52; **585** 14
  Öffentlich-rechtliche Lasten/Erstattungspflicht des Pächters **581** 328
  Pachtpreisbindung/Verfassungswidrigkeit
    Vorbem 581 56
  Schutzbedürftigkeit **Vorbem 581** 53
  Zwecksetzung **Vorbem 581** 52
  Zwischenpächterprivileg **Vorbem 581** 60
Know-how-Lizenzverträge
  Rechtsnatur **Vorbem 581** 89
Kohleabbaugerechtigkeit
  Landesrecht **581** 52
  Pachtgegenstand **581** 16
Kommanditgesellschaft auf Aktien
  Betriebspacht-/Betriebsüberlassungsvertrag **581** 105 ff, 127
Kommunikation/gesellschaftliche
  und Leihe **Vorbem 598 ff** 8
Konkurrenzschutz im Pachtvertrag
  Ausschluß, vereinbarter **581** 158
  Dienstleistungsbetriebe **581** 160
  Gegenstand des Geschäftsbetriebs und unzulässiger Wettbewerb **581** 160
  Kartellverbot als Grenze **581** 162
  Nachbarschaftsnähe **581** 161
  Pachtgegenstand und Konkurrenzschutz
    581 158
  Räumliche Verhältnisse **581** 161
  Störungsschutz **581** 158
  Umfang der Verpächterverpflichtung
    581 159
  und ungestörter Fruchtgenuß des Pächters
    581 158
  Unterlassungsklage **581** 158
  Vereinbarungen/Anspruch auf vertragsgemäßen Gebrauch **581** 158
  Warenvertrieb **581** 160
  Wettbewerbsverbot für den Pächter
    581 269 ff
Konkurrenzunternehmen
  Pächtereröffnung und verletzte Gebrauchspflicht **581** 233
Konsensualvertrag
  oder Realvertrag/Leihe **598** 1;
    Vorbem 598 ff 6 f; **605** 3
Konzern
  Betriebsüberlassungsvertrag/konzerninterner **581** 115
Kopplungsgeschäfte
  bei Pachtverträgen **581** 264
Kreispachtvertrag
  DDR-Verträge **585** 16; **586** 15

Kündigung (Leihe)
  s. Leihe
Kündigung (Pachtvertrag)
  Abweichende Parteivereinbarungen
    584 23; **584a** 14
  Abweichende Vereinbarungen **581** 389
  Arten **581** 388
  Auslauffrist **581** 422
  Ausschluß aufgrund Vertrages **581** 395
  Außerordentliche befristete Kündigung
    581 388, 409; **584** 16
  Außerordentliche befristete Kündigung/
    Einschränkung ggü Mietrecht **584a** 1
  Außerordentliche befristete Kündigung/
    Einzelfälle **581** 409
  Außerordentliche befristete Kündigung/
    Kündigungsfrist **581** 410
  Außerordentliche fristlose Kündigung
    581 312, 316, 338, 412 ff; **584** 1
  Außerordentliche fristlose Kündigung/
    Abmahnungserfordernis **581** 416
  Außerordentliche fristlose Kündigung/
    allgemeine Hinweise **581** 388
  Außerordentliche fristlose Kündigung/
    grundlose als Pflichtverletzung **581** 424
  Außerordentliche fristlose Kündigung/
    Rechtsgrundlagen, Einzelfälle **581** 414
  Außerordentliche fristlose Kündigung/
    Unzumutbarkeit einer Vertragsfortsetzung **581** 418 ff
  Bedingte Kündigung **581** 397
  Beendigungsfolge **581** 422
  Bewegliche Sachen/außerordentliche
    befristete Kündigung **581** 410
  Bewegliche Sachen/ordentliche Kündigung **581** 404; **584** 11
  Datschengrundstücke **Vorbem 581** 185
  Dreißig-Jahre-Vertrag **581** 395
  Einseitige, empfangsbedürftige Willenserklärung **581** 393
  Form **581** 400
  Franchising **Vorbem 581** 162 ff
  Gebrauchsentziehung **581** 414
  Gesundheitsgefährung **581** 415
  Grundstückspacht/außerordentliche befristete Kündigung **581** 414
  Grundstückspacht/ordentliche Kündigung
    581 403
  Inhalt **581** 396
  Jagdpachtvertrag **Vorbem 581** 118; **581** 62
  Kleingartenpacht **Vorbem 581** 61 ff
  Konkurrenzschutzverletzung **581** 158
  Landpacht
    s. dort
  Mehrheit von Beteiligten **581** 398
  Mietrechtlicher Kündigungsschutz **581** 390
  Mißverhältnis Pacht/Verpächterleistung
    und Ausschluß der– **581** 187

Kündigung (Pachtvertrag) (Forts.)
Ordentliche Kündigung/Fristen **581** 402 ff
Ordentliche Kündigung/Fristmängel und Kündigungswirkung **581** 422
Ordentliche Kündigung/Sondervorschrift für die Grundstückspacht/Rechtspacht **584** 1 ff
Ordentliche Kündigung/Übersicht, allgemeine Hinweise **581** 388, 401
Pacht/Verzug **581** 223, 417
Pacht/wiederholte unpünktliche Zahlung **581** 417
und Pachtzahlungsdauer **581** 392
Raumpacht/ordentliche Kündigung **581** 401, 403
Rechtsnatur **581** 387, 393
Rechtspacht bezüglich beweglicher Sache/ordentliche Kündigung **581** 401, 403
Rechtspacht/ordentliche Kündigung **581** 403; **584** 1 ff
Rücknahme **581** 423
Schadensersatzanspruch, ergänzender **581** 392, 424
Schluß eines Pachtjahres **584** 18
Teilkündigung **581** 399
Tod des Pächters
s. dort
Unbestimmte Zeit/ordentliche Kündigung **581** 387
Unterpacht/fehlende Erlaubnis **581** 347, 414
Unterpacht/verweigerte Erlaubnis **581** 409; **584** 1 ff; **584a** 1 ff
Unzulässige Rechtsausübung **581** 391, 415, 417
Vertragswidriger Pächtergebrauch **581** 416
Vertretung **581** 393
Verzichtserklärung als Kündigung **581** 396
Widerruf **581** 423
Wirkung **581** 422
Wohnräume/Gesundheitsgefährdung **581** 415
Wohnraum und Mitrechtsanwendung **581** 390
Zeitablauf **581** 383 ff; **584** 1
Zustimmung eines Dritten **581** 394

Landesrecht
Bergrechtliche Gerechtigkeiten **581** 52
Fischereipacht/landesrechtliche Vorgaben **581** 69 f
Fischereirecht/landesrechtliche Übersicht **581** 63
Jagdrecht/Ausführungsgesetze **581** 54
Jagdrecht;Fischereirecht **Vorbem 581** 102 f
Realgewerbeberechtigungen **581** 48
Regalien **581** 50 f

Landpacht
Abänderungsmöglichkeiten § 323 ZPO **593** 8
Abbau von Überproduktion **596** 34
Abbau von Überproduktionen/Lieferrechte und Lieferbeschränkungen **596** 34 ff
Abgeleitete Nutzenziehung als Pächterbefugnis **589** 12
Ablehnungsrecht
— trotz Erbenwiderspruchs **594d** 22
— Fortsetzungsverlangen des Pächters durch den Verpächter **595** 60 ff
Abmahnung wegen vertragswidrigen Gebrauchs **590a** 6; **594e** 10
Abnutzung/normale **586** 44
Abnutzungserscheinungen bei Vertragsbeginn **586** 47
Abschluß des Vertrages/Wirksamkeitsvoraussetzungen und Anzeigepflichten **585** 39 ff
Abtretung
— von Pächterrechten/Abgrenzung zur Unterpacht **589** 27
— von Pächterrechten/erlaubnispflichtige **589** 12
— Übergang der Pächterstellung kraft Gesetzes **593a** 14 ff
— des Wegnahmerechts **591a** 6
Abweichende Vereinbarungen
— AGB-Wirksamkeitsprüfung **585** 46
— Bewirtschaftungsformen/Vereinbarung bestimmter **585** 27
— Erhalt der Wesensmerkmale **585** 46
— Fälligkeit der Pacht/Pachtentrichtung bei Pächterverhinderung **587** 29 f
— Lasten der Pachtsache **586a** 1, 11
— Nutzungsänderung/Änderung landwirtschaftlicher Bestimmung **590** 36 ff
— Nutzungsüberlassung an Dritte **589** 37
— Regelung beiderseitiger Rechte/Pflichten **585** 27
— Tod des Pächters **594d** 30
Abwendung/Verpächterpfandrecht durch Sicherheitsleistung **592** 33 ff
Abwendung/Wegnahmerecht des Pächters **591a** 11 ff
Abwicklung des Vertrages
— Schuldverhältnis nach Vertragsbeendigung **586** 48
— Vorzeitige oder teilweise Vertragsbeendigung **595a** 8; **596a** 1 ff
— Zeitraumfrage/Verlustvermeidung **596a** 2
Ackerbau als Landwirtschaft **585** 24
Ackerland/Weideland **585** 24; **596** 14
Änderungen
— Informationspflicht des Pächters **586** 42

Landpacht

Landpacht (Forts.)
— Landwirtschaftliche Bestimmung der Pachtsache **590** 3 ff
— Nutzungsänderung s. unten
— Pächterrechtsform **589** 8
— Parteienvorstellungen zum Inhalt der Bewirtschaftung **596** 11
— der Verhältnisse/Mißverhältnis der Leistungen **593** 1 ff
— Vertragsänderung und Fortsetzung aufgrund Pächterschutzes **595** 37 ff
— Vertragsänderung durch gerichtliche Fortsetzungsentscheidung **595** 80
— Vertragsänderungen, Vertragsergänzungen und Formfrage **585a** 8, 14 ff
— Vertragsänderungsanspruch **585a** 8
Äquivalenzstörungen und Lastentragung **586a** 8
Agrarreform 2003/2004 **585** 33
Allein- oder Mitgebrauch/erlaubnisfreie Einräumung **589** 8
Allgemeine Geschäftsbedingungen **585** 41 f; **586** 24; **586a** 10; **587** 30; **590** 39
und allgemeiner Pachtvertrag/Vergleich **585** 3
Altenteilsvertrag/Abgrenzung **585** 15
Alternative Wirtschaftsweisen **585** 27; **586** 41
Amtsgericht als Landwirtschaftsgericht s. unten unter Landwirtschaftsgericht
Anerbengut und Pächterstellung **593a** 30
Anfechtung **594f** 6
Anfrage wegen einer Vertragsverlängerung **594** 12 f
Angehörige als Vertragspartner/Änderungsbegehren **593** 9
Angemessenheit/Pachterhöhung nach Verbesserungsmaßnahmen **588** 22
Ankaufsrecht für den Pächter **585a** 11
Anliegerbeiträge **586a** 11
Anpassung/Änderung der Pacht **587** 8 f
Anrechnungspflicht bei Verhinderung der Bewirtschaftung **587** 22
Anschluß-Bewirtschaftung nach Nutzungsänderungen/zu gewährleistende **590** 16
Antrag
— Gerichtliches Pachtschutzverfahren **595** 66 ff
— Mehrwertberechnung **591** 50 ff
— Verbesserungsmaßnahmen/vorgesehene **588** 28
Anwendungsbereich/Abgrenzung zur reinen Grundstückspacht **581** 11 f
Anzeigepflichten
— und behördliche Beanstandungen **585** 45
— Familienpacht **585** 15

Landpacht (Forts.)
— und Formgebundenheit längerfristiger Verträge **585a** 10
— Fortsetzungsanspruch/Einigung hierüber **595** 13
— Fortsetzungsbeschluß/Vergleich über die Fortsetzung **595** 80
— Landpachtverträge/Neuabschluß und Änderungen **585** 45
— Lastentragungspflicht/vertragliche Vereinbarung **586a** 2
— Mehrwertausgleichsregelungen/ Abschluß und Änderung **591** 8
— Nichtangezeigter Landpachtvertrag **585** 46; **593** 9
— Pachthöhe/Änderungsvereinbarung **587** 10
— und Pachtschutz **595** 7
— Vertragsänderung nach Änderungsverlangen **593** 6
— Wegnahmeabsicht des Pächters **591a** 8
Aufgabe von Produktionszweigen gegen staatliche Leistungen **586** 41; **590** 15
Aufhebungsvertrag **585a** 6; **594f** 6; **595** 84
Auflagen des Landwirtschaftsgerichts **590** 27 ff; **591** 19, 48
Aufrechnung/mit und gegen die Pacht **587** 17; **594e** 25
Aufsplitterung des Vertragsverhältnisses **593a** 1
Aufwendungen
— Duldung von Verbesserungsmaßnahmen **588** 17 f
— Erfüllung der Bewirtschaftungspflicht **590b** 11
— Ersparte Aufwendungen/Anrechnungspflicht des Verpächters **587** 23
— Halmtaxe oder Aufwendungsersatz bei vorzeitiger Beendigung **596a** 4
— Herstellung des erstmaligen vertragsgemäßen Zustandes durch den Pächter **590b** 7 f
— Luxusaufwendungen **590b** 9; **591** 12, 49
— statt Wertersatz für ungetrennte Früchte **596a** 18 ff
— als Verwendungen für die Sache **590b** 7
Ausbesserungen
— Abnutzung, normale/wirtschaftlich notwendige- **586** 43
— aufgrund Betriebsrisiken **586** 43
— Außergewöhnliche als Verpächterpflicht **586** 29
— Erhaltungspflicht des Verpächters/ Abgrenzung **586** 26
— Folgen üblichen Gebrauchs **586** 26
— Gefahrenabwendung durch den Verpächter **588** 8
— Gewöhnliche als Pächterpflicht **586** 43 ff

Landpacht (Forts.)
— Gewöhnliche/Abgrenzung zu ersatzpflichtigen Verwendungen **590b** 11
— Gewöhnliche/Beispiele **586** 44
— ohne Substanzerhaltungsfolge **586** 43
— Pächtermaßnahmen/Ersatz für weitergehende **586** 43
— Reparaturen als gewöhnliche– **586** 44
— Rückgabe der Pachtsache **596** 10
— Umfang der Pächterpflicht **586** 44
— Unterlassene Pächtermaßnahmen/ Schadensersatzpflicht **596** 28
— Verbesserungsmaßnahmen/Abgrenzung **586** 43
— Vertragsbeendigung und anfallende– **586** 48
Ausbeute als Nutzungsänderung **590** 5
Ausgleichsanspruch/Nutzungsänderung durch den Pächter **590** 32 ff
Ausgleichsleistung bei nützlichen Verwendungen **591** 26 ff
Auskunft
— Pächterpflichten bei Fortsetzungsverlangen **595** 58
— Verpächteranspruch bei Fremdnutzung **589** 13
— Verpächteranspruch zur Vorbereitung der Rückgabe **596** 16
— Verpächteransprüche **586** 42, 52
Ausschluß
— Fortsetzungsanspruch des Pächters **595** 39 ff
— Gewährleistungsausschluß **586** 24 f
— Kündigungsrecht und Erbpachtvermeidung **594b** 1
Bäuerliche Hand/Erhaltung leistungsfähiger Betriebe **585** 3; **586** 35; **591** 42
BBodenSchG/Auswirkungen und Pächterrisiko **587** 20
BBodenSchG/ordnungsgemäß betriebene Landwirtschaft **587** 27
Beanstandungen nach Behördenanzeige **585** 45
Bedingung
— Nutzungsänderungen und Landwirtschaftsgericht **590** 27 ff
— Pächtermaßnahmen/Absicherung der Durchführung **591** 47
— Zustimmung zur nützlichen Verwendung **591** 19
Beeinträchtigungen/einmalige, nachhaltige **593** 13
Beendigung der Landpacht
— Anschluß-Bewirtschaftung/Gewährleistung **590** 15
— und Erhaltungspflicht des Verpächters **586** 31
— Ernteanschluß/Sicherung **596b** 1 ff

Landpacht (Forts.)
— Fruchtziehungsrecht/Erlöschen **596a** 1
— Rückgabepflicht des Pächters **596** 5 ff
— Unterpacht, bestehende **589** 30
— Verpächter als alleiniger Berechtigter **596a** 12
— Vorenthaltung der Pachtsache **597** 1 ff
— Vorzeitige Beendigung/Halmtaxe **596a** 3
— Vorzeitige Beendigung/Sonderregelung **596a** 1 ff
— Vorzeitige bei bestimmter Laufzeit **594** 7
— durch Zeitablauf **594** 4 ff
Befristete Betriebsverpachtung **595** 46
Beginn **586** 14
Begriffsmerkmale **585** 2 ff
Beitrittsgebiet **585** 49
Benachrichtigung von Betriebsübergang/ Pächterwechsel **593a** 18 ff
Berufsgenossenschaft/Beiträge **586a** 7
Berufsunfähigkeit des Pächters **589** 21; **594c** 1 ff
Beschädigungen durch Dritte **586** 45
Beschreibung der Pachtsache **585b** 1 ff
Besichtigungsrecht des Verpächters **586** 52
Besitzschutzrechte des Pächters **586** 15 f
Bestandteile/Zubehör/Einrichtungen **591a** 3
Beteiligung des Pächters **589** 7
Betriebserhaltung/nützliche Verwendungen **591** 40
als Betriebspacht
— Abgrenzung zur Anpachtung vollständigen Landwirtschaftsbetriebs **585** 19
— Doppelbetrieb **585** 22
— und Ernteanschluß **596b** 2
— und Flächenpacht/Unterscheidung **585** 8
— und Fortsetzungsverlangen des Pächters **595** 25 ff
— Leistungsfähigkeit des Betriebs/Erfordernis **585** 19
— Mischbetrieb **585** 20
— Nebenbetrieb **585** 21
— Verbesserungsmaßnahmen **588** 20
— und vorweggenommene Erbfolge **595** 12
— Wohn- und/oder Wirtschaftsgebäude **585** 19
Betriebsrisiken und Pächter-Ausbesserungspflicht **586** 44
Betriebsübergabe
— Begriff **593a** 7
— Formen **593a** 7, 12 f
— Kündigungsrecht des Verpächters/ fehlende Sicherstellung ordnungsgemäßer Bewirtschaftung **593a** 21 ff
— Rechtsfolgen **593a** 14 ff
— Rückständige Pächterpflichten **593a** 15

Landpacht

Landpacht (Forts.)
— Umfang **593a** 9
— Vertragsidentität **593a** 14
— Vorweggenommene Erbfolge **593a** 1 ff
— Zuweisungsverfahren **593a** 29
Betriebsveräußerung und Mehrwert-Ersatzanspruch **591** 29
Betriebsverbesserung/Merkmal nützlicher Verwendung **591** 11
Betriebswirtschaftliche Pächterfähigkeiten **593** 12
Betriebszugehöriges Zupachtgrundstück/vorweggenommene Erbfolge **593a** 1 ff
Beurkundungszwang/Bestandteil bei Grundstücksveräußerung **585a** 11
Bewegliche Sachen als Einrichtungen **591a** 3
Bewertung
s. unten unter Verkehrswert
Bewirtschaftung
— Abweichende Vereinbarungen **585** 27
— Aufwendungen bei Erfüllung der Bewirtschaftungspflicht **590b** 11
— Eigenverantwortlichkeit **589** 3
— Erforderliche Bewirtschaftung **585** 24
— Ergebnis **585** 19
— Ersatz nützlicher Verwendungen **591** 2
— Fehlbewirtschaftung **587** 20
— Fortgesetzt geschuldete Verpflichtung **586** 34 ff; **590a** 3; **596** 3
— Gute fachliche Praxis **585** 27
— Interessengegensätze **590** 1
— Mehrheit von Betrieben **595** 26
— Moderne Bewirtschaftungsformen/Öffnung **585** 24
— Nichtbewirtschaftung von Nutzflächen **586** 41
— Nutzungsänderungen s. unten
— und Pächterrisikobereich **587** 20
— und Rückgabe der Pachtsache **596** 10
— Übertragung auf Erben/auf Dritte **594d** 19
— Umstellung **590** 14
— Unterlassene Maßnahmen/Schadensersatzanspruch des Verpächters **596** 28
— Verbesserungsmaßnahmen/ersatzlos geleistete **596** 31
— Verbote **587** 20
Bewirtschaftung (ordnungsgemäße)
— Biologischer Landbau **586** 39
— Gesetzliche Normierung der Pächterpflicht **586** 33; **596** 3
— Gestattung abgeleiteter Nutzziehung **589** 12
— Gute fachliche Praxis **586** 35
— HöfeR/BBodenschG **585** 27; **586** 35
— Leitlinien **586** 36

Landpacht (Forts.)
— und Nutzungsänderung bei landwirtschaftlicher Bestimmung **590** 15
— und ordnungsgemäßer Zustand der Pachtsache **585b** 6
— Pächtereignung/fehlende Gewährleistung für– **594d** 16 ff
— Produktionsquoten als Vertragsgegenstand **586** 38
— Rückgabezustand der Pachtsache **596** 2 f
— Substanzschonende Erhaltung **586** 35
— Verbesserungsmaßnahmen/ersatzlos bleibende wegen der Pflicht zur– **596** 31
— Vereinbarungen/Vertragszweck **586** 35
— als vertragsgemäßer Gebrauch **590a** 3
— Wertersatz/Ersatzpflicht bei vorzeitigem Pachtende **596a** 10, 20
Biologischer Landbau
— Biologische/ökologische Wirtschaftsweise **585** 27
— Rückgabe der Pachtsache nach Umstellung **596** 11
— Übergang vom konventionellen Landbau **586** 39
— Umstellung ohne Vereinbarung/Rückgabezustand **596** 14
— Umstellungsphase/nützliche Verwendungen **591** 13
Dauerschuldverhältnis **587** 8; **593** 1
DDR/Kreispachtverträge und LPG-Pflichten **585** 44
DDR/Kreispachtverträge und Verpächteransprüche **585** 16
DDR/Rückabwicklung von Kreispachtverträgen **596** 15
Deputatverträge/Abgrenzung **585** 12
Desinfizieren als Ausbesserung **585** 44
Doppelbetrieb und Landpachtrecht **585** 22, 28
Dränagen-Anlage **586** 21
Dränungen/Erhaltung als Pächterpflicht **585** 45
Düngemittellieferung und Früchtepfandrecht **592** 14
Duldung
— und Beschreibung der Pachtsache **585b** 21
— Erhaltungs- und Verbesserungsmaßnahmen des Verpächters **586** 8 ff
— eines vertragswidrigen Gebrauchs **590a** 5
Eigennutzung durch Verpächter **595** 46 ff
Eigentümer-Besitzer-Verhältnis **597** 14
Eigentum des Verpächters/nützliche Pächterverwendungen **591** 43
Eigentum und Wegnahmerecht des Pächters **591a** 6

Landpacht (Forts.)
Eigentum/Fruchterwerb 596a 12
Eigentumsbindung und Pächterrisiko 587 20
Eigentumsnutzung/Schranken, Grenzen 586 27
Eigentumswechsel/Kauf bricht nicht Pacht 593b 1 ff
Eigentumswechsel/sonstiges Landpachtrecht 593b 4
Einbringung in eine Gesellschaft/Frage der Erlaubnisfreiheit 589 6 f
Eingebrachte Pächtersachen/Verpächterpfandrecht 592 8 ff
Einrichtungen
— Erfüllung der Pächter-Unterhaltungspflicht 591a 9
— als notwendige Verwendungen 591a 9
— als nützliche Verwendungen 591a 3
— Pächtereinrichtungen 591 6; 591a 3
— Pächtereinrichtungen/Nutzungsänderung, ausgleichsfähige Verwendungen 591a 1
Einstweilige Verfügung/vertragswidriger Gebrauch 590a 9
Eintritt in das Pachtverhältnis/als Pächter in den Zupachtvertrag 593a 14 ff
Eintritt in das Pachtverhältnis/gesetzlicher Eintritt des Pachtübernehmers 593a 1
Eintritt in das Pachtverhältnis/Kauf bricht nicht Pacht 593b 4
Einzelpacht/Sammelpacht 585 13
Eiserne Verpachtung 585 4; 586 30; 590 32
Elektronische Form 585 15
Entfernung/dem Pfandrecht unterliegende Sachen 592 20
Entgeltlichkeit/Unentgeltlichkeit einer Fremdnutzung 589 5
Entschädigung
— Einrichtungsübernahme 591a 15
— Vorenthaltung der Pachtsache 587 9
Entwicklung des Rechts Vorbem 581 7
Erbfolge
— Erbengemeinschaft 589 8
— als Gesamtrechtsnachfolge 594d 3
— Verpächtertod/Erbrechtsgrundsätze 594d 1
— Vorbereitung der Erbfolge/Pacht als Versorgung 586a 11
— Widerspruchsrecht der Erben zwecks Bewirtschaftung 594d 16 ff
Erbfolge
s. a. unten unter Tod des Pächters/Tod des Verpächters
Erbfolge (vorweggenommene)
— Begriff 593a 7
— Betriebskontinuität 594d 4
— Betriebspacht als Vorstufe 595 12

Landpacht (Forts.)
— Betriebsübergabe 593a 7
— Form der Rheinischen Hofübergabe/Beurkundung 585a 11
— Nutzungsüberlassung an Dritte als Familien-Pachtübergabe 589 22
— Pachthöhe und Wertentwicklung 593 8
— Pächterbefreiung von der Pacht 587 24
— Zupachtverhältnisse/Eintritt in bestehende 591 32; 593a 8
Erbpachtausschluß 594b 2
Erforderliche Verpächter-Erhaltungsmaßnahmen 588 9
Erfüllung öffentlicher Aufgaben/Ausschluß des Fortsetzungsrechts 595 50
Erfüllungsgehilfe/Unterpächter 589 3
Erhaltung/nützliche Verwendungen des Pächters 591 11
Erhaltungsmaßnahmen des Verpächters
— Abgrenzung gewöhnlicher Ausbesserungen als Pächterpflicht 586 44
— Duldungspflichten des Pächters 586 8 ff
— Erforderlichkeit 588 9
— Verpächter-Hauptpflicht 586 25
Erhaltungszweck leistungsfähiger Betriebe in bäuerlicher Hand 585 3; 586 35; 591 42
Erlaubnis
— Fremdnutzung 589 3 ff
— Gebäudeeinrichtungen 590 19 ff
— Gebäuderrichtungen 590 19 ff
— Gesellschaftsinterne Pächtervorgänge 589 9 ff
— Unterpacht/Rechtsbeziehungen 589 29 ff
Erlöschen des Vermieterpfandrechts 592 18 ff
Ernteanschluß/Sicherung bei Vertragsbeendigung 596b 1 ff
Ersatzanspruch
— Notwendige Pächterverwendungen 590b 1 ff
— Nützliche Pächterverwendungen 591 1 ff
— Pachtgegenstand, verbesserter durch Pächter 596 31 ff
— Vorzeitige Vertragsbeendigung 596a 6 ff
Erschließungsbeiträge 586a 11
Ertrag
— Früchte/Ertragswert ungetrennter 596a 13
— Gewinnerzielunmgsabsicht 585 3
— Maßnahmen zur Ertragssteigerung/Pachterhöhung 588 1 ff
— Nützliche Verwendungen/nachhaltige Ertragsverbesserung 591 41
— Nutzungsänderung, Ertragsverbesserung und Zustimmungsverweigerung 590 21 ff

Landpacht

Landpacht (Forts.)
— und Pächterrisikobereich **587** 20
— Rentabilität und Nutzungsänderung **590** 23
— Rentabilität und Verwendungen **591** 41
— Verbesserungsmaßnahmen und Ertragsausfall **588** 17
Erzeugnisse der Landwirtschaft/Ernteanschluß **596b** 3 ff
Europäisches Recht/Agrarreform **585** 33
Europäisches Recht/Milchquoten **585** 31
Existenzgrundlage und Landpachtvoraussetzung **585** 19; **593** 1
Existenzvernichtung/Risikobereich des Pächters **587** 20
Fälligkeit
— Aufwendungsersatzanspruch für ungetrennte Früchte **596a** 22
— Mehrwert-Ersatzanspruch **591** 28 ff
— Pachtzahlung **587** 11 ff
— Pachtzahlung als Entschädigung für Vorenthaltung der Pachtsache **597** 9
— Rückgabeanspruch des Verpächters **596** 17
— Verwendungsersatzanspruch des Pächters **590b** 15
— Wertersatzanspruch bei Ernteanschluß **596b** 8
— Wertersatzanspruch für ungetrennte Früchte/vorzeitige Vertragsbeendigung **596a** 17
Familien-Pachtübergabeverträge **589** 22
Familienangehörige/Eigennutzung **595** 46
Familienpacht/Bedeutung **585** 15
Fehlbewirtschaftung/Pächterrisiko **587** 20
Fehlen zugesicherter Eigenschaften **586** 22
Fehlende Voraussetzungen/ausgeschlossenes Landpachtrecht **585** 26
Fehlerbegriff **586** 21
Feuerversicherungsprämie **586a** 7
Fiktionswirkung § 568 BGB/ausgeschlossene **594** 8
Fischerei/Binnenfischerei als Landwirtschaft **585** 24
Flächen- und Betriebspacht/Unterscheidung, Abgrenzung **585** 8
Flächenstillegungsprogramme **586** 37; **590** 15
Forderungen des Pächters/Verpächterpfandrecht **592** 6 f
Formfragen
— Ablehnung eines Fortsetzungsverlangens **595** 62
— Abschluß des Vertrages/Grundsatz **590** 40
— Beschreibung der Pachtsache **585b** 10 f
— Erben-Widerspruchserklärung **594d** 21

Landpacht (Forts.)
— Erlaubnis/Nutzungsüberlassung an Dritte **589** 15 f
— Formmangel/Treu und Glauben **585a** 18
— Fortsetzungsverlangen **595** 55
— Kündigungsform **593a** 23; **594a** 12, 16; **594c** 6; **594e** 29; **594f** 1 ff
— Längere Zeit als zwei Jahre **585a** 1 ff
— Lebenszeitvertrag **585a** 1 ff; **594b** 9
— Mehrwertsatzpflicht/Pächterantrag **591** 20
— Pacht-Erhöhungsverlangen **588** 21
— Unterpacht **589** 26
— Vereinbarte Form **585a** 19 ff
— Vertragsverlängerung **594** 8
Forstbetrieb/Übergabe bei landwirtschaftlicher Zupacht **593a** 4
Forstflächen und Landpacht/erforderliche Unterscheidungen **585** 28
Forstflächen als Zupacht **585a** 5
Forstwirtschaftliche Nutzflächen/Wertersatzanspruch bei vorzeitiger Vertragsbeendigung **596a** 23 ff
Forstwirtschaftliche Nutzflächen/Zustand bei Rückgabe **596** 14
Fortführung der Wirtschaft/Ernteanschluß bei Vertragsbeendigung **596b** 1 ff
Fortsetzung der Pacht/Abgeltung der Verpächter-Mehrwertschuld **591** 57
Fortsetzungsanspruch des Pächters/Sozialschutz des Pächters
s. Alphabetische Übersicht zu § 595
Fortsetzungsverlangen/Erben nach dem Tode des Pächters **589** 38
Freiwillige Gerichtsbarkeit
s. unten unter Landwirtschaftsgericht
Fremdpacht **585** 15
Fristen
— Anpassungsverlangen/Zwei-Jahres-Frist **593** 16
— Dreißig-Jahre-Verträge **594b** 1 ff
— Maximale Vertragsfrist **595** 43 ff
— Pachtjahr **594a** 10; **596a** 8, 10
Fristsetzung/Abhilfe vor fristloser Kündigung durch den Pächter **594e** 10
Früchte/Fruchtziehung
— Arbeit des Pächters/Beendigung des Pachtvertrages **596a** 12
— Beendigung des Pachtvertrages **596a** 1
— Eigentumserwerb des Pächters an Früchten **596a** 12
— Fruchtbegriff/Wertersatzanspruch bei vorzeitiger Vertragsbeendigung **596a** 12
— Noch nicht geerntete Früchte/Ernteanschluß **596b** 4

Landpacht (Forts.)
— Noch nicht getrennte Früchte bei Vertragsbeendigung **596a** 2
— Pachtende und Rückgabe der Pachtsache/Zeitraum dazwischen **596a** 11
— Pächterarbeit/Beendigung des Vertrages **596a** 12
— Pfandrecht der Lieferanten von Düngemitteln/Saatgut **592** 14
— Pfandsache/Früchte und Verpächterpfandrecht **592** 12
— Verkehrswert ungetrennter Früchte **596a** 13
Garten- oder Obstbau als Landwirtschaft **585** 24
Gebäude
— Errichtung **590** 18 ff; **590b** 3 f
— Wohn- oder Wirtschaftszwecke **585** 19
Gebäudelasten **586a** 11
Gebrauch/störungsfreier **586** 28
Gebrauchsüberlassung/Verpächter-Hauptpflicht **586** 1 ff, 47
Gebrauchsvorenthaltung/Kündigungsrecht des Pächters **594e** 3 ff
Gefahr im Verzug/Vornahme notwendiger Verwendungen als Pächterverpflichtung **590b** 15
Geldentwertung **593** 11
Gerichtliche Entscheidungen
s. unten unter Landwirtschaftsgericht
Gesellschaft als Pächter/Gesellschaftertod **594d** 6 ff
Gesellschaftseinbringung/Frage der Erlaubnisfreiheit **589** 6 f
Gesellschaftsinterne Vorgänge/Frage einer Verpächtererlaubnis **589** 9 ff
Gesetz zur Neuordnung des landwirtschaftlichen Pachtrechts 1985 **Vorbem 581** 8
Gesetzliche Aufgaben/Träger als Verpächter **595** 50
Gestattung einer Nutzungsüberlassung **589** 12
Gesundheitsgefährung und Pächter-Kündigungsrecht **594e** 14
Gewährleistung für Mängel **586** 20 ff
Gewährleistung und Unmöglichkeit/Verhältnis **586** 17
Gewährleistungsausschluß **586** 24 f
Gewerbemieter und Landpächter/Vergleich **589** 14
Gewerbliche Nutzung bisheriger landwirtschaftlicher Nutzung **590** 5
und gewerblicher Betriebsteil **585** 20
Gewerblicher Zweck/Verwendungen hierfür **590b** 11
Gewinnerzielung
s. oben unter Ertrag
Grundsteuer **586a** 6

Landpacht (Forts.)
als Grundstückpacht **585** 17 ff
Grundstücksbegriff **585** 18
Grundstücksgröße/Zusicherung **586** 22
Grundstückspacht/Abgrenzung zur reinen **581** 11 f
als Grundstücksveräußerungsvertrag/Landpacht als Bestandteil **585a** 11
Grundstücksverkehrsrecht **593a** 29
Gute fachliche Praxis **585** 27
Gute fachliche Praxis/ordnungsgemäße Bewirtschaftung **586** 35
Härtefälle bei Verbesserungsmaßnahmen **588** 15
Härtefälle bei Versagung einer Nutzungsveränderung **590** 27 ff
Haftung des Verpächters/Mängelgewährleistung **586** 21 ff
Halmtaxe bei vorzeitiger Vertragsbeendigung **596a** 3
Handelsregistereintragung **585** 24
Hauptpacht/Unterpacht **585** 13
Heuerlingsverträge **Vorbem 581** 81; **585** 13; **587** 14; **591b** 2
Hobby-Betrieb **585** 24
Hoferbfolge **593a** 30; **595** 26
Imkerei als Landwirtschaft **585** 24
Innovative betriebliche Entwicklungen **591** 36
Instandsetzung/Instandhaltung des Pachtgegenstandes
s. oben unter Erhaltung des Pachtgegenstandes
Interessen
— Bewirtschaftung und Interessengegensätze **590** 1
— Fortsetzungsverlangen und Interessenabwägung **595** 22 ff
— Mehrwertfestsetzung und Interessenabwägung **591** 56
— Nützliche Verwendungen und Interessenabwägung **591** 43
— Verbesserungsmaßnahmen und Interessenabwägung **588** 14
Inventar
— Erhaltungspflicht **586** 33
— Pachtrecht nach dem PachtkreditG **592** 15
— Verpachtung **585** 4
— und Verpächterpfandrecht **592** 17
Investitionen und Pächterschutz **595** 25
Investitionsinteresse des Pächters und Kompensationsinteresse **591a** 2
Juristische Person als Pächter **594d** 8
Kapitalverzinsung **591** 42
Kartellrecht **585** 43
Kauf bricht nicht Pacht **593b** 1 ff
und Kleingartenpacht **585** 14

Landpacht (Forts.)
Konkurrenzunternehmen **586** 29
Kontingentierung **593** 11
Kontinuitätssicherung **593** 1
Kooperationsverhältnisse **592** 17
Kreispachtverträge in der DDR **585** 16; **596** 15
Kündigung
— Aufhebung der Kündigung **594f** 6
— Außerordentliche durch den Pächter **594e** 3 ff
— Außerordentliche durch den Verpächter **594e** 15 ff
— Außerordentliche durch den Verpächter/Ausschluß eines Fortsetzungsverlangens **595** 41 f
— Außerordentliches Kündigungsrecht beider Parteien **594e** 27 f
— Berufsunfähigkeit des Pächters **594c** 5
— Erben des Pächters/Kündigungsbefugnis **594d** 6 ff
— Form der Kündigung/Schriftform **594f** 1 ff
— Inhalt des Kündigungsschreibens **594f** 7
— Nichtgewährung des Gebrauchs **594e** 3 ff
— Nichtigkeitsfolge bei Formmangel **594f** 10
— Ordentliche Kündigung **594a** 1 ff
— und Pächterschutz/Fortsetzungsverlangen **595** 1 ff
— Tod des Pächters/Kündigungsbefugnisse von Pächtererben und Verpächter **594d** 4 ff
— Umdeutung fristloser Kündigung **594e** 33
— Unerlaubte Unterpacht **589** 32
— Vertragswidriger Pächtergebrauch **590a** 2
— als vorzeitige Vertragsbeendigung/Pächter-Wertersatzanspruch **596a** 6 ff
— Vorzeitiges Kündigungsrecht/Fortsetzung des Vertrages **594a** 1 ff; **595a** 7
— Vorzeitiges Verpächter-Kündigungsrecht/Betriebsübergang bei Zupachtvertrag **593a** 20 ff; **595a** 7
LandpachtG 1952 **Vorbem 581** 7
LandpachtverkehrsG 1985 **Vorbem 581** 8
Landwirte-Zusammenarbeit **589** 3
Landwirtschaft
— Abgrenzung ggü anderen Verpachtungszwecken **585** 24
— Änderung landwirtschaftlicher Bestimmung der Pachtsache **590** 3 ff
— Begriff **585** 24
— Bestimmung der Pachtsache **590** 4
— Rechtfertigung eines Sonderrechts **585** 26

Landpacht (Forts.)
— Sonderrecht **585** 3, 24; **586** 35; **595** 3
— Überwiegender Verpachtungszweck **585** 24
Landwirtschaftliche Berufsgenossenschaften/Beiträge **586a** 7
Landwirtschaftliche Erzeugnisse/erforderlicher Ernteanschluß **596b** 3 ff
Landwirtschaftliche Zweckausrichtung/Verwendungsbegriff **590b** 11
Landwirtschaftsgericht
— Abgrenzungsfragen FGG/ZPO **585** 48
— Änderung von Landpachtverträgen **593** 21 ff
— Außerordentliche fristlose Kündigung aus wichtigem Grund **594e** 37
— Beendigung/Verlängerung des Pachtverhältnisses **594** 20
— Berufsunfähigkeit des Pächters **594c** 8
— Beschreibung der Pachtsache/Antrag auf Sachverständigenernennung **585b** 15 ff
— Betriebsübergabe/Zupachtgrundstücke **593a** 27
— Fortsetzung des Pachtverhältnisses/Pächterschutz **595** 64 ff
— Freiwillige Gerichtsbarkeit/streitige ZPO-Gerichtsbarkeit **585** 48
— Grundstücksveräußerung/Grundstücksbelastung **593b** 7
— Instanzenzug **585** 48
— Kündigungsform/Schriftform **594f** 12
— Kündigungsfristen **594a** 18
— Lastenverteilung **586a** 12
— Nutzungsänderung/ersetzte Zustimmung **590** 22 ff
— Nutzungsüberlassung an Dritte/erlaubte, unerlaubte **589** 38
— Pacht/Streitigkeiten **587** 31
— Rückgabe der Pachtsache **596** 40
— Tod des Pächters **594d** 24 ff
— Verjährungsfrage **591b** 5
— Verpächterpfandrecht **592** 38
— Verspätete Rückgabe/Ersatz- und Schadensersatzansprüche **597** 17
— Vertrag über mehr als 30 Jahre **594b** 10
— Vertragstypische Pflichten/Streitigkeiten **586** 53
— Vertragswidriger Gebrauch **590a** 9
— Vorzeitiges Pachtende/Ersatzpflicht des Verpächters **596a** 30
— Wegnahme von Einrichtungen **591a** 19
— Wertverbessernde Verwendungen **591** 60

Landpacht (Forts.)
— ZPO-Anwendung/streitige Verfahren
590a 9; 591b 5; 592 38; 593a 27;
593b 7; 594 20; 594a 18; 594b 10;
594c 8; 594d 27; 594e 37; 594f 12;
596 40; 596a 30; 596b 11; 597a 17
— Zurücklassungspflicht des Verpächters
596b 11
Landwirtschaftskammer/Umlage 586a 5
Lasten eines Gebäudes 586a 11
Lasten der Pachtsache 586a 1 ff
Lebensgrundlage des Pächters 595 23
Lebenszeitvertrag 594b 9
Leihe Pächter/Dritter 589 4
oder Leihvertrag 587 6
Leistungsfähige Betriebe/Erhaltung in
bäuerlicher Hand 585 3, 24; 586 35;
591 42
Leistungsstörungen 586 16 ff
Leitlinien/ordnungsgemäße Bewirtschaftung 586 35
Lieferrechte/Lieferbeschränkungen/
Abbau von Überproduktionen 596 34 ff
LPG-Umwandlung in GmbH 585 11
Luxusaufwendungen 590b 9; 591 12, 49
Mängel der Pachtsache/Gewährleistungsrecht 586 20 ff
Mängelbeseitigung durch den Pächter 591 7
Marktfrüchte/Abbau von Überproduktion
596 34
Marktrisiko/Wert ungetrennter Früchte
596a 15
Maßnahmen
s. Erhaltungsmaßnahmen des Verpächters
Maßnahmen
s. Verbesserungsmaßnahmen des
Verpächters
Maximale Vertragsfrist 595 43 ff
Mehrheit von Beteiligten 594a 6; 594d 11;
595 53 ff
Mehrheit landwirtschaftlicher Betriebe/
Betriebsübergabe 593a 4
Mehrwert-Ersatzanspruch/nützliche
Verwendungen 591 26 ff; 591a 9
Mieterschutz (Wohnraummiete) und Pächterschutz 595 3 f
Mietvertrag Pächter/Dritter 589 4
Milchaufgabevergütung 586 41; 590 15
Milchproduktion/Anlieferungsreferenzmenge 596 31, 34
Milchviehwirtschaft 586 41
Minderung 586 24
Mischbetrieb 585 20, 28; 595 6
Mißverhältnis Pacht/Ertragsmöglichkeit
585 45

Landpacht (Forts.)
Mißverhältnis der Vertragsleistungen
aufgrund nachhaltiger Veränderungen
593 1 ff
Mitnutzungsrechte Dritter 589 6
Modernisierung durch Verbesserungsmaßnahmen 588 1
Nachfristsetzung wegen Pächter-Unterlassungen 596 28
Nachhaltige Veränderungen 593 13
Natürliche Person/personalistische
Prägung der Landpacht 594d 6
Naturereignisse 587 20, 22
Nebenerwerbsbetrieb 585 21; 595 26 f
Nebenpflichten des Verpächters bei Pachtüberlassung 586 12
Neuordnung des Rechts 581 4
Nichtbewirtschaftung von Nutzflächen
586 41
Nichtgewährung des Gebrauchs 594e 3 ff
Nichtigkeitsfolge
— Fortsetzungsverlangen wegen Formmangels 595 53
— Kündigung wegen Formmangels 594f 10
— Pachtvertrag 591 34
— Verzicht auf das Fortsetzungsrecht
595 86
Nichtrückgabe/Abgrenzung zur Vorenthaltung der Pachtsache 597 5
Nichtvertragsgemäße Rückgabe/Verpächter-Ersatzansprüche 596 25 ff
Nichtvertragsgemäßer Zustand bei Rückgabe 596 12
und Nießbrauch/Abgrenzung 586 25
Nießbrauchsrecht 585 15
Notwendige/nützliche Verwendungen
s. unten unter Verwendungen
Nutzenziehung/Pächterbefugnis zu einer
abgeleiteten 589 12
Nutzungsänderung
— Beibehaltung der landwirtschaftlichen
Bestimmung 590 14 ff
— Landwirtschaftliche Bestimmung der
Pachtsache 590 3 ff
Nutzungsänderung
s. a. Alphabetische Übersicht zu § 590
Nutzungsentschädigung
— Vorenthaltung der zurückzugebenden
Pachtsache 596 25; 597 9 ff
Nutzungsstillegung 587 24
Nutzungsüberlassung an Dritte 589 3 ff
Nutzungsverbot 587 22
Nutzungsverhinderung/Pächterrisiko
587 20 ff
Oberlandesgericht/Landwirtschaftssenat
585 41
Obhutspflicht des Pächters 598 11

Landpacht

Landpacht (Forts.)
Obstbau und Erwerbsgarten als Landwirtschaft **585** 24
Öffentliche Aufgaben/Träger als Verpächter **595** 50
Öffentliche Lasten/private Lasten **586a** 4 ff
Öffentliches Interesse an einem Sonderrecht **586** 34
Option **585** 7; **585a** 5; **594** 5
Ordnungsgemäße Bewirtschaftung
s. oben unter Bewirtschaftung (ordnungsgemäße)
Ordnungsmaßnahmen § 10 LPachtG **585** 45
Pacht
— Anpassung aufgrund veränderter Verhältnisse **593** 1 ff
— Anpassungs- und Änderungsmöglichkeiten **587** 8 f
— Aufrechnung und Zurückbehaltung **587** 17; **594e** 25
— Befreiung **587** 24
— Begriff **587** 4
— Fälligkeit **587** 11 ff
— Fehlende Vereinbarung **587** 7
— Fixierung **587** 5
— Fortsetzungsverlangen und Erhöhungsanspruch **595** 37
— Höhe **587** 5
— Nutzungsverhinderung und Fortzahlungspflicht **587** 20 ff
— Partiarische Pacht **587** 13
— und Pfandrecht des Verpächters **592** 2, 6
— Rücknahmeverweigerung des Verpächters **596** 29
— Schickschuld **587** 16
— Unterpacht/Zuschlag **589** 29
— Verbesserungsmaßnahmen und Erhöhungsverlangen **588** 20 ff
— Verbesserungsmaßnahmen/Erhöhungsanspruch **586** 20 ff
— Verjährung/Verwirkung **587** 27 f
— Versorgungscharakter/vorbereitete Erbfolge **586a** 11
— Vorenthaltung der Pachtsache/Entschädigungscharakter **597** 9
— Wertsicherungsklauseln **587** 9
— Zahlungsverzug **587** 18; **594e** 18 ff
Pachtgegenstand
— Bewirtschaftung s. dort
— und Gebrauchsüberlassung als Hauptpflicht **586** 2
— Herrichtung **586** 10
— Mängelgewährleistung **586** 20 ff
— Nutzungsänderungen s. dort
— als Objekt von Pächterpflichten **586** 7, 32 ff
— als Objekt von Verpächterpflichten **586** 7 ff

Landpacht (Forts.)
— Störungsfreier Gebrauch **586** 27 f
— Überlassung **586** 12 ff
— Vertragsgemäßer Gebrauch s. dort
— Wiederherstellung s. unten
— Zerstörung **586** 31
— Zustand **586** 7
— Zustand/geeigneter **586** 9 ff
Pachtjahr **594a** 10; **596a** 8, 10
PachtkreditG und Inventarpfandrecht **592** 15
Pachtvertrag, allgemeiner und Landpacht/Vergleich **585** 3
Pächter
— Berufsunfähigkeit **589** 21; **594c** 1 ff
— Betriebswirtschaftliche Fähigkeiten **593** 12
— Ersetzung im Rahmen einer Betriebsübergabe **593a** 1 ff
— Lebensgrundlage **595** 23
— Lebenszeitvertrag **594b** 9
— Pflichten **586** 32 ff
— Risikobereich **587** 20
— Verhinderung **589** 12
— Wechsel des Pächters/Abgrenzung zur Unterpacht **589** 27
Pächterschutz durch Pächterverlangen **595** 5
Pächterschutz/Fortsetzungsverlangen
s. Alphabetische Übersicht zu § 590
Parteien **585** 34 f
Parteiwechsel **585** 37; **585b** 9; **589** 9, 27; **594a** 7
Partiarische Pacht **587** 13
Persönliche Lasten **586a** 7
Persönliche Nachteile wegen vertragsgemäßer Beendigung **595** 23
Persönliche Pächterverhinderung **589** 12
Personalistische Prägung der Landpacht **594d** 6
Personengesellschaft/gesellschaftsinterne Vorgänge **589** 9 ff
Personengesellschaft/Tod eines Gesellschafters **594d** 7
Pfandrecht des Verpächters
s. Alphabetische Übersicht zu § 592
Positive Vertragsverletzung/Vertragsverletzung **586** 19
Produktionskontingente/Aufwendungen zur Erlangung **590b** 12
Produktionsquoten **586** 37; **591** 13; **596** 34; **596b** 4
Produktivitätsminderung als Maßnahmenfolge **588** 15
Räumung
— Räumungsklage/Verfahren auf Vertragsfortsetzung **596** 19, 40

Landpacht (Forts.)
— Räumungsschutz/Wohnraummitverpachtung **596** 20
— Teilweise Räumung **596** 30
Rahmenbedingungen und Pächterrisiko **587** 20
Rechte als Teil des Pfandobjekts **590b** 14
Rechtsentwicklung **Vorbem 581** 7
Rechtsform des Pächters/Änderung **589** 8
Rechtsformbedeutung **585** 24
Rechtsmangel **586** 24
Rechtspacht/Abgrenzung reiner **585** 30
Referenzmengen **590b** 12
Reformiertes Recht **581** 4
Reinvestition/Erlös aus Inventarveräußerung **590** 34 f
Rentabilität
s. oben unter Ertrag
Reparaturen als gewöhnliche Ausbesserungen **586** 44
Rheinische Hofübergabe **585a** 11; **593a** 13
Risikobereich des Pächters **586** 19; **587** 20
Rückgabe des Pachtgegenstandes
— Anspruch auf Rückgabe **596** 27, 36; **597** 5
— und Nutzungsänderung **590** 31
— Pächterweigerung **596** 29
— Protokoll hierüber **596** 24
— Vorenthaltung bei Vertragsbeendigung **596** 25; **597** 1 ff
— Zustand nicht ordnungsgemäßer Bewirtschaftung **596** 28
— Zustand ordnungsgemäßer Bewirtschaftung **596** 1 ff
Rücktritt vom Vertrag **587** 19; **594f** 6
Saatgutlieferung und Früchtepfandrecht **592** 14
Sachverständiger/Anhörung zur Mehrwertbestimmung **591** 53
Sachverständiger/Beschreibung der Pachtsache **585b** 14 ff
Schadensersatzansprüche
— Duldungspflicht des Pächters, verletzte **588** 24
— Ernteanschluß, Verstoß der Pächter-Sicherungspflicht **596b** 6
— wegen Gewährleistung **586** 24
— Informationspflichtverletzung durch den Pächter **586** 41
— der kündigenden Partei **594e** 49
— Rückgabe in vertragswidrigem Zustand **596** 28
— Vertragspflichtverletzung des Verpächters **586** 18
— Vertragswidriger Pächtergebrauch **590a** 2
— Vorenthaltung der Pachtsache **597** 12 ff

Landpacht (Forts.)
Schiedsgericht und Fortsetzungsanspruch **595** 84
Schönheitsreparaturen als Ausbesserungen **585** 44
Schriftform
— Fortsetzungsverlangen **595** 55
— Kündigung der Landpacht **594f** 5 ff
— Vereinbarte Form **585a** 19 ff
— Vertrag länger als zwei Jahre **585a** 1 ff
— und Vertragsinhalt **585a** 12 f
Schuldhafte Vertragsverletzung **594e** 27
Schutz des Pächters bei vertragsgemäßer Beendigung
s. Alphabetische Übersicht zu § 595
Schutzgebiet-Einbeziehung **587** 20
Selbsthilferecht des Verpächters **592** 26
Sicherheitsleistung/Abwendung des Pfandrechts des Verpächters **592** 33 ff
Sicherheitsleistung/Nutzungsänderung **590** 30
Sicherung des Mehrwert-Ersatzausgleichs **591** 35
Sittenwidrigkeit **594b** 6
Sonderform des allgemeinen Pachtvertrages **585** 2 ff
Soziale Gerechtigkeit **589** 21
Sozialer Pächterschutz **595** 3
und Sozialklausel des Mietrechts **594d** 30; **595** 23
Steuererhöhungen/Subventionsabbau **593** 11
Steuerrecht/Betriebsaufgabe oder Betriebsverpachtung **585** 47
Steuerrecht/Versorgungsleistungen **593** 8
Stillegung landwirtschaftlicher Nutzflächen **590b** 11
Störung der Geschäftsgrundlage **586** 19
Störungsfreier Gebrauch **586** 27
Streitigkeiten
s. oben unter Landwirtschaftsgericht
Substanzschonende Erhaltung/ordnungsgemäße Bewirtschaftung **586** 35
Subventionsleistungen **596** 35
Testamentsvollstrecker **594d** 12
Tierhaltung **589** 5
Tierseuchen **593** 11
Tod des Pächters
— Nachfolgepächter/Ermessenseinschränkung für den Verpächter **589** 24
— Vorzeitiges Kündigungsrecht jeder Partei als Grundsatz **594a** 14; **594d** 1 ff
— Vorzeitiges Kündigungsrecht des Verpächters/ausgeschlossenes Fortsetzungsverlangen **595** 11
— Vorzeitiges Kündigungsrecht des Verpächters/Widerspruchsrecht der Erben **594d** 16 ff

Landpacht

Landpacht (Forts.)
Tod des Verpächters/allgemeine
  Erbrechtsgrundsätze **594d** 1
Treu und Glauben
— Mißverhältnis der Leistungen **593** 7
— Pächterschutz/weitergehender **595** 12
Übergabevertrag
  s. oben unter Betriebsübergabe
  für Übergangszeit **595** 46
Überlassung der Pachtsache **586** 13 ff
Übernahmerecht des Verpächters/Pächter-
  einrichtungen **591a** 12 ff
Überproduktionsproblematik **586** 41
Überschwemmung oder Versumpfung/
  drohende als Mangel **586** 21
Umdeutung/fristlose in ordentliche
  Kündigung **594e** 33
Umgehung des Rechts auf Vertragsfortset-
  zung **595** 82 ff
Umgestaltung der Pachtsache **591b** 6
Umlage zu den Landwirtschaftskammern
  586a 5
Umweltschutz
— Bedeutung höheren Umweltbewußtseins
  586 37
— und Pächterrisiko **587** 20
— und Produktivitätsminderung **588** 13,
  15
Unerlaubte Handlung des Pächters **590a** 2
Ungerechtfertigte Bereicherung
— durch Verwendungsmaßnahmen **590b** 5
— Vorenthaltung der Pachtsache **597** 13
Unmöglichkeit
— der Gebrauchsgewährung **587** 24
— der Rückgabe **596** 26; **597** 6, 10
— und Vertragsverletzung/Verhältnis
  586 18
Unterhaltungsmaßnahmen des Pächters
  s. oben unter Ausbesserungen
Unterhaltungsverbände/Beiträge
— Unterlassene Pächtermaßnahmen/
  Schadensersatzpflicht **586a** 6
Unterlassen
— Rückgabe der Pachtsache gegen
  Verpächterwillen **597** 7 f
— Verpächterklage gegen den Pächter
  586 42
— Vertragswidriger Gebrauch **590a** 1 ff
Unterpacht
— und Abtretung von Pächterrechten/
  Abgrenzung **589** 28
— und Mehrwert-Ersatzanspruch **591** 32
— Nützliche Verwendungen **591** 24
— Pachtschutz **595** 7
— und Pächterwechsel/Abgrenzung **589** 27
— Rechtsbeziehungen **589** 29 ff
— Rückgabeanspruch des Hauptverpäch-
  ters **596** 36

Landpacht (Forts.)
— Unerlaubte Unterpacht **589** 31 ff
— und Verpächterpfandrecht **592** 16
— und Vertragsanpassung **593** 9
— und Verwendungsersatzanspruch
  590b 20
— Zuschlag **589** 29
Unzumutbare Vertragsfortsetzung **594e** 46,
  50
Veräußerung des Pachtgegenstandes
  592 18; **593** 21; **593b** 1 ff; **595** 11
Verbesserungsmaßnahmen des Pächters
  s. Verwendungen
Verbesserungsmaßnahmen des Verpächters
— Abgrenzung zu den gewöhnlichen
  Ausbesserungen **586** 40
— Duldungspflichten des Pächters
  586 14 ff
— Erhöhung des Gebrauchs- und
  Substanzwertes **588** 13
— und Pachterhöhung **588** 20 ff
Vereinigung von Pfandrecht und Eigentum
  592 18
Verfahrensrecht **585** 48
Verfahrensrecht
  s. Landwirtschaftsgericht
Verfassungsrecht/Verfassungsmäßigkeit
— Betriebszugehöriges Zupachtgrund-
  stück/vorweggenommene Erbfolge
  593a 5
— Eigentumsbindungen und Pächterrisiko
  587 20
— Landpacht/gerichtliche Abänderungs-
  möglichkeit von Verträgen **593** 6
— Landpacht/unterlassene Vertragsanzei-
  ge **593** 4
— Rechtfertigung landwirtschaftlichen
  Sonderrechts **585** 26
Verhältnisse/Änderung als Grundlage
  eines Anpassungsbegehrens **593** 11
Verhinderung der Bewirtschaftung/Päch-
  terrisiko **587** 20 ff
Verjährung
— Beiderseitige Ersatzansprüche **596** 23
— Ernteanschluß und Wertersatzanspruch
  596b 9
— Landpacht/Pacht/Miete **591b** 1
— Landpachtrechtliche Besonderheiten/
  Übersicht **591b** 4
— Mehrwert-Ersatzanspruch **591** 30
— Mehrwertabgeltung **591** 58
— Mietrechtsreform 2001 **591b** 2
— Pachtforderung **587** 27
— Rückgewähranspruch **596** 23
— Streitiges Verfahren/FGG-Verfahren
  591b 5
— Verwendungsersatzanspruch **590b** 19
— Vorenthaltung der Pachtsache **597** 15

Landpacht (Forts.)
— Wegnahmerecht/Übernahmerecht an Einrichtungen **591a** 18
Verkehrssicherung **586** 26, 43 f
Verkehrswert
— Erzeugnisse bei Ernteanschluß **596b** 7
— Landwirtschaftliche Flächen **586** 41
— Ungetrennte Früchte **596a** 13
— Vergleich bei Mehrwert-Ersatzanspruch **591** 31
Verlustvermeidung bei der Vertragsabwicklung **594a** 2
Verpächter
— Pächterschutz/Verpächterinteressen **595** 28
— Pfandrecht **592** 1 ff
— Pflichten **586** 8 ff
— Träger gesetzlicher/öffentlicher Aufgaben **595** 50
— Vorleistungspflicht **586** 14; **587** 12
Verschlechterung der Pachtsache **586** 44; **590b** 8
Verschuldensfrage/Kündigung aus wichtigem Grund **594e** 2
Versorgungsleistungen **593** 8
Verspätete Rückgabe der Pachtsache **596** 27
Versumpfung oder Überschwemmung/ drohende als Mangel **586** 21
Vertragsgemäßer Gebrauch
— Abgrenzung zur gewöhnlichen/üblichen Nutzung **586** 7
— Bestimmung **586** 7; **594e** 4
— und Einstehenmüssen des Verpächters für Mängel **586** 20
— Haftung des Verpächters **586** 20 ff
— Konkretisierungsziel **586** 7
— Ordnungsgemäße Bewirtschaftung als– **590a** 3
— und Pachtzahlung **587** 21
— Störungsfreier Gebrauch **586** 27
— Überlassung und Erhaltung/Hauptleistungspflicht des Verpächters **586** 8
— und Verkehrssicherung **586** 25
— und vertragsgemäße Nutzung/Begriffsidentität **594e** 4
— Wiederentziehen **594e** 8
Vertragsgemäßer Gebrauch
s. a. Erhaltungspflicht des Verpächters
Vertragsgemäßer Zustand/Rückgabe der Pachtsache **596** 9
Vertragsidentität/Pächterwechsel **593a** 14 ff
Vertragspartnerwechsel **585** 37; **585b** 9
Vertragsverlängerung
— Fiktionen der Verlängerung/Pachtvertrag auf bestimmte Zeit **594** 11 ff
— Formfrage **585a** 16
— Gerichtliche Entscheidung **594** 9

Landpacht (Forts.)
— Klausel **594** 6
— Konkludenz (Weiterbewirtschaftung) **594** 10
— Vereinbarung **594** 8
Vertragsverletzung **586** 19
Vertragswidriger Gebrauch
— Abmahnung **594e** 15
— Begriff **594e** 15
— Beweislast **594e** 17
— Duldung **590a** 5
— Einstweilige Verfügung **590a** 9
— Erheblichkeit **594e** 16
— Kündigungsrecht des Verpächters **594e** 15 ff
— Unterlassungsanspruch des Verpächters **590a** 1 ff
Vertragszweck und Bewirtschaftungspflicht **586** 35
Verwendungen
— Begriff der Verwendungen **590b** 7; **596** 32
— Notwendige Verwendungen/Pächter-Ersatzansprüche **596** 32
— Notwendige/nützliche **590b** 8, 10; **591** 10, 14, 34
— Nützliche Verwendungen/Pächter-Ersatzansprüche **596** 33
Verwendungsrisiko des Pächters **586** 19
Verwirkung der Pacht **587** 27
Verzicht auf das Fortsetzungsrecht **595** 86
Verzug
— Ausbesserungen durch den Pächter **586** 51
— Pachtzahlung des Pächters **587** 18 f
— Rückgabe der Pachtsache **597** 11
— Überlassung des Pachtgegenstandes **586** 17
Vollerwerbslandwirt/Nebenerwerbslandwirt **595** 7
Vorenthaltung der Pachtsache bei Vertragsbeendigung **596** 25; **597** 1 ff
Vorfälligkeitsklauseln, unzulässige formulierte **587** 30
Vorhand **585** 6
Vorkaufsrecht für den Pächter **585a** 11
Vorschußleistungen **586** 19; **588** 19
Vorsorgemaßnahmen als notwendige Verwendungen **590b** 8
Vorübergehende Verpachtung/ausgeschlossener Fortsetzungsanspruch **595** 46
Vorvertrag **585** 5; **585a** 6
Vorweggenommene Erbfolge
s. oben unter Erbfolge
Vorzeitige Ereignisse
— Kündigung **594a** 13 ff
— Rückgabe der Pachtsache **596** 18
— Vertragsbeendigung **596a** 1 ff

Landpacht (Forts.)
Wegeausbesserung als gewöhnliche Ausbesserung **585** 44
Wegnahmepflicht des Pächters als Ausnahme **591a** 10
Wegnahmerecht
— Ausschluß des Pächterrechts **591a** 9
— Einrichtungen des Pächters/Pächterrecht **591a** 4 ff
— und Verpächter-Pfandrecht **592** 2
Weinbau **585** 24
Wertersatzanspruch
— des Pächters bei Ernteanschluß **596b** 7
— Sonderregelung bei vorzeitiger Pachtbeendigung **596a** 6 ff
Wertsicherungsklauseln **587** 9
Wichtiger Kündigungsgrund **594e** 2
Widerruf der Unterpacht-Erlaubnis **589** 20
Wiederherstellung der Pachtsache
— nach Erhaltungsmaßnahmen **588** 12
— nach Nutzungsänderung **590** 31
— Zerstörung der Pachtsache **586** 31
Wiesen- und Weidewirtschaft als Landwirtschaft **585** 24
Windkraftanlagen/Eigentümereinwilligung **590** 19
Wirtschaftliche Bedeutung der Landpacht **Vorbem 581** 10
Wirtschaftliche Rahmenbedingungen **593** 11
Witterungsbedingte Beeinträchtigungen **586** 44; **587** 20; **593** 11
Witterungsschäden/Beseitigung als Ausbesserung **585** 44
Zahlungsverzug des Pächters **594e** 18 ff
Zeitablauf **594** 4 ff
Zeit/Pachtvertrag ohne Angabe bestimmter **594a** 3
Zerstörung der Pachtsache **586** 31
ZPO-Verfahren (streitige Verfahren)
s. oben unter Landwirtschaftsgericht
Zucker/Produktionsquoten **596** 34
Zuckerrübenlieferungsrecht **585** 32
Zugesicherte Eigenschaft/fehlende **586** 23
Zumutbarkeit
— Nützliche Verwendungen **591** 43
— Nutzungsänderung **590** 24
— Verbesserungsmaßnahmen **588** 14
Zupacht
— Begriff des Zupachtgrundstücks **593a** 8
— Flächen **589** 25
— Forstwirtschaftliche Grundstücke **585a** 5
— und Pächterschutz **595** 27
— Vorweggenommene Erbfolge/betriebszugehörige- **593a** 1 ff
Zurückbehaltungsrecht
— Pachtzahlung **587** 17

Landpacht (Forts.)
— Rückgabeanspruch des Verpächters **596** 22
Zurücklassungspflicht aufgrund Ernteanschlusses **596b** 1 ff
Zustand/geeigneter der Pachtsache **586** 9 ff
Zustimmung
— Landwirtschaftliche Bestimmung/Änderung **590** 3
— Nützliche Verwendungen **591** 17 ff, 25, 36 ff
— Nutzungsänderung **590** 21 ff
Zuweisungsverfahren/Betriebsübergang **593a** 29
Zweckausrichtung/Zweckverfehlung **585** 3; **586** 20
Landwirtschaftliches Grundstück
Abgrenzung reine Grundstückspacht/Landpacht **581** 12
BBodenSchG/ordnungsgemäß betriebene Landwirtschaft **587** 27
Begriff der Landwirtschaft **581** 11; **585** 24
Betriebspacht und Landpacht/Abgrenzung und Verhältnis **585** 19
Grundstückspacht mit Inventar **Vorbem 582–583a** 6 f
Hobbynutzung/gewerbliche Zwecke **585** 24
Landpacht als Sonderrecht **585** 3, 24; **586** 34; **595** 3
Landwirtschaftsgericht
Landpacht/Streitigkeiten
s. Landpacht
Lasten
des Pachtgegenstandes **581** 327 f; **586a** 1 ff
Leihe
Abmahnung wegen vertragswidrigen Gebrauchs **603** 1
Abnutzungsrisiko **601** 2
Abrede/Vollzug des Vertrages **Vorbem 598 ff** 6
Abwicklungsfrist/einzuräumende **605** 1
als anderstypische Nebenleistung **598** 15 ff
Annex eines Kaufvertrages **598** 16
Anspruchskonkurrenzen/Verjährungsfrage **606** 8 f
Arbeitsvertrag/Firmenwagen **598** 18
Arglistiges Mangelverschweigen durch den Verleiher **600** 1 ff
Auftrag/Abgrenzung **598** 13
Aufwendungen zur Gebrauchsmöglichkeit **601** 2
Austauschverhältnis/fehlendes bei der Leihe **598** 15
Begriff/Rechtsnatur **Vorbem 598 ff** 1
Behälterüberlassung **598** 16
Beschädigung durch Dritte **606** 10
Besitzverhältnisse **Vorbem 598 ff** 19

Leihe (Forts.)
  Bestimmbarkeitserfordernis
    Vorbem 598 ff 7
  Bindungswille **Vorbem 598 ff** 8
  Bringschuld/Rückgabepflicht **604** 2
  commodatum **Vorbem 598 ff** 6
  Culpa in contrahendo **599** 2; **600** 2
  Darlehen als Freundschaftsdarlehen **605** 4
  Darlehen/Abgrenzung **Vorbem 598 ff** 3
  Eigenbedarfskündigung **605** 2 f
  Eigentümer und Verleiher/Verschiedenheit
    602 4; **604** 5; **606** 11
  Eigentum und Gestattungspflicht **598** 13
  Eigentumsübergang während der Leihe
    598 13
  Einigung über die Unentgeltlichkeit **598** 2
  Einrichtungen/Wegnahmerecht des Entleihers **601** 4
  Entgeltlichkeit/Unentgeltlichkeit **598** 4
  Erfüllung unwirksamer Verträge **606** 7
  Erfüllungsinteresse/Schutzinteresse **600** 3
  Erhaltungsmaßnahmen/Pächter-Ersatzanspruch bei außergewöhnlichen **601** 4
  Erhaltungspflicht des Entleihers **601** 1 ff
  Erhaltungspflicht und Unterlassungsklage
    601 1
  Erlaubnis/Überlassung an Dritte **603** 2
  Ersatzfahrzeug/Gestellung ohne Vollkasko
    599 4
  Erscheinungsformen der Leihe **598** 14 ff
  Fahrzeug/Zurverfügungstellung **598** 18
  Flaschenbierhandel **598** 15
  Fortsetzung des Gebrauchs nach Zeitablauf
    602 2
  Freigabe von Plätzen zur öffentlichen
    Nutzung **Vorbem 598 ff** 15 ff
  Fremdwährungsbestände **598** 11
  Fruchtziehung und Gebrauch/Abgrenzung
    598 11
  Fruchtziehung/Umfang der Rückgabepflicht **604** 1
  Fütterungskosten **601** 2
  Gebrauchsfähiger Zustand/fehlende
    Verleiherpflicht **601** 1
  Gebrauchsfortsetzung nach Zeitablauf
    602 2
  Gebrauchsgestattung **598** 10, 13;
    Vorbem 598 ff 6
  Gebrauchsüberlassung/andere Formen als
    Leihe **606** 7
  Gebrauchsüberlassung/Kreis lediglich
    sozialer Grundlagen **Vorbem 598 ff** 10
  Gefährdungshaftung **606** 9
  als Gefälligkeitsverhältnis **Vorbem 598 ff** 8;
    605 2
  und Gefälligkeitsverhältnis auf sozialer
    Verständigung beruhend/Abgrenzung
    Vorbem 598 ff 8

Leihe (Forts.)
  Gegenseitige Verträge/unanwendbares
    Recht **598** 14
  Gegenstand **598** 6 ff
  Gemeines Recht **Vorbem 598 ff** 6
  Gemischte Leihe **598** 3
  Geschäftsführung ohne Auftrag/außergewöhnliche Entleiher-Erhaltungsmaßnahmen **601** 4
  Gesellschaftliche Kommunikation/
    Abgrenzung bloßer **Vorbem 598 ff** 8
  Gewöhnliche Erhaltungskosten/Abgrenzung anderer Verwendungen **601** 2
  Grundstücksleihe **598** 5
  Gutgläubiger Entleiher **606** 11
  Haftungsfragen
  — Entleiherhaftung für die Rückgabe **602** 1
  — Entleiherhaftung für vertragswidrigen
    Gebrauch **602** 3
  — Entleiherhaftung für Vorsatz/Fahrlässigkeit **599** 4
  — Gefälligkeitsverhältnis und Haftungsmaßstab **Vorbem 598 ff** 13
  — Haftungsmilderungen im Schenkungs-,
    Verwahrungs- und Leiherecht
    Vorbem 598 ff 14
  — Unbefugte Überlassung an Dritte **603** 3
  — Verleiherhaftung für Vorsatz/grobe
    Fahrlässigkeit **599** 1 ff
  — Verleiherhaftung/Haftungsprivileg und
    seine Reichweite **599** 2; **600** 2
  — Vertragswidriger Gebrauch/Schadensersatzfolge **602** 3 f
  — Zufallshaftung **602** 3; **603** 3
  Handleihe **Vorbem 598 ff** 9, 11; **600** 1
  Hilfspersonen/Gebrauch **598** 14
  Holschuld der Verleiherpflicht **598** 13
  Interessen des Entleihers **605** 2
  oder Kauf von Verpackungsmaterial **598** 16
  Kfz-Totalschaden **606** 12
  Kleingartenrecht **604** 13
  Konsensualvertrag oder Realvertrag **598** 1;
    Vorbem 598 ff 6 f; **605** 3
  Kostentragungsregel und Entleiher-Erhaltungspflicht **601** 1
  Kündigung
  — vor Ablauf vereinbarter Zeit **604** 3
  — wegen Eigenbedarfs **605** 2 ff
  — und Recht jederzeitiger Rückforderung
    604 10
  — wegen Tod des Entleihers **605** 7
  — durch Verleiher **604** 9
  — wegen vertragswidrigen Gebrauchs
    605 6
  — wegen wichtigen Grundes durch den
    Verleiher **605** 1
  Kurzfristige Überlassungen/bloße Gefälligkeiten **Vorbem 598 ff** 8

Leihe (Forts.)
Langfristige Überlassung/Heranziehung des Schenkungsrechts **Vorbem 598 ff** 2
Leasing **599** 4
Leihversprechen **Vorbem 598 ff** 6
Leistungstreuepflichten/Haftungsprivileg **599** 2
Mängel/Mängelfolgeschäden und Verleiherhaftung **600** 2 f
Miete/Vermietung durch Entleiher **604** 1
Mietvertrag/Abgrenzung **598** 2 f, 7; **Vorbem 598 ff** 1
Minderjähriger Entleiher **606** 7
als Nebenleistung/anderstypische **598** 15 ff
Nebenpflichten des Entleihers **599** 2; **601** 3
Negatives Interesse **600** 5
Offerte an jedermann/Gestattung unentgeltlichen Gebrauchs **Vorbem 598 ff** 15 ff
Pfandgeld **598** 14 f
Pflichtverletzung und Mängelhaftung des Verleihers **600** 2
Probefahrt **Vorbem 598 ff** 4; **599** 4; **606** 7
Probestücke/Überlassung **598** 17
Probezeit/Miete nach unentgeltlicher **598** 4
Realvertrag oder Konsensualvertrag **598** 1; **Vorbem 598 ff** 7; **605** 3
Recht jederzeitiger Rückforderung **604** 10
Rechtsmängelhaftung des Verleihers **600** 1 ff
Rückgabeanspruch/Verleiher gegen Dritte **604** 10 f
Rückgabepflicht/Entleiherpflicht **604** 1 ff
Sachen **598** 6 ff
Sachenrecht/Rechtsfolgen **Vorbem 598 ff** 19
Sachmängelhaftung des Verleihers **600** 1 ff
Schadenseintritt/bei Gelegenheit der Überlassung **599** 2
Schadensersatzansprüche/vertragswidriger Gebrauch **602** 3 f
Schenkung/Abgrenzung **598** 4 f, 8; **Vorbem 598 ff** 2; **600** 1
Schwerpunkttheorie/Abgrenzung zur Miete **598** 3
Tatbestandsmerkmale **598** 1 ff
Tiere **601** 2
Tod des Entleihers **605** 6
Treu und Glauben **605** 2
Überlassung an Dritte **603** 2
Uneigennützigkeit des Verleihers/Haftungsprivileg **599** 1
Unentgeltlichkeit/Einigung hierüber **598** 2 ff
Unerlaubte Handlung/Verleiher-Haftungsprivileg **599** 3
Unerlaubte Handlung/Verleiheransprüche **606** 8
Unmöglichkeit der Rückgabe **602** 3

Leihe (Forts.)
Unterlassungsklage/Verletzung der Erhaltungspflicht **601** 1
Unterleihe **603** 2
Unvollkommen zweiseitiger Vertrag **598** 14
Veränderungen/Verschlechterungen entliehener Sache **606** 5
Verjährung
— Entleiheransprüche auf Verwendungsersatz/Gestattung der Einrichtungswegnahme **601** 5; **606** 3
— Verpächter-Ersatzansprüche **606** 2
Vernichtung der Sache **606** 12
Verpackungsmaterial **598** 15
Verpfändungszweck **598** 11
Verschleißrisiko **601** 2
Vertragsgemäßer Gebrauch/vertragswidriger Gebrauch **602** 2; **603** 1; **605** 6
Vertragstyp/unvollkommen zweiseitiger Vertrag **598** 14
Vertragsverhandlungen und Gebrauchsüberlassung **Vorbem 598 ff** 4
Verwahrung/Abgrenzung **598** 12; **Vorbem 598 ff** 3
Verwaltungshandeln **Vorbem 598 ff** 18
Warenmuster/Überlassung **598** 17
Wegnahmerecht des Entleihers **601** 4
Wertpapierleihe **598** 9
Zeitablauf **604** 9
Zufallshaftung **602** 3; **603** 3
Zurückbehaltungsrecht ggü Entleiher-Rückgabeanspruch **598** 14
Leistung/Gegenleistung
EOP-Methode zum Mißverhältnis **581** 138
Erhaltungspflicht und Geldausgleich **581** 234
Gaststättenpacht/Mißverhältnis **581** 138
Mißverhältnis Pacht/Verpächterleistung und Kündigungsausschluß **581** 187
Pacht und Geldentwertung/Mißverhältnis **581** 209
Pachthöhe **581** 197
Leistungsstörungsrecht
Gewährleistung **581** 293 ff
Mängel
s. dort
Schuldrechtsmodernisierung/Mietrecht und allgemeines– **Vorbem 581** 9
Unmöglichkeit des Pachtgegenstandes **581** 139
Leistungsvorbehalt
Pachthöhe/Änderung **581** 202
Lizenzverträge
Beendigung **584** 12
Entgeltliche Gestattungsverträge **Vorbem 581** 85 ff
Franchising **Vorbem 581** 143

Lizenzverträge (Forts.)
Haftung für zugesicherte Eigenschaften **581** 303
Kartellrecht/§ 17 GWB **581** 267
Patentlizenzverträge **Vorbem 581** 86 ff
Rechtsnatur **Vorbem 581** 85 ff; **581** 83

Mängel
Landpacht
s. dort
Leihe
s. dort
Pachtgegenstand
s. dort

Managementleistung
und Betriebsführungsvertrag **Vorbem 581** 40

Mecklenburg-Vorpommern
Fischereipacht **581** 63
Jagdrecht/Ausführungsgesetz zum BJagdG **581** 54

Mehrheit von Beteiligten
Apothekenbetreiber **Vorbem 581** 126
Jagdpacht **Vorbem 581** 108
Landpacht **594a** 6; **594d** 11; **595** 53 ff
Pachtvertrag **581** 128, 398

Mehrheit von Sachen
Mietvertrag/Pachtvertrag **Vorbem 581** 26

Mietrecht
s. a. Pachtrecht/Pachtvertrag
Abgrenzung Raum-/Unternehmens-/Rechtspacht **581** 20
Apothekenbetriebsräume **Vorbem 581** 122, 128
Außerordentliche befristete Kündigung **581** 409; **584** 16 f
Außerordentliche fristlose Kündigung **581** 413
Bezeichnung **581** 37
Erhaltungs- und Verbesserungsmaßnahmen/Duldungspflicht **588** 1, 4
Erhaltungspflicht/Vermieter-Hauptleistungspflicht **581** 178
Erlaubnis der Untermiete **581** 409
Fälligkeit der Miete **581** 218, 291
Formfragen **581** 283 ff
Gebrauch/selbständiger, unselbständiger der Mietsache **581** 342
Gebrauchsfortsetzung nach Ablauf **584b** 2
Gebrauchsüberlassung und Fruchtziehung **581** 9
Geschäftszweckänderung/Abgrenzung Pacht und Miete **581** 33
Geschäftszweckänderung/Einrichtung für bestimmte Betriebsart **581** 33
Gewährleistungsrecht und allgemeines Leistungsstörungsrecht **Vorbem 581** 9
Gewerbliche Zwischenvermietung **581** 28
Größenzusicherung **581** 304 f

Mietrecht (Forts.)
Grundstücke und Räume/Unterscheidung **581** 18
Grundstückspacht/Abgrenzung **581** 13; **584** 5
Grundstückspacht/anwendbare Mietrechtsvorschriften **581** 17
Grundstücksveräußerung **581** 438 ff
Kaution **581** 255 f
Konkurrenzschutz **581** 158 ff
Kündigungsvorschriften/Anwendung im Pachtrecht **581** 390
Leihe und Miete/Abgrenzung **Vorbem 598 ff** 1
und Leistungsvorbehalt **581** 202
Mangel **581** 295
Mehrheit von Beteiligten **581** 128
MietrechtsreformG 2001/Pachtrecht und geänderte Verweisungstechnik **581** 281; **584a** 7; **585** 50
MietrechtsreformG 2001/Schuldrechtsmodernisierung **Vorbem 581** 7 f
MietrechtsreformG 2001/sprachliche Korrekturen des Pachtrechts **581** 5; **582a** 3; **584** 4; **584b** 4; **585** 50; **587** 3
Mietverträge als Pachtverträge **Vorbem 581** 12
Minderung der Miete **581** 306
Mischvertrag Miete/Pacht **581** 28, 40
Obhutspflicht **581** 237
Pachtgegenstand/Weitervermietung **581** 343
Pachtrecht/Anwendung mietrechtlicher Vorschriften **581** 280 ff; **584a** 7; **585** 50
Pachtrecht/BGB-Beratungen, Dresdener Entwurf **581** 2 f
Pachtvertrag/Abgrenzung **Vorbem 581** 23 ff; **581** 6, 43
Pachtvertrag/Ausschluß des Fruchtziehungsrechts **581** 171
Pachtvertrag/Wohnraum für den Pächter umfassend **581** 280
Prozeßrechtliche Vorschriften **581** 40
Raummiete/Raumpacht, Abgrenzung **581** 28 ff
Raumpacht/Unternehmenspacht **Vorbem 581** 24; **581** 20
Rechtsanwaltspraxis **581** 31
Schriftform **581** 283 ff
Teilkündigung **581** 399
Übernahme leerer Räume **581** 29
Untermiete/Erlaubnis **581** 409
Untermiete/Schutz **581** 28
Verweisungen im Pachtrecht **581** 7, 281; **584a** 7; **585** 50
Vorenthaltung der Mietsache/Vermieteransprüche **584b** 1
Zeitpunkt der Überlassung **581** 152

Minderung
Miete/Pacht **581** 209, 306
Pachtherabsetzung **581** 216, 294
als Rechtsfolge kraft Gesetzes **581** 306
Rechtsmängelhaftung **581** 316
und Vorenthaltung des Pachtgegenstandes **584b** 18
Mischvertrag
Landpacht
s. dort
Mietvertrag/Pachtvertrag **581** 28, 40
Mißverhältnis
Leistung/Gegenleistung
s. dort
Mitteilungspflichten
Obhutspflichten des Pächters **581** 239

Nachvertragliche Pflichten
Pachtvertrag **581** 181, 279
Naturalleistung
als Pacht **581** 184 f
Nebenkosten
als Pacht **581** 417
Unterbliebene Abrechnung **581** 421
Nebenpflichten
und Pacht-Hauptleistungspflichten **581** 178
beim Pachtvertrag **581** 178 ff, 235 ff
und Schuldrechtstypus **581** 178
Treu und Glauben/selbständige– **581** 179
Nichterfüllung
Pachtvertrag/Gewährleistungspflicht des Verpächters **581** 293
Nichtgewährung
Vertragsgemäßer Gebrauch am Pachtgegenstand **581** 414
Nichtigkeit
Apothekenpacht **Vorbem 581** 122
Fischereipacht **581** 71
Jagdpacht **Vorbem 581** 106; **581** 60
Kündigungsausschluß für Pachtvertrag **581** 395
Landpacht
s. dort
Pachtvertrag/Formmangel **581** 136, 290
Pächterverfügungen über das Inventar/Vereinbarungen **583a** 1 ff
Niedersachsen
Fischereipacht **581** 63, 69 f
Jagdpacht/Ausführungsgesetz zum BJagdG **581** 54
Nießbrauch
und Fruchtbegriff **581** 173
Landpacht/Abgrenzung **586** 25
Pacht/Abgrenzung **Vorbem 581** 15
am Pachtgegenstand durch den Pächter **581** 431
Rechtspacht **581** 76
Rheinische Hofübergabe **585a** 11

Nordrhein-Westfalen
Fischereipacht **581** 63, 69 f
Jagdrecht/Ausführungsgesetz zum BJagdG **581** 54
Nutzungen
Änderung der Nutzung im Landpachtverhältnis
s. Landpacht
Beitrittsgebiet/Anpassung von Nutzungsverhältnissen **Vorbem 581** 187 ff
Früchte/Fruchtziehung
s. dort
Mietrecht
s. dort
Pachtrecht/Pachtvertrag
s. dort
und Rechtspacht **581** 46, 74
Vertragsgemäßer Gebrauch
s. dort
Nutzungsentschädigung
Vorenthaltung der Pachtsache/Verpächteranspruch **581** 466; **584b** 1 ff; **597** 9 ff

Obhutspflicht des Pächters
und eingeschränkte Wettbewerbsfreiheit **581** 275
und Fürsorgepflicht/Abgrenzung der Pächterpflichten **581** 245
und Pfändung **581** 238
und vertragsgemäßer Pächtergebrauch **581** 238
bei Vorenthaltung des Pachtgegenstandes **584b** 24
Öffentlich-rechtliche Beschränkungen
Mängelgewährleistung im Pachtrecht **581** 301
Öffentlich-rechtliche Verbindlichkeiten
als Lasten des Pachtgegenstandes **581** 327
Öffentliche Rechte
als Gegenstand einer Rechtspacht **581** 44; **584** 9
Öffentliches Interesse
Landwirtschaftliches Sonderrecht der Pacht **586** 34
Offene Handelsgesellschaft
Apothekenbetrieb **Vorbem 581** 126 f
Option
Pachtvertrag und Optionsinhalt **581** 385; **585** 6; **585a** 11
Pachtvertrag/Beendigung **584** 14
Pachtvertrag/erstmalige Begründung **581** 144
und Verlängerungsklausel/Abgrenzung **581** 146
Verlängerungsoption **581** 145, 285
Ordentliche Kündigung
Pachtvertrag
s. Kündigung (Pachtvertrag)

Ordnungsgemäße Bewirtschaftung
und Fruchterwerb aufgrund eines Pachtvertrages **581** 173, 177
Landpacht
s. dort
und Verpächter-Verfügungsbefugnis über Inventar bei Schätzpreisrücknahme **582a** 16 ff
Ort der Leistung
Rückgabepflicht des Pächters **581** 460

Pacht
Abtretung und Kündigungsrecht **581** 417
Art **581** 183
Bemessung **581** 131, 188 ff
Dauer der Verpflichtung **581** 225
Einmalpacht **581** 219
Entrichtung **581** 182, 291
Erfüllungsort **581** 224
Erhöhung **581** 200
Erneute Einigung **581** 213
Ersetzungsbefugnis **581** 185, 206
Fälligkeit **581** 208, 218, 291
und Gewährleistung **581** 293
Herabsetzung **581** 212
Höhe **581** 197
Landpacht
s. dort
Leistungsvorbehalt **581** 202, 213
Mängel des Pachtgegenstandes **581** 293
Minderung **581** 216, 306, 316
Risiko **581** 195, 215 f
Rückerstattung von Vorauszahlungen **581** 453
Sittenwidrige Gaststättenpacht **581** 138
Spannungsklausel **581** 204, 214
Staffelpacht **581** 203, 214
Störung der Geschäftsgrundlage **581** 209, 215, 241, 430
Teilpacht **581** 189 ff, 218
Umfang der Pacht/Nebenkosten und Umlagen **581** 417
Umsatzsteuer **581** 199
Verjährung **581** 226
Verwirkung **581** 227
Verzug **581** 223, 417
Vorenthaltung des Pachtgegenstandes/Bemessung der Entschädigung **581** 466; **584b** 18
Wahlschuld **581** 184, 206
Wertsicherungsklausel
s. dort
Wiederholte unpünktliche Zahlung **581** 417
Wiederkehrende Leistung **581** 187
Wucher/Mißverhältnis Leistung und Gegenleistung **581** 197

Pachtgegenstand
Abnahme als Pächterpflicht **581** 236

Pachtgegenstand (Forts.)
Besitzüberlassung/Raumpacht **581** 149
Erhaltung des Pachtgegenstandes
s. dort
Gebrauch des Pachtgegenstandes/vertragsgemäßer
s. dort
Gegenstandsbegriff **581** 8, 44
Landpacht
s. dort
Lasten **581** 327 f; **586a** 1 ff
Mängel
s. Gewährleistung (Pacht)
Mängel/Gewährleistung durch den Verpächter **581** 293 ff
Rückgabe **581** 278, 454 ff
Rückgabe/verspätete
s. Alphabetische Übersicht zu § 584b
Sachmängelhaftung des Verpächters
s. dort
Schönheitsreparaturen
s. dort
Überlassung und Gebrauchsgewährung **581** 148
Veränderungen des Pachtgegenstandes
s. dort
Verbesserung des Pachtgegenstandes
s. dort
Verschlechterung des Pachtgegenstandes
s. dort
Vertragsinhalt und Überlassungsform **581** 148 ff
Wiederherstellung des Pachtgegenstandes
s. dort
Wiederherstellungspflicht **581** 165

Pachtjahr
Kündigung für den Schluß **584** 20

Pachtkreditrecht
Gesetz zur Sicherung der Düngemittel- und SaatgutVO 1949 **Vorbem 581** 76 ff
PachtkreditG 1951 **Vorbem 581** 66 ff

Pachtrecht/Pachtvertrag
s. a. Mietrecht
Abschluß **581** 131 ff
Apothekenpacht
s. dort
Beendigung des Pachtvertrages
s. dort
Bodenabbauverträge
Formfragen
s. dort
Früchte/Fruchtziehung
s. dort
Gaststättenpacht
s. dort
Gesetzwidrigkeit **581** 137
Gewährleistung
s. dort

653

Pachtrecht/Pachtvertrag (Forts.)
   Grundstückspacht
     s. dort
   Grundstückspacht mit Inventar
     s. dort
   Hauptleistungspflichten/Nebenpflichten **581** 178
   Kartellrecht
     s. dort
   Landpacht
     s. dort
   und Mietrecht/Abgrenzung zur bloßen Gebrauchsüberlassung **581** 28
   und Mietrecht/Bedeutung der Abgrenzung Grundstück und Räume **581** 18
   und Mietrecht/Bedeutung für die Raumpacht **581** 40
   Option
     s. dort
   Pacht
     s. dort
   Pachtgegenstand
     s. dort
   Pächterpflichten
     s. dort
   Parteiwechsel **581** 129, 288
   Raumpacht
     s. dort
   und Rechtsordnung **581** 137
   Rechtspacht
     s. dort
   Sachen (Pacht beweglicher)
     s. dort
   Schuldverhältnis **Vorbem 581** 14
   Sittenwidrigkeit
     s. dort
   Treu und Glauben
     s. dort
   Unmögliche Leistung **581** 139
   Unternehmenspacht
     s. dort
   Unterpacht
     s. dort
   Verpächterpflichten
     s. dort
   Vertragsverhandlungen **581** 130
   Vorpachtrecht
     s. dort
   Weiterverpachtung/Unterverpachtung/Doppelverpachtung **581** 61, 72

Pächterpflichten
   s. a. Pachtrecht/Pachtvertrag
   Abnahme des Pachtgegenstandes **581** 236
   Ausbesserungen des Pachtgegenstandes
     s. dort
   Duldungspflicht **581** 247
   Erhaltungspflicht für mitgebrachtes Inventar **582** 4 ff

Pächterpflichten (Forts.)
   Fürsorge **581** 245
   Gebrauch **581** 195, 228
   Grundstückserwerb **581** 448
   Kaution **581** 255 f
   Landpacht
     s. dort
   Mängelanzeige **581** 317, 321
   Mitteilungs- und Auskunftspflichten **581** 239, 279, 317
   Nachvertragliche Pflichten **581** 279
   Obhutspflicht
     s. dort
   Pacht
     s. dort
   Rückgabe des Pachtgegenstandes **581** 278, 454 ff
   Rückgewährspflicht des Inventars zum Schätzwert **582a** 8
   Verkehrssicherungspflicht/übernommene **581** 234
   bei Vorenthaltung des Pachtgegenstandes **584b** 24
   Wettbewerbliche Beschränkungen **581** 257

Partiarisches Pachtverhältnis
   Apothekenbetrieb **Vorbem 581** 127, 130
   Fälligkeit der Pacht **581** 218
   und Pachtbemessung **Vorbem 581** 49
   Teilpacht **581** 189

Patentlizenzverträge
   Lizenzen/ausschließliche und einfache **Vorbem 581** 86 ff

Personengesellschaft
   Betriebspacht/Betriebsüberlassungsvertrag **581** 122
   Landpacht und Gesellschaftsform
     s. Landpacht

Pfandrecht
   DüngemittelsicherungsG **Vorbem 581** 76 ff
   und PachtkreditG 1951 **Vorbem 581** 71 f
   für Pächterforderungen am Verpächterinventar **583** 1 ff
   Rechtspacht **581** 79
   Verpächterpfandrecht **581** 253, 364 ff
   Verpächterpfandrecht/Landpacht
     s. Alphabetische Übersicht zu § 592

Plakatanschlag
   und Pachtrecht **581** 46, 92

Preisangaben- und PreisklauselG (PaPkG)
   s. a. Wertsicherungsklauseln
   Anpassungsklauseln in Miet- und Pachtverträgen **581** 205 ff

Privatkrankenanstalt
   Pachtvertrag **581** 27
   Raumpacht **581** 31

Prostitution
   und Pachtvertrag **581** 137

Sachregister

Prozeßrecht
Mietvertrag oder Pachtvertrag/Bedeutung der Abgrenzung **581** 40

Räumung
Landpacht
s. dort

Raumpacht
Abdeckereigerechtigkeit **581** 48
Abgrenzung Miete/Unternehmenspacht/ Raumpacht **581** 20
Änderung des Geschäftszweckes **581** 33, 35
Anwendung mietrechtlicher Vorschriften **581** 281
Apothekengerechtigkeit **581** 48 f
Art des Betriebes **581** 31
Bedeutung der Qualifikation **581** 40
Begriff des Raumes **581** 19 ff; **584** 7
Bergrechtliche Gerechtigkeiten **581** 52
Beschaffenheit/typische **581** 33
Besitzüberlassung am Pachtgegenstand **581** 149
und betriebliche Einrichtung **581** 29, 33
Betriebsart, Geschäftszweck/vorgesehene **581** 33
Duldung von Erhaltungs- und Verbesserungsmaßnahmen **581** 252
Einrichtungsergänzungen durch den Pächter **581** 30
Einzelfälle **581** 20 ff
Fälligkeit der Pacht **581** 218
Fehlen zugesicherter Eigenschaften **581** 303
Formfrage **581** 284
Freiberuflerpraxis **581** 32
zur Fruchtziehung neben bloßer Gebrauchsüberlassung **581** 36
Geschäftszweck, Betriebsart/vorgesehene **581** 33
Geschäftszweckänderung **581** 35
Gesundheitsgefährdung **581** 415
Gewerblicher Zweck/Zusicherung der Benutzbarkeit **581** 303
Gewinn/Umsatz als Eigenschaftszusicherung **581** 303
Größenzusicherung **581** 304 f
Grundstücksveräußerung/Erwerbereintritt **581** 438 ff
Kauf bricht nicht Pacht **581** 40
Konkurrenzschutz **581** 158, 161
Kündigung/Sondervorschrift für die ordentliche **584** 7
Mängel **581** 295 f
und Miete/Abgrenzung **Vorbem 581** 24; **581** 20, 28 ff
Mietrecht/Verweis **581** 281, 284
Qualifikation als Raumpacht/Bedeutung **581** 40

Raumpacht (Forts.)
Raumbegriff **581** 18 f; **584** 7
Rechtspacht/Abgrenzung **581** 39, 46 f
Theateraufführungsrecht **581** 47
Typische Beschaffenheit **581** 33
Überlassungsform **581** 149
Überlassungspflicht/Umfang **581** 153
Umsatz/Gewinn als Eigenschaftszusicherung **581** 303
Unternehmenspacht/Abgrenzung
Vorbem 581 25; **581** 38, 92 f, 125
Veräußerung des Grundstücks/Erwerbereintritt **581** 438 ff
Verbindung mit weiteren Gegenständen/ Grundstückserwerbereintritt **581** 439 f
Zurückbehaltungsrecht bei Pächter-Rückgabeverpflichtung/Ausschluß **581** 463

Realakt
Inventar-Einverleibung **582a** 26

Realgewerbeberechtigungen
Landesrecht **581** 48

Reallast
Rechtspacht **581** 78; **584** 10

Realvertrag
oder Konsensualvertrag/Leihe **598** 1; **Vorbem 598 ff** 6 f; **605** 3

Rechte
und Unternehmenspacht **581** 91

Rechtsanwalt
Praxisüberlassung als Miete **581** 31

Rechtsform
und Apothekenbetrieb **Vorbem 581** 126
und Landpacht **585** 24; **589** 8

Rechtsfrüchte
und Fruchtziehung **581** 167 ff

Rechtsmängel
Haftung des Verpächters **581** 313 ff; **586** 24

Rechtsordnung
und Pachtvertrag **581** 137

Rechtspacht
Abdeckereigerechtigkeit **581** 48
Abgrenzung anderer Vertragstypen **581** 47
Abgrenzung Miete/Raumpacht/Unternehmenspacht **581** 20
Abhängigkeit von einem Hauptbetrieb **581** 46
Aneignungsrechte/besondere **581** 53
Apothekengerechtigkeit **581** 48 f
Apothekenpacht
s. dort
Automatenaufstellungsverträge/Abgrenzung **581** 47
Begriff **581** 44
Begriff des verpachtungsfähigen Rechts **584** 9
Bergrechtliche Gerechtigkeiten **581** 52
Bergwerkspacht **Vorbem 581** 100 f
Beschränkte dingliche Rechte **581** 74

Rechtspacht (Forts.)
Beschränkte persönliche Dienstbarkeit
    581 77; **584** 10
Bewegliche Sachen/Pacht des Rechts
    hieran **581** 405
Bodenabbauverträge/Abgrenzung **581** 16
Dauerwohnrecht/Dauernutzungsrecht
    581 77
Dienstbarkeiten **581** 75 ff
Dingliche Grundstücksrechte als Gegenstand **584** 10
Einrichtung/Nutzung integrierter **581** 46
Erbbaurecht **581** 80
Erwerbereintritt bei Rechtsveräußerung
    581 442 ff
Filmverwertungsvertrag **581** 85
Fischereirecht **581** 63 ff
Fruchterwerb aufgrund ausgeübter Tätigkeit/Abgrenzung **581** 47
Fruchtziehung/Eignung des Rechts hierzu
    581 44
Gewerbliche, berufliche Tätigkeit/
    Ausübung **581** 45
Grunddienstbarkeit **581** 75
Grundstückspacht/Abgrenzung **581** 46
und Grundstücksüberlassung **581** 445
Immaterialgüterrechte **581** 82
Jagdpacht/Fischereirecht
    Vorbem 581 102 ff; **581** 54 ff
Kaliabbau/Kohlegerechtigkeit **581** 16
Konkurrenzschutz **581** 158
Kündigung des Pachtvertrages
    s. dort
Lizenzverträge **Vorbem 581** 85; **581** 83
Mängel **581** 298
Mängelhaftung **581** 316
Nießbrauch **581** 76
Nutzungsrechte **581** 46, 74
Öffentliche Rechte **581** 44
Patentlizenzverträge **Vorbem 581** 88
Pfandrechte **581** 79
Qualifikation als Rechtspacht/Bedeutung
    581 88
Qualifikation/Bedeutung **581** 88
Raumpacht/Abgrenzung **581** 20, 46
Realgewerbeberechtigungen **581** 48
Reallast **581** 78
Rechte Dritter/Unmöglichkeit der Rechtsausnutzung **581** 315
Regalien **581** 50 ff
Rückgabe von Sachen **581** 455
Sachüberlassung zur Fruchtziehung/
    Abgrenzung **581** 87
Schornsteinfegergerechtigkeit **581** 48
Typen subjektiver Rechte **581** 44
Überlassung des Rechts zur Nutzung
    581 150

Rechtspacht (Forts.)
Unmöglichkeit der Rechtsentstehung
    581 139
Unternehmenspacht/Abgrenzung **581** 92
und Unterpacht **581** 339
Urheberlizenzvertrag **Vorbem 581** 90
Urheberrechtsvertrag **581** 84
Verpachtungsfähiges Recht/Begriff **584** 9
Vertragstypen/Abgrenzung anderer **581** 47
Wohnungsrecht/Wohnungserbbaurecht
    581 77
Zurückbehaltungsrecht bei Pächter-Rückgabepflicht/Ausschluß **581** 463
Regalien
Verpachtung **581** 50 f
Reparaturen
als Ausbesserungen bei der Landpacht
    s. Landpacht
für mitgebrachtes Inventar **582** 7
Rheinische Hofübergabe
Formfrage **585a** 11
Rheinland-Pfalz
Fischereipacht **581** 63, 69 f
Jagdrecht/Ausführungsgesetz zum BJagdG
    581 54
Römisches Recht
Domänenpächter **Vorbem 581** 1
Pachtverträge **Vorbem 581** 1
Pächter privaten Landes **Vorbem 581** 2
Rückerstattung
Vorausgezahlte Pacht **581** 453
Rückgabe
des Pachtgegenstandes **581** 278, 454 ff
des Pachtgegenstandes/Unmöglichkeit
    584b 14
des Pachtgegenstandes/Unterpacht
    581 454
des Pachtgegenstandes/verspätete
    s. Alphabetische Übersicht zu § 584b
Rücktritt vom Vertrag
vom Pachtvertrag/Beendigung des Vertrages **581** 427

Saarland
Fischereipacht **581** 63, 69 f
Jagdrecht/Ausführungsgesetz zum BJagdG
    581 54
Saatgut/DüngemittelsicherungsG
Pfandrecht an Grundstücksfrüchten
    (Verkaufsfrüchte) **Vorbem 581** 76 ff
Sachen
Leihe **598** 6
und Unternehmenspacht **581** 91
Sachen (Mehrheit)
Mietvertrag/Pachtvertrag **Vorbem 581** 26
Sachen (Pacht beweglicher)
Abgrenzung gegenüber Grundstücken
    581 41

Sachen (Pacht beweglicher) (Forts.)
Begriff **581** 41
Grundstückspacht/Verbindung mit weiteren Sachen **581** 439
Inventar **Vorbem 582–583a** 5
Kündigung
s. dort
Mietvertrag/Pachtvertrag **581** 8, 43
Recht an beweglichen Sachen/Rechtspacht **581** 405
Rückgabe des Pachtgegenstandes **581** 278, 454 ff
Überlassung des Pachtgegenstandes **581** 149
Veräußerung verpachteter Sachen **581** 439 ff
Sachen (unbewegliche)
Grundstückspacht
s. dort
Mietvertrag/Pachtvertrag **581** 8
Überlassung des Pachtgegenstandes **581** 149
Sachfrüchte
und Fruchtziehung **581** 167
Sachgesamtheit
und Unternehmenspacht **581** 89
Sachmängelhaftung des Verpächters
Fehlen zugesicherter Eigenschaften **581** 302 ff
Kündigungsrecht des Pächters **581** 312, 414
Mangel **581** 295 ff
Minderung **581** 306
Schadensersatz wegen Nichterfüllung **581** 307 ff
und Verzug mit der Mängelbeseitigung **581** 310
Sachsen
Fischereipacht **581** 63
Jagdrecht/Ausführungsgesetz zum BJagdG **581** 54
Sachsen-Anhalt
Fischereipacht **581** 63
Jagdrecht/Ausführungsgesetz zum BJagdG **581** 54
Schadensersatz neben der Leistung
Duldungspflicht des Pächters/verletzte **581** 251
Fürsorgepflichtverletzung des Pächters **581** 246
Gebrauchspflicht/verletzte **581** 231, 354
Konkurrenzschutzverletzung **581** 158
Kündigung/grundlose fristlose **581** 424
Kündigungsrecht und weiterer Anspruch auf– **581** 392
Obhutspflichtverletzungen **581** 244; **582** 8
Pächter-Pflichtverletzungen/Ersatzansprüche des Verpächters **581** 357

Schadensersatz neben der Leistung (Forts.)
Unterpacht ohne Erlaubnis **581** 347, 354
Verjährung **581** 357
Vertragswidriger Pächtergebrauch **581** 337
Vorenthaltung des Pachtgegenstandes **584b** 25
Wettbewerbsverstoß durch den Pächter **581** 276
Schadensersatz statt der Leistung/Nichterfüllung
Mängelhaftung des Verpächters **581** 307 ff
Unmöglichkeit des Pachtgegenstandes **581** 139
Schätzwert
Inventarübernahme durch den Pächter
s. Grundstückspacht mit Inventar
Schenkung
und Leihe/Abgrenzung **598** 4 f, 8;
Vorbem 598 ff 2; **600** 1
Schlechtleistung und Haftungsprivileg **599** 2
Schutzpflichten und Gefälligkeit **Vorbem 598 ff** 11
Schiedsklausel
Pachtänderung **581** 201
Schiffspacht
Schiffsveräußerung/Erwerbereintritt in den Vertrag **581** 441
Schleswig-Holstein
Fischereipacht **581** 63
Jagdrecht/Ausführungsgesetz zum BJagdG **581** 54
Schönheitsreparaturen
Geldausgleich bei Verpächter-Umbauabsicht **581** 457
Kautionssicherung **581** 256
Landpacht **586** 44
Veränderungen/Verschlechterungen durch vertragsgemäße Abnutzung **581** 457
Verjährung von Ersatzansprüchen **581** 357
Vertragliche Pächterübernahme der Verpächterpflicht **581** 234
Schornsteinfegergerechtigkeit
als Realgewerbeberechtigung des Landesrechts **581** 48
Schriftform
s. Formfragen
SchuldrechtsanpassungsG 1994
Anpassung von Nutzungsverhältnissen im Beitrittsgebiet **Vorbem 581** 187 ff
Schuldrechtsmodernisierung
Gewährleistungsrecht des Mietvertrages/allgemeines Leistungsstörungsrecht **581** 293
Landpacht/unberührt bleibendes Recht **585** 50
Mietrechtsänderungen **Vorbem 581** 9
Unmöglichkeit des Pachtgegenstandes **581** 139

Schuldrechtsmodernisierung (Forts.)
Verjährungsrecht **581** 355 f
Schuldrechtstypus
und Nebenpflichten **581** 178
Schuldverhältnis
Pacht Vorbem **581** 14
Schuldverhältnis (gesetzliches)
bei Vorenthaltung des Pachtgegenstandes **584b** 22
Schwebende Unwirksamkeit
eines Pachtvertrages **581** 132
Selbsthilferecht
Pfandrecht des Verpächters **581** 379
Sexualstrafrecht
und Bordellpacht **581** 137
Sicherungspacht
Verbindung mit einem Betriebsüberlassungsvertrag Vorbem **581** 98
Siedlerpachtvertrag
Miet- oder Pachtvertrag Vorbem **581** 84
Sittenwidrigkeit
Landpacht **594b** 6
Mißverhältnis Pacht/Verpächterleistung **581** 138, 187
Pachthöhe **581** 197
Pachtvertrag **581** 137
Wettbewerbsrechtliche Folgen **581** 266
Soziale Verständigung
und Leihe Vorbem **598 ff** 8
Spannungsklauseln
Wertsicherungszweck **581** 204
Steuerrecht
Betriebsaufgabe oder Betriebsverpachtung **581** 97 ff; **585** 47
Bodenabbauverträge **581** 15 f
Landpacht/Versorgungsverträge **593** 8
Mietvertrag oder Pachtvertrag **581** 40
Pachtvertrag/zum Schein niedrigerer Pacht **581** 137
Umsatzbegriff **581** 191
Umsatzsteuer und Pacht **581** 199
Unternehmenspacht **581** 94 ff; **585** 47
Stille Gesellschaft
Apothekenbetrieb Vorbem **581** 126 f
Störung der Geschäftsgrundlage
Anpassung der Pacht **581** 209, 215; **586** 19
Pachtvertrag **581** 430
Verpächtergewährleistung des vertragsgemäßen Gebrauchs **581** 293
Störungen des Pachtgegenstandes
Landpacht **586** 27 f
Pächter-Fruchtgenuß/Verpächterpflicht zur Fernhaltung von– **581** 157, 174
Subjektive Rechte
als Gegenstand einer Rechtspacht **581** 44

Tätigkeitsausübung
als Pachtvertragsgegenstand **581** 45

Tankstellenpacht
Pachtvertrag **581** 25
und vertikale Bindungen **581** 259
Vertragswidriger Gebrauch **581** 416
Taxmäßige Vergütung
als Pacht **581** 198
Technische Entwicklung
Inventarstücke/Rückgewährspflicht des Pächters **582a** 11, 51 f
Teilkündigung
Pacht/Mietvertrag **581** 399
Teilleistungen
bei Erfüllung der Rückgabepflicht des Pächters **581** 458; **584b** 12
Theater
Grundstücksverpachtung mit Inventar Vorbem **582–583a** 2
Pachtvertrag **581** 27
Thüringen
Fischereipacht **581** 63
Jagdrecht/Ausführungsgesetz zum BJagdG **581** 54
Tiere
Anschaffung und Einverleibung in das Inventar **582a** 24
Ergänzungspflicht des Pächters **582** 13 ff
Fütterungskosten bei Mitpacht **582** 7
Leihe **601** 2
Pachtvertrag **581** 42
Tierzuchtvertrag
Pachtvertrag/Abgrenzung Vorbem **581** 38
Tod
Jagdpächter Vorbem **581** 119; **581** 127
des Pächters/des Verpächters bei der Landpacht
s. Landpacht
Treu und Glauben
Besichtigungsrecht des Verpächters **581** 248; **586** 51
Duldung von Erhaltungs-/Verbesserungsmaßnahmen **581** 252
Interessenabwägung/Verschulden beider Parteien und zumutbare Vertragsfortsetzung **581** 421
Kaution **581** 256
Konkurrenzschutz/Umfang **581** 159
Kündigung/fristlose eines Pachtvertrages **581** 412
Kündigung/unzulässige Rechtsausübung **581** 391, 417
Landpacht **593** 7; **595** 12
Leihverhältnis **605** 2
Nachvertragliche Pflichten **581** 181
Nebenpflichten des Pächters **581** 179, 235
Obhutspflichten des Pächters **581** 237
Rückgabepflicht des Pächters **581** 461
Unterpacht/Erlaubnis **581** 350

Treu und Glauben (Forts.)
Wahlschuld bezüglich Geld- oder Naturalpacht **581** 184
Wiederherstellungspflicht **581** 165

Übergabevertrag
als vorweggenommene Erbfolge
s. Landpacht

Überinventar
s. Grundstückspacht mit Inventar

Überlassung des Pachtgegenstandes
und Begriff der Gebrauchsgewährung **581** 148
Vertragsinhalt und Form der– **581** 148 ff

Üblichkeit einer Vergütung
Pacht **581** 198

Umgehungsgeschäfte
Apothekenpachtvertrag, verbotener **Vorbem 581** 126 ff
Gaststättenpacht als Dienstvertrag **581** 137

Umlagen
als Pacht **581** 417

Umlegungsgebiete
und Genehmigungsbedürftigkeit von Pachtverträgen **581** 132

Umsatzsteuer
und Pachthöhe **581** 199

Umweltbeziehungen
und Landpacht
s. dort
und Mangelbegriff des Gewährleistungsrechts **581** 300

Unerlaubte Handlung
Kündigung/unwirksame als– **581** 424
Obhutspflichtverletzungen des Pächters **581** 244
bei Vorenthaltung des Pachtgegenstandes **584b** 25

Ungerechtfertigte Bereicherung
Franchising/vorzeitige Vertragsbeendigung und frühere Eintrittsgebühr **Vorbem 581** 174
Landpacht **590b** 5; **597** 13
Rückabwicklung des Pachtvertrages **581** 454
Vorenthalten des Pachtgegenstandes **584b** 17, 27

UNIDROIT
Franchising/Modellrecht für vorvertragliche Aufklärung **Vorbem 581** 152

Unmöglichkeit
Gegenstand des Pachtvertrages **581** 139
Gewährung vertragsgemäßen Pächtergebrauchs **581** 293, 429
Rückgabe des Pachtgegenstandes **584b** 14

Untergang
Inventarstücke **582** 10

Untergang (Forts.)
Schätzwertübernahme und Rückgewährspflicht **582a** 10

Unterlassung
Konkurrenzschutz/Durchsetzung im Klageweg **581** 158
als Obhutspflicht des Pächters **581** 241
Pfandrecht des Verpächters **581** 378
Unterpacht ohne Erlaubnis **581** 347, 354
Vertragswidriger Pächtergebrauch **581** 336, 354, 416; **586** 41

Untermiete
Erlaubnis **581** 409
und gewerbliche Zwischenvermietung **581** 28
Schutz **581** 28

Unternehmensgewinn
und Fruchtbegriff **581** 9

Unternehmenspacht
Abgrenzung Raum-/Rechtspacht/Miete **581** 20, 125
und Abhängigkeitsverhältnis **581** 110
Bedeutung der Qualifikation **581** 126
Beherrschungsvertrag/Abgrenzung **581** 109
Betriebsaufgabe/Abgrenzung **581** 97
Betriebsaufspaltung **581** 100 ff
Betriebsführungsvertrag **581** 116 ff
und Betriebspacht **581** 90
und Betriebspacht/Geschäftsbesorgung **581** 108
Betriebsüberlassungsvertrag überlassender AG/KGaA **581** 111
Betriebsumstellung **581** 175
Betrieb/Unternehmen **581** 90 f
Bewegliche Sachen als Pachtgegenstand/Abgrenzung **581** 42
Einzelfälle in der Rechtsprechung **581** 92
Fälligkeit der Pacht **581** 219
Firma **581** 90
Gaststättenpacht
s. dort
Gebrauchspflicht des Pächters **581** 230, 416
als Gebrauchsüberlassung an Dritte **581** 339
und Gebrauchsverpflichtung **581** 416
Geschäftsführungsvertrag/Abgrenzung **581** 109
Gewerbliche Tätigkeit **581** 95
GmbH als Verpächterin **581** 121
Good-will-Verletzung durch den Pächter **581** 357
Grundstückspacht mit Inventar/Anwendung der Vorschriften hierüber **Vorbem 582–583a** 2
Grundstückspacht/Abgrenzung **581** 126
und Grundstücksveräußerung **581** 439 f

Unternehmenspacht (Forts.)
　Konkurrenzschutz **581** 158
　Landpacht
　　s. dort
　Mängel **581** 299
　Mietvertrag/Abgrenzung **581** 38, 125
　Öffentlich-rechtliche Beschränkungen/
　　Sachmängelhaftung **581** 301
　Pachtbemessung **581** 191 ff
　Personenhandelsgesellschaft als Verpächterin **581** 122
　Raummiete/Abgrenzung **Vorbem 581** 24
　Raumpacht/Abgrenzung **Vorbem 581** 25; **581** 38, 92
　Risiko des Pächters **581** 175
　Rückabwicklung bei fehlgeschlagener– **581** 454
　Rückgabe des Inventars/des Pachtgegenstandes **581** 455; **582a** 45
　Sachgesamtheit **581** 89
　Schätzwertvereinbarung/Wertausgleich **582a** 45
　Steuerrecht **581** 94
　Teil eines Unternehmens **581** 93
　Überlassungsform **581** 151
　Überlassungspflicht/Umfang **581** 153
　Umsatz/Gewinn als zugesicherte Eigenschaften **581** 303
　Umweltbeziehungen und Mangelbegriff **581** 300
　Verbundene Unternehmen **581** 105 ff
　Vertragswidriger Gebrauch **581** 416
　Wettbewerbsrecht **581** 123
　Zahnärztliche Praxis **581** 31
Unternehmensverträge
　Betriebspachtvertrag **Vorbem 581** 131 f
Unterpacht
　Beendigung **581** 348
　Erlaubnis **581** 132, 344, 347, 349 ff
　Erlaubnis/fehlender Rechtsanspruch des Pächters **581** 339
　Erlaubnis/Verweigerung **584a** 11 ff
　Fischereirecht **581** 344
　Gebrauchsfortsetzung nach Vertragsbeendigung **581** 437
　Haftung des Pächters für Dritten **581** 353
　Hauptverpächter-Pächter-Verhältnis **581** 347
　Hauptverpächter-Unterpächter-Verhältnis **581** 346
　Hauptvertrag/Bestand der Unterpacht **581** 348
　Herausgabeanspruch des Verpächters/Beendigung des Hauptpachtvertrages **581** 464
　Jagdpacht **581** 61, 344
　Kündigung wegen unterbliebener Erlaubnis **581** 414

Unterpacht (Forts.)
　Kündigung aus wichtigem Grund durch den Unterpächter **581** 414
　Landpacht
　　s. dort
　Mietvertrag als Hauptvertrag **581** 343
　Mitpacht/Weiterpacht/Unterpacht **581** 344
　Rechtsfolgen **581** 345
　Rechtsnatur **581** 343
　Rückgabe des Pachtgegenstandes **581** 454
　Unzulässigkeit, regelmäßige **584a** 8
　als vertragswidriger Gebrauch **581** 347
　Vorenthaltung der Pachtsache gegen Hauptverpächter wegen einer– **584b** 14
　Wirksamkeit des Vertrages **581** 344
Unzumutbarkeit
　Pachtvertragsfortsetzung bei schuldhafter Vertragsverletzung **581** 418 ff
Urheberlizenzverträge
　Rechtsnatur **581** 84
Urkunde
　Schriftform-/Einheitlichkeitserfordernis **581** 286 ff

Veränderung des Pachtgegenstandes
　des mitverpachteten Inventars **582** 6
　und Rückgabe des Pachtgegenstandes **581** 457
　und vertragsgemäßer Gebrauch **581** 334
Veräußerungsvorgänge
　und Eigentumsübergang
　　s. dort
　Fischereigewässer nach Fischereipacht **581** 68
　nach Grundstücksverpachtung **581** 433, 438 ff, 453
Verbesserungsmaßnahmen des Verpächters
　Duldungspflicht des Pächters **581** 252, 325
　Landpacht
　　s. dort
　Pachtarten **581** 252
Verbotsgesetze
　Apothekenpachtverträge **Vorbem 581** 122
　und Pachtverträge **581** 137
Verbundene Unternehmen
　und Unternehmenspacht **581** 105 ff
Verfassungsrecht/Verfassungsmäßigkeit
　Apothekengerechtigkeit **581** 49
　Apothekenrecht und Niederlassungsfreiheit **581** 49; **584b** 11
　Kleingartenpacht **Vorbem 581** 55 f
　Landpacht/Eigentumsbindung und Pächterrisiko **587** 20
　Landwirtschaftliches Sonderrecht/Rechtfertigung **585** 26; **586** 34

Verfügung
Bergwerkspacht/Verfügung über das Aneignungsrecht des Bergwerkseigentümers **Vorbem 581** 101
Verfügungsbefugnis
des Pächters über Inventarstücke bei Rückgewährspflicht zum Schätzpreis **582a** 16 ff
Verjährung
Erfüllungsanspruch des Verpächters **581** 358
Landpacht
s. dort
Pacht/rückständige **581** 226, 356
Pächteraufwendungen auf Inventarstücke **582** 4
Schuldrechtsmodernisierung **581** 355
Veränderungen/Verschlechterungen des Pachtgegenstandes **581** 356
Verpächter-Ersatzansprüche **581** 357
Verwendungsersatzanspruch des Pächters **581** 359
Vorenthaltung des Pachtgegenstandes **584b** 21, 29
Wegnahmeanspruch des Pächters **581** 359
Verkehrssicherungspflicht
Landpacht **586** 25, 43
Pächterübernahme **581** 234
des Verpächters **581** 164, 234
Verlängerung des Pachtvertrages
aufgrund Fiktion **581** 436
Pachtvertrag/Verlängerungsklausel **584** 14
Verlängerungsklausel oder Option **581** 146
Verlagsvertrag
Rechtsnatur **581** 84
Verpackungsmaterial
Kauf oder Leihe **598** 16
Verpächterpflichten
s. a. Pachtrecht/Pachtvertrag
Ergänzungspflicht für mitverpachtetes Inventar **582** 9 ff
Gewährleistung
s. dort
Konkurrenzschutz **581** 158
Landpacht **586** 8 ff
Mitteilungs- und Auskunftspflichten **581** 179, 181
Nachvertragliche Pflichten **581** 181
Nebenpflichten **581** 178
und Pachtgegenstand
s. dort
Sachmängelhaftung des Verpächters
s. dort
Verkehrssicherungspflicht **581** 164
Versorgungsleistungen **584b** 24
Verschlechterung des Pachtgegenstandes
Landpacht
s. dort

Verschlechterung des Pachtgegenstandes (Forts.)
des mitverpachteten Inventars **582** 6
und Rückgabe des Pachtgegenstandes **581** 457
Übernahme des Inventars zum Schätzwert **582a** 10
und vertragsgemäßer Gebrauch **581** 334
Verschulden/Vertretenmüssen
Vertragsgemäßer Gebrauch/Veränderungen und Verschlechterungen des Pachtgegenstandes **581** 334
Vertragsgemäßer Gebrauch
des Pachtgegenstandes
s. Gebrauch des Pachtgegenstandes/vertragsgemäßer
Vertragshändlersystem
Franchising als Fortentwicklung **Vorbem 581** 134 f
Vertragstyp
Franchising **Vorbem 581** 142 ff
Vertrauensverhältnis
Unzumutbarkeit der Pachtvertrags-Fortsetzung **581** 418 ff
Vertriebsbindungen
in Pachtverträgen **581** 263
Verwahrung
und Leihe/Abgrenzung **598** 12; **Vorbem 598 ff** 3
Verwendungen auf den Pachtgegenstand
und Aufwendungsbegriff **581** 329
Ersatzpflicht des Verpächters **581** 329, 359 f
Inventarstücke **582** 4
Landpacht
s. dort
Mängelbeseitigung durch den Pächter **581** 329
Verwirkung
Pachtrückstand **581** 227
Verzug (Schuldnerverzug)
Abnahme des Pachtgegenstandes **581** 236
Gewährleistung für vertragsgemäßen Gebrauch **581** 310
Kündigungsrecht wegen Pachtverzuges **581** 417
Pacht **581** 223, 417
Pacht/Landpacht **587** 18 f
Rückgabepflicht des Pächters **581** 466
Vorenthaltung des Pachtgegenstandes **584b** 25
Viehbestand
Ergänzungspflicht des Pächters **582** 13 ff
Viehgräsungsvertrag
Pachtvertrag/Abgrenzung **Vorbem 581** 37
Viehmastvertrag
Pachtvertrag/Abgrenzung **Vorbem 581** 38
Viehverstellung
Inventarübernahme zum Schätzwert **582a** 7

Vorenthaltung des Pachtgegenstandes
Entschädigungsansprüche des Verpächters
s. Alphabetische Übersicht zu § 584b
Vorführungsverträge
Rechtsnatur **Vorbem 581** 95
Vorkaufsrecht
und Pachtvertrag/Verbindung **581** 135
und Vorpachtrecht **581** 141
Vorpachtrecht
Ausübung des Rechts **581** 142
Eintrittsbefugnis **581** 141
Landpacht **585a** 11
oder Verlängerungsoption **581** 141
und Vorkaufsrecht **581** 141
Vorvertrag
Pachtvertragsabschluß **581** 140, 448; **585** 6

Währungsrisiko
s. Wertsicherungsklauseln
Wahlschuld
Geld- oder Naturalpacht **581** 184
Wegnahmerecht
Landpacht
s. dort
Pächtereinrichtungen **581** 330, 359
Weiterverpachtung
Jagdpacht **581** 61
Unerlaubte Weiterverpachtung **581** 315
Werkvertrag
Pachtvertrag/Abgrenzung **Vorbem 581** 44 f
Wertausgleich
Inventarübernahme zum Schätzwert
582a 41 ff
Wertsicherungsklauseln
s. a. Pacht
Äquivalenzverhältnis/Störung **581** 215
Fälligkeit erhöhter Pacht **581** 208
Geldentwertung/andere Fälle **581** 211
Genehmigungsbedürftigkeit in Miet- und
Pachtverträgen **581** 204 ff
Gleichgewichtsverhältnis **581** 209 f
und Leistungsvorbehalt **581** 202
Pachtherabsetzung/ursprüngliche Einigung **581** 214
PaPkG-Bezugsgrößen **581** 207 ff
und Schriftformerfordernis **581** 287
und schwebende Vertragsunwirksamkeit
581 132, 205
Wahlschuld bezüglich Geld-/Naturalpacht
581 184, 206
Wettberwerbsrecht
Kartellrecht
s. dort
Wettbewerbsfreiheit
Wettbewerbsverbote und eingeschränkte–
581 275

Wettbewerbsrecht
Kartellrecht
s. dort
Pächterbeschränkungen **581** 257 ff
Wettbewerbsverbot
Apothekenpachtverträge **581** 273
Gesetzliches Pächterverbot/fehlendes
581 275
und Kartellverbot **581** 277
Pachtvertrag/Interessengrundlage **581** 273
Wichtiger Grund
Pachtvertrag/fristlose Kündigung
581 412 ff; **594e** 2
Wiederherstellung des Pachtgegenstandes
der Gebrauchsfähigkeit des Pachtgegenstandes **586** 25
Pächterverwendungen/Ersatz **581** 329
Zerstörung/Instandsetzungspflicht **581** 165
Wiederkehrende Leistungen
Pacht **581** 187
Windkraftanlagen
Eigentümereinwilligung **590** 19
Wohnraum
Gesundheitsgefährdung **581** 415
Kündigung des Mietvertrages **581** 388
Kündigung eines Mischvertrages **581** 400
Landpacht
s. dort
MietrechtsreformG 2001/Verweisungstechnik **581** 281
Mietvertrag mit dem Pächter/gesonderter
581 390
Mischvertrag mit Pachtelementen **581** 390
als Pachtgegenstand/ausgeschlossener
Kündigungswiderspruch **581** 461
als Pachtgegenstand/ordentliche Kündigung **584** 8
als Pachtgegenstand/Teilrückgabe **584b** 12
als Pachtgegenstand/verspätete Rückgabe
581 466
Pachtgegenstand/Wohnraum umfassender
581 323
Untermiete/Erlaubnis **581** 352
zur Untervermietung als Pachtvertrag
581 27
Untervermietung der Pächterwohnung
581 416
Wohnungsrecht
Mietvertrag und dingliches– **Vorbem 581** 16
Wucherverbot
s. a. Leistung/Gegenleistung
Pachthöhe **581** 197

Zahnarztpraxis
Raumpacht **581** 31
Unternehmenspacht **581** 92

Zeitablauf
Beendigung des Pachtvertrages **581** 384 ff, 425
Zeitbestimmung
Pachtvertrag/fehlende– **584** 13 ff
Zerstörung des Pachtgegenstandes 581 165, 358; **582a** 10
Zinsen/Verzinsung
Kaution **581** 256
ZPO-Verfahren
Streitige Verfahren vor dem Landwirtschaftsgericht
s. Landpacht
Zubehör
und Inventar **Vorbem 582–583a** 5
Rückgabe des Pachtgegenstandes **581** 462
Zurückbehaltungsrecht bei der Grundstückspacht **581** 462
Zugesicherte Eigenschaften
Sachmängelhaftung im Pachtrecht **581** 302 ff; **586** 22

Zurückbehaltungsrecht
und Grundstückspacht/Ausschluß für Pächter-Rückgabepflicht **581** 462
und Kaution des Pächters **581** 256
und Pachtverzug **581** 417
Pächterforderungen am Inventar des Verpächters **583** 7
Zustimmung
Landpacht
s. dort
Pachtvertrag **581** 132
Zwangsversteigerung
Gläubiger des Verpächters **581** 238
und Kündigungsrecht des Grundstückserwerbers **581** 409
Zwangsverwaltung
Beschlagnahmebeschluß **581** 421
Zwangsvollstreckung
Gläubiger des Verpächters **581** 237
Zwischenvermietung (gewerbliche)
als Geschäftsraummiete **581** 28

J. von Staudingers
Kommentar zum Bürgerlichen Gesetzbuch
mit Einführungsgesetz und Nebengesetzen

Übersicht vom 20. Juni 2005

Die Übersicht informiert über die Erscheinungsjahre der Kommentierungen in der 13. Bearbeitung und deren Neubearbeitungen (= Gesamtwerk STAUDINGER). *Kursiv* geschrieben sind die geplanten Erscheinungsjahre.

Die Übersicht ist für die 13. Bearbeitung und für deren Neubearbeitungen zugleich ein Vorschlag für das Aufstellen des „Gesamtwerk STAUDINGER" (insbesondere für solche Bände, die nur eine Sachbezeichnung haben). Es wird empfohlen, die Austauschbände chronologisch neben den überholten Bänden einzusortieren, um bei Querverweisungen auf diese schnell Zugriff zu haben. Bei Platzmangel sollten die ausgetauschten Bände an anderem Ort in gleicher Reihenfolge verwahrt werden.

	13. Bearb.	Neubearbeitungen	
Buch 1. Allgemeiner Teil			
Einl BGB; §§ 1–12; VerschG	1995		
Einl BGB; §§ 1–14; VerschG		2004	
§§ 21–89; 90–103 (1995)	1995		
§§ 90–103 (2004); 104–133; BeurkG	2004	2004	
§§ 134–163	1996	2003	
§§ 164–240	1995	2001	2004
Buch 2. Recht der Schuldverhältnisse			
§§ 241–243	1995		
AGBG	1998		
§§ 244–248	1997		
§§ 249–254	1998	2005	
§§ 255–292	1995		
§§ 293–327	1995		
§§ 255–314		2001	
§§ 255–304			2004
§§ 315–327		2001	
§§ 315–326			2004
§§ 328–361	1995		
§§ 328–361b		2001	
§§ 328–359			2004
§§ 362–396	1995	2000	
§§ 397–432	1999		
§§ 433–534	1995		
§§ 433–487; Leasing		2004	
Wiener UN-Kaufrecht (CISG)	1994	1999	2005
VerbrKrG; HWiG; § 13a UWG	1998		
VerbrKrG; HWiG; § 13a UWG; TzWrG		2001	
§§ 491–507			2004
§§ 535–563 (Mietrecht 1)	1995		
§§ 564–580a (Mietrecht 2)	1997		
2. WKSchG; MÜG (Mietrecht 3)	1997		
§§ 535–562d (Mietrecht 1)		2003	
§§ 563–580a (Mietrecht 2)		2003	
§§ 581–606	1996	2005	
§§ 607–610	./.		
§§ 611–615	1999		
§§ 616–619	1997		
§§ 620–630	1995		
§§ 616–630		2002	
§§ 631–651	1994	2000	2003
§§ 651a – 651l	2001		
§§ 651a – 651m		2003	
§§ 652–704	1995		
§§ 652–656		2003	
§§ 705–740	2003		
§§ 741–764	1996	2002	
§§ 765–778	1997		
§§ 779–811	1997	2002	
§§ 812–822	1994	1999	
§§ 823–825	1999		
§§ 826–829; ProdHaftG	1998	2003	
§§ 830–838	1997	2002	
§§ 839, 839a	2002		
§§ 840–853	2002		
Buch 3. Sachenrecht			
§§ 854–882	1995	2000	
§§ 883–902	1996	2002	
§§ 903–924; UmweltHaftR	1996		
§§ 903–924		2002	

	13. Bearb.	Neubearbeitungen
UmweltHaftR		2002
§§ 925–984; Anh §§ 929 ff	1995	2004
§§ 985–1011	1993	1999
ErbbVO; §§ 1018–1112	1994	2002
§§ 1113–1203	1996	2002
§§ 1204–1296; §§ 1–84 SchiffsRG	1997	2002
§§ 1–64 WEG	*2005*	

Buch 4. Familienrecht

	13. Bearb.	Neubearbeitungen	
§§ 1297–1320; NeLebGem (Anh §§ 1297 ff); §§ 1353–1362	2000		
§§ 1363–1563	1994	2000	
§§ 1564–1568; §§ 1–27 HausratsVO	1999	2004	
§§ 1569–1586b	*2005*		
§§ 1587–1588; VAHRG	1998	2004	
§§ 1589–1600o	1997		
§§ 1589–1600e		2000	2004
§§ 1601–1615o	1997	2000	
§§ 1616–1625	2000		
§§ 1626–1633; §§ 1–11 RKEG	2002		
§§ 1638–1683	2000	2004	
§§ 1684–1717; Anh § 1717	2000		
§§ 1741–1772	2001		
§§ 1773–1895; Anh §§ 1773–1895 (KJHG)	1999	2004	
§§ 1896–1921	1999		

Buch 5. Erbrecht

	13. Bearb.	Neubearbeitungen
§§ 1922–1966	1994	2000
§§ 1967–2086	1996	
§§ 1967–2063		2002
§§ 2064–2196		2003
§§ 2087–2196	1996	
§§ 2197–2264	1996	2003
§§ 2265–2338a	1998	
§§ 2339–2385	1997	2004

EGBGB

	13. Bearb.	Neubearbeitungen
Einl EGBGB; Art 1–2, 50–218	1998	
Art 219–222, 230–236	1996	
Art 219–245		2003

EGBGB/Internationales Privatrecht

	13. Bearb.	Neubearbeitungen
Einl IPR; Art 3–6	1996	2003
Art 7, 9–12	2000	
IntGesR	1993	1998
Art 13–18	1996	
Art 13–17b		2003
Art 18; Vorbem A + B zu Art 19		2003
IntVerfREhe	1997	2005
Kindschaftsrechtl Ü; Art 19	1994	
Art 19–24		2002
Art 20–24	1996	
Art 25, 26	1995	2000
Art 27–37	2002	
Art 38	1998	
Art 38–42		2001
IntWirtschR	2000	
IntSachenR	1996	

Gesamtregister	*2005*		
Vorläufiges Abkürzungsverzeichnis	1993		
Das Schuldrechtsmodernisierungsgesetz	2002	2002	
BGB-Synopse 1896–1998	1998		
BGB-Synopse 1896–2000		2000	
100 Jahre BGB – 100 Jahre Staudinger (Tagungsband 1998)	1999		

Demnächst erscheinen

§§ 241–243	2005	
§§ 311, 311a, 312–314	2005	
§§ 397–432	2005	
§§ 516–534	2005	
Art 1–2, 50–218 EGBGB	2005	
BGB-Synopse 1896–2005		2005
Eckpfeiler des Zivilrechts	2005	

Dr. Arthur L. Sellier & Co. KG – Walter de Gruyter GmbH & Co. KG oHG, Berlin
Postfach 30 34 21, D-10728 Berlin, Telefon (030) 2 60 05-0, Fax (030) 2 60 05-222